Tweetalige
aanleerderswoorde

Bilingual learner's
dictionary

Tweetalige aanleerderswoordeboek

Bilingual learner's dictionary

MADALEINE DU PLESSIS

Pharos

ISBN 1 86890 013 4

Tweede sagtebanduitgawe in 1998
uitgegee deur
Pharos Woordeboeke,
'n afdeling van NB-Uitgewers Beperk,
Heerengracht 40, Kaapstad

Eerste druk 1998
Tweede druk 2001
Derde druk 2003

Voorheen uitgegee deur
Tafelberg-Uitgewers, Kaapstad

Gedruk en gebind deur Paarl Print,
Oosterlandstraat, Paarl
Suid-Afrika

Second soft-cover edition
published in 1998 by
Pharos Dictionaries,
a division of NB Publishers Limited,
40 Heerengracht, Cape Town

Previously published by
Tafelberg Publishers, Cape Town

First impression 1998
Second impression 2001
Third impression 2003

Printed and bound by Paarl Print
Oosterland Street, Paarl,
South Africa

Die L. W. Hiemstra-Trust
het die publikasie van hierdie boek
met 'n skenking gesteun

The L. W. Hiemstra Trust
has supported the publication of this
book with a donation

Voorwoord

Dié woordeboek is vir almal vir wie Engels of Afrikaans 'n tweede of derde taal is. Dis maklik om te gebruik. Die woordeskat is redelik eenvoudig en die grammatikale inligting nie ingewikkeld nie. Die voorbeeldsinne bestaan hoofsaaklik uit woorde wat as trefwoorde opgeneem is.

Die aanbieding van die stof verskil van dié in ander tweetalige woordeboeke in twee belangrike opsigte:

♦ In die Afrikaans-Engelse deel verskyn die Engelse voorbeeldsinne eerste, want die gebruiker se eerste behoefte is om, nadat hy die betekenis van die trefwoord gesnap het, te sien hoe die vertaling(s) ingespan word. (In die Engels-Afrikaanse deel is die volgorde omgeruil.)

♦ In die eerste voorbeeldsin van 'n inskrywing word die trefwoord nie verbuig nie – slegs by hoë uitsondering word verboë vorme (meervoud, verlede tyd, attributiewe byvoeglike naamwoord, ens.) hiér gebruik. Dit is om verwarring by veral beginners te voorkom.

Die uitgewer en redaksie sê baie dankie aan Walter Winckler en Peter Grobbelaar vir hul aandeel aan die beplanning van die woordeboek, en aan Chris Viljoen, hoof van die Central Primêre Skool op King William's Town, wat 'n ogie oor die moeilikheidsgraad gehou het.

REDAKSIE

Hoofadviseur: Dr Jannie Botha
Samesteller: Madaleine du Plessis
Nasieners: George Louw en Margaretha van Schalkwyk (Afrikaans); Margaret Greaves en Freda Barwell (Engels)

Inleiding

Die aantekeninge hieronder maak die rangskikking van die inskrywings duidelik sodat jy die inligting wat jy soek, maklik kan kry.

afkorting abbreviation *"TV" is an **abbreviation** of/ for "television".* "TV" is 'n **afkorting** vir "televisie".

Die trefwoord is die eerste woord van 'n inskrywing en is in vet drukletters.

afkort abbreviate *One can **abbreviate** "television" to "TV".* 'n Mens kan "televisie" tot "TV" **afkort.**

Voorbeeldsinne en hul verta= lings help om betekenisse duidelik te maak en wys jou hoe om die woord te gebruik.

bal¹ ball *The children are playing with a **ball.*** Die kin= ders speel met 'n **bal.**
□ **bal** *selfstandige naamwoord (meervoud **balle**)*
bal² clench *Your arm muscles tighten when you **clench** your fists.* 'n Mens se armspiere trek saam as jy jou vuiste **bal.**
□ **bal** *werkwoord (teenwoordige tyd **bal,** verlede tyd het **gebal**)*

Verskillende trefwoorde met dieselfde spelling word on= derskei deur nommers wat bo die reël gedruk is.

verskyn ❶ appear *Stars **appear** in the sky at night.* Sterre **verskyn** saans aan die hemel ❷ come out *This magazine **comes out** once a week.* Dié tydskrif **ver= skyn** een keer per week.

Baie trefwoorde het meer as een betekenis. Die eerste be= tekenis is die gewoonste.

rug back [a] *The woman carried the baby on her **back.*** Die vrou het die baba op haar **rug** gedra. [b] *He leant against the **back** of the chair.* Hy het teen die **rug** van die stoel geleun.

Die sinne in [a] en [b] illus= treer betekenisse van die woord wat baie eenders is.

beroemd famous *South Africa is **famous** for its gold.* Suid-Afrika is **beroemd** vir/om sy goud.

Skuins strepe skei alternatiewe woorde; kies watter een jy wil gebruik: Suid-Afrika is beroemd *vir* sy goud OF Suid-Afrika is beroemd *om* sy goud.

troeteldier pet *We keep a dog as a **pet**.* Ons hou 'n hond as ('n) **troeteldier** aan.

Jy kan letters of woorde tussen hakies weglaat: Ons hou 'n hond as troeteldier aan OF ons hou 'n hond as *'n* troeteldier aan.

◆ **na . . . toe** ⇨ **toe²**.

Soek die inligting by **toe,** die woord waarnatoe die pyl wys.

◆ **net so . . . soos** just as . . . as *Thomas is **just as** tall **as** his mother.* Thomas is **net so** lank **soos** sy ma.

Diamante merk woordgroepe met 'n vaste volgorde of wat 'n kort uitdrukking vorm.

☐ **na·der·hand** *bywoord*

Die kolletjies in die woord wys jou waar jy dit aan die end van 'n reël kan afbreek. Die onderstreepte letter wys jou waar die hoofklem val wanneer jy die woord sê.

☐ **naam** *selfstandige naamwoord (meervoud* **name***)*

Woordsoort en volledige inligting oor die vorming van meervoude of ander verbuigings om spelprobleme uit die weg te ruim.

☐ **naar** *byvoeglike naamwoord (attributief* **nare***)* **naarder, naarste**

Skryfwyse van die byvoeglike naamwoord wanneer dit voor 'n selfstandige naamwoord staan, byvoorbeeld *Sy het 'n **nare** verkoue.*

☐ **na** *byvoeglike naamwoord (attributief* **na***)* **nader, naaste**

Vergelykende en oortreffende trap van die byvoeglike naamwoord.

Dis verkeerd om **neem** by die aanduiding van tyd te ge‑
bruik: *Die treinrit* **duur** *'n uur* (nie **neem** *'n uur* nie). *Dit*
kos *my 'n halfuur om skool toe te loop* (nie **neem** *my 'n*
halfuur nie).

Notas behandel taalkundige probleme.

Preface

This dictionary has been designed for students of English and Afrikaans as a second or third language. It is easy to use. The vocabulary has been restricted to a fairly simple level and the grammatical information is uncomplicated. Example sentences consist mainly of words included as headwords.

The presentation of the material differs from that in other bilingual dictionaries in two important respects:

◆ In the Afrikaans-English section the English example sentences appear first, because the user's first requirement, once he has grasped the meaning of the headword, is to see how the translation(s) are used. (In the English-Afrikaans section the order has been reversed.)

◆ In the first example sentence of each entry the headword is not inflected – only in exceptional cases are inflected forms (plural, participles, attributive adjective, etc.) given. This has been done to clear up any difficulties beginners might encounter.

Thanks are due to Walter Winckler and Peter Grobbelaar who were involved in planning, and to Chris Viljoen, Headmaster of the Central Primary School in King William's Town, who checked the degree of difficulty.

EDITORIAL STAFF
Chief adviser: Dr Jannie Botha
Compiler: Madaleine du Plessis
Revisers: George Louw and Margaretha van Schalkwyk (Afrikaans); Margaret Greaves and Freda Barwell (English)

Introduction

The following notes explain the arrangement of entries, so that you can easily find the information you need.

abbreviation afkorting *"TV" is 'n **afkorting** vir "televisie".* "TV" is an **abbreviation** of/for "television".

The headword is the first word of an entry and is in heavy type.

abbreviate afkort *'n Mens kan "televisie" tot "TV" **afkort**.* One can **abbreviate** "television" to "TV".

Example sentences and their translations help to explain meanings and show you how to use the word.

alike[1] eenders, eners *"Die twee susters lyk baie **eenders/eners** – is hulle 'n tweeling?"* "The two sisters look very **alike** – are they twins?"
☐ a·like *adjective*

alike[2] eenders, eners *Lorraine en Lynette is 'n tweeling en trek dikwels **eenders/eners** aan.* Lorraine and Lynette are twins and often dress **alike**.
☐ a·like *adverb*

Different headwords with the same spelling are marked with numbers printed above the line.

across ❶ oor *Sy het die kind **oor** die straat gehelp.* She helped the child **across** the street. ❷ oorkant *Die bure wat **oorkant** die straat bly, gaan trek.* The neighbours who live **across** the street are going to move.

Many headwords have more than one meaning. The first meaning is the most common one.

air lug [a] *"Die ballon sal bars as jy te veel **lug** daarin blaas."* "The balloon will burst if you blow too much **air** into it." [b] *"Gooi die bal in die **lug** op en probeer dit weer vang."* "Throw the ball up into the **air** and try to catch it again."

The sentences in [a] and [b] illustrate closely related meanings of the word.

abbreviation afkorting *"TV" is 'n afkorting vir "televisie".* "TV is an **abbreviation** of/for "television".

Strokes separate alternative words; you can use either of them: "TV" is an abbreviation *of* "television" OR "TV" is an abbreviation *for* "television".

reckon skat *Ek skat sy sal oor 'n uur of wat hier wees.* I **reckon (that)** she'll be here in an hour or two.

You may leave out letters or words in brackets: I reckon she'll be here in an hour or two OR I reckon *that* she'll be here in an hour or two.

◆ a . . . of ⟹ **of.**

Look for the information at **of,** that is, the word that comes after the arrow.

◆ **for ages** baie lank *Ek ken hom al **baie lank** – ons het saam grootgeword.* I have known him **for ages** – we grew up together.

Diamonds mark groups of words with a set sequence or that form a short expression.

☐ **ab·bre·vi·a·tion** *noun (plural* **abbreviations***)*

The dots in the word show you where you can break it at the end of a line of writing. The underlined letter shows you where the main stress falls when you say the word.

☐ **ac·tress** *noun (plural* **actresses***)*

The part of speech and full information about forming plurals or other derived forms are given to avoid uncertainty about their spelling.

☐ **pret·ty** *adjective* **prettier, prettiest**

Comparative and superlative forms of adjectives are given.

The pronoun **all** takes a singular verb when used with an uncountable noun: *All the milk **is** finished.* It is plural with plural nouns: *All the birds **have** flown away.*

Language notes clarify points of difficulty.

AFRIKAANS/ENGLISH

A

a ah *Ah, I've found it. This is the very book I've been looking for!* **A**, ek het dit gekry. Dis net die boek waarna ek gesoek het!

□ **a** *tussenwerpsel*

aai o, oh *"Esther is very ill and has to go to hospital."* – *"O/Oh, poor child."* "Esther is baie siek en moet hospitaal toe gaan." – "**Aai**, arme kind."

□ **aai** *tussenwerpsel*

aaklig terrible, awful, dreadful, horrible *The food was so **terrible/awful/dreadful/horrible** that not even the dog would eat it.* Die kos was so **aaklig** dat nie eers die hond dit wou eet nie.

□ **aak·lig** *byvoeglike naamwoord (attributief* **aaklige)** **aakliger, aakligste**

aan¹ on [a] *She has her coat **on** because it is cold.* Sy het haar jas **aan** omdat dit koud is. [b] *It is dark and all the street-lights are **on**.* Dis donker en al die straatligte is **aan**.

□ **aan** *bywoord*

aan² ❶ at *At the beginning of the fight both boxers looked very fit.* **Aan** die begin van die geveg het albei boksers baie fiks gelyk. ❷ by *She took the child **by** the hand and helped him across the street.* Sy het die kind **aan** die hand geneem en hom oor die straat gehelp. ❸ on [a] *She is wearing a gold ring **on** her finger.* Sy dra 'n goue ring **aan** haar vinger. [b] *The children are playing **on** the other side of the river.* Die kinders speel **aan** die ander kant van die rivier. [c] *East London lies **on** the Buffalo River.* Oos-Londen lê **aan** die Buffelsrivier. ❹ in *I believe **in** the doctor's medicine.* Ek glo **aan** die dokter se medisyne. ❺ into *The car crashed **into** a bus and burst **into** flames.* Die motor het in 'n bus vasgery en **aan** die brand geslaan. ❻ of *He died **of** cancer.* Hy is **aan** kanker dood. ❼ to *She tied the dog **to** a rail outside the shop.* Sy het die hond **aan** 'n reling buite die winkel vasgemaak. ❽ from *He suffers **from** a disease that the doctors cannot cure.* Hy ly **aan** 'n siekte wat die dokters nie kan genees nie.

♦ **aan mekaar** ➪ **mekaar.**

□ **aan** *voorsetsel*

aanbeveel recommend *I can **recommend** this cake; it's delicious.* Ek kan dié koek **aanbeveel**; dis heerlik.

□ **aan·be·veel** *werkwoord (teenwoordige tyd* **beveel aan**, *verlede tyd* **het aanbeveel)**

aanbid worship *We go to church on Sundays to **worship** God.* Ons gaan Sondae kerk toe om God te **aanbid**.

□ **aan·bid** *werkwoord (teenwoordige tyd* **aanbid**, *verlede tyd* **het aanbid)**

aanbied ❶ offer [a] *"Can I **offer** you any help?"* "Kan ek jou enige hulp **aanbied**?" [b] *He **offered** me R65,00 for my bike.* Hy **het** my R65,00 vir my fiets **aangebied**. ❷ present *"Who is going to **present** the news on TV tonight?"* "Wie gaan vanaand die nuus op TV **aanbied**?"

□ **aan·bied** *werkwoord (teenwoordige tyd* **bied aan**, *verlede tyd* **het aangebied)**

aanbly stay on [a] *He is going to **stay on** at university for another year to further his studies.* Hy gaan nog 'n jaar op universiteit **aanbly** om verder te studeer. [b] *The lights in the shop windows **stay on** day and night.* Die ligte in die winkelvensters **bly** dag en nag **aan**.

□ **aan·bly** *werkwoord (teenwoordige tyd* **bly aan**, *verlede tyd* **het aangebly)**

aanbod offer *She wouldn't accept my **offer** of help.* Sy wou nie my **aanbod** van hulp aanvaar nie.

□ **aan·bod** *selfstandige naamwoord (meervoud* **aanbiedinge/aanbiedings)**

aanbou build on to *My dad is going to **build** another bedroom **on to** our house.* My pa gaan nog 'n slaapkamer by ons huis **aanbou**.

□ **aan·bou** *werkwoord (teenwoordige tyd* **bou aan**, *verlede tyd* **het aangebou)**

aanbrand get burnt *"Don't let the water boil away – the rice will **get burnt**."* "Moenie die water laat wegkook nie – die rys sal **aanbrand**."

♦ **laat aanbrand** burn *"The plate is too hot – you'll **burn** the food!"* "Die plaat is te warm – jy sal die kos **laat aanbrand**!"

□ **aan·brand** *werkwoord (teenwoordige tyd* **brand aan**, *verlede tyd* **het aangebrand)**

aanbring ❶ make *He had to **make** a correction where the teacher had marked a spelling mistake in his essay.* Hy moes 'n verbetering **aanbring** waar die juffrou 'n spelfout in sy opstel gemerk het. ❷ fit *He is going to **fit** a lamp above the front door to light the stoep.* Hy gaan 'n lamp bo die voordeur **aanbring** om die stoep te verlig.

□ **aan·bring** *werkwoord (teenwoordige tyd* **bring aan**, *verlede tyd* **het aangebring)**

aand ❶ evening *"It's a lovely **evening** – why don't you go and play outside until it gets dark?"* "Dis 'n lieflike **aand** – hoekom gaan speel julle nie buite totdat dit donker word nie?" ❷ night *She danced with the same boy all **night**.* Sy het die hele **aand** met dieselfde seun gedans.

□ **aand** *selfstandige naamwoord (meervoud* **aande)**

aandag attention *He waved his arms to attract her **attention**.* Hy het sy arms geswaai om haar **aandag** te trek.

♦ **aandag gee/skenk aan** pay attention to, attend to *"Children, **pay attention to** (OR **attend to**) what I'm* *saying, otherwise you'll never understand this sum."* "Kinders, **gee/skenk aandag aan** wat ek sê, anders sal julle nooit dié som verstaan nie."

◆ **aandag probeer trek** show off *People who* **show off** *are usually silly and loud.* Mense wat **aandag probeer trek**, is gewoonlik laf en luidrugtig.

☐ **aan·dag** *selfstandige naamwoord (geen meervoud)*

aandete supper *We have lunch at 13:00 and* **supper** *at 18:00.* Ons geniet middagete om 13:00 en **aandete** om 18:00.

☐ **aand·e·te** *selfstandige naamwoord (meervoud* **aandetes***)*

aandui ❶ indicate *There are arrows along the road that* **indicate** *where motorists can turn off.* Daar is pyltjies langs die pad wat **aandui** waar motoriste kan afdraai. ❷ show *Of course I know that the long hand of the clock* **shows** *the minutes and the short one the hours!* Natuurlik weet ek dat die lang wyser van die horlosie die minute **aandui** en die korte die ure! ❸ mark *The red lines on the map* **mark** *the borders of the different countries.* Die rooi lyne op die kaart **dui** die grense van die verskillende lande **aan**.

☐ **aan·dui** *werkwoord (teenwoordige tyd* **dui aan***, verlede tyd* **het aangedui***)*

aanduiding indication, sign *Dark clouds in the sky are an* **indication/sign** *of rain.* Donker wolke in die lug is 'n **aanduiding** van reën.

☐ **aan·dui·ding** *selfstandige naamwoord (meervoud* **aanduidings/aanduidinge***)*

aangaan ❶ continue, go on, carry on *The builders had to* **continue** *(OR* **go on** *OR* **carry on***) with their work in spite of the rain.* Die bouers moes ondanks die reën met hul werk **aangaan**. ❷ get on *"Will you please stop talking and* **get on** *with your work?"* "Sal julle asseblief ophou praat en met julle werk **aangaan**?" ❸ go on *"Will someone tell me what is* **going on** *here? Why are you making such a noise?"* "Sal iemand vir my sê wat hier **aangaan**? Hoekom lawaai julle so?" ❹ concern *"Please go away; we are talking about things that do not* **concern** *you."* "Gaan asseblief weg; ons praat oor goed wat jou nie **aangaan** nie."

☐ **aan·gaan** *werkwoord (teenwoordige tyd* **gaan aan***, verlede tyd* **het aangegaan***)*

aangee ❶ pass, hand *"Would you kindly* **pass/hand** *me the salt?"* "Sal jy my asseblief die sout **aangee**?" ❷ pass *The goalkeeper tried to* **pass** *the ball to one of his own players.* Die doelwagter het die bal na een van sy eie spelers probeer **aangee**. ❸ mark *The red lines on the map* **mark** *the borders of the different countries.* Die rooi lyne op die kaart **gee** die grense van die verskillende lande **aan**.

☐ **aan·gee** *werkwoord (teenwoordige tyd* **gee aan***, verlede tyd* **het aangegee***)*

aangenaam[1] pleasant *What a* **pleasant** *surprise – he phoned me all the way from England!* Wat 'n **aangename** verrassing – hy het my die hele pad van Engeland af gebel!

◆ **aangename kennis** how do you do?, pleased to meet you *"Mum, this is my friend George."* – *"How do you do, George? (OR* **Pleased to meet you***, George.)"* "Ma, dis my vriend George." – "**Aangename kennis**, George."

☐ **aan·ge·naam** *byvoeglike naamwoord (attributief* **aangename***)* **aangenamer, aangenaamste**

aangenaam[2] pleasantly *I was* **pleasantly** *surprised at the A that I got in the test.* Ek was **aangenaam** verras deur die A wat ek in die toets gekry het.

☐ **aan·ge·naam** *bywoord*

aangesien since, seeing that *"Since (OR* **Seeing that***) you're going to the kitchen, take the cups with you, please."* "**Aangesien** jy kombuis toe gaan, neem asseblief die koppies saam."

☐ **aan·ge·sien** *voegwoord*

aanhê have on, be wearing, be dressed in *"How will I recognize her?"* – *"She'll* **have on** *(OR* **be wearing** *OR* **be dressed in***) a blue skirt and a white blouse."* "Hoe sal ek haar herken?" – "Sy sal 'n blou romp en 'n wit bloes **aanhê**."

☐ **aan·hê** *werkwoord (teenwoordige tyd* **het aan***, verlede tyd* **het aangehad***)*

aanhou ❶ keep on *"Please keep quiet. If you* **keep on** *making such a noise I'll punish you!"* "Bly asseblief stil. As julle **aanhou** om so te lawaai, sal ek julle straf!" ❷ keep *The farmer* **keeps** *goats on his farm.* Die boer **hou** bokke op sy plaas **aan**. ❸ continue *"For how long do you think this bad weather will* **continue***?"* "Hoe lank dink jy sal dié slegte weer **aanhou**?" ❹ hang on, hold on *"Will you please* **hang/hold on***, sir? My dad will come to the telephone in a minute."* "Sal u asseblief **aanhou**, meneer? My pa kom nou-nou na die telefoon."

◆ **aanhou en aanhou** go on and on *Noise that* **goes on and on** *drives me mad!* Lawaai wat **aanhou en aanhou** maak my gek!

◆ **hou so aan!** keep it up! *"Your work is good –* **keep it up!***"* "Jou werk is goed – **hou so aan!**"

☐ **aan·hou** *werkwoord (teenwoordige tyd* **hou aan***, verlede tyd* **het aangehou***)*

aanhoudend continuously *She talks* **continuously** *and is hardly ever silent.* Sy praat **aanhoudend** en is byna nooit stil nie.

☐ **aan·hou·dend** *bywoord*

aanjaag ❶ drive *He has to* **drive** *the cattle to the kraal.* Hy moet die beeste **aanjaag** kraal toe. ❷ hurry up *She is working too slowly;* **hurry** *her* **up** *a bit.* Sy werk te stadig; **jaag** haar 'n bietjie **aan**. ❸ rush *"Don't* **rush** *me – there is plenty of time to get to the station."* "Moenie my **aanjaag** nie – daar is baie tyd om by die stasie te kom."

☐ **aan·jaag** *werkwoord (teenwoordige tyd* **jaag aan***, verlede tyd* **het aangejaag***)*

aankom arrive *The train will* **arrive** *at 15:30 and leave again at 15:40.* Die trein sal om 15:30 **aankom** en weer om 15:40 vertrek.

◆ **aankom in/op** reach, get to **[a]** *According to the*

timetable the train will **reach (**OR **get to)** *Johannesburg at 20:00.* Volgens die tydtafel sal die trein om 20:00 **in** Johannesburg **aankom. [b]** *The train* **reached (**OR **got to)** *Britstown at 20:00.* Die trein **het** om 20:00 **op** Britstown **aangekom.**

◆ **moet aankom** be due *The train* **is due** *in ten min- utes.* Die trein **moet** oor tien minute **aankom.**

☐ **aan·kom** *werkwoord (teenwoordige tyd* **kom aan,** *verlede tyd* **het aangekom***)*

aankoms arrival *A board at the station gives you infor- mation about the* **arrival** *and departure of trains.* 'n Bord by die stasie gee jou inligting oor die **aankoms** en vertrek van treine.

☐ **aan·koms** *selfstandige naamwoord (geen meervoud)*

aanlê aim *I saw the hunter* **aim** *his gun at the lion.* Ek het gesien hoe die jagter met sy geweer op die leeu **aanlê.**

☐ **aan·lê** *werkwoord (teenwoordige tyd* **lê aan,** *verlede tyd* **het aangelê***)*

aanleer pick up *You'll be able to* **pick up** *Dutch quite easily if you know Afrikaans.* Jy sal Hollands taamlik maklik kan **aanleer** as jy Afrikaans ken.

☐ **aan·leer** *werkwoord (teenwoordige tyd* **leer aan,** *verlede tyd* **het aangeleer***)*

aanleg talent *He has a* **talent** *for music and plays the guitar.* Hy het 'n **aanleg** vir musiek en speel kitaar.

☐ **aan·leg** *selfstandige naamwoord (meervoud* **aanlêe/ aanlegte***)*

aanloop move along *"***Move along**, *children, don't stand on the bridge!"* "**Aanloop (**OF **Loop aan),** kin- ders, moenie op die brug bly staan nie!"

☐ **aan·loop** *werkwoord (teenwoordige tyd* **loop aan,** *verlede tyd* **het aangeloop***)*

aanmaak ❶ mix *The bricklayer said to his helper, "Would you kindly* **mix** *some more cement for me?"* Die messelaar het vir sy helper gesê: "Sal jy asseblief vir my nog sement **aanmaak?**" ❷ start *"Please pick up some dry sticks for me so that I can* **start** *the fire."* "Tel asseblief vir my 'n paar droë stokkies op sodat ek die vuur kan **aanmaak.**"

☐ **aan·maak** *werkwoord (teenwoordige tyd* **maak aan,** *verlede tyd* **het aangemaak***)*

aanmekaar continuously *She talks* **continuously** *and is hardly ever silent.* Sy praat **aanmekaar** en is byna nooit stil nie.

◆ **ure/dae/weke/maande/jare aanmekaar** for hours/days/weeks/months/years on end *In September the wind blew* **for days on end**. Die wind het in Sep- tember **dae aanmekaar** gewaai.

☐ **aan·me·kaar** *bywoord*

---

aanmekaar beteken "aanhoudend" en **aan me- kaar** "die een aan die ander"

---

aanmeld report *When a motorist has an accident, he has to* **report** *it to the police.* As 'n motoris 'n ongeluk het, moet hy dit by die polisie **aanmeld.**

☐ **aan·meld** *werkwoord (teenwoordige tyd* **meld aan,** *verlede tyd* **het aangemeld***)*

aanneem ❶ accept *"Are you going to* **accept** *the invi- tation to his party?"* "Gaan jy die uitnodiging na sy partytjie **aanneem?**" ❷ take on **[a]** *"Don't* **take on** *too much work."* "Moenie te veel werk **aanneem** nie." **[b]** *His face* **took on** *a strange expression.* Sy gesig **het** 'n vreemde uitdrukking **aangeneem.**

☐ **aan·neem** *werkwoord (teenwoordige tyd* **neem aan,** *verlede tyd* **het aangeneem***)*

aanpas try on *"These shoes pinch me – I'll have to* **try on** *a bigger size."* Dié skoene knyp my – ek sal 'n groter nommer moet **aanpas.**"

☐ **aan·pas** *werkwoord (teenwoordige tyd* **pas aan,** *ver- lede tyd* **het aangepas***)*

aanraai advise *"If you don't feel better by tomorrow, I'd* **advise** *you to see a doctor."* "As jy teen môre nie beter voel nie, sou ek jou **aanraai** om dokter toe te gaan."

☐ **aan·raai** *werkwoord (teenwoordige tyd* **raai aan,** *verlede tyd* **het aangeraai***)*

aanraak handle *You may look at the things in a museum but not* **handle** *them.* Jy mag na die goed in 'n museum kyk maar dit nie **aanraak** nie.

☐ **aan·raak** *werkwoord (teenwoordige tyd* **raak aan,** *verlede tyd* **het aangeraak***)*

aanraking touch *The machine starts working at the* **touch** *of a button.* Die masjien begin werk by die **aan- raking** van 'n knoppie.

◆ **in aanraking kom met ❶** come into contact with *You can catch measles if you* **come into contact with** *a child who suffers from this disease.* Jy kan masels kry as jy **in aanraking kom met** 'n kind wat aan dié siekte ly. ❷ contact, get in touch with *"Can one* **contact (**OR **get in touch with)** *her by phone?"* "Kan 'n mens per telefoon **met** haar **in aanraking kom?**"

☐ **aan·ra·king** *selfstandige naamwoord (geen meer- voud)*

aanrig cause *A strong wind can* **cause** *great damage.* 'n Sterk wind kan groot skade **aanrig.**

☐ **aan·rig** *werkwoord (teenwoordige tyd* **rig aan,** *ver- lede tyd* **het aangerig***)*

aanry ❶ call *"Dad, can we* **call** *at Tom's house and give him a lift to school?"* "Pa, kan ons by Tom se húis **aan- ry** en hom oplaai skool toe?" ❷ move along *"Will you please* **move along**, *sir? You're not allowed to park in front of this gate."* "Sal u asseblief **aanry**, meneer? U mag nie voor dié hek parkeer nie."

☐ **aan·ry** *werkwoord (teenwoordige tyd* **ry aan,** *verle- de tyd* **het aangery***)*

aansit ❶ put on **[a]** *"I don't feel like it, but I suppose I'll have to* **put on** *a tie."* "Ek het nie lus nie, maar ek sal seker 'n das moet **aansit.**" **[b]** *I'll have to go on a diet because I've* **put on** *too much weight.* Ek sal op dieet moet gaan, want ek **het** te veel gewig **aangesit.** ❷ fit *"Do you know how to* **fit** *a tyre to a car?"* "Weet jy hoe om vir 'n motor 'n band **aan** te **sit?**" ❸ switch on, put on, turn on *"Shall I* **switch/put/turn on** *the light? It's a bit dark in here."* "Sal ek die lig **aansit?** Dis 'n bietjie donker hier binne." ❹ start *He couldn't* **start**

the car because the battery was flat. Hy kon nie die mo≈
tor **aansit** nie, want die battery was pap.

◆ **aansit vir ete** sit down to dinner *The phone rang just as we were about to **sit down to dinner***. Die tele≈
foon het gelui net toe ons wou **aansit vir ete**.

□ **aan·sit** *werkwoord (teenwoordige tyd* **sit aan**, *verle≈ de tyd* **het aangesit**)

aanskakel switch on, put on, turn on *"Shall I **switch/ put/turn on** the light? It's a bit dark in here."* "Sal ek die lig **aanskakel**? Dis 'n bietjie donker hier binne."

□ **aan·ska·kel** *werkwoord (teenwoordige tyd* **skakel aan**, *verlede tyd* **het aangeskakel**)

aansluit join [a] *When you **join** a club, you become a member of it.* Wanneer jy by 'n klub **aansluit**, word jy lid daarvan. [b] *"I'll **join** you in the café in ten min≈ utes."* "Ek sal (my) oor tien minute by julle in die kafee **aansluit**."

□ **aan·sluit** *werkwoord (teenwoordige tyd* **sluit aan**, *verlede tyd* **het aangesluit**)

aansmeer put on *"I'm almost ready! I just have to comb my hair and **put on** some lipstick."* "Ek is amper klaar! Ek moet nog net my hare kam en 'n bietjie lipstiffie **aansmeer**."

□ **aan·smeer** *werkwoord (teenwoordige tyd* **smeer aan**, *verlede tyd* **het aangesmeer**)

aansoek application *So far the company has received only one **application** for the job.* Die maatskappy het tot sover nog net een **aansoek** vir die werk ontvang.

◆ **aansoek doen om** apply for *When I leave school I'm going to **apply for** a job at the bank.* Wanneer ek die skool verlaat, gaan ek by die bank **om** werk **aan≈ soek doen**.

□ **aan·soek** *selfstandige naamwoord (meervoud* **aan≈ soeke**)

aanstap move along *"**Move along**, children, don't stand on the bridge!"* "**Aanstap** (OF **Stap aan**), kin≈ ders, moenie op die brug bly staan nie!"

□ **aan·stap** *werkwoord (teenwoordige tyd* **stap aan**, *verlede tyd* **het aangestap**)

aansteek ❶ light *"Please pass me the matches; I want to **light** the fire."* "Gee asseblief vir my die vuurhoutjies aan; ek wil die vuur **aansteek**." ❷ infect *When you have flu, you should stay in bed so that you don't **infect** other people.* As jy griep het, moet jy in die bed bly, sodat jy ander mense nie **aansteek** nie.

□ **aan·steek** *werkwoord (teenwoordige tyd* **steek aan**, *verlede tyd* **het aangesteek**)

aansteeklik infectious *"Is flu **infectious**?" – "Yes, it's an illness that spreads from one person to another."* "Is griep **aansteeklik**?" – "Ja, dis 'n siekte wat van een mens na 'n ander versprei."

□ **aan·steek·lik** *byvoeglike naamwoord (attributief* **aansteeklike**) **aansteekliker**, **aansteeklikste**

aantal number *There were a large **number** of people at the soccer match.* Daar was 'n groot **aantal** mense by die sokkerwedstryd.

◆ **'n hele aantal** quite a number of *We have lived in*

this house for **quite a number of** years. Ons woon al **'n hele aantal** jare in dié huis.

□ **aan·tal** *telwoord (meervoud* **aantalle**)

'n Mens gebruik die woord **aantal** by onbepaalde hoeveelhede en die woord **getal** by bepaalde hoe≈ veelhede: *Daar is 'n **aantal** mense in die ongeluk dood, maar niemand weet hoeveel nie. 17 is 'n **getal** wat uit twee syfers bestaan.* Daar is egter gevalle waar jy sowel **aantal** as **getal** kan gebruik: *'n Groot **aantal** (*OF *groot **getalle***) *mense het by die wedstryd opgedaag.* ⇨ **hoeveelheid** [NOTA].

---

aantas affect *Cigarette smoke can **affect** your lungs.* Si≈ garetrook kan jou longe **aantas**.

□ **aan·tas** *werkwoord (teenwoordige tyd* **tas aan**, *ver≈ lede tyd* **het aangetas**)

aanteken ❶ note down *"Give me your new telephone number so that I can **note it down** in my address book."* "Gee my jou nuwe telefoonnommer sodat ek dit in my adresboek kan **aanteken**." ❷ score *If the team can **score** another goal they will win the match.* As die span nog 'n doel kan **aanteken**, sal hulle die wedstryd wen.

□ **aan·te·ken** *werkwoord (teenwoordige tyd* **teken aan**, *verlede tyd* **het aangeteken**)

aantekening note *He made a **note** of her name and ad≈ dress on the back of an old envelope.* Hy het 'n **aanteke≈ ning** van haar naam en adres op die agterkant van 'n ou koevert gemaak.

□ **aan·te·ke·ning** *selfstandige naamwoord (meervoud* **aantekeninge/aantekenings**)

aantrek ❶ dress [a] *"Here are the baby's clothes – will you **dress** him for me?"* "Hier is die baba se klere – sal jy hom vir my **aantrek**?" [b] *I am **dressing**.* Ek trek my aan. ❷ get dressed *I always have a wash before I **get dressed** in the morning.* Ek was my altyd voordat ek soggens **aantrek**. ❸ put on *"It's cold outside; you must **put on** a warm jersey."* "Dis koud buite; jy moet 'n warm trui **aantrek**." ❹ wear *Do I have to **wear** a suit to the party?"* "Moet ek 'n pak na die partytjie toe **aantrek**? ❺ attract *A magnet can **attract** pieces of iron or steel.* 'n Magneet kan stukke yster of staal **aan≈ trek**.

□ **aan·trek** *werkwoord (teenwoordige tyd* **trek aan**, *verlede tyd* **het aangetrek**)

aantreklik ❶ attractive, good-looking, handsome *He is very **attractive/good-looking/handsome** and has many girlfriends.* Hy is baie **aantreklik** en het baie meisies. ❷ attractive, good-looking *She is very **at≈ tractive/good-looking** and has many boyfriends.* Sy is baie **aantreklik** en het baie kêrels.

□ **aan·trek·lik** *byvoeglike naamwoord (attributief* **aantreklike**) **aantrekliker**, **aantreklikste**

aanvaar ❶ accept *"Are you going to **accept** the invita≈ tion to his party?"* "Gaan jy die uitnodiging na sy par≈ tytjie **aanvaar**?" ❷ take on *"Don't **take on** too much work."* "Moenie te veel werk **aanvaar** nie." ❸ take up *She left school to **take up** a job at the supermarket.* Sy

het die skool verlaat om 'n werk by die supermark te
aanvaar.

□ **aan·vaar** *werkwoord (teenwoordige tyd* **aanvaar**,
verlede tyd **het aanvaar***)*

aanval[1] attack **[a]** *Five soldiers were wounded in the at=
tack on the enemy.* Vyf soldate is in die **aanval** op die
vyand gewond. **[b]** *When I had flu, I had a mild attack
of fever.* Toe ek griep gehad het, het ek 'n ligte **aanval**
van koors gekry.

□ **aan·val** *selfstandige naamwoord (meervoud* **aan=
valle***)*

aanval[2] attack *The soldiers are going to* **attack** *the
enemy with planes and tanks.* Die soldate gaan die vy=
and met vliegtuie en tenks **aanval**.

□ **aan·val** *werkwoord (teenwoordige tyd* **val aan**, *ver=
lede tyd* **het aangeval***)*

aanwend apply *"Allow the paint to dry properly before
you* **apply** *the second coat."* "Laat die verf goed droog
word voor jy die tweede laag **aanwend**."

□ **aan·wend** *werkwoord (teenwoordige tyd* **wend aan**,
verlede tyd **het aangewend***)*

aanwerk sew on *"Simon, bring me a needle and thread
so that I can* **sew on** *your button."* "Simon, bring vir
my 'n naald en garing sodat ek jou knoop kan **aan=
werk**."

□ **aan·werk** *werkwoord (teenwoordige tyd* **werk aan**,
verlede tyd **het aangewerk***)*

aanwesig present *"How many people were* **present** *at
her wedding?"* "Hoeveel mense was by haar troue **aan=
wesig**?"

□ **aan·we·sig** *byvoeglike naamwoord (attributief* **aan=
wesige***)*

aanwysing instruction *According to the* **instructions**
*on the bottle of medicine you have to take two tablets
three times a day.* Volgens die **aanwysinge/aanwy=
sings** op die bottel medisyne moet jy twee pille drie
maal per dag drink.

□ **aan·wy·sing** *selfstandige naamwoord (dikwels meer=
voud* **aanwysinge/aanwysings***)*

aap monkey *A* **monkey** *is smaller than a baboon, but
they look very alike.* 'n **Aap** is kleiner as 'n bobbejaan,
maar hulle lyk baie na mekaar.

□ **aap** *selfstandige naamwoord (meervoud* **ape***)*

aar vein *A* **vein** *is a tube in the body which carries blood to
the heart.* 'n **Aar** is 'n buis in die liggaam wat bloed na
die hart vervoer.

□ **aar** *selfstandige naamwoord (meervoud* **are***)*

aarbei strawberry *A* **strawberry** *is a small red fruit.* 'n
Aarbei is 'n klein rooi vruggie.

□ **aar·bei** *selfstandige naamwoord (meervoud* **aar=
beie***)*

aard nature *His injury was of such a serious* **nature** *that
he will never be able to walk again.* Sy besering was van
so 'n ernstige **aard** dat hy nooit weer sal kan loop nie.

◆ **in die aard lê/wees van** be in the nature of *It is in
the nature of some birds to fly to warmer parts of the
world during winter.* Dit **lê/is in die aard van** sommi=

ge voëls om in die winter na warmer wêrelddele te
vlieg.

◆ **in iemand/iets se aard lê/wees** be (in) some=
one's/something's nature **[a]** *She is a sweet person – it
is not (in) her nature to be nasty to others.* Sy is 'n
liewe mens – dit **lê/is** nie **in haar aard** om naar met
ander te wees nie. **[b]** *It is (in) a cat's nature to
miaow.* Dit **lê/is in 'n kat se aard** om te miaau.

◆ **van aard** by nature *He is cheerful* **by nature** *and
seldom gets cross.* Hy is vrolik **van aard** en word selde
kwaad.

□ **aard** *(selfstandige naamwoord (geen meervoud)*

aarde earth *The moon goes round the* **earth**. Die maan
draai om die **aarde**.

◆ **hoe op aarde kon?** how could ... possibly? *"How
could you possibly pay R350,00 for that blouse?"*
"Hoe op aarde kon jy R350,00 vir daardie bloes
betaal?"

◆ **o aarde!** o/oh dear! *"O/Oh dear, I've broken off
the cup's ear!"* "**O aarde**, ek het die koppie se oor
afgebreek!"

◆ **op aarde** on earth **[a]** *Africa is one of the largest
continents on earth.* Afrika is een van die grootste kon=
tinente op **aarde**. **[b]** *Nothing on earth will make me
change my mind.* Niks **op aarde** sal my van plan laat
verander nie.

◆ **waar op aarde?** where on earth?, wherever?
*"Where on earth (OR Wherever) did you get that
funny hat?"* "**Waar op aarde** het jy daardie snaakse
hoed gekry?"

◆ **wat op aarde?** what on earth?, whatever? *"What
on earth (OR Whatever) is that strange thing over
there?"* "**Wat op aarde** is die vreemde ding daar oor=
kant?"

◆ **wie op aarde?** who on earth?, whoever? *"Who on
earth (OR Whoever) told you that?"* "**Wie op aarde**
het jou dit vertel?"

□ **aar·de** *selfstandige naamwoord (geen meervoud)*

aardrykskunde geography *Geography is a subject
that teaches you about the earth, its mountains, rivers,
oceans and climate.* **Aardrykskunde** is 'n vak wat jou
leer van die aarde, sy berge, riviere, oseane en klimaat.

□ **aard·ryks·kun·de** *selfstandige naamwoord (geen
meervoud)*

aartappel potato *"I don't want any more peas, but may I
have another* **potato**, *please?"* "Ek wil nie meer ertjies
hê nie, maar kan ek nog 'n **aartappel** kry, asseblief?"

□ **aar·tap·pel** *selfstandige naamwoord (meervoud
aartappels*)*

aas[1] bait *The fisherman used a worm as* **bait** *to catch the
fish.* Die visser het 'n wurm as **aas** gebruik om die vis
te vang.

□ **aas** *selfstandige naamwoord (geen meervoud)*

aas[2] prey *Owls* **prey** *on mice and other small animals.*
Uile **aas** op muise en ander klein diertjies.

□ **aas** *werkwoord (teenwoordige tyd* **aas**, *verlede tyd*
het geaas*)*

abba piggyback *He said to his son, "Get on my back; I'll piggyback you home."* Hy het vir sy seun gesê: "Klim op my rug; ek sal jou huis toe **abba**."

☐ **ab·ba** *werkwoord (teenwoordige tyd* **abba**, *verlede tyd* **het geabba***)*

absoluut absolutely *It's **absolutely** impossible to do all this work in two days!* Dis **absoluut** onmoontlik om al dié werk binne twee dae te doen!

☐ **ab·so·luut** *bywoord*

adres address *The **address** of the shop is: 32 Long Street, Cape Town, 8001.* Die **adres** van die winkel is: Langstraat 32, Kaapstad, 8001.

☐ **a·dres** *selfstandige naamwoord (meervoud* **adresse***)*

adresseer address *"Remember to **address** the letter before you post it."* "Onthou om die brief te **adresseer** voordat jy dit pos."

☐ **a·dres·seer** *werkwoord (teenwoordige tyd* **adresseer**, *verlede tyd* **het geadresseer***)*

adverteer advertise *They are going to **advertise** the concert by putting up notices in shop windows.* Hulle gaan die konsert **adverteer** deur kennisgewings in winkelvensters op te plak.

☐ **ad·ver·teer** *werkwoord (teenwoordige tyd* **adverteer**, *verlede tyd* **het geadverteer***)*

advertensie advertisement *My father bought me a bicycle through an **advertisement** in the newspaper.* My pa het vir my 'n fiets deur 'n **advertensie** in die koerant gekoop.

☐ **ad·ver·ten·sie** *selfstandige naamwoord (meervoud* **advertensies***)*

af¹ broken *His arm is **broken**.* Sy arm is **af**.

☐ **af** *byvoeglike naamwoord (attributief* **af***)*

af² ❶ down [a] *He went **down** the stairs to the ground floor.* Hy is met die trap **af** na die grondverdieping toe. [b] *The car went **down** the hill at a high speed.* Die motor is met 'n groot snelheid teen die bult **af**. ❷ off *"Get **off** the roof immediately!"* "Klim dadelik van die dak **af**!"

◆ **(so) af en toe** (every) now and then/again, once in a while *I usually walk to school, but **now and then/again** (OR **every now and then/again** OR **once in a while**) I catch a bus.* Ek loop gewoonlik skool toe, maar **(so) af en toe** haal ek 'n bus.

◆ **van ... af** ⇨ **van²**.

☐ **af** *bywoord*

afbetaal pay off *If you buy something on account at that shop, you can **pay** it **off** over six months.* As jy iets op rekening by daardie winkel koop, kan jy dit oor ses maande **afbetaal**.

☐ **af·be·taal** *werkwoord (teenwoordige tyd* **betaal af**, *verlede tyd* **het afbetaal***)*

afbly van keep off *There are notices in the park that warn people to **keep off** the grass.* Daar is kennisgewings in die park wat waarsku dat mense **van** die gras moet **afbly**.

☐ **af·bly van** *werkwoordfrase (teenwoordige tyd* **bly**

af van, *verlede tyd* **het afgebly van***)*

afbrand burn down *She watched her house **burn down** and cried, "The fire will destroy everything!"* Sy het gekyk hoe haar huis **afbrand** en geroep: "Die vuur sal alles vernietig!"

☐ **af·brand** *werkwoord (teenwoordige tyd* **brand af**, *verlede tyd* **het afgebrand***)*

afbreek ❶ break off *"May I have some of your chocolate?" – "Yes, but don't **break off** more than two blocks."* "Mag ek van jou sjokolade kry?" – "Ja, maar moenie meer as twee blokkies **afbreek** nie." ❷ break down *The firemen had to **break down** the front door to get into the house.* Die brandweermanne moes die voordeur **afbreek** om by die huis in te kom. ❸ pull down *They are going to **pull down** that old building and put up a cinema in its place.* Hulle gaan daardie ou gebou **afbreek** en 'n bioskoop in sy plek bou. ❹ take down *"Tom, please come and help me to **take down** and fold up the tent."* "Tom, kom help my asseblief die tent **afbreek** en opvou." ❺ divide *The dot between the "f" and "d" of "af·dek" shows where you can **divide** the word at the end of a sentence.* Die kolletjie tussen die "f" en "d" van "af·dek" wys waar jy die woord aan die end van 'n reël kan **afbreek**.

☐ **af·breek** *werkwoord (teenwoordige tyd* **breek af**, *verlede tyd* **het afgebreek***)*

afdek clear *After dinner the children have to **clear** the table.* Die kinders moet na ete die tafel **afdek**.

☐ **af·dek** *werkwoord (teenwoordige tyd* **dek af**, *verlede tyd* **het afgedek***)*

afdeling ❶ department *Large shops often have one **department** for food and another for clothing.* Groot winkels het dikwels een **afdeling** vir kos en 'n ander vir klere. ❷ section *There is a special **section** in the library for newspapers and magazines.* Daar is 'n spesiale **afdeling** in die biblioteek vir koerante en tydskrifte.

☐ **af·de·ling** *selfstandige naamwoord (meervoud* **afdelinge/afdelings***)*

afdraai ❶ turn off [a] *There are places along the road where one can **turn off** to rest.* Daar is plekke langs die pad waar 'n mens kan **afdraai** om te rus. [b] *You must **turn off** the power at the main switch before you work on an electric wire.* Jy moet die krag by die hoofskakelaar **afdraai** voor jy aan 'n elektriese draad werk. ❷ turn down *"Will you please **turn** the radio **down**? It's far too loud."* "Sal jy asseblief die radio **afdraai**? Dis veels te hard."

☐ **af·draai** *werkwoord (teenwoordige tyd* **draai af**, *verlede tyd* **het afgedraai***)*

afdraande slope *I always use my brakes when I ride down a steep **slope**.* Ek gebruik altyd my remme wanneer ek teen 'n steil **afdraand/afdraande** afry.

☐ **af·draand, af·draan·de** *selfstandige naamwoord (meervoud* **afdraandes***)*

afdraand, afdraande² downhill *I walk **downhill** to school and uphill back home.* Ek loop **afdraand/af** draande skool toe en opdraand/opdraande terug huis toe.

☐ **af·draand, af·draan·de** *bywoord*

afdroog dry (up) *"You wash the dishes – I'll dry (up)."* "Was jy die skottelgoed – ek sal **afdroog**."

☐ **af·droog** *werkwoord (teenwoordige tyd* **droog af**, *verlede tyd* **het afgedroog)**

afdruk print *He took the film to the camera shop and asked them to make one print of each photograph.* Hy het die film na die kamerawinkel geneem en hulle gevra om een **afdruk** van elke foto te maak.

☐ **af·druk** *selfstandige naamwoord (meervoud* **afdrukke)**

afgaan ❶ go down *The men have to go down deep into the mine to dig for gold.* Die mans moet diep in die myn **afgaan** om na goud te grawe. ❷ go off *An alarm-clock makes a sharp sound when it goes off.* 'n Wekker maak 'n skerp geluid wanneer dit **afgaan**.

☐ **af·gaan** *werkwoord (teenwoordige tyd* **gaan af**, *verlede tyd* **het afgegaan)**

afgee give off *The sun is a body that gives off light and heat.* Die son is 'n liggaam wat lig en hitte **afgee**.

☐ **af·gee** *werkwoord (teenwoordige tyd* **gee af**, *verlede tyd* **het afgegee)**

afgeloop worn *I'll have to replace the front tyre – it's completely worn.* Ek sal die voorste band moet vervang – dis heeltemal **afgeloop**.

☐ **af·ge·loop** *byvoeglike naamwoord (attributief* **afgeloopte)**

afgelope past *It has been raining for the past three days.* Dit reën al die **afgelope** drie dae.

☐ **af·ge·lo·pe** *attributiewe byvoeglike naamwoord*

afgly ❶ slide down *The fisherman let his boat slide down the bank into the river.* Die visser het sy boot teen die wal in die rivier laat **afgly**. ❷ slide off *"Don't tip the tray – the cups will slide off it!"* "Moenie die skinkbord skeef hou nie – die koppies sal daarvan **afgly**!" ❸ slip down *I saw him slip down the muddy bank and land in the water.* Ek het gesien hoe hy teen die modderige wal **afgly** en in die water beland.

◆ **afgly van** slip off *Simon slipped off the rock and broke his leg.* Simon **het van** die rots **afgegly** en sy been gebreek.

☐ **af·gly** *werkwoord (teenwoordige tyd* **gly af**, *verlede tyd* **het afgegly)**

afgooi ❶ throw off *"If you're too hot, you can always throw off one of the blankets."* "As jy te warm kry, kan jy altyd een van die komberse **afgooi**." ❷ throw down *"Climb into the tree and throw down some apples for us."* "Klim in die boom en gooi vir ons 'n paar appels af." ❸ throw [a] *A snake can throw its skin.* 'n Slang kan sy vel **afgooi**. [b] *The horse threw its rider.* Die perd **het** sy ruiter **afgegooi**.

☐ **af·gooi** *werkwoord (teenwoordige tyd* **gooi af**, *verlede tyd* **het afgegooi)**

afhaal ❶ take off *I can't see well if I take off my glasses.* Ek kan nie goed sien as ek my bril **afhaal** nie. ❷ take

down *"Will you take down the curtains for me, please? I want to wash them."* "Sal jy die gordyne vir my **af-haal**, asseblief? Ek wil hulle was." ❸ collect *He went to the post office to collect a parcel.* Hy is poskantoor toe om 'n pakkie te gaan **afhaal**.

◆ **afhaal van** take off *His mother told him to take his feet off the table.* Sy ma het gesê hy moet sy voete **van** die tafel **afhaal**.

☐ **af·haal** *werkwoord (teenwoordige tyd* **haal af**, *verlede tyd* **het afgehaal)**

afhang hang down *Some trees have branches that hang down so low that they almost touch the ground.* Party bome het takke wat so laag **afhang** dat hulle byna aan die grond raak.

◆ **afhang van** ❶ depend on *"Can we go swimming tomorrow?" – "I don't know. It will depend on the weather."* "Kan ons môre gaan swem?" – "Ek weet nie. Dit sal **van** die weer **afhang**." ❷ hang from *Philip is swinging on a rope hanging from the tree.* Philip swaai aan 'n tou wat **van** die boom **afhang**.

☐ **af·hang** *werkwoord (teenwoordige tyd* **hang af**, *verlede tyd* **het afgehang)**

afhardloop run down *In case of fire you must run down the stairs and not use the lift.* In geval van brand moet jy met die trap **afhardloop** en nie die hysbak gebruik nie.

☐ **af·hard·loop** *werkwoord (teenwoordige tyd* **hardloop af**, *verlede tyd* **het afgehardloop)**

afhou keep off *"Will you please keep your dog off our land; it digs up our plants."* "Sal jy asseblief jou hond van ons grond **afhou**; hy grawe ons plante uit."

☐ **af·hou** *werkwoord (teenwoordige tyd* **hou af**, *verlede tyd* **het afgehou)**

afkap ❶ chop down, cut down *They had to chop/cut down the tree because it was old and sick.* Hulle moes die boom **afkap** omdat dit oud en siek was. ❷ chop off, cut off *Dad tried to chop/cut off the snake's head with a spade.* Pa het die slang se kop met 'n graaf probeer **afkap**.

☐ **af·kap** *werkwoord (teenwoordige tyd* **kap af**, *verlede tyd* **het afgekap)**

afklim ❶ climb down *"Be careful when you climb down the ladder."* "Wees versigtig wanneer jy teen die leer **afklim**." ❷ get down *"Can you get down from the roof without a ladder?"* "Kan jy sonder 'n leer van die dak **afklim**?" ❸ get off *"Mind! Don't fall when you get off the horse."* "Pas op! Moenie val wanneer jy van die perd **afklim** nie."

☐ **af·klim** *werkwoord (teenwoordige tyd* **klim af**, *verlede tyd* **het afgeklim)**

afkoel cool down *"The coffee is very hot – let it cool down before you drink it."* "Die koffie is baie warm – laat dit **afkoel** voor jy dit drink."

☐ **af·koel** *werkwoord (teenwoordige tyd* **koel af**, *verlede tyd* **het afgekoel)**

afkom ❶ come down [a] *"Go upstairs and do your homework, and don't come down before you have finished!"*

"Gaan boontoe en doen jou huiswerk, en moenie **afkom** voor jy klaar is nie!" **[b]** *The price of clothes comes down towards the end of a season.* Die prys van klere **kom af** teen die end van 'n seisoen. ◪ *come off The dirt will come off if you scrub the floor with a brush.* Die vuiligheid sal **afkom** as jy die vloer met 'n borsel skrop. ◙ come across *If I should come across a snake, I would run away as fast as I could.* As ek op 'n slang sou **afkom**, sou ek weghardloop so vinnig as wat ek kan.

☐ **af·kom** *werkwoord (teenwoordige tyd* **kom af**, *verlede tyd* **het afgekom***)*

afkort abbreviate *One can abbreviate "television" to "TV".* 'n Mens kan "televisie" tot "TV" **afkort**.

☐ **af·kort** *werkwoord (teenwoordige tyd* **kort af**, *verlede tyd* **het afgekort***)*

afkorting abbreviation *"TV" is an abbreviation of/ for "television".* "TV" is 'n **afkorting** vir "televisie". ◆ **die afkorting wees vir** be short for *Tom is short for Thomas.* Tom **is die afkorting vir** Thomas.

☐ **af·kor·ting** *selfstandige naamwoord (meervoud* **afkortings***)*

afkrap scrape (down) *"You must scrape the walls (down) before you paint them again."* "Jy moet die mure **afkrap** voordat jy hulle weer verf." ◆ **afkrap van** scrape from/off *"You must scrape the mud from/off your shoes before you go inside."* "Jy moet die modder **van** jou skoene **afkrap** voordat jy na binne gaan."

☐ **af·krap** *werkwoord (teenwoordige tyd* **krap af**, *verlede tyd* **het afgekrap***)*

afkry get off **[a]** *I can't get the top off the bottle with this opener.* Ek kan nie die bottel se dop met dié oopmaker **afkry** nie. **[b]** *My father got the day off from work to come and watch me play soccer.* My pa **het** die dag by die werk **afgekry** om te kom kyk hoe ek sokker speel.

☐ **af·kry** *werkwoord (teenwoordige tyd* **kry af**, *verlede tyd* **het afgekry***)*

afkyk ◪ look down *If you look down on the city from the top of the mountain, the people look like little ants.* As jy bo van die berg op die stad **afkyk**, lyk die mense soos miertjies. ◙ crib *Don't crib – it is dishonest to copy someone else's answers in an examination.* Moenie **afkyk** nie – dis oneerlik om iemand anders se antwoorde in 'n eksamen af te skryf.

☐ **af·kyk** *werkwoord (teenwoordige tyd* **kyk af**, *verlede tyd* **het afgekyk***)*

aflaai ◪ unload *"Please help me unload the furniture from the bakkie."* "Help my asseblief die meubels van die bakkie **aflaai**." ◙ pass on *"Don't pass the work on to your sister – do it yourself!"* "Moenie die werk op jou suster **aflaai** nie – doen dit self!"

☐ **af·laai** *werkwoord (teenwoordige tyd* **laai af**, *verlede tyd* **het afgelaai***)*

aflees read out *Tomorrow at assembly the principal will read out the names of the new prefects.* Die hoof sal môre in die saal die name van die nuwe prefekte **aflees**.

☐ **af·lees** *werkwoord (teenwoordige tyd* **lees af**, *verlede tyd* **het afgelees***)*

aflewer deliver *We have bought a new table and the shop will deliver it to our house tomorrow.* Ons het 'n nuwe tafel gekoop en die winkel sal dit môre by ons huis **aflewer**.

☐ **af·le·wer** *werkwoord (teenwoordige tyd* **lewer af**, *verlede tyd* **het afgelewer***)*

afleweringswa van *The van parked in front of the café is loaded with baskets of bread.* Die **afleweringswa** wat voor die kafee staan, is met mandjies brood gelaai.

☐ **af·le·we·rings·wa** *selfstandige naamwoord (meervoud* **afleweringswaens***)*

afloop ◪ run off *Roofs slant so that the rain can run off them.* Dakke loop skuins sodat die reën daarteen kan **afloop**. ◙ run down *This is an old type of watch that runs down after you have wound it.* Dis 'n ou soort horlosie dié wat **afloop** nadat jy dit opgewen het. ➪ **afgeloop**.
◆ **afloop met** walk down *"Keep your hand on the rail while you walk down the stairs."* "Hou jou hand op die reling terwyl jy **met** die trap **afloop**." ◆ **afloop teen** run down *A stream of tears ran down her cheeks.* 'n Stroom trane **het teen** haar wange **afgeloop**. ◆ **goed afloop** turn/work out well *"Don't worry – I'm sure everything will turn/work out well in the end."* "Moet jou nie bekommer nie – ek is seker alles sal op die ou end **goed afloop**."

☐ **af·loop** *werkwoord (teenwoordige tyd* **loop af**, *verlede tyd* **het afgeloop***)*

afmerk tick off *"Make a shopping list, and take a pen with you so that you can tick off what you have bought."* "Maak 'n inkopielys, en neem 'n pen saam sodat jy kan **afmerk** wat jy gekoop het."

☐ **af·merk** *werkwoord (teenwoordige tyd* **merk af**, *verlede tyd* **het afgemerk***)*

afneem ◪ take down *This chair doesn't belong up here. I'll have to take it down to the kitchen.* Dié stoel hoort nie hierbo nie. Ek sal dit moet **afneem** kombuis toe. ◙ photograph *"Face the camera and smile while I photograph you."* "Kyk na die kamera en glimlag terwyl ek jou **afneem**." ◙ decrease *They expect that the number of pupils will decrease from 750 to 700 next year.* Hulle verwag dat die aantal leerlinge volgende jaar van 750 tot 700 sal **afneem**. ◆ **afneem van** take off *His mother told him to take his feet off the table.* Sy ma het gesê hy moet sy voete **van** die tafel **afneem**. ◆ **afneem van/by** take (away) from *"The dog will bite you if you try to take his bone (away) from him!"* "Die hond sal jou byt as jy sy been **van/by** hom probeer **afneem**!"

☐ **af·neem** *werkwoord (teenwoordige tyd* **neem af**, *verlede tyd* **het afgeneem***)*

afrig ◻ coach *A South African champion is going to* **coach** *our school's athletes next year.* 'n Suid-Afrikaanse kampioen gaan volgende jaar ons skool se atlete **afrig**. ◻ train *There are special schools that* **train** *dogs to guide blind people.* Daar is spesiale skole wat honde **afrig** om blindes te lei.
   □ **af·rig** *werkwoord (teenwoordige tyd* rig af, *verlede tyd* het afgerig*)*

afrigter coach *The* **coach** *of our first soccer team is a well-known goalkeeper.* Die **afrigter** van ons eerste sokkerspan is 'n welbekende doelwagter.
   □ **af·rig·ter** *selfstandige naamwoord (meervoud* **afrigters***)*

Afrikaans[1] Afrikaans *His home language is* **Afrikaans**, *but he speaks English very well.* Sy huistaal is **Afrikaans**, maar hy praat Engels baie goed.
   □ **A·fri·kaans** *selfstandige naamwoord (geen meervoud)*

Afrikaans[2] Afrikaans *He is reading the* **Afrikaans** *translation of a book that was written in English.* Hy lees die **Afrikaanse** vertaling van 'n boek wat in Engels geskryf is.
   □ **A·fri·kaans** *byvoeglike naamwoord (meestal attributief* **Afrikaanse***)*

Afrikaner Afrikaner *His surname is Potgieter – he is probably an* **Afrikaner**. Sy van is Potgieter – hy is seker 'n **Afrikaner**.
   □ **A·fri·ka·ner** *selfstandige naamwoord (meervoud* **Afrikaners***)*

afrol roll down *"Stop the ball before it* **rolls down** *the stairs!"* "Keer die bal voor dit met die trap **afrol**!"
   □ **af·rol** *werkwoord (teenwoordige tyd* rol af, *verlede tyd* het afgerol*)*

afruk pull off *She tried to* **pull** *the burning clothes* **off** *the child.* Sy het die brandende klere van die kind probeer **afruk**.
   □ **af·ruk** *werkwoord (teenwoordige tyd* ruk af, *verlede tyd* het afgeruk*)*

afsak slip down *If you wear elastic round your socks, they won't* **slip down** *so easily when you run.* As jy rek om jou kouse dra, sal hulle nie so maklik **afsak** wanneer jy hardloop nie.
   □ **af·sak** *werkwoord (teenwoordige tyd* sak af, *verlede tyd* het afgesak*)*

afsien van give up *We had to* **give up** *our plan to go swimming because of the bad weather.* Ons moes as gevolg van die slegte weer **afsien van** ons plan om te gaan swem.
   □ **af·sien van** *werkwoordfrase (teenwoordige tyd* sien af van, *verlede tyd* het afgesien van*)*

afsit ◻ drop, put off *She got on the bus and said to the driver, "Would you kindly* **drop** *me (*OR **put** *me* **off***) at the station?"* Sy het op die bus geklim en vir die bestuurder gesê: "Sal jy my by die stasie **afsit**, asseblief?" ◻ switch off, turn off, put off *"May I* **switch/turn/put off** *the radio, or are you still listening to it?"* "Kan ek maar die radio **afsit**, of luister jy nog daar-

na?" ◻ switch off, turn off, put off, put out *"Remember to* **switch/turn/put off** *(*OR **put out***) the lights before you go to bed."* "Onthou om die ligte **af** te **sit** voordat jy gaan slaap."
   □ **af·sit** *werkwoord (teenwoordige tyd* sit af, *verlede tyd* het afgesit*)*

afskakel ◻ switch off, turn off, put off *"May I* **switch/turn/put off** *the radio, or are you still listening to it?"* "Kan ek maar die radio **afskakel**, of luister jy nog daarna?" ◻ switch off, turn off, put off, put out *"Remember to* **switch/turn/put off** *(*OR **put out***) the lights before you go to bed."* "Onthou om die ligte **af** te **skakel** voordat jy gaan slaap."
   □ **af·ska·kel** *werkwoord (teenwoordige tyd* skakel af, *verlede tyd* het afgeskakel*)*

afskeid goodbye *It's difficult to say* **goodbye** *to friends who are going away for good.* Dis swaar om **afskeid** te neem van vriende wat vir goed weggaan.
   □ **af·skeid** *selfstandige naamwoord (meervoud* **afskeide***)*

afskeur tear off *She tried to* **tear** *the label* **off** *the jam jar.* Sy het die etiket van die konfytfles probeer **afskeur**.
   □ **af·skeur** *werkwoord (teenwoordige tyd* skeur af, *verlede tyd* het afgeskeur*)*

afskiet shoot *A bow is a weapon with which you* **shoot** *arrows.* 'n Boog is 'n wapen waarmee jy pyle **afskiet**.
   □ **af·skiet** *werkwoord (teenwoordige tyd* skiet af, *verlede tyd* het afgeskiet*)*

afskil peel *"May I borrow your penknife, please? I want to* **peel** *my apple with it."* "Kan ek jou knipmes leen, asseblief? Ek wil my appel daarmee **afskil**."
   □ **af·skil** *werkwoord (teenwoordige tyd* skil af, *verlede tyd* het afgeskil*)*

afskop[1] kick-off *The* **kick-off** *for this afternoon's match is at 14:30.* Die **afskop** vir vanmiddag se wedstryd is om 14:30.
   □ **af·skop** *selfstandige naamwoord (meervoud* **afskoppe***)*

afskop[2] kick off *The captain of our team had to* **kick off** *to start the match.* Die kaptein van ons span moes **afskop** om die wedstryd te begin.
   □ **af·skop** *werkwoord (teenwoordige tyd* skop af, *verlede tyd* het afgeskop*)*

afskraap van scrape from/off *"You must* **scrape** *the mud* **from/off** *your shoes before you go inside."* "Jy moet die modder **van** jou skoene **afskraap** voordat jy na binne gaan."
   □ **af·skraap van** *werkwoordfrase (teenwoordige tyd* skraap af van, *verlede. tyd* het afgeskraap van*)*

afskroef, afskroewe unscrew *"Dad, will you un-* **screw** *the top of the bottle for me, please?"* "Pa, sal jy die bottel se dop vir my **afskroef/afskroewe**, asseblief?"
   □ **af·skroef, af·skroe·we** *werkwoord (teenwoordige tyd* skroef/skroewe af, *verlede tyd* het afgeskroef/afgeskroewe*)*

afskryf, afskrywe copy **[a]** *"Don't make mistakes when you copy the work on the board into your books." "Moe=nie foute maak wanneer julle die werk op die bord in jul boeke* **afskryf/afskrywe** *nie."* **[b]** *The teacher will punish you if you* **copy** *another child's answers during the examination.* Die onderwyser sal jou straf as jy 'n ander kind se antwoorde in die eksamen **afskryf/afskrywe**.

◻ **af·skryf, af·skry·we** *werkwoord (teenwoordige tyd* **skryf/skrywe af**, *verlede tyd* **het afgeskryf/afgeskrywe**)

afslaan ❶ knock off *"Be careful that the dog doesn't* **knock** *the cup* **off** *the table with his tail." "Pas op dat die hond nie die koppie met sy stert van die tafel* **af=slaan** *nie."* ❷ serve *The tennis player showed the ball to his opponent and asked, "Are you ready? Can I* **serve?"** Die tennisspeler het die bal vir sy opponent gewys en gevra: "Is jy gereed? Kan ek **afslaan?"**

◻ **af·slaan** *werkwoord (teenwoordige tyd* **slaan af**, *verlede tyd* **het afgeslaan**)

afsluit ❶ shut off *You must* **shut off** *the water before you work on a burst pipe.* Jy moet die water **afsluit** voor jy aan 'n gebarste pyp werk. ❷ turn off *You must* **turn off** *the power at the main switch before you work on an elec=tric wire.* Jy moet die krag by die hoofskakelaar **afsluit** voor jy aan 'n elektriese draad werk.

◻ **af·sluit** *werkwoord (teenwoordige tyd* **sluit af**, *ver=lede tyd* **het afgesluit**)

afsny ❶ cut *"Mind the thorns when you* **cut** *the roses!"* "Pas op vir die dorings wanneer jy die rose **afsny**!" ❷ cut off *"Will you* **cut off** *a piece of cheese for me, please?" "Sal jy vir my 'n stukkie kaas* **afsny***, asse=blief?"*

◻ **af·sny** *werkwoord (teenwoordige tyd* **sny af**, *verlede tyd* **het afgesny**)

afsonderlik separately *"May we pay for our cool drinks* **separately***, Sir?" "Kan ons* **afsonderlik** *vir ons koeldranke betaal, Meneer?"*

◻ **af·son·der·lik** *bywoord*

afspoel rinse *"You had better* **rinse** *your muddy feet under the tap before you go inside." "Jy moet maar lie=wer jou modderige voete onder die kraan* **afspoel** *voor jy na binne gaan."*

◻ **af·spoel** *werkwoord (teenwoordige tyd* **spoel af**, *verlede tyd* **het afgespoel**)

afspraak ❶ date *Willie has a* **date** *with Esther to go to the cinema on Saturday afternoon.* Willie het 'n **af=spraak** met Esther om Saterdagmiddag bioskoop toe te gaan. ❷ appointment *I have an* **appointment** *with the doctor at three o'clock.* Ek het om drie-uur 'n **af=spraak** met die dokter.

◻ **af·spraak** *selfstandige naamwoord (meervoud* **af=sprake**)

afspring jump off *"Charlotte, be careful that you don't get hurt when you* **jump off** *the wall." "Charlotte, pas op dat jy nie seerkry wanneer jy van die muur* **af=spring** *nie."*

◻ **af·spring** *werkwoord (teenwoordige tyd* **spring af**, *verlede tyd* **het afgespring**)

afstand distance *The* **distance** *between the two towns is 40 kilometres.* Die **afstand** tussen die twee dorpe is 40 kilometer.

◻ **af·stand** *selfstandige naamwoord (meervoud* **af=stande**)

afstap walk down *"Keep your hand on the rail while you* **walk down** *the stairs." "Hou jou hand op die reling terwyl jy met die trap* **afstap**."

◻ **af·stap** *werkwoord teenwoordige tyd* **stap af**, *verlede tyd* **het afgestap**)

afstof dust *"You must* **dust** *the furniture before you sweep out the room." "Jy moet die meubels* **afstof** *voor jy die kamer uitvee."*

◻ **af·stof** *werkwoord (teenwoordige tyd* **stof af**, *ver=lede tyd* **het afgestof**)

afteken copy *For homework we had to* **copy** *a map of South Africa out of an atlas.* Ons moes vir huiswerk 'n kaart van Suid-Afrika uit 'n atlas **afteken**.

◻ **af·te·ken** *werkwoord (teenwoordige tyd* **teken af**, *verlede tyd* **het afgeteken**)

aftel lift down *"Be careful when you* **lift** *the suitcase* **down** *from the shelf." "Wees versigtig wanneer jy die koffer van die rak* **aftel**."

◻ **af·tel** *werkwoord (teenwoordige tyd* **tel af**, *verlede tyd* **het afgetel**)

aftree retire *My uncle is sixty and has to work for five more years before he can* **retire***.* My oom is sestig en moet nog vyf jaar werk voor hy kan **aftree**.

◻ **af·tree** *werkwoord (teenwoordige tyd* **tree af**, *ver=lede tyd* **het afgetree**)

aftrek ❶ pull off *"If you leave the tomato in boiling water for a while, you'll be able to* **pull** *the skin* **off** *quite easily." "As jy die tamatie 'n rukkie in kookwater laat lê, sal jy die skil sommer maklik kan* **aftrek**." ❷ pull down *"Try to* **pull** *the branch* **down** *a little lower – I can't reach the peaches." "Probeer die tak 'n bietjie laer* **aftrek** *– ek kan nie die perskes bykom nie."*

♦ **aftrek van** ❶ pull off *He* **pulled off** *the road and stopped under a tree.* Hy **het van** die pad **afgetrek** en onder 'n boom stilgehou. ❷ subtract from, take (away) from *If you* **subtract** *(OR* **take** *OR* **take away***) 3 from 7, you get 4.* As jy 3 **van** 7 **aftrek**, kry jy 4.

◻ **af·trek** *werkwoord (teenwoordige tyd* **trek af**, *ver=lede tyd* **het afgetrek**)

afval[1] rubbish, refuse, waste *She threw the* **rubbish/refuse/waste** *into the dustbin.* Sy het die **afval** in die vuilgoedblik gegooi.

◻ **af·val** *selfstandige naamwoord (geen meervoud)*

afval[2] ❶ fall off *"You'll get hurt if you* **fall off** *that high wall." "Jy sal seerkry as jy van daardie hoë muur* **af=val**." ❷ fall down *"Hold on to the rail so you don't* **fall down** *the stairs." "Hou aan die reling vas sodat jy nie by die trap* **afval** *nie."*

◻ **af·val** *werkwoord (teenwoordige tyd* **val af**, *verlede tyd* **het afgeval**)

afvat van/by take (away) from *"The dog will bite you if you try to take his bone (away) from him!"* "Die hond sal jou byt as jy sy been **van/by** hom probeer **afvat!**"

☐ **af·vat van/by** *werkwoordfrase (teenwoordige tyd* **vat af van/by**, *verlede tyd* **het afgevat van/by***)*

afvee ◻ wipe *"Will you please wipe your feet on the mat before you come inside?"* "Sal jy asseblief jou voete op die mat **afvee** voor jy binnekom?" **◻** dry *He dried her tears and said, "Don't cry."* Hy **het** haar trane **afgevee** en gesê: "Moenie huil nie."

◆ **afvee van** wipe off *"Will you please wipe the mud off your feet before you come inside?"* "Sal jy asseblief die modder **van** jou voete **afvee** voor jy binnekom?"

☐ **af·vee** *werkwoord (teenwoordige tyd* **vee af**, *verlede tyd* **het afgevee***)*

afwaai blow off *"Look out, the wind will blow the hat off your head!"* "Pas op, die wind sal die hoed van jou kop **afwaai!**"

☐ **af·waai** *werkwoord (teenwoordige tyd* **waai af**, *verlede tyd* **het afgewaai***)*

afwesig absent *Lynette is absent from school because she is ill.* Lynette is van die skool **afwesig**, want sy is siek.

☐ **af·we·sig** *byvoeglike naamwoord (attributief* **afwesige***)*

afwesigheid absence *Illness is the reason for Lynette's absence from school.* Siekte is die oorsaak van Lynette se **afwesigheid** van die skool.

☐ **af·we·sig·heid** *selfstandige naamwoord (geen meervoud)*

afwisseling variety *There is no variety in his job – he has to do the same thing over and over again.* Daar is geen **afwisseling** in sy werk nie – hy moet keer op keer dieselfde ding doen.

☐ **af·wis·se·ling** *selfstandige naamwoord (geen meervoud)*

ag¹ attention *He paid no attention to the doctor's advice and became very ill.* Hy het nie **ag** gegee op die dokter se raad nie en baie siek geword.

☐ **ag** *selfstandige naamwoord (geen meervoud)*

ag² ◻ o, oh **[a]** *"I forgot to lock the door."* – *"O/Oh, never mind, I'll do it."* "Ek het vergeet om die deur te sluit." – "**Ag**, toe maar, ek sal dit doen." **[b]** *"We went to the cinema to see ... o/oh, what is the name of the film again?"* "Ons is bioskoop toe om te kyk na ... **ag**, wat is die naam van die prent nou weer?" **◻** pooh *"Pooh, you're talking nonsense!"* "**Ag**, jy praat nonsies!"

◆ **ag nee!** o/oh no! *When she heard her cat had been run over, she cried, "O/Oh no!"* Toe sy hoor haar kat is omgery, het sy geroep: "**Ag nee!**"

☐ **ag** *tussenwerpsel*

ag, agt eight *Six plus two is eight.* Ses plus twee is **ag/agt**.

☐ **ag, agt** *telwoord*

agste, agtste eighth *August is the eighth month of the*

year. Augustus is die **agste/agtste** maand van die jaar.

☐ **ag·ste, agt·ste** *telwoord*

agter¹ ◻ behind **[a]** *He came from behind and passed the other athletes.* Hy het van **agter** gekom en die ander atlete verbygesteek. **[b]** *She was ill for a long time and fell behind with her schoolwork.* Sy was lank siek en het **agter** geraak met haar skoolwerk. **◻** slow *"Does your watch keep good time?"* – *"No, it's a few minutes slow."* "Loop jou horlosie goed?" – "Nee, dis 'n paar minute **agter**."

◆ **agter af** down the back way *He went down the back way.* Hy is **agter af**.

☐ **ag·ter** *bywoord*

agter² ◻ behind *He hung his coat on the hook behind the door.* Hy het sy jas aan die haak **agter** die deur opgehang. **◻** behind, after *"Please shut the door behind/after you."* "Maak asseblief die deur **agter** jou toe." **◻** at the back of *The vegetable garden is at the back of the house.* Die groentetuin is **agter** die huis.

◆ **agter ... aan** after **[a]** *The dog is running after the boy.* Die hond hardloop **agter** die seun **aan**. **[b]** *"Say after me: one and one is two, two and two is four ..."* "Sê **agter** my **aan**: een en een is twee, twee en twee is vier ..."

◆ **agter in ◻** at the back of *The kitchen is at the back of the house.* Die kombuis is **agter in** die huis. **◻** in the back of *The children sat in the back of the car.* Die kinders het **agter in** die motor gesit. **◻** into the back of *She drove into the back of a bus.* Sy het **agter in** 'n bus vasgery.

◆ **agter mekaar ◻** behind each other, behind one another, one behind the other *We had to walk behind each other (OR behind one another OR one behind the other) on the narrow path.* Ons moes **agter mekaar** op die smal paadjie loop. **◻** in a row *It rained for three days in a row.* Dit het drie dae **agter mekaar** gereën. ⇨ **agtermekaar** [NOTA].

◆ **agter op** on the back of *The children rode on the back of the bakkie.* Die kinders het **agter op** die bakkie gery.

☐ **ag·ter** *voorsetsel*

agterbly stay/remain behind *"Class, you may go. George and Philip, will you please stay/remain behind?"* "Klas, julle kan gaan. George en Philip, sal julle asseblief **agterbly?**"

☐ **ag·ter·bly** *werkwoord (teenwoordige tyd* **bly agter**, *verlede tyd* **het agtergebly***)*

agterdeur back door *The back door of our house leads to the kitchen.* Die **agterdeur** van ons huis lei na die kombuis.

☐ **ag·ter·deur** *selfstandige naamwoord (meervoud* **agterdeure***)*

agterkant back *You can't see the back of your head.* Jy kan nie die **agterkant** van jou kop sien nie.

☐ **ag·ter·kant** *selfstandige naamwoord (meervoud* **agterkante***)*

agterkom notice *"If you put on a jersey no one will notice you have a dirty mark on your sleeve."* "As jy 'n trui aantrek, sal niemand **agterkom** jy het 'n vuil kol op jou mou nie."

☐ **ag·ter·kom** *werkwoord (teenwoordige tyd* **kom agter,** *verlede tyd* **het agtergekom***)*

agtermekaar in order *"The books are all mixed up – will you put them in order for me, please?"* "Die boeke is heeltemal deurmekaar – sal jy hulle vir my **agtermekaar** sit, asseblief?"

☐ **ag·ter·me·kaar** *bywoord*

> **agter mekaar** beteken "in volgorde, in 'n ry" en **agtermekaar** "soos dit hoort"

agterna afterwards *"First finish your homework; you can go swimming afterwards."* "Maak eers jou huiswerk klaar; jy kan **agterna** gaan swem."

☐ **ag·ter·na** *bywoord*

agteroor ❶ back *She leant back against the tree.* Sy het **agteroor** teen die boom geleun. ❷ backwards *I fell backwards off the chair.* Ek het **agteroor** van die stoel afgeval.

◆ **agteroor sit** ⇨ **sit.**

☐ **ag·ter·oor** *bywoord*

agterplaas back yard *We usually play in the back yard and not in the front garden.* Ons speel gewoonlik in die **agterplaas** en nie in die voortuin nie.

☐ **ag·ter·plaas** *selfstandige naamwoord (meervoud* **agterplase***)*

agterpoot hind leg *Horses kick with their hind legs.* Perde skop met hul **agterpote.**

☐ **ag·ter·poot** *selfstandige naamwoord (meervoud* **agterpote***)*

agterste back *She can't see on the board if she sits in the back row of the class.* Sy kan nie op die bord sien as sy in die **agterste** ry van die klas sit nie.

☐ **ag·ter·ste** *attributiewe byvoeglike naamwoord*

agtertoe backwards *Don't let the car run backwards when you pull away on a hill.* Moenie die motor **agtertoe** laat loop wanneer jy teen 'n bult wegtrek nie.

☐ **ag·ter·toe** *bywoord*

agteruit ❶ back *He stepped back and fell into the swimming pool.* Hy het **agteruit** getree en in die swembad geval. ❷ backwards *Birds can't fly backwards.* Voëls kan nie **agteruit** vlieg nie.

☐ **ag·ter·uit** *bywoord*

agtervolg chase *I saw two policemen chase a thief through the streets.* Ek het gesien hoe twee polisiemanne 'n dief deur die strate **agtervolg.**

☐ **ag·ter·volg** *werkwoord (teenwoordige tyd* **agtervolg,** *verlede tyd* **het agtervolg***)*

agtien eighteen *Ten plus eight is eighteen.* Tien plus ag/agt is **agtien.**

☐ **ag·tien** *telwoord*

agtiende eighteenth *He learnt to drive a car soon after his eighteenth birthday.* Hy het kort na sy **agtiende** verjaardag leer motor bestuur.

☐ **ag·tien·de** *telwoord*

agtste ⇨ **agste.**

agtuur, aguur eight o'clock **[a]** *It is eight o'clock and school has just started.* Dis **agtuur/aguur** en die skool het pas begin. **[b]** *The train to Johannesburg leaves at eight o'clock tonight.* Die trein na Johannesburg vertrek vanaand om **agtuur/aguur.**

☐ **agt·uur, ag·uur** *selfstandige naamwoord (geen meervoud)*

ai o, oh *"O|Oh, what a lovely day!"* "**Ai,** wat 'n lieflike dag!"

◆ **ai tog!** o/oh dear! *"O|Oh dear, we've missed the train!"* "**Ai tog,** ons het die trein gemis!"

☐ **ai** *tussenwerpsel*

aitsa! ❶ my! *"My, but you look smart in your new suit!"* "**Aitsa,** maar jy lyk deftig in jou nuwe pak klere!" ❷ oops! *"Oops, I almost dropped the glass of water!"* "**Aitsa,** amper laat val ek die glas water!"

☐ **ait·sa!** *tussenwerpsel*

akkedis lizard *A lizard is a small animal with four short legs and a skin like a snake's.* 'n **Akkedis** is 'n diertjie met vier kort pote en 'n vel soos 'n slang s'n.

☐ **ak·ke·dis** *selfstandige naamwoord (meervoud* **akkedisse***)*

akker patch *He planted beans in one patch and carrots in the other.* Hy het in die een **akker** boontjies geplant en in die ander wortels.

☐ **ak·ker** *selfstandige naamwoord (meervoud* **akkers***)*

akrobaat acrobat *The acrobat in the circus did clever tricks on a rope.* Die **akrobaat** in die sirkus het slim toertjies op 'n tou uitgehaal.

☐ **a·kro·baat** *selfstandige naamwoord (meervoud* **akrobate***)*

akteur actor *"Which actor is playing the role of the hero in the film?"* "Watter **akteur** speel die rol van die held in die prent?"

☐ **ak·teur** *selfstandige naamwoord (meervoud* **akteurs***)*

aktief active *She is old but still active; she does her own housework and goes for a walk every day.* Sy is oud maar nog altyd **aktief;** sy doen haar eie huiswerk en gaan stap elke dag.

☐ **ak·tief** *byvoeglike naamwoord (attributief* **aktiewe***)* **aktiewer, aktiefste**

aktrise actress *"Which actress is playing the role of the heroine in the film?"* "Watter **aktrise** speel die rol van die heldin in die prent?"

☐ **ak·tri·se** *selfstandige naamwoord (meervoud* **aktrises***)*

al[1] ❶ – *My grandfather is too old to ride a bicycle.* My oupa is **al** te oud om fiets te ry. ❷ all *They walked all along the river to the bridge.* Hulle het **al** met die rivier langs tot by die brug geloop. ❸ already *When we arrived at the station the train had already left.* Toe ons by die stasie aankom, was die trein **al** weg. ❹ already, before *"Let's go to the cinema, or have you already seen the film* (OR *Let's go to the cinema, or have you seen the* *film before)?"* "Kom ons gaan fliek, of het jy **al** die prent gesien?" **5** yet *"Is it eight o'clock yet?"* "Is dit **al** agtuur?"

◆ **al hoe** ⇨ **hoe**[1].

◆ **nou al** ⇨ **nou**[2].

☐ **al** *bywoord*

al[2] **1** although, though, even though *Although (OR Though OR Even though) our car is thirteen years old, it still goes very well.* **Al** is ons motor dertien jaar oud, loop hy nog baie goed. **2** even if *We will play the match, even if it rains.* Ons sal die wedstryd speel, **al** reën dit.

◆ **al is dit** although, though *After her operation she can eat again, although/though very little.* Na haar operasie kan sy weer eet, **al is dit** baie min.

◆ **al was dit** although, though *He helped me, although/though for only an hour.* Hy het my gehelp, **al was dit** net 'n uur.

☐ **al** *voegwoord*

al[3] **1** all *"Unfortunately all the ice-cream is sold out – how about a cool drink?"* "Ongelukkig is **al** die roomys uitverkoop – wat van 'n koeldrank?" **2** only *Rachel was the only child in the class to get full marks in the test.* Rachel was **al** kind in die klas wat vol punte in die toets gekry het.

◆ **al twee** both [a] *"Close both eyes and don't peep."* "Maak **al twee** oë toe en moenie loer nie." [b] *His parents both work.* Sy ouers werk **al twee**.

◆ **alle** all *There are all kinds of insects in our garden.* Daar is insekte van **alle** soorte in ons tuin.

☐ **al** *telwoord*

'n Mens sê **ons/julle/hulle al twee** of **ons/julle/ hulle albei** en nie **al twee** (OF **albei**) **van ons/ julle/hulle** nie: *Hy het die appel middeldeur gesny en vir **ons al twee** (OF **albei**) 'n stuk gegee.*

---

al[4] all [a] *One can eat apples skin and all.* 'n Mens kan appels met skil en **al** eet. [b] *George put 5c on the table and said, "That's all I have."* George het 5c op die tafel gesit en gesê: "Dis **al** wat ek het."

☐ **al** *voornaamwoord*

albei[1] **1** both *"Close both eyes and don't peep."* "Maak **albei** oë toe en moenie loer nie." **2** either *Whether you add two and two or three and one, in either case the answer is four.* Of jy twee en twee of drie en een optel, in **albei** gevalle is die antwoord vier.

◆ **aan albei kante van** ⇨ **kant**.

☐ **al·bei** *byvoeglike naamwoord (attributief* **albei***)*

albei[2] both *His parents both work.* Sy ouers werk **albei**.

☐ **al·bei** *voornaamwoord*

album album *I have an album full of pictures of pop singers.* Ek het 'n **album** vol prente van popsangers.

☐ **al·bum** *selfstandige naamwoord (meervoud* **al· bums***)*

alfabet alphabet *There are 26 letters in the alphabet.* Daar is 26 letters in die **alfabet**.

☐ **al·fa·bet** *selfstandige naamwoord (meervoud* **alfa· bette***)*

alfabeties[1] alphabetical *In a library they arrange the books in alphabetical order on the shelves.* In 'n biblioteek rangskik hulle die boeke in **alfabetiese** volgorde op die rakke.

☐ **al·fa·be·ties** *byvoeglike naamwoord (attributief* **al· fabetiese***)*

alfabeties[2] alphabetically *In a library they arrange the books alphabetically on the shelves.* In 'n biblioteek rangskik hulle die boeke **alfabeties** op die rakke.

☐ **al·fa·be·ties** *bywoord*

algehele total *No one spoke – there was total silence in the room.* Niemand het gepraat nie – daar was **algehele** stilte in die kamer.

☐ **al·ge·he·le** *attributiewe byvoeglike naamwoord*

algemeen[1] general *The book is about animals in general and contains very little information on dogs.* Die boek gaan oor diere in die **algemeen** en bevat baie min inligting oor honde.

◆ **in/oor die algemeen** **1** in general, generally *Dogs in general (OR generally) do not like cats.* Honde hou **in/oor die algemeen** nie van katte nie. **2** on the whole *It rained every now and again but, on the whole, the weather was very pleasant.* Dit het af en toe gereën, maar die weer was **in/oor die algemeen** baie lekker.

☐ **al·ge·meen** *selfstandige naamwoord (geen meervoud)*

algemeen[2] **1** general [a] *The bad weather is fairly general – it is cold and wet in most parts of the country.* Die slegte weer is taamlik **algemeen** – dis koud en nat in die meeste dele van die land. [b] *The teacher asked us all sorts of questions to test our general knowledge.* Die juffrou het ons allerhande vrae gevra om ons **algemene** kennis te toets. **2** common [a] *It is common knowledge that the world is round and not flat.* Dit is **algemeen** bekend dat die wêreld rond is en nie plat nie. [b] *Anna is a common name among girls.* Anna is 'n **algemene** naam onder meisies.

☐ **al·ge·meen** *byvoeglike naamwoord (attributief* **al· gemene***) algemener, algemeenste*

alhoewel although, though, even though *Although (OR Though OR Even though) our car is thirteen years old, it still goes very well.* **Alhoewel** ons motor dertien jaar oud is, loop hy nog baie goed.

☐ **al·hoe·wel** *voegwoord*

alkohol alcohol *Drink such as wine and beer contains alcohol.* Drank soos wyn en bier bevat **alkohol**.

☐ **al·ko·hol** *selfstandige naamwoord (geen meervoud)*

alkoholies alcoholic *Beer is alcoholic, but not orange juice.* Bier is **alkoholies**, maar nie lemoensap nie.

☐ **al·ko·ho·lies** *byvoeglike naamwoord (attributief* **al· koholiese***)*

alle ⇨ **al**[3].

alleen[1] **1** alone *While we were playing outside, she sat reading alone in her room.* Terwyl ons buite gespeel het, het sy **alleen** in haar kamer gesit en lees. **2** by myself *Everybody was out – I was all **by myself** at home.* Almal was uit – ek was heeltemal **alleen** by die huis. **3** by yourself *"Were you all **by yourself** at home?"* "Was jy heeltemal **alleen** by die huis?" **4** by himself *The boy was all **by himself** at home.* Die seun was heeltemal **alleen** by die huis. **5** by herself *The girl was all **by herself** at home.* Die meisie was heeltemal **alleen** by die huis. **6** by itself *The dog was all **by itself** at home.* Die hond was heeltemal **alleen** by die huis. **7** by ourselves *We were all **by ourselves** in the house.* Ons was heeltemal **alleen** in die huis. **8** by yourselves *"Were you and your sister all **by yourselves** at home?"* "Was jy en jou suster heeltemal **alleen** by die huis?" **9** by themselves *They were all **by themselves** at home.* Hulle was heeltemal **alleen** by die huis.

☐ **al·leen** *predikatiewe byvoeglike naamwoord*

alleen² only *This entrance is for members **only**.* Dié in= gang is vir lede **alleen.**

◆ **nie alleen ... nie, maar ook** not only ... but also *Not only his parents were there **but also** his brothers and sisters.* **Nie alleen** sy ouers **nie, maar ook** sy broers en susters was daar.

☐ **al·leen** *bywoord*

allerhande all sorts/kinds of *The teacher asked us **all sorts/kinds of** questions to test our general knowledge.* Die juffrou het ons **allerhande** vrae gevra om ons algemene kennis te toets.

☐ **al·ler·han·de** *attributiewe byvoeglike naamwoord*

alles¹ all *It is **all** over.* Dit is **alles** verby.

◆ **alles behalwe** anything but, far from *Our house is rather plain – it is **anything but** (OR **far from**) smart.* Ons huis is maar eenvoudig – dis **alles behalwe** deftig.

☐ **al·les** *bywoord*

alles² **1** everything *He took **everything** and left me nothing.* Hy het **alles** gevat en niks vir my gelaat nie. **2** it all *"Here is R2,00 – don't spend **it all** on sweets."* "Hier is R2,00 – moenie **alles** aan lekkers uitgee nie." **3** the (whole) lot *The greengrocer had a few apples left and said I could have **the (whole) lot** for R1,50.* Die groenteman het 'n paar appels oorgehad en gesê ek kan **alles** vir R1,50 kry.

☐ **al·les** *voornaamwoord*

almal **1** everybody, everyone *He is such a nice chap; **everybody/everyone** likes him.* Hy is so 'n gawe kê= rel; **almal** hou van hom. **2** the lot *I bought this watch because it was the cheapest of **the lot**.* Ek het dié horlo= sie gekoop omdat dit die goedkoopste van **almal** was. **3** the (whole) lot of *"Children, behave yourselves, or I'll punish **the (whole) lot of** you!"* "Kinders, gedra julle, of ek straf julle **almal**!"

◆ **ons almal** all of us, we all *All of us* (OR *We all) passed – no one failed.* **Ons** het **almal** geslaag – nie= mand het gesak nie.

☐ **al·mal** *voornaamwoord*

almanak calendar *According to the **calendar** the ninth*

of next month falls on a Sunday. Volgens die **almanak** val die negende van volgende maand op 'n Sondag.

☐ **al·ma·nak** *selfstandige naamwoord (meervoud al= manakke)*

alreeds **1** already *When we arrived at the station the train had **already** left.* Toe ons by die stasie aankom, was die trein **alreeds** weg. **2** already, before *"Let's go to the cinema, or have you **already** seen the film* (OR *Let's go to the cinema, or have you seen the film be= fore)?"* "Kom ons gaan fliek, of het jy **alreeds** die prent gesien?"

☐ **al·reeds** *bywoord*

alte too *I'll be only **too** pleased to help you.* Ek sal jou maar **alte** graag help.

☐ **al·te** *bywoord*

altesaam, altesame **1** altogether *There are 39 pupils in our class **altogether**.* Daar is **altesaam/altesame** 39 leerlinge in ons klas. **2** a total of *A total of 2 000 people attended the meeting.* **Altesaam/Altesame** 2 000 mense het die vergadering bygewoon. **3** in total *The meal cost him R43,65 **in total**.* Die ete het hom **altesaam/altesame** R43,65 gekos.

☐ **al·te·saam, al·te·sa·me** *bywoord*

al twee ⇨ **al**³.

altyd always *The sun **always** sets in the west.* Die son sak **altyd** in die weste.

◆ **het altyd ge=** used to *The shop **used to** close at one on Saturdays but stays open until five now.* Die winkel **het altyd** Saterdae om eenuur **ge**sluit maar bly nou tot vyfuur oop.

◆ **vir altyd** forever, for ever *On their wedding day the bridegroom kissed his bride and said, "I will love you **forever** (OR **for ever**)."* Op hul troudag het die brui= degom sy bruid gesoen en gesê: "Ek sal jou **vir altyd** liefhê."

◆ **was altyd** used to be *The shop **used to be** closed on Saturday afternoons.* Die winkel **was altyd** Saterdag= middae toe.

☐ **al·tyd** *bywoord*

ambag trade *The bricklayer learnt his **trade** from a buil= der.* Die messelaar het sy **ambag** van 'n bouer geleer.

☐ **am·bag** *selfstandige naamwoord (meervoud am= bagte)*

ambulans ambulance *They took the injured man to hos= pital in an **ambulance**.* Hulle het die beseerde man in 'n **ambulans** hospitaal toe geneem.

☐ **am·bu·lans** *selfstandige naamwoord (meervoud ambulanse)*

amper almost, nearly *He tripped over the root of a tree and **almost/nearly** fell.* Hy het oor die wortel van 'n boom gestruikel en **amper** geval.

◆ **amper nie** hardly *I was so tired that I could **hardly** walk.* Ek was so moeg dat ek **amper nie** kon loop nie.

◆ **amper nooit** ⇨ **nooit.**

☐ **am·per** *bywoord*

ander¹ **1** other *I have two sisters: one works in an office and the **other** is a nurse.* Ek het twee susters: die een

werk in 'n kantoor en die **ander** is 'n verpleegster. **2**
others [a] *Some of the children are in the classroom; the*
***others** are playing outside.* Party van die kinders is in
die klas; die **ander** speel buite. [b] *We may think this is*
*the best way of solving the problem, **others** may dis-*
agree. Ons mag dink dis die beste manier om die pro=
bleem op te los, **ander(e)** stem dalk nie saam nie.
□ **an·der** *selfstandige naamwoord (meervoud **ander/***
***andere**)*

ander[2] other *Cynthia and Lynette and five **other** girls*
were there. Cynthia en Lynette en vyf **ander** meisies
was daar.
◆ **die ander kant** the opposite/other side *He swam*
*through the river to **the opposite/other side**.* Hy het
deur die rivier na **die ander kant** toe geswem.
◆ **'n ander** another *"Go and put on **another** jersey;*
the one you are wearing is dirty." "Gaan trek **'n ander**
trui aan; die een wat jy aanhet, is vuil."
□ **an·der** *attributiewe byvoeglike naamwoord*

anderkant on the opposite/other side of *The bus crossed*
*the bridge and stopped **on the opposite/other side of***
the river. Die bus het oor die brug gery en **anderkant**
die rivier stilgehou.
◆ **anderkant toe** away, the other way *"If you don't*
want to see me chop the chicken's head off, you must look
away (OR ***the other way**) now."* "As jy nie wil sien
hoe ek die hoender se kop afkap nie, moet jy nou **an-**
derkant toe kyk."
□ **an·der·kant** *voorsetsel*

anders[1] different *An ostrich is **different** from other*
birds – it cannot fly. 'n Volstruis is **anders** as ander
voëls – hy kan nie vlieg nie.
□ **an·ders** *byvoeglike naamwoord (hoofsaaklik predi=*
katief)

anders[2] **1** else *"I'm tired of playing cards; let's do some-*
*thing **else**."* "Ek is moeg van kaart speel; kom ons
doen iets **anders**." **2** otherwise *The potatoes lack some*
*salt – **otherwise** they are very nice.* Die aartappels ma=
keer 'n bietjie sout – **anders** is hulle baie lekker.
◆ **anders as** unlike *Unlike a cup, a mug doesn't have a*
saucer. **Anders as** 'n koppie, het 'n beker nie 'n pie=
ring nie.
◆ **êrens/iewers anders** somewhere else *"You can't*
*leave your bicycle here – put it **somewhere else**."* "Jy
kan nie jou fiets hier laat staan nie – sit dit **êrens/**
iewers anders."
◆ **kan nie anders nie as om** can't help =ing *Willie is*
*a dear little boy – one **can't help** liking him.* Willie is 'n
liewe seuntjie – 'n mens **kan nie anders as om** van
hom te hou **nie**.
□ **an·ders** *byvoord*

anders[3] otherwise, or (else) *"Hurry up, **otherwise/or***
*(OR **or else**) you'll be late for school!"* "Maak gou, **an=**
ders sal jy laat wees vir skool!"
□ **an·ders** *voegwoord*

andersins otherwise *The potatoes lack some salt –*
***otherwise** they are very nice.* Die aartappels makeer

'n bietjie sout – **andersins** is hulle baie lekker.
□ **an·der·sins** *byvoord*

andersom the other way round *Turn the key to the right*
*to lock the door and **the other way round** to unlock it.*
Draai die sleutel na regs om die deur te sluit en **an=**
dersom om dit oop te sluit.
□ **an·ders·om** *byvoord*

angel sting *The **sting** of a scorpion is in its tail.* 'n Sker=
pioen se **angel** sit in sy stert.
□ **an·gel** *selfstandige naamwoord (meervoud **angels**)*

angs fear *When Lynette saw the snake, she screamed with*
***fear**.* Toe Lynette die slang sien, het sy van **angs**
gegil.
□ **angs** *selfstandige naamwoord (meervoud **angste**)*

antwoord[1] answer *She didn't know the **answer** to the*
question. Sy het nie geweet wat die **antwoord** op die
vraag is nie.
◆ **in antwoord op** in reply to *I couldn't hear what he*
*said **in reply to** her question.* Ek kon nie hoor wat hy **in**
antwoord op haar vraag gesê het nie.
□ **ant·woord** *selfstandige naamwoord (meervoud **ant=***
***woorde**)*

antwoord[2] **1** answer [a] *"I asked you a question – why*
*don't you **answer** me?"* "Ek het jou 'n vraag gevra –
hoekom **antwoord** jy my nie?" [b] *"The phone is ring=*
*ing – please **answer** it."* "Die telefoon lui – **antwoord**
dit asseblief." **2** reply *He asked me how much eleven*
*times twelve was, and to my shame I had to **reply** that I*
did not know. Hy het my gevra hoeveel elf maal twaalf
is, en tot my skande moes ek **antwoord** dat ek nie weet
nie.
◆ **antwoord op** answer, reply to *"Why don't you*
***answer** (OR **reply to**) his letters?"* "Hoekom **ant=**
woord jy nie **op** sy briewe nie?"
□ **ant·woord** *werkwoord (teenwoordige tyd **ant=***
***woord**, verlede tyd **het geantwoord**)*

┌───┐
Jy **antwoord** iemand **op** 'n brief of 'n vraag en jy
antwoord hom as hy jou 'n vraag vra, maar jy be=
antwoord sy briewe, vrae, ensovoorts. Jy **ant=**
woord egter 'n telefoon (nie **beantwoord** nie).
└───┘

apart[1] separate *The boys and the girls sleep in **separate***
rooms. Die seuns en die meisies slaap in **aparte**
kamers.
□ **a·part** *byvoeglike naamwoord (gewoonlik attributief*
***aparte**)*

apart[2] apart *He sat **apart** from the other children.* Hy
het **apart** van die ander kinders gesit.
□ **a·part** *byvoord*

appel apple *When my mother makes fruit salad, she likes*
*to slice an **apple** into it.* Wanneer my ma vrugteslaai
maak, sny sy graag 'n **appel** daarin.
□ **ap·pel** *selfstandige naamwoord (meervoud **appels**)*

appelkoos apricot *An **apricot** is a small round fruit*
with an orange colour and a sour taste. 'n **Appelkoos** is
'n klein ronde vrug met 'n oranje kleur en 'n suur
smaak.

□ **ap·pel·koos** *selfstandige naamwoord (meervoud* **appelkose***)*

April April *April is the fourth month of the year.* April is die vierde maand van die jaar.

□ **A·pril** *selfstandige naamwoord (geen meervoud)*

apteek chemist *She bought the bottle of medicine at the* **chemist***.* Sy het die bottel medisyne by die **apteek** gekoop.

□ **ap·teek** *selfstandige naamwoord (meervoud* **ap·teke***)*

apteker chemist *He wants to be a* **chemist** *because he is interested in making and selling medicines.* Hy wil **apteker** word omdat hy in die maak en verkoop van medi= syne belang stel.

□ **ap·te·ker** *selfstandige naamwoord (meervoud* **ap·tekers***)*

arbeid labour [a] *It took years of* **labour** *to complete the hospital.* Dit het jare se **arbeid** gekos om die hospitaal te voltooi. [b] *Some farmers have difficulty (in) getting* **labour***.* Party boere het moeite om **arbeid** te kry.

□ **ar·beid** *selfstandige naamwoord (geen meervoud)*

arbeider labourer *The farmer asked the* **labourer** *to milk the cow.* Die boer het die **arbeider** gevra om die koei te melk.

□ **ar·bei·der** *selfstandige naamwoord (meervoud* **ar·beiders***)*

arend eagle *The* **eagle** *is a large bird that feeds on other birds and small animals.* Die **arend** is 'n groot voël wat van ander voëls en diertjies leef.

□ **a·rend** *selfstandige naamwoord (meervoud* **arende***)*

arm[1] arm *You can bend your* **arm** *at the elbow.* Jy kan jou **arm** by die elmboog buig.

□ **arm** *selfstandige naamwoord (meervoud* **arms***)*

arm[2] poor [a] *He is so* **poor** *that he has to beg for food.* Hy is so **arm** dat hy om kos moet bedel. [b] *The* **poor** *woman didn't have a raincoat or umbrella and got sop= ping wet.* Die **arme** vrou het nie 'n reënjas of sambreel gehad nie en het papnat gereën.

□ **arm** *byvoeglike naamwoord (attributief* **arm** *by a;* **arme** *by b)*

Die byvoeglike naamwoord **arm** het twee betekenis= se, naamlik [a] "met min geld" en [b] "ongelukkig". Jy kan [a] voor of na 'n selfstandige naamwoord ge= bruik: *Hy is* **arm***, want hy is sonder werk. Hy is 'n* **arm** *man.* [b] kan slegs voor 'n selfstandige naam= woord staan en moet 'n *e*-uitgang kry: *Die* **arme** *man het sy been gebreek.*

armband bangle, bracelet *She is wearing a gold* **bangle/bracelet** *round her wrist.* Sy dra 'n goue **armband** om haar pols.

□ **arm·band** *selfstandige naamwoord (meervoud* **armbande***)*

armes poor *Every little helps when you collect money for the* **poor***.* Alle bietjies help wanneer jy geld vir die **armes** insamel.

□ **ar·mes** *meervoudige selfstandige naamwoord*

armleuning arm *He came and sat next to me on the* **arm** *of my chair.* Hy het langs my op die **armleuning** van my stoel kom sit.

□ **arm·leu·ning** *selfstandige naamwoord (meervoud* **armleunings***)*

artikel article *There is an interesting* **article** *on dogs in the magazine.* Daar is 'n interessante **artikel** oor hon= de in die tydskrif.

□ **ar·ti·kel** *selfstandige naamwoord (meervoud* **arti·kels***)*

as[1] ash [a] *After the fire had burnt out, only* **ash** *re= mained.* Nadat die vuur uitgebrand het, het net die **as** oor= gebly. [b] *The man flicked the* **ash** *off his cigarette into an ashtray.* Die man het die **as** van sy sigaret in 'n asbakkie afgetik.

□ **as** *selfstandige naamwoord (geen meervoud)*

as[2] axle *The wheels turn around the* **axle** *of the car.* Die wiele draai om die **as** van die motor.

□ **as** *selfstandige naamwoord (meervoud* **asse***)*

as[3] **❶** if *"Put on a jersey* **if** *you're cold."* "Trek 'n trui aan **as** jy koud kry." **❷** when *The children play indoors* **when** *it rains.* Die kinders speel binne **as** dit reën. **❸** than *She is older* **than** *her brother.* Sy is ouer **as** haar broer. **❹** as [a] *As eldest child she has to look after the little ones.* **As** oudste kind moet sy die kleintjies oppas. [b] *David eats twice as much* **as** *his sister.* David eet twee keer soveel **as** sy suster.

◆ **as gevolg van** ⇨ **gevolg**.

◆ **as ... nie** unless *"You needn't do it* **unless** *you feel like it."* "Jy hoef dit nie te doen **as** jy **nie** lus het nie."

□ **as** *voegwoord*

asbakkie ashtray *The man flicked the ash off his cigarette into an ashtray.* Die man het die as van sy sigaret in 'n **asbakkie** afgetik.

□ **as·bak·kie** *selfstandige naamwoord (meervoud* **as· bakkies***)*

asem breath *He held his* **breath** *and dived into the water.* Hy het sy **asem** opgehou en in die water ge= duik.

□ **a·sem** *selfstandige naamwoord (meervoud* **asems***)*

asemhaal breathe *One cannot* **breathe** *under water.* 'n Mens kan nie onder water **asemhaal** nie.

□ **a·sem·haal** *werkwoord (teenwoordige tyd* **haal asem***, verlede tyd* **het asemgehaal***)*

asof as if, as though *It looks* **as if/though** *it is going to rain.* Dit lyk **asof** dit gaan reën.

◆ **maak asof** ⇨ **maak**.

□ **as·of** *voegwoord*

asseblief please *"Please pass me the sugar."* "Gee my **asseblief** die suiker aan."

◆ **ja, asseblief** yes, please *"Would you like another piece of cake?"* – *"Yes, please!"* "Wil jy nog 'n stuk= kie koek hê?" – "**Ja, asseblief!**"

□ **as·se·blief** *bywoord*

asyn vinegar *I like salt and* **vinegar** *on my chips.* Ek hou van sout en **asyn** oor my aartappelskyfies.

□ **a·syn** *selfstandige naamwoord (geen meervoud)*

atlas atlas *The map of South Africa is on page 23 of the* **atlas**. Die kaart van Suid-Afrika is op bladsy 23 van die **atlas**.
☐ **at·las** *selfstandige naamwoord (meervoud* **atlasse***)*

atleet athlete *"Which* **athlete** *came first in the race?"* "Watter **atleet** het eerste in die wedloop gekom?"
☐ **at·leet** *selfstandige naamwoord (meervoud* **atlete***)*

atletiek athletics *At our school we take part in* **athletics** *in summer and in winter we play netball or soccer.* By ons skool neem ons in die somer aan **atletiek** deel en in die winter speel ons netbal of sokker.

☐ **at·le·tiek** *selfstandige naamwoord (geen meervoud)*

Augustus August *August* *is the eighth month of the year.* **Augustus** is die agtste maand van die jaar.
☐ **Au·gus·tus** *selfstandige naamwoord (geen meervoud)*

avontuur adventure *It would be a wonderful* **adventure** *to fly to the moon!* Dit sou 'n wonderlike **avontuur** wees om maan toe te vlieg!
☐ **a·von·tuur** *selfstandige naamwoord (meervoud* **avonture***)*

B

baadjie jacket *He wears a **jacket** and a pair of trousers to church.* Hy dra 'n **baadjie** en 'n lang broek kerk toe.
☐ **baad·jie** *selfstandige naamwoord (meervoud* **baad= jies***)*

baadjiepak suit *Mrs Smith wore a pink **suit** and a white blouse today.* Mev. Smith het vandag 'n pienk **baad= jiepak** en 'n wit bloes aangehad.
☐ **baad·jie·pak** *selfstandige naamwoord (meervoud* **baadjiepakke***)*

baai bay *A harbour is usually built in a **bay** where the sea is calm.* 'n Hawe word gewoonlik in 'n **baai** gebou waar die see kalm is.
☐ **baai** *selfstandige naamwoord (meervoud* **baaie***)*

baan ❶ course *Horses usually run faster on a dry than on a wet **course**.* Perde hardloop gewoonlik vinniger op 'n droë as op 'n nat **baan**. ❷ track *The racing car went round the **track** at a tremendous speed.* Die renmotor het met 'n geweldige snelheid om die **baan** gejaag.
☐ **baan** *selfstandige naamwoord (meervoud* **bane***)*

baard beard *The man's **beard** grows so fast that he has to shave every day.* Die man se **baard** groei so vinnig dat hy elke dag moet skeer.
☐ **baard** *selfstandige naamwoord (meervoud* **baarde***)*

baas boss *She typed a letter for her **boss**.* Sy het 'n brief vir haar **baas** getik.
☐ **baas** *selfstandige naamwoord (meervoud* **base***)*

baba baby *Her **baby** is six months old.* Haar **baba** is ses maande oud.
☐ **ba·ba** *selfstandige naamwoord (meervoud* **babas***)*

bad¹ bath *There is a **bath**, wash-basin and toilet in the bathroom.* Daar is 'n **bad**, wasbak en toilet in die bad= kamer.
♦ **'n bad neem** have/take a bath *She **had/took a** warm **bath**.* Sy **het** 'n warm **bad geneem**.
☐ **bad** *selfstandige naamwoord (meervoud* **baddens***)*

bad² ❶ bath *Mothers ought to **bath** their babies every day.* Ma's behoort hul babas elke dag te **bad**. ❷ give a bath *"Philip, please **give** the dog **a bath**."* "Philip, **bad** asseblief die hond." ❸ have/take a bath *I **have/ take a bath** every evening.* Ek **bad** elke aand.
♦ **jou bad** have/take a bath *"You are very dirty – go and **have/take a bath**."* "Jy is baie vuil – gaan **bad jou**."
☐ **bad** *werkwoord (teenwoordige tyd* **bad**, *verlede tyd* **het gebad***)*

badkamer bathroom *There is a bath, wash-basin and toilet in the **bathroom**.* Daar is 'n bad, wasbak en toi= let in die **badkamer**.
☐ **bad·ka·mer** *selfstandige naamwoord (meervoud* **badkamers***)*

bagasie luggage *"Do you have a lot of **luggage**?" –*
*"No, only two suitcases." "Het jy baie **bagasie**?" –* "Nee, net twee koffers."
☐ **ba·ga·sie** *selfstandige naamwoord (geen meervoud)*

bagasiebak boot *He loaded the suitcases into the **boot** of the car.* Hy het die koffers in die **bagasiebak** van die motor gelaai.
☐ **ba·ga·sie·bak** *selfstandige naamwoord (meervoud* **bagasiebakke***)*

baie¹ much *"How far are you with your work?" – "I still have **much** to do."* "Hoe ver is jy met jou werk?" – "Ek het nog **baie** om te doen."
☐ **bai·e** *selfstandige naamwoord (geen meervoud)*

baie² ❶ very [a] *An elephant is a **very** big animal.* 'n Olifant is 'n **baie** groot dier. [b] *Tortoises walk **very** slowly.* Skilpaaie loop **baie** stadig. [c] *Christine did **very** well in the exams – she got an A for most of her subjects.* Christine het **baie** goed in die eksamen gevaar – sy het 'n A vir die meeste van haar vakke gekry. [d] *I don't feel **very** well – perhaps I've caught a cold.* Ek voel nie **baie** lekker nie – miskien het ek koue gevat. [e] *He is **very** ill.* Hy is **baie baie** siek. ❷ very much [a] *I like Theo **very much**; he's a nice chap.* Ek hou **baie** van Theo; hy's 'n gawe kêrel. [b] *"Thank you **very much** for your help!"* "**Baie** dankie vir jou hulp!" ❸ much, far *A rat looks like a mouse but is **much/far** bigger.* 'n Rot lyk soos 'n muis, maar is **baie** groter. ❹ often, frequently *I have heard his jokes and stories so **often/frequently** that they bore me.* Ek het sy grappe en stories al so **baie** gehoor dat hulle my verveel. ❺ great *Take **great** care and look left and right before you cross the street.* Wees **baie** versigtig en kyk links en regs voordat jy die straat oorsteek.
♦ **baie dink van** ⇨ **dink**.
♦ **baie meer** ⇨ **meer⁴**.
☐ **bai·e** *bywoord* **meer, meeste**

baie³ ❶ many *Many trees shed their leaves in winter.* **Baie** bome verloor hul blare in die winter. ❷ much *There isn't **much** milk left.* Daar is nie **baie** melk oor nie. ❸ a lot of *He is rich and has **a lot of** money in the bank.* Hy is ryk en het **baie** geld in die bank. ❹ a lot of, lots of *She got **a lot of** (OR **lots of**) presents on her birthday.* Sy het op haar verjaardag **baie** presente ge= kry. ❺ plenty of *"There are **plenty of** chairs; sit any= where/wherever you like."* "Daar is **baie** stoele; sit net waar jy wil."
♦ **taamlik baie** ⇨ **taamlik**.
☐ **bai·e** *telwoord*

baiekeer, baiemaal often, frequently *Children who grow up together **often/frequently** remain friends for life.* Kinders wat saam grootword, bly **baiekeer/ baiemaal** hul lewe lank vriende.

□ **bai·e·keer, bai·e·maal** *bywoord*

> **baiekeer** en **baiemaal** kan ook los geskryf word (dus **baiekeer** OF **baie keer** en **baiemaal** OF **baie maal**)

bak[1] ❶ bowl *"Please pass me the bowl of sugar."* "Gee my asseblief die **bak** suiker aan." ❷ dish [a] *The dish for the vegetables is quite deep and has a lid.* Die **bak** vir die groente is taamlik diep en het 'n deksel. [b] *The dish for the meat is large and shallow, and has no lid.* Die **bak** vir die vleis is groot en vlak en het nie 'n deksel nie. ❸ body *The body of the car is full of dents.* Die **bak** van die motor is vol duike.
□ **bak** *selfstandige naamwoord (meervoud* **bakke***)*

bak[2] ❶ bake *"Mother is going to bake you a cake for your birthday."* "Ma gaan vir jou 'n koek vir jou verjaardag **bak**." ❷ fry *My mother fried me an egg for breakfast.* My ma **het** vir my 'n eier vir ontbyt **gebak**. ❸ bask *In winter it is nice to sit and bask in the sun.* Dis lekker om in die winter in die son te sit en **bak**.
□ **bak** *werkwoord (teenwoordige tyd* **bak***, verlede tyd* **het gebak***)*

bakker baker *My father is a baker at the bakery.* My pa is 'n **bakker** by die bakkery.
□ **bak·ker** *selfstandige naamwoord (meervoud* **bakkers***)*

bakkery bakery *My father bakes bread at the bakery.* My pa bak brood by die **bakkery**.
□ **bak·ke·ry** *selfstandige naamwoord (meervoud* **bakkerye***)*

bakkie ❶ bakkie *A truck can carry much heavier loads than a bakkie.* 'n Vragmotor kan veel swaarder vragte as 'n **bakkie** dra. ❷ bowl *"Please pass me the bowl of sugar."* "Gee my asseblief die **bakkie** suiker aan."
□ **bak·kie** *selfstandige naamwoord (meervoud* **bakkies***)*

baklei fight *The two brothers often argue and fight with each other.* Die twee broers stry en **baklei** dikwels met mekaar.
□ **ba·klei** *werkwoord (teenwoordige tyd* **baklei***, verlede tyd* **het gebaklei***)*

bakleiery ❶ fight *In a fight the one boy gave the other a bloody nose.* In 'n **bakleiery** het die een seun die ander bloedneus geslaan. ❷ fighting *"I'm tired of your fighting; it has got to stop now!"* "Ek is moeg vir jul **bakleiery**; dit moet nou end kry!"
□ **ba·klei·e·ry** *selfstandige naamwoord (geen meervoud)*

baksteen brick *There is a hole in the wall where the brick fell out.* Daar is 'n gat in die muur waar die **baksteen** uitgeval het.
□ **bak·steen** *selfstandige naamwoord (meervoud* **bakstene***)*

bal[1] ball *The children are playing with a ball.* Die kinders speel met 'n **bal**.
□ **bal** *selfstandige naamwoord (meervoud* **balle***)*

> 'n Mens gebruik **bal** hoofsaaklik vir bolvormige voorwerpe waarmee gespeel word en **bol** vir ander ronde voorwerpe: *rubberbal, rugbybal, voetbal,* ensovoorts, maar *aardbol, 'n bol wol, 'n deegbol,* ensovoorts. Dit sou dus korrek wees om te praat van 'n **bolpuntpen,** maar **balpuntpen** het al so sterk ingeslaan, dat albei aanvaar word.

bal[2] clench *Your arm muscles tighten when you clench your fists.* 'n Mens se armspiere trek saam as jy jou vuiste **bal**.
□ **bal** *werkwoord (teenwoordige tyd* **bal***, verlede tyd* **het gebal***)*

balk beam *The roof of the house rests on heavy beams.* Die dak van die huis rus op swaar **balke**.
□ **balk** *selfstandige naamwoord (meervoud* **balke***)*

ballet ballet *Ballet is a kind of dance.* **Ballet** is 'n soort dans.
□ **bal·let** *selfstandige naamwoord (meervoud* **ballette***)*

ballon balloon *"The balloon will burst if you blow too much air into it."* "Die **ballon** sal bars as jy te veel lug daarin blaas."
□ **bal·lon** *selfstandige naamwoord (meervoud* **ballonne***)*

band ❶ band *She has a red band round her hat.* Sy het 'n rooi **band** om haar hoed. ❷ tyre *He patched the puncture in the back tyre of his bicycle.* Hy het die lek in die agterste **band** van sy fiets gelap. ❸ string *She tied the strings of her apron in a bow.* Sy het die **bande** van haar voorskoot gestrik. ❹ strap *He fastened the strap of his sandal.* Hy het die **band** van sy sandaal vasgemaak. ❺ tape *These days the music of many artists is available on record, tape and compact disc.* Deesdae is die musiek van baie kunstenaars op plaat, **band** en laserplaat verkrygbaar.
□ **band** *selfstandige naamwoord (meervoud* **bande***)*

bang frightened *She looked at the snake with frightened eyes.* Sy het met **bang** oë na die slang gekyk.
♦ **bang maak** frighten, scare *There are few things that frighten/scare me as much as a person who drives too fast.* Daar is min dinge wat my so **bang maak** as iemand wat te vinnig ry.
♦ **bang wees** be afraid, frightened, scared *"Don't be afraid/frightened/scared – the dog won't bite you."* "Moenie **bang wees** nie – die hond sal jou nie byt nie."
♦ **bang wees vir** be afraid/frightened/scared of, fear *"Are you afraid/frightened/scared of (OR Do you fear) snakes?"* "Is jy **bang vir** slange?"
□ **bang** *byvoeglike naamwoord (attributief* **bang***)* **banger, bangste**

bank[1] ❶ bench *They sat on a bench in the park.* Hulle het op 'n **bank** in die park gesit. ❷ sofa, couch *Two people can sit on the sofa/couch in our lounge.* Twee mense kan op die **bank** in ons sitkamer sit. ❸ desk *The teacher said to the pupil, "Stand next to your desk until*

bederf

I say you may sit." Die onderwyser het vir die leerling gesê: "Staan langs jou **bank** totdat ek sê jy mag sit." **4** seat *The back **seat** of the bus is wide enough for five people.* Die agterste **bank** van die bus is wyd genoeg vir vyf mense.

□ **bank** *selfstandige naamwoord (meervoud **banke**)*
bank² bank *He is rich and has a lot of money in the **bank**.* Hy is ryk en het baie geld in die **bank**.

□ **bank** *selfstandige naamwoord (meervoud **banke**)*
bank³ bank *It is better to **bank** your money than to keep it in a box under your bed.* Dis beter om jou geld te **bank** as om dit in 'n kis onder jou bed te hou.

□ **bank** *werkwoord (teenwoordige tyd **bank**, verlede tyd **het gebank**)*
bars¹ crack *He filled the **crack** in the wall with cement.* Hy het die **bars** in die muur met sement gevul.

□ **bars** *selfstandige naamwoord (meervoud **barste**)*
bars² **1** crack *This glass can **crack**, but it won't break.* Dié glas kan **bars**, maar dit sal nie breek nie. **2** burst, pop *"The balloon will **burst/pop** if you blow too much air into it."* "Die ballon sal **bars** as jy te veel lug daarin blaas." **3** crash *The animals **crashed** through the trees to escape from the flames.* Die diere **het** deur die bome **gebars** om aan die vlamme te ontsnap.

◆ **laat bars** burst, pop *She **burst/popped** the balloon with a pin.* Sy het die ballon met 'n speld **laat bars**.

□ **bars** *werkwoord (teenwoordige tyd **bars**, verlede tyd **het gebars**)*
bas¹ bark *The **bark** of that old tree is thick and rough.* Die **bas** van daardie ou boom is dik en grof.

□ **bas** *selfstandige naamwoord (meervoud **baste**)*
bas² bass *My father has a deep voice and sings **bass** in our church choir.* My pa het 'n diep stem en sing **bas** in ons kerkkoor.

□ **bas** *selfstandige naamwoord (meervoud **basse**)*
battery battery *The radio won't work because the **battery** is flat.* Die radio wil nie werk nie, want die **battery** is pap.

□ **bat·te·ry** *selfstandige naamwoord (meervoud **batterye**)*
beantwoord **1** answer, reply to *"Why don't you **answer** (OR **reply to**) his letters?"* "Hoekom **beantwoord** jy nie sy briewe nie?" **2** answer *She **answered** all the questions correctly and got full marks in the test.* Sy het al die vrae korrek **beantwoord** en vol punte in die toets gekry. ⇨ **antwoord²** [NOTA].

□ **be·ant·woord** *werkwoord (teenwoordige tyd **beantwoord**, verlede tyd **het beantwoord**)*
beboet fine *The traffic police **fine** motorists who speed.* Die verkeerspolisie **beboet** motoriste wat te vinnig ry.

□ **be·boet** *werkwoord (teenwoordige tyd **beboet**, verlede tyd **het beboet**)*
bed bed *My **bed** has a good mattress and is very comfortable.* My **bed** het 'n goeie matras en is baie gemaklik.

◆ **bed toe gaan** go to bed *"You must **go to bed** now –*

it's getting late." "Jy moet nou **bed toe gaan** – dit word laat."

□ **bed** *selfstandige naamwoord (meervoud **beddens**)*
bedaar **1** die down *"You'll have to wait for the storm to **die down** before you go outside."* "Jy sal moet wag vir die storm om te **bedaar** voordat jy buitentoe gaan." **2** calm down *"You are too excited to speak clearly. First **calm down** and then tell me what happened."* "Jy is te opgewonde om duidelik te praat. **Bedaar** eers en vertel my dan wat gebeur het."

□ **be·daar** *werkwoord (teenwoordige tyd **bedaar**, verlede tyd **het bedaar**)*
bedags in/during the day *The sun shines **in/during the day** and the moon at night.* Die son skyn **bedags** en die maan snags.

□ **be·dags** *bywoord*
bedank thank *"I **thank** you for your help."* "Ek **bedank** jou vir jou hulp."

□ **be·dank** *werkwoord (teenwoordige tyd **bedank**, verlede tyd **het bedank**)*
bedding bed *In spring the **bed** in our front garden is full of colourful flowers.* In die lente is die **bedding** in ons voortuin vol kleurryke blomme.

□ **bed·ding** *selfstandige naamwoord (meervoud **beddings**)*
bedek cover [a] *Cover* the food with a cloth to keep the flies out. **Bedek** die kos met 'n doek om die vlieë uit te hou. [b] *The furniture was **covered** in/with dust after the sandstorm.* Die meubels was na die sandstorm met stof **bedek**.

□ **be·dek** *werkwoord (teenwoordige tyd **bedek**, verlede tyd **het bedek**)*
bedekking **1** cover *One can use a plate instead of a lid as **cover** for a pot.* 'n Mens kan 'n bord in plaas van 'n deksel as **bedekking** vir 'n pot gebruik. **2** covering *The skin is the outer **covering** of the human body.* Die vel is die buitenste **bedekking** van die menslike liggaam.

□ **be·dek·king** *selfstandige naamwoord (meervoud **bedekkings**)*
bedel beg *He is so poor that he has to **beg** for food.* Hy is so arm dat hy om kos moet **bedel**.

□ **be·del** *werkwoord (teenwoordige tyd **bedel**, verlede tyd **het gebedel**)*
bedelaar beggar *The **beggar** asked me for money to buy food.* Die **bedelaar** het my geld gevra om kos te koop.

□ **be·de·laar** *selfstandige naamwoord (meervoud **bedelaars**)*
bederf spoil [a] *They **spoil** the children by giving them too many presents.* Hulle **bederf** die kinders deur hulle te veel presente te gee. [b] *Bad weather **spoilt/spoiled** our holiday.* Slegte weer **het** ons vakansie **bederf**. [c] *You'll **spoil** your eyesight if you read in bad light.* Jy sal jou oë **bederf** as jy in slegte lig lees. [d] *Put the meat in the freezer so it won't **spoil**.* Sit die vleis in die vrieskas sodat dit nie **bederf** nie.

□ **be·derf** *werkwoord (teenwoordige tyd* **bederf***, verlede tyd* **het bederf***)*

bedien ◻ serve *"Waiter, please serve the people at that table."* "Kelner, **bedien** asseblief die mense aan daardie tafel." ◻ operate *You operate a lift by pressing buttons.* Jy **bedien** 'n hysbak deur op knoppies te druk.

□ **be·dien** *werkwoord (teenwoordige tyd* **bedien***, verlede tyd* **het bedien***)*

bedoel mean **[a]** *"If you say we have to be there at seven, do you mean 07:00 in the morning or 19:00 in the evening?"* "As jy sê ons moet om sewe daar wees, **bedoel** jy 07:00 in die oggend of 19:00 in die aand?" **[b]** *"I'm sorry, I didn't mean to hurt you."* "Ek is jammer, ek het nie **bedoel** om jou seer te maak nie." **[c]** *She looked at the drawing and asked, "What is this meant to be: a goat or a dog?"* Sy het na die tekening gekyk en gevra: "Wat is dit **bedoel** om te wees: 'n bok of 'n hond?" **[d]** *"Do you mean what you are saying, or are you joking?"* "**Bedoel** jy wat jy sê, of maak jy 'n grap?" **[e]** *"If you talk about the boy with the glasses, do you mean George or Walter?"* "As jy praat van die seun met die bril, **bedoel** jy George of Walter?"

◆ **bedoel wees vir** be meant/intended for *"The flowers are meant/intended for you; not for your mother."* "Die blomme **is vir** jou **bedoel**; nie vir jou ma nie."

□ **be·doel** *werkwoord (teenwoordige tyd* **bedoel***, verlede tyd* **het bedoel***)*

bedoeling intention *"I'm sorry, it wasn't my intention to upset you."* "Jammer, dit was nie my **bedoeling** om jou te ontstel nie."

□ **be·doe·ling** *selfstandige naamwoord (meervoud* **bedoeling/bedoelings***)*

bedompig stuffy *It's very stuffy in this room, because all the windows are shut.* Dis baie **bedompig** in dié kamer, want al die vensters is toe.

□ **be·dom·pig** *byvoeglike naamwoord (attributief* **bedompige***)* **bedompiger, bedompigste**

bedrag amount, sum *R150 000 is an enormous amount/sum to pay for a car.* R150 000 is 'n enorme **bedrag** om vir 'n motor te betaal.

□ **be·drag** *selfstandige naamwoord (meervoud* **bedrae***)*

bedrieg cheat *He tried to cheat me by charging me R7,00 for the pen, while it was worth only R5,00.* Hy het my probeer **bedrieg** deur my R7,00 vir die pen te vra, terwyl dit net R5,00 werd was.

□ **be·drieg** *werkwoord (teenwoordige tyd* **bedrieg***, verlede tyd* **het bedrieg***)*

beduie wave *The headmaster got up to wave for the children to be quiet.* Die hoof het opgestaan om te **beduie** dat die kinders moet stilbly.

◆ **die pad beduie** direct, tell the way *"Can you direct me (OR tell me the way) to the station?"* "Kan jy my **die pad** stasie toe **beduie**?"

□ **be·dui·e** *werkwoord (teenwoordige tyd* **beduie***, verlede tyd* **het beduie***)*

beef, bewe ◻ shake, shiver, tremble *The icy wind made us shake/shiver/tremble with cold.* Die ysige wind het ons van die koue laat **beef/bewe**. ◻ shake, tremble *The bridge shook/trembled as the train went over it.* Die brug **het gebeef/gebewe** toe die trein daaroor ry.

□ **beef, be·we** *werkwoord (teenwoordige tyd* **beef/bewe***, verlede tyd* **het gebeef/gebewe***)*

beëindig end *The two countries decided to make peace and end the war.* Die twee lande het besluit om vrede te maak en die oorlog te **beëindig**.

□ **be·ëin·dig** *werkwoord (teenwoordige tyd* **beëindig***, verlede tyd* **het beëindig***)*

Wanneer **beëindig** aan die einde van 'n reël by die eerste skeidingspunt afgebreek moet word, val die deelteken weg: *be-*
                        eindig (nie *ëindig* nie).

---

beeld image *When I think of a bride the image of a woman in a long white dress comes into my mind.* As ek aan 'n bruid dink, kom die **beeld** van 'n vrou in 'n lang wit rok in my gedagte op.

□ **beeld** *selfstandige naamwoord (meervoud* **beelde***)*

been ◻ leg *"Can you stand on one leg?"* "Kan jy op een **been** staan?" ◻ bone *He fell off his bicycle and broke a bone in his hand.* Hy het van sy fiets afgeval en 'n **been** in sy hand gebreek.

□ **been** *selfstandige naamwoord (meervoud* **bene***)*

beer bear *We saw a big brown bear at the zoo.* Ons het 'n groot bruin **beer** in die dieretuin gesien.

□ **beer** *selfstandige naamwoord (meervoud* **bere***)*

bees beast *I don't like him; he's a real beast and has no manners.* Ek hou nie van hom nie; hy's 'n regte **bees** en het geen maniere nie.

◆ **beeste** cattle *Among the cattle that are grazing in the field there are ten cows and one bull.* Onder die **beeste** wat in die veld wei, is daar tien koeie en een bul.

□ **bees** *selfstandige naamwoord (meervoud* **beeste***)*

◆ Engels het nie 'n woord vir **bees** in die sin van 'n dier wat vleis en melk verskaf nie (net vir **beeste** = **cattle**), daarom word iets soos **beesmelk** met **cow's milk** vertaal.
◆ Beeste **bulk**. 'n Jong bees is 'n **kalf**.

---

beesvleis beef *Simon eats any kind of meat, but is particularly fond of beef.* Simon eet enige soort vleis, maar is veral lief vir **beesvleis**.

□ **bees·vleis** *selfstandige naamwoord (geen meervoud)*

beetkry get/grab hold of *If you want to catch a snake, you should try to get/grab hold of its tail.* As jy 'n slang wil vang, moet jy sy stert probeer **beetkry**.

□ **beet·kry** *werkwoord (teenwoordige tyd* **kry beet***, verlede tyd* **het beetgekry***)*

begeer wish for *They are very rich and have everything one could wish for.* Hulle is baie ryk en het alles wat 'n mens kan **begeer**.

□ **be·geer** *werkwoord (teenwoordige tyd* **begeer***, verlede tyd* **het begeer***)*

begin[1] ◘ beginning *Tom was in the lead from the* ***beginning*** *to the end of the race.* Tom was van die **begin** tot die end van die wedloop voor. ◙ start *The boy who won had run in front from* ***start*** *to finish.* Die seun wat gewen het, het van die **begin** tot die end voor gehardloop.
□ **be·gin** *selfstandige naamwoord (geen meervoud)*

begin[2] ◘ begin, start *Our school* ***begins/starts*** *at eight o'clock.* Ons skool **begin** om agtuur. ◙ open [a] *They are going to* ***open*** *a supermarket in the new shopping centre.* Hulle gaan 'n supermark in die nuwe winkelsentrum **begin**. [b] *He* ***opened*** *the meeting with a short speech.* Hy **het** die vergadering met 'n kort toespraak **begin**. ◛ take to *"When did he* ***take to*** *smoking?"* "Wanneer **het** hy **begin** rook?"
◆ **begin met** take up *He wants to* ***take up*** *stamp collecting as a hobby.* Hy wil **met** seëlversameling as 'n stokperdjie **begin**.
□ **be·gin** *werkwoord (teenwoordige tyd* **begin***, verlede tyd* **het begin***)*

begraafplaas cemetery *She went to the* ***cemetery*** *to put flowers on her husband's grave.* Sy het na die **begraafplaas** gegaan om blomme op haar man se graf te sit.
□ **be·graaf·plaas** *selfstandige naamwoord (meervoud* **begraafplase***)*

begrafnis funeral *The old man died a few days ago and we are going to his* ***funeral*** *this afternoon.* Die ou man is 'n paar dae gelede dood en ons gaan vanmiddag na sy **begrafnis** toe.
□ **be·graf·nis** *selfstandige naamwoord (meervoud* **begrafnisse***)*

begrawe bury *Dad told us to* ***bury*** *the dead bird in the garden.* Pa het gesê ons moet die dooie voël in die tuin **begrawe**.
□ **be·gra·we** *werkwoord (teenwoordige tyd* **begrawe***, verlede tyd* **het begrawe***)*

behaal ◘ achieve *Christine worked very hard to* ***achieve*** *success in the examination.* Christine het baie hard gewerk om sukses in die eksamen te **behaal**. ◙ get *"You'll have to work hard if you want to* ***get*** *good marks in the exam."* "Jy sal hard moet werk as jy goeie punte in die eksamen wil **behaal**."
□ **be·haal** *werkwoord (teenwoordige tyd* **behaal***, verlede tyd* **het behaal***)*

behalwe ◘ except *Everyone* ***except*** *Esther is going; she wants to stay at home.* Almal **behalwe** Esther gaan; sy wil by die huis bly. ◙ but *"Nobody* ***but*** *you knows how old I am."* "Niemand **behalwe** jy weet hoe oud ek is nie." ◛ besides *She has two other coats* ***besides*** *the green one.* Sy het twee ander jasse **behalwe** die groene. ◜ other than *No one is at home* ***other than*** *my mother.* Niemand **behalwe** my ma is by die huis nie.
◆ **alles behalwe** ⇨ **alles**[1].
□ **be·hal·we** *voorsetsel*

behandel treat [a] *It breaks my heart to see how badly those people* ***treat*** *their animals.* Dit breek my hart om

te sien hoe sleg daardie mense hul diere **behandel**. [b] *She* ***treated*** *the burn with some ointment that she got from the chemist.* Sy **het** die brandwond **behandel** met salf wat sy by die apteker gekry het.
□ **be·han·del** *werkwoord (teenwoordige tyd* **behandel***, verlede tyd* **het behandel***)*

behandeling treatment *This ointment is very good for the* ***treatment*** *of burns.* Dié salf is baie goed vir die **behandeling** van brandwonde.
□ **be·han·de·ling** *selfstandige naamwoord (geen meervoud)*

beheer[1] control *The bus got out of* ***control*** *when its brakes failed.* Die bus het buite **beheer** geraak toe sy remme weier.
◆ **in beheer van** in charge of *When the principal is away the vice-principal is* ***in charge of*** *the school.* Wanneer die hoof weg is, is die onderhoof **in beheer van** die skool.
□ **be·heer** *selfstandige naamwoord (geen meervoud)*

beheer[2] control, handle *The horse is a little wild – only a good rider will be able to* ***control/handle*** *it.* Die perd is 'n bietjie wild – net 'n goeie ruiter sal hom kan **beheer**.
□ **be·heer** *werkwoord (teenwoordige tyd* **beheer***, verlede tyd* **het beheer***)*

behoefte need *There is a great* ***need*** *for a library at our school.* Daar is 'n groot **behoefte** aan 'n biblioteek by ons skool.
□ **be·hoef·te** *selfstandige naamwoord (meervoud* **behoeftes***)*

behoorlik[1] proper *It isn't* ***proper*** *to wear a dress with such a low neckline to church.* Dis nie **behoorlik** om 'n rok met so 'n lae halslyn kerk toe te dra nie.
□ **be·hoor·lik** *byvoeglike naamwoord (attributief* **behoorlike***)*

behoorlik[2] properly *"Don't be so naughty. Sit still and behave yourself* ***properly!***" "Moenie so stout wees nie. Sit stil en gedra jou **behoorlik!**"
□ **be·hoor·lik** *bywoord*

behoort belong [a] *"Who does this pen* ***belong*** *to?"* – *"It is Anna's."* "Aan wie **behoort** dié pen?" – "Dis Anna s'n." [b] *"Which church do you* ***belong*** *to?"* "Aan watter kerk **behoort** jy?" [c] *A lion* ***belongs*** *to the cat family.* 'n Leeu **behoort** tot die katfamilie.
◆ **behoort te** should, ought to *"You* ***should (***OR ***ought to)*** *be ashamed of yourself for behaving so badly!"* "Jy **behoort** jou **te** skaam dat jy jou so swak gedra het!"
□ **be·hoort** *werkwoord (teenwoordige tyd* **behoort***, verlede tyd* **het behoort***)*

Let daarop dat **behoort aan** besitting of lidmaatskap en **behoort tot** groepering aandui.

beide both *Both Miriam and Ruth were invited to the party.* **Beide** Miriam en Rut is na die partytjie genooi.
□ **bei·de** *byvoeglike naamwoord (attributief* **beide***)*

beïnvloed influence *A teacher can* ***influence*** *the children by the example he sets.* 'n Onderwyser kan die kinders **beïnvloed** deur die voorbeeld wat hy stel.

☐ **be·ïn·vloed** *werkwoord (teenwoordige tyd* **beïn=**
vloed, *verlede tyd* **het beïnvloed)**

> Wanneer **beïnvloed** aan die einde van 'n reël by die
> eerste skeidingspunt afgebreek moet word, val die
> deelteken weg: *be-*
> *invloed* (nie *ïnvloed* nie).

bek mouth *A horse has a* **mouth** *and a bird a beak.* 'n
Perd het 'n **bek** en 'n voël 'n snawel.

☐ **bek** *selfstandige naamwoord (meervoud* **bekke)**
bekend familiar *"I'm sure I've met you before. Your face*
looks so **familiar."** "Ek is seker ek het jou al tevore
ontmoet. Jou gesig lyk so **bekend.**" ➪ **welbekend.**

◆ **dit is bekend dat** be known to *That referee* **is**
known to *apply the rules of the game strictly but fairly.*
Dit is bekend dat daardie skeidsregter die reëls van
die spel streng maar regverdig toepas.

◆ **staan bekend as** be known as *Johannesburg* **is**
known as *"the Golden City".* Johannesburg **staan**
bekend as "die Goudstad".

☐ **be·kend** *byvoeglike naamwoord (attributief* **beken=**
de) bekender, bekendste

beker ❶ mug *A cup has a saucer but a* **mug** *does not.*
'n Koppie het 'n piering maar 'n **beker** nie. ❷ jug
The **jug** *can hold a litre of milk.* Die **beker** kan 'n liter
melk hou. ❸ cup *The best athlete won a silver* **cup** *as*
prize. Die beste atleet het 'n silwer **beker** as prys
gewen.

☐ **be·ker** *selfstandige naamwoord (meervoud* **bekers)**
beklemtoon stress *You must* **stress** *the first part of the*
word "Monday". Jy moet die eerste deel van die
woord "Maandag" **beklemtoon.**

☐ **be·klem·toon** *werkwoord (teenwoordige tyd* **be=**
klemtoon, *verlede tyd* **het beklemtoon)**

bekommer worry *"Don't* **worry** *if you can't finish all*
your food." "**Bekommer** jou nie as jy nie al jou kos
kan opeet nie."

◆ **jou bekommer oor** worry about *Anne's parents*
worry about *her poor health.* Anne se ouers **bekom=**
mer hulle oor haar slegte gesondheid.

☐ **be·kom·mer** *werkwoord (teenwoordige tyd* **be=**
kommer, *verlede tyd* **het bekommer)**

> Jy kan jou oor iets **bekommer,** maar iets kan jou nie
> **bekommer** nie – dit **maak** jou **bekommerd.**

bekommerd worried, concerned *"I'm very* **worried/**
concerned – *it is quite late and Lynette isn't home from*
school yet." "Ek is baie **bekommerd** – dis al laat en
Lynette is nog nie van die skool af tuis nie."

◆ **bekommerd maak** worry, trouble *It* **worries/**
troubles *me that the dog won't eat.* Dit **maak** my **be=**
kommerd dat die hond nie wil eet nie.

☐ **be·kom·merd** *byvoeglike naamwoord (attributief*
bekommerde) bekommerder, bekommerdste

bekostig afford *He can't* **afford** *to buy a new car.* Hy
kan dit nie **bekostig** om 'n nuwe motor te koop nie.

☐ **be·kos·tig** *werkwoord (teenwoordige tyd* **bekostig,**
verlede tyd **het bekostig)**

bekruip stalk *We saw the cat* **stalk** *the bird and pounce*
on it. Ons het gesien hoe die kat die voël **bekruip** en
hom bespring.

☐ **be·kruip** *werkwoord (teenwoordige tyd* **bekruip,**
verlede tyd **het bekruip)**

bekyk look at, examine *"* **Look at (** OR **Examine)** *the*
bicycle carefully and tell me if there's something wrong."
"**Bekyk** die fiets sorgvuldig en sê my as daar iets
makeer."

◆ **van naby bekyk** take a good/close look at *"* **Take a**
good/close look at *the people on the photograph and*
tell me which of them is Anna." "**Bekyk** die mense op
die foto **van naby** en sê my wie van hulle Anna is."

☐ **be·kyk** *werkwoord (teenwoordige tyd* **bekyk,** *verlede*
tyd **het bekyk)**

bel ❶ call, phone, telephone, ring, give a ring *"I'll* **call/**
phone/telephone/ring *you (* OR **give you a ring)**
from the phone box outside the post office." "Ek sal jou
van die telefoonhokkie buite die poskantoor **bel.**" ❷
make a (phone) call, make a telephone call *"How much*
does it cost to **make a (phone) call (** OR **telephone**
call) *from Cape Town to Johannesburg?"* "Hoeveel kos
dit om van Kaapstad af Johannesburg toe te **bel?**"

☐ **bel** *werkwoord (teenwoordige tyd* **bel,** *verlede tyd*
het gebel)

beland land *If a cat falls, it usually* **lands** *on its feet.* As
'n kat val, **beland** hy gewoonlik op sy pote.

◆ **in die moeilikheid beland** ➪ **moeilikheid.**

☐ **be·land** *werkwoord (teenwoordige tyd* **beland,** *ver=*
lede tyd **het beland)**

belang interest *It is in your own* **interest** *to work hard*
for the examination. Dis in jou eie **belang** om hard te
werk vir die eksamen.

◆ **belang stel (** OF **belangstel) in** be interested in,
take an interest in *I appreciate it that my parents* **are**
interested in (OR **take an interest in)** *everything I*
do. Ek waardeer dit dat my ouers **belang stel (** OF **be=**
langstel) in alles wat ek doen.

☐ **be·lang** *selfstandige naamwoord (meervoud* **be=**
lange)

belangrik important **[a]** *For good health it is* **import=**
ant *that you eat correctly and get enough exercise.* Vir
goeie gesondheid is dit **belangrik** dat jy reg eet en
genoeg oefening kry. **[b]** *The headmaster is an* **im=**
portant *figure in a small village.* Die skoolhoof is 'n
belangrike figuur op 'n klein dorpie.

☐ **be·lang·rik** *byvoeglike naamwoord (attributief* **be=**
langrike) belangriker, belangrikste

belangstel ➪ **belang.**

belangstelling interest *He became a sailor because of his*
interest in ships. Hy het matroos geword weens sy
belangstelling in skepe.

☐ **be·lang·stel·ling** *selfstandige naamwoord (geen*
meervoud)

belasting tax *People pay* **tax** *to the government for its* *services to the country.* Mense betaal **belasting** aan die regering vir sy dienste aan die land.

☐ **be·las·ting** *selfstandige naamwoord (meervoud* **belastings***)*

beleef, beleefd[1] polite *He is very* ***polite*** *and will always stand up for an older person in the bus.* Hy is baie **beleef/beleefd** en sal altyd vir 'n ouer persoon in die bus opstaan.

☐ **be·leef, be·leefd** *byvoeglike naamwoord (attributief* **beleefde***)* **beleefder, beleefdste**

beleef, beleefd[2] politely *She thanked him* ***politely*** *for the flowers.* Sy het hom **beleef/beleefd** vir die blomme bedank.

☐ **be·leef, be·leefd** *bywoord*

belet forbid *"If you come home later than eleven o'clock, I'll* ***forbid*** *you to go out at night again."* "As jy later as elfuur huis toe kom, sal ek jou **belet** om weer saans uit te gaan."

☐ **be·let** *werkwoord (teenwoordige tyd* **belet,** *verlede tyd* **het belet***)*

belofte promise *He kept his* ***promise*** *and helped me with my homework.* Hy het sy **belofte** gehou en my met my huiswerk gehelp.

☐ **be·lof·te** *selfstandige naamwoord (meervoud* **beloftes***)*

beloning reward *She is offering a* ***reward*** *of R50,00 to the person who finds her lost cat.* Sy bied 'n **beloning** van R50,00 aan vir die persoon wat haar verlore kat vind.

☐ **be·lo·ning** *selfstandige naamwoord (meervoud* **belonings***)*

beloof, belowe promise *"Please lend me 50c – I* ***promise*** *to pay you back tomorrow."* "Leen my asseblief 50c – ek **beloof/belowe** om jou môre terug te betaal."

☐ **be·loof, be·lo·we** *werkwoord (teenwoordige tyd* **beloof/belowe,** *verlede tyd* **het beloof/belowe***)*

beloon reward *She is prepared to* ***reward*** *anyone who finds her lost cat with R50,00.* Sy is bereid om enigiemand wat haar verlore kat vind, met R50,00 te **beloon.**

☐ **be·loon** *werkwoord (teenwoordige tyd* **beloon,** *verlede tyd* **het beloon***)*

belowe ⇨ **beloof.**

belt belt **[a]** *The* ***belt*** *of her dress ties at the back.* Die **belt** van haar rok maak agter vas. **[b]** *The* ***belt*** *of his trousers is made of leather.* Sy broek se **belt** is van leer gemaak.

☐ **belt** *selfstandige naamwoord (meervoud* **belde***)*

bepaal ❶ determine *The exam results will* ***determine*** *who is top of our class.* Die eksamenuitslae sal **bepaal** wie eerste in ons klas staan. ❷ fix *We must* ***fix*** *a date for the match that will suit both teams.* Ons moet 'n datum vir die wedstryd **bepaal** wat albei spanne sal pas.

☐ **be·paal** *werkwoord (teenwoordige tyd* **bepaal,** *verlede tyd* **het bepaal***)*

bepaalde particular *At this* ***particular*** *moment he is in the train on his way to work.* Op dié **bepaalde** oomblik is hy in die trein op pad werk toe.

☐ **be·paal·de** *attributiewe byvoeglike naamwoord*

beperk limit *I like bread, but I* ***limit*** *myself to two slices a day.* Ek hou van brood, maar ek **beperk** my tot twee snye per dag.

☐ **be·perk** *werkwoord (teenwoordige tyd* **beperk,** *verlede tyd* **het beperk***)*

beplan plan *Things don't always work out the way you* ***plan***. Dinge werk nie altyd uit soos jy dit **beplan** nie.

☐ **be·plan** *werkwoord (teenwoordige tyd* **beplan,** *verlede tyd* **het beplan***)*

bêre ❶ put away *"Mum says you must* ***put*** *your toys* ***away*** *in the cupboard."* "Ma sê jy moet jou speelgoed in die kas **bêre**." ❷ store *We* ***store*** *our gardening tools in the garage.* Ons **bêre** ons tuingereedskap in die garage.

☐ **bê·re** *werkwoord (teenwoordige tyd* **bêre,** *verlede tyd* **het gebêre***)*

bereid prepared, ready, willing *"Are you* ***prepared/ ready/willing*** *to help?"* "Is jy **bereid** om te help?"

☐ **be·reid** *byvoeglike naamwoord (slegs predikatief)*

bereik[1] reach **[a]** *We live within easy* ***reach*** *of the station.* Ons woon binne maklike **bereik** van die stasie. **[b]** *The bottle of poison is on a high shelf, out of* ***reach*** *of the little ones.* Die bottel gif staan op 'n hoë rak, buite **bereik** van die kleintjies.

☐ **be·reik** *selfstandige naamwoord (geen meervoud)*

bereik[2] ❶ reach, get hold of *"Can one* ***reach*** *(*OR ***get hold of***) *you by phone?"* "Kan 'n mens jou per telefoon **bereik**?" ❷ reach **[a]** *My grandfather* ***reached*** *the ripe old age of 90.* My oupa **het** die hoë ouderdom van 90 **bereik**. **[b]** *Her letter never* ***reached*** *me.* Haar brief **het** my nooit **bereik** nie. ❸ achieve *"If you want to* ***achieve*** *your goal of becoming a doctor, you'll have to work very hard."* "As jy jou doel wil **bereik** om dokter te word, sal jy baie hard moet werk." ❹ make it to *We missed the train because we couldn't* ***make it to*** *the station in time.* Ons het die trein gemis, want ons kon nie die stasie betyds **bereik** nie.

☐ **be·reik** *werkwoord (teenwoordige tyd* **bereik,** *verlede tyd* **het bereik***)*

berg mountain *There is a deep cave in the side of the* ***mountain***. Daar is 'n diep grot in die hang van die **berg**.

☐ **berg** *selfstandige naamwoord (meervoud* **berge***)*

berig report *According to a* ***report*** *in the newspaper more than 200 people died in road accidents during the holidays.* Volgens 'n **berig** in die koerant is meer as 200 mense in die vakansie in padongelukke dood.

☐ **be·rig** *selfstandige naamwoord (meervoud* **berigte***)*

beroemd famous *South Africa is* ***famous*** *for its gold.* Suid-Afrika is **beroemd** vir/om sy goud.

☐ **be·roemd** *byvoeglike naamwoord (attributief* **beroemde***)* **beroemder, beroemdste**

beroep occupation *"What is your mother's* ***occu-***

pation?" – *"She is a teacher."* "Wat is jou ma se **beroep**?" – "Sy is 'n onderwyseres."

◆ **van beroep ❶** by trade *He is a bricklayer by trade.* Hy is 'n messelaar van **beroep**. **❷** by profession *She is a nurse by profession.* Sy is 'n verpleegster **van beroep**.

☐ **be·roep** *selfstandige naamwoord (meervoud be=roepe)*

beroof rob *The police caught the thieves before they could rob the bank.* Die polisie het die diewe gevang voor hulle die bank kon **beroof**.

◆ **beroof van** rob of *The thief robbed the shopkeeper of all his money.* Die dief **het** die winkelier **van** al sy geld **beroof**.

☐ **be·roof** *werkwoord (teenwoordige tyd beroof, verlede tyd het beroof)*

bes best *He did his best, but couldn't finish in time.* Hy het sy **bes** gedoen, maar kon nie betyds klaarkry nie.

☐ **bes** *selfstandige naamwoord (geen meervoud)*

beseer¹ hurt, injure *"Put away that sharp knife; you can hurt/injure yourself badly if you play with it."* "Sit weg daardie skerp mes; jy kan jou lelik **beseer** as jy daarmee speel."

☐ **be·seer** *werkwoord (teenwoordige tyd beseer, verlede tyd het beseer)*

beseer² injured *"Is the woman badly injured?"* – *"Yes, her neck is broken."* "Is die vrou erg **beseer**?" – "Ja, haar nek is af."

☐ **be·seer** *byvoeglike naamwoord (attributief beseerde)*

besef realize, realise *"Why do you smoke? Don't you realize/realise how bad it is for your health?"* "Hoekom rook jy? **Besef** jy dan nie hoe sleg dit vir jou gesondheid is nie?"

☐ **be·sef** *werkwoord (teenwoordige tyd besef, verlede tyd het besef)*

besem broom *"Doreen, please take the broom and sweep out the kitchen."* "Doreen, neem asseblief die **besem** en vee die kombuis uit."

☐ **be·sem** *selfstandige naamwoord (meervoud besems)*

besering injury *The injury to his back was so serious that he had to go to hospital.* Die **besering** aan sy rug was so ernstig dat hy hospitaal toe moes gaan.

☐ **be·se·ring** *selfstandige naamwoord (meervoud beseringe/beserings)*

beset occupied *"May I sit here, or is the chair occupied?"* "Kan ek maar hier sit, of is die stoel **beset**?"

☐ **be·set** *byvoeglike naamwoord (attributief besette)*

besig busy **[a]** *"The principal is too busy to see you now."* "Die hoof is te **besig** om jou nou te spreek." **[b]** *"I'm busy with my homework and can't come and play now."* "Ek is **besig** met my huiswerk en kan nie nou kom speel nie." **[c]** *On weekdays the streets are busy, but on Sundays they are quiet.* Weekdae is die strate **besig**, maar Sondae is hulle stil.

◆ **besig hou** occupy *Many people occupy themselves on a train by reading.* Baie mense **hou** hulle op 'n trein **besig** deur te lees.

☐ **be·sig** *byvoeglike naamwoord (attributief besige)* **besiger, besigste**

besit¹ possession *The police caught him with stolen goods in his possession.* Die polisie het hom met gesteelde goedere in sy **besit** betrap.

☐ **be·sit** *selfstandige naamwoord (geen meervoud)*

besit² own, possess *They are very rich and own/possess a house and two cars.* Hulle is baie ryk en **besit** 'n huis en twee motors.

☐ **be·sit** *werkwoord (teenwoordige tyd besit, verlede tyd het besit)*

besitting possession *They lost all their possessions in the fire.* Hulle het al hul **besittings** in die brand verloor.

☐ **be·sit·ting** *selfstandige naamwoord (gewoonlik meervoud besittinge/besittings)*

beskadig damage *"You'll damage the records if you leave them in the sun."* "Jy sal die plate **beskadig** as jy hulle in die son laat lê."

☐ **be·ska·dig** *werkwoord (teenwoordige tyd beskadig, verlede tyd het beskadig)*

beskerm ❶ protect *Dark glasses protect your eyes from bright sunlight.* 'n Donkerbril **beskerm** jou oë teen helder sonlig. **❷** guard *A high fence guards the building from burglars.* 'n Hoë heining **beskerm** die gebou teen inbrekers.

☐ **be·skerm** *werkwoord (teenwoordige tyd beskerm, verlede tyd het beskerm)*

beskerming protection *Dark glasses offer protection against bright sunlight.* 'n Donkerbril bied **beskerming** teen helder sonlig.

☐ **be·sker·ming** *selfstandige naamwoord (geen meervoud)*

beskikbaar available *"I'm available to help you this afternoon, but not tomorrow."* "Ek is vanmiddag **beskikbaar** om jou te help, maar nie môre nie."

☐ **be·skik·baar** *byvoeglike naamwoord (attributief beskikbare)*

beskou ❶ regard *I've known her for years and regard her as my best friend.* Ek ken haar al jare lank en **beskou** haar as my beste vriendin. **❷** consider, reckon *They consider him as (OR consider/reckon him OR consider/reckon him to be) one of South Africa's best boxers.* Hulle **beskou** hom as een van Suid-Afrika se beste boksers.

☐ **be·skou** *werkwoord (teenwoordige tyd beskou, verlede tyd het beskou)*

beskryf, beskrywe describe *"Can you describe what the man looked like? Was he old or young, and what did he wear?"* "Kan jy **beskryf/beskrywe** hoe die man gelyk het? Was hy oud of jonk, en wat het hy gedra?"

☐ **be·skryf, be·skry·we** *werkwoord (teenwoordige tyd beskryf/beskrywe, verlede tyd het beskryf/beskrywe)*

beskrywing description *She gave a good description*

of what the man looked like. Sy het 'n goeie **beskry=wing** gegee van hoe die man gelyk het.

☐ **be·skry·wing** *selfstandige naamwoord (meervoud* **beskrywinge/beskrywings***)*

beskuit rusks *Rusks are buns that you dry out in the oven.* Beskuit is bolletjies wat mens in die oond uit=droog.

◆ **'n (stukkie) beskuit** a rusk *He took **a rusk** and dipped it into his coffee.* Hy het **'n (stukkie) beskuit** geneem en in sy koffie gedoop.

☐ **be·skuit** *selfstandige naamwoord (meervoud* **be=skuite***)*

beskuitjie biscuit *"Would you like some fish-paste or a piece of cheese on your **biscuit**?"* "Wil jy 'n bietjie vis=smeer of 'n stukkie kaas op jou **beskuitjie** hê?"

☐ **be·skuit·jie** *selfstandige naamwoord (meervoud* **be=skuitjies***)*

beslis certainly, surely *The plant will **certainly/surely** die if you don't water it.* Die plant sal **beslis** doodgaan as jy hom nie natgooi nie.

☐ **be·slis** *bywoord*

besluit[1] decision *I think he made the wrong **decision** by leaving school after standard six.* Ek dink hy het die verkeerde **besluit** geneem deur die skool na standerd ses te verlaat.

☐ **be·sluit** *selfstandige naamwoord (meervoud* **be=sluite***)*

besluit[2] ◼ decide *"I will listen to you both and then **de=cide** who is telling the truth."* "Ek sal na julle albei luister en dan **besluit** wie die waarheid praat." ◼ make up your mind *She couldn't **make up her mind** which dress to buy, the red one or the green one.* Sy kon nie **besluit** watter rok om te koop nie, die rooie of die groene.

☐ **be·sluit** *werkwoord (teenwoordige tyd* **besluit***, ver=lede tyd* **het besluit***)*

besoek[1] visit **[a]** *My sister is on a **visit** to family of ours.* My suster is by familie van ons op **besoek**. **[b]** *We had pleasant weather during our **visit** to Namibia.* Ons het lekker weer gehad tydens ons **besoek** aan Namibië.

☐ **be·soek** *selfstandige naamwoord (meervoud* **be=soeke***)*

besoek[2] ◼ visit, pay a visit to, pay ... a visit *I **visit** the dentist* (OR ***pay a visit to** the dentist* OR ***pay** the dentist **a visit***) *once every six months.* Ek **besoek** die tandarts een keer elke ses maande. ◼ visit *We're planning to **visit** the zoo this Saturday.* Ons is van plan om die dieretuin hierdie Saterdag te **besoek**. ◼ see *"Goodbye, Thomas! Come and **see** us again soon!"* "Tot siens, Thomas! Kom **besoek** ons gou weer!"

◆ **besoek word deur** be visited by, have/receive a visit from *We **are visited by** (*OR ***have/receive a visit from***) the minister at least once a year.* Ons **word** minstens een keer per jaar **deur** die dominee **besoek**.

☐ **be·soek** *werkwoord (teenwoordige tyd* **besoek***, ver=lede tyd* **het besoek***)*

besoeker visitor *A **visitor** from Zimbabwe came to see*

us last night. 'n **Besoeker** uit Zimbabwe het gister=aand by ons kom kuier.

☐ **be·soe·ker** *selfstandige naamwoord (meervoud* **be=soekers***)*

besonder[1] ◼ special *"What makes tomorrow more **special** than other days?" – "It's my birthday!"* "Wat maak môre meer **besonder** as ander dae?" – "Dis my verjaardag!" ◼ particular *This book is of **particular** interest to people who have cats.* Dié boek is van **beson=dere** belang vir mense wat katte het.

☐ **be·son·der** *byvoeglike naamwoord (attributief* **be=sondere***)*

besonder[2] particularly *It is **particularly** cold today.* Dis **besonder** koud vandag.

☐ **be·son·der** *bywoord*

besonder(s) unusual *Her hat is quite **unusual** – it looks like a teapot!* Haar hoed is heel **besonder/besonders** – dit lyk soos 'n teepot!

◆ **iets besonders** anything in particular *"Is there **anything in particular** with which I can help you?"* "Is daar **iets besonders** waarmee ek jou kan help?"

◆ **niks besonders nie** nothing special *There is **noth=ing special** about his new bike – it's quite ordinary.* Daar is **niks besonders** aan sy nuwe fiets **nie** – dis heel gewoon.

☐ **be·son·der(s)** *byvoeglike naamwoord (attributief* **besondere/besonderse***)*

bespaar ◼ save **[a]** *You can **save** 10c on the price of the soap by buying two cakes instead of one.* Jy kan 10c op die prys van die seep **bespaar** deur twee koekies in plaas van een te koop. **[b]** *To **save** time he took a bus instead of walking.* Om tyd te **bespaar**, het hy 'n bus geneem in plaas daarvan om te loop. ◼ spare *The doctor gave the injured woman an injection to **spare** her as much pain as possible.* Die dokter het die beseerde vrou 'n inspuiting gegee om haar soveel pyn (as) moontlik te **bespaar**.

☐ **be·spaar** *werkwoord (teenwoordige tyd* **bespaar***, verlede tyd* **het bespaar***)*

bespat splash *"Don't shake your pen like that; you'll **splash** the wall with ink!"* "Moenie jou pen so skud nie; jy sal die muur met ink **bespat**!"

☐ **be·spat** *werkwoord (teenwoordige tyd* **bespat***, ver=lede tyd* **het bespat***)*

bespreek ◼ discuss *The purpose of the meeting is to **dis=cuss** the school concert.* Die doel van die vergadering is om die skoolkonsert te **bespreek**. ◼ book *Book early if you want to be sure of a seat on the train.* **Bespreek** vroegtydig as jy seker wil wees van 'n plek op die trein.

◆ **vol bespreek** booked up *The dentist is **booked up** – he cannot fit in another patient.* Die tandarts is **vol bespreek** – hy kan nie nog 'n pasiënt inpas nie.

☐ **be·spreek** *werkwoord (teenwoordige tyd* **bespreek***, verlede tyd* **het bespreek***)*

bespreking discussion *The school concert came under **discussion** at the meeting.* Die skoolkonsert het by die vergadering onder **bespreking** gekom.

□ **be·spre·king** *selfstandige naamwoord (meervoud* **besprekinge/besprekings***)*

bespring pounce on *We saw the cat stalk the bird and* ***pounce on*** *it.* Ons het gesien hoe die kat die voël bekruip en hom **bespring**.

□ **be·spring** *werkwoord (teenwoordige tyd* **bespring***, verlede tyd* **het bespring***)*

bestaan ◻ exist *Does life* ***exist*** *on the moon?* **Bestaan** daar lewe op die maan? ◻ consist *The team* ***consists*** *of eleven players.* Die span **bestaan** uit elf spelers.

□ **be·staan** *werkwoord (teenwoordige tyd* **bestaan***, verlede tyd* **het bestaan***)*

bestanddeel ingredient *Flour is an* ***ingredient*** *of bread.* Meel is 'n **bestanddeel** van brood.

□ **be·stand·deel** *selfstandige naamwoord (meervoud* **bestanddele***)*

beste[1] best *Her clothes must fit perfectly; only the* ***best*** *is good enough for her.* Haar klere moet perfek pas; net die **beste** is goed genoeg vir haar.

◆ **alles van die beste!** good luck! *"****Good luck*** *with the exams!"* **"Alles van die beste** met die eksamen!"

□ **bes·te** *selfstandige naamwoord (meervoud* **bestes***)*

beste[2] ◻ best *She wore her* ***best*** *dress to the party.* Sy het haar **beste** rok na die partytjie gedra. ◻ top *Linda is the* ***top*** *pupil in our class.* Linda is die **beste** leerling in ons klas.

◆ **die beste gebruik maak van** make the most of *"Let's* ***make the most of*** *this fine day and go for a swim."* "Kom ons **maak die beste gebruik van** dié mooi dag en gaan swem."

□ **bes·te** *byvoeglike naamwoord (attributief* **beste***)*

beste[3] best *The pupil who does* ***best*** *gets a book prize.* Die leerling wat die **beste** presteer, kry 'n boekprys.

□ **bes·te** *bywoord*

bestee spend **[a]** *"Here is R2,00 – don't* ***spend*** *it all on sweets."* "Hier is R2,00 – moenie alles aan lekkers **bestee** nie." **[b]** *In summer we* ***spend*** *a great deal of time out of doors.* In die somer **bestee** ons baie tyd in die buitelug.

◆ **tyd bestee aan** ◻ spend time *She* ***spends*** *a lot of* ***time*** *working in the garden.* Sy **bestee** baie **tyd aan** tuinwerk. ◻ put time into *The boy* ***puts*** *a lot of* ***time into*** *his homework.* Die seun **bestee** baie **tyd aan** sy huiswerk.

□ **be·stee** *werkwoord (teenwoordige tyd* **bestee***, verlede tyd* **het bestee***)*

bestel order *"When the waiter comes, please* ***order*** *a glass of orange juice for me."* "Wanneer die kelner kom, **bestel** asseblief vir my 'n glas lemoensap."

◆ **bestel wees** be on order *The lady at the bookshop said, "We haven't received the new dictionary yet, but it* ***is on order***." Die vrou by die boekwinkel het gesê: "Ons het nog nie die nuwe woordeboek gekry nie, maar dit **is bestel**."

□ **be·stel** *werkwoord (teenwoordige tyd* **bestel***, verlede tyd* **het bestel***)*

bestelling order *"Waiter, can you take my* ***order***? I'd like a cup of coffee, please."* "Kelner, kan jy my **bestelling** neem? Ek wil 'n koppie koffie hê, asseblief."

□ **be·stel·ling** *selfstandige naamwoord (meervoud* **bestellinge/bestellings***)*

bestorm charge (at) *The fierce bull was about to* ***charge*** *(*OR ***charge at***) *the farmer.* Die kwaai bul het op die punt gestaan om die boer te **bestorm**.

□ **bestorm** *werkwoord (teenwoordige tyd* **bestorm***, verlede tyd* **het bestorm***)*

bestudeer study *If you take English at university, you are sure to* ***study*** *the poetry of Shakespeare.* As jy Engels op universiteit loop, sal jy beslis die digkuns van Shakespeare **bestudeer**.

□ **be·stu·deer** *werkwoord (teenwoordige tyd* **bestudeer***, verlede tyd* **het bestudeer***)*

bestuur ◻ drive *"Can your mother* ***drive*** *a car?"* "Kan jou ma 'n motor **bestuur**?" ◻ run *"What is the name of the man who* ***runs*** *the hotel?"* "Wat is die naam van die man wat die hotel **bestuur**?" ◻ manage *The bank appointed someone to* ***manage*** *the new branch in Long Street.* Die bank het iemand aangestel om die nuwe tak in Langstraat te **bestuur**.

□ **be·stuur** *werkwoord (teenwoordige tyd* **bestuur***, verlede tyd* **het bestuur***)*

bestuurder ◻ driver *He sat in the front of the car next to the* ***driver***. Hy het voor in die motor langs die **bestuurder** gesit. ◻ manager *She complained to the* ***manager*** *about the bad service in the shop.* Sy het by die **bestuurder** oor die swak diens in die winkel gekla.

□ **be·stuur·der** *selfstandige naamwoord (meervoud* **bestuurders***)*

betaal pay *"I'll* ***pay*** *you R35,00 for the job."* "Ek sal jou R35,00 vir die werk **betaal**."

□ **be·taal** *werkwoord (teenwoordige tyd* **betaal***, verlede tyd* **het betaal***)*

betaling ◻ pay *"Did you do the work for* ***pay***?" – "Yes, I got R12,50 an hour."* "Het jy die werk teen **betaling** gedoen?" – "Ja, ek het R12,50 per uur gekry." ◻ payment *"Will you accept R35,00 as* ***payment*** *for the job?"* "Sal jy R35,00 as **betaling** vir die werk aanvaar?"

□ **be·ta·ling** *selfstandige naamwoord (meervoud* **betalinge/betalings***)*

beteken mean **[a]** *The words "enormous" and "huge" both* ***mean*** *"very large".* Die woorde "enorm" en "yslik" **beteken** albei "baie groot". **[b]** *If a traffic light is green, it* ***means*** *you can go.* As 'n verkeerslig groen is, **beteken** dit jy kan ry. **[c]** *I couldn't live in another country – my friends and family* ***mean*** *too much to me.* Ek sou nie in 'n ander land kan woon nie – my vriende en familie **beteken** te veel vir my.

□ **be·te·ken** *werkwoord (teenwoordige tyd* **beteken***, verlede tyd* **het beteken***)*

betekenis meaning *The* ***meaning*** *of the verb "piggyback" is "carry on the back".* Die **betekenis** van die werkwoord "abba" is "op die rug dra".

☐ **be·te·ke·nis** *selfstandige naamwoord (meervoud* **be-tekenisse***)*

beter[1] better *"We're going to beat you, because our team is* **better** *than yours."* "Ons gaan julle klop, want ons span is **beter** as julle s'n."

◆ **beter word** get well/better *"You'll* **get well/better** *soon if you take this medicine."* "Jy sal gou **beter word** as jy dié medisyne drink."

☐ **be·ter** *byvoeglike naamwoord (attributief* **beter***)*

beter[2] better *He swims* **better** *than his sister because he took lessons.* Hy swem **beter** as sy suster omdat hy les geneem het.

☐ **be·ter** *bywoord*

betrap catch *"Put out that cigarette! If I* **catch** *you smoking again, I'll punish you!"* "Maak dood daardie sigaret! As ek jou weer **betrap** dat jy rook, straf ek jou!"

☐ **be·trap** *werkwoord (teenwoordige tyd* **betrap***, verlede tyd* **het betrap***)*

betref concern *As far as I am* **concerned***, we can stay at home; I don't feel like going to the cinema.* Wat my **betref**, kan ons by die huis bly; ek het nie lus om bioskoop toe te gaan nie.

☐ **be·tref** *werkwoord (teenwoordige tyd* **betref***, verlede tyd* **het betref***)*

betyds in time *"Were you* **in time** *for the train?" – "No, I just missed it."* "Was jy **betyds** vir die trein?" – "Nee, ek het dit net-net gemis."

◆ **net betyds** just in time *"You've come* **just in time** *to see the beginning of the programme."* "Jy het **net betyds** gekom om die begin van die program te sien."

☐ **be·tyds** *bywoord*

> **betyds** beteken "vroegtydig, nie laat nie"; **op tyd** beteken "op die presiese tydstip": *Hy het* **betyds** *vir ete by die huis aangekom. Die partytjie het om halfdrie begin en ons was presies* **op tyd** *daar.*

beursie purse *"How much money do you have in your* **purse?"** "Hoeveel geld het jy in jou **beursie?**"

☐ **beur·sie** *selfstandige naamwoord (meervoud* **beur-sies***)*

beurt turn *"It's your* **turn** *to wash the dishes – I did it last night."* "Dis jou **beurt** om die skottelgoed te was – ek het dit gisteraand gedoen."

◆ **beurte maak om iets te doen** take turns at doing something, take it in turns to do something *My sister and I* **take turns at** *washing (OR* **take it in turns to** *wash) the dishes.* Ek en my suster **maak beurte om** die skottelgoed te was.

◆ **jou beurt afwag** wait one's turn *It annoys me if people push in front of others and don't* **wait their** *turn.* Dit maak my vies as mense voor ander indruk en nie **hul beurt afwag** nie.

◆ **om die beurt** in turn *My sister and I wash the dishes* **in turn***.* Ek en my suster was die skottelgoed **om die beurt**.

◆ **op iemand/iets se beurt** in turn *Tom passed the ball to Walter, and he* **in turn** *kicked it forward.* Tom het die bal na Walter aangegee en hy het dit **op sy beurt** vorentoe geskop.

☐ **beurt** *selfstandige naamwoord (meervoud* **beurte***)*

bevat contain *Chocolates* **contain** *sugar.* Sjokolade bevat suiker.

☐ **be·vat** *werkwoord (teenwoordige tyd* **bevat***, verlede tyd* **het bevat***)*

beveel order *A referee can* **order** *a player to leave the field for dirty play.* 'n Skeidsregter kan 'n speler **beveel** om die veld weens vuil spel te verlaat.

☐ **be·veel** *werkwoord (teenwoordige tyd* **beveel***, verlede tyd* **het beveel***)*

bevel order *At the* **order** *of the headmaster no child is allowed to smoke on the school grounds.* Op **bevel** van die skoolhoof mag geen kind op die skoolterrein rook nie.

☐ **be·vel** *selfstandige naamwoord (meervoud* **bevele***)*

bevolking population *In 1980 about 74% of South Africa's* **population** *lived in cities.* In 1980 het ongeveer 74% van Suid-Afrika se **bevolking** in stede gewoon.

☐ **be·vol·king** *selfstandige naamwoord (meervoud* **bevolkinge/bevolkings***)*

bevry ❶ free, set free *He opened the door of the cage to* **free** *the bird (OR to* **set** *the bird* **free***).* Hy het die deur van die hok oopgemaak om die voël te **bevry**. ❷ rid *What can I do to* **rid** *my dog of fleas?* Wat kan ek doen om my hond van vlooie te **bevry**?

◆ **bevry uit** release from *The boy tried to* **release** *the fox* **from** *the trap.* Die seun het die jakkals **uit** die val/strik probeer **bevry**.

☐ **be·vry** *werkwoord (teenwoordige tyd* **bevry***, verlede tyd* **het bevry***)*

bewaak ❶ guard *The neighbours have two dogs that* **guard** *their house.* Die bure het twee honde wat hul huis **bewaak**. ❷ watch *Two guards* **watch** *the factory at night.* Twee wagte **bewaak** snags die fabriek.

☐ **be·waak** *werkwoord (teenwoordige tyd* **bewaak***, verlede tyd* **het bewaak***)*

bewaar ❶ keep *"Can you* **keep** *a secret?"* "Kan jy 'n geheim **bewaar?**" ❷ store *The farmer* **stores** *his animal feed in a barn.* Die boer **bewaar** sy veevoer in 'n skuur.

☐ **be·waar** *werkwoord (teenwoordige tyd* **bewaar***, verlede tyd* **het bewaar***)*

bewe ⇨ **beef.**

beweeg move *In heavy traffic the cars and buses* **move** *very slowly through the streets.* In druk verkeer **beweeg** die motors en busse baie stadig deur die strate.

☐ **be·weeg** *werkwoord (teenwoordige tyd* **beweeg***, verlede tyd* **het beweeg***)*

beweging movement *"There was a* **movement** *in the grass – do you think it's a snake?"* "Daar was 'n **beweging** in die gras – dink jy dis 'n slang?"

☐ **be·we·ging** *selfstandige naamwoord (meervoud* **beweginge/bewegings***)*

bewolk cloudy *The sky is **cloudy** and it looks like rain.* Die lug is **bewolk** en dit lyk na reën.

□ **be·wolk** *byvoeglike naamwoord (attributief **bewolkte**)*

bewonder admire **[a]** *I **admire** him for his honesty.* Ek **bewonder** hom vir sy eerlikheid. **[b]** *Everybody admired her in her new dress.* Almal **het** haar in haar nuwe rok **bewonder**.

□ **be·won·der** *werkwoord (teenwoordige tyd **bewonder**, verlede tyd **het bewonder**)*

bewondering admiration *I have great **admiration** for someone who is always honest.* Ek het groot **bewondering** vir iemand wat altyd eerlik is.

□ **be·won·de·ring** *selfstandige naamwoord (geen meervoud)*

bewoon 1 occupy *Five people **occupy** the house across the street.* Vyf mense **bewoon** die huis oorkant die straat. **2** inhabit *Fish **inhabit** the sea, and people and animals the earth.* Visse **bewoon** die see, en mense en diere die aarde.

□ **be·woon** *werkwoord (teenwoordige tyd **bewoon**, verlede tyd **het bewoon**)*

bewys¹ proof *A receipt serves as **proof** that you have paid for something.* 'n Kwitansie dien as **bewys** dat jy vir iets betaal het.

□ **be·wys** *selfstandige naamwoord (meervoud **bewyse**)*

bewys² 1 prove *I have a receipt to **prove** that I have paid for everything in the bag.* Ek het 'n kwitansie om te **bewys** dat ek vir alles in die sak betaal het. **2** show *"Your bad marks **show** that you didn't learn hard enough for the test."* "Jou swak punte **bewys** dat jy nie hard genoeg vir die toets geleer het nie."

♦ **iemand 'n guns bewys** ⇨ **guns**.

□ **be·wys** *werkwoord (teenwoordige tyd **bewys**, verlede tyd **het bewys**)*

biblioteek library *I borrowed some books from the **library**.* Ek het 'n paar boeke by die **biblioteek** geleen.

□ **bi·bli·o·teek** *selfstandige naamwoord (meervoud **biblioteke**)*

bid 1 pray *She knelt down to **pray** to God.* Sy het neergekniel om tot God te **bid**. **2** say your prayers *"Son, remember to **say your prayers** before you get into bed."* "Seun, onthou om te **bid** voor jy in die bed klim."

□ **bid** *werkwoord (teenwoordige tyd **bid**, verlede tyd **het gebid**)*

bier beer **[a]** *Drink such as wine and **beer** contains alcohol.* Drank soos wyn en **bier** bevat alkohol. **[b]** *"Would you like another **beer**, sir?"* "Wil u nog 'n **bier** hê, meneer?"

□ **bier** *selfstandige naamwoord (geen meervoud by **a**; **biere** by **b**)*

bietjie¹ 1 little **[a]** *"Is there any cool drink left?" – "Yes, a **little**."* "Is daar nog koeldrank oor?" – "Ja, 'n **bietjie**." **[b]** *"There is a **little** meat left over – you may have it."* "Daar is 'n **bietjie** vleis oor – jy kan dit kry."

[c] *"Walk a **little** slower; I can't keep up with you."* "Loop 'n **bietjie** stadiger; ek kan nie byhou nie." **2** some **[a]** *"I've brought you a nice bowl of soup, have **some**."* "Ek het vir jou 'n lekker bord sop gebring, eet 'n **bietjie**." **[b]** *"I'm thirsty – may I have **some** water?"* "Ek is dors – kan ek 'n **bietjie** water kry?" **3** bit *"Wait a **bit**, I shall be finished in a minute."* "Wag 'n **bietjie**, ek is nou-nou klaar." **4** rather *We are **rather** early – the train arrives in only twenty minutes.* Ons is 'n **bietjie** vroeg – die trein kom eers oor twintig minute aan. **5** slightly *It was very hot yesterday, but it is **slightly** cooler today.* Dit was gister baie warm, maar dis vandag 'n **bietjie** koeler. **6** any *"Do you feel **any** better, or does your head still ache?"* "Voel jy 'n **bietjie** beter, of is jou kop nog altyd seer?"

♦ **alle bietjies** every little *Every **little** helps when you collect money for the poor.* **Alle bietjies** help wanneer jy geld vir die armes insamel.

♦ **wag (so) 'n bietjie** ⇨ **wag²**.

□ **bie·tjie** *selfstandige naamwoord (meervoud **bietjies**)*

bietjie² just, a moment/second *"Walter, **just** come here (OR come here **a moment/second**); I want to show you something."* "Walter, kom **bietjie** hier; ek wil jou iets wys."

□ **bie·tjie** *bywoord* **minder, minste**

bind 1 tie *"Please help me to **tie** the string round the parcel."* "Help my asseblief om die lyn om die pakkie te **bind**." **2** bind *"Have you ever been to a factory where they print and **bind** books?"* "Was jy al ooit by 'n fabriek waar hulle boeke druk en **bind**?"

□ **bind** *werkwoord (teenwoordige tyd **bind**, verlede tyd **het gebind**)*

binne¹ 1 inside *The children are playing outside while the grown-ups are sitting **inside** watching television.* Die kinders speel buite terwyl die grootmense **binne** sit en televisie kyk. **2** indoors *The children had to play **indoors** because it rained all day.* Die kinders moes **binne** speel, want dit het die hele dag gereën.

♦ **(kom) binne!** come in! *When he knocked, someone called, "**Come in!**"* Toe hy klop, het iemand geroep: "**Binne** (OF **Kom binne**)!"

♦ **na binne** inside *He opened the door and went **inside**.* Hy het die deur oopgemaak en **na binne** gegaan.

□ **bin·ne** *bywoord*

binne² inside *Dry the bowl **inside** and out before you fill it with sugar.* Maak die bakkie **binne** en buite droog voor jy dit met suiker vul.

♦ **binne 'n dag/week/maand/jaar** in a day's/week's/month's/year's time, within a day/week/month/year *"Will you be able to do the work **in a week's time** (OR **within a week**)?"* "Sal jy die werk **binne 'n week** kan doen?"

♦ **binne 'n uur** within an hour *Three buses passed our house **within an hour**.* Drie busse het **binne 'n uur** by ons huis verbygery.

□ **bin·ne** *voorsetsel*

binnegaan enter "*Knock on the door before you* **enter**." "Klop aan die deur voordat jy **binnegaan**."
□ **bin·ne·gaan** *werkwoord (teenwoordige tyd* **gaan binne**, *verlede tyd* **het binnegegaan***)*

binne-in right inside *The ball flew through the window and landed* **right inside** *the sitting-room*. Die bal het deur die venster getrek en **binne-in** die sitkamer be= land.
□ **bin·ne-in** *bywoord*

binnekant[1] inside *The* **inside** *and the outside of the house are painted white*. Die **binnekant** en die buite= kant van die huis is wit geverf.
□ **bin·ne·kant** *selfstandige naamwoord (meervoud* **binnekante***)*

binnekant[2] inside *The children are playing outside while the grown-ups are sitting* **inside** *watching television*. Die kinders speel buitekant terwyl die grootmense **binnekant** sit en televisie kyk.
□ **bin·ne·kant** *bywoord*

binnekom ❶ come in *He knocked on the door and asked,* "*May I* **come in**?" Hy het aan die deur geklop en gevra: "Kan ek maar **binnekom**?" ❷ come into, enter "*Children, please stand up when the headmaster* **comes into** (OR **enters**) *the classroom*." "Kinders, staan asse= blief op wanneer die hoof die klaskamer **binnekom**."
□ **bin·ne·kom** *werkwoord (teenwoordige tyd* **kom binne**, *verlede tyd* **het binnegekom***)*

binnekort soon, shortly *We have sold our house and shall be moving* **soon/shortly**. Ons het ons huis ver= koop en gaan **binnekort** trek.
□ **bin·ne·kort** *bywoord*

binnelaat let in *If you turn up late for the concert, they won't* **let you in**. As jy laat vir die konsert opdaag, sal hulle jou nie **binnelaat** nie.
□ **bin·ne·laat** *werkwoord (teenwoordige tyd* **laat bin= ne**, *verlede tyd* **het binnegelaat***)*

binneland ❶ interior *Cape Town lies on the coast and Johannesburg in the* **interior** *of South Africa*. Kaap= stad lê aan die kus en Johannesburg in die **binneland** van Suid-Afrika. ❷ country *If the wind blows on the coast, it often rains up* **country**. As die wind aan die kus waai, reën dit dikwels in die **binneland**.
□ **bin·ne·land** *selfstandige naamwoord (geen meer= voud)*

binneloop walk in "*Knock before you open the door and* **walk in**." "Klop voor jy die deur oopmaak en **binneloop**."
□ **bin·ne·loop** *werkwoord (teenwoordige tyd* **loop binne**, *verlede tyd* **het binnegeloop***)*

binne(n)ste inside *The* **inside** *doors of the building are smaller than the outside ones*. Die **binnenste/binneste** deure van die gebou is kleiner as die buitenstes.
□ **bin·ne(n)·ste** *attributiewe byvoeglike naamwoord*

binne(n)toe inside *He opened the door and went* **inside**. Hy het die deur oopgemaak en **binnentoe/binnetoe** gegaan.
□ **bin·ne(n)·toe** *bywoord*

binnesak inside pocket *He keeps his pen in the* **inside pocket** *of his jacket*. Hy hou sy pen in die **binnesak** van sy baadjie.
□ **bin·ne·sak** *selfstandige naamwoord (meervoud* **(binnesakke***)*

binnestap walk in "*Knock before you open the door and* **walk in**." "Klop voor jy die deur oopmaak en **binne= stap**."
□ **bin·ne·stap** *werkwoord (teenwoordige tyd* **stap binne**, *verlede tyd* **het binnegestap***)*

bioskoop cinema "*Do you know what film is showing in the* **cinema** *at the moment?*" "Weet jy watter prent op die oomblik in die **bioskoop** draai?" ⇨ **fliek** [NOTA].
◆ **bioskoop toe gaan** go to the cinema/pictures "*Let's* **go to the cinema/pictures**, *or have you seen the film before?*" "Kom ons **gaan bioskoop toe**, of het jy al die prent gesien?"
□ **bi·o·skoop** *selfstandige naamwoord (meervoud* **bio= skope***)*

bitter[1] bitter [a] *She drinks her coffee* **bitter**, *but I like mine with sugar*. Sy drink haar koffie **bitter**, maar ek hou van myne met suiker. [b] *It was a* **bitter** *disap= pointment to the team that they lost the match*. Dit was 'n **bittere** teleurstelling vir die span dat hulle die wed= stryd verloor het.
□ **bit·ter** *byvoeglike naamwoord (attributief* **bitter** *by* **a***;* **bittere** *by* **b***)* **bitterder, bitterste**

bitter[2] ❶ bitterly *The grass is white with frost and it's* **bitterly** *cold*. Die gras is wit van die ryp en dis **bitter** koud. ❷ badly "*I'm in trouble and need your help* **badly**." "Ek is in die moeilikheid en het jou hulp **bit= ter** nodig."
□ **bit·ter** *bywoord*

blaai na turn to "*Please* **turn to** *page 56*." "**Blaai** asse= blief **na** bladsy 56."
□ **blaai na** *werkwoordfrase (teenwoordige tyd* **blaai na**, *verlede tyd* **het na ... geblaai***)*

blaar leaf *The* **leaf** *dropped from the tree to the ground*. Die **blaar** het uit die boom op die grond geval.
□ **blaar** *selfstandige naamwoord (meervoud* **blare***)*

blaas ❶ blow [a] "*Don't* **blow** *your smoke into my face*." "Moenie jou rook in my gesig **blaas** nie." [b] *The referee* **blew** *his whistle to start the game*. Die skeidsreg= ter **het** (op) sy fluitjie **geblaas** om die wedstryd te begin. ❷ sound *The bus driver had to* **sound** *his hooter at the dog in the street*. Die busbestuurder moes sy toe= ter vir die hond in die straat **blaas**.
□ **blaas** *werkwoord (teenwoordige tyd* **blaas**, *verlede tyd* **het geblaas***)*

blad ❶ page *A* **page** *is missing from the book – the num= bers jump from 6 to 9*. 'n **Blad** makeer uit die boek – die nommers spring van 6 tot 9. ❷ top *Our dining-room table has a round* **top**. Ons eetkamertafel het 'n ronde **blad**.
□ **blad** *selfstandige naamwoord (meervoud* **blaaie***)*

bladsy page "*Open your books at* **page** *61*." "Maak jul boeke by **bladsy** 61 oop."

☐ **blad·sy** *selfstandige naamwoord (meervoud* **blad= sye***)*

blaf bark *The puppy is only a few days old and cannot* **bark** *yet.* Die hondjie is maar 'n paar dae oud en kan nog nie **blaf** nie.

☐ **blaf** *werkwoord (teenwoordige tyd* **blaf***, verlede tyd* **het geblaf***)*

bleek pale *"Why are you so* **pale***? Do you feel ill?"* "Hoekom is jy so **bleek**? Voel jy sleg?"

☐ **bleek** *byvoeglike naamwoord (attributief* **bleek***)* **bleker, bleekste**

blêr bleat *Dogs bark, cows moo, and goats and sheep* **bleat***.* Honde blaf, koeie bulk, en bokke en skape **blêr***.*

☐ **blêr** *werkwoord (teenwoordige tyd* **blêr***, verlede tyd* **het geblêr***)*

blik ◐ tin *She opened a* **tin** *of peas.* Sy het 'n **blik** ertjies oopgemaak. ◙ bin *We keep our bread in a* **bin** *with a round lid.* Ons hou ons brood in 'n **blik** met 'n ronde deksel. ◙ drum *This* **drum** *can hold 10 litres of petrol.* Dié **blik** kan 10 liter petrol hou.

◆ **blikkies=** tinned *I prefer fresh vegetables to* **tinned** *vegetables.* Ek verkies vars groente bo **blik= kiesgroente***.*

☐ **blik** *selfstandige naamwoord (meervoud* **blikke***)*

blind blind *The man is* **blind** *and cannot see.* Die man is **blind** en kan nie sien nie.

☐ **blind** *byvoeglike naamwoord (attributief* **blinde***)* **blinder, blindste**

blinde blind person *A* **blind person** *cannot see.* 'n **Blinde** kan nie sien nie.

◆ **blindes** the blind *Guide dogs are the eyes of* **the blind***.* Gidshonde is die oë van **blindes***.*

☐ **blin·de** *selfstandige naamwoord (meervoud* **blin= des***)*

blink[1] shine *The cars* **shine** *in the sun.* Die motors **blink** in die son.

☐ **blink** *werkwoord (teenwoordige tyd* **blink***, verlede tyd* **het geblink***)*

blink[2] shiny *The car is so* **shiny** *that I can see my face in it.* Die motor is so **blink** dat ek my gesig daarin kan sien.

◆ **blink maak** polish, shine *I* **polish/shine** *my shoes with a cloth.* Ek **maak** my skoene met 'n lap **blink***.*

☐ **blink** *byvoeglike naamwoord (attributief* **blink***)* **blinker, blinkste**

blits[1] ◐ flash of lightning *During the thunderstorm the house was struck by a* **flash of lightning***.* Die huis is gedurende die donderstorm deur 'n **blits** getref. ◙ lightning *Cape Town seldom experiences storms with thunder and* **lightning***.* Kaapstad ervaar selde storms met donder en **blitse***.*

☐ **blits** *selfstandige naamwoord (meervoud* **blitse***)*

blits[2] flash [a] *What a terrible thunderstorm – see how the lightning* **flashes***!* Wat 'n vreeslike donderstorm – kyk hoe **blits** dit! [b] *Her eyes* **flashed** *with anger.* Haar oë **het** van woede **geblits***.*

☐ **blits** *werkwoord (teenwoordige tyd* **blits***, verlede tyd* **het geblits***)*

blitsvinnig in a flash *The cat took fright at the dog and disappeared over the wall* **in a flash***.* Die kat het vir die hond geskrik en **blitsvinnig** oor die muur verdwyn.

☐ **blits·vin·nig** *bywoord*

bloed blood *Blood flowed from the wound on his fore= head.* **Bloed** het uit die wond op sy voorkop gevloei.

☐ **bloed** *selfstandige naamwoord (geen meervoud)*

bloedneus slaan give a bloody nose *In a fight the one boy* **gave** *the other* **a bloody nose***.* In 'n bakleiery **het** die een seun die ander **bloedneus geslaan***.*

☐ **bloed·neus slaan** *werkwoordfrase (teenwoordige tyd* **slaan bloedneus***, verlede tyd* **het bloedneus ge= slaan***)*

bloei[1] bloom *Roses are at their most beautiful when they are in full* **bloom***.* Rose is op hul mooiste wanneer hul= le in volle **bloei** is.

☐ **bloei** *selfstandige naamwoord (geen meervoud)*

bloei[2] ◐ bleed *He bumped his nose and it began to* **bleed***.* Hy het sy neus gestamp en dit het begin **bloei**. ◙ blos= som *Peach trees* **blossom** *in the spring.* Perskebome **bloei** in die lente.

☐ **bloei** *werkwoord (teenwoordige tyd* **bloei***, verlede tyd* **het gebloei***)*

bloeisel blossom *The apple tree is covered in white blos= soms.* Die appelboom is met wit **bloeisels** oortrek.

☐ **bloei·sel** *selfstandige naamwoord (meervoud* **bloei= sels***)*

bloes, bloese blouse *Esther is wearing a skirt and* **blouse***.* Esther dra 'n romp en **bloes/bloese***.*

☐ **bloes, bloe·se** *selfstandige naamwoord (meervoud* **bloese/bloeses***)*

blok ◐ block [a] *He got on to a* **block** *of wood to look over the fence.* Hy het op 'n **blok** hout geklim om oor die heining te kyk. [b] *We live on the first floor of that* **block** *of flats.* Ons woon op die eerste verdieping van daardie **blok** woonstelle. [c] *The school is about five* **blocks** *from our home.* Die skool is omtrent vyf **blok= ke** van ons huis af. ◙ brick *A small* **brick** *of margarine weighs 250 g.* 'n Klein **blok** margarien weeg 250 g.

☐ **blok** *selfstandige naamwoord (meervoud* **blokke***)*

blokkie block *"Would you like a* **block** *of ice in your cool drink?"* "Wil jy 'n **blokkie** ys in jou koeldrank hê?"

☐ **blok·kie** *selfstandige naamwoord (meervoud* **blok= kies***)*

blom[1] flower *A rose is a pretty* **flower***.* 'n Roos is 'n pragtige **blom***.*

☐ **blom** *selfstandige naamwoord (meervoud* **blom= me***)*

blom[2] flower, bloom *Roses* **flower/bloom** *more than once a year.* Rose **blom** meer as een keer per jaar.

☐ **blom** *werkwoord (teenwoordige tyd* **blom***, verlede tyd* **het geblom***)*

blomkool cauliflower *The vegetables I like best are car= rots and* **cauliflower***.* Die groente waarvan ek die meeste hou, is wortels en **blomkool***.*

□ **blomkool** *selfstandige naamwoord (meervoud* **blomkole***)*

blompot vase *She arranged the roses in a* **vase***.* Sy het die rose in 'n **blompot** gerangskik.

□ **blom·pot** *selfstandige naamwoord (meervoud* **blompotte***)*

bloot purely *I opened the parcel* **purely** *out of curiosity.* Ek het die pakkie **bloot** uit nuuskierigheid oopge= maak.

□ **bloot** *bywoord*

blou[1] blue *If you mix* **blue** *and yellow, you get green.* As jy **blou** en geel meng, kry jy groen.

□ **blou** *selfstandige naamwoord (geen meervoud)*

blou[2] blue *The sky is* **blue***.* Die lug is **blou***.*

□ **blou** *byvoeglike naamwoord (attributief* **blou***)* **blouer, blouste**

blus put out *"***Put out** *the fire before it spreads!" "***Blus** die vuur voordat dit versprei!"

□ **blus** *werkwoord (teenwoordige tyd* **blus***, verlede tyd* **het geblus***)*

bly[1] **1** stay **[a]** *The doctor said she had to* **stay** *in bed for a few days.* Die dokter het gesê sy moet 'n paar dae in die bed **bly***.* **[b]** *When we go to Durban we usually* **stay** *with my uncle and aunt who have a house there.* Wan= neer ons Durban toe gaan, **bly** ons gewoonlik by my oom en tante wat 'n huis daar het. **[c]** *"***Stay** *where you are – don't move!" "***Bly** *waar jy is – moenie roer nie!"* **2** keep *We sat close to the fire to* **keep** *warm.* Ons het naby die vuur gesit om warm te **bly***.* **3** remain *If the score* **remains** *three all, the match will end in a draw.* As die telling drie elk **bly***,* sal die wedstryd gelykop eindig. **4** continue to be *A shortage of water* **continues** **to be** *a problem in certain parts of our country.* 'n Te= kort aan water **bly** 'n probleem in sekere dele van ons land.

♦ **bly by** stick to *Tom is someone who keeps his word – you can rely on him to* **stick to** *his promises.* Tom is iemand wat sy woord hou – jy kan op hom reken om **by** sy beloftes te **bly***.*

♦ **bly op** keep to *"***Keep to** *this road – don't turn off anywhere." "***Bly op** *dié pad – moet nêrens afdraai nie."*

♦ **bly staan** ⇨ **staan***.*

♦ **laat bly** ⇨ **laat**[1]*.*

□ **bly** *werkwoord (teenwoordige tyd* **bly***, verlede tyd* **het gebly***)*

Na *het* kry die skakelwerkwoord **bly** nie *ge-* nie: *Hy* **het bly** *staan.*

bly[2] **1** glad *She was so* **glad** *to see him again that she got tears in her eyes.* Sy was so **bly** om hom weer te sien dat sy trane in haar oë gekry het. **2** happy *She was* **happy** *to hear that she had passed the exam.* Sy was **bly** om te hoor dat sy in die eksamen geslaag het. **3** pleased *"I am* **pleased** *that you could come." "*Ek is **bly** dat jy kon kom."

♦ **bly wees oor** be pleased about *The farmers* **are** **pleased about** *the rain.* Die boere **is bly oor** die reën.

□ **bly** *byvoeglike naamwoord (attributief* **bly/blye***)* **blyer, blyste**

blydskap joy *She cried for* **joy** *when she heard that she had passed matric.* Sy het van **blydskap** gehuil toe sy hoor dat sy matriek geslaag het.

□ **blyd·skap** *selfstandige naamwoord (geen meervoud)*

bo[1] top *"Start reading six lines from the* **top***." "*Begin ses reëls van **bo** af lees."

♦ **na bo** to the top *They parked their car at the foot of the mountain and climbed* **to the top** *from there.* Hulle het hul motor aan die voet van die berg geparkeer en van daar **na bo** geklim.

♦ **tot bo** to the top *The koppie is quite low – it won't take us more than ten minutes to climb* **to the top***.* Die koppie is maar laag – dit sal ons nie meer as tien minute kos om **tot bo** te klim nie.

♦ **tot bo op** to the top of *We climbed* **to the top of** *the mountain.* Ons het **tot bo op** die berg geklim.

♦ **van bo tot onder** from top to bottom *I searched the house* **from top to bottom** *but couldn't find the sticky tape anywhere.* Ek het die huis **van bo tot onder** deur= gesoek maar kon die kleeflint nêrens kry nie.

□ **bo** *selfstandige naamwoord (geen meervoud)*

bo[2] **1** up **[a]** *Her skirt stays* **up** *because it has elastic round the waist.* Haar romp bly **bo** omdat dit rek om die middel het. **[b]** *"What are you doing* **up** *there on the roof?" "*Wat maak jy daar **bo** op die dak?" **2** above, upstairs *The neighbours* **above/upstairs** *are going to move to a flat on the ground floor.* Die bure **bo** gaan na 'n woonstel op die grondverdieping trek.

♦ **(heel) bo** at the top *Our team won all its matches and ended* **at the top** *in the competition.* Ons span het al sy wedstryde gewen en **(heel) bo** in die kompetisie ge= eindig.

♦ **heel bo in** right at the top of *Our flat is* **right at the top of** *the building.* Ons woonstel is **heel bo in** die gebou.

♦ **met ... na bo** upward, upwards *She lay on her back face* **upward/upwards***.* Sy het op haar rug gelê **met** die gesig **na bo***.*

♦ **regs bo in die hoek** ⇨ **regs**[2]*.*

□ **bo** *bywoord*

bo[3] **1** above, over *The lamp hanging* **above/over** *the front door lights up the whole stoep.* Die lamp wat **bo** die voordeur hang, verlig die hele stoep. **2** over *You must be* **over** *eighteen before you can get a driver's licence.* Jy moet **bo** agtien wees voordat jy 'n rybewys kan kry. **3** to *He prefers fish* **to** *meat.* Hy verkies vis **bo** vleis.

□ **bo** *voorsetsel*

boaan at the top of *"Write your address* **at the top of** *the letter." "*Skryf jou adres **boaan** die brief."

□ **bo·aan** *bywoord*

boarm upper arm *The elbow is a joint between the* **up= per arm** *and forearm.* Die elmboog is 'n gewrig tussen die **boarm** en voorarm.

☐ **bo·arm** *selfstandige naamwoord (meervoud* **bo= arms***)*

bobbejaan baboon *A monkey is smaller than a* **baboon***, but they look very alike.* 'n Aap is kleiner as 'n **bobbe= jaan***,* maar hulle lyk baie na mekaar.

☐ **bob·be·jaan** *selfstandige naamwoord (meervoud* **bobbejane***)*

bobeen thigh *Your* **thigh** *is the part of your leg above the knee.* Jou **bobeen** is die deel van jou been bo die knie.

☐ **bo·been** *selfstandige naamwoord (meervoud* **bo= bene***)*

bod, bot offer *"Make me an* **offer** *for my bike." – "How about R65,00?"* "Gee my 'n **bod/bot** vir my fiets." – "Hoe lyk dit met R65,00?"

☐ **bod, bot** *selfstandige naamwoord (meervoud* **botte***)*

bode messenger *A* **messenger** *in my dad's office de= livered the parcel to our house.* 'n **Bode** in my pa se kantoor het die pakkie by ons huis afgelewer.

☐ **bo·de** *selfstandige naamwoord (meervoud* **bodes***)*

bodem bottom *The stone sank to the* **bottom** *of the river.* Die klip het tot op die **bodem** van die rivier gesink.

☐ **bo·dem** *selfstandige naamwoord (meervoud* **bo= dems***)*

bodeur top door *The* **top door** *of the stable is open.* Die **bodeur** van die stal is oop.

☐ **bo·deur** *selfstandige naamwoord (meervoud* **bo= deure***)*

boek book *I'm reading an interesting* **book***.* Ek lees 'n interessante **boek**.

☐ **boek** *selfstandige naamwoord (meervoud* **boeke***)*

boekmerk bookmark *He placed a* **bookmark** *between pages 32 and 33 to mark his place.* Hy het 'n **boekmerk** tussen bladsye 32 en 33 gesit om sy plek te merk.

☐ **boek·merk** *selfstandige naamwoord (meervoud* **boekmerke***)*

boekrak bookcase *The dictionary is on the top shelf of the* **bookcase***.* Die woordeboek staan op die boonste rak van die **boekrak**.

☐ **boek·rak** *selfstandige naamwoord (meervoud* **boek= rakke***)*

boeksak satchel *I carry my books to school in a* **satchel***.* Ek dra my boeke in 'n **boeksak** skool toe.

☐ **boek·sak** *selfstandige naamwoord (meervoud* **boek= sakke***)*

boekwinkel bookshop *One can buy books and magazines at a* **bookshop***.* 'n Mens kan boeke en tydskrifte by 'n **boekwinkel** koop.

☐ **boek·win·kel** *selfstandige naamwoord (meervoud* **boekwinkels***)*

bo-ent top, head *Dad always sits at the* **top/head** *of the table.* Pa sit altyd aan die **bo-ent** van die tafel.

☐ **bo-ent** *selfstandige naamwoord (meervoud* **bo= ente***)*

boer[1] farmer *The* **farmer** *is ploughing his fields.* Die **boer** ploeg sy lande om.

☐ **boer** *selfstandige naamwoord (meervoud* **boere***)*

boer[2] farm *When I grow up I want to* **farm***, because I like working with animals.* As ek groot is, wil ek **boer**, want ek hou daarvan om met diere te werk.

◆ **boer met** ❶ grow *My father has a farm and* **grows** *mainly mealies.* My pa het 'n plaas en **boer** hoofsaaklik **met** mielies. ❷ keep *My uncle also has a farm, but he* **keeps** *mainly cattle.* My oom het ook 'n plaas, maar hy **boer** hoofsaaklik **met** beeste.

☐ **boer** *werkwoord (teenwoordige tyd* **boer***, verlede tyd* **het geboer***)*

boete fine *I had to pay a* **fine** *of 50c for returning my library books late.* Ek moes 'n **boete** van 50c betaal omdat ek my biblioteekboeke laat teruggebring het.

☐ **boe·te** *selfstandige naamwoord (meervoud* **boetes***)*

boetie little brother *Simon's* **little brother** *is two years old.* Simon se **boetie** is twee jaar oud.

☐ **boe·tie** *selfstandige naamwoord (meervoud* **boe= ties***)*

bo-in at the top of *I couldn't reach the peaches* **at the top of** *the tree.* Ek kon nie die perskes **bo-in** die boom bykom nie.

☐ **bo-in** *bywoord*

bok ❶ buck *A kudu is a big* **buck** *with long, curling horns.* 'n Koedoe is 'n groot **bok** met lang, gedraaide horings. ❷ goat *A dog barks, a cow moos and a* **goat** *bleats.* 'n Hond blaf, 'n koei bulk en 'n **bok** blêr.

☐ **bok** *selfstandige naamwoord (meervoud* **bokke***)*

bokant[1] top *"Don't forget to dust the* **top** *of the door!"* "Moenie vergeet om die **bokant** van die deur af te stof nie!"

☐ **bo·kant** *selfstandige naamwoord (meervoud* **bo= kante***)*

bokant[2] above, over *The lamp hanging* **above/over** *the front door lights up the whole stoep.* Die lamp wat **bo= kant** die voordeur hang, verlig die hele stoep.

☐ **bo·kant** *voorsetsel*

boks[1] boxing **Boxing** *is a very popular sport.* **Boks** is 'n baie gewilde sport.

☐ **boks** *selfstandige naamwoord (geen meervoud)*

boks[2] box *He packed the books into a* **box***.* Hy het die boeke in 'n **boks** gepak.

☐ **boks** *selfstandige naamwoord (meervoud* **bokse***)*

boks[3] box *Simon is going to try and knock his opponent out when they* **box** *against each other on Saturday night.* Simon gaan probeer om sy opponent uit te slaan wan= neer hulle Saterdagaand teen mekaar **boks**.

☐ **boks** *werkwoord (teenwoordige tyd* **boks***, verlede tyd* **het geboks***)*

bokser boxer *The* **boxer** *was knocked out in the sixth round of the fight.* Die **bokser** is in die sesde ronde van die geveg uitgeslaan.

☐ **bok·ser** *selfstandige naamwoord (meervoud* **bok= sers***)*

bol ball *She bought a* **ball** *of wool.* Sy het 'n **bol** wol gekoop. ⇨ **bal**[1] [NOTA].

◆ **bolletjie** ❶ ball *The cat is playing with a* **ball** *of*

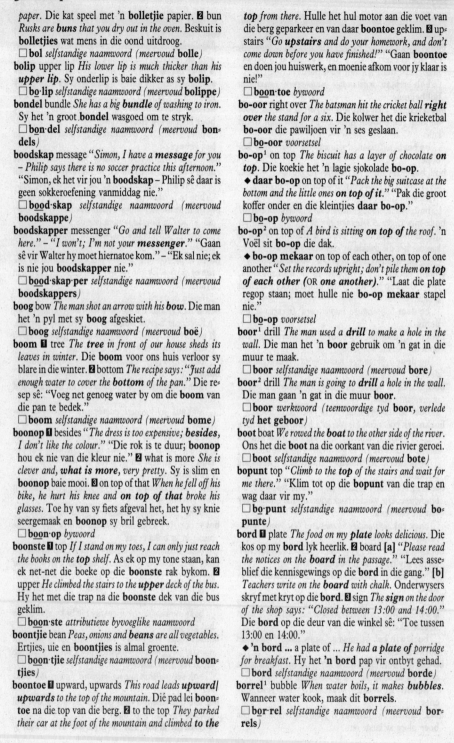

paper. Die kat speel met 'n **bolletjie** papier. **2** bun *Rusks are **buns** that you dry out in the oven*. Beskuit is **bolletjies** wat mens in die oond uitdroog.

☐ **bol** *selfstandige naamwoord (meervoud* **bolle***)*

bolip upper lip *His lower lip is much thicker than his **upper lip***. Sy onderlip is baie dikker as sy **bolip**.

☐ **bo·lip** *selfstandige naamwoord (meervoud* **bolippe***)*

bondel bundle *She has a big **bundle** of washing to iron*. Sy het 'n groot .**bondel** wasgoed om te stryk.

☐ **bon·del** *selfstandige naamwoord (meervoud* **bon-dels***)*

boodskap message *"Simon, I have a **message** for you – Philip says there is no soccer practice this afternoon."* "Simon, ek het vir jou 'n **boodskap** – Philip sê daar is geen sokkeroefening vanmiddag nie."

☐ **bood·skap** *selfstandige naamwoord (meervoud* **boodskappe***)*

boodskapper messenger *"Go and tell Walter to come here." – "I won't; I'm not your **messenger**."* "Gaan sê vir Walter hy moet hiernatoe kom." – "Ek sal nie; ek is nie jou **boodskapper** nie."

☐ **bood·skap·per** *selfstandige naamwoord (meervoud* **boodskappers***)*

boog bow *The man shot an arrow with his **bow***. Die man het 'n pyl met sy **boog** afgeskiet.

☐ **boog** *selfstandige naamwoord (meervoud* **boë***)*

boom **1** tree *The **tree** in front of our house sheds its leaves in winter*. Die **boom** voor ons huis verloor sy blare in die winter. **2** bottom *The recipe says: "Just add enough water to cover the **bottom** of the pan."* Die resep sê: "Voeg net genoeg water by om die **boom** van die pan te bedek."

☐ **boom** *selfstandige naamwoord (meervoud* **bome***)*

boonop **1** besides *"The dress is too expensive; **besides**, I don't like the colour."* "Die rok is te duur; **boonop** hou ek nie van die kleur nie." **2** what is more *She is clever and, **what is more**, very pretty*. Sy is slim en **boonop** baie mooi. **3** on top of that *When he fell off his bike, he hurt his knee and **on top of that** broke his glasses*. Toe hy van sy fiets afgeval het, het hy sy knie seergemaak en **boonop** sy bril gebreek.

☐ **boon·op** *bywoord*

boonste **1** top *If I stand on my toes, I can only just reach the books on the **top** shelf*. As ek op my tone staan, kan ek net-net die boeke op die **boonste** rak bykom. **2** upper *He climbed the stairs to the **upper** deck of the bus*. Hy het met die trap na die **boonste** dek van die bus geklim.

☐ **boon·ste** *attributiewe byvoeglike naamwoord*

boontjie bean *Peas, onions and **beans** are all vegetables*. Ertjies, uie en **boontjies** is almal groente.

☐ **boon·tjie** *selfstandige naamwoord (meervoud* **boon-tjies***)*

boontoe **1** upward, upwards *This road leads **upward/upwards** to the top of the mountain*. Dié pad lei **boon-toe** na die top van die berg. **2** to the top *They parked their car at the foot of the mountain and climbed **to the***

top from there. Hulle het hul motor aan die voet van die berg geparkeer en van daar **boontoe** geklim. **3** upstairs *"**Go upstairs** and do your homework, and don't come down before you have finished!"* "Gaan **boontoe** en doen jou huiswerk, en moenie afkom voor jy klaar is nie!"

☐ **boon·toe** *bywoord*

bo-oor right over *The batsman hit the cricket ball **right over** the stand for a six*. Die kolwer het die krieketbal **bo-oor** die pawiljoen vir 'n ses geslaan.

☐ **bo-oor** *voorsetsel*

bo-op[1] on top *The biscuit has a layer of chocolate **on top***. Die koekie het 'n lagie sjokolade **bo-op**.

◆ **daar bo-op** on top of it *"Pack the big suitcase at the bottom and the little ones **on top of it**."* "Pak die groot koffer onder en die kleintjies **daar bo-op**."

☐ **bo-op** *bywoord*

bo-op[2] on top of *A bird is sitting **on top of** the roof*. 'n Voël sit **bo-op** die dak.

◆ **bo-op mekaar** on top of each other, on top of one another *"Set the records upright; don't pile them **on top of each other** (OR **one another**)."* "Laat die plate regop staan; moet hulle nie **bo-op mekaar** stapel nie."

☐ **bo-op** *voorsetsel*

boor[1] drill *The man used a **drill** to make a hole in the wall*. Die man het 'n **boor** gebruik om 'n gat in die muur te maak.

☐ **boor** *selfstandige naamwoord (meervoud* **bore***)*

boor[2] drill *The man is going to **drill** a hole in the wall*. Die man gaan 'n gat in die muur **boor**.

☐ **boor** *werkwoord (teenwoordige tyd* **boor***, verlede tyd* **het geboor***)*

boot boat *We rowed the **boat** to the other side of the river*. Ons het die **boot** na die oorkant van die rivier geroei.

☐ **boot** *selfstandige naamwoord (meervoud* **bote***)*

bopunt top *"Climb to the **top** of the stairs and wait for me there."* "Klim tot op die **bopunt** van die trap en wag daar vir my."

☐ **bo·punt** *selfstandige naamwoord (meervoud* **bo-punte***)*

bord **1** plate *The food on my **plate** looks delicious*. Die kos op my **bord** lyk heerlik. **2** board [a] *"Please read the notices on the **board** in the passage."* "Lees asseblief die kennisgewings op die **bord** in die gang." [b] *Teachers write on the **board** with chalk*. Onderwysers skryf met kryt op die **bord**. **3** sign *The **sign** on the door of the shop says: "Closed between 13:00 and 14:00."* Die **bord** op die deur van die winkel sê: "Toe tussen 13:00 en 14:00."

◆ **'n bord ...** a plate of ... *He had a **plate** of porridge for breakfast*. Hy het 'n **bord** pap vir ontbyt gehad.

☐ **bord** *selfstandige naamwoord (meervoud* **borde***)*

borrel[1] bubble *When water boils, it makes **bubbles***. Wanneer water kook, maak dit **borrels**.

☐ **bor·rel** *selfstandige naamwoord (meervoud* **bor-rels***)*

borrel² **❶** bubble *The water will **bubble** when it boils.* Die water sal **borrel** wanneer dit kook. **❷** pour *Smoke is **pouring** from the burning house.* Rook **borrel** uit die brandende huis.

□ **bor·rel** *werkwoord (teenwoordige tyd **borrel**, verlede tyd **het geborrel**)*

bors **❶** breast *She has a baby who still drinks at her **breast**.* Sy het 'n baba wat nog aan die **bors** drink. **❷** chest *"Put your hand on his **chest** and see if you can feel his heartbeat."* "Sit jou hand op sy **bors** en kyk of jy sy hartslag kan voel."

□ **bors** *selfstandige naamwoord (meervoud **borste**)*

borsel¹ brush *She swept up the dirt with a **brush**.* Sy het die vullis met 'n **borsel** opgeveë.

□ **bor·sel** *selfstandige naamwoord (meervoud **borsels**)*

borsel² brush *I always **brush** my teeth after I've had breakfast.* Ek **borsel** altyd my tande nadat ek ontbyt geëet het.

□ **bor·sel** *werkwoord (teenwoordige tyd **borsel**, verlede tyd **het geborsel**)*

bos **❶** forest *There are many trees in the **forest**.* Daar is baie bome in die **bos**. **❷** bush [a] *The **bush** growing in our front garden is full of flowers.* Die **bos** wat in ons voortuin groei, is vol blomme. [b] *I saw a buck storm through the **bush**, trying to get away from a lion.* Ek het gesien hoe 'n bok deur die **bos** storm om van 'n leeu te probeer wegkom. **❸** bunch *She bought a pocket of potatoes and a **bunch** of carrots.* Sy het 'n sak aartappels en 'n **bos** wortels gekoop.

□ **bos** *selfstandige naamwoord (meervoud **bosse**)*

bosluis tick *A **tick** is an insect that sucks blood.* 'n **Bosluis** is 'n insek wat bloed suig.

□ **bos·luis** *selfstandige naamwoord (meervoud **bosluise**)*

bot ⇨ **bod.**

bots crash *He had to brake hard not to **crash** into the bus.* Hy moes hard rem om nie teen die bus te **bots** nie.

□ **bots** *werkwoord (teenwoordige tyd **bots**, verlede tyd **het gebots**)*

botsing crash *All the passengers were killed in the **crash** between the two cars.* Al die passasiers is in die **botsing** tussen die twee motors dood.

□ **bot·sing** *selfstandige naamwoord (meervoud **botsings**)*

bottel bottle *We use only one **bottle** of milk per day.* Ons gebruik net een **bottel** melk per dag.

□ **bot·tel** *selfstandige naamwoord (meervoud **bottels**)*

botter butter *Many people use margarine instead of **butter**.* Baie mense gebruik margarien in plaas van **botter**.

□ **bot·ter** *selfstandige naamwoord (geen meervoud)*

bou **❶** build *It took three years to **build** the bridge.* Dit het drie jaar gekos om die brug te **bou**. **❷** put up *Dad has decided to **put up** a wall between our house and the neighbours'.* Pa het besluit om 'n muur tussen ons huis en die bure s'n te **bou**.

□ **bou** *werkwoord (teenwoordige tyd **bou**, verlede tyd **het gebou**)*

boud **❶** buttock *The bench on which he sat was so hard that he shifted from one **buttock** to the other.* Die bank waarop hy gesit het, was so hard dat hy van die een **boud** na die ander geskuif het. **❷** leg *My mother bought half a lamb and cooked the **leg** on Sunday.* My ma het 'n halwe lam gekoop en die **boud** Sondag gaargemaak.

□ **boud** *selfstandige naamwoord (meervoud **boude**)*

boudjie leg *When we eat chicken I usually get a **leg**.* Wanneer ons hoender eet, kry ek gewoonlik 'n **boudjie**.

□ **boud·jie** *selfstandige naamwoord (meervoud **boudjies**)*

bouer builder *A **builder** first lays the foundation of a house before he builds the walls.* 'n **Bouer** lê eers die fondament van 'n huis voordat hy die mure bou.

□ **bou·er** *selfstandige naamwoord (meervoud **bouers**)*

bout bolt *He tightened the nut on the **bolt** with a spanner.* Hy het die moer met 'n sleutel op die **bout** vasgedraai.

□ **bout** *selfstandige naamwoord (meervoud **boute**)*

braai **❶** roast *"Shall I **roast** the chicken in the oven?"* "Sal ek die hoender in die oond **braai**?" **❷** fry *"**Fry** the sausage in some fat."* "**Braai** die wors in 'n bietjie vet." **❸** braai *"Wait until the fire has made coals before you **braai** the meat over it."* "Wag totdat die vuur kole gemaak het voordat jy die vleis daaroor **braai**."

□ **braai** *werkwoord (teenwoordige tyd **braai**, verlede tyd **het gebraai**)*

brand¹ fire *He gave the alarm when the **fire** broke out.* Hy het alarm gemaak toe die **brand** uitbreek.

♦ **aan die brand raak** catch fire *Wet wood does not **catch fire** easily.* Nat hout **raak** nie maklik **aan die brand** nie.

♦ **aan die brand slaan** burst into flames *The car crashed into a bus and **burst into flames**.* Die motor het teen 'n bus gebots en **aan die brand geslaan**.

♦ **aan die brand steek** set on fire, set fire to *"Don't play with the matches – you can **set** the house **on fire** (OR **set fire to** the house)."* "Moenie met die vuurhoutjies speel nie – jy kan die huis **aan die brand steek**."

♦ **aan die brand wees** be on fire *The house **is on fire**!* Die huis **is aan die brand**!

□ **brand** *selfstandige naamwoord (meervoud **brande**)*

brand² **❶** burn [a] *"Put more wood on the fire to make it **burn** better."* "Sit nog hout op die vuur om dit beter te laat **brand**." [b] *It is dark and all the streetlights **are burning**.* Dis donker en al die straatligte **brand**. [c] *She **burnt** her hand with a hot iron.* Sy **het** haar hand met 'n warm yster **gebrand**. **❷** sting *The onions made my eyes **sting**.* Die uie het my oë laat **brand**.

□ **brand** *werkwoord (teenwoordige tyd **brand**, verlede tyd **het gebrand**)*

brander wave *A big **wave** broke on the beach.* 'n Groot **brander** het op die strand gebreek.

☐ **bran·der** *selfstandige naamwoord (meervoud* **branders)**

brandweer fire brigade *"The house is on fire – phone the* ***fire brigade!***" "Die huis is aan die brand – bel die **brandweer**!"

☐ **brand·weer** *selfstandige naamwoord (meervoud* **brandwere)**

brandweerman fireman *The* ***fireman*** *put out the fire.* Die **brandweerman** het die vuur geblus.

☐ **brand·weer·man** *selfstandige naamwoord (meervoud* **brandweermanne)**

brandweerstasie fire station *There are always firemen on duty at the* ***fire station***. Daar is altyd brandweermanne aan diens by die **brandweerstasie**.

☐ **brand·weer·sta·sie** *selfstandige naamwoord (meervoud* **brandweerstasies)**

brandwond burn *The* ***burn*** *on my hand was caused by a hot iron.* Die **brandwond** op my hand is deur 'n warm strykyster veroorsaak.

☐ **brand·wond** *selfstandige naamwoord (meervoud* **brandwonde)**

breed ❶ wide [a] *The rug is three metres long and one metre* ***wide***. Die mat is drie meter lank en een meter **breed**. [b] *He welcomed her with a* ***wide*** *smile.* Hy het haar met 'n **breë** glimlag verwelkom. ❷ broad *She is small and has narrow shoulders, but he is big and has* ***broad*** *shoulders.* Sy is klein en het smal skouers, maar hy is groot en het **breë** skouers.

☐ **breed** *byvoeglike naamwoord (attributief* **breë)** **breër, breedste**

breedte breadth, width *"What is the* ***breadth/width*** *of the river?"* "Wat is die **breedte** van die rivier?"

☐ **breed·te** *selfstandige naamwoord (meervoud* **breedtes)**

breek ❶ break [a] *"Don't drop the plate; it will* ***break***." "Moenie die bord laat val nie; dit sal **breek**." [b] *She* ***broke*** *her arm in an accident.* Sy **het** haar arm in 'n ongeluk **gebreek**. [c] *The athlete* ***broke*** *the record in the 100 metres and is now the fastest man in South Africa.* Die atleet **het** die rekord in die 100 m **gebreek** en is nou die vinnigste man in Suid-Afrika. [d] *"Why did you* ***break*** *your promise and let out our secret?"* "Hoekom **het** jy jou belofte **gebreek** en ons geheim verklap?" [e] *When day* ***breaks***, *the sky in the east turns red.* Wanneer die dag **breek**, word die lug in die ooste rooi. ❷ go wrong *This watch is no good – it keeps* ***going wrong***. Dié horlosie is niks werd nie – hy **breek** gedurig.

☐ **breek** *werkwoord (teenwoordige tyd* **breek**, *verlede tyd* **het gebreek)**

brei knit *She used six balls of wool to* ***knit*** *the jersey.* Sy het ses bolle wol gebruik om die trui te **brei**.

☐ **brei** *werkwoord (teenwoordige tyd* **brei**, *verlede tyd* **het gebrei)**

brein brain *He fell on his head and damaged his* ***brain***. Hy het op sy kop geval en sy **brein** beskadig. ⇨ **verstand.**

☐ **brein** *selfstandige naamwoord (meervoud* **breine/breins)**

brief letter *"Please post this* ***letter*** *for me."* "Pos asseblief dié **brief** vir my."

☐ **brief** *selfstandige naamwoord (meervoud* **briewe)**

briefie note *She sent him a* ***note*** *to thank him for the flowers.* Sy het hom 'n **briefie** gestuur om hom vir die blomme te bedank.

☐ **brie·fie** *selfstandige naamwoord (meervoud* **briefies)**

briefpapier writing paper *"Are there any envelopes in the box of* ***writing paper***?" "Is daar enige koeverte in die doos **briefpapier**?"

☐ **brief·pa·pier** *selfstandige naamwoord (geen meervoud)*

bries breeze *A light* ***breeze*** *caused the candles to flicker.* 'n Ligte **bries** het die kerse laat flikker.

☐ **bries** *selfstandige naamwoord (meervoud* **briese)**

briewebus letterbox [a] *There is no mail in our* ***letterbox*** *today.* Daar is vandag geen pos in ons **briewebus** nie. [b] *"Please post this letter for me – there is a* ***letterbox*** *at the corner of the street."* "Pos asseblief dié brief vir my – daar is 'n **briewebus** op die hoek van die straat."

☐ **brie·we·bus** *selfstandige naamwoord (meervoud* **briewebusse)**

bril ❶ glasses *People with good eyesight need not wear* ***glasses***. Mense met goeie oë hoef nie **bril** te dra nie. ❷ pair of glasses *I found a* ***pair of glasses*** *with a black frame on a table in the library.* Ek het 'n **bril** met 'n swart raam op 'n tafel in die biblioteek gevind.

☐ **bril** *selfstandige naamwoord (meervoud* **brille)**

bring ❶ bring [a] *"Children, please* ***bring*** *your history books to school tomorrow."* "Kinders, **bring** asseblief môre jul geskiedenisboeke skool toe." [b] *When she heard that a car had run over her cat, it* ***brought*** *tears to her eyes.* Toe sy hoor dat 'n motor haar kat omgery het, **het** dit trane in haar oë **gebring**. ❷ take *He offered to* ***take*** *her home in his car.* Hy het aangebied om haar in sy motor huis toe te **bring**.

◆ **bring na** show to *Young men with torches* ***show*** *people* ***to*** *their seats in the cinema.* Jong mans met flitse **bring** mense **na** hul sitplekke in die bioskoop.

◆ **dit ver bring** ⇨ **ver².**

◆ **huis toe bring** see home *Dad said to my friend Anna, "It's dark outside; I'll* ***see*** *you* ***home***." Pa het vir my maat Anna gesê: "Dis donker buite; ek sal jou **huis toe bring**."

☐ **bring** *werkwoord (teenwoordige tyd* **bring**, *verlede tyd* **het gebring)**

broei sit *The hen is* ***sitting*** *on her eggs.* Die hen **broei** op haar eiers.

☐ **broei** *werkwoord (teenwoordige tyd* **broei**, *verlede tyd* **het gebroei)**

broek trousers *He tore the left leg of his* ***trousers***. Hy het die linkerpyp van sy **broek** geskeur. ⇨ **kortbroek; langbroek.**

☐ **broek** *selfstandige naamwoord (meervoud* **broeke***)*

broekiekouse pantihose, pantyhose *She has a ladder in the right leg of her* ***pantihose/pantyhose****.* Sy het 'n leer in die regterbeen van haar **broekiekouse**.

☐ **broe·kie·kou·se** *meervoudige selfstandige naam= woord*

broer brother *I have one* ***brother*** *and two sisters.* Ek het een **broer** en twee susters.

☐ **broer** *selfstandige naamwoord (meervoud* **broers***)*

brom growl *Bears* ***growl*** *and lions and tigers roar.* Bere **brom** en leeus en tiers brul.

☐ **brom** *werkwoord (teenwoordige tyd* **brom***, verlede tyd* **het gebrom***)*

brood ❶ bread *I had a fried egg on a slice of* ***bread*** *for lunch.* Ek het 'n gebakte eier op 'n snytjie **brood** vir middagete gehad. ❷ loaf *She baked a chocolate cake and a banana* ***loaf*** *for the party.* Sy het 'n sjokoladekoek en 'n piesang**brood** vir die partytjie gebak.

◆ **'n brood** a loaf of bread *She cut up* ***a*** *whole* ***loaf*** *of* ***bread*** *to make the sandwiches.* Sy het **'n** hele **brood** opgesny om die toebroodjies te maak.

☐ **brood** *selfstandige naamwoord (meervoud* **brode***)*

bros crisp *This biscuit has become soft and is no longer* ***crisp****.* Dié koekie het sag geword en is nie meer **bros** nie.

☐ **bros** *byvoeglike naamwoord (attributief* **bros***)* **brosser, brosste**

brug bridge *We walked over the* ***bridge*** *to the other side of the railway line.* Ons het oor die **brug** na die ander kant van die spoorlyn geloop.

☐ **brug** *selfstandige naamwoord (meervoud* **brûe***)*

bruid bride *The* ***bride*** *wore a long white dress.* Die **bruid** het 'n lang wit rok gedra.

☐ **bruid** *selfstandige naamwoord (meervoud* **bruide***)*

bruidegom bridegroom *The* ***bridegroom*** *wore a black suit for the wedding.* Die **bruidegom** het 'n swart pak vir die troue gedra.

☐ **brui·de·gom** *selfstandige naamwoord (meervoud* **bruidegomme/bruidegoms***)*

bruin[1] brown *Brown is a colour like that of coffee or chocolate.* **Bruin** is 'n kleur soos dié van koffie of sjokolade.

☐ **bruin** *selfstandige naamwoord (geen meervoud)*

bruin[2] brown *Chocolates are* ***brown****.* Sjokolade is **bruin**.

☐ **bruin** *byvoeglike naamwoord (attributief* **bruin***)* **bruiner, bruinste**

bruinbrood ❶ brown bread *The* ***brown bread*** *is sold out, but there is still some white bread left.* Die **bruin= brood** is uitverkoop, maar daar is nog witbrood oor. ❷ brown loaf *He bought one* ***brown loaf*** *and two white loaves.* Hy het een **bruinbrood** en twee witbrode gekoop.

☐ **bruin·brood** *selfstandige naamwoord (meervoud* **bruinbrode***)*

brul roar *Lions* ***roar*** *and elephants trumpet.* Leeus **brul** en olifante trompet(ter).

◆ **brul van die lag** ⇨ **lag**[1].

☐ **brul** *werkwoord (teenwoordige tyd* **brul***, verlede tyd* **het gebrul***)*

buffel buffalo *A* ***buffalo*** *is an animal with large curved horns.* 'n **Buffel** is 'n dier met groot krom horings.

☐ **buf·fel** *selfstandige naamwoord (meervoud* **buffels***)*

bui ❶ shower *We were caught in a* ***shower*** *of rain.* Ons is deur 'n **bui** reën oorval. ❷ mood, temper *When he's in a bad* ***mood/temper****, he gets annoyed at the slightest thing.* As hy in 'n slegte **bui** is, vererg hy hom oor die kleinste dingetjie.

☐ **bui** *selfstandige naamwoord (meervoud* **buie***)*

buig ❶ bend [a] *"***Bend*** *the piece of wire into the shape of an S."* "**Buig** die stuk draad in die vorm van 'n S." [b] *"Can you touch the ground without* ***bending*** *your knees?"* "Kan jy die grond raak sonder om jou knieë te **buig**?" ❷ bow *The parson said, "Let us* ***bow*** *our heads and pray."* Die predikant het gesê: "Kom ons **buig** ons hoofde en bid."

☐ **buig** *werkwoord (teenwoordige tyd* **buig***, verlede tyd* **het gebuig***)*

buis tube *The* ***tube*** *of toothpaste is almost empty.* Die **buis** tandepasta is amper leeg.

☐ **buis** *selfstandige naamwoord (meervoud* **buise***)*

buite[1] ❶ outside *The children are playing* ***outside*** *in the garden.* Die kinders speel **buite** in die tuin. ❷ out *It's very pleasant* ***out*** *here in the garden.* Dis baie aange= naam hier **buite** in die tuin.

◆ **na buite** outside *"You'll have to wait for the storm to die down before you go* ***outside****."* "Jy sal moet wag vir die storm om te bedaar voordat jy **na buite** gaan."

☐ **bui·te** *bywoord*

buite[2] ❶ outside *"Wait for me* ***outside*** *the café."* "Wag vir my **buite** die kafee." ❷ out of [a] *Fish can't live* ***out*** *of water.* Visse kan nie **buite** water lewe nie. [b] *They live 20 kilometres* ***out of*** *town on a farm.* Hulle woon 20 kilometer **buite** die dorp op 'n plaas.

◆ **buite werking** ⇨ **werking**.

☐ **bui·te** *voorsetsel*

buitedeur outside door *The room has an* ***outside door*** *that leads to the back yard.* Die kamer het 'n **buitedeur** wat op die agterplaas uitkom.

☐ **bui·te·deur** *selfstandige naamwoord (meervoud (buitedeure)*

buitekant[1] outside *The* ***outside*** *of the house is white.* Die **buitekant** van die huis is wit.

☐ **bui·te·kant** *selfstandige naamwoord (meervoud* **buitekante***)*

buitekant[2] outside *The children are playing* ***outside*** *in the garden.* Die kinders speel **buitekant** in die tuin.

☐ **bui·te·kant** *bywoord*

buitekant[3] ❶ outside *"Wait for me* ***outside*** *the café."* "Wag vir my **buitekant** die kafee." ❷ out of [a] *Fish can't live* ***out of*** *water.* Visse kan nie **buitekant** water lewe nie. [b] *They live 20 kilometres* ***out of*** *town on a farm.* Hulle woon 20 kilometer **buitekant** die dorp op 'n plaas.

□ **bui·te·kant** *voorsetsel*

buitelander foreigner *"Is he a South African?"* – *"No, he is a foreigner and comes from Germany."* "Is hy 'n Suid-Afrikaner?" – "Nee, hy is 'n **buitelander** en kom van Duitsland."

□ **bui·te·lan·der** *selfstandige naamwoord (meervoud* **buitelanders***)*

buitelug open air *I love the open air*. Ek is lief vir die **buitelug**.

♦ **in die buitelug** ❶ in the open air, out in the open *It is typically South African to braai meat in the open air (OR out in the open)*. Dit is tipies Suid-Afrikaans om vleis **in die buitelug** te braai. ❷ outdoors, out of doors *In summer we spend a great deal of time outdoors (OR out of doors)*. In die somer bestee ons baie tyd **in die buitelug**.

□ **bui·te·lug** *selfstandige naamwoord (geen meervoud)*

buitengewoon rare, unusual *It is rare/unusual to see snow in summer*. Dis **buitengewoon** om sneeu in die somer te sien.

□ **bui·ten·ge·woon** *byvoeglike naamwoord (attributief* **buitengewone***)*

buitenste outer *The skin is the outer covering of the human body*. Die vel is die **buitenste** bedekking van die menslike liggaam.

□ **bui·ten·ste** *attributiewe byvoeglike naamwoord*

buite(n)toe outside *"You'll have to wait for the storm to die down before you go outside."* "Jy sal moet wag vir die storm om te bedaar voordat jy **buitentoe/buitetoe** gaan."

□ **bui·te(n)·toe** *bywoord*

buk ❶ bend *"Bend over the basin so that I can wash your hair."* "**Buk** oor die wasbak sodat ek jou hare kan was." ❷ bend down *He bent down to tie his shoe*. Hy **het gebuk** om sy skoen vas te maak. ❸ stoop *He had to stoop to pass under the low branch*. Hy moes **buk** om onder die lae tak deur te loop.

□ **buk** *werkwoord (teenwoordige tyd* **buk***, verlede tyd* **het gebuk***)*

bul bull *Among the cattle that are grazing in the field there are ten cows and one bull*. Onder die beeste wat in die veld wei, is daar tien koeie en een **bul**.

□ **bul** *selfstandige naamwoord (meervoud* **bulle***)*

bulk ❶ moo *Dogs bark, cows moo, and goats and sheep bleat*. Honde blaf, koeie **bulk**, en bokke en skape blêr. ❷ bellow *Cattle bellow*. Beeste **bulk**.

□ **bulk** *werkwoord (teenwoordige tyd* **bulk***, verlede tyd* **het gebulk***)*

bullebak bully *A bully always picks a fight with someone smaller than himself*. 'n **Bullebak** soek altyd rusie met iemand wat kleiner as hy is.

□ **bul·le·bak** *selfstandige naamwoord (meervoud* **bullebakke***)*

bult¹ ❶ hill *I had to push my bicycle up the steep hill*. Ek moes my fiets teen die steil **bult** uitstoot. ❷ bulge *His pocket forms a bulge because of all the sweets in it*. Sy sak maak 'n **bult** van al die lekkers daarin. ❸ lump *He*

has a lump on his head where he knocked it against the cupboard. Hy het 'n **bult** op sy kop waar hy dit teen die kas gestamp het. ❹ bump *The road is full of bumps and is very uneven*. Die pad is vol **bulte** en is baie ongelyk.

□ **bult** *selfstandige naamwoord (meervoud* **bulte***)*

bult² bulge *His pockets bulge because of all the sweets in them*. Sy sakke **bult** van al die lekkers daarin.

□ **bult** *werkwoord (teenwoordige tyd* **bult***, verlede tyd* **het gebult***)*

bure neighbours *New neighbours have moved into the house across the road*. Nuwe **bure** het in die huis oorkant die straat ingetrek. ⇨ **buurman; buurvrou.**

□ **bu·re** *meervoudige selfstandige naamwoord*

bus bus *"Are you going to travel to Pretoria by train or by bus?"* "Gaan jy per trein of per **bus** na Pretoria reis?"

□ **bus** *selfstandige naamwoord (meervoud* **busse***)*

busgeld bus fare *The bus fare has gone up by 3c per ticket*. Die **busgeld** het met 3c per kaartjie gestyg.

□ **bus·geld** *selfstandige naamwoord (geen meervoud)*

bushalte bus stop *He waited at the bus stop for the bus*. Hy het by die **bushalte** op die bus gewag.

□ **bus·hal·te** *selfstandige naamwoord (meervoud* **bushaltes***)*

buurman neighbour *The neighbour and his wife look after our house when we are away on holiday*. Die **buurman** en sy vrou pas ons huis op wanneer ons met vakansie weg is. ⇨ **bure.**

□ **buur·man** *selfstandige naamwoord (meervoud* **buurmanne/buurmans***)*

buurt neighbourhood **[a]** *We live in a quiet neighbourhood*. Ons woon in 'n stil **buurt**. **[b]** *They live in the neighbourhood of the school*. Hulle woon in die **buurt** van die skool.

□ **buurt** *selfstandige naamwoord (geen meervoud by* **b***;* **buurte** *by* **a***)*

buurvrou neighbour *The neighbour next door asked me to look after her baby for her*. Die **buurvrou** langsaan het my gevra om haar baba vir haar op te pas. ⇨ **bure.**

□ **buur·vrou** *selfstandige naamwoord (meervoud* **buurvroue/buurvrouens***)*

by¹ bee *A bee buzzes as it flies*. 'n **By** zoem terwyl hy vlieg.

□ **by** *selfstandige naamwoord (meervoud* **bye***)*

by² ❶ there *The dog is always there when the children play outside*. Die hond is altyd **by** wanneer die kinders buite speel. ❷ to *The boxer was knocked out and has not come to yet*. Die bokser is uitgeslaan en is nog nie **by** nie.

□ **by** *bywoord*

by³ ❶ by **[a]** *"Come and sit here by me."* "Kom sit hier **by** my." **[b]** *Eggs are sold by the dozen*. Eiers word **by** die dosyn verkoop. ❷ with **[a]** *My grandmother came to live with us after my grandfather's death*. My ouma het na my oupa se dood **by** ons kom woon. **[b]** *Esther is a pretty girl and is very popular with the boys*. Esther is 'n mooi meisie en is baie gewild **by** die seuns. **8** at *They aren't **at** home – they're out.* Hulle is nie **by** die huis nie – hulle is uit. **4** in *People attended the final match **in** their thousands.* Mense het **by** die duisende die eindwedstryd bygewoon. **5** on, with *"How much money do you have **on/with** you?"* "Hoeveel geld het jy **by** jou?" **6** to *The bakery delivers fresh bread **to** the café every day.* Die bakkery lewer elke dag vars brood **by** die kafee af. **7** from *We buy all our meat **from** a but= cher.* Ons koop al ons vleis **by** 'n slagter.

◆ **tot by** ⟹ tot².

◆ **by mekaar kuier** see each other, see one another *Linda and Anna **see each other** (OR **one another**) regularly.* Linda en Anna **kuier** gereeld **by mekaar**.

⟹ bymekaar [NOTA].

☐ **by** *voorsetsel*

Bybel Bible *It says in the **Bible** that Jesus is the son of God.* Die **Bybel** sê dat Jesus die seun van God is.

☐ **By·bel** *selfstandige naamwoord (meervoud **Bybels**)*

bybly, byhou keep up with *"Walk a little slower; I can't **keep up with** you."* "Loop 'n bietjie stadiger; ek kan nie **bybly/byhou** nie."

◆ **bybly/byhou by** keep up with *Tom works too slowly and can't **keep up with** the rest of the class.* Tom werk te stadig en kan nie **by** die res van die klas **bybly/byhou** nie.

☐ **by·bly, by·hou** *werkwoord (teenwoordige tyd **bly/ hou** by, verlede tyd **het bygebly/bygehou**)*

bydra contribute *"Allow me to **contribute** something towards the cost of the meal."* "Mag ek iets tot die koste van die ete **bydra**?"

☐ **by·dra** *werkwoord (teenwoordige tyd **dra by**, verle= de tyd **het bygedra**)*

byhou ⟹ bybly.

bykom reach, get at *If I stand on my toes, I can only just **reach** (OR **get at**) the books on the top shelf.* As ek op my tone staan, kan ek net-net die boeke op die boonste rak **bykom**.

☐ **by·kom** *werkwoord (teenwoordige tyd **kom by**, ver= lede tyd **het bygekom**)*

byl axe *He chopped down the tree with an **axe**.* Hy het die boom met 'n **byl** afgekap.

☐ **byl** *selfstandige naamwoord (meervoud **byle**)*

bymekaar together *If you add three, seven and nine to= gether, you get nineteen.* As jy drie, sewe en nege **by= mekaar** tel, kry jy negentien.

◆ **bymekaar bly** stick together *"We must **stick to= gether** – it's easy to get lost among all these people."* "Ons moet **bymekaar bly** – dis maklik om tussen al dié mense weg te raak."

☐ **by·me·kaar** *bywoord*

bymekaarkom **1** assemble *On Monday mornings be= fore the classes start, the teachers and pupils have to **as= semble** in the hall.* Voor die klasse Maandagoggende

begin, moet die onderwysers en leerlinge in die saal **bymekaarkom**. **2** come together, join, meet *The wa= ter flows very fast where the two rivers **come together** (OR **join** OR **meet**).* Die water vloei baie vinnig waar die twee riviere **bymekaarkom**.

☐ **by·me·kaar·kom** *werkwoord (teenwoordige tyd **kom bymekaar**, verlede tyd **het bymekaargekom**)*

byna almost, nearly *He tripped over the root of a tree and **almost/nearly** fell.* Hy het oor die wortel van 'n boom gestruikel en **byna** geval.

◆ **byna nie** hardly *I was so tired that I could **hardly** walk.* Ek was so moeg dat ek **byna nie** kon loop nie.

◆ **byna nooit** ⟹ nooit.

☐ **by·na** *bywoord*

bystaan stand/stick by *A good friend will always **stand/stick by** you when you are in trouble.* 'n Goeie vriend sal jou altyd **bystaan** as jy in die moeilikheid is.

☐ **by·staan** *werkwoord (teenwoordige tyd **staan by**, verlede tyd **het bygestaan**)*

byt bite *When the dog tried to **bite** the cat, she scratched him on the nose.* Toe die hond die kat probeer **byt**, het sy hom op die neus gekrap.

◆ **op die tande byt** clench one's teeth *I had to **clench my teeth** not to scream with pain.* Ek moes **op my tande byt** om nie van die pyn te gil nie.

☐ **byt** *werkwoord (teenwoordige tyd **byt**, verlede tyd **het gebyt**)*

byvoeg add *"Do you have enough milk in your tea, or shall I **add** a little more?"* "Het jy genoeg melk in jou tee, of sal ek nog 'n bietjie **byvoeg**?"

☐ **by·voeg** *werkwoord (teenwoordige tyd **voeg by**, ver= lede tyd **het bygevoeg**)*

byvoeglike naamwoord adjective *In the sentence "The boy is tall" the word "tall" is an **adjective**.* In die sin "Die seun is lank" is die woord "lank" 'n **byvoeg= like naamwoord**.

☐ **by·voeg·like naam·woord** *selfstandige naam= woord (meervoud **byvoeglike naamwoorde**)*

byvoorbeeld for example, for instance *There are many ways of keeping fit – one can, **for example** (OR **for instance**), do exercises every day.* Daar is baie maniere om fiks te bly – 'n mens kan **byvoorbeeld** elke dag oefeninge doen.

☐ **by·voor·beeld** *bywoord*

bywoon attend *At some universities students who work can **attend** classes in the evening.* Aan sommige univer= siteite kan studente wat werk, saans klasse **bywoon**.

☐ **by·woon** *werkwoord (teenwoordige tyd **woon by**, verlede tyd **het bygewoon**)*

bywoord adverb *In the sentence "He can run fast" the word "fast" is an **adverb**.* In die sin "Hy kan vinnig hardloop" is die woord "vinnig" 'n **bywoord**.

☐ **by·woord** *selfstandige naamwoord (meervoud **by= woorde**)*

C

Christelik Christian *According to **Christian** teachings Jesus is the son of God.* Volgens die **Christelike** leer is Jesus die seun van God.
☐ **Chris·te·lik** *byvoeglike naamwoord (attributief* **Christelike***)*

Christen Christian *A **Christian** believes that Jesus Christ is the son of God.* 'n **Christen** glo dat Jesus Christus die seun van God is.
☐ **Chris·ten** *selfstandige naamwoord (meervoud* **Christene***)*

Christus Christ *Christians believe that Jesus **Christ** is the son of God.* Christene glo dat Jesus **Christus** die seun van God is.
☐ **Chris·tus** *eienaam*

crèche crèche *A **crèche** is a place where small children can stay while their parents are working.* 'n **Crèche** is 'n plek waar klein kindertjies kan bly terwyl hul ouers werk.
☐ **crèche** *selfstandige naamwoord (meervoud* **crèche'e/crèches***)*

D

daad ❶ deed *She did a good* ***deed*** *by helping the old lady across the street.* Sy het 'n goeie **daad** gedoen deur die ou dame oor die straat te help. ❷ act *It is a kind* ***act*** *to help an old person across the street.* Dis 'n vriendelike **daad** om 'n ou mens oor die straat te help.

☐ **daad** *selfstandige naamwoord (meervoud* **dade***)*

daagliks daily *If you want to keep fit, you must exercise* ***daily*** *and not just once a week.* As jy fiks wil bly, moet jy **daagliks** oefen en nie net een keer per week nie.

☐ **daag·liks** *bywoord*

daaglikse daily *For* ***daily*** *exercise he jogs every morning before breakfast.* Vir **daaglikse** oefening gaan draf hy elke oggend voor ontbyt.

☐ **daag·lik·se** *attributiewe byvoeglike naamwoord*

daai that *"That shirt of yours is dirty."* "**Daai** hemp van jou is vuil."

☐ **daai** *voornaamwoord*

> **daai** is 'n sametrekking van **daardie**; dis 'n informele woord wat 'n mens in geselstaal gebruik

daal drop, fall *The temperature* ***drops/falls*** *when the sun goes down.* Die temperatuur **daal** wanneer die son ondergaan.

☐ **daal** *werkwoord (teenwoordige tyd* **daal***, verlede tyd* **het gedaal***)*

daar ❶ there [a] *"Come inside – it's cold out* ***there***." "Kom binne – dis koud **daar** buite." [b] *There are forty pupils in our class.* **Daar** is veertig leerlinge in ons klas. [c] *A man phoned and said, "Hallo, is your father* ***there***?" 'n Man het gebel en gesê: "Hallo, is jou pa **daar**?" ❷ that is where *That is* ***where*** *the accident happened.* Die ongeluk het **daar** gebeur.

◆ **daar het jy dit!** there (now)! *"There (now)! I've warned you time and again that the dog will bite you!"* "**Daar het jy dit!** Ek het jou keer op keer gewaarsku die hond sal jou byt!"

◆ **daar oorkant** ⇨ **oorkant²**.

◆ **daar wees** be round *"When can I expect you?"* – *"I'll be round in twenty minutes."* "Wanneer kan ek jou verwag?" – "Ek sal oor twintig minute **daar wees**."

◆ **hier en daar** ⇨ **hier**.

◆ **van daar (af)** from there *He walked to the post office and caught a bus home* ***from there***. Hy het poskantoor toe geloop en **van daar (af)** 'n bus huis toe gehaal.

☐ **daar** *bywoord*

daaraan ❶ on to it *"Philip, there is a bush on your left – hold* ***on to it*** *to stop yourself slipping!"* "Philip, daar is 'n bos links van jou – hou **daaraan** vas om te keer dat jy gly!" ❷ about it *"You are short but want to be tall; unfortunately you can do nothing* ***about it***." "Jy is kort maar wil lank wees; ongelukkig kan jy niks **daaraan** doen nie."

☐ **daar·aan** *voornaamwoord*

daaragter behind it *"Do you know where the post office is? The bus stop is just* ***behind it***." "Weet jy waar die poskantoor is? Die bushalte is reg **daaragter**."

☐ **daar·ag·ter** *voornaamwoord*

daarbo¹ ❶ above *The clouds* ***above*** *are thick and dark.* Die wolke **daarbo** is dik en donker. ❷ over *Only persons of eighteen and* ***over*** *may see the film.* Slegs persone van agtien en **daarbo** mag die prent sien.

☐ **daar·bo** *bywoord*

daarbo² above it *There is a washbasin in the bathroom with a mirror* ***above it***. Daar is 'n wasbak in die badkamer met 'n spieël **daarbo**.

☐ **daar·bo** *voornaamwoord*

daarby¹ ❶ besides *"The dress is too expensive;* ***besides***, *I don't like the colour."* "Die rok is te duur; **daarby** hou ek nie van die kleur nie." ❷ what is more *She is clever and,* ***what is more***, *very pretty.* Sy is slim en **daarby** baie mooi.

☐ **daar·by** *bywoord*

daarby² ❶ with it *"There is apple tart for dessert. Would you like some ice-cream* ***with it***?" "Daar is appeltert vir nagereg. Wil julle roomys **daarby** hê?" ❷ to it *"The soup is too thick – add a little more water* ***to it***." "Die sop is te dik – voeg nog 'n bietjie water **daarby**."

☐ **daar·by** *voornaamwoord*

daardeur¹ through it *You can easily get lost in a forest if you don't know the way* ***through it***. Jy kan maklik in 'n bos verdwaal as jy nie die pad **daardeur** ken nie.

☐ **daar·deur** *voornaamwoord*

daardeur² thereby *He broke the 100-metres record,* ***thereby*** *becoming the fastest man in South Africa.* Hy het die 100 meter-rekord gebreek en **daardeur** die vinnigste man in Suid-Afrika geword.

☐ **daar·deur** *bywoord*

daardie ❶ that [a] *This apple is smaller than* ***that*** *one.* Dié appel is kleiner as **daardie** een. [b] *"Who is* ***that*** *girl?"* "Wie is **daardie** meisie?" ❷ those [a] *Those apples are more expensive than these.* **Daardie** appels is duurder as hierdie(s). [b] *"Who are* ***those*** *people?"* "Wie is **daardie** mense?"

◆ **daardie(s)** those *These apples are cheaper than* ***those***. Hierdie appels is goedkoper as **daardie(s)**.

◆ **dis** (OF **dit is**) ... **daardie** ❶ that is [a] *This is an orange and* ***that is*** *a naartjie.* Dis 'n lemoen dié en **dis** (OF **dit is**) 'n nartjie **daardie**. [b] *"What* ***is that***?" – *"It is a naartjie."* "Wat is dit **daardie**?" – "Dis 'n nartjie." ❷ those are [a] *These are oranges and* ***those*** *are naartjies.* Dis lemoene dié en **dis** (OF **dit is**) nar= tjies **daardie. [b]** *"What are those?"* – *"They are naartjies."* "Wat is dit daardie?" – "Dis nartjies."

☐ **daar·die** *voornaamwoord*

daarheen ◼ there *"The station isn't far – we can easily walk there."* "Die stasie is nie ver nie – ons kan maklik **daarheen** stap." ◼ that way *"Where did he go?"* – *"I saw him run that way."* "Waarheen is hy?" – "Ek het hom **daarheen** sien hardloop."

☐ **daar·heen** *bywoord*

daarin ◼ in it *"If you open the drawer you will see that I keep my underwear in it."* "As jy die laai ooptrek, sal jy sien dat ek my onderklere **daarin** hou." ◼ into it *The box is full; I can't get anything else into it.* Die doos is vol; ek kan niks meer **daarin** kry nie.

☐ **daar·in** *voornaamwoord*

daarmee ◼ with it *"The knife is very sharp, so be careful with it."* "Die mes is baie skerp; wees dus versigtig **daarmee**." ◼ with that *"She feels that we should invite him as well. Do you agree with that?"* "Sy voel dat ons hom ook moet nooi. Stem jy **daarmee** saam?" ◼ by that *"I want an answer by Friday and by that I mean the day after tomorrow."* "Ek wil teen Vrydag 'n ant= woord hê en **daarmee** bedoel ek oormôre."

☐ **daar·mee** *voornaamwoord*

daarna[1] after *Philip writes matric next year and wants to go to university the year after.* Philip skryf volgende jaar matriek en wil die jaar **daarna** universiteit toe gaan.

◆ **kort daarna** soon/shortly afterwards *There was a flash of lightning, and soon/shortly afterwards it began to rain.* Daar was 'n weerligstraal, en **kort daar= na** het dit begin reën.

☐ **daar·na** *bywoord*

daarna[2] ◼ to it *"May I put off the radio, or are you still listening to it?"* "Kan ek maar die radio afsit, of luister jy nog **daarna**?" ◼ at it *The kettle is out of order. Please take a look at it to see what is wrong.* Die ketel is stuk= kend. Kyk asseblief **daarna** om te sien wat makeer. ◼ after that *He lied to her and after that she never trusted him again.* Hy het vir haar gejok en **daarna** het sy hom nooit weer vertrou nie.

☐ **daar·na** *voornaamwoord*

daarnatoe ◼ there *"The station isn't far – we can easily walk there."* "Die stasie is nie ver nie – ons kan maklik **daarnatoe** stap." ◼ that way *"Where did he go?"* – *"I saw him run that way."* "Waarheen is hy?" – "Ek het hom **daarnatoe** sien hardloop."

☐ **daar·na·toe** *bywoord*

daarom[1] ◼ that is why, that's why *The batteries are flat, that is* (OR *that's*) *why the radio won't play.* Die batterye is pap, **daarom** speel die radio nie. ◼ so *It rained, so the children had to play inside.* Dit het ge= reën, **daarom** moes die kinders binne speel. ◼ there= fore *She was ill and therefore couldn't come to my par= ty.* Sy was siek en kon **daarom** nie na my partytjie toe kom nie.

☐ **daar·om** *voegwoord*

daarom[2] round it *The tree's trunk is so thick that I can't get my arms round it.* Die boom se stam is so dik dat ek nie my arms **daarom** kan kry nie.

☐ **daar·om** *voornaamwoord*

daaronder ◼ under it *"Fold the blanket double if you aren't warm enough under it."* "Vou die kombers dubbel as jy nie warm genoeg **daaronder** kry nie." ◼ underneath it *"Do you want the book lying on top?"* – *'No, the one underneath it."* "Wil jy die boek hê wat bo lê?" – "Nee, die een **daaronder**."

☐ **daar·on·der** *voornaamwoord*

daaroor ◼ about it *I don't want to talk about it.* Ek wil nie **daaroor** praat nie. ◼ over it *The bridge shook as the train went over it.* Die brug het gebeef toe die trein **daaroor** ry. ◼ across it *"The river is very wide – will you be able to swim across it?"* "Die rivier is baie breed – sal jy **daaroor** kan swem?"

☐ **daar·oor** *voornaamwoord*

daarop[1] next *It rained on the Tuesday, but the next day the weather cleared up.* Dit het die Dinsdag gereën, maar die dag **daarop** het die weer opgeklaar.

☐ **daar·op** *bywoord*

daarop[2] on it *"The chain of your bicycle is dry – put some oil on it."* "Jou fiets se ketting is droog – sit 'n bietjie olie **daarop**."

☐ **daar·op** *voornaamwoord*

daarso over there *"They live over there, in the house at the foot of the hill."* "Hulle woon **daarso**, in die huis aan die voet van die bult."

☐ **daar·so** *bywoord*

daarteen against it *"The top door of the kitchen cup= board is open; don't bang your head against it."* "Die boonste deur van die kombuiskas is oop; moenie jou kop **daarteen** stamp nie."

◆ **daarteen afklim/opklim** climb down/up it *"Make sure that the ladder stands firm before you climb down/up it."* "Sorg dat die leer vas staan voor jy **daarteen** afklim/opklim."

☐ **daar·teen** *voornaamwoord*

daaruit out of it *When the pipe burst, water streamed out of it.* Toe die pyp bars, het water **daaruit** ge= stroom.

☐ **daar·uit** *voornaamwoord*

daarvan ◼ of it *"Lynette gave me a packet of sweets; you may have half of it."* "Lynette het vir my 'n pakkie lekkers gegee; jy kan die helfte **daarvan** kry." ◼ of that *"They're going to have their house painted purple. What do you think of that?"* "Hulle gaan hul huis pers laat verf. Wat dink jy **daarvan**?" ◼ about it *"Yes, I know they are going to move; he told me about it."* "Ja, ek weet hulle gaan trek; hy het my **daarvan** vertel." ◼ some *"Don't eat all the cake – I'd like some too!"* "Moenie al die koek eet nie – ek wil ook **daarvan** hê!"

☐ **daar·van** *voornaamwoord*

daarvandaan from there *He walked to the post office and caught a bus home from there.* Hy het poskantoor toe geloop en **daarvandaan** 'n bus huis toe gehaal.

☐ **daar·van·daan** *voornaamwoord*

daarvoor ❶ for it *"Take an ice-cream from the freezer and pay for it at the counter."* "Neem 'n roomys uit die vrieskas en betaal **daarvoor** by die toonbank." ❷ in front of it *"Do you know where the café is? The bus stop is right in front of it."* "Weet jy waar die kafee is? Die bushalte is reg **daarvoor**." ❸ before that *My brother started working last year. The year before that he was in matric.* My broer het verlede jaar begin werk. Die jaar **daarvoor** was hy in matriek.

☐ **daar·voor** *voornaamwoord*

dadelik ❶ immediately, right/straight away *She was so curious to know what was in the parcel that she opened it immediately (OR right/straight away).* Sy was so nuuskierig om te weet wat in die pakkie was dat sy dit **dadelik** oopgemaak het. ❷ at once *"Go to bed at once – it's late!"* "Gaan **dadelik** bed toe – dis laat!"

☐ **da·de·lik** *bywoord*

dag day [a] *Sunday is the first day of the week.* Sondag is die eerste **dag** van die week. [b] *The wind blew all day.* Die wind het die hele **dag** gewaai. ⇨ **paar** [NOTA].

◆ **al om die ander dag** every other/second day *The athletes train every other/second day – on Mondays, Wednesdays and Fridays.* Die atlete oefen **al om die ander dag** – op Maandae, Woensdae en Vrydae.

◆ **dag vir dag, dag na dag** day in, day out OR day after day *He worked day in, day out (OR day after day) to finish the job in time.* Hy het **dag vir/na dag** gewerk om die werk betyds klaar te kry.

◆ **'n dag of wat (lank)** for a day or two *If a flea bites you, the mark on your skin will itch for a day or two.* As 'n vlooi jou byt, sal die merk op jou vel **'n dag of wat (lank)** jeuk.

◆ **'n paar dae gelede, nou die dag** (just) the other day, a day or two ago *I saw him (just) the other day (OR a day or two ago) at Esther's party.* Ek het hom **'n paar dae gelede** (OF **nou die dag**) by Esther se partytjie gesien.

◆ **tot vandag toe** to this day *I said I would tell nobody, and to this day I have kept our secret.* Ek het gesê ek sal vir niemand vertel nie, en ek het ons geheim **tot vandag toe** bewaar.

☐ **dag** *selfstandige naamwoord (meervoud* **dae***)*

dagbreek dawn *At dawn the sky in the east turns red.* Met **dagbreek** word die lug in die ooste rooi.

☐ **dag·breek** *selfstandige naamwoord (meestal enkelvoud)*

dak roof *There is a chimney on the roof of our house.* Daar is 'n skoorsteen op die **dak** van ons huis.

☐ **dak** *selfstandige naamwoord (meervoud* **dakke***)*

daling drop *Snow on the mountains caused a sharp drop in temperature.* Sneeu op die berge het 'n skielike **daling** van temperatuur veroorsaak.

☐ **da·ling** *selfstandige naamwoord (meervoud* **dalinge/dalings***)*

dalk ❶ perhaps, maybe *"Why is he so late?"* – *"I don't know; perhaps/maybe he missed the bus."* "Hoekom is hy so laat?" – "Ek weet nie; **dalk** het hy die bus gemis." ❷ may, might *"Take an umbrella with you; it may/might rain."* "Neem 'n sambreel saam; **dalk** reën dit."

◆ **kan dalk** might *George is very popular and might become head boy of the school in two years' time.* George is baie gewild en **kan dalk** oor twee jaar hoofseun van die skool word.

☐ **dalk** *bywoord*

dam dam *The dam on the farm is full of water.* Die **dam** op die plaas is vol water.

☐ **dam** *selfstandige naamwoord (meervoud* **damme***)*

dame lady [a] *He helped an old lady across the street.* Hy het 'n ou **dame** oor die straat gehelp. [b] *Lynette sits like a lady with her knees together.* Lynette sit soos 'n **dame** met haar knieë bymekaar.

☐ **da·me** *selfstandige naamwoord (meervoud* **dames***)*

dan ❶ then [a] *"I can't come to your party next Friday – we're on holiday then."* "Ek kan nie volgende Vrydag na jou partytjie toe kom nie – ons is **dan** met vakansie." [b] *If today is Monday, then tomorrow is Tuesday.* As dit vandag Maandag is, **dan** is dit môre Dinsdag. ❷ next *"First wash the dishes and sweep out the kitchen. Next, tidy the lounge."* "Was eers die skottelgoed en vee die kombuis uit. Maak **dan** die sitkamer aan die kant."

◆ **(so) nou en dan** ⇨ **nou**[2].

☐ **dan** *bywoord*

dank[1] thanks *"I accept your help with thanks."* "Ek aanvaar jou hulp met **dank**."

☐ **dank** *selfstandige naamwoord (geen meervoud)*

dank[2] thank *"I thank you for your help."* "Ek **dank** jou vir jou hulp."

◆ **nie te danke (nie)** you're welcome *"Thank you for your help."* – *"You're welcome."* "Dankie vir jou hulp." – "**Nie te danke (nie)**."

◆ **te danke aan** due to *Her success is due to hard work.* Haar sukses is **aan** harde werk **te danke**.

☐ **dank** *werkwoord (teenwoordige tyd* **dank**, *verlede tyd* **het gedank***)*

dankbaar grateful *He was seriously injured in the accident and can be grateful that he is still alive.* Hy is ernstig in die ongeluk beseer en kan **dankbaar** wees dat hy nog lewe.

☐ **dank·baar** *byvoeglike naamwoord (attributief* **dankbare***)* **dankbaarder, dankbaarste**

dankie thank you, thanks *"Thank you (OR Thanks) for the lovely present."* "**Dankie** vir die pragtige geskenk."

◆ **baie dankie** thank you very much, thanks very much, thanks a lot, many thanks *"Thank you very much (OR Thanks very much OR Thanks a lot OR Many thanks) for your help!"* "**Baie dankie** vir jou hulp!"

◆ **nee, dankie** no, thanks OR no, thank you *"Will you*

have something to eat?" – *"No, thanks (OR thank you); I'm not hungry."* "Wil jy iets eet?" – "Nee, dan= kie; ek is nie honger nie."

□ **dan·kie** *tussenwerpsel*

danksy thanks to *We won, thanks to the goal that Wal= ter scored.* Ons het gewen, **danksy** die doel wat Walter aangeteken het.

□ **dank·sy** *voorsetsel*

dans[1] dance *Ballet is a kind of dance.* Ballet is 'n soort **dans**.

◆ **dans, dansparty** dance *They played only pop music at the dance.* Hulle het by die **dans/dansparty** net popmusiek gespeel.

□ **dans** *selfstandige naamwoord (meervoud danse)*

dans[2] dance *At the party Philip asked Esmé to dance with him.* By die partytjie het Philip vir Esmé gevra om met hom te **dans**.

◆ **gaan dans** go to a dance *She went to a dance* last night. Sy **het** gisteraand **gaan dans**.

□ **dans** *werkwoord (teenwoordige tyd dans, verlede tyd het gedans)*

dapper brave *It was very brave of the young man to save the child from the burning building.* Dit was baie **dapper** van die jong man om die kind uit die branden= de gebou te red.

□ **dap·per** *byvoeglike naamwoord (attributief dap= per/dappere) dapperder, dapperste*

darem ❶ however, though *Our car is already thirteen years old. However, it still goes very well* (OR *It still goes very well, though).* Ons motor is al dertien jaar oud. Hy loop **darem** nog baie goed. ❷ really *It really is hot today.* Dis **darem** warm vandag. ❸ certainly *Es= ther certainly is clever – she got 95 per cent in the test.* Esther is **darem** slim – sy het 95 persent in die toets gekry.

□ **da·rem** *bywoord*

das tie *He wears a shirt and tie to work.* Hy dra 'n hemp en **das** werk toe.

□ **das** *selfstandige naamwoord (meervoud dasse)*

dat ❶ that [a] *He said that he would do it.* Hy het gesê **dat** hy dit sou doen. [b] *She was so tired that she fell asleep straight away.* Sy was so moeg **dat** sy dadelik aan die slaap geraak het. ❷ for *"Come, it's time for us to leave."* "Kom, dis tyd **dat** ons ry." ❸ where *The house has reached the stage where they can put up the roof.* Die huis het die stadium bereik **dat** hulle die dak kan opsit.

◆ **dat iemand moet** for someone to *When you put your finger to your lips, it is a sign for others to be quiet.* As jy jou vinger op jou lippe sit, is dit 'n teken **dat** ander **moet** stilbly.

□ **dat** *voegwoord*

datum date *"What is the date today?"* – *"It is the 10th of March."* "Wat is vandag se **datum**?" – "Dit is die 10de Maart."

□ **da·tum** *selfstandige naamwoord (meervoud da= tums)*

Wanneer jy 'n **datum** in syfers skryf, kom die jaartal eerste, die maand tweede en die dag derde, geskei deur 'n koppelteken (by getalle kleiner as tien moet daar 'n nul voor die syfer kom): *1986-03-15, 1996- 11-02,* ensovoorts. As jy die maand uitskryf, is die volgorde net mooi omgekeerd: *15 Maart 1986, 2 No= vember 1996,* ensovoorts.

deeg dough *The dough is a mixture of sugar, eggs, milk and flour.* Die **deeg** is 'n mengsel van suiker, eiers, melk en meel.

□ **deeg** *selfstandige naamwoord (geen meervoud)*

deel[1] ❶ part [a] *We spent part of our holiday at the seaside.* Ons het 'n **deel** van ons vakansie by die see deurgebring. [b] *The Bushveld lies in the northern part of our country.* Die Bosveld lê in die noordelike **deel** van ons land. [c] *Cut the cake into eight equal parts.* Sny die koek in agt gelyke **dele**. [d] *An egg consists of two parts: the white and the yolk.* 'n Eier bestaan uit twee **dele**: die wit en die geel. ❷ share *"Don't worry, you'll each get an equal share of the pudding."* "Moe= nie bekommerd wees nie, julle sal elkeen 'n gelyke **deel** van die poeding kry." ❸ portion *The front por= tion of the train is for passengers that travel first class.* Die voorste **deel** van die trein is vir passasiers wat eerste klas reis. ❹ section *They have closed a section of the road for repairs.* Hulle het 'n **deel** van die pad vir herstelwerk gesluit.

□ **deel** *selfstandige naamwoord (meervoud dele)*

deel[2] ❶ share *The two brothers share a bedroom.* Die twee broers **deel** 'n slaapkamer. ❷ divide *If you divide 8 by 2 you get 4.* As jy 8 deur 2 **deel**, kry jy 4.

□ **deel** *werkwoord (teenwoordige tyd deel, verlede tyd het gedeel)*

deelneem aan take part in *All the children in our class are going to take part in the school concert.* Al die kin= ders in ons klas gaan **aan** die skoolkonsert **deelneem**.

□ **deelneem aan** *werkwoordfrase (teenwoordige tyd neem deel aan, verlede tyd het deelgeneem aan)*

deesdae nowadays, these days *In earlier times meat was cheap, but nowadays (OR these days) it is very ex= pensive.* Vroeër was vleis goedkoop, maar **deesdae** is dit baie duur.

□ **dees·dae** *bywoord*

deftig smart *"You look very smart – are you going to a party?"* "Jy lyk baie **deftig** – gaan jy na 'n partytjie toe?"

□ **def·tig** *byvoeglike naamwoord (attributief deftige) deftiger, deftigste*

dek[1] deck *He climbed the stairs to the top deck of the bus.* Hy het die trap na die boonste **dek** van die bus geklim.

□ **dek** *selfstandige naamwoord (meervoud dekke)*

dek[2] ❶ cover [a] *First sand the door and then cover it with a coat of paint.* Skuur eers die deur af en **dek** dit dan met 'n laag verf. [b] *Today's history lesson cov= ered the causes of the Second World War.* Vandag se geskiedenisles **het** die oorsake van die Tweede Wê=

reldoorlog **gedek**. **2** lay, set *"Doreen, please lay/set the table for supper."* "Doreen, **dek** asseblief die tafel vir aandete."

☐**dek** *werkwoord (teenwoordige tyd* **dek***, verlede tyd* **het gedek***)*

deksel lid *When my mother fries sausages, she puts a lid on the pan.* Wanneer my ma wors braai, sit sy 'n **deksel** op die pan.

☐**dek·sel** *selfstandige naamwoord (meervoud* **dek·sels***)*

derde third *March is the third month of the year.* Maart is die **derde** maand van die jaar.

◆ **derde klas** ⇨ **klas.**

☐**der·de** *telwoord*

derdeklaskaartjie third-class ticket *A second-class ticket costs more than a third-class ticket.* 'n Twee-deklaskaartjie kos meer as 'n **derdeklaskaartjie**.

☐**der·de·klas·kaart·jie** *selfstandige naamwoord (meervoud* **derdeklaskaartjies***)*

derduisende thousands and thousands of *Gold-mines provide jobs for thousands and thousands of people.* Goudmyne verskaf werk aan **derduisende** mense.

☐**der·dui·sen·de** *telwoord*

dertien thirteen *Ten plus three is thirteen.* Tien plus drie is **dertien**.

☐**der·tien** *telwoord*

dertiende thirteenth *The thirteenth century is from 1200 to 1299.* Die **dertiende** eeu is van 1200 tot 1299.

☐**der·tien·de** *telwoord*

dertig thirty *Fifteen times two is thirty.* Vyftien maal twee is **dertig**.

◆ **die jare dertig, die dertigerjare** the thirties *In the thirties there was a great shortage of work in South Africa.* In **die jare dertig** (OF **die dertigerjare**) was daar 'n groot tekort aan werk in Suid-Afrika.

☐**der·tig** *telwoord*

dertigste thirtieth *My uncle is 29 and will celebrate his thirtieth birthday in a few months' time.* My oom is 29 en vier oor 'n paar maande sy **dertigste** verjaardag.

☐**der·tig·ste** *telwoord*

Desember December *December is the twelfth month of the year.* **Desember** is die twaalfde maand van die jaar.

☐**De·sem·ber** *selfstandige naamwoord (geen meervoud)*

deuntjie tune *He whistled a cheerful tune.* Hy het 'n vrolike **deuntjie** gefluit.

☐**deun·tjie** *selfstandige naamwoord (meervoud* **deun·tjies***)*

deur[1] door *He knocked on the door and asked, "May I come in?"* Hy het aan die **deur** geklop en gevra: "Kan ek maar binnekom?"

☐**deur** *selfstandige naamwoord (meervoud* **deure***)*

deur[2] through *"Please lock the gate as soon as everyone is through."* "Sluit asseblief die hek sodra almal **deur** is."

◆ **deur en deur** throughout *The apple was rotten*

throughout. Die appel was **deur en deur** vrot.

◆ **deur en deur die moeite werd** well worth *It's an excellent film and well worth seeing.* Dis 'n uitsteken-de prent en **deur en deur die moeite werd** om te sien.

◆ **die hele ... deur** ⇨ **heel**[1]**.**

☐**deur** *bywoord*

deur[3] **1** through **[a]** *We walked along a narrow path through the woods.* Ons het met 'n smal paadjie **deur** die bos geloop. **[b]** *The windows are so dirty you can hardly see through them.* Die vensters is so vuil, jy kan skaars **deur** hulle sien. **[c]** *Pliers can cut through wire.* 'n Tang kan **deur** draad sny. **[d]** *"Don't walk through the mud with your new shoes!"* "Moenie met jou nuwe skoene **deur** die modder loop nie!" **2** by **[a]** *She is reading a poem written by Shakespeare.* Sy lees 'n gedig wat **deur** Shakespeare geskryf is. **[b]** *If you divide 6 by 3 you get 2.* As jy 6 **deur** 3 deel, kry jy 2. **[c]** *He earns pocket money by delivering newspapers.* Hy verdien sakgeld **deur** koerante af te lewer. **3** out of *I saw her out of the window.* Ek het haar **deur** die venster gesien. **4** thanks to *"It's thanks to you that I was late!"* "Dis **deur** jou dat ek laat was!"

☐**deur** *voorsetsel*

deurbring spend **[a]** *This year we're going to spend the summer holidays by the sea.* Ons gaan vanjaar die so-mervakansie by die see **deurbring**. **[b]** *Your school-work will suffer if you spend too much time in front of the TV.* Jou skoolwerk sal daaronder ly as jy te veel tyd voor die TV **deurbring**.

☐**deur·bring** *werkwoord (teenwoordige tyd* **bring deur***, verlede tyd* **het deurgebring***)*

deurgaan **1** go through **[a]** *The man at the gate took our tickets and said, "You may go through."* Die man by die hek het ons kaartjies geneem en gesê: "Julle kan maar **deurgaan**." **[b]** *He went through the names on the list to see whether he had been chosen for the team.* Hy het die name op die lys **deurgegaan** om te sien of hy vir die span gekies is. **2** pass *They look alike and could easily pass for sisters.* Hulle lyk na mekaar en kan mak-lik vir susters **deurgaan**.

☐**deur·gaan** *werkwoord (teenwoordige tyd* **gaan deur***, verlede tyd* **het deurgegaan***)*

deurkom **1** get through *The gate is so narrow that only one person at a time can get through it.* Die hek is so nou dat net een mens op 'n slag daar kan **deurkom**. **2** pass *"Do you think you will pass?" – "Yes, the exam wasn't too difficult."* "Dink jy jy sal **deurkom**?" – "Ja, die eksamen was nie te moeilik nie."

☐**deur·kom** *werkwoord (teenwoordige tyd* **kom deur***, verlede tyd* **het deurgekom***)*

deurlees read through *The book is too thick – I won't be able to read through it in a day.* Die boek is te dik – ek sal dit nie binne 'n dag kan **deurlees** nie.

☐**deur·lees** *werkwoord (teenwoordige tyd* **lees deur***, verlede tyd* **het deurgelees***)*

deurmekaar **1** untidy, in a mess *The house was so un-*

tidy (OR *in such a mess*) *that it took us hours to put it straight again.* Die huis was so **deurmekaar** dat dit ons ure gekos het om dit weer aan die kant te maak. **2** mixed up [a] *The books are all mixed up – there are even dictionaries among the storybooks!* Die boeke is heeltemal **deurmekaar** – daar is glad woordeboeke tussen die storieboeke! [b] *I got mixed up and forgot in which cups I had already put sugar.* Ek het **deurmekaar** geraak en vergeet in watter koppies ek reeds suiker gegooi het. **3** confused *He was so confused that he didn't know where he was.* Hy was so **deurmekaar** dat hy nie geweet het waar hy was nie.

◆ **deurmekaar maak 1** mess up *"Don't mess up the kitchen – I've just tidied it."* "Moenie die kombuis **deurmekaar maak** nie – ek het dit so pas aan die kant gemaak." **2** mix up *"Don't mix up the books – I've just sorted them."* "Moenie die boeke **deurmekaar maak** nie – ek het hulle so pas gesorteer."

□ **deur·me·kaar** *byvoeglike naamwoord (attributief* **deurmekaar***)* **deurmekaarder, deurmekaarste**

deurnat wet through *After the soccer practice his shirt was wet through with perspiration.* Na die sokkeroefening was sy hemp **deurnat** van die sweet.

□ **deur·nat** *byvoeglike naamwoord (attributief* **deurnat***)*

deurskyn show through *"Place a piece of thin paper over the picture and trace the lines that show through."* "Plaas 'n stuk dun papier oor die prent en trek die lyne wat **deurskyn** na."

□ **deur·skyn** *werkwoord (teenwoordige tyd* **skyn deur**, *verlede tyd* **het deurgeskyn***)*

deursny cut through *"You'll never be able to cut through this thick piece of wire with a pair of scissors."* "Jy sal nooit dié dik stuk draad met 'n skêr kan **deursny** nie."

□ **deur·sny** *werkwoord (teenwoordige tyd* **sny deur**, *verlede tyd* **het deurgesny***)*

deursoek search [a] *"You may search my drawers – I don't have your socks."* "Jy kan my laaie maar **deursoek** – ek het nie jou sokkies nie." [b] *The police searched the forest for the missing child.* Die polisie **het** die bos na die vermiste kind **deurgesoek**.

□ **deur·soek** *werkwoord (teenwoordige tyd* **deursoek**, *verlede tyd* **het deurgesoek***)*

diamant diamond *She has a diamond in her ring.* Sy het 'n **diamant** in haar ring.

□ **dia·mant** *selfstandige naamwoord (meervoud* **diamante***)*

die 1 the [a] *"Please lay the table for me."* "Dek asseblief vir my **die** tafel." [b] *She is collecting money for the poor.* Sy samel geld vir **die** armes in. [c] *The Cape is South Africa's largest province.* **Die** Kaap is Suid-Afrika se grootste provinsie. [d] *Eggs are sold by the dozen.* Eiers word by **die** dosyn verkoop. **2** that *"Who is that girl over there?"* "Wie is **die** meisie daar oorkant?"

□ **die** *lidwoord*

dié 1 that [a] *Brown is a colour like that of coffee.* Bruin is 'n kleur soos **dié** van koffie. [b] *"I'll never do it again, that I can tell you."* "Ek sal dit nooit weer doen nie, **dié** moet jy weet." **2** this *That apple is smaller than this one.* Daardie appel is kleiner as **dié** een. **3** these *These apples are cheaper than those.* **Dié** appels is goedkoper as daardie(s). **4** those *"Those of you who are under fifteen, please put up your hands."* "**Dié** van julle wat onder vyftien is, steek asseblief jul hande op." **5** the best *He is the best goal kicker in the team.* Hy is **dié** doelskopper van die span.

◆ **dié een** ⇨ **een**.

◆ **dis dié dat** that is why, that's why *The batteries are flat, that is* (OR *that's*) *why the radio won't play.* Die batterye is pap, **dis dié dat** die radio nie speel nie.

◆ **dis** (OF **dit is**) **... dié 1** this is [a] *This is an orange and that is a naartjie.* **Dis** (OF **Dit is**) 'n lemoen **dié** en dis 'n nartjie daardie. [b] *"What is this?"* – *"It is an orange."* "Wat is dit **dié**?" – "Dis 'n lemoen." **2** these are [a] *These are oranges and those are naartjies.* **Dis** (OF **Dit is**) lemoene **dié** en dis nartjies daardie. [b] *"What are these?"* – *"They are oranges."* "Wat is dit **dié**?" – "Dis lemoene."

□ **dié** *voornaamwoord*

dieet diet *I'll have to go on a diet because I've put on too much weight.* Ek sal op **dieet** moet gaan, want ek het te veel gewig aangesit.

□ **di·eet** *selfstandige naamwoord (meervoud* **diëte***)*

dief thief *A thief broke into our house and stole our radio.* 'n **Dief** het by ons huis ingebreek en ons radio gesteel.

□ **dief** *selfstandige naamwoord (meervoud* **diewe***)*

diefstal 1 stealing *He was sent to prison for stealing.* Hy is weens **diefstal** tronk toe gestuur. **2** theft *He reported the theft of his car to the police.* Hy het die **diefstal** van sy motor by die polisie aangemeld.

□ **dief·stal** *selfstandige naamwoord (geen meervoud by* 1; **diefstalle** *by* 2*)*

dien serve [a] *The sofa serves as (a) bed when we need extra sleeping-place.* Die bank **dien** as ('n) bed wanneer ons ekstra slaapplek nodig het. [b] *The leader served his country and his people for more than forty years.* Die leier **het** sy land en sy mense meer as veertig jaar **gedien**.

□ **dien** *werkwoord (teenwoordige tyd* **dien**, *verlede tyd* **het gedien***)*

diens service [a] *The service in that shop is very bad – the staff don't like to help you.* Die **diens** in daardie winkel is baie swak – die personeel help jou nie graag nie. [b] *The minister holds a service in the church every Sunday at 10:00.* Die dominee hou elke Sondag om 10:00 'n **diens** in die kerk.

◆ **aan/op diens** on duty *Nurses that work during the day come on duty at 07:00 in the morning.* Verpleegsters wat bedags werk, kom soggens om 07:00 **aan/op diens**.

◆ **van diens (af)** off duty *A nurse does not wear a*

uniform when she is **off duty**. 'n Verpleegster dra nie 'n uniform as sy **van diens (af)** is nie.

□ **diens** *selfstandige naamwoord (meervoud* **dienste***)*

diep¹ deep [a] *Here the water is only one metre* **deep**. Hier is die water maar een meter **diep**. [b] *My father has a* **deep** *voice and sings bass in the choir*. My pa het 'n **diep** stem en sing bas in die koor.□ **diep** *byvoeglike naamwoord (attributief* **diep***)* **dieper, diepste**

diep² ❶ deep [a] *"Take a* **deep** *breath before you dive into the water."* "Haal **diep** asem voor jy in die water duik." [b] *I was so* **deep** *in thought that I got a big fright when someone suddenly spoke behind me*. Ek was so **diep** in gedagte dat ek groot geskrik het toe iemand skielik agter my praat. ❷ deeply *He is* **deeply** *religious and goes to church every Sunday*. Hy is **diep** godsdienstig en gaan elke Sondag kerk toe.

◆ **diep in die** ❶ deep into the [a] *The miners go down* **deep into the** *mine to dig for gold*. Die mynwerkers gaan **diep in die** myn af om na goud te grawe. [b] *We chatted* **deep into the** *night and went to bed very late*. Ons het tot **diep in die** nag gesels en is baie laat bed toe. ❷ deep in *He bought himself new clothes and a tele= vision and is now* **deep in** *debt*. Hy het vir hom nuwe klere en 'n televisie gekoop en is nou **diep in die** skuld. ❸ well over *My grandfather is* **well over** *seventy*. My oupa is **diep in die** sewentig.

□ **diep** *bywoord*

diepte depth *Miners often go down to a* **depth** *of three kilometres and more to dig for gold*. Mynwerkers gaan dikwels tot 'n **diepte** van drie kilometer en meer af om na goud te grawe.

□ **diep·te** *selfstandige naamwoord (meervoud* **diep= tes***)*

dier ❶ animal *A lion is a dangerous* **animal**. 'n Leeu is 'n gevaarlike **dier**. ❷ beast *Many people regard the lion as the king of the* **beasts**. Baie mense beskou die leeu as die koning van die **diere**.

□ **dier** *selfstandige naamwoord (meervoud* **diere***)*

dierbaar sweet [a] *"Thank you, it is* **sweet** *of you to bring me tea in bed, my child."* "Dankie, dis **dierbaar** van jou om vir my tee in die bed te bring, my kind." [b] *She has a* **sweet** *nature – one can't help liking her*. Sy het 'n **dierbare** geaardheid – 'n mens kan nie an= ders as om van haar te hou nie. [c] *She looks so* **sweet** *in her little pink dress!* Sy lyk tog te **dierbaar** in haar pienk rokkie!

□ **dier·baar** *byvoeglike naamwoord (attributief* **dier= bare***)* **dierbaarder, dierbaarste**

dieretuin zoo *When we visited the* **zoo**, *we saw baboons in a cage next to the apes*. Toe ons die **dieretuin** besoek het, het ons bobbejane in 'n hok langs die ape gesien.

□ **die·re·tuin** *selfstandige naamwoord (meervoud* **dieretuine***)*

dieselfde the same *Chris and Walter are in* **the same** *class – they are both in standard six*. Chris en Walter is in **dieselfde** klas – hulle is albei in standerd ses.

□ **die·self·de** *voornaamwoord*

dig close *The trees in the forest grow* **close** *together*. Die bome in die bos groei **dig** opmekaar.

□ **dig** *bywoord*

digkuns poetry *If you take English at university, you are sure to study the* **poetry** *of Shakespeare*. As jy Engels op universiteit loop, sal jy beslis die **digkuns** van Shakespeare bestudeer.

□ **dig·kuns** *selfstandige naamwoord (geen meervoud)*

digter poet *Shakespeare was a* **poet** *and writer of plays*. Shakespeare was 'n **digter** en skrywer van toneel= stukke.

□ **dig·ter** *selfstandige naamwoord (meervoud* **dig= ters***)*

dik ❶ thick [a] *The wall is 15 cm* **thick**. Die muur is 15 cm **dik**. [b] *"Would you like the thin or the* **thick** *slice of bread?"* "Wil jy die dun of die **dik** sny brood hê?" [c] *The fog was so* **thick** *that you could scarcely see a metre in front of you*. Die mis was so **dik** dat 'n mens skaars 'n meter voor jou kon sien. [d] *"The soup is too* **thick** *– add a little more water to it."* "Die sop is te **dik** – voeg nog 'n bietjie water daarby." ❷ close *Charles and George are* **close** *friends*. Charles en George is **dik** vriende.

□ **dik** *byvoeglike naamwoord (attributief* **dik***)* **dikker, dikste**

dikte thickness *What is the length, width and* **thickness** *of the piece of wood?* Wat is die lengte, breedte en **dikte** van die stuk hout?

□ **dik·te** *selfstandige naamwoord (meervoud* **diktes***)*

dikwels ❶ often, frequently [a] *"It was nice to see you again; you must come and visit us more* **often/fre= quently***."* "Dit was gaaf om jou weer te sien; jy moet ons meer **dikwels** kom besoek." [b] *Children who grow up together* **often/frequently** *remain friends for life*. Kinders wat saam grootword, bly **dikwels** hul lewe lank vriende. ❷ a great/good deal *He travels a* **great/good deal**. Hy gaan **dikwels** op reis. ❸ much *We don't see them* **much** *– they live too far away from us*. Ons sien hulle nie **dikwels** nie – hulle woon te ver van ons af.

□ **dik·wels** *bywoord*

ding thing [a] *A pen is a* **thing** *with which you write*. 'n Pen is 'n **ding** waarmee jy skryf. [b] *"Don't stick your tongue out at me, you rude* **thing***!"* "Moenie jou tong vir my uitsteek nie, jou onbeskofte **ding**!"

◆ **'n goeie ding** a good thing/job *It's a* **good thing/ job** *I brought a jersey – it suddenly got cold*. Dis **'n goeie ding** dat ek 'n trui gebring het – dit het skielik koud geword.

□ **ding** *selfstandige naamwoord (meervoud* **dinge***)*

dink ❶ think [a] *"How old do you* **think** *Linda is?" – "I'd say she is about fifteen."* "Hoe oud **dink** jy is Lin= da?" – "Ek sou sê sy is so om en by vyftien." [b] *"You* **think** *you're smart, don't you?"* "Jy **dink** jy's oulik, nè?" [c] *"**Think** carefully before you answer the ques= tion."* "**Dink** mooi voordat jy die vraag beantwoord." ❷ think, have an idea *He says he made it himself, but I* *think (*OR *have an idea) someone helped him.* Hy sê hy het dit self gemaak, maar ek **dink** iemand het hom gehelp. **3** dream *She would never **dream** of leaving her baby alone at home.* Sy sou nooit daaraan **dink** om haar baba alleen by die huis te laat nie. **4** reckon *"What do you **reckon** his chances are of winning?"* "Hoe **dink** jy staan sy kanse om te wen?"

◆ **baie dink van** think highly/well of *I **think** highly/well of* him *– he is a strict but fair person.* Ek **dink baie van** hom – hy is 'n streng maar regverdige mens.

◆ **dink aan 1** think about *"You're very selfish – you **think** only **about** yourself!"* "Jy's baie selfsugtig – jy **dink** net **aan** jouself!" **2** think of *When I **think** of a bride the image of a woman in a long white dress comes into my mind.* As ek **aan** 'n bruid **dink**, kom die beeld van 'n vrou in 'n lang wit rok in my gedagte op.

◆ **dink daaraan 1** think about *"What are you going to give him for his birthday?" – "I am **thinking about** getting him a tie."* "Wat gaan jy hom vir sy verjaardag gee?" – "Ek **dink daaraan** om vir hom 'n das te kry." **2** think of *He is **thinking of** selling his car and buying himself a motorbike.* Hy **dink daaraan** om sy motor te verkoop en vir hom 'n motorfiets te koop.

◆ **dink oor** think about *"I'll **think about** the matter and give you an answer tomorrow."* "Ek sal **oor** die saak **dink** en jou môre 'n antwoord gee."

◆ **dink van** think of *"Wat **dink** jy van my nuwe bloes?" – "Ek vind dit baie mooi."* "What do you **think** of my new blouse?" – "I find it very pretty."

◆ **laat dink aan** remind of *That girl **reminds** me of Lynette.* Daardie meisie **laat** my **aan** Lynette **dink**.

◆ **sleg dink van** think badly of *"I don't **think** badly of you for what you did – we all make mistakes."* "Ek **dink** nie **sleg van** jou oor wat jy gedoen het nie – ons maak almal foute."

◆ **sonder om aan ... te dink** without thought for *Without thought for his own safety, he dived into the water and saved the child's life.* **Sonder om aan** sy eie veiligheid **te dink**, het hy in die water geduik en die kind se lewe gered.

□ **dink** *werkwoord (teenwoordige tyd* **dink**, *verlede tyd* **het gedink**)

Dinsdag Tuesday *Tuesday is the second workday of the week.* **Dinsdag** is die tweede werkdag van die week.

□ **Dins·dag** *selfstandige naamwoord (meervoud* **Dinsdae**)

direk¹ direct *"Is this a **direct** road to the next town, or does it turn off somewhere?"* "Is dit 'n **direkte** pad na die volgende dorp, of draai dit êrens af?"

□ **di·rek** *byvoeglike naamwoord (attributief* **direkte**) **direkter, direkste**

direk² **1** direct *This train runs **direct** from Pretoria to Johannesburg and does not stop at other stations.* Dié trein loop **direk** van Pretoria na Johannesburg en hou nie by ander stasies stil nie. **2** straight **[a]** *"Are you going somewhere after school?" – "No, Mum, I'm coming*

straight home." "Gaan jy na skool êrens heen?" – "Nee, Ma, ek kom **direk** huis toe." **[b]** *"Pour yourself some milk into a glass – don't drink **straight** from the bottle!"* "Gooi vir jou 'n bietjie melk in 'n glas – moe= nie **direk** uit die bottel drink nie!"

□ **di·rek** *bywoord*

dis 1 that's *"That's not fair! Doreen got five sweets and I got only three."* "Dis nie regverdig nie! Doreen het vyf lekkers gekry en ek net drie." **2** it's *It's late and all the shops are closed.* **Dis** laat en al die winkels is toe.

□ **dis** *(sametrekking van* **dit is**)

disko disco *Many young people go and dance at the **disco** on Friday evenings.* Baie jong mense gaan dans Vrydagaande by die **disko**.

□ **dis·ko** *selfstandige naamwoord (meervoud* **disko's**)

dit 1 it **[a]** *I must have lost my pen; I can't find it any= where.* Ek het seker my pen verloor; ek kan **dit** nêrens kry nie. **[b]** *It is his fault that we are late.* **Dit** is sy skuld dat ons laat is. **[c]** *"Who is that boy?" – "It is Anna's brother."* "Wie is daardie seun?" – "**Dit** is Anna se broer." **[d]** *It is raining.* Dit reën. **2** this **[a]** *"Is **this** the book you were looking for?"* "Is **dit** die boek waarna jy gesoek het?" **[b]** *"This is my brother, Tom."* "**Dit** is my broer, Tom." **3** that **[a]** *"I hear you have a new boyfriend." – "Who told you that?"* "Ek hoor jy het 'n nuwe kêrel." – "Wie het jou **dit** vertel?" **[b]** *She heard steps on the stoep and said, "I wonder who that is?"* Sy het voetstappe op die stoep gehoor en gesê: "Ek wonder wie **dit** is?" **4** these **[a]** *"Are these the books you were looking for?"* "Is **dit** die boeke waar= na jy gesoek het?" **[b]** *"These are my brothers, Tom and Paul."* "**Dit** is my broers, Tom en Paul." **5** those *In the thirties there was a great shortage of work – **those** were difficult times for most South Africans.* In die der= tigerjare was daar 'n groot tekort aan werk – **dit** was moeilike tye vir die meeste Suid-Afrikaners. **6** they *"Whose books are these?" – "**They** are mine."* "Wie se boeke is dit dié?" – "**Dit** is myne." ⇨ **hy** [NOTA].

◆ **doen dit** do so *These waters are very dangerous – people who swim here, **do so** at their own risk.* Dié wa= ters is baie gevaarlik – mense wat hier swem, **doen dit** op eie risiko.

□ **dit** *voornaamwoord*

dobbel gamble *He **gambles** by playing cards for money.* Hy **dobbel** deur vir geld kaart te speel.

□ **dob·bel** *werkwoord (teenwoordige tyd* **dobbel**, *ver= lede tyd* **het gedobbel**)

dobbelaar gambler *Someone who plays cards for money is a **gambler**.* Iemand wat vir geld kaart speel, is 'n **dobbelaar**.

□ **dob·be·laar** *selfstandige naamwoord (meervoud* **dobbelaars**)

doek 1 cloth *When my mother bakes bread she covers the dough with a **cloth** to keep it warm.* Wanneer my ma brood bak, bedek sy die deeg met 'n **doek** om dit warm te hou. **2** nappy *The baby has wet its **nappy**.* Die baba het sy **doek** natgemaak. **3** screen *The lights in the* *cinema went out and a picture appeared on the **screen**.* Die ligte in die bioskoop het uitgegaan en 'n prent het op die **doek** verskyn.

☐ **doek** *selfstandige naamwoord (meervoud* **doeke***)*

doel[1] goal **[a]** *Our team scored the only **goal** and won the match by 1 to 0.* Ons span het die enigste **doel** aangeteken en die wedstryd met 1 teen 0 gewen. **[b]** *In soccer a goalkeeper is the player who has to prevent the ball from getting into his own team's **goal**.* In sokker is 'n doelwagter die speler wat moet keer dat die bal in sy eie span se **doel** beland.

☐ **doel** *selfstandige naamwoord (meervoud* **doele***)*

doel[2] ❶ purpose *The **purpose** of the meeting is to discuss the school concert.* Die **doel** van die vergadering is om die skoolkonsert te bespreek. ❷ aim *His **aim** in life is to become a doctor.* Sy **doel** in die lewe is om dokter te word. ❸ object *"The **object** of our trip to town is to buy you a new pair of school shoes."* "Die **doel** van ons rit stad toe is om vir jou 'n nuwe paar skoolskoene te koop."

☐ **doel** *selfstandige naamwoord (meervoud* **doel****eindes***)*

doelwagter goalkeeper *The **goalkeeper** caught the ball and prevented the other team from scoring a goal.* Die **doelwagter** het die bal gevang en gekeer dat die ander span 'n doel aanteken.

☐ **doel·wag·ter** *selfstandige naamwoord (meervoud* **doelwagters***)*

doen ❶ do **[a]** *I have a lot of homework to **do**.* Ek het baie huiswerk om te **doen**. **[b]** *"What does your dad **do**?"* – *"He is a builder."* "Wat **doen** jou pa?" – "Hy is 'n bouer." ❷ have on *"Do you **have** anything **on** tonight?"* – *"Yes, I'm going to a party."* "**Doen** jy vanaand iets?" – "Ja, ek gaan na 'n partytjie toe." ❸ perform *The doctor had to **perform** an operation to remove the nail the little girl had swallowed.* Die dokter moes 'n operasie **doen** om die spyker wat die dogtertjie ingesluk het, te verwyder.

◆ **jy kan daar niks aan doen nie** there is nothing you can do about it *"The milk has turned sour."* – *"Well, **there is nothing you can do about it**."* "Die melk het suur geword." – "Wel, **jy kan daar niks aan doen nie**."

◆ **te doen hê met** have (got) to do with *She works in the kitchen of the hospital and **has (got)** nothing **to do with** looking after the patients.* Sy werk in die kombuis van die hospitaal en **het** niks **te doen met** die versorging van die pasiënte nie.

☐ **doen** *werkwoord (teenwoordige tyd* **doen***, verlede tyd* **het gedoen***)*

dof ❶ dim, faint *The light is too **dim**/**faint** to read by.* Die lig is te **dof** om by te lees. ❷ faint *His voice was so **faint** over the telephone that I couldn't make out what he was saying.* Sy stem was so **dof** oor die telefoon dat ek nie kon uitmaak wat hy sê nie. ❸ pale *I prefer a **pale** colour such as pink to a bright colour such as red.* Ek verkies 'n **dowwe** kleur soos pienk bo 'n helder kleur

soos rooi. ❹ dull *Grey is a **dull** colour.* Grys is 'n **dowwe** kleur.

☐ **dof** *byvoeglike naamwoord (attributief* **dowwe***)* **dowwer, dofste**

dogter daughter, girl *My eldest sister is married and has one **daughter**/**girl** and two sons/boys.* My oudste suster is getroud en het een **dogter** en twee seuns.

☐ **dog·ter** *selfstandige naamwoord (meervoud* **dog·ters***)*

---

dogter slaan gewoonlik op iemand se kind en **meisie** op iemand wat jonger as 'n vrou is, maar die twee woorde is uitruilbaar wanneer jy praat van iemand wat nog op skool of wat kleiner en jonger as 'n meisie is: *skooldogter* of *skoolmeisie*, 'n oulike *dogtertjie* of *meisietjie*

---

dogtertjie ❶ little girl *They have two children: a boy of eight and a **little girl** of four.* Hulle het twee kinders: 'n seun van agt en 'n **dogtertjie** van vier. ❷ baby girl *My sister had a **baby girl** last week.* My suster het verlede week 'n **dogtertjie** gekry.

☐ **dog·ter·tjie** *selfstandige naamwoord (meervoud* **dogtertjies***)*

dokter doctor *The **doctor** sent the sick man to hospital for an operation.* Die **dokter** het die siek man vir 'n operasie hospitaal toe gestuur.

◆ **dokter toe gaan** see/consult a doctor *"You ought to **see**/**consult a doctor** about your cough."* "Jy behoort **dokter toe te gaan** oor jou hoes."

◆ **vir dokter leer** study medicine *He went to university to **study medicine**.* Hy is universiteit toe om **vir dokter te leer**.

☐ **dok·ter** *selfstandige naamwoord (meervoud* **dok·ters***)*

dom ❶ slow *He is clever at languages but a little **slow** at maths.* Hy is slim in tale maar 'n bietjie **dom** in wiskunde. ❷ foolish, silly, stupid *It is **foolish**/**silly**/**stupid** to go too deep into the sea if you can't swim.* Dit is **dom** om te diep in die see in te gaan as jy nie kan swem nie.

☐ **dom** *byvoeglike naamwoord (attributief* **dom***)* **dommer, domste**

dominee ❶ minister *The **minister** said, "Let us bow our heads and pray."* Die **dominee** het gesê: "Kom ons buig ons hoofde en bid." ❷ the Reverend *The **Reverend** John Murray was a minister in the Presbyterian Church.* **Dominee** John Murray was 'n predikant in die Presbiteriaanse Kerk.

☐ **do·mi·nee** *selfstandige naamwoord (meervoud* **dominees***)*

donder[1] thunder *We had a fierce storm with **thunder** and lightning last night.* Ons het gisteraand 'n kwaai storm met **donder** en blitse gehad.

☐ **don·der** *selfstandige naamwoord (geen meervoud)*

donder[2] thunder *I wonder if it will rain and **thunder** all night?* Ek wonder of dit die hele nag gaan reën en **donder**?

□ **don·der** *werkwoord (teenwoordige tyd* **donder**, *verlede tyd* **het gedonder***)*

Donderdag Thursday ***Thursday*** *is the fourth workday of the week.* **Donderdag** is die vierde werkdag van die week.

□ **Don·der·dag** *selfstandige naamwoord (meervoud* **Donderdae***)*

donderslag crash of thunder *There was a **crash of thunder**, then the storm broke.* Daar was 'n **donderslag**, toe bars die storm los.

□ **don·der·slag** *selfstandige naamwoord (***donderslae***)*

donderstorm thunderstorm *The **thunderstorm** broke with a flash of lightning and a loud bang.* Die **donderstorm** het met 'n weerligstraal en 'n harde slag losgebars.

□ **don·der·storm** *selfstandige naamwoord (meervoud* **donderstorms***)*

donker[1] dark "*You must be home before **dark**, as it is not safe to walk about alone at night.*" "Jy moet voor **donker** by die huis wees, want dis nie veilig om saans alleen rond te loop nie."

□ **don·ker** *selfstandige naamwoord (geen meervoud)*

donker[2] dark **[a]** *It is **dark**, so the street-lights are burning.* Dis **donker**, daarom brand die straatligte. **[b]** *Brown is a **dark** colour and pink is a light colour.* Bruin is 'n **donker** kleur en pienk is 'n ligte kleur.

◆ **donker**= dark *The colour of that dress is **dark** blue and not black.* Die kleur van daardie rok is **donker**blou en nie swart nie.

□ **don·ker** *byvoeglike naamwoord (attributief* **donker***)* **donkerder, donkerste**

donkie donkey *A cart is pulled by a horse or a **donkey**.* 'n Kar word deur 'n perd of 'n **donkie** getrek.

□ **don·kie** *selfstandige naamwoord (meervoud* **donkies***)*

dood[1] death *A serious accident was the cause of his **death**.* 'n Ernstige ongeluk was die oorsaak van sy **dood**.

□ **dood** *selfstandige naamwoord (meervoud* **dode***)*

dood[2] dead *This morning we found our old dog **dead** on his blanket and buried him in the garden.* Ons het vanoggend ons ou hond **dood** op sy kombers gekry en hom in die tuin begrawe.

◆ **is dood** died *My grandfather **died** three years ago.* My oupa **is** drie jaar gelede **dood**.

□ **dood** *byvoeglike naamwoord (attributief* **dooie***)*

dood[3] out *The fire is **out** – it is no longer burning.* Die vuur is **dood** – dit brand nie meer nie.

◆ **dood**= perfectly "*Would you like to sit somewhere else?*" – "*No, thanks, I'm **perfectly** happy in this chair.*" "Wil jy êrens anders sit?" – "Nee, dankie, ek is **dood**gelukkig in dié stoel."

□ **dood** *bywoord*

doodgaan die *The old man is so ill that he may **die** at any moment.* Die ou man is so siek dat hy elke oomblik kan **doodgaan**.

□ **doodgaan** *werkwoord (teenwoordige tyd* **gaan dood**, *verlede tyd* **het doodgegaan***)*

doodmaak ❶ kill *He wanted to **kill** the snake, but then decided to spare the animal's life.* Hy wou die slang **doodmaak**, maar besluit toe om die dier se lewe te spaar. ❷ put out "*Will you please **put out** your cigarette? You are not allowed to smoke in the cinema.*" "Sal u asseblief u sigaret **doodmaak**? U mag nie in die bioskoop rook nie."

□ **dood·maak** *werkwoord (teenwoordige tyd* **maak dood**, *verlede tyd* **het doodgemaak***)*

doodstil stock-still "*Stand **stock-still**; don't move.*" "Staan **doodstil**; moenie roer nie."

□ **dood·stil** *bywoord*

doof deaf *He is **deaf** in one ear and is unable to hear well.* Hy is in een oor **doof** en kan nie goed hoor nie.

□ **doof** *byvoeglike naamwoord (attributief* **dowe***)* **dower, doofste**

doofheid deafness *Many old people suffer from **deafness**.* Baie ou mense ly aan **doofheid**.

□ **doof·heid** *selfstandige naamwoord (geen meervoud)*

doop[1] christening *In our church the **christening** of babies takes place once a month.* In ons kerk vind die **doop** van babas een keer per maand plaas.

□ **doop** *selfstandige naamwoord (meervoud* **dope***)*

doop[2] ❶ christen *They had their daughter **christened** Elizabeth but call her Lizzy.* Hulle het hul dogter Elizabeth laat **doop** maar noem haar Lizzy. ❷ dip *A biscuit goes soft if you **dip** it into tea.* 'n Koekie word sag as jy dit in tee **doop**.

□ **doop** *werkwoord (teenwoordige tyd* **doop**, *verlede tyd* **het gedoop***)*

doos box *He bought her a **box** of chocolates.* Hy het vir haar 'n **doos** sjokolade gekoop.

□ **doos** *selfstandige naamwoord (meervoud* **dose***)*

dop ❶ shell **[a]** *The **shell** of the egg is cracked.* Die **dop** van die eier is gekraak. **[b]** *A tortoise can pull its head and legs into its **shell**.* 'n Skilpad kan sy kop en pote in sy **dop** intrek. ❷ skin "*Do you eat the **skin** and pips of a grape?*" "Eet jy die **dop** en pitte van 'n druiwekorrel?" ❸ pod "*How many peas are there in the **pod**?*" "Hoeveel ertjies is daar in die **dop**?" ❹ cap, top **[a]** *The **cap/top** of a pen protects the nib.* Die **dop** van 'n pen beskerm die punt. **[b]** "*Dad, will you unscrew the **cap/top** of the bottle for me, please?*" "Pa, sal jy die bottel se **dop** vir my afskroef, asseblief?"

□ **dop** *selfstandige naamwoord (meervoud* **doppe***)*

dophou ❶ watch *I don't like it if someone **watches** me while I'm drawing.* Ek hou nie daarvan as iemand my **dophou** terwyl ek teken nie. ❷ watch, keep (a) watch on "*Will you **watch** (OR **keep watch on** OR **keep a watch on**) the milk for me, please? I don't want it to boil over.*" "Sal jy die melk vir my **dophou**, asseblief? Ek wil nie hê dit moet oorkook nie."

□ **dop·hou** *werkwoord (teenwoordige tyd* **hou dop**, *verlede tyd* **het dopgehou***)*

doring thorn *A **thorn** is a pointed growth on the stem of

some plants. 'n **Doring** is 'n skerp groeisel aan die stin=
gel van sommige plante.

☐ **do·ring** *selfstandige naamwoord (meervoud* **do-**
rings*)*

dorp town *My uncle's farm is 35 km from the nearest*
town. My oom se plaas is 35 km van die naaste **dorp**
af.

☐ **dorp** *selfstandige naamwoord (meervoud* **dorpe***)*

dorpie village *There are about 300 people living in this*
village. Daar woon omtrent 300 mense op dié **dor-**
pie.

☐ **dor·pie** *selfstandige naamwoord (meervoud* **dor-**
pies*)*

dors[1] thirst *She drank a glass of water to quench her*
thirst. Sy het 'n glas water gedrink om haar **dors** te
les.

☐ **dors** *selfstandige naamwoord (geen meervoud)*

dors[2] thirsty *She was so thirsty that she drank two*
glasses of water. Sy was so **dors** dat sy twee glase water
gedrink het.

☐ **dors** *byvoeglike naamwoord (attributief* **dors***)* **dor-**
ser, dorsste

dosyn dozen *There are twelve eggs in a dozen.* Daar is
twaalf eiers in 'n **dosyn.**

☐ **do·syn** *selfstandige naamwoord (meervoud* **dosyne***)*

dou dew *I forgot my bicycle outside last night and this*
morning it was wet with dew. Ek het gisteraand my
fiets buite vergeet en vanoggend was dit nat van die
dou.

☐ **dou** *selfstandige naamwoord (geen meervoud)*

dra ❶ carry *I carry my books to school in a satchel.* Ek
dra my boeke in 'n boeksak skool toe. ❷ wear **[a]** *Nur=*
ses wear a white uniform. Verpleegsters **dra** 'n wit uni=
form. **[b]** *My mother wears glasses.* My ma **dra** bril.
[c] *Good leather shoes wear for years.* Goeie leerskoe=
ne **dra** jare. ❸ wear, take *"What size shoe do you wear/*
take?" "Watter nommer skoen **dra** jy?" ❹ bear, carry
"Don't stand on that branch; it isn't strong enough to
bear/carry your weight." "Moenie op daardie tak
staan nie; dis nie sterk genoeg om jou gewig te **dra**
nie." ❺ bear *Orange trees bear their fruit in winter.*
Lemoenbome **dra** hul vrugte in die winter.

◆ **kort van draad wees** have a quick/short temper
He has a quick/short temper and becomes angry
very easily. Hy **is kort van draad** en word baie mak=
lik kwaad.

☐ **dra** *werkwoord (teenwoordige tyd* **dra***, verlede tyd*
het gedra*)*

draad ❶ wire *The fence around our garden is made of*
wire. Die heining om ons tuin is van **draad** gemaak.
❷ line *The sheets on the line are dry, but the towels are*
still damp. Die lakens op die **draad** is al droog, maar
die handdoeke is nog klam. ❸ thread *She had trouble*
passing the thread of cotton through the eye of the
needle. Sy het gesukkel om die **draad** garing/gare deur
die oog van die naald te steek.

☐ **draad** *selfstandige naamwoord (meervoud* **drade***)*

draai[1] ❶ turn **[a]** *"How do I switch the radio on?"* –
"Give the knob a turn to the right." "Hoe skakel ek die
radio aan?" – "Gee die knop 'n **draai** na regs." **[b]**
The road through the mountains is full of twists and
turns. Die pad deur die berge is vol swaaie en **draaie.**
❷ twist *With a hard twist he broke the apple off the*
stalk. Hy het die appel met 'n harde **draai** van die
stingel afgebreek. ❸ bend, curve *He went so fast round*
the bend/curve that his car overturned. Hy het so vin=
nig om die **draai** gery dat sy motor omgeslaan het.

◆ **om die draai gaan** take the turn *"Don't take the*
turn too fast." "Moenie te vinnig **om die draai gaan**
nie."

☐ **draai** *selfstandige naamwoord (meervoud* **draaie***)*

draai[2] ❶ turn **[a]** *The harder you pedal, the faster the*
wheels turn. Hoe harder jy trap, hoe vinniger **draai**
die wiele. **[b]** *He turned the handle to check whether*
the door was locked. Hy **het** die handvatsel **gedraai** om
te kyk of die deur gesluit was. **[c]** *"Walk straight down*
the street to the corner and then turn left." "Loop reg
met die straat af tot by die hoek en **draai** dan links." ❷
spin *"Spin the wheel of your bicycle to see whether it*
scrapes against the mudguard." "**Draai** die wiel van jou
fiets om te kyk of dit teen die modderskerm skuur." ❸
wind *The necklace is so long that she can wind it twice*
round her neck. Die halssnoer is so lank dat sy dit twee
keer om haar nek kan **draai.** ❹ twist **[a]** *He tried to*
twist the stalk out of the apple. Hy het die stingel uit
die appel probeer **draai. [b]** *She twisted the rubber*
band twice round the bundle of crayons. Sy **het** die rek=
kie twee maal om die bondel kryte **gedraai.** ❺ show *At*
some cinemas they show the same film up to six times a
day. In party bioskope **draai** hulle dieselfde prent tot
ses keer per dag. ❻ be on, be showing *"What is on/*
showing at the cinema this week?" "Wat **draai** dié
week in die bioskoop?" ❼ turn, curve *The road runs*
straight for a few kilometres and then turns/curves
sharply to the right. Die pad loop vir 'n paar kilometer
reguit en **draai** dan skerp na regs.

◆ **in die rondte draai** spin round *She tried to spin*
round on her toes. Sy het op haar tone **in die rondte**
probeer **draai.**

◆ **laat draai** turn *Power from the engine turns a car's*
wheels. Krag uit die enjin **laat** 'n motor se wiele **draai.**

◆ **links/regs draai** take a turn to the left/right, take a
left/right turn *"Drive on for two blocks; then take a*
turn to the left (OR take a left turn)." "Ry twee
blokke aan en **draai** dan **links.**"

☐ **draai** *werkwoord (teenwoordige tyd* **draai***, verlede*
tyd **het gedraai***)*

draf ❶ jog *For exercise Philip and Simon jog around the*
block a few times every morning. Vir oefening **draf** Phi=
lip en Simon elke oggend 'n paar keer om die blok. ❷
trot *"Make the horse walk, then trot, then gallop."*
"Laat die perd loop, dan **draf**, dan galop."

☐ **draf** *werkwoord (teenwoordige tyd* **draf***, verlede tyd*
het gedraf*)*

drank drink **[a]** *Milk and ice-cream is a delicious* **drink***.* Melk en roomys is 'n heerlike **drank. [b]** *Wine is an alcoholic* **drink***.* Wyn is 'n alkoholiese **drank.**

☐ **drank** *selfstandige naamwoord (meervoud* **dranke***)*

dreig threaten **[a]** *Most animals run away when danger* **threatens***.* Die meeste diere hardloop weg as gevaar **dreig. [b]** *The robber* **threatened** *the shopkeeper with a gun.* Die rower **het** die winkelier met 'n geweer **gedreig.**

◆ **dreig met** wave at *"Don't* **wave** *your fist* **at** *me!"* "Moenie my **met** jou vuis **dreig** nie!"

☐ **dreig** *werkwoord (teenwoordige tyd* **dreig***, verlede tyd* **het gedreig***)*

drein drain *The* **drain** *is blocked – the water in the sink won't run out.* Die **drein** is verstop – die water in die wasbak wil nie uitloop nie.

☐ **drein** *selfstandige naamwoord (meervoud* **dreine/ dreins***)*

dreun ❶ roar *The racing cars* **roar** *round the track.* Die renmotors **dreun** om die baan. **❷** roar, thunder *"The sea* **roared/thundered** *along the shore."* "Die see **het** langs die kus **gedreun.**"

◆ **die weer dreun** it thunders *When* **it thunders***, the dog hides under the bed.* As **die weer dreun***,* kruip die hond onder die bed weg.

☐ **dreun** *werkwoord (teenwoordige tyd* **dreun***, verlede tyd* **het gedreun***)*

drie[1] try *In rugby a player scores a* **try** *when he puts the ball down behind the goal-line of his opponents.* In rugby druk 'n speler 'n **drie** as hy die bal agter die doellyn van sy opponente neersit.

☐ **drie** *selfstandige naamwoord (meervoud* **drieë/ dries***)*

drie[2] three *One plus two is* **three***.* Een plus twee is **drie.**

☐ **drie** *telwoord*

driehoek triangle *A* **triangle** *has three sides.* 'n **Drie= hoek** het drie sye.

☐ **drie·hoek** *selfstandige naamwoord (meervoud* **drie= hoeke***)*

driekwartier three quarters of an hour *There are 45 minutes in* **three quarters of an hour***.* Daar is 45 minute in 'n **driekwartier.**

☐ **drie·kwar·tier** *selfstandige naamwoord (meervoud* **driekwartiere***)*

drif drift *At the* **drift** *the river is shallow enough for one to cross it safely.* By die **drif** is die rivier vlak genoeg sodat 'n mens dit veilig kan oorsteek.

☐ **drif** *selfstandige naamwoord (meervoud* **driwwe***)*

dringend[1] urgent *"Tell the doctor to come immediately. It's* **urgent** *– a snake has bitten my child."* "Sê vir die dokter hy moet dadelik kom. Dis **dringend** – 'n slang het my kind gepik."

☐ **drin·gend** *byvoeglike naamwoord (attributief* **drin= gende***)* **dringender, dringendste**

dringend[2] urgently *I heard someone call* **urgently** *for help.* Ek het iemand **dringend** om hulp hoor roep.

☐ **drin·gend** *bywoord*

drink ❶ drink *"***Drink** *a glass of water if you're thirsty."* "**Drink** 'n glas water as jy dors is." **❷** take **[a]** *"***Take** *this medicine for your cough."* "**Drink** dié medisyne vir jou hoes." **[b]** *"Do you* **take** *milk and sugar in your tea?"* "**Drink** jy melk en suiker in jou tee?" **❸** have *We usually* **have** *coffee after supper.* Ons **drink** gewoonlik koffie na aandete.

◆ **iets te drink(e)** drink *"Would you like a* **drink***?"* – *"Yes, please! May I have some orange juice?"* "Wil jy **iets te drink(e)** hê?" – "Graag! Kan ek 'n bietjie le= moensap kry?"

☐ **drink** *werkwoord (teenwoordige tyd* **drink***, verlede tyd* **het gedrink***)*

drinkgoed drinks *There were plenty of eats and* **drinks** *at the party.* Daar was baie eetgoed en **drinkgoed** by die partytjie.

☐ **drink·goed** *meervoudige selfstandige naamwoord*

drom drum *This* **drum** *can hold 10 litres of petrol.* Dié **drom** kan 10 liter petrol hou.

☐ **drom** *selfstandige naamwoord (meervoud* **drom= me***)*

Die instrument waarop 'n mens musiek maak, is 'n **trom** (nie 'n **drom** nie).

---

dronk drunk *The man drank too much beer and got* **drunk***.* Die man het te veel bier gedrink en het **dronk** geword.

☐ **dronk** *byvoeglike naamwoord (attributief* **dronk***)* **dronker, dronkste**

droog dry **[a]** *The sheets are* **dry** *but the towels are still wet.* Die lakens is al **droog***,* maar die handdoeke is nog nat. **[b]** *In* **dry** *parts of the country it seldom rains.* In **droë** dele van die land reën dit selde.

◆ **droog word** dry *"Hang the washing out to* **dry** *in the sun."* "Hang die wasgoed uit om in die son **droog te word.**"

☐ **droog** *byvoeglike naamwoord (attributief* **droë***)* **droër, droogste**

droogmaak dry *"The baby is wet. Will you* **dry** *her for me, please?"* "Die baba is nat. Sal jy haar vir my **droogmaak***,* asseblief?"

☐ **droog·maak** *werkwoord (teenwoordige tyd* **maak droog***, verlede tyd* **het drooggemaak***)*

droogskoonmaak dry-clean *When they* **dry-clean** *your clothes they do not use any water.* Wanneer hulle jou klere **droogskoonmaak***,* gebruik hulle geen wa= ter nie.

☐ **droog·skoon·maak** *werkwoord (teenwoordige tyd* **maak droogskoon***, verlede tyd* **het droogskoonge= maak***)*

droogskoonmaker dry-cleaner *"Don't wash your suit – it will shrink. Rather take it to the* **dry-cleaner***."* "Moenie jou pak was nie – dit sal krimp. Neem dit liewer na die **droogskoonmaker.**"

☐ **droog·skoon·ma·ker** *selfstandige naamwoord (meervoud* **droogskoonmakers***)*

droogte drought *The dam dried up completely during the* *drought*. Die dam het tydens die **droogte** heeltemal opgedroog.

☐ **droog·te** *selfstandige naamwoord (meervoud* **droogtes***)*

droom[1] dream [a] *I had a bad* **dream** *about snakes last night*. Ek het vannag 'n nare **droom** oor slange gehad.
[b] *His greatest* **dream** *is to have his own shop some day*. Sy grootste **droom** is om eendag sy eie winkel te hê.

☐ **droom** *selfstandige naamwoord (meervoud* **drome***)*

droom[2] dream [a] *After he had fallen asleep, he started to* **dream** *about snakes*. Nadat hy aan die slaap geraak het, het hy van slange begin **droom**. [b] *We all* **dream** *about what we would do if we had a lot of money*. Ons **droom** almal oor wat ons sou doen as ons baie geld gehad het.

☐ **droom** *werkwoord (teenwoordige tyd* **droom***, verlede tyd* **het gedroom***)*

druif grape *A* **grape** *is a small, round fruit which grows in bunches*. 'n **Druif** is 'n klein, ronde vrug wat in trosse groei.

☐ **druif** *selfstandige naamwoord (meervoud* **druiwe***)*

druiwekorrel grape *A raisin is a dried* **grape**. 'n Rosyntjie is 'n gedroogde **druiwekorrel**.

☐ **drui·we·kor·rel** *selfstandige naamwoord (meervoud* **druiwekorrel***s)*

druk[1] ❶ pressure *The* **pressure** *of the water caused the dam wall to break*. Die **druk** van die water het die damwal laat breek. ❷ print *The* **print** *in the Bible is so small that granny can't read it without her glasses*. Die **druk** in die Bybel is so fyn dat ouma dit nie sonder haar bril kan lees nie.

☐ **druk** *selfstandige naamwoord (geen meervoud)*

druk[2] ❶ squeeze *"Don't* **squeeze** *my hand so hard; you're hurting me."* "Moenie my hand so hard **druk** nie; jy maak my seer." ❷ press *"***Press** *the cork into the bottle."* "**Druk** die prop in die bottel." ❸ push *We had to* **push** *through the crowd to get to the gate*. Ons moes deur die skare **druk** om by die hek te kom. ❹ slip *I saw him pick up a R10 note and* **slip** *it into his pocket*. Ek het gesien hoe hy 'n R10-noot optel en dit in sy sak **druk**. ❺ pinch *These shoes are too tight; they* **pinch** *me*. Dié skoene is te nou; hulle **druk** my. ❻ print *"Have you ever been to a factory where they* **print** *and bind books?"* "Was jy al ooit by 'n fabriek waar hulle boeke **druk** en bind?"

◆ **druk op** press *"You must* **press** *this button to switch on the television."* "Jy moet **op** dié knoppie **druk** om die televisie aan te skakel."

◆ **uit ... druk** squeeze from, squeeze out of *"Just* **squeeze** *a little toothpaste* **from** *(OR* **out of***) the tube onto your brush."* "**Druk** net 'n bietjie tandepasta **uit** die buis op jou borsel."

☐ **druk** *werkwoord (teenwoordige tyd* **druk***, verlede tyd* **het gedruk***)*

druk[3] ❶ busy *On weekdays the streets are* **busy**, *but on Sundays they are quiet*. Weekdae is die strate

druk, maar Sondae is hulle stil. ❷ heavy *In* **heavy** *traffic the vehicles move very slowly through the streets*. In **druk** verkeer beweeg die voertuie baie stadig deur die strate.

☐ **druk** *byvoeglike naamwoord (attributief* **druk***)* **drukker, drukste**

drukskrif printing *In their first school year the little ones learn* **printing**. In hul eerste skooljaar leer die kleintjies **drukskrif**.

◆ **in drukskrif skryf** print *"Must I* **print** *my name or write it in cursive?"* "Moet ek my naam **in drukskrif** of in lopende skrif **skryf**?"

☐ **druk·skrif** *selfstandige naamwoord (geen meervoud)*

drup drip [a] *The tap will* **drip** *if you don't turn it off tightly enough*. Die kraan sal **drup** as jy dit nie styf genoeg toedraai nie. [b] *Water is* **dripping** *from his hands on to the floor*. Water **drup** van sy hande op die vloer.

☐ **drup** *werkwoord (teenwoordige tyd* **drup***, verlede tyd* **het gedrup***)*

druppel drop [a] *A* **drop** *of rain fell on my hand*. 'n **Druppel** reën het op my hand geval. [b] *He drank all the milk; there isn't a* **drop** *left*. Hy het al die melk gedrink; daar is nie 'n **druppel** oor nie.

☐ **drup·pel** *selfstandige naamwoord (meervoud* **druppels***)*

dryf, drywe ❶ float *Corks do not sink in water, they* **float**. Kurkproppe sink nie in water nie, hulle **dryf**/**drywe**. ❷ drift *He watched the clouds* **drift** *slowly towards the mountain*. Hy het gekyk hoe die wolke stadig na die berg toe **dryf**/**drywe**. ❸ drive *A strong wind* **drove** *the boat on to the rocks*. 'n Sterk wind **het** die boot op die rotse **gedryf**/**gedrywe**.

☐ **dryf, dry·we** *werkwoord (teenwoordige tyd* **dryf**/**drywe***, verlede tyd* **het gedryf**/**gedrywe***)*

drywer driver *The* **driver** *cracked his whip to make the donkeys run faster*. Die **drywer** het met sy sweep geklap om die donkies vinniger te laat hardloop.

☐ **dry·wer** *selfstandige naamwoord (meervoud* **drywers***)*

dubbel[1] double [a] *Our telephone number is two, four,* **double** *one, six, three (24 1163)*. Ons telefoonnommer is twee, vier, **dubbel** een, ses, drie (24 1163). [b] *"You'll have to give the door a* **double** *coat of paint – one coat is not enough."* "Jy sal die deur 'n **dubbele** laag verf moet gee – een laag is nie genoeg nie."

☐ **dub·bel** *byvoeglike naamwoord (attributief* **dubbel**/**dubbele***)*

dubbel[2] double [a] *If you see* **double**, *you see two images instead of one*. As jy **dubbel** sien, sien jy twee beelde in plaas van een. [b] *"Fold the blanket* **double** *if you aren't warm enough under it."* "Vou die kombers **dubbel** as jy nie warm genoeg daaronder kry nie."

☐ **dub·bel** *bywoord*

dubbelbed double bed *My mother and father sleep on a* **double bed**. My ma en pa slaap op 'n **dubbelbed**.

☐ **dub·bel·bed** *selfstandige naamwoord (meervoud* **dubbelbeddens**)

duidelik¹ ❶ clear [a] *This photograph is very good; everything on it is* **clear** *and sharp.* Dié foto is baie goed; alles daarop is **duidelik** en skerp. [b] "*Your map is quite* **clear** *– I shouldn't have trouble finding your house.*" "Jou kaart is mooi **duidelik** – ek behoort nie moeite te hê om jul huis te vind nie." ❷ plain, obvious "*It's* **plain/obvious** *that you went to bed late,*" *the teacher said to the yawning child.* "Dis **duidelik** dat jy laat bed toe is," het die juffrou vir die gapende kind gesê.

◆ **duidelik stel** make clear/plain, put clearly "*Let me* **make** *it* **clear/plain** *(*OR **put** *it* **clearly***): children who don't do their homework get punished!*" "Laat ek dit **duidelik stel**: kinders wat nie hul huiswerk doen nie, kry straf!"

☐ **dui·de·lik** *byvoeglike naamwoord (attributief* **dui-delike**) **duideliker, duidelikste**

duidelik² clearly [a] *He spoke so* **clearly** *that I could hear every word.* Hy het so **duidelik** gepraat dat ek elke woord kon hoor. [b] *She described the man so* **clearly** *that we knew exactly who she was talking about.* Sy het die man so **duidelik** beskryf dat ons presies geweet het van wie sy praat.

☐ **dui·de·lik** *bywoord*

duif pigeon *A* **pigeon** *is a grey or brown bird that one often sees in towns and cities.* 'n **Duif** is 'n grys of bruin voël wat 'n mens dikwels in dorpe en stede sien.

☐ **duif** *selfstandige naamwoord (meervoud* **duiwe**)

duik¹ dent *There is a* **dent** *in his car where the motorbike hit him.* Daar is 'n **duik** in sy motor waar die motorfiets hom gestamp het.

☐ **duik** *selfstandige naamwoord (meervoud* **duike**)

duik² dive *When you* **dive** *into a river your hands and head hit the water first.* Wanneer jy in 'n rivier **duik**, tref jou hande en kop die water eerste.

☐ **duik** *werkwoord (teenwoordige tyd* **duik**, *verlede tyd* **het geduik**)

duim thumb *The baby is sucking its* **thumb**. Die baba suig aan sy **duim**.

☐ **duim** *selfstandige naamwoord (meervoud* **duime**)

duin dune *He ran down the* **dune** *and dived into the sea.* Hy het teen die **duin** afgehardloop en in die see geduik.

☐ **duin** *selfstandige naamwoord (meervoud* **duine**)

duisend thousand *Ten times a hundred is a* **thousand** *(1 000).* Tien maal honderd is **duisend** (1 000).

◆ **duisende** thousands of *There were* **thousands of** *people at the rugby match.* Daar was **duisende** mense by die rugbywedstryd.

☐ **dui·send** *telwoord*

duisendste thousandth *A millilitre is equal to a* **thousandth** *of a litre.* 'n Milliliter is gelyk aan 'n **duisendste** van 'n liter.

☐ **dui·send·ste** *telwoord*

dun thin [a] "*Would you like the* **thin** *or the thick slice of bread?*" "Wil jy die **dun** of die dik sny brood hê?" [b] **Thin** *soup contains a lot of water.* **Dun** sop bevat baie water. [c] "*I'm afraid of the dog,*" *the little girl said in a* **thin** *voice.* "Ek is bang vir die hond," het die dogtertjie met 'n **dun** stemmetjie gesê.

☐ **dun** *byvoeglike naamwoord (attributief* **dun**) **dunner, dunste**

durf dare *I* **dare** *not use bad language in our house – my father will punish me.* Ek **durf** nie lelik in ons huis praat nie – my pa sal my straf.

☐ **durf** *werkwoord (teenwoordige tyd* **durf**, *verlede tyd* **het gedurf**)

dus ❶ so "*The knife is very sharp,* **so** *be careful with it.*" "Die mes is baie skerp; wees **dus** versigtig daarmee." ❷ therefore *She was ill and* **therefore** *couldn't come to my party.* Sy was siek en kon **dus** nie na my partytjie toe kom nie.

☐ **dus** *voegwoord*

duskant¹ this side *There are houses on* **this side** *of the road and an open field on the other side.* Daar is huise aan die **duskant** van die pad en 'n oop stuk veld aan die ander kant.

☐ **dus·kant** *selfstandige naamwoord (geen meervoud)*

duskant² on this side of *There are houses* **on this side of** *the road and an open field on the other side.* Daar is huise **duskant** die pad en 'n oop stuk veld aan die ander kant.

☐ **dus·kant** *voorsetsel*

duur¹ ❶ last *The television programme* **lasts** *for an hour, from 19:00 until 20:00.* Die televisieprogram **duur** 'n uur, van 19:00 tot 20:00. ❷ take *A train trip from Cape Town to Johannesburg* **takes** *about 25 hours.* 'n Treinrit van Kaapstad na Johannesburg **duur** omtrent 25 uur.

◆ **dit sal lank duur voor/voordat** it will take a long time for, will take a long time *It will take a long time for the wound to heal (*OR *The wound* **will take a long time** *to heal).* Dit sal lank **duur voor/voordat** die wond gesond is.

◆ **dit sal 'n ruk duur** it will take some time "*You've injured your foot badly –* **it will take some time** *before you'll be able to stand on it again.*" "Jy het jou voet lelik seergemaak – dit sal 'n **ruk duur** voordat jy weer daarop kan trap."

◆ **dit sal nie lank duur nie** it won't take long, it won't take a second/minute "*You may wait for your watch –* **it won't take long** *(*OR *a second/minute) to put in a new battery.*" "Jy kan maar vir jou horlosie wag – dit sal nie lank **duur** om 'n nuwe battery in te sit nie."

☐ **duur** *werkwoord (teenwoordige tyd* **duur**, *verlede tyd* **het geduur**)

duur² expensive *This pencil is cheap – it costs only 85c, but that one is* **expensive** *– it costs R11,95.* Dié potlood is goedkoop – dit kos net 85c, maar daardie een is **duur** – dit kos R11,95.

□**duur** *byvoeglike naamwoord (attributief* **duur***)*
duurder, duurste

> 'n Motor *is* **duur** of hy *kos baie* – jy sê nie *hy kos* **duur**
> nie. Jy betaal ook nie *'n* **duur** *prys* nie maar *'n hoë prys*
> vir iets.

dwaas[1] fool *Only a* **fool** *would leave his car with the keys
still in it.* Net 'n **dwaas** sou sy motor verlaat met die
sleutels nog daarin.

□**dwaas** *selfstandige naamwoord (meervoud* **dwase***)*
dwaas[2] foolish, silly, stupid *It is* **foolish/silly/stupid**
to go too deep into the sea if you can't swim. Dit is **dwaas**
om te diep in die see in te gaan as jy nie kan swem nie.

□**dwaas** *byvoeglike naamwoord (attributief* **dwase***)*
dwaser, dwaasste

dwarsdeur[1] throughout *The apple was rotten* **through-
out***.* Die appel was **dwarsdeur** vrot.

□**dwars·deur** *bywoord*
dwarsdeur[2] right through, straight through *The wind
blew a leaf* **right/straight through** *the open window
into my room.* Die wind het 'n blaar **dwarsdeur** die
oop venster in my kamer gewaai.
♦ **dwarsdeur die jaar** all the year round *In a desert
the sun shines* **all the year round***.* In 'n woestyn skyn
die son **dwarsdeur die jaar**.

□**dwars·deur** *voorsetsel*
dwing force, make *"I don't like pumpkin; please don't*
force *me to* (OR **make me***) eat it."* "Ek hou nie van
pampoen nie; moet my asseblief nie **dwing** om dit te
eet nie."

□**dwing** *werkwoord (teenwoordige tyd* **dwing***, verlede
tyd* **het gedwing***)*

E

een one **[a]** *One and one make two (1 + 1 = 2).* Een en **een** is twee (1 + 1 = 2). **[b]** *Our house is the one with the green roof.* Ons huis is die **een** met die groen dak. **[c]** *I have one brother and two sisters.* Ek het **een** broer en twee susters. **[d]** *My sister's baby is one (year old).* My suster se kleintjie is **een** (jaar oud).

◆ **daardie een** that one *This apple is bigger than that one.* Dié appel is groter as **daardie een**.

◆ **dié/hierdie een** this one *That apple is smaller than this one.* Daardie appel is kleiner as **dié/hierdie een**.

◆ **(die) een na die ander** ❶ one after another, one after the other *He opened the bottles one after another (OR one after the other).* Hy het die bottels **(die) een na die ander** oopgemaak. ❷ in turn *She read out the children's names in turn.* Sy het die kinders se name **(die) een na die ander** afgelees.

◆ **(die) een of ander** some ... (or other) *She won a prize in some competition (or other).* Sy het 'n prys in **(die) een of ander** kompetisie gewen.

◆ **die een of die ander** either *"There is an apple and an orange – you can have either."* "Daar is 'n appel en 'n lemoen – jy kan **die een of die ander** kry."

◆ **die ene** full of *"Rinse your feet under the tap; they're full of mud."* "Spoel jou voete onder die kraan af; hulle is **die ene** modder."

◆ **een dag/oggend/middag/aand** one day/morning/afternoon/evening *The accident happened one day/morning/afternoon/evening in May.* Die ongeluk het **een dag/oggend/middag/aand** in Mei gebeur.

◆ **een van** one of *One of my sisters is married.* **Een van** my susters is getroud.

◆ **een van twee** either *"Either of you may go, but not both."* "**Een van** julle **twee** mag gaan, maar nie albei nie."

◆ **een vir een** one by one *The people go through the narrow gate one by one.* Die mense loop **een vir een** deur die smal hek.

◆ **nie een van die twee nie** ❶ either of *I don't know either of her brothers.* Ek ken **nie een van** haar **twee** broers nie. ❷ neither *"Which is your bike, the red one or the green one?" – "Neither, mine is at home."* "Watter fiets is joune, die rooie of die groene?" – "**Nie een van die twee nie**, myne is by die huis." ❸ neither (of) *Neither team (OR Neither of the teams) scored a goal.* **Nie een van die twee** spanne het 'n doel aangeteken nie.

◆ **nie een van ... nie** none of *None of us was/were there – we all stayed at home.* **Nie een van** ons was daar **nie** – ons het almal by die huis gebly.

◆ **watter een** which one *"I have two apples – which one would you like?"* "Ek het twee appels – **watter een** wil jy hê?"

☐ **een** *telwoord*

Dis onafrikaans om 'n persoon of ding deur **een** aan te dui: *Die besluit is belangrik* of *Dis 'n belangrike besluit* (nie *Die besluit is 'n belangrike een* nie). Sê ook *Ek wil die blou/grote/mooie hê* (nie *Ek wil die blou/groot/mooi een hê* nie).

---

eend duck *A duck is a water-bird.* 'n **Eend** is 'n watervoël.

☐ **eend** *selfstandige naamwoord (meervoud* **eende**)

eendag ❶ one day *One day, when she is grown up, she wants to marry and have two children.* **Eendag**, wanneer sy groot is, wil sy trou en twee kinders hê. ❷ some day *He hopes that some day he'll have enough money to buy himself a car.* Hy hoop dat hy **eendag** genoeg geld sal hê om vir hom 'n motor te koop. ❸ once upon a time *This is how the story begins: "Once upon a time there was a king ... "* Die storie begin so: "Daar was **eendag** 'n koning ... "

☐ **een·dag** *bywoord*

eenders, eners[1] ❶ alike, similar *"The two sisters look very alike/similar – are they twins?"* "Die twee susters lyk baie **eenders/eners** – is hulle 'n tweeling?" ❷ similar *The twin sisters often wear similar dresses.* Die tweelingsusters dra dikwels **eenderse/enerse** rokke. ❸ the same *The three mice look the same to me; I can see no difference between them.* Die drie muise lyk vir my **eenders/eners**; ek kan geen verskil tussen hulle sien nie.

☐ **een·ders, e·ners** *byvoeglike naamwoord (attributief* **eenderse, enerse**)

eenders, eners[2] alike, similarly *Lorraine and Lynette are twins and often dress alike/similarly.* Lorraine en Lynette is 'n tweeling en trek dikwels **eenders/eners** aan.

☐ **een·ders, e·ners** *bywoord*

een-een one at a time *"Please hand me the books one at a time."* "Gee my asseblief die boeke **een-een** aan."

☐ **een-een** *bywoord*

eenkant aside, to one side, on one side *She put the letter aside (OR to/on one side) and said, "I'll read it later."* Sy het die brief **eenkant** gesit en gesê: "Ek sal dit later lees."

☐ **een·kant** *bywoord*

eenkeer, eenmaal ❶ once *We once lived in Namibia.* Ons het **eenkeer/eenmaal** in Namibië gewoon. ❷ once upon a time *This is how the story begins: "Once upon a time there was a king ... "* Die storie begin so: "Daar was **eenkeer/eenmaal** 'n koning ... "

☐ **een·keer, een·maal** *bywoord*

eens once *"Please may I go and play with Cynthia?"* – *"Once and for all, the answer is no!"* "Kan ek asseblief by Cynthia gaan speel?" – **"Eens** en vir altyd, die antwoord is nee!"

☐ **eens** *bywoord*

eensaam lonely *She is very* **lonely** *because she has no friends to play with.* Sy is baie **eensaam**, want sy het geen maats om mee te speel nie.

☐ **een·saam** *byvoeglike naamwoord (attributief* **eensame)** **eensamer, eensaamste**

eenvoudig[1] ❶ simple *"How do you switch this television on?"* – *"It's very* **simple***; you just press this button."* "Hoe skakel 'n mens dié televisie aan?" – "Dis baie **eenvoudig**; jy druk net op dié knoppie." ❷ plain, simple [a] *The book is written in* **plain/simple** *language – even little ones can understand it.* Die boek is in **eenvoudige** taal geskrywe – selfs kleintjies kan dit verstaan. [b] *We had a* **plain/simple** *meal of bread and cheese.* Ons het 'n **eenvoudige** maal van brood en kaas gehad.

☐ **een·vou·dig** *byvoeglike naamwoord (attributief* **eenvoudige)** **eenvoudiger, eenvoudigste**

eenvoudig[2] ❶ simply *The teacher tried to explain the sum as* **simply** *as possible.* Die onderwyser het die som so **eenvoudig** as moontlik probeer verduidelik. ❷ simply, plainly *Esmé dresses very* **simply/plainly** *– she doesn't like fancy clothes.* Esmé trek baie **eenvoudig** aan – sy hou nie van spoggerige klere nie. ❸ simply, perfectly *"Did you enjoy your holiday?"* – *"Yes, it was* **simply/perfectly** *wonderful!"* "Het jy jou vakansie geniet?" – "Ja, dit was **eenvoudig** wonderlik!" ❹ simply, just *I tried my best, but* **simply/just** *couldn't finish in time.* Ek het my bes probeer, maar kon **eenvoudig** nie betyds klaarkry nie. ❺ plain *It is* **plain** *stupid to go too deep into the sea if you can't swim.* Dis **eenvoudig** gek om te diep in die see in te gaan as jy nie kan swem nie.

☐ **een·vou·dig** *bywoord*

eerder rather *George* **rather** *than Tom deserved the prize, because he had worked the hardest.* George **eerder** as Tom het die prys verdien, want hy het die hardste gewerk.

◆ **hoe eerder, hoe beter** the sooner, the better *The* **sooner** *you do your homework,* **the better***.* Hoe **eerder** jy jou huiswerk doen, **hoe beter.**

☐ **eer·der** *bywoord*

eergister the day before yesterday *If it is Tuesday today, then it was Sunday* **the day before yesterday***.* As dit vandag Dinsdag is, dan was dit **eergister** Sondag.

☐ **eer·gis·ter** *bywoord*

eerlik[1] ❶ honest *She is very* **honest** *and never tells lies.* Sy is baie **eerlik** en vertel nooit leuens nie. ❷ straight *"Give me a* **straight** *answer: do you like my new dress?"* "Gee my 'n **eerlike** antwoord: hou jy van my nuwe rok?"

☐ **eer·lik** *byvoeglike naamwoord (attributief* **eerlike)** **eerliker, eerlikste**

eerlik[2] honestly *He made the money* **honestly** *– he didn't steal it.* Hy het die geld **eerlik** verdien – hy het dit nie gesteel nie.

☐ **eer·lik** *bywoord*

eerlikheid honesty *The woman praised the boy for his* **honesty** *when he told her that she had dropped her purse.* Die vrou het die seun vir sy **eerlikheid** geprys toe hy vir haar sê dat sy haar beursie laat val het.

☐ **eer·lik·heid** *selfstandige naamwoord (geen meervoud)*

eers ❶ first *First put the plug in the bath and then open the tap.* Steek **eers** die prop in die bad en draai dan die kraan oop. ❷ at first *At first they did not like each other, but now they are great friends.* Hulle het **eers** nie van mekaar gehou nie, maar nou is hulle groot maats. ❸ even *Nobody knows about our secret, not* **even** *my mother.* Niemand weet van ons geheim nie, nie **eers** my ma nie. ❹ only *"You needn't hurry – the train leaves in* **only** *an hour's time."* "Jy hoef jou nie te haas nie – die trein vertrek **eers** oor 'n uur." ❺ not until/till [a] *We did* **not** *come home* **until/till** *twelve o'clock.* Ons het **eers** twaalfuur huis toe gekom. [b] *I did* **not** *see her again* **until/till** *after the holidays.* Ek het haar **eers** na die vakansie weer gesien.

◆ **as ... eers** once *Once you know the rules, the game is easy.* As jy **eers** die reëls ken, is die spel maklik.

◆ **eers toe** not until/till *Not until/till I got outside, did I realize how cold it was.* **Eers toe** ek buite kom, het ek besef hoe koud dit is.

◆ **toe eers, eers toe** only then *The clock struck twelve; only then did I realize how late it was.* Die horlosie het twaalf geslaan; **toe eers** (OF **eers toe**) het ek besef hoe laat dit is.

◆ **vir eers** for now *The bricklayer said to his helper, "That's enough cement for now – you can mix some more later."* Die messelaar het vir sy helper gesê: "Dis **vir eers** genoeg sement – jy kan later nog aanmaak."

☐ **eers** *bywoord*

eerste[1] first *Monday is the* **first** *workday of the week.* Maandag is die **eerste** werkdag van die week.

◆ **die eerste ... wat** the first ... to *Neil Armstrong was* **the first** *man to walk on the moon.* Neil Armstrong was **die eerste** man **wat** op die maan geloop het.

◆ **eerste klas** ⇨ **klas.**

◆ **eerste minister** prime minister *Margaret Thatcher became* **prime minister** *of Britain in 1979.* Margaret Thatcher het in 1979 **eerste minister** van Brittanje geword.

☐ **eer·ste** *attributiewe byvoeglike naamwoord*

eerste[2] first *She came* **first** *in the race and won a silver cup.* Sy het **eerste** in die resies gekom en 'n silwer beker gewen.

◆ **eerste staan** come first *George is the cleverest child in the class and will probably* **come first** *at the end of the year.* George is die slimste kind in die klas en sal

waarskynlik aan die end van die jaar **eerste staan**.
☐ <u>eer·ste</u> *bywoord*

eerste[3] first *"I haven't told anyone else yet; you're the*
first to know." "Ek het nog nie vir iemand anders ver=
tel nie; jy is die **eerste** wat weet."

◆ **eerste wees** win first place *"Who do you think will*
win first place in the race?" "Wie dink jy sal **eerste**
in die wedloop **wees?"**

◆ **kom ons kyk wie's eerste** ◻ let's race to see who,
let's have a race to see who *"Let's race (*OR *have a*
race) to see who finishes his work first!" "**Kom ons**
kyk wie's eerste met sy werk klaar!" ◻ I'll race you
"I'll race you home!" "**Kom ons kyk wie's eerste**
by die huis!"
☐ <u>eer·ste</u> *voornaamwoord*

eersteklaskaartjie first-class ticket *A **first-class***
ticket costs more than a second-class ticket. 'n **Eerste=**
klaskaartjie kos meer as 'n tweedeklaskaartjie.
☐ <u>eer·ste·klas·kaart·jie</u> *selfstandige naamwoord*
(meervoud **eersteklaskaartjies***)*

eet ◻ eat [a] *"Don't **eat** so many sweets; it's bad for your*
teeth." "Moenie so baie lekkers **eet** nie; dis sleg vir jou
tande." [b] *We usually **eat** at six o'clock in the evening.*
Ons **eet** gewoonlik saans om sesuur. ◻ have *I usually*
have porridge for breakfast. Ek **eet** gewoonlik pap vir
ontbyt. ◻ have dinner *"At what time do you **have din-***
ner?" "Hoe laat **eet** julle?" ◻ have for dinner *"What*
*are we **having for dinner** tonight?"* "Wat **eet** ons
vanaand?" ◻ have a meal *My grandfather and grand-*
*mother often **have a meal** with us on Sunday after-*
noons. My oupa en ouma **eet** dikwels Sondagmiddae
by ons.

◆ **gaan eet** ◻ go for a meal *We **went** to friends **for a***
***meal** last night.* Ons **het** gisteraand by vriende **gaan**
eet. ◻ out to/for lunch *"He isn't in his office. He must*
*have gone **out to/for lunch**."* "Hy is nie in sy kantoor
nie. Hy het seker **gaan eet**."

◆ **kom eet by ons** come over for a meal *"Would you*
*like to **come over for a meal** on Saturday?"* "Het jy
lus om Saterdag **by ons** te **kom eet?"**
☐ <u>eet</u> *werkwoord (teenwoordige tyd* **eet**, *verlede tyd*
het geëet*)*

eetgoed eats *There were plenty of **eats** and drinks at the*
party. Daar was baie **eetgoed** en drinkgoed by die
partytjie.
☐ <u>eet·goed</u> *meervoudige selfstandige naamwoord*

eetkamer dining room *Our house doesn't have a sepa-*
*rate **dining room**; we eat in the kitchen.* Ons huis het
nie 'n aparte **eetkamer** nie; ons eet in die kombuis.
☐ <u>eet·ka·mer</u> *selfstandige naamwoord (meervoud* **eet-**
kamers*)*

eeu century *The nineteenth **century** is from 1800 to*
1899. Die negentiende **eeu** is van 1800 tot 1899.
☐ <u>eeu</u> *selfstandige naamwoord (meervoud* **eeue***)*

effe plain *At our school the boys wear grey trousers and*
***plain** blue shirts.* By ons skool dra die seuns grys broe-
ke en **effe** blou hemde.

☐ <u>ef·fe</u> *byvoeglike naamwoord (attributief* **effe***)* **effe=**
ner, effenste

effe, effens a little, slightly *Though it is **a little** OR*
***slightly)** warmer today than yesterday, it is still bit-*
terly cold. Al is dit vandag **effe/effens** warmer as gis-
ter, is dit nog steeds bitter koud.

◆ **effe/effens hoofpyn hê** have a slight headache *I*
*had a **slight headache** this morning, but fortunately*
it's gone now. Ek **het** vanoggend **effe/effens hoofpyn**
gehad, maar dis gelukkig nou weg.

◆ **effe/effens verkoue wees** have a slight cold *He*
*has a **slight cold** and doesn't feel well.* Hy is **effe/**
effens verkoue en voel nie lekker nie.
☐ <u>ef·fens</u> *bywoord*

eg ◻ real *"Is the flower **real**?"* – *"No, it's made of plas=*
tic." "Is die blom **eg?"** – "Nee, dis van plastiek ge-
maak." ◻ true *A **true** friend is always faithful and will*
never let you down. 'n **Egte** vriend is altyd getrou en sal
jou nooit in die steek laat nie.
☐ <u>eg</u> *byvoeglike naamwoord (attributief* **egte***)*

egter ◻ however [a] *Tom likes vegetables; his sister,*
***however,** does not.* Tom hou van groente; sy suster
egter nie. [b] *Tom likes vegetables; he does not, **how-***
***ever,** eat pumpkin.* Tom hou van groente; hy eet **egter**
nie pampoen nie. ◻ though, however *I like these shoes;*
*they are too expensive, **though/however**.* Ek hou van
dié skoene; hulle is **egter** te duur.
☐ <u>eg·ter</u> *voegwoord*

eie[1] own *I bought this watch with my **own** money.* Ek het
dié horlosie met my **eie** geld gekoop.

◆ **jou eie** of one's own *He has a room **of his own**, but*
his sisters have to share one. Hy het **sy eie** kamer, maar
sy susters moet een deel.
☐ <u>ei·e</u> *byvoeglike naamwoord (attributief* **eie***)*

eie[2] own *"Did you borrow this pen, or is it your **own**?"*
"Het jy dié pen geleen, of is dit jou **eie?"**

◆ **op jou eie** on one's own *When the teacher went to the*
*headmaster we had to continue with the work **on our***
***own**.* Toe die juffrou na die hoof toe is, moes ons **op**
ons eie met die werk aangaan.

◆ **uit jou eie** on one's own *Nobody told him to tidy his*
*room; he did it **on his own**.* Niemand het hom gesê om
sy kamer netjies te maak nie; hy het dit **uit sy eie**
gedoen.
☐ <u>ei·e</u> *voornaamwoord*

eienaar owner *"Is your dad the **owner** of this house?"* –
"No, it belongs to someone else." "Is jou pa die **eienaar**
van dié huis?" – "Nee, dit behoort aan iemand
anders."
☐ <u>ei·e·naar</u> *selfstandige naamwoord (meervoud* **eie-**
naars/eienare*)*

eienaardig strange, odd, funny *That's **strange/odd/***
***funny**; I heard something behind me, but when I turned*
around there was nothing. Dis **eienaardig**; ek het iets
agter my gehoor, maar toe ek omdraai, was daar niks
nie.
☐ <u>ei·en·aar·dig</u> *byvoeglike naamwoord (attributief*

eienaardige) eienaardiger, eienaardigste

eienskap quality *A **quality** of water is that it changes into steam when you boil it.* 'n **Eienskap** van water is dat dit in stoom verander as jy dit kook.

☐ **ei·en·skap** *selfstandige naamwoord (meervoud* **eien= skappe)**

eier egg [a] *The hen has laid an **egg**.* Die hen het 'n **eier** gelê. [b] *I had a fried **egg** on bread for lunch.* Ek het 'n gebakte **eier** op brood vir middagete gehad.

☐ **ei·er** *selfstandige naamwoord (meervoud* **eiers)**

eiland island *Madagascar is a big **island** off the coast of Mozambique.* Madagaskar is 'n groot **eiland** teenoor die kus van Mosambiek.

☐ **ei·land** *selfstandige naamwoord (meervoud* **ei= lande)**

eina ouch *"**Ouch**, you're hurting me!"* "**Eina**, jy maak my seer!"

☐ **ei·na** *tussenwerpsel*

einde ◘ end [a] *At the **end** of the passage there is a door that leads to the kitchen.* Aan die **einde** van die gang is daar 'n deur wat na die kombuis lei. [b] *"Come and see me towards the **end** of the month, round about the 28th."* "Kom spreek my teen die **einde** van die maand, so om en by die 28ste." ◙ ending *The story is a little sad but it has a happy **ending**.* Die storie is 'n bietjie treurig, maar dit het 'n gelukkige **einde**.

◆ **op die ou einde** in the end *He looked everywhere for his pen and **in the end** found it next to the telephone.* Hy het oral na sy pen gesoek en dit **op die ou einde** langs die telefoon gekry.

◆ **op 'n einde** at an end *The holiday is **at an end**; we go back to school tomorrow.* Die vakansie is **op 'n einde**; ons gaan môre terug skool toe.

☐ **ein·de** *selfstandige naamwoord (meervoud* **eindes)**

eindelik ◘ at last *After three hours he closed his books and said, "**At last** my homework is finished."* Na drie uur het hy sy boeke toegemaak en gesê: "**Eindelik** is my huiswerk klaar." ◙ finally, eventually *We waited for hours before a bus **finally/eventually** turned up.* Ons het ure gewag voordat 'n bus **eindelik** opgedaag het.

☐ **ein·de·lik** *bywoord*

eindig ◘ end *If the score remains one all, the match will **end** in a draw.* As die telling een elk bly, sal die wedstryd gelykop **eindig**. ◙ finish *"Who do you think will **finish** first in the race?"* "Wie dink jy sal eerste in die wedloop **eindig**?"

☐ **ein·dig** *werkwoord (teenwoordige tyd* **eindig,** *verle= de tyd* **het geëindig)**

eindstryd final *In sport the **final** is the last and most important match of a series.* In sport is die **eindstryd** die laaste en belangrikste wedstryd van 'n reeks.

☐ **eind·stryd** *selfstandige naamwoord (meervoud* **eindstryde)**

einste very [a] *The phone rang at the **very** moment when we sat down to dinner.* Die telefoon het gelui op die **einste** oomblik toe ons aansit vir ete. [b] *They were married in this **very** church.* Hulle is in hierdie **einste** kerk getroud.

☐ **ein·ste** *attributiewe byvoeglike naamwoord*

eintlik ◘ actually *"You gave me R2,50 but you **actually** owe me R2,55."* "Jy het my R2,50 gegee, maar jy skuld my **eintlik** R2,55." ◙ really *"Did you enjoy the film?"* – *"Not **really**; it was too long."* "Het jy die prent ge= niet?" – "Nie **eintlik** nie; dit was te lank." ◙ very well *The instruction came from the headmaster – I couldn't **very well** refuse to do it.* Die opdrag het van die hoof gekom – ek kon nie **eintlik** weier om dit te doen nie.

☐ **eint·lik** *bywoord*

eintlike real *He paints houses at the moment, but his **real** job is to lay bricks.* Hy verf op die oomblik huise, maar sy **eintlike** werk is om te messel.

☐ **eint·li·ke** *attributiewe byvoeglike naamwoord*

ek ◘ I *"**I** am fourteen. How old are you?"* "**Ek** is veer= tien. Hoe oud is jy?" ◙ me [a] *"Open the door. It's **me**, Walter!"* "Maak die deur oop. Dis **ek**, Walter!" [b] *She is older than **me**.* Sy is ouer as **ek**.

☐ **ek** *voornaamwoord*

eksamen examination *The purpose of an **examination** is to test pupils on their knowledge of a subject.* Die doel van 'n **eksamen** is om leerlinge se kennis van 'n vak te toets.

☐ **ek·sa·men** *selfstandige naamwoord (meervoud* **eksamens)**

> Dis nie 'n fout om die lidwoord *in* weg te laat wan= neer jy *sak* of *slaag* saam met **eksamen** gebruik nie: *Hoeveel leerlinge het (in) die eksamen gesak/geslaag?*

ekskuus excuse *She used a headache as an **excuse** to leave the party early.* Sy het 'n kopseer as **ekskuus** gebruik om die partytjie vroeg te verlaat.

◆ **ekskuus (tog)** ◘ (I beg your) pardon, (I'm) sorry *"**Pardon** (OR **I beg your pardon** OR **Sorry** OR **I'm sorry**), I didn't mean to tread on your toe!"* "**Ekskuus** (OF **Ekskuus tog**), ek het nie bedoel om op jou toon te trap nie!" ◙ pardon, sorry *"**Pardon/Sorry?** Could you repeat the question?"* "**Ekskuus** (OF **Ekskuus tog)?** Kan u die vraag herhaal?" ◙ excuse me, pardon me *"**Excuse/Pardon me**, sir, what time is it?"* "**Ek= skuus** (OF **Ekskuus tog)**, meneer, hoe laat is dit?"

☐ **eks·kuus** *selfstandige naamwoord (meervoud* **eks= kuse)**

ekstra¹ ◘ extra *"Take an **extra** jersey with you – it might become very cold."* "Neem 'n **ekstra** trui saam – miskien word dit baie koud." ◙ special *The school hired a **special** bus to take the children to the sports ground.* Die skool het 'n **ekstra** bus gehuur om die kinders na die sportveld te neem.

☐ **ek·stra** *byvoeglike naamwoord (attributief* **ekstra)**

ekstra² extra *He was ill for a long time and now has to work **extra** hard to catch up with the other pupils.* Hy was lank siek en moet nou **ekstra** hard werk om die ander leerlinge in te haal.

☐ **ek·stra** *bywoord*

elektries ◼ electric *Nowadays most trains run on elec=tric power.* Deesdae loop die meeste treine met **elek=triese** krag. ◻ electrical *We have an electrical fridge and a stove that works by gas.* Ons het 'n **elektriese** yskas en 'n stoof wat met gas werk.

◻ e·lek·tries *byvoeglike naamwoord (attributief* **elek=triese***)*

elektrisiën electrician *Dad got in an electrician to fix our broken washing machine.* Pa het 'n **elektrisiën** laat kom om ons stukkende wasmasjien reg te maak.

◻ e·lek·tri·si·ën *selfstandige naamwoord (meervoud* **elektrisiëns***)*

elektrisiteit electricity *In the past, people did not have electricity and had to light their homes with candles.* In die verlede het mense nie **elektrisiteit** gehad nie en moes hulle hul huise met kerse verlig.

◻ e·lek·tri·si·teit *selfstandige naamwoord (geen meer=voud)*

elf eleven *Ten plus one is eleven.* Tien plus een is **elf**.

◻ elf *telwoord*

elfde eleventh *November is the eleventh month of the year.* November is die **elfde** maand van die jaar.

◻ elf·de *telwoord*

elk ◼ each [a] *"The oranges cost 10c each. If you take two, you owe me 20c."* "Die lemoene kos 10c **elk**. As jy twee neem, skuld jy my 20c." [b] *I have ten fingers, five on each hand.* Ek het tien vingers, vyf aan **elke** hand. [c] *"Give a piece of cake to each of the children."* "Gee vir **elk** van die kinders 'n stukkie koek." ◻ every *Every pupil in the class passed – no one failed.* **Elke** leerling in die klas het deurgekom – niemand het gesak nie. ◼ any *This question is so easy, any child knows the answer.* Dié vraag is so maklik, **elke** kind ken die ant=woord. ◼ all *The score was nil all – neither team could score a goal.* Die telling was nul **elk** – nie een van die twee spanne kon 'n doel aanteken nie.

◻ elk *voornaamwoord (attributief* **elke***)*

elkeen ◼ each *"Give a piece of cake to each of the chil=dren."* "Gee vir **elkeen** van die kinders 'n stukkie koek." ◻ everybody, everyone *She took enough cake to school so that everybody/everyone in the class could have a piece.* Sy het genoeg koek skool toe geneem so=dat **elkeen** in die klas 'n stukkie kon kry.

◻ elk·een *voornaamwoord*

elmboog elbow *One can bend one's arm at the elbow.* 'n Mens kan jou arm by die **elmboog** buig.

◻ elm·boog *selfstandige naamwoord (meervoud* **elm=boë***)*

emmer bucket *He filled the bucket with water.* Hy het die **emmer** met water gevul.

◻ em·mer *selfstandige naamwoord (meervoud* **emmers***)*

en and [a] *My father and mother both work.* My pa **en** ma werk albei. [b] *She was tired and went to bed early.* Sy was moeg en het vroeg bed toe gegaan.

◆ **en jy?** do you? *"I don't like pumpkin, do you?"* "Ek hou nie van pampoen nie, **en jy?**"

◻ en *voegwoord*

end ◼ end [a] *At the end of the passage there is a door that leads to the kitchen.* Aan die **end** van die gang is daar 'n deur wat na die kombuis lei. [b] *"Come and see me towards the end of the month, round about the 28th."* "Kom spreek my teen die **end** van die maand, so om en by die 28ste." ◻ finish *The boy who won had run in front from start to finish.* Die seun wat gewen het, het van die begin tot die **end** voor gehardloop.

◆ **end kry** stop *"I'm tired of your fighting; it has got to stop now!"* "Ek is moeg vir jul bakleiery; dit moet nou **end kry!**"

◆ **'n end maak aan** put a stop to *"Please see if you can put a stop to the dogs' barking."* "Kyk asseblief of jy **'n end** kan **maak aan** die honde se geblaf."

◆ **op die ou end** in the end *He looked everywhere for his pen and in the end found it next to the telephone.* Hy het oral na sy pen gesoek en dit **op die ou end** langs die telefoon gekry.

◆ **op 'n end** at an end *The holiday is at an end; we go back to school tomorrow.* Die vakansie is **op 'n end**; ons gaan môre terug skool toe.

◻ end *selfstandige naamwoord (meervoud* **eindes***)*

---

end het ongeveer dieselfde betekenis as **einde** en verwys na daar waar iets ophou – jy kan dit dus nie meet nie; **ent** verwys na 'n kort gedeelte of stuk en kan wèl gemeet word: *Hulle woon in die laaste huis aan die* **end** *van die straat. "Bind die* **ent** *van die tou om die tak."*

---

eners ⇨ **eenders.**

Engels[1] English [a] *His home language is Afrikaans, but he speaks English very well.* Sy huistaal is Afrikaans, maar hy praat **Engels** baie goed. [b] *English is a language spoken by not only the English but also by Americans and Australians.* Engels is 'n taal wat nie net deur die **Engelse** nie maar ook deur Amerikaners en Australiërs gepraat word.

◻ En·gels *selfstandige naamwoord (geen meervoud by* a*;* **Engelse** *by* b*)*

Engels[2] English *He is reading the English translation of a book that was written in Afrikaans.* Hy lees die **Engelse** vertaling van 'n boek wat in Afrikaans ge=skryf is.

◻ En·gels *byvoeglike naamwoord (attributief* **Engelse***)*

Engelsman Englishman *He is an Englishman who was born in England but now lives in South Africa.* Hy is 'n **Engelsman** wat in Engeland gebore is maar nou in Suid-Afrika woon.

◻ En·gels·man *selfstandige naamwoord (meervoud* **Engelse** OF **Engelsmanne***)*

Wanneer jy van *twee Engelse* praat, kan die een 'n man en die ander 'n vrou wees. Wanneer jy van *twee Engelsmanne* praat, is albei van die manlike geslag. Dit is wel korrek om te sê: *Sy is 'n Engelsman.*

enige[1] **❶** any *He eats **any** kind of meat, but is particularly fond of beef.* Hy eet **enige** soort vleis, maar is veral lief vir beesvleis. **❷** what *"**What** apples you pick up you may keep."* "**Enige** appels wat jy optel, mag jy hou."
◆ **enige plek** ⇨ **plek**.
☐ **e·ni·ge** *attributiewe byvoeglike naamwoord*

enige[2] any *She is prettier than **any** other girl in the class.* Sy is mooier as **enige** ander meisie in die klas.
☐ **e·ni·ge** *voornaamwoord*

enigiemand anybody, anyone *"I don't see Monica; does **anybody/anyone** know where she is?"* "Ek sien nie vir Monica nie; weet **enigiemand** waar sy is?"
☐ **e·nig·ie·mand** *voornaamwoord*

enigiets anything [a] *"Is there **anything** in the tin or is it empty?"* "Is daar **enigiets** in die blik of is dit leeg?" [b] *Our dog will eat **anything**, even raw fish.* Ons hond eet **enigiets**, selfs rou vis.
☐ **e·nig·iets** *voornaamwoord*

enigste[1] only one *Charlotte was the **only one** who got full marks in the test.* Charlotte was die **enigste** wat vol punte in die toets gekry het.
☐ **e·nig·ste** *selfstandige naamwoord (meervoud* **enigstes**)

enigste[2] only *John is the **only** boy with shoes on; all the others are barefoot.* John is die **enigste** seun met skoene aan; al die ander is kaalvoet.
☐ **e·nig·ste** *attributiewe byvoeglike naamwoord*

enjin engine *A car can't go without an **engine**.* 'n Motor kan nie sonder 'n **enjin** loop nie.
☐ **en·jin** *selfstandige naamwoord (meervoud* **enjins**)

enkel[1] ankle *A shoe covers only your foot, but a boot covers your foot and **ankle**.* 'n Skoen bedek slegs jou voet, maar 'n stewel bedek jou voet en **enkel**.
☐ **en·kel** *selfstandige naamwoord (meervoud* **enkels**)

enkel[2] **❶** single *The line must be **single** and not double.* Die streep moet **enkel** wees en nie dubbel nie. **❷** odd *An **odd** shoe was lying on the pavement.* 'n **Enkele** skoen het op die sypaadjie gelê.
◆ **geen enkele** not a single *He did **not** make **a single** mistake and got full marks in the test.* Hy het **geen enkele** fout gemaak nie en vol punte in die toets gekry.
☐ **en·kel** *byvoeglike naamwoord (attributief* **enkele**)

enkelbed single bed *My mother and father sleep on a double bed, but I sleep on a **single bed**.* My ma en pa slaap op 'n dubbelbed, maar ek slaap op 'n **enkelbed**.
☐ **en·kel·bed** *selfstandige naamwoord (meervoud* **enkelbeddens**)

enkelvoud singular *The **singular** of "babies" is "baby".* Die **enkelvoud** van "babas" is "baba". ⇨ **meervoud** [NOTA].
☐ **en·kel·voud** *selfstandige naamwoord (meervoud* **enkelvoude**)

enorm enormous, huge *The house is **enormous/huge** – it has fourteen rooms!* Die huis is **enorm** – dit het veertien kamers!
☐ **e·norm** *byvoeglike naamwoord (attributief* **enorme**)

ensovoort(s) et cetera, and so on, and so forth *We saw lions, baboons, elephants, **et cetera** (*OR **and so on** OR **and so forth**)*.* Ons het leeus, bobbejane, olifante, **ensovoort/ensovoorts** gesien.
☐ **en·so·voort(s)** *(sametrekking van en so voort)*

ent **❶** end *The cat sat up straight with the **end** of its tail curled round its front legs.* Die kat het regop gesit met die **ent** van sy stert om sy voorpote gekrul. **❷** piece *There is a bad **piece** of road near the railway line where they are building a bridge.* Daar is 'n slegte **ent** pad naby die spoorlyn waar hulle 'n brug bou. ⇨ **end** [NOTA].
◆ **die hele ent** all the way *He ran **all the way** home.* Hy het **die hele ent** huis toe gehardloop.
◆ **('n entjie) gaan loop/stap** go for a walk *"Let's go **for a walk** along the river."* "Kom ons **gaan loop/stap ('n entjie)** langs die rivier."
◆ **('n entjie) gaan loop/stap met** take for a walk *"Please **take** the dog **for a walk** so that he can get some exercise."* "**Gaan loop/stap** asseblief **('n entjie) met** die hond sodat hy kan oefening kry."
◆ **'n hele/ver ent** a long way *We still have **a long way** to go before we're home.* Ons het nog **'n hele/ver ent** om te ry voor ons by die huis is.
◆ **'n hele ent hiervandaan** a long way off *The next town is still **a long way off**.* Die volgende dorp is nog **'n hele ent hiervandaan**.
◆ **'n (klein) entjie** **❶** a short distance *There is a pool in the river **a short distance** below the waterfall.* Daar is 'n poel in die rivier **'n (klein) entjie** onderkant die waterval. **❷** a little way *We have only **a little way** to go before we're home.* Ons het nog net **'n (klein) entjie** om te ry voor ons by die huis is.
◆ **'n (klein) entjie weg** a little way off *He sat in the shade **a little way off**.* Hy het **'n (klein) entjie weg** in die koelte gesit.
☐ **ent** *selfstandige naamwoord (meervoud* **ente**)

êrens **❶** somewhere *They live **somewhere** in Pretoria, but I don't know the address.* Hulle woon **êrens** in Pretoria, maar ek ken nie die adres nie. **❷** anywhere *"Is there a shop open **anywhere** that sells toothpaste on a Sunday?"* "Is daar **êrens** 'n winkel oop wat op 'n Sondag tandepasta verkoop?"
◆ **êrens anders** ⇨ **anders**[2].
◆ **êrens heen** somewhere *"Are you going **somewhere** after school?" – "No, Mum, I'm coming straight home."* "Gaan jy na skool **êrens heen**?" – "Nee, Ma, ek kom direk huis toe."
☐ **ê·rens** *bywoord*

erf **❶** plot *Our house stands on a small **plot**.* Ons huis staan op 'n klein **erf**. **❷** yard *The dog got out of the **yard** through a hole in the fence.* Die hond het deur 'n gat in die heining by die **erf** uitgekom.
☐ **erf** *selfstandige naamwoord (meervoud* **erwe**)

erg[1] bad [a] *When he broke his leg, the pain was so **bad** that the doctor had to give him an injection.* Toe hy sy been gebreek het, was die pyn so **erg** dat die dokter hom 'n inspuiting moes gee. **[b]** *The damage was far/ much **worse** than we had expected.* Die skade was veel **erger** as wat ons verwag het. **[c]** *The **worst** cold of the winter is over.* Die **ergste** koue van die winter is verby.

☐ **erg** *byvoeglike naamwoord (attributief **erge**)* **erger, ergste**

erg[2] badly *The car was **badly** damaged in the accident.* Die motor is **erg** in die ongeluk beskadig.

☐ **erg** *bywoord*

erken ❶ admit *He wouldn't **admit** that he had broken the cup.* Hy wou nie **erken** dat hy die koppie gebreek het nie. ❷ admit, confess *I won the prize, but I must **admit/confess** that Esmé really deserved it.* Ek het die prys gewen, maar ek moet **erken** dat Esmé dit eintlik verdien het. ❸ recognize *Today all the countries of the world **recognize** Namibia as the name for South West Africa.* Vandag **erken** al die lande van die wêreld Namibië as die naam vir Suidwes-Afrika.

☐ **er·ken** *werkwoord (teenwoordige tyd **erken**, verlede tyd **het erken**)*

ernstig[1] serious **[a]** *"Are you **serious**? Did you really win R5 000 in the competition?"* "Is jy **ernstig**? Het jy regtig R5 000 in die kompetisie gewen?" **[b]** *Cancer is a **serious** disease which can cause death.* Kanker is 'n **ernstige** siekte wat die dood kan veroorsaak.

☐ **erns·tig** *byvoeglike naamwoord (attributief **ernstige**)* **ernstiger, ernstigste**

ernstig[2] seriously **[a]** *Philip is **seriously** thinking of going to work in Cape Town after matric.* Philip dink **ernstig** daaraan om na matriek in Kaapstad te gaan werk. **[b]** *Maggie is **seriously** ill and had to go to hospital.* Maggie is **ernstig** siek en moes hospitaal toe gaan.

☐ **erns·tig** *bywoord*

ertjie pea **[a]** *A **pea** fell out of the pod.* 'n **Ertjie** het uit die dop geval. **[b]** *We had chicken, rice and **peas** for dinner.* Ons het hoender, rys en **ertjies** vir ete gehad.

☐ **ert·jie** *selfstandige naamwoord (meervoud **ertjies**)*

ervaar experience *"If I prick you with a pin, you'll **experience** pain."* "As ek jou met 'n speld steek, sal jy pyn **ervaar**."

☐ **er·vaar** *werkwoord (teenwoordige tyd **ervaar**, verlede tyd **het ervaar**)*

ervaring experience **[a]** *She has five years' **experience** as a nurse.* Sy het vyf jaar **ervaring** as verpleegster. **[b]** *It must be a wonderful **experience** to fly round the moon in a spacecraft.* Dit moet 'n wonderlike **ervaring** wees om in 'n ruimtetuig om die maan te vlieg.

☐ **er·va·ring** *selfstandige naamwoord (geen meervoud by a; **ervaringe/ervarings** by b)*

ete ❶ meal *"Do you feel like cold meat and salads, or shall I prepare a warm **meal**?"* "Het julle lus vir koue vleis en slaaie, of sal ek 'n warm **ete** maak?" ❷ dinner *We had meat and vegetables for **dinner**.* Ons het vleis en groente vir **ete** gehad.

☐ **e·te** *selfstandige naamwoord (meervoud **etes**)*

etenstyd dinner-time, time for dinner *"Please go and wash your hands; it is almost **dinner-time** (OR time*

for dinner)." "Gaan was asseblief julle hande; dis amper **etenstyd**."

☐ **e·tens·tyd** *selfstandige naamwoord (meervoud **etenstye**)*

etiket label *The **label** on the tin says: "Add a teaspoonful of coffee to a cup of boiling water."* Die **etiket** op die blik sê: "Voeg 'n teelepel koffie by 'n koppie kookwater."

☐ **e·ti·ket** *selfstandige naamwoord (meervoud **etikette**)*

etlike[1] ❶ several *We have lived in this house for **several** years.* Ons woon al **etlike** jare in dié huis. ❷ various *There are **various** ways of cooking fish – you can bake, fry or grill it.* Daar is **etlike** maniere waarop 'n mens vis kan gaarmaak – jy kan dit bak, braai of rooster.

☐ **et·li·ke** *attributiewe byvoeglike naamwoord*

etlike[2] several *Several of the children in our class are ill.* **Etlike** van die kinders in ons klas is siek.

☐ **et·li·ke** *voornaamwoord*

ewe[1] even *2, 4 and 6 are **even** numbers.* 2, 4 en 6 is **ewe** getalle.

☐ **e·we** *byvoeglike naamwoord (meestal attributief)*

ewe[2] just as *I liked the author's first book very much, but his second book is **just as** good.* Ek het baie van die skrywer se eerste boek gehou, maar sy tweede boek is **ewe** goed.

◆ **amper ewe groot** similar in size *Apples and oranges are **similar in size**.* Appels en lemoene is **amper ewe groot**.

◆ **ewe groot** the same size *The two boxes are exactly **the same size**.* Die twee dose is presies **ewe groot**.

◆ **ewe lang** equal, of the same length *A square has four **equal** sides (OR four sides **of the same length**).* 'n Vierkant het vier **ewe lang** sye.

◆ **ewe lank** ❶ the same height *My grandmother and I are **the same height** – if we stand up straight, our shoulders are level.* Ek en my ouma is **ewe lank** – as ons regop staan, is ons skouers gelyk. ❷ equal in length *The sticks are **equal in length** – they both measure 50 cm.* Die stokke is **ewe lank** – hulle meet albei 50 cm.

◆ **ewe oud** the same age *Paul and Simon are **the same age** – they are both fourteen.* Paul en Simon is **ewe oud** – hulle is albei veertien.

◆ **ewe veel kos** be the same price *The two dresses are exactly **the same price**.* Die twee rokke kos presies **ewe veel**.

◆ **ewe veel van albei hou** like the one as much as the other *"Who do you like better, Lynette or Cynthia?" – "I can't say; I **like the one as much as the other**."* "Van wie hou jy die meeste, Lynette of Cynthia?" – "Ek kan nie sê nie; ek **hou van albei ewe veel**."

◆ **hulle is albei ewe mooi** the one is as pretty as the other *I don't know which dress to choose – **the one is as pretty as the other**.* Ek weet nie watter rok om te kies nie – **hulle is albei ewe mooi**.

☐ **e·we** *bywoord*

F

fabriek factory *My father works in a **factory** that makes cars.* My pa werk in 'n **fabriek** wat motors maak.
☐ **fa·briek** *selfstandige naamwoord (meervoud **fabrieke**)*

familie ❶ family *My cousin's baby of two is the youngest child in our **family**.* My niggie se baba van twee is die jongste kind in ons **familie**. ❷ relations, relatives *She invited all her **relations/relatives** to her wedding.* Sy het al haar **familie** na haar troue genooi.
◆ **familie wees (van)** be related to, be a relation/relative of "*Is he **related to** you (OR **Is** he a relation/relative of yours)?*" – "*Yes, we are cousins.*" "**Is** hy **familie van** jou (OF **Is** jy en hy **familie**)?" – "Ja, ons is neefs."
◆ **na/naby familie** close/near relations, close/near relatives "*Are Anna and Linda **close/near relations** (OR **close/near relatives**)?*" – "*Yes, they're sisters.*" "Is Anna en Linda **na/naby familie**?" – "Ja, hulle is susters."
☐ **fa·mi·lie** *selfstandige naamwoord (meervoud families)*

> **familie** verwys na alle bloedverwante soos die pa, ma, oupa, ouma, broers, susters, neefs, niggies, ooms en tantes; **gesin** verwys slegs na 'n man en vrou met een of meer kinders

familielid relation, relative *I have only one **relation/relative** who lives in America: my father's eldest brother.* Ek het net een **familielid** wat in Amerika woon: my pa se oudste broer.
☐ **fa·mi·lie·lid** *selfstandige naamwoord (meervoud familielede)*

Februarie February ***February** is the second month of the year.* **Februarie** is die tweede maand van die jaar.
☐ **Fe·bru·a·rie** *selfstandige naamwoord (geen meervoud)*

fees feast *The king held a **feast** to celebrate the birth of his son.* Die koning het 'n **fees** gehou om die geboorte van sy seun te vier.
☐ **fees** *selfstandige naamwoord (meervoud feeste)*

feit fact *It is a **fact** that the sun always sets in the west.* Dit is 'n **feit** dat die son altyd in die weste sak.
☐ **feit** *selfstandige naamwoord (meervoud feite)*

feitlik practically *My homework is **practically** finished – I have to do only one more sum.* My huiswerk is **feitlik** klaar – ek moet nog net een som maak.
☐ **feit·lik** *bywoord*

fiets bicycle *Esther said I may ride on her **bicycle**.* Esther het gesê ek kan op haar **fiets** ry.
☐ **fiets** *selfstandige naamwoord (meervoud fietse)*

fietsry ride a bicycle *My little brother is learning to **ride** a bicycle.* My boetie leer **fietsry**.
☐ **fiets·ry** *werkwoord (teenwoordige tyd **ry** fiets, verlede tyd het fietsgery)*

figuur figure [a] *She has a beautiful **figure** and lovely long legs.* Sy het 'n mooi **figuur** en lieflike lang bene. [b] *The headmaster is an important **figure** in a small village.* Die skoolhoof is 'n belangrike **figuur** op 'n klein dorpie.
☐ **fi·guur** *selfstandige naamwoord (meervoud figure)*

fiks fit *Every evening Philip runs a few times around the block to keep **fit**.* Philip hardloop elke aand 'n paar keer om die blok om **fiks** te bly.
☐ **fiks** *byvoeglike naamwoord (attributief fikse)* **fikser, fiksste**

film film [a] *Last night on television I saw an old **film** in which Marilyn Monroe stars.* Ek het gisteraand op televisie 'n ou **film** gesien waarin Marilyn Monroe die hoofrol speel. [b] *He bought a **film** for his camera.* Hy het 'n **film** vir sy kamera gekoop.
☐ **film** *selfstandige naamwoord (meervoud films)*

firma firm, company *My father works for a **firm/company** that builds and sells houses.* My pa werk vir 'n **firma** wat huise bou en verkoop.
☐ **fir·ma** *selfstandige naamwoord (meervoud firmas)*

fles jar "*Don't screw the lid too tightly on to the **jar**.*" "Moenie die deksel te styf op die **fles** vasdraai nie."
☐ **fles** *selfstandige naamwoord (meervoud flesse)*

fliek¹ ❶ cinema "*Do you know what film is showing in the **cinema** at the moment?*" "Weet jy watter prent op die oomblik in die **fliek** draai?" ❷ film *Last night on television I saw an old **film** in which Marilyn Monroe stars.* Ek het gisteraand op televisie 'n ou **fliek** gesien waarin Marilyn Monroe die hoofrol speel.
☐ **fliek** *selfstandige naamwoord (meervoud flieke/flieks)*

> **fliek** is 'n informele woord vir **bioskoop**

fliek² go to the cinema/pictures "*I don't feel like **going to the cinema/pictures**; let's stay at home and watch television.*" "Ek het nie lus vir **fliek** nie; kom ons bly by die huis en kyk televisie."
◆ **gaan fliek** go to the cinema/pictures "*Let's **go to the cinema/pictures**, or have you seen the film before?*" "Kom ons **gaan fliek**, of het jy al die prent gesien?"
☐ **fliek** *werkwoord (teenwoordige tyd **fliek**, verlede tyd het gefliek)*

flikker flicker *A light wind caused the candles to **flicker**.* 'n Ligte windjie het die kerse laat **flikker**.

□ **flik·ker** *werkwoord (teenwoordige tyd* **flikker,** *ver= lede tyd* **het geflikker**)

flits[1] ◘ flash *You need a camera with a* **flash** *to take photographs in poor light.* Jy moet 'n kamera met 'n **flits** hê om foto's in swak lig te neem. ◙ torch *He shone his* **torch** *so that he could find his way in the dark.* Hy het met sy **flits** gelig sodat hy sy pad in die donker kon kry.

□ **flits** *selfstandige naamwoord (meervoud* **flitse**)

flits[2] flash *"The storm can break any moment – see how the lightning* **flashes**." "Die storm kan elke oomblik losbars – kyk hoe **flits** die weerlig."

□ **flits** *werkwoord (teenwoordige tyd* **flits,** *verlede tyd* **het geflits**)

flou ◘ weak **[a]** *"The tea is still a bit* **weak** *– let it draw a while longer."* "Die tee is nog 'n bietjie **flou** – laat dit 'n rukkie langer trek." **[b]** *"Surely you don't expect me to accept such a* **weak** *excuse?"* "Jy verwag tog seker nie dat ek so 'n **flou** verskoning moet aanvaar nie?" ◙ dim, faint *The light is too* **dim/faint** *to read by.* Die lig is te **flou** om by te lees.

◆ **flou word** faint, pass out *One can* **faint** *(OR* **pass out***) if one loses too much blood.* 'n Mens kan **flou word** as jy te veel bloed verloor.

□ **flou** *byvoeglike naamwoord (attributief* **flou**) **flou= er, flouste**

fluister whisper **[a]** *People* **whisper** *when they tell se= crets.* Mense **fluister** wanneer hulle geheime vertel. **[b]** *"Listen to the breeze* **whispering** *through the leaves."* "Luister hoe **fluister** die windjie deur die blare."

□ **fluis·ter** *werkwoord (teenwoordige tyd* **fluister,** *verlede tyd* **het gefluister**)

fluisterstem whisper *She spoke in a* **whisper** *so as not to wake the baby.* Sy het met 'n **fluisterstem** gepraat om nie die baba wakker te maak nie.

□ **fluis·ter·stem** *selfstandige naamwoord (meervoud* **fluisterstemme**)

fluit[1] whistle *The bird gave a* **whistle** *and flew away.* Die voël het 'n **fluit** gegee en weggevlieg.

□ **fluit** *selfstandige naamwoord (meervoud* **fluite**)

fluit[2] whistle **[a]** *"I don't know the words of the song, but I can* **whistle** *the tune for you."* "Ek ken nie die woorde van die lied nie, maar ek kan die wysie vir jou **fluit**." **[b]** *The wind is* **whistling** *through the half-open window.* Die wind **fluit** deur die halfoop venster. **[c]** *The train* **whistled** *as it approached the station.* Die trein **het gefluit** toe dit nader aan die stasie kom.

□ **fluit** *werkwoord (teenwoordige tyd* **fluit,** *verlede tyd* **het gefluit**)

fluitjie whistle *The referee blew his* **whistle** *to start the game.* Die skeidsregter het op sy **fluitjie** geblaas om die wedstryd te begin.

□ **fluit·jie** *selfstandige naamwoord (meervoud* **fluit= jies**)

fluks hard-working *Some children in our class are* **hard-**

working, *others are lazy.* Party kinders in ons klas is **fluks,** ander is lui.

□ **fluks** *byvoeglike naamwoord (attributief* **fluks/ flukse**) **flukser, fluksste**

foei tog shame *Shame, the poor bird has hurt its wing!* **Foei tog,** die arme voël het sy vlerk seergemaak!

□ **foei tog** *tussenwerpsel*

fondament foundations *A builder first lays the* **foun- dations** *of a house before he builds the walls.* 'n Bouer lê eers die **fondament** van 'n huis voordat hy die mure bou.

□ **fon·da·ment** *selfstandige naamwoord (meervoud* **fondamente**)

fooitjie tip *"Do you have some small change for me? I want to give the waiter a* **tip**." "Het jy vir my klein= geld? Ek wil die kelner 'n **fooitjie** gee."

◆ **'n fooitjie gee** tip *"Do you think it's enough if I* **tip** *the waiter 50c?"* "Dink jy dis genoeg as ek die kelner **'n fooitjie** van 50c **gee**?"

□ **fooi·tjie** *selfstandige naamwoord (meervoud* **fooi= tjies**)

---

foon is 'n verkorte vorm, veral in die spreektaal, van **telefoon**

---

foto photograph *There is a* **photograph** *of the State President on the front page of the newspaper.* Daar is 'n **foto** van die Staatspresident op die voorblad van die koerant.

◆ **'n foto neem** take a photograph/picture *She used her new camera to* **take a photograph/picture** *of her brother.* Sy het haar nuwe kamera gebruik om **'n foto** van haar broer te **neem.**

□ **fo·to** *selfstandige naamwoord (meervoud* **foto's**)

fotograaf photographer *The* **photographer** *asked the bride to smile while he took a picture of her.* Die **foto- graaf** het die bruid gevra om te glimlag terwyl hy 'n foto van haar neem.

□ **fo·to·graaf** *selfstandige naamwoord (meervoud* **fotograwe**)

fotografie photography *The* **photography** *in the film was excellent.* Die **fotografie** in die prent was uit= stekend.

□ **fo·to·gra·fie** *selfstandige naamwoord (geen meer= voud*)

fout fault *The car won't start – there is a* **fault** *in its engine.* Die motor wil nie vat nie – daar is 'n **fout** in sy enjin.

◆ **'n fout maak** ◘ make a mistake *He did not* **make a** *single* **mistake** *and got full marks in the test.* Hy het nie 'n enkele **fout gemaak** nie en vol punte in die toets gekry. ◙ go wrong *The sum just won't work out. I won- der where I am* **going wrong**? Die som wil eenvou= dig nie uitwerk nie. Ek wonder waar ek **'n fout maak**?

□ **fout** *selfstandige naamwoord (meervoud* **foute**)

foutloos faultlessly *It takes much practice before a pia- nist can perform a piece of music* **faultlessly**. Dit kos

baie oefening voordat 'n pianis 'n musiekstuk **fout=
loos** kan uitvoer.

□ **fout·loos** *bywoord*

fraai pretty *The little girl looks so **pretty** in her pink
dress.* Die dogtertjie lyk tog te **fraai** in haar pienk
rokkie.

□ **fraai** *byvoeglike naamwoord (attributief* **fraai***)*
fraaier, fraaiste

frase phrase *"In the past" is a **phrase**.* "In die verlede"
is 'n **frase**.

□ **fra·se** *selfstandige naamwoord (meervoud* **frases***)*

frokkie vest *He always wears a **vest** under his shirt in
winter.* In die winter dra hy altyd 'n **frokkie** onder sy
hemp.

□ **frok·kie** *selfstandige naamwoord (meervoud* **frok=
kies***)*

fyn[1] fine **[a]** *One gets flour if one grinds wheat to a **fine**
powder.* 'n Mens kry meel as jy koring tot 'n **fyn** poeier
maal. **[b]** *A spider spins its web with a **fine** thread that
comes out of its body.* 'n Spinnekop spin sy web met 'n
fyn draad wat uit sy liggaam kom.

◆ **met 'n fyn stemmetjie** in a small voice *"I'm
afraid of the dog," the little girl said **in a small voice**.*
"Ek is bang vir die hond," het die dogtertjie **met 'n
fyn stemmetjie** gesê.

□ **fyn** *byvoeglike naamwoord (attributief* **fyn***)* **fyner,
fynste**

fyn[2] smartly *She is **smartly** dressed in a long dress and
high-heeled shoes.* Sy is **fyn** uitgevat in 'n lang rok en
hoëhakskoene.

□ **fyn** *bywoord*

G

ga pooh *"Pooh, the dustbin stinks!"* "**Ga**, die vullisblik stink!"
□ **ga** *tussenwerpsel*

gaaf[1] ❶ good, nice *"It was good/nice to see you again; you must come and visit us more often."* "Dit was **gaaf** om jou weer te sien; jy moet ons meer dikwels kom besoek." ❷ nice *Theo is a very nice chap; everybody likes him.* Theo is 'n baie **gawe** kêrel; almal hou van hom.
□ **gaaf** *byvoeglike naamwoord (attributief* **gawe***)* **ga= wer, gaafste**

gaaf[2] fine *"Let's go to the cinema tonight."* – *"Fine, I'll meet you there."* "Kom ons gaan fliek vanaand." – "**Gaaf**, ek kry jou daar."
□ **gaaf** *bywoord*

gaan ❶ go **[a]** *I go to school by bus.* Ek **gaan** per bus skool toe. **[b]** *He stood at the door of the shop watching the people come and go.* Hy het by die deur van die winkel gestaan en kyk hoe die mense kom en **gaan**. **[c]** *"There go your friends! Hop on your bike and chase after them."* "Daar **gaan** jou maats! Spring op jou fiets en jaag agter hulle aan." **[d]** *"How does the song go that we have to sing?"* "Hoe **gaan** die liedjie wat ons moet sing?" **[e]** *It looks as if it is going to rain tomorrow.* Dit lyk asof dit môre **gaan** reën. **[f]** *"Let's go for a swim."* "Kom ons **gaan** swem." **[g]** *This road goes to Bloem= fontein.* Dié pad **gaan** na Bloemfontein. **[h]** *"There goes the bell – it's playtime."* "Daar **gaan** die klok – dis speeltyd." ❷ go and *"Go and wash your hands."* "**Gaan** was jou hande." ❸ go for *"Let's go for a swim."* "Kom ons **gaan** swem." ❹ shall *We have sold our house and shall be moving soon.* Ons het ons huis verkoop en **gaan** binnekort trek. ❺ will *"Do you think it will rain tomorrow?"* "Dink jy dit **gaan** môre reën?"
◆ **daar kan ... in ... gaan** ... will hold ... *The hall will hold 300 people.* Daar kan 300 mense **in** die saal **gaan**.
◆ **dit gaan goed** ⇨ **goed**[4].
◆ **gaan groet/haal/lê/sit/slaap/trou** ⇨ **groet**[2]; **haal**; **lê**; **sit**; **slaap**[2]; **trou**.
◆ **gaan nie** won't *I hope it won't rain tomorrow.* Ek hoop nie dit **gaan** môre reën **nie**.
◆ **gaan oor** be about, deal with *The first three chapters of the book are about (OR deal with) the Second World War.* Die eerste drie hoofstukke van die boek **gaan oor** die Tweede Wêreldoorlog.
◆ **gou gaan** pop over *"I won't be long – I'm just pop= ping over to the neighbours."* "Ek sal nie lank wegbly nie – ek **gaan** net **gou** na die bure toe."
◆ **hoe gaan dit (met jou)?** how are you? *"How are*

you?" – *"I'm fine, thanks."* "**Hoe gaan dit (met jou)?**" – "Dit gaan goed, dankie."
◆ **moet nou gaan** be going now, be on one's way *"It's getting late – I had better be going now (OR be on my way)."* "Dit word laat – ek **moet nou** liewer **gaan**."
□ **gaan** *werkwoord (teenwoordige tyd* **gaan***, verlede tyd* **het gegaan***)*

Na *het* kry die skakelwerkwoord **gaan** nie *ge-* nie: *Hy* **het gaan** *bad.*

gaap yawn *People yawn when they are tired, sleepy or bored.* Mense **gaap** as hulle moeg, vaak of verveeld is.
□ **gaap** *werkwoord (teenwoordige tyd* **gaap***, verlede tyd* **het gegaap***)*

gaar cooked *One can eat most vegetables cooked or raw.* 'n Mens kan die meeste groente **gaar** of rou eet.
□ **gaar** *byvoeglike naamwoord (attributief* **gaar***)* **gaarder, gaarste**

gaarmaak cook *One can cook food by roasting, baking, boiling or frying it.* 'n Mens kan kos **gaarmaak** deur dit te rooster, bak, kook of braai.
□ **gaar·maak** *werkwoord (teenwoordige tyd* **maak gaar***, verlede tyd* **het gaargemaak***)*

gaatjie hole *She had trouble passing the thread of cotton through the hole in the needle.* Sy het gesukkel om die draad garing deur die **gaatjie** in die naald te steek.
□ **gaat·jie** *selfstandige naamwoord (meervoud* **gaat= jies***)*

galop gallop *"Make the horse walk, then trot, then gal= lop."* "Laat die perd loop, dan draf, dan **galop**."
□ **ga·lop** *werkwoord (teenwoordige tyd* **galop***, verlede tyd* **het gegalop***)*

gang passage *There are five offices on either side of the passage.* Daar is vyf kantore aan weerskante van die **gang**.
◆ **aan die gang hê** have (got) on *"Let's go to the cine= ma, or have you (got) something else on?"* "Kom ons gaan bioskoop toe, of **het** jy iets anders **aan die gang**?"
◆ **aan die gang wees** go on *"Will someone tell me what is going on here. Why are you making such a noise?"* "Sal iemand vir my sê wat hier **aan die gang is**. Hoekom lawaai julle so?"
□ **gang** *selfstandige naamwoord (meervoud* **gange***)*

gangbaar OK, okay, all right *The party wasn't as nice as she thought it would be, but it was OK (OR okay OR all right).* Die partytjie was nie so lekker as wat sy gedink het dit sou wees nie, maar dit was **gangbaar**.
□ **gang·baar** *byvoeglike naamwoord (predikatief* **gangbare***)*

gans goose *A **goose** looks like a duck but is larger.* 'n **Gans** lyk soos 'n eend maar is groter.

□ **gans** *selfstandige naamwoord (meervoud **ganse**)*

gaps pinch *"Do you think mum will notice if we **pinch** a few biscuits from the tin?"* "Dink jy ma sal agterkom as ons 'n paar koekies uit die blik **gaps**?"

□ **gaps** *werkwoord (teenwoordige tyd **gaps**, verlede tyd het **gegaps**)*

garage garage [a] *At home we keep our bicycles in the **garage** along with the car.* By die huis hou ons ons fietse in die **garage** saam met die motor. [b] *The **garage** on the corner sells petrol and oil to motorists.* Die **garage** op die hoek verkoop petrol en olie aan moto= riste.

□ **ga·ra·ge** *selfstandige naamwoord (meervoud garage'e/garages)*

garing, gare thread *"Simon, bring me a needle and **thread** so that I can sew on your button."* "Simon, bring vir my 'n naald en **garing/gare** sodat ek jou knoop kan aanwerk."

♦ **draad garing/gare** thread of cotton *She had trou= ble passing the **thread of cotton** through the eye of the needle.* Sy het gesukkel om die **draad garing/gare** deur die oog van die naald te steek.

♦ **garing/gare steek in** thread *"Will you **thread** the needle for me, please?"* "Sal jy vir my die **garing/gare in** die naald **steek**, asseblief?"

□ **ga·ring, ga·re** *selfstandige naamwoord (meervoud garings, gares)*

gas¹ gas *The stove works by **gas** and not electricity.* Die stoof werk met **gas** en nie elektrisiteit nie.

□ **gas** *selfstandige naamwoord (geen meervoud)*

gas² guest *The **guest** who is visiting us is a friend of my father's.* Die **gas** wat by ons kuier, is 'n vriend van my pa.

□ **gas** *selfstandige naamwoord (meervoud **gaste**)*

gastekamer spare room *When grandpa and grandma visit us, they sleep in the **spare room**.* As oupa en ouma by ons kuier, slaap hulle in die **gastekamer**.

□ **gas·te·ka·mer** *selfstandige naamwoord (meervoud gastekamers)*

gat hole *The dog dug a **hole** in the ground to bury its bone.* Die hond het 'n **gat** in die grond gegrawe om sy been te begrawe.

♦ **'n gat steek in** puncture *A sharp object like a nail can **puncture** a tyre.* 'n Skerp voorwerp soos 'n spy= ker kan **'n gat in** 'n band **steek**.

□ **gat** *selfstandige naamwoord (meervoud **gate**)*

geaardheid nature *She has a sweet **nature** – one can't help liking her.* Sy het 'n liewe **geaardheid** – 'n mens kan nie anders as om van haar te hou nie.

□ **ge·aard·heid** *selfstandige naamwoord (meervoud geaardhede)*

gebed prayer *He is deeply religious and has great belief in the power of **prayer**.* Hy is diep godsdienstig en het groot geloof in die krag van **gebed**.

♦ **jou gebed opsê** say your prayers *"Son, remember to **say your prayers** before you get into bed."* "Seun, onthou om **jou gebed op** te **sê** voor jy in die bed klim."

♦ **'n gebed doen** say a prayer *She asked the minister to **say a prayer** for her dying husband.* Sy het die domi= nee gevra om **'n gebed** vir haar sterwende man te **doen**.

□ **ge·bed** *selfstandige naamwoord (meervoud **gebede**)*

gebeur ❶ happen *No one knows what will **happen** in the future.* Niemand weet wat in die toekoms sal **gebeur** nie. ❷ go on *Life in this town is very dull; little **goes on** here.* Die lewe op dié dorp is maar vervelig; hier **ge= beur** nie veel nie.

□ **ge·beur** *werkwoord (teenwoordige tyd **gebeur**, ver= lede tyd het **gebeur**)*

geblaf barking *The **barking** of a dog woke me early this morning.* Die **geblaf** van 'n hond het my vanoggend vroeg wakker gemaak.

□ **ge·blaf** *selfstandige naamwoord (geen meervoud)*

geboorte birth *My mother stayed with my sister for a few days after the **birth** of her first baby.* My ma het 'n paar dae by my suster gebly na die **geboorte** van haar eer= ste baba.

□ **ge·boor·te** *selfstandige naamwoord (meervoud ge= boortes)*

gebore born *He was **born** in the country, but now lives and works in the city.* Hy is op die platteland **gebore**, maar woon en werk nou in die stad.

□ **ge·bo·re** *deelwoord*

gebou building *He works in an office on the seventh floor of that tall **building**.* Hy werk in 'n kantoor op die sewende verdieping van daardie hoë **gebou**.

□ **ge·bou** *selfstandige naamwoord (meervoud ge= boue)*

gebraaide roast *We had **roast** chicken for dinner.* Ons het **gebraaide** hoender vir ete gehad.

□ **ge·braai·de** *attributiewe byvoeglike naamwoord*

gebruik¹ use [a] *Dictionaries are for **use** in the library only.* Woordeboeke is slegs vir **gebruik** in die biblio= teek. [b] *She has lost the **use** of her legs and can't walk.* Sy het die **gebruik** van haar bene verloor en kan nie loop nie.

♦ **die gebruik hê van** have the use of *We **have the use** of the neighbours' garage while they are away.* Ons het die **gebruik van** die bure se garage terwyl hulle weg is.

♦ **gebruik maak van** make use of *The kettle is broken – we'll have to **make use of** the stove for the time being.* Die ketel is stukkend – ons sal solank **van** die stoof **gebruik** moet **maak**.

□ **ge·bruik** *selfstandige naamwoord (geen meervoud)*

gebruik² ❶ use *"You can't **use** the telephone – it's bro= ken."* "Jy kan nie die telefoon **gebruik** nie – dis stuk= kend." ❷ take *"**Take** your time! I'm in no hurry."* "**Gebruik** jou tyd! Ek is nie haastig nie."

♦ **nie kan gebruik nie** have no use for *"I **have no use for** these old magazines – you can have them if you* *want them."* "Ek **kan** dié ou tydskrifte **nie gebruik nie** – jy kan hulle kry as jy hulle wil hê."

□ **ge·bruik** *werkwoord (teenwoordige tyd* **gebruik**, *verlede tyd* **het gebruik***)*

gebruikte used *"This is a **used** glass – go and get your= self a clean one."* "Dis 'n **gebruikte** glas dié – gaan haal vir jou 'n skone."

□ **ge·bruik·te** *attributiewe byvoeglike naamwoord*

gebrul roar *We could hear the **roar** of a lion.* Ons kon die **gebrul** van 'n leeu hoor.

□ **ge·brul** *selfstandige naamwoord (geen meervoud)*

gedagte ❶ thought *She was so deep/lost in **thought** that she didn't notice the man in the door.* Sy was so diep in **gedagte** dat sy nie die man in die deur gemerk het nie. ❷ thought, idea *"How can you eat raw meat? The very **thought/idea** of it makes me feel sick!"* "Hoe kan jy rou vleis eet? Net die **gedagte** daaraan laat my naar voel!" ❸ mind *"Let's do something nice." – "All right, what do you have in **mind**?"* "Kom ons doen iets lek= kers." – "Goed, wat het jy in **gedagte**?"

□ **ge·dag·te** *selfstandige naamwoord (meervoud* **ge= dagtes***)*

gedeelte part *We spent **part** of our holiday at the sea= side.* Ons het 'n **gedeelte** van ons vakansie by die see deurgebring.

□ **ge·deel·te** *selfstandige naamwoord (meervoud* **ge= deeltes***)*

gedeeltelik partly *The house is **partly** finished – the builders will complete the job after the Christmas holi= days.* Die huis is **gedeeltelik** klaar – die bouers sal die werk na die Kersvakansie voltooi.

□ **ge·deel·te·lik** *bywoord*

gedig poem *He knows the **poem** by heart and can recite it without looking in a book.* Hy ken die **gedig** uit sy kop en kan dit opsê sonder om in 'n boek te kyk.

◆ **gedigte** poetry *"How many people do you know that like to read **poetry**?"* "Hoeveel mense ken jy wat graag **gedigte** lees?"

□ **ge·dig** *selfstandige naamwoord (meervoud* **gedigte***)*

gedra ❶ behave *"**Behave** yourself, don't be so naughty!"* "**Gedra** jou, moenie so stout wees nie!" ❷ act *They are brother and sister, but **act** as if they don't know each other.* Hulle is broer en suster, maar **gedra** hulle asof hulle mekaar nie ken nie.

□ **ge·dra** *werkwoord (teenwoordige tyd* **gedra**, *verlede tyd* **het gedra***)*

gedrag behaviour *"Please pardon my son's bad **beha= viour** – he isn't normally so naughty."* "Verskoon asse= blief my seun se swak **gedrag** – hy is nie gewoonlik so stout nie."

□ **ge·drag** *selfstandige naamwoord (geen meervoud)*

gedreun thunder *We could hear the **thunder** of the wa= ves from a distance.* Ons kon die **gedreun** van die bran= ders uit die verte hoor.

□ **ge·dreun** *selfstandige naamwoord (geen meervoud)*

geduld patience *People with little **patience** get angry very quickly.* Mense met min **geduld** word gou kwaad.

□ **ge·duld** *selfstandige naamwoord (geen meervoud)*

geduldig[1] patient *"Be **patient** and allow the paint to dry properly before you apply the second coat."* "Wees **geduldig** en laat die verf goed droog word voor jy die tweede laag aanwend."

□ **ge·dul·dig** *byvoeglike naamwoord (attributief* **ge= duldige***)* **geduldiger, geduldigste**

geduldig[2] patiently *He waited **patiently** until it was his turn to ride on the horse.* Hy het **geduldig** gewag tot dit sy beurt was om op die perd te ry.

□ **ge·dul·dig** *bywoord*

gedurende during *The farmers had to feed their live= stock **during** the drought.* Die boere moes hul vee ge= **durende** die droogte voer.

□ **ge·du·ren·de** *voorsetsel*

gedurig ❶ forever *The dog is full of fleas and is **forever** scratching himself.* Die hond is vol vlooie en krap hom **gedurig**. ❷ keep (on) *This watch is no good – it **keeps (on)** going wrong.* Dié horlosie is niks werd nie – hy breek **gedurig**.

□ **ge·du·rig** *bywoord*

gee ❶ give [a] *"Please **give** me a piece of your choco= late."* "**Gee** my asseblief 'n stukkie van jou sjokolade." [b] *She **gave** her dad a kiss on the cheek.* Sy **het** haar pa 'n soen op die wang **gegee**. [c] *The teacher who **gives** us singing lessons is ill today.* Die juffrou wat vir ons sangles **gee**, is vandag siek. [d] *When Lynette saw the snake, she **gave** a scream and ran away.* Toe Lynette die slang sien, **het** sy 'n gil **gegee** en weggehardloop. [e] *We had to **give** some medicine to our sick dog.* Ons moes vir ons siek hond medisyne **gee**. ❷ hand *"**Hand** the conductor your ticket so that he can clip it."* "**Gee** vir die kondukteur jou kaartjie sodat hy dit kan knip." ❸ take *"Gloria, stay where you are. Esther, **take** one step forward."* "Gloria, bly waar jy is. Esther, **gee** een tree vorentoe." ❹ help to *"May I **help** you to some more rice?"* "Kan ek jou nog rys **gee**?" ❺ deal *The boxer tried to **deal** his opponent a hard blow on the head.* Die bokser het probeer om sy opponent 'n harde hou teen die kop te **gee**. ❻ produce *Cows **produce** milk.* Koeie **gee** melk. ❼ teach *"Who **teaches** you history at school?"* "Wie **gee** vir julle geskiedenis op skool?"

◆ **aandag gee aan** ⇨ **aandag**.

◆ **gee aan/vir** give to *"**Give** a piece of cake **to** each of the children."* "**Gee aan/vir** elkeen van die kinders 'n stukkie koek."

□ **gee** *werkwoord (teenwoordige tyd* **gee**, *verlede tyd* **het gegee***)*

geel[1] ❶ yellow *If you mix blue and **yellow**, you get green.* As jy blou en **geel** meng, kry jy groen. ❷ yolk *An egg consists of two parts: the white and the **yolk**.* 'n Eier bestaan uit twee dele: die wit en die geel.

□ **geel** *selfstandige naamwoord (geen meervoud by* **1**; **gele** *by* **2***)*

geel[2] yellow *She is wearing a **yellow** dress with white spots.* Sy dra 'n **geel** rok met wit kolle.

☐ **geel** *byvoeglike naamwoord (attributief* **geel***)* **ge‑ler, geelste**

geen no, not any *I have* **no** *(*OR *I do* **not** *have* **any***) money on me.* Ek het **geen** geld by my nie.

◆ **in geen jare nie** not for some years *We have* **not** *seen each other* **for some years***.* Ons het mekaar **in geen jare** gesien **nie**.

☐ **geen** *byvoeglike naamwoord (attributief* **geen***)*

gefluister whisper *"Listen to the* **whisper** *of the breeze through the leaves."* "Luister na die **gefluister** van die windjie deur die blare."

☐ **ge‑fluis‑ter** *selfstandige naamwoord (geen meervoud)*

gehalte quality *Toys of poor* **quality** *break easily.* Speelgoed van swak **gehalte** breek maklik.

☐ **ge‑hal‑te** *selfstandige naamwoord (geen meervoud)*

geheim[1] secret *"Can you keep a* **secret***? I want to tell you something that you mustn't repeat."* "Kan jy 'n **geheim** bewaar? Ek wil jou iets vertel wat jy nie moet oorvertel nie."

☐ **ge‑heim** *selfstandige naamwoord (meervoud* **ge‑heime***)*

geheim[2] secret *"Keep our plan* **secret** *– don't tell anyone about it."* "Hou ons plan **geheim** – moet niemand daarvan vertel nie."

☐ **ge‑heim** *byvoeglike naamwoord (attributief* **ge‑heime***)*

geheue memory *He has a good* **memory** *and seldom forgets a person's name.* Hy het 'n goeie **geheue** en vergeet selde iemand se naam.

☐ **ge‑heu‑e** *selfstandige naamwoord (meervoud* **ge‑heues***)*

gehoor ❶ audience *The* **audience** *clapped when the singer appeared on the stage.* Die **gehoor** het geklap toe die sanger op die verhoog verskyn. ❷ hearing *The old man's* **hearing** *is very poor – he is practically deaf.* Die ou man se **gehoor** is baie swak – hy is feitlik doof.

☐ **ge‑hoor** *selfstandige naamwoord (geen meervoud by* 2*;* **gehore** *by* 1*)*

gehoorsaam[1] obey *"Will your dog* **obey** *you if you tell him to sit?"* "Sal jou hond jou **gehoorsaam** as jy vir hom sê hy moet sit?"

◆ **nie gehoorsaam nie** disobey *"Stop talking! If you* **disobey** *me, I'll punish you!"* "Hou op (met) praat! As julle my **nie gehoorsaam nie**, straf ek julle!"

☐ **ge‑hoor‑saam** *werkwoord (teenwoordige tyd* **ge‑hoorsaam***, verlede tyd* **het gehoorsaam***)*

gehoorsaam[2] ❶ obedient *My dog is very* **obedient** *– if I tell him to sit, he does.* My hond is baie **gehoorsaam** – as ek vir hom sê hy moet sit, doen hy dit. ❷ well‑behaved *What lovely children she has! The one is as* **well‑behaved** *as the other.* Watter lieflike kinders het sy nie! Die een is so **gehoorsaam** as die ander.

☐ **ge‑hoor‑saam** *byvoeglike naamwoord (attributief* **gehoorsame***)* **gehoorsamer, gehoorsaamste**

gehoorsaamheid obedience *The teacher expects obe‑dience from the children.* Die onderwyser verwag **ge‑hoorsaamheid** van die kinders.

☐ **ge‑hoor‑saam‑heid** *selfstandige naamwoord (geen meervoud)*

gek[1] fool *Only a* **fool** *would leave his car with the keys still in it.* Net 'n **gek** sou sy motor verlaat met die sleutels nog daarin.

☐ **gek** *selfstandige naamwoord (meervoud* **gekke***)*

gek[2] ❶ foolish, silly, stupid *It is* **foolish**/**silly**/**stupid** *to go too deep into the sea if you can't swim.* Dit is **gek** om te diep in die see in te gaan as jy nie kan swem nie. ❷ mad *"Let's go for a ride on our bicycles." – "Are you* **mad***? It's raining!"* "Kom ons gaan ry 'n ent op ons fietse." – "Is jy **gek**? Dit reën!"

◆ **gek maak** drive mad *That dog will* **drive** *me* **mad** *with its barking!* Daardie hond sal my nog **gek maak** met sy geblaf!

☐ **gek** *byvoeglike naamwoord (attributief* **gek***)* **gek‑ker, gekste**

gelag laughter *We heard the* **laughter** *of children playing in the park.* Ons het die **gelag** gehoor van kinders wat in die park speel.

☐ **ge‑lag** *selfstandige naamwoord (geen meervoud)*

geld[1] money *"How much* **money** *do you have in your purse?"* "Hoeveel **geld** het jy in jou beursie?"

☐ **geld** *selfstandige naamwoord (geen meervoud)*

geld[2] apply *The headmaster said, "Children, the rule against smoking* **applies** *to you all."* Die hoof het gesê: "Kinders, die reël teen rokery **geld** vir julle almal."

☐ **geld** *werkwoord (teenwoordige tyd* **geld***, verlede tyd* **het gegeld***)*

geldmors a waste of money *It's* **a waste of money** *to buy something that doesn't work properly.* Dis **geld‑mors** om iets te koop wat nie goed werk nie.

☐ **geld‑mors** *selfstandige naamwoord (geen meervoud)*

gelede ago *My grandfather is still alive, but my grand‑mother died a year* **ago***.* My oupa leef nog, maar my ouma is 'n jaar **gelede** dood.

◆ **lank gelede** long ago *"How* **long ago** *did your grandmother die?"* "Hoe **lank gelede** is jou ouma dood?"

◆ **'n paar dae gelede** ⇨ **dag**.

◆ **'n paar jaar gelede** some years ago *My grand‑father died* **some years ago***.* My oupa is **'n paar jaar gelede** dood.

☐ **ge‑le‑de** *bywoord*

geleentheid ❶ opportunity *"Have you ever had the op‑portunity to travel overseas?"* "Het jy al ooit die ge‑leentheid gehad om oorsee te reis?" ❷ occasion **[a]** *"Do you know her?" – "Yes, we met on a previous oc‑casion."* "Ken jy haar?" – "Ja, ons het by 'n vorige **geleentheid** ontmoet." **[b]** *Her wedding was a big oc‑casion.* Haar troue was 'n groot **geleentheid**.

◆ **'n geleentheid gee** give a lift *The driver of the car asked him, "Can I* **give** *you* **a lift** *into town?"* Die be‑

stuurder van die motor het hom gevra: "Kan ek jou 'n **geleentheid** stad toe **gee**?"

◆ **'n geleentheid kry** get a lift *He asked the driver of the car, "Can I **get a lift** into town with you?"* Hy het die bestuurder van die motor gevra: "Kan ek **'n geleentheid** met jou stad toe **kry**?"

☐ **ge·leent·heid** *selfstandige naamwoord (meervoud* **geleenthede***)*

geleidelik gradually *Winter is over and the days are **gradually** becoming longer.* Die winter is verby en die dae word **geleidelik** langer.

☐ **ge·lei·de·lik** *bywoord*

geliefkoosde favourite *There is a picture of my **favourite** pop singer on the wall above my bed.* Daar is 'n prent van my **geliefkoosde** popsanger teen die muur bokant my bed.

☐ **ge·lief·koos·de** *attributiewe byvoeglike naamwoord*

geloof ❶ faith [a] *Ruth's **faith** in God is very strong.* Ruth se **geloof** in God is baie sterk. [b] *"Of what **faith** are you?" – "I'm a Christian."* "Van watter **geloof** is jy?" – "Ek is 'n Christen." ❷ religion *He was a Jew but changed his **religion** and is now a Christian.* Hy was 'n Jood maar het van **geloof** verander en is nou 'n Christen. ❸ belief *He is deeply religious and has great **belief** in the power of prayer.* Hy is diep godsdienstig en het groot **geloof** in die krag van gebed.

☐ **ge·loof** *selfstandige naamwoord (geen meervoud by* **1a** *en* **3***; **gelowe** by* **1b** *en* **2***)*

geluid ❶ sound *I could hear the **sound** of voices from the room next door.* Ek kon die **geluid** van stemme uit die kamer langsaan hoor. ❷ sound, noise *"What is that funny **sound/noise**?" – "It's birds walking on the roof."* "Wat is daardie snaakse **geluid**?" – "Dis voëls wat op die dak loop."

☐ **ge·luid** *selfstandige naamwoord (meervoud* **geluide***)*

geluk ❶ happiness *Love and friendship bring true **happiness** – not money.* Liefde en vriendskap bring ware **geluk** – nie geld nie. ❷ luck *The car's petrol tank is almost empty, but with some **luck** we'll be able to reach the next town.* Die motor se petroltenk is amper leeg, maar met 'n bietjie **geluk** sal ons die volgende dorp kan haal.

◆ **dis 'n geluk** it is lucky *"**It is lucky** that I cooked so much food – I didn't expect extra guests."* "**Dis 'n geluk** dat ek soveel kos gekook het – ek het nie ekstra gaste verwag nie."

◆ **veels geluk** ⇨ **veels.**

☐ **ge·luk** *selfstandige naamwoord (geen meervoud)*

gelukkig¹ ❶ happy *He is very **happy** at school, for he likes his teachers and enjoys the work.* Hy is baie **gelukkig** op skool, want hy hou van sy onderwysers en geniet die werk. ❷ lucky [a] *I'm not very **lucky** when we play cards – my brother usually wins.* Ek is nie baie **gelukkig** wanneer ons kaart speel nie – my broer wen gewoonlik. [b] *She is **lucky** still to be alive after the accident.* Sy is **gelukkig** dat sy na die ongeluk nog leef.

◆ **gelukkige Nuwejaar!** ⇨ **Nuwejaar.**

☐ **ge·luk·kig** *byvoeglike naamwoord (attributief* **gelukkige***) **gelukkiger, gelukkigste***

gelukkig² ❶ happily *The bride and groom came out of the church, smiling **happily**.* Die bruid en bruidegom het **gelukkig** geglimlag toe hulle by die kerk uitkom. ❷ fortunately, luckily *He fell out of the tree, but **fortunately/luckily** didn't get hurt.* Hy het uit die boom geval, maar het **gelukkig** nie seergekry nie.

☐ **ge·luk·kig** *bywoord*

gelukwens congratulate *"I want to **congratulate** you on your good exam results."* "Ek wil jou **gelukwens** met jou goeie eksamenuitslae."

◆ **iemand met sy verjaardag gelukwens** wish someone a happy birthday *"Aren't you going to **wish** him **a happy birthday**?"* "Gaan jy hom nie **met sy verjaardag gelukwens** nie?"

☐ **ge·luk·wens** *werkwoord (teenwoordige tyd* **wens geluk,** *verlede tyd* **het gelukgewens***)*

gelukwense congratulations *We sent her a telegram of **congratulations** on the birth of her baby.* Ons het aan haar 'n telegram van **gelukwense** met die geboorte van haar baba gestuur.

☐ **ge·luk·wen·se** *meervoudige selfstandige naamwoord*

gelyk¹ ❶ level [a] *My grandmother and I are the same height – if we stand up straight, our shoulders are **level**.* Ek en my ouma is ewe lank – as ons regop staan, is ons skouers **gelyk**. [b] *I take a **level** teaspoon of sugar in my tea.* Ek neem 'n **gelyk** teelepel suiker in my tee. ❷ level, even *The teams were **level/even** – they had one goal each.* Die spanne was **gelyk** – hulle het een doel elk gehad. ❸ even *There are no bumps in the road; it is smooth and **even**.* Daar is geen bulte in die pad nie; dit is glad en **gelyk**. ❹ equal [a] *Ten millimetres are **equal** to one centimetre.* Tien millimeter is **gelyk** aan een sentimeter. [b] *If you cut an apple into quarters, you get four **equal** pieces.* As jy 'n appel in kwarte sny, kry jy vier **gelyke** stukke.

◆ **gelyk wees aan** equal *Two plus six must **equal** three plus five, for in both cases the answer is eight.* Twee plus ses moet **gelyk wees aan** drie plus vyf, want in albei gevalle is die antwoord agt.

☐ **ge·lyk** *byvoeglike naamwoord (attributief* **gelyk/gelyke***)*

> As **gelyk** voor 'n selfstandige naamwoord staan en die betekenis dra van "soos die ander" of "eenders", kry dit 'n *e*-uitgang; beteken dit "plat" of "sonder bulte" is daar geen uitgang nie: *kinders van **gelyke** ouderdom; 'n **gelyk** pad.*

gelyk² ❶ at the same time *My mother and I got home **at the same time**.* Ek en my ma het **gelyk** by die huis gekom. ❷ at once *"Don't all speak **at once**!"* "Moenie almal **gelyk** praat nie!"

☐ **ge·lyk** *bywoord*

gelykmaak ❶ level, smooth *You can **level/smooth** soil with a rake.* Jy kan grond met 'n hark **gelykmaak.**

2 level *His goal **levelled** the score – both teams now have two points.* Sy doel **het** die telling **gelykgemaak** – albei spanne het nou twee punte.

☐ **ge·lyk·maak** *werkwoord (teenwoordige tyd* maak gelyk, *verlede tyd* **het gelykgemaak***)*

gelykop 1 equally *If we divide the sweets **equally**, each will get six.* As ons die lekkers **gelykop** deel, sal elkeen ses kry. **2** in a draw/tie *Neither team could score a goal, so the match ended **in a draw/tie**.* Nie een van die twee spanne kon 'n doel aanteken nie; die wedstryd het dus **gelykop** geëindig.

◆ **gelykop** speel draw, tie *When two teams **draw/tie** there is no winner.* As twee spanne **gelykop speel**, is daar geen wenner nie.

☐ **ge·lyk·op** *bywoord*

gelykop spel draw, tie *If there is a **draw/tie**, the two teams will share the cup.* As daar 'n **gelykop spel** is, sal die twee spanne die beker deel.

☐ **ge·lyk·op spel** *naamwoordgroep (meervoud* **gelyk·op spelle***)*

gemak comfort *The bed is hard and narrow and not made for **comfort**.* Die bed is hard en smal en nie vir **gemak** gemaak nie.

☐ **ge·mak** *selfstandige naamwoord (geen meervoud)*

gemaklik[1] comfortable **[a]** *My bed has a good mattress and is very **comfortable**.* My bed het 'n goeie matras en is baie **gemaklik**. **[b]** *The nurse asked the patient, "Are you **comfortable**, or would you like another pillow?"* Die verpleegster het die pasiënt gevra: "Is u ge= **maklik**, of wil u nog 'n kussing hê?"

☐ **ge·mak·lik** *byvoeglike naamwoord (attributief* **ge= maklik***)* **gemakliker, gemaklikste**

gemaklik[2] comfortably *He couldn't sleep **comfortably** because he had to share a bed with his brother.* Hy kon nie **gemaklik** slaap nie, want hy moes 'n bed met sy broer deel.

☐ **ge·mak·lik** *bywoord*

gemeen mean *It was **mean** of him to leave the dog out= side in the rain.* Dit was **gemeen** van hom om die hond buite in die reën te laat.

☐ **gemeen** *byvoeglike naamwoord (attributief* **geme= ne***)* **gemener, gemeenste**

gemeng mixed **[a]** *"Is your school **mixed**?" – "No, it's for boys only; they don't admit girls."* "Is julle skool **gemeng**?" – "Nee, dis net vir seuns; hulle laat nie meisies toe nie." **[b]** *There are different kinds of sweets in a **mixed** pack.* Daar is verskillende soorte lekkers in 'n **gemengde** pak.

☐ **ge·meng** *byvoeglike naamwoord (attributief* **ge= mengde***)*

gemors mess *"What's this **mess** on the floor?" – "It's milk that leaked from the bottle."* "Wat is dié **gemors** op die vloer?" – "Dis melk wat uit die bottel gelek het."

◆ **'n gemors maak** make a mess **[a]** *"Anna, if you don't follow the knitting pattern, you will **make a mess** of the jersey."* "Anna, as jy nie die breipatroon volg

nie, sal jy **'n gemors** van die trui maak." **[b]** *He dropped the bottle of milk and **made a big mess** on the floor.* Hy **het** die bottel melk laat val en **'n** groot ge= **mors** op die vloer **gemaak**.

☐ **ge·mors** *selfstandige naamwoord (meervoud* **ge= mors/gemorse***)*

genees 1 cure *"Take this medicine – it will soon **cure** you."* "Drink dié medisyne – dit sal jou gou **genees**." **2** heal *"Put some ointment on the wound, then it will **heal** more quickly."* "Smeer 'n bietjie salf aan die wond, dan sal dit gouer **genees**."

☐ **ge·nees** *werkwoord (teenwoordige tyd* genees, *ver= lede tyd* **het genees***)*

geneesmiddel cure *Doctors are trying to discover a **cure** for the common cold.* Dokters probeer 'n **genees= middel** teen verkoue ontdek.

☐ **ge·nees·mid·del** *selfstandige naamwoord (meer= voud* **geneesmiddels***)*

geniet 1 enjoy **[a]** *If you want to **enjoy** good health, you should eat the right food and get enough exercise.* As jy goeie gesondheid wil **geniet**, moet jy die regte kos eet en genoeg oefening kry. **[b]** *"Did you **enjoy** the party?" – "Yes, it was great."* "**Het** jy die partytjie **geniet**?" – "Ja, dit was heerlik." **2** have *We **have** lunch at 13:00 and supper at 18:00.* Ons **geniet** mid= dagete om 13:00 en aandete om 18:00.

☐ **ge·niet** *werkwoord (teenwoordige tyd* geniet, *verle= de tyd* **het geniet***)*

genoeg[1] enough *There is **enough** room for six people in the car.* Daar is **genoeg** plek vir ses mense in die motor.

◆ **genoeg wees vir almal** enough to go round *"Are there **enough** sandwiches **to go round**?"* "Is daar ge= **noeg** toebroodjies **vir almal**?"

☐ **ge·noeg** *byvoeglike naamwoord (attributief* **ge= noeg***)*

genoeg[2] enough *The jug is large **enough** for a litre of milk.* Die beker is groot **genoeg** vir 'n liter melk.

☐ **ge·noeg** *bywoord*

genoeg[3] **1** enough *"Have you eaten **enough**, or are you still hungry?"* "Het jy **genoeg** geëet, of is jy nog hon= ger?" **2** plenty *"How many potatoes would you like?" – "Two will be **plenty**."* "Hoeveel aartappels wil jy hê?" – "Twee sal **genoeg** wees."

◆ **dit is genoeg** that will do *The teacher closed the book and said, "**That will do** for today."* Die onderwyser het die boek toegemaak en gesê: "**Dit is genoeg** vir vandag."

☐ **ge·noeg** *voornaamwoord*

genot 1 pleasure **[a]** *"What a **pleasure** to mark your homework – it's always so neat."* "Wat 'n **genot** om jou huiswerk na te sien – dis altyd so netjies." **[b]** *His music gives **pleasure** to millions of people.* Sy musiek verskaf **genot** aan miljoene mense. **2** treat *At the res= taurant mum said, "What a **treat** not to have to cook tonight!"* By die restaurant het ma gesê: "Wat 'n ge= **not** om nie vanaand te moet kook nie!"

□ **ge·not** *selfstandige naamwoord (geen meervoud by* **1b**; **genietinge/genietings** *by* **1a** *en* **2***)*

geografie geography *Geography is a subject that teaches you about the earth, its mountains, rivers, oceans and climate.* **Geografie** is 'n vak wat jou leer van die aarde, sy berge, riviere, oseane en klimaat.

□ **ge·o·gra·fie** *selfstandige naamwoord (geen meervoud)*

gepiep squeak *I heard the* **squeak** *of a mouse.* Ek het die **gepiep** van 'n muis gehoor.

□ **ge·piep** *selfstandige naamwoord (geen meervoud)*

geraas noise *A* **noise** *in the street awoke him.* 'n **Geraas** in die straat het hom wakker gemaak.

□ **ge·raas** *selfstandige naamwoord (meervoud* **gerase***)*

gereed ready *"Dinner is* **ready** *– please come to the table!"* "Die ete is **gereed** – kom asseblief tafel toe!"

□ **ge·reed** *predikatiewe byvoeglike naamwoord*

gereedskap tools *He keeps his hammer, screwdrivers and other* **tools** *in the garage.* Hy hou sy hamer, skroewedraaiers en ander **gereedskap** in die garage.

◆ **stuk gereedskap** tool *Pliers are a* **tool** *with which you can pull out nails.* 'n Tang is 'n **stuk gereedskap** waarmee jy spykers kan uittrek.

□ **ge·reed·skap** *meervoudige selfstandige naamwoord*

gereeld[1] regular *"How* **regular** *are your visits to the dentist?" – "I see him every six months."* "Hoe **gereeld** is jou besoeke aan die tandarts?" – "Ek gaan elke ses maande na hom toe."

□ **ge·reeld** *byvoeglike naamwoord (attributief* **gereelde***)*

gereeld[2] regularly *"How* **regularly** *do you see the dentist?" – "I visit him every six months."* "Hoe **gereeld** gaan jy tandarts toe?" – "Ek besoek hom elke ses maande."

□ **ge·reeld** *bywoord*

gereg dish *Curry and rice is my favourite* **dish**. Kerrie en rys is my geliefkoosde **gereg**.

□ **ge·reg** *selfstandige naamwoord (meervoud* **geregte***)*

gerieflik[1] comfortable *My bed has a good mattress and is very* **comfortable**. My bed het 'n goeie matras en is baie **gerieflik**. [2] convenient *It's very* **convenient** *to live near the school.* Dis baie **gerieflik** om naby die skool te woon.

□ **ge·rief·lik** *byvoeglike naamwoord (attributief* **gerieflike***)* **geriefliker, gerieflikste**

geroep call, cry *We heard a* **call/cry** *for help from the burning building.* Ons het 'n **geroep** om hulp uit die brandende gebou gehoor.

□ **ge·roep** *selfstandige naamwoord (geen meervoud)*

geroes rusty *The old tin is brown and* **rusty** *and full of holes.* Die ou blik is bruin en **geroes** en vol gate.

□ **ge·roes** *byvoeglike naamwoord (attributief* **geroeste***)* **meer geroes, mees geroeste**

gerus do *"Do bring your brother along when we go swimming this afternoon."* "Bring **gerus** jou broer saam wanneer ons vanmiddag gaan swem."

◆ **kan gerus** [1] be welcome to *"You* **are welcome to** *bring your brother along when we go swimming this afternoon."* "Jy **kan gerus** jou broer saambring wanneer ons vanmiddag gaan swem." [2] may/might as well *"It's almost one o'clock – you* **may/might as well** *stay for lunch."* "Dis al amper eenuur – jy **kan gerus** vir middagete bly."

◆ **slaap gerus** ⇨ **slaap**[2].

□ **ge·rus** *bywoord*

gesag authority *A government has the* **authority** *to make laws.* 'n Regering het die **gesag** om wette te maak.

□ **ge·sag** *selfstandige naamwoord (geen meervoud)*

gesang hymn *"Let's sing this* **hymn** *in praise of God."* "Kom ons sing hierdie **gesang** tot lof van God."

□ **ge·sang** *selfstandige naamwoord (meervoud* **gesange***)*

gesels chat, talk *"What do you and Doreen* **chat/talk** *about when you phone each other?"* "Waaroor **gesels** jy en Doreen as julle mekaar bel?"

□ **gesels** *werkwoord (teenwoordige tyd* **gesels***, verlede tyd* **het gesels***)*

geselskap company *My grandfather is very old but likes the* **company** *of young people.* My oupa is baie oud, maar hou van die **geselskap** van jong mense.

□ **ge·sel·skap** *selfstandige naamwoord (geen meervoud)*

gesien in view of *In view of his bad eyesight, my grandfather decided to stop driving.* **Gesien** sy swak oë, het my oupa besluit om op te hou bestuur.

□ **ge·sien** *voegwoord*

gesig [1] face *She has a smile on her* **face**. Sy het 'n glimlag op haar **gesig**. [2] sight [a] *The eye is the sense organ of* **sight**. Die oog is die sintuig van **gesig**. [b] *A sunset in the Bushveld is one of the most beautiful* **sights** *in nature.* 'n Sonsondergang in die Bosveld is een van die mooiste **gesigte** in die natuur.

◆ **uit die gesig** [1] out of sight *The garage is* **out of sight** *behind the house.* Die garage is **uit die gesig** agter die huis. [2] from view *He watched the sun set and disappear* **from view**. Hy het gekyk hoe die son sak en **uit die gesig** verdwyn.

□ **ge·sig** *selfstandige naamwoord (geen meervoud by* **2a**; **gesigte** *by* **1** *en* **2b***)*

gesin family *Our* **family** *consists of my father and mother, my two brothers and me.* Ons **gesin** bestaan uit my pa en ma, my twee broers en ek. ⇨ **familie** [NOTA].

□ **ge·sin** *selfstandige naamwoord (meervoud* **gesinne***)*

geskei separate *Keep the apples* **separate** *from the oranges.* Hou die appels van die lemoene **geskei**.

□ **ge·skei** *byvoeglike naamwoord (attributief* **geskeide/geskeie***)*

geskenk present, gift *I must buy Lynette a* **present/gift** *for her birthday.* Ek moet vir Lynette 'n **geskenk** vir haar verjaardag koop.

□ **ge·skenk** *selfstandige naamwoord (meervoud* **geskenke***)*

geskiedenis history **[a]** *This book deals with the his=tory of the Second World War.* Dié boek gaan oor die geskiedenis van die Tweede Wêreldoorlog. **[b]** *My best subject at school is history.* My beste vak op skool is **geskiedenis**.
◻ **ge·skie·de·nis** *selfstandige naamwoord (geen meer=voud by* **b**; **geskiedenisse** *by* **a**)

geskik[1] suitable **[a]** *High-heeled shoes are not suitable for walking in the veld.* Hoëhakskoene is nie **geskik** om in die veld mee te loop nie. **[b]** *We must find a suit=able place to hold the meeting.* Ons moet 'n **geskikte** plek kry om die vergadering te hou.
◻ **ge·skik** *byvoeglike naamwoord (attributief* **geskik=te***)* **geskikter, geskikste**

geskik[2] suitably *I'm not suitably dressed to go to a party.* Ek is nie **geskik** aangetrek om na 'n partytjie toe te gaan nie.
◻ **ge·skik** *bywoord*

geslag sex *Where they ask what sex you are, the girls must write "female" and the boys "male".* Waar hulle vra wat jou **geslag** is, moet die meisies skryf "vroulik" en die seuns "manlik".
◻ **ge·slag** *selfstandige naamwoord (meervoud* **ge=slagte***)*

gesond ❶ healthy *The cat is healthy and free from dis=ease.* Die kat is **gesond** en vry van siekte. ❷ well *"I hear you've been ill?" – "Yes, but I'm quite well again now."* "Ek hoor jy was siek?" – "Ja, maar ek is nou weer heeltemal **gesond**."
◆ **gesond maak** cure *"Take this medicine – it will soon cure you."* "Drink dié medisyne – dit sal jou gou **ge=sond maak**."
◆ **gesond word** ❶ get well/better, recover *"You'll get well* (OR *get better* OR *recover) soon if you take this medicine."* "Jy sal gou **gesond word** as jy dié medisyne drink." ❷ heal *"Put some ointment on the wound, then it will heal more quickly."* "Smeer 'n bietjie salf aan die wond, dan sal dit gouer **gesond word**."
◻ **ge·sond** *byvoeglike naamwoord (attributief* **geson=de***)* **gesonder, gesondste**

gesondheid health *If you want to enjoy good health, you should eat the right food and get enough exercise.* As jy goeie **gesondheid** wil geniet, moet jy die regte kos eet en genoeg oefening kry.
◻ **ge·sond·heid** *selfstandige naamwoord (geen meer=voud)*

gesprek conversation *"That was a long conversation – what did you talk about?"* "Dit was 'n lang **gesprek** – waaroor het julle gepraat?"
◻ **ge·sprek** *selfstandige naamwoord (meervoud* **ge=sprekke***)*

gestreep striped *Zebras are striped.* Sebras is **ge=streep**.
◻ **ge·streep** *byvoeglike naamwoord (attributief* **ge=streepte***)*

gesukkel struggle *After a great struggle they got the*

piano *through the door.* Na 'n groot **gesukkel** het hulle die klavier by die deur ingekry.
◻ **ge·suk·kel** *selfstandige naamwoord (geen meervoud)*

geswel swollen *"Why is your finger so swollen?" – "I was bitten by an insect."* "Hoekom is jou vinger so **ge=swel**?" – "'n Gogga het my gebyt."
◻ **ge·swel** *byvoeglike naamwoord (attributief* **ge=swelde***)*

getal number *4 is an even number.* 4 is 'n ewe **getal**.
⇨ **aantal; hoeveelheid** [NOTAS].
◻ **ge·tal** *selfstandige naamwoord (meervoud* **getalle***)*

◆ Telwoorde tussen 13 en 19 word vas geskryf: *veer=tien, sestien,* ens.
◆ Telwoorde tussen 21 en 99 word óf los óf met kop=peltekens geskryf: *een en twintig* of *een-en-twintig, drie en tagtig* of *drie-en-tagtig,* ens.
◆ Verbindings van honderd, duisend en miljoen met 'n voorafgaande telwoord word óf los óf vas geskryf: *vyf honderd* of *vyfhonderd, drie duisend* of *drieduisend, tien miljoen* of *tienmiljoen.*
◆ Breuke word óf los óf met koppeltekens geskryf: *twee derdes* of *twee-derdes, drie kwart* of *drie-kwart,* ens.

---

getik ticking *The house was so quiet that I could hear the ticking of the clock beside my bed.* Die huis was so stil dat ek die **getik** van die horlosie langs my bed kon hoor.
◻ **ge·tik** *selfstandige naamwoord (geen meervoud)*

getrou faithful *My dog is so faithful that he will protect me with his life.* My hond is so **getrou** dat hy my met sy lewe sal beskerm.
◻ **ge·trou** *byvoeglike naamwoord (attributief* **ge=troue***)* **getrouer, getrouste**

getroud married *My parents have been married for twenty years.* My ouers is al twintig jaar **getroud**.
◻ **ge·troud** *byvoeglike naamwoord (attributief* **ge=troude***)*

geur ❶ scent *Some flowers have a very sweet scent.* Par=ty blomme het 'n baie soet **geur**. ❷ flavour *Salt and pepper give flavour to food.* Sout en peper gee **geur** aan kos.
◻ **geur** *selfstandige naamwoord (meervoud* **geure***)*

gevaar danger *People who speed are a danger on the road.* Mense wat te vinnig ry, is 'n **gevaar** op die pad.
◆ **gevaar loop om te** be in danger of *Some animals are so rare that they are in danger of dying out.* Som=mige diere is so seldsaam dat hulle **gevaar loop om** uit te sterf.
◆ **in gevaar wees** be at risk *The fire spreads fast and many houses are at risk.* Die brand versprei vinnig en baie huise **is in gevaar**.
◆ **op gevaar (af) van** at the risk of *He saved her life at the risk of losing his own.* Hy het haar lewe gered **op gevaar (af) van** sy eie te verloor.
◻ **ge·vaar** *selfstandige naamwoord (meervoud* **ge=vare***)*

gevaarlik dangerous *"Don't stick your head out of the train window – it's **dangerous**!"* "Moenie jou kop by die treinvenster uitsteek nie – dis **gevaarlik!**"

☐ **ge·vaar·lik** *byvoeglike naamwoord (attributief gevaarlike)* **gevaarliker, gevaarlikste**

geval ❶ case *This year the plants started flowering earlier than is usually the **case**.* Die plante het vanjaar vroeër begin blom as wat gewoonlik die **geval** is. ❷ instance *The worst **instance** of theft at our school was when Simon stole the examination papers.* Die ergste **geval** van diefstal by ons skool was toe Simon die eksamenvraestelle gesteel het.
◆ **in elk geval** in any case *"I know you can't dance, but come to my party **in any case**."* "Ek weet jy kan nie dans nie, maar kom **in elk geval** na my partytjie toe."
◆ **in geval van** in case of *In case of rain we will have the party in the house and not in the garden.* **In geval van** reën sal ons die partytjie in die huis hou en nie in die tuin nie.

☐ **ge·val** *selfstandige naamwoord (meervoud* **gevalle***)*

gevange neem take prisoner *A policeman has the power to **take** a criminal **prisoner**.* 'n Polisieman het die mag om 'n misdadiger **gevange** te **neem**.

☐ **ge·van·ge neem** *werkwoordfrase (teenwoordige tyd* **neem gevange***, verlede tyd* **het gevange geneem***)*

gevangene prisoner *A **prisoner** tried to escape from jail.* 'n **Gevangene** het uit die tronk probeer ontsnap.

☐ **ge·van·ge·ne** *selfstandige naamwoord (meervoud* **gevangenes***)*

geveg fight *The **fight** between the two boxers lasted ten rounds.* Die **geveg** tussen die twee boksers het tien rondes geduur.

☐ **ge·veg** *selfstandige naamwoord (meervoud* **gevegte***)*

gevoel ❶ feeling *Fear is a **feeling** that you experience when you are in danger.* Vrees is 'n **gevoel** wat jy ervaar wanneer jy in gevaar is. ❷ touch [a] *The skin is the sense organ of **touch**.* Die vel is die sintuig van **gevoel**. [b] *Blind people read by **touch**.* Blindes lees op **gevoel**.

☐ **ge·voel** *selfstandige naamwoord (geen meervoud by* 2*;* **gevoelens** *by 1)*

gevolg ❶ result *His injury is the **result** of a car accident.* Sy besering is die **gevolg** van 'n motorongeluk. ❷ effect *A serious **effect** of drought is that rivers and dams dry up.* 'n Ernstige **gevolg** van droogte is dat riviere en damme opdroog.
◆ **as gevolg van** as a result of *They cancelled the match **as a result of** the bad weather.* Hulle het die wedstryd **as gevolg van** die slegte weer gekanselleer.

☐ **ge·volg** *selfstandige naamwoord (meervoud* **gevolge***)*

gewapen armed *The robber was **armed** with a gun.* Die rower was met 'n geweer **gewapen**.

☐ **ge·wa·pen** *byvoeglike naamwoord (attributief gewapende)*

geweer gun *The hunter shot the lion in the head with his **gun**.* Die jagter het die leeu met sy **geweer** in die kop geskiet.

☐ **ge·weer** *selfstandige naamwoord (meervoud geweers/gewere)*

geweld ❶ force *The roof of the house was blown off by the **force** of the wind.* Die huis se dak is deur die **geweld** van die wind afgewaai. ❷ violence [a] *No ships could leave the harbour because of the **violence** of the storm.* Weens die **geweld** van die storm kon geen skepe die hawe verlaat nie. [b] *The robber is extremely dangerous and won't hesitate to use **violence**.* Die rower is uiters gevaarlik en sal nie huiwer om **geweld** te gebruik nie.

☐ **ge·weld** *selfstandige naamwoord (geen meervoud)*

gewelddadig violent *The police warned that the robber was **violent** and therefore extremely dangerous.* Die polisie het gewaarsku dat die rower **gewelddadig** en daarom uiters gevaarlik is.

☐ **ge·weld·da·dig** *byvoeglike naamwoord (attributief gewelddadige)* **gewelddadiger, gewelddadigste**

geweldig¹ ❶ terrific *The storm is so **terrific** that one dare not go outside.* Die storm is so **geweldig** dat 'n mens nie buitentoe durf gaan nie. ❷ terrible, awful *The news of his death came as a **terrible** (OR an **awful**) shock to her.* Die nuus van sy dood was vir haar 'n **geweldige** skok. ❸ tremendous *The aeroplane's engines make a **tremendous** noise.* Die vliegtuig se enjins maak 'n **geweldige** lawaai.

☐ **ge·wel·dig** *byvoeglike naamwoord (attributief geweldige)*

geweldig² ❶ dreadfully *It was **dreadfully** cold – the temperature was below freezing-point.* Dit was **geweldig** koud – die temperatuur was onder die vriespunt. ❷ enormously *The Queen of England is **enormously** rich.* Die Koningin van Engeland is **geweldig** ryk.
◆ **geweldig groot** huge, enormous *The house is **huge/enormous** – it has fourteen rooms!* Die huis is **geweldig groot** – dit het veertien kamers!

☐ **ge·wel·dig** *bywoord*

gewig weight [a] *She went on a diet and lost five kilograms in **weight**.* Sy het op 'n dieet gegaan en vyf kilogram aan **gewig** verloor. [b] *He used a bottle of glue as a **weight** to keep the papers from blowing away.* Hy het 'n bottel gom as **gewig** gebruik om te keer dat die papiere wegwaai.

☐ **ge·wig** *selfstandige naamwoord (geen meervoud by* a*;* **gewigte** *by b)*

gewild popular *Esther is **popular** at school and has many friends.* Esther is **gewild** by die skool en het baie maats.

☐ **ge·wild** *byvoeglike naamwoord (attributief gewilde)* **gewilder, gewildste**

gewillig prepared, ready, willing *"Are you **prepared/ready/willing** to help?"* "Is jy **gewillig** om te help?"

☐ **ge·wil·lig** *byvoeglike naamwoord (attributief gewillige)*

gewoon ❶ ordinary *There is nothing special about his new bike – it's quite **ordinary**.* Daar is niks besonders aan

sy nuwe fiets nie – dis heel **gewoon**. **2** common [a] *It is quite **common** for Cape Town to get rain in September*. Dis heel **gewoon** dat Kaapstad in September reën kry. [b] *It is a **common** complaint among children that they get too much homework.* Dis 'n **gewone** klagte onder kinders dat hulle te veel huiswerk kry. **3** plain [a] *"Do you want your sandwich **plain**, or shall I toast it for you?"* "Wil jy jou toebroodjie **gewoon** hê, of moet ek dit vir jou rooster?" [b] *He eats only **plain** food – don't give him strange dishes with rich sauces.* Hy eet net **gewone** kos – moenie vir hom vreemde geregte met ryk souse gee nie. **4** usual *We had dinner at the **usual** time.* Ons het op die **gewone** tyd geëet.
□ ge·w**oo**n *byvoeglike naamwoord (attributief ge-w**oo**ne)*

gewoond used *They come from a cold country and are not **used** to the heat of South Africa.* Hulle kom van 'n koue land en is nie aan die hitte van Suid-Afrika **gewoond** nie.
♦ **gewoond daaraan** used to *I am **used to** getting up early.* Ek is **gewoond daaraan** om vroeg op te staan.
♦ **gewoond raak aan** get used to *I'm sure they'll soon **get used to** our warm climate.* Ek is seker hulle sal gou **aan** ons warm klimaat **gewoond raak**.
□ ge·w**oo**nd *byvoeglike naamwoord*

gewoonlik usually, generally, normally *We **usually/generally/normally** have dinner at seven in the evening.* Ons eet **gewoonlik** saans om sewe-uur.
♦ **soos gewoonlik** **1** as usual *We had dinner at seven, **as usual**.* Ons het **soos gewoonlik** om sewe-uur geëet. **2** typically *Typically, she was late again.* **Soos gewoonlik** was sy weer laat.
□ ge·w**oo**n·lik *bywoord*

gewoonte habit *My mother has the **habit** of opening all the windows first thing in the morning.* My ma het die **gewoonte** om soggens heel **eerste** al die vensters oop te maak.
□ ge·w**oo**n·te *selfstandige naamwoord (meervoud gewoontes)*

gewrig joint *Your knee is a **joint**.* Jou knie is 'n **gewrig**.
□ ge·wrig *selfstandige naamwoord (meervoud gewrigte)*

ghitaar ➪ **kitaar.**

gids **1** guide [a] *A **guide** took us through the museum and answered all our questions.* 'n **Gids** het ons deur die museum geneem en al ons vrae beantwoord. [b] *If you do not know a city, you can buy yourself a **guide** with maps of all the streets.* As jy 'n stad nie ken nie, kan jy vir jou 'n **gids** met kaarte van al die strate koop. **2** directory *Our telephone number is in the **directory**.* Ons telefoonnommer is in die **gids**.
□ gids *selfstandige naamwoord (meervoud gidse)*

gidshond guide dog *A **guide dog** is a dog that has learnt how to lead a blind person.* 'n **Gidshond** is 'n hond wat geleer het hoe om 'n blinde te lei.
□ gids·hond *selfstandige naamwoord (meervoud gids-honde)*

gif poison *Gardeners spray their plants with **poison** to kill the insects.* Tuiniers spuit hulle plante met **gif** om die insekte dood te maak.
□ gif *selfstandige naamwoord (meervoud giwwe)*

giftig poisonous *"Is a mamba a dangerous snake?"* – *"Yes, it's very **poisonous**."* "Is 'n mamba 'n gevaarlike slang?" – "Ja, hy's baie **giftig**."
□ gif·tig *byvoeglike naamwoord (attributief giftige) giftiger, giftigste*

gil[1] scream, shout *When Lynette saw the snake, she gave a **scream/shout** and ran away.* Toe Lynette die slang sien, het sy 'n **gil** gegee en weggehardloop.
□ gil *selfstandige naamwoord (meervoud gille)*

gil[2] scream *I had to clench my teeth not to **scream** with pain.* Ek moes op my tande byt om nie van die pyn te **gil** nie.
♦ **gil van die lag** ➪ **lag**[1].
□ gil *werkwoord (teenwoordige tyd gil, verlede tyd het gegil)*

gips plaster *"Your arm is broken; I'll have to put it in **plaster**," the doctor said.* "Jou arm is af; ek sal dit in **gips** moet sit," het die dokter gesê.
□ gips *selfstandige naamwoord (geen meervoud)*

gister[1] yesterday *If today is Monday, then **yesterday** was Sunday.* As dit vandag Maandag is, dan was dit **gister** Sondag.
□ gis·ter *selfstandige naamwoord (geen meervoud)*

gister[2] yesterday *It is hotter today than **yesterday**.* Dis vandag warmer as **gister**.
□ gis·ter *bywoord*

gisteraand **1** yesterday evening *The accident happened at 19:00 **yesterday evening**.* Die ongeluk het **gisteraand** om 19:00 gebeur. **2** last night *She went to a dance **last night**.* Sy het **gisteraand** gaan dans.
□ gis·ter·aand/gis·ter·aand *bywoord*

gistermiddag yesterday afternoon *At Sunday school he said to his friend, "I went to the cinema **yesterday afternoon**."* By die Sondagskool het hy vir sy vriend gesê: "Ek het **gistermiddag** gaan fliek."
□ gis·ter·mid·dag/gis·ter·mid·dag *bywoord*

gisternag last night *I had a bad dream about snakes **last night**.* Ek het **gisternag** 'n nare droom oor slange gehad.
□ gis·ter·nag OF gis·ter·nag *bywoord*

gisteroggend yesterday morning *On Monday at school he said to his friend, "Why weren't you at Sunday school **yesterday morning**?"* Maandag by die skool het hy vir sy vriend gesê: "Hoekom was jy nie **gisteroggend** by die Sondagskool nie?"
□ gis·ter·og·gend *bywoord*

gits gosh *"Have you washed the dishes already? **Gosh**, but that was quick!"* "Het jy die skottelgoed al klaar gewas? **Gits**, maar dit was gou!"
□ gits *tussenwerpsel*

glad[1] **1** smooth [a] *Her skin is as **smooth** as a baby's.* Haar vel is so **glad** soos 'n baba s'n. [b] *Beat the eggs and sugar until the mixture is **smooth** and creamy.*

Klits die eiers en suiker tot die mengsel **glad** en rome=
rig is. **2** slippery *Soap is so **slippery** under water that
you can't hold it.* Seep is so **glad** onder water dat jy dit
nie kan vashou nie.

◆ **glad maak** smooth *"**Smooth** the table with sand-
paper before you paint it."* "**Maak** die tafel met skuur=
papier **glad** voor jy dit verf."

□ **glad** *byvoeglike naamwoord (attributief* **gladde***)*
gladder, gladste

glad² **1** smoothly *"Your bicycle chain will run nice and
smoothly if you oil it regularly."* "Jou fietsketting sal
mooi **glad** loop as jy dit gereeld olie." **2** even *The
books are all mixed up – there are **even** dictionaries
among the storybooks!* Die boeke is heeltemal deurme=
kaar – daar is **glad** woordeboeke tussen die storie=
boeke!

◆ **glad nie** **1** not at all *I'm **not** hungry **at all**.* Ek is
glad nie honger nie. **2** not any *"I do **not** feel **any**
better; my head still aches."* "Ek voel **glad nie** beter
nie; my kop is nog altyd seer." **3** by no means *"I am **by
no means** satisfied with your marks; you can do much
better."* "Ek is **glad nie** tevrede met jou punte nie; jy
kan baie beter vaar."

□ **glad** *bywoord*

glas glass **[a]** *Bottles are made of **glass** or plastic.* Bot=
tels word van **glas** of plastiek gemaak. **[b]** *She poured
the cool drink into a **glass**.* Sy het die koeldrank in 'n
glas geskink.

◆ **'n glas ...** a glass/drink of ... *"I'm thirsty. Could I
have **a glass/drink of** water, please?"* "Ek is dors.
Kan ek **'n glas** water kry, asseblief?"

□ **glas** *selfstandige naamwoord (geen meervoud by* **a***;*
glase *by* **b***)*

gleuf **1** slit *She put the letter through the **slit** in the post-
box.* Sy het die brief deur die **gleuf** in die posbus ge=
gooi. **2** slot *"**Slide** the chain into the **slot** on the door."*
"Skuif die ketting in die **gleuf** aan die deur."

□ **gleuf** *selfstandige naamwoord (meervoud* **gleuwe***)*

glibberig slippery *The dirt road is very **slippery** after
the heavy rain.* Die grondpad is baie **glibberig** na die
swaar reën.

□ **glib·be·rig** *byvoeglike naamwoord (attributief* **glib=
berige***)* **glibberiger, glibberigste**

glimlag¹ smile *I could tell by the **smile** on his face that
he had won.* Ek het aan die **glimlag** op sy gesig geweet
dat hy gewen het.

□ **glim·lag** *selfstandige naamwoord (meervoud* **glim=
lagge/glimlagte***)*

glimlag² smile *"**Face** the camera and **smile**."* "Kyk na
die kamera en **glimlag**."

□ **glim·lag** *werkwoord (teenwoordige tyd* **glimlag***,
verlede tyd* **het geglimlag***)*

glinster twinkle *Soon after sunset the first star begins to
twinkle in the sky.* Kort na sononder begin die eerste
ster aan die hemel **glinster**.

□ **glin·ster** *werkwoord (teenwoordige tyd* **glinster***,
verlede tyd* **het geglinster***)*

glip slip *Wet soap **slips** out of one's hands very easily.*
Nat seep **glip** baie maklik uit 'n mens se hande.

□ **glip** *werkwoord (teenwoordige tyd* **glip***, verlede tyd*
het geglip*)*

glo¹ believe *"I don't **believe** you; you're lying to me."*
"Ek **glo** jou nie; jy jok vir my."

◆ **glo aan** believe in *She **believes in** the doctor's
medicine.* Sy **glo aan** die dokter se medisyne.

◆ **glo dit as jy wil** believe it or not *"**Believe it or
not**, I've won R5 000 in a competition!"* "**Glo dit as jy
wil**, ek het R5 000 in 'n kompetisie gewen!"

◆ **glo in** believe in *I **believe in** God.* Ek **glo in** God.

□ **glo** *werkwoord (teenwoordige tyd* **glo***, verlede tyd*
het geglo*)*

Jy **glo** *aan* iets maar *in* die Opperwese of mense en hul
vermoëns: *Ek **glo** nie **aan** spoke nie. Ek **glo** in God. Hy
glo in haar regverdigheidsin.*

glo² said to be, I believe *He is **said to be** (*OR* I believe
he is) very rich.* Hy is **glo** baie ryk.

□ **glo** *bywoord*

gloeilamp globe *When I switched on the light, the **globe**
burnt brightly.* Toe ek die lig aanskakel, het die **gloei=
lamp** helder gebrand.

□ **gloei·lamp** *selfstandige naamwoord (meervoud*
gloeilampe*)*

gly **1** slip **[a]** *"The floor is wet; don't **slip** on it."* "Die
vloer is nat; moenie daarop **gly** nie." **[b]** *The knife
slipped and cut her finger.* Die mes **het gegly** en haar
vinger gesny. **[c]** *Wet soap **slips** out of one's hands very
easily.* Nat seep **gly** baie maklik uit 'n mens se hande. **2**
skid *Never brake suddenly on a wet road – your bike
might **skid** and crash into something.* Moet nooit skielik
op 'n nat pad rem nie – jou fiets kan dalk **gly** en teen
iets vasry. **3** slide *The curtains won't **slide** over the rod
– the rings catch somewhere.* Die gordyne wil nie oor die
stok **gly** nie – die ringe haak êrens.

□ **gly** *werkwoord (teenwoordige tyd* **gly***, verlede tyd*
het gegly*)*

glyplank slide *There is a **slide**, a seesaw and a swing in
the park for the children to play on.* Daar is 'n **gly=
plank**, 'n wipplank en 'n swaai in die park vir die kin-
ders om op te speel.

□ **gly·plank** *selfstandige naamwoord (meervoud* **gly=
planke***)*

God God *It says in the Bible that Jesus is the son of **God**.*
Die Bybel sê dat Jesus die seun van **God** is.

□ **God** *selfstandige naamwoord (geen meervoud)*

godsdiens religion *Islam is the **religion** of the Muslims.*
Islam is die **godsdiens** van die Moslems.

□ **gods·diens** *selfstandige naamwoord (meervoud*
godsdienste*)*

godsdienstig religious *He is deeply **religious** and goes
to church every Sunday.* Hy is diep **godsdienstig** en
gaan elke Sondag kerk toe.

□ **gods·diens·tig** *byvoeglike naamwoord (attributief*
godsdienstige*)* **godsdienstiger, godsdienstigste**

goed[1] good *There is **good** and bad in all of us.* Daar is **goed** en kwaad in ons almal.

◆ **goed doen** do good [a] *"Take this medicine – it will do you **good**."* "Drink dié medisyne – dit sal jou **goed** doen." [b] *She **does good** to others by working among the sick and the poor.* Sy **doen goed** aan ander deur onder die siekes en armes te werk.

◆ **iets goeds** something good *I believe there is something good in every person.* Ek glo daar is **iets goeds** in elke mens.

◆ **vir goed** for good *He will never come back again – he has left the town **for good**.* Hy sal nooit weer terugkom nie – hy het die dorp **vir goed** verlaat.

☐ **goed** *selfstandige naamwoord (geen meervoud)*

goed[2] ❶ things, stuff *That shop sells **things/stuff** like pens, pencils and rubbers.* Daardie winkel verkoop **goed** soos penne, potlode en uitveërs. ❷ some ... stuff *The doctor gave me **some** bitter **stuff** for my cough.* Die dokter het my bitter **goed** vir my hoes gegee.

◆ **goedere** goods *Some wagons on the train carry **goods** and no passengers.* Party waens op die trein vervoer **goedere** en geen passasiers nie.

☐ **goed** *selfstandige naamwoord (meervoud **goedere**)*

goed[3] ❶ good [a] *It's not **good** for your teeth to eat too many sweets.* Dis nie **goed** vir jou tande om te veel lekkers te eet nie. [b] *A person who is holy is **good** and free from sin.* Iemand wat heilig is, is **goed** en sonder sonde. [c] *"I have **good** news for you: you got an A in the exams."* "Ek het **goeie** nuus vir jou: jy het 'n A in die eksamen gekry." [d] *He has **good** eyes and need not wear glasses.* Hy het **goeie** oë en hoef nie bril te dra nie. [e] *We had **good** weather during the holiday – it seldom rained.* Ons het **goeie** weer gedurende die vakansie gehad – dit het selde gereën. [f] *Tom is bad at maths but **good** at languages.* Tom is swak in wiskunde, maar **goed** in tale. [g] *Our house is a **good** three kilometres from the station.* Ons huis is 'n **goeie** drie kilometer van die stasie af. ❷ well *After his injury the goalkeeper didn't feel **well** enough to play on.* Na sy besering het die doelwagter nie **goed** genoeg gevoel om verder te speel nie. ⇨ **beter; beste**.

◆ **goed bly/hou** keep *"Put the meat in the fridge, otherwise it won't **keep**."* "Sit die vleis in die yskas, anders sal dit nie **goed bly/hou** nie."

◆ **goed wees** do *"Will cheese **do**, or would you like something else on your bread?"* "Sal kaas **goed wees**, of wil jy iets anders op jou brood hê?"

◆ **'n goeie** well over a/an *She waited **well over an** hour for him.* Sy het **'n goeie** uur vir hom gewag.

◆ **so goed wees om** kindly *"He **kindly** lent me his bicycle for the day."* "Hy **was so goed om** my sy fiets vir die dag te leen."

☐ **goed** *byvoeglike naamwoord (attributief **goeie**)* **beter, beste**

goed[4] ❶ well [a] *"Chew your food **well** before you swallow it."* "Kou jou kos **goed** voor jy dit sluk." [b] *He comforted her and said, "I know only too **well** how you*

feel." Hy het haar getroos en gesê: "Ek weet maar te **goed** hoe jy voel." ❷ properly *"Allow the paint to dry **properly** before you apply the second coat."* "Laat die verf **goed** droog word voor jy die tweede laag aanwend." ❸ fine *"Wouldn't you like a screwdriver?" – "No, thanks, this knife works **fine**."* "Wil jy nie 'n skroewedraaier hê nie?" – "Nee, dankie, dié mes werk **goed**." ❹ closely *He looked **closely** at the pen and said, "I think this is mine."* Hy het **goed** na die pen gekyk en gesê: "Ek dink dis myne." ❺ OK, okay, all right *"Please help me move the table." – "**OK** (OR **Okay** OR **All right**), I'm coming."* "Help my asseblief die tafel verskuif." – "**Goed**, ek kom."

◆ **dit gaan baie/heeltemal goed (met my)** I'm very well *"How are you?" – "**I'm very well**, thank you."* "Hoe gaan dit met jou?" – "**Dit gaan baie/heeltemal goed (met my)**, dankie."

◆ **dit gaan goed** I'm fine *"How are you?" – "**I'm fine**, thanks."* "Hoe gaan dit met jou?" – "**Dit gaan goed**, dankie."

◆ **goed gaar** well done *Fish has to be **well done**, or you can't eat it.* Vis moet **goed gaar** wees, anders kan jy dit nie eet nie.

◆ **goed slaap** ⇨ **slaap**[2].

◆ **goed vaar** ⇨ **vaar**.

◆ **nou goed (dan)** ⇨ **nou**[3].

☐ **goed** *bywoord*

goedkoop cheap *This pencil was very **cheap** – it cost only 35c.* Dié potlood was baie **goedkoop** – dit het maar 35c gekos.

☐ **goed·koop** *byvoeglike naamwoord (attributief **goedkoop**)* **goedkoper, goedkoopste**

goeiemiddag good afternoon *During lunch someone phoned and said, "**Good afternoon**, may I speak to your mother?"* Gedurende middagete het iemand gebel en gesê: "**Goeiemiddag**, kan ek met jou ma praat?"

☐ **goei·e·mid·dag** *tussenwerpsel*

goeiemôre good morning *The teacher entered the classroom and said, "**Good morning**, class!"* Die juffrou het die klaskamer binnegekom en gesê: "**Goeiemôre**, klas!"

☐ **goei·e·mô·re** *tussenwerpsel*

goeienaand good evening *During supper someone phoned and said, "**Good evening**, may I speak to your father?"* Gedurende aandete het iemand gebel en gesê: "**Goeienaand**, kan ek met jou pa praat?"

☐ **goei·e·naand** *tussenwerpsel*

goeienag good night *"**Good night**, Mother, I'm going to bed now."* "**Goeienag**, Ma, ek gaan nou slaap."

☐ **goei·e·nag** *tussenwerpsel*

gogga insect *A green **insect** with six legs has chewed holes in the plant's leaves.* 'n Groen **gogga** met ses pote het gate in die plant se blare gevreet.

☐ **gog·ga** *selfstandige naamwoord (meervoud **goggas**)*

gogga is 'n informele woord vir 'n insek of klein, kruipende diertjie

golf wave *A big **wave** broke on the beach.* 'n Groot **golf** het op die strand gebreek.

☐ **golf** *selfstandige naamwoord (meervoud* **golwe***)*

gom glue *"Stick the two pieces of paper together with **glue**."* "Plak die twee stukke papier met **gom** aan mekaar vas."

☐ **gom** *selfstandige naamwoord (geen meervoud)*

gooi ❶ throw **[a]** *"I'm going to **throw** the ball to you; try and catch it."* "Ek gaan die bal vir jou **gooi**; probeer dit vang." **[b]** *She **threw** a blanket over the sleeping child.* Sy **het** 'n kombers oor die slapende kind **gegooi**. **[c]** *The tree is **throwing** a long shadow across the lawn.* Die boom **gooi** 'n lang skaduwee oor die grasperk. ❷ put *"Don't **put** too much sugar in my tea."* "Moenie te veel suiker in my tee **gooi** nie." ❸ pour *Mum made a white sauce to **pour** over the cauliflower.* Ma het 'n witsous gemaak om oor die blomkool te **gooi**. ❹ put, pop *"**Put/Pop** this letter into the post-box for me, please."* "**Gooi** dié brief vir my in die posbus, asseblief." ❺ tip *"**Tip** some water out of the bucket into the bath."* "**Gooi** 'n bietjie water uit die emmer in die bad."

☐ **gooi** *werkwoord (teenwoordige tyd* **gooi***, verlede tyd* **het gegooi***)*

gordel belt *The **belt** of his trousers is made of leather.* Sy broek se **gordel** is van leer gemaak.

☐ **gor·del** *selfstandige naamwoord (meervoud* **gordels***)*

gordyn curtain *"Please draw the **curtain** slightly, because the sun is shining in my eyes."* "Trek asseblief die **gordyn** effens toe, want die son skyn in my oë."

☐ **gor·dyn** *selfstandige naamwoord (meervoud* **gordyne***)*

gou[1] quick *"Have you washed the dishes already? Gosh, but that was **quick**!"* "Het jy die skottelgoed al klaar gewas? Gits, maar dit was **gou**!"

◆ **gou klaar om te** ⇨ **klaar.**

☐ **gou** *predikatiewe byvoeglike naamwoord* **gouer, gouste**

gou[2] ❶ quickly *"Anna, come here **quickly**; I want to show you something."* "Anna, kom **gou** hier; ek wil jou iets wys." ❷ soon *"I hope you'll get better **soon**!"* "Ek hoop jy word **gou** gesond!" ❸ just *"Mum, I'm **just** going to the café – I won't be long."* "Ma, ek gaan **gou** kafee toe – ek sal nie lank wegbly nie."

◆ **gou maak** ❶ hurry (up) *"If you don't **hurry (up)**, you'll be late for school."* "As jy nie **gou maak** nie, sal jy laat wees vir skool." ❷ be quick, don't be long *"**Be quick** (OR **Don't be long**); I'm in a hurry."* "**Maak gou**; ek is haastig."

◆ **so gou as** as soon as *"Please lock the gate **as soon as** everyone is through."* "Sluit asseblief die hek **so gou as** almal deur is."

◆ **so gou (as) moontlik** as soon as possible, as soon as ... can *"I'll try to finish the job **as soon as possible** (OR **as soon as I can**).* Ek sal die werk **so gou (as) moontlik** probeer klaarkry.

☐ **gou** *bywoord*

goud gold *My mother's wedding-ring is made of **gold**.* My ma se trouring is van **goud** gemaak.

☐ **goud** *selfstandige naamwoord (geen meervoud)*

goue ❶ gold **[a]** *The athlete won a **gold** medal as first prize.* Die atleet het 'n **goue** medalje as eerste prys gewen. **[b]** *He bought a tin of **gold** paint.* Hy het 'n blik **goue** verf gekoop. ❷ gold, golden *Lynette is wearing a **gold/golden** chain round her neck.* Lynette dra 'n **goue** ketting om haar nek. ❸ golden *His glasses have a **golden** frame.* Sy bril het 'n **goue** raam.

☐ **gou·e** *attributiewe byvoeglike naamwoord*

gou-gou in no time *She is a fast worker and tidied the kitchen **in no time**.* Sy is 'n vinnige werker en het die kombuis **gou-gou** aan die kant gemaak.

☐ **gou-gou** *bywoord*

graad degree **[a]** *Every doctor has a **degree** in medicine.* Elke dokter het 'n **graad** in die medisyne. **[b]** *Bake the bread at 190 **degrees**.* Bak die brood by 190 **grade**.

☐ **graad** *selfstandige naamwoord (meervoud* **grade***)*

graaf spade *He dug a hole in the ground with a **spade**.* Hy het 'n gat in die grond met 'n **graaf** gegrawe.

☐ **graaf** *selfstandige naamwoord (meervoud* **grawe***)*

graag ❶ gladly *I **gladly** accept the invitation to your party.* Ek neem **graag** die uitnodiging na jou partytjie aan. ❷ like to *He **likes to** sleep late on Sunday mornings.* Hy slaap **graag** Sondagoggende laat. ❸ love (to) *The kitten is very lively and **loves to** play (OR **loves** playing) with balls of paper.* Die katjie is baie lewendig en speel **graag** met bolletjies papier. ❹ be pleased to *I'd **be pleased to** help you.* Ek sal jou **graag** help.

◆ **baie graag** be keen on *He **is keen on** playing soccer.* Hy speel **baie graag** sokker.

◆ **baie graag wil** would love to *The children **would love to** play outside, but they can't as it's raining.* Die kinders **wil baie graag** buite speel, maar hulle kan nie want dit reën.

◆ **baie graag wil hê** want badly *He **wants** a bicycle **badly**.* Hy **wil baie graag** 'n fiets **hê**.

◆ **graag wil** ❶ would like to *"I **would like to** meet your sister; please introduce her to me."* "Ek **wil** jou suster **graag** ontmoet; stel haar asseblief aan my voor." ❷ be keen on *She **is** very **keen on** going overseas one day.* Sy **wil** baie **graag** eendag oorsee gaan.

◆ **graag wil hê** would like *I **would like** a watch for my birthday.* Ek **wil graag** 'n horlosie vir my verjaardag **hê**.

◆ **hoe graag ook (al)** ⇨ **hoe.**

☐ **graag** *bywoord*

graan grain *Wheat is a kind of **grain**.* Koring is 'n soort **graan**.

☐ **graan** *selfstandige naamwoord (meervoud* **grane***)*

graf grave *When our dog died, we buried it in a **grave** near the river.* Toe ons hond dood is, het ons hom in 'n **graf** naby die rivier begrawe.

☐ **graf** *selfstandige naamwoord (meervoud* **grafte***)*

gram gram *A **gram** is a thousandth of a kilogram.* 'n

Gram is 'n duisendste van 'n kilogram. ⇨ **meer= voud** [NOTA].

☐ **gram** *selfstandige naamwoord (meervoud* **gram= me***)*

---
g is die afkorting vir **gram**
---

grap joke *You tell a **joke** to make people laugh.* Jy vertel 'n **grap** om mense te laat lag.

◆ **'n grap maak** joke *"Do you mean what you are saying, or are you **joking**?"* "Bedoel jy wat jy sê, of maak jy **'n grap**?"

◆ **'n grap snap** see/catch a joke *He has a good sense of humour and is quick to **see/catch a joke**.* Hy het 'n goeie sin vir humor en **snap 'n grap** gou.

☐ **grap** *selfstandige naamwoord (meervoud* **grappe***)*

gras ❶ grass *Cows eat **grass**.* Koeie vreet **gras**. ❷ grass, lawn *"George, please mow the **grass/lawn** for me."* "George, sny asseblief vir my die **gras**."

☐ **gras** *selfstandige naamwoord (geen meervoud by 2;* **grasse** *by 1)*

grasperk lawn *There is a **lawn** in front of our house.* Daar is 'n **grasperk** voor ons huis.

☐ **gras·perk** *selfstandige naamwoord (meervoud* **gras= perke***)*

grawe dig [a] *The men go down deep into the mine to **dig** for gold.* Die mans gaan diep in die myn af om na goud te **grawe**. [b] *The dog **dug** a hole in the ground to bury its bone.* Die hond het 'n gat in die grond **gegrawe** om sy been te begrawe.

☐ **gra·we** *werkwoord (teenwoordige tyd* **grawe***, verle= de tyd* **het gegrawe***)*

greep hold *He lost his **hold** on the rope and fell.* Hy het sy **greep** op die tou verloor en geval.

☐ **greep** *selfstandige naamwoord (geen meervoud)*

grens ❶ border *The Orange River is the **border** between the Free State and the Cape Province.* Die Oranjerivier is die **grens** tussen die Vrystaat en die Kaapprovinsie. ❷ limit *In cities the speed **limit** is 60 kilometres per hour – you are not allowed to drive faster than that.* In stede is die snelheids**grens** 60 kilometer per uur – jy mag nie vinniger as dit ry nie.

☐ **grens** *selfstandige naamwoord (meervoud* **grense***)*

gretig[1] eager, keen *I'm **eager/keen** to meet her – I be= lieve she's a lovely person.* Ek is **gretig** om haar te ont= moet – sy is glo 'n lieflike mens.

☐ **gre·tig** *byvoeglike naamwoord (attributief* **gretige***)* **gretiger, gretigste**

gretig[2] eagerly *"Children, would you like to go to the zoo on Saturday?" – "Yes!" they said **eagerly**.* "Kinders, wil julle Saterdag dieretuin toe gaan?" – "Ja!" het hul= le **gretig** gesê.

☐ **gre·tig** *bywoord*

griep flu, influenza *Flu/Influenza is an illness which one usually gets in winter.* **Griep** is 'n siekte wat 'n mens gewoonlik in die winter kry.

☐ **griep** *selfstandige naamwoord (geen meervoud)*

grimeer make up *Vroue **grimeer** hul gesigte met lip=*

stiffie en poeier. Women **make up** their faces with lip= stick and powder.

☐ **gri·meer** *werkwoord (teenwoordige tyd* **grimeer***, verlede tyd* **het gegrimeer***)*

groei[1] growth *It will take years before the tree reaches its full **growth**.* Dit sal jare duur voordat die boom sy volle **groei** bereik.

☐ **groei** *selfstandige naamwoord (geen meervoud)*

groei[2] grow [a] *Very few plants can **grow** in a desert.* Baie min plante kan in 'n woestyn **groei**. [b] *Simon **grew** 5 cm last year and is now taller than his mother.* Simon **het** verlede jaar 5 cm **gegroei** en is nou langer as sy ma.

◆ **laat groei** grow *My dad has stopped shaving because he wants to **grow** a beard.* My pa het opgehou skeer, want hy wil sy baard **laat groei**.

☐ **groei** *werkwoord (teenwoordige tyd* **groei***, verlede tyd* **het gegroei***)*

---
groei is 'n werkwoord wat nie 'n direkte voorwerp kan neem nie; jy kan dus nie sê *Die boer groei mielies* of *Die man groei 'n baard* nie (die korrekte werkwoord om te gebruik, is **kweek**)
---

groeisel growth *A thorn is a pointed **growth** on the stem of some plants.* 'n Doring is 'n skerp **groeisel** aan die stingel van sommige plante.

☐ **groei·sel** *selfstandige naamwoord (meervoud* **groei= sels***)*

groen[1] green *If you mix blue and yellow, you get **green**.* As jy blou en geel meng, kry jy **groen**.

☐ **groen** *selfstandige naamwoord (geen meervoud)*

groen[2] green [a] *In spring the leaves of the trees are nice and **green**.* In die lente is die blare van die bome mooi **groen**. [b] *"Are the bananas ripe enough to eat yet?" – "No, they're still a little **green**."* "Is die piesangs al ryp genoeg om te eet?" – "Nee, hulle is nog 'n bietjie **groen**."

☐ **groen** *byvoeglike naamwoord (attributief* **groen***)* **groener, groenste**

groente ❶ vegetable *Cabbage is a **vegetable** with green or red leaves.* Kool is 'n **groente** met groen of rooi blare. ❷ vegetables *"Eat your **vegetables**, or you won't get pudding."* "Eet jou **groente**, anders kry jy nie poeding nie."

☐ **groen·te** *selfstandige naamwoord (meervoud* **groen= tes** *by 1 – die vorm by 2 is reeds meervoudig)*

groenteman greengrocer *The **greengrocer** sells fruit and vegetables in his shop.* Die **groenteman** verkoop vrugte en groente in sy winkel.

☐ **groen·te·man** *selfstandige naamwoord (meervoud* **groentemanne***)*

groentewinkel greengrocer *She bought a pocket of po= tatoes and a bunch of carrots at the **greengrocer**.* Sy het 'n sak aartappels en 'n bos wortels by die **groente= winkel** gekoop.

☐ **groen·te·win·kel** *selfstandige naamwoord (meer= voud* **groentewinkels***)*

groep group *The teacher told the children to stay together in a group.* Die juffrou het gesê die kinders moet in 'n **groep** bymekaar bly.

☐ **groep** *selfstandige naamwoord (meervoud* **groepe***)*

groet[1] greeting [a] *The dog gave me a friendly greeting by licking me in the face.* Die hond het my 'n vriendelike **groet** gegee deur my in die gesig te lek. [b] *My mother always ends her letter by saying: "Everybody at home sends greetings to you."* My ma end altyd haar brief deur te sê: "Almal by die huis stuur **groete** vir jou."

☐ **groet** *selfstandige naamwoord (meervoud* **groete***)*

groet[2] ❶ greet *The man said "Hello" and put out his hand to greet me.* Die man het "Hallo" gesê en sy hand uitgesteek om my te **groet**. ❷ say goodbye *"Esther, come and say goodbye to grandpa and grandma – they want to leave."* "Esther, kom **groet** vir oupa en ouma – hulle wil ry."

◆ **gaan groet** see off *We went to the station to see Tom off.* Ons is stasie toe om Tom te **gaan groet**.

☐ **groet** *werkwoord (teenwoordige tyd* **groet**, *verlede tyd* **het gegroet***)*

grof ❶ rough *The skin of a pineapple is very rough.* Die skil van 'n pynappel is baie **grof**. ❷ coarse *The bark of that old tree is thick and coarse.* Die bas van daardie ou boom is dik en **grof**.

☐ **grof** *byvoeglike naamwoord (attributief* **growwe***)* **growwer, grofste**

grom growl *When dogs growl they make a deep, rough sound in the throat.* Wanneer honde **grom**, maak hulle 'n diep, growwe geluid in die keel.

☐ **grom** *werkwoord (teenwoordige tyd* **grom**, *verlede tyd* **het gegrom***)*

grond ❶ soil *Plants grow well in soil that is rich and fertile.* Plante groei goed in **grond** wat ryk en vrugbaar is. ❷ earth *Water turns earth into mud.* Water verander **grond** in modder. ❸ ground [a] *The dog dug a hole in the ground to bury its bone.* Die hond het 'n gat in die **grond** gegrawe om sy been te begrawe. [b] *"Can you touch the ground without bending your knees?"* "Kan jy die **grond** raak sonder om jou knieë te buig?" ❹ land *The farmer's land stretches as far as the river.* Die boer se **grond** strek tot by die rivier.

☐ **grond** *selfstandige naamwoord (geen meervoud)*

grondpad dirt road *The tarred road becomes a dirt road just outside the town.* Die teerpad word 'n **grondpad** kort buite die dorp.

☐ **grond·pad** *selfstandige naamwoord (meervoud* **grondpaaie***)*

grondboontjie peanut *A peanut is a type of nut.* 'n **Grondboontjie** is 'n soort neut.

☐ **grond·boon·tjie** *selfstandige naamwoord (meervoud* **grondboontjies***)*

groot ❶ big, large *A lion is a big/large animal.* 'n Leeu is 'n **groot** dier. ❷ great [a] *At first they did not like each other, but now they are great friends.* Hulle het eers nie van mekaar gehou nie, maar nou is hulle **groot** maats. [b] *Shakespeare was one of the greatest writers*

of all time. Shakespeare was een van die **grootste** skrywers van alle tye. ❸ wide [a] *The shop sells a wide variety of goods.* Die winkel verkoop 'n **groot** verskeidenheid van goedere. [b] *She stared at him with wide eyes.* Sy het met **groot** oë na hom gestaar.

◆ **groot snelheid** high speed *The car went down the hill at a high speed.* Die motor het met 'n **groot snelheid** teen die bult afgery.

◆ **groot wees** ❶ measure *The carpet measures three metres by two metres.* Die mat is drie meter by twee meter **groot**. ❷ grow up, be grown up *She draws well and wants to study art when she grows up (OR is grown up).* Sy teken mooi en wil kuns studeer as sy **groot is**.

☐ **groot** *byvoeglike naamwoord (attributief* **groot***)* **groter, grootste**

grootmaak bring up, raise *After her husband's death she had to bring up (OR raise) her children on her own.* Na haar man se dood moes sy haar kinders alleen **grootmaak**.

☐ **groot·maak** *werkwoord (teenwoordige tyd* **maak groot**, *verlede tyd* **het grootgemaak***)*

grootmens grown-up, adult *There were twenty children and only one grown-up/adult in the bus.* Daar was twintig kinders en net een **grootmens** in die bus.

☐ **groot·mens** *selfstandige naamwoord (meervoud* **grootmense***)*

grootouer grandparent *I have only one grandparent – both my grandfathers and one of my grandmothers have died.* Ek het net een **grootouer** – albei my oupas en een van my oumas is al dood.

☐ **groot·ou·er** *selfstandige naamwoord (meervoud* **grootouers***)*

grootte size *The size of our soccer field is 90 metres by 45 metres.* Die **grootte** van ons sokkerveld is 90 meter by 45 meter.

☐ **groot·te** *selfstandige naamwoord (meervoud* **groottes***)*

groottoon big toe *He knocked his big toe against the leg of the table.* Hy het sy **groottoon** teen die poot van die tafel gestamp.

☐ **groot·toon** *selfstandige naamwoord (meervoud* **groottone***)*

grootword grow up *Children who grow up together often remain friends for life.* Kinders wat saam **grootword**, bly dikwels hul lewe lank vriende.

☐ **groot·word** *werkwoord (teenwoordige tyd* **word groot**, *verlede tyd* **het grootgeword***)*

grot cave *There is a deep cave in the side of the mountain.* Daar is 'n diep **grot** in die hang van die berg.

☐ **grot** *selfstandige naamwoord (meervoud* **grotte***)*

gruis gravel *A mine dump is formed by all the sand and gravel that miners dig out of the earth.* 'n Mynhoop word gevorm deur al die sand en **gruis** wat mynwerkers onder die grond uitgrawe.

☐ **gruis** *selfstandige naamwoord (geen meervoud)*

gryp ❶ grab *The man had to grab at his hat when the*

wind suddenly came up. Die man moes na sy hoed **gryp**
toe die wind skielik opkom. **2** grab hold of *"Grab
hold of the rope, then I'll pull you out of the water!"*
"**Gryp** die tou, dan trek ek jou uit die water!"
□ **gryp** *werkwoord (teenwoordige tyd* **gryp**, *verlede
tyd* **het gegryp***)*

grys[1] grey *If you mix black and white, you get grey.* As
jy swart en wit meng, kry jy **grys.**
□ **grys** *selfstandige naamwoord (geen meervoud)*

grys[2] grey *My father pulled a grey hair out of his head
and said, "I'm growing old."* My pa het 'n **grys** haar uit
sy kop getrek en gesê: "Ek word oud."
□ **grys** *byvoeglike naamwoord (attributief* **grys**) **gry=
ser, grysste**

gulsig greedy *"Don't be so greedy and eat up all the
cake – the other children would like some too!"* "Moenie
so **gulsig** wees en al die koek opeet nie – die ander
kinders wil ook daarvan hê!"
□ **gul·sig** *byvoeglike naamwoord (attributief* **gulsige**)
gulsiger, gulsigste

guns favour *"Will you do me a favour and post this
letter for me?"* "Sal jy my 'n **guns** bewys en dié brief
vir my pos?"
◆ **ten gunste van** in favour of *The result of the match
was 1 – 0 in favour of the blue team.* Die uitslag van die
wedstryd was 1 – 0 **ten gunste van** die blou span.
□ **guns** *selfstandige naamwoord (meervoud* **gunste**)

H

haai shark *A **shark** is a large fish that eats other fish.* 'n **Haai** is 'n groot vis wat ander visse vreet.

☐ **haai** *selfstandige naamwoord (meervoud* **haaie***)*

haak¹ hook *He hung his coat on the **hook** behind the door.* Hy het sy jas aan die **haak** agter die deur opge= hang.

☐ **haak** *selfstandige naamwoord (meervoud* **hake***)*

haak² ❶ hook *"**Hook** the wire of the picture over the nail in the wall."* "**Haak** die draad van die prent oor die spyker in die muur." ❷ catch *The curtains won't slide over the rod – the rings **catch** somewhere.* Die gordyne wil nie oor die stok gly nie – die ringe **haak** êrens.

☐ **haak** *werkwoord (teenwoordige tyd* **haak***, verlede tyd* **het gehaak***)*

haakspeld safety-pin *She fastened the baby's nappy with a **safety-pin**.* Sy het die baba se doek met 'n **haakspeld** vasgesteek.

☐ **haak·speld** *selfstandige naamwoord (meervoud* **haakspelde***)*

haal ❶ catch *We have to **catch** the bus at 15:00.* Ons moet die bus om 15:00 **haal**. ❷ reach *The team needs to win only one more match to **reach** the final.* Die span moet nog net een wedstryd wen om die eindstryd te **haal**. ❸ make it to *We missed the train because we couldn't **make it to** the station in time.* Ons het die trein gemis, want ons kon nie die stasie betyds **haal** nie.

◆ **gaan haal** get, fetch [a] *"Please **get/fetch** me a clean knife from the kitchen."* "**Gaan haal** asseblief vir my 'n skoon mes in die kombuis." [b] *Dad said, "I have to go and **get/fetch** mum from the station."* Pa het gesê: "Ek moet ma by die stasie **gaan haal**."

◆ **uit ... haal** ❶ take out of *"**Take** the cake **out of** the oven as soon as the bell rings."* "**Haal** die koek **uit** die oond sodra die klokkie lui." ❷ take from *He **took** a cigarette **from** the packet and lit it.* Hy **het** 'n sigaret **uit** die pakkie **gehaal** en opgesteek.

☐ **haal** *werkwoord (teenwoordige tyd* **haal***, verlede tyd* **het gehaal***)*

haan cock *I heard a **cock** crow early this morning.* Ek het vanoggend vroeg 'n **haan** hoor kraai.

☐ **haan** *selfstandige naamwoord (meervoud* **hane***)*

haar¹ hair *My father pulled a grey **hair** out of his head and said, "I'm growing old."* My pa het 'n grys **haar** uit sy kop getrek en gesê: "Ek word oud."

◆ **hare** hair *Lynette's **hair** is straight, but Monica's is curly.* Lynette se **hare** is steil, maar Monica s'n is krullerig.

☐ **haar** *selfstandige naamwoord (meervoud* **hare***)*

haar² ❶ her [a] *"Do you know where Anna is? I can't find **her** anywhere."* "Weet jy waar Anna is? Ek kan **haar** nêrens kry nie." [b] *Lynette and **her** brother*

walk to school together. Lynette en **haar** broer stap saam skool toe. ❷ herself *She cut **herself** with a knife.* Sy het **haar** met 'n mes gesny.

◆ **van haar** of hers *"Do you know Gloria? Are you a friend **of hers**?"* "Ken jy vir Gloria? Is jy 'n maat **van haar**?"

◆ **vir haar** her *He bought **her** a box of chocolates.* Hy het **vir haar** 'n doos sjokolade gekoop.

☐ **haar** *voornaamwoord*

haarborsel hairbrush *One brushes one's hair with a **hairbrush**.* 'n Mens borsel jou hare met 'n **haar= borsel**.

☐ **haar·bor·sel** *selfstandige naamwoord (meervoud* **haarborsels***)*

haarkapper hairdresser *She went to the **hairdresser** for a haircut.* Sy is **haarkapper** toe om haar hare te laat sny.

☐ **haar·kap·per** *selfstandige naamwoord (meervoud* **haarkappers***)*

haarself herself *She looked at **herself** in the mirror.* Sy het na **haarself** in die spieël gekyk.

☐ **haar·self** *voornaamwoord*

haarsnit haircut *"I like your new **haircut** – it suits you."* "Ek hou van jou nuwe **haarsnit** – dit pas jou."

☐ **haar·snit** *selfstandige naamwoord (meervoud* **haar= snitte***)*

haas¹ hare *A **hare** is an animal with long ears, strong hind legs and a short tail.* 'n **Haas** is 'n dier met lang ore, sterk agterpote en 'n kort stert.

☐ **haas** *selfstandige naamwoord (meervoud* **hase***)*

haas² ❶ haste, hurry *In his **haste/hurry** to catch the bus, he forgot his sandwiches at home.* In sy **haas** om die bus te haal, het hy sy toebroodjies by die huis vergeet. ❷ hurry, rush *He did the work in a **hurry/rush** – that's why it's so full of mistakes.* Hy het die werk in 'n **haas** gedoen – dis dié dat dit so vol foute is.

☐ **haas** *selfstandige naamwoord (geen meervoud)*

haas³ hurry, rush *"You needn't **hurry/rush** – the train leaves in only an hour's time."* "Jy hoef jou nie te **haas** nie – die trein vertrek eers oor 'n uur."

☐ **haas** *werkwoord (teenwoordige tyd* **haas***, verlede tyd* **het gehaas***)*

haastig in a hurry/rush *"I can't talk to you now – I'm **in a hurry/rush** to catch the bus."* "Ek kan nie nou met jou praat nie – ek is **haastig** om die bus te haal."

☐ **haas·tig** *byvoeglike naamwoord (attributief* **haas= tige***)* **haastiger, haastigste**

haat¹ hate *Hate is the opposite of love.* **Haat** is die teen= oorgestelde van liefde.

☐ **haat** *selfstandige naamwoord (geen meervoud)*

haat² hate [a] *The two enemies **hate** each other.* Die twee vyande **haat** mekaar. **[b]** *I* **hate** *getting up early in the morning.* Ek **haat** dit om vroeg in die oggend op te staan.

☐ **haat** *werkwoord (teenwoordige tyd* **haat,** *verlede tyd* **het gehaat**)

hael[1] hail *After the storm a thick layer of* **hail** *lay on the ground.* Na die storm het 'n dik laag **hael** op die grond gelê.

☐ **ha·el** *selfstandige naamwoord (geen meervoud)*

hael[2] hail *The storm broke with a flash of lightning, and then it began to rain and* **hail.** Die storm het met 'n weerligstraal losgebars, en toe begin dit reën en **hael.**

☐ **ha·el** *werkwoord (teenwoordige tyd* **hael,** *verlede tyd* **het gehael**)

hak heel **[a]** *"Lift the toes of your right foot and keep the* **heel** *on the ground."* "Lig die tone van jou regtervoet en hou die **hak** op die grond." **[b]** *The* **heel** *of a shoe is higher than the sole.* Die **hak** van 'n skoen is hoër as die sool.

☐ **hak** *selfstandige naamwoord (meervoud* **hakke**)

half[1] half *"May I have one loaf of white bread and* **half** *a loaf of brown bread, please?"* "Kan ek een witbrood en 'n **halwe** bruinbrood kry, asseblief?"

◆ **en 'n half** and a half *She bought a litre* **and a half** (OR *one* **and a half** *litres) of milk.* Sy het een **en 'n half** liter melk gekoop.

◆ **half·** half past *"What is the time?"* – *"It is* **half past** *twelve."* "Hoe laat is dit?" – "Dis **half**een."

☐ **half** *byvoeglike naamwoord (meestal attributief* **halwe**)

half[2] half **[a]** *I am not surprised that he did not come to my party; I was* **half** *expecting it.* Dit verbaas my nie dat hy nie na my partytjie toe gekom het nie; ek het dit **half** verwag. **[b]** *Philip's father is an Englishman and his mother an Afrikaner, so he is* **half** *English,* **half** *Afrikaans.* Philip se pa is 'n Engelsman en sy ma 'n Afrikaner; hy is dus **half** Engels, **half** Afrikaans.

☐ **half** *bywoord*

halfpad halfway *I am* **halfway** *through my work* – *I have done three of the six sums.* Ek is **halfpad** met my werk – ek het al drie van die ses somme gemaak.

☐ **half·pad** *bywoord*

halfuur half an hour *Half an hour* equals thirty minutes. 'n **Halfuur** is gelyk aan dertig minute.

☐ **half·uur** *selfstandige naamwoord (meervoud* **half·ure**)

hallo hallo, hello, hullo *"Hallo|Hello|Hullo, how are you?"* "**Hallo,** hoe gaan dit met jou?"

☐ **hal·lo** *tussenwerpsel*

hals neck *She is wearing a string of beads round her* **neck.** Sy dra 'n string krale om haar **hals.**

☐ **hals** *selfstandige naamwoord (meervoud* **halse**)

halslyn neckline *It isn't proper to wear a dress with such a low* **neckline** *to church.* Dis nie behoorlik om 'n rok met so 'n lae **halslyn** kerk toe te dra nie.

☐ **hals·lyn** *selfstandige naamwoord (meervoud* **hals·lyne**)

halssnoer necklace *The* **necklace** *is so long that she can wind it twice round her neck.* Die **halssnoer** is so lank dat sy dit twee keer om haar nek kan draai.

☐ **hals·snoer** *selfstandige naamwoord (meervoud* **hals·snoere**)

halte stop *The girl asked the bus driver to drop her at the next* **stop.** Die meisie het die busbestuurder gevra om haar by die volgende **halte** af te sit.

☐ **hal·te** *selfstandige naamwoord (meervoud* **haltes**)

halwe half *"Divide the apple into one* **half** *and two quarters."* "Verdeel die appel in een **halwe** en twee kwarte."

☐ **hal·we** *selfstandige naamwoord (meervoud* **halwes**)

hamer[1] hammer *"Knock the nail into the wall with a* **hammer."** "Slaan die spyker met 'n **hamer** in die muur."

☐ **ha·mer** *selfstandige naamwoord (meervoud* **hamers**)

hamer[2] hammer *"Knock politely; don't* **hammer** *on the door with your fists."* "Klop beleef; moenie met jou vuiste op die deur **hamer** nie."

☐ **ha·mer** *werkwoord (teenwoordige tyd* **hamer,** *verlede tyd* **het gehamer**)

hand hand *I have ten fingers, five on each* **hand.** Ek het tien vingers, vyf aan elke **hand.**

◆ **die hand uitsteek na** ⇨ **uitsteek.**

◆ **hand aan hand** hand in hand *Thomas and his girlfriend walked down the street* **hand in hand.** Thomas en sy meisie het **hand aan hand** met die straat af geloop.

◆ **hande vat** hold hands *"Children,* **hold hands** *and form a circle around me."* "Kinders, **vat hande** en vorm 'n kring om my."

◆ **iemand se hand skud** shake hands with someone *The man* **shook hands with me** *and said, "How do you do?"* Die man **het my hand geskud** en gesê: "Aangename kennis."

◆ **in die hande kry** get hold of *"Can you* **get hold of** *the ball?"* – *"No, I can't reach so far."* "Kan jy die bal **in die hande kry**?" – "Nee, ek kan nie so ver strek nie."

◆ **met die hand** by hand *"Does your mother wash your clothes* **by hand**?" – *"No, she uses a washing machine."* "Was jou ma jul klere **met die hand**?" – "Nee, sy gebruik 'n wasmasjien."

☐ **hand** *selfstandige naamwoord (meervoud* **hande**)

handboek textbook *"Class, please turn to page 56 of the* **textbook."** "Klas, blaai asseblief na bladsy 56 van die **handboek.**"

☐ **hand·boek** *selfstandige naamwoord (meervoud* **handboeke**)

handdoek towel *He dried his hands with a* **towel.** Hy het sy hande met 'n **handdoek** afgedroog.

☐ **hand·doek** *selfstandige naamwoord (meervoud* **handdoeke**)

handel[1] trade *South Africa earns millions of rands from its* **trade** *with European countries.* Suid-Afrika verdien miljoene rande uit sy **handel** met Europese lande.

□**han·del** *selfstandige naamwoord (geen meervoud)*

handel[2] deal, trade *Several shops in this street **deal**| **trade** in furniture.* 'n Hele paar winkels in dié straat **handel** in meubels.

◆ **handel oor** deal with, be about *The first three chap= ters of the book **deal with (**OR **are about)** the Second World War.* Die eerste drie hoofstukke van die boek **handel oor** die Tweede Wêreldoorlog.

□**han·del** *werkwoord (teenwoordige tyd **handel**, ver= lede tyd **het gehandel**)*

handig handy [a] *My dad is very **handy** and can fix all sorts of things in and round the house.* My pa is baie **handig** en kan allerhande dinge in en om die huis reg= maak. [b] *What a **handy** knife! It can cut, open tins and draw corks.* Wat 'n **handige** mes! Dit kan sny, blikke oopmaak en proppe uittrek.

□**han·dig** *byvoeglike naamwoord (attributief **han= dige**)* **handiger, handigste**

handsak handbag *Women carry their purse, lipstick and other small things in a **handbag**.* Vroue dra hul beur= sie, lipstiffie en ander goedjies in 'n **handsak**.

□**hand·sak** *selfstandige naamwoord (meervoud **hand= sakke**)*

handskoen glove *A **glove** is a covering for the hand, with separate parts for the thumb and each finger.* 'n **Handskoen** is 'n bedekking vir die hand, met aparte dele vir die duim en elke vinger.

□**hand·skoen** *selfstandige naamwoord (meervoud **handskoene**)*

handskrif handwriting *Ruth's **handwriting** is very neat – it's easy to read what she writes.* Ruth se **hand= skrif** is baie netjies – dis maklik om te lees wat sy skryf.

□**hand·skrif** *selfstandige naamwoord (meervoud **handskrifte**)*

handtekening signature *I can't make out the **signa= ture** at the bottom of the letter.* Ek kan nie die **hand= tekening** onderaan die brief uitmaak nie.

□**hand·te·ke·ning** *selfstandige naamwoord (meer= voud **handtekeninge**)*

handvatsel handle *"Turn the **handle** to check whether the door is locked."* "Draai die **handvatsel** om te kyk of die deur gesluit is."

□**hand·vat·sel** *selfstandige naamwoord (meervoud **handvatsels**)*

hang[1] **1** slope *Low bushes grow on the **slope** of the moun= tain.* Lae bossies groei teen die **hang** van die berg. **2** side *There is a deep cave in the **side** of the mountain.* Daar is 'n diep grot in die **hang** van die berg.

□**hang** *selfstandige naamwoord (meervoud **hange**)*

hang[2] hang *The curtains that **hang** at the window are very pretty.* Die gordyne wat voor die venster **hang**, is baie mooi.

◆ **hang tot by** reach down to *Her dress **reaches** down to her ankles.* Haar rok **hang tot by** haar enkels.

◆ **hang tot op** reach down to *The curtains **reach** down to the floor.* Die gordyne **hang tot op** die vloer.

□**hang** *werkwoord (teenwoordige tyd **hang**, verlede tyd **het gehang**)*

hanger hanger *He took off his blazer and hung it on a **hanger** in the wardrobe.* Hy het sy kleurbaadjie uitge= trek en dit aan 'n **hanger** in die klerekas opgehang.

□**han·ger** *selfstandige naamwoord (meervoud **han= gers**)*

hangkas wardrobe *"Take off your blazer and hang it in the **wardrobe**."* "Trek jou kleurbaadjie uit en hang dit in die **hangkas** op."

□**hang·kas** *selfstandige naamwoord (meervoud **hang= kaste**)*

hanteer **1** handle *"**Handle** the box with care; it con= tains things that can break."* "**Hanteer** die doos versig= tig; dit bevat goed wat kan breek." **2** handle, deal with *Her son smokes and she does not know how to **handle** (*OR **deal with***) the problem.* Haar seun rook en sy weet nie hoe om die probleem te **hanteer** nie.

□**han·teer** *werkwoord (teenwoordige tyd **hanteer**, verlede tyd **het gehanteer**)*

hap[1] bite *"Your apple looks delicious; may I have a **bite**?"* "Jou appel lyk heerlik; kan ek 'n **hap** kry?"

□**hap** *selfstandige naamwoord (meervoud **happe**)*

hap[2] bite *"Would you like to **bite** a piece from my apple?"* "Wil jy 'n stukkie uit my appel **hap**?"

□**hap** *werkwoord (teenwoordige tyd **hap**, verlede tyd **het gehap**)*

hard[1] **1** hard [a] *"If the chair is too **hard** for you, put a cushion on it."* "As die stoel vir jou te **hard** is, sit 'n kussing daarop." [b] *The boxer knocked out his op= ponent with a **hard** blow on the head.* Die bokser het sy opponent met 'n **harde** hou teen die kop uitgeslaan. [c] *Soap does not foam easily in **hard** water.* Seep skuim nie maklik in **harde** water nie. **2** hard, tough *It was **hard** work (*OR *a **tough** job) chopping down that tree.* Dit was **harde** werk om daardie boom af te kap. **3** loud *"The radio is a bit **loud** – please turn down the sound."* "Die radio is 'n bietjie **hard** – draai asseblief die klank af."

□**hard** *byvoeglike naamwoord (attributief **harde**)* **harder, hardste**

hard[2] **1** hard [a] *"Don't squeeze my hand so **hard**; you're hurting me."* "Moenie my hand so **hard** druk nie; jy maak my seer." [b] *He worked **hard** and de= serves the prize as best student of the year.* Hy het **hard** gewerk en verdien die prys as beste student van die jaar. **2** loud *"Am I speaking **loud** enough? Can every= body hear me?"* "Praat ek **hard** genoeg? Kan almal my hoor?" **3** loudly *Grandfather fell asleep and started to snore very **loudly**.* Oupa het aan die slaap geraak en baie **hard** begin snork.

◆ **hard gebak** well done *"Would you like your egg soft or **well done**?"* "Wil jy jou eier sag of **hard gebak** hê?"

□**hard** *bywoord*

hardloop **1** run *"Let's **run** a race and see who's home first!"* "Kom ons **hardloop** re(i)sies en kyk wie's eer=

ste by die huis!" **2** race *The policeman jumped over the wall and **raced** after the thief.* Die polisieman **het** oor die muur gespring en agter die dief aan **gehardloop**.

◆ **hardloop**= running *The athlete bought himself a new pair of **running** shoes.* Die atleet het vir hom 'n nuwe paar **hardloop**skoene gekoop.

□ **hard·loop** *werkwoord (teenwoordige tyd **hard= loop**, verlede tyd **het gehardloop**)*

hardloper runner *The **runner** is leading by three metres and is going to win the race.* Die **hardloper** is met drie meter voor en gaan die wedloop wen.

□ **hard·lo·per** *selfstandige naamwoord (meervoud **hardlopers**)*

hardop aloud, out loud *He had to read the story **aloud** (OR **out loud**) so that the rest of the class could hear it.* Hy moes die storie **hardop** lees sodat die res van die klas dit kon hoor.

□ **hard·op** *bywoord*

hare[1] ⇨ **haar**[1].

hare[2] hers *When the teacher asked whose pencil it was, Gloria said it was **hers**.* Toe die onderwyser vra wie se potlood dit is, het Gloria gesê dis **hare**.

□ **ha·re** *voornaamwoord*

hark[1] rake *The gardener smoothed the soil with a **rake**.* Die tuinier het die grond met 'n **hark** gelykgemaak.

□ **hark** *selfstandige naamwoord (meervoud **harke**)*

hark[2] rake *"**Rake** the dead leaves into a heap."* "**Hark** die dooie blare op 'n hoop."

□ **hark** *werkwoord (teenwoordige tyd **hark**, verlede tyd **het gehark**)*

hart heart **[a]** *When I put my hand on his chest I could feel his **heart** beating.* Toe ek my hand op sy bors sit, kon ek sy **hart** voel klop. **[b]** *She has a kind **heart** and always gives something to the poor.* Sy het 'n goeie **hart** en gee altyd iets vir die armes. **[c]** *I didn't have the **heart** to tell him that his dog was dead.* Ek het nie die **hart** gehad om hom te vertel dat sy hond dood is nie. **[d]** *She drew a **heart** and wrote in it: "I love you."* Sy het 'n **hart** geteken en daarin geskryf: "Ek het jou lief."

□ **hart** *selfstandige naamwoord (geen meervoud by **c**; **harte** in al die ander gevalle)*

hartjie **1** heart *Most of the big shops and offices are in the **heart** of the city.* Die meeste van die groot winkels en kantore is in die **hartjie** van die stad. **2** little heart **[a]** *A lizard's **little heart** measures only a few millimetres.* 'n Akkedis se **hartjie** is maar 'n paar millimeter lank. **[b]** *Gloria always wears the **little heart** on a golden chain that her boyfriend gave her.* Gloria dra altyd die **hartjie** aan 'n goue ketting wat haar kêrel haar gegee het. **3** height *It gets very hot here in the **height** of summer.* Dit word baie warm hier in die **hartjie** van die somer. **4** depth *In the **depth** of winter it gets so cold that the water in the pipes freezes.* Dit word in die **hartjie** van die winter so koud dat die water in die pype vries.

□ **hart·jie** *selfstandige naamwoord (meervoud **hart= jies**)*

hartlik warmly *She thanked him **warmly** for his help.* Sy het hom **hartlik** vir sy hulp bedank.

□ **hart·lik** *bywoord*

hartseer[1] sadness *In her **sadness** she felt that nothing could take the place of the dog she had lost.* In haar **hart= seer** het sy gevoel dat niks die plek sou kon inneem van die hond wat sy verloor het nie.

□ **hart·seer** *selfstandige naamwoord (geen meervoud)*

hartseer[2] sad *The children were very **sad** after the death of their dog.* Die kinders was baie **hartseer** na die dood van hul hond.

◆ **hartseer maak** make sad *It **makes** me **sad** to think that there are children without a home.* Dit **maak** my **hartseer** om te dink dat daar kinders sonder 'n huis is.

□ **hart·seer** *byvoeglike naamwoord (attributief **hart= seer**)* **hartseerder, hartseerste**

hawe harbour *There are many ships and boats in the **har= bour**.* Daar is baie skepe en bote in die **hawe**.

□ **ha·we** *selfstandige naamwoord (meervoud **hawens**)*

hê **1** have **[a]** *He hopes that some day he'll **have** enough money to buy himself a car.* Hy hoop dat hy eendag genoeg geld sal **hê** om vir hom 'n motor te koop. **[b]** *A bicycle **has** two wheels.* 'n Fiets **het** twee wiele. **[c]** *This cup of tea **has** sugar in it.* Dié koppie tee **het** suiker in. **[d]** *He **had** a pipe in his mouth.* Hy **het** 'n pyp in sy mond gehad. **[e]** *She **has** two brothers.* Sy **het** twee broers. **[f]** *I **had** a bad dream about snakes last night.* Ek **het** vannag 'n nare droom oor slange gehad. **2** have (got) **[a]** *"**Have** you **got** (OR Do you **have**) an extra pen that I may borrow?"* "**Het** jy 'n ekstra pen wat ek kan leen?" **[b]** *I **have (got)** a headache.* Ek **het** hoofpyn. **3** be marked with *Zebras **are marked with** black and white stripes.* Sebras **het** swart en wit strepe. ⇨ **het**.

◆ **daar het jy dit!** ⇨ **daar**.

◆ **nie hê nie** lack *They **lack** the money to send their son to university.* Hulle **het nie** die geld om hul seun universiteit toe te stuur **nie**.

◆ **wil hê** ⇨ **wil**.

□ **hê** *werkwoord (teenwoordige tyd **het**, verlede tyd **het gehad**)*

hede present *Forget the past and don't worry about the future – live for the **present**!* Vergeet die verlede en moenie jou oor die toekoms bekommer nie – leef vir die **hede**!

□ **he·de** *selfstandige naamwoord (geen meervoud)*

heel[1] **1** whole *The dog didn't chew the biscuit – he swallowed it **whole**.* Die hond het nie die beskuitjie gekou nie – hy het dit **heel** ingesluk. **2** all over *A leopard has spots **all over** its body.* 'n Luiperd het vlekke oor sy **hele** lyf.

◆ **die hele** **1** the whole *They ate up the whole cake – there is nothing left over.* Hulle het **die hele** koek opgeeet – daar is niks oor nie. **2** all *It rained **all** day.* Dit het **die hele** dag gereën.

◆ **die hele ... deur** **1** throughout *She ate her food in* *silence, not saying a word* **throughout** *the meal.* Sy het haar kos in stilte geëet en **die hele** ete **deur** nie 'n woord gesê nie. ◻ all the ... round *In a desert the sun shines* **all the** *year* **round**. In 'n woestyn skyn die son **die hele** jaar **deur**.

◆ **die hele tyd** ⇨ **tyd.**

◆ **'n hele ent** ⇨ **ent.**

◆ **'n hele paar/aantal** ⇨ **paar; aantal.**

◆ **oor die hele land** throughout the country *They say it's bitterly cold* **throughout the country**. Hulle sê dis **oor die hele land** bitter koud.

◆ **sy hele lewe lank** throughout his life *He suffered from a rare blood disease* **throughout his life**. Hy het **sy hele lewe lank** aan 'n seldsame bloedsiekte gely.

◻ **heel** *byvoeglike naamwoord (attributief* **hele***)*

heel[2] ◻ very *We* **very** *often have fish for supper on Fri= days.* Ons kry **heel** dikwels Vrydae vis vir aandete. ◻ quite *There is nothing special about his new bike – it's* **quite** *ordinary.* Daar is niks besonders aan sy nuwe fiets nie – dis **heel** gewoon.

◆ **heel aan die end van** right at the end of, at the very end of *They live in the last house* **right at the end** *(*OR **at the very end***) of this street.* Hulle woon in die laaste huis **heel aan die end van** dié straat.

◆ **heel agter in** right at the back of, at the very back of *The exit is* **right at the back** *(*OR **at the very back***) of the hall.* Die uitgang is **heel agter in** die saal.

◆ **heel bo in** right at the top of *Our flat is* **right at the top of** *the building.* Ons woonstel is **heel bo in** die gebou.

◆ **heel eerste** ◻ *1 January is the* **very first** *day of the year.* 1 Januarie is die **heel eerste** dag van die jaar. ◻ first thing *My mother has the habit of opening all the windows* **first thing** *in the morning.* My ma het die gewoonte om soggens **heel eerste** al die vensters oop te maak.

◆ **heel laaste** very last *31 December is the* **very last** *day of the year.* 31 Desember is die **heel laaste** dag van die jaar.

◆ **heel moontlik** ⇨ **moontlik**[2]**.**

◆ **heel voor in** right in front of, at the very front of *He stood* **right in front** *(*OR **at the very front***) of the queue.* Hy het **heel voor in** die tou gestaan.

◆ **heel waarskynlik** most/very probably *"Where is Anna?" – "She* **most/very probably** *forgot about the meeting."* "Waar is Anna?" – "Sy het **heel waarskyn= lik** van die vergadering vergeet."

◆ **tot heel bo op** right to the top of, to the very top of *We climbed* **right to the top** *(*OR **to the very top***) of the mountain.* Ons het tot **heel bo op** die berg geklim.

◻ **heel** *bywoord*

heeldag all day *The wind blew* **all day***, from sunrise to sunset.* Die wind het **heeldag** gewaai, van sonop tot sononder.

◻ **heel·dag** *bywoord*

heelmaak mend, repair, fix *The mechanic couldn't*

mend/repair/fix *the car – it was too badly damaged.* Die werktuigkundige kon die motor nie **heelmaak** nie – dit was te **erg** beskadig.

◻ **heel·maak** *werkwoord (teenwoordige tyd* **maak heel***, verlede tyd* **het heelgemaak***)*

heelpad all the way *He ran* **all the way** *home.* Hy het **heelpad** huis toe gehardloop.

◻ **heel·pad** *bywoord*

heeltemal ◻ completely, totally *Our old dog is com= pletely/totally deaf and can hear nothing.* Ons ou hond is **heeltemal** doof en kan niks hoor nie. ◻ alto= gether *He tried to hit the ball, but missed it* **altogether***.* Hy het die bal probeer raak slaan, maar het dit **heelte= mal** gemis. ◻ all *She is a widow and lives* **all** *on her own.* Sy is 'n weduwee en woon **heeltemal** alleen. ◻ per= fectly *"I didn't think much of the film, to be* **perfectly** *honest."* "Ek het nie veel van die prent gedink nie, om **heeltemal** eerlik te wees." ◻ quite *The towels aren't* **quite** *dry yet.* Die handdoeke is nog nie **heeltemal** droog nie. ◻ absolutely *"You're* **absolutely** *right: I shouldn't have listened to him."* "Jy het **heeltemal** reg: ek moes nie na hom geluister het nie."

◆ **heeltemal 'n vreemdeling wees** be a complete/ total stranger *I have no idea who that man is – he* **is a complete/total stranger** *to me.* Ek weet nie wie daardie man is nie – hy **is** vir my **heeltemal 'n vreemdeling**.

◆ **nie heeltemal so ... nie** ⇨ **so**[2]**.**

◻ **heel·te·mal** *bywoord*

heeltyd all the time *"Did you have nice weather?" – "No, it rained* **all the time***."* "Het julle lekker weer gehad?" – "Nee, dit het **heeltyd** gereën."

◻ **heel·tyd** *bywoord*

heelwat[1] ◻ quite a lot of *There were* **quite a lot of** *people at her wedding.* Daar was **heelwat** mense by haar troue. ◻ a great/good deal of *She loves to read and spends* **a great/good deal of** *time in the library.* Sy is lief vir lees en bring **heelwat** tyd in die biblioteek deur.

◻ **heel·wat** *byvoeglike naamwoord (attributief* **heel= wat***)*

heelwat[2] very much *I feel* **very much** *better – my head no longer aches so much.* Ek voel **heelwat** beter – my kop is nie meer so seer nie.

◻ **heel·wat** *bywoord*

heen en weer ◻ backwards and forwards, to and fro *She rocked* **backwards and forwards** *(*OR **to and fro***) in the chair.* Sy het **heen en weer** in die stoel gewieg. ◻ from side to side *He shook his head* **from side to side** *and said, "No, thanks, I don't want any more tea."* Hy het sy kop **heen en weer** geskud en gesê: "Nee, dankie, ek wil nie nog tee hê nie."

◻ **heen en weer** *bywoordfrase*

heerlik ◻ wonderful, great, lovely *The party was* **won= derful/great/lovely***; I enjoyed every moment of it.* Die partytjie was **heerlik**; ek het elke oomblik daarvan geniet. ◻ delicious *"The cake is* **delicious***; may I have* *another piece?"* "Die koek is **heerlik**; kan ek nog 'n stukkie kry?"

☐ **heer·lik** *byvoeglike naamwoord (attributief* **heerlike***) heerliker, heerlikste*

hees hoarse *If I shout too much my voice becomes* **hoarse***.* As ek te veel skree, word my stem **hees**.

☐ **hees** *byvoeglike naamwoord (attributief* **hees***) heser, heesste*

hef handle *You hold a knife by its* **handle***.* Jy hou 'n mes aan sy **hef** vas.

☐ **hef** *selfstandige naamwoord (meervoud* **hewwe***)*

heilig holy **[a]** *A person who is* **holy** *is good and free from sin.* Iemand wat **heilig** is, is goed en sonder sonde. **[b]** *The* **Holy** *Bible is the Word of God.* Die **Heilige** Skrif is die Woord van God.

☐ **hei·lig** *byvoeglike naamwoord (attributief* **heilige***) heiliger, heiligste*

heining ❶ fence *The* **fence** *around our garden is made of wire.* Die **heining** om ons tuin is van draad gemaak. ❷ hedge *The* **hedge** *that separates our garden from the neighbours' has thick, shiny leaves.* Die **heining** wat ons tuin van die bure s'n skei, het dik, blink blare.

☐ **hei·ning** *selfstandige naamwoord (meervoud* **heinings***)*

hek gate *There is a* **gate** *in the fence round the garden.* Daar is 'n **hek** in die heining om die tuin.

☐ **hek** *selfstandige naamwoord (meervoud* **hekke***)*

heks witch *The* **witch** *in the story uses magic to do bad things.* Die **heks** in die storie gebruik toorkuns om slegte dinge te doen.

☐ **heks** *selfstandige naamwoord (meervoud* **hekse***)*

held hero **[a]** *John Wayne has played the role of the* **hero** *in many cowboy films.* John Wayne het al in baie cowboy-films die rol van die **held** gespeel. **[b]** *People regard Ben as a* **hero** *for saving Anna's life.* Mense beskou Ben as 'n **held** omdat hy Anna se lewe gered het.

☐ **held** *selfstandige naamwoord (meervoud* **helde***)*

helder[1] ❶ bright **[a]** *It is a* **bright***, sunny day.* Dis 'n **helder**, sonnige dag. **[b]** *I prefer a pale colour such as pink to a* **bright** *colour such as red.* Ek verkies 'n dowwe kleur soos pienk bo 'n **helder** kleur soos rooi. ❷ clear **[a]** *On a* **clear** *day there are no clouds in the sky.* Op 'n **helder** dag is daar geen wolke in die lug nie. **[b]** *The water is so* **clear** *that one can see the bottom of the dam.* Die water is so **helder** dat 'n mens die bodem van die dam kan sien.

☐ **hel·der** *byvoeglike naamwoord (attributief* **helder***) helderder, helderste*

helder[2] brightly *The sun is shining* **brightly***.* Die son skyn **helder**.

◆ **helder wakker** wide awake *I got up because I was* **wide awake** *and couldn't go back to sleep again.* Ek het opgestaan, want ek was **helder wakker** en kon nie weer aan die slaap raak nie.

☐ **hel·der** *bywoord*

heldin heroine **[a]** *Meryl Streep has played the role of the* **heroine** *in many films.* Meryl Streep het al in baie

rolprente die rol van die **heldin** gespeel. **[b]** *People regard Doreen as a* **heroine** *for saving the baby's life.* Mense beskou Doreen as 'n **heldin** omdat sy die baba se lewe gered het.

☐ **hel·din** *selfstandige naamwoord (meervoud* **heldinne***)*

hele whole *Two halves make a* **whole***.* Twee halwes maak 'n **hele**.

☐ **he·le** *selfstandige naamwoord (meervoud* **heles***)*

helfte half **[a]** *Half of R1,00 is 50c.* Die **helfte** van R1,00 is 50c. **[b]** *The team scored two goals in the first half of the match.* Die span het twee doele in die eerste **helfte** van die wedstryd aangeteken.

☐ **helf·te** *selfstandige naamwoord (meervoud* **helftes***)*

helling slope *The road has a steep* **slope** *near the top of the mountain.* Die pad het 'n steil **helling** naby die top van die berg.

☐ **hel·ling** *selfstandige naamwoord (meervoud* **hellings***)*

helm helmet *The motorcyclist wears a* **helmet** *to protect his head if he has an accident.* Die motorfietsryer dra 'n **helm** om sy kop te beskerm as hy 'n ongeluk het.

☐ **helm** *selfstandige naamwoord (meervoud* **helms***)*

help ❶ help **[a]** *"***Help** *me (to) wrap up the parcel, please."* "**Help** my die pakkie toedraai, asseblief." **[b]** *"This medicine will* **help** *you to get better."* "Hierdie medisyne sal jou **help** om gesond te word." ❷ serve *When I entered the shop a salesman asked me, "Can I* **serve** *you?"* Toe ek by die winkel inkom, het 'n verkoopklerk my gevra: "Kan ek jou **help**?"

◆ **dit help niks nie** it's no use, it's no good *"***It's no use/good** *complaining – your homework won't get done by itself!"* "**Dit help niks** om te kla **nie** – jou huiswerk sal nie vanself klaarkom nie!"

◆ **help baie** go a long way *A little kindness* **goes a long way***.* 'n Bietjie vriendelikheid **help baie**.

◆ **kan nie help nie** can't help *"Don't tease him about his ears – he* **can't help** *it that they're so big."* "Moenie hom oor sy ore terg nie – hy **kan** dit **nie help** dat hulle so groot is **nie**."

◆ **wat help dit om te?** what's the use of? *"***What's the use of** *giving him advice when you know he won't listen to you?"* "**Wat help dit om** hom raad **te** gee as jy weet hy sal nie na jou luister nie?"

☐ **help** *werkwoord (teenwoordige tyd* **help***, verlede tyd* **het gehelp***)*

helper helper *The bricklayer said to his* **helper***, "Please mix some more cement for me."* Die messelaar het vir sy **helper** gesê: "Maak asseblief vir my nog sement aan."

☐ **hel·per** *selfstandige naamwoord (meervoud* **helpers***)*

hemel ❶ heaven *Many people believe that* **heaven** *is the place where God lives.* Baie mense glo dat die **hemel** die plek is waar God woon. ❷ sky, heavens *Stars appear in the* **sky/heavens** *at night.* Sterre verskyn saans aan die **hemel**.

☐ **he·mel** *selfstandige naamwoord (geen meervoud by* 1*; hemele by 2)*

hemp shirt *Walter is wearing a **shirt** with short sleeves.* Walter dra 'n **hemp** met kort moue.

☐ **hemp** *selfstandige naamwoord (meervoud* **hemde***)*

hen hen *The **hen** has laid an egg.* Die **hen** het 'n eier gelê.

☐ **hen** *selfstandige naamwoord (meervoud* **henne***)*

herfs autumn *Many trees shed their leaves in **autumn**.* Baie bome verloor hul blare in die **herfs**.

☐ **herfs** *selfstandige naamwoord (meervoud* **herfste***)*

herhaal repeat *"I didn't hear the question – please **re= peat** it."* "Ek het nie die vraag gehoor nie – **herhaal** dit, asseblief."

☐ **her·haal** *werkwoord (teenwoordige tyd* **herhaal**, *verlede tyd* **het herhaal***)*

herinner remind *"Please **remind** me to buy a news= paper for your father."* "**Herinner** my asseblief daar= aan dat ek vir jou pa 'n koerant moet koop."

☐ **her·in·ner** *werkwoord (teenwoordige tyd* **herinner**, *verlede tyd* **het herinner***)*

herinnering memory *The **memory** of her dead hus= band makes her very sad.* Die **herinnering** aan haar oorlede man maak haar baie hartseer.

☐ **her·in·ne·ring** *selfstandige naamwoord (meervoud* **herinneringe/herinnerings***)*

herken recognize *"Do you **recognize** the girl in the photograph?"* – *"Yes, it's Christine."* "**Herken** jy die meisie op die foto?" – "Ja, dis Christine."

◆ **herken aan** recognize by *You can **recognize** a gi= raffe **by** its long neck.* Jy kan 'n kameelperd **aan** sy lang nek **herken**.

☐ **her·ken** *werkwoord (teenwoordige tyd* **herken**, *ver= lede tyd* **het herken***)*

herstel ❶ get well/better, recover *"You'll **get well/ better** (OR **recover**) soon if you take this medicine."* "Jy sal gou **herstel** as jy dié medisyne drink." ❷ repair *The mechanic couldn't **repair** the car – it was too badly damaged.* Die werktuigkundige kon nie die motor **her= stel** nie – dit was te erg beskadig.

☐ **her·stel** *werkwoord (teenwoordige tyd* **herstel**, *ver= lede tyd* **het herstel***)*

herstelwerk repairs *They have closed a section of the road for **repairs**.* Hulle het 'n deel van die pad vir **herstelwerk** gesluit.

☐ **her·stel·werk** *selfstandige naamwoord (geen meervoud)*

het have [a] *"**Have** you done your homework yet?"* "**Het** jy al jou huiswerk gedoen?" [b] *He should **have** listen= ed to me.* Hy moes na my geluister **het**. [c] *She **had** her hair cut this morning.* Sy **het** vanoggend haar hare laat sny. ⇨ **hê**.

◆ **het nie** didn't *She **didn't** cry.* Sy **het nie** gehuil nie.

☐ **het** *hulpwerkwoord*

heuning honey *A bee is an insect that makes **honey**.* 'n By is 'n insek wat **heuning** maak.

☐ **heu·ning** *selfstandige naamwoord (geen meervoud)*

heup hip *She stood with her hand on her **hip**.* Sy het met haar hand op die **heup** gestaan.

☐ **heup** *selfstandige naamwoord (meervoud* **heupe***)*

heuwel hill *I had to push my bicycle up the steep **hill**.* Ek moes my fiets teen die steil **heuwel** uitstoot.

☐ **heu·wel** *selfstandige naamwoord (meervoud* **heu= wels***)*

hewig violent *The storm was so **violent** that no ships could leave the harbour.* Die storm was so **hewig** dat geen skepe die hawe kon verlaat nie.

☐ **he·wig** *byvoeglike naamwoord (attributief* **hewige***)* **hewiger, hewigste**

hier ❶ here [a] *"Where is the dog?"* – *"It is lying **here** under my chair."* "Waar is die hond?" – "Hy lê **hier** onder my stoel." [b] *She looked out of the window and said, "**Here** comes the postman."* Sy het by die venster uitgekyk en gesê: "**Hier** kom die posbode." ❷ this is where *"**This is where** we live."* "**Hier** woon ons."

◆ **hier binne** ⇨ **hierbinne**.

◆ **hier en daar** here and there *We drove through grassland and only saw trees **here and there**.* Ons het deur grasland gery en net hier en daar bome gesien.

◆ **netnou/nou-nou weer hier** back soon *Esmé has just gone to the café and will be **back soon**.* Esmé is gou kafee toe en sal **netnou/nou-nou weer hier** wees.

◆ **van hier tot daar** from here to there *I won't be able to jump **from here to there** – the distance is too great.* Ek sal nie **van hier tot daar** kan spring nie – die af= stand is te groot.

☐ **hier** *bywoord*

hierbinne, hier binne in here *"Please switch on the light; it's a bit dark **in here**."* "Sit asseblief die lig aan; dis 'n bietjie donker **hierbinne** (OF **hier binne**)."

☐ **hier·bin·ne** *bywoord*

hierdeur ❶ through here *She stood by a hole in the fence and said, "The dog must have escaped **through here**."* Sy het by 'n gat in die heining gestaan en gesê: "Die hond het seker **hierdeur** ontsnap." ❷ through this *He laid his hand on the pipe and said, "The water flows **through this** into the dam."* Hy het sy hand op die pyp gelê en gesê: "Die water vloei **hierdeur** in die dam."

☐ **hier·deur** *voornaamwoord*

hierdie ❶ this *That apple is smaller than **this** one.* Daar= die appel is kleiner as **hierdie** een. ❷ these *These apples are cheaper than those.* **Hierdie** appels is goed= koper as daardie(s).

◆ **dis** (OF **dit is**) ... **hierdie ❶** this is [a] *This is an orange and that is a naartjie.* **Dis** (OF **Dit is**) 'n lemoen **hierdie** en dis 'n nartjie daardie. [b] *"What is this?"* – *"It is an orange."* "Wat **is dit hierdie**?" – "Dis 'n lemoen." ❷ these are [a] *These are oranges and those are naartjies.* **Dis** (OF **Dit is**) lemoene **hierdie** en dis nartjies daardie. [b] *"What are these?"* – *"They are oranges."* "Wat **is dit hierdie**?" – "Dis lemoene."

◆ **hierdie(s)** these *Those apples are more expensive than* **these**. Daardie appels is duurder as **hierdie(s)**.

□ **hier·die** *voornaamwoord*

hierheen 1 here *The American enjoyed his visit to our country so much that he would like to come* **here** *again.* Die Amerikaner het sy besoek aan ons land soveel ge= niet dat hy graag weer **hierheen** wil kom. **2** this way *"Look* **this way** *and smile!" said the photographer.* "Kyk **hierheen** en glimlag!" het die fotograaf gesê.

□ **hier·heen** *bywoord*

hierlangs this way *"Come* **this way**, *please," said the waiter.* "Kom **hierlangs**, asseblief," het die kelner gesê.

□ **hier·langs** *bywoord*

hiermee with this *He showed his dad a tool and asked, "What does one do* **with this**?" Hy het sy pa 'n stuk gereedskap gewys en gevra: "Wat maak 'n mens **hier= mee**?"

□ **hier·mee** *voornaamwoord*

hierna¹ 1 after this *At the soccer practice Tom said to George, "***After this** *I have to go home."* By die sokker= oefening het Tom vir George gesê: "**Hierna** moet ek huis toe gaan." **2** next *When Esther got on the bike, Walter said to me, "It's your turn* **next**." Toe Esther op die fiets klim, het Walter vir my gesê: "**Hierna** is dit jou beurt."

◆ **hierna volg** come next *At the end of the television programme he said, "The news* **comes next**." Aan die einde van die televisieprogram het hy gesê: "Die nuus **volg hierna**."

□ **hier·na** *bywoord*

hierna² at this *She picked up something and said, "Look* **at this** *– what do you think it is?"* Sy het iets opgetel en gesê: "Kyk **hierna** – wat dink jy is dit?"

□ **hier·na** *voornaamwoord*

hiernatoe 1 here *The American enjoyed his visit to our country so much that he would like to come* **here** *again.* Die Amerikaner het sy besoek aan ons land soveel ge= niet dat hy graag weer **hiernatoe** wil kom. **2** this way *"Look* **this way** *and smile!" said the photographer.* "Kyk **hiernatoe** en glimlag!" het die fotograaf gesê.

□ **hier·na·toe** *voornaamwoord*

hierso (over) here *He called his friend and said, "Come* **(over) here**; *I want to show you something."* Hy het sy vriend geroep en gesê: "Kom **hierso**; ek wil jou iets wys."

□ **hier·so** *bywoord*

hiervan of this *He showed her his drawing and asked, "What do you think* **of this**?" Hy het haar sy tekening gewys en gevra: "Wat dink jy **hiervan**?"

□ **hier·van** *voornaamwoord*

hiervandaan from here *"How far is the school* **from here**?" "Hoe ver is die skool **hiervandaan**?"

□ **hier·van·daan** *bywoord*

hinder 1 bother **[a]** *"Don't* **bother** *me with silly ques= tions – I'm busy!"* "Moenie my met lawwe vrae **hinder** nie – ek is besig!" **[b]** *"You may leave the car window*

open; the wind doesn't **bother** *me."* "Jy kan maar die motorvenster oop los; die wind **hinder** my nie." **2** put off *His bad table manners* **put me off**. Sy slegte tafelma= niere **hinder** my.

□ **hin·der** *werkwoord (teenwoordige tyd* **hinder**, *ver= lede tyd* **het gehinder***)*

hitte heat *In summer the* **heat** *of the sun makes the tar on the road become soft.* In die somer laat die **hitte** van die son die teer op die pad sag word.

□ **hit·te** *selfstandige naamwoord (geen meervoud)*

hoe¹ 1 – *We saw the cat catch the bird.* Ons het gesien **hoe** die kat die voël vang. **2** how, what *"How old (*OR **What** *age) are you?"* – *"I'm fourteen."* "**Hoe** oud is jy?" – "Ek is veertien." **3** how, the way *I don't know* **how (**OR **the way)** *to do this sum.* Ek weet nie **hoe** om dié som te maak nie. **4** the way *It's terrible* **the way** *he swears.* Dis verskriklik **hoe** hy vloek. **5** what *"What is the time (*OR **What** *time is it)?"* – *"It's eight o'clock."* "**Hoe** laat is dit?" – "Dis agtuur." **6** what ... like **[a]** *"What does your cat look* **like**?" – *"She is black and has a white mark under her chin."* "**Hoe** lyk jou kat?" – "Sy is swart en het 'n wit vlek onder haar ken." **[b]** *"What is his new girlfriend* **like**?" – *"She's very pretty and rather nice."* "**Hoe** is sy nuwe meisie?" – "Sy's baie mooi en nogal gaaf." **[c]** *"What was your holiday* **like**?" "**Hoe** was jou vakansie?"

◆ **al hoe minder** less and less *Animals that die out, become* **less and less** *and eventually cease to exist.* Die= re wat uitsterf, word **al hoe minder** en hou uiteinde= lik op om te bestaan.

◆ **al hoe vinniger** faster and faster *The car moved off slowly and then started to go* **faster and faster**. Die motor het stadig weggetrek en toe **al hoe vinniger** begin ry.

◆ **hoe gaan dit (met jou)?** how are you? *"How are you?"* – *"I'm fine, thanks."* "**Hoe gaan dit (met jou)**?" – "Dit gaan goed, dankie."

◆ **hoe graag ook (al)** much as *"Much as I would like to, I can't help you at the moment."* "**Hoe graag** ek **ook (al)** wil, ek kan jou nie op dic oomblik help nie."

◆ **hoe ... hoe** the ... the *The more you eat,* **the** *fatter you get.* **Hoe** meer jy eet, **hoe** vetter word jy.

◆ **hoe lyk dit met?** how/what about? *"I feel like a cool drink.* **How/What about** *you?"* "Ek is lus vir 'n koel= drank. **Hoe lyk dit met** jou?"

◆ **hoe ook (al)** however *However hard I try, I can't get the stain out of my shirt.* **Hoe** hard ek **ook (al)** pro= beer, ek kan nie die vlek uit my hemp kry nie.

◆ **of hoe?** do you? *"You don't like pumpkin,* **do you?**" "Jy hou mos nie van pampoen nie, **of hoe?**"

□ **hoe** *bywoord*

hoe² how [a] *"Look* **how** *dirty your hands are! Go and wash them immediately."* "Kyk **hoe** vuil is jou hande! Gaan was hulle onmiddellik." **[b]** *How they laughed!* **Hoe** het hulle nie gelag nie!

□ **hoe** *tussenwerpsel*

hoed hat *She always puts a* **hat** *on her head before she* *goes out in the sun.* Sy sit altyd 'n **hoed** op haar kop voordat sy in die son uitgaan.

□ **hoed** *selfstandige naamwoord (meervoud* **hoede***)*

hoef hoof *The* **hoof** *is the hard part of a horse, ox or cow's foot.* Die **hoef** is die harde deel van 'n perd, os of koei se poot.

□ **hoef** *selfstandige naamwoord (meervoud* **hoewe***)*

hoef nie ❶ don't have to, needn't, need not *"You* **don't have to** *(*OR **needn't** OR **need not***) do the work today – it can wait until tomorrow."* "Jy **hoef nie** die werk vandag te doen nie – dit kan tot môre wag." ❷ there is no need for ... to, there is no need to, it's not necessary for ... to, it's not necessary to *"I can hear you –* **there is no need for you** *(*OR **there is no need** OR **it's not necessary for you** OR **it's not necessary***) to shout like that."* "Ek kan jou hoor – jy **hoef nie** so te skree nie."

□ **hoef nie** *werkwoordfrase (geen verlede tyd nie)*

hoegenaamd absolutely, at all, whatever *I can see* **absolutely** *nothing (*OR *I can see nothing* **at all** OR **whatever***) in this dark room.* Ek kan **hoegenaamd** niks in dié donker kamer sien nie.

□ **hoe·ge·naamd** OF **hoe·ge·naamd** *bywoord*

hoëhakskoen high-heeled shoe *She is smartly dressed in a long dress and* **high-heeled shoes.** Sy is fyn uitgevat in 'n lang rok en **hoëhakskoene.**

□ **ho·ë·hak·skoen** *selfstandige naamwoord (meervoud* **hoëhakskoene***)*

hoek ❶ corner **[a]** *The school is on the* **corner** *of Long Street and Seventh Avenue.* Die skool is op die **hoek** van Langstraat en Sewende Laan. **[b]** *There are four* **corners** *in a square room.* Daar is vier **hoeke** in 'n vierkantige vertrek. ❷ hook *He caught the fish with a* **hook** *and line.* Hy het die vis met 'n **hoek** en lyn gevang.

◆ **om die hoek ry** turn the corner *"Wait for the pedestrians to cross the street before you* **turn the corner.**" "Wag vir die voetgangers om die straat oor te steek voor jy **om die hoek ry.**"

◆ **op die hoek links/regs draai** take the turn on/to the left/right *"Take the second* **turn on/to the right.**" "Draai op die tweede **hoek regs.**"

□ **hoek** *selfstandige naamwoord (meervoud* **hoeke***)*

hoekom ❶ why, what for *"Why did you do that (*OR **What did you do that for***)?"* "Hoekom het jy dit gedoen?" ❷ why **[a]** *The teacher asked him* **why** *he was late.* Die juffrou het hom gevra **hoekom** hy laat is. **[b]** *"The reason* **why** *I'm late is that I missed the bus."* "Die rede **hoekom** ek laat is, is dat ek die bus gemis het."

□ **hoe·kom** *bywoord*

hoender chicken **[a]** *There are ten hens and one cock among the* **chickens** *in the cage.* Daar is tien henne en een haan onder die **hoenders** in die hok. **[b]** *We often have* **chicken** *for lunch on a Sunday.* Ons eet dikwels **hoender** vir middagete op 'n Sondag.

□ **hoen·der** *selfstandige naamwoord (geen meervoud by* **b***; hoenders by* **a***)*

hoër higher *The table in our dining room is bigger and* **higher** *than the table in our kitchen.* Die tafel in ons eetkamer is groter en **hoër** as die tafel in ons kombuis.

◆ **hoër skool, hoërskool** high school *She is in standard eight at* **high school.** Sy is in standerd agt op **hoër skool** (OF **hoërskool**).

□ **ho·ër** *byvoeglike naamwoord (attributief* **hoër***)*

hoes[1] cough *"You ought to see a doctor about your* **cough.**" "Jy behoort dokter toe te gaan oor jou **hoes.**"

□ **hoes** *selfstandige naamwoord (geen meervoud)*

hoes[2] cough *When I have a cold I always* **cough** *and sneeze.* Wanneer ek 'n verkoue het, **hoes** en nies ek altyd.

□ **hoes** *werkwoord (teenwoordige tyd* **hoes***, verlede tyd het gehoes)*

hoeveel ❶ how many *"How many spoons of sugar would you like in your tea?" – "Two, please."* "Hoeveel lepels suiker wil jy in jou tee hê?" – "Twee, asseblief." ❷ how much *"How much do the apples cost?" – "They are 25c each."* "Hoeveel kos die appels?" – "Hulle is 25c elk."

◆ **hoeveel ook (al)** much as *Much as Linda likes Philip, she will never marry him.* **Hoeveel** Linda **ook (al)** van Philip hou, sy sal nooit met hom trou nie.

□ **hoe·veel** *telwoord*

hoeveelheid amount, quantity *A large* **amount/quantity** *of water leaked from the broken tank.* 'n Groot **hoeveelheid** water het uit die stukkende tenk gelek.

□ **hoe·veel·heid** *selfstandige naamwoord (meervoud* **hoeveelhede***)*

'n Mens gebruik **hoeveelheid** vir goed wat jy nie kan tel nie en **aantal** of **getal** vir dié wat jy wel kan tel: *'n groot* **hoeveelheid** *sand/water,* maar *'n groot* **aantal** *(*OF *groot* **getalle***) bome/diere.* ⇨ **aantal** [NOTA].

hoewel although, though, even though *Although (*OR *Though* OR *Even though) our car is thirteen years old, it still goes very well.* **Hoewel** ons motor dertien jaar oud is, loop hy nog baie goed.

□ **hoe·wel** *voegwoord*

hok cage *At the zoo we saw a big brown bear in a* **cage** *next to the lions.* Ons het by die dieretuin 'n groot bruin beer in 'n **hok** langs die leeus gesien.

□ **hok** *selfstandige naamwoord (meervoud* **hokke***)*

hol hollow *Tins, pipes and bottles are* **hollow.** Blikke, pype en bottels is **hol.**

□ **hol** *byvoeglike naamwoord (attributief* **hol***)* **holler, holste**

hom ❶ him *At the party Philip asked Esmé to dance with* **him.** By die partytjie het Philip vir Esmé gevra om met **hom** te dans. ❷ himself *He cut* **himself** *with a knife.* Hy het **hom** met 'n mes gesny. ❸ it *"The dog is thirsty; give* **it** *some water."* "Die hond is dors; gee **hom** 'n bietjie water." ❹ itself *The cat is scratching* *itself*, *because it is full of fleas.* Die kat krap **hom**, want hy is vol vlooie.

◆ **van hom** of his *"Do you know Philip? Are you a friend of his?"* "Ken jy Philip? Is jy 'n maat **van hom?**"

□ **hom** *voornaamwoord*

homself ❶ himself *He looked at **himself** in the mirror.* Hy het na **homself** in die spieël gekyk. ❷ itself *The bird looked at **itself** in the mirror.* Die voël het na **hom-self** in die spieël gekyk.

□ **hom·self** *voornaamwoord*

hond dog *The **dog** barked at the cat.* Die **hond** het vir die kat geblaf. ⇨ **hondjie.**

□ **hond** *selfstandige naamwoord (meervoud **honde**)*

honderd hundred *Ten times ten is a **hundred**.* Tien maal tien is **honderd.**

□ **hon·derd** *telwoord*

honderdste hundredth *My grandfather is 99 and hopes to celebrate his **hundredth** birthday next year.* My oupa is 99 en hoop om volgende jaar sy **honderdste** verjaardag te vier.

□ **hon·derd·ste** *telwoord*

hondjie puppy *The **puppy** is only a few days old and cannot bark yet.* Die **hondjie** is maar 'n paar dae oud en kan nog nie blaf nie.

□ **hond·jie** *selfstandige naamwoord (meervoud **hond-jies**)*

honger[1] hunger *He ate a few slices of bread to satisfy his **hunger**.* Hy het 'n paar snytjies brood geëet om sy **honger** te stil.

□ **hon·ger** *selfstandige naamwoord (geen meervoud)*

honger[2] hungry *"Will you have something to eat?" – "No, thanks; I'm not **hungry**."* "Wil jy iets eet?" – "Nee, dankie; ek is nie **honger** nie."

□ **hon·ger** *byvoeglike naamwoord (attributief **hon-ger**)* **hongerder, hongerste**

hoof ❶ principal, headmaster *Mr Brown is the **prin-cipal/headmaster** of the boys' school.* Mnr. Brown is die **hoof** van die seunskool. ❷ principal, headmistress *Mrs Smith is the **principal/headmistress** of the girls' school.* Mev. Smith is die **hoof** van die meisie-skool. ❸ head, chief *If my father wants to take a holiday, he has to get permission from the **head/chief** of his de-partment.* As my pa vakansie wil neem, moet hy toe-stemming by die **hoof** van sy afdeling kry. ❹ head [a] *The parson said, "Let us bow our **heads** and pray."* Die predikant het gesê: "Kom ons buig ons **hoofde** en bid." [b] *In some countries a king is the **head** of the nation.* In sommige lande is 'n koning die **hoof** van die volk. ❺ head, top *Dad always sits at the **head/top** of the table.* Pa sit altyd aan die **hoof** van die tafel.

□ **hoof** *selfstandige naamwoord (meervoud **hoofde**)*

hoofletter capital, capital letter *One starts a sentence with a **capital** (OR **capital letter**).* 'n Mens begin 'n sin met 'n **hoofletter.**

□ **hoof·let·ter** *selfstandige naamwoord (meervoud **hoofletters**)*

◆ By vanne wat uit twee losstaande dele bestaan, kry albei dele 'n hoofletter: *De Wet, Du Preez, Van Wyk.* By vanne met drie losstaande dele kry die eerste en die laaste deel 'n hoofletter: *Van der Merwe, Van der Spuy, Van der Walt.* Sodra 'n naam of voorletter voor die van verskyn, verander dié gebruik en word die eerste deel met 'n kleinletter geskryf: *Johan de Wet (J. de Wet), Linda du Preez (L. du Preez), Ka-rel van der Merwe (K. van der Merwe), Lenie van der Walt (L. van der Walt).* 'n Titel verander nie die skryfwyse nie: *mev. Du Preez, oom Johan de Wet, dr. L. van der Merwe.*

◆ Waar 'n eienaam 'n aanspreekvorm is, skryf jy hom met 'n hoofletter: *"Môre, Ma/Pa/Oom/Tan-nie."* Voeg jy 'n eienaam by, skryf jy hom met 'n kleinletter: *"Môre, oom George."* Waar 'n eienaam nie 'n aanspreekvorm is nie, skryf jy hom ook met 'n kleinletter: *"Ma vra of jy weet waar pa is?"*

hoofman chief *The leader of a tribe is called a **chief**.* Die leier van 'n stam word 'n **hoofman** genoem.

□ **hoof·man** *selfstandige naamwoord (meervoud **hoofmanne**)*

hoofmeisie head girl *She was a prefect in standard nine and became **head girl** in matric.* Sy was in standerd nege 'n prefek en het in matriek **hoofmeisie** geword.

□ **hoof·mei·sie** *selfstandige naamwoord (meervoud **hoofmeisies**)*

hoofpyn headache *I have a **headache** and do not feel well.* Ek het **hoofpyn** en voel nie lekker nie.

□ **hoof·pyn** *selfstandige naamwoord (meervoud **hoof-pyne**)*

hoofrol leading part

◆ **die hoofrol speel** play the leading part, star *Last night on television I saw an old film in which Marilyn Monroe **plays the leading part** (OR **stars**).* Ek het gisteraand op televisie 'n ou fliek gesien waarin Ma-rilyn Monroe **die hoofrol speel.**

□ **hoof·rol** *selfstandige naamwoord (meervoud **hoof-rolle**)*

hoofsaaklik mainly, chiefly *Bread consists **mainly/chiefly** of flour.* Brood bestaan **hoofsaaklik** uit meel.

□ **hoof·saak·lik** *bywoord*

hoofseun head boy *He was a prefect in standard nine and became **head boy** in matric.* Hy was in standerd nege 'n prefek en het in matriek **hoofseun** geword.

□ **hoof·seun** *selfstandige naamwoord (meervoud **hoofseuns**)*

hoofstad capital *The **capital** of Zimbabwe is Harare.* Die **hoofstad** van Zimbabwe is Harare.

□ **hoof·stad** *selfstandige naamwoord (meervoud **hoof-stede**)*

hoofstraat main street *Many of the big shops and offices of a town are in the **main street**.* Baie van die groot winkels en kantore van 'n dorp is in die **hoofstraat.**

□ **hoof·straat** *selfstandige naamwoord (meervoud **hoofstrate**)*

hoofstuk chapter *We have to learn **chapter** 3 in our history books for tomorrow's test.* Ons moet **hoofstuk** 3 in ons geskiedenisboeke vir môre se toets leer.

☐ **hoof·stuk** *selfstandige naamwoord (meervoud* **hoof= stukke***)*

hoog[1] ❶ high [a] *The mountain is so **high** that it will take four hours to climb to the top.* Die berg is so **hoog** dat dit vier uur sal duur om tot bo te klim. [b] *He made few mistakes and got **high** marks in the test.* Hy het min foute gemaak en **hoë** punte in die toets gekry. [c] *A woman's voice is **higher** than a man's.* 'n Vrou se stem is **hoër** as 'n man s'n. ❷ high, in height *Table Mountain is 1 113 metres **high** (OR **in height**).* Tafelberg is 1 113 meter **hoog**. ❸ tall [a] *The tree is ten metres **tall**.* Die boom is tien meter **hoog**. [b] *His office is on the seventeenth floor of that **tall** building.* Sy kantoor is op die sewentiende verdieping van daardie **hoë** gebou.

◆ **die hoogste punte** top marks *Linda got **top marks** in the history test.* Linda het **die hoogste pun= te** in die geskiedenistoets gekry.

◆ **hoër maak** raise *"The wall is too low; **raise** it by half a metre."* "Die muur is te laag; **maak** dit 'n halwe meter **hoër**."

◆ **hoog tyd** about time, high time *"It's **about/high time** that you stopped watching so much TV and started working a bit harder."* "Dis **hoog tyd** dat jy ophou om soveel TV te kyk en 'n bietjie harder begin werk."

☐ **hoog** *byvoeglike naamwoord (attributief* **hoë***)* **hoër**, **hoogste**

hoog[2] high [a] *Some of the apples are so **high** in the tree that I can't reach them.* Party van die appels is so **hoog** in die boom dat ek hulle nie kan bykom nie. [b] *The man has a deep voice and cannot sing **high**.* Die man het 'n diep stem en kan nie **hoog** sing nie.

☐ **hoog** *bywoord*

hoogte height *The **height** of Table Mountain is 1 113 metres.* Die **hoogte** van Tafelberg is 1 113 meter.

◆ **op die hoogte bly** remain informed *People who are interested in politics **remain informed** about govern= ment matters.* Mense wat in die politiek belang stel, **bly op die hoogte** van regeringsake.

◆ **op 'n hoogte van** at a height of *The aeroplane flew **at a height of** 8 000 metres above the ground.* Die vlieg= tuig het **op 'n hoogte van** 8 000 meter bo die grond gevlieg.

☐ **hoog·te** *selfstandige naamwoord (meervoud* **hoog= tes***)*

hoop[1] heap, pile *The gardener burnt the **heap/pile** of dead leaves.* Die tuinier het die **hoop** dooie blare ver= brand.

☐ **hoop** *selfstandige naamwoord (meervoud* **hope***)*

hoop[2] hope *Edith worked hard and is full of **hope** that she will get an A in the exams.* Edith het hard gewerk en is vol **hoop** dat sy 'n A in die eksamen sal kry.

☐ **hoop** *selfstandige naamwoord (geen meervoud)*

hoop[3] hope *I **hope** the weather will clear up before to= morrow, because we want to go on a picnic.* Ek **hoop** die weer sal voor môre opklaar, want ons wil gaan piekniek hou.

☐ **hoop** *werkwoord (teenwoordige tyd* **hoop**, *verlede tyd* **het gehoop***)*

hoor hear [a] *He is deaf in one ear and is unable to **hear** well.* Hy is in een oor doof en kan nie goed **hoor** nie. [b] *"I **hear** Edith is getting married. Is it true?"* "Ek **hoor** Edith gaan trou. Is dit waar?"

◆ **hoor van** ❶ hear from *"Do you ever **hear from** Philip?" – "Yes, he writes to me regularly."* "**Hoor** jy ooit **van** Philip?" – "Ja, hy skryf gereeld aan my." ❷ hear of *"Who is Esmé Smith?" – "I don't know, I've never **heard of** her."* "Wie is Esmé Smith?" – "Ek weet nie, ek **het** nog nooit **van** haar **gehoor** nie."

☐ **hoor** *werkwoord (teenwoordige tyd* **hoor**, *verlede tyd* **het gehoor***)*

> Na *het* kry die skakelwerkwoord **hoor** nie *ge-* nie: *Ek het die telefoon **hoor** lui.*

hoort belong *These chairs **belong** in the kitchen, not in the dining room.* Dié stoele **hoort** in die kombuis, nie in die eetkamer nie.

☐ **hoort** *werkwoord (teenwoordige tyd* **hoort**, *verlede tyd* **het gehoort***)*

hopelik hopefully *Tomatoes are very expensive at the moment. **Hopefully** the prices will drop soon.* Tamaties is op die oomblik baie duur. **Hopelik** sal die pryse binnekort daal.

☐ **ho·pe·lik** *byword*

horing horn *That rhinoceros has only one **horn** on its nose.* Daardie renoster het net een **horing** op sy neus.

☐ **ho·ring** *selfstandige naamwoord (meervoud* **ho= rings***)*

horison horizon *The sun disappeared over the **horizon**.* Die son het oor die **horison** verdwyn.

☐ **ho·ri·son** *selfstandige naamwoord (meervoud* **hori= sonne***)*

horlosie ❶ watch *"What is the time?" – "My **watch** says it's five past ten."* "Hoe laat is dit?" – "My **horlo= sie** sê dis vyf oor tien." ❷ clock *The **clock** on the wall is a few minutes fast.* Die **horlosie** teen die muur is 'n paar minute voor.

◆ **op 'n horlosie kyk** tell the time *My little brother has just learnt to **tell the time**.* My boetie het pas ge= leer om **op 'n horlosie te kyk**.

☐ **hor·lo·sie** *selfstandige naamwoord (meervoud* **hor= losies***)*

> As 'n **horlosie** om 11:00 wys dat dit 10:55 is, is hy vyf minute **agter**; as hy 11:05 wys, is hy vyf minute **voor**.

hospitaal hospital *The doctor sent the sick man to **hos= pital** for an operation.* Die dokter het die siek man vir 'n operasie **hospitaal** toe gestuur.

☐ **hos·pi·taal** *selfstandige naamwoord (meervoud* **hos= pitale***)*

hotel hotel *The **hotel** has over 200 bedrooms.* Die **hotel** het meer as 200 slaapkamers.

☐ **ho·tel** *selfstandige naamwoord (meervoud* **hotelle/ hotels***)*

hou[1] ❶ blow *The boxer knocked his opponent out with one **blow** of his fist.* Die bokser het sy opponent met een **hou** van sy vuis uitgeslaan. ❷ blow, punch *The boxer gave his opponent a **blow/punch** in the stomach.* Die bokser het sy opponent 'n **hou** in die maag gegee. ❸ blow, knock *The branch swung back and gave her a **blow/knock** on the head.* Die tak het teruggeswaai en haar 'n **hou** teen die kop gegee.

☐ **hou** *selfstandige naamwoord (meervoud* **houe***)*

hou[2] ❶ keep [a] *"Don't give away all the apples – **keep** some for us."* "Moenie al die appels weggee nie – **hou** 'n paar vir ons." [b] *I **keep** my bicycle in the garage.* Ek **hou** my fiets in die garage. ❷ hold [a] *"**Hold** your hands above your head."* "**Hou** jou hande bo jou kop." [b] *The teachers **held** a meeting to discuss the school concert.* Die onderwysers het 'n vergadering **gehou** om die skoolkonsert te bespreek. [c] *Esther is going to **hold** a party to celebrate her fifteenth birthday.* Esther gaan 'n partytjie **hou** om haar vyftiende verjaardag te vier. ❸ hold, take *This bucket **holds/takes** five litres of water.* Dié emmer **hou** vyf liter water. ❹ last *I hope the fine weather will **last** until Saturday, because we want to go on a picnic.* Ek hoop die mooi weer sal tot Saterdag **hou**, want ons wil gaan piekniek maak. ❺ wear *Good leather shoes **wear** for years.* Goeie leerskoene **hou** jare.

◆ **hou by** stick to [a] *The referee warned the players to **stick to** the rules of the game.* Die skeidsregter het die spelers gewaarsku om **by** die reëls van die spel te **hou**. [b] *"We had better **stick to** the path; we might get lost."* "Ons moet liewer **by** die paadjie **hou**; netnou verdwaal ons."

◆ **hou links** keep (to the) left *"**Keep (to the) left**; don't ride in the middle of the road."* "**Hou links**; moenie in die middel van die pad ry nie."

◆ **hou van** ❶ like *"I **like** your dress – it's very pretty."* "Ek **hou van** jou rok – dis baie mooi." ❷ care for *He **cares** so much **for** Esther that he would do almost anything for her.* Hy **hou** so baie **van** Esther dat hy amper enigiets vir haar sal doen. ❸ be fond of *Simon eats any kind of meat, but **is** particularly **fond of** beef.* Simon eet enige soort vleis, maar **hou** veral **van** beesvleis.

◆ **lank hou** go a long way *R10,00 doesn't **go a long way** these days.* Deesdae **hou** R10,00 nie **lank** nie.

☐ **hou** *werkwoord (teenwoordige tyd* **hou***, verlede tyd* **het gehou***)*

houer container *Anything such as a box, bag or bottle is a **container**.* Enigiets soos 'n doos, sak of bottel is 'n **houer**.

☐ **hou·er** *selfstandige naamwoord (meervoud* **houers***)*

hout wood [a] *The table is made of **wood**.* Die tafel is van **hout** gemaak. [b] *"Put some more **wood** on the fire."* "Gooi nog **hout** op die vuur."

◆ **hout**= wooden *She stirred the porridge with a **wooden** spoon.* Sy het die pap met 'n **hout**lepel geroer.

☐ **hout** *selfstandige naamwoord (geen meervoud)*

houtwerk woodwork *At school the girls learn sewing and the boys **woodwork**.* Op skool leer die meisies naaldwerk en die seuns **houtwerk**.

☐ **hout·werk** *selfstandige naamwoord (geen meervoud)*

huidige present *"That's our old address; our **present** address is 24 Long Street."* "Dis ons ou adres; ons **huidige** adres is Langstraat 24."

☐ **hui·di·ge** *attributiewe byvoeglike naamwoord*

huil ❶ cry *He dried her tears and said, "Don't **cry**."* Hy het haar trane afgevee en gesê: "Moenie **huil** nie." ❷ howl *Sometimes the wind is so strong that it **howls** through the trees.* Die wind is partykeer so sterk dat dit deur die bome **huil**.

☐ **huil** *werkwoord (teenwoordige tyd* **huil***, verlede tyd* **het gehuil***)*

huis ❶ house *"Do you live in a **house** or in a flat?"* "Woon julle in 'n **huis** of in 'n woonstel?" ❷ home *After school he left **home** and went to live in Johannesburg.* Hy het na skool die **huis** verlaat en in Johannesburg gaan woon.

◆ **by die huis** at home *"Is your dad **at home**?"* – *"No, sir, he is at work."* "Is jou pa **by die huis**?" – "Nee, meneer, hy is by die werk."

◆ **by die huis bly** stay in *"Aren't you going out tonight?"* – *"No, I want to **stay in** and write some letters."* "Gaan jy nie vanaand uit nie?" – "Nee, ek wil **by die huis bly** en 'n paar briewe skryf."

◆ **huis toe** home *It's getting late, we must go **home**.* Dit word laat, ons moet **huis toe** gaan.

◆ **huis toe bring** ⇨ **bring**.

◆ **van huis tot huis** from door to door *The children went **from door to door** to collect money for the school.* Die kinders het **van huis tot huis** gegaan om geld vir die skool in te samel.

◆ **weet hoe om by die huis te kom** know one's way home *"Do you **know your way home** from here?"* "**Weet** jy **hoe om** van hier af **by die huis te kom**?"

☐ **huis** *selfstandige naamwoord (meervoud* **huise***)*

huisgesin family *Our **family** consists of my father and mother, my two brothers and me.* Ons **huisgesin** bestaan uit my pa en ma, my twee broers en ek.

☐ **huis·ge·sin** *selfstandige naamwoord (meervoud* **huisgesinne***)*

huisvrou housewife *A **housewife** spends a lot of time looking after her house, husband and children.* 'n **Huisvrou** bestee baie tyd om haar huis, man en kinders te versorg.

☐ **huis·vrou** *selfstandige naamwoord (meervoud* **huisvroue/huisvrouens***)*

huiswerk ❶ homework *The maths teacher gave us six sums for **homework**.* Die wiskunde-onderwyser het ons ses somme vir **huiswerk** gegee. ❷ housework

George helps his mother with the **housework** – *he cleans the windows, sweeps the stoep and washes the dishes.* George help sy ma met die **huiswerk** – hy maak die ruite skoon, vee die stoep en was die skottelgoed.

☐ **huis·werk** *selfstandige naamwoord (geen meervoud)*

huiwer hesitate *"If you need any help, don't* **hesitate** *to call me."* "As jy enige hulp nodig het, moenie **huiwer** om my te bel nie."

☐ **hui·wer** *werkwoord (teenwoordige tyd* **huiwer**, *ver= lede tyd* **het gehuiwer**)

hul, hulle ❶ they [a] *"The children are nowhere to be seen. I wonder where* **they** *are?"* "Die kinders is nêrens te sien nie. Ek wonder waar **hul/hulle** is?" [b] *"Where are my shoes?" – "***They** *are under your bed."* "Waar is my skoene?" – "**Hul/Hulle** is onder jou bed." ❷ their *They have sold* **their** *house.* Hulle het **hul/hulle** huis verkoop. ❸ them [a] *The waiter asked the guests whether he could bring* **them** *some soup.* Die kelner het die gaste gevra of hy vir **hul/hulle** sop kan bring. [b] *"Wrap the plates in paper before you pack* **them** *into the box."* "Draai die borde in papier toe voor jy **hul/hulle** in die doos pak." ❹ themselves *They washed* **themselves** *in the river.* Hulle het **hul/hulle** in die rivier gewas. ❺ they, people *They/People say that France is a beautiful country.* Hul/Hulle sê Frank= ryk is 'n pragtige land.

♦ **hulle s'n** ⇨ **s'n.**

♦ **van hul/hulle** of theirs *They have gone to Port Eli= zabeth to visit family* **of theirs**. Hulle is Port Elizabeth toe om by familie **van hul/hulle** te kuier.

☐ **hul, hul·le** *voornaamwoord*

hulleself, hulself themselves *They could see* **them= selves** *in the shiny shop windows.* Hulle kon **hulleself/ hulself** in die blink winkelvensters sien.

☐ **hul·le·self, hul·self** *voornaamwoord*

hulp help [a] *When the girl fell into the water she cried for* **help**. Toe die meisie in die water val, het sy om **hulp** geroep. [b] *George is a great* **help** *to his mother – he always washes the dishes and works in the garden.* George is vir sy ma 'n groot **hulp** – hy was altyd die skottelgoed en werk in die tuin.

☐ **hulp** *selfstandige naamwoord (geen meervoud)*

humeur temper *She lost her* **temper** *and stormed out of the room.* Sy het haar **humeur** verloor en by die kamer uitgestorm.

☐ **hu·meur** *selfstandige naamwoord (meervoud* **hu= meure**)

humor humour *He has a good sense of* **humour** *and is quick to catch a joke.* Hy het 'n goeie sin vir **humor** en snap 'n grap gou.

☐ **hu·mor** *selfstandige naamwoord (geen meervoud)*

hut hut *They live in a round* **hut** *made of reeds and clay.* Hulle woon in 'n ronde **hut** wat van riete en klei ge= maak is.

☐ **hut** *selfstandige naamwoord (meervoud* **hutte**)

huur[1] rent *"How much* **rent** *do you pay for this flat per month?"* "Hoeveel **huur** betaal julle per maand vir dié woonstel?"

☐ **huur** *selfstandige naamwoord (meervoud* **hure**)

huur[2] ❶ hire *At harvest time farmers* **hire** *extra labourers to help with all the work.* Boere **huur** met oestyd ekstra arbeiders om met al die werk te help. ❷ rent *"Do you own or* **rent** *this flat?"* "Besit of **huur** julle dié woonstel?"

☐ **huur** *werkwoord (teenwoordige tyd* **huur**, *verlede tyd* **het gehuur**)

huwelik marriage [a] *My grandfather and grand= mother's* **marriage** *lasted for more than fifty years.* My oupa en ouma se **huwelik** het meer as vyftig jaar ge= hou. [b] *Their* **marriage** *took place in church.* Hul **huwelik** het in die kerk plaasgevind.

☐ **hu·we·lik** *selfstandige naamwoord (meervoud* **huwelike**)

hy ❶ he *My grandfather was 85 when* **he** *died.* My oupa was 85 toe **hy** dood is. ❷ it *"Where is the dog?" – "***It** *is in the garden."* "Waar is die hond?" – "**Hy** is in die tuin."

☐ **hy** *voornaamwoord*

Dis heeltemal korrek om **hy** in plaas van **dit** te ge= bruik wanneer jy na nie-lewende dinge verwys: *Die ketel werk nie – **hy** is stukkend.* By stofname soos vleis, water en grond moet jy egter **dit** gebruik, ook by ab= strakte dinge soos liefde en haat.

hyser, hysbak lift *She didn't want to climb the stairs, so she went up in the* **lift**. Sy wou nie die trappe klim nie, toe gaan sy in die **hyser/hysbak** op.

☐ **hy·ser, hys·bak** *selfstandige naamwoord (meervoud* **hysers, hysbakke**)

I

idee idea *"It's so hot, let's go for a swim." – "Yes, that's a good idea."* "Dis so warm, kom ons gaan swem." – "Ja, dis 'n goeie **idee**."

☐ **i·dee** *selfstandige naamwoord (meervoud* **idees/ ideë)**

iemand ❶ somebody, someone *"There is somebody/ someone at the door – please go and see who it is."* "Daar is **iemand** by die deur – gaan kyk asseblief wie dit is." **❷** person *"Can you tell me where Albert Fani lives?" – "Unfortunately not, I know no such person."* "Kan jy my sê waar Albert Fani woon?" – "Ongelukkig nie, ek ken nie so **iemand** nie."

☐ **ie·mand** *voornaamwoord*

iets something *"Would you like something to eat?" – "No, thanks, I'm not hungry."* "Wil jy **iets** te ete hê?" – "Nee, dankie, ek is nie honger nie."

◆ **iets anders** something else *"Will cheese do, or would you like something else on your bread?"* "Sal kaas goed wees, of wil jy **iets anders** op jou brood hê?"

◆ **iets ꞊s** some … stuff *The doctor gave me some bitter stuff for my cough.* Die dokter het my **iets** bitters vir my hoes gegee.

◆ **of so iets** or something *That man in the white coat must be a doctor or something.* Daardie man in die wit jas is seker 'n dokter **of so iets**.

☐ **iets** *voornaamwoord*

> 'n Byvoeglike naamwoord na **iets** kry 'n ꞊s ‒ 'n bywoord nie: *Sy het vir haar iets moois gekoop; Sy kan iets mooi verduidelik (mooi* slaan in die eerste voorbeeld op *iets* en in die tweede voorbeeld op die werkwoord).

ietwat somewhat *The dress is somewhat long, but otherwise it fits perfectly.* Die rok is **ietwat** lank, maar andersins pas dit perfek.

☐ **iet·wat** *bywoord*

iewers somewhere *They live somewhere in Pretoria, but I don't know the address.* Hulle woon **iewers** in Pretoria, maar ek ken nie die adres nie.

◆ **iewers anders** ⇨ **anders²**.

◆ **iewers heen** somewhere *"Are you going somewhere after school?" – "No, Mum, I'm coming straight home."* "Gaan jy na skool **iewers heen**?" – "Nee, Ma, ek kom direk huis toe."

☐ **ie·wers** *bywoord*

in¹ in *When he knocked, someone called, "Come in!"* Toe hy klop, het iemand geroep: "Kom **in**!"

☐ **in** *bywoord*

in² ❶ in [a] *"Where is Martin?" – "He is in his room."* "Waar is Martin?" – "Hy is **in** sy kamer." [b] *"Put the money in your purse."* "Sit die geld **in** jou beursie." [c] *It is two o'clock in the afternoon.* Dit is twee-uur **in** die middag. [d] *The children are playing in the water.* Die kinders speel **in** die water. [e] *We live in a large city.* Ons woon **in** 'n groot stad. [f] *It gets very hot in summer.* Dit word baie warm **in** die somer. [g] *I believe in God.* Ek glo **in** God. **❷** inside *We waited inside the shop until it stopped raining.* Ons het **in** die winkel gewag totdat dit opgehou reën het. **❸** into [a] *He put on his pyjamas and got into bed.* Hy het sy nagklere aangetrek en **in** die bed geklim. [b] *The cup fell off the table and broke into pieces.* Die koppie het van die tafel afgeval en **in** stukkies gebreek. [c] *"Don't blow your smoke into my face."* "Moenie jou rook **in** my gesig blaas nie." [d] *For homework we had to translate a few lines from English into Afrikaans.* Ons moes vir huiswerk 'n paar reëls uit Engels **in** Afrikaans vertaal. [e] *"You'll get into trouble if dad sees you smoking."* "Jy sal **in** die moeilikheid kom as pa jou sien rook." [f] *The block of ice melted and turned into water.* Die blokkie ys het gesmelt en **in** water verander. [g] *We chatted deep into the night and went to bed very late.* Ons het tot diep **in** die nag gesels en is baie laat bed toe. [h] *The car skidded on the wet road and crashed into a tree.* Die motor het op die nat pad gegly en **in** 'n boom vasgery. **❹** during *My cousin is coming to stay with us for two weeks during the school holidays.* My neef kom **in** die skoolvakansie vir twee weke by ons kuier. ⇨ **gedurende** [NOTA].

◆ **in 'n dag/week/maand/jaar** in a day's/week's/ month's/year's time, within a day/week/month/year *"Will you be able to do the work in a week's time (OR within a week)?"* "Sal jy die werk **in** 'n week kan doen?"

◆ **in 'n uur** within an hour *Three buses passed our house within an hour.* Drie busse het **in** 'n uur by ons huis verbygery.

☐ **in** *voorsetsel*

inasem breathe in *The doctor told me to breathe in through my nose and breathe out through my mouth.* Die dokter het gesê ek moet deur my neus **inasem** en deur my mond uitasem.

☐ **in·a·sem** *werkwoord (teenwoordige tyd* **asem in,** *verlede tyd* **het ingeasem)**

inbreek ❶ break into *The police caught the thief just as he was about to break into the house.* Die polisie het die dief betrap net toe hy by die huis wou **inbreek**. **❷** break in *A thief broke in and stole my radio.* 'n Dief **het ingebreek** en my radio gesteel.

☐ **in·breek** *werkwoord (teenwoordige tyd* **breek in,** *verlede tyd* **het ingebreek)**

inbreker burglar *The police caught the **burglar** who stole my radio.* Die polisie het die **inbreker** gevang wat my radio gesteel het.

☐ **in·bre·ker** *selfstandige naamwoord (meervoud in=brekers)*

inbring bring in *"Son, will you please **bring in** the dry washing for me?"* "Seun, sal jy asseblief die droë wasgoed vir my **inbring**?"

☐ **in·bring** *werkwoord (teenwoordige tyd **bring in**, verlede tyd **het ingebring**)*

indien ❶ if *Taste the soup and add more salt **if** necessary.* Proe die sop en voeg nog sout by **indien** nodig. ❷ in case *"Call me **in case** you need my help."* "Bel my **indien** jy my hulp nodig het."

◆ **indien nie** if not *"Are there any apples left? **If not**, may I have a banana?"* "Is daar nog appels oor? **Indien nie**, kan ek 'n piesang kry?"

◆ **indien wel** if so *"Are you going to the café? **If so**, please buy me a litre of milk."* "Gaan jy kafee toe? **Indien wel**, koop asseblief vir my 'n liter melk."

☐ **in·dien** *voegwoord*

indra carry into *I saw two men **carry** a new table **into** their house.* Ek het twee mans 'n nuwe tafel by hul huis sien **indra**.

☐ **in·dra** *werkwoord (teenwoordige tyd **dra in**, verlede tyd **het ingedra**)*

indruk ❶ press/push in *"You must **press/push** this button **in** to switch on the television."* "Jy moet dié knoppie **indruk** om die televisie aan te skakel." ❷ push in *"Don't **push in** – go and stand at the back of the queue!"* "Moenie **indruk** nie – gaan staan agter in die tou!"

☐ **in·druk** *werkwoord (teenwoordige tyd **druk in**, verlede tyd **het ingedruk**)*

ingaan enter, go in *"The door is open, you may **enter** (OR **go in**)."* "Die deur is oop, julle kan maar **ingaan**."

◆ **ingaan in** go into *Maggie won't **go into** the water because she can't swim.* Maggie wil nie **in** die water **ingaan**, want sy kan nie swem nie.

☐ **in·gaan** *werkwoord (teenwoordige tyd **gaan in**, verlede tyd **het ingegaan**)*

ingang entrance *You have to show your ticket at the **entrance** to the soccer field.* Jy moet jou kaartjie by die **ingang** tot die sokkerveld wys.

☐ **in·gang** *selfstandige naamwoord (meervoud in=gange)*

ingee ❶ give *We had to **give** some medicine to our sick dog.* Ons moes vir ons siek hond medisyne **ingee**. ❷ hand in *"Children, you must **hand in** your books so that I can mark your homework."* "Kinders, julle moet jul boeke **ingee** sodat ek jul huiswerk kan nasien."

☐ **in·gee** *werkwoord (teenwoordige tyd **gee in**, verlede tyd **het ingegee**)*

ingeval in case *"Call me **in case** you need my help."* "Bel my **ingeval** jy my hulp nodig het."

☐ **in·ge·val/in·ge·val** *voegwoord*

ingooi ❶ throw in *The soccer player who kicked the ball off the field is not allowed to **throw** it **in** again.* Die sokkerspeler wat die bal van die veld geskop het, mag dit nie weer **ingooi** nie. ❷ pour in *"Would you like me to **pour in** some milk for you?"* "Wil jy hê ek moet vir jou 'n bietjie melk **ingooi**?" ❸ put in *"Don't **put in** sugar for me – I have my coffee bitter."* "Moenie vir my suiker **ingooi** nie – ek drink my koffie bitter."

☐ **in·gooi** *werkwoord (teenwoordige tyd **gooi in**, verlede tyd **het ingegooi**)*

inhaal catch up with *They're too far ahead of us; we'll never **catch up with** them!* Hulle is te ver voor ons; ons sal hulle nooit **inhaal** nie!

☐ **in·haal** *werkwoord (teenwoordige tyd **haal in**, verlede tyd **het ingehaal**)*

inhoud contents **[a]** *The bag tore and the **contents** fell out.* Die sak het geskeur en die **inhoud** het uitgeval. **[b]** *"Tell me the **contents** of the letter."* "Vertel my die **inhoud** van die brief."

☐ **in·houd** *selfstandige naamwoord (geen meervoud)*

ink ink *There is blue **ink** in my pen.* Daar is blou **ink** in my pen.

☐ **ink** *selfstandige naamwoord (meervoud inkte)*

inkleur colour (in) *The little boy said, "I'm going to **colour** (OR **colour in**) my drawing with blue and red crayons."* Die seuntjie het gesê: "Ek gaan my tekening met blou en rooi kryt **inkleur**."

☐ **in·kleur** *werkwoord (teenwoordige tyd **kleur in**, verlede tyd **het ingekleur**)*

inklim ❶ get in *"You must **get in** – the train is going to leave."* "Julle moet **inklim** – die trein gaan vertrek." ❷ get into *"Will you **get into** the back? I want to sit in front."* "Sal jy agter **inklim**? Ek wil voor sit." ❸ climb in *The police caught the thief just as he was about to **climb in** through the window of the house.* Die polisie het die dief betrap net toe hy by die venster van die huis wou **inklim**.

☐ **in·klim** *werkwoord (teenwoordige tyd **klim in**, verlede tyd **het ingeklim**)*

inkom ❶ come in *He knocked on the door and asked, "May I **come in**?"* Hy het aan die deur geklop en gevra: "Kan ek maar **inkom**?" ❷ come into, enter *"Children, please stand up when the headmaster **comes into** (OR **enters**) the classroom."* "Kinders, staan asseblief op wanneer die hoof die klaskamer **inkom**." ❸ get in *"Keep the door closed so that the dog can't **get in**."* "Hou die deur toe sodat die hond nie kan **inkom** nie."

◆ **inkom by** get into *"Keep the door closed so that the dog can't **get into** the house."* "Hou die deur toe sodat die hond nie by die huis kan **inkom** nie."

☐ **in·kom** *werkwoord (teenwoordige tyd **kom in**, verlede tyd **het ingekom**)*

inkopielys shopping list *"Make a **shopping list**, and take a pen with you so that you can tick off what you have bought."* "Maak 'n **inkopielys**, en neem 'n pen saam sodat jy kan afmerk wat jy gekoop het."

□ **in·ko·pie·lys** *selfstandige naamwoord (meervoud* **in= kopielyste***)*

inkopies shopping *As she unpacked her* **shopping***, she noticed milk had leaked out into the bag.* Toe sy haar **inkopies** uitpak, merk sy melk het in die sak uitgelek.

◆ **inkopies doen** do shopping *Mum went to town to* **do shopping***.* Ma is stad toe om **inkopies** te **doen**.

◆ **inkopies gaan doen** go shopping *"Mum, when you* **go shopping***, please buy me a rubber."* "Ma, wanneer jy **inkopies gaan doen**, koop asseblief vir my 'n uit= veër."

□ **in·ko·pies** *meervoudige selfstandige naamwoord*

inlaat let in *If you turn up late for the concert, they won't* **let** *you* **in***.* As jy laat vir die konsert opdaag, sal hulle jou nie **inlaat** nie.

□ **in·laat** *werkwoord (teenwoordige tyd* **laat in***, verle= de tyd* **het ingelaat***)*

inligting information *A board at the station gives you* **information** *about the arrival and departure of trains.* 'n Bord by die stasie gee jou **inligting** oor die aankoms en vertrek van treine.

□ **in·lig·ting** *selfstandige naamwoord (geen meervoud)*

inloer pop in *"Granny asks if she can* **pop in** *for a cup of tea this afternoon?"* "Ouma vra of sy vanmiddag vir 'n koppie tee kan kom **inloer**?"

□ **in·loer** *werkwoord (teenwoordige tyd* **loer in***, verle= de tyd* **het ingeloer***)*

inloop walk into *I saw someone with a red shirt* **walk** **into** *the forest.* Ek het iemand met 'n rooi hemp die bos sien **inloop**.

◆ **laat inloop** let in *Put the plug in the bath before you* **let** *the water* **in***.* Steek die prop in die bad voor jy die water **laat inloop**.

□ **in·loop** *werkwoord (teenwoordige tyd* **loop in***, verle= de tyd* **het ingeloop***)*

inneem ❶ take in **[a]** *The hotel is full and can't* **take in** *any more guests.* Die hotel is vol en kan nie meer gaste **inneem** nie. **[b]** *Plants* **take in** *food and water through their roots.* Plante **neem** kos en water deur hul wortels **in**. **[c]** *She* **took in** *the dress because it was too wide.* Sy **het** die rok **ingeneem** omdat dit te wyd was. ❷ take up *"How much space will the table* **take up** *in the room?"* "Hoeveel plek sal die tafel in die kamer **inneem**?"

□ **in·neem** *werkwoord (teenwoordige tyd* **neem in***, verlede tyd* **het ingeneem***)*

inpak ❶ pack *"How many sandwiches shall I* **pack** *for you?"* "Hoeveel toebroodjies moet ek vir jou **inpak**?" ❷ pack up *When the bell rang, the teacher said, "You may* **pack up** *and go home."* Toe die klok lui, het die juffrou gesê: "Julle kan maar **inpak** en huis toe gaan."

□ **in·pak** *werkwoord (teenwoordige tyd* **pak in***, verlede tyd* **het ingepak***)*

inpas ❶ fit in *The dentist is booked up – he cannot* **fit in** *another patient.* Die tandarts is vol bespreek – hy kan nie nog 'n pasiënt **inpas** nie. ❷ fit into *The book is too big to* **fit into** *my bag.* Die boek is te groot om **in** my tas te **pas**. ❸ fit *This is the wrong key – it doesn't* **fit** *the lock.*

Dis die verkeerde sleutel dié – dit **pas** nie **in** die slot nie.

□ **in·pas** *werkwoord (teenwoordige tyd* **pas in***, verlede tyd* **het ingepas***)*

inprop plug in *"Will you* **plug in** *the kettle for me, please?"* "Sal jy die ketel vir my **inprop**, asse= blief?"

□ **in·prop** *werkwoord (teenwoordige tyd* **prop in***, ver= lede tyd* **het ingeprop***)*

inryg string *I have to* **string** *only one more bead, then the bangle will be finished.* Ek moet nog net een kraal **inryg**, dan sal die armband klaar wees.

□ **in·ryg** *werkwoord (teenwoordige tyd* **ryg in***, verlede tyd* **het ingeryg***)*

insamel ❶ collect *Every little helps when you* **collect** *money for the poor.* Alle bietjies help wanneer jy geld vir die armes **insamel**. ❷ raise *Schools can* **raise** *mo= ney by holding concerts.* Skole kan geld **insamel** deur konserte te hou.

□ **in·sa·mel** *werkwoord (teenwoordige tyd* **samel in***, verlede tyd* **het ingesamel***)*

insameling collection *All the children had to help with the* **collection** *of money to buy a piano for the school.* Al die kinders moes help met die **insameling** van geld om 'n klavier vir die skool te koop.

□ **in·sa·me·ling** *selfstandige naamwoord (meervoud* **insamelinge/insamelings***)*

insek insect *A fly is an* **insect***.* 'n Vlieg is 'n **insek**. ⇨ **gogga** [NOTA].

□ **in·sek** *selfstandige naamwoord (meervoud* **insekte***)*

insien see *I can't* **see** *why I have to water the garden if it rained yesterday.* Ek kan nie **insien** waarom ek die tuin moet natgooi as dit gister gereën het nie.

□ **in·sien** *werkwoord (teenwoordige tyd* **sien in***, verle= de tyd* **het ingesien***)*

insit put in *We are having a new bath* **put in***.* Ons gaan 'n nuwe bad laat **insit**.

□ **in·sit** *werkwoord (teenwoordige tyd* **sit in***, verlede tyd* **het ingesit***)*

inskink pour *"Can I* **pour** *you another cup of tea?"* "Kan ek vir jou nog 'n koppie tee **inskink**?"

□ **in·skink** *werkwoord (teenwoordige tyd* **skink in***, verlede tyd* **het ingeskink***)*

inskryf, inskrywe enter **[a]** *If you* **enter** *the competi= tion, you can win a car as prize.* As jy vir die kompetisie **inskryf/inskrywe**, kan jy 'n motor as prys wen. **[b]** *The teacher asked, "Tom, do you want to play soccer, or shall I* **enter** *you for cricket?"* Die onderwyser het ge= vra: "Tom, wil jy sokker speel, of sal ek jou vir krieket **inskryf/inskrywe**?"

□ **in·skryf, in·skry·we** *werkwoord (teenwoordige tyd* **skryf/skrywe in***, verlede tyd* **het ingeskryf/inge= skrywe***)*

insluit ❶ include **[a]** *There were 250 people at her wed= ding, if you* **include** *the children as well.* Daar was 250 mense by haar troue, as jy die kinders ook **insluit**. **[b]** *Housework* **includes** *tasks such as cleaning windows*

and washing dishes. Huiswerk **sluit** take **in** soos ruite skoonmaak en skottelgoed was. **2** enclose **[a]** *"Will you please **enclose** a photograph of yourself with your next letter?"* "Sal jy asseblief 'n foto van jouself by jou volgende brief **insluit**?" **[b]** *A high fence **encloses** the sports field.* 'n Hoë heining **sluit** die sportveld **in**.
□**in·sluit** *werkwoord (teenwoordige tyd* **sluit in**, *verlede tyd* **het ingesluit***)*

insluk swallow *"Did you know a mole-snake can swallow a mouse whole?"* "Het jy geweet 'n molslang kan 'n muis heel **insluk**?"
□**in·sluk** *werkwoord (teenwoordige tyd* **sluk in**, *verlede tyd* **het ingesluk***)*

inspeksie inspection *The inspector made an **inspection** of our school.* Die inspekteur het 'n **inspeksie** van ons skool gedoen.
□**in·spek·sie** *selfstandige naamwoord (meervoud* **inspeksies***)*

inspekteer inspect *The Department of Education sent someone to **inspect** our school.* Die Departement van Onderwys het iemand gestuur om ons skool te **inspekteer**.
□**in·spek·teer** *werkwoord (teenwoordige tyd* **inspekteer**, *verlede tyd* **het geïnspekteer***)*

inspekteur inspector *An **inspector** checks whether people do their work properly.* 'n **Inspekteur** kyk of mense hul werk reg doen.
□**in·spek·teur** *selfstandige naamwoord (meervoud* **inspekteurs***)*

inspring 1 jump in *"If you can't swim, don't **jump in** at the deep end of the swimming pool."* "As jy nie kan swem nie, moenie by die diep kant van die swembad **inspring** nie." **2** jump into *Thomas **jumped into** the river and saved the girl's life.* Thomas **het in** die rivier **gespring** en die meisie se lewe gered.
□**in·spring** *werkwoord (teenwoordige tyd* **spring in**, *verlede tyd* **het ingespring***)*

inspuiting injection *The dentist gave me an **injection** before he filled my tooth.* Die tandarts het my 'n **inspuiting** gegee voordat hy my tand gestop het.
□**in·spui·ting** *selfstandige naamwoord (meervoud* **inspuitinge/inspuitings***)*

instap walk into *I saw someone with a red shirt **walk into** the forest.* Ek het iemand met 'n rooi hemp die bos sien **instap**.
□**in·stap** *werkwoord (teenwoordige tyd* **stap in**, *verlede tyd* **het ingestap***)*

insteek 1 put in *"Are there enough flowers in the pot, or shall I **put in** a few more?"* "Is daar genoeg blomme in die pot, of sal ek nog 'n paar **insteek**?" **2** dip *"Don't **dip** the brush too deep into the paint."* "Moenie die kwas te diep in die verf **insteek** nie."
◆ **garing/gare insteek** thread *"Will you **thread** the needle for me, please?"* "Sal jy vir my die **garing/gare in** die naald **steek**, asseblief?"
□**in·steek** *werkwoord (teenwoordige tyd* **steek in**, *verlede tyd* **het ingesteek***)*

instrument instrument **[a]** *The doctor has a special **instrument** with which he listens to your heart and lungs.* Die dokter het 'n spesiale **instrument** waarmee hy na jou hart en longe luister. **[b]** *She can play two **instruments**, namely the piano and the guitar.* Sy kan twee **instrumente** speel, naamlik die klavier en die kitaar.
□**in·stru·ment** *selfstandige naamwoord (meervoud* **instrumente***)*

instuur send in *"Are you going to complete the form and **send it in** for the competition?"* "Gaan jy die vorm invul en dit vir die kompetisie **instuur**?"
□**in·stuur** *werkwoord (teenwoordige tyd* **stuur in**, *verlede tyd* **het ingestuur***)*

intel lift into *"Test the water before you **lift** the baby **into** the bath."* "Toets die water voordat jy die baba in die bad **intel**."
□**in·tel** *werkwoord (teenwoordige tyd* **tel in**, *verlede tyd* **het ingetel***)*

interessant interesting *The book was so **interesting** that I read it twice.* Die boek was so **interessant** dat ek dit twee keer gelees het.
□**in·te·res·sant** *byvoeglike naamwoord (attributief* **interessante***)* **interessanter, interessantste**

interesseer interest *Lorraine never watches boxing because it doesn't **interest** her.* Lorraine kyk nooit boks nie, want dit **interesseer** haar nie.
□**in·te·res·seer** *werkwoord (teenwoordige tyd* **interesseer**, *verlede tyd* **het geïnteresseer***)*

intrek 1 move in *Our neighbours have to move out on Monday so that the new people can **move in** on Tuesday.* Ons bure moet Maandag uittrek sodat die nuwe mense Dinsdag kan **intrek**. **2** pull in *He had to **pull in** at the garage for petrol.* Hy moes by die garage **intrek** vir petrol.
□**in·trek** *werkwoord (teenwoordige tyd* **trek in**, *verlede tyd* **het ingetrek***)*

intussen 1 (in the) meantime *The programme starts in an hour; **(in the) meantime**, I'm going to have a bath.* Die program begin oor 'n uur; ek gaan **intussen** bad. **2** meanwhile *"You cut the cake; **meanwhile**, I'll make the tea."* "Sny jy die koek; ek sal **intussen** die tee maak."
□**in·tus·sen** *bywoord*

invloed influence *Simon is very naughty and has a bad **influence** on Philip.* Simon is baie stout en het 'n slegte **invloed** op Philip.
□**in·vloed** *selfstandige naamwoord (meervoud* **invloede***)*

invul 1 fill in *At the end of a term the teachers have to **fill in** a report for each pupil.* Aan die end van 'n kwartaal moet die onderwysers vir elke leerling 'n rapport **invul**. **2** complete *"Are you going to **complete** the form and send it in for the competition?"* "Gaan jy die vorm **invul** en vir die kompetisie instuur?"
□**in·vul** *werkwoord (teenwoordige tyd* **vul in**, *verlede tyd* **het ingevul***)*

inwip pop into *I saw a bird **pop into** its nest.* Ek het 'n voël by sy nes sien **inwip**.

◻ **in·wip** *werkwoord (teenwoordige tyd* **wip in,** *verlede tyd* **het ingewip**)

inwoner ❶ inhabitant *My grandfather of 101 is the oldest **inhabitant** of our town.* My oupa van 101 is die oudste **inwoner** van ons dorp. ❷ occupant *"Who is the **occupant** of that house?"* "Wie is die **inwoner** van daardie huis?"

◻ **in·wo·ner** *selfstandige naamwoord (meervoud* **in= woners**)

is ❶ am **[a]** *I am hungry.* Ek **is** honger. **[b]** *We **were** at home all day.* Ons **was** die hele dag by die huis. ❷ are *"How tall **are** you?"* "Hoe lank **is** jy?" ❸ is **[a]** *He **is** a farmer.* Hy **is** 'n boer. **[b]** *She **was** six when she went to school.* Sy **was** ses toe sy skool toe is. **[c]** *It **is** bad for your teeth to eat too many sweets.* Dit **is** sleg vir jou tande om te veel lekkers te eet. **[d]** *Two and two **is** four.* Twee en twee **is** vier. ❹ has/have gone *"Is Lynette still here?" – "No, she **has gone** home."* "Is Lynette nog hier?" – "Nee, sy **is** huis toe."

◻ **is** *werkwoord (teenwoordige tyd* **is,** *verlede tyd* **was**)

Islam Islam *Islam is the religion of the Muslims.* **Islam** is die godsdiens van die Moslems.

◻ **Is·lam** *selfstandige naamwoord (geen meervoud)*

J

ja yes *"Would you like another piece of cake?"* – *"Yes, please!"* "Wil jy nog 'n stukkie koek hê?" – "Ja, asseblief!"
- ◆ **nou ja (dan)** ⇨ **nou³.**
- ☐ **ja** *tussenwerpsel*

jaag ❶ chase *"There go your friends! Hop on your bike and chase after them."* "Daar gaan jou maats! Spring op jou fiets en **jaag** agter hulle aan." ❷ speed *It's exciting but dangerous to speed down a steep hill on your bike.* Dis opwindend maar gevaarlik om op jou fiets teen 'n steil bult af te **jaag.** ❸ race **[a]** *I had to race to finish in time.* Ek moes **jaag** om betyds klaar te kry. **[b]** *The motorbikes raced round the track.* Die motorfietse **het** om die baan **gejaag.**
- ◆ **met iemand ... toe jaag** rush/race someone to ... *They had to rush/race the sick child to hospital.* Hulle moes **met** die siek kind hospitaal **toe jaag.**
- ◆ **re(i)sies jaag** ⇨ **re(i)sies.**
- ☐ **jaag** *werkwoord (teenwoordige tyd* **jaag,** *verlede tyd* **het gejaag)**

jaar year **[a]** *There are twelve months in a year.* Daar is twaalf maande in 'n **jaar.** **[b]** *Maggie is nine years old.* Maggie is nege **jaar** oud. ⇨ **meervoud; paar** [NOTAS].
- ◆ **in geen jare nie** ⇨ **geen.**
- ☐ **jaar** *selfstandige naamwoord (meervoud* **jare)**

jaarliks¹ annual *The annual party for the matrics is held in October.* Die **jaarlikse** partytjie vir die matrieks word in Oktober gehou.
- ☐ **jaar·liks** *byvoeglike naamwoord (attributief* **jaarlikse)**

jaarliks² annually *Christians celebrate the birth of Christ annually on 25 December.* Christene vier die geboorte van Christus **jaarliks** op 25 Desember.
- ☐ **jaar·liks** *bywoord*

jag¹ hunt *The men are out on a hunt and hope to shoot a buck or two.* Die mans is op **jag** en hoop om 'n bok of twee te skiet.
- ◆ **jag maak op** hunt *Owls hunt small animals at night.* Uile **maak** snags **op** klein diertjies **jag.**
- ☐ **jag** *selfstandige naamwoord (meervoud* **jagte)**

jag² hunt *The men went out to hunt and shot two buck.* Die mans het gaan **jag** en twee bokke geskiet.
- ☐ **jag** *werkwoord (teenwoordige tyd* **jag,** *verlede tyd* **het gejag)**

jagter hunter *The hunter shot the lion in the head with his gun.* Die **jagter** het die leeu met sy geweer in die kop geskiet.
- ☐ **jag·ter** *selfstandige naamwoord (meervoud* **jagters)**

jakkals fox *A fox is a wild animal that looks like a dog.* 'n **Jakkals** is 'n wilde dier wat soos 'n hond lyk.
- ☐ **jak·kals** *selfstandige naamwoord (meervoud* **jakkalse)**

jaloers jealous *Cynthia is very jealous and doesn't like it when her boyfriend talks to other girls.* Cynthia is baie **jaloers** en hou nie daarvan as haar kêrel met ander meisies praat nie.
- ◆ **jaloers op** jealous of *He was jealous of his sister when she got a new pair of shoes.* Hy was **jaloers op** sy suster toe sy 'n nuwe paar skoene gekry het.
- ☐ **ja·loers** *byvoeglike naamwoord (attributief* **jaloerse)** jaloerser, jaloersste

jammer¹ sorry *"I'm sorry for breaking the cup, Mummy."* "Ek is **jammer** dat ek die koppie gebreek het, Mamma."
- ◆ **dis jammer** it's a pity *"It's a pity that you didn't go to the cinema with us – you would have enjoyed the film."* "Dis **jammer** dat jy nie saam met ons gaan fliek het nie – jy sou die prent geniet het."
- ◆ **jammer kry** pity, be/feel sorry for *I pity (OR am/feel sorry for) the poor people – they lost all their possessions in the fire.* Ek **kry** die arme mense **jammer** – hulle het al hul besittings in die brand verloor.
- ☐ **jam·mer** *byvoeglike naamwoord (attributief* **jammer)** jammerder, jammerste

jammer² ❶ (I beg your) pardon, (I'm) sorry *"Pardon (OR I beg your pardon OR Sorry OR I'm sorry), I didn't mean to tread on your toe!"* "**Jammer,** ek het nie bedoel om op jou toon te trap nie!" ❷ excuse *"Excuse my (OR Excuse me for) being late!"* "**Jammer** dat ek laat is!"
- ◆ **hoe jammer!** what a pity/shame! *The team played very well. What a pity/shame that they lost!* Die span het baie goed gespeel. **Hoe jammer** dat hulle verloor het!
- ☐ **jam·mer** *tussenwerpsel*

jammerte pity *She fed the hungry dog out of pity.* Sy het die honger hond uit **jammerte** gevoer.
- ☐ **jam·mer·te** *selfstandige naamwoord (geen meervoud)*

ja-nee certainly, sure *"It's hot, isn't it?"* – *"It certainly/sure is!"* "Dis warm, nè?" – "**Ja-nee,** dit is!"
- ☐ **ja-nee** *tussenwerpsel*

Januarie January *January is the first month of the year.* **Januarie** is die eerste maand van die jaar.
- ☐ **Ja·nu·a·rie** *selfstandige naamwoord (geen meervoud)*

jas coat *It was so cold that he had to wear a coat.* Dit was so koud dat hy 'n **jas** moes dra.
- ☐ **jas** *selfstandige naamwoord (meervoud* **jasse)**

jellie jelly *We had jelly and ice-cream for pudding.* Ons het **jellie** en roomys vir poeding gehad.

☐ **jel·lie** *selfstandige naamwoord (meervoud* **jellies***)*

jeug youth *Dad spent his* **youth** *on a farm.* Pa het sy **jeug** op 'n plaas deurgebring.

◆ **die jeug** the youth *Grown-ups often complain about* **the youth** *of today.* Grootmense kla dikwels oor **die jeug** van vandag.

☐ **jeug** *selfstandige naamwoord (geen meervoud)*

jeugklub youth club *All the members of our* **youth club** *are younger than sixteen.* Al die lede van ons **jeugklub** is jonger as sestien.

☐ **jeug·klub** *selfstandige naamwoord (meervoud* **jeug= klubs***)*

jeuk itch *A flea-bite makes your skin* **itch.** 'n Vlooibyt laat jou vel **jeuk**.

☐ **jeuk** *werkwoord (teenwoordige tyd* **jeuk,** *verlede tyd* **het gejeuk***)*

joggie attendant *She pulled in at a garage and asked the* **attendant** *to pump the tyres of her car.* Sy het by 'n garage ingetrek en die **joggie** gevra om haar motor se bande te pomp.

☐ **jog·gie** *selfstandige naamwoord (meervoud* **joggies***)*

jok lie *"I'm not* **lying** *to you; it's true that we're going overseas."* "Ek **jok** nie vir jou nie; dis waar dat ons oorsee gaan."

☐ **jok** *werkwoord (teenwoordige tyd* **jok,** *verlede tyd* **het gejok***)*

---

jok is 'n versagtende vorm van **lieg**

---

jokkie jockey *A* **jockey** *rides horses in races.* 'n **Jokkie** ry perde in wedrenne.

☐ **jok·kie** *selfstandige naamwoord (meervoud* **jokkies***)*

jong ⇨ **jonk.**

jongste latest *One can hear all the* **latest** *pop songs on the radio.* 'n Mens kan al die **jongste** popliedjies oor die radio hoor.

☐ **jong·ste** *byvoeglike naamwoord (attributief* **jong= ste***)*

jonk young **[a]** *My brother is still very* **young** *– he is only three.* My broer is nog baie **jonk** – hy is maar drie. **[b]** *A lamb is a* **young** *sheep.* 'n Lam is 'n **jong** skaap.

◆ **die jong mense, die jongmense** the youth *Grown-ups often complain about* **the youth** *of today.* Grootmense kla dikwels oor **die jong mense** (OF **jongmense)** van vandag.

◆ **jong man, jongman** young man, youth *A* **young man (**OR **youth)** *of eighteen was driving the car.* 'n **Jong man** (OF **Jongman)** van agtien het die motor bestuur.

☐ **jonk** *byvoeglike naamwoord (attributief* **jong***)* **jon= ger, jongste**

Jood Jew *He was a* **Jew** *but changed his religion and is now a Christian.* Hy was 'n **Jood** maar het van geloof verander en is nou 'n Christen.

☐ **Jood** *selfstandige naamwoord (meervoud* **Jode***)*

jou ❶ you **[a]** *" I asked* **you** *a question – why don't you answer me?"* "Ek het **jou** 'n vraag gevra – hoekom ant= woord jy my nie?" **[b]** *"Don't stick your tongue out at*

me, **you** *rude thing!"* "Moenie jou tong vir my uitsteek nie, **jou** onbeskofte ding!" ❷ your *"I'm sure I've met you before.* **Your** *face looks so familiar."* "Ek is seker ek het jou al vantevore ontmoet. **Jou** gesig lyk so be= kend." ❸ yours *"Is this jersey* **yours,** *Lynette?"* "Is dit **jou** trui, Lynette?" ❹ yourself *"Behave* **yourself,** *don't be so naughty!"* "Gedra **jou,** moenie so stout wees nie!"

◆ **van jou** of yours *"Is that boy a friend* **of yours?***"* "Is daardie seun 'n vriend **van jou?**"

☐ **jou** *voornaamwoord*

joue, joune yours *"This is my pen;* **yours** *is on the din= ing-room table."* "Dis my pen dié; **joue/joune** lê op die eetkamertafel."

☐ **jou·e, jou·ne** *voornaamwoord*

jouself yourself *"Please enclose a photograph of* **your= self** *with your next letter."* "Sluit asseblief 'n foto van **jouself** by jou volgende brief in."

☐ **jou·self** *voornaamwoord*

juffrou ❶ Miss *When the teacher entered the classroom, the children stood up and said, "Good morning,* **Miss!***"* Toe die onderwyseres die klaskamer binnekom, het die kinders opgestaan en gesê: "Môre, **Juffrou!**" ❷ teacher *It makes the* **teacher** *very angry if the children talk while she is giving a lesson.* Dit maak die **juffrou** baie kwaad as die kinders praat terwyl sy les gee. ❸ madam *The waiter picked up a comb and asked, "Is this by any chance yours,* **Madam?***"* Die kelner het 'n kam opgetel en gevra: "Is dit miskien u s'n, **Juffrou?**" ⇨ **hoofletter** [NOTA].

☐ **juf·frou** *selfstandige naamwoord (meervoud* **juf= froue/juffrouens***)*

juig cheer *When the singer appeared on the stage, the people started to clap hands and* **cheer.** Toe die sanger op die verhoog verskyn, het die mense begin hande klap en **juig**.

☐ **juig** *werkwoord (teenwoordige tyd* **juig,** *verlede tyd* **het gejuig***)*

juis particularly *I'm astonished at my good marks – I didn't learn* **particularly** *hard.* Ek is verbaas oor my goeie punte – ek het nie **juis** hard geleer nie.

☐ **juis** *bywoord*

jul, julle ❶ you **[a]** *"Are* **you** *brother and sister?"* "Is **jul/julle** broer en suster?" **[b]** *"Children, I'm going to read the story of Little Red Riding Hood to* **you.***"* "Kin= ders, ek gaan die storie van Rooikappie vir **jul/julle** lees." ❷ your *"Children, please bring* **your** *history books to school tomorrow."* "Kinders, bring asseblief môre **jul/julle** geskiedenisboeke skool toe." ❸ yours *"Is that house* **yours,** *Tommy?"* "Is dit **jul/julle** huis, Tommie?" ❹ yourselves *"Children, behave* **your= selves,** *don't be so naughty!"* "Kinders, gedra **jul/jul= le,** moenie so stout wees nie!"

◆ **julle s'n** ⇨ **s'n.**

◆ **van julle** of yours *"This fighting* **of yours** *has got to stop now!"* "Dié bakleiery **van julle** moet nou end kry!"

☐ **jul, jul·le** *voornaamwoord*

Julie July *July is the seventh month of the year*. **Julie** is die sewende maand van die jaar.

☐ **Ju·lie** *selfstandige naamwoord (geen meervoud)*

julleself, julself yourselves *"Look at **yourselves** in the mirror."* "Kyk na **julleself/julself** in die spieël."

☐ **jul·le·self, jul·self** *voornaamwoord*

Junie June *June is the sixth month of the year*. **Junie** is die sesde maand van die jaar.

☐ **Ju·nie** *selfstandige naamwoord (geen meervoud)*

juweel jewel *There is a red **jewel** in her ring*. Daar is 'n rooi **juweel** in haar ring.

◆ **juwele** jewellery *The thief stole all my mother's rings, bracelets and other **jewellery***. Die dief het al my ma se ringe, armbande en ander **juwele** gesteel.

☐ **ju·weel** *selfstandige naamwoord (meervoud **juwele**)*

jy you [a] *"Linda, **you** had better go home now – it's getting dark."* "Linda, **jy** moet nou liewer huis toe gaan – dit word donker." [b] ***You** can eat apples skin and all*. **Jy** kan appels met skil en al eet.

☐ **jy** *voornaamwoord*

K

kaak jaw *After he had broken his **jaw** he couldn't chew.* Nadat hy sy **kaak** gebreek het, kon hy nie kou nie.
☐ **kaak** *selfstandige naamwoord (meervoud* **kake***)*

kaal ❶ bare [a] *She pushed up her sleeves and sat in the sun with **bare** arms.* Sy het haar moue opgestoot en met **kaal** arms in die son gesit. [b] *The tree has shed all its leaves and is completely **bare**.* Die boom het al sy blare verloor en is heeltemal **kaal**. ❷ naked *He took off his clothes and swam **naked** in the river.* Hy het sy klere uitgetrek en **kaal** in die rivier geswem.
☐ **kaal** *byvoeglike naamwoord (attributief* **kaal***)* ka= ler, kaalste

kaalvoet[1] barefoot *John is the only boy with shoes on; all the others are **barefoot**.* John is die enigste seun met skoene aan; al die ander is **kaalvoet**.
☐ **kaal·voet** *byvoeglike naamwoord (attributief* **kaal- voet***)*

kaalvoet[2] barefoot *He took off his shoes and walked **barefoot**.* Hy het sy skoene uitgetrek en **kaalvoet** ge= loop.
☐ **kaal·voet** *bywoord*

kaart ❶ card *In many card games the king is a **card** that counts for ten points.* In baie kaartspelle is die koning 'n **kaart** wat tien punte tel. ❷ map *The **map** of South Africa is on page 23 of the atlas.* Die **kaart** van Suid- Afrika is op bladsy 23 van die atlas.
☐ **kaart** *selfstandige naamwoord (meervoud* **kaarte***)*

kaartjie ticket *The conductor on the train clipped my **ticket**.* Die kondukteur op die trein het my **kaartjie** geknip.
☐ **kaart·jie** *selfstandige naamwoord (meervoud* **kaart- jies***)*

kaas cheese *"Have a slice of **cheese** to put on your bread."* "Kry 'n snytjie **kaas** om op jou brood te sit."
☐ **kaas** *selfstandige naamwoord (meervoud* **kase***)*

kafee café [a] *We buy cool drinks and sweets at the **café** across the road.* Ons koop koeldranke en lekkers by die **kafee** oorkant die straat. [b] *"Is there a **café** nearby where we can have something light to eat?"* "Is daar 'n **kafee** naby waar ons iets ligs kan eet?"
☐ **ka·fee** *selfstandige naamwoord (meervoud* **kafees***)*

kaggel fireplace *The room will soon warm up if we make a fire in the **fireplace**.* Die kamer sal gou warm word as ons ('n) vuur in die **kaggel** maak.
☐ **kag·gel** *selfstandige naamwoord (meervoud* **kag- gels***)*

kakebeen jaw *After he had broken his **jaw** he couldn't chew.* Nadat hy sy **kakebeen** gebreek het, kon hy nie kou nie.
☐ **ka·ke·been** *selfstandige naamwoord (meervoud* **kakebene***)*

kalender calendar *According to the **calendar** the ninth of next month falls on a Sunday.* Volgens die **kalender** val die negende van volgende maand op 'n Sondag.
☐ **ka·len·der** *selfstandige naamwoord (meervoud* **ka- lenders***)*

kalf calf *The cow and her **calf** are grazing near the river.* Die koei en haar **kalf** wei naby die rivier.
☐ **kalf** *selfstandige naamwoord (meervoud* **kalwers***)*

kalm calm [a] *"John, I know you're cross with Joe, but stay **calm**; don't fight with him."* "John, ek weet jy is kwaad vir Joe, maar bly **kalm**; moenie met hom baklei nie." [b] *After the storm the sea became **calm** again.* Die see het na die storm weer **kalm** geword.
☐ **kalm** *byvoeglike naamwoord (attributief* **kalm***)* kalmer, kalmste

kalmte calm *There was a day of **calm** after the wind had dropped.* Daar was 'n dag van **kalmte** nadat die wind gaan lê het.
☐ **kalm·te** *selfstandige naamwoord (geen meervoud)*

kam[1] comb *When she pulled the **comb** through her hair one of the teeth broke off.* Toe sy die **kam** deur haar hare trek, het een van die tande afgebreek.
☐ **kam** *selfstandige naamwoord (meervoud* **kamme***)*

kam[2] comb *Esther is almost ready. She just has to **comb** her hair and put on some lipstick.* Esther is amper klaar. Sy moet nog net haar hare **kam** en 'n bietjie lipstiffie aansmeer.
☐ **kam** *werkwoord (teenwoordige tyd* **kam***, verlede tyd* **het gekam***)*

kameelperd giraffe *A **giraffe** is a large animal with a very long neck.* 'n **Kameelperd** is 'n groot dier met 'n baie lang nek.
☐ **ka·meel·perd** *selfstandige naamwoord (meervoud* **kameelperde***)*

kamer room [a] *My **room** is in a mess – I haven't made my bed yet.* My **kamer** is deurmekaar – ek het nog nie my bed opgemaak nie. [b] *You will find Dr Smith on the third floor in **room** 317.* Jy sal dr. Smith op die derde verdieping in **kamer** 317 kry.
☐ **ka·mer** *selfstandige naamwoord (meervoud* **ka- mers***)*

kamera camera *She took photographs of her friends with her new **camera**.* Sy het foto's van haar vriende met haar nuwe **kamera** geneem.
☐ **ka·me·ra** *selfstandige naamwoord (meervoud* **kameras***)*

kamp camp *When we are out in the veld for a few days, we sleep in a **camp** in tents.* Wanneer ons 'n paar dae in die veld uit is, slaap ons in 'n **kamp** in tente.
☐ **kamp** *selfstandige naamwoord (meervoud* **kampe***)*

kampeer camp *When we go walking in the mountains,*

*we prefer to **camp** near water at night.* Wanneer ons in die berge gaan stap, verkies ons om saans naby water te **kampeer**.

☐ **kam·peer** *werkwoord (teenwoordige tyd* **kampeer**, *verlede tyd* **het gekampeer***)*

kampioen champion *After the boxing match the referee held up the hand of the **champion***. Na die boksgeveg het die skeidsregter die **kampioen** se hand opgehou.

☐ **kam·pi·oen** *selfstandige naamwoord (meervoud* **kampioene***)*

kan[1] **1** can *There is a **can** of petrol on the back of the lorry.* Daar is 'n **kan** petrol op die bak van die vrag= motor. **2** pot *"Is there some more coffee in the **pot**?"* "Is daar nog koffie in die **kan**?"

☐ **kan** *selfstandige naamwoord (meervoud* **kanne***)*

kan[2] **1** can **[a]** *He knocked on the door and said, "**Can I come in**?"* Hy het aan die deur geklop en gesê: "**Kan** ek inkom?" **[b]** *In certain parts of our country it **can** snow in winter.* In sekere dele van ons land **kan** dit in die winter sneeu. **2** can, be able to *"**Can** you (* OR *Are you **able to**) come to my party?"* "**Kan** jy na my partytjie toe kom?" **3** could **[a]** *He asked me if I **could** ride a bicycle.* Hy het my gevra of ek **kan** fietsry. **[b]** *She said I **could** borrow her pen.* Sy het gesê ek **kan** haar pen leen. **[c]** *"**Could** you tell me where the post office is?"* "**Kan** jy my sê waar die poskantoor is?" **[d]** *"**Could** I have another piece of cake, please?"* "**Kan** ek nog 'n stukkie koek kry, asseblief?" **[e]** *I'm so hungry I **could** eat a whole chicken.* Ek is so honger dat ek 'n hele hoen= der **kan** eet. **[f]** *They have everything one **could** wish for.* Hulle het alles wat 'n mens **kan** begeer.

◆ **kan maar** ⇨ **maar**[1].

◆ **kan nie 1** cannot, be unable to *The man is blind and **cannot** (* OR *is unable to) see.* Die man is blind en **kan nie** sien nie. **2** won't *The hall **won't** hold more than 300 people.* Daar **kan nie** meer as 300 mense in die saal gaan nie.

◆ **kon 1** could **[a]** *I was so tired that I **could** hardly walk.* Ek was so moeg dat ek skaars **kon** loop. **[b]** *He **could** already swim when he was four.* Hy **kon** al swem toe hy vier was. **2** could have, might have *"You didn't lock the door. Someone **could/might have** robbed us!"* "Jy het nie die deur gesluit nie. Iemand **kon** ons be= roof het!"

◆ **kon gewees het** could have been *The apple pie is quite nice, but it **could have been** a little sweeter.* Die appeltert is nogal lekker, maar dit **kon** 'n bietjie soeter **gewees het**.

◆ **sou kon** could *He **could** do better at school if he would work a little harder.* Hy **sou** op skool beter **kon** vaar as hy 'n bietjie harder wou werk.

☐ **kan** *werkwoord (teenwoordige tyd* **kan**, *verlede tyd* **kon***)*

---

kan word naas **mag** gebruik wanneer daar om toe= stemming gevra word: "**Kan/Mag** ek nog 'n stukkie koek kry, asseblief?"

---

kaneel cinnamon *"Would you like some sugar and cin= namon on your pancake?"* "Wil jy 'n bietjie suiker en **kaneel** op jou pannekoek hê?"

☐ **ka·neel** *selfstandige naamwoord (geen meervoud)*

kanker cancer *Cancer is a serious disease which can cause death.* **Kanker** is 'n ernstige siekte wat die dood kan veroorsaak.

☐ **kan·ker** *selfstandige naamwoord (geen meervoud)*

kans chance **[a]** *He didn't know what the answer was, so he took a **chance** and said fifteen.* Hy het nie geweet wat die antwoord is nie en toe maar 'n **kans** gewaag en vyftien gesê. **[b]** *All the players are fit, so the team stands a good **chance** of winning the match.* Al die spe= lers is fiks; die span het dus 'n goeie **kans** om die wed= stryd te wen.

◆ **'n kans gee** give a chance *"Lynette, be quiet for a moment and **give** someone else **a chance** to say some= thing."* "Lynette, bly 'n bietjie stil en **gee** iemand an= ders **'n kans** om iets te sê."

☐ **kans** *selfstandige naamwoord (meervoud* **kanse***)*

kant 1 side **[a]** *They had to turn the table onto its **side** to get it out of the door.* Hulle moes die tafel op sy **kant** draai om dit by die deur uit te kry. **[b]** *A box has six **sides**.* 'n Doos het ses **kante**. **[c]** *Don't write on both **sides** of the paper.* Moenie aan albei **kante** van die papier skryf nie. **[d]** *In the Second World War America fought on the **side** of Britain against the Germans.* In die Tweede Wêreldoorlog het Amerika aan die **kant** van Brittanje teen die Duitsers geveg. **[e]** *Someone with a sense of humour spots the funny **side** of things very quickly.* Iemand wat 'n sin vir humor sien baie gou die snaakse **kant** van dinge raak. **2** edge *He cut himself with the sharp **edge** of the knife.* Hy het hom met die skerp **kant** van die mes gesny. **3** end *In the shallow **end** of the swimming pool the water comes to my waist.* In die vlak **kant** van die swembad kom die water tot by my middel.

◆ **aan albei kante van** on both sides of, on either side of *There are houses **on both sides (** OR **on either side) of** the street.* Daar is huise **aan albei kante van** die straat.

◆ **aan die ander kant** opposite *The house **opposite** is for sale.* Die huis **aan die ander kant** is te koop.

◆ **aan die ander kant van** on the opposite/other side of *The bus crossed the bridge and stopped **on the oppo= site/other side** of the river.* Die bus het oor die brug gery en **aan die ander kant van** die rivier stilgehou.

◆ **aan dié/hierdie kant van** on this side of *There are houses **on this side** of the road and an open field on the other side.* Daar is huise **aan dié/hierdie kant van** die pad en 'n oop stuk veld aan die ander kant.

◆ **aan die kant** neat, tidy *Esther's bedroom is always clean and **neat/tidy**.* Esther se slaapkamer is altyd skoon en **aan die kant**.

◆ **aan (die) kant maak** tidy (up), put straight, put in order *The house was in such a mess that it took us hours to **tidy** it (* OR **tidy** it **up** OR **put** it **straight** OR *put* it *in order) again.* Die huis was so deurmekaar dat dit ons ure gekos het om dit weer **aan (die) kant** te **maak.**

◆ **die ander kant** the opposite/other side *He swam through the river to **the opposite/other side.*** Hy het deur die rivier na **die ander kant** toe geswem.

◆ **iemand se kant kies** take someone's part *"When George and I have a fight, you always **take his part!"*** "As ek en George baklei, **kies** jy altyd **sy kant!"**

◆ **met die regte kant bo** the right way up *"Are you sure the picture is hanging **the right way up?"*** "Is jy seker die prent hang **met die regte kant bo?"**

◆ **teen ... (se kant)** ⇨ **teen.**

◆ **watter kant toe** which way *"I don't know **which way** to go. Must I turn left or right?"* "Ek weet nie **watter kant toe** om te gaan nie. Moet ek links of regs draai?"

□ **kant** *selfstandige naamwoord (meervoud* **kante***)*

kantoor office *The teacher sent me to the headmaster's **office.*** Die juffrou het my na die hoof se **kantoor** gestuur.

□ **kan·toor** *selfstandige naamwoord (meervoud* **kantore***)*

kap chop **Chop** *the onions into small pieces before you fry them with the tomatoes.* **Kap** die uie in klein stukkies voordat jy hulle saam met die tamaties braai.

□ **kap** *werkwoord (teenwoordige tyd* **kap**, *verlede tyd* **het gekap***)*

kaptein captain *The **captain** led his team on to the field.* Die **kaptein** het sy span op die veld gelei.

□ **kap·tein** *selfstandige naamwoord (meervoud* **kapteins***)*

kar cart *A **cart** is pulled by a horse or a donkey.* 'n **Kar** word deur 'n perd of 'n donkie getrek. ⇨ **motor.**

□ **kar** *selfstandige naamwoord (meervoud* **karre***)*

karkas carcass *A **carcass** is the body of a dead animal.* 'n **Karkas** is die liggaam van 'n dooie dier.

□ **kar·kas** *selfstandige naamwoord (meervoud* **karkasse***)*

karton cardboard *The box is made of **cardboard.*** Die doos is van **karton** gemaak.

□ **kar·ton** *selfstandige naamwoord (geen meervoud)*

kas cupboard *My mother keeps our pots and pans in a **cupboard** under the sink.* My ma hou ons potte en panne in 'n **kas** onder die opwasbak.

□ **kas** *selfstandige naamwoord (meervoud* **kaste***)*

'n **kas** staan regop en gaan van voor oop, terwyl 'n **kis** plat lê en van bo oopgaan; 'n kas het 'n deur, maar 'n kis het 'n deksel

kastrol saucepan *Mum cooked the rice in a **saucepan.*** Ma het die rys in 'n **kastrol** gekook.

□ **ka·strol** *selfstandige naamwoord (meervoud* **kastrolle***)*

kat cat [a] *Some people keep a **cat** to catch mice.* Sommige mense hou 'n **kat** aan om muise te vang. [b] *The lion is a large kind of **cat.*** Die leeu is 'n groot soort **kat.**

◆ **katjie** kitten *The cat is licking her **kitten.*** Die kat lek haar **katjie.**

□ **kat** *selfstandige naamwoord (meervoud* **katte***)*

Katte **miaau** of **spin.**

katoen cotton *In summer she likes to wear dresses made of **cotton** or linen.* In die somer dra sy graag rokke wat van **katoen** of linne gemaak is.

□ **ka·toen** *selfstandige naamwoord (geen meervoud)*

keel throat *I have difficulty in swallowing because my **throat** is very sore.* Ek kry swaar om te sluk, want my **keel** is baie seer.

□ **keel** *selfstandige naamwoord (meervoud* **kele***)*

keer¹ 1 time *The little boy begged his mother to read the story to him one more **time.*** Die seuntjie het sy ma gesmeek om die storie nog een **keer** vir hom te lees. **2** times [a] *She has to take two tablets three **times** a day.* Sy moet twee pille drie **keer** per dag drink. [b] *The dog is five **times** the size of (OR five **times** bigger than) the cat.* Die hond is vyf **keer** so groot as (OF vyf **keer** groter as) die kat. ⇨ **maal¹; paar** [NOTAS].

◆ **een keer** once *My mother does our washing **once** a week, usually on a Monday.* My ma was **een keer** per week, gewoonlik op 'n Maandag.

◆ **een of twee keer** once or twice *I don't know East London well; I've only been there **once or twice.*** Ek ken Oos-Londen nie goed nie; ek was nog net **een of twee keer** daar.

◆ **elke keer dat** every time, whenever *It seems to rain **every time** (OR **whenever**) I wash our car!* Dit lyk asof dit reën **elke keer dat** ek ons motor was!

◆ **keer op keer 1** over and over again *There is no variety in his job – he has to do the same thing **over and over again.*** Daar is geen afwisseling in sy werk nie – hy moet **keer op keer** dieselfde ding doen. **2** time after time, time and (time) again *"There! I've warned you **time after time** (OR **time and again** OR **time and time again**) that the dog will bite you!"* "Daar het jy dit! Ek het jou **keer op keer** gewaarsku die hond sal jou byt!"

◆ **nog 'n/een keer** ⇨ **nog.**

◆ **twee keer** twice *We feed our cat **twice** a day.* Ons gee ons kat **twee keer** per dag kos.

□ **keer** *selfstandige naamwoord (meervoud* **kere***)*

keer² 1 stop *"**Stop** the dog before it gets out of the gate!"* "**Keer** die hond voor hy by die hek uitkom!" **2** save *The goalkeeper managed to **save** four goals.* Die doelwagter het daarin geslaag om vier doele te **keer.**

◆ **keer dat 1** keep from *He put a bottle of glue on the papers to **keep** them **from** blowing away.* Hy het 'n bottel gom op die papiere gesit om te **keer dat** hulle wegwaai. **2** prevent from *"Close the door to **prevent** the dog **from** coming into the house."* "Maak die deur toe om te **keer dat** die hond by die huis inkom." **3** save from *He grabbed her by the arm to **save** her **from** falling.* Hy het haar aan die arm gegryp om te **keer dat** sy val.

◆ **keer dat iets gebeur** stop something (from) hap=
pening, stop something's happening *He couldn't **stop**
the car **(from)** skidding* (OR **stop** *the car's skidding*).
Hy kon nie **keer dat** die motor gly nie.

□ **keer** *werkwoord (teenwoordige tyd* **keer**, *verlede tyd*
het gekeer)

kelder basement *The shop's food department is down=
stairs in the **basement**.* Die winkel se kosafdeling is
onder in die **kelder**.

□ **kel·der** *selfstandige naamwoord (meervoud* **kel=
ders**)

kelner waiter *The **waiter** came to our table and asked
whether he could take our order.* Die **kelner** het na ons
tafel gekom en gevra of hy ons bestelling kan neem.

□ **kel·ner** *selfstandige naamwoord (meervoud* **kel=
ners**)

kelnerin waitress *The **waitress** came to our table and
asked whether she could take our order.* Die **kelnerin**
het na ons tafel gekom en gevra of sy ons bestelling kan
neem.

□ **kel·ne·rin** *selfstandige naamwoord (meervoud* **kel=
nerinne**)

ken¹ chin *The man's beard covers his **chin** and cheeks.*
Die man se baard bedek sy **ken** en wange.

□ **ken** *selfstandige naamwoord (meervoud* **kenne**)

ken² know **[a]** *"Of course I **know** him; we are in the
same class."* "Natuurlik **ken** ek hom; ons is in dieselfde
klas." **[b]** *He **knows** the poem by heart and can recite it
without looking in a book.* Hy **ken** die gedig uit sy kop
en kan dit opsê sonder om in 'n boek te kyk.

◆ **die verskil ken** ⇨ **verskil¹**.

◆ **ken aan** know by *I **know** him **by** his voice.* Ek **ken**
hom **aan** sy stem.

◆ **ken as** know as *His real name is Thomas, but his
friends **know** him **as** Tom.* Sy regte naam is Thomas,
maar sy maats **ken** hom **as** Tom.

◆ **leer ken** get to know *She seems a nice girl; I would
like to **get to know** her better.* Sy lyk 'n gawe meisie;
ek wil haar graag beter **leer ken**.

□ **ken** *werkwoord (teenwoordige tyd* **ken**, *verlede tyd*
het geken)

kennelik clearly, obviously, plainly *Something terrible
must have happened – he is **clearly/obviously/
plainly** very upset.* Iets verskrikliks moes gebeur het –
hy is **kennelik** baie ontsteld.

□ **ken·ne·lik** *bywoord*

kennis knowledge *Philip has a good **knowledge** of
Afrikaans and can speak it well.* Philip het 'n goeie **ken=
nis** van Afrikaans en kan dit goed praat.

◆ **in kennis stel** inform *"Please **inform** your parents
that the school closes at twelve o'clock tomorrow."* "**Stel**
asseblief jul ouers **in kennis** dat die skool môre om
twaalfuur sluit."

◆ **kennis neem (daar)van** note *"Please **note** that
the library will be closed on Saturday."* "**Neem** asse=
blief **kennis daarvan** dat die biblioteek Saterdag ge=
sluit sal wees."

□ **ken·nis** *selfstandige naamwoord (geen meervoud)*

kennisgewing notice *They are going to advertise the
concert by putting up a **notice** in the shop window.* Hulle
gaan die konsert adverteer deur 'n **kennisgewing** in
die winkelvenster op te plak.

□ **ken·nis·ge·wing** *selfstandige naamwoord (meer=
voud* **kennisgewinge/kennisgewings**)

kennisgewingbord notice-board *There is a list of
names of the new prefects on the **notice-board** in the
passage.* Daar is 'n lys name van die nuwe prefekte
op die **kennisgewingbord** in die gang.

□ **ken·nis·ge·wing·bord** *selfstandige naamwoord
(meervoud* **kennisgewingborde**)

kêrel ❶ chap, fellow *I like Theo very much; he's a nice
chap/fellow.* Ek hou baie van Theo; hy's 'n gawe **kê=
rel. ❷** boyfriend *Christine's **boyfriend** has asked her to
marry him.* Christine se **kêrel** het haar gevra om met
hom te trou.

□ **kê·rel** *selfstandige naamwoord (meervoud* **kêrels**)

kerk church *We go to **church** on Sundays to worship
God.* Ons gaan Sondae **kerk** toe om God te aan=
bid.

□ **kerk** *selfstandige naamwoord (meervoud* **kerke**)

kerrie curry *We had **curry** and rice for supper.* Ons het
kerrie en rys vir aandete gehad.

□ **ker·rie** *selfstandige naamwoord (meervoud* **ker=
ries**)

kers candle *The **candle** went out when the flame burnt
too low.* Die **kers** het uitgegaan toe die vlam te laag
brand.

□ **kers** *selfstandige naamwoord (meervoud* **kerse**)

Kersdag Christmas Day *We celebrate the birth of Christ
on **Christmas Day**.* Ons vier die geboorte van Chris=
tus op **Kersdag**.

□ **Kers·dag** *selfstandige naamwoord (meervoud* **Kers=
dae**)

Kersfees Christmas ***Christmas** falls on 25 December.*
Kersfees val op 25 Desember.

◆ **geseënde Kersfees** merry Christmas *"**Merry
Christmas**, Lynette!"* "**Geseënde Kersfees**, Ly=
nette!"

□ **Kers·fees** *selfstandige naamwoord (meervoud* **Kers=
feeste**)

Kerslied carol *"Silent Night" is a well-known **carol**.*
"Stille Nag" is 'n welbekende **Kerslied**.

□ **Kers·lied** *selfstandige naamwoord (meervoud* **Kers=
liedere**)

Kerstyd Christmas-tìme *Many factories close down for
a few weeks at **Christmas-time**.* Baie fabrieke sluit in
die **Kerstyd** vir 'n paar weke.

□ **Kers·tyd** *selfstandige naamwoord (geen meervoud)*

ketel kettle *"Please switch the **kettle** off when the water
starts to boil."* "Skakel asseblief die **ketel** af wanneer
die water begin kook."

□ **ke·tel** *selfstandige naamwoord (meervoud* **ketels**)

ketting chain **[a]** *The **chain** of a bicycle makes the
wheels turn.* Die **ketting** van 'n fiets laat die wiele

draai. **[b]** *She is wearing a silver* **chain** *round her neck.* Sy dra 'n silwer **ketting** om haar nek.

☐ **ket·ting** *selfstandige naamwoord (meervoud* **ket·tings***)*

keuse choice *The dresses were so pretty that it was diffi= cult for her to make a* **choice**. Die rokke was so mooi dat sy moeilik 'n **keuse** kon doen.

☐ **keu·se** *selfstandige naamwoord (meervoud* **keuses***)*

kierie stick *The man is blind and walks with a white* **stick**. Die man is blind en loop met 'n wit **kierie**.

☐ **kie·rie** *selfstandige naamwoord (meervoud* **kieries***)*

kies ❶ choose, pick *I don't know which dress to* **choose/ pick** *– the one is as pretty as the other.* Ek weet nie watter rok om te **kies** nie – hulle is albei ewe mooi. ❷ elect *I shall be pleased if they* **elect** *Philip (to be) head boy of the school.* Ek sal bly wees as hulle Philip tot hoofseun van die skool **kies**. ❸ take *"Which subjects are you going to* **take** *for matric?"* "Watter vakke gaan jy vir matriek **kies?**"

◆ **iemand se kant kies** ⇨ **kant**.

☐ **kies** *werkwoord (teenwoordige tyd* **kies***, verlede tyd* **het gekies***)*

kilogram kilogram *250 g is a quarter of a* **kilogram**. 250 g is 'n kwart **kilogram**.

☐ **ki·lo·gram** *selfstandige naamwoord (meervoud* **kilogramme***)*

---

kg is die afkorting vir **kilogram**

---

kilometer kilometre *There are 1 000 metres in a* **kilo= metre**. Daar is 1 000 meter in 'n **kilometer**. ⇨ **meervoud** [NOTA].

☐ **ki·lo·me·ter** *selfstandige naamwoord (meervoud* **kilometers***)*

---

km is die afkorting vir **kilometer**

---

kind child *Rachel was the only* **child** *in the class to get full marks in the test.* Rachel was al **kind** in die klas wat vol punte in die toets gekry het.

☐ **kind** *selfstandige naamwoord (meervoud* **kinders***)*

kis ❶ box *We bought a* **box** *of tomatoes at the market.* Ons het 'n **kis** tamaties by die mark gekoop. ❷ trunk *He packed his clothes and some other belongings into a* **trunk** *when they moved.* Hy het sy klere en 'n paar ander besittings in 'n **kis** gepak toe hulle getrek het. ⇨ **kas** [NOTA].

☐ **kis** *selfstandige naamwoord (meervoud* **kiste***)*

kitaar, ghitaar guitar *Some bands make music with only a* **guitar** *and drums.* Party orkeste maak musiek met net 'n **kitaar/ghitaar** en tromme.

☐ **ki·taar, ghi·taar** *selfstandige naamwoord (meer= voud* **kitaars/kitare, ghitaars/ghitare***)*

kitskoffie instant coffee *It is very easy to make* **instant coffee: you just add a teaspoonful of powder to a cup of boiling water.** Dis baie maklik om **kitskoffie** te maak: jy voeg net 'n teelepel poeier by 'n koppie kookwater.

☐ **kits·kof·fie** *selfstandige naamwoord (geen meer= voud)*

kla complain **[a]** *"If you pull the dog's tail, don't* **com= plain** *if it bites you!"* "As jy die hond se stert trek, moenie **kla** as hy jou byt nie!" **[b]** *He* **complained** *of a headache.* Hy **het** van hoofpyn **gekla**.

☐ **kla** *werkwoord (teenwoordige tyd* **kla***, verlede tyd* **het gekla***)*

klaar ❶ finished, complete *The man has to pay the buil= der as soon as the house is* **finished/complete**. Die man moet die bouer betaal sodra die huis **klaar** is. ❷ ready *"I'm almost* **ready***! I just have to comb my hair."* "Ek is amper **klaar**! Ek moet nog net my hare kam."

◆ **al klaar** already *"Have you washed the dishes al= ready? Gosh, but that was quick!"* "Het jy die skottel= goed **al klaar** gewas? Gits, maar dit was gou!"

◆ **gou klaar om te** quick to *My uncle is very strict and is* **quick to** *punish his children.* My oom is baie kwaai en is **gou klaar om** sy kinders **te** straf.

◆ **klaar daarmee** that is that, that's that *"You are not going swimming, and* **that is (***OR* **that's) that!"** "Jy gaan nie swem nie, en **klaar daarmee!**"

◆ **klaar hê** have done *I'm halfway through my work – I* **have done** *three of the six sums.* Ek is halfpad met my werk – ek **het** drie van die ses somme **klaar**.

◆ **klaar wees** be finished, be out of, has/have run out of *"The milk* **is finished** (*OR* We **are out of** *milk* OR *We* **have run out of** *milk) – you'll have to drink your coffee black."* "Die melk **is klaar** – jy sal jou koffie swart moet drink."

◆ **klaar wees met** have finished with *"I* **have fin= ished with** *the dishes; what shall I do next, Mummy?"* "Ek **is klaar met** die skottelgoed; wat moet ek nou doen, Mamma?"

☐ **klaar** *byvoeglike naamwoord (attributief* **klaar***)*

klaarkom get done *"It's no use complaining – your homework won't* **get done** *by itself!"* "Dit help niks om te kla nie – jou huiswerk sal nie vanself **klaarkom** nie!"

◆ **klaarkom met** ❶ get on *Children who do not* **get on** *well together often argue and fight.* Kinders wat nie goed **met** mekaar **klaarkom** nie, stry en baklei dik= wels. ❷ manage on *The housewife said to her husband, "I can't* **manage on** *R200,00 a month."* Die huisvrou het vir haar man gesê: "Ek kan nie met R200,00 per maand **klaarkom** nie." ❸ make do with *The potatoes were finished, so we had to* **make do with** *rice.* Die aartappels was op, toe moes ons **met** rys **klaarkom**.

◆ **klaarkom sonder** ❶ do without *"I can* **do with= out** *your help."* "Ek kan **sonder** jou hulp **klaar= kom**." ❷ go without *Nobody can* **go without** *sleep.* Geen mens kan **sonder** slaap **klaarkom** nie.

☐ **klaar·kom** *werkwoord (teenwoordige tyd* **kom klaar***, verlede tyd* **het klaargekom***)*

klaarkry finish *He did his best, but couldn't* **finish** *the job in time.* Hy het sy bes gedoen, maar kon nie die werk betyds **klaarkry** nie.

☐ **klaar·kry** *werkwoord (teenwoordige tyd* **kry klaar***, verlede tyd* **het klaargekry***)*

klaarmaak ❶ finish *George has to finish his homework before he can go and play. George moet sy huiswerk* **klaarmaak** *voordat hy kan gaan speel.* ❷ prepare *When he saw the dark clouds in the sky, he said, "We can prepare ourselves for a cold, wet day."* Toe hy die donker wolke in die lug sien, het hy gesê: "Ons kan ons **klaarmaak** vir 'n koue, nat dag."

☐ **klaar·maak** *werkwoord (teenwoordige tyd* **maak klaar,** *verlede tyd* **het klaargemaak***)*

kladboek scribbler *When we get difficult sums for homework, I first work them out in my* **scribbler** *and then copy them neatly into my classbook.* Wanneer ons moeilike somme vir huiswerk kry, werk ek hulle eers in my **kladboek** uit en skryf hulle dan netjies in my klasboek oor.

☐ **klad·boek** *selfstandige naamwoord (meervoud* **kladboeke***)*

klagte complaint *The manager would not listen to my* **complaint** *about the bad service in his shop.* Die bestuurder wou nie na my **klagte** oor die swak diens in sy winkel luister nie.

☐ **klag·te** *selfstandige naamwoord (meervoud* **klagtes***)*

klam damp *The sheets are dry, but the towels are still* **damp.** Die lakens is al droog, maar die handdoeke is nog **klam.**

☐ **klam** *byvoeglike naamwoord (attributief* **klam***)* **klammer, klamste**

klank sound *One can hear the* **sound** *of music three blocks from the disco.* 'n Mens kan die **klank** van musiek drie blokke van die disko af hoor.

☐ **klank** *selfstandige naamwoord (meervoud* **klanke***)*

klap[1] ❶ slap *Tom's mother gave him a* **slap** *on the hand for being naughty.* Tom se ma het hom 'n **klap** op die hand gegee omdat hy stout was. ❷ crack *With a* **crack** *of his whip the driver made the donkeys run faster.* Met 'n **klap** van sy sweep het die drywer die donkies vinniger laat hardloop. ❸ pop *The cork came out of the bottle with a* **pop.** Die prop het met 'n **klap** uit die bottel gekom.

☐ **klap** *selfstandige naamwoord (meervoud* **klappe***)*

klap[2] ❶ clap [a] *"**Clap** your hands to the beat of the music."* "**Klap** julle hande op maat van die musiek." [b] *The audience* **clapped** *when the singer appeared on the stage.* Die gehoor **het geklap** toe die sanger op die verhoog verskyn. ❷ slap *"I know he made you very angry, but was it necessary to* **slap** *him in/across the face?"* "Ek weet hy het jou baie kwaad gemaak, maar was dit nodig om hom in/deur die gesig te **klap**?" ❸ pop *He must have opened a bottle of wine – I heard a cork* **pop.** Hy het seker 'n bottel wyn oopgemaak – ek het 'n prop hoor **klap.**

◆ **klap met** ❶ beat *Birds* **beat** *their wings when they fly.* Voëls **klap met** hul vlerke wanneer hulle vlieg. ❷ crack *The driver of the cart* **cracks** *his whip to make the donkeys run faster.* Die drywer van die kar **klap met** sy sweep om die donkies vinniger te laat hardloop.

☐ **klap** *werkwoord (teenwoordige tyd* **klap,** *verlede tyd* **het geklap***)*

klas class *When school started this year there were 35 pupils in our* **class.** Toe die skool vanjaar begin het, was daar 35 leerlinge in ons **klas.**

◆ **(in die) eerste/tweede/derde klas** first/second/third class *He usually travels* **first/second/third class** *on the train.* Hy reis gewoonlik **(in die) eerste/tweede/derde klas** op die trein.

☐ **klas** *selfstandige naamwoord (meervoud* **klasse***)*

klaskamer classroom *We have all our lessons in the same* **classroom.** Ons kry al ons lesse in dieselfde **klaskamer.**

☐ **klas·ka·mer** *selfstandige naamwoord (meervoud* **klaskamers***)*

klaskaptein class captain *When the teacher is not there, the* **class captain** *has to keep order in the classroom.* As die onderwyser nie daar is nie, moet die **klaskaptein** orde in die klas hou.

☐ **klas·kap·tein** *selfstandige naamwoord (meervoud* **klaskapteins***)*

klavier piano *She sat down at the* **piano** *and started playing a tune.* Sy het voor die **klavier** gaan sit en 'n deuntjie begin speel.

☐ **kla·vier** *selfstandige naamwoord (meervoud* **klaviere***)*

kleefband, kleeflint sticky tape *She mended the torn page in the book with* **sticky tape.** Sy het die geskeurde blad in die boek met **kleefband/kleeflint** heelgemaak.

☐ **kleef·band, kleef·lint** *selfstandige naamwoord (geen meervoud)*

klei clay *The pot is made of red* **clay.** Die pot is van rooi **klei** gemaak.

☐ **klei** *selfstandige naamwoord (geen meervoud)*

klein ❶ small [a] *A* **small** *brick of margarine weighs 250 g and a big one 500 g.* 'n **Klein** blok margarien weeg 250 g en 'n grote 500 g. [b] *The language in that book is very simple – even a* **small** *child can understand it.* Die taal in daardie boek is baie eenvoudig – selfs 'n **klein** kindjie kan dit verstaan. [c] *"Your work is good – you made only a few* **small** *mistakes."* "Jou werk is goed – jy het net 'n paar **klein** foute gemaak." [d] *One writes F.W. de Klerk with a* **small** *"d".* 'n Mens skryf F.W. de Klerk met 'n **klein** "d". ❷ little *The* **little** *kitten is only a few days old.* Die **klein** katjie is maar 'n paar dae oud. ❸ young *The baby is still too* **young** *to sit up by itself.* Die baba is nog te **klein** om vanself regop te sit. ❹ slight *"I'd like to come to your party, but I have a* **slight** *problem: I don't have transport."* "Ek wil graag na jou partytjie toe kom, maar ek het 'n **klein** probleem: ek het nie vervoer nie."

◆ **baie klein** tiny *The kittens were* **tiny** *at birth.* Die katjies was **baie klein** by geboorte.

☐ **klein** *byvoeglike naamwoord (attributief* **klein***)* **kleiner, kleinste**

kleindogter granddaughter *"Meet my* **grand-**

daughter. *She is my son's only child.*" "Ontmoet my **kleindogter**. Sy is my seun se enigste kind."

☐ **klein·dog·ter** *selfstandige naamwoord (meervoud* **kleindogters***)*

kleingeld ❶ change *I gave the shopkeeper R1,00 but the apples were 80c, so I got 20c* **change**. Ek het die winke= lier R1,00 gegee, maar die appels was 80c, toe kry ek 20c **kleingeld**. ❷ change, small change *"Could you give me ten 50c pieces for a R5 note?" – "Unfortunately not; I have no* **change** *(OR* **small change***).*" "Kan jy my tien 50c-stukke vir 'n R5-noot gee?" – "Ongeluk= kig nie; ek het geen **kleingeld** nie."

☐ **klein·geld** *selfstandige naamwoord (geen meervoud)*

kleinkind grandchild *I am my grandparents' youngest* **grandchild**. Ek is my grootouers se jongste **klein= kind.**

☐ **klein·kind** *selfstandige naamwoord (meervoud* **kleinkinders***)*

kleinseun grandson *"Meet my* **grandson**. *He is my eldest daughter's only child.*" "Ontmoet my **kleinseun**. Hy is my oudste dogter se enigste kind."

☐ **klein·seun** *selfstandige naamwoord (meervoud* **kleinseuns***)*

kleintjie baby *My sister's* **baby** *is one year old.* My sus= ter se **kleintjie** is een jaar oud.

◆ **kleintjies** ❶ little ones *As the eldest child she has to look after the* **little ones**. As oudste kind moet sy die **kleintjies** oppas. ❷ young *Birds feed and protect their* **young** *until they are big enough to look after themselves.* Voëls voer en beskerm hul **kleintjies** totdat hulle groot genoeg is om vir hulself te sorg.

☐ **klein·tjie** *selfstandige naamwoord (meervoud* **klein= tjies***)*

kleintoontjie little toe *There are three other toes between your big toe and* **little toe**. Daar is drie ander tone tus= sen jou groottoon en **kleintoontjie**.

☐ **klein·toon·tjie** *selfstandige naamwoord (meervoud* **kleintoontjies***)*

klem[1] stress *"You must pronounce Monday with the* **stress** *on 'Mon'.*" "Jy moet Maandag met die **klem** op 'Maan' uitspreek."

☐ **klem** *selfstandige naamwoord (meervoud* **klemme***)*

klem[2] tighten *I saw her hands* **tighten** *round the steer= ing-wheel as the car started skidding in the mud.* Ek het gesien hoe haar hande om die stuurwiel **klem** toe die motor in die modder begin gly.

☐ **klem** *werkwoord (teenwoordige tyd* **klem***, verlede tyd* **het geklem***)*

klere ❶ clothes *He took off his* **clothes** *and got into the bath.* Hy het sy **klere** uitgetrek en in die bad geklim. ❷ clothing *Large shops often have one department for food and another for* **clothing**. Groot winkels het dikwels een afdeling vir kos en 'n ander vir **klere**.

☐ **kle·re** *meervoudige selfstandige naamwoord*

klerekas wardrobe *"Take off your blazer and hang it in the* **wardrobe**." "Trek jou kleurbaadjie uit en hang dit in die **klerekas** op."

☐ **kle·re·kas** *selfstandige naamwoord (meervoud* **klerekaste***)*

klerk clerk *The* **clerk** *at the post office has to check each form to make sure that it is in order.* Die **klerk** by die poskantoor moet elke vorm nagaan om seker te maak of dit in orde is.

☐ **klerk** *selfstandige naamwoord (meervoud* **klerke***)*

kleur[1] colour *That* **colour** *is dark blue and not black.* Daardie **kleur** is donkerblou en nie swart nie.

◆ **dieselfde kleur hê/wees** be the same colour *The kittens* **are** *all* **the same colour**. Die katjies **het/is** almal **dieselfde kleur**.

☐ **kleur** *selfstandige naamwoord (meervoud* **kleure***)*

kleur[2] colour *She doesn't* **colour** *her hair – it's natu= rally red.* Sy **kleur** nie haar hare nie – dis van nature rooi.

☐ **kleur** *werkwoord (teenwoordige tyd* **kleur***, verlede tyd* **het gekleur***)*

kleurbaadjie blazer *"Mummy, please sew the school badge onto the pocket of my* **blazer**." "Mamma, werk asseblief die skoolwapen op die sak van my **kleur= baadjie** vas."

☐ **kleur·baad·jie** *selfstandige naamwoord (meervoud* **kleurbaadjies***)*

kleurryk colourful *In spring our front garden is full of flowers and very* **colourful**. In die lente is ons voortuin vol blomme en baie **kleurryk**.

☐ **kleur·ryk** *byvoeglike naamwoord (attributief* **kleurryke***)* **kleurryker, kleurrykste**

kleuterskool nursery *Children that are too young for an ordinary school can go to a* **nursery school**. Kinders wat te jonk is vir 'n gewone skool, kan na 'n **kleuter= skool** toe gaan.

☐ **kleu·ter·skool** *selfstandige naamwoord (meervoud* **kleuterskole***)*

klim ❶ climb [a] *He used a ladder to* **climb** *on the roof.* Hy het 'n leer gebruik om op die dak te **klim**. [b] *The children* **climbed** *into the back of the car.* Die kinders het agter in die motor **geklim**. [c] *After the aeroplane had taken off, it* **climbed** *to a height of 10 000 metres.* Nadat die vliegtuig opgestyg het, **het** dit tot 'n hoogte van 10 000 meter **geklim**. ❷ go *"Go to bed.*" "Klim in die bed." ❸ get *"Get on the train.*" "Klim op die trein."

☐ **klim** *werkwoord (teenwoordige tyd* **klim***, verlede tyd* **het geklim***)*

klimaat climate *Cape Town has a cold, wet* **climate** *in winter.* Kaapstad het 'n koue, nat **klimaat** in die winter.

☐ **kli·maat** *selfstandige naamwoord (meervoud* **kli= mate***)*

kliniek clinic *She took her sick baby to the* **clinic** *to get some medicine.* Sy het haar siek baba na die **kliniek** geneem om medisyne te kry.

☐ **kli·niek** *selfstandige naamwoord (meervoud* **kli= nieke***)*

klink sound [a] *"Why does your voice* **sound** *so funny?*

Do you have a cold?" "Hoekom **klink** jou stem so snaaks? Het jy verkoue?" **[b]** *I don't know what language they are speaking. It sounds like German to me.* Ek weet nie watter taal hulle praat nie. Dit **klink** vir my na Duits.

☐**klink** *werkwoord (teenwoordige tyd* **klink**, *verlede tyd* **het geklink**)

klip stone **[a]** *The wall is built of stone, not brick.* Die muur is van **klip** gebou, nie van bakstene nie. **[b]** *He picked up a stone and threw it at the dog.* Hy het 'n **klip** opgetel en dit na die hond gegooi.

☐**klip** *selfstandige naamwoord (meervoud* **klippe**)

klits beat *Beat the eggs and sugar until the mixture is smooth and creamy.* **Klits** die eiers en suiker tot die mengsel glad en romerig is.

☐**klits** *werkwoord (teenwoordige tyd* **klits**, *verlede tyd* **het geklits**)

kloek cluck *Hens cluck and cocks crow.* Henne **kloek** en hane kraai.

☐**kloek** *werkwoord (teenwoordige tyd* **kloek**, *verlede tyd* **het gekloek**)

klok bell *When the bell rings in the afternoon, the children know it is time to go home.* Wanneer die **klok** in die namiddag lui, weet die kinders dis tyd om huis toe te gaan.

☐**klok** *selfstandige naamwoord (meervoud* **klokke**)

klomp ❶ crowd, lot, bunch *I like his friends – they're a nice crowd/lot/bunch.* Ek hou van sy maats – hulle is 'n gawe **klomp**. ❷ lot of *"Be careful – there are a lot of sheep in the road ahead."* "Wees versigtig – daar is 'n **klomp** skape voor in die pad."

◆ **'n hele klomp** a great/good deal of *A farm costs a great/good deal of money.* 'n Plaas kos **'n hele klomp** geld.

☐**klomp** *selfstandige naamwoord (meervoud* **klompe**)

klop¹ knock *There was a loud knock at/on the door.* Daar was 'n harde **klop** aan/op die deur.

☐**klop** *selfstandige naamwoord (meervoud* **kloppe**)

klop² ❶ knock *I heard someone knock on the door and ask, "May I come in?"* Ek het iemand aan die deur hoor **klop** en vra: "Mag ek binnekom?" ❷ beat **[a]** *When I put my hand on his chest I could feel his heart beating.* Toe ek my hand op sy bors sit, kon ek sy hart voel **klop**. **[b]** *Our team beat the other team by two goals to nil.* Ons span **het** die ander span met twee doele teen nul **geklop**.

◆ **iemand op die skouer klop** ⇨ **skouer**.

☐**klop** *werkwoord (teenwoordige tyd* **klop**, *verlede tyd* **het geklop**)

klub club *Our school has started a club for children who collect stamps.* Ons skool het 'n **klub** begin vir kinders wat seëls versamel.

☐**klub** *selfstandige naamwoord (meervoud* **klubs**)

knie¹ knee *Your leg bends at the knee.* Jou been buig by die **knie**.

☐**knie** *selfstandige naamwoord (meervoud* **knieë**)

knie² knead *When my mother makes bread, I usually help her to knead the dough.* Wanneer my ma brood maak, help ek haar gewoonlik om die deeg te **knie**.

☐**knie** *werkwoord (teenwoordige tyd* **knie**, *verlede tyd* **het geknie**)

kniel kneel *In some churches the people kneel on the floor when they pray.* In sommige kerke **kniel** die mense op die vloer wanneer hulle bid.

☐**kniel** *werkwoord (teenwoordige tyd* **kniel**, *verlede tyd* **het gekniel**)

knik¹ nod **[a]** *When I asked my mother whether we could go swimming, she said yes with a nod of her head.* Toe ek my ma vra of ons kan gaan swem, het sy met 'n **knik** van haar kop ja gesê. **[b]** *Our neighbour greeted me with a friendly nod.* Ons buurman het my met 'n vriendelike **knik** gegroet.

☐**knik** *selfstandige naamwoord (meervoud* **knikke**)

knik² nod **[a]** *You can nod your head to say yes.* Jy kan jou kop **knik** om ja te sê. **[b]** *The neighbour nodded his head when I greeted him.* Die buurman **het** sy kop ge**knik** toe ek hom groet.

☐**knik** *werkwoord (teenwoordige tyd* **knik**, *verlede tyd* **het geknik**)

knip ❶ cut *She went to the hairdresser to have her hair cut.* Sy is haarkapper toe om haar hare te laat **knip**. ❷ clip *"Hand the conductor your ticket so that he can clip it."* "Gee vir die kondukteur jou kaartjie sodat hy dit kan **knip**."

☐**knip** *werkwoord (teenwoordige tyd* **knip**, *verlede tyd* **het geknip**)

knipmes penknife *"May I borrow your penknife? I want to peel my apple with it."* "Kan ek jou **knipmes** leen? Ek wil my appel daarmee afskil."

☐**knip·mes** *selfstandige naamwoord (meervoud* **knip·messe**)

knoop¹ ❶ button *"Fasten the top button of your shirt before you put on your tie."* "Maak die boonste **knoop** van jou hemp vas voordat jy jou das aansit." ❷ knot *"Tie a knot in the thread of cotton to prevent it from slipping through the material."* "Maak 'n **knoop** in die draad garing om te keer dat dit deur die materiaal glip."

☐**knoop** *selfstandige naamwoord (meervoud* **knope**)

knoop² ❶ knot, tie *"Can your little brother knot/tie his own tie yet?"* "Kan jou boetie al self sy das **knoop**?" ❷ tie *He put on his shoes and tied the laces.* Hy **het** sy skoene aangetrek en die veters ge**knoop**.

☐**knoop** *werkwoord (teenwoordige tyd* **knoop**, *verlede tyd* **het geknoop**)

knop ❶ knob *He turned the knob to switch on the radio.* Hy het die **knop** gedraai om die radio aan te skakel. ❷ lump *He has a lump on his head where he knocked it against the cupboard.* Hy het 'n **knop** op sy kop waar hy dit teen die kas gestamp het.

◆ **knoppie** button *"You must press this button to switch on the television."* "Jy moet op dié **knoppie** druk om die televisie aan te skakel,"

□**knop** *selfstandige naamwoord (meervoud* **knoppe)**

knor growl *When dogs* **growl** *they make a deep, rough sound in the throat.* Wanneer honde **knor**, maak hulle 'n diep, growwe geluid in die keel.

□**knor** *werkwoord (teenwoordige tyd* **knor**, *verlede tyd* **het geknor)**

knyp pinch [a] *"Ouch, don't* **pinch** *my arm!"* "Eina, moenie my arm **knyp** nie!" [b] *These shoes are too tight; they* **pinch** *me.* Dié skoene is te nou; hulle **knyp** my.

□**knyp** *werkwoord (teenwoordige tyd* **knyp**, *verlede tyd* **het geknyp)**

koedoe kudu *A* **kudu** *is a large buck with long, curling horns.* 'n **Koedoe** is 'n groot bok met lang, gedraaide horings.

□**koe·doe** *selfstandige naamwoord (meervoud* **koe= does)**

koei cow *The boy milked the* **cow**. Die seun het die **koei** gemelk.

□**koei** *selfstandige naamwoord (meervoud* **koeie)**

koek cake *His mother baked him a* **cake** *for his birthday.* Sy ma het vir hom 'n **koek** vir sy verjaardag gebak.

□**koek** *selfstandige naamwoord (meervoud* **koeke)**

koekie ❶ biscuit *The* **biscuit** *is crispy and has a layer of chocolate on top.* Die **koekie** is bros en het 'n lagie sjokolade bo-op. ❷ cake *"Susan, please bring me a new* **cake** *of soap to the bathroom."* "Susan, bring asseblief vir my 'n nuwe **koekie** seep na die badkamer."

□**koe·kie** *selfstandige naamwoord (meervoud* **koe= kies)**

koel cool *It was a* **cool**, *cloudy day.* Dit was 'n **koel**, bewolkte dag.

□**koel** *byvoeglike naamwoord (attributief* **koel**) **koe= ler, koelste**

koeldrank cool drink *She drank her* **cool drink** *through a straw.* Sy het haar **koeldrank** deur 'n strooitjie gedrink.

□**koel·drank** *selfstandige naamwoord (meervoud* **koeldranke)**

koelkas refrigerator *A* **refrigerator** *keeps food cold.* 'n **Koelkas** hou kos koud.

□**koel·kas** *selfstandige naamwoord (meervoud* **koel= kaste)**

koelte shade *It's too hot in the sun – I'm going to sit in the* **shade**. Dis te warm in die son – ek gaan in die **koelte** sit.

□**koel·te** *selfstandige naamwoord (geen meervoud)*

koerant newspaper, paper *My father bought me a bicycle through an advertisement in the* **newspaper/ paper**. My pa het vir my 'n fiets deur 'n advertensie in die **koerant** gekoop.

□**koe·rant** *selfstandige naamwoord (meervoud* **koe= rante)**

koerantpapier newspaper *He wrapped the fish and chips in* **newspaper**. Hy het die vis en skyfies in **koe= rantpapier** toegedraai.

□**koe·rant·pa·pier** *selfstandige naamwoord (geen meervoud)*

koers course *The wind was so strong that the fisherman couldn't keep his boat on* **course**. Die wind was so sterk dat die visser nie sy boot op **koers** kon hou nie.

□**koers** *selfstandige naamwoord (meervoud* **koerse)**

koes duck *He had to* **duck** *so the branch wouldn't hit him in the face.* Hy moes **koes** sodat die tak hom nie in die gesig tref nie.

□**koes** *werkwoord (teenwoordige tyd* **koes**, *verlede tyd* **het gekoes)**

koevert envelope *"Stick a stamp on the* **envelope** *before you post the letter."* "Plak 'n seël op die **koevert** voordat jy die brief pos."

□**koe·vert** *selfstandige naamwoord (meervoud* **koe= verte)**

koffer case, suitcase *"Don't forget to put in your pyjamas when you pack your* **case/suitcase**." "Moenie vergeet om jou nagklere in te sit wanneer jy jou **koffer** pak nie."

□**kof·fer** *selfstandige naamwoord (meervoud* **kof= fers)**

koffie coffee [a] *"Do you take milk and sugar in your* **coffee**?" "Drink jy melk en suiker in jou **koffie**?" [b] *"Waiter, could we have two* **coffees** *and one tea, please?"* "Kelner, kan ons twee **koffies** en een tee kry, asseblief?"

□**kof·fie** *selfstandige naamwoord (geen meervoud by* **a**; **koffies** *by* **b)**

kok cook *My sister is a good* **cook** *– she often makes lunch for us.* My suster is 'n goeie **kok** – sy maak dikwels vir ons middagete.

□**kok** *selfstandige naamwoord (meervoud* **kokke)**

kol ❶ mark, stain, spot *He knocked the cup of coffee over and now there is a brown* **mark/stain/spot** *on the carpet.* Hy het die koppie koffie omgestamp en nou is daar 'n bruin **kol** op die mat. ❷ spot *She is wearing a white blouse with pink* **spots**. Sy dra 'n wit bloes met pienk **kolle**. ❸ spot, patch *The cat is black with a white* **spot/ patch** *on its forehead.* Die kat is swart met 'n wit **kol** op sy voorkop. ❹ patch *There are black* **patches** *in the veld where the grass was burnt down.* Daar is swart **kolle** in die veld waar die gras afgebrand is.

♦ **kol(le)** maak spot *The coffee has* **spotted** *the clean tablecloth.* Die koffie **het 'n kol** op die skoon tafeldoek gemaak.

♦ **kolletjie** dot *The* **dot** *between the "m" and "b" of "kom·bers" shows where you can divide the word at the end of a sentence.* Die **kolletjie** tussen die "m" en "b" van "kom·bers" wys waar jy die woord aan die end van 'n reël kan afbreek.

□**kol** *selfstandige naamwoord (meervoud* **kolle)**

kolf bat *In cricket a player hits the ball with a* **bat**. In krieket slaan 'n speler die bal met 'n **kolf**.

□**kolf** *selfstandige naamwoord (meervoud* **kolwe)**

kollege college *After matric Philip wants to go to* **col=**

lege to study teaching. Philip wil na matriek **kollege** toe gaan om vir onderwyser te leer.

☐ **kol·lege** *selfstandige naamwoord (meervoud* **kol= leges***)*

kolwer batsman *The* **batsman** *hit the cricket ball right over the stand for a six*. Die **kolwer** het die krieketbal bo-oor die pawiljoen vir 'n ses geslaan.

☐ **kol·wer** *selfstandige naamwoord (meervoud* **kol= wers***)*

kom ❶ come [a] "*Come here quickly; I want to show you something.*" "**Kom** gou hier; ek wil jou iets wys." [b] "*At what time did he* **come**?" – "*He was here at three o'clock.*" "Hoe laat **het** hy **gekom**?" – "Hy was om drie-uur hier." [c] *Summer* **comes** *after spring.* Somer **kom** na die lente. [d] *In the shallow end of the swimming pool the water* **comes** *to my waist.* In die vlak kant van die swembad **kom** die water tot by my mid= del. ❷ arrive "*Go and tidy yourself up before the guests* **arrive**." "Gaan maak jou netjies voor die gaste **kom**."

◆ **het al gekom** has already been *The postman* **has already been**. Die posbode **het al gekom**.

◆ **kom by** ❶ reach "*Turn left when you* **reach** *the traf= fic light.*" "Draai links as jy **by** die verkeerslig **kom**." ❷ get to "*Can you please tell me how to* **get to** *the sta= tion?*" "Kan jy my asseblief sê hoe om **by** die stasie te **kom**?"

◆ **kom ons** ❶ let's "*Let's* *race and see who's home first!*" "**Kom ons** hardloop en kyk wie's eerste by die huis!" ❷ let us *The parson said, "***Let us** *bow our heads and pray.*" Die predikant het gesê: "**Kom ons** buig ons hoofde en bid."

◆ **kom tot by** come up to, reach *In the shallow end of the swimming pool the water* **comes up to (**OR **reaches)** *my waist.* In die vlak kant van die swembad **kom** die water **tot by** my middel.

◆ **kom uit** come from *The singing that you hear is* **coming from** *the hall where the choir is practising.* Die sang wat jy hoor, **kom uit** die saal waar die koor oefen.

◆ **kom van** come from "*I* **come from** *Johannesburg. Where do you live?*" "Ek **kom van** Johannesburg. Waar woon jy?"

◆ **laat kom** ⇨ **laat**¹.

☐ **kom** *werkwoord (teenwoordige tyd* **kom***, verlede tyd* **het gekom***)*

Na *het* kry die skakelwerkwoord **kom** nie *ge-* nie: *Sy* **het kom** *kyk wat ons doen.*

komaan come along "*Come along*, *Tom, or we'll be late!*" "**Komaan**, Tom, anders sal ons laat wees!"

☐ **kom·aan** *tussenwerpsel*

kombers blanket *In summer I sleep under a sheet and one* **blanket**. In die somer slaap ek onder 'n laken en een **kombers**.

☐ **kom·bers** *selfstandige naamwoord (meervoud* **kom= berse***)*

kombuis kitchen *She went to the* **kitchen** *to make tea.* Sy is **kombuis** toe om tee te maak.

☐ **kom·buis** *selfstandige naamwoord (meervoud* **kom= buise***)*

komma comma *There is a* **comma** *after the word "monkey" in the sentence: That animal is a monkey, not a baboon.* Daar is 'n **komma** na die woord "aap" in die sin: Daardie dier is 'n aap, nie 'n bobbejaan nie.

☐ **kom·ma** *selfstandige naamwoord (meervoud* **kom= mas***)*

kompetisie competition *He won a car in a* **competi= tion**. Hy het 'n motor in 'n **kompetisie** gewen.

☐ **kom·pe·ti·sie** *selfstandige naamwoord (meervoud* **kompetisies***)*

kondukteur conductor *The* **conductor** *on the train clipped our tickets.* Die **kondukteur** op die trein het ons kaartjies geknip.

☐ **kon·duk·teur** *selfstandige naamwoord (meervoud* **kondukteurs***)*

konfyt jam "*Would you like syrup or* **jam** *on your bread?*" "Wil jy stroop of **konfyt** op jou brood hê?"

☐ **kon·fyt** *selfstandige naamwoord (meervoud* **kon= fyte***)*

koning king [a] *The Bible teaches us that David was the second* **king** *of Israel.* Die Bybel leer ons dat Dawid die tweede **koning** van Israel was. [b] *In many card games the* **king** *counts for ten points.* In baie kaartspelle tel die **koning** tien punte.

☐ **ko·ning** *selfstandige naamwoord (meervoud* **ko= nings***)*

koningin queen *Elizabeth II became* **queen** *of Great Britain and Northern Ireland in 1952.* Elizabeth II het in 1952 **koningin** van Groot-Brittanje en Noord-Ier= land geword.

☐ **ko·nin·gin** *selfstandige naamwoord (meervoud* **ko= ninginne***)*

konka drum *This* **drum** *can hold 10 litres of petrol.* Dié **konka** kan 10 liter petrol hou.

☐ **kon·ka** *selfstandige naamwoord (meervoud* **konkas***)*

konsert concert *All the children in our class are going to take part in the* **concert** *– some are going to sing and others are going to dance.* Al die kinders in ons klas gaan aan die **konsert** deelneem – party gaan sing en ander gaan dans.

☐ **kon·sert** *selfstandige naamwoord (meervoud* **kon= serte***)*

kontak contact *You can catch measles if you come into* **contact** *with a child who suffers from this disease.* Jy kan masels kry as jy in **kontak** kom met 'n kind wat aan dié siekte ly.

◆ **kontak verloor met** lose contact/touch with "*Please write; we mustn't* **lose contact/touch with** *one another.*" "Skryf asseblief; ons moenie **kontak met** mekaar **verloor** nie."

☐ **kon·tak** *selfstandige naamwoord (geen meervoud)*

kontant cash "*Are you paying* **cash** *for this dress, or* shall I put it on your account?" "Betaal u **kontant** vir dié rok, of sal ek dit op u rekening plaas?"

□ **kon·tant** selfstandige naamwoord (geen meervoud)

kontinent continent Africa is a **continent**. Afrika is 'n **kontinent**.

□ **kon·ti·nent** selfstandige naamwoord (meervoud **kontinente**)

konyn rabbit A **rabbit** looks like a hare but is slightly smaller. 'n **Konyn** lyk soos 'n haas, maar is effens kleiner.

□ **ko·nyn** selfstandige naamwoord (meervoud **konyne**)

kook ❶ cook **[a]** Mother said she was going to **cook** us soup for lunch. Ma het gesê sy gaan vir ons sop vir middagete **kook**. **[b]** Rice has to **cook** for about 20 minutes before it is done. Rys moet omtrent 20 minute **kook** voordat dit gaar is. **❷** boil "Please switch the kettle off when the water starts to **boil**." "Skakel asseblief die ketel af wanneer die water begin **kook**."

□ **kook** werkwoord (teenwoordige tyd **kook**, verlede tyd **het gekook**)

kool[1] cabbage The vegetables I like best are carrots and **cabbage**. Die groente waarvan ek die meeste hou, is wortels en **kool**.

□ **kool** selfstandige naamwoord (meervoud **kole**)

kool[2] coal **[a]** A hot **coal** fell out of the fire. 'n Warm **kool** het uit die vuur geval. **[b]** "Put more **coal** on the fire." "Sit nog **kole** op die vuur."

□ **kool** selfstandige naamwoord (meervoud **kole**)

koop[1] buy I think R65,00 for that bicyle is a good **buy**. Ek dink R65,00 vir daardie fiets is 'n goeie **koop**.

◆ **te koop ❶** for sale The neighbours are going to move – that's why their house is **for sale**. Die bure gaan trek – dis dié dat hul huis **te koop** is. **❷** on sale In some shops summer clothes are **on sale** as early as July. In sommige winkels is somerklere reeds in Julie **te koop**.

□ **koop** selfstandige naamwoord (meervoud **kope**)

koop[2] buy We **buy** our milk and bread at the shop on the corner. Ons **koop** ons melk en brood by die winkel op die hoek.

□ **koop** werkwoord (teenwoordige tyd **koop**, verlede tyd **het gekoop**)

koor choir She has a beautiful voice and sings in a **choir**. Sy het 'n pragtige stem en sing in 'n **koor**.

□ **koor** selfstandige naamwoord (meervoud **kore**)

koors ❶ fever "The child is ill and has a **fever** – just feel how hot his forehead is." "Die kind is siek en het **koors** – voel net hoe warm is sy voorkop." **❷** temperature The doctor took the **temperature** of the sick child. Die dokter het die **koors** van die siek kind gemeet.

□ **koors** selfstandige naamwoord (meervoud **koorse**)

kop ❶ head **[a]** He is wearing a hat on his **head**. Hy dra 'n hoed op sy **kop**. **[b]** He is good at mathematics because he has a **head** for figures. Hy is goed in wiskunde, want hy het 'n **kop** vir syfers. **[c]** A nail has a flat **head**. 'n Spyker het 'n plat **kop**. **❷** head, top Dad always sits at the **head/top** of the table. Pa sit altyd aan

die **kop** van die tafel. **❸** mind "That man says and does strange things – do you think he is out of his **mind**?" "Daardie man sê en doen vreemde dinge – dink jy hy is van sy **kop** af?"

◆ **uit die kop** by heart He knows the poem **by heart** and can recite it without looking in a book. Hy ken die gedig **uit sy kop** en kan dit opsê sonder om in 'n boek te kyk.

◆ **van kop tot tone** from top to toe "You're wet **from top to toe**! What happened?" – "I fell into the swimming pool." "Jy's **van kop tot tone** nat! Wat het gebeur?" – "Ek het in die swembad geval."

□ **kop** selfstandige naamwoord (geen meervoud by 3; **koppe** by 1 en 2)

koper buyer I want to sell my bicycle but have not found a **buyer** yet. Ek wil my fiets verkoop, maar het nog nie 'n **koper** gekry nie.

□ **ko·per** selfstandige naamwoord (meervoud **kopers**)

koppie ❶ cup One usually drinks tea or coffee out of a **cup**. 'n Mens drink gewoonlik tee of koffie uit 'n **koppie**. **❷** koppie The **koppie** is quite low – it won't take us more than ten minutes to climb to the top. Die **koppie** is maar laag – dit sal ons nie meer as tien minute kos om tot bo te klim nie.

□ **kop·pie** selfstandige naamwoord (meervoud **koppies**)

kopseer headache I have a **headache** and do not feel well. Ek het **kopseer** en voel nie lekker nie.

□ **kop·seer** selfstandige naamwoord (meervoud **kopsere**)

koring wheat Flour is made from **wheat**. Meel word van **koring** gemaak.

□ **ko·ring** selfstandige naamwoord (geen meervoud)

korrek[1] correct "That's **correct**, two plus two is four." "Dis **korrek**, twee plus twee is vier."

□ **kor·rek** byvoeglike naamwoord (attributief **korrekte**)

korrek[2] correctly She answered all the questions **correctly** and got full marks in the test. Sy het al die vrae **korrek** beantwoord en vol punte in die toets gekry.

□ **kor·rek** bywoord

korrel[1] grain "Wipe your mouth – there's a **grain** of rice on your lip." "Vee jou mond af – daar is 'n **korrel** rys op jou lip."

□ **kor·rel** selfstandige naamwoord (meervoud **korrels**)

korrel[2] aim Take this stone, **aim** at the tin and see if you can hit it. Vat hierdie klip, **korrel** na die blik en kyk of jy dit kan raak gooi.

□ **kor·rel** werkwoord (teenwoordige tyd **korrel**, verlede tyd **het gekorrel**)

korsie crust The **crust** of a bread is hard and crispy, but the inside is soft. Die **korsie** van 'n brood is hard en bros, maar die binnekant is sag.

□ **kor·sie** selfstandige naamwoord (meervoud **korsies**)

kort[1] short **[a]** A hare has long ears and a **short** tail. 'n

Haas het lang ore en 'n **kort** stert. **[b]** *Anna is tall and thin, but Maggie is* **short** *and fat.* Anna is lank en skraal, maar Maggie is **kort** en vet. **[c]** *In September we had a* **short** *holiday of only ten days.* Ons het in September 'n **kort** vakansie van net tien dae gehad.

◆ **korter maak** shorten, take up *She had to* **shorten** *(*OR **take up***) her dress because it was too long.* Sy moes haar rok **korter maak**, want dit was te lank.

◆ **korter word** shorten *The days* **shorten** *as winter approaches.* Die dae **word korter** namate die winter nader kom.

□ **kort** *byvoeglike naamwoord (attributief* **kort***)* **korter, kortste**

kort² just *The tarred road becomes a dirt road* **just** *outside the town.* Die teerpad word 'n grondpad **kort** buite die dorp.

◆ **kort daarna** ⇨ **daarna²**.

◆ **kort na** a little after, soon after, shortly after *He left here* **a little (***OR* **soon** *OR* **shortly***) after** *five.* Hy is **kort na** vyf hier weg.

◆ **kort nadat** soon/shortly after *The injured woman died* **soon/shortly after** *she arrived at the hospital.* Die beseerde vrou is dood **kort nadat** sy by die hospitaal aangekom het.

◆ **kort voor** shortly before *The match ended* **shortly before** *five.* Die wedstryd het **kort voor** vyf geëindig.

□ **kort** *bywoord*

kortbroek ❶ shorts *"Simon, put on a pair of trousers – you can't go to church in* **shorts***."* "Simon, trek 'n langbroek aan – jy kan nie in 'n **kortbroek** kerk toe gaan nie." ❷ pair of shorts *After church Simon took off his trousers and put on a* **pair of shorts***.* Simon het na kerk sy langbroek uitgetrek en 'n **kortbroek** aangetrek.

□ **kort·broek** *selfstandige naamwoord (meervoud* **kortbroeke***)*

kortkom need, want *"What you* **need/want** *is a good hiding!"* "Wat jy **kortkom**, is 'n goeie pak slae!"

□ **kort·kom** *werkwoord (teenwoordige tyd* **kom kort**, *verlede tyd* **het kortgekom***)*

kortweg for short *His name is Thomas, but we call him Tom* **for short***.* Sy naam is Thomas, maar ons noem hom **kortweg** Tom.

□ **kort·weg** *bywoord*

kos¹ food *One can't live without* **food** *and water.* 'n Mens kan nie sonder **kos** en water lewe nie.

◆ **kos gee** feed *We* **feed** *our cat twice a day.* Ons **gee** ons kat twee keer per dag **kos**.

□ **kos** *selfstandige naamwoord (geen meervoud)*

kos² ❶ be, cost *The apples* **are/cost** *50c each.* Die appels **kos** 50c elk. ❷ take *It* **takes** *me half an hour to walk to school.* Dit **kos** my 'n halfuur om skool toe te loop.

◆ **dit sal nie baie tyd kos nie** it won't take long, it won't take a second/minute *"You may wait for your watch –* **it won't take long (***OR* **a second/minute***) to put in a new battery."* "Jy kan maar vir jou horlosie

wag – **dit sal nie baie tyd kos** om 'n nuwe battery in te sit **nie**."

□ **kos** *werkwoord (teenwoordige tyd* **kos**, *verlede tyd* **het gekos***)*

koshuis hostel *Children who come from far away stay in the school's* **hostel** *during term.* Kinders wat van ver kom, bly gedurende die kwartaal in die skool se **koshuis**.

□ **kos·huis** *selfstandige naamwoord (meervoud* **koshuise***)*

koste ❶ cost *The* **cost** *of the meal was R23,65.* Die **koste** van die ete was R23,65. ❷ charge *The* **charge** *for parking in town is 50c an hour.* Die **koste** om in die stad te parkeer, is 50c per uur.

□ **kos·te** *selfstandige naamwoord (meervoud* **koste***)*

kou chew **Chew** *your food well before you swallow it.* **Kou** jou kos goed voordat jy dit sluk.

□ **kou** *werkwoord (teenwoordige tyd* **kou**, *verlede tyd* **het gekou***)*

koud cold *It is* **cold** *outside, but it is nice and warm inside.* Dis **koud** buite, maar dis lekker warm binne.

◆ **koud kry** be cold *"Put on a jersey if you* **are cold***."* "Trek 'n trui aan as jy **koud kry**."

□ **koud** *byvoeglike naamwoord (attributief* **koue***)* **kouer, koudste**

koue cold *The icy wind made us shiver with* **cold***.* Die ysige wind het ons van die **koue** laat beef/bewe.

◆ **koue vat** catch (a) cold *You will* **catch (a) cold** *if you go out in the rain without a coat.* Jy sal **koue vat** as jy sonder 'n jas in die reën uitgaan.

□ **kou·e** *selfstandige naamwoord (geen meervoud)*

kous ❶ stocking *"Esmé, you have a ladder in your* **stocking** *above the heel of your shoe."* "Esmé, jy het 'n leer in jou **kous** bokant die hak van jou skoen." ❷ sock *The* **sock** *comes up to his knee.* Die **kous** kom tot by sy knie. ⇨ **sokkie.**

◆ **kouse, kousbroekie** pantihose, pantyhose *She has a ladder in the right leg of her* **pantihose/pantyhose***.* Sy het 'n leer in die regterbeen van haar **kouse/kousbroekie**.

□ **kous** *selfstandige naamwoord (meervoud* **kouse***)*

kraag collar *He fastened the top button of the shirt to see whether the* **collar** *was wide enough.* Hy het die boonste knoop van die hemp vasgemaak om te kyk of die **kraag** wyd genoeg is.

□ **kraag** *selfstandige naamwoord (meervoud* **krae***)*

kraai¹ crow *A* **crow** *is a big black bird.* 'n **Kraai** is 'n groot swart voël.

□ **kraai** *selfstandige naamwoord (meervoud* **kraaie***)*

kraai² crow *Hens cluck and cocks* **crow***.* Henne kloek en hane **kraai**.

□ **kraai** *werkwoord (teenwoordige tyd* **kraai**, *verlede tyd* **het gekraai***)*

kraak¹ crack *He filled the* **crack** *in the wall with cement.* Hy het die **kraak** in die muur met sement gevul.

□ **kraak** *selfstandige naamwoord (meervoud* **krake***)*

kraak² ❶ crack *This glass can* **crack***, but it won't break.*

Dié glas kan **kraak**, maar dit sal nie breek nie. **2** creak *The steps* ***creak*** *when one walks down the old wooden staircase.* Die treetjies **kraak** as 'n mens by die ou houttrap afloop. **3** crunch *The dry leaves* ***crunch*** *under our feet.* Die droë blare **kraak** onder ons voete. **4** squeak *His new shoes* ***squeak.*** Sy nuwe skoene **kraak**.

□ **kraak** *werkwoord (teenwoordige tyd* **kraak**, *verlede tyd* **het gekraak)**

kraal 1 bead *I have to string only one more* ***bead*** *then the bangle will be finished.* Ek moet nog net een **kraal** inryg dan sal die armband klaar wees. **2** kraal *The farmer drives his cattle into the* ***kraal*** *for the night.* Die boer jaag sy beeste vir die nag in die **kraal** in.

□ **kraal** *selfstandige naamwoord (meervoud* **krale)**

kraan tap *Put the plug in the bath before you open the* ***tap.*** Steek die prop in die bad voordat jy die **kraan** oopdraai.

□ **kraan** *selfstandige naamwoord (meervoud* **krane)**

krag 1 strength *He was weak and without* ***strength*** *after his illness.* Hy was swak en sonder **krag** na sy siekte. **2** force *The roof of the house was blown off by the* ***force*** *of the wind.* Die huis se dak is deur die **krag** van die wind afgewaai. **3** power *Nowadays most trains run on electric* ***power.*** Deesdae loop die meeste treine met elektriese **krag**. **4** might *She tried with all her* ***might*** *to push the heavy door open.* Sy het met al haar **krag** probeer om die swaar deur oop te stoot.

◆ **jou kragte spaar** ⇨ **spaar.**

□ **krag** *selfstandige naamwoord (geen meervoud)*

krap 1 scratch **[a]** *"Don't tease the cat; it has sharp nails and will* ***scratch*** *you."* "Moenie die kat terg nie; hy het skerp naels en sal jou **krap**." **[b]** *"Please* ***scratch*** *my back; it's itching."* "**Krap** asseblief my rug; dit jeuk." **2** scrape **[a]** *"****Scrape*** *your muddy shoes clean before you go inside."* "**Krap** jou modderige skoene skoon voordat jy na binne gaan." **[b]** *She drove too close to the wall and* ***scraped*** *the car.* Sy **het** te na aan die muur gery en die motor **gekrap**. **3** scribble **[a]** *"Write neatly; don't* ***scribble*** *so."* "Skryf netjies; moenie so **krap** nie." **[b]** *Little Tommy* ***scribbled*** *on the wall with a pencil.* Klein Tommie **het** met 'n potlood op die muur **gekrap**.

□ **krap** *werkwoord (teenwoordige tyd* **krap**, *verlede tyd* **het gekrap)**

kreet shout, cry, scream *When Lynette saw the snake, she gave a* ***shout/cry/scream*** *and ran away.* Toe Lynette die slang sien, het sy 'n **kreet** gegee en weggehardloop.

□ **kreet** *selfstandige naamwoord (meervoud* **krete)**

kreun groan *Most people* ***groan*** *when they are in pain.* Die meeste mense **kreun** wanneer hulle pyn het.

□ **kreun** *werkwoord (teenwoordige tyd* **kreun**, *verlede tyd* **het gekreun)**

kreupel/kruppel loop limp, have a limp, walk with a limp *He* ***limps*** *(OR* ***has a limp*** *OR* ***walks with a limp)*** *because his one leg is shorter than the other.* Hy

loop kreupel/kruppel, want sy een been is korter as die ander.

□ **kreu·pel/krup·pel loop** *werkwoordfrase (teenwoordige tyd* **loop kreupel/kruppel**, *verlede tyd* **het kreupel/kruppel geloop)**

krieket cricket *In winter the boys play rugby and in summer they play* ***cricket.*** In die winter speel die seuns rugby en in die somer speel hulle **krieket**.

□ **krie·ket** *selfstandige naamwoord (geen meervoud)*

krimp shrink *"Don't wash your suit – it will* ***shrink.*** *Rather take it to the dry-cleaner."* "Moenie jou pak was nie – dit sal **krimp**. Neem dit liewer na die droogskoonmaker."

□ **krimp** *werkwoord (teenwoordige tyd* **krimp**, *verlede tyd* **het gekrimp)**

kring 1 circle, ring *"Children, hold hands and form a* ***circle/ring*** *around me."* "Kinders, vat hande en vorm 'n **kring** om my." **2** ring *The wet glass left a white* ***ring*** *on the table.* Die nat glas het 'n wit **kring** op die tafel gelaat.

□ **kring** *selfstandige naamwoord (meervoud* **kringe)**

krokodil crocodile *A* ***crocodile*** *is a dangerous animal that lives in rivers.* 'n **Krokodil** is 'n gevaarlike dier wat in riviere woon.

□ **kro·ko·dil** *selfstandige naamwoord (meervoud* **krokodille)**

krom 1 bent *He tried to straighten the* ***bent*** *wire.* Hy het die **krom** draad probeer reg buig. **2** curved *A buffalo is an animal with large* ***curved*** *horns.* 'n Buffel is 'n dier met groot **krom** horings.

◆ **krom loop** stoop *Old people often* ***stoop.*** Ou mense **loop** dikwels **krom**.

□ **krom** *byvoeglike naamwoord (attributief* **krom)** **krommer, kromste**

kronkel wind *The path* ***winds*** *through the forest.* Die paadjie **kronkel** deur die bos.

□ **kron·kel** *werkwoord (teenwoordige tyd* **kronkel**, *verlede tyd* **het gekronkel)**

kruidenier grocer *A* ***grocer*** *is someone who sells food and other goods for the home.* 'n **Kruidenier** is iemand wat kos en ander goedere vir die huis verkoop.

□ **krui·de·nier** *selfstandige naamwoord (meervoud* **kruideniers)**

kruideniersware groceries *We buy all our* ***groceries*** *at the supermarket.* Ons koop al ons **kruideniersware** by die supermark.

□ **krui·de·niers·wa·re** *meervoudige selfstandige naamwoord*

kruip 1 creep *"You'll have to* ***creep*** *through the hole on your hands and knees."* "Jy sal op jou hande en knieë deur die gat moet **kruip**." **2** crawl *Babies* ***crawl*** *before they walk.* Babas **kruip** voor hulle loop.

□ **kruip** *werkwoord (teenwoordige tyd* **kruip**, *verlede tyd* **het gekruip)**

kruis[1] cross *A* ***cross*** *can look like a plus sign* $(+)$ *or a multiplication sign* (x). 'n **Kruis** kan soos 'n plusteken $(+)$ of 'n vermenigvuldigteken (x) lyk.

□**kruis** *selfstandige naamwoord (meervoud* **kruise***)*

kruis[2] *There is a robot where the two roads* **cross** *each other.* Daar is 'n verkeerslig waar die twee paaie me= kaar **kruis**.

□**kruis** *werkwoord (teenwoordige tyd* **kruis***, verlede tyd* **het gekruis***)*

kruiwa wheelbarrow *The gardener is pushing a* **wheel= barrow** *filled with dead leaves.* Die tuinier stoot 'n **kruiwa** wat met dooie blare gevul is.

□**krui·wa** *selfstandige naamwoord (meervoud* **krui= waens***)*

krul[1] curl *If you peel an apple in a circle, the skin will form a long, narrow* **curl**. As jy 'n appel al in die rondte afskil, sal die skil 'n lang, dun **krul** vorm.

◆ **krulhare** curly hair *Monica has* **curly hair**. Moni= ca het **krulhare**.

□**krul** *selfstandige naamwoord (meervoud* **krulle***)*

krul[2] curl [a] *Lynette has straight hair – it does not* **curl**. Lynette het steil hare – dit **krul** nie. [b] *The monkey* **curled** *its tail around the branch.* Die aap het sy stert om die tak **gekrul**.

□**krul** *werkwoord (teenwoordige tyd* **krul***, verlede tyd* **het gekrul***)*

krullerig curly *Lynette's hair is straight, but Monica's is* **curly**. Lynette se hare is steil, maar Monica s'n is **krullerig**.

□**krul·le·rig** *byvoeglike naamwoord (attributief* **krul= lerige***)* **krulleriger, krullerigste**

krummel crumb *"I can see that you've been eating bread; there's a* **crumb** *on your lip."* "Ek kan sien dat jy brood geëet het; daar's 'n **krummel** op jou lip."

□**krum·mel** *selfstandige naamwoord (meervoud* **krummels***)*

kruppel ⇨ **kreupel.**

kry ❶ get [a] *I want to sell my bicycle and hope to* **get** *R30,00 for it.* Ek wil my fiets verkoop en hoop om R30,00 daarvoor te **kry**. [b] *He often* **gets** *headaches.* Hy **kry** dikwels hoofpyn. [c] *"Stop being naughty, or else you'll* **get** *a hiding!"* "Hou op om stout te wees, anders **kry** jy slae!" [d] *She cannot* **get** *the stain out of her dress.* Sy kan nie die vlek uit haar rok **kry** nie. ❷ receive *If I post the letter today, he ought to* **receive** *it in about three days.* As ek die brief vandag pos, be= hoort hy dit oor so drie dae te **kry**. ❸ catch *Many peo= ple* **catch** *flu in winter.* Baie mense **kry** in die winter griep. ❹ have [a] *"May I* **have** *a glass of water, please?"* "Kan ek 'n glas water **kry**, asseblief?" [b] *My sister* **had** *a baby girl last week.* My suster **het** verlede week 'n dogtertjie **gekry**. ❺ find *I must have lost my pen; I can't* **find** *it anywhere.* Ek het seker my pen verloor; ek kan dit nêrens **kry** nie. ❻ meet *"I'll* **meet** *you at the cinema at 13:45."* "Ek sal jou om 13:45 by die fliek **kry**." ❼ be, feel *"Put on a jersey if you* **are/ feel** *cold."* "Trek 'n trui aan as jy koud **kry**." ❽ help yourself to *"Do* **help yourself to** *another piece of cake."* "**Kry** gerus nog 'n stukkie koek." ❾ obtain *If you divide something into quarters, you* **obtain** *four*

equal parts. As jy iets in kwarte deel, **kry** jy vier gelyke dele.

□**kry** *werkwoord (teenwoordige tyd* **kry***, verlede tyd* **het gekry***)*

kryt[1] ❶ chalk *Teachers write on the board with* **chalk**. Onderwysers skryf met **kryt** op die bord. ❷ crayon *The little boy drew a house and coloured in the roof with a red* **crayon**. Die seuntjie het 'n huis geteken en die dak met rooi **kryt** ingekleur.

□**kryt** *selfstandige naamwoord (meervoud* **kryte***)*

kryt[2] ring *The crowd cheered as the boxer climbed into the* **ring**. Die skare het gejuig toe die bokser in die **kryt** klim.

□**kryt** *selfstandige naamwoord (meervoud* **kryte***)*

kuier enjoy oneself *I'm* **enjoying myself** *too much to leave the party just yet.* Ek **kuier** te lekker om die par= tytjie nou al te verlaat.

◆ **by/vir iemand gaan kuier** visit someone *Philip would like to* **visit** *his cousin on the farm during the school holidays.* Philip wil graag in die skoolvakansie **by/vir** sy neef op die plaas **gaan kuier**.

◆ **kom kuier** come over/round *"Cynthia, would you like to* **come over/round** *this evening?"* "Cynthia, het jy lus om vanaand te **kom kuier**?"

◆ **kom kuier by/vir** come and see *"Goodbye, Tho= mas!* **Come and see** *us again soon!"* "Tot siens, Tho= mas! **Kom kuier** gou weer **by/vir** ons!"

□**kui·er** *werkwoord (teenwoordige tyd* **kuier***, verlede tyd* **het gekuier***)*

kuiken chick *The hen laid three eggs, but only one* **chick** *hatched.* Die hen het drie eiers gelê, maar net een **kui= ken** het uitgebroei.

□**kui·ken** *selfstandige naamwoord (meervoud* **kui= kens***)*

kul cheat *He tried to* **cheat** *me by charging me R7,00 for the pen, while it was worth only R5,00.* Hy het my pro= beer **kul** deur my R7,00 vir die pen te vra, terwyl dit net R5,00 werd was.

□**kul** *werkwoord (teenwoordige tyd* **kul***, verlede tyd* **het gekul***)*

kuns art *She draws well and wants to study* **art** *when she grows up.* Sy teken mooi en wil **kuns** studeer as sy groot is.

□**kuns** *selfstandige naamwoord (geen meervoud)*

kunstenaar artist *The* **artist** *painted a picture in bright colours.* Die **kunstenaar** het 'n prent in helder kleure geskilder.

□**kuns·te·naar** *(selfstandige naamwoord (meervoud* **kunstenaars***)*

kurkprop cork *He pulled the* **cork** *out of the bottle and poured the wine.* Hy het die **kurkprop** uit die bottel getrek en die wyn geskink.

□**kurk·prop** *selfstandige naamwoord (meervoud* **kurkproppe***)*

kursus course *She would like to do a* **course** *in history at university.* Sy wil graag 'n **kursus** in geskiedenis op universiteit volg.

□**kur·sus** *selfstandige naamwoord (meervoud* **kur=susse)**

kus ◱ coast *There are many beaches along the* **coast** *of South Africa.* Daar is baie strande langs die **kus** van Suid-Afrika. ◲ shore *When the ship began to sink, people jumped into the sea and tried to swim to the* **shore.** Toe die skip begin sink, het mense in die see gespring en na die **kus** probeer swem.

□**kus** *selfstandige naamwoord (meervoud* **kuste)**

kussing ◱ cushion *"The chair is a little hard; give me a* **cushion** *to sit on."* "Die stoel is 'n bietjie hard; gee my 'n **kussing** om op te sit." ◲ pillow *She was so tired that she fell asleep when her head touched the* **pillow.** Sy was so moeg dat sy aan die slaap geraak het toe haar kop aan die **kussing** raak.

□**kus·sing** *selfstandige naamwoord (meervoud* **kus=sings)**

kussingsloop pillowcase, pillowslip *She pulled off the* **pillowcase/pillowslip** *and threw it into the laundry basket together with the sheets.* Sy het die **kussing=sloop** afgetrek en dit saam met die lakens in die was=goedmandjie gegooi.

□**kus·sing·sloop** *selfstandige naamwoord (meervoud* **kussingslope)**

kwaad[1] bad *There is good and* **bad** *in all of us.* Daar is goed en **kwaad** in ons almal.

◆ **kwaad doen** harm, do harm *The dog is very tame and won't* **harm** *you (*OR *will* **do** *you no* **harm***).* Die hond is baie mak en sal jou geen **kwaad doen** nie.

□**kwaad** *selfstandige naamwoord (geen meervoud)*

kwaad[2] angry, cross *"Don't be* **angry/cross** *with me; I didn't break your pen on purpose."* "Moenie vir my **kwaad** wees nie; ek het nie jou pen met opset gebreek nie."

□**kwaad** *predikatiewe byvoeglike naamwoord* **kwa=ter, kwaadste**

kwaad[3] angrily *He shook the pen* **angrily** *and said, "The stupid thing won't write!"* Hy het die pen **kwaad** geskud en gesê: "Die simpel ding wil nie skryf nie!"

□**kwaad** *bywoord*

kwaadwilligheid spite *She wouldn't let him play with her doll, so he hid it out of* **spite.** Sy wou hom nie met haar pop laat speel nie, toe steek hy dit uit **kwaadwil=ligheid** weg.

□**kwaad·wil·lig·heid** *selfstandige naamwoord (geen meervoud)*

kwaai ◱ fierce [a] *He was bitten by a* **fierce** *dog.* Hy is deur 'n **kwaai** hond gebyt. [b] *Many houses were dam= aged in the* **fierce** *storm.* Baie huise is in die **kwaai** storm beskadig. ◲ bad *She is in bed with a* **bad** *cold.* Sy is in die bed met 'n **kwaai** verkoue. ◳ strict *My uncle is very* **strict** *and is quick to punish his children.* My oom is baie **kwaai** en is gou klaar om sy kinders te straf.

□**kwaai** *byvoeglike naamwoord (attributief* **kwaai) kwaaier, kwaaiste**

kwaak ◱ croak *When frogs* **croak** *they make a deep, low sound.* Wanneer paddas **kwaak,** maak hulle 'n diep, lae

geluid. ◲ quack *Ducks* **quack** *and birds chirp.* Eende **kwaak** en voëls kwetter.

□**kwaak** *werkwoord (teenwoordige tyd* **kwaak,** *verle= de tyd* **het gekwaak)**

kwalik neem blame *"It's her fault that we're late – don't* **blame** *me."* "Dis haar skuld dat ons laat is – moenie my **kwalik neem** nie."

□**kwa·lik neem** *werkwoordfrase (teenwoordige tyd* **neem kwalik,** *verlede tyd* **het kwalik geneem)**

kwart quarter [a] *"What is the time?" – "It's (a)* **quar= ter** *to ten."* "Hoe laat is dit?" – "Dis **kwart** voor tien." [b] *"Divide the apple into one half and two* **quarters."** "Verdeel die appel in een halwe en twee **kwarte."**

◆ **'n kwart** a quarter of a *250 g is* **a quarter of a** *kilogram.* 250 g is **'n kwart** kilogram.

□**kwart** *selfstandige naamwoord (meervoud* **kwarte)**

kwartaal ◱ quarter *January, February and March form the first* **quarter** *of the year.* Januarie, Februarie en Maart vorm die eerste **kwartaal** van die jaar. ◲ term *At the end of a* **term** *each pupil gets a report on his schoolwork.* Aan die end van 'n **kwartaal** kry elke leer= ling 'n rapport oor sy skoolwerk.

□**kwar·taal** *selfstandige naamwoord (meervoud* **kwartale)**

kwartier quarter of an hour *There are 15 minutes in a* **quarter of an hour.** Daar is 15 minute in 'n **kwartier.**

□**kwar·tier** *selfstandige naamwoord (meervoud* **kwartiere)**

kwas brush *He dipped the* **brush** *into the paint.* Hy het die **kwas** in die verf gesteek.

□**kwas** *selfstandige naamwoord (meervoud* **kwaste)**

kweek grow *The neighbours* **grow** *vegetables in their back yard.* Die bure **kweek** groente in hul agterplaas.

□**kweek** *werkwoord (teenwoordige tyd* **kweek,** *verlede tyd* **het gekweek)**

kwetter chirp *Bees buzz and birds* **chirp.** Bye zoem en voëls **kwetter.**

□**kwet·ter** *werkwoord (teenwoordige tyd* **kwetter,** *verlede tyd* **het gekwetter)**

kwitansie receipt *A* **receipt** *serves as proof that you have paid for something.* 'n **Kwitansie** dien as bewys dat jy vir iets betaal het.

□**kwi·tan·sie** *selfstandige naamwoord (meervoud* **kwitansies)**

kyk ◱ look *"Look left and right before you cross the street."* "**Kyk** links en regs voordat jy die straat oor= steek." ◲ see, check *"Turn the handle to* **see/check** *whether the door is locked."* "Draai die handvatsel om te **kyk** of die deur gesluit is." ◳ face *The rooms in our house that* **face** *east are nice and sunny in the morning.* Die kamers in ons huis wat oos **kyk,** is soggens lekker sonnig. ◴ watch *It's not good for your eyes to* **watch** *too much television.* Dis nie goed vir jou oë om te veel tele= visie te **kyk** nie.

◆ **kyk hoe** watch *He likes to* **watch** *his son play rugby.* Hy **kyk** graag **hoe** sy seun rugby speel.

◆ **kyk na 1** watch, look at *She turned on the television to* **watch (**OR *look at) a programme.* Sy het die televisie aangeskakel om **na** 'n program te **kyk. 2** have/take a look at *"May I* **have/take a look at** *your drawing?"* "Mag ek **na** jou tekening **kyk?" 3** face *"Face the camera and smile."* "**Kyk na** die kamera en glimlag." **4** look after, take care of *"Esmé, will you* **look after (**OR take care of) the baby while I'm out?" "Esmé, sal jy **na** die baba **kyk** terwyl ek uit is?" **5** see to *Dad got in an electrician to* **see to** *our broken washing machine.* Pa het 'n elektrisiën laat kom om **na** ons stukkende wasmasjien te **kyk.**

□**kyk** *werkwoord (teenwoordige tyd* **kyk,** *verlede tyd* **het gekyk***)*

L

laag¹ ❶ layer *After the storm a thick **layer** of hail lay on the ground.* Na die storm het 'n dik **laag** hael op die grond gelê. **❷** coat *First sandpaper the door and then give it a **coat** of paint.* Skuur eers die deur en gee dit dan 'n **laag** verf.
☐ **laag** *selfstandige naamwoord (meervoud **lae**)*

laag² ** low **[a] *The fence around our house is so **low** that a big dog can easily jump over it.* Die heining om ons huis is so **laag** dat 'n groot hond maklik daaroor kan spring. **[b]** *The lorry went up the hill at a **low** speed.* Die vragmotor het met 'n **lae** snelheid teen die bult opgery. **[c]** *The temperature was so **low** that the water in the pipes froze.* Die temperatuur was so **laag** dat die water in die pype gevries het. **[d]** *When frogs croak they make a deep, **low** sound.* Wanneer paddas kwaak, maak hulle 'n diep, **lae** geluid.
◆ **laer as** below *Your knee is **below** your hip.* Jou knie is **laer as** jou heup.
☐ **laag** *byvoeglike naamwoord (attributief **lae**)* **laer, laagste**

laag³ ** low *Some trees have branches that hang down so **low that they almost touch the ground.* Party bome het takke wat so **laag** afhang dat hulle byna aan die grond raak.
☐ **laag** *bywoord*

laai¹ ** drawer *My socks are in the top **drawer of my chest of drawers.* My sokkies is in die boonste **laai** van my laaikas.
☐ **laai** *selfstandige naamwoord (meervoud **laaie**)*

laai² ** load *The boys helped their father to **load the wood on to the bakkie.* Die seuns het hul pa gehelp om die hout op die bakkie te **laai**.
☐ **laai** *werkwoord (teenwoordige tyd **laai**, verlede tyd het **gelaai**)*

laaikas chest of drawers *My socks are in the top drawer of my **chest of drawers**.* My sokkies is in die boonste laai van my **laaikas**.
☐ **laai·kas** *selfstandige naamwoord (meervoud **laaikaste**)*

laas since … last, last … ago *It is a year **since** I **last** saw him (OR I **last** saw him a year **ago**).* Ek het hom 'n jaar **laas** gesien.
◆ **lank laas** a long time since … last, a long time ago that … last *It is **a long time since** (OR It was **a long time ago that**) I **last** saw him.* Ek het hom **lank laas** gesien.
☐ **laas** *bywoord*

laaste¹ ** last *I was the **last to get on the bus; there was nobody behind me.* Ek was die **laaste** om op die bus te klim; daar was niemand agter my nie.
☐ **laas·te** *selfstandige naamwoord (meervoud **laastes**)*

laaste² ❶ last *December is the **last** month of the year.* Desember is die **laaste** maand van die jaar. **❷** last, final *When the bell rang the athletes knew the **last|final** round of the race lay ahead.* Toe die klok lui, het die atlete geweet die **laaste** rondte van die wedloop lê voor.
◆ **in die laaste jare** in recent years *Many things have changed in South Africa **in recent years**.* Baie dinge het **in die laaste jare** in Suid-Afrika verander.
☐ **laas·te** *attributiewe byvoeglike naamwoord*

laaste³ ** last *He fell – that's why he came **last in the race.* Hy het geval – dis dié dat hy **laaste** in die reisies gekom het.
◆ **laaste in die klas staan** be at the bottom of the class *Tom **is at the bottom of the class** and is in danger of failing.* Tom **staan laaste in die klas** en loop gevaar om te sak.
☐ **laas·te** *bywoord*

laat¹ ❶ let, allow to *"The coffee is very hot – **let** it (OR **allow** it to) cool down before you drink it."* "Die koffie is baie warm – **laat** dit afkoel voor jy dit drink." **❷** let *"**Let** me know whether you can come to my party."* "**Laat** my weet of jy na my partytjie toe kan kom." **❸** leave **[a]** *When we go on holiday we **leave** our animals in the care of the neighbours.* Wanneer ons met vakansie gaan, **laat** ons ons diere in die sorg van die bure. **[b]** *6 from 8 **leaves** 2.* 6 van 8 **laat** 2. **❹** make *She **made** him wait for an hour.* Sy het hom 'n uur **laat** wag. **❺** make, cause to *Smoke can **make** your eyes (OR **cause** your eyes to) water.* Rook kan jou oë **laat** traan. **❻** have *"Your hair is too long; you must **have** it cut shorter."* "Jou hare is te lank; jy moet dit korter **laat** sny." **❼** get *I must **get** my hair cut.* Ek moet my hare **laat** sny. **❽** keep *"Be quick; don't **keep** me waiting!"* "Maak gou; moenie my **laat** wag nie!"
◆ **laat bly** ⇨ **laat staan**.
◆ **laat gaan, laat los** let go *"Let me go; you're hurting me!"* "**Laat** my **gaan/los**; jy maak my seer!"
◆ **laat kom ❶** call, send for *My brother was so ill that we had to **call** (OR **send for**) the doctor.* My broer was so siek dat ons die dokter moes **laat kom**. **❷** get in *Dad had to **get in** an electrician to fix our broken washing machine.* Pa moes 'n elektrisiën **laat kom** om ons stukkende wasmasjien reg te maak.
◆ **laat lê** ⇨ **lê**.
◆ **laat oopstaan** leave open *"Don't shut the door; **leave** it **open**."* "Moenie die deur toemaak nie; **laat** dit **oopstaan**."
◆ **laat oorbly** ⇨ **oorbly**.
◆ **laat sak** ⇨ **sak²**.
◆ **laat staan ❶** leave alone *"I wish you would **leave**

the dog **alone** and stop teasing it like that." "Ek wens jy wil die hond **laat staan** en ophou om hom so te terg."
2 make . . . stand *Hold a piece of meat in the air to* **make** *the dog* **stand** *on its hind legs.* Hou 'n stukkie vleis in die lug om die hond op sy agterpote te **laat staan**. **3** set *He picked up his bike and* **set** *it upright against the wall.* Hy het sy fiets opgetel en regop teen die muur **laat staan**.

♦ **laat staan, laat bly** leave *"May I* **leave** *my bicycle here at your house and fetch it tomorrow?"* "Mag ek my fiets hier bý julle huis **laat staan** (OF **laat bly**) en dit môre kom haal?"

♦ **laat vaar** ⟹ **vaar.**

♦ **laat weet** let know *Let me* **know** *whether you can come to my party.* **Laat** my **weet** of jy na my partytjie toe kan kom.

☐ **laat** *werkwoord (teenwoordige tyd* **laat**, *verlede tyd* **het gelaat***)*

> Na *het* kry die skakelwerkwoord **laat** nie *ge-* nie: *Ek* **het** *die koppie* **laat** *val.*

laat² late *"It's* **late** *– you ought to be in bed."* "Dis **laat** – jy behoort in die bed te wees."

♦ **dis al laat** it is quite late *"I'm very worried – it is quite late and Lynette isn't home from school yet."* "Ek is baie bekommerd – **dis al laat** en Lynette is nog nie van die skool af tuis nie."

♦ **hoe laat** at what time *"At what time do you have dinner?"* "Hoe laat eet julle?"

♦ **hoe laat is dit?** what is the time?, what time is it? *"What is the time (*OR *What time is it)?"* – *"It's ten past three."* "Hoe laat is dit?" – "Dis tien oor drie."

♦ **kan jy my sê hoe laat dit is?** have you (got) the time?, can you tell me the time? *"Do you have the time (*OR *Have you got the time* OR *Can you tell me the time)?"* – *"Yes, it's ten past three."* "Kan jy my sê hoe laat dit is?" – "Ja, dis tien oor drie."

☐ **laat** *byvoeglike naamwoord (attributief* **laat***)* **later, laatste**

laat³ late *I went to bed very* **late** *last night.* Ek is gister= aand baie **laat** bed toe.

☐ **laat** *bywoord*

laer lower *The table in our lounge is smaller and* **lower** *than the table in our kitchen.* Die tafel in ons sitkamer is kleiner en **laer** as die tafel in ons kombuis.

♦ **laer skool, laerskool** primary school *She is in stan= dard four at* **primary school**. Sy is in standerd vier op **laer skool** (OF **laerskool**).

☐ **la·er** *byvoeglike naamwoord (attributief* **laer***)*

laf silly *People who show off are usually* **silly** *and loud.* Mense wat aandag probeer trek, is gewoonlik **laf** en luidrugtig.

☐ **laf** *byvoeglike naamwoord (attributief* **lawwe***)* **law= wer, lafste**

lag¹ laugh *"You don't know where I've hidden your shoe!" said Tom with a* **laugh**. "Jy weet nie waar ek jou

skoen weggesteek het nie!" het Tom met 'n **lag** gesê.

♦ **brul/gil/skater van die lag** roar/scream with laughter *The clown made the people* **roar/scream with laughter**. Die nar het die mense **van die lag** laat **brul/gil/skater**.

♦ **uitbars van die lag** ⟹ **uitbars.**

☐ **lag** *selfstandige naamwoord (meervoud* **lagge***)*

lag² laugh *You tell a joke to make people* **laugh**. Jy ver= tel 'n grap om mense te laat **lag**.

♦ **lag vir** laugh at *"Don't* **laugh at** *him – he can't help it that his ears are so big."* "Moenie **vir** hom **lag** nie – hy kan dit nie help dat sy ore so groot is nie."

☐ **lag** *werkwoord (teenwoordige tyd* **lag**, *verlede tyd* **het gelag***)*

laken sheet *In summer I sleep under a* **sheet** *and one blanket.* In die somer slaap ek onder 'n **laken** en een kombers.

☐ **la·ken** *selfstandige naamwoord (meervoud* **lakens***)*

lam¹ lamb *A* **lamb** *is a young sheep.* 'n **Lam** is 'n jong skaap.

☐ **lam** *selfstandige naamwoord (meervoud* **lammers***)*

lam² paralysed *He can't walk because his legs are* **para= lysed**. Hy kan nie loop nie, want sy bene is **lam**.

☐ **lam** *byvoeglike naamwoord (attributief* **lam***)* **lam= mer, lamste**

lamsvleis lamb *Simon eats any kind of meat, but is parti= cularly fond of* **lamb**. Simon eet enige soort vleis, maar is veral lief vir **lamsvleis**.

☐ **lams·vleis** *selfstandige naamwoord (geen meer= voud)*

lamp lamp *She does her homework by the light of a* **lamp**. Sy doen haar huiswerk by die lig van 'n **lamp**.

☐ **lamp** *selfstandige naamwoord (meervoud* **lampe***)*

lamppaal lamp-post *He chained his bike to a* **lamp= post** *outside the shop.* Hy het sy fiets aan 'n **lamppaal** buite die winkel vasgeketting.

☐ **lamp·paal** *selfstandige naamwoord (meervoud* **lamppale***)*

land¹ **1** land *The earth consists of sea and* **land**. Die aarde bestaan uit see en **land**. **2** country *South Africa is a sunny* **country**. Suid-Afrika is 'n sonnige **land**. **3** field *The farmer is ploughing a* **field**. Die boer ploeg 'n **land** om.

♦ **aan/op land** on shore *The sailors were glad to be back* **on shore** *after weeks at sea.* Die matrose was bly om na weke ter see terug **aan/op land** te wees.

☐ **land** *selfstandige naamwoord (geen meervoud by* 1; **lande** *by* 2 *en* 3*)*

land² land *The aeroplane left Johannesburg at 18:00 and will* **land** *in Cape Town at about 20:00.* Die vliegtuig het om 18:00 uit Johannesburg vertrek en sal so teen 20:00 in Kaapstad **land**.

♦ **laat land** land *The pilot managed to* **land** *the aero= plane safely.* Die vlieënier het daarin geslaag om die vliegtuig veilig te **laat land**.

☐ **land** *werkwoord (teenwoordige tyd* **land**, *verlede tyd* **het geland***)*

landerye fields *The farmer feared that his **fields** would wash away in the flood.* Die boer het gevrees dat sy **landerye** in die vloed sou verspoel.
□ **lan·de·ry·e** *meervoudige selfstandige naamwoord*

landkaart map *The **map** of South Africa is on page 23 of the atlas.* Die **landkaart** van Suid-Afrika is op bladsy 23 van die atlas.
□ **land·kaart** *selfstandige naamwoord (meervoud* **landkaarte***)*

landsvlag national flag *The **national flag** of Japan is white with a red dot in the middle.* Die **landsvlag** van Japan is wit met 'n rooi kol in die middel.
□ **lands·vlag** *selfstandige naamwoord (meervoud* **landsvlae***)*

lang long *The **long** hand of the clock shows the minutes and the short one the hours.* Die **lang** wyser van die horlosie dui die minute aan en die korte die ure. ⇨ **lank.**
◆ **langer maak** lengthen *She had to **lengthen** her dress because it was too short.* Sy moes haar rok **langer maak** omdat dit te kort was.
◆ **langer word** lengthen *The days **lengthen** as summer approaches.* Die dae **word langer** namate die somer nader kom.
◆ **nie langer nie** not any longer, no longer *I can't wait **any longer** (OR I can wait **no longer**).* Ek kan **nie langer** wag **nie.**
□ **lang** *attributiewe byvoeglike naamwoord* **langer, langste**

langbroek ❶ trousers *After church he took off his **trousers** and put on a pair of shorts.* Hy het na kerk sy **langbroek** uitgetrek en 'n kortbroek aangetrek. ❷ pair of trousers *"Simon, put on a **pair of trousers** – you can't go to church in shorts."* "Simon, trek 'n **langbroek** aan – jy kan nie in 'n kortbroek kerk toe gaan nie."
□ **lang·broek** *selfstandige naamwoord (meervoud* **langbroeke***)*

langs ❶ next to, beside *"Come and sit **next to** (OR **beside**) me on the bench."* "Kom sit **langs** my op die bank." ❷ next door to *They live across the road, not **next door to** us.* Hulle woon oorkant die straat, nie **langs** ons nie. ❸ along [a] *We walked all **along** the river to the bridge.* Ons het al **langs** die rivier tot by die brug geloop. [b] *There are places **along** the road where one can turn off to rest.* Daar is plekke **langs** die pad waar 'n mens kan afdraai om te rus.
◆ **hier langs** this way *"Come **this way**, please," said the waiter.* "Kom **hier langs**, asseblief," het die kelner gesê.
◆ **langs mekaar** next to each other, side by side *Esmé and Simon sat **next to each other** (OR **side by side**) on the front seat of the bus.* Esmé en Simon het **langs mekaar** op die voorste bank van die bus gesit.
□ **langs** *voorsetsel*

langsaan next door *Esther does not live here but in the house **next door**.* Esther woon nie hier nie maar in die huis **langsaan.**

lank¹ ❶ long *"Your hair is too **long**; you must have it cut."* "Jou hare is te **lank**; jy moet dit laat sny." ❷ long, in length *The room is three metres **long** (OR **in length**).* Die kamer is drie meter **lank**. ❸ tall *Anna is **tall** and thin, but Maggie is short and fat.* Anna is **lank** en skraal, maar Maggie is kort en vet. ❹ tall, in height *Edith is 1,5 metres **tall** (OR **in height**).* Edith is 1,5 meter **lank**. ⇨ **lang.**
◆ **baie lank ken** know for ages *I have **known** him **for ages** – we grew up together.* Ek **ken** hom al **baie lank** – ons het saam grootgeword.
◆ **hoe lank?** how tall?, what height? *"**How tall are you?**" (OR "**What is your height?**")* "**Hoe lank** is jy?"
◆ **lank wees** measure *The curtains **measure** 2,5 m.* Die gordyne **is** 2,5 m **lank.**
□ **lank** *byvoeglike naamwoord (attributief* **lang***)* **langer, langste**

lank² ❶ long *"I can't stay **long** – I have to catch a bus in ten minutes' time."* "Ek kan nie **lank** bly nie – ek moet 'n bus oor tien minute haal." ❷ a long time *I've been waiting for the bus **a long time**.* Ek wag al **lank** op die bus. ❸ for some (OR a long) time *He was ill **for some** (OR **a long) time** and fell behind with his schoolwork.* Hy was **lank** siek en het agter geraak met sy skoolwerk. ❹ for/in a long while *I haven't seen him **for/in a long while**.* Ek het hom **lank** nie gesien nie.
◆ **hoe lank?** until/till when? *"**Until/Till when** must I wait for you?"* "**Hoe lank** moet ek vir jou wag?"
◆ **jare lank** for years *He is an old friend of my father's; they have known each other **for years**.* Hy is 'n ou vriend van my pa; hulle ken mekaar al **jare lank.**
◆ **lank laas** ⇨ **laas.**
◆ **lank na** well past *The party went on until **well past** midnight.* Die partytjie het tot **lank na** middernag aangehou.
◆ **lank voor** well before *We were at the station **well before** the train arrived.* Ons was op die stasie **lank voor** die trein aangekom het.
◆ **nie langer nie** no longer, not ... any longer *I can wait **no longer** (OR I can't wait **any longer**).* Ek kan **nie langer** wag **nie.**
◆ **so lank as** as long as *He looked in her eyes and said, "I will love you **as long as** I live."* Hy het in haar oë gekyk en gesê: "Ek sal jou liefhê **so lank as** ek leef."
◆ **sy hele lewe lank** ⇨ **heel**¹**.**
◆ **taamlik lank** ⇨ **taamlik.**
□ **lank** *bywoord*

lap¹ ❶ cloth *"Mum, may I have an old **cloth** and a bucket of water? I want to wash my bike."* "Ma, kan ek 'n ou **lap** en 'n emmer water kry? Ek wil my fiets was." ❷ patch *Mum sewed a **patch** on the sleeve of my jacket to cover a hole in the elbow.* Ma het 'n **lap** op die mou van my baadjie gewerk om 'n gat in die elmboog te bedek.
□ **lap** *selfstandige naamwoord (meervoud* **lappe***)*

lap² patch *"Mum, please **patch** my jacket – there is a* hole in the elbow." "Ma, **lap** asseblief my baadjie – daar is 'n gat in die elmboog."

☐ **lap** *werkwoord (teenwoordige tyd* **lap***, verlede tyd* **het gelap***)*

las[1] trouble *My eyes cause/give me a great deal of* **trouble** *– perhaps I should have them tested*. My oë gee my baie **las** – miskien moet ek hulle laat toets.

☐ **las** *selfstandige naamwoord (meervoud* **laste***)*

las[2] joint *Water is leaking out of the* **joint** *in the pipe*. Water lek uit die **las** in die pyp.

☐ **las** *selfstandige naamwoord (meervoud* **lasse***)*

las[3] join "***Join*** *the two ropes together with a tight knot*." "**Las** die twee toue met 'n stywe knoop aan mekaar."

☐ **las** *werkwoord (teenwoordige tyd* **las***, verlede tyd* **het gelas***)*

laserplaat compact disc *These days the music of many artists is available on record, tape and* **compact disc**. Deesdae is die musiek van baie kunstenaars op plaat, band en **laserplaat** verkrygbaar.

☐ **la·ser·plaat** *selfstandige naamwoord (meervoud* **laserplate***)*

lasplek joint *Water is leaking out of the* **joint** *in the pipe*. Water lek uit die **lasplek** in die pyp.

☐ **las·plek** *selfstandige naamwoord (meervoud* **lasplekke***)*

later ❶ later *If you post the letter today, it will arrive in Pretoria three days* **later**. As jy die brief vandag pos, sal dit drie dae **later** in Pretoria aankom. ❷ later on "*You may have some sweets* **later on***, after we've had supper*." "Jy kan **later** 'n paar lekkers kry, nadat ons aandete geniet het."

◆ **vroeër of later** ⇨ **vroeër.**

☐ **la·ter** *bywoord*

lawaai[1] noise *A* **noise** *in the street awoke him*. 'n **Lawaai** in die straat het hom wakker gemaak.

◆ **'n lawaai maak** make a noise "*Please be quiet – don't* **make** *such* **a noise***!*" "Bly asseblief stil – moenie so **'n lawaai maak** nie!"

☐ **la·waai** *selfstandige naamwoord (geen meervoud)*

lawaai[2] make a noise "*Please be quiet – don't* **make** *such* **a noise***!*" "Bly asseblief stil – moenie so **lawaai** nie!"

☐ **la·waai** *werkwoord (teenwoordige tyd* **lawaai***, verlede tyd* **het gelawaai***)*

lawaaierig noisy *One has no peace and quiet with those children about – they're terribly* **noisy**. 'n Mens het geen rus en vrede met daardie kinders in die rondte nie – hulle is vreeslik **lawaaierig.**

☐ **la·waai·e·rig** *byvoeglike naamwoord (attributief* **lawaaierige***)* **lawaaieriger, lawaaierigste**

lê ❶ lie [a] ***Lie*** *on your back and lift your legs to exercise your stomach muscles*. **Lê** op jou rug en lig jou bene om jou maagspiere te oefen. [b] *Bloemfontein* **lies** *between Cape Town and Johannesburg*. Bloemfontein **lê** tussen Kaapstad en Johannesburg. ❷ lay [a] *Birds* **lay** *eggs*. Voëls **lê** eiers. [b] *He* **laid** *his hand on her shoulder*. Hy **het** sy hand op haar skouer **gelê.**

◆ **gaan lê** ❶ lie down *I told the dog to* **lie down** *and so

it did. Ek het vir die hond gesê om te **gaan lê** en toe het hy. ❷ go and lie down "*You look tired – why don't you* **go and lie down** *for a while?*" "Jy lyk moeg – waarom **gaan lê** jy nie 'n rukkie nie?" ❸ drop *I wish the wind would* **drop** *– it has been blowing for seven days*. Ek wens die wind wil **gaan lê** – dit waai al sewe dae lank.

◆ **laat lê** leave "*Remember to pack your ruler – don't* **leave** *it at home again*." "Onthou om jou liniaal in te pak – moenie dit weer by die huis **laat lê** nie."

☐ **lê** *werkwoord (teenwoordige tyd* **lê***, verlede tyd* **het gelê***)*

leef, lewe ❶ live [a] *Some flowers* **live** *for only a year and then die*. Party blomme **leef/lewe** net 'n jaar en gaan dan dood. [b] *People, animals and plants cannot* **live** *without water*. Mense, diere en plante kan nie sonder water **leef/lewe** nie. ❷ be alive *My grandfather is still* **alive***, but my grandmother died a year ago*. My oupa **leef/lewe** nog, maar my ouma is 'n jaar gelede dood.

◆ **leef/lewe van** ❶ live on *Babies* **live on** *milk*. Babas **leef/lewe van** melk. ❷ feed on *Some birds* **feed on** *fruit*. Party voëls **leef/lewe van** vrugte.

☐ **leef, le·we** *werkwoord (teenwoordige tyd* **leef/lewe***, verlede tyd* **het geleef/gelewe***)*

leeg empty *There is nothing in the box; it is* **empty**. Daar is niks in die doos nie; dit is **leeg.**

☐ **leeg** *byvoeglike naamwoord (attributief* **leë***)* **leër, leegste**

leegmaak empty (out), clear out *Esther had to* **empty** *(*OR ***empty out** OR **clear out***) a drawer in her cupboard for her grandmother's things*. Esther moes 'n laai in haar kas vir haar ouma se goed **leegmaak.**

☐ **leeg·maak** *werkwoord (teenwoordige tyd* **maak leeg***, verlede tyd* **het leeggemaak***)*

leen ❶ borrow "*May I* **borrow** *20c from you? I'll pay you back tomorrow*." "Kan ek 20c by jou **leen**? Ek sal jou môre terugbetaal." ❷ lend "*I'll* **lend** *you 20c, but then you must pay me back tomorrow*." "Ek sal jou 20c **leen**, maar dan moet jy my môre terugbetaal."

☐ **leen** *werkwoord (teenwoordige tyd* **leen***, verlede tyd* **het geleen***)*

leer[1] ladder [a] *He used a* **ladder** *to climb on the roof*. Hy het 'n **leer** gebruik om op die dak te klim. [b] "*Esmé, you have a* **ladder** *in your stocking*." "Esmé, jy het 'n **leer** in jou kous."

☐ **leer** *selfstandige naamwoord (meervoud* **lere***)*

leer[2] leather *My shoes are made of* **leather**. My skoene is van **leer** gemaak.

☐ **leer** *selfstandige naamwoord (geen meervoud)*

leer[3] teaching *A Muslim believes in the* **teaching** *of Muhammad*. 'n Moslem glo in die **leer** van Mohammed.

☐ **leer** *selfstandige naamwoord (meervoud* **leerstellinge/leerstellings***)*

leer[4] ❶ learn [a] *We* **learn** *history at school*. Ons **leer** geskiedenis op skool. [a] *He* **learnt/learned** *the poem by heart and can recite it without looking in a book*. Hy **het** die gedig uit sy kop **geleer** en kan dit opsê sonder

om in 'n boek te kyk. **2** teach *Dad has promised to* **teach** *me (how) to drive once I'm eighteen.* Pa het be= loof om my te **leer** bestuur sodra ek agtien is. **3** in= struct in *There are three teachers at our school that in=* **struct** *the children in swimming.* Daar is drie onder= wysers by ons skool wat die kinders **leer** swem.
◆ **leer ken** ⇨ **ken².**
◆ **vir ... leer** train as a *He started to* **train as a** *doctor three years ago.* Hy het drie jaar gelede **vir** dokter be= gin **leer.**
☐ **leer** *werkwoord (teenwoordige tyd* **leer,** *verlede tyd* **het geleer)**

Na *het* kry die skakelwerkwoord **leer** nie *ge-* nie: *"Wie* **het** *jou* **leer** *swem?"*

leër army *He is a soldier in the* **army.** Hy is 'n soldaat in die **leër.**
☐ **leër** *selfstandige naamwoord (meervoud* **leërs)**
leerling pupil *Charlotte is the only* **pupil** *in our class who got full marks in the test.* Charlotte is die enigste **leerling** in ons klas wat vol punte in die toets gekry het.
☐ **leer·ling** *selfstandige naamwoord (meervoud* **leer= linge)**
lees read *Dad can't* **read** *the small print in the newspaper without his glasses.* Pa kan nie die fyn druk in die koe= rant sonder sy bril **lees** nie.
◆ **lees vir** read to *"Children, I'm going to* **read** *the story of Little Red Riding Hood* **to** *you."* "Kinders, ek gaan die storie van Rooikappie **vir** julle **lees."**
☐ **lees** *werkwoord (teenwoordige tyd* **lees,** *verlede tyd* **het gelees)**
leeu lion *We saw a* **lion** *and an elephant in the zoo.* Ons het 'n **leeu** en 'n olifant in die dieretuin gesien.
☐ **leeu** *selfstandige naamwoord (meervoud* **leeus)**
lei 1 lead *When a soccer match starts, the captain* **leads** *his team on to the field.* Wanneer 'n sokkerwedstryd begin, **lei** die kaptein sy span op die veld. **2** guide, lead *Many blind people have dogs that* **guide/lead** *them through the streets.* Baie blindes het honde wat hulle deur die strate **lei.** ⇨ **ly** [NOTA].
◆ **lei na** lead to *This door* **leads** *to the garden.* Dié deur **lei na** die tuin.
◆ **lei tot** lead to *Swaar reën* **het tot** *'n vloed in die vallei* **gelei.** Heavy rain **led to** a flood in the valley.
☐ **lei** *werkwoord (teenwoordige tyd* **lei,** *verlede tyd* **het gelei)**
leiband lead *You must keep your dog on a* **lead** *when you take it out for a walk.* Jy moet jou hond aan 'n **leiband** hou as jy met hom gaan stap.
☐ **lei·band** *selfstandige naamwoord (meervoud* **lei= bande)**
leier leader *A captain is the* **leader** *of a team.* 'n Kap= tein is die **leier** van 'n span.
☐ **lei·er** *selfstandige naamwoord (meervoud* **leiers)**
lek¹ 1 leak *Water is dripping from the* **leak** *in the bucket.* Water drup uit die **lek** in die emmer. **2** puncture *He*

patched the **puncture** *in his bicycle tyre.* Hy het die **lek** in sy fietsband gelap.
☐ **lek** *selfstandige naamwoord (meervoud* **lekke)**
lek² 1 lick *Cats* **lick** *themselves clean.* Katte **lek** hulle skoon. **2** leak *One cannot carry water in a bucket that* **leaks.** 'n Mens kan nie water dra in 'n emmer wat **lek** nie.
☐ **lek** *werkwoord (teenwoordige tyd* **lek,** *verlede tyd* **het gelek)**
lekker¹ sweet *A toffee is a sticky* **sweet.** 'n Toffie is 'n taai **lekker.**
☐ **lek·ker** *selfstandige naamwoord (meervoud* **lek= kers)**
lekker² 1 pleasant, nice *The weather was very* **pleasant/nice** *– it seldom rained.* Die weer was baie **lekker** – dit het selde gereën. **2** good *"The food smells* **good,** *Mum!"* "Die kos ruik **lekker,** Ma!"
◆ **lekker voel** feel well *She doesn't* **feel well** *– it might be the beginning of a cold.* Sy **voel** nie **lekker** nie – dis dalk die begin van 'n verkoue.
☐ **lek·ker** *byvoeglike naamwoord (attributief* **lekker) lekkerder, lekkerste**
lekker³ nice and, pleasantly *It's* **nice and (**OR **pleasantly)** *cool in the cinema.* Dis **lekker** koel in die bioskoop.
◆ **lekker slaap** ⇨ **slaap².**
☐ **lek·ker** *bywoord*
lekplek leak *Water is dripping from the* **leak** *in the bucket.* Water drup uit die **lekplek** in die emmer.
☐ **lek·plek** *selfstandige naamwoord (meervoud* **lek= plekke)**
lelik¹ 1 ugly *The witch in the storybook is very* **ugly.** *She has a big nose and no teeth.* Die heks in die storieboek is baie **lelik.** Sy het 'n groot neus en geen tande nie. **2** nasty *"The wound on your leg looks* **nasty** *– you must see a doctor about it."* "Die wond op jou been lyk **lelik** – jy moet 'n dokter daaroor spreek."
☐ **le·lik** *byvoeglike naamwoord (attributief* **lelike) le= liker, lelikste**
lelik² badly *She burnt herself* **badly** *with the boiling hot oil.* Sy het haar **lelik** met die kookwarm olie ver= brand.
◆ **lelik praat** use bad language *"You shock me – how can you* **use** *such* **bad language?"** "Jy skok my – hoe kan jy so **lelik praat?"**
☐ **le·lik** *bywoord*
lem blade *The knife has a sharp* **blade.** Die mes het 'n skerp **lem.**
☐ **lem** *selfstandige naamwoord (meervoud* **lemme)**
lemoen orange *There is an* **orange** *and some other fruit in the basket.* Daar is 'n **lemoen** en 'n paar ander vrug= te in die mandjie.
☐ **le·moen** *selfstandige naamwoord (meervoud* **le= moene)**
lengte 1 length *What is the* **length** *and width of the table?* Wat is die **lengte** en breedte van die tafel? **2** height *Because of his* **height** *he has to stoop when he*

enters the door. Weens sy **lengte** moet hy buk as hy by die deur inkom.

□ **leng·te** *selfstandige naamwoord (meervoud* **leng=tes***)*

lente spring *Spring is the season between winter and summer.* Lente is die seisoen tussen winter en somer.

□ **len·te** *selfstandige naamwoord (meervoud* **lentes***)*

lepel spoon *One eats soup with a* **spoon.** 'n Mens eet sop met 'n **lepel.**

◆ **lepel, lepel vol** spoonful *He put a* **spoonful** *of sugar in his coffee.* Hy het 'n **lepel** (OF **lepel vol**) suiker in sy koffie gegooi.

□ **le·pel** *selfstandige naamwoord (meervoud* **lepels***)*

les¹ ❶ lesson *The teacher gets very angry if the children sit and talk during the* **lesson.** Die juffrou word baie kwaad as die kinders onder die **les** sit en praat. **❷** instruction *The children get* **instruction** *in swimming at school.* Die kinders kry **les** in swem by die skool.

◆ **les gee** give lessons *There are two teachers at our school that* **give lessons** *in history.* Daar is twee onderwysers by ons skool wat **les** in geskiedenis **gee.**

◆ **les neem** take lessons *She has a beautiful voice and* **takes lessons** *in singing.* Sy het 'n pragtige stem en **neem les** in sang.

◆ **'n les leer** teach a lesson *When the dog bit him, his father said, "That will* **teach** *you* **a lesson!** *I warned you not to pull its tail."* Toe die hond hom byt, het sy pa gesê: "Dit sal jou **'n lès leer!** Ek het jou gewaarsku om nie sy stert te trek nie."

□ **les** *selfstandige naamwoord (meervoud* **lesse***)*

les² quench *She drank a glass of water to* **quench** *her thirst.* Sy het 'n glas water gedrink om haar dors te **les.**

□ **les** *werkwoord (teenwoordige tyd* **les,** *verlede tyd* **het geles***)*

leser reader *He is a keen* **reader** *and often takes out books from the library.* Hy is 'n ywerige **leser** en neem dikwels boeke by die biblioteek uit.

□ **le·ser** *selfstandige naamwoord (meervoud* **lesers***)*

lessenaar desk *The principal was sitting at his* **desk** *writing a letter.* Die hoof het by sy **lessenaar** 'n brief gesit en skryf.

□ **les·se·naar** *selfstandige naamwoord (meervoud* **les·senaars***)*

let op ❶ attend to, pay attention to *"Children,* **attend to** *(*OR **pay attention to***) what I'm saying, otherwise you'll never understand this sum."* "Kinders, **let op** wat ek sê, anders sal julle nooit dié som verstaan nie." **❷** note, notice *"***Note/Notice** *the spider's legs – there are eight and not six as with insects."* "**Let op** die spinnekop se pote – daar is agt en nie ses soos by insekte nie." **❸** watch *"Would you like another piece of cake?" – "No, thanks; I'm* **watching** *my weight."* "Wil jy nog 'n stukkie koek hê?" – "Nee, dankie; ek **let op** my gewig."

□ **let op** *werkwoordfrase (teenwoordige tyd* **let op,** *verlede tyd* **het op ... gelet***)*

letter letter *A is the first* **letter** *of the alphabet.* A is die eerste **letter** van die alfabet.

□ **let·ter** *selfstandige naamwoord (meervoud* **letters***)*

leuen lie *Thomas told a* **lie** *when he said he was fifteen years old – he is only thirteen.* Thomas het 'n **leuen** vertel toe hy gesê het hy is vyftien jaar oud – hy is maar dertien.

□ **leu·en** *selfstandige naamwoord (meervoud* **leuens***)*

leuenaar liar *Someone who tells lies is a* **liar.** Iemand wat leuens vertel, is 'n **leuenaar.**

□ **leu·e·naar** *selfstandige naamwoord (meervoud* **leuenaars***)*

leun lean *His foot was so sore that he had to* **lean** *on my shoulder to walk.* Sy voet was so seer dat hy op my skouer moes **leun** om te loop.

◆ **(laat) leun teen** lean against **[a]** *She sat back and* **leant/leaned** *against the tree.* Sy **het** agteroor gesit en teen die boom **geleun. [b]** *"***Lean** *your bicycle* **against** *the wall."* "**Laat** jou fiets **teen** die muur **leun.**"

□ **leun** *werkwoord (teenwoordige tyd* **leun,** *verlede tyd* **het geleun***)*

leuning arm *He came and sat next to me on the* **arm** *of my chair.* Hy het langs my op die **leuning** van my stoel kom sit.

□ **leu·ning** *selfstandige naamwoord (meervoud* **leu·nings***)*

lewe¹ life **[a]** *He jumped into the river and saved the girl's* **life.** Hy het in die rivier gespring en die meisie se **lewe** gered. **[b]** *Children who grow up together often remain friends for* **life.** Kinders wat saam grootword, bly dikwels hul **lewe** lank vriende. **[c]** *I have to write an essay about* **life** *on a farm.* Ek moet 'n opstel oor die **lewe** op 'n plaas skryf. **[d]** *Does* **life** *exist on the moon?* Bestaan daar **lewe** op die maan? **[e]** *The New Testament tells us about the* **life** *of Jesus.* Die Nuwe Testament vertel ons van die **lewe** van Jesus.

□ **le·we** *selfstandige naamwoord (geen meervoud by* **a, c** *en* **d;** **lewens/lewes** *by* **b** *en* **e***)*

lewe² ⇨ **leef, lewe.**

lewend ❶ alive *The dog was still* **alive** *after the accident.* Die hond was na die ongeluk nog **lewend. ❷** live *You'll find* **live** *animals in a zoo but not in a museum.* Jy sal **lewende** diere in 'n dieretuin kry maar nie in 'n museum nie.

□ **le·wend** *byvoeglike naamwoord (attributief* **lewen=de***)*

lewendig ❶ alive *The dog was still* **alive** *after the accident.* Die hond was na die ongeluk nog **lewendig. ❷** live **[a]** *You'll find* **live** *animals in a zoo but not in a museum.* Jy sal **lewendige** diere in 'n dieretuin kry maar nie in 'n museum nie. **[b]** *"Don't touch that bare wire – it's* **live** *and will shock you."* "Moenie aan daardie kaal draad vat nie – dis **lewendig** en sal jou skok." **❸** lively *The kitten is very* **lively** *and loves playing with balls of paper.* Die katjie is baie **lewendig** en speel graag met bolletjies papier. **❹** keen *He has a* **keen** *in=*

terest in sport. Hy het 'n **lewendige** belangstelling in sport.

☐ **le·wen·dig** *byvoeglike naamwoord (attributief* **lewendige***)* **lewendiger, lewendigste**

lewer[1] liver **[a]** *The* **liver** *is an organ in the body that cleans the blood.* Die lewer is 'n orgaan in die **liggaam** wat die bloed skoonmaak. **[b]** *We had* **liver** *and fried onions for lunch.* Ons het **lewer** en gebraaide uie vir middagete gehad.

☐ **le·wer** *selfstandige naamwoord (geen meervoud by* **b***;* **lewers** *by* **a***)*

lewer[2] produce *"Can you* **produce** *proof that you have paid for these goods?"* "Kan jy bewys **lewer** dat jy vir dié goedere betaal het?"

☐ **le·wer** *werkwoord (teenwoordige tyd* **lewer***, verlede tyd* **het gelewer***)*

lid member *John is a* **member** *of his school's first soccer team.* John is 'n **lid** van sy skool se eerste sokkerspan.

☐ **lid** *selfstandige naamwoord (meervoud* **lede***)*

lied song **[a]** *The* **song** *he is singing has lovely words.* Die **lied** wat hy sing, het baie mooi woorde. **[b]** *On Christmas Day there is going to be an evening of* **song** *and prayer in our church.* Op Kersdag gaan daar 'n aand van **sang** en gebed in ons kerk wees.

☐ **lied** *selfstandige naamwoord (meervoud* **liedere***)*

lief ❶ sweet **[a]** *"Thank you, it is* **sweet** *of you to bring me tea in bed, my child."* "Dankie, dis **lief** van jou om vir my tee in die bed te bring, my kind." **[b]** *She has a* **sweet** *nature – one can't help liking her.* Sy het 'n **liewe** geaardheid – 'n mens kan nie anders as om van haar te hou nie. ❷ dear **[a]** *Willie is a* **dear** *little boy – one can't help liking him.* Willie is 'n **liewe** seuntjie – 'n mens kan nie anders as om van hom te hou nie. **[b]** *He started the letter with "*Dear *Susan".* Hy het die brief met "**Liewe** Susan" begin.

◆ **lief wees vir** ❶ love *I* **love** *my mother.* Ek **is lief vir** my ma. ❷ love to, be keen on *He* **loves to read** (OR **is keen on** *reading).* Hy **is lief vir** lees. ❸ be fond of *Linda eats any kind of meat, but* **is** *particularly* **fond of** *beef.* Linda eet enige soort vleis, maar **is** veral **lief vir** beesvleis.

☐ **lief** *byvoeglike naamwoord (attributief* **liewe***)* **liewer, liefste**

liefde love *My mother and father married for* **love** *and not for money.* My ma en my pa het uit **liefde** getrou en nie om geld nie.

☐ **lief·de** *selfstandige naamwoord (geen meervoud)*

liefhê love *He kissed his bride and said, "I will* **love** *you as long as I live."* Hy het sy bruid gesoen en gesê: "Ek sal jou **liefhê** solank ek leef."

☐ **lief·hê** *werkwoord (teenwoordige tyd* **het lief***, verlede tyd* **het liefgehad***)*

lieflik lovely *"Isn't her baby* **lovely***?"* – *"Yes, it is really very cute."* "Is haar baba nie **lieflik** nie?" – "Ja, hy is werklik baie oulik."

☐ **lief·lik** *byvoeglike naamwoord (attributief* **lieflike***)* **liefliker, lieflikste**

lieg lie *"Tell the truth; don't* **lie** *to me."* "Praat die waarheid; moenie vir my **lieg** nie." ⇨ **jok** [NOTA].

☐ **lieg** *werkwoord (teenwoordige tyd* **lieg***, verlede tyd* **het gelieg***)*

liewer, liewers rather *My mother is, or* **rather** *was, a nurse – she no longer works.* My ma is, of **liewer/liewers** was, 'n verpleegster – sy werk nie meer nie.

◆ **moet liewer/liewers** had better *"George, you* **had better** *go home now – it's getting dark."* "George, jy **moet** nou **liewer/liewers** huis toe gaan – dit word donker."

◆ **sal liewer/liewers ... as** would rather ... than *I* **would rather** *do it today* **than** *tomorrow.* Ek **sal** dit **liewer/liewers** vandag **as** môre doen.

◆ **sou liewer/liewers ... as om** would rather ... than *I* **would rather** *stay at home* **than** *go out tonight.* Ek **sou liewer/liewers** by die huis bly **as om** vanaand uit te gaan.

◆ **wil liewer/liewers** would rather **[a]** *I don't feel like going out tonight; I* **would rather** *stay at home.* Ek het nie lus om vanaand uit te gaan nie; ek **wil liewer/liewers** by die huis bly. **[b]** *"What does his letter say?" – "I'd* **rather** *not tell."* "Wat staan in sy brief?" – "Ek **wil liewer/liewers** nie sê nie."

☐ **lie·wer, lie·wers** *bywoord*

lig[1] light **[a]** *The sun gives off* **light** *and heat.* Die son gee **lig** en hitte af. **[b]** *"Please switch on the* **light***; it's a bit dark in here."* "Sit asseblief die **lig** aan; dis 'n bietjie donker hier binne."

☐ **lig** *selfstandige naamwoord (geen meervoud by* **a***;* **ligte** *by* **b***)*

lig[2] ❶ lift *"*Lift *your foot – I want to straighten the carpet."* "**Lig** jou voet – ek wil die mat regtrek." ❷ raise *My shoulder is so sore that I can't* **raise** *my arm above my head.* My skouer is so seer dat ek nie my arm bo my kop kan **lig** nie.

◆ **lig met** shine *"Don't* **shine** *your torch in my eyes."* "Moenie **met** jou flits in my oë **lig** nie."

☐ **lig** *werkwoord (teenwoordige tyd* **lig***, verlede tyd* **het gelig***)*

lig[3] ❶ light **[a]** *It gets* **light** *early in summer.* Dit word in die somer vroeg **lig**. **[b]** *Pink is a* **light** *colour.* Pienk is 'n **ligte** kleur. **[c]** *The box is very* **light** *– I can carry it easily.* Die doos is baie **lig** – ek kan dit maklik dra. **[d]** *He is sickly and can only do* **light** *jobs.* Hy is sieklik en kan net **ligte** werkies doen. ❷ gentle *A* **gentle** *breeze blew.* 'n **Ligte** windjie het gewaai. ❸ slight, mild *I had a* **slight/mild** *attack of flu.* Ek het 'n **ligte** aanval van griep gehad.

◆ **lig van kleur** fair *The people of Northern Europe are usually very* **fair**. Die mense van Noord-Europa is gewoonlik baie **lig van kleur**.

☐ **lig** *byvoeglike naamwoord (attributief* **ligte***)* **ligter, ligste**

lig[4] slightly *The player was* **slightly** *injured when the ball hit him on the head.* Die speler is **lig** beseer toe die bal hom teen die kop tref.

☐ **lig** *bywoord*

liggaam body **[a]** *The heart is an organ that pumps blood through your **body***. Die hart is 'n orgaan wat bloed deur jou **liggaam** pomp. **[b]** *The sun is a **body** that gives off light and heat*. Die son is 'n **liggaam** wat lig en hitte afgee.

☐ **lig·gaam** *selfstandige naamwoord (meervoud lig= game)*

liggies ❶ lightly *He pressed her hand **lightly** and said, "I love you."* Hy het haar hand **liggies** gedruk en gesê: "Ek is lief vir jou." ❷ gently *She stroked the cat gent= ly*. Sy het die kat **liggies** gestreel.

☐ **lig·gies** *bywoord*

ligstraal ray of light *When I opened the door a **ray of light** fell across the floor*. Toe ek die deur oopmaak, het 'n **ligstraal** oor die vloer geval.

☐ **lig·straal** *selfstandige naamwoord (meervoud lig= strale)*

liniaal ruler *I can't draw a straight line without a **ruler***. Ek kan nie 'n reguit streep sonder 'n **liniaal** trek nie.

☐ **li·ni·aal** *selfstandige naamwoord (meervoud li= niale)*

linkerarm left arm *Most people wear their watches on the **left arm***. Die meeste mense dra hul horlosies aan die **linkerarm**.

☐ **lin·ker·arm** *selfstandige naamwoord (meervoud linkerarms)*

linkerhand left hand *Because I am right-handed I can= not write with my **left hand***. Omdat ek regs is, kan ek nie met my **linkerhand** skryf nie.

☐ **lin·ker·hand** *selfstandige naamwoord (meervoud linkerhande)*

linkerhandse left-hand *The first word in the **left- hand** column of this page is "lig"*. Die eerste woord in die **linkerhandse** kolom van dié bladsy is "lig".

☐ **lin·ker·hand·se** *attributiewe byvoeglike naamwoord*

linkerkant ❶ left *Tom is sitting on her **left** and Philip on her right*. Tom sit aan haar **linkerkant** en Philip aan haar regterkant. ❷ left side, left-hand side *In South Africa we drive on the **left side** (OR **left-hand side**) of the road*. In Suid-Afrika ry ons aan die **linkerkant** van die pad.

◆ **aan die linkerkant van** on the left of *The bride stands **on the left of** the bridegroom*. Die bruid staan **aan die linkerkant van** die bruidegom.

☐ **lin·ker·kant** *selfstandige naamwoord (meervoud linkerkante)*

linkerkants(t)e left-hand *The first word in the **left- hand** column of this page is "lig"*. Die eerste woord in die **linkerkants(t)e** kolom van dié bladsy is "lig".

☐ **lin·ker·kant·s(t)e** *attributiewe byvoeglike naam= woord*

links¹ left-handed *He is **left-handed** and can't write with his right hand*. Hy is **links** en kan nie met sy reg= terhand skryf nie.

☐ **links** *predikatiewe byvoeglike naamwoord*

links² left *"Must I turn **left** or right when I get to the corner?"* "Moet ek **links** of regs draai wanneer ek by die hoek kom?"

◆ **links bo/onder in die hoek** in the top/bottom left- hand corner *"Which number appears **in the top/bot= tom left-hand corner** of the page?"* "Watter nom= mer verskyn **links bo/onder in die hoek** van die bladsy?"

◆ **links hou** keep (to the) left *Keep (to the) left so that the faster cars can pass you on the right*. Hou **links** sodat die vinniger motors jou regs kan verby= steek.

◆ **links van** on the left of *The bride stands **on the left of** the bridegroom*. Die bruid staan **links van** die brui= degom.

◆ **(na) links** to the left *The photographer asked him to stand a little more **to the left***. Die fotograaf het hom gevra om 'n bietjie meer **(na) links** te staan.

☐ **links** *bywoord*

linne linen *In summer she likes to wear dresses made of cotton or **linen***. In die somer dra sy graag rokke wat van katoen of **linne** gemaak is.

☐ **lin·ne** *selfstandige naamwoord (geen meervoud)*

lint ❶ ribbon *She has a red **ribbon** in her hair*. Sy het 'n rooi **lint** in haar hare. ❷ tape *The crowd cheered as the runner broke the **tape** and won the race*. Die skare het gejuig toe die hardloper die **lint** breek en die wedloop wen.

☐ **lint** *selfstandige naamwoord (meervoud linte)*

lip lip *"Don't kiss me; I have a sore on my **lip**."* "Moenie my soen nie; ek het 'n seer op my **lip**."

☐ **lip** *selfstandige naamwoord (meervoud lippe)*

lipstiffie lipstick *"I am almost ready! I just have to comb my hair and put on some **lipstick**."* "Ek is amper klaar! Ek moet nog net my hare kam en 'n bietjie **lipstiffie** aansmeer."

☐ **lip·stif·fie** *selfstandige naamwoord (meervoud lipstiffies)*

lisensie licence *You are not allowed to keep a television without a **licence***. Jy mag nie 'n televisie sonder 'n **lisensie** aanhou nie.

☐ **li·sen·sie** *selfstandige naamwoord (meervoud lisen= sies)*

liter litre *We buy a **litre** of milk every day*. Ons koop elke dag 'n **liter** melk. ⇨ **meervoud** [NOTA].

☐ **li·ter** *selfstandige naamwoord (meervoud liters)*

loer peep *"**Peep** through the keyhole to see if he is there."* "**Loer** deur die sleutelgat om te kyk of hy daar is."

☐ **loer** *werkwoord (teenwoordige tyd **loer**, verlede tyd het geloer)*

lof praise *"Let's sing this hymn in **praise** of God."* "Kom ons sing hierdie gesang tot **lof** van God."

◆ **met lof praat van** speak well of *They **speak well of** her at school – she might become the new head girl*. Hulle **praat met lof van** haar by die skool – sy kan dalk die nuwe hoofmeisie word.

☐ **lof** *selfstandige naamwoord (geen meervoud)*

lok lure *He tried to **lure** the dog out of the house with a* *bone.* Hy het die hond met 'n been uit die huis probeer **lok**.

☐ **lok** *werkwoord (teenwoordige tyd* **lok**, *verlede tyd* **het gelok***)*

lomp clumsy *The **clumsy** child has knocked his glass of milk over.* Die **lomp** kind het sy glas melk omgestamp.

☐ **lomp** *byvoeglike naamwoord (attributief* **lomp***)* **lomper, lompste**

lood lead **[a]** *Lead is a heavy, grey metal.* **Lood** is 'n swaar, grys metaal. **[b]** *My pencil won't write because the **lead** has broken off.* My potlood wil nie skryf nie, want die **lood** het afgebreek.

☐ **lood** *selfstandige naamwoord (geen meervoud)*

loon wage **[a]** *The workers get a good **wage** at that factory.* Die werkers trek 'n goeie **loon** by daardie fabriek. **[b]** *His **wages** are R350,00 a week.* Sy **loon** is R350,00 per week.

☐ **loon** *selfstandige naamwoord (meervoud* **lone***)*

loop[1] **❶** walk *I know him by his **walk**.* Ek ken hom aan sy **loop**. **❷** course **[a]** *If you follow the **course** of the Orange River, you will eventually get to the sea.* As jy die **loop** van die Oranjerivier volg, sal jy uiteindelik by die see uitkom. **[b]** *We are going to write four tests in the **course** of the next two weeks.* Ons gaan in die **loop** van die volgende twee weke vier toetse skryf.

☐ **loop** *selfstandige naamwoord (meervoud* **lope***)*

loop[2] **❶** walk **[a]** *Babies crawl before they **walk**.* Babas kruip voor hulle **loop**. **[b]** *"Do you **walk** to school, or do you take a bus?"* "**Loop** jy skool toe, of neem jy 'n bus?" **❷** go **[a]** *My watch is broken and won't **go**.* My horlosie is stukkend en wil nie **loop** nie. **[b]** *"Does this bus **go** to the station?"* "**Loop** dié bus na die stasie?" **[c]** *This road **goes** to Bloemfontein.* Dié pad **loop** na Bloemfontein. **❸** run **[a]** *Trains **run** on rails.* Treine **loop** op spore. **[b]** *Rivers **run** to the sea.* Riviere **loop** na die see. **[c]** *Cars **run** on petrol.* Motors **loop** met petrol. **[d]** *The road **runs** straight and then turns sharply to the right.* Die pad **loop** reguit en draai dan skerp na regs. **❹** take *If you **take** English at university, you are sure to study the works of Shakespeare.* As jy Engels op universiteit **loop**, sal jy beslis die werke van Shakespeare bestudeer.

◆ **gaan loop met** take out for a walk *You must keep your dog on a lead when you **take** it **out for a walk**.* Jy moet jou hond aan 'n leiband hou as jy **met** hom **gaan loop**.

◆ **goed loop** keep good time *"Does your watch **keep good time**?" – "No, it's a few minutes slow."* "**Loop** jou horlosie **goed**?" – "Nee, dis 'n paar minute agter."

◆ **('n entjie) gaan loop** ⇨ **ent.**

◆ **na ... toe loop** walk up to *I saw a boy **walk up to** a woman to give her something.* Ek het 'n seun **na** 'n vrou **toe** sien **loop** om vir haar iets te gee.

☐ **loop** *werkwoord (teenwoordige tyd* **loop**, *verlede tyd* **het geloop***)*

lopende running *She rinsed the tomato under **running** cold water.* Sy het die tamatie onder **lopende** koue water afgespoel.

◆ **lopende skrif** cursive *"Must I print my name or write it in **cursive**?" "Moet ek my naam in drukskrif of in **lopende skrif** skryf?"

☐ **lo·pen·de** *attributiewe byvoeglike naamwoord*

lorrie lorry, truck *The men loaded the **lorry/truck** full of bricks.* Die manne het die **lorrie** vol bakstene gelaai.

☐ **lor·rie** *selfstandige naamwoord (meervoud* **lorries***)*

| **lorrie** is 'n informele woord vir **vragmotor** |

los[1] let go *"**Let me go;** you're hurting me!"* "**Los** my; jy maak my seer!"

◆ **(laat) los** let go of *"Hold on tightly; don't **let go of** the rope."* "Hou styf vas; moenie die tou **(laat) los** nie."

☐ **los** *werkwoord (teenwoordige tyd* **los**, *verlede tyd* **het gelos***)*

los[2] **❶** loose *"Fasten your shoelace; it's **loose**."* "Maak jou skoenveter vas; dis **los**." **❷** odd *After school he does **odd** jobs such as mowing other people's lawns for them.* Hy doen na skool **los** werkies soos om ander mense se gras vir hulle te sny.

☐ **los** *byvoeglike naamwoord (attributief* **los***)* **losser, losste**

losbars break *"The storm can **break** any moment – see how the lightning flashes."* "Die storm kan elke oomblik **losbars** – kyk hoe flits die weerlig."

☐ **los·bars** *werkwoord (teenwoordige tyd* **bars los**, *verlede tyd* **het losgebars***)*

loskry undo, untie *I can't **undo/untie** the knot in the rope.* Ek kan nie die knoop in die tou **loskry** nie.

☐ **los·kry** *werkwoord (teenwoordige tyd* **kry los**, *verlede tyd* **het losgekry***)*

loslaat let go *He opened the cage and **let** the bird **go**.* Hy het die hok oopgemaak en die voël **losgelaat**.

◆ **loslaat uit** release from *We can't **release** the pigeon **from** the cage until its wing is healed properly.* Ons kan nie die duif **uit** die hok **loslaat** voor sy vlerk mooi gesond is nie.

☐ **los·laat** *werkwoord (teenwoordige tyd* **laat los**, *verlede tyd* **het losgelaat***)*

losmaak **❶** loosen *"Will you **loosen** the lid of the jam jar for me, please?"* "Sal jy die deksel van die konfytfles vir my **losmaak**, asseblief?" **❷** untie *"You may **untie** the dog – all the guests have left."* "Jy kan die hond maar **losmaak** – al die gaste is weg." **❸** undo, untie *"You must **undo/untie** the laces before you take off your shoes."* "Jy moet die veters **losmaak** voor jy jou skoene uittrek." **❹** release *"You must press this button in if you want to **release** the car's handbrake."* "Jy moet dié knoppie indruk as jy die motor se handrem wil **losmaak**."

☐ **los·maak** *werkwoord (teenwoordige tyd* **maak los**, *verlede tyd* **het losgemaak***)*

lug **❶** sky *There isn't a cloud in the **sky**.* Daar is nie 'n wolk in die **lug** nie. **❷** air **[a]** *"The balloon will burst if* *you blow too much **air** into it.*" "Die ballon sal bars as jy te veel **lug** daarin blaas." **[b]** "*Throw the ball up into the **air** and try to catch it again.*" "Gooi die bal in die **lug** op en probeer dit weer vang."

□ **lug** *selfstandige naamwoord (geen meervoud)*

lughawe airport *An **airport** is a place where aeroplanes land and take off.* 'n **Lughawe** is 'n plek waar vliegtuie land en opstyg.

□ **lug·ha·we** *selfstandige naamwoord (meervoud lug-hawens)*

lui[1] ring *At the **ring** of the school bell the children began to put their books away.* Met die **lui** van die skoolklok het die kinders hul boeke begin wegpak.

□ **lui** *selfstandige naamwoord (geen meervoud)*

lui[2] **1** ring **[a]** "*You must press this button to **ring** the doorbell.*" "Jy moet op dié knoppie druk om die deur-klokkie te **lui**." **[b]** *The phone is **ringing**.* Die telefoon **lui**. **2** go "*There **goes** the bell – it's playtime.*" "Daar **lui** die klok – dis speeltyd." **3** read, say *The notice on the door **reads/says** "Back in ten minutes".* Die ken-nisgewing op die deur **lui** "Oor tien minute terug".

◆ **die deurklokkie lui** there is a ring at the door "***There is a ring at the door** – please go and see who it is.*" "**Die deurklokkie lui** – gaan kyk asseblief wie dit is."

□ **lui** *werkwoord (teenwoordige tyd lui, verlede tyd het gelui)*

lui[3] lazy *My brother is very **lazy** and never wants to help us clean the house.* My broer is baie **lui** en wil ons nooit help om die huis skoon te maak nie.

□ **lui** *byvoeglike naamwoord (attributief lui) luier, luiste*

luidrugtig **1** loud *People who show off are usually silly and **loud**.* Mense wat aandag probeer trek, is gewoon-lik laf en **luidrugtig**. **2** noisy *One has no peace and quiet with those children about – they're terribly **noisy**.* 'n Mens het geen rus en vrede met daardie kinders in die rondte nie – hulle is vreeslik **luidrugtig**.

□ **luid·rug·tig** *byvoeglike naamwoord (attributief luidrugtige) luidrugtiger, luidrugtigste*

luiperd leopard *A **leopard** is smaller than a lion and has spots all over its body.* 'n **Luiperd** is kleiner as 'n leeu en het vlekke oor sy hele lyf.

□ **lui·perd** *selfstandige naamwoord (meervoud lui-perds)*

luister **1** listen **[a]** *He switched on the radio to **listen** to the news.* Hy het die radio aangeskakel om na die nuus te **luister**. **[b]** *I told her not to do it, but she wouldn't **listen** to me.* Ek het haar gesê sy moet dit nie doen nie, maar sy wou nie na my **luister** nie. **2** take "*Take the doctor's advice and stay in bed.*" "**Luister** na die dokter se raad en bly in die bed."

□ **luis·ter** *werkwoord (teenwoordige tyd luister, ver-lede tyd het geluister)*

lus pleasure "*What a **pleasure** to mark your homework – it's always so neat.*" "Wat 'n **lus** om jou huiswerk na te sien – dis altyd so netjies."

◆ **lus bederf** put off "*How can you eat that cheese? The smell alone is enough to **put** one **off**!*" "Hoe kan jy daardie kaas eet? Die reuk alleen is genoeg om 'n mens se **lus** te **bederf**!"

◆ **lus hê** like "*We can go for a walk if you **like**.*" "Ons kan gaan stap as jy **lus het**."

◆ **lus hê/wees om te** **1** feel like *I don't **feel like** going out tonight; I would rather stay at home.* Ek **het/is** nie **lus om** vanaand uit **te** gaan nie; ek wil liewer by die huis bly. **2** be in the mood for/to *I'm **in the mood for** dancing (OR to dance).* Ek **het/is lus om te** dans.

◆ **lus hê/wees vir** **1** would like "*Would you **like** another cup of tea?*" "**Het/Is** jy **lus vir** nog 'n koppie tee?" **2** feel like, can/could do with *I'm very thirsty and **feel like** (OR can/could do with) a cool drink.* Ek is baie dors en **het/is lus vir** 'n koeldrank. **3** be in the mood for *I'm **in the mood for** music.* Ek **het/is lus vir** musiek.

◆ **nie lus hê/wees vir ... nie** be in no mood for "*Eat your food – I'm **in no mood for** nonsense!*" "Eet jou kos – ek **het/is** nie **lus vir** nonsens **nie**!"

◆ **nie lus wees om te ... nie** be in no mood for/to *He got home tired and **was in no mood for** playing (OR to play) with the children.* Hy het moeg by die huis gekom en **was** nie **lus om** met die kinders **te** speel **nie**.

□ **lus** *selfstandige naamwoord (meervoud luste)*

ly suffer **[a]** *Many old people **suffer** from deafness.* Baie ou mense **ly** aan doofheid. **[b]** *He **suffered** great pain after he had broken his back.* Hy **het** baie pyn **gely** na-dat hy sy rug gebreek het.

◆ **daaronder ly** suffer *Your work will **suffer** if you watch too much TV.* Jou werk sal **daaronder ly** as jy te veel TV kyk.

□ **ly** *werkwoord (teenwoordige tyd ly, verlede tyd het gely)*

> Alles wat met pyn te doen het, word met 'n *y* gespel: *honger **ly**, aan 'n siekte **ly**, pyn **ly***. In alle ander gevalle is dit *≠ei*: *'n span **lei**, water **lei**, 'n gesonde lewe **lei**.*

lyf body *When I had flu my whole **body** ached.* Toe ek griep gehad het, was my hele **lyf** seer.

□ **lyf** *selfstandige naamwoord (meervoud lywe)*

lyk[1] **1** corpse *A **corpse** is the body of a dead person.* 'n **Lyk** is die liggaam van 'n dooie mens. **2** body *They found the **body** of a dead man.* Hulle het die **lyk** van 'n dooie man gevind.

□ **lyk** *selfstandige naamwoord (meervoud lyke)*

lyk[2] **1** look "*The apples **look** delicious; may I have one?*" "Die appels **lyk** heerlik; kan ek een kry?" **2** seem *Thin people often **seem** taller than they are.* Maer mense **lyk** dikwels langer as wat hulle is.

◆ **dit lyk asof** it looks as if/though, it seems as if/though *It **looks/seems as if/though** it is going to rain.* Dit **lyk asof** dit gaan reën.

◆ **goed lyk in** suit "*Does this hat **suit** me?*" "**Lyk** ek **goed in** dié hoed?"

◆ **hoe lyk dit met?** ⇨ **hoe**[1].

◆ **kyk hoe lyk** just look at "*Just look at you! Why are you so dirty?*" "**Kyk hoe lyk** jy! Hoekom is jy so vuil?"

◆ **lyk na 1** look like [a] *It looks like rain.* Dit **lyk na** reën. [b] *He looks like his father.* Hy **lyk na** sy pa. **2** seem (to be) *She seems (to be) a nice girl; I would like to get to know her better.* Sy **lyk na** 'n gawe meisie; ek wil haar graag beter leer ken.

◆ **lyk (vir) my** seem to me, appear to me *I am concerned about him – he does not seem/appear well to me.* Ek bekommer my oor hom – hy **lyk** nie **vir my** (OF hy **lyk my** nie) gesond nie.

◆ **na mekaar lyk** look alike *They look alike and could easily pass for sisters.* Hulle **lyk na mekaar** en kan maklik vir susters deurgaan.

☐ **lyk** *werkwoord (teenwoordige tyd* **lyk,** *verlede tyd* **het gelyk***)*

lym[1] glue "*Stick the two pieces of paper together with glue.*" "Plak die twee stukke papier met **lym** aan mekaar vas."

☐ **lym** *selfstandige naamwoord (geen meervoud)*

lym[2] glue "***Glue** the two pieces of paper together.*" "**Lym** die twee stukke papier aan mekaar."

☐ **lym** *werkwoord (teenwoordige tyd* **lym,** *verlede tyd* **het gelym***)*

lyn 1 line [a] *He caught the fish with a hook and line.* Hy het die vis met 'n hoek en **lyn** gevang. [b] *The red lines on the map mark the borders of the different countries.* Die rooi **lyne** op die kaart dui die grense van die verskillende lande aan. **2** string *She tied up the parcel with a piece of string.* Sy het die pakkie met 'n stuk **lyn** vasgebind.

☐ **lyn** *selfstandige naamwoord (meervoud* **lyne***)*

lys list *The teacher made a list of all the boys who want to play soccer.* Die juffrou het 'n **lys** gemaak van al die seuns wat wil sokker speel.

☐ **lys** *selfstandige naamwoord (meervoud* **lyste***)*

M

ma mom, mum *My mom/mum and dad have been married for twenty years.* My **ma** en pa is al twintig jaar getroud.
□ **ma** *selfstandige naamwoord (meervoud* **ma's***)*

---

ma is 'n informeler woord as **moeder**; wanneer dit 'n aanspreekvorm is, skryf jy dit met 'n hoofletter: *"Waar is my rooi trui, Ma?"*

---

maag stomach *Tom's **stomach** aches from eating too many apricots.* Tom se **maag** is seer omdat hy te veel appelkose geëet het.
□ **maag** *selfstandige naamwoord (meervoud* **mae***)*

maagpyn stomach-ache *Tom has **stomach-ache** from eating too many apricots.* Tom het **maagpyn** omdat hy te veel appelkose geëet het.
□ **maag·pyn** *selfstandige naamwoord (meervoud* **maagpyne***)*

maak ❶ make [a] *My mother can **make** clothes.* My ma kan klere **maak**. [b] *She **made** him a cup of tea.* Sy **het** vir hom 'n koppie tee **gemaak**. [c] *It **makes** the teacher very angry if the children talk while she is giving a lesson.* Dit **maak** die juffrou baie kwaad as die kinders praat terwyl sy les gee. [d] *Philip **has made** friends with the new boy in the class.* Philip **het** maats **gemaak** met die nuwe seun in die klas. [e] *Two and two **make** four.* Twee en twee **maak** vier. [f] *How much money does he **make** out of the newspapers that he delivers after school?* Hoeveel geld **maak** hy uit die koerante wat hy na skool aflewer? [g] *The room will soon warm up if we **make** a fire in the fireplace.* Die kamer sal gou warm word as ons ('n) vuur in die kaggel **maak**. ❷ go *Ducks go "quack".* Eende **maak** "kwaak". ❸ do [a] *Thomas is very clever and is good at **doing** sums.* Thomas is baie slim en kan goed somme **maak**. [b] *"It **does** not matter at what time you come; I'll be at home all afternoon."* "Dit **maak** nie saak hoe laat jy kom nie; ek sal die hele middag tuis wees." ❹ prepare *"Do you feel like cold meat and salads, or shall I **prepare** a warm meal?"* "Het julle lus vir koue vleis en slaaie, of sal ek 'n warm ete **maak**?" ❺ produce [a] *It is possible to **produce** petrol from coal.* Dit is moontlik om petrol uit steenkool te **maak**. [b] *She doesn't need much to **produce** a delicious meal.* Sy het nie veel nodig om 'n heerlike ete te **maak** nie. ❻ put *She tried to **put** the baby to sleep.* Sy het die baba aan die slaap probeer **maak**.
♦ **maak asof/of** pretend to be *"Here comes mother! Jump into bed and **pretend to be** asleep!"* "Hier kom ma! Spring in die bed en **maak asof/of** jy slaap!"
♦ **maak van** ❶ make of *One can **make** shoes **of** leather or plastic.* 'n Mens kan skoene **van** leer of plastiek

maak. ❷ make from *One **makes** wine **from** grapes.* 'n Mens **maak** wyn **van** druiwe.
□ **maak** *werkwoord (teenwoordige tyd* **maak***, verlede tyd* **het gemaak***)*

maal¹ ❶ time *The little boy begged his mother to read the story to him one more **time**.* Die seuntjie het sy ma gesmeek om die storie nog een **maal** vir hom te lees. ❷ times [a] *Three **times** five is fifteen.* Drie **maal** vyf is vyftien. [b] *She has to take two tablets three **times** a day.* Sy moet twee pille drie **maal** per dag drink. [c] *The dog is five **times** the size of (OR five **times** bigger than) the cat.* Die hond is vyf **maal** so groot as (OF vyf **maal** groter as) die kat. ⇨ **paar** [NOTA].
♦ **een maal** once *My mother does our washing **once** a week, usually on a Monday.* My ma was **een maal** per week, gewoonlik op 'n Maandag.
♦ **een of twee maal** once or twice *I don't know East London well; I've only been there **once or twice**.* Ek ken Oos-Londen nie goed nie; ek was nog net **een of twee maal** daar.
♦ **elke maal dat** every time, whenever *It seems to rain **every time** (OR **whenever**) I wash our car!* Dit lyk asof dit reën **elke maal dat** ek ons motor was!
♦ **nog 'n/een maal** ⇨ **nog**.
♦ **twee maal** twice [a] *We feed our cat **twice** a day.* Ons voer ons kat **twee maal** per dag. [b] *Twice two is four.* **Twee maal** twee is vier.
□ **maal** *selfstandige naamwoord (meervoud* **male***)*

By **maal** of **keer** volg die enkelvoud op 'n presiese getal en die meervoud op 'n onbepaalde getal: *tien* **maal/keer***, maar* duisende **male/kere***, verskeie* **male/kere***.* ⇨ **paar** [NOTA].

---

maal² meal *Breakfast is the first **meal** of the day.* Ontbyt is die eerste **maal** van die dag.
□ **maal** *selfstandige naamwoord (meervoud* **male***)*

maal³ grind *You get flour if you **grind** wheat to a fine powder.* 'n Mens kry meel as jy koring tot 'n fyn poeier **maal**.
□ **maal** *werkwoord (teenwoordige tyd* **maal***, verlede tyd* **het gemaal***)*

maaltyd meal *Breakfast is the first **meal** of the day.* Ontbyt is die eerste **maaltyd** van die dag.
□ **maal·tyd** *selfstandige naamwoord (meervoud* **maaltye***)*

maan moon *The **moon** shines at night and the sun in the day.* Die **maan** skyn snags en die son bedags.
□ **maan** *selfstandige naamwoord (geen meervoud)*

maand month *January is the first **month** of the year.* Januarie is die eerste **maand** van die jaar. ⇨ **paar** [NOTA].

◆ **maand=** monthly *A* **monthly** *ticket works out cheaper than single tickets.* 'n **Maand**kaartjie kom goedkoper uit as enkelkaartjies.

□ **maand** *selfstandige naamwoord (meervoud* **maande***)*

Maandag Monday *Monday is the first working day of the week.* **Maandag** is die eerste werkdag van die week.

□ **Maan·dag** *selfstandige naamwoord (meervoud* **Maandae***)*

maandeliks[1] monthly *What is the* **monthly** *salary of a teacher?* Wat is die **maandelikse** salaris van 'n onder= wyser?

□ **maan·de·liks** *byvoeglike naamwoord (attributief* **maandelikse***)*

maandeliks[2] monthly *Teachers are paid* **monthly***.* Onderwysers word **maandeliks** betaal.

□ **maan·de·liks** *bywoord*

maar[1] ❶ only [a] *He is* **only** *two years old.* Hy is **maar** twee jaar oud. [b] *I'll be* **only** *too pleased to help you.* Ek sal jou **maar** alte graag help. ❷ just *"You'll* **just** *have to wait for me, whether you like it or not."* "Jy sal **maar** vir my moet wag, of jy lus het of nie." ❸ rather *Our house is* **rather** *plain – it is anything but smart.* Ons huis is **maar** eenvoudig – dis alles behalwe deftig. ❹ quite *The koppie is* **quite** *low – it won't take us more than ten minutes to climb to the top.* Die koppie is **maar** laag – dit sal ons nie meer as tien minute kos om tot bo te klim nie.

◆ **eintlik maar** (just) as well *"We may* **(just) as well** *walk – the next bus arrives in only an hour."* "Ons kan **eintlik maar** loop – die volgende bus kom eers oor 'n uur aan."

◆ **het maar** if only *When he saw his bad exam results he said,* "**If only** *I had worked a little harder!"* Toe hy sy swak eksamenuitslae sien, het hy gesê: "**Het** ek **maar** 'n bietjie harder gewerk!"

◆ **kan maar** ❶ may *"I don't like this radio programme;* **may** *I switch over to another station?"* "Ek hou nie van dié radioprogram nie; **kan** ek **maar** na 'n ander stasie oorskakel?" ❷ all right, OK, okay *"Is it* **all right (***OR* **OK** *OR* **okay***) for me to go home now?"* "**Kan** ek nou **maar** huis toe gaan?"

◆ **was maar** if only *She admired the ring in the shop window and said,* "**If only** *I were rich!"* Sy het die ring in die winkelvenster bewonder en gesê: "**Was** ek **maar** ryk!"

□ **maar** *bywoord*

maar[2] ❶ but *His home language is Afrikaans,* **but** *he speaks English very well.* Sy huistaal is Afrikaans, **maar** hy praat Engels baie goed. ❷ however [a] *Tom likes vegetables; his sister,* **however***, does not.* Tom hou van groente, **maar** sy suster nie. [b] *Tom likes vegeta= bles; he does not,* **however***, eat pumpkin.* Tom hou van groente, **maar** hy eet nie pampoen nie. ❸ though, however *I like these shoes; they are too expensive,* **though/however***.* Ek hou van dié skoene, **maar** hul=

le is te duur. ❹ yet *The teacher is strict* **yet** *fair.* Die onderwyser is streng **maar** regverdig.

□ **maar** *voegwoord*

Maart March *March is the third month of the year.* **Maart** is die derde maand van die jaar.

□ **Maart** *selfstandige naamwoord (geen meervoud)*

maat[1] ❶ measure *A centimetre is a* **measure** *of length.* 'n Sentimeter is 'n **maat** van lengte. ❷ measurement *The* **measurement** *of his arm is 50 cm.* Die **maat** van sy arm is 50 cm.

◆ **maat hou** keep time *He dances badly because he can't* **keep time***.* Hy dans swak, want hy kan nie **maat hou** nie.

◆ **op maat van** in time to/with *They clapped their hands* **in time to/with** *the music.* Hulle het hul hande **op maat van** die musiek geklap.

□ **maat** *selfstandige naamwoord (meervoud* **mate***)*

maat[2] friend *A* **friend** *is coming to play with me this afternoon.* 'n **Maat** kom vanmiddag by my speel.

◆ **maats maak met** make friends with *Philip has* **made friends with** *the new boy in the class.* Philip **het maats gemaak met** die nuwe seun in die klas.

◆ **weer maats maak** become friends again, make it up *A few days after their quarrel they decided to* **be= come friends again** *(*OR **make it up***).* 'n Paar dae na hul rusie het hulle besluit om **weer maats te maak**.

□ **maat** *selfstandige naamwoord (meervoud* **maats***)*

maatskappy company *Sasol is a* **company** *that makes petrol out of coal.* Sasol is 'n **maatskappy** wat petrol uit steenkool maak.

□ **maat·skap·py** *selfstandige naamwoord (meervoud* **maatskappye***)*

maer thin *Anna is tall and* **thin***, but Maggie is short and fat.* Anna is lank en **maer**, maar Maggie is kort en vet.

□ **maer** *byvoeglike naamwoord (attributief* **maer***)* **maerder, maerste**

mag[1] power *A policeman has the* **power** *to take a crimi= nal prisoner.* 'n Polisieman het die **mag** om 'n misdadi= ger gevange te neem.

□ **mag** *selfstandige naamwoord (meervoud* **magte***)*

mag[2] ❶ may [a] *"My homework is finished;* **may** *I go and play now?"* "My huiswerk is klaar; **mag** ek nou gaan speel?" [b] *When he was ill, she sent him a card that said:* "**May** *you get better soon!"* Toe hy siek was, het sy vir hom 'n kaartjie gestuur wat sê: "**Mag** jy gou gesond word!" ❷ could [a] *She said I* **could** *borrow her pen.* Sy het gesê ek **mag** haar pen leen. [b] *"***Could** *I have another piece of cake, please?"* "**Mag** ek nog 'n stukkie koek kry, asseblief?" ❸ allow ... to *"***Allow** *me* **to** *contribute something towards the cost of the meal."* "**Mag** ek iets tot die koste van die ete bydra?" ⇨ **kan**[2] [NOTA].

◆ **mag nie** not be allowed to, not be permitted to *You* **are not allowed to (***OR* **are not permitted to***) walk on the grass in the park.* Jy **mag nie** op die gras in die park loop nie.

□**mag** *werkwoord (teenwoordige tyd* **mag**, *verlede tyd* **mog**)

magneet magnet *A **magnet** can attract pieces of iron or steel.* 'n **Magneet** kan stukke yster of staal aantrek.

□**mag·neet** *selfstandige naamwoord (meervoud* **mag= nete**)

mak tame *They use **tame** animals in a circus, not wild ones.* Hulle gebruik **mak** diere in 'n sirkus, nie wildes nie.

◆ **mak maak** tame *It took him months to **tame** the wild horse.* Dit het hom maande gekos om die wilde perd **mak** te **maak**.

□**mak** *byvoeglike naamwoord (attributief* **mak**) **makker, makste**

makeer ❶ be missing *A page **is missing** from the book – the numbers jump from 6 to 9.* 'n Blad **makeer** uit die boek – die nommers spring van 6 tot 9. ❷ lack, want *The potatoes **lack/want** salt.* Die aartappels **makeer** sout.

◆ **... makeer iets** there is something wrong with ... *He limps because **there is something wrong with** his leg.* Hy loop mank want sy been **makeer iets**.

◆ **wat makeer?** ❶ what's wrong?, what's the matter?, what's the trouble? *"**What's wrong** (*OR **the matter** OR **the trouble**)? Why are you crying?"* "**Wat makeer?** Hoekom huil jy?" ❷ what's wrong with?, what's the matter with? *"**What's wrong** (*OR **the matter**) **with** you? You look ill."* "**Wat makeer** jou? Jy lyk siek."

□**ma·keer** *werkwoord (teenwoordige tyd* **makeer**, *verlede tyd* **het gemakeer**)

maklik[1] easy *The sums were **easy** – I got all the answers right.* Die somme was **maklik** – ek het al die antwoorde reg gekry.

◆ **maklik wees vir** find easy *"Do you **find** it **easy** to translate something from English into Afrikaans?"* "**Is** dit **vir** jou **maklik** om iets uit Engels in Afrikaans te vertaal?"

□**mak·lik** *byvoeglike naamwoord (attributief* **maklike**) **makliker, maklikste**

maklik[2] easily *They look alike and could **easily** pass for sisters.* Hulle lyk na mekaar en kan **maklik** vir susters deurgaan.

□**mak·lik** *bywoord*

mal mad **[a]** *"That man says and does strange things – do you think he is **mad**?"* "Daardie man sê en doen vreemde dinge – dink jy hy is **mal**?" **[b]** *"Let's go for a ride on our bicycles." – "Are you **mad**? It's raining!"* "Kom ons gaan ry 'n ent op ons fietse." – "Is jy **mal**? Dit reën!"

◆ **mal maak** drive mad *That dog will **drive** me **mad** with its barking!* Daardie hond sal my nog **mal maak** met sy geblaf!

◆ **mal oor** mad about *He is **mad about** animals and has two dogs and three cats.* Hy is **mal oor** diere en het twee honde en drie katte.

□**mal** *byvoeglike naamwoord (attributief* **mal**) **maller, malste**

mamma, mammie mommy, mummy *His father said, "Please go and ask **mommy/mummy** to make me a cup of coffee."* Sy pa het gesê: "Gaan vra asseblief vir **mamma/mammie** om vir my 'n koppie koffie te maak."

□**mam·ma, mammie** *selfstandige naamwoord (meervoud* **mammas, mammies**)

man ❶ man **[a]** *There was a **man**, a woman, two boys and three girls at the bus stop.* Daar was 'n **man**, 'n vrou, twee seuns en drie meisies by die bushalte. **[b]** *The father said to his son, "Don't cry – behave yourself like a **man**."* Die pa het vir sy seun gesê: "Moenie huil nie – gedra jou soos 'n **man**." **[c]** *There are always a few **men** on duty at the fire station.* Daar is altyd 'n paar **manne** aan diens by die brandweerstasie. ❷ husband *"Are they **husband** and wife?" – "No, they're not married."* "Is hulle **man** en vrou?" – "Nee, hulle is nie getroud nie."

□**man** *selfstandige naamwoord (meervoud* **mans** *by* **1a** *en* **2;** **manne** *by* **1b** *en* **1c**)

mandjie basket *She carried the vegetables in a **basket**.* Sy het die groente in 'n **mandjie** gedra.

□**mand·jie** *selfstandige naamwoord (meervoud* **mandjies**)

manier way *"Do you know of a **way** to remove ink-spots from clothing?"* "Weet jy van 'n **manier** om inkkolle uit klere te verwyder?"

◆ **die manier hê om te** have a way of *He **has a way** of pulling at his ear when he's deep in thought.* Hy **het die manier om** aan sy oor **te** trek as hy diep in gedagte is.

◆ **manier waarop** the way *I don't like **the way** he speaks to his parents.* Ek hou nie van die **manier waarop** hy met sy ouers praat nie.

◆ **maniere** manners *It is bad **manners** to speak with your mouth full of food.* Dis slegte **maniere** om met jou mond vol kos te praat.

◆ **op 'n manier** in a manner/way, have a way of *He walks **in a** strange **manner/way** (*OR *He **has a** strange **way of** walking) because there is something wrong with his leg.* Hy loop **op 'n** eienaardige **manier** want sy been makeer iets.

□**ma·nier** *selfstandige naamwoord (meervoud* **maniere**)

mank loop limp, have a limp, walk with a limp *He **limps** (*OR **has a limp** OR **walks with a limp**) because his one leg is shorter than the other.* Hy loop **mank**, want sy een been is korter as die ander.

□**mank loop** *werkwoordfrase (teenwoordige tyd* **loop mank**, *verlede tyd* **het mank geloop**)

mank wees have a limp *He **has a limp** because his one leg is shorter than the other.* Hy **is mank**, want sy een been is korter as die ander.

□**mank wees** *byvoeglike naamwoordfrase*

mankheid limp *He cannot play sport because of his*

limp. Hy kan weens sy **mankheid** nie aan sport deelneem nie.

☐ **mank·heid** *selfstandige naamwoord (geen meervoud)*

manlik male *The **male** voice is deeper than the female voice*. Die **manlike** stem is dieper as die vroulike stem.

☐ **man·lik** *byvoeglike naamwoord (attributief **manlike**)*

mannekyn model *She has a job as a **model** and often appears in fashion photographs in newspapers and magazines.* Sy werk as **mannekyn** en verskyn dikwels in modefoto's in koerante en tydskrifte.

☐ **man·ne·kyn** *selfstandige naamwoord (meervoud **mannekyne**)*

mannetjie ❶ small man *He is a **small man** – his wife is much taller than he is*. Hy is 'n klein **mannetjie** – sy vrou is baie langer as wat hy is. ❷ male *In most animals the **male** is bigger and more attractive than the female.* By die meeste diere is die **mannetjie** groter en mooier as die wyfie.

☐ **man·ne·tjie** *selfstandige naamwoord (meervoud **mannetjies**)*

margarien margarine *Many people use **margarine** instead of butter*. Baie mense gebruik **margarien** in plaas van botter.

☐ **mar·ga·rien** *selfstandige naamwoord (geen meervoud)*

mark market *My mother buys our vegetables and fruit at the **market***. My ma koop ons groente en vrugte by die **mark**.

☐ **mark** *selfstandige naamwoord (meervoud **marke/markte**)*

marsjeer march *When I **march** I say to myself: "Left, right, left, right ..."* Wanneer ek **marsjeer**, sê ek by myself: "Links, regs, links, regs ..."

☐ **mar·sjeer** *werkwoord (teenwoordige tyd **marsjeer**, verlede tyd **het gemarsjeer**)*

masels measles ***Measles** is a disease that children often get.* **Masels** is 'n siekte wat kinders dikwels kry.

☐ **ma·sels** *selfstandige naamwoord*

masjien machine *The engine of a car is a type of **machine***. Die enjin van 'n motor is 'n soort **masjien**.

☐ **ma·sjien** *selfstandige naamwoord (meervoud **masjiene**)*

masjinerie machinery *The farmer keeps his tractor, plough and other **machinery** in a barn.* Die boer hou sy trekker, ploeg en ander **masjinerie** in 'n skuur.

☐ **ma·sji·ne·rie** *selfstandige naamwoord (geen meervoud)*

masker mask *He wore a **mask** so that no one could recognize his face*. Hy het 'n **masker** gedra sodat niemand sy gesig kon herken nie.

☐ **mas·ker** *selfstandige naamwoord (meervoud **maskers**)*

massa mass *The chocolates melted to a sticky **mass***. Die sjokolade het tot 'n taai **massa** gesmelt.

◆ '**n massa** a mass of, masses of *There was **a mass of** (*OR were ***masses of***) people at the soccer match.* Daar was '**n massa** mense by die sokkerwedstryd.

☐ **mas·sa** *selfstandige naamwoord (meervoud **massas**)*

mat ❶ mat *"Please wipe your feet on the **mat**."* "Vee asseblief jou voete op die **mat** af." ❷ carpet *Our lounge floor is covered with a green **carpet***. Ons sitkamervloer is met 'n groen **mat** bedek. ❸ rug *There is a red **rug** on the floor in front of my bed.* Daar is 'n rooi **mat** op die vloer voor my bed.

☐ **mat** *selfstandige naamwoord (meervoud **matte**)*

materiaal material **[a]** *They use **materials** such as wood and bricks in house-building*. Hulle gebruik **materiaal** soos hout en bakstene in huisbou. **[b]** *In summer she likes to wear dresses made of **material** such as cotton or linen.* In die somer dra sy graag rokke wat van **materiaal** soos katoen of linne gemaak is.

☐ **ma·te·ri·aal** *selfstandige naamwoord (meervoud **materiale**)*

matig mild **[a]** *The weather was quite **mild** this winter – it was seldom very cold*. Die weer was dié winter taamlik **matig** – dit was selde baie koud. **[b]** *Mild mustard doesn't have a sharp taste.* **Matige** mosterd het nie 'n skerp smaak nie.

☐ **ma·tig** *byvoeglike naamwoord (attributief **matige**)*

matras mattress *My bed has a good **mattress** and is very comfortable*. My bed het 'n goeie **matras** en is baie gemaklik.

☐ **ma·tras** *selfstandige naamwoord (meervoud **matrasse**)*

matriek matric **[a]** *Philip writes **matric** next year and would like to go to university the year after*. Philip skryf volgende jaar **matriek** en wil graag die jaar daarna universiteit toe gaan. **[b]** *The annual party for the **matrics** is held in October.* Die jaarlikse partytjie vir die **matrieks** word in Oktober gehou.

☐ **ma·triek** *selfstandige naamwoord (geen meervoud by* **a**; **matrieks** *by* **b**)

matroos sailor *He became a **sailor** because he is interested in ships*. Hy het **matroos** geword omdat hy in skepe belang stel.

☐ **ma·troos** *selfstandige naamwoord (meervoud **matrose**)*

medalje medal *The athlete won a gold **medal** as first prize*. Die atleet het 'n goue **medalje** as eerste prys gewen.

☐ **me·dal·je** *selfstandige naamwoord (meervoud **medaljes**)*

medies medical *She went to hospital for a **medical** examination.* Sy is hospitaal toe vir 'n **mediese** ondersoek.

☐ **me·dies** *byvoeglike naamwoord (attributief **mediese**)*

medisyne medicine ***Medicine** helps you get better when you are ill.* **Medisyne** help jou gesond word wanneer jy siek is.

☐ **me·di·sy·ne** *selfstandige naamwoord (meervoud* **medisyne/medisynes)**

meel flour *Bread consists mainly of* **flour**. Brood be= staan hoofsaaklik uit **meel**.

☐ **meel** *selfstandige naamwoord (geen meervoud)*

meen mean **[a]** *"Do you* **mean** *what you are saying, or are you joking?"* "**Meen** jy wat jy sê, of maak jy 'n grap?" **[b]** *"If you talk about the boy with the glasses, do you* **mean** *George or Walter?"* "As jy praat van die seun met die bril, **meen** jy George of Walter?"

☐ **meen** *werkwoord (teenwoordige tyd* **meen**, *verlede tyd* **het gemeen)**

meer[1] lake *A* **lake** *is much bigger than a dam.* 'n **Meer** is baie groter as 'n dam.

☐ **meer** *selfstandige naamwoord (meervoud* **mere)**

meer[2] more *There are* **more** *boys than girls in our class.* Daar is **meer** seuns as meisies in ons klas.

☐ **meer** *byvoeglike naamwoord (attributief* **meer)**

meer[3] more *There are* **more** *than 600 pupils in our school.* Daar is **meer** as 600 leerlinge in ons skool.

◆ **hoe meer ... hoe meer** the more ... the more *The* **more** *I see him,* **the more** *I like him.* Hoe meer ek hom sien, **hoe meer** hou ek van hom.

◆ **min of meer** more or less *Our house is* **more or less** *four kilometres from the station.* Ons huis is **min of meer** vier kilometer van die stasie af.

◆ **nie meer nie** ❶ no longer, no more, not any longer, not any more *They have moved and live here* **no longer/more** *(OR do* **not** *live here* **any longer/ more**). Hulle het getrek en woon **nie meer** hier **nie**. ❷ no more *Our house is* **no more** *than a kilometre from the station.* Ons huis is **nie meer** as 'n kilometer van die stasie af **nie**.

◆ **niks meer nie** ❶ no more *"It is* **no more** *than your duty to thank him for his help."* "Dis **niks meer** as jou plig om hom vir sy hulp te bedank **nie**." ❷ not any more *She is very unhappy at the office because she does* **not** *like her job* **any more**. Sy is baie ongelukkig op kantoor, want sy hou **niks meer** van haar werk **nie**.

☐ **meer** *bywoord*

meer[4] more *"I can't give you* **more** *than 50c; that's all I have."* "Ek kan jou nie **meer** as 50c gee nie; dis al wat ek het."

◆ **baie/veel meer** much more *An elephant eats* **much more** *than a buck.* 'n Olifant eet **baie/veel meer** as 'n bok.

◆ **meer as genoeg** more than enough *"Can I offer you another piece of cake?"* – *"No, thanks, I've had* **more than enough**." "Kan ek jou nog 'n stukkie koek aanbied?" – "Nee, dankie, ek het **meer as ge= noeg** gehad."

◆ **niks meer nie** nothing more *"Are you ill?"* – *"Yes, but it's* **nothing more** *than a light cold."* "Is jy siek?" – "Ja, maar dis **niks meer** as 'n ligte verkoue **nie**."

◆ **nog meer** even more *Tom eats a lot, but his brother eats* **even more**. Tom eet baie, maar sy broer eet **nog meer**.

☐ **meer** *voornaamwoord*

meervoud plural *The* **plural** *of "baby" is "babies".* Die **meervoud** van "baba" is "babas".

☐ **meer·voud** *selfstandige naamwoord (meervoud* **meervoude)**

By geld, mate en gewigte sowel as by *uur* en *jaar* volg die enkelvoud op 'n presiese getal: *1 000* **millimeter** *is 1 meter, 1 000* **meter** *is 1 kilometer, 100* **sent** *is 1 rand, 1 000* **gram** *is 1 kilogram, ons gebruik 2* **liter** *melk per dag, daar is 24* **uur** *in 'n dag, 100* **jaar** *is 'n eeu.*

Op 'n onbepaalde getal volg die meervoud: *'n motor kos duisende* **rande**, *die volgende dorp is honderde* **kilometers** *hiervandaan, baie* **jare** *later.*

---

mees(t)al mostly *Sometimes I catch a bus to school, but* **mostly** *I walk.* Ek haal soms 'n bus skool toe, maar **mees(t)al** loop ek.

☐ **mees(t)·al** *bywoord*

meeste[1] most *"What costs the* **most**, *the apple or the orange?"* "Wat kos die **meeste**, die appel of die lemoen?"

◆ **die meeste** most *Most of the children in our class can swim.* **Die meeste** van die kinders in ons klas kan swem.

◆ **op die meeste** at (the) most *I can stay for twenty minutes* **at (the) most**. Ek kan **op die meeste** twintig minute bly.

☐ **mees·te** *selfstandige naamwoord (geen meervoud)*

meeste[2] most *Most people don't work on Sundays.* Die **meeste** mense werk nie Sondae nie.

☐ **mees·te** *byvoeglike naamwoord (oortreffende trap van* **baie)**

meeste[3] ❶ most *What troubles her* **most** *is that her son might fail in the examination.* Wat haar die **meeste** be= kommer, is dat haar seun dalk in die eksamen kan sak. ❷ best *Of all the girls in the class he likes Monica* **best**. Van al die meisies in die klas hou hy die **meeste** van Monica.

☐ **mees·te** *bywoord*

meet ❶ measure **[a]** *He used a ruler to* **measure** *the table.* Hy het 'n liniaal gebruik om die tafel te **meet**. **[b]** *A thermometer* **measures** *temperature.* 'n Termo= meter **meet** temperatuur. **[c]** *The carpet* **measures** *three metres by two metres.* Die mat **meet** drie meter by twee meter. **[d]** *The curtains* **measure** *2,5 m.* Die gordyne **meet** 2,5 m. ❷ take *The doctor* **took** *the tem= perature of the sick child.* Die dokter **het** die koors van die siek kind **gemeet**.

☐ **meet** *werkwoord (teenwoordige tyd* **meet**, *verlede tyd* **het gemeet)**

Mei May *May is the fifth month of the year.* **Mei** is die vyfde maand van die jaar.

☐ **Mei** *selfstandige naamwoord (geen meervoud)*

meisie ❶ girl *The* **girl** *is playing with her dolls.* Die **meisie** speel met haar poppe. ❷ girlfriend *Thomas and his* **girlfriend** *walked down the street hand in hand.*

Thomas en sy **meisie** het hand aan hand met die straat af geloop. ⇨ **dogter** [NOTA].

☐ **mei·sie** *selfstandige naamwoord (meervoud* **mei= sies***)*

mejuffrou Miss **[a]** *The typist in my father's office, Miss Evans, is getting married in December.* Die tikster in my pa se kantoor, **mejuffrou** Evans, trou in Desember. **[b]** *Her address is:* **Miss B**. *Evans, 10 Long Street, Brits, 0250.* Haar adres is: **Mej**. B. Evans, Langstraat 10, Brits, 0250.

☐ **me·juf·frou** *selfstandige naamwoord (meervoud* **mejuffroue/mejuffrouens***)*

---
mej. is die afkorting vir **mejuffrou**
---

mekaar each other, one another *"Set the records upright; don't pile them on top of* **each other** *(*OR **one another***)."* "Laat die plate regop staan; moet hulle nie bo-op **mekaar** stapel nie."

◆ **aan mekaar** ❶ to each other, to one another *The two sisters write* **to each other** *(*OR **one another***) quite regularly.* Die twee susters skryf taamlik gereeld **aan mekaar**. ❷ together *"Tie the two ends of the rope* **together***."* "Bind die twee punte van die tou **aan mekaar** vas." ⇨ **aanmekaar** [NOTA].

◆ **aan mekaar sit** put together *They sell the table in five pieces which you have to* **put together** *yourself.* Hulle verkoop die tafel in vyf stukke wat jy self **aan mekaar** moet **sit**.

◆ **agter mekaar** ⇨ **agter²**.

◆ **langs mekaar** ⇨ **langs**.

◆ **na mekaar** running *The team won the cup for three years* **running***.* Die span het die beker drie jaar **na mekaar** gewen.

◆ **styf teen mekaar** ⇨ **styf²**.

☐ **me·kaar** *voornaamwoord*

melk¹ milk *Babies live on* **milk***.* Babas leef van **melk**.

☐ **melk** *selfstandige naamwoord (geen meervoud)*

melk² milk *"Do you know how to* **milk** *a cow?"* "Weet jy hoe om 'n koei te **melk**?"

☐ **melk** *werkwoord (teenwoordige tyd* **melk***, verlede tyd* **het gemelk***)*

melkery dairy *Thomas works for a* **dairy** *and delivers milk to shops.* Thomas werk vir 'n **melkery** en lewer melk by winkels af.

☐ **mel·ke·ry** *selfstandige naamwoord (meervoud* **melkerye***)*

meneer sir *When the teacher asked him how old he was, he replied, "I'm thirteen,* **Sir***."* Toe die onderwyser hom vra hoe oud hy is, het hy geantwoord: "Ek is dertien, **Meneer**."

☐ **me·neer** *selfstandige naamwoord (meervoud* **menere***)*

---
mnr. is die afkorting vir **meneer**
---

meng mix **[a]** *"First* **mix** *the sugar and eggs, then add the flour."* "**Meng** eers die suiker en eiers; voeg dan die meel by." **[b]** *If you* **mix** *blue and yellow, you*

get green. As jy blou en geel **meng**, kry jy groen. **[c]** *Water and oil don't* **mix***.* Water en olie **meng** nie.

☐ **meng** *werkwoord (teenwoordige tyd* **meng***, verlede tyd* **het gemeng***)*

mengsel mixture *Beat the eggs and sugar until the* **mix= ture** *is smooth and creamy.* Klits die eiers en suiker tot die **mengsel** glad en romerig is.

☐ **meng·sel** *selfstandige naamwoord (meervoud* **mengsels***)*

menigte crowd *There was a* **crowd** *of about 70 000 people at the soccer match.* Daar was 'n **menigte** van omtrent 70 000 mense by die sokkerwedstryd.

☐ **me·nig·te** *selfstandige naamwoord (meervoud* **menigtes***)*

mening opinion *"What is your* **opinion** *of her draw= ing?" – "I think it's very good."* "Wat is jou **mening** omtrent haar tekening?" – "Ek dink dis baie goed."

◆ **na my mening** in my opinion/view *In my* **opinion/view***, the neighbour spoils her children too much.* **Na my mening** bederf die buurvrou haar kinders te veel.

◆ **van mening verskil** differ in opinion, have different views *The two brothers* **differ in opinion** *(*OR **have different views***) on who South Africa's best rug= by player is.* Die twee broers **verskil van mening** oor wie Suid-Afrika se beste rugbyspeler is.

☐ **me·ning** *selfstandige naamwoord (meervoud* **meninge/menings***)*

mens¹ ❶ human being *"I am a* **human being** *and so are you."* "Ek is 'n **mens** en jy ook." ❷ person *Esther's mother is a very friendly* **person***.* Esther se ma is 'n baie vriendelike **mens**. ❸ man, person *He is the right* **man/person** *for the job.* Hy is die regte **mens** vir die werk.

◆ **die mens** man *Man is the only creature that can speak.* **Die mens** is die enigste wese wat kan praat.

◆ **die mense** people, they *People/They say that France is a beautiful country.* **Die mense** sê Frankryk is 'n pragtige land.

◆ **mense** people *There were thousands of* **people** *at the soccer match.* Daar was duisende **mense** by die sokker= wedstryd.

☐ **mens** *selfstandige naamwoord (meervoud* **mense***)*

mens² one, you *One/You can eat apples skin and all.* ('n) **Mens** kan appels met skil en al eet.

☐ **mens** *voornaamwoord*

In die sin van iemand is **mens** en **'n mens** albei kor= rek: **Mens** (OF **'n Mens**) mag nie op die gras in die park loop nie. Dit word deur **jou** gevolg: **('n) Mens** moet **jou** beloftes hou.
---

menslik human **[a]** *The legs are the longest part of the* **human** *body.* Die bene is die langste deel van die **menslike** liggaam. **[b]** *"You're not perfect; it's* **hu= man** *to make a mistake."* "Jy is nie volmaak nie; dis **menslik** om 'n fout te maak."

□ **mens·lik** *byvoeglike naamwoord (attributief* **mens= like)**

merk[1] mark *He made a red* **mark** *on his pen so that everyone would know it's his.* Hy het 'n rooi **merk** op sy pen gemaak sodat almal sou weet dis syne.

□ **merk** *selfstandige naamwoord (meervoud* **merke)**

merk[2] ❶ mark *She put a piece of paper in her book to* **mark** *her place.* Sy het 'n stukkie papier in haar boek gesit om haar plek te **merk**. ❷ note *"I* **note** *you don't know how to spell 'Philip' – it has one 'l' and not two."* "Ek **merk** jy weet nie hoe om 'Philip' te spel nie – dit het een 'l' en nie twee nie." ❸ notice [a] *"I* **notice** *(that) you have a new bicycle – when did you get it?"* "Ek **merk** jy het 'n nuwe fiets (OF Ek **merk** dat jy 'n nuwe fiets het) – wanneer het jy dit gekry?" [b] *"If you put on a jersey no one will* **notice** *you have a dirty mark on your sleeve."* "As jy 'n trui aantrek, sal niemand **merk** jy het 'n vuil kol op jou mou nie."

◆ **gemerk wees met** be marked with *The road* **is marked with** *white lines.* Die pad **is met** wit strepe **gemerk**.

□ **merk** *werkwoord (teenwoordige tyd* **merk**, *verlede tyd* **het gemerk)**

mes knife *I eat my food with a* **knife** *and fork.* Ek eet my kos met 'n **mes** en vurk.

□ **mes** *selfstandige naamwoord (meervoud* **messe)**

messel lay bricks *He paints houses at the moment, but his real job is to* **lay bricks**. Hy verf op die oomblik huise, maar sy eintlike werk is om te **messel**.

□ **mes·sel** *werkwoord (teenwoordige tyd* **messel**, *verlede tyd* **het gemessel)**

messelaar bricklayer *The* **bricklayer** *built the wall within two days.* Die **messelaar** het die muur binne twee dae gebou.

□ **mes·se·laar** *selfstandige naamwoord (meervoud* **messelaars)**

met ❶ with [a] *They live in the house* **with** *the yellow front door.* Hulle woon in die huis **met** die geel voordeur. [b] *He beat the dog* **with** *a stick.* Hy het die hond **met** 'n stok geslaan. [c] *She is playing* **with** *her dolls.* Sy speel **met** haar poppe. [d] *The two brothers often argue* **with** *each other.* Die twee broers stry dikwels **met** mekaar. [e] *He filled the bottle* **with** *water.* Hy het die bottel **met** water gevul. ❷ by [a] *Our soccer team won the match* **by** *two goals to one.* Ons sokkerspan het die wedstryd **met** twee doele teen een gewen. [b] *If you multiply 3* **by** *5 you get 15.* As jy 3 **met** 5 vermenigvuldig, kry jy 15. [c] *The letter is written* **by** *hand.* Die brief is **met** die hand geskryf. [d] *They came* **by** *the tarred road.* Hulle het **met** die teerpad gekom. ❸ at *The farmer hired extra labourers* **at** *harvest time.* Die boer het **met** oestyd ekstra arbeiders gehuur. ❹ in *If you write* **in** *pencil you can rub out and correct your mistakes quite easily.* As jy **met** potlood skryf, kan jy jou foute maklik uitvee en verbeter. ❺ in, with *The furniture was covered* **in/with** *dust after the sandstorm.* Die meubels was na die sandstorm **met** stof bedek. ❻ on

[a] *The neighbours are away* **on** *holiday.* Die bure is **met** vakansie weg. [b] *Cars run* **on** *petrol.* Motors loop **met** petrol. ❼ along *We walked* **along** *a narrow path through the woods.* Ons het **met** 'n smal paadjie deur die bos geloop. ❽ to *"Good afternoon, may I speak to Linda?"* "Goeiemiddag, kan ek **met** Linda praat?"

◆ **saam met** with *"Do you feel like going to the cinema* **with** *me?"* "Het jy lus om **saam met** my te gaan fliek?"

□ **met** *voorsetsel*

metaal metal *Iron is a* **metal**. Yster is 'n **metaal**.

□ **me·taal** *selfstandige naamwoord (meervoud* **me= tale)**

meter ❶ metre *The rope measures one* **metre**. Die tou is een **meter** lank. ❷ meter *The* **meter** *in a taxi tells the driver how much a passenger must pay for his ride.* Die **meter** in 'n huurmotor sê vir die bestuurder hoeveel 'n passasier vir sy rit moet betaal. ⇨ **meervoud** [NOTA].

□ **me·ter** *selfstandige naamwoord (meervoud* **meters)**

m is die afkorting vir **meter**

metode method *She believes that walking is the best* **method** *for an old person to keep fit.* Sy glo dat stap die beste **metode** is vir 'n ou mens om fiks te bly.

□ **me·to·de** *selfstandige naamwoord (meervoud* **me= todes)**

meubels furniture *The* **furniture** *in my room consists of a bed, a table and a wardrobe.* Die **meubels** in my kamer bestaan uit 'n bed, 'n tafel en 'n hangkas.

□ **meu·bels** *meervoudige selfstandige naamwoord*

meubelstuk piece of furniture *The only* **piece of fur= niture** *in the room is a big round table.* Die enigste **meubelstuk** in die kamer is 'n groot ronde tafel.

□ **meu·bel·stuk** *selfstandige naamwoord (meervoud* **meubelstukke)**

mevrou ❶ Mrs *One uses* **Mrs** *in front of the surname of a married woman.* 'n Mens gebruik **mevrou** voor die van van 'n getroude vrou. ❷ madam *The waiter picked up a comb and asked, "Is this by any chance yours,* **Ma= dam?"** Die kelner het 'n kam opgetel en gevra: "Is dit miskien u s'n, **Mevrou?"** ⇨ **hoofletter** [NOTA].

□ **me·vrou** *selfstandige naamwoord (meervoud* **me= vroue)**

mev. is die afkorting vir **mevrou**

miaau miaow *Our cats* **miaow** *in front of the fridge when they are hungry.* Ons katte **miaau** voor die yskas wanneer hulle honger is.

□ **mi·aau** *werkwoord (teenwoordige tyd* **miaau**, *verlede tyd* **het gemiaau)**

middag afternoon *In summer it is very hot between twelve and three in the* **afternoon**. In die somer is dit baie warm tussen twaalf en drie in die **middag**.

□ **mid·dag** *selfstandige naamwoord (meervoud* **mid= dae)**

middagete lunch *We have **lunch** at 13:00 and supper at 18:00.* Ons geniet **middagete** om 13:00 en aandete om 18:00.
☐ **mid·dag·e·te** *selfstandige naamwoord (meervoud* **middagetes***)*

middel¹ **❶** means *The train is a **means** of transport.* Die trein is 'n **middel** van vervoer. **❷** cure *Doctors are trying to discover a **cure** for the common cold.* Dokters probeer 'n **middel** teen verkoue ontdek.
◆ **deur middel van** by means of *He wished her happy birthday **by means of** a telegram.* Hy het haar **deur middel van** 'n telegram met haar verjaardag geluk= gewens.
☐ **mid·del** *selfstandige naamwoord (meervoud* **mid= dele/middels***)*

middel² **❶** middle *There is a white line in the **middle** of the road.* Daar is 'n wit streep in die **middel** van die pad. **❷** centre *There is a nut in the **centre** of the choco= late.* Daar is 'n neut in die **middel** van die sjokolade. **❸** waist *You wear a belt round your **waist**.* Jy dra 'n belt om jou **middel**.
☐ **mid·del** *selfstandige naamwoord (meervoud* **mid= dels***)*

middeldeur in half *"Cut the apple **in half** and share it with your friend."* "Sny die appel **middeldeur** en deel dit met jou maat."
☐ **mid·del·deur** *bywoord*

middernag midnight *I stayed awake until **midnight** and heard the clock strike twelve.* Ek het tot **midder= nag** wakker gebly en die horlosie twaalf hoor slaan.
☐ **mid·der·nag** *selfstandige naamwoord (geen meer= voud)*

mielie mealie *She pulled the leaves and the beard off the **mealie** before she cooked it.* Sy het die blare en die baard van die **mielie** afgetrek voordat sy dit gekook het.
◆ **mielies** maize *Some farmers grow **maize** as feed for their cattle.* Party boere kweek **mielies** as voer vir hul beeste.
☐ **mie·lie** *selfstandige naamwoord (meervoud* **mie= lies***)*

mier ant *An **ant** is a small insect.* 'n **Mier** is 'n klein insek.
☐ **mier** *selfstandige naamwoord (meervoud* **miere***)*

mik¹ fork *A **fork** is a branch in the shape of a "Y".* 'n **Mik** is 'n tak in die vorm van 'n "Y".
☐ **mik** *selfstandige naamwoord (meervoud* **mikke***)*

mik² aim, take aim *"**Aim** carefully (*OR **Take** careful **aim***) before you try to hit the tin with the stone."* "**Mik** noukeurig voor jy die blik met die klip probeer raak gooi."
◆ **mik na** aim at *"Take this stone, **aim at** the tin and see if you can hit it."* "Vat hierdie klip, **mik na** die blik en kyk of jy dit kan raak gooi."
☐ **mik** *werkwoord (teenwoordige tyd* **mik***, verlede tyd* **het gemik***)*

miljoen million *A thousand times a thousand is a **mil=**

---

lion *(1 000 000).* Duisend maal duisend is 'n **miljoen** (1 000 000).
☐ **mil·joen** *telwoord*

milliliter millilitre *A **millilitre** is equal to a thou= sandth of a litre.* 'n **Milliliter** is gelyk aan 'n duisend= ste van 'n liter. ⇨ **meervoud** [NOTA].
☐ **mil·li·li·ter** *selfstandige naamwoord (meervoud* **milliliters***)*

---

ml is die afkorting vir **milliliter**

---

millimeter millimetre *There are 10 **millimetres** in a centimetre.* Daar is 10 **millimeter** in 'n sentimeter. ⇨ **meervoud** [NOTA].
☐ **mil·li·me·ter** *selfstandige naamwoord (meervoud* **millimeters***)*

---

mm is die afkorting vir **millimeter**

---

min¹ little *She eats too **little** – that's why she is so thin.* Sy eet te **min** – dis dié dat sy so maer is.
☐ **min** *selfstandige naamwoord (geen meervoud)*

min² **❶** few *Few people can afford three cars.* **Min** men= se kan drie motors bekostig. **❷** little *"Why did you put so **little** jam on my bread?"* "Hoekom het jy so **min** konfyt op my brood gesmeer?"
◆ **te min hê** be short of *"We **are short of** milk – you'll have to have your coffee black."* "Ons **het te min** melk – jy sal jou koffie swart moet drink."
☐ **min** *byvoeglike naamwoord (attributief* **min***)* **min= der, minste**

min³ little *When he painted the door, he tried to make as **little** mess as possible.* Toe hy die deur geverf het, het hy geprobeer om so **min** as moontlik te mors.
☐ **min** *bywoord*

min⁴ less, minus *Ten **less/minus** four is six.* Tien **min** vier is ses.
☐ **min** *voorsetsel*

minder¹ less *Women often earn **less** than men for the same job.* Vroue verdien dikwels **minder** as mans vir dieselfde werk.
☐ **min·der** *selfstandige naamwoord (geen meervoud)*

minder² less *"Children, will you please make **less** noise? I'm speaking on the telephone."* "Kinders, sal julle as= seblief **minder** lawaai maak? Ek praat oor die tele= foon."
◆ **minder as** under *I paid **under** R20,00 for the book.* Ek het **minder as** R20,00 vir die boek betaal.
◆ **nie minder nie as** no fewer than *There were **no fewer than** a thousand people at her wedding.* Daar was **nie minder nie as** duisend mense by haar troue.
☐ **min·der** *byvoeglike naamwoord (attributief* **min= der***)*

minder³ less **[a]** *It is **less** hot today than yesterday.* Dis vandag **minder** warm as gister. **[b]** *I like coffee **less** than tea.* Ek hou **minder** van koffie as van tee.
☐ **min·der** *bywoord*

minister minister *A **minister** is a member of the government and the head of a department.* 'n **Minister**

is 'n lid van die regering en die hoof van 'n departe=
ment.

☐ **mi·nis·ter** *selfstandige naamwoord (meervoud* **mi-
nisters***)*

minste[1] least *"Thank you for carrying my satchel when
my arm was broken." – "It's the **least** I could do for
you."* "Dankie dat jy my boeksak gedra het toe my arm
af was." – "Dis die **minste** wat ek vir jou kon doen."

♦ **nie in die minste nie** not in the least *Lorraine
never watches soccer – the game does **not** interest her **in
the least**.* Lorraine kyk nooit sokker nie – die spel
interesseer haar **nie in die minste nie.**

♦ **ten minste** at least **[a]** *The doctor said Anna had to
stay in bed for **at least** three days.* Die dokter het gesê
Anna moet **ten minste** drie dae in die bed bly. **[b]** *It
was cold and cloudy, but **at least** it didn't rain.* Dit was
koud en bewolk, maar dit het **ten minste** nie gereën
nie.

☐ **min·ste** *selfstandige naamwoord (geen meervoud)*

minste[2] least *I have the **least** money of us all – only 1c.*
Ek het die **minste** geld van ons almal – net 1c.

☐ **min·ste** *byvoeglike naamwoord (attributief* **min-
ste***)*

minstens at least *The doctor said Anna had to stay in bed
for **at least** three days.* Die dokter het gesê Anna moet
minstens drie dae in die bed bly.

☐ **min·stens** *bywoord*

minus less, minus *Ten **less/minus** four is six.* Tien
minus vier is ses.

☐ **mi·nus** *voorsetsel*

minuut minute *There are 60 seconds in a **minute**.* Daar
is 60 sekondes in 'n **minuut.** ⇨ **paar** [NOTA].

☐ **mi·nuut** *selfstandige naamwoord (meervoud* **mi-
nute***)*

mis[1] fog *The **fog** was so thick that he could hardly see the
car in front of him.* Die **mis** was so dik dat hy skaars die
motor voor hom kon sien.

☐ **mis** *selfstandige naamwoord (geen meervoud)*

mis[2] manure *Farmers plough **manure** into the soil to
make it fertile.* Boere ploeg **mis** in die grond om dit
vrugbaar te maak.

☐ **mis** *selfstandige naamwoord (geen meervoud)*

mis[3] miss **[a]** *"Hurry, Lynette, or we'll **miss** the
train!"* "Maak gou, Lynette, anders **mis** ons die
trein!" **[b]** *The hunter tried to hit the buck but **missed**.*
Die jagter het die bok probeer raak skiet, maar **het
gemis. [c]** *She said to her friend, "I'll **miss** you a lot
when you move."* Sy het vir haar maat gesê: "Ek sal jou
baie **mis** wanneer julle trek."

☐ **mis** *werkwoord (teenwoordige tyd* **mis***, verlede tyd*
het gemis*)*

mis[4] miss *"Aim at the tin and try not to **miss** the
throw."* "Mik na die blik en probeer om nie **mis** te
gooi nie."

☐ **mis** *bywoord*

misdaad crime *It is a serious **crime** to kill someone.* Dis
'n ernstige **misdaad** om iemand dood te maak.

☐ **mis·daad** *selfstandige naamwoord (meervoud* **mis-
dade***)*

misdadiger criminal *A policeman has the power to take
a **criminal** prisoner.* 'n Polisieman het die mag om 'n
misdadiger gevange te neem.

☐ **mis·da·di·ger** *selfstandige naamwoord (meervoud*
misdadigers*)*

miskien ❶ perhaps, maybe *"Why is he so late?" – "I
don't know; **perhaps/maybe** he missed the bus."*
"Hoekom is hy so laat?" – "Ek weet nie; **miskien** het
hy die bus gemis." ❷ may, might *"Take an umbrella
with you; it **may/might** rain tonight."* "Neem 'n sam-
breel saam; **miskien** reën dit vanaand." ❸ by any
chance *A stranger asked him, "Are you **by any chance**
the headmaster's son?"* 'n Vreemdeling het hom gevra:
"Is jy **miskien** die skoolhoof se seun?"

♦ **weet jy miskien?** have you any idea? *"**Have you
any idea** when it is her birthday?"* "Weet jy miskien
wanneer sy verjaar?"

☐ **mis·kien** *bywoord*

misluk fail *Our plan to play in the final will **fail** if we lose
this match.* Ons plan om in die eindstryd te speel, sal
misluk as ons dié wedstryd verloor.

☐ **mis·luk** *werkwoord (teenwoordige tyd* **misluk***, ver-
lede tyd* **het misluk***)*

mislukking failure, flop *"Was the party a success?" –
"No, it was a **failure/flop**."* "Was die partytjie 'n suk-
ses?" – "Nee, dit was 'n **mislukking**."

☐ **mis·luk·king** *selfstandige naamwoord (meervoud*
mislukkings*)*

mistig foggy *It is going to be cold, cloudy and **foggy**
today.* Dit gaan vandag koud, bewolk en **mistig**
wees.

☐ **mis·tig** *byvoeglike naamwoord (attributief* **misti-
ge***)* **mistiger, mistigste**

mits provided (that), providing (that), on condition
that, so/as long as *"You may borrow my bike **provided
(**OR **provided that** OR **providing** OR **providing
that** OR **on condition that** OR **so/as long as)** you
look after it properly."* "Jy kan my fiets leen **mits** jy dit
goed oppas."

☐ **mits** *voegwoord*

modder mud *Water turns earth into **mud**.* Water ver-
ander grond in **modder**.

☐ **mod·der** *selfstandige naamwoord (geen meervoud)*

modderig muddy *The dirt road was very **muddy** after
the rain.* Die grondpad was na die reën baie **mod-
derig**.

☐ **mod·de·rig** *byvoeglike naamwoord (attributief*
modderige*)* **modderiger, modderigste**

modderskerm mudguard *"Spin the wheel of your bi-
cycle to see whether it scrapes against the **mudguard**."*
"Draai die wiel van jou fiets om te kyk of dit teen die
modderskerm skuur."

☐ **mod·der·skerm** *selfstandige naamwoord (meer-
voud* **modderskerms***)*

mode fashion *She is very modern and always wears*

*clothes that are in **fashion**.* Sy is baie modern en dra altyd klere wat in die **mode** is.

☐ **mo·de** *selfstandige naamwoord (meervoud* **modes***)*

model model **[a]** *Philip is playing with a **model** of an aeroplane that he built himself.* Philip speel met 'n **model** van 'n vliegtuig wat hy self gebou het. **[b]** *"Is your dad's car this year's **model**?"* "Is jou pa se motor vanjaar se **model**?"

☐ **mo·del** *selfstandige naamwoord (meervoud* **modelle***)*

modern modern *She is very **modern** and always wears clothes that are in fashion.* Sy is baie **modern** en dra altyd klere wat in die mode is.

☐ **mo·dern** *byvoeglike naamwoord (attributief* **moderne***)* moderner OF meer modern, modernste OF mees moderne

moed courage *I admire him for his **courage** in saving the child from the burning building.* Ek bewonder hom vir sy **moed** om die kind uit die brandende gebou te red.

☐ **moed** *selfstandige naamwoord (geen meervoud)*

moeder mother *My **mother** and father have been married for twenty years.* My **moeder** en vader is al twintig jaar getroud. ⇨ **ma** [NOTA].

☐ **moe·der** *selfstandige naamwoord (meervoud* **moeders***)*

moeg tired *She was **tired** and went to bed early.* Sy was **moeg** en het vroeg bed toe gegaan.

◆ **moeg vir** tired of *"I'm **tired of** your fighting; it has got to stop now!"* "Ek is **moeg vir** jul bakleiery; dit moet nou end kry!"

☐ **moeg** *byvoeglike naamwoord (attributief* **moeë***)* moeër, moegste

moegheid tiredness *The boxer started showing signs of **tiredness** in the ninth round.* Die bokser het in die negende ronde tekens van **moegheid** begin toon.

☐ **moeg·heid** *selfstandige naamwoord (geen meervoud)*

moeilik ❶ difficult *It's **difficult** to feed a baby that won't sit still.* Dis **moeilik** om 'n baba te voer wat nie wil stilsit nie. ❷ hard *Tough meat is **hard** to chew.* Dis **moeilik** om taai vleis te kou. ❸ stiff *The examination was so **stiff** that half the class failed.* Die eksamen was so **moeilik** dat die helfte van die klas gesak het.

☐ **moei·lik** *byvoeglike naamwoord (attributief* **moeilike***)* moeiliker, moeilikste

moeilikheid trouble *"I'm in **trouble** and need your help badly."* "Ek is in die **moeilikheid** en het jou hulp bitter nodig."

◆ **in die moeilikheid bring** get into trouble *"You'll **get** me **into trouble** if you tell mum that I've scratched the table."* "Jy sal my **in die moeilikheid bring** as jy vir ma sê ek het die tafel gekrap."

◆ **in die moeilikheid kom/beland** get into trouble *"You'll **get into trouble** if dad catches you smoking."* "Jy sal **in die moeilikheid kom/beland** as pa jou betrap dat jy rook."

◆ **moeilikheid veroorsaak** cause trouble *"Give him back his ball – it will only **cause trouble** if you don't."* "Gee sy bal aan hom terug – dit sal net **moeilikheid veroorsaak** as jy dit nie doen nie."

☐ **moei·lik·heid** *selfstandige naamwoord (meervoud* **moeilikhede***)*

moeite ❶ effort *He is very strong and could lift the heavy table without **effort**.* Hy is baie sterk en kon die swaar tafel sonder **moeite** lig. ❷ difficulty *She has **difficulty** with the pronunciation of German words.* Sy het **moeite** met die uitspraak van Duitse woorde.

◆ **baie moeite doen** go to a lot of trouble, go out of one's way *As I know her, she'll **go to a lot of trouble** (OR **go out of her way**) to make a success of the party.* Soos ek haar ken, sal sy **baie moeite doen** om die partytjie te laat slaag.

◆ **deur en deur die moeite werd** ⇨ **deur²**.

◆ **die moeite doen** take the trouble, trouble, bother *I doubt whether he will **take the trouble** (OR **trouble** OR **bother**) to answer my letter.* Ek twyfel of hy **die moeite** sal **doen** om my brief te beantwoord.

◆ **die moeite werd** worth one's while *"It isn't **worth your while** going to the library now – it closes in twenty minutes."* "Dis nie **die moeite werd** om nou biblioteek toe te gaan nie – dit sluit oor twintig minute."

◆ **die moeite werd om te** worth *"Is that film **worth seeing**?"* "Is daardie prent **die moeite werd om te** sien?"

◆ **geen moeite hê met ... nie** have no problem(s) with *The neighbours **had no problem(s) with** the sale of their house.* Die bure **het geen moeite met** die verkoop van hul huis **gehad nie**.

◆ **geen moeite wees nie** be no trouble (at all) *"The children were very good – they **were no trouble (at all)**."* "Die kinders was baie soet – hulle **was geen moeite nie**."

◆ **moeite gee** cause/give trouble *My eyes **cause/give** me a great deal of **trouble** – perhaps I should have them tested.* My oë **gee** my baie **moeite** – miskien moet ek hulle laat toets.

◆ **moeite hê** have trouble *"Your map is quite clear – I shouldn't **have trouble** finding your house."* "Jou kaart is mooi duidelik – ek behoort nie **moeite** te **hê** om jul huis te vind nie."

◆ **moeite hê om te** have difficulty (in) *Some farmers **have difficulty (in)** getting labour.* Party boere **het moeite om** arbeid **te** kry.

☐ **moei·te** *selfstandige naamwoord (geen meervoud)*

moenie ❶ don't *"**Don't** shut the door; leave it open."* "**Moenie** die deur toemaak nie; laat dit oopstaan." ❷ mustn't *"You **mustn't** forget to put in your pyjamas when you pack your suitcase."* "Jy **moenie** vergeet om jou nagklere in te sit wanneer jy jou tas pak nie." ❸ shouldn't *"You **shouldn't** eat so many sweets; it's not good for your teeth."* "Jy **moenie** soveel lekkers eet nie; dis nie goed vir jou tande nie."

☐ **moe·nie** *hulpwerkwoord*

moer nut *He tightened the **nut** on the bolt with a spanner.* Hy het die **moer** met 'n sleutel op die bout vasgedraai.

☐ **moer** *selfstandige naamwoord (meervoud* **moere***)*

moet ◻ must, have (got) to *"It's late – I **must** (*OR **have to** OR **have got to***) go now."* "Dis laat – ek **moet** nou gaan." **◻** shall **[a]** *"Class, do you understand this sum, or **shall** I explain it again?"* "Klas, verstaan julle dié som, of **moet** ek dit weer verduidelik?" **[b]** *It's very late; she **should** have been home by now.* Dis baie laat; sy **moes** nou al by die huis gewees het. **◻** should *If you want to become a good tennis player you **should** practise every day.* As jy 'n goeie tennisspeler wil word, **moet** jy elke dag oefen. **◻** be meant to, be supposed to *"**Are** you not **meant/supposed** to be at school?" – "No, the headmaster sent us home early."* "**Moet** jy nie by die skool wees nie?" – "Nee, die hoof het ons vroeg huis toe gestuur." **◻** have to, need to *You **have/need to** pass a driving test before you can get a driver's licence.* Jy **moet** (in) 'n rytoets slaag voordat jy 'n rybewys kan kry.

◆ **dat iemand moet** ⇨ **dat.**

◆ **moet geweet het** should have known, might have known *"I forgot to post your letter." – "I **should/might have known** you would."* "Ek het vergeet om jou brief te pos." – "Ek **moet geweet het** jy sou."

◆ **moet ge·word** needs to be ˸ed, needs ˸ing, wants ˸ing *The washing **needs to be** ironed (*OR **needs/wants** ironing*).* Die wasgoed **moet ge**stryk **word.**

◆ **moet hê** need *You **need** a licence to keep a dog.* Jy **moet** 'n lisensie **hê** om 'n hond aan te hou.

◆ **moet nie** mustn't *"Can you keep a secret? I want to tell you something that you **mustn't** repeat."* "Kan jy 'n geheim bewaar? Ek wil jou iets vertel wat jy **nie moet** oorvertel nie."

☐ **moet** *werkwoord (verlede tyd* **moes***)*

mol mole *A **mole** is a small animal that lives in tunnels under the ground.* 'n **Mol** is 'n diertjie wat in tonnels onder die grond lewe.

☐ **mol** *selfstandige naamwoord (meervoud* **molle***)*

mond mouth *It is bad manners to speak with your **mouth** full of food.* Dis slegte maniere om met jou **mond** vol kos te praat.

◆ **die mond sit aan** touch **[a]** *He never **touches** wine or beer.* Hy **sit** nooit **sy mond aan** wyn of bier nie. **[b]** *"You've hardly **touched** your food – are you ill?"* "Jy **het** skaars **jou mond aan** jou kos **gesit** – is jy siek?"

◆ **hou jou mond!** (be) quiet!, keep quiet!, shut up! *"**Quiet** (*OR **Be quiet** OR **Keep quiet** OR **Shut up***)! I don't want to hear another word from you!"* "**Hou jou mond!** Ek wil nie nog 'n woord van jou hoor nie!"

☐ **mond** *selfstandige naamwoord (meervoud* **monde***)*

mooi¹ ◻ pretty *The little girl looks so **pretty** in her pink dress.* Die dogtertjie lyk tog te **mooi** in haar pienk rokkie. **◻** fine, fair *The weather is **fine/fair** – it won't rain today.* Dit is **mooi** weer – dit sal nie vandag reën nie. **◻**

nice *That's a **nice** jersey – I like the colours in it.* Dis 'n **mooi** trui – ek hou van die kleure daarin. **◻** nice and *In spring the leaves of the trees are **nice and** green.* In die lente is die blare van die bome **mooi** groen.

◆ **baie mooi** beautiful *His sister is **beautiful** – no wonder (that) she has so many boyfriends.* Sy suster is **baie mooi** – geen wonder dat sy soveel kêrels het nie.

◆ **ewe mooi** ⇨ **ewe².**

☐ **mooi** *byvoeglike naamwoord (attributief* **mooi***)* **mooier, mooiste**

mooi² ◻ nicely *"You may have another piece of cake if you ask **nicely**."* "Jy kan nog 'n stukkie koek kry as jy **mooi** vra." **◻** properly *Granny can't see **properly** without her glasses.* Ouma kan nie **mooi** sien sonder haar bril nie. **◻** quite *"You were all so good to me, I don't **quite** know who to thank first!"* "Julle was almal so goed vir my, ek weet nie **mooi** wie om eerste te bedank nie!" **◻** well *She draws **well** and wants to study art when she grows up.* Sy teken **mooi** en wil kuns studeer as sy groot is. **◻** carefully *"Think **carefully** before you answer the question."* "Dink **mooi** voordat jy die vraag beantwoord."

◆ **baie mooi** beautifully *She has a lovely voice and sings **beautifully**.* Sy het 'n lieflike stem en sing **baie mooi.**

◆ **mooi so** well done *"**Well done**, Paul! Congratulations on winning!"* "**Mooi so,** Paul! Veels geluk dat jy gewen het!"

☐ **mooi** *bywoord*

moontlik¹ possible *The doctors are doing everything **possible** to save the child's life.* Die dokters doen al wat **moontlik** is om die kind se lewe te red.

☐ **moont·lik** *byvoeglike naamwoord (attributief* **moontlike***)* **moontliker, moontlikste**

moontlik² possibly *"There are clouds in the sky. Do you think it will rain?" – "**Possibly**."* "Daar is wolke in die lug. Dink jy dit gaan reën?" – "**Moontlik**."

◆ **heel moontlik** may well *"She **may well** be ill – she complained of stomach-ache yesterday."* "Sy is **heel moontlik** siek – sy het gister van maagpyn gekla."

◆ **so ... (as) moontlik** as ... as possible *I'll try to finish the job **as soon as possible**.* Ek sal die werk **so gou (as) moontlik** probeer klaarkry.

◆ **soveel ... (as) moontlik** as ... as possible *The doctor gave the woman an injection to spare her **as much pain as possible**.* Die dokter het die vrou 'n inspuiting gegee om haar **soveel pyn (as) moontlik** te bespaar.

☐ **moont·lik** *bywoord*

moontlikheid possibility *There is a strong **possibility** that it might rain later today.* Daar is 'n sterk **moontlikheid** dat dit later vandag kan reën.

☐ **moont·lik·heid** *selfstandige naamwoord (meervoud* **moontlikhede***)*

môre¹ ◻ tomorrow *If today is Monday, then **tomorrow** is Tuesday.* As dit vandag Maandag is, dan is dit **môre** Dinsdag. **◻** morning *I clean my shoes every* *morning before school*. Ek maak elke **môre** voor skool my skoene skoon.

☐ **mô·re** *selfstandige naamwoord (meervoud* **môres***)*

môre[2] tomorrow "*Must I do it today? Can't it wait until* **tomorrow?**" "Moet ek dit vandag doen? Kan dit nie tot **môre** wag nie?"

☐ **mô·re** *bywoord*

môre[3] good morning *The teacher entered the classroom and said*, "**Good morning***, class!*" Die juffrou het die klaskamer binnegekom en gesê: "**Môre**, klas!"

☐ **mô·re** *tussenwerpsel*

môreaand [1] tomorrow evening *The concert begins at 19:30* **tomorrow evening**. Die konsert begin **môre=aand** om 19:30. [2] tomorrow night *The concert ends at 23:00* **tomorrow night**. Die konsert eindig **môre=aand** om 23:00.

☐ **mô·re·aand** *bywoord*

môremiddag tomorrow afternoon "*If you can't come this afternoon, how about* **tomorrow afternoon?**" "As jy nie vanmiddag kan kom nie, hoe lyk dit met **môremiddag?**"

☐ **mô·re·mid·dag** *bywoord*

môreoggend tomorrow morning *We have to pack our cases tonight, because the bus leaves early* **tomorrow morning**. Ons moet vanaand ons tasse pak, want die bus vertrek **môreoggend** vroeg.

☐ **mô·re·og·gend** *bywoord*

mors [1] mess "*Please don't* **mess** *on the table with the paint.*" "Moet asseblief nie met die verf op die tafel **mors** nie." [2] make a mess *The baby* **made a mess** *on the tablecloth*. Die baba **het** op die tafeldoek **gemors**. [3] spill *He knocked the glass over and* **spilt/spilled** *milk on the floor*. Hy **het** die glas omgestamp en melk op die vloer **gemors**. [4] waste "*Don't* **waste** *my time with stupid questions!*" "Moenie my tyd met **simpel** vrae **mors** nie!"

☐ **mors** *werkwoord (teenwoordige tyd* **mors***, verlede tyd* **het gemors***)*

mos [1] as "*As you know, I can't swim.*" "Jy weet **mos** ek kan nie swem nie." [2] isn't/wasn't/aren't/weren't [a] "*She's coming,* **isn't** *she?*" "Sy kom **mos**, (nè)?" [b] "*He was late,* **wasn't** *he?*" "Hy was **mos** laat, (nè)?" [c] "*They're coming,* **aren't** *they?*" "Hulle kom **mos**, (nè)?" [d] "*They were late,* **weren't** *they?*" "Hulle was **mos** laat, (nè)?" [3] doesn't/don't/didn't [a] "*She likes it,* **doesn't** *she?*" "Sy hou **mos** daarvan, (nè)?" [b] "*They like it,* **don't** *they?*" "Hulle hou **mos** daar=van, (nè)?" [c] "*Walter won,* **didn't** *he?*" "Walter het **mos** gewen, (nè)?"

☐ **mos** *bywoord*

Moslem Muslim *A* **Muslim** *believes in the teaching of Muhammad*. 'n **Moslem** glo in die leer van Mo=hammed.

☐ **Mos·lem** *selfstandige naamwoord (meervoud* **Mos=lems***)*

mosterd mustard *Mustard* has a sharp taste. **Mos=terd** het 'n skerp smaak.

☐ **mos·terd** *selfstandige naamwoord (geen meervoud)*

mot moth *A* **moth** *is flying around the candle*. 'n **Mot** vlieg om die kers.

☐ **mot** *selfstandige naamwoord (meervoud* **motte***)*

motor [1] car *My father takes me to school by* **car**. My pa neem my per **motor** skool toe. [2] motor *My mother's sewing machine has an electric* **motor**. My ma se naai=masjien het 'n elektriese **motor**.

☐ **mo·tor** *selfstandige naamwoord (meervoud* **motors** *by 1;* **motore** *by 2)*

motorfiets motorbike, motorcycle *A* **motorbike/motorcycle** *has an engine and two wheels*. 'n **Motor=fiets** het 'n enjin en twee wiele.

☐ **mo·tor·fiets** *selfstandige naamwoord (meervoud* **motorfietse***)*

motorfietsryer motorcyclist *The* **motorcyclist** *wears a helmet to protect his head if he has an accident*. Die **motorfietsryer** dra 'n helm om sy kop te be=skerm as hy 'n ongeluk het.

☐ **mo·tor·fiets·ry·er** *selfstandige naamwoord (meer=voud* **motorfietsryers***)*

motoris motorist *When a* **motorist** *knocks someone down, he must stop and report the accident to the police*. As 'n **motoris** iemand omry, moet hy stilhou en die ongeluk by die polisie aanmeld.

☐ **mo·to·ris** *selfstandige naamwoord (meervoud* **mo=toriste***)*

mou sleeve *He rolled up the* **sleeve** *of his shirt*. Hy het die **mou** van sy hemp opgerol.

☐ **mou** *selfstandige naamwoord (meervoud* **moue***)*

muis mouse *The cat caught a* **mouse**. Die kat het 'n **muis** gevang.

☐ **muis** *selfstandige naamwoord (meervoud* **muise***)*

museum museum *Some of the jugs and bowls that we saw in the* **museum** *are centuries old*. Sommige van die bekers en bakke wat ons in die **museum** gesien het, is eeue oud.

☐ **mu·se·um** *selfstandige naamwoord (meervoud* **mu=seums***)*

musiek music *He likes* **music** *and has a large collection of records*. Hy hou van **musiek** en het 'n groot versa=meling plate.

☐ **mu·siek** *selfstandige naamwoord (geen meervoud)*

musiekstuk piece of music *It takes much practice before a pianist can perform a* **piece of music** *faultlessly*. Dit kos baie oefening voordat 'n pianis 'n **musiekstuk** foutloos kan uitvoer.

☐ **mu·siek·stuk** *selfstandige naamwoord (meervoud* **musiekstukke***)*

muskiet mosquito *My leg itches terribly where a* **mos=quito** *bit me*. My been jeuk verskriklik waar 'n **mus=kiet** my gebyt het.

☐ **mus·kiet** *selfstandige naamwoord (meervoud* **mus=kiete***)*

muur wall [a] "*Do you like the picture hanging on the* **wall** *over the fireplace?*" "Hou jy van die prent wat teen die **muur** bo die kaggel hang?" [b] *Dad has put* up a **wall** between our house and the neighbours'. Pa het 'n **muur** tussen ons huis en die bure s'n gebou.

☐ **muur** selfstandige naamwoord (meervoud **mure**)

my **1** my I am almost as tall as **my** mother. Ek is amper so lank soos **my** ma. **2** me "Did she see **me?**" "Het sy **my** gesien?" **3** myself I cut **myself** with a knife. Ek het **my** met 'n mes gesny.

◆ **van my** of mine Tom is a friend **of mine**. Tom is 'n maat **van my.**

◆ **vir my** me My father bought **me** a new bicycle. My pa het **vir my** 'n nuwe fiets gekoop.

☐ **my** voornaamwoord

myn mine The men go down deep into the **mine** to dig for gold. Die mans gaan diep in die **myn** af om na goud te grawe.

☐ **myn** selfstandige naamwoord (meervoud **myne**)

myne mine "May I borrow your pen? **Mine** is missing." "Kan ek jou pen leen? **Myne** is weg."

☐ **my·ne** voornaamwoord

mynhoop mine dump A **mine dump** is formed by all the sand and gravel that miners dig out of the earth. 'n **Mynhoop** word gevorm deur al die sand en gruis wat mynwerkers onder die grond uitgrawe.

☐ **myn·hoop** selfstandige naamwoord (meervoud **mynhope**)

mynwerker miner **Miners** often go down to a depth of three kilometres and more to dig for gold. **Mynwerkers** gaan dikwels tot 'n diepte van drie kilometer en meer af om na goud te delf.

☐ **myn·wer·ker** selfstandige naamwoord (meervoud **mynwerkers**)

myself myself I looked at **myself** in the mirror. Ek het na **myself** in die spieël gekyk.

☐ **my·self** voornaamwoord

N

'n ❶ a *She drank **a** glass of water.* Sy het **'n** glas water gedrink. ❷ a ... of *"Charlotte, go and buy me **a** bottle **of** milk, please."* "Charlotte, gaan koop vir my **'n** bottel melk, asseblief." ❸ an *He is eating **an** apple.* Hy eet **'n** appel.

□ **'n** *lidwoord*

na[1] close, near *"Are Anna and Linda **close** relations/ relatives (OR **near** relations/relatives)?"* – "Yes, they're sisters." "Is Anna en Linda **na** familie?" – "Ja, hulle is susters."

□ **na** *byvoeglike naamwoord (attributief na)* nader, **naaste**

na[2] ❶ on to *"Shall we sleep here tonight, or would you like me to go **on to** the next town?"* "Sal ons vanaand hier slaap, of wil jy hê ek moet **na** die volgende dorp ry?" ❷ closely *"Are Anna and Linda **closely** related?"* – "Yes, they're sisters." "Is Anna en Linda **na** (aan/met mekaar) verwant?" – "Ja, hulle is susters."

□ **na** *bywoord*

na[3] ❶ to [a] *The arrow points **to** the left.* Die pyltjie wys **na** links. [b] *"Sh, dad's listening **to** the news!"* "Sjuut, pa luister **na** die nuus!" ❷ toward, towards *Our flat faces **toward/towards** the mountain.* Ons woonstel kyk **na** die berg. ❸ for [a] *The train **for** Bloemfontein leaves at 12:30.* Die trein **na** Bloemfontein vertrek om 12:30. [b] *I don't like syrup – it's too sweet **for** my taste.* Ek hou nie van stroop nie – dis te soet **na** my smaak. ❹ like [a] *The man is speaking a foreign language – it sounds **like** German to me.* Die man praat 'n vreemde taal – dit klink vir my **na** Duits. [b] *It looks **like** rain.* Dit lyk **na** reën. ❺ after *He is going to play soccer **after** school.* Hy gaan **na** skool sokker speel.

◆ **kort na** ⇨ **kort**[2].

◆ **na aan** near, close to *Soweto is **near** (OR **close to**) Johannesburg.* Soweto is **na aan** Johannesburg.

◆ **na ... toe** ⇨ **toe**[2].

□ **na** *voorsetsel*

naaimasjien sewing machine *She took out her **sewing machine** to stitch the two pieces of material together.* Sy het haar **naaimasjien** uitgehaal om die twee stukke materiaal aan mekaar te stik.

□ **naai·ma·sjien** *selfstandige naamwoord (meervoud* **naaimasjiene***)*

naald needle *"I'll sew on your button if you bring me a **needle** and thread."* "Ek sal jou knoop aanwerk as jy vir my 'n **naald** en garing bring."

□ **naald** *selfstandige naamwoord (meervoud* **naalde***)*

naaldwerk sewing *At school the girls learn **sewing** and the boys woodwork.* Op skool leer die meisies **naald= werk** en die seuns houtwerk.

◆ **naaldwerk doen** sew *She can **sew** well and makes beautiful dresses.* Sy kan goed **naaldwerk doen** en maak pragtige rokke.

□ **naald·werk** *selfstandige naamwoord (geen meer= voud)*

naam name *Her **name** is Christine.* Haar **naam** is Christine.

◆ **die naam gee** name *They want to **name** their baby girl Christine.* Hulle wil hul dogtertjie **die naam** Christine **gee**.

◆ **weet wat iemand se naam is** know someone's name *"Do you **know** that boy's **name**?"* – "Yes, it's Simon." "**Weet** jy **wat** daardie seun **se naam is**?" – "Ja, dis Simon."

□ **naam** *selfstandige naamwoord (meervoud* **name***)*

naamlik namely *He can play two instruments, **namely** the piano and the guitar.* Hy kan twee instrumente speel, **naamlik** die klavier en die kitaar.

□ **naam·lik** *bywoord*

naand good evening *"**Good evening**, children, have you had a nice day?"* "**Naand**, kinders, het julle 'n lekker dag gehad?"

□ **naand** *tussenwerpsel*

naar ❶ sick *I feel **sick** from all the sweets I have eaten.* Ek voel **naar** van al die lekkers wat ek geëet het. ❷ bad *I had a **bad** dream about snakes last night.* Ek het gister= aand 'n **nare** droom oor slange gehad. ❸ nasty [a] *It was **nasty** of George to prick a hole in Philip's bicycle tyre.* Dit was **naar** van George om 'n gat in Philip se fietsband te steek. [b] *"What **nasty** weather! See how it's raining."* "Watter **nare** weer! Kyk hoe reën dit." [c] *She has a **nasty** cold and ought to be in bed.* Sy het 'n **nare** verkoue en behoort in die bed te wees. [d] *Rotten eggs have a **nasty** smell.* Vrot eiers het 'n **nare** reuk.

□ **naar** *byvoeglike naamwoord (attributief* **nare***)* **naarder, naarste**

naaste ❶ nearest [a] *The **nearest** town is 65 km from here.* Die **naaste** dorp is 65 km hiervandaan. [b] *The **nearest** member of my family still alive is a cousin who lives in East London.* Die **naaste** lid van my familie wat nog leef, is 'n niggie wat in Oos-Londen woon. ❷ next- door *Our **next-door** neighbours come from Zimbabwe.* Ons **naaste** bure kom van Zimbabwe.

□ **naas·te** *attributiewe byvoeglike naamwoord*

naby[1] close, near [a] *"The station is very **close/near** – we can easily walk there."* "Die stasie is baie **naby** – ons kan maklik soontoe stap." [b] *"Are Anna and Lin= da **close** relations/relatives (OR **near** relations/rela= tives)?"* – "Yes, they're sisters." "Is Anna en Linda **naby** familie?" – "Ja, hulle is susters."

□ **na·by** *byvoeglike naamwoord (attributief* **naby***)*

naby[2] ❶ close, near *They live quite **close/near** – in fact,* *their house is just round the corner.* Hulle woon taamlik **naby** – trouens, hul huis is net om die hoek. **2** nearby *"Is there a café **nearby** where we can have something light to eat?"* "Is daar 'n kafee **naby** waar ons iets ligs kan eet?"

☐ **na·by** *bywoord*

naby[3] near, close to *Soweto is **near** (OR **close to**) Johannesburg.* Soweto is **naby** Johannesburg.

☐ **na·by** *voorsetsel*

nadat after *She tore the letter to pieces **after** she had read it.* Sy het die brief in stukke geskeur **nadat** sy dit gelees het.

◆ **kort nadat** ⇨ **kort**[2].

☐ **na·dat** *voegwoord*

nader nearer *"Don't stand there in the back of the hall. Come **nearer**!"* "Moenie daar agter in die saal staan nie. Kom **nader**!"

◆ **nader kom** approach, draw near/closer *The days lengthen as summer **approaches** (OR **draws near/ closer**).* Die dae word langer namate die somer **nader kom**.

☐ **na·der** *bywoord*

nader(e) further *"Can you give me **further** information about him? What is his name and where does he live?"* "Kan jy my **nader/nadere** inligting oor hom gee? Wat is sy naam en waar woon hy?"

☐ **na·der, na·de·re** *attributiewe byvoeglike naamwoord*

naderhand after a while *"The shoes hurt you now, but **after a while** they'll stretch and fit more comfortably."* "Die skoene maak jou nou seer, maar hulle sal **naderhand** rek en gemakliker pas."

☐ **na·der·hand** *bywoord*

nadink daaroor think it over *She **thought it over**, and decided not to buy the dress.* Sy **het daaroor nagedink** en besluit om nie die rok te koop nie.

☐ **na·dink daaroor** *werkwoordfrase (teenwoordige tyd **dink daaroor na**, verlede tyd **het daaroor nagedink**)*

nadink oor think ... over *"I'll **think** the matter **over** and give you an answer tomorrow."* "Ek sal **oor** die saak **nadink** en jou môre 'n antwoord gee."

☐ **na·dink oor** *werkwoordfrase (teenwoordige tyd **dink na oor**, verlede tyd **het oor ... nagedink**)*

nael nail *A brick fell on my big toe and now the **nail** has turned blue.* 'n Baksteen het op my grootoon geval en nou het die **nael** blou geword.

☐ **na·el** *selfstandige naamwoord (meervoud **naels**)*

nag night *I went to bed at 23:00 last **night**.* Ek is verlede **nag** om 23:00 bed toe.

◆ **in die nag** in/during the night *The baby woke up a few times **in/during the night**.* Die baba het 'n paar keer **in die nag** wakker geword.

☐ **nag** *selfstandige naamwoord (meervoud **nagte**)*

nagaan examine, check, go through *The clerk at the post office has to **examine** (OR **check** OR **go through**) each form to make sure that it is in order.* Die klerk by

die poskantoor moet elke vorm **nagaan** om seker te maak of dit in orde is.

☐ **na·gaan** *werkwoord (teenwoordige tyd **gaan na**, verlede tyd **het nagegaan**)*

nagereg dessert *"If you eat up all your food, you can have ice-cream for **dessert**."* "As jy al jou kos opeet, kan jy roomys vir **nagereg** kry."

☐ **na·ge·reg** *selfstandige naamwoord (meervoud **nageregte**)*

nagklere pyjamas *He had a bath, put on his **pyjamas** and got into bed.* Hy het gebad, sy **nagklere** aangetrek en in die bed geklim.

☐ **nag·kle·re** *meervoudige selfstandige naamwoord*

nagsê say good night *"Put on your pyjamas and get into bed; I'll come and **say good night** to you in a minute."* "Trek jou nagklere aan en klim in die bed; ek kom nou-nou vir jou **nagsê**."

☐ **nag·sê** *werkwoord (teenwoordige tyd **sê nag**, verlede tyd **het naggesê**)*

namate as *The days lengthen **as** summer approaches.* Die dae word langer **namate** die somer nader kom.

☐ **na·ma·te** *voegwoord*

namiddag afternoon *In summer it is very hot between twelve and three in the **afternoon**.* In die somer is dit baie warm tussen twaalf en drie in die **namiddag**.

☐ **na·mid·dag** *selfstandige naamwoord (meervoud **namiddae**)*

nar clown *The **clown** in the circus was so funny that the people screamed with laughter.* Die **nar** in die sirkus was so snaaks dat die mense van die lag gegil het.

☐ **nar** *selfstandige naamwoord (meervoud **narre**)*

nartjie naartjie, nartjie *A **naartjie/nartjie** looks like an orange but is smaller and has a loose skin.* 'n **Nartjie** lyk soos 'n lemoen maar is kleiner en het 'n los skil.

☐ **nar·tjie** *selfstandige naamwoord (meervoud **nartjies**)*

nasie nation *The Australians are an English-speaking **nation**.* Die Australiërs is 'n Engelssprekende **nasie**.

☐ **na·sie** *selfstandige naamwoord (meervoud **nasies**)*

nasien correct, mark *"Children, you must hand in your books so that I can **correct/mark** your homework."* "Kinders, julle moet jul boeke ingee sodat ek jul huiswerk kan **nasien**."

☐ **na·sien** *werkwoord (teenwoordige tyd **sien na**, verlede tyd **het nagesien**)*

nasionaal national *Soccer is the **national** game of many South American countries.* Sokker is die **nasionale** spel van baie Suid-Amerikaanse lande.

☐ **na·si·o·naal** *byvoeglike naamwoord (attributief **nasionale**)*

naslaan look up *You can **look up** the meanings of words in a dictionary.* Jy kan die betekenisse van woorde in 'n woordeboek **naslaan**.

☐ **na·slaan** *werkwoord (teenwoordige tyd **slaan na**, verlede tyd **het nageslaan**)*

nat **1** wet [a] *The **wet** glass left a white ring on the table.* Die **nat** glas het 'n wit kring op die tafel gelaat. [b]

*"Be careful – the paint on the wall is still **wet**."* "Pas op – die verf aan die muur is nog **nat**." **[c]** *Winters in the Cape are cold and **wet**.* Winters in die Kaap is koud en **nat**. **2** damp *She tried to rub out the coffee stain with a **damp** cloth.* Sy het die koffievlek met 'n **nat** lap probeer uitvryf. ⇨ **papnat**.

☐ **nat** *byvoeglike naamwoord (attributief **nat**)* **natter, natste**

natgooi water *I can't see why I have to **water** the garden if it rained yesterday.* Ek kan nie insien waarom ek die tuin moet **natgooi** as dit gister gereën het nie.

☐ **nat·gooi** *werkwoord (teenwoordige tyd **gooi nat**, verlede tyd **het natgegooi**)*

natmaak 1 wet **[a]** *"Esmé, will you go and **wet** this cloth under the tap for me, please?"* "Esmé sal jy dié lap vir my onder die kraan gaan **natmaak**, asseblief?" **[b]** *The baby has **wet** its nappy.* Die baba **het** sy doek **natgemaak**. **2** water *I can't see why I have to **water** the garden if it rained yesterday.* Ek kan nie insien waarom ek die tuin moet **natmaak** as dit gister gereën het nie.

☐ **nat·maak** *werkwoord (teenwoordige tyd **maak nat**, verlede tyd **het natgemaak**)*

natrek trace *If you want to **trace** a picture, place a piece of thin paper over it and copy the lines that show through.* As jy 'n prent wil **natrek**, plaas 'n stuk dun papier daaroor en teken die lyne wat deurskyn af.

☐ **na·trek** *werkwoord (teenwoordige tyd **trek na**, verlede tyd **het nagetrek**)*

natspuit water *I can't see why I have to **water** the garden if it rained yesterday.* Ek kan nie insien waarom ek die tuin moet **natspuit** as dit gister gereën het nie.

☐ **nat·spuit** *werkwoord (teenwoordige tyd **spuit nat**, verlede tyd **het natgespuit**)*

natuur nature *A sunset in the Bushveld is one of the most beautiful sights in **nature**.* 'n Sonsondergang in die Bosveld is een van die mooiste gesigte in die **natuur**.
◆ **van nature 1** naturally *She doesn't colour her hair – it's **naturally** red.* Sy kleur nie haar hare nie – dis **van nature** rooi. **2** by nature **[a]** *He is cheerful **by nature** and seldom gets cross.* Hy is **van nature** vrolik en word selde kwaad. **[b]** *By their **nature** some birds fly to warmer parts of the world during winter.* Sommige voëls vlieg **van nature** in die winter na warmer wêrelddele.

☐ **na·tuur** *selfstandige naamwoord (geen meervoud)*

natuurlik¹ natural **[a]** *It is **natural** to cry when you are sad.* Dit is **natuurlik** om te huil as jy hartseer is. **[b]** *The flat rock forms a **natural** bridge over the river.* Die plat rots vorm 'n **natuurlike** brug oor die rivier.

☐ **na·tuur·lik** *byvoeglike naamwoord (attributief **natuurlike**)* **natuurliker, natuurlikste**

natuurlik² **1** naturally **[a]** *"Children, don't pull such faces – smile **naturally** while I take the photograph."* "Kinders, moenie so gesigte trek nie – glimlag **natuurlik** terwyl ek die foto neem." **[b]** *Naturally I was very upset when my mother told me my dog had been run over.* **Natuurlik** was ek baie ontsteld toe my ma

vir my sê my hond is omgery. **2** of course *"**Of course** I know him; we're in the same class."* "**Natuurlik** ken ek hom; ons is in dieselfde klas." **3** by all means, of course *"May I use your telephone?"* – *"Yes, **by all means** (OR **of course**)!"* "Kan ek julle telefoon gebruik?" – "Ja, **natuurlik!**"

☐ **na·tuur·lik** *bywoord*

naweek weekend *In South Africa children don't go to school at the **weekend**.* In Suid-Afrika gaan kinders nie in die **naweek** skool nie.

☐ **na·week** *selfstandige naamwoord (meervoud **naweke**)*

nè? 1 isn't/wasn't/aren't/weren't **[a]** *"She's coming, **isn't** she?"* "Sy kom (mos), **nè?**" **[b]** *"He was late, **wasn't** he?"* "Hy was (mos) laat, **nè?**" **[c]** *"They're coming, **aren't** they?"* "Hulle kom (mos), **nè?**" **[d]** *"They were late, **weren't** they?"* "Hulle was (mos) laat, **nè?**" **2** doesn't/don't/didn't **[a]** *"She likes it, **doesn't** she?"* "Sy hou (mos) daarvan, **nè?**" **[b]** *"They like it, **don't** they?"* "Hulle hou (mos) daarvan, **nè?**" **[c]** *"Walter won, **didn't** he?"* "Walter het (mos) gewen, **nè?**"

☐ **nè?** *tussenwerpsel*

nee 1 no *"Is it four o'clock?"* – *"**No**, it's five o'clock."* "Is dit vieruur?" – "**Nee**, dis vyfuur." **2** don't *"Do you like pumpkin?"* – *"**No, I don't**."* "Hou jy van pampoen?" – "**Nee**."

☐ **nee** *bywoord*

neef cousin *The son of my father's brother is my **cousin**.* Die seun van my pa se broer is my **neef**.

☐ **neef** *selfstandige naamwoord (meervoud **neefs**)*

neem 1 take **[a]** *"Doreen, please **take** the broom and sweep out the kitchen."* "Doreen, **neem** asseblief die besem en vee die kombuis uit." **[b]** *She **took** her child by the hand as they crossed the street.* Sy **het** haar kind by die hand **geneem** toe hulle die straat oorsteek. **[c]** *He **took** the old lady by the arm and helped her across the street.* Hy **het** die ou dame aan die arm **geneem** en haar oor die straat gehelp. **[d]** *It is theft if you **take** something that does not belong to you.* Dis diefstal as jy iets **neem** wat nie aan jou behoort nie. **[e]** *"How do you get to school?"* – *"I **take** a bus."* "Hoe kom jy by die skool?" – "Ek **neem** 'n bus." **[f]** *My dad usually **takes** his holiday in December.* My pa **neem** gewoonlik in Desember vakansie. **[g]** *She **took** a few pictures with her new camera.* Sy **het** 'n paar foto's met haar nuwe kamera **geneem**. **[h]** *"**Take** this medicine for your cough."* "**Neem** dié medisyne vir jou hoes." **[i]** *The parking metre can't **take** R1 pieces.* Die parkeermeter kan nie R1-stukke **neem** nie. **2** help yourself to *"Do **help yourself to** another piece of cake."* "**Neem** gerus nog 'n stukkie koek."
◆ **neem by** take from *"Walter, **take** the parcel **from** granny and carry it for her."* "Walter, **neem** die pakkie **by** ouma en dra dit vir haar."

☐ **neem** *werkwoord (teenwoordige tyd **neem**, verlede tyd **het geneem**)*

Dis verkeerd om **neem** by die aanduiding van tyd te gebruik:
Die treinrit **duur** *'n uur* (nie *neem 'n uur* nie).
Dit **kos** *my 'n halfuur om skool toe te loop* (nie *neem my 'n halfuur* nie).

neënde ⇨ **negende.**

neëntien ⇨ **negentien.**

neëntiende ⇨ **negentiende.**

neëntig ⇨ **negentig.**

neëntigste ⇨ **negentigste.**

neergooi ❶ throw *"Hang your school clothes in the cupboard; don't* **throw** *them on your bed."* "Hang jou skoolklere in die kas op; moenie dit op jou bed **neergooi** nie." ❷ throw down *The tennis player* **threw down** *his racket in anger.* Die tennisspeler **het** sy raket in woede **neergegooi.**

☐ **neer·gooi** *werkwoord (teenwoordige tyd* **gooi neer***, verlede tyd* **het neergegooi***)*

neerkniel kneel down *My grandmother can't* **kneel down** *and get up again – her legs are too weak.* My ouma kan nie **neerkniel** en weer regop kom nie – haar bene is te swak.

☐ **neer·kniel** *werkwoord (teenwoordige tyd* **kniel neer***, verlede tyd* **het neergekniel***)*

neerkyk look down *If you* **look down** *on the city from the top of the mountain, the people look like little ants.* As jy bo van die berg op die stad **neerkyk**, lyk die mense soos miertjies.

☐ **neer·kyk** *werkwoord (teenwoordige tyd* **kyk neer***, verlede tyd* **het neergekyk***)*

neerlê ❶ lay *"Mummy, must I* **lay** *the baby on its back?"* "Mamma, moet ek die baba op sy rug **neerlê**?" ❷ lay down *She* **laid** *the baby* **down** *gently.* Sy **het** die baba versigtig **neergelê.** ❸ put down *"Children, time is up.* **Put down** *your pens and hand in your papers."* "Kinders, die tyd is om. **Lê** jul penne **neer** en gee jul vraestelle in."

☐ **neer·lê** *werkwoord (teenwoordige tyd* **lê neer***, verlede tyd* **het neergelê***)*

neersit ❶ lay *"Mummy, must I* **lay** *the baby on its back?"* "Mamma, moet ek die baba op sy rug **neersit**?" ❷ put down *"Children, time is up.* **Put down** *your pens and hand in your papers."* "Kinders, die tyd is om. **Sit** jul penne **neer** en gee jul vraestelle in." ❸ put *"Put the books anywhere on my table."* "**Sit** die boeke enige plek op my tafel **neer**."

☐ **neer·sit** *werkwoord (teenwoordige tyd* **sit neer***, verlede tyd* **het neergesit***)*

neerskryf, neerskrywe write down *"Give me your new telephone number so that I can* **write** *it* **down** *in my address book."* "Gee my jou nuwe telefoonnommer sodat ek dit in my adresboek kan **neerskryf/neerskrywe**."

☐ **neer·skryf, neer·skry·we** *werkwoord (teenwoordige tyd* **skryf/skrywe neer***, verlede tyd* **het neergeskryf/neergeskrywe***)*

nege nine *Six plus three is* **nine***.* Ses plus drie is **nege.**

☐ **ne·ge** *telwoord*

negende, neënde ninth *September is the* **ninth** *month of the year.* September is die **negende/neënde** maand van die jaar.

☐ **ne·gen·de, ne·ën·de** *telwoord*

negentien, neëntien nineteen *Ten plus nine is* **nineteen***.* Tien plus nege is **negentien/neëntien.**

☐ **ne·gen·tien, ne·ën·tien** *telwoord*

negentiende, neëntiende nineteenth *The* **nineteenth** *century is from 1800 to 1899.* Die **negentiende/neëntiende** eeu is van 1800 tot 1899.

☐ **ne·gen·tien·de, ne·ën·tien·de** *telwoord*

negentig, neëntig ninety *Nine times ten is* **ninety***.* Nege maal tien is **negentig/neëntig.**

☐ **ne·gen·tig, ne·ën·tig** *telwoord*

negentigste, neëntigste ninetieth *1990 is the* **ninetieth** *year of this century.* 1990 is die **negentigste/neëntigste** jaar van hierdie eeu.

☐ **ne·gen·tig·ste, neëntigste** *telwoord*

nek neck **[a]** *Your* **neck** *joins your head to the rest of your body.* Jou **nek** verbind jou kop met die res van jou liggaam. **[b]** *She is wearing a string of beads round her* **neck***.* Sy dra 'n string krale om haar **nek.**

☐ **nek** *selfstandige naamwoord (meervoud* **nekke***)*

nêrens nowhere *"Where are you going for the holidays?"* – *"***Nowhere***, we're staying at home."* "Waarheen gaan julle vir die vakansie?" – "**Nêrens**, ons bly by die huis."

◆ **nêrens nie** ❶ nowhere *I'm happy in this town and want to live* **nowhere** *else.* Ek is gelukkig op dié dorp en wil **nêrens** anders woon **nie.** ❷ anywhere *I'm sure my book is lost; I can't find it* **anywhere***.* Ek is seker my boek is weg; ek kan dit **nêrens** kry **nie.**

◆ **nêrens te sien(e) nie** nowhere to be seen *"The children are* **nowhere to be seen***. I wonder where they are?"* "Die kinders is **nêrens te sien(e) nie.** Ek wonder waar hulle is?"

◆ **nêrens te vind(e) nie** nowhere to be found *I've looked everywhere for my pen, but it's* **nowhere to be found***.* Ek het oral na my pen gesoek, maar dis **nêrens te vind(e) nie.**

☐ **nê·rens** *bywoord*

nes¹ nest *Birds lay their eggs in a* **nest***.* Voëls lê hul eiers in 'n **nes.**

☐ **nes** *selfstandige naamwoord (meervoud* **neste***)*

nes² just like *She sounds* **just like** *her sister – I can't tell their voices apart.* Sy klink **nes** haar suster – ek ken hul stemme nie uitmekaar nie.

☐ **nes** *bywoord*

net¹ net **[a]** *They caught quite a lot of fish in their* **net***.* Hulle het taamlik baie vis in hul **net** gevang. **[b]** *In tennis, you lose a point if you hit the ball into the* **net***.* In tennis verloor jy 'n punt as jy die bal teen die **net** slaan.

☐ **net** *selfstandige naamwoord (meervoud* **nette***)*

net² ❶ just **[a]** *I have* **just** *enough money for the apple, not a cent more or less.* Ek het **net** genoeg geld vir die appel, nie 'n sent meer of minder nie. **[b]** *"You came* **just** *in time to see the beginning of the programme."* "Jy het **net** betyds gekom om die begin van die program te sien." **[c]** *"I'm not very hungry; I* **just** *want one slice of bread."* "Ek is nie baie honger nie; ek wil **net** een sny= tjie brood hê." **2** just, simply *I bought this watch* **just/ simply** *because it was the cheapest of the lot.* Ek het dié horlosie gekoop **net** omdat dit die goedkoopste van almal was. **3** only **[a]** *This entrance is for members* **only**. Dié ingang is **net** vir lede. **[b]** *There were fifteen boys and* **only** *one girl at the party.* Daar was vyftien seuns en **net** een meisie by die partytjie. **4** alone *"You* **alone** *know about my plans, nobody else."* "**Net** jy weet van my planne, niemand anders nie." **5** very **[a]** *Ah, I've found it. This is the* **very** *book I've been looking for!* A, ek het dit gekry. Dis **net** die boek waarna ek gesoek het! **[b]** *"How can you eat raw meat? The* **very** *thought of it makes me feel sick!"* "Hoe kan jy rou vleis eet? **Net** die gedagte daaraan laat my naar voel!" **[c]** *He stayed with us on the 25th and left for Namibia the* **very** *next day.* Hy het die 25ste by ons gebly en **net** die volgende dag Namibië toe vertrek.

♦ **net hier** right here *"Plant the tree* **right here** *where I'm standing."* "Plant die boom **net hier** waar ek staan."

♦ **net na** right after, straight after *We left* **right/ straight after** *breakfast.* Ons het **net na** ontbyt ver= trek.

♦ **net so goed** just as good *I liked the author's first book very much, but his second book is* **just as good**. Ek het baie van die skrywer se eerste boek gehou, maar sy tweede boek is **net so goed**.

♦ **net so ... soos** just as ... as *Thomas is* **just as** *tall as his mother.* Thomas is **net so** lank **soos** sy ma.

♦ **net soos** just like *She sounds* **just like** *her sister – I can't tell their voices apart.* Sy klink **net soos** haar sus= ter – ek ken hul stemme nie uitmekaar nie.

♦ **net toe 1** just as *The train pulled away* **just as** *we arrived at the station.* Die trein het weggetrek **net toe** ons by die stasie aankom. **2** as soon as *She let the dog out* **as soon as** *she got home.* Sy het die hond uitgelaat **net toe** sy by die huis kom.

♦ **net toe ... wou** just as ... was about to *The bus moved off* **just as** *I* **was about to** *get on.* Die bus het wegge= trek **net toe** ek **wou** opklim.

♦ **net waar jy wil** ➪ **waar²**.

♦ **nie net ... nie, maar ook** not only ... but also *Not only his parents were there* **but also** *his brothers and sisters.* **Nie net** sy ouers **nie, maar ook** sy broers en susters was daar.

♦ **nog net** ➪ **nog**.

♦ **nou net** ➪ **nou²**.

☐**net** *bywoord*

netbal netball *At our school the boys play soccer and the girls* **netball**. By ons skool speel die seuns sokker en die meisies **netbal**.

☐**net·bal** *selfstandige naamwoord (geen meervoud)*

netjies¹ 1 neat, tidy **[b]** *Esther's bedroom is always clean and* **neat/tidy**. Esther se slaapkamer is altyd skoon en **netjies**. **[b]** *She is a* **neat/tidy** *girl and never leaves her things lying about.* Sy is 'n **netjiese** meisie en laat haar goed nooit rondlê nie. **2** neat *Simon's handwriting is very* **neat** *– it's easy to read what he writes.* Simon se handskrif is baie **netjies** – dis maklik om te lees wat hy skryf.

♦ **netjies maak** tidy up *"Go and* **tidy** *yourself* **up** *be= fore the guests arrive."* "Gaan **maak** jou **netjies** voor die gaste kom."

☐**net·jies** *byvoeglike naamwoord (attributief* **netjie= se***)* **netjieser, netjiesste**

netjies² neatly *He folded up his shirt* **neatly** *and put it in the cupboard* Hy het sy hemp **netjies** opgevou en dit in die kas gesit.

☐**net·jies** *bywoord*

net-net 1 just *"Look, there goes the train – you've* **just** *missed it!"* "Kyk, daar trek die trein – jy het hom **net-net** gemis!" **2** only just *If I stand on my toes, I can* **only just** *reach the books on the top shelf.* As ek op my tone staan, kan ek **net-net** die boeke op die boonste rak bykom.

☐**net-net** *bywoord*

netnou 1 just now, a moment/minute ago *I saw Esmé* **just now** *(OR* **a moment/minute ago***) when I went to buy some bread.* Ek het Esmé **netnou** gesien toe ek gaan brood koop het. **2** in a moment/minute/second *"I'm just going to the café, Mum! I'll be back* **in a moment/minute/second***!"* "Ek gaan gou kafee toe, Ma! Ek sal **netnou** terug wees!" **3** soon, shortly *Esmé has just gone to the café and will be back* **soon/shortly**. Esmé is gou kafee toe en sal **netnou** weer hier wees. **4** might *"We had better stick to the path; we* **might** *get lost."* "Ons moet liewer by die paadjie hou; **netnou** verdwaal ons."

☐**net·nou** *bywoord*

neus nose *The doctor told me to breathe in through my* **nose** *and breathe out through my mouth.* Die dokter het gesê ek moet deur my **neus** inasem en deur my mond uitasem.

♦ **jou neus snuit** ➪ **snuit**.

☐**neus** *selfstandige naamwoord (meervoud* **neuse***)*

neut nut *A peanut is a type of* **nut**. 'n Grondboontjie is 'n soort **neut**.

☐**neut** *selfstandige naamwoord (meervoud* **neute***)*

nie not *"You will just have to wait for me, whether you like it or* **not**.*"* "Jy sal maar vir my moet wag, of jy lus het of nie."

♦ **nie ... nie 1** not *"It's* **not** *my jersey – it must be yours."* "Dis **nie** my trui **nie** – dit moet joune wees." **2** not any *She was so tired that she could* **not** *walk* **any** *further.* Sy was so moeg dat sy **nie** verder kon loop **nie**. **3** don't *I* **don't** *live here.* Ek woon **nie** hier **nie**.

♦ **nog nie** ➪ **nog**.

☐**nie** *bywoord*

niemand nobody, no one *All the children were barefoot*

– **nobody** (OR **no one**) had shoes on. Al die kinders was kaalvoet – **niemand** het skoene aangehad nie.

☐ **nie·mand** voornaamwoord

nies sneeze *Pepper makes you **sneeze** if it gets into your nose.* Peper laat jou **nies** as dit in jou neus kom.

☐ **nies** werkwoord (teenwoordige tyd **nies**, verlede tyd **het genies**)

niggie cousin *The daughter of my father's brother is my **cousin**.* Die dogter van my pa se broer is my **niggie**.

☐ **nig·gie** selfstandige naamwoord (meervoud **nig-gies**)

niks[1] ❶ any *She was so tired that she couldn't walk **any** further.* Sy was so moeg dat sy **niks** verder kon loop nie. ❷ no *"I feel **no** better – my head still aches."* "Ek voel **niks** beter nie – my kop is nog altyd seer." ❸ at all *Esther enjoyed the film, but I didn't like it **at all**.* Esther het die prent geniet, maar ek het **niks** daarvan gehou nie.

◆ **niks meer nie** ⇨ **meer**[4].

☐ **niks** bywoord

'n Byvoeglike naamwoord na **niks** kry 'n -s – 'n by-woord nie: *Dis **niks** nuuts nie. Sy wou **niks** verder sê nie.*

niks[2] ❶ nothing *There is **nothing** in the box; it is empty.* Daar is **niks** in die doos nie; dit is leeg. ❷ not anything *I kept quiet and did **not** say **anything**.* Ek het stilgebly en **niks** gesê nie. ❸ not a thing *Our old dog is completely deaf – he can't hear **a thing**.* Ons ou hond is heeltemal doof – hy kan **niks** hoor nie. ❹ none *He drank all the milk – there is **none** left.* Hy het al die melk gedrink – daar is **niks** oor nie.

◆ **niks van ... nie** none of ... *I had **none of** the pudding – George ate it all.* Ek het **niks van** die poeding gekry **nie** – George het alles opgeëet.

☐ **niks** voornaamwoord

nodig necessary *Taste the soup and add more salt if **necessary**.* Proe die sop en voeg nog sout by indien **nodig**.

◆ **dis nie nodig om te ... nie** there is no need for ... to, there is no need to, it's not necessary for ... to, it's not necessary to *"I can hear you – **there is no need for you** (OR **there is no need** OR **it's not necessary for you** OR **it's not necessary**) to shout like that."* "Ek kan jou hoor – **dis nie nodig om** so te skree **nie**."

◆ **is dit nodig dat?** is it necessary for ... to? *"**Is it necessary for** me to do the work today? Can't it wait until tomorrow?"* "**Is dit nodig dat** ek die werk van-dag doen? Kan dit nie tot môre wag nie?"

◆ **nie nodig hê nie** have no need of *I'm going to throw my old scribbler away as I **have no need of** it any more.* Ek gaan my ou kladboek weggooi, want ek **het** dit **nie** meer **nodig nie**.

◆ **nodig hê** need, be in need of *"Do you **need** (OR Are you **in need of**) help?"* "**Het** jy hulp **nodig**?"

◆ **nodig wees** take *It **took** two men to carry the stove.* Twee mans **was nodig** om die stoof te dra.

☐ **no·dig** byvoeglike naamwoord (attributief **nodige**) **nodiger, nodigste**

noem ❶ call [a] *His name is Thomas, but all his friends **call** him Tom.* Sy naam is Thomas, maar al sy maats **noem** hom Tom. [b] *One **calls** the hard part of a bird's mouth the beak.* 'n Mens **noem** die harde deel van 'n voël se bek die snawel. ❷ name *"**Name** the capi-tals of the four provinces in South Africa."* "**Noem** die hoofstede van die vier provinsies in Suid-Afrika." ❸ mention *"Do they **mention** the price of the bicycle in the advertisement?"* "**Noem** hulle die prys van die fiets in die advertensie?"

◆ **noem na** name after *My brother and his wife are going to **name** their son **after** my father.* My broer en sy vrou gaan hul seun **na** my pa **noem**.

☐ **noem** werkwoord (teenwoordige tyd **noem**, verlede tyd **het genoem**)

nog ❶ still [a] *"Have you had enough to eat, or are you **still** hungry?"* "Het jy genoeg te ete gehad, of is jy **nog** honger?" [b] *It is very hot today, but yesterday it was **still** hotter.* Dis vandag baie warm, maar gister was dit **nog** warmer. ❷ (some) more *"Would you like **(some) more** tea?"* – "No, thanks, I've had enough."* "Wil jy **nog** tee hê?" – "Nee, dankie, ek het genoeg gehad." ❸ any *"Is there **any** cake left?"* "Is daar **nog** koek oor?" ❹ any more *"Are there **any more** loose screws that I need to tighten?"* "Is daar **nog** los skroewe wat ek moet vasdraai?"

◆ **nog meer** ⇨ **meer**[2].

◆ **nog 'n** another *"May I please have **another** piece of cake?"* "Kan ek asseblief **nog 'n** stukkie koek kry?"

◆ **nog 'n maal/keer, nog een maal/keer** once more *"Read the story to me **once more**."* "Lees die storie **nog 'n maal/keer** (OF **nog een maal/keer**) vir my."

◆ **nog 'n paar** a few more *"Are there enough flowers in the pot, or shall I put in **a few more**?"* "Is daar genoeg blomme in die pot, of sal ek **nog 'n paar** insteek?"

◆ **nog net** ❶ only *I don't know East London well; I've been there **only** once or twice.* Ek ken Oos-Londen nie goed nie; ek was **nog net** een of twee maal daar. ❷ only ... more *The hall is almost full; there are seats for **only** seven **more** people.* Die saal is amper vol; daar is sit-plek vir **nog net** sewe mense. ❸ just *"I'm almost ready! I **just** have to comb my hair and put on some lipstick."* "Ek is amper klaar! Ek moet **nog net** my hare kam en 'n bietjie lipstiffie aansmeer."

◆ **nog nie** not yet *When I got to her house she was **not** dressed **yet**.* Toe ek by haar huis kom, was sy **nog nie** aangetrek nie.

◆ **nog nooit nie** ⇨ **nooit**.

◆ **nog steeds** still *"Are you **still** busy with your home-work?"* "Is jy **nog steeds** met jou huiswerk besig?"

◆ **tot nog toe** ⇨ **tot**[2].

☐ **nog** bywoord

nóg ... nóg neither ... nor *The weather is perfect for a picnic – it is **neither** too hot **nor** too cold.* Die weer is volmaak vir 'n piekniek – dis nóg te warm nóg te koud.

☐ **nóg ... nóg** *voegwoordfrase*

nogal rather, quite *It is **rather/quite** hot today.* Dis **nogal** warm vandag.

◆ **nogal 'n** quite a/an *Getting six A's in matric is **quite** an achievement.* Om ses A's in matriek te kry is **nogal 'n** prestasie.

☐ **nog·al** *bywoord*

nogtans ❶ still *He said he wasn't hungry; **still**, he ate two plates of food.* Hy het gesê hy is nie honger nie; **nogtans** het hy twee borde kos geëet. ❷ yet *It was bitterly cold, **yet** he refused to put on a jersey.* Dit was bitter koud, **nogtans** het hy geweier om 'n trui aan te trek.

☐ **nog·tans** *voegwoord*

nommer¹ ❶ number *"Do you have a telephone?" – "Yes, our **number** is 24 3120."* "Het julle 'n telefoon?" – "Ja, ons **nommer** is 24 3120." ❷ size *"What **size** shoe do you take?"* "Watter **nommer** skoen dra jy?"

☐ **nom·mer** *selfstandige naamwoord (meervoud **nommers**)*

nommer² number *"Don't forget to **number** the pages of your essay."* "Moenie vergeet om die bladsye van jou opstel te **nommer** nie."

☐ **nom·mer** *werkwoord (teenwoordige tyd **nommer**, verlede tyd **het genommer**)*

nonsens, nonsies ❶ nonsense, rubbish *"Don't talk **nonsense/rubbish** – there isn't a man in the moon!"* "Moenie **nonsens/nonsies** praat nie – daar is nie 'n man in die maan nie!" ❷ nonsense *"Eat your food – I'm in no mood for **nonsense!**"* "Eet jou kos – ek is nie lus vir **nonsens/nonsies** nie!"

☐ **non·sens, non·sies** *selfstandige naamwoord (geen meervoud)*

noodsaaklik necessary *Food and water are **necessary** for good health.* Kos en water is **noodsaaklik** vir goeie gesondheid.

☐ **nood·saak·lik** *byvoeglike naamwoord (attributief **noodsaaklike**) **noodsaakliker** OF **meer noodsaaklik**, **noodsaaklikste** OF **mees noodsaaklike***

noodwiel spare wheel *The **spare wheel** is in the boot of the car.* Die **noodwiel** is in die bagasiebak van die motor.

☐ **nood·wiel** *selfstandige naamwoord (meervoud **noodwiele**)*

nooi¹ girlfriend *Thomas and his **girlfriend** walked down the street hand in hand.* Thomas en sy **nooi** het hand in hand met die straat afgeloop.

☐ **nooi** *selfstandige naamwoord (meervoud **nooiens**)*

nooi² invite *Monica is going to **invite** all the children in her class to her party.* Monica gaan al die kinders in haar klas na haar partytjie **nooi**.

◆ **nooi vir** ask/invite over for, ask/invite round for *"Mum, may I **ask/invite** some friends **over/round** for dinner?"* "Ma, kan ek maar 'n paar maats **vir** ete **nooi**?"

☐ **nooi** *werkwoord (teenwoordige tyd **nooi**, verlede tyd **het genooi**)*

nooit never *It **never** snows in a desert.* Dit sneeu **nooit** in 'n woestyn nie.

◆ **byna/amper nooit** hardly ever *She talks a lot and is **hardly ever** silent.* Sy praat baie en is **byna/amper nooit** stil nie.

◆ **moet nooit** never ***Never** brake suddenly on a wet road – your bike might skid and crash into something.* **Moet nooit** skielik op 'n nat pad rem nie – jou fiets kan dalk gly en teen iets vasry.

◆ **nog nooit nie** ❶ never *"Have you ever swum in the sea?" – "No, **never.**"* "Het jy al ooit in die see geswem?" – "Nee, **nog nooit nie.**" ❷ never before *I don't know who that man is; I've **never** seen him **before**.* Ek weet nie wie daardie man is nie; ek het hom **nog nooit** gesien **nie**.

◆ **nooit weer nie** ❶ never again *He lied to her and after that she **never** trusted him **again**.* Hy het vir haar gejok en daarna het sy hom **nooit weer** vertrou **nie**. ❷ ever again *His father gave him a hiding and said, "Don't you **ever** do that **again!**"* Sy pa het hom pak gegee en gesê: "Moet dit **nooit weer** doen **nie!**"

☐ **nooit** *bywoord*

noord north *Zimbabwe lies **north** of South Africa.* Zimbabwe lê **noord** van Suid-Afrika.

☐ **noord** *bywoord*

noorde north *Johannesburg lies in the **north** and Port Elizabeth in the south of our country.* Johannesburg lê in die **noorde** en Port Elizabeth in die suide van ons land.

☐ **noor·de** *selfstandige naamwoord (geen meervoud)*

noordelike northern *Johannesburg lies in the **northern** part of our country.* Johannesburg lê in die **noordelike** deel van ons land.

☐ **noor·de·li·ke** *attributiewe byvoeglike naamwoord*

noot note [a] *In South African money a green **note** is worth R10,00.* In Suid-Afrikaanse geld is 'n groen **noot** R10,00 werd. [b] *A man with a deep voice can't sing the high **notes**.* 'n Man met 'n diep stem kan nie die hoë **note** sing nie.

☐ **noot** *selfstandige naamwoord (meervoud **note**)*

normaal¹ normal [a] *The temperature isn't **normal** for this time of the year – it's much too hot.* Die temperatuur is nie **normaal** vir dié tyd van die jaar nie – dis veels te warm. [b] *That man says and does strange things – I don't think he is **normal**.* Daardie man sê en doen vreemde dinge – ek dink nie hy is **normaal** nie.

☐ **nor·maal** *byvoeglike naamwoord (attributief **normale**) **normaler**, **normaalste***

normaal² normally *He can't walk **normally** because his one leg is shorter than the other.* Hy kan nie **normaal** loop nie, want sy een been is korter as die ander.

☐ **nor·maal** *bywoord*

nota note *He made a **note** of her name and address on the back of an old envelope.* Hy het 'n **nota** van haar naam en adres op die agterkant van 'n ou koevert gemaak.

☐ **no·ta** *selfstandige naamwoord (meervoud* **notas***)*

nou[1] **❶** narrow *We can't walk next to each other on the* **narrow** *path.* Ons kan nie langs mekaar op die **nou** paadjie loop nie. **❷** tight *These shoes are too* **tight***; they pinch me.* Dié skoene is te **nou**; hulle druk my.

☐ **nou** *byvoeglike naamwoord (attributief* **nou***)* **nouer, nouste**

nou[2] **❶** now [a] *He was born in England but* **now** *lives in South Africa.* Hy is in Engeland gebore maar woon **nou** in Suid-Afrika. [b] *I can't stay any longer; I have to go* **now***.* Ek kan nie langer bly nie; ek moet **nou** gaan. **❷** next *"I've finished with the dishes; what shall I do* **next***, Mum?"* "Ek is klaar met die skottelgoed; wat moet ek **nou** doen, Ma?" **❸** closely *The doctors and nurses work* **closely** *together in a hospital.* Die dokters en verpleegsters werk **nou** saam in 'n hospitaal.

◆ **nou al ❶** already *"Is she here* **already***? I expected her only in an hour's time."* "Is sy **nou al** hier? Ek het haar eers oor 'n uur verwag." **❷** just yet *"Don't seal the envelope* **just yet***; I want to add something to the letter."* "Moenie die koevert **nou al** toeplak nie; ek wil iets by die brief voeg." **❸** by now *It's very late; she should have been home* **by now***.* Dis baie laat; sy moes **nou al** by die huis gewees het.

◆ **nou die dag** ⇨ **dag.**

◆ **nou net** just *The bread is very fresh – it has* **just** *come out of the oven.* Die brood is baie vars – dit het **nou net** uit die oond gekom.

◆ **(so) nou en dan ❶** (every) now and then/again, once in a while *I usually walk to school, but* **now and then/again** (OR **every now and then/again** OR **once in a while***) I catch a bus.* Ek loop gewoonlik skool toe, maar **(so) nou en dan** haal ek 'n bus. **❷** from time to time *"I don't like writing letters, but I'll phone you* **from time to time***."* "Ek hou nie van brief skryf nie, maar ek sal jou **(so) nou en dan** bel."

◆ **tot nou toe** ⇨ **tot**[2]**.**

◆ **van nou af** in future, from now on *"The dog makes too much mess in the house;* **in future** (OR **from now on***) he has to stay outside."* "Die hond mors te veel in die huis; **van nou af** moet hy buite bly."

☐ **nou** *byvoord*

nou[3] well *"***Well***, what do you think of that?"* "**Nou** wat dink jy daarvan?"

◆ **nou goed/ja (dan)** very well (then) *"Please take the little ones to the park." – "***Very well (then)***, if I must!"* "Neem asseblief die kleintjies park toe." – "**Nou goed/ja (dan)**, as ek moet!"

◆ **nou ja** oh well *"***Oh well***, it isn't so bad."* "**Nou ja**, dis nie so erg nie."

◆ **nou toe (nou)!** well, well! *"***Well, well***, look who's here!"* "**Nou toe (nou)**, kyk wie's hier!"

◆ **toe nou** ⇨ **toe**[4]**.**

☐ **nou** *tussenwerpsel*

noudat now (that) *Now (that) he is seventeen he can learn to drive a car.* **Noudat** hy sewentien is, kan hy leer motor bestuur.

☐ **nou·dat** *voegwoord*

noukeurig carefully *"Aim* **carefully** *before you try to hit the tin with the stone."* "Mik **noukeurig** voor jy die blik met die klip probeer raak gooi."

☐ **nou·keu·rig** *bywoord*

nou-nou ❶ in a moment/minute/second *"I'm just going to the café, Mum! I'll be back* **in a moment/minute/ second***!"* "Ek gaan gou kafee toe, Ma! Ek sal **nou-nou** terug wees!" **❷** just now, a moment/minute ago *I saw Esmé* **just now** (OR **a moment/minute ago***) when I went to buy some bread.* Ek het Esmé **nou-nou** gesien toe ek gaan brood koop het. **❸** soon, shortly *Esmé has just gone to the café and will be back* **soon/ shortly***.* Esmé is gou kafee toe en sal **nou-nou** weer hier wees.

◆ **ek is nou-nou klaar, ek kom nou-nou** I won't be a moment/minute/second *"***I won't be a moment/ minute/second***! I just have to comb my hair!"* "**Ek is nou-nou klaar** (OF **Ek kom nou-nou**)! Ek moet nog net my hare kam!"

☐ **nou-nou** *bywoord*

November November *November is the eleventh month of the year.* **November** is die elfde maand van die jaar.

☐ **No·vem·ber** *selfstandige naamwoord (geen meer= voud)*

nul ❶ nought *Ten is written as a one followed by a* **nought***.* Tien word geskryf as 'n een gevolg deur 'n **nul**. **❷** nil *The score was* **nil** *all, because neither team could score a goal.* Die telling was **nul** elk, want nie een van die twee spanne kon 'n doel aanteken nie. **❸** zero *Our telephone number is two, four, one, three, two,* **zero** *(24 1320).* Ons telefoonnommer is twee, vier, een, drie, twee, **nul** (24 1320).

☐ **nul** *telwoord en selfstandige naamwoord (meervoud* **nulle***)*

nut use [a] *'n Pocket knife can be of great* **use** *on a camp= ing holiday.* 'n Sakmes kan van groot **nut** wees op 'n kampeervakansie. [b] *A broken umbrella is of no* **use** *in stormy weather.* 'n Stukkende sambreel is van geen **nut** in stormweer nie.

☐ **nut** *selfstandige naamwoord (geen meervoud)*

nutteloos useless *A torch is* **useless** *without batteries.* 'n Flits is **nutteloos** sonder batterye.

☐ **nut·te·loos** *byvoeglike naamwoord (attributief* **nut= telose***)* **nutteloser, nutteloosste**

nuttig useful *This knife is very* **useful***: it can cut, open tins and draw corks.* Dié mes is baie **nuttig**: dit kan sny, blikke oopmaak en proppe uittrek.

◆ **nuttig wees** come in useful/handy *"Don't throw these planks away – they might* **come in useful/handy** *one day."* "Moenie dié planke weggooi nie – hulle kan dalk eendag **nuttig wees**."

☐ **nut·tig** *byvoeglike naamwoord (attributief* **nuttige***)* **nuttiger, nuttigste**

nuus news *According to the* **news** *on the radio many roads were washed away in the fierce storm.* Volgens die

nuus oor die radio het baie paaie in die kwaai storm verspoel.

◆ **nuus aandra** tell tales *Someone who **tells tales** about others wants to get them into trouble.* Iemand wat **nuus** oor ander **aandra**, wil hulle in die moeilikheid bring.

☐ **nuus** *selfstandige naamwoord (geen meervoud)*

nuuskierig[1] **❶** inquisitive *She is very **inquisitive** and always tries to find out things about other people.* Sy is baie **nuuskierig** en probeer altyd goed oor ander mense uitvind. **❷** curious *He was so **curious** to know what was in the parcel that he opened it immediately.* Hy was so **nuuskierig** om te weet wat in die pakkie was dat hy dit dadelik oopgemaak het.

☐ **nuus·kie·rig** *byvoeglike naamwoord (attributief* **nuuskierige***)* **nuuskieriger, nuuskierigste**

nuuskierig[2] inquisitively, curiously *"What is in the parcel?" he asked **inquisitively/curiously**.* "Wat is in die pakkie?" het hy **nuuskierig** gevra.

☐ **nuus·kie·rig** *bywoord*

nuuskierigheid curiosity *He opened the parcel out of **curiosity**.* Hy het die pakkie uit **nuuskierigheid** oopgemaak.

☐ **nuus·kie·rig·heid** *selfstandige naamwoord (geen meervoud)*

nuut new **[a]** *"Is your dress **new**?" – "Yes, this is the first time that I'm wearing it."* "Is jou rok **nuut**?" – "Ja, dis die eerste keer dat ek dit dra." **[b]** *New neigh-*

bours have moved into the house across the road. **Nuwe** bure het in die huis oorkant die straat ingetrek.

◆ **nuwe jaar** new year *"Goodbye! I'll see you in the **new year** when we get back from holiday."* "Tot siens! Ek sien jou in die **nuwe jaar** wanneer ons van vakansie af terugkom."

☐ **nuut** *byvoeglike naamwoord (attributief* **nuwe***)* **nu· wer, nuutste**

nuwe new one *We have an old car, but they have a **new** **one**.* Ons het 'n ou motor, maar hulle het 'n **nuwe**.

☐ **nu·we** *selfstandige naamwoord (meervoud* **nuwes***)*

Nuwejaar New Year *"Happy **New Year**!"* "Gelukkige **Nuwejaar**!"

☐ **Nu·we·jaar** *selfstandige naamwoord (geen meervoud)*

> Die woord **Nuwejaar** slaan net op een dag, naamlik 1 Januarie; **nuwe jaar** het betrekking op die 365 of 366 dae wat voorlê.

Nuwejaarsdag New Year's Day *New Year's Day falls on 1 January.* **Nuwejaarsdag** val op 1 Januarie.

☐ **Nu·we·jaars·dag** *selfstandige naamwoord (meervoud* **Nuwejaarsdae***)*

nylon nylon *Nylon is a strong material that one uses for clothes, rope, brushes, and so on.* **Nylon** is 'n sterk stof wat 'n mens vir klere, tou, borsels, ensovoorts, gebruik.

☐ **ny·lon** *selfstandige naamwoord (geen meervoud)*

O

o o, oh *"You must press this button to switch on the television."* – *"O/Oh, I see."* "Jy moet op dié knoppie druk om die televisie aan te skakel." – "O, ek sien."

♦ **o aarde!** ⇨ **aarde.**

☐ o *tussenwerpsel*

oefen ❶ practise **[a]** *If you want to become a good tennis player you must practise every day.* As jy 'n goeie tennisspeler wil word, moet jy elke dag **oefen. [b]** *My brother is practising a new song on his guitar.* My broer **oefen** 'n nuwe liedjie op sy kitaar. ❷ exercise *Lie on your back and lift your legs to exercise your stomach muscles.* Lê op jou rug en lig jou bene om jou maagspiere te **oefen.** ❸ train *A sportsman must train hard to keep fit.* 'n Sportman moet hard **oefen** om fiks te bly.

☐ **oe·fen** *werkwoord (teenwoordige tyd* **oefen,** *verlede tyd* **het geoefen)**

oefening ❶ exercise **[a]** *Swimming and walking are good forms of exercise.* Swem en stap is goeie vorms van **oefening. [b]** *The maths teacher gave us three exercises for homework.* Die wiskunde-onderwyser het ons drie **oefeninge** vir huiswerk gegee. ❷ practice *You cannot become a good tennis player without practice.* Jy kan nie sonder **oefening** 'n goeie tennisspeler word nie.

☐ **oe·fe·ning** *selfstandige naamwoord (geen meervoud by* **1a** *en* **2;** *oefeninge by* **1b***)*

oes[1] crop, harvest *The farmer had a large crop/harvest this year, because his mealies grew well.* Die boer het vanjaar 'n groot **oes** gehad, want sy mielies het goed gegroei.

☐ **oes** *selfstandige naamwoord (meervoud* **oeste***)*

oes[2] harvest *The farmer has to harvest the apples before they are too ripe.* Die boer moet die appels **oes** voordat hulle te ryp is.

☐ **oes** *werkwoord (teenwoordige tyd* **oes,** *verlede tyd* **het geoes)**

oewer shore *Reeds grow along the shore of the river.* Riete groei langs die **oewer** van die rivier.

☐ **oe·wer** *selfstandige naamwoord (meervoud* **oewers***)*

of ❶ or *"Is her baby a boy or a girl?"* "Is haar baba 'n seuntjie **of** 'n dogtertjie?" ❷ if, whether *"Ask him if/whether he would like another piece of bread."* "Vra hom **of** hy nog 'n stukkie brood wil hê." ❸ nor *"You are not allowed to go – not today, nor tomorrow, nor any other day."* "Jy mag nie gaan nie – nie vandag **of** môre **of** enige ander dag nie."

♦ **maak of** ⇨ **maak.**

♦ **óf ... óf** either ... or *"I can help you either today or tomorrow."* "Ek kan jou **óf** vandag **óf** môre help."

☐ **of** *voegwoord*

oggend morning *I clean my shoes every morning before*

school. Ek maak elke **oggend** voor skool my skoene skoon.

☐ **og·gend** *selfstandige naamwoord (meervoud* **oggende***)*

ogie ⇨ **oog.**

Oktober October *October is the tenth month of the year.* **Oktober** is die tiende maand van die jaar.

☐ **Ok·to·ber** *selfstandige naamwoord (geen meervoud)*

olie[1] oil **[a]** *She cooked the fish in oil.* Sy het die vis in **olie** gaargemaak. **[b]** *"The chain of your bicycle is dry – put some oil on it."* "Jou fiets se ketting is droog – sit 'n bietjie **olie** daarop."

☐ **o·lie** *selfstandige naamwoord (geen meervoud)*

olie[2] oil *"Your bicycle chain will run nice and smoothly if you oil it regularly."* "Jou fietsketting sal mooi glad loop as jy dit gereeld **olie.**"

☐ **o·lie** *werkwoord (teenwoordige tyd* **olie,** *verlede tyd* **het geolie)**

olifant elephant *The elephant is one of the largest animals on earth.* Die **olifant** is een van die grootste diere op aarde.

☐ **o·li·fant** *selfstandige naamwoord (meervoud* **olifante***)*

om[1] ❶ round *"Go round the back and see if she's in the kitchen."* "Loop agter **om** en kyk of sy in die kombuis is." ❷ around *"Turn around and walk in the other direction!"* "Draai **om** en loop in die ander rigting!" ❸ over *The holidays are over – school begins again tomorrow.* Die vakansie is **om** – die skool begin weer môre. ❹ up *"Children, time is up. Put down your pens and hand in your papers."* "Kinders, die tyd is **om.** Sit jul penne neer en gee jul vraestelle in."

♦ **om en om** round and round *The hands of a clock go round and round.* Die wysers van 'n horlosie gaan **om en om.**

☐ **om** *bywoord*

om[2] ❶ around, round **[a]** *She has a bandage around/round her finger.* Sy het 'n verband **om** haar vinger. **[b]** *The shop is around/round the next corner.* Die winkel is **om** die volgende hoek. ❷ at *The film starts at eight o'clock this evening.* Die film begin **om** agtuur vanaand. ❸ to *To get to the station you have to turn right at the next corner.* **Om** by die stasie te kom, moet jy by die volgende hoek regs draai. ❹ for **[a]** *We heard a cry for help from the burning building.* Ons het 'n geroep **om** hulp uit die brandende gebou gehoor. **[b]** *They prayed for rain.* Hulle het **om** reën gebid.

♦ **al om** round and round *The moth flew round and round the candle.* Die mot het **al om** die kers gevlieg.

♦ **om nie te ... nie** so as not to *He walked on his toes so* *as not to* wake the baby. Hy het op sy tone geloop **om nie** die baba wakker **te** maak **nie**.

◆ **om te 1** to **[a]** *He asked me to help him.* Hy het my gevra **om** hom **te** help. **[b]** *"Remember to switch off the lights before you go to bed."* "Onthou **om** die ligte af **te** sit voor jy gaan slaap." **2** to, in order to *He delivers newspapers before school to (OR in order to) earn some money.* Hy lewer koerante voor skool af **om** 'n bietjie geld **te** verdien.

◆ **(so) om en by 1** round (about) **[a]** *We left the house round (about) eight o'clock.* Ons het die huis **(so) om en by** agtuur verlaat. **[b]** *I paid round (about) R22,00 for the book.* Ek het **(so) om en by** R22,00 vir die boek betaal. **2** about, or so *"How old do you think Tom is?" – "I'd say he is about fifteen (OR I'd say he is fifteen or so)."* "Hoe oud dink jy is Tom?" – "Ek sou sê hy is **(so) om en by** vyftien." **3** some *There were some 35 000 people at the soccer match.* Daar was **(so) om en by** 35 000 mense by die sokkerwedstryd.

☐ **om** *voorsetsel*

omblaai turn a page (over) *"May I turn the page (over)?" – "No, I have a few more lines to read."* "Kan ek maar **omblaai**?" – "Nee, ek het nog 'n paar reëls om te lees."

☐ **om·blaai** *werkwoord (teenwoordige tyd* **blaai om**, *verlede tyd* **het omgeblaai***)*

omdat 1 because, as, for *I go to bed early at night because/as/for I have to get up at six o'clock in the morning.* Ek gaan saans vroeg bed toe, **omdat** ek soggens om sesuur moet opstaan. **2** from *His stomach aches from eating too many apricots.* Sy maag is seer **omdat** hy te veel appelkose geëet het.

☐ **om·dat** *voegwoord*

omdraai 1 turn *I saw her turn and walk away.* Ek het haar sien **omdraai** en wegloop. **2** turn round *"Face the wall and don't turn round until I say you may."* "Kyk na die muur en moenie **omdraai** voor ek sê jy mag nie." **3** turn back *It rained so heavily that we had to turn back and go home.* Dit het so swaar gereën dat ons moes **omdraai** en huis toe gaan. **4** turn over *"Shall I turn the record over and play the other side?"* "Sal ek die plaat **omdraai** en die ander kant speel?"

◆ **jou omdraai** turn over *"You snore if you lie on your back – turn over on to your side!"* "Jy snork as jy op jou rug lê – **draai jou** op jou sy **om!**"

☐ **om·draai** *werkwoord (teenwoordige tyd* **draai om**, *verlede tyd* **het omgedraai***)*

omgaan go round **[a]** *She doesn't like the friends with whom her son goes round.* Sy hou nie van die maats met wie haar seun **omgaan** nie. **[b]** *He went round to all the neighbours to collect money for his school.* Hy het by al die bure **omgegaan** om geld vir sy skool in te samel.

☐ **om·gaan** *werkwoord (teenwoordige tyd* **gaan om**, *verlede tyd* **het omgegaan***)*

omgee 1 care *If you care about your animals you will look after them well.* As jy vir jou diere **omgee**, sal jy

hulle goed versorg. **2** mind *"I'm a bit hot – would you mind if I open the window?"* "Ek kry 'n bietjie warm – sal jy **omgee** as ek die venster oopmaak?"

☐ **om·gee** *werkwoord (teenwoordige tyd* **gee om**, *verlede tyd* **het omgegee***)*

omgewing neighbourhood **[a]** *We live in a quiet neighbourhood.* Ons woon in 'n stil **omgewing**. **[b]** *They live in the neighbourhood of the school.* Hulle woon in die **omgewing** van die skool.

☐ **om·ge·wing** *selfstandige naamwoord (geen meervoud by* **b**; *omgewings by* **a***)*

omgooi throw down *Paul tried to throw down the bottle on the wall with a stone.* Paul het die bottel op die muur met 'n klip probeer **omgooi**.

☐ **om·gooi** *werkwoord (teenwoordige tyd* **gooi om**, *verlede tyd* **het omgegooi***)*

omkeer turn over *"Shall I turn the record over and play the other side?"* "Sal ek die plaat **omkeer** en die ander kant speel?"

☐ **om·keer** *werkwoord (teenwoordige tyd* **keer om**, *verlede tyd* **het omgekeer***)*

omkry pass *If I have to wait for someone a long time, I usually try to pass the time reading.* As ek lank vir iemand moet wag, probeer ek gewoonlik die tyd **omkry** deur te lees.

◆ **om ... kry** get round ... *"The string is too short – you won't be able to get it round the parcel."* "Die lyn is te kort – jy sal dit nie **om** die pakkie kan **kry** nie."

☐ **om·kry** *werkwoord (teenwoordige tyd* **kry om**, *verlede tyd* **het omgekry***)*

omkyk look back *The driver of a car should keep his eyes on the road and never look back at someone sitting behind him.* Die bestuurder van 'n motor moet sy oë op die pad hou en nooit **omkyk** na iemand wat agter hom sit nie.

☐ **om·kyk** *werkwoord (teenwoordige tyd* **kyk om**, *verlede tyd* **het omgekyk***)*

omploeg plough *I watched the farmer plough his fields.* Ek het gekyk hoe die boer sy lande **omploeg**.

☐ **om·ploeg** *werkwoord (teenwoordige tyd* **ploeg om**, *verlede tyd* **het omgeploeg***)*

omring surround **[a]** *Trees surround the park.* Bome **omring** die park. **[b]** *The school is surrounded by a wall.* Die skool word deur 'n muur **omring**.

☐ **om·ring** *werkwoord (teenwoordige tyd* **omring**, *verlede tyd* **het omring***)*

omrol roll over *The doctor told me to roll over onto my stomach.* Die dokter het gesê ek moet op my maag **omrol**.

☐ **om·rol** *werkwoord (teenwoordige tyd* **rol om**, *verlede tyd* **het omgerol***)*

omruil switch *If you have a cinema ticket with a number you are not allowed to switch seats.* As jy 'n bioskoopkaartjie met 'n nommer het, mag jy nie sitplekke **omruil** nie.

☐ **om·ruil** *werkwoord (teenwoordige tyd* **ruil om**, *verlede tyd* **het omgeruil***)*

omry knock down, run down, run over *We keep our cat inside at night, because we're afraid a car might **knock her down** (OR **run her down/over**).* Ons hou ons kat snags binne, want ons is bang 'n motor kan haar **omry**.
□ **om·ry** *werkwoord (teenwoordige tyd* **ry om**, *verlede tyd* **het omgery***)*

omslaan ❶ overturn *A strong wind caused the lamp to **overturn**.* 'n Sterk wind het die lamp laat **omslaan**. ❷ turn up *"Don't you think you ought to **turn up** your trousers before you walk through the mud?"* "Dink jy nie jy moet jou broekspype **omslaan** voor jy deur die modder loop nie?"
□ **om·slaan** *werkwoord (teenwoordige tyd* **slaan om** *verlede tyd* **het omgeslaan***)*

omslag cover *There is a picture on the **cover** of the book.* Daar is 'n prent op die **omslag** van die boek.
□ **om·slag** *selfstandige naamwoord (meervoud* **om· slae***)*

omspit dig *You must **dig** a bed before you sow seeds in it.* Jy moet 'n bedding **omspit** voordat jy saad daarin saai.
□ **om·spit** *werkwoord (teenwoordige tyd* **spit om**, *verlede tyd* **het omgespit***)*

omstamp knock over *"Move the glass of milk away – you might **knock** it **over** with your elbow."* "Skuif die glas melk weg – jy kan dit miskien met jou elmboog **omstamp**."
□ **om·stamp** *werkwoord (teenwoordige tyd* **stamp om**, *verlede tyd* **het omgestamp***)*

omstoot push over *An elephant can **push over** a tree quite easily.* 'n Olifant kan 'n boom sommer maklik **omstoot**.
□ **om·stoot** *werkwoord (teenwoordige tyd* **stoot om**, *verlede tyd* **het omgestoot***)*

omtrent[1] about *Our house is **about** 4 km from the station.* Ons huis is **omtrent** 4 km van die stasie af.
□ **om·trent** *bywoord*

omtrent[2] of *"What is your opinion **of** her drawing?" – "I think it's very good."* "Wat is jou mening **omtrent** haar tekening?" – "Ek dink dis baie goed."
□ **om·trent** *voorsetsel*

omval fall over *"The books will **fall over** if you pile them too high."* "Die boeke sal **omval** as jy hulle te hoog opmekaar stapel."
□ **om·val** *werkwoord (teenwoordige tyd* **val om**, *verlede tyd* **het omgeval***)*

omvou turn down *Never **turn** the corner of a page **down** to mark your place in a book.* Moet nooit die hoek van 'n blad **omvou** om jou plek in 'n boek te merk nie.
□ **om·vou** *werkwoord (teenwoordige tyd* **vou om**, *verlede tyd* **het omgevou***)*

onaangenaam unpleasant *The weather was very **unpleasant** – it rained all the time.* Die weer was baie **onaangenaam** – dit het die hele tyd gereën.
□ **on·aan·ge·naam** *byvoeglike naamwoord (attributief* **onaangename***) **onaangenamer**, **onaangenaamste***

onbekend unknown *"I can't tell you who that man is – he is **unknown** to me."* "Ek kan nie vir jou sê wie daar= die man is nie – hy is vir my **onbekend**."
□ **on·be·kend** *byvoeglike naamwoord (attributief* **onbekende***) **onbekender**, **onbekendste***

onbeskof rude *It is **rude** to speak with your mouth full of food.* Dis **onbeskof** om met jou mond vol kos te praat.
□ **on·be·skof** *byvoeglike naamwoord (attributief* **onbeskofte***) **onbeskofter**, **onbeskofste***

ondankbaar ungrateful *"I don't want to sound **ungrateful**, but the watch that you gave me as a present doesn't keep good time."* "Ek wil nie **ondankbaar** klink nie, maar die horlosie wat jy my present gegee het, loop nie goed nie."
□ **on·dank·baar** *byvoeglike naamwoord (attributief* **ondankbare***) **ondankbaarder**, **ondankbaarste***

ondanks in spite of *The builders carried on with their work **in spite of** the rain.* Die bouers het **ondanks** die reën met hul werk voortgegaan.
□ **on·danks** *voorsetsel*

onder[1] bottom *The last paragraph starts twelve lines from the **bottom**.* Die laaste paragraaf begin twaalf reëls van **onder** af.
□ **on·der** *selfstandige naamwoord (geen meervoud)*

onder[2] ❶ under *He dived into the water and stayed **under** for almost a minute.* Hy het in die water geduik en amper 'n minuut **onder** gebly. ❷ down *We live in the house **down** there at the bottom of the hill.* Ons woon in die huis daar **onder** aan die voet van die bult. ❸ below *The neighbours **below** are going to move up to a flat on the fourth floor.* Die bure **onder** gaan boontoe trek na 'n woonstel op die vierde verdieping. ❹ downstairs *The shop's food department is **downstairs** in the basement.* Die winkel se kosafdeling is **onder** in die kelder.
◆ **heel onder in** right at the bottom of *The shop's food department is **right at the bottom of** the building.* Die winkel se kosafdeling is **heel onder in** die gebou.
◆ **met ... na onder** downward, downwards *She lay on her stomach face **downward/downwards**.* Sy het op haar maag gelê **met** die gesig **na onder**.
◆ **regs onder in die hoek** ⇨ **regs**[2].
□ **on·der** *bywoord*

onder[3] ❶ under [a] *The dog hid **under** my bed.* Die hond het **onder** my bed weggekruip. [b] *One can't breathe **under** water.* 'n Mens kan nie **onder** water asemhaal nie. [c] *You can't get a driver's licence if you're **under** eighteen.* Jy kan nie 'n rybewys kry as jy **onder** agtien is nie. [d] *I paid **under** R20,00 for the book.* Ek het **onder** R20,00 vir die boek betaal. [e] *She had medical treatment **under** the care of a doctor.* Sy het mediese behandeling **onder** die sorg van 'n dokter gekry. ❷ below *She is a year younger than her brother and is in the class **below** him.* Sy is 'n jaar jonger as haar broer en is in die klas **onder** hom. ❸ underneath *He is wearing a vest **underneath** his shirt.* Hy dra 'n frokkie **onder** sy hemp. ❹ between *She shared out the sweets equally **between** the four children.* Sy het die lekkers

gelykop **onder** die vier kinders verdeel. **5** among *If we share the sweets equally **among** us, each will get six.* As ons die lekkers gelykop **onder** mekaar verdeel, sal elkeen ses kry. **6** during *The teacher gets very angry if the children sit and talk **during** a lesson.* Die juffrou word baie kwaad as die kinders **onder** 'n les sit en praat.
□ **on·der** *voorsetsel*

onderaan at the bottom of "*Sign your name **at the bottom of** the letter.*" "Teken jou naam **onderaan** die brief."
□ **on·der·aan** *bywoord*

onderbreek **1** break *When we drive from Cape Town to Johannesburg we **break** our journey by sleeping over in Bloemfontein.* Wanneer ons van Kaapstad na Johannesburg ry, **onderbreek** ons ons reis deur in Bloemfontein oor te slaap. **2** interrupt "*Please don't **interrupt** me while I'm speaking.*" "Moet my asseblief nie **onderbreek** terwyl ek praat nie."
□ **on·der·breek** *werkwoord (teenwoordige tyd **onderbreek**, verlede tyd **het onderbreek**)*

onderbroek underpants *He took off his clothes and ran to the bathroom in his vest and **underpants**.* Hy het sy klere uitgetrek en in sy frokkie en **onderbroek** badkamer toe gehardloop.
□ **on·der·broek** *selfstandige naamwoord (meervoud **onderbroeke**)*

onderdeur¹ bottom door *The **bottom door** of the stable is locked.* Die **onderdeur** van die stal is op slot.
□ **on·der·deur** *selfstandige naamwoord (meervoud **onderdeure**)*

onderdeur² underneath *The railway line runs **underneath** the bridge.* Die spoorlyn loop **onderdeur** die brug.
□ **on·der·deur** *voorsetsel*

onderent bottom *I sit opposite dad at the **bottom** of the table.* Ek sit teenoor pa aan die **onderent** van die tafel.
□ **on·der·ent** *selfstandige naamwoord (meervoud **onderente**)*

ondergaan go down *When the sun **goes down**, the sky in the west turns red.* Wanneer die son **ondergaan**, word die lug in die weste rooi.
□ **on·der·gaan** *werkwoord (teenwoordige tyd **gaan onder**, verlede tyd **het ondergegaan**)*

onderhemp vest *He took off his clothes and ran to the bathroom in his **vest** and underpants.* Hy het sy klere uitgetrek en in sy **onderhemp** en onderbroek badkamer toe gehardloop.
□ **on·der·hemp** *selfstandige naamwoord (meervoud **onderhemde**)*

onderhoof vice-principal *When the principal is away the **vice-principal** is in charge of the school.* Wanneer die hoof weg is, is die **onderhoof** in bevel van die skool.
□ **on·der·hoof** *selfstandige naamwoord (meervoud **onderhoofde**)*

onderkant¹ bottom "*You needn't paint the **bottom** of*

the table-top.*" "Jy hoef nie die **onderkant** van die tafelblad te verf nie."
□ **on·der·kant** *selfstandige naamwoord (meervoud **onderkante**)*

onderkant² below *There is a pool in the river a short distance **below** the waterfall.* Daar is 'n poel in die rivier 'n entjie **onderkant** die waterval.
□ **on·der·kant** *voorsetsel*

onderklere underwear, underclothes *Vests and underpants are **underwear/underclothes**.* Frokkies en onderbroeke is **onderklere**.
□ **on·der·kle·re** *meervoudige selfstandige naamwoord*

onderlip lower lip *His **lower lip** is much thicker than his upper lip.* Sy **onderlip** is baie dikker as sy bolip.
□ **on·der·lip** *selfstandige naamwoord (meervoud **onderlippe**)*

onderrok petticoat *Her dress is too short; that's why her **petticoat** is showing.* Haar rok is te kort; dis dié dat haar **onderrok** uithang.
□ **on·der·rok** *selfstandige naamwoord (meervoud **onderrokke**)*

onderskei tell "*Can you **tell** a mouse from a rat?*" "Kan jy 'n muis van 'n rot **onderskei**?"
♦ **van mekaar onderskei** tell apart, tell (the) one from the other *The twin brothers look exactly alike – I can't **tell** them **apart** (OR I can't **tell [the] one from the other**).* Die tweelingbroers lyk presies eenders – ek kan hulle nie **van mekaar onderskei** nie.
□ **on·der·skei** *werkwoord (teenwoordige tyd **onderskei**, verlede tyd **het onderskei**)*

ondersoek¹ examination *She went to hospital for a medical **examination**.* Sy is hospitaal toe vir 'n mediese **ondersoek**.
□ **on·der·soek** *selfstandige naamwoord (meervoud **ondersoeke**)*

ondersoek² examine *Doctors **examine** their patients to find out what is wrong with them.* Dokters **ondersoek** hul pasiënte om vas te stel wat hulle makeer.
□ **on·der·soek** *werkwoord (teenwoordige tyd **ondersoek**, verlede tyd **het ondersoek**)*

onderste bottom *The **bottom** step of the ladder is wider than all the others.* Die **onderste** sport van die leer is wyer as al die ander.
□ **on·der·ste** *attributiewe byvoeglike naamwoord*

onderstebo upside down, the wrong way up *The little boy held the box **upside down** (OR **the wrong way up**) and all the matches fell out.* Die seuntjie het die doos **onderstebo** gehou en al die vuurhoutjies het uitgeval.
□ **on·der·ste·bo** *bywoord*

ondertoe **1** downward, downwards *This road leads **downward/downwards** to the foot of the mountain.* Dié pad lei **ondertoe** na die voet van die berg. **2** downstairs "*Is the clothing department here on the first floor?*" – "*No, you must go **downstairs**; it's on the ground floor.*" "Is die klere-afdeling hier op die eerste verdieping?" – "Nee, julle moet **ondertoe** gaan; dis op die grondverdieping."

☐ **on·der·toe** *bywoord*

ondervind experience *"If I prick you with a pin, you'll* ***experience*** *pain."* "As ek jou met 'n speld steek, sal jy pyn **ondervind**."

☐ **on·der·vind** *werkwoord (teenwoordige tyd* **ondervind**, *verlede tyd* **het ondervind***)*

ondervinding experience **[a]** *She has five years'* ***ex*** ***perience*** *as a nurse.* Sy het vyf jaar **ondervinding** as verpleegster. **[b]** *It must be a wonderful* ***experience*** *to fly round the moon in a spacecraft.* Dit moet 'n wonderlike **ondervinding** wees om in 'n ruimtetuig om die maan te vlieg.

☐ **on·der·vin·ding** *selfstandige naamwoord (geen meervoud by* **a***;* **ondervindinge/ondervindings** *by* **b***)*

ondervra question *I wonder why the police want to* ***question*** *him? Did he do something wrong?* Ek wonder hoekom die polisie hom wil **ondervra**? Het hy iets verkeerds gedoen?

☐ **on·der·vra** *werkwoord (teenwoordige tyd* **ondervra**, *verlede tyd* **het ondervra***)*

onderwerp subject **[a]** *The* ***subject*** *of his composition was "Life on a farm".* Die **onderwerp** van sy opstel was "Die lewe op 'n plaas". **[b]** *In the sentence "The cat caught a mouse", "cat" is the* ***subject*** *and "mouse" the object.* In die sin "Die kat het 'n muis gevang" is "kat" die **onderwerp** en "muis" die voorwerp.

☐ **on·der·werp** *selfstandige naamwoord (meervoud* **onderwerpe***)*

onderwys education *A university is a place of higher* ***education.*** 'n Universiteit is 'n plek vir hoër **onderwys.**

☐ **on·der·wys** *selfstandige naamwoord (geen meervoud)*

onderwyser teacher *He is a* ***teacher*** *at the high school and gives lessons in woodwork.* Hy is 'n **onderwyser** aan die hoër skool en gee les in houtwerk.

☐ **on·der·wy·ser** *selfstandige naamwoord (meervoud* **onderwysers***)*

onderwyseres teacher *She is a* ***teacher*** *at the primary school and gives lessons in singing.* Sy is 'n **onderwyseres** aan die laer skool en gee les in sang.

☐ **on·der·wy·se·res** *selfstandige naamwoord (meervoud* **onderwyseresse***)*

oneerlik dishonest *People who tell lies are* ***dishonest.*** Mense wat leuens vertel, is **oneerlik.**

☐ **on·eer·lik** *byvoeglike naamwoord (attributief* **oneerlike***)* **oneerliker, oneerlikste**

onewe odd *3, 5 and 7 are* ***odd*** *numbers.* 3, 5 en 7 is **onewe** getalle.

☐ **on·e·we** *byvoeglike naamwoord (meestal attributief)*

ongehoorsaam disobedient *"Why are you so* ***disobe*** ***dient?*** *You know you're not allowed to use dad's pen without his permission!"* "Hoekom is jy so **ongehoor**

saam? Jy weet jy mag nie pa se pen sonder sy toestemming gebruik nie!"

◆ **ongehoorsaam wees aan** disobey *"Do not* ***dis*** ***obey*** *your mother; do as she says."* "Moenie **ongehoorsaam wees aan** jou ma nie; maak soos sy sê."

☐ **on·ge·hoor·saam** *byvoeglike naamwoord (attributief* **ongehoorsame***)* **ongehoorsamer, ongehoorsaamste**

ongeluk accident *Three people were injured in the* ***acci*** ***dent.*** Drie mense is in die **ongeluk** beseer.

◆ **per ongeluk ❶** by accident *I didn't see the dog and stepped on its tail* ***by accident.*** Ek het die hond nie gesien nie en **per ongeluk** op sy stert getrap. ❷ by mistake *"I'm sorry, I took your pen* ***by mistake*** *– it looks just like mine."* "Ek's jammer, ek het jou pen **per ongeluk** geneem – dit lyk nes myne."

☐ **on·ge·luk** *selfstandige naamwoord (meervoud* **ongelukke***)*

ongelukkig[1] ❶ unhappy *"Why do you look so* ***un*** ***happy?"*** *– "My cat was run over by a car."* "Hoekom lyk jy so **ongelukkig**?" – "My kat is deur 'n motor omgery." ❷ unlucky *I'm* ***unlucky*** *at card games – I never win.* Ek is **ongelukkig** in kaartspel – ek wen nooit nie.

☐ **on·ge·luk·kig** *byvoeglike naamwoord (attributief* **ongelukkige***)* **ongelukkiger, ongelukkigste**

ongelukkig[2] unfortunately *"**Unfortunately** all the ice-cream is sold out – how about a cool drink?"* "**Ongelukkig** is al die roomys uitverkoop – wat van 'n koeldrank?"

☐ **on·ge·luk·kig** *bywoord*

ongelyk uneven *The road is full of bumps and very* ***un*** ***even.*** Die pad is vol bulte en baie **ongelyk.**

☐ **on·ge·lyk** *byvoeglike naamwoord (attributief* **ongelyke***)* **ongelyker, ongelykste**

ongesond unhealthy **[a]** *It is* ***unhealthy*** *to smoke.* Dis **ongesond** om te rook. **[b]** *He has an* ***unhealthy*** *cough.* Hy het 'n **ongesonde** hoes.

☐ **on·ge·sond** *byvoeglike naamwoord (attributief* **ongesonde***)* **ongesonder, ongesondste**

ongetroud unmarried *My aunt is* ***unmarried*** *and has no husband.* My tante is **ongetroud** en het geen man nie.

☐ **on·ge·troud** *byvoeglike naamwoord (attributief* **ongetroude***)*

ongeveer ❶ about *Our house is* ***about*** *4 km from the station.* Ons huis is **ongeveer** 4 km van die stasie af. ❷ something like *He had to pay* ***something like*** *R350,00 to have his car repaired.* Hy moes **ongeveer** R350,00 betaal om sy motor te laat regmaak.

◆ **sê ongeveer** give an idea *"Can you* ***give me an*** ***idea*** *of how much a new bicycle will cost in a year's time?"* "Kan jy my **sê ongeveer** hoeveel 'n nuwe fiets oor 'n jaar sal kos?"

☐ **on·ge·veer** *bywoord*

ongewoon rare, unusual *It is* ***rare/unusual*** *to see snow* *in summer.* Dis **ongewoon** om sneeu in die somer te sien.

□ **on·ge·woon** *byvoeglike naamwoord (attributief on= gewone)* **ongewoner, ongewoonste**

onkruid weed *A* **weed** *is a wild plant that grows where you do not want it.* 'n **Onkruid** is 'n wilde plant wat groei waar jy dit nie wil hê nie.

◆ **onkruid uittrek** weed *"Would you like me to* **weed** *the garden today, Mrs Smith?"* "Wil u hê ek moet van= dag die **onkruid** in die tuin **uittrek**, mev. Smith?"

□ **on·kruid** *selfstandige naamwoord (meervoud* **on= kruide)**

onlangs[1] recent *This is a* **recent** *photograph of my parents – I took it a short time ago.* Dis 'n **onlangse** foto van my ouers – ek het dit 'n rukkie gelede geneem.

□ **on·langs** *byvoeglike naamwoord (gewoonlik attribu= tief* **onlangse)** **meer onlangs, mees onlangse**

onlangs[2] recently *"I can see you've had your hair cut* **recently** *– it's still very short."* "Ek kan sien jy het jou hare **onlangs** laat sny – dis nog baie kort."

□ **on·langs** *bywoord*

onmiddellik ❶ immediately, right/straight away *She was so curious to know what was in the parcel that she opened it* **immediately** *(*OR **right/straight away***).* Sy was so nuuskierig om te weet wat in die pakkie was dat sy dit **onmiddellik** oopgemaak het. ❷ at once *"Go to bed* **at once** *– it's late!"* "Gaan **onmiddellik** bed toe – dis laat!"

□ **on·mid·del·lik** *bywoord*

onmoontlik[1] impossible *It is* **impossible** *for an apple tree to bear figs.* Dit is **onmoontlik** vir 'n appelboom om vye te dra.

□ **on·moont·lik** *byvoeglike naamwoord (attributief* **onmoontlike)**

onmoontlik[2] not possibly *"You* **can't possibly** *eat all that food!"* "Jy kan **onmoontlik** (nie) al daardie kos eet (nie)!"

□ **on·moont·lik** *bywoord*

onnodig unnecessary *It's* **unnecessary** *to water the garden on a rainy day.* Dis **onnodig** om die tuin op 'n reënerige dag nat te gooi.

□ **on·no·dig** *byvoeglike naamwoord (attributief* **onno= dige)**

onnosel stupid *"Do you think I'm* **stupid***? Of course I know that milk comes from cows!"* "Dink jy ek's **onno= sel**? Natuurlik weet ek dat melk van koeie af kom!"

□ **on·no·sel** *byvoeglike naamwoord (attributief* **onno= sele)** **onnoseler, onnoselste**

onpaar odd *"You're wearing* **odd** *socks – the one is brown and the other black!"* "Jy het **onpaar** sokkies aan – die een is bruin en die ander swart!"

□ **on·paar** *byvoeglike naamwoord (meestal attribu= tief)*

onregverdig unfair *It's* **unfair** *that Doreen got five sweets and I only three.* Dis **onregverdig** dat Doreen vyf lekkers gekry het en ek net drie.

□ **on·reg·ver·dig** *byvoeglike naamwoord (attributief*

onregverdige) **onregverdiger, onregverdigste**

ons ❶ we *"Are you brothers?" – "No,* **we** *aren't."* "Is julle broers?" – "Nee, **ons** is nie." ❷ us *None of* **us** *went – we all stayed at home.* Nie een van **ons** het ge= gaan nie – ons het almal by die huis gebly. ❸ our *Our house has two bedrooms.* **Ons** huis het twee slaapka= mers. ❹ ourselves *We washed* **ourselves** *in the river.* Ons het **ons** in die rivier gewas.

◆ **ons s'n** ⇨ **s'n.**

◆ **van ons** of ours *"Who are those people?" – "They are friends* **of ours***."* "Wie is daardie mense?" – "Hul= le is vriende **van ons**."

□ **ons** *voornaamwoord*

In Afrikaans beteken **twee van ons** dat daar meer as twee is of was. *Twee van ons* het die juffrou gehelp gee dus te kenne dat die res van die klas nie hand bygesit het nie. As daar net twee ter sprake is, is die regte Afrikaans **ons twee**: *Ons twee is ewe oud* (nie *Die twee van ons is ewe oud* nie).

---

onsin nonsense, rubbish *"Don't talk* **nonsense/ rubbish** *– there isn't a man in the moon!"* "Moenie **onsin** praat nie – daar is nie 'n man in die maan nie!"

□ **on·sin** *selfstandige naamwoord (geen meervoud)*

onskuldig innocent *The boy is* **innocent** *– he did not steal the money.* Die seun is **onskuldig** – hy het nie die geld gesteel nie.

□ **on·skul·dig** *byvoeglike naamwoord (attributief* **on= skuldige)**

onsself ourselves *We could see* **ourselves** *in the shiny shop windows.* Ons kon **onsself** in die blink winkelven= sters sien.

□ **ons·self** *voornaamwoord*

ontbyt breakfast *I had porridge for* **breakfast** *this morning.* Ek het vanoggend pap vir **ontbyt** gehad.

□ **ont·byt** *selfstandige naamwoord (meervoud* **ont= byte)**

ontdek discover **[a]** *If they drill deep enough, they might* **discover** *oil in the land under the sea.* As hulle diep genoeg boor, **ontdek** hulle dalk olie in die grond onder die see. **[b]** *When she unpacked her bag, she dis= covered that her ruler was gone.* Toe sy haar tas uit= pak, **het** sy **ontdek** dat haar liniaal weg is.

□ **ont·dek** *werkwoord (teenwoordige tyd* **ontdek***, ver= lede tyd* **het ontdek***)*

ontdekking discovery **[a]** *The* **discovery** *of gold on his farm made him a very rich man.* Die **ontdekking** van goud op sy plaas het hom 'n baie ryk man gemaak. **[b]** *She was disappointed at the* **discovery** *that her ruler was gone.* Sy was teleurgesteld by die **ontdekking** dat haar liniaal weg is.

□ **ont·dek·king** *selfstandige naamwoord (meervoud* **ontdekkinge/ontdekkings)**

ontevrede dissatisfied *Dad is* **dissatisfied** *with the marks I get at school; he says I could do better.* Pa is **ontevrede** met die punte wat ek op skool kry; hy sê ek kan beter vaar.

□ **on·te·vre·de** *byvoeglike naamwoord (attributief on=
tevrede) ontevredener* OF **meer ontevrede, onte=
vredenste** OF **mees ontevrede**

onthou remember **[a]** *"What is the new boy's name?"* –
"I don't know, I can't remember." "Wat is die nuwe
seun se naam?" – "Ek weet nie, ek kan nie **onthou**
nie." **[b]** *"Remember to switch off the lights before
you go to bed."* "**Onthou** om die ligte af te sit voordat
jy gaan slaap."
◆ **help onthou** remind *"Please remind me to buy a
newspaper for your father."* "**Help** my asseblief **ont=
hou** dat ek vir jou pa 'n koerant moet koop."
□ **ont·hou** *werkwoord (teenwoordige tyd onthou, ver=
lede tyd het onthou)*

ontken deny *"I deny that I broke the cup – Simon did
it."* "Ek **ontken** dat ek die koppie gebreek het – Simon
het dit gedoen."
□ **ont·ken** *werkwoord (teenwoordige tyd ontken, ver=
lede tyd het ontken)*

ontmoet meet **[a]** *"I'd like to meet your sister; please
introduce her to me."* "Ek wil jou suster graag **ont=
moet;** stel haar asseblief aan my voor." **[b]** *I know
him; we met at a party.* Ek ken hom; ons **het** by 'n
partytjie **ontmoet.**
□ **ont·moet** *werkwoord (teenwoordige tyd ontmoet,
verlede tyd het ontmoet)*

ontmoeting meeting *His first meeting with Christine
was at Lynette's party.* Sy eerste **ontmoeting** met
Christine was by Lynette se partytjie.
□ **ont·moe·ting** *selfstandige naamwoord (meervoud
ontmoetinge/ontmoetings)*

ontsaglike tremendous *The aeroplane's engines make a
tremendous noise.* Die vliegtuig se enjins maak 'n
ontsaglike lawaai.
□ **ont·sag·li·ke** *attributiewe byvoeglike naamwoord*

ontslae van rid of *The best way to get rid of a cold, is to
stay in bed for a few days.* Die beste manier om **van** 'n
verkoue **ontslae** te raak, is om 'n paar dae in die bed te
bly.
□ **ont·sla·e van** *bywoordfrase*

ontsnap escape *A prisoner tried to escape from jail.* 'n
Gevangene het uit die tronk probeer **ontsnap.**
□ **ont·snap** *werkwoord (teenwoordige tyd ontsnap,
verlede tyd het ontsnap)*

ontstaan ❶ develop *If we don't get rain this year, a
serious drought will develop.* As ons nie vanjaar reën
kry nie, sal 'n ernstige droogte **ontstaan.** ❷ form
*When the sun shines while it is raining, a rainbow can
form in the sky.* As die son skyn terwyl dit reën, kan 'n
reënboog in die lug **ontstaan.**
□ **ont·staan** *werkwoord (teenwoordige tyd ontstaan,
verlede tyd het ontstaan)*

ontstel upset *"I'm sorry, it wasn't my intention to upset
you."* "Jammer, dit was nie my bedoeling om jou te
ontstel nie."
□ **ont·stel** *werkwoord (teenwoordige tyd ontstel, ver=
lede tyd het ontstel)*

ontsteld upset *She was very upset when her cat died.* Sy
was baie **ontsteld** toe haar kat dood is.
□ **ont·steld** *byvoeglike naamwoord (attributief ont=
stelde)*

ontvang ❶ receive *If I post the letter today, he ought to
receive it in about three days.* As ek die brief vandag
pos, behoort hy dit oor so drie dae te **ontvang.** ❷ see
The dentist can't see me till the end of next month. Die
tandarts kan my nie voor die einde van volgende
maand **ontvang** nie.
□ **ont·vang** *werkwoord (teenwoordige tyd ontvang,
verlede tyd het ontvang)*

ontwikkel develop *Seeds develop into plants.* Sade
ontwikkel tot plante.
□ **ont·wik·kel** *werkwoord (teenwoordige tyd ontwik=
kel, verlede tyd het ontwikkel)*

ontwikkeling development *It is interesting to watch the
development of a seed into a plant.* Dit is interessant
om die **ontwikkeling** van 'n saad tot 'n plant dop te
hou.
□ **ont·wik·ke·ling** *selfstandige naamwoord (meervoud
ontwikkelinge/ontwikkelings)*

onverwags[1] unexpected *Her death was unexpected –
we all thought she was strong and healthy.* Haar dood
was **onverwags** – ons het almal gedink sy is sterk en
gesond.
□ **on·ver·wags** *byvoeglike naamwoord (attributief on=
verwagse)*

onverwags[2] unexpectedly *He got a big fright when the
dog unexpectedly charged at him.* Hy het groot ge=
skrik toe die hond hom **onverwags** bestorm.
□ **on·ver·wags** *bywoord*

onweer thunder *"There is thunder in the air – just see
how black the clouds are."* "Daar is **onweer** in die lug –
kyk net hoe swart is die wolke."
□ **on·weer** *selfstandige naamwoord (geen meervoud)*

oog eye **[a]** *He is blind in one eye.* Hy is blind in een
oog. **[b]** *She had trouble passing the thread of cotton
through the eye of the needle.* Sy het gesukkel om die
draad garing deur die **oog** van die naald te steek.
◆ **goeie oë** good eyesight *People with good eyesight
need not wear glasses.* Mense met **goeie oë** hoef nie bril
te dra nie.
◆ **'n ogie hou oor** watch *"Please watch the baby
while I go shopping."* "**Hou** asseblief **'n ogie oor** die
baba terwyl ek winkels toe gaan."
◆ **swak oë** weak eyesight *People with weak eyesight
can't see far.* Mense met **swak oë** kan nie ver sien
nie.
□ **oog** *selfstandige naamwoord (meervoud oë)*

ooit ever *"Have you ever swum in the sea?"* – *"No,
never."* "Het jy al **ooit** in die see geswem?" – "Nee,
nog nooit nie."
□ **ooit** *bywoord*

ook ❶ also *He plays soccer and also takes part in ath=
letics.* Hy speel sokker en neem **ook** aan atletiek deel. ❷
too, as well *"I'm going to buy myself an ice-cream.*

Would you like one **too** *(OR* **as well***)?"* "Ek gaan vir my 'n roomys koop. Wil jy **ook** een hê?"

◆ **en ... ook nie** nor *I can't do it,* **nor** *do I want to.* Ek kan dit nie doen nie **en** wil **ook nie.**

◆ **... ook** ❶ so do ... *She loves chocolates and* **so do** *I.* Sy hou baie van sjokolade en ek **ook.** ❷ so have ... *"I've seen the film before." – "***So have** *I."* "Ek het die prent al gesien." – "Ek **ook.**" ❸ so is ... *He is very clever;* **so is** *his brother.* Hy is baie slim; sy broer **ook.**

◆ **ook nie** neither, nor, ₌n't either *He can't swim;* **neither/nor** *can his sister (OR his sister* **can't either***).* Hy kan nie swem nie; sy suster **ook nie.**

◆ **waar ook (al)** ⇨ **waar**².

□ **ook** *bywoord*

In versorgde skryftaal moet **ook** so na as moontlik staan aan die woord waarna dit verwys: *Ook Linda het 'n roomys geëet* beteken dat sy een van 'n klompie roomyseters was. *Linda het* **ook** *'n roomys geëet* beteken dat sy 'n roomys naas ander goed geëet het.

---

oom uncle *Uncle Tom is my mother's brother.* **Oom** Tom is my ma se broer.

□ **oom** *selfstandige naamwoord (meervoud* **ooms***)*

Jy skryf **oom** met 'n hoofletter wanneer dit as aan₌ spreekvorm gebruik word; sodra jy 'n eienaam by₌ voeg, begin die aanspreekvorm met 'n kleinletter: *"Môre, **Oom**." "Môre, **oom** Smit."*

---

oomblik moment, minute *The* **moment/minute** *I saw him, I knew he was Linda's brother.* Die **oomblik** toe ek hom sien, het ek geweet hy is Linda se broer.

◆ **binne enkele oomblikke** in/within seconds *The roof caught fire and* **in/within seconds** *the whole house was in flames.* Die dak het aan die brand geraak en **binne enkele oomblikke** het die hele huis in vlamme gestaan.

◆ **net 'n oomblik** just a moment/minute/second *"***Just a moment/minute/second***, sir; I'll call my dad to the telephone."* "**Net 'n oomblik,** meneer; ek sal my pa na die telefoon roep."

◆ **op die oomblik** at the moment, at present, right now *"Lynette isn't home* **at the moment** *(OR* **at pre₌ sent** *OR* **right now***). Can I ask her to phone you back?"* "Lynette is nie **op die oomblik** tuis nie. Kan ek haar vra om jou terug te bel?"

◆ **vir die oomblik** for the moment/present *We have enough milk* **for the moment/present** *but will have to get some more tomorrow.* Ons het **vir die oomblik** ge₌ noeg melk, maar sal môre nog moet kry.

□ **oom·blik** *selfstandige naamwoord (meervoud* **oom₌ blikke***)*

oond oven *She took the cake out of the* **oven***.* Sy het die koek uit die **oond** gehaal.

□ **oond** *selfstandige naamwoord (meervoud* **oonde***)*

oop open [a] *"Is the door* **open***?" – "No, it's shut."* "Is die deur **oop**?" – "Nee, dis toe." [b] *The shops stay* **open** *until 17:00.* Die winkels bly tot 17:00 **oop.**

□ **oop** *byvoeglike naamwoord (attributief* **oop***)*

oopdraai open, turn on *Put the plug in the bath before you* **open** *(OR* **turn on***) the tap.* Steek die prop in die bad voor jy die kraan **oopdraai.**

□ **oop·draai** *werkwoord (teenwoordige tyd* **draai oop,** *verlede tyd* **het oopgedraai***)*

oopgaan open *The shop has doors that* **open** *and shut by themselves.* Die winkel het deure wat vanself **oopgaan** en toegaan.

□ **oop·gaan** *werkwoord (teenwoordige tyd* **gaan oop,** *verlede tyd* **het oopgegaan***)*

oophou keep open *I'm so sleepy I can hardly* **keep** *my eyes* **open***.* Ek is so vaak, ek kan skaars my oë **oop₌ hou.**

□ **oop·hou** *werkwoord (teenwoordige tyd* **hou oop,** *verlede tyd* **het oopgehou***)*

oopkry open *The lid was so tight that I couldn't* **open** *the jar.* Die deksel het so styf gesit dat ek nie die fles kon **oopkry** nie.

□ **oop·kry** *werkwoord (teenwoordige tyd* **kry oop,** *ver₌ lede tyd* **het oopgekry***)*

oopmaak ❶ open [a] *"I'm a bit hot – would you mind if I* **open** *the window?"* "Ek kry 'n bietjie warm – sal jy omgee as ek die venster **oopmaak**?" [b] *"***Open** *your books at page 61."* "**Maak** jul boeke by bladsy 61 **oop.**" [c] *What a handy knife! It can cut,* **open** *tins and draw corks.* Wat 'n handige mes! Dit kan sny, blikke **oopmaak** en proppe uittrek. ❷ answer *"Will you please* **answer** *the door? I hear someone knocking."* "Sal jy asseblief die deur **oopmaak**? Ek hoor iemand klop."

□ **oop·maak** *werkwoord (teenwoordige tyd* **maak oop,** *verlede tyd* **het oopgemaak***)*

oopmaker opener *I can't get the top off the bottle with this* **opener***.* Ek kan nie die bottel se dop met dié **oop₌ maker** afkry nie.

□ **oop·ma·ker** *selfstandige naamwoord (meervoud* **oopmakers***)*

oopsluit unlock *This must be the wrong key – I can't* **unlock** *the door with it.* Dis seker die verkeerde sleutel dié – ek kan nie die deur daarmee **oopsluit** nie.

□ **oop·sluit** *werkwoord (teenwoordige tyd* **sluit oop,** *verlede tyd* **het oopgesluit***)*

oopsprei spread (out) [a] *"Please help me – I want to* **spread** *the blanket* **(out)** *on the grass."* "Help my asse₌ blief – ek wil die kombers op die gras **oopsprei.**" [b] *"If you* **spread** *the peas* **(out)** *on the table, it will be easier to pick out the bad ones."* "As jy die ertjies op die tafel **oopsprei,** sal dit makliker wees om die slegtes uit te soek."

□ **oop·sprei** *werkwoord (teenwoordige tyd* **sprei oop,** *verlede tyd* **het oopgesprei***)*

ooptrek ❶ open *"Don't* **open** *the drawer too wide; it will fall out."* "Moenie die laai te wyd **ooptrek** nie; dit sal uitval." ❷ clear *It has stopped raining and it looks as if the sky is going to* **clear***.* Dit het opgehou met reën en dit lyk asof die lug gaan **ooptrek.**

□ **oop·trek** *werkwoord (teenwoordige tyd* **trek oop,** *verlede tyd* **het oopgetrek)**

oor[1] ear *He is deaf in one* **ear** *and can't hear well.* Hy is in een **oor** doof en kan nie goed hoor nie.

□ **oor** *selfstandige naamwoord (meervoud* **ore)**

oor[2] **1** over *What a relief – my headache is* **over.** Wat 'n verligting – my hoofpyn is **oor. 2** left (over), over *"There is plenty of rice* **left** *(OR* **left over** OR **over)** – *who would like some more?"* "Daar is baie rys **oor** – wie wil nog hê?" **3** to go *There are two weeks* **to go** *before the school holiday begins.* Daar is twee weke **oor** voordat die skoolvakansie begin. **4** to spare [a] *"There is a sandwich* **to spare** *– who would like it?"* "Daar is 'n toebroodjie **oor** – wie wil dit hê?" [b] *"We have an hour* **to spare** *before the train comes – let's go and drink something."* "Ons het 'n uur **oor** voordat die trein kom – kom ons gaan drink iets."

□ **oor** *bywoord*

oor[3] **1** over [a] *The dog jumped* **over** *the fence.* Die hond het **oor** die heining gespring. [b] *"Would you like some gravy* **over** *your rice?"* "Wil jy 'n bietjie sous **oor** jou rys hê?" [c] *Although he is* **over** *eighty, he can still walk without a stick.* Hoewel hy **oor** die tagtig is, kan hy nog sonder 'n kierie loop. **2** about, on *I'm reading a book* **about/on** *dogs.* Ek lees 'n boek **oor** honde. **3** on, over *We spoke to each other* **on/over** *the telephone.* Ons het met mekaar **oor** die telefoon gepraat. **4** across *She helped the child* **across** *the street.* Sy het die kind **oor** die straat gehelp. **5** past *"What is the time?"* – *"It's twenty minutes* **past** *three."* "Hoe laat is dit?" – "Dis twintig minute **oor** drie."

◆ **oor die hele land** ⇨ **heel**[1].

◆ **oor 'n dag/week/maand/jaar** in a day's/week's/ month's/year's time *If you save R1,00 a month, you'll have R12,00* **in a year's time.** As jy R1,00 per maand spaar, sal jy **oor 'n jaar** R12,00 hê.

◆ **oor 'n uur** in an hour, in an hour's time *"You needn't hurry – the train only leaves* **in an hour** *(OR* **in an hour's time).**" "Jy hoef jou nie te haas nie – die trein vertrek eers **oor 'n uur.**"

◆ **vandag oor ... dae** ⇨ **vandag.**

□ **oor** *voorsetsel*

oor[4] **1** because of, owing to *The road is closed* **because of** *(OR* **owing to)** *repairs.* Die pad is **oor** herstelwerk gesluit. **2** for *The teacher punished him* **for** *being late.* Die juffrou het hom gestraf **oor** hy laat gekom het.

□ **oor** *voegwoord*

oorbly 1 remain *"Give the eats that* **remain** *after the party to your friends to take home."* "Gee die eetgoed wat na die partytjie **oorbly,** vir jou maats om huis toe te neem." **2** stay *The car got a puncture, so we had to* **stay** *the night in Bloemfontein.* Die motor het 'n pap band gekry, toe moes ons die nag in Bloemfontein **oorbly.**

◆ **laat oorbly** leave *"Don't eat all the biscuits –* **leave** *some for me!"* "Moenie al die koekies eet nie – **laat** 'n paar vir my **oorbly!"**

□ **oor·bly** *werkwoord (teenwoordige tyd* **bly oor,** *verlede tyd* **het oorgebly)**

oordra pass on *"Will you please* **pass on** *the message to Simon that there is no soccer practice this afternoon?"* "Sal jy asseblief die boodskap aan Simon **oordra** dat daar vanmiddag geen sokkeroefening is nie?"

□ **oor·dra** *werkwoord (teenwoordige tyd* **dra oor,** *verlede tyd* **het oorgedra)**

ooreenkoms deal *The* **deal** *was that he would pay her R5,00 a month to make his bed every morning.* Die **ooreenkoms** was dat hy haar R5,00 per maand sou betaal om elke oggend sy bed op te maak.

□ **oor·een·koms** *selfstandige naamwoord (meervoud* **ooreenkomste)**

oorhou keep, save *"I won't eat up all my sweets now but* **keep/save** *a few for tomorrow."* "Ek gaan nie nou al my lekkers opeet nie maar 'n paar vir môre **oorhou.**"

□ **oor·hou** *werkwoord (teenwoordige tyd* **hou oor,** *verlede tyd* **het oorgehou)**

oorkant[1] opposite/other side *He swam through the river to the* **opposite/other side.** Hy het deur die rivier na die **oorkant** toe geswem.

◆ **aan die oorkant** opposite *The house* **opposite** *is for sale.* Die huis **aan die oorkant** is te koop.

□ **oor·kant** *selfstandige naamwoord (geen meervoud)*

oorkant[2] over *They are* **over** *in England to visit relatives.* Hulle is **oorkant** in Engeland om by familie te kuier.

◆ **daar oorkant** over there *"Who is that girl* **over there?"** "Wie is die meisie **daar oorkant?"**

□ **oor·kant** *bywoord*

oorkant[3] **1** on the opposite/other side of *The bus crossed the bridge and stopped* **on the opposite/other side** *of the river.* Die bus het oor die brug gery en **oorkant** die rivier stilgehou. **2** opposite *"Do Charles and Lorraine live next door to you?"* – *"No, they live* **opposite** *us."* "Woon Charles en Lorraine langs julle?" – "Nee hulle woon **oorkant** ons." **3** across, over *The neighbours who live* **across/over** *the street are going to move.* Die bure wat **oorkant** die straat bly, gaan trek.

□ **oor·kant** *voorsetsel*

oorkook boil over *"Will you watch the milk for me, please? I don't want it to* **boil over.**" "Sal jy die melk vir my dophou, asseblief? Ek wil nie hê dit moet **oorkook** nie."

□ **oor·kook** *werkwoord (teenwoordige tyd* **kook oor,** *verlede tyd* **het oorgekook)**

oorlaat leave *"Don't eat all the biscuits –* **leave** *some for me!"* "Moenie al die koekies eet nie – **laat** 'n paar vir my **oor!"**

◆ **oorlaat aan** leave to *"You can* **leave** *the dishes* **to** *me – I will wash them."* "Jy kan die skottelgoed **aan** my **oorlaat** – ek sal dit was."

□ **oor·laat** *werkwoord (teenwoordige tyd* **laat oor,** *verlede tyd* **het oorgelaat)**

oorlede late, dead *The widow often talks about her **late/ dead** husband.* Die weduwee praat dikwels oor haar **oorlede** man.

◆ **is oorlede** died *My grandfather **died** three years ago.* My oupa is drie jaar gelede **oorlede**.

□ **oor·le·de** *byvoeglike naamwoord (attributief **oor· lede**)*

oorlog war *Most people want peace in the world and not **war**.* Die meeste mense wil vrede in die wêreld hê en nie **oorlog** nie.

◆ **in oorlog wees met** be at war with *America and Iraq **were at war with** each other in 1991.* Amerika en Irak **was** in 1991 **met** mekaar in **oorlog**.

□ **oor·log** *selfstandige naamwoord (meervoud **oorloë**)*

oorloop 1 cross (over) *"Wait until the road is clear before you **cross (over)**."* "Wag tot die pad skoon is voor jy **oorloop**." **2** run over *The dam is so full that it will **run over** if more rain falls.* Die dam is so vol dat dit sal **oorloop** as nog reën val.

□ **oor·loop** *werkwoord (teenwoordige tyd **loop oor**, verlede tyd **het oorgeloop**)*

oormôre the day after tomorrow *If it is Friday today, then it is Sunday **the day after tomorrow**.* As dit vandag Vrydag is, is dit **oormôre** Sondag.

□ **oor·mô·re** *bywoord*

oorreed persuade *I could not **persuade** him to go swimming with us.* Ek kon hom nie **oorreed** om saam met ons te gaan swem nie.

□ **oor·reed** *werkwoord (teenwoordige tyd **oorreed**, verlede tyd **het oorreed**)*

oorsaak cause *A serious accident was the **cause** of his death.* 'n Ernstige ongeluk was die **oorsaak** van sy dood.

□ **oor·saak** *selfstandige naamwoord (meervoud **oor· sake**)*

oorsee overseas *An uncle of hers lives **overseas** in England.* 'n Oom van haar woon **oorsee** in Engeland.

□ **oor·see** *bywoord*

oorskakel switch over *"I don't like this radio programme; may I **switch over** to another station?"* "Ek hou nie van dié radioprogram nie; kan ek maar na 'n ander stasie **oorskakel**?"

□ **oor·ska·kel** *werkwoord (teenwoordige tyd **skakel oor**, verlede tyd **het oorgeskakel**)*

oorskryf, oorskrywe 1 rewrite *I had to **rewrite** my essay because it wasn't neat enough.* Ek moes my opstel **oorskryf/oorskrywe** omdat dit nie netjies genoeg was nie. **2** copy *"Don't make mistakes when you **copy** the work on the board into your books."* "Moenie foute maak wanneer julle die werk op die bord in jul boeke **oorskryf/oorskrywe** nie."

□ **oor·skryf**, **oor·skry·we** *werkwoord (teenwoordige tyd skryf/skrywe oor verlede tyd **het oorgeskryf/ oorgeskrywe**)*

oorstap cross (over) *"Wait until the road is clear before you **cross (over)**."* "Wag tot die pad skoon is voor jy **oorstap**."

□ **oor·stap** *werkwoord (teenwoordige tyd **stap oor**, verlede tyd **het oorgestap**)*

oorsteek cross *"Look left and right before you **cross** the street."* "Kyk links en regs voor jy die straat **oorsteek**."

□ **oor·steek** *werkwoord (teenwoordige tyd **steek oor**, verlede tyd **het oorgesteek**)*

oorteken 1 redraw *I had to **redraw** the picture because I had made a mistake.* Ek moes die prent **oorteken** omdat ek 'n fout gemaak het. **2** copy *For homework we had to **copy** a map of South Africa out of an atlas.* Ons moes vir huiswerk 'n kaart van Suid-Afrika uit 'n atlas **oorteken**.

□ **oor·te·ken** *werkwoord (teenwoordige tyd **teken oor**, verlede tyd **het oorgeteken**)*

oortreffende trap superlative *"Cleverest" is the **superlative** of "clever".* "Slimste" is die **oortref· fende trap** van "slim".

□ **oor·tref·fen·de trap** *naamwoordgroep (meervoud **oortreffende trappe**)*

oortrek 1 move *We are going to **move** to a new flat next month.* Ons gaan volgende maand na 'n nuwe woonstel **oortrek**. **2** cover *"Cover your book with brown paper and paste a pretty picture on it."* "**Trek** jou boek met bruin papier **oor** en plak 'n mooi prentjie daarop."

□ **oor·trek** *werkwoord (teenwoordige tyd **trek oor**, verlede tyd **het oorgetrek**)*

oortreksel cover *The chair has a red **cover**.* Die stoel het 'n rooi **oortreksel**.

□ **oor·trek·sel** *selfstandige naamwoord (meervoud **oortreksels**)*

oortyd overtime *Dad worked **overtime** and came home late.* Pa het **oortyd** gewerk en laat huis toe gekom.

□ **oor·tyd** *bywoord*

oorval word deur be caught in *I hope we won't **be caught in** the rain.* Ek hoop nie ons gaan **deur** die reën **oorval word** nie.

□ **oor·val word deur** *werkwoordfrase (teenwoordige tyd **word oorval deur**, verlede tyd **is oorval deur**)*

oorvertel repeat *"Can you keep a secret? I want to tell you something that you mustn't **repeat**."* "Kan jy 'n geheim bewaar? Ek wil jou iets vertel wat jy nie moet **oorvertel** nie."

□ **oor·ver·tel** *werkwoord (teenwoordige tyd **vertel oor**, verlede tyd **het oorvertel**)*

oorvra ask/invite over, ask/invite round *"Mum, may I **ask/invite** some friends **over/round** for dinner?"* "Ma, kan ek maar 'n paar maats vir ete **oorvra**?"

□ **oor·vra** *werkwoord (teenwoordige tyd **vra oor**, verlede tyd **het oorgevra**)*

oos east *My bedroom faces **east** and is nice and sunny in the morning.* My slaapkamer kyk **oos** en is soggens lekker sonnig.

□ **oos** *bywoord*

ooste east *The sun comes up in the **east** and sets in the west.* Die son kom in die **ooste** op en sak in die weste.

□ **oos·te** *selfstandige naamwoord (geen meervoud)*

oostelike eastern *Durban lies in the **eastern** part of our country*. Durban lê in die **oostelike** deel van ons land.

□ **oos·te·li·ke** *attributiewe byvoeglike naamwoord*

op¹ 🔳 up **[a]** *"Is Lynette **up** already?" – "No, she's still in bed."* "Is Lynette al **op**?" – "Nee, sy's nog in die bed." **[b]** *We left very early – the sun wasn't even **up** yet*. Ons het baie vroeg vertrek – die son was nog nie eers **op** nie. **[c]** *He walked round the car to check whether all the windows were **up***. Hy het om die motor geloop om te kyk of al die vensters **op** is. **🔳** on *"Is everybody **on**? May I go?" the bus driver asked*. "Is almal **op**? Kan ek maar ry?" het die busbestuurder gevra.

◆ **op wees** be finished, be out of, has/have run out of *"The milk **is finished** (OR We **are out of** milk OR We **have run out of** milk) – you'll have to drink your coffee black."* "Die melk **is op** – jy sal jou koffie swart moet drink."

□ **op** *bywoord*

op² 🔳 on **[a]** *The book is lying **on** the table*. Die boek lê **op** die tafel. **[b]** *The map of South Africa is **on** page 23 of the atlas*. Die kaart van Suid-Afrika is **op** bladsy 23 van die atlas. **[c]** *"Does your father work **on** a Saturday?"* "Werk jou pa **op** 'n Saterdag?" **🔳** at **[a]** *At the age of 85 he was still walking without a stick*. **Op** die ouderdom van 85 het hy nog sonder 'n kierie geloop. **[b]** *She is doing well **at** school and is going to matric next year*. Sy vaar goed **op** skool en gaan volgende jaar matriek toe. **🔳** in **[a]** *They live **in** a small town*. Hulle woon **op** 'n klein dorpie. **[b]** *My mother does not like it if we play **in** the street*. My ma hou nie daarvan as ons **op** straat speel nie. **🔳** into *He raked the leaves **into** a heap*. Hy het die blare **op** 'n hoop gehark. **🔳** onto, on to *She lifted the baby **onto** (OR **on to**) her back*. Sy het die baba **op** haar rug getel. **🔳** to *She didn't know the answer **to** the question*. Sy het nie geweet wat die antwoord **op** die vraag is nie.

◆ **op met** up **[a]** *He went **up** the stairs to the second floor*. Hy is **met** die trap **op** na die tweede verdieping toe. **[b]** *"Go **up** this street until you reach the top of the hill."* "Gaan **met** dié straat **op** totdat jy bo-op die bult kom."

◆ **op teen** up *The lorry went **up** the hill at a low speed*. Die lorrie is met 'n lae snelheid **teen** die bult **op**.

◆ **op ... wees** show *The photo **shows** a woman carrying a baby*. **Op** die foto **is** 'n vrou wat 'n baba dra.

□ **op** *voorsetsel*

opbel ring (up), give a ring *"I'll **ring you** (OR **ring you up** OR **give you a ring**) from the phone box outside the post office."* "Ek sal jou van die telefoonhokkie buite die poskantoor **opbel**."

□ **op·bel** *werkwoord (teenwoordige tyd **bel op**, verlede tyd **het opgebel**)*

opblaas blow up *When you **blow up** a balloon, you fill it with air*. Wanneer jy 'n ballon **opblaas**, vul jy dit met lug.

□ **op·blaas** *werkwoord (teenwoordige tyd **blaas op**, verlede tyd **het opgeblaas**)*

opbly 🔳 stay on *She took her hat off because it wouldn't **stay on** in the wind*. Sy het haar hoed afgehaal, want dit wou nie in die wind **opbly** nie. **🔳** stay up, sit up *"Mummy, may we **stay/sit up** late to watch the film on TV tonight?"* "Mamma, mag ons vanaand laat **opbly** om na die film op TV te kyk?"

◆ **opbly vir** wait up for *"I'll be home very late – don't **wait up for** me."* "Ek sal baie laat tuis wees – moenie **vir** my **opbly** nie."

□ **op·bly** *werkwoord (teenwoordige tyd **bly op**, verlede tyd **het opgebly**)*

opbou build up *An aeroplane has to **build up** great speed before it can lift off the ground*. 'n Vliegtuig moet baie spoed **opbou** voordat dit van die grond af kan opstyg.

□ **op·bou** *werkwoord (teenwoordige tyd **bou op**, verlede tyd **het opgebou**)*

opdaag turn/show up *I wonder how many people will **turn/show up** at the meeting?* Ek wonder hoeveel mense by die vergadering sal **opdaag**?

□ **op·daag** *werkwoord (teenwoordige tyd **daag op**, verlede tyd **het opgedaag**)*

opdien serve *"Children, are your hands clean? I want to **serve** dinner."* "Kinders, is jul hande skoon? Ek wil die ete **opdien**."

□ **op·dien** *werkwoord (teenwoordige tyd **dien op**, verlede tyd **het opgedien**)*

opdraai wind up *"Dad, will you **wind** your window **up**, please? The wind is bothering us in the back of the car."* "Pa, sal jy jou venster **opdraai**, asseblief? Die wind pla ons agter in die motor."

□ **op·draai** *werkwoord (teenwoordige tyd **draai op**, verlede tyd **het opgedraai**)*

opdraand, opdraande¹ slope *I pushed my bicycle up the steep **slope***. Ek het my fiets teen die steil **opdraand/opdraande** uitgestoot.

□ **op·draand** OF **op·draan·de** *selfstandige naamwoord (meervoud **opdraandes**)*

opdraand, opdraande² uphill *I walk downhill to school and **uphill** back home*. Ek loop afdraand/afdraande skool toe en **opdraand/opdraande** terug huis toe.

□ **op·draand** OF **op·draan·de** *bywoord*

opdrag instruction, order *The **instruction/order** came from the headmaster – I couldn't refuse to do it*. Die **opdrag** het van die hoof gekom – ek kon nie weier om dit te doen nie.

◆ **opdrag gee** instruct *The headmaster said to the teachers: "Please **instruct** the children to assemble in the hall at 08:00 tomorrow."* Die hoof het vir die onderwysers gesê: "**Gee** asseblief aan die kinders **opdrag** om môre om 08:00 in die saal bymekaar te kom."

□ **op·drag** *selfstandige naamwoord (meervoud **opdragte**)*

opdroog dry up *The dam will **dry up** if it doesn't rain* *soon.* Die dam sal **opdroog** as dit nie binnekort reën nie.

☐ **op·droog** *werkwoord (teenwoordige tyd* **droog op,** *verlede tyd* **het opgedroog)**

opeet 1 eat up *"If you eat up all your food, you can have ice-cream for pudding."* "As jy al jou kos **opeet,** kan jy roomys vir poeding kry." **2** finish *"Don't worry if you can't finish all your food."* "Moenie jou bekommer as jy nie al jou kos kan **opeet** nie."

☐ **op·eet** *werkwoord (teenwoordige tyd* **eet op,** *verlede tyd* **het opgeëet)**

open open **[a]** *They are going to open a supermarket in the new shopping centre.* Hulle gaan 'n supermark in die nuwe winkelsentrum **open. [b]** *He opened the meeting with a short speech.* Hy **het** die vergadering met 'n kort toespraak **geopen.**

☐ **o·pen** *werkwoord (teenwoordige tyd* **open,** *verlede tyd* **het geopen)**

Jy **open** nie 'n bottel, blik, venster of deur nie. Jy sê **oopmaak.**

---

openbaar[1] public *Her hair has fallen out; that's why she won't appear in public without a hat.* Haar hare het uitgeval; dis dié dat sy nie sonder 'n hoed in die **openbaar** wil verskyn nie.

☐ **o·pen·baar** *selfstandige naamwoord (geen meervoud)*

openbaar[2] public *Most shops and offices are closed on public holidays.* Die meeste winkels en kantore is op **openbare** vakansiedae toe.

☐ **o·pen·baar** *byvoeglike naamwoord (meestal attributief* **openbare)**

opening opening **[a]** *The dog got out of the yard through an opening in the fence.* Die hond het deur 'n **opening** in die heining by die erf uitgekom. **[b]** *The opening of the new library is tomorrow evening at seven.* Die **opening** van die nuwe biblioteek is môreaand om sewe.

☐ **o·pe·ning** *selfstandige naamwoord (meervoud* **openinge/openings)**

operasie operation *The doctor had to perform an operation to remove the nail the little girl had swallowed.* Die dokter moes 'n **operasie** doen om die spyker wat die dogtertjie ingesluk het, te verwyder.

☐ **o·pe·ra·sie** *selfstandige naamwoord (meervoud* **operasies)**

opereer operate *The doctor had to operate on the little girl to remove the nail she had swallowed.* Die dokter moes die dogtertjie **opereer** om die spyker wat sy ingesluk het, te verwyder.

☐ **o·pe·reer** *werkwoord (teenwoordige tyd* **opereer,** *verlede tyd* **het geopereer)**

opgaan go up *"You can use the lift if you want to go up to the second floor."* "Jy kan die hysbak gebruik as jy na die tweede verdieping toe wil **opgaan.**"

☐ **op·gaan** *werkwoord (teenwoordige tyd* **gaan op,** *verlede tyd* **het opgegaan)**

opgewek[1] cheerful, merry *"Why are you so cheerful/ merry – have you had good news?"* "Hoekom is jy so **opgewek** – het jy goeie nuus gekry?"

☐ **op·ge·wek** *byvoeglike naamwoord (attributief* **opgewekte) opgewekter, opgewekste**

opgewek[2] cheerfully *The dog wagged its tail cheerfully.* Die hond het sy stert **opgewek** geswaai.

☐ **op·ge·wek** *bywoord*

opgewonde excited *"You're too excited to speak clearly. First calm down and then tell me what happened."* "Jy is te **opgewonde** om duidelik te praat. Bedaar eers en vertel my dan wat gebeur het."

☐ **op·ge·won·de** *byvoeglike naamwoord (attributief* **opgewonde) opgewondener** OF **meer opgewonde, opgewondenste** OF **mees opgewonde**

opgewondenheid excitement *Her hands were shaking with excitement when she opened her presents.* Haar hande het van **opgewondenheid** gebewe toe sy haar presente oopmaak. ⇨ **opwinding.**

☐ **op·ge·won·den·heid** *selfstandige naamwoord (geen meervoud)*

opgrawe dig up *I saw the dog dig up a bone it had buried.* Ek het die hond 'n been wat hy begrawe het, sien **opgrawe.**

☐ **op·gra·we** *werkwoord (teenwoordige tyd* **grawe op,** *verlede tyd* **het opgegrawe)**

opgroei grow up *Children who grow up together often remain friends for life.* Kinders wat saam **opgroei,** bly dikwels hul lewe lank vriende.

♦ **opgroei tot** grow into *These chicks will grow into hens and cocks.* Dié kuikens sal **opgroei tot** henne en hane.

☐ **op·groei** *werkwoord (teenwoordige tyd* **groei op,** *verlede tyd* **het opgegroei)**

ophang 1 hang *"Shall I hang the picture on this wall?"* "Sal ek die prent teen dié muur **ophang?" 2** hang (up) *"Hang (up) your coat on the hook behind the door."* "**Hang** jou jas **op** aan die haak agter die deur."

☐ **op·hang** *werkwoord (teenwoordige tyd* **hang op,** *verlede tyd* **het opgehang)**

ophoop pile up *"Please wash the cups after tea – I don't like the dishes to pile up in the kitchen."* "Was asseblief die koppies na tee – ek hou nie daarvan dat die skottelgoed in die kombuis **ophoop** nie."

☐ **op·hoop** *werkwoord (teenwoordige tyd* **hoop op,** *verlede tyd* **het opgehoop)**

ophou 1 hold up *There are four pillars that hold up the roof of the stoep.* Daar is vier pilare wat die dak van die stoep **ophou. 2** hold *The longer you can hold your breath, the further you are able to swim under water.* Hoe langer jy jou asem kan **ophou,** hoe verder kan jy onder water swem. **3** keep up *He has to keep his trousers up with a belt because they are too wide around the waist.* Hy moet sy broek met 'n belt **ophou,** want dis te wyd om die middel. **4** keep on *He kept his hat on and refused to take it off.* Hy **het** sy hoed **opgehou** en geweier om dit af te haal. **5** stop **[a]** *"Children, will you* *please stop making such a noise!"* "Kinders, sal julle asseblief **ophou** om so te lawaai!" **[b]** *"You can go and play outside – it has stopped raining."* "Julle kan buite gaan speel – dit **het opgehou** met reën." **5** give up *The doctor told my dad to give up smoking.* Die dokter het gesê my pa moet **ophou** rook.

◆ **iemand iets laat ophou doen** stop someone (from) doing something, stop someone's doing something *She couldn't stop the baby (from) crying* (OR *stop the baby's crying*). Sy kon nie die baba **laat ophou** huil nie.

☐ **op·hou** *werkwoord (teenwoordige tyd* **hou op**, *verlede tyd* **het opgehou***)*

opkap chop up *He had to chop up wood for the fire.* Hy moes hout vir die vuur **opkap**.

☐ **op·kap** *werkwoord (teenwoordige tyd* **kap op**, *verlede tyd* **het opgekap***)*

opklaar clear up *I hope the weather will clear up before tomorrow, because we want to go on a picnic.* Ek hoop die weer sal voor môre **opklaar**, want ons wil gaan piek‐niek hou.

☐ **op·klaar** *werkwoord (teenwoordige tyd* **klaar op**, *verlede tyd* **het opgeklaar***)*

opklim 1 climb up *If you climb up the ladder you will be able to see over the wall.* As jy teen die leer **opklim**, sal jy oor die muur kan kyk. **2** get on *"Get on the train; it's going to leave now."* "**Klim op** die trein; hy gaan nou vertrek."

☐ **op·klim** *werkwoord (teenwoordige tyd* **klim op**, *verlede tyd* **het opgeklim***)*

opkom 1 come up **[a]** *"The lift is broken; you'll have to come up by the stairs."* "Die hysbak is stukkend; jy sal met die trap moet **opkom**." **[b]** *The plants came up a few weeks after he had sown the seeds.* Die plante **het** 'n paar weke nadat hy die saad gesaai het, **opgekom**. **2** come up, rise *The sun comes up (OR rises) in the east and sets in the west.* Die son **kom** in die ooste **op** en sak in die weste. **3** get up *He fell and broke his leg and couldn't get up again.* Hy het geval en sy been gebreek en kon nie weer **opkom** nie.

☐ **op·kom** *werkwoord (teenwoordige tyd* **kom op**, *verlede tyd* **het opgekom***)*

opkyk look up *If you look up the tree you can see a bird's nest.* As jy in die boom **opkyk**, kan jy 'n voëlnes sien.

☐ **op·kyk** *werkwoord (teenwoordige tyd* **kyk op**, *verlede tyd* **het opgekyk***)*

Dis onafrikaans om te sê dat jy iets in 'n woordeboek **opkyk** – jy moet **naslaan** of **opsoek** gebruik.

oplaai 1 pick up **[a]** *The builder left in his truck to go and pick up more bricks.* Die bouer is in sy vragmotor weg om nog bakstene te gaan **oplaai**. **[b]** *Dad picked me up at the station and drove me home.* Pa **het** my by die stasie **opgelaai** en huis toe gery. **2** give a lift *The driver of the car asked him, "Can I give you a lift into town?"* Die bestuurder van die motor het hom gevra: "Kan ek jou **oplaai** stad toe?" **3** take on *The bus is full*

and can't take on any more passengers. Die bus is vol en kan nie meer passasiers **oplaai** nie.

☐ **op·laai** *werkwoord (teenwoordige tyd* **laai op**, *verle‐de tyd* **het opgelaai***)*

oplei train *MEDUNSA is a university that trains doc‐tors.* MEDUNSA is 'n universiteit wat dokters **oplei**.

◆ **as ... opgelei wees** be trained as *My mother is trained as a nurse.* My ma **is as** verpleegster **opgelei**.

◆ **jou laat oplei as** train as a *He wants to train as a soldier.* Hy wil **hom** as soldaat **laat oplei**.

☐ **op·lei** *werkwoord (teenwoordige tyd* **lei op**, *verlede tyd* **het opgelei***)*

oplet 1 notice *"If you put on a jersey no one will notice you have a dirty mark on your sleeve."* "As jy 'n trui aantrek, sal niemand **oplet** jy het 'n vuil kol op jou mou nie." **2** attend to, pay attention to *"Children, at‐tend to (OR pay attention to) what I am saying, otherwise you'll never understand this sum."* "Kinders, **let op** wat ek sê, anders sal julle nooit dié som verstaan nie."

☐ **op·let** *werkwoord (teenwoordige tyd* **let op**, *verlede tyd* **het opgelet***)*

oplig 1 lift (up) *The case of apples is so heavy that I can't lift it (up).* Die kis appels is so swaar dat ek dit nie kan **oplig** nie. **2** take up *They had to take up the carpet to repair the floorboards.* Hulle moes die mat **oplig** om die vloerplanke reg te maak.

☐ **op·lig** *werkwoord (teenwoordige tyd* **lig op**, *verlede tyd* **het opgelig***)*

oplos 1 solve *Tom could solve seven of the ten problems in the maths test.* Tom kon sewe van die tien probleme in die wiskundetoets **oplos**. **2** dissolve **[a]** *You can dissolve sugar in water.* Jy kan suiker in water **oplos**. **[b]** *Sugar dissolves in water.* Suiker **los** in water **op**.

☐ **op·los** *werkwoord (teenwoordige tyd* **los op**, *verlede tyd* **het opgelos***)*

opmaak 1 make *The children have to make their own beds every morning.* Die kinders moet elke oggend self hul beddens **opmaak**. **2** make up **[a]** *When you make up a parcel, you wrap it in paper and fasten it with string or sticky tape.* Wanneer jy 'n pakkie **opmaak**, draai jy dit in papier toe en maak dit met lyn of kleeflint vas. **[b]** *Women make up their faces with lipstick and pow‐der.* Vroue **maak** hul gesigte **op** met lipstiffie en poeier.

☐ **op·maak** *werkwoord (teenwoordige tyd* **maak op**, *verlede tyd* **het opgemaak***)*

opmekaar together *The trees in the forest grow close together.* Die bome in die bos groei dig **opmekaar**².

◆ **opmekaar stapel, opmekaarstapel** ⇨ **stapel**².

☐ **op·me·kaar** *bywoord*

opneem 1 take up **[a]** *They had to take the furniture up to the third floor.* Hulle moes die meubels na die derde verdieping toe **opneem**. **[b]** *"You may take up your pens and start writing."* "Julle kan maar jul penne **opneem** en begin skryf." **[c]** *She takes up her re‐sponsibilities very seriously.* Sy **neem** haar verantwoor‐

delikhede baie ernstig **op**. **2** include *They couldn't in=*
clude him in the team because he had broken his leg.
Hulle kon hom nie in die span **opneem** nie, want hy
het sy been gebreek.

☐ **op·neem** *werkwoord (teenwoordige tyd* **neem op**,
verlede tyd **het opgeneem**)

oppas 1 be careful *"You must be careful – the streets*
are very busy." "Jy moet **oppas** – die strate is baie
besig." **2** be careful, watch *"Be careful (OR Watch)*
that you don't fall off the ladder!" "**Pas op** dat jy nie
van die leer afval nie!" **3** look out, watch it/out *"Look*
out (OR Watch it/out), you're going to walk into the
lamp-post!" "**Pas op**, jy gaan teen die lamppaal vas=
loop!" **4** look after, take care of *"Esmé, will you look*
after (OR take care of) the baby while I'm out?"
"Esmé, sal jy die baba **oppas** terwyl ek uit is?" **5**
guard *The neighbours have two dogs that guard their*
house. Die bure het twee honde wat hul huis **oppas**. **6**
try on *There is a red hat in the shop window that I'd like*
to try on. Daar is 'n rooi hoed in die winkelvenster wat
ek graag wil **oppas**.

◆ **pas op vir 1** beware of *"Beware of the dog – it*
bites." "**Pas op vir** die hond – hy byt." **2** mind
"Mind the thorns when you cut the roses!" "**Pas op vir**
die dorings wanneer jy die rose afsny!"

☐ **op·pas** *werkwoord (teenwoordige tyd* **pas op**, *verle=*
de tyd **het opgepas**)

oppasser attendant *The attendant had to turn the cars*
away because the parking garage was full. Die **oppas=**
ser moes die motors wegwys, want die parkeergarage
was vol.

☐ **op·pas·ser** *selfstandige naamwoord (meervoud* **op=**
passers)

oppervlak, oppervlakte surface **[a]** *The table has a*
smooth, shiny surface. Die tafel het 'n gladde, blink
oppervlak/oppervlakte. **[b]** *Two-thirds of the*
earth's surface is covered by water. Twee-derdes van
die aarde se **oppervlak/oppervlakte** is met water
bedek.

☐ **op·per·vlak, op·per·vlak·te** *selfstandige naam=*
woord (meervoud **oppervlakke, oppervlaktes**)

oppomp pump up *"Would you pump up the tyres of*
my car for me, please?" "Sal jy my motor se bande vir
my **oppomp**, asseblief?"

☐ **op·pomp** *werkwoord (teenwoordige tyd* **pomp op**,
verlede tyd **het opgepomp**)

opponent opponent *The boxer knocked his opponent*
out. Die bokser het sy **opponent** uitgeslaan.

☐ **op·po·nent** *selfstandige naamwoord (meervoud*
opponente)

oproep call *"Dad, there was a call for you, but the man*
said he would ring back later." "Pa, daar was vir jou 'n
oproep, maar die man het gesê hy sal later terugbel."

☐ **op·roep** *selfstandige naamwoord (meervoud* **op=**
roepe)

oprol 1 roll up *"Mummy, will you roll up my sleeves for*
me, please?" "Mamma, sal jy my moue vir my **oprol**,

asseblief?" **2** wind (up) *"Shall I wind the rope (up)*
into a ball?" "Sal ek die tou in 'n bol **oprol**?"

☐ **op·rol** *werkwoord (teenwoordige tyd* **rol op**, *verlede*
tyd **het opgerol**)

opsaal saddle *"Will you saddle the horse for me,*
please?" "Sal jy die perd vir my **opsaal**, asseblief?"

☐ **op·saal** *werkwoord (teenwoordige tyd* **saal op**, *ver=*
lede tyd **het opgesaal**)

opsê say, recite *He knows the poem by heart and can*
say/recite it without looking in a book. Hy ken die ge=
dig uit sy kop en kan dit **opsê** sonder om in 'n boek te
kyk.

☐ **op·sê** *werkwoord (teenwoordige tyd* **sê op**, *verlede*
tyd **het opgesê**)

opsetlik, met opset on purpose *"Don't be angry with*
me; I didn't break your pen on purpose." "Moenie vir
my kwaad wees nie; ek het nie jou pen **opsetlik** (OF
met opset) gebreek nie."

☐ **op·set·lik, met op·set** *bywoord*

opsit 1 put on *"Wait, let me put on my glasses – I can't*
read the small print in the newspaper." "Wag, laat ek
my bril **opsit** – ek kan nie die fyn druk in die koerant
lees nie." **2** put up *The house has reached the stage*
where the builders can put up the roof. Die huis het die
stadium bereik dat die bouers die dak kan **opsit**.

◆ **opsit vir** wait up for *"I'll be home very late – don't*
wait up for me." "Ek sal baie laat tuis wees – moenie
vir my **opsit** nie."

☐ **op·sit** *werkwoord (teenwoordige tyd* **sit op**, *verlede*
tyd **het opgesit**)

opskep dish up *"We must go in for dinner; mummy is*
going to dish up the food soon." "Ons moet ingaan vir
aandete; mammie gaan nou-nou die kos **opskep**."

☐ **op·skep** *werkwoord (teenwoordige tyd* **skep op**, *ver=*
lede tyd **het opgeskep**)

opskeur tear up *He told her to tear up the letter after*
she had read it. Hy het gesê sy moet die brief **opskeur**
nadat sy dit gelees het.

☐ **op·skeur** *werkwoord (teenwoordige tyd* **skeur op**,
verlede tyd **het opgeskeur**)

opskryf, opskrywe write down *"Give me your new*
telephone number so that I can write it down in my
address book." "Gee my jou nuwe telefoonnommer so=
dat ek dit in my adresboek kan **opskryf/opskrywe**."

☐ **op·skryf, op·skry·we** *werkwoord (teenwoordige*
tyd **skryf/skrywe op**, *verlede tyd* **het opgeskryf/op=**
geskrywe)

opskuif, opskuiwe move up *"Would you kindly move*
up? You're sitting in my place." "Sal jy asseblief **op=**
skuif/opskuiwe? Jy sit op my plek."

☐ **op·skuif, op·skui·we** *werkwoord (teenwoordige tyd*
skuif/skuiwe op, *verlede tyd* **het opgeskuif/opge=**
skuiwe)

opslaan 1 put up *"This looks like a nice spot. Shall I*
put up the tent here?" "Dit lyk na 'n lekker plek dié.
Sal ek die tent hier **opslaan**?" **2** turn up *"If you turn*
up your collar the sun won't burn you so badly." "As jy

jou kraag **opslaan**, sal die son jou nie so erg steek nie."

□ **op·slaan** *werkwoord (teenwoordige tyd* **slaan op***, verlede tyd* **het opgeslaan***)*

opsluit lock up, shut up *The policeman said to the thief: "I'm going to* **lock/shut** *you* **up** *in prison for the night."* Die polisieman het vir die dief gesê: "Ek gaan jou vir die nag in die tronk **opsluit**."

□ **op·sluit** *werkwoord (teenwoordige tyd* **sluit op***, verlede tyd* **het opgesluit***)*

opsny cut up *She had to* **cut up** *a whole loaf of bread to make enough sandwiches for everybody.* Sy moes 'n hele brood **opsny** om genoeg toebroodjies vir almal te maak.

□ **op·sny** *werkwoord (teenwoordige tyd* **sny op***, verlede tyd* **het opgesny***)*

opsoek look up **[a]** *You can* **look up** *the meanings of words in a dictionary.* Jy kan die betekenisse van woorde in 'n woordeboek **opsoek**. **[b]** *"I will* **look** *you* **up** *as soon as we get back from holiday."* "Ek sal jou **opsoek** sodra ons van vakansie af terugkom."

□ **op·soek** *werkwoord (teenwoordige tyd* **soek op***, verlede tyd* **het opgesoek***)*

opspoor trace *I doubt whether they'll ever* **trace** *their dog – it has been missing for more than three months.* Ek twyfel of hulle ooit hul hond sal **opspoor** – hy is al meer as drie maande soek.

□ **op·spoor** *werkwoord (teenwoordige tyd* **spoor op***, verlede tyd* **het opgespoor***)*

opstaan ❶ stand up *He is very polite and will always* **stand up** *for an older person in the bus.* Hy is baie beleef(d) en sal altyd vir 'n ouer persoon in die bus **opstaan**. ❷ get up, get out of bed, rise *I have to* **get up** *(OR* **get out of bed** *OR* **rise***) at 06:00 every morning.* Ek moet elke oggend om 06:00 **opstaan**. ❸ rise *He* **rose** *from his chair to greet her.* Hy **het** uit sy stoel **opgestaan** om haar te groet.

□ **op·staan** *werkwoord (teenwoordige tyd* **staan op***, verlede tyd* **het opgestaan***)*

opsteek ❶ put up, hold up, raise *"Will everyone who is under fifteen please* **put up** *(OR* **hold up** *OR* **raise***) their hands?"* "Sal almal wat onder vyftien is, asseblief hul hande **opsteek**?" ❷ light *"It's getting dark; shall I* **light** *the candle?"* "Dit word donker; sal ek die kers **opsteek**?"

□ **op·steek** *werkwoord (teenwoordige tyd* **steek op***, verlede tyd* **het opgesteek***)*

opstel composition, essay *We had to write a* **composition/essay** *about what we did during the school holidays.* Ons moes 'n **opstel** skryf oor wat ons in die skoolvakansie gedoen het.

□ **op·stel** *selfstandige naamwoord (meervoud* **opstelle***)*

opstop stuff *You can* **stuff** *a pillow with feathers.* Jy kan 'n kussing met vere **opstop**.

□ **op·stop** *werkwoord (teenwoordige tyd* **stop op***, verlede tyd* **het opgestop***)*

opstyg ❶ take off *An airport is a place where aeroplanes*

land and **take off**. 'n Lughawe is 'n plek waar vliegtuie land en **opstyg**. ❷ lift off *An aeroplane has to build up great speed before it can* **lift off** *the ground.* 'n Vliegtuig moet baie spoed opbou voordat dit van die grond af kan **opstyg**.

□ **op·styg** *werkwoord (teenwoordige tyd* **styg op***, verlede tyd* **het opgestyg***)*

opswel swell up *The mosquito bite made his finger* **swell up**. Die muskietbyt het sy vinger laat **opswel**.

□ **op·swel** *werkwoord (teenwoordige tyd* **swel op***, verlede tyd* **het opgeswel***)*

opsy ❶ aside, to one side *She pushed him* **aside** *(OR* **to one side***) and cried, "Get out of my way!"* Sy het hom **opsy** gestoot en geroep: "Gee pad!" ❷ aside, on one side *He took me* **aside** *(OR* **on one side***) and started to tell me a secret.* Hy het my **opsy** geneem en my 'n geheim begin vertel. ❸ aside, to one side, on one side *She put the letter* **aside** *(OR* **to/on one side***) and said, "I'll read it later."* Sy het die brief **opsy** gesit en gesê: "Ek sal dit later lees."

□ **op·sy** *bywoord*

optel ❶ pick up *"Will you please* **pick up** *your toys and pack them away?"* "Sal jy asseblief jou speelgoed **optel** en hulle wegpak?" ❷ lift (up) **[a]** *"I can't* **lift** *you – you're too heavy."* "Ek kan jou nie **optel** nie – jy's te swaar." **[b]** *"Dad, will you* **lift** *me* **up***? I can't see."* "Pa, sal jy my **optel**? Ek kan nie sien nie." ❸ take up *They had to* **take up** *the carpet to repair the floorboards.* Hulle moes die mat **optel** om die vloerplanke reg te maak. ❹ add *If you* **add** *three, seven and nine, you get nineteen.* As jy drie, sewe en nege **optel**, kry jy negentien.

◆ **op ... tel** lift onto (OR on to) *"Lift me* **onto** *(OR* **on to***) your shoulders, Daddy."* "Tel my **op** jou skouers, Pappa."

□ **op·tel** *werkwoord (teenwoordige tyd* **tel op***, verlede tyd* **het opgetel***)*

optrede action *The fireman's quick* **action** *saved the little boy's life.* Die brandweerman se vinnige **optrede** het die seuntjie se lewe gered.

□ **op·tre·die** *selfstandige naamwoord (geen meervoud)*

optree ❶ act *We had to* **act** *quickly to prevent the fire from spreading.* Ons moes vinnig **optree** om te voorkom dat die brand versprei. ❷ appear *"In what television show is the singer going to* **appear** *tonight?"* "In watter televisieprogram gaan die sanger vanaand **optree**?" ❸ perform *Of all the animals that* **perform** *in a circus I like the elephants best.* Van al die diere wat in 'n sirkus **optree**, hou ek die meeste van die olifante.

□ **op·tree** *werkwoord (teenwoordige tyd* **tree op***, verlede tyd* **het opgetree***)*

optrek pull up *"You must* **pull up** *your petticoat – it's showing."* "Jy moet jou onderrok **optrek** – dit hang uit."

□ **op·trek** *werkwoord (teenwoordige tyd* **trek op***, verlede tyd* **het opgetrek***)*

opvat take up *"You may* **take up** *your pens and start* writing." "Julle kan maar jul penne **opvat** en begin skryf."

□ **op·vat** *werkwoord (teenwoordige tyd* **vat op,** *verlede tyd* **het opgevat)**

opvee ❶ sweep up "*Here is the dustpan and brush; will you* **sweep up** *the crumbs for me, please?*" "Hier is die skoppie en borsel; sal jy die krummels vir my **opvee,** asseblief?" ❷ wipe up *She had to* **wipe up** *the milk she had spilt on the floor.* Sy moes die melk wat sy op die vloer gemors het, **opvee.**

□ **op·vee** *werkwoord (teenwoordige tyd* **vee op,** *verlede tyd* **het opgevee)**

opvoed educate *Teachers not only teach children to read and write but also try to* **educate** *them in good behaviour.* Onderwysers leer kinders nie net lees en skryf nie, maar probeer hulle ook **opvoed** in goeie gedrag.

□ **op·voed** *werkwoord (teenwoordige tyd* **voed op,** *verlede tyd* **het opgevoed)**

opvoeding education *Schools play an important part in the* **education** *of children.* Skole speel 'n belangrike rol in die **opvoeding** van kinders.

□ **op·voe·ding** *selfstandige naamwoord (geen meervoud)*

opvoer perform *They are going to* **perform** *a play by Shakespeare in the theatre.* Hulle gaan 'n toneelstuk deur Shakespeare in die teater **opvoer.**

□ **op·voer** *werkwoord (teenwoordige tyd* **voer op,** *verlede tyd* **het opgevoer)**

opvou fold up "*Lynette, will you please bring in the sheets and* **fold** *them* **up** *for me?*" "Lynette, sal jy asseblief die lakens inbring en hulle vir my **opvou?**"

□ **op·vou** *werkwoord (teenwoordige tyd* **vou op,** *verlede tyd* **het opgevou)**

opwarm warm up, heat up "*There is soup in the fridge that you can* **warm/heat up** *for lunch.*" "Daar is sop in die yskas wat jy vir middagete kan **opwarm.**"

◆ **jou opwarm** warm up *You can hurt your muscles if you don't* **warm up** *before a race.* Jy kan jou spiere beseer as jy **jou** nie voor 'n wedloop **opwarm** nie.

□ **op·warm** *werkwoord (teenwoordige tyd* **warm op,** *verlede tyd* **het opgewarm)**

opwasbak sink *My mother keeps our pots and pans in a cupboard under the* **sink.** My ma hou ons potte en panne in 'n kas onder die **opwasbak.**

□ **op·was·bak** *selfstandige naamwoord (meervoud* **opwasbakke)**

opwen wind (up) "*Do you need to* **wind** *your watch* **(up),** *or does it work on batteries?*" "Moet jy jou horlosie **opwen,** of werk dit met batterye?"

□ **op·wen** *werkwoord (teenwoordige tyd* **wen op,** *verlede tyd* **het opgewen)**

opwindend exciting *It's* **exciting** *but dangerous to speed down a steep hill on your bike.* Dis **opwindend** maar gevaarlik om op jou fiets teen 'n steil bult af te jaag.

□ **op·win·dend** *byvoeglike naamwoord (attributief* **opwindende)** **opwindender, opwindendste**

opwinding excitement *It caused great* **excitement** *when dad said he was going to buy a new car.* Dit het groot **opwinding** veroorsaak toe pa gesê het hy gaan 'n nuwe motor koop. ⇨ **opgewondenheid.**

□ **op·win·ding** *selfstandige naamwoord (meervoud* **opwindinge/opwindings)**

oral, orals everywhere, all over/round *He searched* **everywhere** *(OR* **all over/round)** *for his missing dog.* Hy het **oral/orals** na sy vermiste hond gesoek.

◆ **oral/orals in die land** throughout the country *They say it's bitterly cold* **throughout the country.** Hulle sê dis **oral/orals in die land** bitter koud.

◆ **oral/orals waar** ⇨ **waar².**

□ **o·ral, o·rals** *bywoord*

oranje¹ orange *If you mix yellow and red, you get* **orange.** As jy geel en rooi meng, kry jy **oranje.**

□ **o·ran·je** *selfstandige naamwoord (geen meervoud)*

oranje² orange "*What colour is a naartjie?*" – "*It is* **orange.**" "Watter kleur is 'n nartjie?" – "Dis **oranje.**"

□ **o·ran·je** *byvoeglike naamwoord (attributief* **oranje)**

orde order *When the teacher is not there, the class captain has to keep* **order** *in the classroom.* As die onderwyser nie daar is nie, moet die klaskaptein **orde** in die klas hou.

◆ **in goeie orde** in good order *His car is old but* **in good order** *because he looks after it well.* Sy motor is oud maar **in goeie orde,** want hy pas dit mooi op.

◆ **in orde ❶** in order *The post-office clerk checked the form to make sure that it was* **in order.** Die poskantoorklerk het die vorm nagegaan om seker te maak of dit **in orde** is. ❷ well *She went to the baby's room to make sure that all was* **well.** Sy is na die babakamer om seker te maak of alles **in orde** is. ❸ OK, okay, all right *She heard a loud bang and called, "Children, is everything* **OK** *(OR* **okay** *OR* **all right)?**" Sy het 'n harde slag gehoor en geroep: "Kinders, is alles **in orde?**"

□ **or·de** *selfstandige naamwoord (geen meervoud)*

orgaan organ *The heart is an* **organ** *that pumps blood through your body.* Die hart is 'n **orgaan** wat bloed deur jou liggaam pomp.

□ **or·gaan** *selfstandige naamwoord (meervoud* **organe)**

organisasie organization [a] "*Who is responsible for the* **organization** *of the matric dance?*" "Wie is verantwoordelik vir die **organisasie** van die matriekdans?" [b] *She works for an* **organization** *that provides poor people with food.* Sy werk vir 'n **organisasie** wat arm mense van kos voorsien.

□ **or·ga·ni·sa·sie** *selfstandige naamwoord (geen meervoud by* **a;** **organisasies** *by* **b)**

organiseer organize "*Who is going to* **organize** *the matric dance?*" "Wie gaan die matriekdans **organiseer?**"

□ **or·ga·ni·seer** *werkwoord (teenwoordige tyd* **organiseer,** *verlede tyd* **het georganiseer)**

orkes band *He plays the drums in a* **band**. Hy speel die tromme in 'n **orkes**.

☐ **or·kes** *selfstandige naamwoord (meervoud* **orkeste***)*

orig to spare *"Do you perhaps have a few eggs* **to spare**? *My mother would like to borrow three."* "Het julle dalk 'n paar **orige** eiers? My ma wil graag drie leen."

☐ **o·rig** *byvoeglike naamwoord (meestal attributief* **orige***)*

orrel organ *He plays the* **organ** *in church on Sundays.* Hy speel **orrel** in die kerk op Sondae.

☐ **or·rel** *selfstandige naamwoord (meervoud* **orrels***)*

orrelis organist *As the bride entered the church, the* **organist** *played the wedding march.* Toe die bruid by die kerk inkom, het die **orrelis** die troumars gespeel.

☐ **or·re·lis** *selfstandige naamwoord (meervoud* **orre= liste***)*

os ox *The* **ox** *pulling the plough is large and strong and has long horns.* Die **os** wat die ploeg trek, is groot en sterk en het lang horings.

☐ **os** *selfstandige naamwoord (meervoud* **osse***)*

oseaan ocean *The Atlantic* **Ocean** *is between Africa and America.* Die Atlantiese **Oseaan** is tussen Afrika en Amerika.

☐ **o·se·aan** *selfstandige naamwoord (meervoud* **oseane***)*

ou chap, fellow *I like Theo very much; he's a nice* **chap/ fellow**. Ek hou baie van Theo; hy's 'n gawe **ou**.

☐ **ou** *selfstandige naamwoord (meervoud* **ouens***)*

oud old *[a] My grandfather is very* **old** *– he was born in 1910.* My oupa is baie **oud** – hy is in 1910 gebore. *[b] Miriam is eight years* **old**. Miriam is agt jaar **oud**. *[c] He sold his* **old** *car and bought himself a new one.* Hy het sy **ou** motor verkoop en vir hom 'n nuwe gekoop.

◆ **hoe oud?** how old?, what age? *"How old* *is Lynette* (OR *What age* *is Lynette)?" – "She is fourteen."* "**Hoe oud** is Lynette?" – "Sy is veertien."

◆ **oud=** past *Mr B.J. Vorster was a* **past** *president of the Republic of South Africa.* Mnr. B.J. Vorster was 'n **oud**president van die Republiek van Suid-Afrika.

☐ **oud** *byvoeglike naamwoord (attributief* **ou***)* **ouer, oudste**

ouderdom age *He went to school at the* **age** *of six.* Hy is op die **ouderdom** van ses skool toe.

◆ **hoë ouderdom** ripe old age *My grandfather reached the* **ripe old age** *of 90.* My oupa het die **hoë ouderdom** van 90 bereik.

☐ **ou·der·dom** *selfstandige naamwoord (meervoud* **ouderdomme***)*

oue old one *They have a new car, but we have an* **old one**. Hulle het 'n nuwe motor, maar ons het 'n **oue**.

☐ **ou·e** *selfstandige naamwoord (meervoud* **oues***)*

ouer parent *My* **parents** *have been married for twenty years.* My **ouers** is al twintig jaar getroud.

☐ **ou·er** *selfstandige naamwoord (meestal meervoud* **ouers***)*

oulik ❶ cute *My sister's baby is very* **cute***; he has big brown eyes and a lovely smile.* My suster se baba is baie **oulik**; hy het groot bruin oë en 'n lieflike glimlag. ❷ smart *"I'm looking for a boy to work in my shop on Saturday mornings." – "Ask George; he's very* **smart**." "Ek soek 'n seun om Saterdagoggende in my winkel te werk." – "Vra vir George; hy's baie **oulik**."

☐ **ou·lik** *byvoeglike naamwoord (attributief* **oulike***)* **ouliker, oulikste**

ouma grandmother *Your* **grandmother** *is the mother of your father or mother.* Jou **ouma** is die ma van jou pa of ma.

☐ **ou·ma** *selfstandige naamwoord (meervoud* **oumas***)*

oupa grandfather *Your* **grandfather** *is the father of your mother or father.* Jou **oupa** is die pa van jou ma of pa.

☐ **ou·pa** *selfstandige naamwoord (meervoud* **oupas***)*

P

pa dad *My mum and **dad** have been married for twenty years.* My ma en **pa** is al twintig jaar getroud.
☐ **pa** *selfstandige naamwoord (meervoud* **pa's***)*

> **pa** is 'n informeler woord as **vader**; wanneer dit 'n aanspreekvorm is, skryf jy dit met 'n hoofletter: *"Waar is die hamer,* **Pa***?"*

paadjie ❶ path *We walked along a narrow **path** through the woods.* Ons het met 'n smal **paadjie** deur die bos geloop. ❷ track *The sheep walked along a muddy **track** towards the river.* Die skape het met 'n modderige **paadjie** in die rigting van die rivier geloop. ❸ aisle *The pupil stood in the **aisle** between the two rows of desks.* Die leerling het in die **paadjie** tussen die twee rye banke gestaan.
☐ **paad·jie** *selfstandige naamwoord (meervoud* **paad= jies***)*

paal pole *The flag is hanging on a **pole**.* Die vlag hang aan 'n **paal**.
☐ **paal** *selfstandige naamwoord (meervoud* **pale***)*

paar ❶ pair *He bought himself a **pair** of black shoes.* Hy het vir hom 'n **paar** swart skoene gekoop. ❷ couple, pair *They are a happily married **couple/pair**.* Hulle is 'n gelukkig getroude **paar**.
◆ **'n hele paar** ❶ several, quite a number of *We have lived in this house for **several** (OR **quite a number of**) years.* Ons woon al **'n hele paar** jaar in dié huis. ❷ several, quite a few *Several* (OR *Quite a few) of the children in our class are ill.* **'n Hele paar** van die kin= ders in ons klas is siek.
◆ **'n paar** ❶ a few *I saw him only **a few** minutes ago.* Ek het hom slegs **'n paar** minute gelede gesien. ❷ some [a] *There is a banana and **some** other fruit in the bas= ket.* Daar is 'n piesang en **'n paar** ander vrugte in die mandjie. [b] *He held out the packet of sweets to her and said, "Have **some**."* Hy het die pakkie lekkers na haar gehou en gesê: "Kry/neem **'n paar**."
◆ **'n paar van** some of *"Why don't you give him **some** of your sweets?"* "Hoekom gee jy hom nie **'n paar van** jou lekkers nie?"
☐ **paar** *selfstandige naamwoord (meervoud* **pare***)*

> 'n Mens sê **'n paar** maal/keer/uur/jaar, maar **'n paar** sekondes/minute/dae/weke/maande (let op die enkel= vouds- en meervoudsgebruik).

paartjie couple, pair *They are a happily married **couple/pair**.* Hulle is 'n gelukkig getroude **paartjie**.
☐ **paar·tjie** *selfstandige naamwoord (meervoud* **paar= tjies***)*

pad ❶ road *In South Africa we drive on the left-hand side of the **road**.* In Suid-Afrika ry ons aan die linkerkant van die **pad**. ❷ track *A rough **track** made by the farmer's bakkie leads to the dam.* 'n Ruwe **pad** wat deur die boer se bakkie gemaak is, lei na die dam. ❸ way [a] *"Please buy me a loaf of bread on your **way** back from school."* "Koop asseblief vir my 'n brood op **pad** terug van die skool af." [b] *A fallen tree blocked our **way**.* 'n Omgevalde boom het ons **pad** versper.
◆ **die hele pad** all the way *He ran **all the way** home.* Hy het **die hele pad** huis toe gehardloop.
◆ **die pad beduie** ⇨ **beduie**.
◆ **die pad wys** show the way *"I'm lost. Please **show** me **the way** to the station."* "Ek is verdwaal. **Wys** my asseblief **die pad** stasie toe."
◆ **in die pad** in the way *"Let's stand aside – we're **in the way** of people coming up the stairs."* "Kom ons staan opsy – ons is **in die pad** van mense wat met die trap opkom."
◆ **jou pad kry** find one's way *We got lost and couldn't **find our way** home again.* Ons het verdwaal en kon nie **ons pad** huis toe **kry** nie.
◆ **uit die pad** out of the way *It's nice and peaceful with those noisy children **out of the way**!* Dis lekker rustig met daardie lawaaierige kinders **uit die pad**!
◆ **uit iemand se pad bly** keep out of someone's way *"Dad is in a bad mood – we'd better **keep out of his way**."* "Pa is in 'n slegte bui – ons moet maar liewer **uit sy pad bly**."
☐ **pad** *selfstandige naamwoord (meervoud* **paaie***)*

padda frog *A **frog** is a small jumping animal that lives near water.* 'n **Padda** is 'n klein springende diertjie wat naby water woon.
☐ **pad·da** *selfstandige naamwoord (meervoud* **pad= das***)*

padgee get out of the way *"Would you kindly **get out of the way** so that I can pass?"* "Sal jy asseblief **padgee** sodat ek kan verbykom?"
☐ **pad·gee** *werkwoord (teenwoordige tyd* **gee pad***, ver= lede tyd* **het padgegee***)*

pak¹ ❶ packet *She bought us a large **packet** of sweets.* Sy het vir ons 'n groot **pak** lekkers gekoop. ❷ pack *There are 52 playing-cards in a **pack**.* Daar is 52 speelkaarte in 'n **pak**. ❸ bundle *The **bundle** of newspapers is tied together with a rope.* Die **pak** koerante is met 'n tou saamgebind. ❹ suit *He wore a black **suit** and a white shirt to the dance.* Hy het 'n swart **pak** en 'n wit hemp na die dans gedra.
◆ **('n) pak, 'n pak slae** hiding *He got a **hiding** because he was naughty.* Hy het **pak** (OF **'n pak** OF **'n pak slae**) gekry omdat hy stout was.
☐ **pak** *selfstandige naamwoord (meervoud* **pakke***)*

pak² pack [a] *"Wrap the plates in paper before you **pack**

them into the box." "Draai die borde in papier toe voor=
dat jy hulle in die doos **pak**." **[b]** "*Don't forget to put in
your pyjamas when you **pack** your suitcase.*" "Moenie
vergeet om jou nagklere in te sit wanneer jy jou tas **pak**
nie."

☐ **pak** *werkwoord (teenwoordige tyd* **pak***, verlede tyd*
het gepak*)*

pakkie ❶ packet *He put the **packet** of cigarettes in his
shirt pocket.* Hy het die **pakkie** sigarette in sy hempsak
gesit. ❷ parcel, package *Mum went to the post office to
collect a **parcel/package** that my aunt had sent us.* Ma
is poskantoor toe om 'n **pakkie** af te haal wat my tante
aan ons gestuur het.

☐ **pak·kie** *selfstandige naamwoord (meervoud* **pak=
kies***)*

palm palm *He held a white mouse in the **palm** of his
hand.* Hy het 'n witmuis in die **palm** van sy hand
gehou.

☐ **palm** *selfstandige naamwoord (meervoud* **palms***)*

pampoen pumpkin "*I don't want any more **pumpkin**,
but may I have another potato, please?*" "Ek wil nie
meer **pampoen** hê nie, maar kan ek nog 'n aartappel
kry, asseblief?"

☐ **pam·poen** *selfstandige naamwoord (meervoud*
pampoene*)*

pampoentjies mumps *Mumps is a disease that causes
the sides of your face and neck to swell.* **Pampoentjies**
is 'n siekte wat die kante van jou gesig en nek laat
opswel.

☐ **pam·poen·tjies** *meervoudige selfstandige naam=
woord*

pan pan *She fried the sausage in a **pan**.* Sy het die wors
in 'n **pan** gebraai.

☐ **pan** *selfstandige naamwoord (meervoud* **panne***)*

paneelwa van *The **van** in which the electrician goes
about has a rack on the roof for his ladder.* Die **paneel=
wa** waarin die elektrisiën rondry, het 'n rak op die dak
vir sy leer.

☐ **pa·neel·wa** *selfstandige naamwoord (meervoud*
paneelwaens*)*

pannekoek pancake "*Would you like some sugar and
cinnamon on your **pancake**?*" "Wil jy 'n bietjie suiker
en kaneel op jou **pannekoek** hê?"

☐ **pan·ne·koek** *selfstandige naamwoord (meervoud*
pannekoeke*)*

pantoffel slipper *He put on his pyjamas and a pair of
slippers.* Hy het sy nagklere en 'n paar **pantoffels**
aangetrek.

☐ **pan·tof·fel** *selfstandige naamwoord (meervoud*
pantoffels*)*

pap[1] porridge *I had **porridge** for breakfast this morn=
ing.* Ek het vanoggend **pap** vir ontbyt gehad.

☐ **pap** *selfstandige naamwoord (geen meervoud)*

pap[2] ❶ soft *The banana is brown and **soft** because it has
become too ripe.* Die piesang is bruin en **pap**, want dit
het te ryp geword. ❷ flat **[a]** *He pumped up the **flat**
tyre.* Hy het die **pap** band opgepomp. **[a]** *The radio

won't work because the batteries are **flat**.* Die radio wil
nie werk nie, want die batterye is **pap**.
♦ **'n pap band kry** get a puncture "*Don't ride over the
glass in the road; you'll **get a puncture!**" "Moenie
oor die glas in die pad ry nie; jy sal **'n pap band kry!**"
♦ **pap word** run down "*Remember to switch off the
car's lights, otherwise the battery will **run down**.*"
"Onthou om die motor se ligte af te sit, anders **word**
die battery **pap**."

☐ **pap** *byvoeglike naamwoord (attributief* **pap***)* **pap=
per, papste**

papier paper *He covered his books with brown **paper**.*
Hy het sy boeke met bruin **papier** oorgetrek.

☐ **pa·pier** *selfstandige naamwoord (meervoud* **pa=
piere***)*

papnat soaking wet, sopping wet "*You're **soaking/
sopping wet!**" – "Yes, Philip pushed me into the swim-
ming pool.*" "Jy's **papnat!**" – "Ja, Philip het my in die
swembad gestamp."

☐ **pap·nat** *byvoeglike naamwoord (attributief* **pap=
nat***)*

pappa, pappie daddy *His mother said, "Please go and
tell **daddy** there is a call for him.*" Sy ma het gesê:
"Gaan sê asseblief vir **pappa/pappie** daar is 'n op=
roep vir hom."

☐ **pap·pa, pap·pie** *selfstandige naamwoord (meer=
voud* **pappas, pappies***)*

paraffien paraffin "*See whether there is enough **paraf=
fin** in the lamp before you light it.*" "Kyk of daar genoeg
paraffien in die lamp is voor jy dit aansteek."

☐ **pa·raf·fien** *selfstandige naamwoord (geen
meervoud)*

paragraaf paragraph *The first sentence of a **para=
graph** begins on a new line.* Die eerste sin van 'n **para=
graaf** begin op 'n nuwe reël.

☐ **pa·ra·graaf** *selfstandige naamwoord (meervoud*
paragrawe*)*

park park *There is a slide, a seesaw and a swing in the
park for the children to play on.* Daar is 'n glyplank, 'n
wipplank en 'n swaai in die **park** vir die kinders om op
te speel.

☐ **park** *selfstandige naamwoord (meervoud* **parke***)*

parkeer park *We have a garage in which we **park** our
car.* Ons het 'n garage waarin ons ons motor **parkeer**.

☐ **par·keer** *werkwoord (teenwoordige tyd* **parkeer***,
verlede tyd* **het geparkeer***)*

pars press **[a]** *To make wine, they first **press** the grapes.*
Om wyn te maak, **pars** hulle eers die druiwe. **[b]** *She
pressed the jacket with a damp cloth and a hot iron.* Sy
het die baadjie met 'n klam doek en 'n warm strykyster
gepars.

☐ **pars** *werkwoord (teenwoordige tyd* **pars***, verlede tyd*
het gepars*)*

party some *Some people like pumpkin, others don't.*
Party mense hou van pampoen, ander nie.
♦ **party van** some of *Some of the children had to stay
behind and help the teacher; the others could go home.*

Party van die kinders moes agterbly en die onderwy‑ ser help; die ander kon huis toe gaan.

□ **par·ty** *attributiewe byvoeglike naamwoord*

partykeer, partymaal *sometimes I usually walk to school, but **sometimes** I catch a bus.* Ek loop gewoonlik skool toe, maar **partykeer/partymaal** haal ek 'n bus.

□ **par·ty·keer, par·ty·maal** *bywoord*

partytjie *party Esther gave a **party** to celebrate her six‑ teenth birthday.* Esther het 'n **partytjie** gegee om haar sestiende verjaardag te vier.

□ **par·ty·tjie** *selfstandige naamwoord (meervoud par‑ tytjies)*

pas[1] ◼ *fit These shoes are too small; they don't **fit** me.* Dié skoene is te klein; hulle **pas** my nie. ◼ *fit, go The book is too big to **fit/go** into my bag.* Die boek is te groot om in my tas te **pas**. ◼ *suit "I'd like to make an appointment with the doctor." – "Will Wednesday at eleven o'clock **suit** you?"* "Ek wil graag 'n afspraak met die dokter maak." – "Sal Woensdag om elfuur u **pas**?"

◆ **pas by** ◼ *suit Yellow doesn't **suit** a girl with red hair.* Geel **pas** nie **by** 'n meisie met rooi hare nie. ◼ *match Her handbag **matches** her shoes – both of them are made of brown leather.* Haar handsak **pas by** haar skoene – hulle is albei van bruin leer gemaak.

◆ **pas by mekaar** *match The shoes don't **match** – they differ in size.* Die skoene **pas** nie **by mekaar** nie – hulle verskil in grootte.

□ **pas** *werkwoord (teenwoordige tyd **pas**, verlede tyd het **gepas**)*

pas[2] *only I saw him **only** a few minutes ago.* Ek het hom **pas** 'n paar minute gelede gesien.

◆ **so pas** ◼ *just The bread is very fresh – it has **just** come out of the oven.* Die brood is baie vars – dit het **so pas** uit die oond gekom. ◼ *only just "Have you been waiting for me a long time?" – "No, I've **only just** arrived here."* "Wag jy al lank vir my?" – "Nee, ek het **so pas** hier aangekom."

□ **pas** *bywoord*

pasiënt *patient The doctor sent the **patient** to hospital for an operation.* Die dokter het die **pasiënt** vir 'n ope‑ rasie hospitaal toe gestuur.

□ **pa·si·ënt** *selfstandige naamwoord (meervoud pasi‑ ente)*

pasop ◼ *be careful "You must **be careful** – the streets are very busy."* "Jy moet **pasop** – die strate is baie besig." ◼ *be careful, watch "**Be careful (**OR **Watch)** that you don't fall off the ladder!"* "**Pasop** dat jy nie van die leer afval nie!" ◼ *look out, watch it, watch out "**Look out (**OR **Watch it** OR **Watch out)**, you're going to walk into the lamp‑post!"* "**Pasop**, jy gaan teen die lamppaal vasloop!"

◆ **pasop vir** ◼ *beware of "**Beware of** the dog – it bites."* "**Pasop vir** die hond – hy byt." ◼ *mind "**Mind** the thorns when you cut the roses!"* "**Pasop vir** die do‑ rings wanneer jy die rose afsny!"

□ **pas·op** *werkwoord (teenwoordige tyd **pasop**, verlede tyd het **gepasop**)*

passasier *passenger There are only two people in the car: the driver and his **passenger**.* Daar is net twee mense in die motor: die bestuurder en sy **passasier**.

□ **pas·sa·sier** *selfstandige naamwoord (meervoud pas‑ sasiers)*

pastei *pie The **pie** is made of meat and potatoes and has a nice crisp crust.* Die **pastei** is van vleis en aartappels gemaak en het 'n lekker bros kors.

□ **pas·tei** *selfstandige naamwoord (meervoud pas‑ teie)*

patat *sweet potato You cook the **sweet potato** and eat it as a vegetable.* 'n Mens kook die **patat** en eet dit as groente.

□ **pa·tat** *selfstandige naamwoord (meervoud patats)*

patroon *pattern [a] My mother knitted me a jersey from a **pattern**.* My ma het vir my 'n trui van 'n **patroon** af gebrei. [b] *Miriam is wearing a dress with a **pattern** of blue and red blocks.* Miriam dra 'n rok met 'n **patroon** van blou en rooi blokke.

□ **pa·troon** *selfstandige naamwoord (meervoud pa‑ trone)*

paviljoen, pawiljoen *stand There was a large crowd of people in the **stand** at the soccer match.* Daar was 'n groot skare mense in die **paviljoen/pawiljoen** by die sokkerwedstryd.

□ **pa·vil·joen, pa·wil·joen** *selfstandige naamwoord (meervoud paviljoene, pawiljoene)*

pedaal *pedal His foot rested on the **pedal** of his bike.* Sy voet het op die **pedaal** van sy fiets gerus.

□ **pe·daal** *selfstandige naamwoord (meervoud pe‑ dale)*

peer *pear There is a **pear** and some other fruit in the basket.* Daar is 'n **peer** en 'n paar ander vrugte in die mandjie.

□ **peer** *selfstandige naamwoord (meervoud pere)*

pen *pen There is blue ink in my **pen**.* Daar is blou ink in my **pen**.

□ **pen** *selfstandige naamwoord (meervoud penne)*

pens *stomach The cow ate something that made her **stomach** swell up.* Die koei het iets gevreet wat haar **pens** laat opswel het.

□ **pens** *selfstandige naamwoord (meervoud pense)*

peper *pepper "Would you like some salt and **pepper** on your egg?"* "Wil jy 'n bietjie sout en **peper** op jou eier hê?"

□ **pe·per** *selfstandige naamwoord (geen meervoud)*

per ◼ *by He travelled to Pretoria **by** train.* Hy het **per** trein na Pretoria gereis. ◼ *a [a] Simon works in a shop during school holidays and earns R60,00 **a** week.* Simon werk gedurende skoolvakansies in 'n winkel en ver‑ dien R60,00 **per** week. [b] *Petrol costs more than R1,00 **a** litre.* Petrol kos meer as R1,00 **per** liter. ◼ *an He earns R12,50 **an** hour.* Hy verdien R12,50 **per** uur. ◼ *per [a] The tickets cost R16,25 **per** person.* Die kaar‑ tjies kos R16,25 **per** persoon. [b] *We have three meals **per** day.* Ons geniet drie etes **per** dag.

□ **per** *voorsetsel*

perd horse *He saddled the **horse** and went for a ride.* Hy het die **perd** opgesaal en 'n entjie gaan ry.

◆ **te perd** on horseback *He went for a ride **on horseback**.* Hy het 'n entjie **te perd** gaan ry.

☐ **perd** *selfstandige naamwoord (meervoud **perde**)*

perdry ride a horse *"Can you **ride a horse** without a saddle?"* "Kan jy sonder 'n saal **perdry**?"

☐ **perd·ry** *werkwoord (teenwoordige tyd **ry perd**, verlede tyd **het perdgery**)*

perfek[1] perfect *The weather is **perfect** for a picnic – it is neither too hot nor too cold.* Die weer is **perfek** vir 'n piekniek – dis nóg té warm nóg te koud.

☐ **per·fek** *byvoeglike naamwoord (attributief **perfekte**) perfekter, perfekste*

perfek[2] perfectly *The dress is a little long, but otherwise it fits **perfectly**.* Die rok is effens lank, maar andersins pas dit **perfek**.

☐ **per·fek** *bywoord*

periode period *At school we have only one **period** of singing a week.* Ons het op skool net een **periode** sang per week.

☐ **pe·ri·o·de** *selfstandige naamwoord (meervoud **periodes**)*

permit permit *In South Africa you are not allowed to go hunting without a **permit**.* In Suid-Afrika mag jy nie sonder 'n **permit** gaan jag nie.

☐ **per·mit** *selfstandige naamwoord (meervoud **permitte**)*

pers[1] press *Big companies advertise not only on television but also in the **press**.* Groot maatskappye adverteer nie net op televisie nie maar ook in die **pers**.

☐ **pers** *selfstandige naamwoord (geen meervoud)*

pers[2] purple *If you mix blue and red, you get **purple**.* As jy blou en rooi meng, kry jy **pers**.

☐ **pers** *selfstandige naamwoord (geen meervoud)*

pers[3] purple *She is wearing a **purple** dress with a white collar.* Sy dra 'n **pers** rok met 'n wit kraag.

☐ **pers** *byvoeglike naamwoord (atrributief **pers**) perser, persste*

pers[4] press *"**Press** the flower by placing it between the pages of a thick, heavy book."* "**Pers** die blom deur dit tussen die blaaie van 'n dik, swaar boek te plaas."

☐ **pers** *werkwoord (teenwoordige tyd **pers**, verlede tyd **het gepers**)*

persent per cent [a] *Esther is very clever – she got 95 **per cent** in the test.* Esther is baie slim – sy het 95 **persent** in die toets gekry. [b] *The symbol for **per cent** is %.* Die simbool vir persent is %.

☐ **per·sent** *selfstandige naamwoord (geen meervoud)*

perske peach *There is a **peach** and some other fruit in the basket.* Daar is 'n **perske** en 'n paar ander vrugte in die mandjie.

☐ **pers·ke** *selfstandige naamwoord (meervoud **perskes**)*

personeel staff *There are twenty teachers on the **staff** of our school.* Daar is twintig onderwysers in die **personeel** van ons skool.

☐ **per·so·neel** *selfstandige naamwoord (meervoud personele)*

persoon person *The tickets cost R16,25 per **person**.* Die kaartjies kos R16,25 per **persoon**.

☐ **per·soon** *selfstandige naamwoord (meervoud persone)*

persoonlik[1] personal *"May I read the letter?" – "No, it's **personal**; it comes from my boyfriend."* "Kan ek maar die brief lees?" – "Nee, dis **persoonlik**; dit kom van my kêrel."

☐ **per·soon·lik** *byvoeglike naamwoord (attributief persoonlike) persoonliker, persoonlikste*

persoonlik[2] ❶ personally [a] *I don't know him personally, but he is said to be a very nice chap.* Ek ken hom nie **persoonlik** nie, maar hy is glo 'n baie gawe kêrel. [b] *Esther enjoyed the film but, **personally**, I didn't like it at all.* Esther het die prent geniet, maar **persoonlik** het ek niks daarvan gehou nie. ❷ personally, in person *She couldn't deliver the parcel **personally** (OR in person), so she sent her son with it.* Sy kon nie die pakkie **persoonlik** aflewer nie, toe stuur sy haar seun daarmee.

☐ **per·soon·lik** *bywoord*

persoonlikheid personality [a] *She has a friendly personality; that's why people like her so much.* Sy het 'n vriendelike **persoonlikheid**; dis dié dat mense so baie van haar hou. [b] *Elvis Presley was one of the best-known **personalities** in the world of pop music.* Elvis Presley was een van die bekendste **persoonlikhede** in die wêreld van popmusiek.

☐ **per·soon·lik·heid** *selfstandige naamwoord (meervoud persoonlikhede)*

pet cap *The jockey on the grey horse is wearing a red **cap**.* Die jokkie op die grys perd dra 'n rooi **pet**.

☐ **pet** *selfstandige naamwoord (meervoud **pette**)*

petrol petrol *Dad went to the garage to have his car filled with **petrol**.* Pa is garage toe om sy motor met **petrol** te laat vul.

☐ **pe·trol** *selfstandige naamwoord (geen meervoud)*

pianis pianist *It takes much practice before a **pianist** can perform a piece of music faultlessly.* Dit kos baie oefening voordat 'n **pianis** 'n musiekstuk foutloos kan uitvoer.

☐ **pi·a·nis** *selfstandige naamwoord (meervoud **pianiste**)*

piekniek picnic *We took a basket full of food and went on a **picnic** by the river.* Ons het 'n mandjie vol kos geneem en langs die rivier gaan **piekniek** hou/maak.

☐ **piek·niek** *selfstandige naamwoord (meervoud **pieknieks**)*

pienk[1] pink *If you mix white and red, you get **pink**.* As jy wit en rooi meng, kry jy **pienk**.

☐ **pienk** *selfstandige naamwoord (geen meervoud)*

pienk[2] pink *She is wearing a white blouse with a **pink** skirt.* Sy dra 'n wit bloes met 'n **pienk** romp.

☐ **pienk** *byvoeglike naamwoord (atrributief **pienk**) pienker, pienkste*

piep squeak **[a]** *Mice* **squeak** *when they are frightened.* Muise **piep** as hulle bang is. **[b]** *The gate* **squeaked** *when someone opened it.* Die hek **het gepiep** toe iemand dit oopmaak.

☐ **piep** *werkwoord (teenwoordige tyd* **piep**, *verlede tyd* **het gepiep***)*

piepgeluid squeak *The gate opened with a* **squeak.** Die hek het met 'n **piepgeluid** oopgegaan.

☐ **piep·ge·luid** *selfstandige naamwoord (meervoud* **piepgeluide***)*

piering saucer *Some tea spilt out of the cup into the* **saucer.** 'n Bietjie tee het uit die koppie in die **piering** gestort.

☐ **pie·ring** *selfstandige naamwoord (meervoud* **pierings***)*

piesang banana *There is a* **banana** *and some other fruit in the basket.* Daar is 'n **piesang** en 'n paar ander vrugte in die mandjie.

☐ **pie·sang** *selfstandige naamwoord (meervoud* **piesangs***)*

pik ❶ peck *"Don't put your finger in the cage; the bird will* **peck** *you!"* "Moenie jou vinger in die hok steek nie; die voël sal jou **pik!**" ❷ bite *If a poisonous snake* **bites** *you, you can become ill or even die.* As 'n giftige slang jou **pik**, kan jy siek word of selfs doodgaan.

☐ **pik** *werkwoord (teenwoordige tyd* **pik**, *verlede tyd* **het gepik***)*

pil pill, tablet *She took a* **pill/tablet** *for her headache.* Sy het 'n **pil** vir haar hoofpyn geneem.

☐ **pil** *selfstandige naamwoord (meervoud* **pille***)*

pilaar pillar *The roof of the stoep rests on a* **pillar.** Die stoep se dak rus op 'n **pilaar.**

☐ **pi·laar** *selfstandige naamwoord (meervoud* **pilare***)*

pinkie little finger *There are three other fingers between your thumb and* **little finger.** Daar is drie ander vingers tussen jou duim en **pinkie.**

☐ **pin·kie** *selfstandige naamwoord (meervoud* **pinkies***)*

pit ❶ stone *She broke the apricot open and removed the* **stone.** Sy het die appelkoos oopgebreek en die **pit** verwyder. ❷ pip *He chewed the grape and spat out the* **pip.** Hy het die druiwekorrel gekou en die **pit** uitgespoeg.

☐ **pit** *selfstandige naamwoord (meervoud* **pitte***)*

pla ❶ bother **[a]** *"Don't* **bother** *me with silly questions – I'm busy!"* "Moenie my met lawwe vrae **pla** nie – ek is besig!" **[b]** *"You may leave the car window open; the wind doesn't* **bother** *me."* "Jy kan maar die motorvenster oop los; die wind **pla** my nie." ❷ trouble, bother *"Does your injury still* **trouble/bother** *you?"* "**Pla** jou besering jou nog steeds?" ❸ disturb *"Don't* **disturb** *the dog while he's sleeping."* "Moenie die hond **pla** terwyl hy slaap nie." ❹ annoy *Oh, how these flies* **annoy** *me!* Ai, hoe **pla** dié vlieë my!

◆ **jammer om jou te pla** sorry to trouble/bother you *"***Sorry to trouble/bother you***, but can you tell me where the post office is?"* "**Jammer om jou te pla**, maar kan jy my sê waar die poskantoor is?"

☐ **pla** *werkwoord (teenwoordige tyd* **pla**, *verlede tyd* **het gepla***)*

plaas[1] farm *We are going to visit a* **farm** *to see how cows are milked.* Ons gaan 'n **plaas** besoek om te sien hoe koeie gemelk word.

◆ **in plaas daarvan** instead *She didn't have butter, so she used margarine* **instead.** Sy het nie botter gehad nie, toe gebruik sy margarien **in plaas daarvan.**

◆ **in plaas van** ❶ instead of *My watch is fast – it reads 13:10* **instead of** *13:00.* My horlosie is voor – dit wys 13:10 **in plaas van** 13:00. ❷ in place of *Machines* **in place of** *humans do much of the work in a factory.* Masjiene **in plaas van** mense doen baie van die werk in 'n fabriek.

☐ **plaas** *selfstandige naamwoord (meervoud* **plase***)*

plaas[2] ❶ place, put *Mix the jelly and* **place/put** *it in the fridge to set.* Maak die jellie aan en **plaas** dit in die yskas om te stol. ❷ place *We* **placed** *an order for two cups of tea with the waiter.* Ons **het** 'n bestelling vir twee koppies tee by die kelner **geplaas.** ❸ put *"Are you paying cash for this dress, or shall I* **put** *it on your account?"* "Betaal u kontant vir dié rok, of sal ek dit op u rekening **plaas?**" ❹ stand *"Pick up your bicycle and* **stand** *it against the wall."* "Tel jou fiets op en **plaas** dit teen die muur."

☐ **plaas** *werkwoord (teenwoordige tyd* **plaas**, *verlede tyd het* **geplaas***)*

plaasvind take place *The meeting will* **take place** *on 15 April.* Die vergadering sal op 15 April **plaasvind.**

☐ **plaas·vind** *werkwoord (teenwoordige tyd* **vind plaas**, *verlede tyd* **het plaasgevind***)*

plaat ❶ record *He is listening to a* **record** *of Michael Jackson.* Hy luister na 'n **plaat** van Michael Jackson. ❷ plate *"Be careful, the back* **plate** *of the stove is still hot."* "Pasop, die agterste **plaat** van die stoof is nog warm."

☐ **plaat** *selfstandige naamwoord (meervoud* **plate***)*

plafon ceiling *The room has four walls, a floor and a* **ceiling.** Die kamer het vier mure, 'n vloer en 'n **plafon.**

☐ **pla·fon** *selfstandige naamwoord (meervoud* **plafonne***)*

plak paste, stick, put *"Don't forget to* **paste/stick/put** *a stamp on the letter."* "Moenie vergeet om 'n seël op die brief te **plak** nie."

☐ **plak** *werkwoord (teenwoordige tyd* **plak**, *verlede tyd* **het geplak***)*

plan ❶ plan **[a]** *The builder studied the* **plan** *of the house to see where the kitchen must be.* Die bouer het die **plan** van die huis bestudeer om te sien waar die kombuis moet kom. **[b]** *"What are your* **plans** *for the holidays?" – "We're going to visit my aunt in Queenstown."* "Wat is jul **planne** vir die vakansie?" – "Ons gaan by my tante op Queenstown kuier." ❷ idea *"It's so hot, let's go for a swim." – "Yes, that's a good* **idea.**" "Dis so warm, kom ons gaan swem." – "Ja, dis 'n goeie **plan.**"

◆ **'n plan maak** make a plan *I've locked myself out and*

will have to **make a plan** *to get into the house.* Ek het my uitgesluit en sal **'n plan** moet **maak** om by die huis in te kom.

◆ **nie van plan wees nie** have no intention of *I have no intention of buying myself a new bicycle, because there is nothing wrong with my old one.* Ek **is nie van plan** om vir my 'n nuwe fiets te koop **nie**, want my oue makeer niks.

◆ **van plan verander** change your mind *He has decided to stay at home and nothing will make him* **change his mind**. Hy het besluit om by die huis te bly en niks sal hom **van plan** laat **verander** nie.

◆ **van plan wees** intend to, plan to *"We* **intend/ plan to** *go swimming this afternoon – would you like to come along?"* "Ons **is van plan** om vanmiddag te gaan swem – wil jy saamkom?"

□ **plan** *selfstandige naamwoord (meervoud* **planne***)*

plank ❶ plank *He lifted a* **plank** *to see what was in the box.* Hy het 'n **plank** gelig om te kyk wat in die kis is. ❷ board *The builder had to saw the* **board** *in half because it was too long.* Die bouer moes die **plank** middeldeur saag, want dit was te lank.

□ **plank** *selfstandige naamwoord (meervoud* **planke***)*

plant¹ plant *The* **plant** *in that pot flowers in spring.* Die **plant** in daardie pot blom in die lente.

□ **plant** *selfstandige naamwoord (meervoud* **plante***)*

plant² plant *My father is going to* **plant** *a tree in our garden.* My pa gaan 'n boom in ons tuin **plant**.

□ **plant** *werkwoord (teenwoordige tyd* **plant***, verlede tyd* **het geplant***)*

plas¹ pool *She wiped up the* **pool** *of water on the floor.* Sy het die **plas** water op die vloer opgevee.

□ **plas** *selfstandige naamwoord (meervoud* **plasse***)*

plas² splash *The baby loves to* **splash** *in the bath.* Die baba **plas** graag in die bad.

□ **plas** *werkwoord (teenwoordige tyd* **plas***, verlede tyd* **het geplas***)*

plastiek plastic *A cup made of* **plastic** *does not break easily.* 'n Koppie wat van **plastiek** gemaak is, breek nie maklik nie.

◆ **plastiek**= plastic *She put the loaf of bread into a* **plastic** *bag.* Sy het die brood in 'n **plastiek**sak gesit.

□ **plas·tiek** *selfstandige naamwoord (geen meervoud)*

plat¹ flat *The earth is not* **flat***; it is round.* Die aarde is nie **plat** nie; dis rond.

□ **plat** *byvoeglike naamwoord (attributief* **plat***)* **plat= ter, platste**

plat² flat *"Stand up straight with your shoulders* **flat** *against the wall."* "Staan regop met jou skouers **plat** teen die muur."

□ **plat** *bywoord*

platespeler record player *The needle of the* **record player** *was blunt and scratched the record.* Die naald van die **platespeler** was stomp en het die plaat gekrap.

□ **pla·te·spe·ler** *selfstandige naamwoord (meervoud* **platespelers***)*

platform platform **[a]** *The train to Bloemfontein leaves from* **platform** *19.* Die trein na Bloemfontein vertrek van **platform** 19. **[b]** *The children clapped when the athlete who won first place appeared on the* **platform**. Die kinders het geklap toe die atleet wat eerste was, op die **platform** verskyn.

□ **plat·form** *selfstandige naamwoord (meervoud* **plat= forms***)*

platslaan knock down **[a]** *They are going to* **knock down** *the old building to build a new one.* Hulle gaan die ou gebou **platslaan** om 'n nuwe te bou. **[b]** *The boxer* **knocked** *his opponent* **down** *for a count of ten.* Die bokser **het** sy opponent vir 'n telling van tien **platge= slaan**.

□ **plat·slaan** *werkwoord (teenwoordige tyd* **slaan plat***, verlede tyd* **het platgeslaan***)*

platteland country *He was born in the* **country***, but now lives and works in the city.* Hy is op die **platteland** gebore, maar woon en werk nou in die stad.

□ **plat·te·land** *selfstandige naamwoord (geen meer= voud)*

plein square *There is a market in/on the* **square** *in the middle of Cape Town.* Daar is 'n mark op die **plein** in die middel van Kaapstad.

□ **plein** *selfstandige naamwoord (meervoud* **pleine***)*

pleister plaster **[a]** *Mum put a* **plaster** *over the cut on my hand.* Ma het 'n **pleister** oor die sny op my hand geplak. **[b]** *"Allow the* **plaster** *on the walls to dry properly before you paint the room."* "Laat die **pleister** aan die mure heeltemal droog word voor jy die kamer uitverf."

□ **pleis·ter** *selfstandige naamwoord (geen meervoud by* 1b*;* **pleisters** *by* 1a*)*

plek ❶ place **[a]** *An airport is a* **place** *where aeroplanes land and take off.* 'n Lughawe is 'n **plek** waar vliegtuie land en opstyg. **[b]** *The North Cape is a very hot* **place** *in summer.* Die Noordkaap is 'n baie warm **plek** in die somer. **[c]** *"Please move up; you're sitting in my* **place***."* "Skuif asseblief op; jy sit op my **plek**." **[d]** *He fell off his bicycle and broke his leg in two* **places***.* Hy het van sy fiets afgeval en sy been op twee **plekke** gebreek. **[e]** *She put a piece of paper in her book to mark her* **place***.* Sy het 'n stukkie papier in haar boek gesit om haar **plek** te merk. ❷ space *There is a big* **space** *in front of the hospital where visitors can park their cars.* Daar is 'n groot **plek** voor die hospitaal waar besoekers hul motors kan parkeer. ❸ space, room *"Is there* **space/room** *for another passenger on the bus?"* "Is daar **plek** vir nog 'n passasier op die bus?" ❹ seat *Book early if you want to be sure of a* **seat** *on the train.* Bespreek vroegtydig as jy seker wil wees van 'n **plek** op die trein. ❺ spot *"This is the* **spot** *where the accident happened."* "Dis die **plek** waar die ongeluk gebeur het." ❻ position *The TV is in the wrong* **position** *– too much light falls on the screen.* Die TV staan op die ver= keerde **plek** – daar val te veel lig op die skerm.

◆ **die plek inneem van** take the place of *In her sad-*

*ness she felt that nothing could **take the place of** the dog she had lost.* In haar hartseer het sy gevoel dat niks **die plek** sou kon **inneem van** die hond wat sy verloor het nie.

◆ **enige plek** anywhere *"Put the books **anywhere** on my table."* "Sit die boeke **enige plek** op my tafel neer."

◆ **iemand se plek inneem** take someone's place *The goalkeeper is ill. I wonder who will **take his place** in the team?* Die doelwagter is siek. Ek wonder wie **sy plek** in die span sal **inneem?**

◆ **in iemand se plek** in somebody's place *When I was ill George played goalkeeper **in my place**.* Toe ek siek was, het George **in my plek** doelwagter gespeel.

◆ **neem jul plekke in** take your places *"Good morning, class, please **take your places** and get out your books."* "Môre, klas, **neem** asseblief **jul plekke in** en haal jul boeke uit."

◆ **op sy plek** in place *"Please put the book back **in its right place**."* "Sit die boek asseblief **op sy regte plek** terug."

◆ **plek wees in** take *The lift can't **take** more than eight persons.* Daar **is** nie **plek in** die hysbak vir meer as agt mense nie.

◆ **plekkie** spot *"When you peel the potatoes, cut out the bad **spots** as well."* "Wanneer jy die aartappels skil, sny die slegte **plekkies** ook uit."

□ **plek** *selfstandige naamwoord (geen meervoud by 3; **plekke** by 1, 2, 4, 5 en 6)*

plesier pleasure **[a]** *"Thank you for helping me." – "It was a great **pleasure**."* "Dankie dat jy my gehelp het." – "Dit was 'n groot **plesier**." **[b]** *"Did your dad go to Durban on business or for **pleasure**?"* "Is jou pa vir sake of vir **plesier** Durban toe?" **[c]** *"What a **pleasure** to mark your homework – it's always so neat."* "Wat 'n **plesier** om jou huiswerk na te sien – dis altyd so netjies."

◆ **met plesier ❶** with pleasure *"May I borrow your pen?" – "Yes, **with pleasure**."* "Kan ek jou pen leen?" – "Ja, **met plesier**." **❷** be pleased to *I'd **be pleased to** help you.* Ek sal jou **met plesier** help.

□ **ple·sier** *selfstandige naamwoord (meervoud **ple·siere**)*

plig duty *As the eldest child it is her **duty** to look after her younger brothers and sisters.* As oudste kind is dit haar **plig** om haar jonger boeties en sussies op te pas.

□ **plig** *selfstandige naamwoord (meervoud **pligte**)*

ploeg[1] plough *The farmer pulls the **plough** with a tractor.* Die boer sleep die **ploeg** met 'n trekker.

□ **ploeg** *selfstandige naamwoord (meervoud **ploeë**)*

ploeg[2] plough *Farmers **plough** manure into the soil to make it fertile.* Boere **ploeg** mis in die grond om dit vrugbaar te maak.

□ **ploeg** *werkwoord (teenwoordige tyd **ploeg**, verlede tyd **het geploeg**)*

plons splash *He fell into the water with a big **splash**.* Hy het met 'n groot **plons** in die water geval.

□ **plons** *selfstandige naamwoord (meervoud **plonse**)*

pluk pick *One is not allowed to **pick** the flowers in a park.* 'n Mens mag nie die blomme in 'n park **pluk** nie.

□ **pluk** *werkwoord (teenwoordige tyd **pluk**, verlede tyd **het gepluk**)*

plus plus *Three **plus** two is five.* Drie **plus** twee is vyf.

□ **plus** *bywoord*

poeding pudding *"If you eat up all your food, you can have ice-cream for **pudding**."* "As jy al jou kos opeet, kan jy roomys vir **poeding** kry."

□ **poe·ding** *selfstandige naamwoord (meervoud **poe·dings**)*

poeier[1] powder **[a]** *One gets flour if you grind wheat to a fine **powder**.* 'n Mens kry meel as jy koring tot 'n fyn **poeier** maal. **[b]** *Women make up their faces with lipstick and **powder**.* Vroue maak hul gesigte op met lipstiffie en **poeier**.

□ **poei·er** *selfstandige naamwoord (meervoud **poei·ers**)*

poeier[2] powder *"I'm almost ready! I just have to put on some lipstick and **powder** my nose."* "Ek is amper klaar! Ek moet nog net 'n bietjie lipstiffie aansmeer en my neus **poeier**."

□ **poei·er** *werkwoord (teenwoordige tyd **poeier**, verlede tyd **het gepoeier**)*

poel pool *There is a deep **pool** in the river near the waterfall.* Daar is 'n diep **poel** in die rivier naby die waterval.

□ **poel** *selfstandige naamwoord (meervoud **poele**)*

poets[1] trick *"Let's play a **trick** on Lynette and give her sugar mixed with salt!"* "Kom ons bak Lynette 'n **poets** en gee vir haar suiker wat met sout gemeng is!"

□ **poets** *selfstandige naamwoord (meervoud **poetse**)*

poets[2] polish, shine *I **polish/shine** my shoes with a cloth.* Ek **poets** my skoene met 'n lap.

□ **poets** *werkwoord (teenwoordige tyd **poets**, verlede tyd **het gepoets**)*

poleer polish *The floors of our house are nice and shiny because my mother **polishes** them regularly.* Die vloere van ons huis is mooi blink, want my ma **poleer** hulle gereeld.

□ **po·leer** *werkwoord (teenwoordige tyd **poleer**, verlede tyd **het gepoleer**)*

polisie police *The **police** caught the thief who had broken into our house.* Die **polisie** het die dief gevang wat by ons huis ingebreek het.

□ **po·li·sie** *meervoudige selfstandige naamwoord*

polisiekantoor police station *After the accident he had to go and complete some form or other at the **police station**.* Na die ongeluk moes hy een of ander vorm by die **polisiekantoor** gaan invul.

□ **po·li·sie·kan·toor** *selfstandige naamwoord (meervoud **polisiekantore**)*

polisieman policeman *The **policeman** said to the thief, "I'm going to lock you up in prison for the night."* Die **polisieman** het vir die dief gesê: "Ek gaan jou vir die nag in die tronk opsluit."

□ **po·li·sie·man** *selfstandige naamwoord (meervoud* **polisiemanne***)*

politiek[1] politics *People who are interested in* **politics** *remain informed about government matters.* Mense wat in die **politiek** belang stel, bly op die hoogte van regeringsake.

□ **po·li·tiek** *selfstandige naamwoord (geen meervoud)*

politiek[2] political *The ANC is a* **political** *party.* Die ANC is 'n **politieke** party.

□ **po·li·tiek** *byvoeglike naamwoord (meestal attributief* **politieke***)*

politikus politician *Margaret Thatcher was the first female* **politician** *to become prime minister of Britain.* Margaret Thatcher was die eerste vroulike **politikus** wat eerste minister van Brittanje geword het.

□ **po·li·ti·kus** *selfstandige naamwoord (meervoud* **politikusse/politici***)*

politoer[1] polish *He bought a tin of brown* **polish** *for his shoes.* Hy het 'n blik bruin **politoer** vir sy skoene gekoop.

□ **po·li·toer** *selfstandige naamwoord (meervoud* **politoere***)*

politoer[2] polish *The floors of our house are nice and shiny because my mother* **polishes** *them regularly.* Die vloere van ons huis is mooi blink, want my ma **politoer** hulle gereeld.

□ **po·li·toer** *werkwoord (teenwoordige tyd* **politoer***, verlede tyd* **het gepolitoer***)*

pols wrist *I wear a watch on my* **wrist**. Ek dra 'n horlosie aan my **pols**.

□ **pols** *selfstandige naamwoord (meervoud* **polse***)*

pomp[1] pump *He blew up the flat tyre with a* **pump**. Hy het die pap band met 'n **pomp** opgeblaas.

□ **pomp** *selfstandige naamwoord (meervoud* **pompe***)*

pomp[2] pump **[a]** *"Would you* **pump** *the tyres of my car for me, please?"* "Sal jy my motor se bande vir my **pomp**, asseblief?" **[b]** *The heart is an organ that* **pumps** *blood through your body.* Die hart is 'n orgaan wat bloed deur jou liggaam **pomp**.

□ **pomp** *werkwoord (teenwoordige tyd* **pomp***, verlede tyd* **het gepomp***)*

poot ❶ paw *How many nails does a cat have on each* **paw**? Hoeveel naels het 'n kat aan elke **poot**? ❷ foot *The hoof is the hard part of a horse, ox or cow's* **foot**. Die hoef is die harde deel van 'n perd, os of koei se **poot**. ❸ leg **[a]** *I knocked my toe against the* **leg** *of the table.* Ek het my toon teen die **poot** van die tafel gestamp. **[b]** *A spider has eight* **legs**. 'n Spinnekop het agt **pote**.

□ **poot** *selfstandige naamwoord (meervoud* **pote***)*

pootjie trip (up) *He tried to* **trip** *her* **(up)** *by sticking his foot out just as she ran past him.* Hy het haar probeer **pootjie** deur sy voet uit te steek net toe sy by hom verbyhardloop.

□ **poot·jie** *werkwoord (teenwoordige tyd* **pootjie***, verlede tyd* **het gepootjie***)*

pop doll *My sister has a* **doll** *that looks like a baby.* My suster het 'n **pop** wat soos 'n baba lyk.

□ **pop** *selfstandige naamwoord (meervoud* **poppe***)*

popmusiek pop music *Elvis Presley was one of the best-known personalities in the world of* **pop music**. Elvis Presley was een van die bekendste persoonlikhede in die wêreld van **popmusiek**.

□ **pop·mu·siek** *selfstandige naamwoord (geen meervoud)*

pos[1] post, mail **[a]** *There were two letters in the* **post/mail** *for me.* Daar was vir my twee briewe in die **pos**. **[b]** *She sent the parcel to him by* **post/mail**. Sy het die pakkie per **pos** aan hom gestuur.

□ **pos** *selfstandige naamwoord (geen meervoud)*

pos[2] post, mail *"Stick a stamp on the envelope before you* **post/mail** *the letter."* "Plak 'n seël op die koevert voordat jy die brief **pos**."

□ **pos** *werkwoord (teenwoordige tyd* **pos***, verlede tyd* **het gepos***)*

posbode postman *The* **postman** *brought us three letters today.* Die **posbode** het vandag vir ons drie briewe gebring.

□ **pos·bo·de** *selfstandige naamwoord (meervoud* **posbodes***)*

posbus post-box **[a]** *There are no letters in our* **post-box** *today.* Daar is vandag geen briewe in ons **posbus** nie. **[b]** *She put the letter into the* **post-box** *at the corner of the street.* Sy het die brief in die **posbus** op die hoek van die straat gegooi.

□ **pos·bus** *selfstandige naamwoord (meervoud* **posbusse***)*

posgeld postage *In 1991 the government decided to raise the* **postage** *for letters from 21c to 25c.* In 1991 het die regering besluit om die **posgeld** vir briewe van 21c tot 25c te verhoog.

□ **pos·geld** *selfstandige naamwoord (geen meervoud)*

posisie position **[a]** *"Hold your arms in the air in an upright* **position**." *"Hou jou arms in die lug in 'n regop* **posisie**." **[b]** *"What* **position** *does he play?"* – *"Goalkeeper."* "In watter **posisie** speel hy?" – "Doelwagter."

□ **po·si·sie** *selfstandige naamwoord (meervoud* **posisies***)*

poskaart postcard *She wrote a* **postcard** *to her mother and father when she was on holiday in Durban.* Sy het 'n **poskaart** aan haar ma en pa geskryf toe sy in Durban met vakansie was.

□ **pos·kaart** *selfstandige naamwoord (meervoud* **poskaarte***)*

poskantoor post office *He went to the* **post office** *to send off a parcel.* Hy is **poskantoor** toe om 'n pakkie weg te stuur.

□ **pos·kan·toor** *selfstandige naamwoord (meervoud* **poskantore***)*

posorder postal order *It is much safer to use a* **postal order** *than cash when you want to send money to someone by post.* Dis baie veiliger om 'n **posorder** as kontant te gebruik as jy geld per pos aan iemand wil stuur.

□ **pos·or·der** *selfstandige naamwoord (meervoud* **pos-orders***)*

pot pot **[a]** *The potatoes are cooking in a* **pot** *on the stove.* Die aartappels kook in 'n **pot** op die stoof. **[b]** *"Make a* **pot** *of tea for us, please."* "Maak vir ons 'n **pot** tee, asseblief." **[c]** *The plant in that* **pot** *flowers in spring.* Die plant in daardie **pot** blom in die lente.

□ **pot** *selfstandige naamwoord (meervoud* **potte***)*

potlood pencil *My* **pencil** *is blunt and won't write.* My **potlood** is stomp en wil nie skryf nie.

□ **pot·lood** *selfstandige naamwoord (meervoud* **pot-lode***)*

pouse ❶ interval *There is an* **interval** *of twenty minutes before the main film starts.* Daar is 'n **pouse** van twintig minute voordat die hoofprent begin. ❷ break *The pupils play outside during* **break***.* Die leerlinge speel buite gedurende die **pouse**.

□ **pou·se** *selfstandige naamwoord (meervoud* **pouses***)*

praat ❶ talk, chat *"What do you and Doreen* **talk/chat** *about when you phone each other?"* "Waaroor **praat** jy en Doreen as julle mekaar bel?" ❷ talk **[a]** *The baby began to* **talk** *when he was fifteen months old.* Die baba het begin **praat** toe hy vyftien maande oud was. **[b]** *"Don't* **talk** *nonsense – there is no man in the moon!"* "Moenie nonsens **praat** nie – daar is geen man in die maan nie!" ❸ speak **[a]** *Her throat is so sore that she can't* **speak***.* Haar keel is so seer dat sy nie kan **praat** nie. **[b]** *He can* **speak** *Afrikaans and English very well.* Hy kan Afrikaans en Engels baie goed **praat**.

♦ **harder praat** speak up *"Please* **speak up***; I can't hear you."* "**Praat** asseblief 'n bietjie **harder**; ek kan jou nie hoor nie."

♦ **met lof praat van** ⇨ **lof**.

pragtig[1] beautiful, lovely *His sister is* **beautiful/lovely** *– no wonder (that) she has so many boyfriends.* Sy suster is **pragtig** – geen wonder dat sy soveel kêrels het nie.

□ **prag·tig** *byvoeglike naamwoord (attributief* **pragtige***)* **pragtiger, pragtigste**

pragtig[2] beautifully *She has a lovely voice and sings* **beautifully***.* Sy het 'n lieflike stem en sing **pragtig**.

□ **prag·tig** *bywoord*

prakties practical *He is very* **practical** *and can fix almost anything in and around the house.* Hy is baie **prakties** en kan byna enigiets in en om die huis regmaak.

□ **prak·ties** *byvoeglike naamwoord (attributief* **praktiese***)* **praktieser, praktiesste**

predikant minister *The Reverend John Murray was a* **minister** *in the Presbyterian Church.* Dominee John Murray was 'n **predikant** in die Presbiteriaanse Kerk.

□ **pre·di·kant** *selfstandige naamwoord (meervoud* **predikante***)*

prefek prefect *He was a* **prefect** *in standard nine and*

became head boy in matric. Hy was in standerd nege 'n **prefek** en het in matriek hoofseun geword.

□ **pre·fek** *selfstandige naamwoord (meervoud* **prefekte***)*

prent ❶ picture *Christine drew a* **picture** *of a house.* Christine het 'n **prent** van 'n huis geteken. ❷ film *Last night on television I saw an old* **film** *in which Marilyn Monroe stars.* Ek het gisteraand op televisie 'n ou **prent** gesien waarin Marilyn Monroe die hoofrol speel.

□ **prent** *selfstandige naamwoord (meervoud* **prente***)*

present present, gift *I must buy Lynette a* **present/gift** *for her birthday.* Ek moet vir Lynette 'n **present** vir haar verjaardag koop.

□ **pre·sent** *selfstandige naamwoord (meervoud* **presente***)*

president president *In countries that have no king or queen a* **president** *is often the head of the government.* In lande wat geen koning of koningin het nie, is 'n **president** dikwels die hoof van die regering.

□ **pre·si·dent** *selfstandige naamwoord (meervoud* **presidente***)*

presies[1] exact *"What is the time?" – "It's seven minutes past nine, to be* **exact***."* "Hoe laat is dit?" – "Dis sewe minute oor nege, om **presies** te wees."

□ **pre·sies** *byvoeglike naamwoord (attributief* **presiese***)* **presieser, presiesste**

presies[2] ❶ exactly *She described the man so clearly that we knew* **exactly** *who she was talking about.* Sy het die man so duidelik beskryf dat ons **presies** geweet het van wie sy praat. ❷ just *"Tell me,* **just** *what happened?"* "Sê my, wat het **presies** gebeur?" ❸ very *I sat in this* **very** *same seat the last time I came to the cinema.* Ek het op **presies** dieselfde plek gesit toe ek die vorige keer kom fliek het.

□ **pre·sies** *bywoord*

presteer ❶ do well *The pupils who* **do well** *get book prizes at the end of the year.* Die leerlinge wat goed **presteer**, kry aan die einde van die jaar boekpryse. ❷ perform *You can't expect a team to* **perform** *well without four of its best players.* Jy kan nie verwag dat 'n span sonder vier van sy beste spelers goed moet **presteer** nie.

□ **pres·teer** *werkwoord (teenwoordige tyd* **presteer***, verlede tyd* **het gepresteer***)*

pret fun *I am sure we are going to have great* **fun** *at the party tonight.* Ek is seker ons gaan vanaand groot **pret** by die partytjie hê.

□ **pret** *selfstandige naamwoord (geen meervoud)*

priester priest *In the Roman Catholic Church a woman cannot become a* **priest***.* In die Rooms-Katolieke Kerk kan 'n vrou nie 'n **priester** word nie.

□ **pries·ter** *selfstandige naamwoord (meervoud* **priesters***)*

primêr primary *Blue, red and yellow are* **primary** *colours.* Blou, geel en rooi is **primêre** kleure.

□ **pri·mêr** *byvoeglike naamwoord (meestal attributief* **primêre***)*

prins prince *When his mother dies,* **Prince** *Charles will become king of Great Britain and Northern Ireland.* Wanneer sy ma sterf, sal **prins** Charles koning van Groot-Brittanje en Noord-Ierland word.

◻ **prins** *selfstandige naamwoord (meervoud* **prinse***)*

prinses princess *Princess Anne and Prince Charles are brother and sister.* **Prinses** Anne en prins Charles is broer en suster.

◻ **prin·ses** *selfstandige naamwoord (meervoud* **prin= sesse***)*

privaat private *This is a **private** hospital – it belongs to a group of doctors and not to the government.* Dis 'n **privaat/private** hospitaal dié – dit behoort aan 'n groep dokters en nie aan die regering nie.

◻ **pri·vaat** *byvoeglike naamwoord (attributief* **pri= vaat/private***)*

probeer ❶ try **[a]** *"I don't know if I can do it, but I'll **try**."* "Ek weet nie of ek dit kan doen nie, maar ek sal **probeer**." **[b]** *"Have you ever **tried** raw fish?"* "**Het** jy al ooit rou vis **(ge)probeer**?" ❷ try to, try and *"Please **try to/and** be on time."* "**Probeer** asseblief betyds wees." ❸ have a try, give it a try *"I can't get the door open." – "Let me **have** (*OR* **give it**) a try."* "Ek kan nie die deur oopkry nie." – "Laat my **probeer**."

◻ **pro·beer** *werkwoord (teenwoordige tyd* **probeer,** *verlede tyd* **het probeer/geprobeer***)*

Jy *probeer* nie jou bes nie; jy *doen* jou bes.

probleem problem **[a]** *"I'd like to come to your party, but I have a **problem**: I don't have transport."* "Ek wil graag na jou partytjie toe kom, maar ek het 'n pro= **bleem**: ek het nie vervoer nie." **[b]** *Tom could solve seven of the ten **problems** in the maths test.* Tom kon sewe van die tien **probleme** in die wiskundetoets oplos.

◆ **die probleem is dat** the trouble is that *"You're not slow; **the trouble is that** you're lazy!"* "Jy's nie dom nie; **die probleem is dat** jy lui is!"

◻ **pro·bleem** *selfstandige naamwoord (meervoud* **pro= bleme***)*

produk product *Cheese is an important **product** of milk.* Kaas is 'n belangrike **produk** van melk.

◻ **pro·duk** *selfstandige naamwoord (meervoud* **pro= dukte***)*

produseer produce *Farms in the Free State **produce** a large part of our country's maize.* Plase in die Vrystaat **produseer** 'n groot deel van ons land se mielies.

◻ **pro·du·seer** *werkwoord (teenwoordige tyd* **produ= seer,** *verlede tyd* **het geproduseer***)*

proe ❶ taste **[a]** *"**Taste** the soup before you add more salt to it."* "**Proe** die sop voor jy nog sout daarby voeg." **[b]** *"Can you **taste** the nuts in the pudding?"* "Kan jy die neute in die poeding **proe**?" ❷ have a taste of *"May I **have a taste of** your ice-cream?"* "Kan ek maar jou roomys **proe**?"

◆ **laat proe** give a taste of *"**Give me a taste of** your ice-cream, please."* "**Laat** my jou roomys **proe,** toe."

◻ **proe** *werkwoord (teenwoordige tyd* **proe,** *verlede tyd* **het geproe***)*

program programme **[a]** *I saw a **programme** about birds on television last night.* Ek het gisteraand 'n pro= **gram** oor voëls op televisie gesien. **[b]** *According to the **programme** there is an interval of twenty minutes between the two parts of the concert.* Volgens die pro= **gram** is daar 'n pouse van twintig minute tussen die twee dele van die konsert.

◻ **pro·gram** *selfstandige naamwoord (meervoud* **pro= gramme***)*

prooi prey *The lion killed its **prey**.* Die leeu het sy **prooi** doodgemaak.

◻ **prooi** *selfstandige naamwoord (meervoud* **prooie***)*

prop ❶ plug *Put the **plug** in the bath before you let the water in.* Steek die **prop** in die bad voor jy die water laat inloop. ❷ cork *He pulled the **cork** out of the bottle and poured the wine.* Hy het die **prop** uit die bottel getrek en die wyn geskink.

◻ **prop** *selfstandige naamwoord (meervoud* **proppe***)*

prop² stuff *"Eat nicely! Don't **stuff** your mouth so full of food!"* "Eet mooi! Moenie jou mond so vol kos **prop** nie!"

◻ **prop** *werkwoord (teenwoordige tyd* **prop,** *verlede tyd* **het geprop***)*

provinsie province *Natal is the smallest **province** in our country.* Natal is die kleinste **provinsie** in ons land.

◻ **pro·vin·sie** *selfstandige naamwoord (meervoud* **provinsies***)*

pruim plum *A **plum** is a small red or yellow fruit with a flat stone.* 'n **Pruim** is 'n klein rooi of geel vrug met 'n plat pit.

◻ **pruim** *selfstandige naamwoord (meervoud* **prui= me***)*

prys¹ ❶ price *The **price** of sugar went up by 7c per kilogram.* Die **prys** van suiker het met 7c per kilogram gestyg. ❷ prize *"You worked hard and deserve the **prize** as best student of the year."* "Jy het hard gewerk en verdien die **prys** as beste student van die jaar."

◻ **prys** *selfstandige naamwoord (meervoud* **pryse***)*

Jy kan sê *Hy het sy fiets **vir** R65,00 verkoop* of *Hy het sy fiets **teen 'n prys van** R65,00 verkoop.*

prys² praise *The principal came to our class to **praise** Simon for his good work.* Die hoof het na ons klas ge= kom om Simon vir sy goeie werk te **prys**.

◻ **prys** *werkwoord (teenwoordige tyd* **prys,** *verlede tyd* **het geprys***)*

publiek public *The museum is open to the **public** from 09:00 until 17:00 on weekdays.* Die museum is in die week van 09:00 tot 17:00 vir die **publiek** oop.

◻ **pu·bliek** *selfstandige naamwoord (geen meervoud)*

puisie pimple *"Don't squeeze the **pimple** on your nose."* "Moenie die **puisie** op jou neus uitdruk nie."

◻ **pui·sie** *selfstandige naamwoord (meervoud* **puisies***)*

punt ❶ point **[a]** *A pin has a very sharp **point**.* 'n Speld het 'n baie skerp **punt**. **[b]** *Our soccer team won the match by two points to one.* Ons sokkerspan het die wedstryd met twee **punte** teen een gewen. **2** mark *His highest mark in a spelling test was eight out of ten.* Sy hoogste **punt** in 'n speltoets was agt uit tien. **3** full stop *A full stop shows the end of a sentence.* 'n **Punt** dui die end van 'n sin aan. **4** nib *The top of a pen protects the nib.* Die dop van 'n pen beskerm die **punt**. **5** end *The cat sat up straight with the end of its tail curled round its front legs.* Die kat het regop gesit met die **punt** van sy stert om sy voorpote gekrul. **6** tip *The tip of my nose is very cold.* Die **punt** van my neus is baie koud.

◆ **op die punt staan/wees om te** be on the point of, be about to *We were on the point of leaving* (OR *were about to leave) when the phone rang.* Ons **het op die punt gestaan** (OF **was op die punt) om te** vertrek toe die foon lui.

☐ **punt** *selfstandige naamwoord (meervoud* **punte***)*

pure pure *The little boy wrote on the wall out of pure naughtiness.* Die seuntjie het van **pure** stoutigheid op die muur geskryf.

☐ **pu·re** *attributiewe byvoeglike naamwoord*

put well *They dug a well in the hope of finding water.* Hulle het 'n **put** gegrawe in die hoop dat hulle water sou kry.

☐ **put** *selfstandige naamwoord (meervoud* **putte***)*

pyl arrow **[a]** *An arrow on the wall in the passage shows you where the principal's office is.* 'n **Pyl** op die muur in die gang wys jou waar die hoof se kantoor is. **[b]** *The man shot an arrow with his bow.* Die man het 'n **pyl** met sy boog afgeskiet.

☐ **pyl** *selfstandige naamwoord (meervoud* **pyle***)*

pyn[1] pain *She cried out in pain when he pulled her hair.* Sy het van die **pyn** uitgeroep toe hy haar hare trek.

☐ **pyn** *selfstandige naamwoord (meervoud* **pyne***)*

pyn[2] ache *My tooth aches terribly when I eat something sweet.* My tand **pyn** vreeslik as ek iets soets eet.

☐ **pyn** *werkwoord (teenwoordige tyd* **pyn***, verlede tyd* **het gepyn***)*

pynappel pineapple *A pineapple is a large fruit with a thick, rough skin.* 'n **Pynappel** is 'n groot vrug met 'n dik, growwe skil.

☐ **pyn·ap·pel** *selfstandige naamwoord (meervoud* **pynappels***)*

pyp **1** pipe **[a]** *Water is leaking out of the pipe that leads to the tap.* Water lek uit die **pyp** wat na die kraan lei. **[b]** *My dad smokes a pipe.* My pa rook **pyp**. **2** leg *The trousers don't fit him – the legs are too long.* Die broek pas hom nie – die **pype** is te lank.

☐ **pyp** *selfstandige naamwoord (meervoud* **pype***)*

R

raad advice *"You have a bad cold; take the doctor's ad=vice and stay in bed."* "Jy het 'n kwaai verkoue; luister na die dokter se **raad** en bly in die bed."

☐ **raad** *selfstandige naamwoord (geen meervoud)*

raadpleeg 1 see, consult *"You ought to see/consult a doctor about your cough."* "Jy behoort 'n dokter oor jou hoes te **raadpleeg**." **2** consult, refer to *Consult (OR Refer to) a dictionary if you don't know how to spell a word.* **Raadpleeg** 'n woordeboek as jy nie weet hoe om 'n woord te spel nie.

☐ **raad·pleeg** *werkwoord (teenwoordige tyd raad=pleeg, verlede tyd het geraadpleeg)*

raai guess *"If I have to guess his age, I'd say he's about fifteen."* "As ek moet **raai** hoe oud hy is, sou ek sê hy's omtrent vyftien."

☐ **raai** *werkwoord (teenwoordige tyd raai, verlede tyd het geraai)*

raaisel riddle *Here is a riddle: What runs and whistles but cannot talk? The answer is "a train".* Hier is 'n **raaisel**: Wat loop en fluit maar kan nie praat nie? Die antwoord is "'n trein".

☐ **raai·sel** *selfstandige naamwoord (meervoud raai=sels)*

raak 1 touch **[a]** *I can't touch the bottom in the deep end of the swimming pool.* Ek kan nie die bodem aan die diep kant van die swembad **raak** nie. **[b]** *The film touched her so deeply that she cried.* Die prent het haar so diep **geraak** dat sy gehuil het. **2** fall **[a]** *When I lie down I usually fall asleep quickly.* As ek gaan lê, **raak** ek ge=woonlik gou aan die slaap. **[b]** *Simon has fallen in love with a very beautiful girl.* Simon het op 'n baie mooi meisie verlief **geraak**. **[c]** *He was ill for a long time and fell behind with his schoolwork.* Hy was lank siek en het agter **geraak** met sy skoolwerk. **3** concern *"Please go away; we are talking about things that do not concern you."* "Gaan asseblief weg; ons praat oor goed wat jou nie **raak** nie." **4** get *"Keep the apples aside so that they don't get mixed up with the oranges."* "Hou die appels eenkant sodat hulle nie met die lemoene deurmekaar **raak** nie."

♦ **raak aan** touch *"Don't touch the wall – the paint is still wet."* "Moenie **aan** die muur **raak** nie – die verf is nog nat."

☐ **raak** *werkwoord (teenwoordige tyd raak, verlede tyd het geraak)*

raak gooi hit *"Take this stone, aim at the tin and see if you can hit it."* "Vat hierdie klip, mik na die blik en kyk of jy dit kan **raak gooi**."

☐ **raak gooi** *bywoordfrase*

raak loop meet, come across *"If you meet (OR come across) Maggie at the bus stop, tell her she has left her jersey in the class."* "As jy Maggie by die bushalte **raak loop**, sê vir haar sy het haar trui in die klas vergeet."

☐ **raak loop** *bywoordfrase*

raak ry hit *When a motorist hits someone, he has to stop and report the accident to the police.* As 'n motoris ie=mand **raak ry**, moet hy stilhou en die ongeluk by die polisie aanmeld.

☐ **raak ry** *bywoordfrase*

raak sien spot *The leopard lay so still that it was difficult to spot it in the tall grass.* Die luiperd het so stil gelê dat dit moeilik was om hom in die lang gras **raak te sien**.

☐ **raak sien** *bywoordfrase*

raak skiet hit *A hunter always tries to hit an animal with the first shot.* 'n Jagter probeer altyd 'n dier met die eerste skoot **raak skiet**.

☐ **raak skiet** *bywoordfrase*

raam frame **[a]** *The frame of my bed is made of steel.* Die **raam** van my bed is van staal gemaak. **[b]** *He put the photograph in a frame and hung it on the wall.* Hy het die foto in 'n **raam** gesit en dit teen die muur opgehang.

☐ **raam** *selfstandige naamwoord (meervoud rame)*

raas make a noise *"Please be quiet – don't make such a noise!"* "Bly asseblief stil – moenie so **raas** nie!"

♦ **raas met** scold *"Mother will scold you if you mess up the kitchen."* "Ma sal **met** jou **raas** as jy die kom=buis deurmekaar maak."

☐ **raas** *werkwoord (teenwoordige tyd raas, verlede tyd het geraas)*

radio radio *He switched on the radio to listen to the news.* Hy het die **radio** aangeskakel om na die nuus te luister.

☐ **ra·di·o** *selfstandige naamwoord (meervoud radio's)*

Jy kan iets *oor* of *op* die radio hoor.

rak 1 shelf *The plates are on the top shelf in the cupboard.* Die borde staan op die boonste **rak** in die kas. **2** rack *The electrician's van has a rack on the roof for his ladder.* Die elektrisiën se paneelwa het 'n **rak** op die dak vir sy leer.

☐ **rak** *selfstandige naamwoord (meervoud rakke)*

raket racket *The tennis player hit the ball so hard that he broke a string in his racket.* Die tennisspeler het die bal so hard geslaan dat hy 'n snaar in sy **raket** gebreek het.

☐ **ra·ket** *selfstandige naamwoord (meervoud rakette)*

ram ram *A ram is a male sheep.* 'n **Ram** is 'n manlike skaap.

☐ **ram** *selfstandige naamwoord (meervoud ramme)*

rand 1 rand *A rand (R1,00) is worth 100 cents.* 'n **Rand** (R1,00) is 100 sent werd. **2** edge *They live in the* last street on the **edge** of the town. Hulle woon in die laaste straat aan die **rand** van die dorp. **3** brim *She is wearing a hat with a wide brim to keep the sun out of her eyes.* Sy dra 'n hoed met 'n wye **rand** om die son uit haar oë te hou. ➪ **meervoud** [NOTA].

☐ **rand** *selfstandige naamwoord (meervoud* **rande***)*

> In skryftaal gebruik jy die woord **rand** wanneer jy na die geldeenheid van Suid-Afrika verwys en die afkor= ting **R** wanneer jy 'n bedrag geld noem: *Ek het 'n **rand** en 'n paar ander muntstukke in my beursie. Die boek het R25,00 gekos.*

rangskik arrange *In a library they **arrange** the books alphabetically on the shelves.* In 'n biblioteek **rangskik** hulle die boeke alfabeties op die rakke.

☐ **rang·skik** *werkwoord (teenwoordige tyd* **rangskik**, *verlede tyd* **het gerangskik***)*

rapport report *At the end of a term each pupil gets a **report** on his schoolwork.* Aan die end van 'n kwartaal kry elke leerling 'n **rapport** oor sy skoolwerk.

☐ **rap·port** *selfstandige naamwoord (meervoud* **rap= porte***)*

rasper grate *"Please **grate** some cheese for me to sprinkle on the cauliflower."* "**Rasper** asseblief vir my 'n bietjie kaas om oor die blomkool te strooi."

☐ **ras·per** *werkwoord (teenwoordige tyd* **rasper**, *ver= lede tyd* **het gerasper***)*

rats quick *The cat got away – she was too **quick** for the dog.* Die kat het weggekom – sy was te **rats** vir die hond.

☐ **rats** *byvoeglike naamwoord (attributief* **ratse***)* **rat= ser**, **ratsste**

red **1** save *We heard someone calling from the river, "Help! **Save** me!"* Ons het iemand uit die rivier hoor roep: "Help! **Red** my!" **2** rescue *If Thomas had not jumped into the river to **rescue** the girl, she would have drowned.* As Thomas nie in die rivier gespring het om die meisie te **red** nie, sou sy verdrink het.

◆ **red uit** save from *An animal will always try to **save** its young **from** danger.* 'n Dier sal sy kleintjies altyd **uit** gevaar probeer red.

☐ **red** *werkwoord (teenwoordige tyd* **red**, *verlede tyd* **het gered***)*

redding rescue *The girl would have drowned if Thomas had not come to her **rescue**.* Die meisie sou verdrink het as Thomas nie tot haar **redding** gekom het nie.

☐ **red·ding** *selfstandige naamwoord (geen meervoud)*

rede reason *The **reason** why I'm late is that I got a puncture on my way to school.* Die **rede** waarom ek laat is, is dat ek op pad skool toe 'n pap band gekry het.

◆ **in die rede val** interrupt *"Please don't **interrupt** me while I'm speaking."* "Moet my asseblief nie **in die rede val** terwyl ek praat nie."

☐ **re·de** *selfstandige naamwoord (meervoud* **redes***)*

redelik fairly *It is **fairly** hot today.* Dis redelik warm vandag.

◆ **redelik goed** OK, okay, all right *She **did** OK (OR **okay** OR **all right***) in the exam.* Sy het **redelik goed** in die eksamen gevaar.

☐ **re·de·lik** *bywoord*

reeds **1** already *When we arrived at the station the train had **already** left.* Toe ons by die stasie aankom, was die trein **reeds** weg. **2** already, before *"Let's go to the cinema, or have you **already** seen the film (OR Let's go to the cinema, or have you seen the film **before***)?"* "Kom ons gaan fliek, of het jy **reeds** die prent ge= sien?" **3** as early as *In some shops summer clothes are on sale **as early as** July.* In sommige winkels is somerkle= re **reeds** in Julie te koop.

☐ **reeds** *bywoord*

reeks series *A new **series** of programmes on birds begins on television next Sunday.* 'n Nuwe **reeks** programme oor voëls begin volgende Sondag op televisie.

☐ **reeks** *selfstandige naamwoord (meervoud* **reekse***)*

reël¹ **1** rule *The headmaster said, "Children, the **rule** against smoking applies to you all."* Die hoof het gesê: "Kinders, die **reël** teen rokery geld vir julle almal." **2** line *The first **line** on this page starts with the word "last".* Die eerste **reël** op dié bladsy begin met die woord "last".

◆ **in die reël** as a rule ***As a rule** I get up at 06:00 every morning.* **In die reël** staan ek elke oggend om 06:00 op.

☐ **re·ël** *selfstandige naamwoord (meervoud* **reëls***)*

reël² **1** arrange *"Can your father bring you, or shall I **arrange** transport for you?"* "Kan jou pa jou bring, of moet ek vir jou vervoer **reël**?" **2** organize *"Who is going to **organize** the matric dance?"* "Wie gaan die matriekdans **reël**?"

☐ **re·ël** *werkwoord (teenwoordige tyd* **reël**, *verlede tyd* **het gereël***)*

reën¹ rain *"Don't go out in the **rain** without an umbrella or a raincoat."* "Moenie sonder 'n sambreel of 'n reën= jas in die **reën** uitgaan nie."

◆ **reën=** rainy *The **rainy** season in the Transvaal usually starts towards October.* Die **reën**seisoen in Transvaal begin gewoonlik teen Oktober se kant.

☐ **re·ën** *selfstandige naamwoord (geen meervoud)*

reën² rain *"Take an umbrella with you; it might **rain**."* "Neem 'n sambreel saam; dalk **reën** dit."

☐ **re·ën** *werkwoord (teenwoordige tyd* **reën**, *verlede tyd* **het gereën***)*

reënboog rainbow *When the sun shines while it is rain= ing, a **rainbow** can form in the sky.* As die son skyn terwyl dit reën, kan 'n **reënboog** in die lug ontstaan.

☐ **re·ën·boog** *selfstandige naamwoord (meervoud* **reënboë***)*

reënerig rainy *It's too **rainy** to wash today – the wash= ing won't get dry.* Dis te **reënerig** om vandag te was – die wasgoed sal nie droog word nie.

☐ **re·ën·e·rig** *byvoeglike naamwoord (attributief* **reënerige***)* **reëneriger**, **reënerigste**

reënjas raincoat *"Don't go out in the rain without an*

umbrella or a **raincoat**." "Moenie sonder 'n sambreel of 'n **reënjas** in die reën uitgaan nie."

□ **re·ën·jas** *selfstandige naamwoord meervoud* **reën-jasse**)

reep strip *She used a long* **strip** *of material to make a belt for her dress.* Sy het 'n lang **reep** materiaal gebruik om 'n belt vir haar rok te maak.

□ **reep** *selfstandige naamwoord (meervoud* **repe**)

reg¹ right [a] *He knows the difference between* **right** *and* **wrong**. Hy weet wat die verskil tussen **reg** en verkeerd is. [b] *"Who gave you the* **right** *to leave the school grounds during break?"* "Wie het jou die **reg** gegee om die skoolterrein tydens pouse te verlaat?"

□ **reg** *selfstandige naamwoord (geen meervoud)*

reg² ❶ right *It's not* **right** *to pay one person more than another for the same job.* Dis nie **reg** om een mens meer as 'n ander vir dieselfde werk te betaal nie. ❷ right, correct *"That's* **right/correct**, *two plus two is four."* "Dis **reg**, twee plus twee is vier." ❸ right, proper *"Please put the books back in their* **right/proper** *places."* "Sit asseblief die boeke op hul **regte** plekke terug." ❹ real, proper [a] *His* **real/proper** *name is Thomas, but his friends call him Tom.* Sy **regte** naam is Thomas, maar sy maats noem hom Tom. [b] *He is a* **real/proper** *bully and is forever picking fights with children smaller than himself.* Hy is 'n **regte** bullebak en soek gedurig rusie met kinders wat kleiner as hy is. ❺ ready [a] *The train is* **ready** *to depart.* Die trein staan **reg** om te vertrek. [b] *"Are you* **ready** *to go?"* – *"Yes, my bags are packed."* "Is jy **reg** om te gaan?" – "Ja, my tasse is gepak."

◆ **reg hê** be right *"You* **are** *absolutely* **right**: *I shouldn't have listened to him."* "Jy **het** heeltemal **reg**: ek moes nie na hom geluister het nie."

□ **reg** *byvoeglike naamwoord (attributief* **regte**)

reg³ ❶ right [a] *"You have guessed* **right** *– I'm fifteen."* "Jy het **reg** geraai – ek is vyftien." [b] *The chemist is* **right** *next to the bookshop.* Die apteek is **reg** langs die boekwinkel. ❷ straight [a] *"Walk* **straight** *down the road and turn left at the next corner."* "Loop **reg** met die straat af en draai by die volgende hoek links." [b] *She looked him* **straight** *in the eye and said, "I don't like you!"* Sy het hom **reg** in die oë gekyk en gesê: "Ek hou nie van jou nie!" ❸ properly *I didn't understand the question* **properly** *and gave the wrong answer.* Ek het nie die vraag **reg** verstaan nie en die verkeerde antwoord gegee. ❹ correctly *She answered all the questions* **correctly** *and got full marks in the test.* Sy het al die vrae **reg** beantwoord en vol punte in die toets gekry.

◆ **reg buig** straighten *He tried to* **straighten** *the bent wire.* Hy het die krom draad probeer **reg buig**.

◆ **reg skuif** straighten *"The picture is hanging crooked; please* **straighten** *it."* "Die prent hang skeef; **skuif** dit asseblief **reg**."

◆ **reg voor** right in front of *There is a post-box* **right in front of** *the post office.* Daar is 'n posbus **reg voor** die poskantoor.

□ **reg** *bywoord*

regdeur right through, straight through *The wind blew a leaf* **right/straight through** *the open window into my room.* Die wind het 'n blaar **regdeur** die oop venster in my kamer gewaai.

□ **reg·deur** *voorsetsel*

regeer rule *The president of the United States is not allowed to* **rule** *his country for more than eight years.* Die president van die Verenigde State mag nie sy land langer as agt jaar **regeer** nie.

□ **re·geer** *werkwoord (teenwoordige tyd* **regeer**, *verlede tyd* **het geregeer**)

regeerder ruler *Shaka was a famous* **ruler** *of the Zulus.* Shaka was 'n beroemde **regeerder** van die Zoeloes.

□ **re·geer·der** *selfstandige naamwoord (meervoud* **regeerders**)

regering government *In countries that have no king or queen a president is often the head of the* **government**. In lande wat geen koning of koningin het nie, is 'n president dikwels die hoof van die **regering**.

□ **re·ge·ring** *selfstandige naamwoord (meervoud* **regerings**)

regkom ❶ come right *My back hurts and won't* **come right** *– I'll have to see a doctor about it.* My rug is seer en wil nie **regkom** nie – ek sal 'n dokter daaroor moet spreek. ❷ manage *Few men can* **manage** *without a woman in the house.* Min mans kan sonder 'n vrou in die huis **regkom**.

□ **reg·kom** *werkwoord (teenwoordige tyd* **kom reg**, *verlede tyd* **het reggekom**)

regkry get right *"Please help me with this sum – I can't* **get it right**." "Help my asseblief met dié som – ek kan dit nie **regkry** nie."

◆ **dit regkry om** succeed in, manage to *"Do you think he'll* **succeed in** *beating (*OR* **manage to** *beat) the champion?"* "Dink jy hy sal **dit regkry** om die kampioen te klop?"

□ **reg·kry** *werkwoord (teenwoordige tyd* **kry reg**, *verlede tyd* **het reggekry**)

regmaak repair, mend, fix *The mechanic couldn't* **repair/mend/fix** *the car – it was too badly damaged.* Die werktuigkundige kon die motor nie **regmaak** nie – dit was te erg beskadig.

□ **reg·maak** *werkwoord (teenwoordige tyd* **maak reg**, *verlede tyd* **het reggemaak**)

regmerkie tick *A* **tick** *shows that an answer is correct and a cross that it is wrong.* 'n **Regmerkie** dui aan dat 'n antwoord korrek is en 'n kruisie dat dit verkeerd is.

□ **reg·mer·kie** *selfstandige naamwoord (meervoud* **regmerkies**)

regop ❶ straight up *"Stand* **up straight** *with your shoulders against the wall."* "Staan **regop** met jou skouers teen die muur." ❷ upright *He picked up his bike and set it* **upright** *against the wall.* Hy het sy fiets opgetel en **regop** teen die muur laat staan.

◆ **regop kom** ❶ get up, stand up *My grandmother can't kneel down and* **get/stand up** *again – her legs are* *too weak*. My ouma kan nie neerkniel en weer **regop kom** nie – haar bene is te swak. ◪ straighten up *"Bend over and then **straighten up**."* "Buk vooroor en **kom** dan **regop**."

◆ **regop sit** sit up *The baby is still too young to **sit up** by itself.* Die baba is nog te klein om vanself **regop** te **sit**.

☐ **reg·op** *bywoord*

regs[1] right-handed *He is **right-handed** and can't write with his left hand.* Hy is **regs** en kan nie met sy linkerhand skryf nie.

☐ **regs** *predikatiewe byvoeglike naamwoord*

regs[2] right *"Must I turn left or **right** when I get to the corner?"* "Moet ek links of **regs** draai wanneer ek by die hoek kom?"

◆ **(na) regs** to the right *The photographer asked him to stand a little more **to the right**.* Die fotograaf het hom gevra om 'n bietjie meer **(na) regs** te staan.

◆ **regs bo/onder in die hoek** in the top/bottom right-hand corner *"Which number appears **in the top/ bottom right-hand corner** of the page?"* "Watter nommer verskyn **regs bo/onder in die hoek** van die bladsy?"

◆ **regs van** on the right of *The bridegroom stands **on the right of** the bride.* Die bruidegom staan **regs van** die bruid.

☐ **regs** *bywoord*

regterhand right hand *He is left-handed and can't write with his **right hand**.* Hy is links en kan nie met sy **regterhand** skryf nie.

☐ **reg·ter·hand** *selfstandige naamwoord (meervoud* **regterhande**)

regterhandse right-hand *The last word in the **right-hand** column of this page is "vir".* Die laaste woord in die **regterhandse** kolom van dié bladsy is "vir".

☐ **reg·ter·hand·se** *attributiewe byvoeglike naam= woord*

regterkant right *Tom is sitting on her left and Philip on her **right**.* Tom sit aan haar linkerkant en Philip aan haar **regterkant**.

◆ **aan die regterkant van** ◪ on the right of *The bridegroom stands **on the right of** the bride.* Die brui= degom staan **aan die regterkant van** die bruid. ◪ on the right-hand side of *We live in the third house **on the right-hand side** of the road.* Ons woon in die derde huis **aan die regterkant van** die pad.

☐ **reg·ter·kant** *selfstandige naamwoord (meervoud* **regterkante**)

regterkants(t)e right-hand *The last word in the **right-hand** column of this page is "vir".* Die laaste woord in die **regterkantse/regterkantste** kolom van dié bladsy is "vir".

☐ **reg·ter·kant·s(t)e** *attributiewe byvoeglike naam= woord*

regtig really **[a]** *"You must read this book – it's **really** very good."* "Jy moet dié boek lees – dis **regtig** baie goed." **[b]** *"I **really** can't thank you enough for your*

help." "Ek kan jou **regtig** nie genoeg vir jou hulp bedank nie." **[c]** *"I'm not lying to you; it **really** happened."* "Ek jok nie vir jou nie; dit het **regtig** gebeur."

◆ **regtig baie** very many *There were **very many** people at the concert.* Daar was **regtig baie** mense by die konsert.

☐ **reg·tig** *bywoord*

regtrek straighten *"Lift your foot – I want to **straighten** the carpet."* "Lig jou voet – ek wil die mat **regtrek**."

☐ **reg·trek** *werkwoord (teenwoordige tyd* **trek reg**, *verlede tyd* **het reggetrek**)

reguit[1] straight *I can't draw a **straight** line without a ruler.* Ek kan nie 'n **reguit** streep sonder 'n liniaal trek nie.

◆ **reguit maak** straighten *"The car's front wheels are turned; **straighten** them."* "Die motor se voorwiele is gedraai; **maak** hulle **reguit**."

◆ **reguit word** straighten (out) *The road curves and then **straightens (out)**.* Die pad draai en **word** dan **reguit**.

☐ **reg·uit** *byvoeglike naamwoord (attributief* **reguit**)

reguit[2] straight **[a]** *"Must I turn left here?" – "No, keep **straight** on to the robot."* "Moet ek hier links draai?" – "Nee, hou **reguit** aan tot by die verkeerslig." **[b]** *The road runs **straight** for a few kilometres and then turns sharply to the right.* Die pad loop vir 'n paar kilo= meter **reguit** en draai dan skerp na regs.

☐ **reg·uit** *bywoord*

regverdig[1] fair *"That's not **fair**! Doreen got five sweets and I got only three."* "Dis nie **regverdig** nie! Doreen het vyf lekkers gekry en ek net drie."

☐ **reg·ver·dig** *byvoeglike naamwoord (attributief* **reg= verdige**) **regverdiger**, **regverdigste**

regverdig[2] fairly *That referee is known to apply the rules of the game strictly but **fairly**.* Dit is bekend dat daardie skeidsregter die reëls van die spel streng maar **regver= dig** toepas.

☐ **reg·ver·dig** *bywoord*

reis[1] ◪ journey *His **journey** to work takes about 45 min= utes.* Sy **reis** werk toe duur omtrent 45 minute. ◪ trip *My dad had to make a **trip** to Lesotho for business.* My pa moes vir sake 'n **reis** na Lesotho maak. ◪ tour *We visited the Victoria Falls on our **tour** of/through Zim= babwe.* Ons het die Victoria-waterval op ons **reis** deur Zimbabwe besoek. ◪ voyage *She didn't enjoy the **voy= age** because she was seasick most of the time.* Sy het nie die **reis** geniet nie, want sy was byna die hele tyd seesiek.

◆ **'n reis deur ... maak** go on a tour of/through *We are planning to **go on a tour of/through** Namibia during the winter holidays.* Ons is van plan om in die wintervakansie **'n reis deur** Namibië te **maak**.

☐ **reis** *selfstandige naamwoord (meervoud* **reise**)

reis[2] travel *We love to **travel** and have visited quite a number of countries in Southern Africa.* Ons is lief vir

reis en het al 'n hele paar lande in Suidelike Afrika besoek.

◆ **reis deur** pass through *"Do we pass through Bloemfontein on our way to Johannesburg?"* "**Reis** ons **deur** Bloemfontein op pad Johannesburg toe?"

◆ **reis per, reis met die/'n** travel by *I travel to school by bus.* Ek **reis per** (OF **met die/'n**) bus skool toe.

☐ **reis** *werkwoord (teenwoordige tyd* **reis***, verlede tyd* **het gereis***)*

reisgeld fare *The bus driver said that the fare to town was 95c.* Die busbestuurder het gesê dat die **reisgeld** stad toe 95c is.

☐ **reis·geld** *selfstandige naamwoord (meervoud* **reis· gelde***)*

reisies, resies race *"Let's have/run a race and see who's home first!"* "Kom ons hardloop **reisies/resies** en kyk wie's eerste by die huis!"

◆ **reisies/resies hardloop teen** race against/with *Eight athletes are going to race against/with each other.* Agt atlete gaan **teen** mekaar **reisies/resies hardloop***.*

◆ **reisies/resies jaag** race, have a race *He hopped on his bike and called to his friend, "Let's race (OR have a race) and see who's home first!"* Hy het op sy fiets gespring en na sy maat geroep: "Kom ons **jaag reisies/ resies** en kyk wie's eerste by die huis!"

◆ **reisies/resies jaag teen** race against/with *Twelve motorbikes are going to race against/with each other.* Twaalf motorfietse gaan **teen** mekaar **reisies/resies jaag***.*

☐ **rei·sies, re·sies** *selfstandige naamwoord (geen meervoud)*

reisiger traveller *I met a German traveller who was on tour through our country.* Ek het 'n Duitse **reisiger** ontmoet wat op toer deur ons land was.

☐ **rei·si·ger** *selfstandige naamwoord (meervoud* **reisigers***)*

reiskombers rug *Grandma got into the car and covered her legs with a rug.* Ouma het in die motor geklim en haar bene met 'n **reiskombers** bedek.

☐ **reis·kom·bers** *selfstandige naamwoord (meervoud* **reiskomberse***)*

rek[1] ◘ elastic *Her skirt stays up because it has elastic round the waist.* Haar romp bly bo omdat dit **rek** om die middel het. ◙ elastic band, rubber band *He twisted the elastic/rubber band twice round the roll of papers.* Hy het die **rek** twee keer om die rol papiere gedraai.

☐ **rek** *selfstandige naamwoord (geen meervoud by 1; rekke by 2)*

rek[2] stretch **[a]** *If you stretch a piece of rubber it becomes longer.* As jy 'n stuk rubber **rek***,* word dit langer. **[b]** *"The shoes hurt you now, but after a while they'll stretch and fit more comfortably."* "Die skoene maak jou nou seer, maar hulle sal naderhand **rek** en gemakliker pas." **[c]** *He was stiff from sitting and went out at*

interval to stretch his legs. Hy was styf van die sit en het met pouse uitgegaan om sy bene te **rek***.*

☐ **rek** *werkwoord (teenwoordige tyd* **rek***, verlede tyd* **het gerek***)*

reken ◘ reckon *If you reckon from the 28th of November, 34 days remain until the end of the year.* As jy van die 28ste November af **reken***,* bly daar 34 dae oor tot aan die end van die jaar. ◙ reckon, count *I reckon/ count Lynette as a friend (OR among my friends).* Ek **reken** Lynette onder my vriende. ◚ suppose *"Will Christine be at the party?" – "Yes, I suppose so."* "Sal Christine by die partytjie wees?" – "Ja, ek **reken** so."

◆ **daarop reken** count on, depend on, reckon on, rely on *You can't count/depend/reckon/rely on the good weather to last.* Jy kan nie **daarop reken** dat die goeie weer sal hou nie.

◆ **reken op** count on, depend on, reckon on, rely on *He is a faithful friend – I can always count/depend/ reckon/rely on him if I need help.* Hy is 'n getroue vriend – ek kan altyd **op** hom **reken** as ek hulp nodig het.

☐ **re·ken** *werkwoord (teenwoordige tyd* **reken***, verlede tyd* **het gereken***)*

rekenaar ◘ calculator *"Are you allowed to use a calculator when you do sums at school?"* "Mag julle 'n **reke· naar** gebruik wanneer julle somme op skool maak?" ◙ computer *A computer is a machine that can store information and work out answers quickly.* 'n **Rekenaar** is 'n masjien wat inligting kan bewaar en antwoorde vinnig kan uitwerk.

☐ **re·ke·naar** *selfstandige naamwoord (meervoud* **re· kenaars***)*

rekening account *"Are you paying cash for this dress, or must I put it on your account?"* "Betaal u kontant vir dié rok, of moet ek dit op u **rekening** plaas?"

☐ **re·ke·ning** *selfstandige naamwoord (meervoud* **rekeninge/rekenings***)*

rekkie elastic band, rubber band *He twisted the elastic/rubber band twice round the roll of papers.* Hy het die **rekkie** twee keer om die rol papiere gedraai.

☐ **rek·kie** *selfstandige naamwoord (meervoud* **rek· kies***)*

rekord record *The athlete broke the record in the 100 metres.* Die atleet het die **rekord** in die 100 meter gebreek.

☐ **re·kord** *selfstandige naamwoord (meervoud* **re· kords***)*

reling rail *She kept her hand on the rail as she walked down the stairs.* Sy het haar hand op die **reling** gehou toe sy met die trap afloop.

☐ **re·ling** *selfstandige naamwoord (meervoud* **relings***)*

rem[1] brake *The man put on the brake to stop his car.* Die man het **rem** getrap om sy motor te laat stop.

☐ **rem** *selfstandige naamwoord (meervoud* **remme***)*

rem[2] brake *He had to brake hard to make his bicycle stop.* Hy moes hard **rem** om sy fiets te laat stop.

□ **rem** *werkwoord (teenwoordige tyd* **rem**, *verlede tyd* **het gerem**)

renmotor racing car *The **racing car** went round the track at a tremendous speed.* Die **renmotor** het met 'n geweldige snelheid om die baan gejaag.

□ **ren·mo·tor** *selfstandige naamwoord (meervoud* **renmotors**)

renoster rhinoceros *A **rhinoceros** is a large, heavy animal with one or two horns on its nose.* 'n **Renoster** is 'n groot, swaar dier met een of twee horings op sy neus.

□ **re·nos·ter** *selfstandige naamwoord (meervoud* **renosters**)

republiek republic *A **republic** is a country with a president as head of the government.* 'n **Republiek** is 'n land met 'n president as hoof van die regering.

□ **re·pu·bliek** *selfstandige naamwoord (meervoud* **republieke**)

res rest *Cynthia stayed at home; the **rest** of us went for a swim.* Cynthia het by die huis gebly; die **res** van ons het gaan swem.

□ **res** *selfstandige naamwoord (geen meervoud)*

resep recipe *"May I have the **recipe** of your delicious chocolate cake?"* "Kan ek die **resep** van jou heerlike sjokoladekoek kry?"

□ **re·sep** *selfstandige naamwoord (meervoud* **reseppe/resepte**)

resies ⇨ **reisies.**

respek respect *I have no **respect** for a man who beats his wife.* Ek het geen **respek** vir 'n man wat sy vrou slaan nie.

□ **re·spek** *selfstandige naamwoord (geen meervoud)*

respekteer respect *I **respect** Philip for his honesty.* Ek **respekteer** Philip om sy eerlikheid.

□ **re·spek·teer** *werkwoord (teenwoordige tyd* **respekteer**, *verlede tyd* **het gerespekteer**)

restaurant, restourant restaurant *We went to a **restaurant** for dinner last night.* Ons is gisteraand vir ete na 'n **restaurant/restourant** toe.

□ **re·stau·rant, re·stou·rant** *selfstandige naamwoord (meervoud* **restaurante/restaurants, restourante/restourants**)

retoerkaartjie return ticket *You must buy a **return ticket** if you want to travel from one place to another and back again.* Jy moet 'n **retoerkaartjie** koop as jy van een plek na 'n ander en weer terug wil reis.

□ **re·toer·kaart·jie** *selfstandige naamwoord (meervoud* **retoerkaartjies**)

reuk smell [a] *The nose is the sense organ of **smell**.* Die neus is die sintuig van **reuk**. [b] *There is a strong **smell** of onions in the kitchen.* Daar is 'n sterk **reuk** van uie in die kombuis.

◆ **'n fyn reuk** a good sense of smell *Dogs have **a good sense of smell**.* Honde het **'n fyn reuk**.

□ **reuk** *selfstandige naamwoord (geen meervoud by* **a**; **reuke** *by* **b**)

reukwater scent *Esmé put some **scent** on her skin to* make herself smell nice. Esmé het 'n bietjie **reukwater** aan haar vel gesmeer om haar lekker te laat ruik.

□ **reuk·wa·ter** *selfstandige naamwoord (geen meervoud)*

reus giant *In the story there is a **giant** who is so big that he can hold a man in his hand.* In die storie is daar 'n **reus** wat so groot is dat hy 'n mens in sy hand kan hou.

□ **reus** *selfstandige naamwoord (meervoud* **reuse**)

reusagtig gigantic *A whale is **gigantic** and is the largest animal in the sea.* 'n Walvis is **reusagtig** en is die grootste dier in die see.

□ **reus·ag·tig** *byvoeglike naamwoord (attributief* **reusagtige**)

rib rib *He fell on his chest and broke a **rib**.* Hy het op sy bors geval en 'n **rib** gebreek.

□ **rib** *selfstandige naamwoord (meervoud* **ribbe/ribbes**)

riet reed *A **reed** is a plant with a hollow stem that grows near water.* 'n **Riet** is 'n plant met 'n hol stingel wat naby water groei.

□ **riet** *selfstandige naamwoord (meervoud* **riete**)

rigting direction *East is the opposite **direction** to west.* Oos is die teenoorgestelde **rigting** van wes.

◆ **in die regte/verkeerde rigting** the right/wrong way *The arrow is pointing **the right/wrong way**.* Die pyltjie wys **in die regte/verkeerde rigting**.

◆ **in die rigting van** toward, towards, in the direction of *The ship sailed **toward (**OR **towards** OR **in the direction of)** Durban.* Die skip het **in die rigting van** Durban gevaar.

◆ **in watter rigting** which way *"**Which way** is the wind blowing?"* "**In watter rigting** waai die wind?"

□ **rig·ting** *selfstandige naamwoord (meervoud* **rigtinge/rigtings**)

ring ring [a] *She wears a gold **ring** on her finger.* Sy dra 'n goue **ring** aan haar vinger. [b] *He carries his keys on a **ring**.* Hy dra sy sleutels aan 'n **ring**.

□ **ring** *selfstandige naamwoord (meervoud* **ringe**)

risiko risk *This river is very dangerous – people who swim here, do so at their own **risk**.* Dié rivier is baie gevaarlik – mense wat hier swem, doen dit op eie **risiko**.

◆ **die risiko loop** take/run the risk *He chained his bicycle to a pole because he didn't want to **take/run the risk** of someone stealing it.* Hy het sy fiets aan 'n paal vasgeketting, want hy wou nie **die risiko loop** dat iemand dit steel nie.

□ **ri·si·ko** *selfstandige naamwoord (meervoud* **risiko's**)

rit ❶ trip *Only one **trip** was necessary to transport the furniture.* Net een **rit** was nodig om die meubels te vervoer. ❷ drive *He got out of his car and said, "I have a long **drive** behind me and am very tired."* Hy het uit sy motor geklim en gesê: "Ek het 'n lang **rit** agter my en is baie moeg." ❸ ride *You pay 50c for a **ride** on the horse.* Jy betaal 50c vir 'n **rit** op die perd.

□ **rit** *selfstandige naamwoord (meervoud* **ritte**)

ritme beat *Thomas likes music with a fast **beat**.* Thomas hou van musiek met 'n vinnige **ritme**.

☐ **rit·me** *selfstandige naamwoord (meervoud **ritmes**)*

rits, ritssluiter zip *Her dress fastens with a **zip**.* Haar rok kom met 'n **rits/ritssluiter** toe.

◆ **met 'n rits/ritssluiter toekom** zip up *Her dress **zips up** at the back.* Haar rok **kom** agter **met 'n rits/ritssluiter toe**.

◆ **rits/ritssluiter toetrek** zip up *"Will you **zip me up**, please?"* "Sal jy my **rits/ritssluiter toetrek**, asseblief?"

☐ **rits, rits·slui·ter** *selfstandige naamwoord (meervoud **ritse, ritssluiters**)*

rivier river *There is a deep pool in the **river** near the waterfall.* Daar is 'n diep poel in die **rivier** naby die waterval.

☐ **ri·vier** *selfstandige naamwoord (meervoud **riviere**)*

rivieraf down the river *It's easier to swim **down the river** than up the river.* Dis makliker om **rivieraf** as rivierop te swem.

☐ **ri·vier·af** *bywoord*

rivierop up the river *It's easier to swim down the river than **up the river**.* Dis makliker om rivieraf as **rivierop** te swem.

☐ **ri·vier·op** *bywoord*

roei row [a] *"Can you **row** a boat?"* "Kan jy 'n boot **roei**?" [b] *He **rowed** us to the other side of the river.* Hy **het** ons na die oorkant van die rivier **geroei**.

☐ **roei** *werkwoord (teenwoordige tyd **roei**, verlede tyd **het geroei**)*

roeispaan oar *You row a boat with an **oar**.* Jy roei 'n boot met 'n **roeispaan**.

☐ **roei·spaan** *selfstandige naamwoord (meervoud **roeispane**)*

roep¹ call *"How would you describe the **call** of an owl?"* "Hoe sou jy die **roep** van 'n uil beskryf?"

☐ **roep** *selfstandige naamwoord (meervoud **roepe**)*

roep² ❶ call *"Wait here and don't come until I **call** you."* "Wag hier en moenie kom voordat ek jou **roep** nie." ❷ call, cry, shout *I heard someone in the burning building **call/cry/shout** for help.* Ek het iemand in die brandende gebou om hulp hoor **roep**. ❸ want *"Please tell Walter I **want** him."* "Sê asseblief vir Walter ek **roep** hom."

☐ **roep** *werkwoord (teenwoordige tyd **roep**, verlede tyd **het geroep**)*

roer ❶ stir [a] *"**Stir** your tea and taste whether it's sweet enough."* "**Roer** jou tee en proe of dit soet genoeg is." [b] *A slight breeze came up and **stirred** the flame of the candle.* 'n Ligte windjie **het** opgekom en die vlam van die kers **geroer**. ❷ move *"Stand still; don't **move**."* "Staan stil; moenie **roer** nie."

☐ **roer** *werkwoord (teenwoordige tyd **roer**, verlede tyd **het geroer**)*

roes¹ rust ***Rust** forms on iron and steel in wet conditions.* **Roes** vorm op yster en staal in nat toestande.

☐ **roes** *selfstandige naamwoord (geen meervoud)*

roes² rust *Iron and steel **rust** in wet conditions.* Yster en staal **roes** in nat toestande.

☐ **roes** *werkwoord (teenwoordige tyd **roes**, verlede tyd **het geroes**)*

rok dress *Esmé wore a long **dress** and Simon a black suit.* Esmé het 'n lang **rok** aangehad en Simon 'n swart pak.

☐ **rok** *selfstandige naamwoord (meervoud **rokke**)*

roker smoker *As he lit a cigarette, she said, "I didn't know you're a **smoker**."* Toe hy 'n sigaret aansteek, het sy gesê: "Ek het nie geweet jy's 'n **roker** nie."

☐ **ro·ker** *selfstandige naamwoord (meervoud **rokers**)*

rol¹ ❶ roll *He put a new **roll** of film into his camera.* Hy het 'n nuwe **rol** film in sy kamera gesit. ❷ role, part *He plays the **role/part** of a German in the film, but in real life he is an American.* Hy speel die **rol** van 'n Duitser in die prent, maar in die werklike lewe is hy 'n Amerikaner. ❸ part *Food can play an important **part** in the success of a party.* Kos kan 'n belangrike **rol** speel in die sukses van 'n partytjie.

☐ **rol** *selfstandige naamwoord (meervoud **rolle**)*

rol² roll [a] *"**Roll** the ball across the lawn towards me."* "**Rol** die bal oor die gras na my toe." [b] *She **rolled** the clay into a ball.* Sy **het** die klei tot 'n bol **gerol**.

◆ **rol oor** roll down *Tears were **rolling down** her cheeks.* Trane **het oor** haar wange **gerol**.

☐ **rol** *werkwoord (teenwoordige tyd **rol**, verlede tyd **het gerol**)*

rolletjie roll *"Butter a **roll** for me, please."* "Smeer vir my 'n **rolletjie**, asseblief."

☐ **rol·le·tjie** *selfstandige naamwoord (meervoud **rolletjies**)*

rolprent film *Last night on television I saw an old **film** in which Marilyn Monroe stars.* Ek het gisteraand op televisie 'n ou **rolprent** gesien waarin Marilyn Monroe die hoofrol speel.

☐ **rol·prent** *selfstandige naamwoord (meervoud **rolprente**)*

romerig creamy *Beat the eggs and sugar until the mixture is smooth and **creamy**.* Klits die eiers en suiker tot die mengsel glad en **romerig** is.

☐ **ro·me·rig** *byvoeglike naamwoord (attributief **romerige**) **romeriger, romerigste***

rommel rubbish *The garage is so full of old newspapers and other **rubbish** that there's hardly room for the car!* Die garage is so vol ou koerante en ander **rommel** dat daar skaars plek is vir die motor!

☐ **rom·mel** *selfstandige naamwoord (geen meervoud)*

romp skirt *Esther is wearing a **skirt** and blouse.* Esther dra 'n **romp** en bloes(e).

☐ **romp** *selfstandige naamwoord (meervoud **rompe**)*

rond¹ round *A ball is **round**.* 'n Bal is **rond**.

☐ **rond** *byvoeglike naamwoord (attributief **ronde**) **ronder, rondste***

rond² ❶ about *The children are running **about** in the garden.* Die kinders hardloop in die tuin **rond**. ❷ around, round *I know most of the people who live* *around/round here*. Ek ken die meeste mense wat hier **rond** woon.

♦ **oral/orals rond** everywhere, all over/round *He searched everywhere (OR all over/round) for his missing dog*. Hy het **oral/orals rond** na sy vermiste hond gesoek.

☐ **rond** *bywoord*

ronde round [a] *The boxer was knocked out in the sixth round of the fight*. Die bokser is in die sesde **ronde** van die geveg uitgeslaan. [b] *The milkman starts his round at 06:00*. Die melkman begin sy **ronde** om 06:00.

☐ **ron·de** *selfstandige naamwoord (meervoud rondes)*

rondhardloop run about/around *"Don't run about/ around in the house – go and play outside!"* "Moenie in die huis **rondhardloop** nie – gaan speel buite!"

☐ **rond·hard·loop** *werkwoord (teenwoordige tyd hardloop rond, verlede tyd het rondgehardloop)*

rondkyk look around/round *"Would you like to buy anything?"* – *"No, thanks, but may I look around/ round the shop?"* "Wil jy iets koop?" – "Nee, dankie, maar mag ek in die winkel **rondkyk?**"

☐ **rond·kyk** *werkwoord (teenwoordige tyd kyk rond, verlede tyd het rondgekyk)*

rondlei show around/round *There are guides that show people around/round the museum*. Daar is gidse wat mense in die museum **rondlei**.

☐ **rond·lei** *werkwoord (teenwoordige tyd lei rond, verlede tyd het rondgelei)*

rondloop walk about *During the holiday season there are many people who walk about with cameras*. In die vakansieseisoen is daar baie mense wat met kameras **rondloop**.

☐ **rond·loop** *werkwoord (teenwoordige tyd loop rond, verlede tyd het rondgeloop)*

rondom[1] all round *The house has a large garden with a fence all round*. Die huis het 'n groot tuin met 'n heining **rondom**.

☐ **rond·om** *bywoord*

rondom[2] around, round *There is a fence right around/ round the school*. Daar is 'n heining reg **rondom** die skool.

☐ **rond·om** *voorsetsel*

rondreis tour *I'd love to tour (in) Europe one day*. Ek wil baie graag eendag in Europa **rondreis**.

☐ **rond·reis** *werkwoord (teenwoordige tyd reis rond, verlede tyd het rondgereis)*

rondte round [a] *The boxer was knocked out in the sixth round of the fight*. Die bokser is in die sesde **rondte** van die geveg uitgeslaan. [b] *The milkman starts his round at 06:00*. Die melkman begin sy **rondte** om 06:00.

♦ **al in die rondte** round and round *The wheel spun round and round*. Die wiel het **al in die rondte** gedraai.

♦ **in die rondte** [1] about *One has no peace and quiet with those noisy children about*. 'n Mens het geen rus en vrede met daardie lawaaierige kinders **in die rondte** nie. [2] round about *"Don't play your music so loudly – people round about are complaining about it."* "Moenie jou musiek so hard speel nie – mense **in die rondte** kla daaroor."

☐ **rond·te** *selfstandige naamwoord (meervoud rondtes)*

roof[1] scab *A scab formed on my hand where I had cut myself*. 'n **Roof** het op my hand gevorm waar ek my gesny het.

☐ **roof** *selfstandige naamwoord (meervoud rowe)*

roof[2] robbery *Armed robbery is a serious crime*. Gewapende **roof** is 'n ernstige misdaad.

☐ **roof** *selfstandige naamwoord (meervoud rowerye)*

roof[3] rob *The police caught the thieves before they could rob the bank*. Die polisie het die diewe gevang voor hulle die bank kon **roof**.

☐ **roof** *werkwoord (teenwoordige tyd roof, verlede tyd het geroof)*

roofdier beast of prey *A lion is a beast of prey*. 'n Leeu is 'n **roofdier**.

☐ **roof·dier** *selfstandige naamwoord (meervoud roofdiere)*

roofvoël bird of prey *An owl is a bird of prey*. 'n Uil is 'n **roofvoël**.

☐ **roof·vo·ël** *selfstandige naamwoord (meervoud roofvoëls)*

rooi[1] red *If you mix red and blue, you get purple*. As jy **rooi** en blou meng, kry jy pers.

☐ **rooi** *selfstandige naamwoord (geen meervoud)*

rooi[2] red *His handkerchief was red with blood*. Sy sakdoek was **rooi** van die bloed.

☐ **rooi** *byvoeglike naamwoord (attributief rooi) rooier, rooiste*

rook[1] smoke *Smoke is coming out of his pipe*. **Rook** kom by sy pyp uit.

☐ **rook** *selfstandige naamwoord (geen meervoud)*

rook[2] smoke [a] *He went outside to smoke his pipe*. Hy is na buite om sy pyp te **rook**. [b] *The chimney is smoking*. Die skoorsteen **rook**.

☐ **rook** *werkwoord (teenwoordige tyd rook, verlede tyd het gerook)*

room cream [a] *At a dairy they separate the cream from the milk*. By 'n melkery skei hulle die **room** van die melk af. [b] *My mother uses cream on her face to keep her skin soft*. My ma gebruik **room** op haar gesig om haar vel sag te hou.

☐ **room** *selfstandige naamwoord (geen meervoud)*

roomys ice-cream *"If you eat up all your food, you can have ice-cream for pudding."* "As jy al jou kos opeet, kan jy **roomys** vir poeding kry."

☐ **room·ys** *selfstandige naamwoord (meervoud roomyse)*

roomyshorinkie ice-cream cone *"Would you like your ice-cream cone plain, or with a chocolate in the middle?"* "Wil jy jou **roomyshorinkie** gewoon hê, of met 'n sjokolade in die middel?"

☐ **room·ys·ho·rin·kie** *selfstandige naamwoord (meer-voud* **roomyshorinkies**)

roos rose *A* **rose** *is a flower with thorns on its stem.* 'n **Roos** is 'n blom met dorings aan sy stingel.

☐ **roos** *selfstandige naamwoord (meervoud* **rose**)

rooster[1] ❶ grill [a] *He cooked the meat on a* **grill** *over hot coals.* Hy het die vleis op 'n **rooster** oor warm kole gaargemaak. [b] *The* **grill** *in the oven became red-hot.* Die **rooster** in die oond het rooiwarm geword. ❷ timetable *According to the* **timetable** *we have two history lessons a week.* Volgens die **rooster** het ons twee geskiedenislesse per week.

☐ **roos·ter** *selfstandige naamwoord (meervoud* **roosters**)

rooster[2] ❶ grill *One* **grills** *meat by cooking it under direct heat.* 'n Mens **rooster** vleis deur dit onder direkte hitte gaar te maak. ❷ toast *"Do you want your sandwich plain, or shall I* **toast** *it for you?"* "Wil jy jou toebroodjie gewoon hê, of moet ek dit vir jou **rooster**?"

☐ **roos·ter** *werkwoord (teenwoordige tyd* **rooster**, *verlede tyd* **het gerooster**)

roosterbrood toast *I had an egg on a slice of* **toast** *for breakfast.* Ek het 'n eier op 'n snytjie **roosterbrood** vir ontbyt gehad.

☐ **roos·ter·brood** *selfstandige naamwoord (geen meervoud)*

rosyntjie raisin *A* **raisin** *is a dried grape.* 'n **Rosyntjie** is 'n gedroogde druiwekorrel.

☐ **ro·syn·tjie** *selfstandige naamwoord (meervoud* **ro-syntjies**)

rot rat *A* **rat** *looks like a mouse but is much bigger.* 'n **Rot** lyk soos 'n muis, maar is veel groter.

☐ **rot** *selfstandige naamwoord (meervoud* **rotte**)

rots rock [a] *Mountains are made of* **rock**. Berge is van **rots** gemaak. [b] *"See how the water splashes when the waves break on the* **rocks**!" "Kyk hoe spat die water wanneer die branders op die **rotse** breek!"

☐ **rots** *selfstandige naamwoord (geen meervoud by* **a**; **rotse** *by* **b**)

rou[1] mourn *Many people wear black clothes when they* **mourn** *the death of someone they loved.* Baie mense dra swart klere wanneer hulle **rou** oor die dood van iemand wat hulle liefgehad het.

☐ **rou** *werkwoord (teenwoordige tyd* **rou**, *verlede tyd* **het gerou**)

rou[2] raw *One can eat most vegetables cooked or* **raw**. 'n Mens kan die meeste groente gaar of **rou** eet.

☐ **rou** *byvoeglike naamwoord (attributief* **rou**) **rouer**, **rouste**

rower robber *The* **robber** *got away with R15 000 of the shopkeeper's money.* Die **rower** het met R15 000 van die winkelier se geld weggekom.

☐ **ro·wer** *selfstandige naamwoord (meervoud* **rowers**)

ru[1] rough [a] *The sea was* **rough** *and stormy.* Die see was **ru** en stormagtig. [b] *The car bumped up and down over the* **rough** *road.* Die motor het op en af oor die **ru/ruwe** pad gestamp.

☐ **ru** *byvoeglike naamwoord (attributief* **ru/ruwe**) **ruer/ruwer**, **ruuste**

ru[2] roughly *"Don't play so* **roughly** *with the puppy – you'll hurt him."* "Moenie so **ru** met die hondjie speel nie – jy sal hom seermaak."

☐ **ru** *bywoord*

rubber rubber *Tyres are made of* **rubber**. Bande word van **rubber** gemaak.

☐ **rub·ber** *selfstandige naamwoord (geen meervoud)*

rug back [a] *The woman carried the baby on her* **back**. Die vrou het die baba op haar **rug** gedra. [b] *He leant against the* **back** *of the chair.* Hy het teen die **rug** van die stoel geleun.

☐ **rug** *selfstandige naamwoord (meervoud* **rûe**)

rugby rugby *Rugby* *is a popular sport in South Africa.* **Rugby** is 'n gewilde sport in Suid-Afrika.

☐ **rug·by** *selfstandige naamwoord (geen meervoud)*

ruik smell [a] *I* **smell** *something burning.* Ek **ruik** iets wat brand. [b] *"The food* **smells** *good, Mum!"* "Die kos **ruik** lekker, Ma!" [c] *"Please empty the dustbin – it's beginning to* **smell**." "Maak asseblief die vullisblik leeg – dit begin **ruik**."

◆ **ruik aan** smell *"Smell* *the meat and tell me if you think it's bad."* "**Ruik aan** die vleis en sê my of jy dink dis sleg."

◆ **ruik na** smell of *"My hands* **smell of** *onions."* "My hande **ruik na** uie."

◆ **sleg ruik** ❶ have a bad smell *Rotten eggs* **have a bad smell**. Vrot eiers **ruik sleg**. ❷ be smelly *She held her nose and said, "The dog* **is smelly** *– let's wash it."* "Sy het haar neus toegedruk en gesê: "Die hond **ruik sleg** – kom ons was hom."

☐ **ruik** *werkwoord (teenwoordige tyd* **ruik**, *verlede tyd* **het geruik**)

ruil change *"Let's* **change** *places, then I sit in the middle and you next to the window."* "Kom ons **ruil** plekke, dan sit ek in die middel en jy langs die venster."

☐ **ruil** *werkwoord (teenwoordige tyd* **ruil**, *verlede tyd* **het geruil**)

ruimte space [a] *There is a big* **space** *in front of the hospital where visitors can park their cars.* Daar is 'n groot **ruimte** voor die hospitaal waar besoekers hul motors kan parkeer. [b] *Neil Armstrong was the first man to travel through* **space** *and walk on the moon.* Neil Armstrong was die eerste man wat deur die **ruimte** gereis en op die maan geloop het.

☐ **ruim·te** *selfstandige naamwoord (geen meervoud by* **b**; **ruimtes** *by* **a**)

ruimtetuig, ruimteskip spacecraft, spaceship *It must be a wonderful experience to fly round the moon in a* **spacecraft/spaceship**. Dit moet 'n wonderlike ondervinding wees om in 'n **ruimtetuig/ruimteskip** om die maan te vlieg.

☐ **ruim·te·tuig**, **ruim·te·skip** *selfstandige naamwoord (meervoud* **ruimtetuie**, **ruimteskepe**)

ruit pane *The* **pane** *in the window is broken.* Die **ruit** in die venster is stukkend.

□ **ruit** *selfstandige naamwoord (meervoud* **ruite***)*

ruiter rider *The horse threw its* **rider***.* Die perd het sy **ruiter** afgegooi.

□ **rui·ter** *selfstandige naamwoord (meervoud* **ruiters***)*

ruk[1] jerk *The bus pulled away with a* **jerk** *and I nearly fell over.* Die bus het met 'n **ruk** weggetrek en ek het amper omgeval.

◆ **'n ruk duur** ⇨ **duur**[1].

◆ **'n ruk lank** ❶ for a while *The lion watched the buck for* **a while** *and then pounced on it.* Die leeu het die bok **'n ruk lank** dopgehou en hom toe bespring. ❷ (for) some time *He is very ill and has to stay in hospital* **(for) some time***.* Hy is baie siek en moet **'n ruk lank** in die hospitaal bly.

□ **ruk** *selfstandige naamwoord (meervoud* **rukke***)*

ruk[2] jerk *She doesn't drive well and lets the car* **jerk** *when she pulls away.* Sy bestuur nie goed nie en laat die motor **ruk** wanneer sy wegtrek.

□ **ruk** *werkwoord (teenwoordige tyd* **ruk***, verlede tyd* **het geruk***)*

rukkie ❶ little/short while, short time *This is a recent photograph of my parents – I took it a* **little/short while** *(OR a* **short time***) ago.* Dis 'n onlangse foto van my ouers – ek het dit 'n **rukkie** gelede geneem. ❷ for a while *"You look tired – why don't you go and lie down* **for a while***?"* "Jy lyk moeg – waarom gaan lê jy nie 'n **rukkie** nie?"

◆ **oor 'n kort rukkie** in a little while *"I'll be back* **in a little while***."* "Ek sal **oor 'n kort rukkie** terug wees."

□ **ruk·kie** *selfstandige naamwoord (meervoud* **ruk= kies***)*

rus[1] ❶ rest *"I'm tired and need a* **rest** *– let's stop working for a while."* "Ek is moeg en het **rus** nodig – kom ons hou 'n rukkie op met werk." ❷ quiet *One has no peace and* **quiet** *with those noisy children about.* 'n Mens het geen **rus** en vrede met daardie lawaaierige kinders in die rondte nie.

◆ **met rus laat** leave in peace *"Please* **leave** *the dog* **in peace***, Charlotte – don't disturb him."* "**Laat** asseblief die hond **met rus**, Charlotte – moet hom nie pla nie."

□ **rus** *selfstandige naamwoord (geen meervoud)*

rus[2] rest *"I'm tired – let's stop working and* **rest** *for a while."* "Ek is moeg – kom ons hou op met werk en **rus** 'n rukkie."

□ **rus** *werkwoord (teenwoordige tyd* **rus***, verlede tyd* **het gerus***)*

rusie quarrel *When the two brothers have a* **quarrel***, it often ends in a fist-fight.* As die twee broers **rusie** maak, loop dit dikwels op 'n vuisgeveg uit.

◆ **rusie soek** pick a fight/quarrel *A bully will always* **pick a fight/quarrel** *with someone smaller than himself.* 'n Bullebak sal altyd **rusie soek** met iemand wat kleiner as hy is.

□ **ru·sie** *selfstandige naamwoord (meervoud* **rusies***)*

rustig peaceful *It's nice and* **peaceful** *with those noisy*

children *out of the way!* Dis lekker **rustig** met daardie luidrugtige kinders uit die pad!

□ **rus·tig** *byvoeglike naamwoord (attributief* **rustige***)* **rustiger, rustigste**

ruweg roughly *There were* **roughly** *seventy people at the party.* Daar was **ruweg** sewentig mense by die partytjie.

□ **ru·weg** *bywoord*

ry[1] ❶ row [a] *We sat in the back* **row** *of the cinema.* Ons het in die agterste **ry** van die bioskoop gesit. [b] *There is a* **row** *of trees on either side of the road.* Daar is 'n **ry** bome aan weerskante van die pad. ❷ line *The teacher told the children to stand in a straight* **line***, one behind the other.* Die juffrou het vir die kinders gesê om agter mekaar in 'n reguit **ry** te staan.

◆ **in/op 'n ry** in a row *The children stood* **in a row** *in front of the class.* Die kinders het **in/op 'n ry** voor die klas gestaan.

□ **ry** *selfstandige naamwoord (meervoud* **rye***)*

ry[2] drive *Stellenbosch is less than an hour's* **drive** *from Cape Town.* Stellenbosch is minder as 'n uur se **ry** van Kaapstad af.

□ **ry** *selfstandige naamwoord (geen meervoud)*

ry[3] ❶ ride *It's dangerous to let a baby* **ride** *in the front of a car.* Dis gevaarlik om 'n baba voor in 'n motor te laat **ry**. ❷ drive *In South Africa cars* **drive** *on the left side of the road.* In Suid-Afrika **ry** motors aan die linkerkant van die pad. ❸ travel *by George and Charles* **travel** *together* **by** *bus in the morning.* George en Charles **ry** soggens saam bus. ❹ go *One is not allowed to* **go** *faster than 60 kilometres per hour in the city.* 'n Mens mag in die stad nie vinniger as 60 kilometer per uur **ry** nie. ❺ do *The man said, "I use my car every day and* **do** *about 800 km a month."* Die man het gesê: "Ek gebruik my motor elke dag en **ry** omtrent 800 km per maand." ❻ leave *He opened the door of the car and said, "Get in; I want to* **leave***."* Hy het die motor se deur oopgemaak en gesê: "Klim in; ek wil **ry**."

◆ **('n entjie) gaan ry** ❶ go for a drive, take a drive *"Let's* **go for a drive** *(OR* **take a drive***) in my new car."* "Kom ons **gaan ry ('n entjie)** in my nuwe motor." ❷ go for a ride *"Let's* **go for a ride** *on our bicycles."* "Kom ons **gaan ry ('n entjie)** op ons fietse."

◆ **stadiger ry** ⇨ **stadig**[2].

◆ **te vinnig ry** ⇨ **vinnig**[2].

□ **ry** *werkwoord (teenwoordige tyd* **ry***, verlede tyd* **het gery***)*

rybewys driver's licence *You need to pass a driving test before you can get a* **driver's licence***.* Jy moet 'n ry= toets slaag voordat jy 'n **rybewys** kan kry.

□ **ry·be·wys** *selfstandige naamwoord (meervoud* **ry= bewyse***)*

ryery driving *He was guilty of dangerous* **driving** *and had to pay a heavy fine.* Hy was skuldig aan gevaarlike **ryery** en moes 'n swaar boete betaal.

□ **ry·e·ry** *selfstandige naamwoord (geen meervoud)*

ryg thread *My father taught me how to* **thread** *a lace through the holes in a shoe.* My pa het my geleer hoe om 'n veter deur die gaatjies in 'n skoen te **ryg**.

☐ **ryg** *werkwoord (teenwoordige tyd* **ryg**, *verlede tyd* **het geryg***)*

ryk rich, wealthy *They are very* **rich/wealthy** *and own a house and two cars.* Hulle is baie **ryk** en besit 'n huis en twee motors.

☐ **ryk** *byvoeglike naamwoord (attributief* **ryk***)* **ryker, rykste**

rykdom wealth *Love and friendship bring true happiness – not* **wealth** *and possessions.* Liefde en vriendskap bring ware geluk – nie **rykdom** en besittings nie.

☐ **ryk·dom** *selfstandige naamwoord (geen meervoud)*

rym¹ rhyme *Shakespeare het van sy gedigte in* **rym** *geskryf.* Shakespeare wrote some of his poems in **rhyme**.

☐ **rym** *selfstandige naamwoord (meervoud* **ryme***)*

rym² rhyme *"Wall" and "fall"* **rhyme**. "Wal" en "val". **rym**.

☐ **rym** *werkwoord (teenwoordige tyd* **rym**, *verlede tyd* **het gerym***)*

rympie rhyme *This is a* **rhyme**: *"Humpty-Dumpty sat on a wall, Humpty-Dumpty had a great fall."* Dis 'n **rympie**: "Oompie-Doompie sit op die wal, Oompie-Doompie het hard geval."

☐ **rym·pie** *selfstandige naamwoord (meervoud* **rym= pies***)*

ryp¹ frost *The grass is white with* **frost** *and it's bitterly cold.* Die gras is wit van die **ryp** en dis bitter koud.

☐ **ryp** *selfstandige naamwoord (geen meervoud)*

ryp² ripe *"Are the bananas* **ripe** *enough to eat yet?" – "No, they're still a little green."* "Is die piesangs al **ryp** genoeg om te eet?" – "Nee, hulle is nog 'n bietjie groen."

☐ **ryp** *byvoeglike naamwoord (attributief* **ryp***)* **ryper, rypste**

rys¹ rice *We had* **rice**, *meat and vegetables for supper.* Ons het **rys**, vleis en groente vir aandete gehad.

☐ **rys** *selfstandige naamwoord (geen meervoud)*

rys² rise *Bread dough has to* **rise** *before you can bake it.* Brooddeeg moet **rys** voor jy dit kan bak.

☐ **rys** *werkwoord (teenwoordige tyd* **rys**, *verlede tyd* **het gerys***)*

rytoets driving test *You need to pass a* **driving test** *before you can get a driver's licence.* Jy moet 'n **rytoets** slaag voordat jy 'n rybewys kan kry.

☐ **ry·toets** *selfstandige naamwoord (meervoud* **ry= toetse***)*

S

saad seed *This plant grew from a seed.* Dié plant het uit 'n **saad** gegroei.

◻ **saad** *selfstandige naamwoord (meervoud* **sade***)*

saag[1] saw *He cut the piece of wood in half with a saw.* Hy het die stuk hout met 'n **saag** middeldeur gesny.

◻ **saag** *selfstandige naamwoord (meervoud* **sae***)*

saag[2] saw *My dad asked me to saw the wood in half.* My pa het my gevra om die hout middeldeur te **saag**.

◻ **saag** *werkwoord (teenwoordige tyd* **saag***, verlede tyd* **het gesaag***)*

saai sow *Mum asked the gardener to sow the packet of seeds for her.* Ma het die tuinier gevra om die pak saad vir haar te **saai**.

◻ **saai** *werkwoord (teenwoordige tyd* **saai***, verlede tyd* **het gesaai***)*

saak ❶ business **[a]** *The shoemaker wants to sell his business, because he is old and wants to stop working.* Die skoenmaker wil sy **saak** verkoop, want hy is oud en wil ophou werk. **[b]** *"What I do with my money is my business, not yours."* "Wat ek met my geld doen, is my **saak**, nie joune nie." ❷ matter *"The head= master has an important matter to discuss with you in his office."* "Die hoof het 'n belangrike **saak** om met jou in sy kantoor te bespreek."

◆ **goeie sake doen** do good business, do a good trade *The shop does good business (*OR *a good trade) at Christmas-time.* Die winkel **doen goeie sake** in die Kerstyd.

◆ **saak maak** matter *"It doesn't matter at what time you come; I'll be at home all afternoon."* "Dit **maak** nie **saak** hoe laat jy kom nie; ek sal die hele middag tuis wees."

◆ **vir sake** on business *"Did your dad go to Durban on business or for pleasure?"* "Is jou pa **vir sake** of vir plesier Durban toe?"

◻ **saak** *selfstandige naamwoord (meervoud* **sake***)*

saal[1] ❶ hall *Our school has a big hall in which we have meetings and concerts.* Ons skool het 'n groot **saal** waar= in ons vergaderings en konserte hou. ❷ ward *There are six hospital beds in the ward.* Daar is ses hospitaalbed= dens in die **saal**.

◆ **in die saal** at assembly *Tomorrow at assembly the principal will read out the names of the new prefects.* Die hoof sal môre **in die saal** die name van die nuwe pre= fekte aflees.

◻ **saal** *selfstandige naamwoord (meervoud* **sale***)*

saal[2] saddle *"Can you ride a horse without a saddle?"* "Kan jy sonder 'n **saal** perdry?"

◻ **saal** *selfstandige naamwoord (meervoud* **saals***)*

saam ❶ together *My friend and I usually walk to school together.* Ek en my maat loop gewoonlik **saam** skool

toe. ❷ along *We keep our bicycles in the garage along with the car.* Ons hou ons fietse **saam** met die motor in die garage.

◆ **saam**= together *You must beat the sugar and eggs together before you add the flour.* Jy moet die suiker en eiers **saam**klits voordat jy die meel byvoeg.

◻ **saam** *bywoord*

saambring bring along *"You are welcome to bring your sister along when we go swimming this afternoon."* "Jy kan gerus jou suster **saambring** wanneer ons van= middag gaan swem."

◻ **saam·bring** *werkwoord (teenwoordige tyd* **bring saam***, verlede tyd* **het saamgebring***)*

saamgaan go together *White and pink are two colours that go well together.* Wit en pienk is twee kleure wat goed **saamgaan**.

◆ **(met iemand) saamgaan** go with someone **[a]** *"May I go with you when you go to town?"* "Mag ek **saamgaan** wanneer jy dorp toe gaan?" **[b]** *"Mummy, may I go to the cinema with them?"* "Mamma, mag ek **saam met hulle** bioskoop toe **gaan**?"

◻ **saam·gaan** *werkwoord (teenwoordige tyd* **gaan saam***, verlede tyd* **het saamgegaan***)*

saamkom ❶ come along, join ... *"We're going for a swim – would you like to come along (*OR *join us)?"* "Ons gaan swem – wil jy **saamkom**?" ❷ come to= gether, join, meet *The water flows very fast where the two rivers come together (*OR *join* OR *meet).* Die water vloei baie vinnig waar die twee riviere **saamkom**.

◻ **saam·kom** *werkwoord (teenwoordige tyd* **kom saam***, verlede tyd* **het saamgekom***)*

saamneem ❶ take with you *"Will you please take Tommy with you when you go swimming?"* "Sal julle Tommie asseblief **saamneem** wanneer julle gaan swem?" ❷ take away *"Would you like to drink the cool drink here in the shop or take it away with you?"* "Wil jy die koeldrank hier in die winkel drink of dit met jou **saamneem**?"

◻ **saam·neem** *werkwoord (teenwoordige tyd* **neem saam***, verlede tyd* **het saamgeneem***)*

saamry get a lift *He asked the driver of the car, "Can I get a lift into town with you?"* Hy het die bestuurder van die motor gevra: "Kan ek met jou **saamry** stad toe?"

◻ **saam·ry** *werkwoord (teenwoordige tyd* **ry saam***, verlede tyd* **het saamgery***)*

saamstem agree *"Do you think he'll agree to our plan?"* "Dink jy hy sal met ons plan **saamstem**?"

◆ **nie saamstem nie** disagree *"I think it's a good idea, but if you disagree, suggest something else."* "Ek dink dis 'n goeie plan, maar as jy **nie saamstem nie**, stel iets anders voor."

□ **saam·stem** *werkwoord (teenwoordige tyd* **stem saam**, *verlede tyd* **het saamgestem***)*

saamtrek tighten [a] *The knot will* **tighten** *if you pull at the two ends of the rope.* Die knoop sal **saamtrek** as jy aan die twee punte van die tou trek. [b] *One's arm muscles* **tighten** *when one clenches one's fists.* 'n Mens se armspiere **trek saam** as jy jou vuiste bal.

□ **saam·trek** *werkwoord (teenwoordige tyd* **trek saam**, *verlede tyd* **het saamgetrek***)*

saans ❶ in the evening *We usually watch TV after supper* **in the evening**. Ons kyk gewoonlik **saans** na ete TV. ❷ at night *Ruth goes to bed very late* **at night**. Ruth gaan **saans** baie laat bed toe.

□ **saans** *bywoord*

sag ❶ soft [a] *A biscuit goes* **soft** *if you dip it into tea.* 'n Koekie word **sag** as jy dit in tee doop. [b] *The baby's skin is smooth and* **soft**. Die baba se vel is glad en **sag**. [c] *The music is so* **soft**, *I can hardly hear it.* Die musiek is so **sag**, ek kan dit skaars hoor. [d] *Pink is a* **soft** *colour.* Pienk is 'n **sagte** kleur. ❷ gentle *A* **gentle** *breeze blew.* 'n **Sagte** bries het gewaai.

◆ **sag maak** soften *"Squeeze and roll the clay to* **soften** *it."* "Druk en rol die klei om dit **sag te maak**."

◆ **sag word** soften *Butter* **softens** *if you leave it in the sun.* Botter **word sag** as jy dit in die son laat staan.

□ **sag** *byvoeglike naamwoord (attributief* **sagte***)* **sagter, sagste**

saggies ❶ softly *"Sh! Talk* **softly** *– the baby is asleep."* "Sjuut! Praat **saggies** – die baba slaap." ❷ quietly *He took off his shoes and walked* **quietly** *down the passage.* Hy het sy skoene uitgetrek en **saggies** in die gang afgeloop. ❸ gently *She stroked the cat* **gently**. Sy het die kat **saggies** gestreel. ❹ lightly *He pressed her hand* **lightly** *and said, "I love you."* Hy het haar hand **saggies** gedruk en gesê: "Ek is lief vir jou."

□ **sag·gies** *bywoord*

sak¹ ❶ pocket *He put his hand in his* **pocket** *and took out 10c.* Hy het sy hand in sy **sak** gesteek en 10c uitgehaal. ❷ bag, sack *We bought a* **bag/sack** *of potatoes at the market.* Ons het 'n **sak** aartappels by die mark gekoop.

□ **sak** *selfstandige naamwoord (meervoud* **sakke***)*

sak² ❶ set, go down *When the sun* **sets** *(OR* **goes down***), the sky in the west turns red.* Wanneer die son **sak**, word die lug in die weste rooi. ❷ sink *We watched the sun* **sink** *slowly behind the hills.* Ons het gekyk hoe die son stadig agter die heuwels **sak**. ❸ fail *If you get less than five out of ten in the test, you* **fail**. As jy minder as vyf uit tien in die toets kry, **sak** jy. ⇨ **eksamen** [NOTA].

◆ **laat sak** ❶ drop *"***Drop** *your voice; you're talking too loudly."* "**Laat sak** jou stem; jy praat te hard." ❷ lower, let down *He used a rope to* **lower** *the bucket (OR* **let** *the bucket* **down***) into the water.* Hy het 'n tou gebruik om die emmer in die water te **laat sak**. ❸ hang *He* **hung** *his head in shame when the teacher scolded him*

in front of the class. Hy het sy kop uit skaamte **laat sak** toe die juffrou met hom voor die klas raas.

□ **sak** *werkwoord (teenwoordige tyd* **sak**, *verlede tyd* **het gesak***)*

sakdoek handkerchief *He wiped his nose with a* **handkerchief**. Hy het sy neus met 'n **sakdoek** afgevee.

□ **sak·doek** *selfstandige naamwoord (meervoud* **sakdoeke***)*

sakgeld pocket money *Her dad said, "When I was your age, I got 20c* **pocket money** *a week."* Haar pa het gesê: "Toe ek so oud soos jy was, het ek 20c **sakgeld** per week gekry."

□ **sak·geld** *selfstandige naamwoord (geen meervoud)*

sakmes pocket knife *"May I borrow your* **pocket knife**, *please? I want to peel my apple with it."* "Kan ek jou **sakmes** leen, asseblief? Ek wil my appel daarmee afskil."

□ **sak·mes** *selfstandige naamwoord (meervoud* **sakmesse***)*

sal ❶ shall [a] *"Mum, I* **shall** *be home by four o'clock this afternoon."* "Ma, ek **sal** teen vieruur vanmiddag tuis wees." [b] *"Do you have enough milk in your tea, or* **shall** *I add a little more?"* "Het jy genoeg melk in jou tee, of **sal** ek nog 'n bietjie byvoeg?" ❷ should *"If you stay in bed and take this medicine, you* **should** *get better soon."* "As jy in die bed bly en dié medisyne drink, **sal** jy gou gesond word." ❸ will [a] *"The balloon* **will** *burst if you blow too much air into it."* "Die ballon **sal** bars as jy te veel lug daarin blaas." [b] *"I* **will** *help you with your homework."* "Ek **sal** jou met jou huiswerk help." [c] *"***Will** *you take down the curtains for me, please?"* "**Sal** jy die gordyne vir my afhaal, asseblief?" [d] *"Children,* **will** *you please be quiet!"* "Kinders, **sal** julle asseblief stilbly!"

◆ **sal nie** won't *"I* **won't** *do it!"* "Ek **sal** dit **nie** doen nie!"

□ **sal** *werkwoord (verlede tyd* **sou***)*

salaris salary *He earns a good* **salary** *as a bank manager.* Hy verdien 'n goeie **salaris** as bankbestuurder.

□ **sa·la·ris** *selfstandige naamwoord (meervoud* **salarisse***)*

salf ointment *"Put some* **ointment** *on the wound, then it will heal more quickly."* "Smeer 'n bietjie **salf** aan die wond, dan sal dit gouer genees."

□ **salf** *selfstandige naamwoord (meervoud* **salwe***)*

sambreel umbrella *"Take an* **umbrella** *with you; it might rain."* "Neem 'n **sambreel** saam; dalk reën dit."

□ **sam·breel** *selfstandige naamwoord (meervoud* **sambreels/sambrele***)*

sand sand *There is a lot of* **sand** *in a desert.* Daar is baie **sand** in 'n woestyn.

□ **sand** *selfstandige naamwoord (geen meervoud)*

sandaal sandal *She fastened the strap of her* **sandal**. Sy het die band van haar **sandaal** vasgemaak.

□ **san·daal** *selfstandige naamwoord (meervoud* **sandale***)*

sanderig sandy *After the strong wind the road to the beach was very* **sandy**. Na die sterk wind was die pad na die strand baie **sanderig**.

□ **san·de·rig** *byvoeglike naamwoord (attributief* **san=derige***)* **sanderiger, sanderigste**

sang 1 song *On Christmas Day there is going to be an evening of* **song** *and prayer in our church.* Op Kersdag gaan daar 'n aand van **sang** en gebed in ons kerk wees. **2** singing *She has a beautiful voice and takes lessons in* **singing***.* Sy het 'n pragtige stem en neem les in **sang**.

□ **sang** *selfstandige naamwoord (geen meervoud)*

sanger singer *George is a* **singer** *in a pop group.* George is 'n **sanger** in 'n popgroep.

□ **san·ger** *selfstandige naamwoord (meervoud* **san=gers***)*

sangeres singer *Edith is a* **singer** *in a pop group.* Edith is 'n **sangeres** in 'n popgroep.

□ **san·ge·res** *selfstandige naamwoord (meervoud* **san=geresse***)*

sap juice *Gloria squeezed some oranges and drank the* **juice***.* Gloria het 'n paar lemoene uitgedruk en die **sap** gedrink.

□ **sap** *selfstandige naamwoord (meervoud* **sappe***)*

Saterdag Saturday *Saturday is the seventh day of the week.* **Saterdag** is die sewende dag van die week.

♦ **Saterdagaand** on Saturday night *I'm going to a party* **on Saturday night***.* Ek gaan **Saterdagaand** na 'n partytjie toe.

□ **Sa·ter·dag** *selfstandige naamwoord (meervoud* **Sa=terdae***)*

se 1 of *It took years* **of** *labour to complete the hospital.* Dit het jare **se** arbeid gekos om die hospitaal te voltooi. **2** ='s *Christine's brother is twelve years old.* Christine **se** broer is twaalf jaar oud. **3** worth of *"Could I have fif=teen rands'* **worth** *of petrol, please?"* "Kan ek vyftien rand **se** petrol kry, asseblief?"

□ **se** *voornaamwoord*

sê 1 say *"Stand next to your desk until I* **say** *you may sit."* "Staan langs jou bank totdat ek **sê** jy mag sit." **2** say, read *The notice on the door* **says/reads** *"Back in ten minutes".* Die kennisgewing op die deur **sê** "Oor tien minute terug". **3** it says in *It* **says in** *the Bible that Jesus is the son of God.* Die Bybel **sê** dat Jesus die seun van God is. **4** (let's) say *"Meet me at the post office in,* **(let's) say***, two hours."* "Ontmoet my oor, **sê**, twee uur by die poskantoor." **5** tell *"Can you* **tell** *me how to get to the station?"* "Kan jy my **sê** hoe om by die stasie te kom?" **6** go *Ducks* **go** *"quack".* Eende **sê** "kwaak".

♦ **by jouself sê** say to oneself *When I march I* **say to myself***: "Left, right, left, right ..."* Wanneer ek marsjeer, **sê** ek **by myself**: "Links, regs, links, regs ..."

♦ **dit wil sê** that is to say *They arrived here last Fri=day,* **that is to say** *the twentieth.* Hulle het verlede Vrydag, **dit wil sê** die twintigste, hier aangekom.

♦ **goeie dinge sê van** speak well of *They* **speak well of** *her at school – she might become the new head girl.*

Hulle **sê goeie dinge van** haar by die skool – sy kan dalk die nuwe hoofmeisie word.

♦ **sê nou (maar)** suppose (that), say, what if *"***Sup=pose** *(OR* **Suppose that** *OR* **Say** *OR* **What if***) it rains: will we still play the match?"* "**Sê nou (maar)** dit reën: sal ons nog steeds die wedstryd speel?"

♦ **sê vir 1** tell **[a]** *"Please go and* **tell** *daddy dinner is ready."* "Gaan **sê** asseblief **vir** pappa die ete is ge=reed." **[b]** *"Did she* **tell** *you her name?"* "Het sy **vir** jou **gesê** wat haar naam is?" **2** tell, mention to *She forgot to* **tell** *(OR* **mention to***) her mother that the rice was finished.* Sy het vergeet om **vir** haar ma te **sê** die rys is op.

♦ **totsiens (**OF **tot siens) sê** say goodbye *"Esther, come and* **say goodbye** *to grandpa and grandma – they want to leave."* "Esther, kom **sê totsiens** (OF **tot siens)** vir oupa en ouma – hulle wil ry."

♦ **vir ... sê hy/sy moenie** tell ... not to *"***Tell** *Cynthia* **not to** *make such a noise."* "**Sê vir** Cynthia **sy moenie** so raas nie."

♦ **vir ... sê hy/sy moet** tell ... to *"***Tell** *Cynthia to turn down the radio."* "**Sê vir** Cynthia **sy moet** die radio afdraai."

□ **sê** *werkwoord (teenwoordige tyd* **sê***, verlede tyd* **het gesê***)*

sebra zebra *A* **zebra** *is a striped animal that looks like a horse.* 'n **Sebra** is 'n gestreepte dier wat soos 'n perd lyk.

□ **se·bra** *selfstandige naamwoord (meervoud* **sebras***)*

sedert[1] since *We have been living in this house* **since** *1961.* Ons woon al **sedert** 1961 in dié huis.

□ **se·dert** *voorsetsel*

sedert[2] since *It's the first time* **since** *his operation that he is allowed to eat something.* Dis die eerste keer **se=dert** sy operasie dat hy iets mag eet.

□ **se·dert** *voegwoord*

sedertdien 1 since *We went to the cinema together last Saturday but haven't seen each other* **since***.* Ons het verlede Saterdag saam bioskoop toe gegaan maar me=kaar **sedertdien** nie weer gesien nie. **2** (ever) since *He left here last December and no one has heard from him* **(ever) since***.* Hy is verlede Desember hier weg en niemand het **sedertdien** van hom gehoor nie.

□ **se·dert·dien** *bywoord*

see sea *The earth consists of* **sea** *and land.* Die aarde bestaan uit **see** en land.

♦ **aan/by die see** at the seaside *We had a lovely holi=day* **at the seaside***.* Ons het 'n heerlike vakansie **aan/by die see** gehad.

♦ **op/ter see** at sea *The sailors were glad to be back on shore after weeks* **at sea***.* Die matrose was bly om na weke **op/ter see** terug aan wal te wees.

♦ **see toe gaan** go to the seaside *"Are you* **going to the seaside** *in December?" – "Yes, we're going to Dur=ban for two weeks."* "**Gaan** julle in Desember **see toe**?" – "Ja, ons gaan vir twee weke Durban toe."

□ **see** *selfstandige naamwoord (meervoud* **seë***)*

seekoei hippopotamus *A **hippopotamus** is a heavy animal with a large head that lives in and near rivers.* 'n **Seekoei** is 'n swaar dier met 'n groot kop wat in en naby riviere woon.

☐ **see·koei** *selfstandige naamwoord (meervoud see= koeie)*

seël stamp *"Stick a **stamp** on the envelope before you post the letter."* "Plak 'n **seël** op die koevert voordat jy die brief pos."

☐ **se·ël** *selfstandige naamwoord (meervoud seëls)*

seep soap *Wash your hands with **soap** and water.* Was jou hande met **seep** en water.

☐ **seep** *selfstandige naamwoord (meervoud sepe)*

seer[1] sore *He has a **sore** on his hand where he burnt himself.* Hy het 'n **seer** op sy hand waar hy hom ge= brand het.

☐ **seer** *selfstandige naamwoord (meervoud sere)*

seer[2] ❶ sore *I have **sore** feet because I had to stand all day.* Ek het **seer** voete omdat ek die hele dag moes staan. ❷ painful *The sting of a bee is quite **painful**.* 'n By se steek is nogal **seer**.

◆ **seer wees** ❶ hurt, be sore *My feet **hurt** (OR are sore) because I had to stand all day.* My voete **is seer** omdat ek die hele dag moes staan. ❷ ache *My head **aches**.* My kop **is seer**.

☐ **seer** *byvoeglike naamwoord (attributief seer) seer= der, seerste*

seerkry ❶ hurt *My fingers are so stiff with cold that they **hurt** when I bend them.* My vingers is so styf van die koue dat hulle **seerkry** as ek hulle buig. ❷ get hurt *"You'll **get hurt** if you fall off that high wall."* "Jy sal **seerkry** as jy van daardie hoë muur afval."

☐ **seer·kry** *werkwoord (teenwoordige tyd kry seer, verlede tyd het seergekry)*

seermaak ❶ hurt *"Don't twist her arm like that; you'll **hurt** her."* "Moenie haar arm so draai nie; jy sal haar **seermaak**." ❷ hurt, injure *"Put away that sharp knife; you can **hurt/injure** yourself badly if you play with it."* "Sit weg daardie skerp mes; jy kan jou lelik **seermaak** as jy daarmee speel."

☐ **seer·maak** *werkwoord (teenwoordige tyd maak seer, verlede tyd het seergemaak)*

seil[1] sail *The boat's **sail** is fixed to a tall pole.* Die boot se **seil** is aan 'n lang paal vasgemaak.

☐ **seil** *selfstandige naamwoord (meervoud seile)*

seil[2] sail [a] *A sailing boat can't **sail** without wind.* 'n Seilboot kan nie sonder wind **seil** nie. [b] *"Do you know how to **sail**?"* "Weet jy hoe om te **seil**?" [c] *"There must be a strong wind – look how fast the clouds are **sailing** through the air."* "Daar moet 'n sterk wind wees – kyk hoe vinnig **seil** die wolke deur die lug."

◆ **gaan seil** go sailing *We want to **go sailing** on the dam next weekend.* Ons wil volgende naweek op die dam **gaan seil**.

◆ **laat seil** sail *The children **sail** their little boats on the dam.* Die kinders **laat seil** hul bootjies op die dam.

☐ **seil** *werkwoord (teenwoordige tyd seil, verlede tyd het geseil)*

seilboot sailing boat *A **sailing boat** can't sail without wind.* 'n **Seilboot** kan nie sonder wind seil nie.

☐ **seil·boot** *selfstandige naamwoord (meervoud seil= bote)*

seisoen season *Summer is the hottest **season** of the year.* Somer is die warmste **seisoen** van die jaar.

☐ **sei·soen** *selfstandige naamwoord (meervoud sei= soene)*

seker[1] certain, sure [a] *"Are you **certain/sure** it's five past ten?"* – "Yes, look at my watch."* "Is jy **seker** dis vyf oor tien?" – "Ja, kyk op my horlosie." [b] *Those dark clouds in the sky are a **certain/sure** sign of rain.* Daardie donker wolke in die lug is 'n **seker** teken van reën.

☐ **se·ker** *byvoeglike naamwoord (attributief seker) sekerder, sekerste*

seker[2] ❶ surely *He'll get better slowly but **surely**.* Hy sal stadig maar **seker** gesond word. ❷ probably *There is no sign of life at their house – they are **probably** away.* Daar is geen teken van lewe by hul huis nie – hulle is **seker** weg. ❸ for certain/sure *"I think Cynthia is Wal= ter's sister, but I don't know **for certain/sure**."* "Ek dink Cynthia is Walter se suster, maar ek weet nie **se= ker** nie."

◆ **ek sal seker moet** I suppose I'll have to *"I don't feel like it, but **I suppose I'll have to** put on a tie."* "Ek het nie lus nie, maar **ek sal seker** 'n das **moet** aansit."

◆ **het seker** must have *I can't find my pen anywhere; I **must have** lost it.* Ek kan my pen nêrens kry nie; ek **het** dit **seker** verloor.

◆ **ja seker** certainly, sure *"Will you help me?"* – "**Certainly/Sure!**"* "Sal jy my help?" – "**Ja seker!**"

◆ **seker maak** make certain/sure *"I think the shop is closed on Saturday afternoons, but I'll phone to **make certain/sure**."* "Ek dink die winkel is Saterdagmid= dae toe, maar ek sal bel om **seker** te **maak**."

◆ **seker maak of/dat** make certain/sure that *The clerk at the post office has to check each form to **make certain/sure that** it is in order.* Die klerk by die pos= kantoor moet elke vorm nagaan om **seker** te **maak of/dat** dit in orde is.

◆ **seker wees** must be *There is someone at the door. It **must be** my father – he usually comes home about this time.* Daar is iemand by die deur. Dit **is seker** my pa – hy kom gewoonlik teen dié tyd huis toe.

◆ **tog seker** surely *"**Surely** her name is Joan and not John?"* "Haar naam is **tog seker** Joan en nie John nie?"

☐ **se·ker** *bywoord*

sekere certain *In **certain** parts of our country it rains in winter and not in summer.* In **sekere** dele van ons land reën dit in die winter en nie in die somer nie.

☐ **se·ke·re** *attributiewe byvoeglike naamwoord*

sekonde second ... *58, 59 ... – only one more **second**,* *and a minute has passed.* ... 58, 59 ... – nog net een **sekonde**, en 'n minuut is verby. ⇨ **paar** [NOTA].

☐ **se·kon·de** *selfstandige naamwoord (meervoud* **sekondes***)*

sekretaresse secretary *The headmaster's* **secretary** *types all his letters for him.* Die hoof se **sekretaresse** tik al sy briewe vir hom.

☐ **se·kre·ta·res·se** *selfstandige naamwoord (meervoud* **sekretaresses***)*

selde ❶ seldom *I usually sleep straight through and* **seldom** *wake up during the night.* Ek slaap gewoonlik reg deur en word **selde** snags wakker. ❷ rarely *It very* **rarely** *snows in summer.* Dit sneeu baie **selde** in die somer.

◆ **dis selde dat** it is rare for ... to *I'm worried about Anna –* **it is rare for** *her to come home so late.* Ek is bekommerd oor Anna – **dis selde dat** sy so laat huis toe kom.

☐ **sel·de** *bywoord*

seldsaam rare *Some animals are so* **rare** *that they are in danger of dying out.* Sommige diere is so **seldsaam** dat hulle gevaar loop om uit te sterf.

☐ **seld·saam** *byvoeglike naamwoord (attributief* **seldsame***)* **seldsamer, seldsaamste**

self ❶ myself *"I can do it* **myself** *– I don't need your help."* "Ek kan dit **self** doen – ek het nie jou hulp nodig nie." ❷ yourself *They sell the table in five pieces which you have to put together* **yourself**. Hulle verkoop die tafel in vyf stukke wat jy **self** aan mekaar moet sit. ❸ himself [a] *He says he made it* **himself**, *but I think someone helped him.* Hy sê hy het dit **self** gemaak, maar ek dink iemand het hom gehelp. [b] *"How do you know Benjamin is going away?" – "He told me* **himself**." "Hoe weet jy Benjamin gaan weg?" – "Hy het my **self** vertel." ❹ herself [a] *She made the dress* **herself** *– her mother didn't help her.* Sy het die rok **self** gemaak – haar ma het haar nie gehelp nie. [b] *"How do you know Lorraine is going away?" – "She told me* **herself**." "Hoe weet jy Lorraine gaan weg?" – "Sy het my **self** vertel." ❺ itself [a] *The dog is very clever – it can open the door* **itself**. Die hond is baie slim – hy kan die deur **self** oopmaak. [b] *The fire damaged the roof, but not the house* **itself**. Die brand het die dak beskadig, maar nie die huis **self** nie. ❻ ourselves *"Did someone help you?" – "No, we did it* **ourselves**." "Het iemand julle gehelp?" – "Nee, ons het dit **self** gedoen." ❼ yourselves *"You and Tom will have to do the work* **yourselves** *– there is no one to help you."* "Jy en Tom sal **self** die werk moet doen – daar is niemand om julle te help nie." ❽ themselves *Walter and Tom had to do the work* **themselves**. Walter en Tom moes **self** die werk doen. ❾ own *I make my* **own** *bed every morning.* Ek maak elke oggend **self** my bed op.

☐ **self** *voornaamwoord*

selfde same *She wore that* **same** *dress yesterday.* Sy het gister daardie **selfde** rok gedra.

☐ **self·de** *attributiewe byvoeglike naamwoord*

selfs even [a] *Nobody knows about our secret, not* **even** *my mother.* Niemand weet van ons geheim nie, **selfs** nie my ma nie. [b] *It is* **even** *hotter today than yesterday.* Dit is vandag **selfs** warmer as gister.

◆ **of selfs** if not *I liked the author's first book very much, but his second book is just as good* **if not** *better.* Ek het baie van die skrywer se eerste boek gehou, maar sy tweede boek is ewe goed **of selfs** beter.

☐ **selfs** *bywoord*

selfstandige naamwoord noun *In the sentence "The boy is tall" the word "boy" is a* **noun**. In die sin "Die seun is lank" is die woord "seun" 'n **selfstandige naamwoord**.

☐ **self·stan·di·ge naam·woord** *(meervoud* **selfstandige naamwoorde***)*

selfsugtig selfish *"You're very* **selfish** *– you think only about yourself!"* "Jy's baie **selfsugtig** – jy dink net aan jouself!"

☐ **self·sug·tig** *byvoeglike naamwoord (attributief* **selfsugtige***)* **selfsugtiger, selfsugtigste**

sement cement *One builds a wall with bricks and* **cement**. 'n Mens bou 'n muur met bakstene en **sement**.

☐ **se·ment** *selfstandige naamwoord (geen meervoud)*

sent cent *"Would you miss a* **cent** *if it should disappear from your purse?"* "Sal jy 'n **sent** vermis as dit uit jou beursie sou verdwyn?" ⇨ **meervoud** [NOTA].

☐ **sent** *selfstandige naamwoord (meervoud* **sente***)*

In skryftaal gebruik jy die woord **sente** as jy na muntstukke verwys en die afkorting **c** as jy 'n bedrag geld noem: *Daar is 'n hele paar muntstukke in my beur= sie, maar geen* **sente** *nie. Die appels kos 25***c** *elk.*

sentimeter centimetre *There are 10 millimetres in a* **centimetre**. Daar is 10 millimeter in 'n **sentimeter**.

☐ **sen·ti·me·ter** *selfstandige naamwoord (meervoud* **sentimeters***)*

cm is die afkorting vir **sentimeter**

senuagtig, senuweeagtig nervous *When she is* **ner= vous**, *like before an examination, she bites her nails.* As sy **senuagtig/senuweeagtig** is, soos voor 'n eksa= men, byt sy haar naels.

☐ **se·nu·(wee)·ag·tig** OF **se·nu·(wee)·ag·tig** *byvoeg= like naamwoord (attributief* **senuagtige/senuweeag= tige***)* **senuagtiger/senuweeagtiger, senuagtig= ste/senuweeagtigste**

September September *September is the ninth month of the year.* **September** is die negende maand van die jaar.

☐ **Sep·tem·ber** *selfstandige naamwoord (geen meer= voud)*

serp scarf *She wore a* **scarf** *round her neck to protect herself against the cold.* Sy het 'n **serp** om haar nek gedra om haar teen die koue te beskerm.

☐ **serp** *selfstandige naamwoord (meervoud* **serpe***)*

sertifikaat certificate *When you pass matric, you get a* *certificate* as proof of it. As jy in matriek slaag, kry jy 'n **sertifikaat** as bewys daarvan.

☐ **ser·ti·fi·kaat** *selfstandige naamwoord (meervoud* **sertifikate***)*

ses six *Four plus two is* **six**. Vier plus twee is **ses**.
☐ **ses** *telwoord*

sesde sixth *June is the* **sixth** *month of the year.* Junie is die **sesde** maand van die jaar.
☐ **ses·de** *telwoord*

sestien sixteen *Two times eight is* **sixteen**. Twee maal agt is **sestien**.
☐ **ses·tien** *telwoord*

sestiende sixteenth *The* **sixteenth** *century is from 1500 to 1599.* Die **sestiende** eeu is van 1500 tot 1599.
☐ **ses·tien·de** *telwoord*

sestig sixty *There are* **sixty** *seconds in a minute.* Daar is **sestig** sekondes in 'n minuut.
☐ **ses·tig** *telwoord*

sestigste sixtieth *A second is a* **sixtieth** *of a minute.* 'n Sekonde is 'n **sestigste** van 'n minuut.
☐ **ses·tig** *telwoord*

sesuur six o'clock *I get up at* **six o'clock** *in the morning.* Ek staan soggens om **sesuur** op.
☐ **ses·uur** *bywoord*

seun son, boy *My eldest sister is married and has one* **son/boy** *and two daughters/girls.* My oudste suster is getroud en het een **seun** en twee dogters.
☐ **seun** *selfstandige naamwoord (meervoud* **seuns***)*

seuntjie ❶ little boy *They have two children: a girl of eight and a* **little boy** *of four.* Hulle het twee kinders: 'n dogter van agt en 'n **seuntjie** van vier. ❷ baby boy *My sister had a* **baby boy** *last week.* My suster het verlede week 'n **seuntjie** gekry.
☐ **seun·tjie** *selfstandige naamwoord (meervoud* **seun·tjies***)*

sewe seven *Four plus three is* **seven**. Vier plus drie is **sewe**.
☐ **se·we** *telwoord*

sewende seventh *July is the* **seventh** *month of the year.* Julie is die **sewende** maand van die jaar.
☐ **se·wen·de** *telwoord*

sewentien seventeen *Ten plus seven is* **seventeen**. Tien plus sewe is **sewentien**.
☐ **se·wen·tien** *telwoord*

sewentiende seventeenth *The* **seventeenth** *century is from 1600 to 1699.* Die **sewentiende** eeu is van 1600 tot 1699.
☐ **se·wen·tien·de** *telwoord*

sewentig seventy *Ten times seven is* **seventy**. Tien maal sewe is **sewentig**.
☐ **se·wen·tig** *telwoord*

sewentigste seventieth *My grandfather died in his* **seventieth** *year.* My oupa is in sy **sewentigste** jaar dood.
☐ **se·wen·tig·ste** *telwoord*

siek ❶ sick *The doctor sent the* **sick** *man to hospital for an operation.* Die dokter het die **siek** man vir 'n operasie

hospitaal toe gestuur. ❷ ill *Esmé is seriously* **ill** *in hospital.* Esmé is ernstig **siek** in die hospitaal.
◆ **siek word** fall ill, be taken ill *Charlotte* **fell ill (**OR **was taken ill)** *at school and had to see a doctor.* Charlotte het by die skool **siek geword** en moes dokter toe gaan.
☐ **siek** *byvoeglike naamwoord (attributief* **siek***)* **sieker, siekste**

sieklik sickly *He is* **sickly** *and can do only light jobs.* Hy is **sieklik** en kan net ligte werkies doen.
☐ **siek·lik** *byvoeglike naamwoord (attributief* **sieklik***)* **siekliker, sieklikste**

siekte ❶ disease *Measles is a* **disease** *that children often get.* Masels is 'n **siekte** wat kinders dikwels kry. ❷ illness *Lynette is absent from school because of* **illness**. Lynette is weens **siekte** van die skool afwesig.
☐ **siek·te** *selfstandige naamwoord (meervoud* **siektes***)*

sien[1] sight *I know him by* **sight** *– we travel together by bus in the morning.* Ek ken hom van **sien** – ons ry soggens saam bus.
☐ **sien** *selfstandige naamwoord (geen meervoud)*

sien[2] ❶ see **[a]** *The man is blind and cannot* **see**. Die man is blind en kan nie **sien** nie. **[b]** *We* **saw** *a lion in the zoo.* Ons het 'n leeu in die dieretuin **gesien**. **[c]** *"Let's go to the cinema, or have you* **seen** *the film before?"* "Kom ons gaan bioskoop toe, of het jy al die prent **gesien**?" **[d]** *I* **saw** *Anna at Simon's party.* Ek het Anna by Simon se partytjie **gesien**. **[e]** *"You must press this button to switch on the television." – "Oh, I* **see**." *"*Jy moet op dié knoppie druk om die televisie aan te skakel." – "O, ek **sien**." **[f]** *"He is so slow, I can't* **see** *him finishing the job by Friday."* "Hy is so stadig, ek kan hom nie die werk teen Vrydag **sien** klaarkry nie." **[g]** *"Can Cynthia come to us for the weekend?" – "I don't know; we'll have to* **see**." "Kan Cynthia vir die naweek na ons toe kom?" – "Ek weet nie; ons sal moet **sien**." ❷ notice **[a]** *"I* **notice** *(that) you have a new bicycle – when did you get it?"* "Ek **sien** jy het 'n nuwe fiets (OF Ek **sien** dat jy 'n nuwe fiets het) – wanneer het jy dit gekry?" **[b]** *I* **noticed** *him leave/leaving the house at 10:00.* Ek het hom die huis om 10:00 **sien** verlaat.
◆ **(duidelik) te sien wees** show up *Colours such as black and brown don't* **show up** *in the dark.* Kleure soos swart en bruin **is** nie **(duidelik)** in die donker **te sien** nie.
◆ **goed kan sien** have good eyesight *People who* **have good eyesight** *need not wear glasses.* Mense wat **goed kan sien**, hoef nie bril te dra nie.
◆ **kan 'n mens ... sien?** does ... show? *"Does the coffee stain on my dress* **show?**" "**Kan 'n mens** die koffievlek op my rok **sien?**"
◆ **'n mens kan nie ... sien nie** ... doesn't show *"The coffee stain on your dress* **doesn't show**." "'n **Mens kan nie** die koffievlek op jou rok **sien nie**."
◆ **'n mens sal ... nie kan sien nie** won't show *"If you put on a jersey the dirty mark on your shirt* **won't**

show." "As jy 'n trui aantrek, **sal 'n mens** die vuil kol op jou hemp **nie kan sien nie.**

◆ **nie te sien nie** hidden from view *The house is hid= den from view behind the high wall.* Die huis is **nie** agter die hoë muur **te sien nie.**

◆ **sien aan** tell by/from *I could **tell by/from** the look on his face that he was angry.* Ek kon **aan** die uitdruk= king op sy gesig **sien** dat hy kwaad was.

◆ **sien hoe** see *We **saw** the cat catch the bird.* Ons **het gesien hoe** die kat die voël vang.

◆ **te sien kry** catch sight of *She couldn't **catch sight of** the pop star, for there were too many people around him.* Sy kon nie die popster **te sien kry** nie, want daar was te veel mense rondom hom.

◆ **te sien wees** be on view *A collection of wire toys **is on view** at the museum.* 'n Versameling draadspeel= goed **is** by die museum **te sien.**

◆ **van ... te sien** within view of *The hotel is **within view of** the sea.* Die see is **van** die hotel **te sien.**

□ **sien** *werkwoord (teenwoordige tyd* **sien,** *verlede tyd* **het gesien)**

> Na *het* kry die skakelwerkwoord **sien** nie *ge-* nie: *Ek het die kat 'n voël* **sien** *vang.*

sies! ugh! *"**Ugh,** look how dirty your hands are! Go and wash them immediately."* "**Sies,** kyk hoe vuil is jou hande! Gaan was hulle onmiddellik."

◆ **sies tog!** shame! *"**Shame,** the poor bird has hurt its wing!"* **Sies tog,** die arme voël het sy vlerk seergemaak!

□ **sies** *tussenwerpsel*

sig sight, view *When the train came into **sight/view,** the people on the platform began to wave.* Toe die trein in **sig** kom, het die mense op die platform begin wuif.

◆ **in sig kry** come in view of *When you get to the top of the hill, you **come in view of** the sea.* As jy bo-op die heuwel kom, **kry** jy die see **in sig.**

◆ **uit sig** out of sight *The garage is **out of sight** behind the house.* Die garage is **uit sig** agter die huis.

□ **sig** *selfstandige naamwoord (geen meervoud)*

sigaret cigarette *The man is smoking a **cigarette.*** Die man rook 'n **sigaret.**

□ **si·ga·ret** *selfstandige naamwoord (meervoud* **siga= rette)**

silwer[1] silver *The chain round her neck is made of **sil= ver.*** Die ketting om haar nek is van **silwer** gemaak.

□ **sil·wer** *selfstandige naamwoord (geen meervoud)*

silwer[2] silver [a] *She is wearing a **silver** chain round her neck.* Sy dra 'n **silwer** ketting om haar nek. [b] *He painted the wire fence **silver.*** Hy het die draadheining **silwer** geverf.

□ **sil·wer** *byvoeglike naamwoord (attributief* **silwer)**

simbool symbol *The **symbol** for per cent is %.* Die **simbool** vir persent is %.

□ **sim·bool** *selfstandige naamwoord (meervoud* **sim= bole)**

simpel stupid *He shook the pen angrily and said, "The **stupid** thing won't write!"* Hy het die pen kwaad ge=

skud en gesê: "Die **simpel(e)** ding wil nie skryf nie!"

□ **sim·pel** *byvoeglike naamwoord (attributief* **simpel/ simpele)**

sin ❶ sentence *The following **sentence** consists of only three words: "Eat your food."* Die volgende **sin** be= staan uit net drie woorde: "Eet jou kos." ❷ sense [a] *If you say "we were in the same class" you are using "class" in the **sense** of a group of pupils.* As jy sê "ons was in dieselfde klas", gebruik jy "klas" in die **sin** van 'n groep leerlinge. [b] *He has a good **sense** of humour and is quick to catch a joke.* Hy het 'n goeie **sin** vir humor en snap 'n grap gou. ❸ point *What is the **point** of eating if you are not hungry?* Watter **sin** het dit om te eet as jy nie honger is nie?

◆ **die vyf sinne** the five senses *Sight, smell, hearing, taste and touch are **the five senses.*** Gesig, reuk, ge= hoor, smaak en gevoel is **die vyf sinne.**

◆ **sin hê** make sense *"Clever a he is boy" doesn't **make any sense** because the words are in the wrong order.* "Slim 'n hy is seun" **het** geen **sin** nie, want die woorde staan in die verkeerde volgorde.

□ **sin** *selfstandige naamwoord (meervoud* **sinne)**

sing sing *"Do you **sing** in the school choir?"* "**Sing** jy in die skoolkoor?"

□ **sing** *werkwoord (teenwoordige tyd* **sing,** *verlede tyd* **het gesing)**

sink sink *Corks do not **sink** in water, they float.* Kurk= proppe **sink** nie in water nie, hulle dryf.

□ **sink** *werkwoord (teenwoordige tyd* **sink,** *verlede tyd* **het gesink)**

sintuig sense organ *The ear is the **sense organ** of hear= ing.* Die oor is die **sintuig** van gehoor.

◆ **die vyf sintuie** the five senses *Sight, smell, hearing, taste and touch are **the five senses.*** Gesig, reuk, ge= hoor, smaak en gevoel is **die vyf sintuie.**

□ **sin·tuig** *selfstandige naamwoord (meervoud* **sin= tuie)**

sirkel circle *A **circle** is round.* 'n **Sirkel** is rond.

□ **sir·kel** *selfstandige naamwoord (meervoud* **sirkels)**

sirkus circus *The acrobat in the **circus** did clever tricks on a rope.* Die akrobaat in die **sirkus** het slim toertjies op 'n tou uitgehaal.

□ **sir·kus** *selfstandige naamwoord (meervoud* **sir= kusse)**

sis hiss *Snakes **hiss** and dogs bark.* Slange **sis** en honde blaf.

□ **sis** *werkwoord (teenwoordige tyd* **sis,** *verlede tyd* **het gesis)**

sit ❶ sit [a] *"Come and **sit** next to me on the bench."* "Kom **sit** langs my op die bank." [b] *A bird **sat** sing= ing on the branch.* 'n Voël **het** op die tak **gesit** en sing. ❷ sit down, be seated *"Good morning, children! Please **sit down** (OR **be seated**) and take out your history books."* "Goeiemôre, kinders! **Sit** asseblief en haal jul geskiedenisboeke uit." ❸ put [a] *"**Put** the meat in the fridge, otherwise it will go bad."* "**Sit** die vleis in die yskas, anders word dit sleg." [b] *He **put** some more*

wood on the fire. Hy **het** nog hout op die vuur **gesit. [c]**
She put the baby to bed. Sy **het** die baba in die bed
gesit. [d] *He put his finger to his lips and whispered,*
"Sh, be quiet." Hy **het** sy vinger op sy lippe **gesit** en
gefluister: "Sjuut, bly stil." **[e]** *The teacher put the*
children to work before she went to the principal. Die
juffrou **het** die kinders aan die werk **gesit** voor sy na
die hoof is. **4** put, place *Mix the jelly and put/place it*
in the fridge to set. Maak die jellie aan en **sit** dit in die
yskas om te stol. **5** stand *"Pick up your bicycle and*
stand it against the wall." "Tel jou fiets op en **sit** dit
teen die muur." **6** be *The sting of a scorpion is in its tail.*
'n Skerpioen se angel **sit** in sy stert.

◆ **agteroor sit** sit back *After work dad likes to sit*
back in his chair and enjoy a cup of coffee. Pa hou daar-
van om na werk in sy stoel **agteroor** te **sit** en 'n koppie
koffie te geniet.

◆ **gaan sit 1** sit down, take a seat, seat oneself *"Lynet-*
te, please sit down (OR take a seat OR seat yourself)
next to Esther." "Lynette, **gaan sit** asseblief langs Es-
ther." **2** take your places *"Good morning, class, please*
take your places and get out your books." "Môre,
klas, **gaan sit** asseblief en haal jul boeke uit."

◆ **kom sit** sit down *A woman got on the bus and sat*
down beside me. 'n Vrou het op die bus geklim en langs
my **kom sit.**

◆ **laat sit** sit ... (down) *"Sit the children (down)*
round the table and give them something to drink."
"**Laat** die kinders om die tafel **sit** en gee hulle iets te
drink."

◆ **sit en lees** sit reading *The children sit reading si-*
lently in the library. Die kinders **sit** stil in die biblio-
teek **en lees.**

◆ **sit gerus** please have/take a seat *"Please have/*
take a seat – the doctor is still busy with another
patient." "**Sit gerus** – die dokter is nog met 'n ander
pasiënt besig."

□ **sit** *werkwoord (teenwoordige tyd* **sit***, verlede tyd* **het**
gesit*)*

sitkamer sitting-room, lounge *She served the guests tea*
in the sitting-room/lounge. Sy het die gaste in die
sitkamer met tee bedien.

□ **sit·ka·mer** *selfstandige naamwoord (meervoud* **sit-**
kamers*)*

sitplek seat **[a]** *The back seat of the bus is wide enough*
for five people. Die agterste **sitplek** van die bus is wyd
genoeg vir vyf mense. **[b]** *The hall is almost full; there*
are seats for only seven more people. Die saal is amper
vol; daar is **sitplek** vir nog net sewe mense. **[c]** *There is*
a cushion on the seat of the chair. Daar is 'n kussing op
die **sitplek** van die stoel. **[d]** *Philip has a dirty mark on*
the seat of his trousers. Philip het 'n vuil kol op die
sitplek van sy broek.

◆ **sitplek hê** seat *The hall seats 750 people.* Die saal
het sitplek vir 750 mense.

□ **sit·plek** *selfstandige naamwoord (meervoud* **sit-**
plekke*)*

sjokolade chocolate *"Would you like a toffee or a piece*
of chocolate?" "Wil jy 'n toffie of 'n stukkie **sjokola-**
de hê?"

□ **sjo·ko·la·de** *selfstandige naamwoord (meervoud* **sjo-**
kolades*)*

sjuut! sh! *"Sh, don't make such a noise!"* "**Sjuut**, moe-
nie so raas nie!"

□ **sjuut!** *tussenwerpsel*

skaak chess *Chess is a game for two played with 32*
pieces. **Skaak** is 'n spel vir twee wat met 32 stukke
gespeel word.

□ **skaak** *selfstandige naamwoord (geen meervoud)*

skaal scales *She got on to the scales to weigh herself.* Sy
het op die **skaal** geklim om haar te weeg.

□ **skaal** *selfstandige naamwoord (meervoud* **skale***)*

skaam[1] be/feel ashamed *"Aren't you (OR Don't you*
feel) ashamed of your bad work?" "**Skaam** jy jou nie
oor/vir jou swak werk nie?"

◆ **jy behoort jou te skaam** you ought to be ashamed
of yourself *"You ought to be ashamed of yourself*
for behaving so badly!" "**Jy behoort jou te skaam** dat
jy jou so swak gedra het!"

□ **skaam** *werkwoord (teenwoordige tyd* **skaam***, verle-*
de tyd **het geskaam***)*

skaam[2] **1** shy *My little brother is very shy and always*
hides when strange people come and visit us. My boetie is
baie **skaam** en kruip altyd weg as vreemde mense by
ons kom kuier. **2** ashamed *Charlotte was too ashamed*
to admit that she had made a mistake. Charlotte
was te **skaam** om te erken dat sy 'n fout gemaak
het.

◆ **skaam kry** be/feel ashamed *"I am/feel ashamed*
that I've forgotten your birthday." "Ek **kry skaam** dat
ek jou verjaardag vergeet het."

□ **skaam** *byvoeglike naamwoord (attributief* **skaam***)*
skamer, skaamste

skaamte shame *He hung his head in shame when the*
teacher scolded him in front of the class. Hy het sy kop
uit **skaamte** laat sak toe die juffrou met hom voor die
klas raas.

□ **skaam·te** *selfstandige naamwoord (geen meervoud)*

skaap sheep *A lamb is a young sheep.* 'n Lam is 'n jong
skaap.

□ **skaap** *selfstandige naamwoord (meervoud* **skape***)*

'n Groot groep skape is 'n **trop.**

---

skaapvleis mutton *Simon eats any kind of meat, but is*
particularly fond of mutton. Simon eet enige soort
vleis, maar is veral lief vir **skaapvleis.**

□ **skaap·vleis** *selfstandige naamwoord (geen meer-*
voud)

skaars[1] scarce *Beans must be scarce – there haven't*
been any on sale for weeks. Boontjies moet **skaars** wees
– daar is al weke lank niks te koop nie.

□ **skaars** *byvoeglike naamwoord (attributief* **skaars***)*
skaarser, skaarsste

skaars[2] scarcely, hardly, barely *I was so tired that I* could **scarcely|hardly|barely** walk. Ek was so moeg dat ek **skaars** kon loop.

♦ **skaars ... of** no sooner ... than I had **no sooner** (OR **no sooner** had I) sat down **than** I had to get up again to open the door. Ek het **skaars** gaan sit **of** ek moes weer opstaan om die deur oop te maak.

☐ **skaars** bywoord

skade damage The wind caused great **damage** – it blew the roofs off many houses. Die wind het groot **skade** aangerig – dit het baie huise se dakke afgewaai.

☐ **ska·de** selfstandige naamwoord (meervoud **skades**)

skadelik harmful The rays of the sun can be **harmful** to your skin. Die strale van die son kan **skadelik** wees vir jou vel.

☐ **ska·de·lik** byvoeglike naamwoord (attributief **skadelike**) **skadeliker, skadelikste**

skaduwee ❶ shadow The lower the sun, the longer the **shadow** that the tree makes on the ground. Hoe laer die son, hoe langer die **skaduwee** wat die boom op die grond maak. ❷ shade It's too hot in the sun – I'm going to sit in the **shade**. Dis te warm in die son – ek gaan in die **skaduwee** sit.

☐ **ska·du·wee** selfstandige naamwoord (geen meervoud by 2; **skaduwees** by 1)

skakelaar switch "Please turn on the light." – "Fine, but where is the **switch**?" "Sit asseblief die lig aan." – "Gaaf, maar waar is die **skakelaar**?"

☐ **ska·ke·laar** selfstandige naamwoord (meervoud **skakelaars**)

skande shame "Why did you steal the book? You have brought **shame** on our family!" "Hoekom het jy die boek gesteel? Jy het ons familie in die **skande** gesteek!"

☐ **skan·de** selfstandige naamwoord (geen meervoud)

skare crowd There was a **crowd** of about 70 000 people at the soccer match. Daar was 'n **skare** van omtrent 70 000 mense by die sokkerwedstryd.

☐ **ska·re** selfstandige naamwoord (meervoud **skares**)

skat reckon I **reckon** (that) he'll be here in an hour or two. Ek **skat** hy sal oor 'n uur of wat hier wees.

☐ **skat** werkwoord (teenwoordige tyd **skat**, verlede tyd **het geskat**)

skeef crooked "The picture is hanging **crooked**; please straighten it." "Die prent hang **skeef**; skuif dit asseblief reg."

♦ **skeef hou** tip "Don't **tip** the tray – the cups will slide off it!" "Moenie die skinkbord **skeef hou** nie – die koppies sal daarvan afgly!"

☐ **skeef** bywoord

skeer ❶ shave The man's beard grows so fast that he has to **shave** every day. Die man se baard groei so vinnig dat hy elke dag moet **skeer**. ❷ shear Farmers **shear** their sheep to sell the wool. Boere **skeer** hul skape om die wol te verkoop.

☐ **skeer** werkwoord (teenwoordige tyd **skeer**, verlede tyd **het geskeer**)

skeermes razor He shaved his beard off with a **razor**.

Hy het sy baard met 'n **skeermes** afgeskeer.

☐ **skeer·mes** selfstandige naamwoord (meervoud **skeermesse**)

skei separate The Orange River **separates** South Africa and Namibia. Die Oranjerivier **skei** Suid-Afrika en Namibië.

☐ **skei** werkwoord (teenwoordige tyd **skei**, verlede tyd **het geskei**)

skeidsregter referee The **referee** blew his whistle to start the game. Die **skeidsregter** het op sy fluitjie geblaas om die wedstryd te begin.

☐ **skeids·reg·ter** selfstandige naamwoord (meervoud **skeidsregters**)

skelm¹ crook That man is a **crook** – he is dishonest and cheats people. Daardie man is 'n **skelm** – hy is oneerlik en bedrieg mense.

☐ **skelm** selfstandige naamwoord (meervoud **skelms**)

skelm² sly I don't trust him – he is **sly** and cheats people. Ek vertrou hom nie – hy is **skelm** en bedrieg mense.

☐ **skelm** byvoeglike naamwoord (attributief **skelm**) **skelmer, skelmste**

skelm³ on the sly His parents have forbidden him to smoke and now he does it **on the sly**. Sy ouers het hom belet om te rook en nou doen hy dit **skelm**.

☐ **skelm** bywoord

skemer dusk **Dusk** is the time when the sun has set and it starts to get dark. **Skemer** is die tyd wanneer die son gesak het en dit begin donker word.

☐ **ske·mer** selfstandige naamwoord (geen meervoud)

skenk give [a] After matric I will **give** all my books to the school. Ek gaan na matriek al my boeke aan die skool **skenk**. [b] My aunt **gave** birth to a boy early this morning. My tante **het** vanoggend vroeg die lewe aan 'n seun **geskenk**.

☐ **skenk** werkwoord (teenwoordige tyd **skenk**, verlede tyd **het geskenk**)

skep ❶ scoop "**Scoop** some sugar out of the bag with a cup." "**Skep** 'n bietjie suiker uit die sak met 'n koppie." ❷ spoon "Please **spoon** some gravy over my rice." "**Skep** asseblief 'n bietjie sous oor my rys."

♦ **vol skep** fill **Fill** the cup with sugar. **Skep** die koppie **vol** suiker.

☐ **skep** werkwoord (teenwoordige tyd **skep**, verlede tyd **het geskep**)

skêr ❶ scissors **Scissors** can't cut through wire. 'n **Skêr** kan nie deur draad sny nie. ❷ pair of scissors She cut the piece of paper in half with a **pair of scissors**. Sy het die stuk papier met 'n **skêr** middeldeur gesny.

☐ **skêr** selfstandige naamwoord (meervoud **skêre**)

skerm screen [a] The lights in the cinema went out and a picture appeared on the **screen**. Die ligte in die bioskoop het uitgegaan en 'n prent het op die **skerm** verskyn. [b] The **screen** of our television set is made of glass. Die **skerm** van ons televisiestel is van glas gemaak. [c] The nurse put a **screen** around my bed so that the doctor could examine me. Die verpleegster het 'n

skerm om my bed gesit sodat die dokter my kon ondersoek.

□ **skerm** *selfstandige naamwoord (meervoud* **skerms***)*

skerp[1] ❶ sharp [a] *She cut herself with a* **sharp** *knife.* Sy het haar met 'n **skerp** mes gesny. [b] *A thorn has a* **sharp** *point.* 'n Doring het 'n **skerp** punt. [c] *"Slow down – there is a* **sharp** *bend in the road."* "Ry stadiger – daar is 'n **skerp** draai in die pad." [d] *The photograph is so* **sharp** *that you can see the hair on the man's arms.* Die foto is so **skerp** dat jy die hare op die man se arms kan sien. [e] *An alarm-clock makes a* **sharp** *sound when it goes off.* 'n Wekker maak 'n **skerp** geluid wanneer dit afgaan. [f] *Mustard has a* **sharp** *taste.* Mosterd het 'n **skerp** smaak. [g] *Cats have* **sharp** *eyes and can see well in the dark.* Katte het **skerp** oë en kan goed in die donker sien. ❷ pointed *A thorn is a* **pointed** *growth on the stem of some plants.* 'n Doring is 'n **skerp** groeisel aan die stingel van sommige plante.

◆ **skerppunt**= pointed *She wears* **pointed** *shoes with high heels.* Sy dra **skerppunt**skoene met hoë hakke.

□ **skerp** *byvoeglike naamwoord (attributief* **skerp***)* **skerper, skerpste**

skerp[2] sharply [a] *The road runs straight and then turns* **sharply** *to the right.* Die pad loop reguit en draai dan **skerp** na regs. [b] *"Don't be so rude!" she said* **sharply***.* "Moenie so onbeskof wees nie!" het sy **skerp** gesê.

◆ **skerp maak** sharpen *My pencil is blunt. I must* **sharpen** *it.* My potlood is stomp. Ek moet dit **skerp maak**.

□ **skerp** *bywoord*

skerpioen scorpion *The sting of a* **scorpion** *is in its tail.* 'n **Skerpioen** se angel sit in sy stert.

□ **sker·pi·oen** *selfstandige naamwoord (meervoud* **skerpioene***)*

skeur[1] tear *"Mum, will you sew up the* **tear** *in my shirt, please?"* "Ma, sal jy die **skeur** in my hemp toewerk, asseblief?"

□ **skeur** *selfstandige naamwoord (meervoud* **skeure***)*

skeur[2] tear [a] *"Tear the paper into little pieces."* "Skeur die papier in klein stukkies." [b] *He fell out of the tree and* **tore** *a hole in his shirt.* Hy **het** uit die boom geval en 'n gat in sy hemp **geskeur**.

◆ **uit ... skeur** tear from, tear out of *You are not allowed to* **tear** *pictures* **from** *(OR* **out of***) library books.* Jy mag nie prentjies **uit** biblioteekboeke **skeur** nie.

□ **skeur** *werkwoord (teenwoordige tyd* **skeur***, verlede tyd* **het geskeur***)*

skielik[1] ❶ sudden *"Will you marry me, Lynette?"* – *"Your question is a little* **sudden***; I must think it over."* "Sal jy met my trou, Lynette?" – "Jou vraag is 'n bietjie **skielik**; ek moet daaroor nadink." ❷ sudden, sharp *Snow on the mountains caused a* **sudden/sharp** *drop in temperature.* Sneeu op die berge het 'n **skielike** daling van temperatuur veroorsaak.

□ **skie·lik** *byvoeglike naamwoord (meestal attributief* **skielike***)* **skieliker, skielikste**

skielik[2] ❶ suddenly *The car in front of me stopped so* **suddenly** *that I crashed into it.* Die motor voor my het so **skielik** gestop dat ek teen hom vasgery het. ❷ all at once, all of a sudden *I sat reading when* **all at once** *(OR* **all of a sudden***) the lights went out.* Ek het gesit en lees toe die ligte **skielik** uitgaan.

□ **skie·lik** *bywoord*

skiet ❶ shoot *The hunter tried to* **shoot** *the lion between the eyes.* Die jagter het die leeu tussen die oë probeer **skiet**. ❷ fire *The hunter wouldn't allow his son to* **fire** *a shot with his gun.* Die jagter wou sy seun nie toelaat om 'n skoot met sy geweer te **skiet** nie.

□ **skiet** *werkwoord (teenwoordige tyd* **skiet***, verlede tyd* **het geskiet***)*

skil[1] ❶ peel *He pulled the* **peel** *off the banana and threw it in the dustbin.* Hy het die **skil** van die piesang afgetrek en in die vullisblik gegooi. ❷ skin *Tomatoes have a thin, red* **skin***.* Tamaties het 'n dun, rooi **skil**. ❸ rind *The* **rind** *of a lemon is yellow.* Die **skil** van 'n suurlemoen is geel.

□ **skil** *selfstandige naamwoord (meervoud* **skille***)*

skil[2] peel *"May I borrow your penknife, please? I want to* **peel** *my apple with it."* "Kan ek jou knipmes leen, asseblief? Ek wil my appel daarmee **skil**."

□ **skil** *werkwoord (teenwoordige tyd* **skil***, verlede tyd* **het geskil***)*

skilder[1] painter [a] *My uncle is a builder and* **painter***.* My oom is 'n bouer en **skilder**. [b] *The* **painter** *signed his name at the bottom of the picture.* Die **skilder** het sy naam onderaan die prent geteken.

□ **skil·der** *selfstandige naamwoord (meervoud* **skil·ders***)*

skilder[2] paint [a] *Dad decided to* **paint** *the walls of our house white.* Pa het besluit om die mure van ons huis wit te **skilder**. [b] *The artist* **painted** *a picture in bright colours.* Die kunstenaar **het** 'n prent in helder kleure **geskilder**.

□ **skil·der** *werkwoord (teenwoordige tyd* **skilder***, verlede tyd* **het geskilder***)*

skildery painting *"Do you like the* **painting** *hanging on the wall over the fireplace?"* "Hou jy van die **skildery** wat teen die muur bo die kaggel hang?"

□ **skil·de·ry** *selfstandige naamwoord (meervoud* **skil·derye***)*

skilpad tortoise *A* **tortoise** *can pull its head and legs into its shell.* 'n **Skilpad** kan sy kop en pote in sy dop intrek.

□ **skil·pad** *selfstandige naamwoord (meervoud* **skil·paaie***)*

skink ❶ pour *"Can I* **pour** *you another cup of tea?"* "Kan ek vir jou nog 'n koppie tee **skink**?" ❷ serve *After the meal mum said, "Let's go to the lounge – I'll* **serve** *the coffee there."* Na die ete het ma gesê: "Kom ons gaan sitkamer toe – ek sal die koffie daar **skink**."

□ **skink** *werkwoord (teenwoordige tyd* **skink,** *verlede tyd* **het geskink)**

skinkbord tray *The waiter carried the food on a* **tray.** Die kelner het die kos op 'n **skinkbord** gedra.

□ **skink·bord** *selfstandige naamwoord (meervoud* **skinkborde)**

skip ship *We watched the* **ship** *sail out of the harbour.* Ons het gekyk hoe die **skip** uit die hawe vaar.

□ **skip** *selfstandige naamwoord (meervoud* **skepe)**

skoen shoe *Charles bent down to fasten the lace of his* **shoe.** Charles het gebuk om die veter van sy **skoen** vas te maak.

□ **skoen** *selfstandige naamwoord (meervoud* **skoene)**

skoenveter shoelace *"Fasten your* **shoelace;** *it's loose."* "Maak jou **skoenveter** vas; dis los."

□ **skoen·ve·ter** *selfstandige naamwoord (meervoud* **skoenveters)**

skok[1] shock *He got an electric* **shock** *when he touched the bare wire.* Hy het 'n elektriese **skok** gekry toe hy aan die kaal draad vat.

◆ **'n skok wees** come as a shock *The news of her death came as a terrible* **shock** *to me.* Die nuus van haar dood **was** vir my **'n** geweldige **skok.**

□ **skok** *selfstandige naamwoord (meervoud* **skokke)**

skok[2] ◼ shock, give a shock *"Don't touch that bare wire – it's live and will* **shock** *you (*OR *give you a* **shock***)."* "Moenie aan daardie kaal draad vat nie – dis lewendig en sal jou **skok.**" ◪ shock *"You* **shock** *me – how can you use such bad language?"* "Jy **skok** my – hoe kan jy so lelik praat?"

◆ **geskok wees deur** be shocked at/by *I was deeply* **shocked at/by** *her death.* Ek **was** diep **geskok deur** haar dood.

□ **skok** *werkwoord (teenwoordige tyd* **skok,** *verlede tyd* **het geskok)**

skool school *There are more than 600 pupils in our* **school.** Daar is meer as 600 leerlinge in ons **skool.**

□ **skool** *selfstandige naamwoord (meervoud* **skole)**

skooldae schooldays *My father says he enjoyed his* **schooldays** *very much.* My pa sê hy het sy **skooldae** baie geniet.

□ **skool·dae** *meervoudige selfstandige naamwoord*

skoolgaan go to school *"Do you know where those children* **go to school?"** "Weet jy waar daardie kinders **skoolgaan?"**

□ **skool·gaan** *werkwoord (teenwoordige tyd* **gaan skool,** *verlede tyd* **het skoolgegaan)**

skoolhoof principal *The teacher sent me to the* **principal's** *office.* Die onderwyser het my na die **skoolhoof** se kantoor gestuur.

□ **skool·hoof** *selfstandige naamwoord (meervoud* **skoolhoofde)**

skoolhou[1] teaching ***Teaching*** *is a difficult job.* **Skoolhou** is 'n moeilike werk.

□ **skool·hou** *selfstandige naamwoord (geen meervoud)*

skoolhou[2] teach *She wants to* **teach** *when she's grown up.* Sy wil **skoolhou** as sy groot is.

□ **skool·hou** *werkwoord (teenwoordige tyd* **hou skool,** *verlede tyd* **het skoolgehou)**

skooltas schoolbag *She took her books out of her* **schoolbag** *and did her homework.* Sy het haar boeke uit haar **skooltas** gehaal en haar huiswerk gedoen.

□ **skool·tas** *selfstandige naamwoord (meervoud* **skooltasse)**

skoolwerk schoolwork *At the end of a term each child gets a report on his* **schoolwork.** Aan die end van 'n kwartaal kry elke kind 'n rapport oor sy **skoolwerk.**

□ **skool·werk** *selfstandige naamwoord (geen meervoud)*

skoon ◼ clean [a] *"Put on a* **clean** *shirt; the one you wore yesterday is dirty."* "Trek 'n **skoon** hemp aan; die een wat jy gister aangehad het, is vuil." [b] *"Please give me a* **clean** *sheet of paper with no writing on it."* "Gee my asseblief 'n **skoon** vel papier met niks daarop geskryf nie." ◪ clear *Wait until the road is* **clear** *before you cross over.* Wag tot die pad **skoon** is voor jy oorstap.

□ **skoon** *byvoeglike naamwoord (attributief* **skoon)** **skoner, skoonste**

skoonmaak ◼ clean *"Mum, may I have an old cloth and a bucket of water? I want to* **clean** *my bicycle."* "Ma, kan ek 'n ou lap en 'n emmer water kry? Ek wil my fiets **skoonmaak.**" ◪ clear *The builders had to* **clear** *the piece of ground before they could build on it.* Die bouers moes die stuk grond **skoonmaak** voordat hulle daarop kon bou. ◸ clear up *"Will you please go and* **clear up** *your mess in the kitchen?"* "Sal jy asseblief jou gemors in die kombuis gaan **skoonmaak?"**

□ **skoon·maak** *werkwoord (teenwoordige tyd* **maak skoon,** *verlede tyd* **het skoongemaak)**

skoorsteen chimney *Smoke is coming out of the* **chimney** *of the house.* Rook kom by die **skoorsteen** van die huis uit.

□ **skoor·steen** *selfstandige naamwoord (meervoud* **skoorstene)**

skoot[1] shot *The hunter fired a* **shot** *with his gun.* Die jagter het 'n **skoot** met sy geweer geskiet.

□ **skoot** *selfstandige naamwoord (meervoud* **skote)**

skoot[2] lap *The little boy is sitting on his mother's* **lap.** Die seuntjie sit op sy ma se **skoot.**

□ **skoot** *selfstandige naamwoord (meervoud* **skote)**

skop[1] kick *Simon gave the ball a hard* **kick.** Simon het die bal 'n harde **skop** gegee.

□ **skop** *selfstandige naamwoord (meervoud* **skoppe)**

skop[2] kick [a] *Horses* **kick** *with their hind legs.* Perde **skop** met hul agterpote. [b] *Neither of the teams* **kicked** *a goal, so the score was nil all.* Nie een van die twee spanne **het** 'n doel **geskop** nie; die telling was dus nul elk.

□ **skop** *werkwoord (teenwoordige tyd* **skop,** *verlede tyd* **het geskop)**

skoppie dustpan *She swept the crumbs into the* **dustpan** *with a brush.* Sy het die krummels met 'n borsel in die **skoppie** gevee.

□ **skop·pie** *selfstandige naamwoord (meervoud* **skop= pies***)*

skottel ❶ basin *"Wash the beans in a* **basin** *of cold water."* "Was die boontjies in 'n **skottel** koue water." ❷ dish **[a]** *The* **dish** *for the vegetables is quite deep and has a lid.* Die **skottel** vir die groente is taamlik diep en het 'n deksel. **[b]** *The* **dish** *for the meat is large and shallow, and has no lid.* Die **skottel** vir die vleis is groot en vlak en het nie 'n deksel nie.

□ **skot·tel** *selfstandige naamwoord (meervoud* **skot= tels***)*

skottelgoed dishes *The children have to wash and dry the* **dishes** *after supper.* Die kinders moet na aandete die **skottelgoed** was en afdroog.

□ **skot·tel·goed** *meervoudige selfstandige naamwoord*

skou show *The farmer's bull got the first prize at the* **show**. Die boer se bul het die eerste prys op die **skou** gekry.

□ **skou** *selfstandige naamwoord (meervoud* **skoue***)*

skouer shoulder *He looked over his* **shoulder** *to see who was walking behind him.* Hy het oor sy **skouer** gekyk om te sien wie agter hom loop.

◆ **iemand op die skouer klop** give someone a pat/ slap on the back, pat/slap someone on the back *He gave the athlete a pat/slap on the back (*OR *He patted/slapped the athlete on the back) and said, "Well done, boy! Congratulations on winning!"* Hy **het die atleet op die skouer geklop** en gesê: "Mooi so, seun! Geluk dat jy gewen het!"

□ **skou·er** *selfstandige naamwoord (meervoud* **skou= ers***)*

skraal thin **[a]** *Anna is tall and* **thin**, *but Maggie is short and fat.* Anna is lank en **skraal**, maar Maggie is kort en vet. **[b]** *"I'm afraid of the dog," the little girl said in a* **thin** *voice.* "Ek is bang vir die hond," het die dogter= tjie met 'n **skraal** stemmetjie gesê.

□ **skraal** *byvoeglike naamwoord (attributief* **skraal***)* **skraler**, **skraalste**

skraap scrape *"***Scrape** *your muddy shoes clean before you go inside."* "**Skraap** jou modderige skoene skoon voordat jy na binne gaan."

□ **skraap** *werkwoord (teenwoordige tyd* **skraap**, *verle= de tyd* **het geskraap***)*

skree, skreeu[1] shout, cry, scream *When Lynette saw the snake, she gave a* **shout/cry/scream** *and ran away.* Toe Lynette die slang sien, het sy 'n **skree/ skreeu** gegee en weggehardloop.

□ **skree, skreeu** *selfstandige naamwoord (meervoud* **skreë, skreeue***)*

skree, skreeu[2] ❶ shout *"I can hear you – it's not neces= sary for you to* **shout** *like that."* "Ek kan jou hoor – jy hoef nie so te **skree/skreeu** nie." ❷ shout, cry, scream *I heard someone in the burning building* **shout/cry/ scream** *for help.* Ek het iemand in die brandende ge= bou om hulp hoor **skree/skreeu**. ❸ cry *The baby* **cried** *the whole night.* Die baba **het** die hele nag ge= **skree/geskreeu**.

□ **skree, skreeu** *werkwoord (teenwoordige tyd* **skree/ skreeu**, *verlede tyd* **het geskree/geskreeu***)*

skrefie slit *The little boy peeped through a* **slit** *in the fence.* Die seuntjie het deur 'n **skrefie** in die heining geloer.

◆ **op 'n skrefie** to *"Leave the door* **to** *– don't close it completely."* "Laat die deur **op 'n skrefie** staan – moet dit nie heeltemal toemaak nie."

□ **skre·fie** *selfstandige naamwoord (meervoud* **skre= fies***)*

skrif writing *People can't read my* **writing**, *that's why I type my letters.* Mense kan nie my **skrif** lees nie, dis dié dat ek my briewe tik.

□ **skrif** *selfstandige naamwoord (geen meervoud)*

skrik[1] fright *She cried out in* **fright** *when a spider drop= ped on to her hand.* Sy het van **skrik** uitgeroep toe 'n spinnekop op haar hand val.

□ **skrik** *selfstandige naamwoord (geen meervoud)*

skrik[2] get a fright *"You would also* **get a fright** *if a dog suddenly charged at you."* "Jy sou ook **skrik** as 'n hond jou skielik bestorm."

◆ **laat skrik** give a fright *The dog* **gave** *me* **a** *big* **fright** *when it suddenly charged at me.* Die hond **het** my groot **laat skrik** toe hy my skielik bestorm.

◆ **skrik vir** take fright at *The cat* **took fright at** *the dog and disappeared over the wall in a flash.* Die kat **het vir** die hond **geskrik** en blitsvinnig oor die muur verdwyn.

□ **skrik** *werkwoord (teenwoordige tyd* **skrik**, *verlede tyd* **het geskrik***)*

skrikkerig nervous, frightened *I am* **nervous/ frightened** *of that horse; it is a bit wild.* Ek is **skrikke= rig** vir daardie perd; hy is 'n bietjie wild.

□ **skrik·ke·rig** *byvoeglike naamwoord (attributief* **skrikkerige***)* **skrikkeriger**, **skrikkerigste**

skrikmaak frighten away/off *"Don't wave your arms about like that – you'll* **frighten away/off** *the birds."* "Moenie jou arms so rondswaai nie – jy sal die voëls **skrikmaak**."

□ **skrik·maak** *werkwoord (teenwoordige tyd* **maak skrik**, *verlede tyd* **het skrikgemaak***)*

skroef[1] screw *Dad tightened the loose* **screw** *with a screwdriver.* Pa het die los **skroef** met 'n skroewe= draaier vasgedraai.

□ **skroef** *selfstandige naamwoord (meervoud* **skroe= we***)*

skroef[2] screw *"Will you* **screw** *this hook to the door for me, please?"* "Sal jy vir my dié haak aan die deur **skroef**, asseblief?"

□ **skroef** *werkwoord (teenwoordige tyd* **skroef**, *verle= de tyd* **het geskroef***)*

skroewedraaier screwdriver *Dad tightened the loose screw with a* **screwdriver**. Pa het die los skroef met 'n **skroewedraaier** vasgedraai.

□ **skroe·we·draai·er** *selfstandige naamwoord (meer= voud* **skroewedraaiers***)*

skrop scrub *The kitchen floor was so dirty that she had to* *scrub* it *with a brush*. Die kombuisvloer was so vuil dat sy dit met 'n borsel moes **skrop**.

□ **skrop** *werkwoord (teenwoordige tyd* **skrop**, *verlede tyd* **het geskrop***)*

skryf, skrywe[1] writing *Phoning is quicker than wri= ting.* Bel is gouer as **skryf/skrywe**.

□ **skryf, skry·we** *selfstandige naamwoord (geen meer= voud)*

skryf, skrywe[2] write **[a]** *"Write your name in ink."* "**Skryf/Skrywe** jou naam met ink." **[b]** *This pencil is blunt and won't write.* Dié potlood is stomp en wil nie **skryf/skrywe** nie. **[c]** *She wrote me a long letter (OR She wrote a long letter to me).* Sy **het** 'n lang brief aan my **geskryf/geskrywe.** **[d]** *It's difficult to write poetry.* Dis moeilik om gedigte te **skryf/skrywe.**

□ **skryf, skry·we** *werkwoord (teenwoordige tyd* **skryf/skrywe**, *verlede tyd* **het geskryf/geskrywe***)*

skryfblok writing pad *A writing pad with thin paper is meant for air-mail letters.* 'n **Skryfblok** met dun pa= pier is vir lugposbriewe bedoel.

□ **skryf·blok** *selfstandige naamwoord (meervoud* **skryf= blokke***)*

skryfpapier writing paper *"Are there any envelopes in the box of writing paper?"* "Is daar enige koeverte in die doos **skryfpapier**?"

□ **skryf·pa·pier** *selfstandige naamwoord (geen meer= voud)*

skryfwerk writing *He earns a great deal from his wri= ting because his books are popular and sell well.* Hy ver= dien baie met sy **skryfwerk**, want sy boeke is gewild en verkoop goed.

□ **skryf·werk** *selfstandige naamwoord (geen meer= voud)*

skrywer ❶ writer *"Who is the writer of this letter?"* "Wie is die **skrywer** van dié brief?" ❷ writer, author *Shakespeare was a famous English writer/author.* Shakespeare was 'n beroemde Engelse **skrywer**.

□ **skry·wer** *selfstandige naamwoord (meervoud* **skry= wers***)*

skud shake **[a]** *Shake the bottle to mix the medicine.* **Skud** die bottel om die medisyne te meng. **[b]** *Uncle Tom shook my hand and said, "Goodbye, Philip."* Oom Tom **het** my hand **geskud** en gesê: "Tot siens, Philip." **[c]** *When mum asked dad whether he would like some more tea, he shook his head and said, "No, thanks."* Toe ma vir pa vra of hy nog tee wil hê, **het** hy sy kop **geskud** en gesê: "Nee, dankie."

□ **skud** *werkwoord (teenwoordige tyd* **skud**, *verlede tyd* **het geskud***)*

skuif ❶ move *"Move your chair a little closer; you're sitting too far away from me."* "**Skuif** jou stoel 'n bie= tjie nader; jy sit te ver van my af." ❷ shift *"Please help me to shift the bed to the other side of the room."* "Help my asseblief om die bed na die ander kant van die ka= mer te **skuif**." ❸ slide *"Slide the chain into the slot on the door."* "**Skuif** die ketting in die gleuf aan die deur." ❹ slip *The bangle was so narrow that she*

struggled to slip it over her hand. Die armband was so nou dat sy gesukkel het om dit oor haar hand te **skuif.**

□ **skuif** *werkwoord (teenwoordige tyd* **skuif**, *verlede tyd* **het geskuif***)*

skuil shelter *"Let's shelter from the rain under the bridge."* "Kom ons **skuil** teen die reën onder die brug."

□ **skuil** *werkwoord (teenwoordige tyd* **skuil**, *verlede tyd* **het geskuil***)*

skuiling cover, shelter *We took cover/shelter under the bridge when it began to rain.* Ons het onder die brug **skuiling** gesoek toe dit begin reën het.

□ **skui·ling** *selfstandige naamwoord (geen meervoud)*

skuim[1] foam *There is a thin layer of foam on the beer in the glass.* Daar is 'n dun lagie **skuim** op die bier in die glas.

□ **skuim** *selfstandige naamwoord (geen meervoud)*

skuim[2] foam *Soap does not foam easily in hard water.* Seep **skuim** nie maklik in harde water nie.

□ **skuim** *werkwoord (teenwoordige tyd* **skuim**, *verlede tyd* **het geskuim***)*

skuins[1] sloping, slanting *Even a flat roof should be slightly sloping/slanting so that the rain can run off it.* Selfs 'n plat dak moet effens **skuins** wees sodat die reën daarteen kan afloop.

□ **skuins** *byvoeglike naamwoord (attributief* **skuins***)* **skuinser, skuinsste**

skuins[2] ❶ soon, shortly *I went to bed soon/shortly af= ter nine last night.* Ek is gisteraand **skuins** na nege bed toe. ❷ shortly *The match ended shortly before five.* Die wedstryd het **skuins** voor vyf geëindig.

◆ **skuins hou** tip *"Don't tip the tray – the cups will slide off it!"* "Moenie die skinkbord **skuins hou** nie – die koppies sal daarvan afgly!"

◆ **skuins loop** slope, slant *Roofs slope/slant towards the ground so that the rain can run off them.* Dakke **loop skuins** na die grond toe sodat die reën daarteen kan afloop.

□ **skuins** *bywoord*

skuld[1] ❶ debt *He has a debt of R50 at the shop which he has to pay off in two months.* Hy het R50 **skuld** by die winkel wat hy binne twee maande moet afbetaal. ❷ fault *"It's her fault that we're late – when I got to her house she wasn't dressed yet."* "Dis haar **skuld** dat ons laat is – toe ek by haar huis kom, was sy nog nie aange= trek nie." ❸ blame *"Don't put the blame on me – Linda is responsible for us being late."* "Moenie my die **skuld** gee nie – Linda is verantwoordelik daarvoor dat ons laat is." ❹ guilt *There is no doubt about his guilt – the police caught him with the stolen goods.* Daar bestaan geen twyfel oor sy **skuld** nie – die polisie het hom met die gesteelde goedere betrap.

◆ **die skuld dra** take the blame *I refuse to take the blame for a mistake someone else has made.* Ek weier om **die skuld** te **dra** vir 'n fout wat iemand anders gemaak het.

☐ **skuld** *selfstandige naamwoord (geen meervoud by 2, 3, 4; skulde by 1)*

skuld² owe *If you borrow R2,50 from someone and pay him back R1,25 you still* **owe** *him R1,25.* As jy R2,50 by iemand leen en hom R1,25 terugbetaal, **skuld** jy hom nog R1,25.

☐ **skuld** *werkwoord (teenwoordige tyd* **skuld***, verlede tyd* **het geskuld***)*

skuldig guilty [a] *He is* **guilty** *of theft.* Hy is **skuldig** aan diefstal. [b] *I feel very* **guilty***; I forgot to water the plant, and now it has died.* Ek voel baie **skuldig**; ek het vergeet om die plant water te gee, en nou het dit gevrek.

☐ **skul·dig** *byvoeglike naamwoord (attributief* **skuldige***)* **skuldiger, skuldigste**

skulp shell *The snail has a* **shell** *on its back.* Die slak het 'n **skulp** op sy rug.

☐ **skulp** *selfstandige naamwoord (meervoud* **skulpe***)*

skuur¹ barn *The farmer stores his animal feed in a* **barn**. Die boer bewaar sy veevoer in 'n **skuur**.

☐ **skuur** *selfstandige naamwoord (meervoud* **skure***)*

skuur² ❶ rub *The cat* **rubbed** *against my leg.* Die kat het teen my been **geskuur**. ❷ sandpaper *"***Sand paper** *the table smooth before you paint it."* "**Skuur** die tafel glad voordat jy dit verf." ❸ scrape (down) *"***Scrape** *the walls* **(down)** *before you paint them again."* "**Skuur** die mure voordat jy hulle weer verf." ❹ scrape *"Don't* **scrape** *the chair on the floor when you get up."* "Moenie die stoel oor die vloer **skuur** wan neer jy opstaan nie."

☐ **skuur** *werkwoord (teenwoordige tyd* **skuur***, verlede tyd* **het geskuur***)*

skuurpapier sandpaper *"Smooth the table with* **sand paper** *before you paint it."* "Maak die tafel met **skuurpapier** glad voor jy dit verf."

☐ **skuur·pa·pier** *selfstandige naamwoord (geen meer voud)*

skyfie ❶ slice *She put a* **slice** *of cheese on her bread.* Sy het 'n **skyfie** kaas op haar brood gesit. ❷ chip *He bought himself a piece of fish and a packet of hot* **chips**. Hy het vir hom 'n stuk vis en 'n pakkie warm **skyfies** gekoop.

☐ **sky·fie** *selfstandige naamwoord (meervoud* **skyfies***)*

skyn shine [a] *There are no clouds in the sky – the sun ought to* **shine** *all day.* Daar is geen wolke in die lug nie – die son behoort die hele dag te **skyn**. [b] *"Please turn the lamp away – the light is* **shining** *in my eyes."* "Draai asseblief die lamp weg – die lig **skyn** in my oë."

☐ **skyn** *werkwoord (teenwoordige tyd* **skyn***, verlede tyd* **het geskyn***)*

slaag pass *"Do you think you will* **pass***?"* – *"Yes, the exam wasn't too difficult."* "Dink jy jy sal **slaag**?" – "Ja, die eksamen was nie te moeilik nie." ⇨ **eksamen** [NOTA].

◆ **daarin slaag** succeed in, manage to *"Do you think he'll* **succeed in** *beating* (OR **manage to** *beat) the*

champion?" "Dink jy hy sal **daarin slaag** om die kam pioen te klop?"

◆ **laat slaag** make a success of *As I know her, she'll go to a lot of trouble to* **make a success of** *the party.* Soos ek haar ken, sal sy baie moeite doen om die partytjie te **laat slaag**.

☐ **slaag** *werkwoord (teenwoordige tyd* **slaag***, verlede tyd* **het geslaag***)*

slaai ❶ lettuce *He put a piece of* **lettuce** *and a few slices of onion and tomato on his bread.* Hy het 'n stukkie **slaai** en 'n paar skyfies uie en tamatie op sy brood gesit. ❷ salad *The* **salad** *I like best is grated carrots with a little orange juice over it.* Die **slaai** waarvan ek die meeste hou, is gerasperde wortels met 'n bietjie lemoensap daaroor.

◆ **'n kop slaai** a (head of) lettuce *Cynthia bought* **a (head of) lettuce** *at the greengrocer.* Cynthia het **'n kop slaai** by die groentewinkel gekoop.

☐ **slaai** *selfstandige naamwoord (meervoud* **slaaie***)*

slaan ❶ hit *In cricket a player* **hits** *the ball with a bat.* In krieket **slaan** 'n speler die bal met 'n kolf. ❷ hit, knock *"***Hit/Knock** *the nail into the wall with a hammer."* "**Slaan** die spyker met 'n hamer in die muur." ❸ hit, beat *It is cruel to* **hit/beat** *a dog with a stick.* Dis wreed om 'n hond met 'n stok te **slaan**. ❹ beat [a] *The waves* **beat** *against the rocks.* Die branders **slaan** teen die rotse. [b] *He* **beat** *the drum with his hands.* Hy het met sy hande op die trom **geslaan**. ❺ strike [a] *I heard the clock* **strike** *twelve.* Ek het die horlosie twaalf hoor **slaan**. [b] *He* **struck** *the dog with a stick.* Hy het die hond met 'n stok **geslaan**.

◆ **(met die vuis) slaan** punch [a] *The boxer tried to* **punch** *his opponent in the stomach.* Die bokser het pro beer om sy opponent in die maag te **slaan**. [b] *She* **punched** *the boy on the nose.* Sy het die seun **met die vuis** op die neus **geslaan**.

◆ **slaan teen** hit into *In tennis, you lose a point if you* **hit** *the ball* **into** *the net.* In tennis verloor jy 'n punt as jy die bal **teen** die net **slaan**.

☐ **slaan** *werkwoord (teenwoordige tyd* **slaan***, verlede tyd* **het geslaan***)*

slaap¹ sleep *He said to his brother, "You talked in your* **sleep** *last night."* Hy het vir sy broer gesê: "Jy het gisternag in jou **slaap** gepraat."

◆ **aan die slaap raak** fall asleep, go to sleep *I couldn't* **fall asleep** (OR **go to sleep**) *because the dogs barked too much.* Ek kon nie **aan die slaap raak** nie, want die honde het te veel geblaf.

◆ **aan die slaap wees** be asleep *He* **was** *fast* **asleep** *and snored lightly.* Hy **was** vas **aan die slaap** en het liggies gesnork.

◆ **slaap kry** get sleep *"I hope I'll* **get** *more* **sleep** *to night than last night."* "Ek hoop ek **kry** vannag meer **slaap** as gisternag."

☐ **slaap** *selfstandige naamwoord (geen meervoud)*

slaap² ❶ sleep *In winter I* **sleep** *under three blankets.* Ek **slaap** in die winter onder drie komberse. ❷ have pins and needles in *I have pins and needles in* my foot because I sat on it. My voet **slaap**, want ek het daarop gesit.

♦ **gaan slaap** go to bed *"You must go to bed now – it's getting late."* "Jy moet nou **gaan slaap** – dit word laat."

♦ **goed/lekker slaap** sleep well *"Good morning! Did you sleep well?"* "Goeiemôre! Het jy **goed/lekker** geslaap?"

♦ **lekker slaap, slaap gerus** sleep well *"Good night, sleep well!"* "Goeienag, **lekker slaap** (OF **slaap gerus**)!"

☐ **slaap** *werkwoord (teenwoordige tyd* **slaap,** *verlede tyd* **het geslaap***)*

slaapkamer bedroom *There are two beds and a wardrobe in my bedroom.* Daar is twee beddens en 'n hangkas in my **slaapkamer**.

☐ **slaap·ka·mer** *selfstandige naamwoord (meervoud* **slaapkamers***)*

slaapplek gee put up *The hotel is full – they can't put us up.* Die hotel is vol – hulle kan nie aan ons **slaapplek gee** nie.

☐ **slaap·plek gee** *werkwoordfrase (teenwoordige tyd* **gee slaapplek,** *verlede tyd* **het slaapplek gegee***)*

slae hiding *He got a hiding because he was naughty.* Hy het **slae** gekry omdat hy stout was.

♦ **'n pak slae** ⇨ **pak**¹.

☐ **slae** *meervoudige selfstandige naamwoord*

slag¹ **◼** crash *We heard a loud crash when the cupboard fell over.* Ons het 'n harde **slag** gehoor toe die kas omval. **◼** bang *The thunderstorm broke with a loud bang.* Die donderstorm het met 'n harde **slag** losgebars. **◼** beat **[a]** *"The sound that you hear in the distance is the beat of a drum."* "Die geluid wat jy in die verte hoor, is die **slag** van 'n trom." **[b]** *"Put your hand on his chest and see if you can feel his heartbeat."* "Sit jou hand op sy bors en kyk of jy sy hart**slag** kan voel." **◼** blow *It was a heavy blow to him when his dog died.* Dit was vir hom 'n swaar **slag** toe sy hond dood is. **◼** battle *Hundreds of soldiers died in the battle.* Honderde soldate is in die **slag** dood.

♦ **elke slag dat** every time, whenever *It seems to rain every time (OR whenever) I wash our car!* Dit lyk asof dit reën **elke slag dat** ek ons motor was!

♦ **op 'n slag** at a time *"The books are very heavy – don't try to carry more than three or four at a time."* "Die boeke is baie swaar – moenie probeer om meer as drie of vier **op 'n slag** te dra nie."

☐ **slag** *selfstandige naamwoord (meervoud* **slae***)*

slag² slaughter *The farmer is going to slaughter a sheep to give each of his workers some meat.* Die boer gaan 'n skaap **slag** om vir elkeen van sy werkers 'n stukkie vleis te gee.

☐ **slag** *werkwoord (teenwoordige tyd* **slag,** *verlede tyd* **het geslag***)*

slagter butcher *We buy all our meat from a butcher.* Ons koop al ons vleis by 'n **slagter**.

☐ **slag·ter** *selfstandige naamwoord (meervoud* **slag· ters***)*

slak snail *The snail has a shell on its back.* Die **slak** het 'n skulp op sy rug.

☐ **slak** *selfstandige naamwoord (meervoud* **slakke***)*

slang snake *She was bitten by a poisonous snake.* Sy is deur 'n giftige **slang** gepik.

☐ **slang** *selfstandige naamwoord (meervoud* **slange***)*

slap¹ **◼** slack *"The rope is too slack – stretch it a bit tighter."* "Die tou is te **slap** – trek dit 'n bietjie stywer." **◼** limp *When you fall asleep, your body goes limp.* Wanneer jy aan die slaap raak, word jou liggaam **slap**.

☐ **slap** *byvoeglike naamwoord (attributief* **slap***)* **slapper, slapste**

slap² limply *The baby was fast asleep and lay limply in her arms.* Die baba was vas aan die slaap en het **slap** in haar arms gelê.

♦ **slap hang** droop *The flowers started to droop and soon died.* Die blomme het begin **slap hang** en is kort daarna dood.

☐ **slap** *bywoord*

sleep **◼** drag *I had to drag the sack of potatoes because it was too heavy to carry.* Ek moes die sak aartappels **sleep**, want dit was te swaar om te dra. **◼** pull *"Pull your chair nearer the fire."* "**Sleep** jou stoel nader aan die vuur." **◼** tow *The farmer used a tractor to tow our car out of the loose sand.* Die boer het 'n trekker gebruik om ons motor uit die los sand te **sleep**.

☐ **sleep** *werkwoord (teenwoordige tyd* **sleep,** *verlede tyd* **het gesleep***)*

sleg¹ **◼** bad **[a]** *It is bad for your teeth to eat too many sweets.* Dis **sleg** vir jou tande om te veel lekkers te eet. **[b]** *Simon is very naughty and has a bad influence on Philip.* Simon is baie stout en het 'n **slegte** invloed op Philip. **[c]** *"I have bad news for you: a car has run over your dog."* "Ek het **slegte** nuus vir jou: 'n motor het jou hond omgery." **[d]** *He can't see well because his eyes are bad.* Hy kan nie goed sien nie, want sy oë is **sleg**. **[e]** *I forgot her birthday and feel very bad about it.* Ek het haar verjaardag vergeet en voel baie **sleg** daaroor. **[f]** *It is dangerous to drive too fast in bad weather.* Dis gevaarlik om in **slegte** weer te vinnig te ry. **◼** bad, off *"Put the meat in the fridge, otherwise it will go bad/ off."* "Sit die vleis in die yskas, anders word dit **sleg**." **◼** poor *Anne's parents worry about her poor health.* Anne se ouers bekommer hulle oor haar **slegte** gesondheid. **◼** nasty *Rotten eggs have a nasty smell.* Vrot eiers het 'n **slegte** reuk.

☐ **sleg** *byvoeglike naamwoord (attributief* **slegte***)* **slegter, slegste**

sleg² **◼** badly *He did badly in the examination – I doubt whether he will pass.* Hy het **sleg** in die eksamen gevaar – ek twyfel of hy sal slaag. **◼** ill *I feel ill – I think I am going to get a cold.* Ek voel **sleg** – ek dink ek gaan verkoue kry.

♦ **sleg dink van** ⇨ **dink**.

☐ **sleg** *bywoord*

slegs only *There were fifteen boys and* **only** *one girl at the party.* Daar was vyftien seuns en **slegs** een meisie by die partytjie.

☐ **slegs** *bywoord*

sleutel ◻ key *Turn the* **key** *to the right to lock the door.* Draai die **sleutel** na regs om die deur te sluit. ◻ spanner *He tightened the nut on the bolt with a* **spanner**. Hy het die moer met 'n **sleutel** op die bout vasgedraai.

☐ **sleu·tel** *selfstandige naamwoord (meervoud* **sleutels***)*

sleutelgat keyhole *There is a key in the* **keyhole**. Daar is 'n sleutel in die **sleutelgat**.

☐ **sleu·tel·gat** *selfstandige naamwoord (meervoud* **sleutelgate***)*

slim clever **[a]** *Monica is very* **clever** *and is top of her class.* Monica is baie **slim** en staan eerste in haar klas. **[b]** *The acrobat in the circus did* **clever** *tricks on a rope.* Die akrobaat in die sirkus het **slim** toertjies op 'n tou uitgehaal.

☐ **slim** *byvoeglike naamwoord (attributief* **slim***)* **slimmer, slimste**

sloop[1] pillowcase, pillowslip *She pulled off the* **pillowcase/pillowslip** *and threw it into the laundry basket together with the sheets.* Sy het die **sloop** afgetrek en dit saam met die lakens in die wasgoedmandjie gegooi.

☐ **sloop** *selfstandige naamwoord (meervoud* **slope***)*

sloop[2] pull down *They are going to* **pull down** *that old building and put up a cinema in its place.* Hulle gaan daardie ou gebou **sloop** en 'n bioskoop in sy plek bou.

☐ **sloop** *werkwoord (teenwoordige tyd* **sloop**, *verlede tyd* **het gesloop***)*

sloot ditch, sloot *A* **ditch/sloot** *beside the road carries off the rain-water.* 'n **Sloot** langs die pad voer die reënwater weg.

☐ **sloot** *selfstandige naamwoord (meervoud* **slote***)*

slordig untidy *He is very* **untidy** *and never packs his things away.* Hy is baie **slordig** en pak nooit sy goed weg nie.

☐ **slor·dig** *byvoeglike naamwoord (attributief* **slordige***)* **slordiger, slordigste**

slot lock *The key is in the* **lock** *of the door.* Die sleutel is in die **slot** van die deur.

◆ **op slot wees** be locked *The bottom door of the stable* **is locked**. Die onderdeur van die stal **is op slot**.

☐ **slot** *selfstandige naamwoord (meervoud* **slotte***)*

sluit ◻ lock *"Remember to* **lock** *all the doors before you go out."* "Onthou om al die deure te **sluit** voordat jy uitgaan." ◻ close, shut *Most shops* **close/shut** *at 13:00 on Saturdays.* Die meeste winkels **sluit** Saterdae om 13:00. ◻ close/shut down **[a]** *The man had to* **close/shut down** *his shop, as he had fallen ill and could no longer work.* Die man moes sy winkel **sluit**, want hy het siek geword en kon nie meer werk nie. **[b]** *Many factories* **close/shut down** *for a few weeks at Christmas-time.* Baie fabrieke **sluit** in die Kerstyd vir 'n paar weke. ◻ close/shut up *"It's time for us to* **close/shut**

up *shop and go home."* "Dis tyd dat ons die winkel **sluit** en huis toe gaan." ◻ break up *School will* **break up** *on 7 December for the summer holiday.* Die skool sal op 7 Desember vir die somervakansie **sluit**.

◆ **gesluit wees** be closed *Most shops* **are closed** *on a Sunday.* Die meeste winkels **is** op 'n Sondag **gesluit**.

☐ **sluit** *werkwoord (teenwoordige tyd* **sluit**, *verlede tyd* **het gesluit***)*

sluk swallow *"Chew your food well before you* **swallow** *it."* "Kou jou kos goed voordat jy dit **sluk**."

☐ **sluk** *werkwoord (teenwoordige tyd* **sluk**, *verlede tyd* **het gesluk***)*

slukkie sip *"Take a* **sip** *of your tea and tell me whether it is sweet enough."* "Neem 'n **slukkie** van jou tee en sê vir my of dit soet genoeg is."

☐ **sluk·kie** *selfstandige naamwoord (meervoud* **slukkies***)*

slurp trunk *An elephant uses its* **trunk** *to pick up things.* 'n Olifant gebruik sy **slurp** om goed mee op te tel.

☐ **slurp** *selfstandige naamwoord (meervoud* **slurpe***)*

slyp sharpen *You can* **sharpen** *a knife on a flat stone.* Jy kan 'n mes op 'n plat steen **slyp**.

☐ **slyp** *werkwoord (teenwoordige tyd* **slyp**, *verlede tyd* **het geslyp***)*

slyt wear thin *This old jacket is starting to* **wear thin** *at the elbows.* Dié ou baadjie begin by die elmboë te **slyt**.

☐ **slyt** *werkwoord (teenwoordige tyd* **slyt**, *verlede tyd* **het geslyt***)*

smaak[1] taste **[a]** *The tongue is the sense organ of* **taste**. Die tong is die sintuig van **smaak**. **[b]** *Syrup has a sweet* **taste**. Stroop het 'n soet **smaak**.

◆ **te ... na iemand se smaak** too ... for someone's taste *I don't like green apples; they're* **too sour** *for my taste.* Ek hou nie van groen appels nie; hulle is **te** suur **na my smaak**.

☐ **smaak** *selfstandige naamwoord (geen meervoud by* **a***;* **smake** *by* **b***)*

smaak[2] taste *These apples* **taste** *sour.* Dié appels **smaak** suur.

◆ **smaak na** taste of *The ice-cream* **tastes of** *strawberries.* Die roomys **smaak na** aarbeie.

☐ **smaak** *werkwoord (teenwoordige tyd* **smaak**, *verlede tyd* **het gesmaak***)*

smal narrow *We can't walk next to each other on the* **narrow** *path.* Ons kan nie langs mekaar op die **smal** paadjie loop nie.

☐ **smal** *byvoeglike naamwoord (attributief* **smal***)* **smaller, smalste**

smeek beg *"Mummy, I* **beg** *you, may I please go to the cinema with them?"* "Mamma, ek **smeek** jou, mag ek asseblief saam met hulle bioskoop toe gaan?"

☐ **smeek** *werkwoord (teenwoordige tyd* **smeek**, *verlede tyd* **het gesmeek***)*

smeer ◻ spread *"Spread* *some jam on my bread, please."* "**Smeer** 'n bietjie konfyt op my brood, asseblief." ◻ butter *"Butter* *a piece of brown bread for me, please."* "**Smeer** vir my 'n stukkie bruinbrood, asseblief." **❸** put *I got some ointment from the chemist to* **put** *on the sore on my leg*. Ek het salf by die apteek gekry om aan die seer op my been te **smeer**.

☐ **smeer** *werkwoord (teenwoordige tyd* **smeer**, *verlede tyd* **het gesmeer**)

smelt melt *If you put a block of ice in the sun, it will* **melt** *and turn into water*. As jy 'n blokkie ys in die son sit, sal dit **smelt** en in water verander.

☐ **smelt** *werkwoord (teenwoordige tyd* **smelt**, *verlede tyd* **het gesmelt**)

smiddae, smiddags in the afternoon *I get home only after 14:00* **in the afternoon**. Ek kom **smiddae/smiddags** eers na 14:00 by die huis.

☐ **smid·dae, smid·dags** *bywoord*

s'n ='s *It is not his hat; it is his father's*. Dit is nie sy hoed nie; dis sy pa **s'n**.

◆ **hulle s'n** theirs *Our house is bigger than* **theirs**. Ons huis is groter as **hulle s'n**.

◆ **julle s'n** yours *Our house is bigger than* **yours**. Ons huis is groter as **julle s'n**.

◆ **ons s'n** ours *Their house is bigger than* **ours**. Hulle huis is groter as **ons s'n**.

◆ **u s'n** yours *The waiter picked up a comb and asked, "Is this by any chance* **yours**, *madam?"* Die kelner het 'n kam opgetel en gevra: "Is dit miskien **u s'n**, mevrou?"

◆ **wie s'n** whose *The teacher held up a jersey and asked, "***Whose** *is this?"* Die onderwyser het 'n trui opgehou en gevra: "**Wie s'n** is dit dié?"

☐ **s'n** *voornaamwoord*

snaaks **❶** funny *The joke was so* **funny** *that we could not stop laughing*. Die grap was so **snaaks** dat ons nie kon ophou lag nie. **❷** strange, odd, funny *That's* **strange/odd/funny**; *I heard something behind me, but when I turned around there was nothing*. Dis **snaaks**; ek het iets agter my gehoor, maar toe ek omdraai, was daar niks nie.

☐ **snaaks** *byvoeglike naamwoord (attributief* **snaakse**) **snaakser, snaaksste**

snaar string *The tennis player hit the ball so hard that he broke a* **string** *in his racket*. Die tennisspeler het die bal so hard geslaan dat hy 'n **snaar** in sy raket gebreek het.

☐ **snaar** *selfstandige naamwoord (meervoud* **snare**)

snags **❶** at night *The moon shines* **at night** *and the sun in the day*. Die maan skyn **snags** en die son bedags. **❷** in/during the night *If I wake up* **in/during the night** *and can't fall asleep again, I read a book*. As ek **snags** wakker word en nie weer aan die slaap kan raak nie, lees ek 'n boek.

☐ **snags** *bywoord*

snawel beak *A horse has a mouth and a bird a* **beak**. 'n Perd het 'n bek en 'n voël 'n **snawel**.

☐ **sna·wel** *selfstandige naamwoord (meervoud* **snawels**)

sneeu¹ snow *The peak of the mountain is white with* **snow**. Die top van die berg is wit van die **sneeu**.

☐ **sneeu** *selfstandige naamwoord (geen meervoud*)

sneeu² snow *It is very cold and it might* **snow** *on the Drakensberg tomorrow*. Dis baie koud en dit kan dalk môre op die Drakensberge **sneeu**.

☐ **sneeu** *werkwoord (teenwoordige tyd* **sneeu**, *verlede tyd* **het gesneeu**)

snelheid speed *The car went down the hill at a high* **speed**. Die motor het met 'n groot **snelheid** teen die bult afgery.

☐ **snel·heid** *selfstandige naamwoord (meervoud* **snelhede**)

Let wel, 'n motor ry **met 'n groot** snelheid (nie **teen** 'n **hoë** snelheid nie).

---

snelheidsgrens speed limit *In cities and towns the* **speed limit** *is 60 kilometres an hour – motorists are not allowed to go faster than that*. In stede en dorpe is die **snelheidsgrens** 60 kilometer per uur – motoriste mag nie vinniger as dit ry nie.

☐ **snel·heids·grens** *selfstandige naamwoord (meervoud* **snelheidsgrense**)

snippermandjie waste-paper basket *She tore up the letter and threw it into the* **waste-paper basket**. Sy het die brief opgeskeur en in die **snippermandjie** gegooi.

☐ **snip·per·mand·jie** *selfstandige naamwoord (meervoud* **snippermandjies**)

snor **❶** moustache *My father wears a* **moustache** *but not a beard*. My pa dra 'n **snor** maar nie 'n baard nie. **❷** whiskers *Our cat has white* **whiskers**. Ons kat het 'n wit **snor**.

☐ **snor** *selfstandige naamwoord (meervoud* **snorre**)

snork snore *Grandfather fell asleep and started to* **snore** *very loudly*. Oupa het aan die slaap geraak en baie hard begin **snork**.

☐ **snork** *werkwoord (teenwoordige tyd* **snork**, *verlede tyd* **het gesnork**)

snuit blow *Use a handkerchief when you* **blow** *your nose*. Gebruik 'n sakdoek wanneer jy jou neus **snuit**.

☐ **snuit** *werkwoord (teenwoordige tyd* **snuit**, *verlede tyd* **het gesnuit**)

sny¹ **❶** cut *His mother put a plaster over the* **cut** *on his finger*. Sy ma het 'n pleister oor die **sny** op sy vinger geplak. **❷** slice *I had a fried egg on a* **slice** *of bread for lunch*. Ek het 'n gebakte eier op 'n **sny** brood vir middagete gehad.

☐ **sny** *selfstandige naamwoord (meervoud* **snye**)

sny² **❶** cut **[a]** *"***Cut** *the meat into thin slices." "***Sny** die vleis in dun skywe." **[b]** *What a handy knife! It can* **cut**, *open tins and draw corks from bottles*. Wat 'n handige mes! Dit kan **sny**, blikke oopmaak en proppe uit bottels trek. **[c]** *I* **cut** *my foot on a piece of glass*. Ek **het** my voet op 'n stuk glas **gesny**. **[d]** *She went to the hairdresser to have her hair* **cut**. Sy is haarkapper toe om haar hare te laat **sny**. **❷** mow *"George, please* **mow** *the lawn for me."* "George, **sny** asseblief vir my die gras."

◆ **middeldeur sny, in twee sny** cut in half/two *"Cut the apple in half/two and share it with your friend."* "**Sny** die appel **middeldeur** (OF **in twee**) en deel dit met jou maat."

□ **sny** *werkwoord (teenwoordige tyd* **sny**, *verlede tyd* **het gesny***)*

snytjie slice *I had a fried egg on a slice of bread for lunch.* Ek het 'n gebakte eier op 'n **snytjie** brood vir middagete gehad.

□ **sny·tjie** *selfstandige naamwoord (meervoud* **sny= tjies***)*

so[1] **1** like it *What a strange insect – I have never seen anything like it.* Wat 'n snaakse insek – ek het nog nooit **so** iets gesien nie. **2** such *"Can you tell me where Albert Fani lives?"* – *"Unfortunately not, I know no such person."* "Kan jy my sê waar Albert Fani woon?" – "Ongelukkig nie, ek ken nie **so** iemand nie."

□ **so** *byvoeglike naamwoord (attributief* **so***)*

so[2] **1** so **[a]** *I was so hungry that I ate four slices of bread.* Ek was **so** honger dat ek vier snye brood geëet het. **[b]** *"Just look at you! Why are you so dirty?"* "Kyk hoe lyk jy! Hoekom is jy **so** vuil?" **[c]** *"Does this bus go to the station?"* – *"I think so."* "Loop dié bus na die stasie?" – "Ek dink **so**." **[d]** *"He is about so tall,"* she said, holding her hand a metre or two above the ground. "Hy is omtrent **so** lank," het sy gesê en haar hand 'n meter of wat bo die grond gehou. **2** as *He is as old as I am (we are both fourteen).* Hy is **so** oud soos ek (ons is albei veertien). **3** that *He held his hands thirty centimetres apart and said, "The fish was about that long."* Hy het sy hande dertig sentimeter uit mekaar gehou en gesê: "Die vis was omtrent **so** lank." **4** that is how *"See how daddy holds his knife and fork – that is how you should do it."* "Kyk hoe hou pa sy mes en vurk vas – **so** moet jy dit doen." **5** like that *"Don't twist my arm like that; you're hurting me!"* "Moenie my arm **so** draai nie; jy maak my seer!" **6** like this *She took the knife in her hand and said, "You must hold it like this."* Sy het die mes in haar hand geneem en gesê: "Jy moet dit **so** vashou." **7** about *I have to go home in about five minutes.* Ek moet oor **so** vyf minute huis toe gaan.

◆ **'n mens ... nie so nie** that is not the way to *"That is not the way to hold a knife."* "'n Mens hou **nie** 'n mes **so** vas **nie**."

◆ **'n mens ... so** this is the way to *"This is the way to hold a knife."* "'n Mens hou 'n mes **so** vas."

◆ **nie heeltemal so ... nie** not all that *"Why are you wearing a coat? It's not all that cold."* "Hoekom dra jy 'n jas? Dis **nie heeltemal so** koud **nie**."

◆ **so 'n so ...** a *He's not so good a soccer player as his brother.* Hy is nie **so** 'n goeie sokkerspeler as sy broer nie.

◆ **so ... 'n mens nie** that's no way to *That's no way to treat a lady.* **So** behandel 'n mens 'n dame nie.

◆ **(so) om en by** ⇨ **om**[2].

◆ **so pas** just *The bread is very fresh – it has just come out of the oven.* Die brood is baie vars – dit het **so pas** uit die oond gekom.

◆ **(so) teen** ⇨ **teen**.

◆ **so ... wees om** so ... as to *"Would you be so kind as to post this letter for me?"* "Sal jy **so** vriendelik **wees om** dié brief vir my te pos?"

□ **so** *bywoord*

so[3] if *"You have to be home before one o'clock. If not, you'll have to go without lunch."* "Jy moet voor eenuur by die huis wees. **So nie**, sal jy sonder middagete moet klaarkom."

□ **so** *voegwoord*

sodat so (that), in order that *"Bring me a needle and thread so (OR so that OR in order that) I can sew on your button."* "Bring vir my 'n naald en garing **sodat** ek jou knoop kan aanwerk."

□ **so·dat** *voegwoord*

sodra **1** as soon as *"Please lock the gate as soon as everyone is through."* "Sluit asseblief die hek **sodra** almal deur is." **2** once *"Once dad gets home, we can have dinner."* "**Sodra** pa by die huis kom, kan ons eet."

□ **so·dra** *voegwoord*

soebat beg *"Mummy, I beg you, please may I go to the cinema with them?"* "Mamma, ek **soebat** jou, mag ek asseblief saam met hulle bioskoop toe gaan?"

□ **soe·bat** *werkwoord (teenwoordige tyd* **soebat**, *verlede tyd* **het gesoebat***)*

soek[1] search *We drove about in town in search of a place to eat.* Ons het in die dorp rondgery op **soek** na 'n plek om te eet.

□ **soek** *selfstandige naamwoord (geen meervoud)*

soek[2] **1** look for *He went to Johannesburg to look for work.* Hy is Johannesburg toe om werk te **soek**. **2** do *"What are you doing at home? You're supposed to be at school."* "Wat **soek** jy by die huis? Jy moet by die skool wees."

◆ **by iemand ... soek** turn to someone for ... *As long as my parents are there I'll always have someone to turn to for help.* Solank my ouers daar is, sal ek altyd **iemand** hê **by** wie ek kan hulp **soek**.

◆ **soek na** **1** look for *"Where have you been? I've been looking for you all over."* "Waar was jy? Ek **het** oral **na** jou **gesoek**." **2** search for *They called the police to help search for the missing child.* Hulle het die polisie laat kom om **na** die vermiste kind te help **soek**.

□ **soek** *werkwoord (teenwoordige tyd* **soek**, *verlede tyd* **het gesoek***)*

soek[3] lost, gone, missing *My pen is lost/gone/missing – I can't find it anywhere.* My pen is **soek** – ek kan dit nêrens kry nie.

□ **soek** *predikatiewe byvoeglike naamwoord*

soektog search *The police led the search for the missing child.* Die polisie het die **soektog** na die vermiste kind gelei.

□ **soek·tog** *selfstandige naamwoord (meervoud* **soek= togte***)*

soen[1] kiss *She gave him a **kiss** on the cheek.* Sy het hom 'n **soen** op die wang gegee.

☐ **soen** *selfstandige naamwoord (meervoud* **soene***)*

soen[2] kiss *"**Kiss** me on the cheek and not on the mouth."* "**Soen** my op die wang en nie op die mond nie."

☐ **soen** *werkwoord (teenwoordige tyd* **soen***, verlede tyd* **het gesoen***)*

soet ❶ sweet [a] *Sugar is **sweet**.* Suiker is **soet**. [b] *Roses have a **sweet** smell.* Rose het 'n **soet** reuk. ❷ good *She was astonished by the children's bad behaviour – they are usually very **good**.* Sy was verbaas oor die kinders se swak gedrag – hulle is gewoonlik baie **soet**. ❸ well-behaved *What lovely children she has! The one is as **well-behaved** as the other.* Watter lieflike kinders het sy nie! Die een is so **soet** as die ander.

☐ **soet** *byvoeglike naamwoord (attributief* **soet***)* **soe-ter, soetste**

soetjies quietly *He took off his shoes and walked **quietly** down the passage.* Hy het sy skoene uitgetrek en **soet-jies** in die gang afgeloop.

☐ **soet·jies** *bywoord*

sofa sofa, couch *Two people can sit on the **sofa/couch** in our lounge.* Twee mense kan op die **sofa** in ons sitka-mer sit.

☐ **so·fa** *selfstandige naamwoord (meervoud* **sofas***)*

soggens in the morning *We get up at 06:00 **in the morning**.* Ons staan **soggens** om 06:00 op.

☐ **sog·gens** *bywoord*

sokker soccer *At our school the boys play **soccer** and the girls netball.* By ons skool speel die seuns **sokker** en die meisies netbal.

☐ **sok·ker** *selfstandige naamwoord (geen meervoud)*

sokkie sock *A **sock** covers your foot and ankle.* 'n **Sok-kie** bedek jou voet en enkel. ⇨ **kous**.

☐ **sok·kie** *selfstandige naamwoord (meervoud* **sok-kies***)*

solank ❶ as long as *He looked in her eyes and said, "I will love you **as long as** I live."* Hy het in haar oë gekyk en gesê: "Ek sal jou liefhê **solank** ek leef." ❷ for the time being *The kettle is broken – we'll have to make use of the stove **for the time being**.* Die ketel is stukkend – ons sal **solank** van die stoof gebruik moet maak.

☐ **so·lank** *voegwoord*

soldaat soldier *He is a **soldier** in the army.* Hy is 'n **soldaat** in die leër.

☐ **sol·daat** *selfstandige naamwoord (meervoud* **sol-date***)*

som sum [a] *He sold his bicycle for the **sum** of R150.* Hy het sy fiets vir die **som** van R150 verkoop. [b] *The **sum** of 2 and 7 is 9.* Die **som** van 2 en 7 is 9. [c] *Thomas has a head for figures and is good at **sums**.* Thomas het 'n kop vir syfers en is goed in **somme**.

◆ **somme maak** do sums *"Are you allowed to use a calculator when you **do sums** at school?"* "Mag julle 'n rekenaar gebruik wanneer julle **somme** op skool maak?"

☐ **som** *selfstandige naamwoord (meervoud* **somme***)*

somer summer *Summer** is the hottest season of the year.* **Somer** is die warmste seisoen van die jaar.

☐ **so·mer** *selfstandige naamwoord (meervoud* **somers***)*

sommer quite *An elephant can push over a tree **quite** easily.* 'n Olifant kan 'n boom **sommer** maklik om-stoot.

☐ **som·mer** *bywoord*

sommige some *Some** people like pumpkin, others don't.* **Sommige** mense hou van pampoen, ander nie.

◆ **sommige van** some of *Some of** the children had to stay behind and help the teacher; the others could go home.* **Sommige van** die kinders moes agterbly en die onderwyser help; die ander kon huis toe gaan.

☐ **som·mige** *telwoord*

soms ❶ sometimes *I usually walk to school, but **sometimes** I catch a bus.* Ek loop gewoonlik skool toe, maar **soms** haal ek 'n bus. ❷ at times *My dear little sister is rather naughty **at times**.* My liewe sussie is **soms** nog-al stout.

☐ **soms** *bywoord*

son sun [a] *The earth moves around the **sun**.* Die aarde beweeg om die **son**. [b] *It's too hot in the **sun** – I'm going to sit in the shade.* Dis te warm in die **son** – ek gaan in die koelte sit.

☐ **son** *selfstandige naamwoord (geen meervoud)*

Sondag Sunday *We usually go to church on a **Sunday**.* Ons gaan gewoonlik op 'n **Sondag** kerk toe.

☐ **Son·dag** *selfstandige naamwoord (meervoud* **Son-dae***)*

sonde sin *The Bible says it is a **sin** to steal.* Die Bybel sê dis 'n **sonde** om te steel.

☐ **son·de** *selfstandige naamwoord (meervoud* **sondes***)*

sonder ❶ without *A plant cannot live **without** water.* 'n Plant kan nie **sonder** water lewe nie. ❷ with no *A circle is a shape **with no** beginning or end.* 'n Sirkel is 'n vorm **sonder** begin of einde.

◆ **sonder om te** without *He left **without** saying good-bye.* Hy is weg **sonder om te** groet.

☐ **son·der** *voorsetsel*

sonnig sunny *My bedroom faces east and is nice and **sunny** in the morning.* My slaapkamer kyk oos en is soggens lekker **sonnig**.

☐ **son·nig** *byvoeglike naamwoord (attributief* **sonni-ge***)* **sonniger, sonnigste**

sononder sunset *The sky turns grey after **sunset**.* Die lug word grys na **sononder**.

☐ **son·on·der** *selfstandige naamwoord (geen meer-voud)*

sonop sunrise *The birds start to sing at **sunrise**.* Die voëls begin met **sonop** sing.

☐ **son·op** *selfstandige naamwoord (geen meervoud)*

sonskyn sunshine [a] *We sat outside in the warm **sun-shine**.* Ons het buite in die warm **sonskyn** gesit. [b] *The bright **sunshine** is hurting my eyes.* Die helder **sonskyn** maak my oë seer.

☐ **son·skyn** *selfstandige naamwoord (geen meervoud)*

sonsondergang sunset *"Did you see the lovely **sunset** this evening?"* "Het jy die lieflike **sonsondergang** vanaand gesien?"

☐ **sons·on·der·gang** *selfstandige naamwoord (meer= voud* **sonsondergange***)*

sonsopkoms sunrise *"Did you see the lovely **sunrise** this morning?"* "Het jy die lieflike **sonsopkoms** van= oggend gesien?"

☐ **sons·op·koms** *selfstandige naamwoord (meervoud* **sonsopkomste***)*

sool sole *The heel of a shoe is higher than the **sole**.* Die hak van 'n skoen is hoër as die **sool**.

☐ **sool** *selfstandige naamwoord (meervoud* **sole***)*

soom hem *To put a **hem** in a dress you fold back the bottom edge and sew it down.* Om 'n **soom** in 'n rok te sit, vou jy die onderste rand om en werk dit vas.

☐ **soom** *selfstandige naamwoord (meervoud* **some***)*

soontoe ❶ there *"The station isn't far – we can easily walk **there**."* "Die stasie is nie ver nie – ons kan maklik **soontoe** stap." ❷ that way *"Where did he go?" – "I saw him run **that way**."* "Waarheen is hy?" – "Ek het hom **soontoe** sien hardloop."

☐ **soon·toe** *bywoord*

soort kind of, sort of, type of *"What **kind/sort/type** of snake is that?" – "It's a mamba."* "Watter **soort** slang is dit?" – "Dis 'n mamba."

☐ **soort** *selfstandige naamwoord (meervoud* **soorte***)*

'n Mens sê iets is *die beste **in** sy soort* (nie ***van** sy soort* nie).

soortgelyk similar *John's bike is **similar** to Tom's – all that differs is the colour.* John se fiets is **soortgelyk** aan Tom s'n – al wat verskil, is die kleur.

☐ **soort·ge·lyk** *byvoeglike naamwoord (attributief* **soortgelyke***)*

soos ❶ as *He is as old **as** I am (we are both fourteen).* Hy is so oud **soos** ek (ons is albei veertien). ❷ like *My sister has a doll that looks **like** a baby.* My suster het 'n pop wat **soos** 'n baba lyk. ❸ such as *You can buy food **such as** eggs, bread and cheese at a supermarket.* Jy kan kos **soos** eiers, brood en kaas by 'n supermark koop.

◆ **net soos** ⇨ **net²**.

◆ **nie soos** unlike *It's **unlike** George to be late – he has always been on time.* Dis **nie soos** George om laat te wees nie – hy was nog altyd betyds.

☐ **soos** *voegwoord*

sop soup *You eat **soup** with a spoon.* 'n Mens eet **sop** met 'n lepel.

☐ **sop** *selfstandige naamwoord (meervoud* **soppe***)*

sorg¹ care [a] *She had medical treatment under the **care** of a doctor.* Sy het mediese behandeling onder die **sorg** van 'n dokter gekry. [b] *When we go on holiday we leave our animals in the **care** of our neighbours.* Wanneer ons met vakansie gaan, laat ons ons diere in die **sorg** van ons bure. [c] *"You will have to do your work with greater **care** if you want to pass at the end of the year."*

"Jy sal jou werk met groter **sorg** moet doen as jy aan die einde van die jaar wil slaag."

☐ **sorg** *selfstandige naamwoord (geen meervoud)*

sorg² see, see to it, make certain/sure *"**See** (OR **See to it** OR **Make certain/sure)** that all the doors are locked before you go out."* "**Sorg** dat al die deure gesluit is voordat jy uitgaan."

◆ **sorg dat jy** be certain/sure to *"**Be certain/sure to** lock all the doors before you go out."* "**Sorg dat jy** al die deure sluit voordat jy uitgaan."

◆ **sorg vir** ❶ care for, look after, attend to *My grand= mother was so ill that we had to get a nurse to **care for** (OR **look after** OR **attend to**) her.* My ouma was so siek dat ons 'n verpleegster moes kry om **vir** haar te **sorg**. ❷ see to *"You can go and play – I'll **see to** the dishes."* "Julle kan gaan speel – ek sal **vir** die skottel= goed **sorg**."

☐ **sorg** *werkwoord (teenwoordige tyd* **sorg***, verlede tyd* **het gesorg***)*

sorgvuldig carefully *"Examine the bicycle **carefully** and tell me if there's something wrong."* "Bekyk die fiets **sorgvuldig** en sê my as daar iets makeer."

☐ **sorg·vul·dig** *bywoord*

sorteer sort *"**Sort** the knives and forks into large ones and small ones."* "**Sorteer** die messe en vurke in grotes en kleintjies."

☐ **sor·teer** *werkwoord (teenwoordige tyd* **sorteer***, ver= lede tyd* **het gesorteer***)*

sou ❶ should *"Will you miss a cent if it **should** disappear from your purse?"* "Sal jy 'n sent vermis as dit uit jou beursie **sou** verdwyn?" ❷ would [a] *He said that he **would** help me.* Hy het gesê dat hy my **sou** help. [b] *"If I were you, I **would** choose the red one."* "As ek jy was, **sou** ek die rooie kies." [c] *If my grandmother were still alive, she **would** have been ninety today.* As my ouma nog geleef het, **sou** sy vandag negentig gewees het. [d] *I didn't think he **would** be able to do it.* Ek het nie gedink hy **sou** dit kan/kon doen nie. [e] *It's a pity she couldn't run in the race – she **would** have won.* Dis jammer dat sy nie aan die wedren kon deelneem nie – sy **sou** gewen het. [f] *It **would** be a wonderful adven= ture to fly to the moon!* Dit **sou** 'n wonderlike avontuur wees om maan toe te vlieg! ❸ might, would *When she found Tom in the garage, she said, "I thought you **might/would** be here."* Toe sy Tom in die garage kry, het sy gesê: "Ek het gedink jy **sou** hier wees."

☐ **sou** *werkwoord (verlede tyd van* **sal***)*

sous¹ ❶ sauce *Mother made a **sauce** from milk, marga= rine and flour to pour over the cauliflower.* Ma het 'n **sous** van melk, margarien en meel gemaak om oor die blomkool te gooi. ❷ gravy *"Please spoon some **gravy** over my rice."* "Skep asseblief 'n bietjie **sous** oor my rys."

☐ **sous** *selfstandige naamwoord (geen meervoud by 2;* **souse** *by 1)*

sous² pour *It isn't just raining – it's **pouring!*** Dit reën nie net nie – dit **sous**!

□ **sous** *werkwoord (teenwoordige tyd* **sous,** *verlede tyd* **het gesous***)*

sout salt *"Would you like some **salt** and pepper on your egg?"* "Wil jy 'n bietjie **sout** en peper op jou eier hê?"

□ **sout** *selfstandige naamwoord (geen meervoud)*

soveel ❶ as much *David eats twice **as much** as his sister.* David eet twee keer **soveel** as sy suster. ❷ so much [a] *She gave me **so much** food that I couldn't eat it all.* Sy het my **soveel** kos gegee dat ek nie alles kon eet nie. [b] *I enjoyed the film **so much** that I would like to see it again.* Ek het die film **soveel** geniet dat ek dit graag weer wil sien. ❸ so many *Never in my life have I seen **so many** people.* Ek het nog nooit in my lewe **soveel** mense gesien nie.

□ **so·veel** *telwoord*

sover as/so far as *"I'm not enjoying the programme – **as/so far as** I'm concerned, you may switch off the TV."* "Ek geniet nie die program nie – **sover** dit my betref, kan jy maar die TV afskakel."

♦ **tot sover** so far, up to now, until/till now *She said she would write, but I haven't heard anything from her **so far** (OR **up to now** OR **until/till now**).* Sy het gesê sy sou skryf, maar ek het **tot sover** niks van haar gehoor nie.

□ **so·ver** *bywoord*

sowat ❶ about *Our house is **about** 4 km from the station.* Ons huis is **sowat** 4 km van die stasie af. ❷ something like *He had to pay **something like** R350,00 to have his car repaired.* Hy moes **sowat** R350,00 betaal om sy motor te laat regmaak.

□ **so·wat** *bywoord*

sowel[1] as well *"We may (just) **as well** walk – the next bus arrives in only an hour."* "Ons kan net **sowel** loop – die volgende bus kom eers oor 'n uur aan."

□ **so·wel** *bywoord*

sowel[2] as well *There is a staircase **as well** as a lift in the shop.* Daar is 'n trap **sowel** as 'n hysbak (OF Daar is **sowel** 'n trap as 'n hysbak) in die winkel.

□ **so·wel** *voegwoord*

spaar ❶ save *If you **save** R1,00 each month, you will have R12,00 in a year's time.* As jy elke maand R1,00 **spaar,** sal jy oor 'n jaar R12,00 hê. ❷ spare *She wanted to kill the worm, but then decided to **spare** its life.* Sy wou die wurm doodmaak, maar besluit toe om sy lewe te **spaar.**

♦ **jou kragte spaar** save your strength *"You must **save your strength** for the last minutes of the race."* "Jy moet **jou kragte** vir die laaste minute van die wedloop **spaar.**"

♦ **spaar vir** save (up) for *I am **saving (up) for** a new bicycle.* Ek **spaar vir** 'n nuwe fiets.

□ **spaar** *werkwoord (teenwoordige tyd* **spaar,** *verlede tyd* **het gespaar***)*

span team [a] *In soccer eleven players form a **team**.* In sokker vorm elf spelers 'n **span.** [b] *A **team** of oxen pulled the wagon.* 'n **Span** osse het die wa getrek.

□ **span** *selfstandige naamwoord (meervoud* **spanne***)*

spannend exciting *The match was very **exciting** – first the one team was ahead and then the other.* Die wedstryd was baie **spannend** – eers was die een span voor en toe die ander.

□ **span·nend** *byvoeglike naamwoord (attributief* **spannende***)* **spannender, spannendste**

spasie space *We all know that you have to leave a **space** between the words of a sentence.* Ons weet almal dat jy 'n **spasie** tussen die woorde van 'n sin moet laat.

□ **spa·sie** *selfstandige naamwoord (meervoud* **spa·sies***)*

spat splash [a] *"See how the water **splashes** when the waves break on the rocks!"* "Kyk hoe **spat** die water wanneer die branders op die rotse breek!" [b] *The children in the swimming pool **splashed** water over each other.* Die kinders in die swembad **het** water oor mekaar **gespat.**

♦ **nat spat** splash *He bent over the basin to **splash** his face.* Hy het oor die wasbak gebuk om sy gesig **nat** te **spat.**

□ **spat** *werkwoord (teenwoordige tyd* **spat,** *verlede tyd* **het gespat***)*

spatsel splash *"You have a **splash** of paint on your nose."* "Jy het 'n **spatsel** verf op jou neus."

□ **spat·sel** *selfstandige naamwoord (meervoud* **spat·sels***)*

speel ❶ play [a] *Tommy wouldn't allow Esther to **play** with his ball.* Tommie wou nie toelaat dat Esther met sy bal **speel** nie. [b] *Walter **plays** soccer for the school's first team.* Walter **speel** sokker vir die skool se eerste span. [c] *Lynette can **play** the piano.* Lynette kan klavier **speel.** [d] *The radio won't **play** because the battery is flat.* Die radio wil nie **speel** nie, want die battery is pap. ❷ play, act *"Who **plays/acts** the part of the hero in the film?"* "Wie **speel** die rol van die held in die prent?" ❸ pretend *"Let's **pretend** (that) you're a nurse and I'm a doctor!"* "Kom ons **speel** jy's 'n verpleegster en ek 'n dokter!"

♦ **speel·** toy *Tommy got three **toy** soldiers for Christmas.* Tommie het drie **speel**soldaatjies vir Kersfees gekry.

♦ **speel by** play with *"May I go and **play with** Cynthia, Mummy?"* "Kan ek **by** Cynthia gaan **speel,** Mamma?"

□ **speel** *werkwoord (teenwoordige tyd* **speel,** *verlede tyd* **het gespeel***)*

speelding toy *A doll is a **toy** that looks like a person.* 'n Pop is 'n **speelding** wat soos 'n mens lyk.

□ **speel·ding** *selfstandige naamwoord (meervoud* **speelgoed***)*

speelgoed toys *There is a doll and a ball among the **toys** in the box.* Daar is 'n bal en 'n pop tussen die **speel**goed in die doos.

♦ **speelgoed·** toy *Betty got a **toy** bear for her birthday.* Bettie het 'n **speelgoed**beertjie vir haar verjaardag gekry.

□ **speel·goed** *meervoudige selfstandige naamwoord (enkelvoud* **speelding***)*

speelgrond, speelplek playground *When the bell rang for break, the children poured out of the classrooms to the* ***playground****.* Toe die klok vir pouse lui, het die kinders uit die klaskamers na die **speelgrond/speelplek** gestroom.

□ **speel·grond, speel·plek** *selfstandige naamwoord (meervoud* **speelgronde, speelplekke***)*

speeltyd playtime *The children go outside at* ***playtime****.* Die kinders gaan **speeltyd** buitentoe.

□ **speel·tyd** *selfstandige naamwoord (meervoud* **speeltye***)*

spel[1] ❶ game [a] *Soccer is the national* ***game*** *of many South American countries.* Sokker is die nasionale **spel** van baie Suid-Amerikaanse lande. [b] *Chess is a* ***game*** *for two played with 32 pieces.* Skaak is 'n **spel** vir twee wat met 32 stukke gespeel word. ❷ play *The referee may send a player off the field for dirty* ***play****.* Die skeidsregter mag 'n speler weens vuil **spel** van die veld stuur.

□ **spel** *selfstandige naamwoord (geen meervoud by 2;* **spele** *by* **1a** *en* **spelle** *by* **1b***)*

spel[2] spell. *You* ***spell*** *Philip with one "l", not two.* Jy **spel** Philip met een "l", nie twee nie.

□ **spel** *werkwoord (teenwoordige tyd* **spel***, verlede tyd* **het gespel***)*

speld[1] pin *She fastened the two sheets of paper together with a* ***pin****.* Sy het die twee velle papier met 'n **speld** aan mekaar vasgeheg.

□ **speld** *selfstandige naamwoord (meervoud* **spelde***)*

speld[2] pin *The teacher asked me to* ***pin*** *a name-card to my blazer.* Die onderwyser het gevra dat ek 'n naamkaartjie aan my baadjie **speld**.

◆ **aan mekaar speld** pin together *"I think you should* ***pin*** *the papers* ***together*** *so you don't lose them."* "Ek dink jy moet die papiere **aan mekaar speld** sodat jy hulle nie verloor nie."

□ **speld** *werkwoord (teenwoordige tyd* **speld***, verlede tyd* **het gespeld***)*

speler player *The referee may send a* ***player*** *off the field for dirty play.* Die skeidsregter mag 'n **speler** weens vuil spel van die veld stuur.

□ **spe·ler** *selfstandige naamwoord (meervoud* **spelers***)*

speletjie game *Hide-and-seek is a* ***game*** *that children often play.* Wegkruipertjie is 'n **speletjie** wat kinders dikwels speel.

□ **spe·le·tjie** *selfstandige naamwoord (meervoud* **speletjies***)*

spesiaal[1] special *The doctor has a* ***special*** *instrument with which he listens to your lungs and heart.* Die dokter het 'n **spesiale** instrument waarmee hy na jou hart en longe luister.

□ **spe·si·aal** *byvoeglike naamwoord (attributief* **spesiale***)*

spesiaal[2] specially *"I bought the flowers* ***specially*** *for you."* "Ek het die blomme **spesiaal** vir jou gekoop."

□ **spe·si·aal** *bywoord*

spieël mirror *She looked in the* ***mirror*** *to comb her hair.* Sy het in die **spieël** gekyk om haar hare te kam.

□ **spie·ël** *selfstandige naamwoord (meervoud* **spieëls***)*

spier muscle *The* ***muscle*** *in his upper arm bulges when he lifts something heavy.* Die **spier** in sy bo-arm bult wanneer hy iets swaars optel.

□ **spier** *selfstandige naamwoord (meervoud* **spiere***)*

spin ❶ spin *I watched a spider* ***spin*** *its web.* Ek het gekyk hoe 'n spinnekop sy web **spin**. ❷ purr *Cats* ***purr*** *when they are happy.* Katte **spin** as hulle gelukkig is.

□ **spin** *werkwoord (teenwoordige tyd* **spin***, verlede tyd* **het gespin***)*

spinnekop spider *"Did you know that a* ***spider*** *has eight legs?"* "Het jy geweet dat 'n **spinnekop** agt pote het?"

□ **spin·ne·kop** *selfstandige naamwoord (meervoud* **spinnekoppe***)*

> Dis verkeerd om van 'n spinnekop as 'n insek te praat, want hy het agt pote en 'n insek ses.

spinnerak web *The spider caught a fly in its* ***web****.* Die spinnekop het 'n vlieg in sy **spinnerak** gevang.

□ **spin·ne·rak** *selfstandige naamwoord (meervoud* **spinnerakke***)*

spit dig *I* ***dig*** *in the garden with a spade.* Ek **spit** in die tuin met 'n graaf.

□ **spit** *werkwoord (teenwoordige tyd* **spit***, verlede tyd* **het gespit***)*

spits pointed *The church tower has a* ***pointed*** *roof.* Die kerktoring het 'n **spits** dak.

□ **spits** *byvoeglike naamwoord (attributief* **spits***)* **spitser, spitsste***)*

spoed speed *An aeroplane has to build up great* ***speed*** *before it can lift off the ground.* 'n Vliegtuig moet baie **spoed** opbou voordat dit van die grond af kan opstyg.

□ **spoed** *selfstandige naamwoord (geen meervoud)*

spoeg spit *It is bad manners to* ***spit*** *in the street.* Dis slegte maniere om op straat te **spoeg**.

□ **spoeg** *werkwoord (teenwoordige tyd* **spoeg***, verlede tyd* **het gespoeg***)*

spoel ❶ rinse *She had to* ***rinse*** *the washing twice in clean water to get rid of all the soap.* Sy moes die wasgoed twee keer in skoon water **spoel** om van al die seep ontslae te raak. ❷ wash *We watched the waves* ***wash*** *over the rocks.* Ons het gekyk hoe die golwe oor die rotse spoel.

□ **spoel** *werkwoord (teenwoordige tyd* **spoel***, verlede tyd* **het gespoel***)*

spog boast *He* ***boasts*** *that he is the strongest boy in the class.* Hy **spog** dat hy die sterkste seun in die klas is.

□ **spog** *werkwoord (teenwoordige tyd* **spog***, verlede tyd* **het gespog***)*

spoggerig fancy *"You look very* ***fancy*** *in that long dress, Anna – are you going to a dance?"* "Jy lyk baie

spoggerig in daardie lang rok, Anna – gaan jy na 'n dans toe?"

☐ **spog·ge·rig** *byvoeglike naamwoord (attributief* **spoggerige***)* **spoggeriger, spoggerigste**

spoor ◻ trace *There is no **trace** of the lost dog.* Daar is geen **spoor** van die verlore hond nie. ◻ track **[a]** *The hunter is on the **track** of a lion.* Die jagter is op die **spoor** van 'n leeu. **[b]** *You can see the **tracks** of a bicycle quite clearly in the sand.* Jy kan die **spore** van 'n fiets heel duidelik in die sand sien. **[c]** *The train left the **track** and overturned.* Die trein het van die **spoor** geloop en omgeslaan. ◻ rail *Trains run on two **rails**.* Treine loop op twee **spore**. ◻ footprint *The waves washed away our **footprints** in the sand.* Die golwe het ons **spore** in die sand weggespoel.

◆ **per spoor** by rail *It takes about 25 hours to travel from Johannesburg to Cape Town **by rail**.* Dit duur omtrent 25 uur om **per spoor** van Johannesburg na Kaapstad te reis.

☐ **spoor** *selfstandige naamwoord (meervoud* **spore***)*

spoorlyn railway line *There is a bridge over the **railway line** for pedestrians.* Daar is 'n brug oor die **spoorlyn** vir voetgangers.

☐ **spoor·lyn** *selfstandige naamwoord (meervoud* **spoorlyne***)*

spoorweg railway *He works on/for the **railways** as a conductor.* Hy werk by/vir die **spoorweë** as kondukteur.

☐ **spoor·weg** *selfstandige naamwoord (meestal meervoud* **spoorweë***)*

sport[1] sport **[a]** *Soccer is a very popular **sport** in South Africa.* Sokker is 'n baie gewilde **sport** in Suid-Afrika. **[b]** *"Do you play **sport**?"* "Neem jy aan **sport** deel?"

☐ **sport** *selfstandige naamwoord (geen meervoud by* **b***;* **sporte** *by* **a***)*

sport[2] step *He was standing on the top **step** of the ladder.* Hy het op die boonste **sport** van die leer gestaan.

◆ **tot op die boonste sport** to the top of *He climbed **to the top of** the ladder.* Hy het **tot op die boonste sport** van die leer geklim.

☐ **sport** *selfstandige naamwoord (meervoud* **sporte***)*

sportman sportsman *In 1988 the boxer Brian Mitchell was South Africa's **sportsman** of the year.* Die bokser Brian Mitchell was in 1988 Suid-Afrika se **sportman** van die jaar.

☐ **sport·man** *selfstandige naamwoord (meervoud* **sportmanne/sportlui***)*

sportvrou sportswoman *In 1983 the athlete Zola Budd was South Africa's **sportswoman** of the year.* Die atleet Zola Budd was in 1983 Suid-Afrika se **sportvrou** van die jaar.

☐ **sport·vrou** *selfstandige naamwoord (meervoud* **sportvroue***)*

spraak speech *If your tongue is swollen, it can affect your **speech**.* As jou tong geswel is, kan dit jou **spraak** aantas.

☐ **spraak** *selfstandige naamwoord (geen meervoud)*

sprcek ◻ see *The principal is busy at the moment and can **see** you in only two hours' time.* Die hoof is op die oomblik besig en kan jou eers oor twee uur **spreek**. ◻ see, consult *"You ought to **see/consult** a doctor about your cough."* "Jy behoort 'n dokter oor jou hoes te **spreek**."

☐ **spreek** *werkwoord (teenwoordige tyd* **spreek**, *verlede tyd* **het gespreek***)*

spring ◻ jump *The fence is too high – the dog can't **jump** over it.* Die heining is te hoog – die hond kan nie daaroor **spring** nie. ◻ hop **[a]** *"See how far you can **hop** on one leg."* "Kyk hoe ver jy op een been kan **spring**." **[b]** *A little bird **hopped** across the lawn.* 'n Voëltjie **het** oor die grasperk **gespring**.

☐ **spring** *werkwoord (teenwoordige tyd* **spring**, *verlede tyd* **het gespring***)*

springbok springbok *A **springbok** is an antelope that can jump high into the air.* 'n **Springbok** is 'n wildsbok wat hoog in die lug kan spring.

☐ **spring·bok** *selfstandige naamwoord (meervoud* **springbokke***)*

sprinkaan grasshopper *A **grasshopper** is an insect that can jump far and high.* 'n **Sprinkaan** is 'n insek wat ver en hoog kan spring.

☐ **sprin·kaan** *selfstandige naamwoord (meervoud* **sprinkane***)*

sprokie fairy tale *Hans Christian Andersen was the author of the **fairy tale** "The ugly duckling".* Hans Christian Andersen was die skrywer van die **sprokie** "Die lelike eendjie".

☐ **spro·kie** *selfstandige naamwoord (meervoud* **sprokies***)*

spuit spray *Gardeners **spray** their plants with poison to kill the insects.* Tuiniers **spuit** hulle plante met gif om die insekte dood te maak.

☐ **spuit** *werkwoord (teenwoordige tyd* **spuit**, *verlede tyd* **het gespuit***)*

spul ◻ lot, bunch *I like his friends – they're a nice **lot/ bunch**.* Ek hou van sy maats – hulle is 'n gawe **spul**. ◻ lot of *"Be careful – there are a **lot of** sheep in the road ahead."* "Wees versigtig – daar is 'n **spul** skape voor in die pad."

☐ **spul** *selfstandige naamwoord (geen meervoud)*

spyker[1] nail *"Knock the **nail** into the wall with a hammer."* "Slaan die **spyker** met 'n hamer in die muur."

☐ **spy·ker** *selfstandige naamwoord (meervoud* **spykers***)*

spyker[2] nail *"Will you **nail** the picture to the wall for me, please?"* "Sal jy vir my die prent aan die muur **spyker**, asseblief?"

☐ **spy·ker** *werkwoord (teenwoordige tyd* **spyker**, *verlede tyd* **het gespyker***)*

spyskaart menu *The waiter said, "Can I take your order, or would you like to see the **menu** first?"* Die kelner het gesê: "Kan ek u bestelling neem, of wil u eers die **spyskaart** sien?"

☐ **spys·kaart** *selfstandige naamwoord (meervoud* **spyskaarte***)*

staak 1 be on strike *The miners **are on strike** for higher wages.* Die mynwerkers **staak** om hoër lone. **2** strike, go on strike *The miners decided to **strike** (OR **go on strike**) for higher wages.* Die mynwerkers het besluit om om hoër lone te **staak**.

☐ **staak** *werkwoord (teenwoordige tyd* **staak**, *verlede tyd* **het gestaak**)

staal steel *The scissors are made of **steel**.* Die skêr is van **staal** gemaak.

☐ **staal** *selfstandige naamwoord (geen meervoud)*

staan 1 stand **[a]** *We had to **stand** because there were no chairs to sit on.* Ons moes **staan**, want daar was geen stoele om op te sit nie. **[b]** *The chair **stands** in the corner of the room.* Die stoel **staan** in die hoek van die kamer. **[c]** *The car **stood** waiting at the robot until the light turned green.* Die motor **het** by die verkeerslig **gestaan** en wag totdat die lig groen word. **[d]** *The abbreviation SA **stands** for South Africa.* Die afkorting SA **staan** vir Suid-Afrika. **2** be **[a]** *The plates **are** on the top shelf in the cupboard.* Die borde **staan** op die boonste rak in die kas. **[b]** *"**Is** your name on the list?"* "**Staan** jou naam op die lys?" **3** say *"What does his letter **say**?"* "Wat **staan** in sy brief?"

◆ **bly staan** stand *"Move along, children; don't **stand** on the bridge!"* "Stap aan, kinders; moenie op die brug **bly staan** nie!"

◆ **eerste staan** ⇨ **eerste²**.

◆ **gaan staan 1** break down *When our car **broke down**, they towed it away to a garage.* Toe ons motor **gaan staan het**, het hulle dit na 'n garage weggesleep. **2** stop *This type of watch **stops** when its battery runs down.* Dié soort horlosie **gaan staan** as sy battery pap word.

◆ **in ... staan** it says in *It says in the Bible that Jesus is the son of God.* In die Bybel **staan** dat Jesus die seun van God is.

◆ **laat staan** ⇨ **laat¹**.

◆ **staan op** be marked (with) **[a]** *The ruler **is marked with** Tom's name.* Tom se naam **staan op** die liniaal. **[b]** *The box **is marked** "Glass – handle with care".* **Op** die doos **staan** "Glas – hanteer versigtig".

☐ **staan** *werkwoord (teenwoordige tyd* **staan**, *verlede tyd* **het gestaan**)

staar stare *"Why do you **stare** at me like that? Is there something wrong with my clothes?"* "Wat **staar** jy so na my? Makeer my klere iets?"

☐ **staar** *werkwoord (teenwoordige tyd* **staar**, *verlede tyd* **het gestaar**)

staatmaak op count on, depend on, rely on, reckon on *He is a faithful friend – I can always **count/depend/ rely/reckon on** him if I need help.* Hy is 'n getroue vriend – ek kan altyd **op** hom **staatmaak** as ek hulp nodig het.

◆ **daarop staatmaak** count on, depend on, reckon on, rely on *You can't **count/depend/reckon/rely on** the good weather to last.* Jy kan nie daarop **staat-**

maak dat die goeie weer sal hou nie.

☐ **staat·maak op** *werkwoord (teenwoordige tyd* **maak staat op**, *verlede tyd* **het staatgemaak op**)

stad 1 city *Johannesburg is a big **city**.* Johannesburg is 'n groot **stad**. **2** town *Many office workers go into **town** by bus.* Baie kantoorwerkers gaan per bus **stad** toe. ⇨ **dorp**.

☐ **stad** *selfstandige naamwoord (meervoud* **stede**)

stadig¹ slow *He is **slow** and takes a long time to get dressed in the morning.* Hy is **stadig** en het baie tyd nodig om te soggens aan te trek.

☐ **sta·dig** *byvoeglike naamwoord (attributief* **stadige**) **stadiger**, **stadigste**

stadig² slowly *The car moved off **slowly** and then started to go faster and faster.* Die motor het **stadig** weggetrek en toe al hoe vinniger begin ry.

◆ **baie stadig ...** take a long time to ... *The wound is **taking a long time to** heal.* Die wond word **baie stadig** gesond.

◆ **stadiger ry** slow down, reduce speed *"**Slow down** (OR **Reduce speed**) – there is a sharp bend in the road."* "**Ry stadiger** – daar is 'n skerp draai in die pad."

☐ **sta·dig** *bywoord*

stadium stage *The house has reached the **stage** where the builders can put up the roof.* Die huis het die **stadium** bereik dat die bouers die dak kan opsit.

☐ **sta·dium** *selfstandige naamwoord (meervoud* **stadiums/stadia**)

staking strike *The **strike** by the miners lasted for six weeks.* Die **staking** van die mynwerkers het ses weke geduur.

☐ **sta·king** *selfstandige naamwoord (meervoud* **stakinge/stakings**)

stal stable *At night the horses sleep in the **stable**.* Die perde slaap snags in die **stal**.

☐ **stal** *selfstandige naamwoord (meervoud* **stalle**)

stam 1 trunk *The tree's **trunk** is so thick that I can't get my arms round it.* Die boom se **stam** is so dik dat ek nie my arms daarom kan kry nie. **2** tribe *The leader of a **tribe** is called a chief.* Die leier van 'n **stam** word 'n hoofman genoem.

☐ **stam** *selfstandige naamwoord (meervoud* **stamme**)

stamp¹ 1 bump *The baby fell off the bed and got a **bump** on the head.* Die baba het van die bed afgeval en 'n **stamp** teen die kop gekry. **2** stamp *With a **stamp** of his foot he cried, "No, I won't do it!"* Met 'n **stamp** van sy voet het hy uitgeroep: "Nee, ek sal dit nie doen nie!"

☐ **stamp** *selfstandige naamwoord (meervoud* **stampe**)

stamp² 1 stamp *The dancers clap their hands and **stamp** their feet to the beat of the music.* Die dansers klap hul hande en **stamp** hul voete op maat van die musiek. **2** knock, hit, bang, bump *"The top door of the kitchen cupboard is open; don't **knock/hit/bang/ bump** your head against it."* "Die boonste deur van

die kombuiskas is oop; moenie jou kop daarteen **stamp** nie." **8** bump *"Son, drive carefully; don't **bump** my car."* "Seun, ry versigtig; moenie my motor **stamp** nie." **4** push *He threatened to **push** her into the water.* Hy het gedreig om haar in die water te **stamp**.
□ **stamp** *werkwoord (teenwoordige tyd* **stamp**, *verlede tyd* **het gestamp***)*

standbeeld statue *There is a **statue** of Jan van Riebeeck in the main street of Cape Town.* Daar is 'n **standbeeld** van Jan van Riebeeck in die hoofstraat van Kaapstad.
□ **stand·beeld** *selfstandige naamwoord (meervoud* **standbeelde***)*

stander stand *"Put your wet umbrella in the **stand** in the passage."* "Sit jou nat sambreel in die **stander** in die gang."
□ **stan·der** *selfstandige naamwoord (meervoud* **standers***)*

standerd standard *Doreen is in **standard** four at primary school.* Doreen is in **standerd** vier op laer skool.
□ **stan·derd** *selfstandige naamwoord (meervoud* **standerds***)*

stap¹ step, walk *"I know him by his **step/walk**."* "Ek ken hom aan sy **stap**."
□ **stap** *selfstandige naamwoord (meervoud* **stappe***)*

stap² walk *"Do you **walk** to school, or do you take a bus?"* "**Stap** jy skool toe, of neem jy 'n bus?"
◆ **gaan stap** go walking *We'd like to **go walking** in the Drakensberg next April.* Ons wil graag volgende April in die Drakensberge **gaan stap**.
◆ **gaan stap met** **1** take out for a walk *You must keep your dog on a lead when you **take** it **out for a walk**.* Jy moet jou hond aan 'n leiband hou as jy **met** hom **gaan stap**. **2** walk *He **walks** his dog in the park every afternoon.* Hy **gaan stap** elke middag **met** sy hond in die park.
◆ **met iemand stap** walk someone *"I'll **walk** you to the station."* "Ek sal **met** jou stasie toe **stap**."
◆ **('n entjie) gaan stap** ⇨ **ent**.
□ **stap** *werkwoord (teenwoordige tyd* **stap**, *verlede tyd* **het gestap***)*

stapel¹ pile *There is a big **pile** of books on the table.* Daar is 'n groot **stapel** boeke op die tafel.
□ **sta·pel** *selfstandige naamwoord (meervoud* **stapels***)*

stapel² pile *"Don't **pile** so much food on(to) your plate!"* "Moenie soveel kos op jou bord **stapel** nie!"
◆ **opmekaar stapel, opmekaarstapel** **1** pile (up) *"The books will fall over if you **pile** them **(up)** too high."* "Die boeke sal omval as jy hulle te hoog **opmekaar stapel** (OF **opmekaarstapel**)." **2** put one on top of the other *He asked me to **put** the boxes **one on top of the other** against the wall.* Hy het my gevra om die dose teen die muur **opmekaar** te **stapel**.
□ **sta·pel** *werkwoord (teenwoordige tyd* **stapel**, *verlede tyd* **het gestapel***)*

stasie station *When we got to the **station** the train had already left.* Toe ons by die **stasie** kom, was die trein al weg.

sta·sie *selfstandige naamwoord (meervoud* **stasies***)*

steek¹ **1** stab *The hunter killed the animal with a **stab** of his knife.* Die jagter het die dier met 'n **steek** van sy mes doodgemaak. **2** sting *The **sting** of a bee is quite painful.* 'n By se **steek** is nogal seer. **8** stitch *She dropped a **stitch** while she was knitting.* Sy het 'n **steek** laat val terwyl sy gebrei het.
◆ **in die steek laat** let down *A true friend is always faithful and will never **let** you **down**.* 'n Egte vriend is altyd getrou en sal jou nooit **in die steek laat** nie.
□ **steek** *selfstandige naamwoord (meervoud* **steke***)*

steek² **1** prick *"Be careful, don't **prick** yourself with the needle!"* "Pasop, moenie jou met die naald **steek** nie!" **2** stab *"The animal isn't dead yet; **stab** it in the heart with your knife."* "Die dier is nog nie dood nie; **steek** hom met jou mes in die hart." **8** stick **[a]** *"Stick a knife into the potato to see if it is cooked."* "Steek 'n mes in die aartappel om te kyk of dit gaar is." **[b]** *"Mum, please pull out the thorn that is **stuck** in my foot."* "Ma, trek asseblief die doring uit wat in my voet **steek**." **4** sting *"Chase the bee away; it might **sting** me!"* "Jaag die by weg; dalk **steek** hy my!" **5** put, stick *"Put/ **Stick** the money in your pocket."* "**Steek** die geld in jou sak." **6** slip *I saw him pick up a R10 note and **slip** it into his pocket.* Ek het gesien hoe hy 'n R10-noot optel en dit in sy sak **steek**. **7** pop **[a]** *"Pop the cake into the oven as soon as the bell rings."* "Steek die koek in die oond sodra die klokkie lui." **[b]** *The doctor **popped** his head round the door and said, "Next, please."* Die dokter **het** sy kop om die deur **gesteek** en gesê: "Volgende, asseblief." **8** burn *"If you turn up your collar the sun won't **burn** you so badly."* "As jy jou kraag opslaan, sal die son jou nie so erg **steek** nie."
◆ **aan die brand steek** ⇨ **brand**¹.
◆ **deur ... steek** **1** pass through *She had trouble **passing** the thread of cotton **through** the hole in the needle.* Sy het gesukkel om die draad garing **deur** die gaatjie in die naald te **steek**. **2** cut through *"Let's **cut through** the park instead of walking around it."* "Kom ons **steek deur** die park in plaas van om daarom te loop."
◆ **garing/gare steek in** thread *"Will you **thread** the needle for me, please?"* "Sal jy vir my die **garing/gare in** die naald **steek**, asseblief?"
◆ **'n gat steek in** ⇨ **gat**.
◆ **oor ... steek** cut across *He left the path and said, "Let's **cut across** the grass to the gate."* Hy het die paadjie verlaat en gesê: "Kom ons **steek oor** die gras na die hek toe."
□ **steek** *werkwoord (teenwoordige tyd* **steek**, *verlede tyd* **het gesteek***)*

steel¹ **1** handle *The broom has a long **handle**.* Die besem het 'n lang **steel**. **2** stem *The wineglass has a long, thin **stem**.* Die wynglas het 'n lang, dun **steel**. **8** stalk, stem *There are five leaves on the **stalk/stem** of the flower.* Daar is vyf blare aan die **steel** van die blom.
□ **steel** *selfstandige naamwoord (meervoud* **stele***)*

steel[2] steal *The police caught the thief who tried to **steal** my money.* Die polisie het die dief gevang wat my geld probeer **steel** het.

□ **steel** *werkwoord (teenwoordige tyd* **steel**, *verlede tyd* **het gesteel***)*

steen stone **[a]** *He sharpened the knife on a flat **stone**.* Hy het die mes op 'n plat **steen** geslyp. **[b]** *The ring has a red **stone** in it.* Daar is 'n rooi **steen** in die ring.

□ **steen** *selfstandige naamwoord (meervoud* **stene***)*

steenkool coal *Sasol is a company that makes petrol out of **coal**.* Sasol is 'n maatskappy wat petrol uit **steenkool** maak.

□ **steen·kool** *selfstandige naamwoord (geen meervoud)*

steil ◻ steep *I had to push my bicycle up the **steep** hill.* Ek moes my fiets teen die **steil** bult uitstoot. ◻ straight *Lynette's hair is **straight**, but Monica's is curly.* Lynette se hare is **steil**, maar Monica s'n is krullerig.

□ **steil** *byvoeglike naamwoord (attributief* **steil***)* **steiler, steilste**

stel[1] set *My mother bought a new **set** of cups and saucers.* My ma het 'n nuwe **stel** koppies en pierings gekoop.

□ **stel** *selfstandige naamwoord (meervoud* **stelle***)*

stel[2] ◻ set *"**Set** the alarm-clock to go off at 05:30 tomorrow morning."* "**Stel** die wekker om môreoggend om 05:30 af te gaan." ◻ set, lay *The farmer wants to **set/lay** a trap to catch the fox.* Die boer wil 'n val/strik **stel** om die jakkals te vang. ◻ put **[a]** *"Let me **put** it clearly: children who don't do their homework get punished!"* "Laat ek dit duidelik **stel**: kinders wat nie hul huiswerk doen nie, kry straf!" **[b]** *She **put** a question to the speaker.* Sy **het** 'n vraag aan die spreker **gestel**.

◆ **harder stel** turn up *"Please **turn** the TV **up** a bit; I can't hear very well."* "**Stel** die TV 'n bietjie **harder**, asseblief; ek kan nie mooi hoor nie."

□ **stel** *werkwoord (teenwoordige tyd* **stel**, *verlede tyd* **het gestel***)*

stem[1] ◻ voice *She has a beautiful **voice** and sings in a choir.* Sy het 'n pragtige **stem** en sing in 'n koor. ◻ vote *George will get my **vote** when we choose a new class captain.* George sal my **stem** kry wanneer ons 'n nuwe klaskaptein kies.

□ **stem** *selfstandige naamwoord (meervoud* **stemme***)*

stem[2] vote *"Those of you who **vote** for George as class captain, put up your hands."* "Dié van julle wat vir George as klaskaptein **stem**, steek jul hande op."

□ **stem** *werkwoord (teenwoordige tyd* **stem**, *verlede tyd* **het gestem***)*

stemming vote *We held a **vote** to choose a new class captain.* Ons het 'n **stemming** gehou om 'n nuwe klaskaptein te kies.

◆ **in die stemming wees om te** be in the mood for/to *I'm **in the mood** for dancing (OR to dance).* Ek **is in die stemming om te** dans.

◆ **in die stemming wees vir** be in the mood for *I'm **in the mood** for music.* Ek **is in die stemming vir** musiek.

◆ **nie in die stemming wees om te ... nie** be in no mood for/to *He got home tired and **was in no mood for** playing (OR to play) with the children.* Hy het moeg by die huis gekom en **was nie in die stemming om** met die kinders **te** speel **nie**.

◆ **nie in die stemming wees vir ... nie** be in no mood for *"Eat your food – I'm **in no mood for** nonsense!"* "Eet jou kos – ek **is nie in die stemming vir** nonsens **nie**!"

□ **stem·ming** *selfstandige naamwoord (meervoud* **stemminge/stemmings***)*

stempel[1] stamp *According to the **stamp** on the envelope the letter was posted in Pretoria on 15 December 1990.* Volgens die **stempel** op die koevert is die brief op 15 Desember 1990 in Pretoria gepos.

□ **stem·pel** *selfstandige naamwoord (meervoud* **stempels***)*

stempel[2] stamp *At the post office they **stamp** the date on all the letters.* By die poskantoor **stempel** hulle die datum op al die briewe.

□ **stem·pel** *werkwoord (teenwoordige tyd* **stempel**, *verlede tyd* **het gestempel***)*

ster star *Soon after sunset the first **star** begins to twinkle in the sky.* Kort na sononder begin die eerste **ster** aan die hemel vonkel.

□ **ster** *selfstandige naamwoord (meervoud* **sterre***)*

sterf, sterwe die *The old man is so ill that he may **die** at any moment.* Die ou man is so siek dat hy elke oomblik kan **sterf/sterwe**.

□ **sterf, ster·we** *werkwoord (teenwoordige tyd* **sterf/sterwe**, *verlede tyd* **het gesterf/gesterwe***)*

Jy kan **aan** 'n siekte sterf, maar jy sterf **van** honger.

sterk ◻ strong **[a]** *Two **strong** men had to carry the heavy table.* Twee **sterk** mans moes die swaar tafel dra. **[b]** *A **strong** wind blew the roof off the house.* 'n **Sterk** wind het die dak van die huis afgewaai. **[c]** *"The tea is too **strong**; please add more water to it."* "Die tee is te **sterk**; voeg asseblief nog water daarby." ◻ powerful *A tractor has a **powerful** engine.* 'n Trekker het 'n **sterk** enjin. ◻ tough *Paper isn't as **tough** as plastic.* Papier is nie so **sterk** soos plastiek nie.

□ **sterk** *byvoeglike naamwoord (attributief* **sterk***)* **sterker, sterkste**

stert tail *The dog is wagging its **tail**.* Die hond swaai sy **stert**.

□ **stert** *selfstandige naamwoord (meervoud* **sterte***)*

steur ◻ bother *"Don't **bother** me with silly questions – I'm busy!"* "Moenie my met lawwe vrae **steur** nie – ek is besig!" ◻ disturb *"Don't **disturb** the dog while he's sleeping."* "Moenie die hond **steur** terwyl hy slaap nie."

◆ **jou nie steur aan ... nie** take no notice of, not take any notice of *Those children do just as they please – they **take no** (OR **don't take any) notice of** their parents.* Daardie kinders doen net wat hulle wil – **hulle steur hulle nie aan** hul ouers **nie**.

☐ **steur** *werkwoord (teenwoordige tyd* **steur***, verlede tyd* **het gesteur***)*

stewel boot *A shoe covers only your foot, but a* **boot** *covers your foot and ankle.* 'n Skoen bedek slegs jou voet, maar 'n **stewel** bedek jou voet en enkel.

☐ **ste·wel** *selfstandige naamwoord (meervoud* **ste= wels***)*

stik stitch *She took out her sewing machine to* **stitch** *the two pieces of material together.* Sy het haar naaimasjien uitgehaal om die twee stukke materiaal aan mekaar te **stik**.

☐ **stik** *werkwoord (teenwoordige tyd* **stik***, verlede tyd* **het gestik***)*

stil[1] satisfy *He ate a few slices of bread to* **satisfy** *his hunger.* Hy het 'n paar snytjies brood geëet om sy honger te **stil**.

☐ **stil** *werkwoord (teenwoordige tyd* **stil***, verlede tyd* **het gestil***)*

stil[2] ❶ still *The city is very* **still** *early on a Sunday morning.* Die stad is baie **stil** vroeg op 'n Sondagoggend. ❷ still, calm *It is* **still/calm** *today, but it was quite windy yesterday.* Dis **stil** vandag, maar dit was gister taamlik winderig. ❸ quiet *It was so* **quiet** *in the library that you could hear a pin drop.* Dit was so **stil** in die biblioteek dat jy 'n speld kon hoor val. ❹ silent *Sound travels far in the* **silent** *hours of the night.* Klank trek ver in die **stil** ure van die nag.

◆ **stil hou** keep quiet **[a]** *"Please* **keep** *the children* **quiet** *while I'm speaking on the telephone."* "**Hou** asseblief die kinders **stil** terwyl ek oor die telefoon praat." **[b]** *"Keep it* **quiet** *– don't tell anybody about our plans."* "**Hou** dit **stil** – moet niemand van ons planne vertel nie."

☐ **stil** *byvoeglike naamwoord (attributief* **stil***)* **stiller**, **stilste**

stil[3] ❶ quietly *The children sat* **quietly** *listening to the story.* Die kinders het **stil** na die storie gesit en luister. ❷ silently *The children sit reading* **silently** *in the library.* Die kinders sit **stil** in die biblioteek en lees.

☐ **stil** *bywoord*

stilbly ❶ be/keep quiet *"Children, will you please* **be/ keep quiet***! The baby is sleeping."* "Kinders, sal julle asseblief **stilbly**! Die baba slaap." ❷ keep silent *"Don't* **keep silent** *– tell the teacher who started the fight."* "Moenie **stilbly** nie – sê vir die juffrou wie die bakleiery begin het."

◆ **bly stil!** (be) quiet!, keep quiet!, shut up! *"Quiet (OR Be quiet OR Keep quiet OR Shut up)! I don't want to hear another word from you!"* "**Bly stil!** Ek wil nie nog 'n woord van jou hoor nie!"

☐ **stil·bly** *werkwoord (teenwoordige tyd* **bly stil***, verlede tyd* **het stilgebly***)*

stilhou stop *The train has to* **stop** *at every station to pick up passengers.* Die trein moet by elke stasie **stilhou** om passasiers op te laai.

☐ **stil·hou** *werkwoord (teenwoordige tyd* **hou stil***, verlede tyd* **het stilgehou***)*

stilletjies ❶ silently *He took off his shoes and walked* **silently** *to his room.* Hy het sy skoene uitgetrek en **stilletjies** na sy kamer geloop. ❷ quietly *"Let's disappear* **quietly** *– I'm sure no one at the party will miss us."* "Kom ons verdwyn **stilletjies** – ek is seker niemand by die partytjie sal ons mis nie."

☐ **stil·le·tjies** *bywoord*

stilmaak silence, shut up *"Will you please* **silence** *the little ones (OR* **shut** *the little ones* **up***)? They're making a terrible noise."* "Sal jy asseblief die kleintjies **stil= maak**? Hulle maak 'n vreeslike lawaai."

☐ **stil·maak** *werkwoord (teenwoordige tyd* **maak stil***, verlede tyd* **het stilgemaak***)*

shut up is meer informeel as *silence*

stilsit sit still *It's difficult to feed a baby that won't* **sit still***.* Dis moeilik om 'n baba te voer wat nie wil **stilsit** nie.

☐ **stil·sit** *werkwoord (teenwoordige tyd* **sit stil***, verlede tyd* **het stilgesit***)*

stilstaan stand still *"Will you please* **stand still** *while I take the photograph!"* "Sal julle asseblief **stilstaan** terwyl ek die foto neem!"

☐ **stil·staan** *werkwoord (teenwoordige tyd* **staan stil***, verlede tyd* **het stilgestaan***)*

stilstand stop **[a]** *The driver couldn't bring the bus to a* **stop** *and drove into a wall.* Die bestuurder kon nie die bus tot **stilstand** bring nie en het teen 'n muur vasgery. **[b]** *I almost fell over when the bus came to a sudden* **stop***.* Ek het amper omgeval toe die bus skielik tot **stilstand** kom.

☐ **stil·stand** *selfstandige naamwoord (geen meervoud)*

stilte ❶ silence *A book fell off someone's table and broke the* **silence** *in the examination room.* 'n Boek het van iemand se tafel afgeval en die **stilte** in die eksamenkamer verbreek. ❷ quiet *Sound travels far in the* **quiet** *of the night.* Klank trek ver in die **stilte** van die nag.

◆ **in stilte** in silence, silently *She ate her food* **in silence (OR silently)***, not saying a word throughout the meal.* Sy het haar kos **in stilte** geëet en die hele ete nie 'n woord gesê nie.

☐ **stil·te** *selfstandige naamwoord (geen meervoud)*

stingel stalk, stem *There are five leaves on the* **stalk/ stem** *of the flower.* Daar is vyf blare aan die **stingel** van die blom.

☐ **stin·gel** *selfstandige naamwoord (meervoud* **stin= gels***)*

stink[1] ❶ stink, have a bad smell *Rotten eggs* **stink (OR have a bad smell)***.* Vrot eiers **stink**. ❷ be smelly *She held her nose and said, "The dog* **is smelly** *– let's wash it."* "Sy het haar neus toegedruk en gesê: "Die hond **stink** – kom ons was hom."

◆ **stink na** stink of *The kitchen* **stinks of** *rotten eggs.* Die kombuis **stink na** vrot eiers.

☐ **stink** *werkwoord (teenwoordige tyd* **stink***, verlede tyd* **het gestink***)*

stink[2] smelly *After the soccer practice his shirt was* *smelly* *with sweat.* Na die sokkeroefening was sy hemp **stink** van die sweet.

☐ **stink** *byvoeglike naamwoord (attributief* **stink)** **stinker, stinkste**

stoel chair *"Come and sit on the **chair** next to me."* "Kom sit op die **stoel** langs my."

☐ **stoel** *selfstandige naamwoord (meervoud* **stoele)**

stoep stoep *"It's very hot in the house – let's go and sit in the shade on the **stoep**."* "Dis baie warm in die huis – kom ons gaan sit in die koelte op die **stoep**."

☐ **stoep** *selfstandige naamwoord (meervoud* **stoepe)**

stof ❶ dust *We had a sandstorm and now our house is covered in **dust**.* Ons het 'n sandstorm gehad en nou is ons huis met **stof** bedek. ❷ material *In summer she likes to wear dresses made of **material** such as cotton or linen.* In die somer dra sy graag rokke wat van **stof** soos katoen of linne gemaak is.

☐ **stof** *selfstandige naamwoord (geen meervoud by* 1; **stowwe** *by* 2)

stok ❶ stick *It is cruel to beat a dog with a **stick**.* Dis wreed om 'n hond met 'n **stok** te slaan. ❷ rod *The curtains won't slide over the **rod** – the rings catch somewhere.* Die gordyne wil nie oor die **stok** gly nie – die ringe haak êrens.

☐ **stok** *selfstandige naamwoord (meervoud* **stokke)**

stokkie stick *"Children, please pick up some dry **sticks** for me so that I can start the fire."* "Kinders, tel asseblief vir my 'n paar droë **stokkies** op sodat ek die vuur kan aanmaak."

☐ **stok·kie** *selfstandige naamwoord (meervoud* **stokkies)**

stokperdjie hobby *My **hobby** is to collect stamps.* My **stokperdjie** is om seëls te versamel.

☐ **stok·perd·jie** *selfstandige naamwoord (meervoud* **stokperdjies)**

stol set *Mix the jelly and put it in the fridge to **set**.* Maak die jellie aan en sit dit in die yskas om te **stol**.

☐ **stol** *werkwoord (teenwoordige tyd* **stol,** *verlede tyd* **het gestol)**

stom dumb *A **dumb** person cannot speak.* 'n **Stom** mens kan nie praat nie.

☐ **stom** *byvoeglike naamwoord (attributief* **stom)** **stommer, stomste**

stomp[1] ❶ stump *A **stump** was left in the ground after they had cut down the tree.* 'n **Stomp** het in die grond oorgebly nadat hulle die boom afgekap het. ❷ log *The man chopped up the **log** of wood with an axe.* Die man het die **stomp** hout met 'n byl opgekap.

☐ **stomp** *selfstandige naamwoord (meervoud* **stompe)**

stomp[2] blunt *The knife is **blunt** and won't cut.* Die mes is **stomp** en wil nie sny nie.

☐ **stomp** *byvoeglike naamwoord (attributief* **stomp)** **stomper, stompste**

stoof stove *The potatoes are cooking in a pot on the **stove**.* Die aartappels kook in 'n pot op die **stoof**.

☐ **stoof** *selfstandige naamwoord (meervoud* **stowe)**

stoom steam *Water turns into **steam** when it boils.* Water verander in **stoom** as dit kook.

☐ **stoom** *selfstandige naamwoord (geen meervoud)*

stoor store *"Are you going to sell your furniture or **store** it while you are overseas?"* "Gaan julle jul meubels verkoop of dit **stoor** terwyl julle oorsee is?"

☐ **stoor** *werkwoord (teenwoordige tyd* **stoor,** *verlede tyd* **het gestoor)**

stoot push *"Please **push** the drawer shut."* "**Stoot** asseblief die laai toe."

☐ **stoot** *werkwoord (teenwoordige tyd* **stoot,** *verlede tyd* **het gestoot)**

stop ❶ stop [a] *"**Stop** the car – I want to get out."* "**Stop** die motor – ek wil uitklim." [b] *The train has to **stop** at every station to pick up passengers.* Die trein moet by elke stasie **stop** om passasiers op te laai. ❷ fill [a] *The man took out some tobacco to **fill** his pipe.* Die man het 'n bietjie tabak uitgehaal om sy pyp te **stop**. [b] *The dentist **filled** my tooth.* Die tandarts **het** my tand **gestop**. ❸ slip *I saw him pick up a R10 note and **slip** it into his pocket.* Ek het gesien hoe hy 'n R10-noot optel en dit in sy sak **stop**. ❹ stuff *"Eat nicely! Don't **stuff** your mouth so full of food!"* "Eet mooi! Moenie jou mond so vol kos **stop** nie!"

☐ **stop** *werkwoord (teenwoordige tyd* **stop,** *verlede tyd* **het gestop)**

storie story *"Children, I'm going to read the **story** of Little Red Riding Hood to you."* "Kinders, ek gaan die **storie** van Rooikappie aan julle voorlees."

☐ **sto·rie** *selfstandige naamwoord (meervoud* **stories)**

storm[1] storm *"What a nasty **storm** – see how the lightning flashes!"* "Wat 'n nare **storm** – kyk hoe blits dit!"

☐ **storm** *selfstandige naamwoord (meervoud* **storms)**

storm[2] ❶ storm [a] *I saw a buck **storm** through the bush, trying to get away from a lion.* Ek het gesien hoe 'n bok deur die bos **storm** om van 'n leeu te probeer wegkom. [b] *The soldiers **stormed** the building.* Die soldate **het** die gebou **gestorm**. ❷ rush *"Why is everyone **rushing** to the door?" – "A fire has broken out!"* "Hoekom **storm** almal na die deur?" – "'n Brand het uitgebreek!"

☐ **storm** *werkwoord (teenwoordige tyd* **storm,** *verlede tyd* **het gestorm)**

stormagtig stormy *The sea was rough and **stormy**.* Die see was ru en **stormagtig**.

☐ **storm·ag·tig** *byvoeglike naamwoord (attributief* **stormagtige)** **stormagtiger, stormagtigste**

stormloop rush *There was a **rush** for the doors when the fire broke out in the building.* Daar was 'n **stormloop** na die deure toe die brand in die gebou uitbreek.

☐ **storm·loop** *selfstandige naamwoord (meervoud* **stormlope)**

stormweer stormy weather *A broken umbrella is of no use in **stormy weather**.* 'n Stukkende sambreel is van geen nut in **stormweer** nie.

☐ **storm·weer** *selfstandige naamwoord (geen meervoud)*

stort ❶ spill *"Carry the cup carefully – try not to **spill** any tea in the saucer."* "Dra die koppie versigtig – probeer om geen tee in die piering te **stort** nie." ❷ have/take a shower *I'm going to **have/take a shower** and wash my hair at the same time.* Ek gaan **stort** en terselfdertyd my hare was.

☐ **stort** *werkwoord (teenwoordige tyd* **stort**, *verlede tyd* **het gestort***)*

stort, stortbad shower *The neighbours have a bath, **shower** and toilet in their bathroom.* Die bure het 'n bad, **stort/stortbad** en toilet in hul badkamer.

☐ **stort, stort·bad** *selfstandige naamwoord (meervoud* **storte, stortbaddens***)*

stout naughty *"Don't pull the dog's tail! Stop being so **naughty!**"* "Moenie die hond se stert trek nie! Hou op om so **stout** te wees!"

☐ **stout** *byvoeglike naamwoord (attributief* **stout/ stoute***)* **stouter, stoutste**

stoutigheid naughtiness *The little boy wrote on the wall out of pure **naughtiness**.* Die seuntjie het van pure **stoutigheid** op die muur geskryf.

☐ **stou·tig·heid** *selfstandige naamwoord (geen meervoud)*

straal[1] ❶ ray *The **rays** of the sun can be harmful to your skin.* Die **strale** van die son kan skadelik wees vir jou vel. ❷ stream *A thin **stream** of water is flowing out of the hosepipe.* 'n Dun **straal** water vloei uit die tuinslang.

☐ **straal** *selfstandige naamwoord (meervoud* **strale***)*

straal[2] shine *You can see they have won the match – see how their faces **shine** with happiness.* Jy kan sien hulle het die wedstryd gewen – kyk hoe **straal** hul gesigte van geluk.

☐ **straal** *werkwoord (teenwoordige tyd* **straal**, *verlede tyd* **het gestraal***)*

straat street *There are houses on both sides of the **street**.* Daar is huise aan weerskante van die **straat**.

☐ **straat** *selfstandige naamwoord (meervoud* **strate***)*

straataf down the street *"Is house number 315 up the street or **down the street?**"* "Is huis nommer 315 straatop of **straataf**?"

☐ **straat·af** *bywoord*

straatop up the street *"Is house number 315 **up the street** or down the street?"* "Is huis nommer 315 **straatop** of straataf?"

☐ **straat·op** *bywoord*

straf[1] punishment *Tommy was naughty and as a **punishment** had to stay in his room all afternoon.* Tommie was stout en moes vir **straf** die hele middag in sy kamer bly.

☐ **straf** *selfstandige naamwoord (meervoud* **strawwe***)*

straf[2] punish *I dare not use bad language in our house – my father will **punish** me.* Ek durf nie lelike woorde in ons huis gebruik nie – my pa sal my **straf**.

☐ **straf** *werkwoord (teenwoordige tyd* **straf**, *verlede tyd* **het gestraf***)*

strand beach *Some people are swimming in the sea; others are lying in the sun on the **beach**.* Party mense swem in die see; ander lê in die son op die **strand**.

◆ **aan/by die strand** at the seaside *We had a lovely holiday **at the seaside**.* Ons het 'n heerlike vakansie **aan/by die strand** gehad.

◆ **strand toe gaan** go to the seaside *"Are you **going to the seaside** in December?" – "Yes, we're going to Durban for two weeks."* "**Gaan** julle in Desember **strand toe**?" – "Ja, ons gaan vir twee weke Durban toe."

☐ **strand** *selfstandige naamwoord (meervoud* **strande***)*

streek region *The Bushveld is a **region** in the eastern part of the Transvaal.* Die Bosveld is 'n **streek** in die oostelike deel van Transvaal.

☐ **streek** *selfstandige naamwoord (meervoud* **streke***)*

streel stroke *The cat usually purrs when I **stroke** it.* Die kat spin gewoonlik as ek hom **streel**.

☐ **streel** *werkwoord (teenwoordige tyd* **streel**, *verlede tyd* **het gestreel***)*

streep ❶ stripe *The cup is white with a green **stripe** round the edge.* Die koppie is wit met 'n groen **streep** om die rand. ❷ line *I can't draw a straight **line** without a ruler.* Ek kan nie 'n reguit **streep** sonder 'n liniaal trek nie.

☐ **streep** *selfstandige naamwoord (meervoud* **strepe***)*

strek ❶ stretch, reach *The farmer's land **stretches/ reaches** as far as the river.* Die boer se grond **strek** tot by die rivier. ❷ stretch *She **stretched**, but couldn't reach the book on the top shelf.* Sy **het gestrek**, maar kon nie die boek op die boonste rak bykom nie. ❸ spread *The desert **spreads** towards the west.* Die woestyn **strek** na die weste.

☐ **strek** *werkwoord (teenwoordige tyd* **strek**, *verlede tyd* **het gestrek***)*

streng[1] strict *Anna's parents are very **strict** – they will never allow her to stay out later than 22:00.* Anna se ouers is baie **streng** – hulle sal haar nooit toelaat om later as 22:00 uit te bly nie.

☐ **streng** *byvoeglike naamwoord (attributief* **streng***)* **strenger, strengste**

streng[2] strictly *That referee is known to apply the rules of the game **strictly** but fairly.* Dit is bekend dat daardie skeidsregter die reëls van die spel **streng** maar regverdig toepas.

☐ **streng** *bywoord*

strik[1] ❶ bow *The girl is wearing a red **bow** in her hair.* Die meisie dra 'n rooi **strik** in haar hare. ❷ trap *The farmer set/laid a **trap** to catch the fox.* Die boer het 'n **strik** gestel om die jakkals te vang.

◆ **in 'n strik vang** trap *The farmer tried to **trap** the fox.* Die boer het die jakkals **in 'n strik** probeer **vang**.

☐ **strik** *selfstandige naamwoord (meervoud* **strikke***)*

strik[2] tie in a bow *"Tie the ribbon **in a bow**."* "**Strik** die lint."

☐ **strik** *werkwoord (teenwoordige tyd* **strik**, *verlede tyd* **het gestrik***)*

string string *She is wearing a **string** of beads round her neck.* Sy dra 'n **string** krale om haar nek.

□ **string** *selfstandige naamwoord (meervoud* **stringe***)*

stronk stalk *After he had eaten the mealie he threw away the **stalk**.* Nadat hy die mielie geëet het, het hy die **stronk** weggegooi.

□ **stronk** *selfstandige naamwoord (meervoud* **stron= ke***)*

strooi[1] straw *The floor of the stable is covered with **straw**.* Die vloer van die stal is met **strooi** bedek.

□ **strooi** *selfstandige naamwoord (geen meervoud)*

strooi[2] sprinkle *"Please grate some cheese for me to **sprinkle** on the cauliflower."* "Rasper asseblief vir my 'n bietjie kaas om oor die blomkool te **strooi**."

□ **strooi** *werkwoord (teenwoordige tyd* **strooi***, verlede tyd* **het gestrooi***)*

strooitjie straw *Linda is drinking her cool drink through a **straw**.* Linda drink haar koeldrank deur 'n **strooi= tjie**.

□ **strooi·tjie** *selfstandige naamwoord (meervoud* **strooitjies***)*

strook strip *She used a long **strip** of material to make a belt for her dress.* Sy het 'n lang **strook** materiaal ge= bruik om 'n belt vir haar rok te maak.

□ **strook** *selfstandige naamwoord (meervoud* **stroke***)*

stroom[1] stream [a] *A **stream** is smaller than a river.* 'n **Stroom** is kleiner as 'n rivier. [b] *A **stream** of tears ran down her cheeks.* 'n **Stroom** trane het teen haar wange afgeloop.

□ **stroom** *selfstandige naamwoord (meervoud* **stro= me***)*

---

stroomaf en **stroomop** word vas geskryf

---

stroom[2] stream, pour [a] *Water is **streaming**/ **pouring** out of the hole in the pipe.* Water **stroom** uit die gat in die pyp. [b] *The children **streamed**/ **poured** out of the classrooms to the playground.* Die kinders **het** uit die klaskamers na die speelgrond ge= **stroom**.

□ **stroom** *werkwoord (teenwoordige tyd* **stroom***, ver= lede tyd* **het gestroom***)*

stroop syrup *"Would you like **syrup** or jam on your bread?"* "Wil jy **stroop** of konfyt op jou brood hê?"

□ **stroop** *selfstandige naamwoord (meervoud* **strope***)*

struikel stumble, trip *"Be careful not to **stumble**/**trip** over the root of the tree."* "Pasop dat jy nie oor die boom se wortel **struikel** nie."

□ **strui·kel** *werkwoord (teenwoordige tyd* **struikel***, verlede tyd* **het gestruikel***)*

stry argue *"Don't **argue** with me. That colour is dark blue and not black."* "Moenie met my **stry** nie. Daar= die kleur is donkerblou en nie swart nie."

□ **stry** *werkwoord (teenwoordige tyd* **stry***, verlede tyd* **het gestry***)*

stryk[1] form *When the tennis player is on **form**, it is diffi= cult to beat him.* As die tennisspeler op **stryk** is, is dit moeilik om hom te klop.

◆ **van stryk bring** put off *People tried to **put** the poli= tician **off** by shouting remarks during his speech.* Mense het die politikus **van stryk** probeer **bring** deur op= merkings tydens sy toespraak te skree.

□ **stryk** *selfstandige naamwoord (geen meervoud)*

stryk[2] iron *She has a big bundle of washing to **iron**.* Sy het 'n groot bondel wasgoed om te **stryk**.

□ **stryk** *werkwoord (teenwoordige tyd* **stryk***, verlede tyd* **het gestryk***)*

strykyster iron *She burnt a hole in the sheet because the **iron** was too hot.* Sy het 'n gat in die laken gebrand, want die **strykyster** was te warm.

□ **stryk·ys·ter** *selfstandige naamwoord (meervoud* **strykysters***)*

studeer study *George wants to **study** medicine when he goes to university.* George wil medisyne **studeer** wan= neer hy universiteit toe gaan.

◆ **verder studeer** further one's studies *He is going to stay on at university for another year to **further** his **studies**.* Hy gaan nog 'n jaar op universiteit aanbly om **verder te studeer**.

□ **stu·deer** *werkwoord (teenwoordige tyd* **studeer***, verlede tyd* **het gestudeer***)*

student student *Maggie's brother is a **student** at the University of Cape Town.* Maggie se broer is 'n stu= dent aan die Universiteit van Kaapstad.

□ **stu·dent** *selfstandige naamwoord (meervoud* **stu= dente***)*

studie study *Eugène Marais made a **study** of the behav= iour of baboons.* Eugène Marais het 'n **studie** gemaak van die gedrag van bobbejane.

□ **stu·die** *selfstandige naamwoord (meervoud* **stu= dies***)*

stuk ❶ piece *"Did you see the **piece** in the newspaper about the fire on Table Mountain?"* "Het jy die **stuk** in die koerant oor die brand op Tafelberg gesien?" ❷ piece of *He sawed the **piece of** wood in half.* Hy het die **stuk** hout middeldeur gesaag. ❸ length *He bought a **length** of rope.* Hy het 'n **stuk** tou gekoop. ❹ play *We saw a **play** by Shakespeare in the theatre.* Ons het 'n **stuk** deur Shakespeare in die teater gesien.

◆ **aan/in stukke** into/to pieces *She tore the letter **into**/**to pieces** after she had read it.* Sy het die brief **aan/in stukke** geskeur nadat sy dit gelees het.

◆ **in stukke** in pieces *They sell the table **in** five **pieces** which you have to put together yourself.* Hulle verkoop die tafel **in** vyf **stukke** wat jy self aan mekaar moet sit.

◆ **in stukke sny** cut up *"Peel and **cut up** a potato for me, please."* "Skil en **sny** vir my 'n aartappel **in stuk= ke**, asseblief."

◆ **'n stuk of** some *There were **some** 35 000 people at the soccer match.* Daar was **'n stuk of** 35 000 mense by die sokkerwedstryd.

◆ **stuk(kie) brood/koek/vleis** piece of bread/cake/ meat *"Would you like another **piece of bread/cake/ meat**?"* "Wil jy nog 'n **stuk(kie) brood/koek/vleis** hê?"

☐ **stuk** *selfstandige naamwoord (meervoud* **stukke***)*

stukkend ❶ to pieces *The plate fell* **to pieces** *on the kitchen floor.* Die bord het op die vloer **stukkend** geval. **❷** broken [a] *"You can't use the telephone – it's* **broken***."* "Jy kan nie die telefoon gebruik nie – dis **stukkend**." [b] *Pieces of glass were lying under the* **broken** *window.* Stukkies glas het onder die **stukkende** venster gelê. **❸** out of order *"You'll have to use the stairs because the lift is* **out of order***."* "Jy sal die trap moet gebruik, want die hyser is **stukkend**." **❹** torn *The beggar has old,* **torn** *clothes on.* Die bedelaar het ou, **stukkende** klere aan.

☐ **stuk·kend** *byvoeglike naamwoord (attributief* **stukkende***)*

stuur ❶ send [a] *"I'll* **send** *you the parcel* (OR *I'll* **send** *the parcel to you) by post."* "Ek sal die pakkie per pos aan jou **stuur**." [b] *Walter's mother* **sent** *him to the café to buy some milk.* Walter se ma **het** hom kafee toe **gestuur** om melk te koop. **❷** steer *Dad said to mum, "You* **steer** *the car; I'll push."* Pa het vir ma gesê: "**Stuur** jy die motor; ek sal stoot."

◆ **stuur van** send off *The referee may* **send** *a player* **off** *the field for dirty play.* Die skeidsregter mag 'n speler weens vuil spel **van** die veld **stuur**.

☐ **stuur** *werkwoord (teenwoordige tyd* **stuur***, verlede tyd* **het gestuur***)*

stuurwiel steering-wheel *His hands were resting on the* **steering-wheel** *of the car.* Sy hande het op die **stuurwiel** van die motor gerus.

☐ **stuur·wiel** *selfstandige naamwoord (meervoud* **stuurwiele***)*

styf¹ ❶ stiff [a] *Cardboard is* **stiff** *and doesn't bend easily.* Karton is **styf** en buig nie maklik nie. [b] *My fingers are* **stiff** *with cold.* My vingers is **styf** van die koue. [c] *A* **stiff** *breeze blew from the sea.* 'n **Stywe** bries het van die see af gewaai. **❷** tight [a] *The lid was so* **tight** *that I couldn't get the jar open.* Die deksel het so **styf** gesit dat ek nie die fles kon oopkry nie. [b] *"Join the two ropes together with a* **tight** *knot."* "Las die twee toue met 'n **stywe** knoop aan mekaar." [c] *My belt was a bit* **tight** *after all the food I had eaten.* My belt het 'n bietjie **styf** gesit na al die kos wat ek geëet het. **❹** close *The little girl stood* **close** *against her mother.* Die dogtertjie het **styf** teen haar ma gestaan.

◆ **styf teen mekaar** close together *The two cats sat* **close together** *to keep warm.* Die twee katte het **styf teen mekaar** gesit om warm te bly.

☐ **styf** *bywoord*

styg ❶ rise, go up *The price of food continues to* **rise** (OR **go up***).* Die prys van kos hou aan **styg**. **❷** rise [a] *The road* **rises** *steeply near the top of the mountain.* Die pad **styg** skerp naby die top van die berg. [b] *The river* **rose** *by a few metres after the heavy rain.* Die rivier **het** na die swaar reën met 'n paar meter **gestyg**. [c] *The aeroplane* **rose** *into the air.* Die vliegtuig **het** in die lug **gestyg**.

☐ **styg** *werkwoord (teenwoordige tyd* **styg***, verlede tyd* **het gestyg***)*

styging rise, increase *As soon as petrol becomes more expensive, it leads to a* **rise** (OR *an* **increase***) in the price of other goods.* Sodra petrol duurder word, lei dit tot 'n **styging** in die prys van ander goedere.

☐ **sty·ging** *selfstandige naamwoord (meervoud* **styginge/stygings***)*

sug¹ sigh *"I don't feel like it, but I'll have to go and do my homework," he said with a* **sigh**. "Ek het nie lus nie, maar ek sal my huiswerk moet gaan doen," het hy met 'n **sug** gesê.

☐ **sug** *selfstandige naamwoord (meervoud* **sugte***)*

sug² sigh *"Why do you always* **sigh** *when I ask you to do something for me?"* "Hoekom **sug** jy altyd as ek jou vra om iets vir my te doen?"

☐ **sug** *werkwoord (teenwoordige tyd* **sug***, verlede tyd* **het gesug***)*

suid south *Namibia lies* **south** *of Angola.* Namibië lê **suid** van Angola.

☐ **suid** *bywoord*

Suid-Afrika South Africa *Zimbabwe lies north of* **South Africa***.* Zimbabwe lê noord van **Suid-Afrika**.

☐ **Suid-A·fri·ka** *selfstandige naamwoord (geen meervoud)*

Suid-Afrikaans South African *It is typically* **South African** *to braai meat in the open air.* Dit is tipies **Suid-Afrikaans** om vleis in die buitelug te braai.

☐ **Suid-A·fri·kaans** *byvoeglike naamwoord (attributief* **Suid-Afrikaanse***)*

Suid-Afrikaner South African *A person who was born in South Africa is a* **South African***.* Iemand wat in Suid-Afrika gebore is, is 'n **Suid-Afrikaner**.

☐ **Suid-A·fri·ka·ner** *selfstandige naamwoord (meervoud* **Suid-Afrikaners***)*

suide south *Port Elizabeth lies in the* **south** *and Johannesburg is in the north of our country.* Port Elizabeth lê in die **suide** en Johannesburg is in die noorde van ons land.

☐ **sui·de** *selfstandige naamwoord (geen meervoud)*

suidelike southern *Port Elizabeth lies in the* **southern** *part of our country.* Port Elizabeth lê in die **suidelike** deel van ons land.

☐ **sui·de·li·ke** *attributiewe byvoeglike naamwoord*

suig suck *"Don't* **suck** *your thumb, Tommy; you're not a baby!"* "Moenie jou duim **suig** nie, Tommie; jy's nie 'n baba nie!"

☐ **suig** *werkwoord (teenwoordige tyd* **suig***, verlede tyd* **het gesuig***)*

suiker sugar *"Do you take milk and **sugar** in your tea?"* "Drink jy melk en **suiker** in jou tee?"
☐ **sui·ker** *selfstandige naamwoord (geen meervoud)*

suinig stingy, mean *"Don't be so **stingy/mean**; give your brother one of your sweets."* "Moenie so **suinig** wees nie; gee vir jou broer een van jou lekkers."
☐ **sui·nig** *byvoeglike naamwoord (attributief **suinige**)* **suiniger, suinigste**

suip drink *The boy gave the horse a bucket of water to **drink**.* Die seun het die perd 'n emmer water gegee om te **suip**.
☐ **suip** *werkwoord (teenwoordige tyd **suip**, verlede tyd het **gesuip**)*

suiwer pure *The air in the mountains is **pure** and healthy.* Die lug in die berge is **suiwer** en gesond.
☐ **sui·wer** *byvoeglike naamwoord (attributief **suiwer**)* **suiwerder, suiwerste**

sukkel ❶ have trouble *"Your map is quite clear – I shouldn't **have trouble** finding your house."* "Jou kaart is mooi duidelik – ek behoort nie te **sukkel** om jul huis te vind nie." ❷ struggle *I **struggle** with maths because I don't have a head for figures.* Ek **sukkel** met wiskunde omdat ek nie 'n kop vir syfers het nie.
☐ **suk·kel** *werkwoord (teenwoordige tyd **sukkel**, verlede tyd het **gesukkel**)*

sukses success [a] *Christine worked very hard to achieve **success** in the examination.* Christine het baie hard gewerk om **sukses** in die eksamen te behaal. [b] *"Was the party a **success**?" – "No, it was a flop."* "Was die partytjie 'n **sukses**?" – "Nee, dit was 'n mislukking." ◆ **alle sukses!** good luck! *"**Good luck** with the exams!"* "**Alle sukses** met die eksamen!" ◆ **sukses behaal met** make a success of *As I know her, she'll go to a lot of trouble to **make a success of** the party.* Soos ek haar ken, sal sy baie moeite doen om **sukses met** die partytjie te **behaal**.
☐ **suk·ses** *selfstandige naamwoord (meervoud **suksesse**)*

suksesvol successful *He is very scientific in the way he farms, that's why he is so **successful**.* Hy is baie wetenskaplik in die manier waarop hy boer, dis dié dat hy so **suksesvol** is.
☐ **suk·ses·vol** *byvoeglike naamwoord (attributief **suksesvolle**)* **suksesvoller, suksesvolste**

sulke such *Never in my life have I seen **such** large apples.* Ek het nog nooit in my lewe **sulke** groot appels gesien nie.
☐ **sul·ke** *voornaamwoord*

supermark supermarket *We buy all our groceries at the **supermarket**.* Ons koop al ons kruideniersware by die **supermark**.
☐ **su·per·mark** *selfstandige naamwoord (meervoud **supermarkte**)*

sussie little sister *Simon's **little sister** is two years old.* Simon se **sussie** is twee jaar oud.
☐ **sus·sie** *selfstandige naamwoord (meervoud **sussies**)*

suster sister [a] *I have one **sister** and two brothers.* Ek

het een **suster** en twee broers. [b] *"What is the name of the **sister** who is in charge of this ward?" the patient asked.* "Wat is die naam van die **suster** wat in beheer van dié saal is?" het die pasiënt gevra.
☐ **sus·ter** *selfstandige naamwoord (meervoud **susters**)*

suur sour *Vinegar is **sour**.* Asyn is **suur**.
☐ **suur** *byvoeglike naamwoord (attributief **suur**)* **suurder, suurste**

suurlemoen lemon *The juice of a **lemon** is very sour.* Die sap van 'n **suurlemoen** is baie suur.
☐ **suur·le·moen** *selfstandige naamwoord (meervoud **suurlemoene**)*

swaai[1] ❶ swing [a] *She walks like a model, with a **swing** of the hips.* Sy loop soos 'n mannekyn, met 'n **swaai** van die heupe. [b] *The little boy is riding on a **swing** in the park.* Die seuntjie ry op 'n **swaai** in die park. ❷ twist *The road through the mountains is full of **twists** and turns.* Die pad deur die berge is vol **swaaie** en draaie.
☐ **swaai** *selfstandige naamwoord (meervoud **swaaie**)*

swaai[2] ❶ swing [a] *You **swing** your arms when you run.* Jy **swaai** jou arms as jy hardloop. [b] *Philip is **swinging** on a rope hanging from the tree.* Philip **swaai** aan 'n tou wat van die boom afhang. [c] *She **swung** her baby onto her back.* Sy het haar baba op haar rug **geswaai**. ❷ wag *Dogs **wag** their tails when they are happy.* Honde **swaai** hul sterte as hulle bly is. ❸ sway, wave *The trees **sway/wave** to and fro in the wind.* Die bome **swaai** heen en weer in die wind. ❹ wave *He **waved** his arms wildly to attract our attention.* Hy het sy arms wild **geswaai** om ons aandag te trek. ❺ twist *The road **twists** and turns through the mountains.* Die pad **swaai** en draai deur die berge.
☐ **swaai** *werkwoord (teenwoordige tyd **swaai**, verlede tyd het **geswaai**)*

swaar[1] ❶ heavy [a] *The table is so **heavy** that two men have to carry it.* Die tafel is so **swaar** dat twee mans dit moet dra. [b] *"How **heavy** are you?" – "I weigh 50 kilograms."* "Hoe **swaar** is jy?" – "Ek weeg 50 kilogram." [c] ***Heavy** rain caused a flood in the valley.* **Swaar** reën het 'n vloed in die vallei veroorsaak. [d] *It was a **heavy** blow to Thomas when his dog died.* Dit was vir Thomas 'n **swaar** slag toe sy hond dood is. ❷ difficult, hard *It's **difficult/hard** to say goodbye to friends who are going away for good.* Dis **swaar** om afskeid te neem van vriende wat vir goed weggaan. ❸ hard, tough *Life in a desert is rather **hard/tough**.* Die lewe in 'n woestyn is maar **swaar**. ❹ stiff *The examination was so **stiff** that half the class failed.* Die eksamen was so **swaar** dat die helfte van die klas gesak het.
☐ **swaar** *byvoeglike naamwoord (attributief **swaar**)* **swaarder, swaarste**

swaar[2] ❶ heavily *It rained so **heavily** that the level of the dam rose by a metre.* Dit het so **swaar** gereën dat die vlak van die dam met 'n meter gestyg het. ❷ deeply *The* *news of his death will affect her* **deeply**. Die nuus van sy dood sal haar **swaar** tref.

◆ **swaar kry om te ..., swaar ...** have difficulty (in) ..., find it difficult to ... *I* **have difficulty (in)** *swallowing* (OR *I* **find it difficult** *to swallow*) *because my throat is very sore*. Ek **kry swaar om te** sluk (OF Ek sluk **swaar**), want my keel is baie seer.

☐ **swaar** *bywoord*

swak[1] **❶** weak **[a]** *After his long illness he was too* **weak** *to walk*. Na sy lang siekte was hy te **swak** om te loop. **[b]** *The shelf broke because it was too* **weak** *for the weight of the books*. Die rak het gebreek, want dit was te **swak** vir die gewig van die boeke. **[c]** *People with* **weak** *eyesight can't see far*. Mense met **swak** oë kan nie ver sien nie. **[d]** *"Don't read in* **weak** *light; it's bad for your eyes."* "Moenie in **swak** lig lees nie; dis sleg vir jou oë." **[e]** *"I know I shouldn't have another piece of cake, but I'm too* **weak** *to say 'No'."* "Ek weet ek moenie nog 'n stukkie koek eet nie, maar ek is te **swak** om 'Nee' te sê." **❷** bad, weak *Tom is good at languages but* **bad/weak** *at maths*. Tom is goed in tale, maar **swak** in wiskunde. **❸** poor *Toys of* **poor** *quality break easily*. Speelgoed van **swak** gehalte breek maklik.

☐ **swak** *byvoeglike naamwoord (attributief* **swak***) swakker, swakste*

swak[2] badly *The toy is* **badly** *made and won't last long*. Die speelding is **swak** gemaak en sal nie lank hou nie.

☐ **swak** *bywoord*

swart[1] black *Black is the darkest colour*. **Swart** is die donkerste kleur.

☐ **swart** *selfstandige naamwoord (geen meervoud)*

swart[2] black *She wore a* **black** *dress to his funeral*. Sy het 'n **swart** rok na sy begrafnis gedra.

☐ **swart** *byvoeglike naamwoord (attributief* **swart***) swarter, swartste*

sweep whip *The driver cracked his* **whip** *to make the donkeys run faster*. Die drywer het met sy **sweep** geklap om die donkies vinniger te laat hardloop.

☐ **sweep** *selfstandige naamwoord (* **swepe***)*

sweet[1] sweat, perspiration *After the soccer practice his shirt was wet through with* **sweat/perspiration**. Na die sokkeroefening was sy hemp deurnat van die **sweet**.

☐ **sweet** *selfstandige naamwoord (geen meervoud)*

sweet[2] sweat, perspire *Exercise makes you* **sweat/ perspire**. Oefening laat jou **sweet**.

☐ **sweet** *werkwoord (teenwoordige tyd* **sweet***, verlede tyd* **het gesweet***)*

swel swell *Rain can cause wood to* **swell**. Reën kan hout laat **swel**.

☐ **swel** *werkwoord (teenwoordige tyd* **swel***, verlede tyd* **het geswel***)*

swem swim *Fish* **swim** *but birds fly*. Visse **swem** maar voëls vlieg.

☐ **swem** *werkwoord (teenwoordige tyd* **swem***, verlede tyd* **het geswem***)*

swembad (swimming) pool *He dived into the* **(swim= ming) pool** *and swam three lengths*. Hy het in die **swembad** geduik en drie lengtes geswem.

☐ **swem·bad** *selfstandige naamwoord (meervoud* **swembaddens***)*

swemmer swimmer *A shark bit the* **swimmer** *in the leg*. 'n Haai het die **swemmer** aan die been gebyt.

☐ **swem·mer** *selfstandige naamwoord (meervoud* **swemmers***)*

swerm ❶ swarm *She nearly died after a* **swarm** *of bees had stung her*. Sy is amper dood nadat 'n **swerm** bye haar gesteek het. **❷** flock *I saw a* **flock** *of birds fly over the dam*. Ek het 'n **swerm** voëls oor die dam sien vlieg.

☐ **swerm** *selfstandige naamwoord (meervoud* **swerms***)*

sy[1] side **[a]** *Cynthia lay on her* **side** *with her back to the wall*. Cynthia het op haar **sy** gelê met haar rug na die muur toe. **[b]** *A square has four* **sides**. 'n Vierkant het vier **sye**.

☐ **sy** *selfstandige naamwoord (meervoud* **sye***)*

sy[2] **❶** she *She is a pretty girl*. **Sy** is 'n mooi meisie. **❷** his *The boy is almost as tall as* **his** *dad*. Die seun is amper so lank soos **sy** pa. **❸** its *The dog ate all* **its** *food*. Die hond het al **sy** kos opgeëet.

☐ **sy** *voornaamwoord*

syfer figure *"I can't make out this* **figure**. *Is it a 1 or a 7?"* "Ek kan nie dié **syfer** uitmaak nie. Is dit 'n 1 of 'n 7?"

☐ **sy·fer** *selfstandige naamwoord (meervoud* **syfers***)*

syne his *When the teacher asked whose pencil it was, George said it was* **his**. Toe die ondcrwyser vra wie se potlood dit is, het George gesê dis **syne**.

☐ **sy·ne** *voornaamwoord*

sypaadjie pavement *Walk on the* **pavement** *and not in the street*. Loop op die **sypaadjie** en nie in die straat nie.

☐ **sy·paad·jie** *selfstandige naamwoord (meervoud* **sy= paadjies***)*

T

taai ▊ tough [a] *Tough meat is hard to chew.* Dis moeilik om **taai** vleis te kou. [b] *You need to be **tough** to sail round the world in a boat on your own.* Jy moet **taai** wees om alleen in 'n boot om die wêreld te seil. **▊** sticky *The little boy's hands are **sticky** with syrup.* Die seuntjie se hande is **taai** van die stroop.
□ **taai** *byvoeglike naamwoord (attributief **taai**) **taaier, taaiste***

taak ▊ task *It is my **task** to lay the table for dinner in the evening.* Dis my **taak** om saans die tafel vir ete te dek. **▊** duty *He works in a bank and his main **duty** is to receive and pay out money.* Hy werk in 'n bank en sy belangrikste **taak** is om geld te ontvang en uit te betaal.
□ **taak** *selfstandige naamwoord (meervoud **take**)*

taal language *Many people find Afrikaans an easy **language** to learn.* Baie mense vind Afrikaans 'n maklike **taal** om aan te leer.
□ **taal** *selfstandige naamwoord (meervoud **tale**)*

taamlik rather, quite *It is **rather/quite** hot today.* Dis **taamlik** warm vandag.
♦ **taamlik baie** quite a lot *There were **quite a lot** of people at her wedding.* Daar was **taamlik baie** mense by haar troue.
♦ **taamlik goed** fair *He stands a **fair** chance of becoming a prefect – he is clever, and the children like him.* Sy kanse staan **taamlik goed** om prefek te word – hy is slim, 'en die kinders hou van hom.
♦ **taamlik lank** quite some time *"Is that a new dress?" – "No, I bought it **quite some time** ago."* "Is dit 'n nuwe rok?" – "Nee, ek het dit **taamlik lank** gelede gekoop."
□ **taam·lik** *bywoord*

tabak tobacco *Cigarettes are made with **tobacco**.* Sigarette word van **tabak** gemaak.
□ **ta·bak** *selfstandige naamwoord (geen meervoud)*

tafel table *"Your food is on the **table** in the kitchen."* "Jou kos is op die **tafel** in die kombuis."
□ **ta·fel** *selfstandige naamwoord (meervoud **tafels**)*

tafeldoek tablecloth *The gravy has spotted the clean **tablecloth**.* Die sous het 'n kol op die skoon **tafeldoek** gemaak.
□ **ta·fel·doek** *selfstandige naamwoord (meervoud **tafeldoeke**)*

tagtig eighty *Eight times ten is **eighty**.* Agt maal tien is **tagtig**.
□ **tag·tig** *telwoord*

tagtigste eightieth *My grandfather died in his **eightieth** year.* My oupa is in sy **tagtigste** jaar dood.
□ **tag·tig·ste** *telwoord*

tak branch [a] *He cut a **branch** off the tree.* Hy het 'n

tak van die boom afgesny. [b] *Large banks have a **branch** in every town.* Groot banke het 'n **tak** op elke dorp.
□ **tak** *selfstandige naamwoord (meervoud **takke**)*

tamatie tomato *She cut up a **tomato** and added it to the salad.* Sy het 'n **tamatie** opgesny en dit by die slaai gevoeg.
□ **ta·ma·tie** *selfstandige naamwoord (meervoud **tamaties**)*

tamatiesous tomato sauce *I had a piece of sausage with **tomato sauce** and bread for lunch.* Ek het 'n stuk wors met **tamatiesous** en brood vir middagete gehad.
□ **ta·ma·tie·sous** *selfstandige naamwoord (geen meervoud)*

tand tooth *Linda has gone to the dentist to have a **tooth** pulled.* Linda is tandarts toe om 'n **tand** te laat trek.
♦ **op die tande byt** ⇨ **byt**.
□ **tand** *selfstandige naamwoord (meervoud **tande**)*

tandarts dentist *The **dentist** gave me an injection before he filled my tooth.* Die **tandarts** het my 'n inspuiting gegee voordat hy my tand gestop het.
□ **tand·arts** *selfstandige naamwoord (meervoud **tandartse**)*

tandeborsel toothbrush *One cleans one's teeth with a **toothbrush**.* 'n Mens maak jou tande met 'n **tandeborsel** skoon.
□ **tan·de·bor·sel** *selfstandige naamwoord (meervoud **tandeborsels**)*

tandepasta toothpaste *After he had brushed his teeth, he rinsed the **toothpaste** out of his mouth.* Nadat hy sy tande geborsel het, het hy die **tandepasta** uit sy mond gespoel.
□ **tan·de·pas·ta** *selfstandige naamwoord (geen meervoud)*

tandpyn toothache *I get **toothache** when I eat sweet things.* Ek kry **tandpyn** as ek soet goed eet.
□ **tand·pyn** *selfstandige naamwoord (geen meervoud)*

tang ▊ pliers *Pliers can cut through wire.* 'n **Tang** kan deur draad sny. **▊** pair of pliers *He pulled out the nail with a **pair of pliers**.* Hy het die spyker met 'n **tang** uitgetrek.
□ **tang** *selfstandige naamwoord (meervoud **tange**)*

> **tannie** is 'n informele woord vir **tante**; jy skryf dit met 'n hoofletter wanneer dit as aanspreekvorm gebruik word; sodra jy 'n eienaam byvoeg, begin die aanspreekvorm met 'n kleinletter: *"Môre, **Tannie**." "Môre, **tannie** Smit."*

tante aunt *Your mother or father's sister is your **aunt**.* Jou ma of pa se suster is jou **tante**.
□ **tan·te** *selfstandige naamwoord (meervoud **tantes**)*

tapyt carpet *Our lounge floor is covered with a green carpet.* Ons sitkamervloer is met 'n groen **tapyt** bedek.
□ **ta·pyt** *selfstandige naamwoord (meervoud* **tapyte***)*

tas ◻**1** bag *His bag of school-books is very heavy.* Sy **tas** met skoolboeke is baie swaar. ◻**2** case, suitcase *"Don't forget to put in your pyjamas when you pack your case/ suitcase."* "Moenie vergeet om jou nagklere in te sit wanneer jy jou **tas** pak nie."
□ **tas** *selfstandige naamwoord (meervoud* **tasse***)*

taxi taxi *She missed the bus and had to take a taxi home.* Sy het die bus gemis en moes 'n **taxi** huis toe neem.
□ **taxi** *selfstandige naamwoord (meervoud* **taxi's***)*

te[1] too *"The balloon will burst if you blow too much air into it."* "Die ballon sal bars as jy **te** veel lug daarin blaas."
□ **te** *bywoord*

te[2] on *He went for a ride on horseback.* Hy het 'n entjie **te** perd gaan ry.
◆ **om nie te ... nie** ⇨ **om**[2].
◆ **om te** to *"Remember to switch off the lights before you go to bed."* "Onthou **om** die ligte af **te** sit voor jy gaan slaap."
□ **te** *voorsetsel*

teater theatre *We saw a play by Shakespeare in the theatre.* Ons het 'n toneelstuk deur Shakespeare in die **teater** gesien.
□ **te·a·ter** *selfstandige naamwoord (meervoud* **teaters***)*

tee tea **[a]** *"Do you take milk and sugar in your tea?"* "Drink jy melk en suiker in jou **tee**?" **[b]** *"Waiter, could we have two teas and one coffee, please?"* "Kelner, kan ons twee **tees** en een koffie kry, asseblief?" **[c]** *Mum invited some friends to tea.* Ma het 'n paar vriendinne vir **tee** gevra.
□ **tee** *selfstandige naamwoord (geen meervoud by* **a***; *tees* by* **b** *en* **c***)*

teelepel teaspoon **[a]** *She stirred her tea with a teaspoon.* Sy het haar tee met 'n **teelepel** geroer. **[b]** *He put two teaspoons of sugar in his coffee.* Hy het twee **teelepels** suiker in sy koffie gegooi.
◆ **teelepel vol** teaspoonful *Take a teaspoonful of medicine after every meal.* Drink 'n **teelepel vol** medisyne na elke maal.
□ **tee·le·pel** *selfstandige naamwoord (meervoud* **teelepels***)*

teen ◻**1** against **[a]** *"Are you for or against the plan?"* "Is jy vir of **teen** die plan?" **[b]** *She sat with her back against the tree.* Sy het met haar rug **teen** die boom gesit. **[c]** *The doctor gave him an injection against flu.* Die dokter het hom **teen** griep ingespuit. ◻**2** at *We bought six apples at 20c each.* Ons het ses appels **teen** 20c elk gekoop. ◻**3** by *My dad gets home by 17:30 in the evening.* My pa kom saans **teen** 17:30 tuis. ◻**4** toward, towards *"Come and see me toward/towards the end of the month, round about the 28th."* "Kom spreek my **teen** die end van die maand, so om en by die 28ste." ◻**5** near *Near the end of the year everyone is tired and looks*

forward to the holidays. **Teen** die end van die jaar is almal moeg en sien uit na die vakansie. ◻**6** into *The car skidded on the wet road and crashed into a tree.* Die motor het op die nat pad gegly en **teen** 'n boom vasgery. ◻**7** to *Our team won the match by three points to nil.* Ons span het die wedstryd met drie punte **teen** nul gewen. ◻**8** on *She knocked her head on the table.* Sy het haar kop **teen** die tafel gestamp.
◆ **(so) teen, teen ... (se kant)** (at) about *We left the house (at) about eight o'clock.* Ons het die huis **teen** agtuur (OF **so teen** agtuur OF **teen** agtuur **se kant**) verlaat.
◆ **styf teen mekaar** ⇨ **styf**[2].
◆ **teen ... (se kant)** toward, towards *It became cooler toward/towards evening.* Dit het **teen** die aand **(se kant)** koeler geword.
□ **teen** *voorsetsel*

teenoor ◻**1** opposite *My brother sits opposite me at table.* My broer sit **teenoor** my aan tafel. ◻**2** to *"Please be kind to her."* "Wees asseblief vriendelik **teenoor** haar." ◻**3** toward, towards *He was very polite toward/ towards me.* Hy was baie beleef **teenoor** my. ◻**4** off *Madagascar is a big island off the coast of Mozambique.* Madagaskar is 'n groot eiland **teenoor** die kus van Mosambiek.
□ **teen·oor** *voorsetsel*

teenoorgestel(d) opposite *East is the opposite direction to west.* Oos is die **teenoorgestelde** rigting van wes.
□ **teen·oor·ge·stel(d)** *byvoeglike naamwoord (gewoonlik attributief* **teenoorgestelde***)*

teenoorgestelde opposite *Hate is the opposite of love.* Haat is die **teenoorgestelde** van liefde.
□ **teen·oor·ge·stel·de** *selfstandige naamwoord (meervoud* **teenoorgesteldes***)*

teenwoordig present *"How many people were present at her wedding?"* "Hoeveel mense was by haar troue **teenwoordig**?"
◆ **teenwoordige tyd** present tense *The present tense of the verb "mix" is "mix" or "mixes".* Die **teenwoordige tyd** van die werkwoord "aanmaak" is "maak aan".
□ **teen·woor·dig** *byvoeglike naamwoord (attributief* **teenwoordige***)*

teer[1] tar *In very hot weather the tar on the road becomes soft and sticky.* In baie warm weer word die **teer** op die pad sag en taai.
□ **teer** *selfstandige naamwoord (geen meervoud)*

teer[2] tar *It costs a great deal of money to tar a road.* Dit kos baie geld om 'n pad te **teer**.
□ **teer** *werkwoord (teenwoordige tyd* **teer**, *verlede tyd* **het geteer***)*

teerpad tarred road *The tarred road becomes a dirt road just outside the town.* Die **teerpad** word 'n grondpad kort buite die dorp.
□ **teer·pad** *selfstandige naamwoord (meervoud* **teerpaaie***)*

tegelyk ❶ (all) at once *"I have only one pair of hands – I can't do everything (all) at once!"* "Ek het net een paar hande – ek kan nie alles **tegelyk** doen nie!" **❷** together *"One at a time – don't all speak together!"* "Een op 'n slag – moenie almal **tegelyk** praat nie!"

☐ **te·ge·lyk** *bywoord*

teken[1] sign **[a]** + *is the sign for "plus".* + is die **teken** vir "plus". **[b]** *When you put your finger to your lips, it is a sign for others to be quiet.* As jy jou vinger op jou lippe sit, is dit 'n **teken** dat ander moet stilbly. **[c]** *There is no sign of life at their house – they are probably away.* Daar is geen **teken** van lewe by hul huis nie – hulle is seker weg. **[d]** *The dark clouds in the sky are a sign of rain.* Die donker wolke in die lug is 'n **teken** van reën.

☐ **te·ken** *selfstandige naamwoord (meervoud* **tekens***)*

teken[2] **❶** draw *The children had to draw a picture of a tree.* Die kinders moes 'n prent van 'n boom **teken**. **❷** sign *"Sign your name at the bottom of the letter."* "**Te·ken** jou naam onderaan die brief."

☐ **te·ken** *werkwoord (teenwoordige tyd* **teken***, verlede tyd* **het geteken***)*

tekening drawing *He made a drawing of a car and coloured it in with crayons.* Hy het 'n **tekening** van 'n motor gemaak en dit met kryt ingekleur.

☐ **te·ke·ning** *selfstandige naamwoord (meervoud* **teke·ninge/tekenings***)*

tekort shortage *In the thirties there was a great shortage of work – those were difficult times for most South Africans.* In die dertigerjare was daar 'n groot **tekort** aan werk – dit was moeilike tye vir die meeste Suid-Afrikaners.

☐ **te·kort** *selfstandige naamwoord (meervoud* **te·korte***)*

tel ❶ count **[a]** *"Count how many apples there are in the box – I get 24."* "**Tel** hoeveel appels daar in die doos is – ek kry 24." **[b]** *My little sister can count up to fifty.* My sussie kan tot by vyftig **tel**. **❷** count, reckon *I count/reckon Lynette as a friend (OR among my friends).* Ek **tel** Lynette onder my vriende. **❸** number *The people at the boxing-match numbered several thousands.* Die mense by die boksgeveg **het** etlike duisende **getel**.

☐ **tel** *werkwoord (teenwoordige tyd* **tel***, verlede tyd* **het getel***)*

telefoon telephone, phone *He answered the telephone/phone and said, "Hallo, this is Theo speaking."* Hy het die **telefoon** geantwoord en gesê: "Hallo, dis Theo wat praat."

◆ **met ... oor die telefoon praat** be on the telephone/phone to ... *"Please turn the radio down – I am on the telephone/phone to granny!"* "Draai asseblief die radio af – ek **praat met** ouma **oor die telefoon**!"

◆ **'n telefoon hê** be on the telephone/phone *We've moved into a new house and are not on the telephone/*

phone *yet.* Ons het in 'n nuwe huis getrek en **het** nog nie **'n telefoon** nie.

◆ **oor die telefoon** on/over the telephone/phone *"Who were you speaking to on/over the telephone/phone?"* "Met wie het jy **oor die telefoon** gepraat?"

◆ **oor die telefoon wil praat met** want on the telephone/phone *"Dad, somebody wants you on the telephone/phone."* "Pa, iemand **wil met** jou **oor die telefoon praat**."

◆ **per telefoon** by telephone/phone *"I'll let you know by telephone/phone whether I may come and play with you this afternoon."* "Ek sal jou **per telefoon** laat weet of ek vanmiddag by jou kan kom speel."

☐ **te·le·foon** *selfstandige naamwoord (meervoud* **tele·fone***)*

telefoongids telephone directory, telephone book, phone book *"What is Gloria's telephone number?" – "I don't know; look it up in the telephone directory (OR telephone book OR phone book)."* "Wat is Gloria se telefoonnommer?" – "Ek weet nie; slaan dit in die **telefoongids** na."

☐ **te·le·foon·gids** *selfstandige naamwoord (meervoud* **telefoongidse***)*

telefoonhokkie phone box, phone booth, telephone box, telephone booth, call-box *"I'll phone you from the phone box/booth (OR telephone box/booth OR call-box) outside the post office."* "Ek sal jou van die **telefoonhokkie** buite die poskantoor bel."

☐ **te·le·foon·hok·kie** *selfstandige naamwoord (meervoud* **telefoonhokkies***)*

telefoonnommer telephone number, phone number *Our telephone/phone number is 24 1163.* Ons **tele·foonnommer** is 24 1163.

☐ **te·le·foon·nom·mer** *selfstandige naamwoord (meervoud* **telefoonnommers***)*

telegram telegram *He went to the post office to send Lynette a telegram of congratulations.* Hy is poskantoor toe om aan Lynette 'n **telegram** van gelukwense te stuur.

☐ **te·le·gram** *selfstandige naamwoord (meervoud* **tele·gramme***)*

teleurgestel(d) disappointed *Doreen is very disappointed because she got a B for history and not an A.* Doreen is baie **teleurgestel/teleurgesteld** omdat sy 'n B vir geskiedenis gekry het en nie 'n A nie.

☐ **te·leur·ge·stel(d)** *byvoeglike naamwoord (attributief* **teleurgestelde***)*

teleurstel disappoint *"Sorry to disappoint you, but I can't come to your party."* "Jammer dat ek jou moet **teleurstel**, maar ek kan nie na jou partytjie toe kom nie."

☐ **te·leur·stel** *werkwoord (teenwoordige tyd* **stel te·leur***, verlede tyd* **het teleurgestel***)*

teleurstelling disappointment *To Doreen's great disappointment she got a B for history and not an A.* Tot Doreen se groot **teleurstelling** het sy 'n B vir geskiedenis gekry en nie 'n A nie.

□ te·**leur**·stel·ling *selfstandige naamwoord (meer=voud* **teleurstellinge/teleurstellings***)*

televisie television **[a]** *Simon likes to watch the sports programmes on* **television**. Simon kyk graag na die sportprogramme op **televisie**. **[b]** *The television stands on a low table in the corner of the room.* Die **televisie** staan op 'n lae tafel in die hoek van die kamer.

□ te·le·**vi**·sie *selfstandige naamwoord (geen meervoud by* **a***;* **televisies** *by* **b***)*

> **TV** is die afkorting vir **televisie**.

televisiestel television set *Our* **television set** *is broken.* Ons **televisiestel** is stukkend.

□ te·le·**vi**·sie·stel *selfstandige naamwoord (meervoud* **televisiestelle***)*

telling score *The* **score** *in the soccer match was 2 goals to 1.* Die **telling** in die sokkerwedstryd was 2 doele teen 1.

□ **tel**·ling *selfstandige naamwoord (meervoud* **tellings***)*

temperatuur temperature **[a]** *Water begins to boil at a* **temperature** *of 100 °C.* Water begin by 'n **temperatuur** van 100 °C kook. **[b]** *The doctor took the* **temperature** *of the sick child.* Die dokter het die **temperatuur** van die siek kind gemeet.

□ tem·pe·ra·**tuur** *selfstandige naamwoord (meervoud* **temperature***)*

tenk tank **[a]** *How much petrol is there in the* **tank** *of the car?* Hoeveel petrol is daar in die **tenk** van die motor? **[b]** *The soldiers attacked the enemy with planes and* **tanks**. Die soldate het die vyand met vliegtuie en **tenks** aangeval.

□ **tenk** *selfstandige naamwoord (meervoud* **tenks***)*

tennis tennis **Tennis** *is a game for two or four players who hit a ball backwards and forwards over a net with rackets.* **Tennis** is 'n spel vir twee of vier spelers wat 'n bal met rakette heen en weer oor 'n net slaan.

□ **ten**·nis *selfstandige naamwoord (geen meervoud)*

tensy unless **[a]** *"See you later* **unless** *you let me know you can't come."* "Sien jou later **tensy** jy my laat weet jy kan nie kom nie." **[b]** *"Have an orange –* **unless** *you prefer an apple."* "Kry 'n lemoen – **tensy** jy 'n appel verkies."

□ **ten**·sy *voegwoord*

tent tent *We sleep in a* **tent** *when we go camping.* Ons slaap in 'n **tent** as ons gaan kampeer.

□ **tent** *selfstandige naamwoord (meervoud* **tente***)*

ter for *She wore a scarf round her neck* **for** *protection against the cold.* Sy het 'n serp om haar nek **ter** beskerming teen die koue gedra.

□ **ter** *voorsetsel*

terloops by the way *"***By the way***, there's a letter for you on the table."* "**Terloops**, daar's 'n brief vir jou op die tafel."

□ **ter**·loops *bywoord*

term term *In sport the* **term** *"test" refers to a match between the teams of different countries.* In sport verwys

die **term** "toets" na 'n wedstryd tussen spanne van verskillende lande.

□ **term** *selfstandige naamwoord (meervoud* **terme***)*

termometer thermometer *A* **thermometer** *measures temperature.* 'n **Termometer** meet temperatuur.

□ ter·mo·me·ter *selfstandige naamwoord (meervoud* **termometers***)*

terrein grounds *A gardener keeps the* **grounds** *around our school clean and attractive.* 'n Tuinier hou die **terrein** om ons skool skoon en aantreklik.

□ ter·**rein** *selfstandige naamwoord (meervoud* **terreine***)*

terselfdertyd at the same time *I'm going to have a shower and wash my hair* **at the same time**. Ek gaan stort en **terselfdertyd** my hare was.

□ ter·**self**·der·tyd *bywoord*

terug back **[a]** *"Enjoy the party, Esther, but see that you are* **back** *before ten o'clock!"* "Geniet die partytjie, Esther, maar sorg dat jy voor tienuur **terug** is!" **[b]** *The radio story started a few weeks* **back**. Die radioverhaal het 'n paar weke **terug** begin.

□ te·**rug** *bywoord*

terugbel ring back, phone back *"Dad, there was a call for you, but the man said he would* **ring/phone back** *later."* "Pa, daar was vir jou 'n oproep, maar die man het gesê hy sal later **terugbel**."

□ te·**rug**·bel *werkwoord (teenwoordige tyd* **bel terug**, *verlede tyd* **het teruggebel***)*

terugbetaal pay back *"Please lend me 20c – I'll* **pay you back** *tomorrow."* "Leen my asseblief 20c – ek sal jou môre **terugbetaal**."

□ te·**rug**·be·taal *werkwoord (teenwoordige tyd* **betaal terug**, *verlede tyd* **het terugbetaal***)*

terugbring ❶ bring back, return *"You may borrow my bicycle, but see that you* **bring** *it* **back** *(*OR **return** *it) before five o'clock this afternoon."* "Jy kan my fiets leen, maar sorg dat jy dit voor vyfuur vanmiddag **terugbring**." ❷ take back, return *"When must you* **take** *your books* **back** *(*OR **return** *your books) to the library?"* "Wanneer moet jy jou boeke **terugbring** biblioteek toe?"

□ te·**rug**·bring *werkwoord (teenwoordige tyd* **bring terug**, *verlede tyd* **het teruggebring***)*

teruggaan go back *The holidays are over – we have to* **go back** *to school tomorrow.* Die vakansie is om – ons moet môre **teruggaan** skool toe.

□ te·**rug**·gaan *werkwoord (teenwoordige tyd* **gaan terug**, *verlede tyd* **het teruggegaan***)*

teruggee give back *"May I borrow your pen? I'll* **give it back** *to you again."* "Kan ek jou pen leen? Ek sal dit weer vir jou **teruggee**."

□ te·**rug**·gee *werkwoord (teenwoordige tyd* **gee terug**, *verlede tyd* **het teruggegee***)*

terughardloop run back *"I'll have to* **run back** *home to fetch my train ticket."* "Ek sal moet **terughardloop** huis toe om my treinkaartjie te gaan haal."

□ te·**rug**·hard·loop *werkwoord (teenwoordige tyd*

hardloop terug, *verlede tyd* **het teruggehardloop)**

terugkom ❶ come back *"Anna, stay here with Esmé. I'll* ***come back*** *later to fetch you."* "Anna, bly hier by Esmé. Ek sal later **terugkom** om jou te kom haal." ❷ return, get back *"I'll give you a ring as soon as we* ***re-turn*** *(*OR ***get back***) *from holiday."* "Ek sal jou bel sodra ons van vakansie af **terugkom**."
□ **te·rug·kom** *werkwoord (teenwoordige tyd* **kom te-rug,** *verlede tyd* **het teruggekom)**

terugkoms return *The leader had to answer many ques-tions on his* ***return*** *from Europe.* Die leier moes baie vrae by sy **terugkoms** uit Europa beantwoord.
□ **te·rug·koms** *selfstandige naamwoord (geen meer-voud)*

terugkry have back *"Thank you for lending me your pen – you can* ***have*** *it* ***back*** *this afternoon."* "Dankie dat jy my jou pen geleen het – jy kan dit vanmiddag **terug-kry.**"
□ **te·rug·kry** *werkwoord (teenwoordige tyd* **kry te-rug,** *verlede tyd* **het teruggekry)**

terugneem take back *The shop will* ***take back*** *the dress if it doesn't fit you.* Die winkel sal die rok **terugneem** as dit jou nie pas nie.
□ **te·rug·neem** *werkwoord (teenwoordige tyd* **neem terug,** *verlede tyd* **het teruggeneem)**

terugsit put back *"Would you like some milk too, or may I* ***put*** *the bottle* ***back*** *in the fridge?"* "Wil jy ook 'n bietjie melk hê, of kan ek die bottel maar in die yskas **terugsit?**"
□ **te·rug·sit** *werkwoord (teenwoordige tyd* **sit terug,** *verlede tyd* **het teruggesit)**

terugskryf, terugskrywe write back *"I'll* ***write back*** *as soon as I get your letter."* "Ek sal **terugskryf/ terugskrywe** sodra ek jou brief kry."
□ **te·rug·skryf, te·rug·skry·we** *werkwoord (teen-woordige tyd* **skryf/skrywe terug,** *verlede tyd* **het teruggeskryf/teruggeskrywe)**

terugstuur send back *The doctor had to* ***send*** *the patient* ***back*** *to hospital for a second operation.* Die dok-ter moes die pasiënt **terugstuur** hospitaal toe vir 'n tweede operasie.
□ **te·rug·stuur** *werkwoord (teenwoordige tyd* **stuur terug,** *verlede tyd* **het teruggestuur)**

terugvat take back *"The shop will* ***take back*** *the dress if it doesn't fit you."* "Die winkel sal die rok **terugvat** as dit jou nie pas nie."
□ **te·rug·vat** *werkwoord (teenwoordige tyd* **vat terug,** *verlede tyd* **het teruggevat)**

terwyl ❶ while [a] *The neighbours looked after my dog* ***while*** *we were on holiday.* Die bure het na my hond gekyk **terwyl** ons met vakansie was. [b] *Cynthia spent all her money,* ***while*** *Lynette saved half of hers.* Cynthia het al haar geld uitgegee, **terwyl** Lynette die helfte van hare gespaar het. ❷ when *"Why do you want a new bike* ***when*** *there's nothing wrong with your old one?"* "Hoekom wil jy 'n nuwe fiets hê **terwyl** jou oue niks makeer nie?" ❸ as *She sang* ***as*** *she did her ironing.* Sy

het gesing **terwyl** sy haar strykwerk gedoen het.
□ **ter·wyl** *voegwoord*

tesaam, tesame (put) together *He is cleverer than the rest of us* ***(put) together.*** Hy is slimmer as die res van ons **tesaam/tesame.**
◆ **alles tesaam/tesame** all together *"We've had two cool drinks and one ice-cream – how much is it* ***all to-gether?"*** "Ons het twee koeldranke en een roomys gehad – hoeveel kos dit **alles tesaam/tesame?**"
□ **te·saam, te·sa·me** *bywoord*

tevore before *"I'm sure I've met you* ***before.*** *Your face looks so familiar."* "Ek is seker ek het jou al **tevore** ontmoet. Jou gesig lyk so bekend."
□ **te·vo·re** *bywoord*

tevrede satisfied, pleased, happy *"I'm not* ***satisfied/ pleased/happy*** *with your marks; you can do much bet-ter."* "Ek is nie **tevrede** met jou punte nie; jy kan baie beter presteer."
◆ **tevrede stel** satisfy, please *"It's impossible to* ***satisfy/please*** *you – nothing is ever good enough for you!"* "Dis onmoontlik om jou **tevrede** te **stel** – niks is ooit goed genoeg vir jou nie!"
□ **te·vre·de** *byvoeglike naamwoord (predikatief* **te-vrede)** tevredener OF **meer tevrede,** tevredenste OF **mees tevrede**

T-hemp T-shirt *A* ***T-shirt*** *has short sleeves and no buttons.* 'n **T-hemp** het kort moue en geen knope nie.
□ **T-hemp** *selfstandige naamwoord (meervoud* **T-hemde)**

tien ten *Two times five is* ***ten.*** Twee maal vyf is **tien.**
□ **tien** *telwoord*

tiende tenth *October is the* ***tenth*** *month of the year.* Ok-tober is die **tiende** maand van die jaar.
□ **tien·de** *telwoord*

tiener teenager *A* ***teenager*** *is a young person between the ages of thirteen and nineteen.* 'n **Tiener** is 'n jong mens tussen die ouderdom van dertien en negentien.
□ **tie·ner** *selfstandige naamwoord (meervoud* **tieners)**

tienuur ten o'clock *10:00 stands for* ***ten o'clock*** *in the morning.* 10:00 staan vir **tienuur** in die oggend.
□ **tien·uur** *selfstandige naamwoord (geen meervoud)*

tier tiger *A* ***tiger*** *is bigger than a lion and has stripes over its body.* 'n **Tier** is groter as 'n leeu en het strepe oor sy lyf.
□ **tier** *selfstandige naamwoord (meervoud* **tiere/ tiers)**

tik¹ pat *Someone gave me a* ***pat*** *on the shoulder and said, "The next counter is free."* Iemand het my 'n **tik** op die skouer gegee en gesê: "Die volgende toonbank is vry."
□ **tik** *selfstandige naamwoord (meervoud* **tikke)**

tik² ❶ tick *Some clocks* ***tick*** *very loudly.* Party horlosies **tik** baie hard. ❷ pat *She used a piece of cotton wool to* ***pat*** *some powder on her nose.* Sy het 'n stukkie watte gebruik om 'n bietjie poeier op haar neus te **tik.** ❸ type *The headmaster asked his secretary to* ***type*** *a letter for him.* Die hoof het sy sekretaresse gevra om vir hom 'n brief te **tik.** ❹ flick *"Don't* ***flick*** *your ash on the floor;*

use an ashtray." "Moenie jou as op die vloer tik *nie;
gebruik 'n asbakkie."*

☐ **tik** *werkwoord (teenwoordige tyd* **tik,** *verlede tyd* **het
getik)**

tikkie *pat Someone gave me a* **pat** *on the shoulder and
said, "The next counter is free."* Iemand het my 'n **tik-
kie** op die skouer gegee en gesê: "Die volgende toon-
bank is vry."

☐ **tik·kie** *selfstandige naamwoord (meervoud* **tikkies)**

tikmasjien *typewriter The headmaster's secretary has
an electric* **typewriter.** Die hoof se sekretaresse het 'n
elektriese **tikmasjien.**

☐ **tik·ma·sjien** *selfstandige naamwoord (meervoud*
tikmasjiene)

tipies[1] *typical It's* **typical** *of her to be late for every-
thing.* Dis **tipies** van haar om vir alles laat te wees.

☐ **ti·pies** *byvoeglike naamwoord (attributief* **tipiese)**

tipies[2] *typically They say it's* **typically** *South African
not to complain about bad service.* Hulle sê dis **tipies**
Suid-Afrikaans om nie oor swak diens te kla nie.

☐ **ti·pies** *bywoord*

tjank ◻ *howl When dogs* **howl** *they make long, loud
crying sounds.* Wanneer honde **tjank,** maak hulle lang,
harde huilgeluide. ◻ *whimper The puppy began to*
whimper *because it was cold and hungry.* Die hondjie
het begin **tjank,** want hy was koud en honger.

☐ **tjank** *werkwoord (teenwoordige tyd* **tjank,** *verlede
tyd* **het getjank)**

tjop *chop When he has a* **chop** *for dinner, he eats the
meat and gives the bone to the dog.* As hy 'n **tjop** vir ete
kry, eet hy die vleis en gee die been vir die hond.

☐ **tjop** *selfstandige naamwoord (meervoud* **tjops)**

toe[1] ◻ *shut, closed "Is the door open?" – "No, it's* **shut/
closed."** "Is die deur oop?" – "Nee, dis **toe."** ◻
closed Most shops are **closed** *on a Sunday.* Die meeste
winkels is op 'n Sondag **toe.** ◻ *blocked "Why is your
nose* **blocked?"** *– "I have a bad cold."* "Hoekom is jou
neus **toe?"** – "Ek het 'n kwaai verkoue."

☐ **toe** *byvoeglike naamwoord (attributief* **toe)**

toe[2] ◻ *to* [a] *"Do you walk to school?"* "Loop jy skool
toe?" [b] *"I'm just going* **to** *the café, Mum!"* "Ek gaan
gou kafee **toe,** Ma!" ◻ *then The car moved off slowly
and* **then** *started to go faster and faster.* Die motor het
stadig weggetrek en **toe** al hoe vinniger begin ry. ◻
*then, at the/that time It couldn't have been Simon that
she saw in town yesterday morning; he was in school* **then**
*(*OR **at the/that time).** Dit kon nie Simon gewees het
wat sy gisteroggend in die stad gesien het nie; hy was
toe in die skool. ◻ *when* [a] *She was sixteen* **when** *she
left school.* Sy was sestien **toe** sy die skool verlaat het.
[b] *"Do you remember the time* **when** *our house nearly
burnt down?"* "Onthou jy die keer **toe** ons huis amper
afgebrand het?"

◆ **na ... toe** ◻ *to "Are you going* **to** *Edith's party?"*
"Gaan jy **na** Edith se partytjie **toe?"** ◻ *toward,
towards Tom stood with his back* **toward/towards** *me.*
Tom het met sy rug **na** my **toe** gestaan.

◆ **(so) af en toe** ⇨ **af**[2].

◆ **toe kom** *fasten Her dress* **fastens** *at the back.* Haar
rok **kom** agter **toe.**

◆ **van toe af nog altyd** *ever since They moved to Dur-
ban in 1985 and have lived there* **ever since.** Hulle het
in 1985 Durban toe getrek en woon **van toe af nog
altyd** daar.

☐ **toe** *bywoord*

toe[3] ◻ *when He lived on a farm* **when** *he was young.* Hy
het op 'n plaas gewoon **toe** hy jonk was. ◻ *as Just* **as** *I
was about to knock on the door it opened.* Net **toe** ek aan
die deur wou klop, het dit oopgegaan. ◻ *so I told the
dog to lie down and* **so** *it did.* Ek het vir die hond gesê
om te gaan lê en **toe** het hy.

◆ **eers toe** ⇨ **eers.**

◆ **net toe** ⇨ **net**[2].

◆ **toe eers** ⇨ **eers.**

☐ **toe** *voegwoord*

toe[4] *please "Do hurry up,* **please!** *I want to leave!"*
"**Toe** tog, maak gou! Ek wil ry!"

◆ **toe maar** ◻ *never mind "I forgot to lock the door." –
"Never mind, I'll do it."* "Ek het vergeet om die deur
te sluit." – "**Toe maar,** ek sal dit doen." ◻ *there, now*
OR *there, there She comforted the child and said,
"***There, now** (OR **There, there),** *don't cry."* Sy het
die kind getroos en gesê: "**Toe maar,** moenie huil
nie."

◆ **toe nou** *come on "***Come on,** *let's go! I'm in a
hurry."* "**Toe nou,** kom ons ry! Ek is haastig."

◆ **toe nou, toe tog** *now, now* OR *now then "***Now,
now** (OR **Now then),** *children, stop fighting!"* "**Toe
nou** (OF **Toe tog),** kinders, hou op (met) baklei!"

☐ **toe** *tussenwerpsel*

toebind *tie (up) "May I use sticky tape, or must I* **tie
(up)** *the parcel with string?"* "Kan ek maar kleeflint
gebruik, of moet ek die pakkie met lyn **toebind?"**

☐ **toe·bind** *werkwoord (teenwoordige tyd* **bind toe,**
verlede tyd **het toegebind)**

toebroodjie *sandwich You need two pieces of bread to
make a* **sandwich.** Jy moet twee stukkies brood hê om
'n **toebroodjie** te maak.

☐ **toe·brood·jie** *selfstandige naamwoord (meervoud*
toebroodjies)

toedraai ◻ *wrap (up)* [a] *"Help me to* **wrap (up)** *the
parcel, please."* "Help my die pakkie **toedraai,** asse-
blief." [b] *She* **wrapped** *the baby* **(up)** *in a warm blan-
ket.* Sy **het** die baba in 'n warm kombers **toegedraai.**
◻ *turn off "Will you* **turn off** *the tap for me, please?
There's enough water in the bath."* "Sal jy die kraan vir
my **toedraai,** asseblief? Daar's genoeg water in die
bad."

◆ **stywer toedraai** *tighten "You'll have to* **tighten**
the tap to stop it dripping." "Jy sal die kraan **stywer**
moet **toedraai** om dit te laat ophou drup."

☐ **toe·draai** *werkwoord (teenwoordige tyd* **draai toe,**
verlede tyd **het toegedraai)**

toedruk ◻ *close He told me to* **close** *my eyes with both* *hands.* Hy het gesê ek moet my oë met albei hande **toedruk**. **2** hold *The rotten eggs had such a bad smell that he had to **hold** his nose.* Die vrot eiers het so sleg geruik dat hy sy neus moes **toedruk**.

☐ **toe·druk** *werkwoord (teenwoordige tyd* **druk toe***, verlede tyd* **het toegedruk***)*

toegaan close, shut **[a]** *The frame is broken; that's why the window won't **close/shut** properly.* Die raam is stukkend; dis dié dat die venster nie behoorlik wil **toegaan** nie. **[b]** *Some shop doors open and **close/shut** by themselves.* Sommige winkeldeure **gaan** vanself oop en **toe**.

☐ **toe·gaan** *werkwoord (teenwoordige tyd* **gaan toe***, verlede tyd* **het toegegaan***)*

toegang entrance *Entrance is free – we need not buy tickets for the concert.* **Toegang** is vry – ons hoef nie kaartjies vir die konsert te koop nie.

☐ **toe·gang** *selfstandige naamwoord (geen meervoud)*

toegee give in *She would not **give in** and admit that she had made a mistake.* Sy wou nie **toegee** en erken dat sy 'n fout gemaak het nie.

☐ **toe·gee** *werkwoord (teenwoordige tyd* **gee toe***, ver= lede tyd* **het toegegee***)*

toeklap slam, bang *"Close the door softly; don't **slam/ bang** it."* "Maak die deur saggies toe; moenie dit **toeklap** nie."

☐ **toe·klap** *werkwoord (teenwoordige tyd* **klap toe***, verlede tyd* **het toegeklap***)*

toeknoop **1** tie up *If you don't have a purse you can **tie up** your money in a handkerchief.* As jy nie 'n beursie het nie, kan jy jou geld in 'n sakdoek **toeknoop**. **2** button up *"**Button up** your shirt."* "**Knoop** jou hemp **toe**."

☐ **toe·knoop** *werkwoord (teenwoordige tyd* **knoop toe***, verlede tyd* **het toegeknoop***)*

toeknyp shut tightly *"I promise you I won't peep; I'll **shut** my eyes **tightly**."* "Ek beloof jou ek sal nie loer nie; ek sal my oë styf **toeknyp**."

☐ **toe·knyp** *werkwoord (teenwoordige tyd* **knyp toe***, verlede tyd* **het toegeknyp***)*

toekoms future *No one knows what will happen in the **future**.* Niemand weet wat in die **toekoms** sal gebeur nie.

☐ **toe·koms** *selfstandige naamwoord (geen meervoud)*

toelaat **1** allow, permit *Anna's parents are very strict – they will never **allow/permit** her to stay out later than 22:00.* Anna se ouers is baie streng – hulle sal haar nooit **toelaat** om later as 22:00 uit te bly nie. **2** admit *They won't **admit** you to the cinema without a ticket.* Hulle sal jou nie sonder 'n kaartjie in die bioskoop **toelaat** nie.

◆ **as ... dit toelaat** ... permitting *We'll hold the party in the garden, weather **permitting**.* Ons sal die party= tjie in die tuin hou **as** die weer **dit toelaat**.

☐ **toe·laat** *werkwoord (teenwoordige tyd* **laat toe***, ver= lede tyd* **het toegelaat***)*

toemaak **1** close, shut **[a]** *"Don't **close/shut** the door;*

leave it open." "Moenie die deur **toemaak** nie; laat dit oopstaan." **[b]** *Most shops **close/shut** at 13:00 on Saturdays.* Die meeste winkels **maak** Saterdae om 13:00 **toe**. **2** close/shut down **[a]** *The man had to **close/shut down** his shop, as he had fallen ill and could no longer work.* Die man moes sy winkel **toemaak**, want hy het siek geword en kon nie meer werk nie. **[b]** *Many factories **close/shut down** for a few weeks at Christmas-time.* Baie fabrieke **maak** in die Kerstyd vir 'n paar weke **toe**. **3** close/shut up *"It's time for us to **close/shut up** shop and go home."* "Dis tyd dat ons die winkel **toemaak** en huis toe gaan." **4** cover up *"**Cover up** the baby with a blanket."* "**Maak** die baba met 'n kombers **toe**."

☐ **toe·maak** *werkwoord (teenwoordige tyd* **maak toe***, verlede tyd* **het toegemaak***)*

toemaar **1** never mind *"I forgot to lock the door." – "**Never mind**, I'll do it."* "Ek het vergeet om die deur te sluit." – "**Toemaar**, ek sal dit doen." **2** there, now OR there, there *She comforted the child and said, "**There, now** (OR **There, there**), don't cry."* Sy het die kind getroos en gesê: "**Toemaar**, moenie huil nie."

☐ **toe·maar** *tussenwerpsel*

toename increase *There is usually an **increase** in acci= dents during holiday seasons.* Daar is gewoonlik 'n **toe= name** in ongelukke in vakansietye.

☐ **toe·na·me** *selfstandige naamwoord (meervoud* **toe= names***)*

toeneem increase *Everything continues to **increase** in price – nothing becomes cheaper.* Alles bly in prys **toe= neem** – niks word goedkoper nie.

☐ **toe·neem** *werkwoord (teenwoordige tyd* **neem toe***, verlede tyd* **het toegeneem***)*

toepas apply *That referee is known to **apply** the rules of the game strictly but fairly.* Dis bekend dat daardie skeidsregter die reëls van die spel streng maar regver= dig **toepas**.

☐ **toe·pas** *werkwoord (teenwoordige tyd* **pas toe***, ver= lede tyd* **het toegepas***)*

toeplak seal *"Don't **seal** the envelope just yet; I want to add something to the letter."* "Moenie die koevert nou al **toeplak** nie; ek wil iets by die brief voeg."

☐ **toe·plak** *werkwoord (teenwoordige tyd* **plak toe***, verlede tyd* **het toegeplak***)*

toer[1] tour **[a]** *We visited the Victoria Falls on our **tour** of/through Zimbabwe.* Ons het die Victoria-waterval op ons **toer** deur Zimbabwe besoek. **[b]** *The English rug= by team is going on **tour** to Australia in July.* Die Engel= se rugbyspan gaan in Julie op **toer** na Australië.

◆ **'n toer deur ... maak** go on a tour of/through *We are planning to **go on a tour of/through** Namibia during the winter holidays.* Ons is van plan om in die wintervakansie **'n toer deur** Namibië te **maak**.

☐ **toer** *selfstandige naamwoord (meervoud* **toere***)*

toer[2] tour *I'd love to **tour** (in) Europe one day.* Ek wil baie graag eendag deur Europa **toer**.

□**toer** *werkwoord (teenwoordige tyd* **toer,** *verlede tyd* **het getoer***)*

toeris tourist *A* **tourist** *from America asked me the way to the museum.* 'n **Toeris** uit Amerika het my die pad na die museum gevra.

□**toe·ris** *selfstandige naamwoord (meervoud* **toe= riste***)*

toerits zip up **[a]** *"Will you* **zip up** *my dress, please?"* "Sal jy my rok **toerits,** asseblief?" **[b]** *Her dress* **zips up** *at the back.* Haar rok **rits** agter **toe.**

□**toe·rits** *werkwoord (teenwoordige tyd* **rits toe,** *verlede tyd* **het toegerits***)*

toertjie trick *I taught my dog the* **trick** *of walking on its hind legs.* Ek het my hond die **toertjie** geleer om op sy agterpote te loop.

□**toer·tjie** *selfstandige naamwoord (meervoud* **toer= tjies***)*

toesluit ❶ lock, shut *"Shall I* **lock/shut** *the dog in the house?" – "No, leave him outside."* "Moet ek die hond in die huis **toesluit?"** – "Nee, los hom buite." ❷ lock up, shut up *"Remember to* **lock/shut** *your bike* **up** *in the garage before you go to bed."* "Onthou om jou fiets in die garage **toe** te **sluit** voor jy gaan slaap."

□**toe·sluit** *werkwoord (teenwoordige tyd* **sluit toe,** *verlede tyd* **het toegesluit***)*

toespraak speech *People tried to put the politician off by shouting remarks during his* **speech.** Mense het die politikus van stryk probeer bring deur opmerkings onder sy **toespraak** te skree.

□**toe·spraak** *selfstandige naamwoord (meervoud* **toe= sprake***)*

toestand condition *His bicycle is old but still in good* **condition,** *because he looks after it well.* Sy fiets is oud maar nog in 'n goeie **toestand,** omdat hy dit goed oppas.

□**toe·stand** *selfstandige naamwoord (meervoud* **toe= stande***)*

toestop plug *"What can I* **plug** *the hole in the pipe with?"* "Waarmee kan ek die gat in die pyp **toestop?"**

□**toe·stop** *werkwoord (teenwoordige tyd* **stop toe,** *verlede tyd* **het toegestop***)*

toet, toeter hoot *The bus driver had to* **hoot** *several times before the dog got out of the way.* Die busbestuurder moes verskeie kere **toet/toeter** voordat die hond padgegee het.

□**toet, toe·ter** *werkwoord (teenwoordige tyd* **toet/ toeter,** *verlede tyd* **het getoet/getoeter***)*

toeter hooter, horn *The bus driver sounded his* **hooter/ horn** *at the dog.* Die busbestuurder het sy **toeter** vir die hond geblaas.

□**toe·ter** *selfstandige naamwoord (meervoud* **toeters***)*

toetrek draw *"Will you please* **draw** *the curtain slightly? The sun is shining in my eyes."* "Sal jy asseblief die gordyn effens **toetrek?** Die son skyn in my oë."

□**toe·trek** *werkwoord (teenwoordige tyd* **trek toe,** *verlede tyd* **het toegetrek***)*

toets[1] test *She answered all the questions correctly and*

got full marks in the **test.** Sy het al die vrae korrek beantwoord en vol punte in die **toets** gekry.

□**toets** *selfstandige naamwoord (meervoud* **toetse***)*

toets[2] ❶ test **[a]** *The purpose of an examination is to* **test** *pupils on their knowledge of a subject.* Die doel van 'n eksamen is om leerlinge se kennis van 'n vak te **toets.** **[b]** *The doctor* **tested** *my eyes and said that I would have to get new glasses.* Die dokter **het** my oë **getoets** en gesê ek sal 'n nuwe bril moet kry. **[c]** *She stuck a fork into the potatoes to* **test** *whether they were cooked.* Sy het 'n vurk in die aartappels gesteek om te **toets** of hulle gaar is. ❷ check *Before a car leaves the factory they* **check** *its engine to see if it works well.* Voordat 'n motor die fabriek verlaat, **toets** hulle sy enjin om te kyk of dit goed werk.

□**toets** *werkwoord (teenwoordige tyd* **toets,** *verlede tyd* **het getoets***)*

toevallig, per toeval by accident, by chance *We didn't go to the cinema together – we met each other there* **by accident/chance.** Ons het nie saam bioskoop toe gegaan nie – ons het mekaar **toevallig** (OF **per toeval**) daar ontmoet.

□**toe·val·lig, per toe·val** *bywoord*

toewens wish *"Tell Lynette that I* **wish** *her the best of luck in the exams."* "Sê vir Lynette dat ek haar alles van die beste in die eksamen **toewens."**

□**toe·wens** *werkwoord (teenwoordige tyd* **wens toe,** *verlede tyd* **het toegewens***)*

toewerk sew up *"Mum, will you* **sew up** *the tear in my shirt, please?"* "Ma, sal jy die skeur in my hemp **toe= werk,** asseblief?"

□**toe·werk** *werkwoord (teenwoordige tyd* **werk toe,** *verlede tyd* **het toegewerk***)*

toffie toffee *A* **toffee** *is a sticky sweet.* 'n **Toffie** is 'n taai lekker.

□**tof·fie** *selfstandige naamwoord (meervoud* **toffies***)*

tog ❶ still *He said he wasn't hungry;* **still,** *he ate two plates of food.* Hy het gesê hy is nie honger nie; **tog** het hy twee borde kos geëet. ❷ do *"Do stop making such a noise!"* "Hou **tog** op om so te lawaai!" ❸ really *"You don't* **really** *expect me to believe that!"* "Jy verwag **tog** seker nie dat ek dit moet glo nie!" ❹ yet *It was bitterly cold,* **yet** *he refused to put on a jersey.* Dit was bitter koud, **tog** het hy geweier om 'n trui aan te trek. ❺ after all *Esther changed her mind and decided to go to the party* **after all.** Esther het van plan verander en besluit om **tog** na die partytjie toe te gaan. ❻ however, though *Our car is already thirteen years old.* **However,** *it still goes very well* (OR *It still goes very well,* **though***).* Ons motor is al dertien jaar oud; **tog** loop hy nog baie goed. ❼ very well *The instruction came from the headmaster – I couldn't* **very well** *refuse to do it.* Die opdrag het van die hoof gekom – ek kon **tog** nie weier om dit te doen nie.

◆ **ai tog!** ⇨ **ai.**

◆ **toe tog** ⇨ **toe**[4].

◆ **tog seker** ⇨ **seker**[2].

◆ **tog te** so *"I'm so glad that you could come to my party!"* "Ek is **tog te** bly dat jy na my partytjie toe kon kom!"

□ **tog** *bywoord*

toilet toilet, lavatory *Some houses have a separate toilet/lavatory, but ours is in the bathroom.* Party huise het 'n aparte **toilet**, maar ons s'n is in die badkamer.

□ **toi·let** *selfstandige naamwoord (meervoud* **toilette***)*

tol top *A top is a small toy that spins round on its point.* 'n Tol is 'n klein **speelding** wat op sy punt in die rondte draai.

□ **tol** *selfstandige naamwoord (meervoud* **tolle***)*

toneelstuk play *We saw a play by Shakespeare in the theatre.* Ons het 'n **toneelstuk** deur Shakespeare in die teater gesien.

□ **to·neel·stuk** *selfstandige naamwoord (meervoud* **toneelstukke***)*

tong tongue *The dog's tongue was hanging out of its mouth.* Die hond se **tong** het by sy bek uitgehang.

□ **tong** *selfstandige naamwoord (meervoud* **tonge***)*

tonnel tunnel **[a]** *"Shall I go over the mountain or take the road that runs through the tunnel?"* "Sal ek oor die berg ry of die pad neem wat deur die **tonnel** loop?" **[b]** *Moles live in tunnels under the ground.* Molle leef in **tonnels** onder die grond.

□ **ton·nel** *selfstandige naamwoord (meervoud* **tonnels***)*

toon[1] toe **[a]** *There is a hole in the toe of my sock.* Daar is 'n gat in die **toon** van my sokkie. **[b]** *If I stand on my toes, I can only just reach the books on the top shelf.* As ek op my **tone** staan, kan ek net-net die boeke op die boonste rak bykom.

◆ **van kop tot tone** ⇨ **kop.**

□ **toon** *selfstandige naamwoord (meervoud* **tone***)*

toon[2] show **[a]** *"Your bad marks show that you didn't learn hard enough for the test."* "Jou swak punte **toon** dat jy nie hard genoeg vir die toets geleer het nie." **[b]** *The boxer started showing signs of tiredness in the ninth round.* Die bokser het in die negende ronde tekens van moegheid begin **toon**.

□ **toon** *werkwoord (teenwoordige tyd* **toon***, verlede tyd* **het getoon***)*

toonbank counter *"Take an ice-cream from the freezer and pay for it at the counter."* "Neem 'n roomys uit die vrieskas en betaal daarvoor by die **toonbank**."

□ **toon·bank** *selfstandige naamwoord (meervoud* **toonbanke***)*

toorkuns magic *The witch in the story uses magic to do bad things.* Die heks in die storie gebruik **toorkuns** om slegte dinge te doen.

□ **toor·kuns** *selfstandige naamwoord (geen meervoud)*

top ■ top, peak *The top/peak of the mountain is white with snow.* Die **top** van die berg is wit van die sneeu. ■ tip *He hit the tip of his thumb with a hammer.* Hy het die **top** van sy duim met 'n hamer raak geslaan.

◆ **top-** top **[a]** *He is one of the top boxers in the world.* Hy is een van die **top**boksers in die wêreld. **[b]** *The car*

has a top speed of 200 kilometres an hour. Die motor het 'n **top**snelheid van 200 kilometer per uur.

◆ **met topsnelheid** at top speed *The racing car went round the track at top speed.* Die renmotor het **met topsnelheid** om die baan gejaag.

□ **top** *selfstandige naamwoord (meervoud* **toppe***)*

toppie top *She was dressed in a blue skirt and a white top.* Sy het 'n blou romp en 'n wit **toppie** aangehad.

□ **top·pie** *selfstandige naamwoord (meervoud* **toppies***)*

toring tower *There is a bell in the tower of the church.* Daar is 'n klok in die **toring** van die kerk.

□ **to·ring** *selfstandige naamwoord (meervoud* **torings***)*

tot[1] as much as *He wants to see the pop star so badly that he is prepared to pay as much as R60,00 for a ticket.* Hy wil die popster so graag sien dat hy bereid is om **tot** R60,00 vir 'n kaartjie te betaal.

◆ **tot groot** much to *Much to my surprise, I won the first prize.* **Tot** my **groot** verbasing het ek die eerste prys gewen.

□ **tot** *bywoord*

tot[2] ■ until, till *He works until/till one o'clock on Saturdays.* Hy werk Saterdae **tot** eenuur. ■ into *Seeds develop into plants.* Sade ontwikkel **tot** plante. ■ to **[a]** *"Is this the key to the front door?"* "Is dit die sleutel **tot** die voordeur?" **[b]** *To Tom's surprise his mother wasn't angry with him for breaking her best vase.* **Tot** Tom se verbasing was sy ma nie vir hom kwaad oor hy haar beste blompot gebreek het nie. **[c]** *The athlete in blue was in the lead from the beginning to the end of the race.* Die atleet in blou was van die begin **tot** die end van die wedloop voor. ■ toward, towards *"Allow me to contribute something toward/towards the cost of the meal."* "Mag ek iets **tot** die koste van die ete bydra?" ■ up to *The man is prepared to pay up to R25 for the table, but not more.* Die man is bereid om **tot** R25 vir die tafel te betaal, maar nie meer nie.

◆ **tot aan** until, till *If you reckon from the 28th of November, 34 days remain until/till the end of the year.* As jy van die 28ste November af reken, bly daar 34 dae oor **tot aan** die end van die jaar.

◆ **tot by** ■ up to **[a]** *My little sister can count up to fifty.* My sussie kan **tot by** vyftig tel. **[b]** *In the shallow end of the swimming pool the water comes up to my waist.* Aan die vlak kant van die swembad kom die water **tot by** my middel. ■ as/so far as *"Walk as/so far as the bridge and wait for me there."* "Loop **tot by** die brug en wag daar vir my." ■ on to *"Shall we sleep here tonight, or would you like me to go on to the next town?"* "Sal ons vanaand hier slaap, of wil jy hê ek moet **tot by** die volgende dorp ry?"

◆ **tot nou/nog toe** so far, up to now, until/till now *She said she would write, but I haven't heard anything from her so far (OR up to now OR until/till now).* Sy het gesê sy sou skryf, maar ek het **tot nou/nog toe** niks van haar gehoor nie.

◆ **tot siens** ⇨ **totsiens.**

◆ **tot van** from as far as *People came from as far as Cape Town to attend the horse-race in Durban.* Mense het **tot van** Kaapstad gekom om die perdewedren in Durban by te woon.

◆ **tot wanneer?** until/till when? *"Until/Till when must I wait for you?"* "**Tot wanneer** moet ek vir jou wag?"

☐ **tot** *voorsetsel*

tot[3] until, till *"Walk down this street until/till you get to the robot, then turn right."* "Loop met dié straat af **tot** jy by die verkeerslig kom; draai dan regs."

☐ **tot** *voegwoord*

totaal total *If you add 6 and 7 together and subtract 5 from the total, you get 8.* As jy 6 en 7 bymekaar tel en 5 van die **totaal** aftrek, kry jy 8.

☐ **to·taal** *selfstandige naamwoord (meervoud* **totale***)*

Daar was tagtig mense **in totaal** is onafrikaans. Sê: *Daar was* **altesaam** *tagtig mense.*

totale total *He has borrowed money from me several times and owes me a total amount of R19,00.* Hy het al verskeie kere by my geld geleen en skuld my 'n **totale** bedrag van R19,00.

☐ **to·ta·le** *attributiewe byvoeglike naamwoord*

totdat until, till *"Walk down this street until/till you get to the robot, then turn right."* "Loop met dié straat af **totdat** jy by die verkeerslig kom; draai dan regs."

☐ **tot·dat** *voegwoord*

totsiens, tot siens goodbye *"Goodbye, Thomas, see you at school tomorrow!"* "**Totsiens** (OF **Tot siens**), Thomas, sien jou môre by die skool!"

☐ **tot·siens, tot siens** *tussenwerpsel*

tou ❶ rope *They pulled the boy out of the water with a rope.* Hulle het die seun met 'n **tou** uit die water getrek. ❷ queue *There was a long queue of people at the bus stop.* Daar was 'n lang **tou** mense by die bushalte.

☐ **tou** *selfstandige naamwoord (meervoud* **toue***)*

toustaan queue (up) *We had to queue (up) for about twenty minutes to get into the cinema.* Ons moes omtrent twintig minute lank **toustaan** om by die bioskoop in te kom.

☐ **tou·staan** *werkwoord (teenwoordige tyd* **staan tou***, verlede tyd* **het tougestaan***)*

traan[1] tear *A tear was rolling down her cheek.* 'n **Traan** het oor haar wang gerol.

☐ **traan** *selfstandige naamwoord (meervoud* **trane***)*

traan[2] water *The onions made my eyes water.* Die uie het my oë laat **traan.**

☐ **traan** *werkwoord (teenwoordige tyd* **traan***, verlede tyd* **het getraan***)*

trakteer give a treat *Dad decided to give mum a treat and take her out to dinner.* Pa het besluit om ma te **trakteer** en haar vir ete uit te neem.

◆ **trakteer op** treat to *Dad decided to treat us each to an ice-cream.* Pa het besluit om ons elkeen **op** 'n roomys te **trakteer.**

☐ **trak·teer** *werkwoord (teenwoordige tyd* **trakteer***, verlede tyd* **het getrakteer***)*

tralie railing *The monkey stuck its arm through the railings of the cage.* Die aap het sy arm deur die **tralies** van die hok gesteek.

☐ **tra·lie** *selfstandige naamwoord (meestal meervoud* **tralies***)*

trap[1] ❶ stairs *"Go up the stairs to the second floor."* "Gaan met die **trap** op na die tweede verdieping toe." ❷ staircase *There is a staircase as well as a lift in the shop.* Daar is 'n **trap** sowel as 'n hysbak in die winkel. ❸ step *There is a step that leads from the front door to the garden.* Daar is 'n **trap** wat van die voordeur na die tuin lei.

☐ **trap** *selfstandige naamwoord (meervoud* **trappe***)*

Let wel, jy gaan 'n **trap** op (nie **trappe** nie), want dis 'n geheel wat uit 'n reeks treetjies bestaan.

trap[2] ❶ tread, step *"I beg your pardon, I didn't mean to tread/step on your toes!"* "Ekskuus tog, ek het nie bedoel om op jou tone te **trap** nie!" ❷ stand *"You've injured your foot badly – it will take some time before you'll be able to stand on it again."* "Jy het jou voet lelik seergemaak – dit sal 'n ruk duur voordat jy weer daarop kan **trap.**" ❸ pedal *It is difficult to pedal a bicycle when you ride up a steep hill.* Dis moeilik om fiets te **trap** as jy teen 'n steil bult uitry.

☐ **trap** *werkwoord (teenwoordige tyd* **trap***, verlede tyd* **het getrap***)*

tree[1] step [a] *"Gloria, stay where you are. Esther, take one step forward."* "Gloria, bly waar jy is. Esther, gee een **tree** vorentoe." [b] *The old man walked down the passage with slow steps.* Die ou man het met stadige **treë** in die gang afgeloop.

☐ **tree** *selfstandige naamwoord (meervoud* **treë***)*

tree[2] step [a] *"All the boys who want to play soccer, please step forward!"* "Al die seuns wat wil sokker speel, **tree** asseblief vorentoe!" [b] *I can't step across the stream – it is too wide.* Ek kan nie oor die stroom **tree** nie – dis te breed.

☐ **tree** *werkwoord (teenwoordige tyd* **tree***, verlede tyd* **het getree***)*

treetjie stair, step *She was standing on the top stair/step of the staircase.* Sy het op die boonste **treetjie** van die trap gestaan.

☐ **tree·tjie** *selfstandige naamwoord (meervoud* **treetjies***)*

tref ❶ hit, strike [a] *I saw a car hit/strike the tree and burst into flames.* Ek het gesien hoe 'n motor die boom **tref** en aan die brand slaan. [b] *He cried when the ball hit/struck him on the head.* Hy het gehuil toe die bal hom teen die kop **tref.** ❷ strike *The lightning struck our house.* Die weerlig het ons huis **getref.** ❸ affect *The news of his death will affect her deeply.* Die nuus van sy dood sal haar swaar **tref.**

☐ **tref** *werkwoord (teenwoordige tyd* **tref***, verlede tyd* **het getref***)*

trein train *"Did you travel to Pretoria by **train** or by bus?"* "Het jy per **trein** of per bus na Pretoria gereis?"

☐ **trein** *selfstandige naamwoord (meervoud* **treine)**

treinspoor railway line *There is a bridge over the **railway line** for pedestrians.* Daar is 'n brug oor die **trein=spoor** vir voetgangers.

☐ **trein·spoor** *selfstandige naamwoord (meervoud* **treinspore)**

trek ❶ pull **[a]** *"Please **pull** the door shut when you leave."* "**Trek** asseblief die deur toe wanneer jy uit= gaan." **[b]** *She cried out in pain when he **pulled** her hair.* Sy het van die pyn uitgeroep toe hy haar hare **trek**. ❷ pull, take out *Linda has gone to the dentist to have a tooth **pulled** (OR **taken out)**.* Linda is tandarts toe om 'n tand te laat **trek**. ❸ move *We are going to **move** to a new flat next month.* Ons gaan volgende maand na 'n nuwe woonstel **trek**. ❹ draw **[a]** *I can't **draw** a straight line without a ruler.* Ek kan nie 'n reg= uit streep sonder 'n liniaal **trek** nie. **[b]** *What a handy knife! It can cut, open tins and **draw** corks from bottles.* Wat 'n handige mes! Dit kan sny, blikke oopmaak en proppe uit bottels **trek**. **[c]** *"The tea is still a bit weak – let it **draw** a while longer."* "Die tee is nog 'n bietjie flou – laat dit 'n rukkie langer **trek**." ❺ strike *"**Strike** a match to give us some light in this dark room."* "**Trek** 'n vuurhoutjie om ons 'n bietjie lig in dié donker ka= mer te gee." ❻ attract, catch *He waved his arms to **at= tract/catch** her attention.* Hy het sy arms geswaai om haar aandag te **trek**. ❼ go *"Look, there **goes** the train – you have just missed it!"* "Kyk, daar **trek** die trein – jy het hom net-net gemis!" ❽ sail *There must be a strong wind – look how fast the clouds are **sailing** through the air."* "Daar moet 'n sterk wind wees – kyk hoe vinnig **trek** die wolke deur die lug." ❾ travel *Sound **travels** far in the silent hours of the night.* Klank **trek** ver in die stil ure van die nag. ❿ stretch *"The rope is too slack – **stretch** it a bit tighter."* "Die tou is te slap – **trek** dit 'n bietjie stywer."

♦ **stywer trek** tighten *I can't **tighten** the strap of the sandal because there aren't any more holes.* Ek kan nie die sandaal se band **stywer trek** nie, want daar is nie meer gaatjies nie.

☐ **trek** *werkwoord (teenwoordige tyd* **trek,** *verlede tyd* **het getrek)**

trekker tractor *A **tractor** is a strong vehicle that pulls farm machinery such as ploughs.* 'n **Trekker** is 'n sterk voertuig wat plaasmasjinerie soos ploeë sleep.

☐ **trek·ker** *selfstandige naamwoord (meervoud* **trek= kers)**

treur be sad *The children **are sad** about the death of their dog.* Die kinders **treur** oor die dood van hul hond.

☐ **treur** *werkwoord (teenwoordige tyd* **treur,** *verlede tyd* **het getreur)**

treurig sad **[a]** *The children were very **sad** after the death of their dog.* Die kinders was baie **treurig** na die dood van hul hond. **[b]** *The story was so **sad** that she*

cried. Die storie was so **treurig** dat sy gehuil het.

☐ **treu·rig** *byvoeglike naamwoord (attributief* **treuri= ge)** *treuriger, treurigste*

troeteldier pet *We keep a dog as a **pet**.* Ons hou 'n hond as ('n) **troeteldier** aan.

☐ **troe·tel·dier** *selfstandige naamwoord (meervoud* **troeteldiere)**

trom drum *He sang as he beat the **drum** with his hands.* Hy het gesing terwyl hy met sy hande op die **trom** slaan.

☐ **trom** *selfstandige naamwoord (meervoud* **tromme)**

trompet trumpet *A **trumpet** is a musical instrument that makes a high, loud sound when you blow into it.* 'n **Trompet** is 'n musiekinstrument wat 'n hoë, harde geluid maak wanneer jy daarin blaas.

☐ **trom·pet** *selfstandige naamwoord (meervoud* **trompette)**

trompet, trompetter trumpet *Lions roar and ele= phants **trumpet**.* Leeus brul en olifante **trompet/ trompetter**.

☐ **trom·pet, trom·pet·ter** *werkwoord (teenwoordige tyd* **trompet/trompetter,** *verlede tyd* **het getrom= pet/getrompetter)**

tronk jail, prison *He was sent to **jail/prison** for steal= ing.* Hy is weens diefstal **tronk** toe gestuur.

☐ **tronk** *selfstandige naamwoord (meervoud* **tronke)**

troos¹ comfort *The frightened little boy ran to his mother for **comfort**.* Die bang seuntjie het na sy ma toe ge= hardloop vir **troos**.

☐ **troos** *selfstandige naamwoord (geen meervoud)*

troos² comfort *She picked up the baby to **comfort** him and said, "There now, little one, don't cry."* Sy het die baba opgetel en hom te **troos** en gesê: "Toe maar, kleintjie, moenie huil nie."

☐ **troos** *werkwoord (teenwoordige tyd* **troos,** *verlede tyd* **het getroos)**

trop ❶ herd *The farmer has a big **herd** of cattle.* Die boer het 'n groot **trop** beeste. ❷ flock *The farmer has a big **flock** of sheep.* Die boer het 'n groot **trop** skape. ❸ pack *Wolves run together in a **pack**.* Wolwe hardloop in 'n **trop** saam.

☐ **trop** *selfstandige naamwoord (meervoud* **troppe)**

tros bunch *There is a **bunch** of grapes and some other fruit in the basket.* Daar is 'n **tros** druiwe en 'n paar ander vrugte in die mandjie.

☐ **tros** *selfstandige naamwoord (meervoud* **trosse)**

trots¹ pride *"Swallow your **pride** and tell her you're sorry, you've made a mistake."* "Sluk jou **trots** en sê vir haar jy's jammer, jy het 'n fout gemaak."

☐ **trots** *selfstandige naamwoord (geen meervoud)*

trots² proud *He is too **proud** to admit that he has made a mistake.* Hy is te **trots** om te erken dat hy 'n fout ge= maak het.

♦ **trots wees op ❶** be proud of *She **is proud of** her children; they all do well at school.* Sy **is trots op** haar kinders; hulle vaar almal goed op skool. ❷ take pride in *They **take** great **pride in** their son, who has been elected* *head boy of his school.* Hulle **is** baie **trots op** hul seun, wat tot hoofseun van sy skool gekies is.

☐ **trots** *byvoeglike naamwoord (attributief* **trotse***)* **trotser, trosste**

trots[3] proudly *The champion smiled* **proudly** *while the photographers took pictures of him.* Die kampioen het **trots** geglimlag terwyl die fotograwe hom afneem.

☐ **trots** *bywoord*

trou marry **[a]** *Simon is in love with Esther and wishes to* **marry** *her.* Simon is verlief op Esther en wil met haar **trou. [b]** *The parson* **married** *the couple.* Die dominee **het** die paartjie **getrou.**

◆ **gaan trou** get married *"When are Simon and Esther going to* **get married***?"* "Wanneer **gaan** Simon en Esther **trou?"**

◆ **is getroud** were married *They* **were married** *in a church.* Hulle is in 'n kerk **getroud.**

☐ **trou** *werkwoord (teenwoordige tyd* **trou***, verlede tyd* **het getrou***)*

troue wedding *The bride's parents provided the food for the* **wedding***.* Die bruid se ouers het die kos vir die **troue** verskaf.

☐ **trou·e** *selfstandige naamwoord (meervoud* **troues***)*

trouens in fact, as a matter of fact *They live quite near –* **in** *(*OR **as a matter of***) fact, their house is just round the corner.* Hulle woon taamlik naby – **trouens,** hul huis is net om die hoek.

☐ **trou·ens** *bywoord*

trui jersey *"Put on a* **jersey** *if you're cold."* "Trek 'n **trui** aan as jy koud kry."

☐ **trui** *selfstandige naamwoord (meervoud* **truie***)*

tuin garden *I can't see why I have to water the* **garden** *if it rained yesterday.* Ek kan nie insien waarom ek die **tuin** moet natgooi as dit gister gereën het nie.

☐ **tuin** *selfstandige naamwoord (meervoud* **tuine***)*

tuinier gardener *Mum asked the* **gardener** *to sow the packet of seeds for her.* Ma het die **tuinier** gevra om die pak saad vir haar te saai.

☐ **tui·nier** *selfstandige naamwoord (meervoud* **tui· niere/tuiniers***)*

tuinslang hose, hosepipe *He waters the garden with a* **hose/hosepipe***.* Hy spuit die tuin met 'n **tuinslang** nat.

☐ **tuin·slang** *selfstandige naamwoord (meervoud* **tuinslange***)*

tuis at home *"Is your dad* **at home***?"* – *"No, Sir, he is at work."* "Is jou pa **tuis?"** – "Nee, Meneer, hy is by die werk."

◆ **iemand tuis laat voel** make someone welcome *When I visited Monica, her parents went out of their way to* **make** *me* **welcome***.* Toe ek by Monica gekuier het, het haar ouers baie moeite gedoen om my **tuis** te **laat voel.**

◆ **tuis bly** stay in *"Aren't you going out tonight?"* – *"No, I want to* **stay in** *and write some letters."* "Gaan jy nie vanaand uit nie?" – "Nee, ek wil **tuis bly** en 'n paar briewe skryf."

◆ **tuis gaan in** stay at *They intend to* **stay at** *a hotel in Port Elizabeth on their way from Cape Town to Durban.* Hulle is van plan om op pad van Kaapstad na Durban **in** 'n hotel in Port Elizabeth **tuis** te **gaan.**

◆ **tuis van ... af** home from ... *"I'm very worried – it is quite late and Lynette isn't* **home from** *school yet."* "Ek is baie bekommerd – dis al laat en Lynette is nog nie **van** die skool **af tuis** nie."

☐ **tuis** *bywoord*

tuit spout *When the water started to boil, steam came out of the* **spout** *of the kettle.* Toe die water begin kook, het stoom by die **tuit** van die ketel uitgekom.

☐ **tuit** *selfstandige naamwoord (meervoud* **tuite***)*

tussen ❶ between **[a]** *There is a fence* **between** *the two houses.* Daar is 'n heining **tussen** die twee huise. **[b]** *We have supper* **between** *18:00 and 19:00.* Ons geniet aandete **tussen** 18:00 en 19:00. **[c]** *Bloemfontein lies* **between** *Cape Town and Johannesburg.* Bloemfontein lê **tussen** Kaapstad en Johannesburg. ❷ among *A few goats are grazing* **among** *the sheep.* 'n Paar bokke wei **tussen** die skape.

☐ **tus·sen** *voorsetsel*

twaalf twelve *Ten plus two is* **twelve***.* Tien plus twee is **twaalf.**

☐ **twaalf** *telwoord*

twaalfde twelfth *December is the* **twelfth** *month of the year.* Desember is die **twaalfde** maand van die jaar.

☐ **twaalf·de** *telwoord*

twaalfuur twelve o'clock *24:00 stands for* **twelve o'clock** *at midnight.* 24:00 staan vir **twaalfuur** om middernag.

☐ **twaalf·uur** *selfstandige naamwoord (geen meer= voud)*

twee two **[a]** *One plus one is* **two***.* Een plus een is **twee. [b]** *"How old is Tommy?"* – *"He is* **two***."* "Hoe oud is Tommie?" – "Hy is **twee. [c]** *The post office is closed between one and* **two***.* Die poskantoor is toe tussen een en **twee.** ⇨ **ons** [NOTA].

◆ **in twee** in two *She cut the apple* **in two** *and shared it with her friend.* Sy het die appel **in twee** gesny en dit met haar maat gedeel.

◆ **'n ... of twee** a ... or two *"Can you lend me* **a rand or two***, Judith?"* "Kan jy my **'n rand of twee** leen, Judith?"

◆ **ons/julle/hulle twee** the two of us/you/them *The teacher said to Charlotte and Lynette, "Will* **the two of you** *please stop talking?"* Die juffrou het vir Charlotte en Lynette gesê: "Sal **julle twee** asseblief ophou (met) praat?"

☐ **twee** *telwoord*

tweede second *February is the* **second** *month of the year.* Februarie is die **tweede** maand van die jaar.

◆ **(in die) tweede klas** ⇨ **klas.**

☐ **twee·de** *telwoord*

tweedehands second-hand *"Is your bike new?"* – *"No, it's* **second-hand***."* "Is jou fiets nuut?" – "Nee, dis **tweedehands."**

☐ **twee·de·hands** *byvoeglike naamwoord (attributief* **tweedehandse***)*

tweedeklaskaartjie second-class ticket *A first-class ticket costs more than a* **second-class ticket**. 'n Eersteklaskaartjie kos meer as 'n **tweedeklaskaartjie**.

☐ **twee·de·klas·kaart·jie** *selfstandige naamwoord (meervoud* **tweedeklaskaartjies***)*

tweeling ❶ twin *"Can you tell the one* **twin** *from the other?"* "Kan jy die een **tweeling** van die ander onderskei?" ❷ twins *Cynthia and Lynette are* **twins** *and look exactly alike*. Cynthia en Lynette is 'n **tweeling** en lyk presies eenders.

◆ **tweeling**₌ twin *The* **twin** *sisters look so alike that I can't tell them apart*. Die **tweeling**susters lyk so eenders dat ek hulle nie van mekaar kan onderskei nie."

☐ **twee·ling** *selfstandige naamwoord (meervoud* **tweelinge***)*

twee-uur two o'clock *The post office opens again at* **two o'clock**. Die poskantoor maak weer om **twee-uur** oop.

☐ **twee·uur** *selfstandige naamwoord (geen meervoud)*

twintig twenty *Two times ten is* **twenty**. Twee maal tien is **twintig**.

☐ **twin·tig** *telwoord*

twintigste twentieth *We live in the* **twentieth** *century*. Ons leef in die **twintigste** eeu.

☐ **twin·tig·ste** *telwoord*

twyfel[1] doubt *There is no* **doubt** *about his guilt – the police caught him with the stolen goods*. Daar bestaan geen **twyfel** oor sy skuld nie – die polisie het hom met die gesteelde goedere betrap.

☐ **twy·fel** *selfstandige naamwoord (geen meervoud)*

twyfel[2] doubt *She fell ill yesterday – I* **doubt** *whether she will come to school today*. Sy het gister siek geword – ek **twyfel** of sy vandag skool toe sal kom.

☐ **twy·fel** *werkwoord (teenwoordige tyd* **twyfel***, verlede tyd* **het getwyfel***)*

tyd time **[a]** *Time* *passes slowly when one is bored*. Die **tyd** gaan stadig verby as 'n mens verveeld is. **[b]** *I get up at the same* **time** *every morning*. Ek staan elke oggend om dieselfde **tyd** op. **[c]** *In Jan van Riebeeck's* **time** *women wore long dresses that reached down to the ground*. In Jan van Riebeeck se **tyd** het vroue lang rokke gedra wat tot op die grond hang. **[d]** *January/February is the hottest* **time** *of the year*. Januarie/Februarie is die warmste **tyd** van die jaar.

◆ **baie tyd nodig hê** take a long time *She is slow and takes a long time to get dressed in the morning*. Sy is stadig en **het baie tyd nodig** om soggens aan te trek.

◆ **by/met tye** at times *My dear little sister is rather naughty at times*. My liewe sussie is **by/met tye** nogal stout.

◆ **byna/amper die hele tyd** most of the time *"Did you enjoy the holiday?"* – *"No, it rained* **most of the time**." "Het jy die vakansie geniet?" – "Nee, dit het **byna/amper die hele tyd** gereën."

◆ **die hele tyd** all the time *"Did you have nice weather?"* – *"No, it rained* **all the time**." "Het julle

lekker weer gehad?" – "Nee, dit het **die hele tyd** gereën."

◆ **dis tyd dat** it's time for *"It's past five and time for us to go home."* "**Dis** na vyf en **tyd dat** ons huis toe gaan."

◆ **dit sal nie baie tyd kos nie** ⇨ **kos**[2].

◆ **gebruik jou tyd!** take your time! *"Take your time! I'm in no hurry."* "**Gebruik jou tyd!** Ek is nie haastig nie."

◆ **het jy die tyd?** have you (got) the time? *"Do you have the time? (OR Have you got the time?)"* – *"Yes, it's ten past three."* "**Het jy die tyd?**" – "Ja, dis tien oor drie."

◆ **hoog tyd** ⇨ **hoog**[1].

◆ **nie tyd hê om ... te ... nie** have no time to ..., not have the time to ..., can't spare the time to ... *"I'm busy and* **have no time** *(OR* **don't have the time** *OR* **can't spare the time***) to help you now."* "Ek is besig en **het nie tyd om** jou nou **te** help **nie**."

◆ **in 'n lang tyd** for some (OR a long) time *This is the best book I've read* **for some** *(OR* **a long***) time*. Dis die beste boek wat ek **in 'n lang tyd** gelees het.

◆ **'n tyd lank** (for) some time *He is very ill and has to stay in hospital* **(for) some time**. Hy is baie siek en moet **'n tyd lank** in die hospitaal bly.

◆ **op tyd** on time *"Was the train* **on time?***"* – *"No, it arrived a few minutes late."* "Was die trein **op tyd?**" – "Nee, dit het 'n paar minute laat aangekom." ⇨ **betyds** [NOTA].

◆ **teen daardie tyd** by then, by that time *"Phone back at four o'clock – he is sure to be home* **by then** *(OR* **by that time***)."* "Bel om vieruur terug – hy sal beslis **teen daardie tyd** tuis wees."

◆ **teen die tyd dat** by the time *By the time the waitress brought the milk our coffee was already cold*. Ons koffie was al koud **teen die tyd dat** die kelnerin die melk gebring het.

◆ **van tyd tot tyd** from time to time *"I don't like writing letters, but I'll phone you* **from time to time**." "Ek hou nie van brief skryf nie, maar ek sal jou **van tyd tot tyd** bel."

◆ **vir 'n lang tyd** for some (OR a long) time *She's going away* **for some** *(OR* **a long***) time*. Sy gaan **vir 'n lang tyd** weg.

◆ **vrye tyd** ⇨ **vry**.

☐ **tyd** *selfstandige naamwoord (meervoud* **tye***)*

As jy die **tyd** in syfers skryf, kom die uur eerste en die minute tweede, geskei deur 'n dubbelpunt (by getalle kleiner as tien moet daar 'n nul voor die syfer staan), byvoorbeeld 07:45, 13:00 en 14:05. Middernag is die einde van die dag (24:00) of die begin van 'n nuwe dag (00:00).

---

tydens during *The farmers had to feed their livestock* **during** *the drought*. Die boere moes hul vee **tydens** die droogte voer. ⇨ **gedurende** [NOTA].

☐ **ty·dens** *voorsetsel*

tyding news *She wasn't prepared for the bad **news** of her son's death.* Sy was nie voorberei op die slegte **tyding** van haar seun se dood nie.
□ **ty·ding** *selfstandige naamwoord (meervoud* **ty·dings***)*

tydmors a waste of time *It's **a waste of time** to sweep up dead leaves in the wind.* Dis **tydmors** om dooie blare in die wind op te vee.
□ **tyd·mors** *selfstandige naamwoord (geen meervoud)*

tydperk period *The builders must complete the house within a **period** of three months.* Die bouers moet die huis binne 'n **tydperk** van drie maande voltooi.

□ **tyd·perk** *selfstandige naamwoord (meervoud* **tyd·perke***)*

tydskrif magazine *There are some interesting stories and articles in this **magazine**.* Daar is 'n paar interessante stories en artikels in dié **tydskrif**.
□ **tyd·skrif** *selfstandige naamwoord (meervoud* **tyd·skrifte***)*

tydtafel timetable *He studied the **timetable** to see at what time the next train arrives.* Hy het die **tydtafel** bestudeer om te sien hoe laat die volgende trein aankom.
□ **tyd·ta·fel** *selfstandige naamwoord (meervoud* **tyd·tafels***)*

U

u ❶ you *"Can I take your order, Sir, or would you like to see the menu first?"* "Kan ek u bestelling neem, Meneer, of wil **u** eers die spyskaart sien?" **❷** your *"Can I take your order, Sir, or would you like to see the menu first?"* "Kan ek **u** bestelling neem, Meneer, of wil u eers die spyskaart sien?" **❸** yours *"Is this car yours, Sir?"* "Is dit **u** motor, Meneer?"
◆ u s'n ⇨ s'n.
◆ **van u** of yours *"Sir, a car has hit a pupil of yours just outside the school."* "Meneer, 'n motor het 'n leerling **van u** net buite die skool raak gery."
☐ **u** *voornaamwoord*

ui onion *An onion is a vegetable with a strong smell and taste.* 'n **Ui** is 'n groente met 'n sterk reuk en smaak.
☐ **ui** *selfstandige naamwoord (meervoud* **uie***)*

uil owl *An owl is a bird that hunts small animals at night.* 'n **Uil** is 'n voël wat snags op klein diertjies jag maak.
☐ **uil** *selfstandige naamwoord (meervoud* **uile***)*

uit[1] out **[a]** *"Is your mother at home?"* – *"No, she is out."* "Is jou ma tuis?" – "Nee, sy is **uit**." **[b]** *The sun is out and is shining brightly.* Die son is **uit** en skyn helder. **[c]** *It's dark outside – all the streetlights are out.* Dis donker buite – al die straatligte is **uit**. **[d]** *The fire is out – it is no longer burning.* Die vuur is **uit** – dit brand nie meer nie.
◆ **uit!** get out! *"Get out, you dirty dog! I don't want you in the house!"* "**Uit**, jou vuil hond! Ek wil jou nie in die huis hê nie!"
☐ **uit** *bywoord*

uit[2] **❶** out of **[a]** *Her purse dropped out of her handbag.* Haar beursie het **uit** haar handsak geval. **[b]** *"Don't drink the milk out of the bottle!"* "Moenie die melk **uit** die bottel drink nie!" **[c]** *He opened the parcel out of curiosity.* Hy het die pakkie **uit** nuuskierigheid oopgemaak. **[d]** *Anna got 7 out of 10 in the test.* Anna het 7 **uit** 10 in die toets gekry. **[e]** *Sasol is a company that makes petrol out of coal.* Sasol is 'n maatskappy wat petrol **uit** steenkool maak. **❷** from **[a]** *A baby can't drink milk from a glass.* 'n Baba kan nie melk **uit** 'n glas drink nie. **[b]** *For homework we have to translate a few lines from English into Afrikaans.* Ons moet vir huiswerk 'n paar reëls **uit** Engels in Afrikaans vertaal. **[c]** *The man arrived here yesterday from America.* Die man het gister **uit** Amerika hier aangekom. **[d]** *His farm is ten kilometres from town.* Sy plaas is tien kilometer uit die dorp. **❸** off **[a]** *The dog eats its food off a tin plate.* Die hond eet sy kos **uit** 'n blikbord. **[b]** *There is a narrow dirt road that leads off the main road to the farm.* Daar is 'n smal grondpad wat **uit** die hoofpad na die plaas lei. **❹** for *She married him for love.* Sy het **uit** liefde met hom getrou.

◆ **by ... uit** out of *Lynette got up and walked out of the door.* Lynette het opgestaan en **by** die deur **uit** geloop.
☐ **uit** *voorsetsel*

uitasem[1] breathe out *The doctor told me to breathe in through my nose and breathe out through my mouth.* Die dokter het gesê ek moet deur my neus inasem en deur my mond **uitasem**.
☐ **uit·a·sem** *werkwoord (teenwoordige tyd* **asem uit***, verlede tyd* **het uitgeasem***)*

uitasem[2] out of breath *He had run far and was so out of breath that he couldn't speak.* Hy het ver gehardloop en was so **uitasem** dat hy nie kon praat nie.
☐ **uit·a·sem** *bywoord*

uitbars ❶ burst into *I got a fright when the little boy suddenly burst into tears.* Ek het geskrik toe die seuntjie skielik in trane **uitbars**. **❷** burst out *All the children burst out laughing when George came into the classroom with a funny hat on his head.* Al die kinders het van die lag **uitgebars** toe George met 'n snaakse hoed op sy kop die klaskamer binnekom.
☐ **uit·bars** *werkwoord (teenwoordige tyd* **bars uit***, verlede tyd* **het uitgebars***)*

uitblaas blow out *"You must blow out the candle before you go to bed."* "Jy moet die kers **uitblaas** voordat jy bed toe gaan."
☐ **uit·blaas** *werkwoord (teenwoordige tyd* **blaas uit***, verlede tyd* **het uitgeblaas***)*

uitbly stay out *"Come home early – don't stay out too late."* "Kom vroeg huis toe – moenie te laat **uitbly** nie."
☐ **uit·bly** *werkwoord (teenwoordige tyd* **bly uit***, verlede tyd* **het uitgebly***)*

uitbreek break out **[a]** *The robber in jail tried to break out and escape.* Die rower in die tronk het probeer **uitbreek** en ontsnap. **[b]** *The Second World War broke out in Europe in 1939.* Die Tweede Wêreldoorlog **het** in 1939 in Europa **uitgebreek**. **[c]** *He gave the alarm when the fire broke out.* Hy het alarm gemaak toe die brand **uitbreek**.
☐ **uit·breek** *werkwoord (teenwoordige tyd* **breek uit***, verlede tyd* **het uitgebreek***)*

uitbroei hatch **[a]** *The eggs that the hen has laid will hatch after three weeks.* Die eiers wat die hen gelê het, sal na drie weke **uitbroei**. **[b]** *The hen laid three eggs, but only one chick hatched.* Die hen het drie eiers gelê, maar net een kuiken **het uitgebroei**.
☐ **uit·broei** *werkwoord (teenwoordige tyd* **broei uit***, verlede tyd* **het uitgebroei***)*

uitdaag dare *"Do you think Thomas will kiss Cynthia in front of the class if I dare him to do it?"* "Dink jy Thomas sal Cynthia voor die klas soen as ek hom **uitdaag** om dit te doen?"

☐ **uit·daag** *werkwoord (teenwoordige tyd* **daag uit,** *verlede tyd* **het uitgedaag)**

uitdeel 1 hand out *The teacher said, "Esther, will you please **hand out** these books?"* Die onderwyser het gesê: "Esther, sal jy asseblief dié boeke **uitdeel**?" **2** share (out) *"Make sure that each child gets a piece when you **share (out)** the cake."* "Sorg dat elke kind 'n stukkie kry wanneer jy die koek **uitdeel**." **3** present *The headmaster's wife will **present** the prizes to the winners.* Die hoof se vrou sal die pryse aan die wenners **uitdeel**. **4** deal (out) *"Must I **deal (out)** the cards, or is it your turn?"* "Moet ek die kaarte **uitdeel**, of is dit jou beurt?"

☐ **uit·deel** *werkwoord (teenwoordige tyd* **deel uit,** *verlede tyd* **het uitgedeel)**

uitdink make up *"I don't feel like going to her party. What excuse can I **make up** to stay away?"* "Ek het nie lus om na haar partytjie toe te gaan nie. Watse verskoning kan ek **uitdink** om weg te bly?"

☐ **uit·dink** *werkwoord (teenwoordige tyd* **dink uit,** *verlede tyd* **het uitgedink)**

uitdroog dry out *Rusks are buns that you **dry out** in the oven.* Beskuit is bolletjies wat mens in die oond **uitdroog**.

☐ **uit·droog** *werkwoord (teenwoordige tyd* **droog uit,** *verlede tyd* **het uitgedroog)**

uitdruk squeeze *I had to **squeeze** two oranges to get enough juice for one glass.* Ek moes twee lemoene **uitdruk** om genoeg sap vir een glas te kry.

◆ **uit ... druk** ⇨ **druk².**

☐ **uit·druk** *werkwoord (teenwoordige tyd* **druk uit,** *verlede tyd* **het uitgedruk)**

uitdrukking 1 expression *"To take to one's heels" is an **expression** meaning "to run away".* "Jou uit die voete maak" is 'n **uitdrukking** wat "weghardloop" beteken. **2** expression, look *I could tell by/from the **expression/look** on his face that he was angry.* Ek kon aan die **uitdrukking** op sy gesig sien dat hy kwaad was.

☐ **uit·druk·king** *selfstandige naamwoord (meervoud* **uitdrukkinge/uitdrukkings)**

uiteindelik finally, eventually *We waited for hours before a bus **finally/eventually** turned up.* Ons het ure gewag voordat 'n bus **uiteindelik** opgedaag het.

☐ **uit·ein·de·lik** *bywoord*

uiters extremely *That painting is **extremely** valuable. It is said to be worth millions of rands.* Daardie skildery is **uiters** waardevol. Dis glo miljoene rande werd.

☐ **ui·ters** *bywoord*

uiterste very *She did her **very** best not to laugh.* Sy het haar **uiterste** bes gedoen om nie te lag nie.

☐ **ui·ter·ste** *predikatiewe byvoeglike naamwoord*

uitgaan 1 go out [a] *"Don't **go out** in the rain without an umbrella or a raincoat."* "Moenie sonder 'n sambreel of 'n reënjas in die reën **uitgaan** nie." [b] *We have to come in and **go out** through this door.* Ons moet

by dié deur inkom en **uitgaan**. [c] *The candle **went out** when the flame burnt too low.* Die kers het **uitgegaan** toe die vlam te laag brand. [d] *My sister and her boyfriend have been **going out** for two years.* My suster en haar kêrel **gaan** al twee jaar lank **uit**. **2** leave *"Please pull the door shut when you **leave**."* "Trek asseblief die deur toe wanneer jy **uitgaan**." **3** open *"Does this door **open** into the kitchen?"* "**Gaan** dié deur in die kombuis **uit**?"

☐ **uit·gaan** *werkwoord (teenwoordige tyd* **gaan uit,** *verlede tyd* **het uitgegaan)**

uitgang exit *"Leave the sports ground by that gate – it's the **exit**."* "Verlaat die sportveld deur daardie hek – dis die **uitgang**."

☐ **uit·gang** *selfstandige naamwoord (meervoud* **uitgange)**

uitgee 1 spend *"Here is R2,00 – don't **spend** it all on sweets."* "Hier is R2,00 – moenie alles aan lekkers **uitgee** nie." **2** pass *The goalkeeper tried to **pass** the ball to one of his own players.* Die doelwagter het die bal na een van sy eie spelers probeer **uitgee**.

☐ **uit·gee** *werkwoord (teenwoordige tyd* **gee uit,** *verlede tyd* **het uitgegee)**

uitgevat dressed *She is smartly **dressed** in a long dress and high-heeled shoes.* Sy is fyn **uitgevat** in 'n lang rok en hoëhakskoene.

☐ **uit·ge·vat** *byvoeglike naamwoord (attributief* **uitgevatte)**

uitglip pop out *"Sir, may I **pop out** to the café? I've left my sandwiches at home."* "Meneer, mag ek **uitglip** kafee toe? Ek het my toebroodjies by die huis laat lê."

☐ **uit·glip** *werkwoord (teenwoordige tyd* **glip uit,** *verlede tyd* **het uitgeglip)**

uitgly slide out *"Be careful that your feet don't **slide out** from under you when you cross the muddy path."* "Pas op dat jou voete nie onder jou **uitgly** wanneer jy die modderige paadjie oorsteek nie."

☐ **uit·gly** *werkwoord (teenwoordige tyd* **gly uit,** *verlede tyd* **het uitgegly)**

uitgooi 1 throw out *Mum told me to go through my wardrobe and **throw out** all the clothes I no longer wore.* Ma het gesê ek moet my kas deurgaan en al die klere wat ek nie meer dra nie, **uitgooi**. **2** pour out *"If your tea is too hot, **pour** some **out** and add more milk."* "As jou tee te warm is, **gooi** 'n bietjie **uit** en voeg nog melk by."

◆ **uitgooi by** throw out of *"Don't **throw** your empty cool-drink tins **out of** the car window."* "Moenie jul leë koeldrankblikke **by** die motorvenster **uitgooi** nie."

☐ **uit·gooi** *werkwoord (teenwoordige tyd* **gooi uit,** *verlede tyd* **het uitgegooi)**

uithaal 1 get/take out *She opened the fridge and asked, "How many eggs must I **get/take out**, Mum?"* Sy het die yskas oopgemaak en gevra: "Hoeveel eiers moet ek **uithaal**, Ma?" **2** do, perform *The acrobat can **do/perform** clever tricks on a rope.* Die akrobaat kan slim toertjies op 'n tou **uithaal**.

□ **uit·haal** *werkwoord (teenwoordige tyd* **haal uit,** *verlede tyd* **het uitgehaal)**

uithang ◪ hang out **[a]** *The dog is so tired that its tongue is* **hanging out.** Die hond is so moeg dat sy tong **uit-hang. [b]** *"Hang the washing out to dry in the sun."* "Hang die wasgoed **uit** om in die son droog te word." ◪ show *Her dress is too short; that's why her petticoat is* **showing.** Haar rok is te kort; dis dié dat haar onder= rok **uithang.**

□ **uit·hang** *werkwoord (teenwoordige tyd* **hang uit,** *verlede tyd* **het uitgehang)**

uithardloop run out *"Keep the gate closed, otherwise the dog will* **run out** *into the street."* "Hou die hek toe, anders sal die hond in die straat **uithardloop."**

□ **uit·hard·loop** *werkwoord (teenwoordige tyd* **hard= loop uit,** *verlede tyd* **het uitgehardloop)**

uithou keep out *If you want to* **keep out** *the heat in summer, close all the doors, windows and curtains.* As jy die hitte in die somer wil **uithou,** maak al die deure, vensters en gordyne toe.

◆ **uithou uit** keep out of *"The dog is wet. Please try to* **keep** *it* **out of** *the house."* "Die hond is nat. Probeer hom asseblief **uit** die huis **uithou."**

□ **uit·hou** *werkwoord (teenwoordige tyd* **hou uit,** *ver= lede tyd* **het uitgehou)**

uitjaag chase out *"If the dog comes into the house again you must* **chase it out."** "As die hond weer in die huis kom, moet jy hom **uitjaag."**

□ **uit·jaag** *werkwoord (teenwoordige tyd* **jaag uit,** *ver= lede tyd* **het uitgejaag)**

uitklim get out *The car wouldn't start, so we had to* **get out** *and push it.* Die motor wou nie vat nie, toe moes ons **uitklim** en hom stoot.

□ **uit·klim** *werkwoord (teenwoordige tyd* **klim uit,** *verlede tyd* **het uitgeklim)**

uitknip cut out *One is not allowed to* **cut** *pictures* **out** *of library books.* 'n Mens mag nie prentjies uit biblioteek= boeke **uitknip** nie.

□ **uit·knip** *werkwoord (teenwoordige tyd* **knip uit,** *verlede tyd* **het uitgeknip)**

uitkom ◪ come out **[a]** *I saw him* **come out** *of the house.* Ek het hom by die huis sien **uitkom. [b]** *The ink-spot won't* **come out.** Die inkkol wil nie **uitkom** nie. **[c]** *"You* **came out** *well in this photograph."* "Jy het goed op dié foto **uitgekom."** ◪ get out *"Stop the dog before it* **gets out** *of the gate!"* "Keer die hond voordat hy by die hek **uitkom!"** ◪ appear *The trees are nice and green when their leaves* **appear** *in spring.* Die bome is mooi groen wanneer hul blare in die lente **uit-kom.** ◪ get *If you follow the course of the Orange River, you will eventually* **get** *to the sea.* As jy die loop van die Oranjerivier volg, sal jy uiteindelik by die see **uit-kom.**

◆ **uitkom in/op** open into, lead to *"Does this door* **open into** *(*OR **lead to)** *the kitchen?"* "Kom dié deur **in/op** die kombuis **uit?"**

◆ **uitkom op** work out at *The meal* **worked out at**

R17,50 per person. Die ete **het op** R17,50 per persoon **uitgekom.**

□ **uit·kom** *werkwoord (teenwoordige tyd* **kom uit,** *verlede tyd* **het uitgekom)**

uitkrap scrape out *"Will you* **scrape out** *the dirty plates for me, please?"* "Sal jy die vuil borde vir my **uitkrap,** asseblief?"

□ **uit·krap** *werkwoord (teenwoordige tyd* **krap uit,** *verlede tyd* **het uitgekrap)**

uitkry ◪ get out *They had to turn the table onto its side before they could* **get it out** *of the door.* Hulle moes die tafel op sy kant draai voordat hulle dit by die deur kon **uitkry.** ◪ produce *She was so shocked when she saw the snake that she couldn't* **produce** *a sound.* Sy was so geskok toe sy die slang sien dat sy nie 'n geluid kon **uitkry** nie.

□ **uit·kry** *werkwoord (teenwoordige tyd* **kry uit,** *verle= de tyd* **het uitgekry)**

uitkyk[1] look-out, watch *The police are on the* **look-out (**OR **watch)** *for a man who has escaped from prison.* Die polisie is op die **uitkyk** na 'n man wat uit die tronk ontsnap het.

□ **uit·kyk** *selfstandige naamwoord (geen meervoud)*

uitkyk[2] look out *If you* **look out** *of our lounge window, you have a view over the park.* As jy by ons sitkamer= venster **uitkyk,** het jy 'n uitsig oor die park.

◆ **uitkyk op** look out on/over *They have a lovely house that* **looks out on/over** *the sea.* Hulle het 'n lieflike huis wat **op** die see **uitkyk.**

□ **uit·kyk** *werkwoord (teenwoordige tyd* **kyk uit,** *verle= de tyd* **het uitgekyk)**

uitlaat ◪ leave out *"Don't* **leave out** *a word when you copy the work on the board into your books."* "Moenie 'n woord **uitlaat** wanneer julle die werk op die bord in jul boeke oorskryf nie." ◪ let out *She locked him in the room and wouldn't* **let him out.** Sy het hom in die ka= mer toegesluit en wou hom nie **uitlaat** nie.

□ **uit·laat** *werkwoord (teenwoordige tyd* **laat uit,** *ver= lede tyd* **het uitgelaat)**

uitlek leak out *Screw the cap tightly on to the bottle so the water won't* **leak out.** Draai die dop styf op die bottel vas sodat die water nie **uitlek** nie.

□ **uit·lek** *werkwoord (teenwoordige tyd* **lek uit,** *verle= de tyd* **het uitgelek)**

uitloop ◪ walk out *"The baby is asleep, so be very quiet when you get up and* **walk out."** "Die baba slaap; wees dus baie stil wanneer jy opstaan en **uitloop."** ◪ run out *The drain is blocked – the water in the sink won't* **run out.** Die drein is verstop – die water in die wasbak wil nie **uitloop** nie.

◆ **laat uitloop** let out *Pull the plug out of the bath to* **let** *the water* **out.** Trek die prop uit die bad om die water te **laat uitloop.**

◆ **uitloop in** run into *"Do you know where the Sun-days River* **runs into** *the sea?" – "Yes, at Port Eliza-beth."* "Weet jy waar die Sondagsrivier **in** die see **uit-loop?"** – "Ja, by Port Elizabeth."

◆ **uitloop op** end in *If we lose this match, our plans to play in the final will **end in** failure.* As ons dié wed-stryd verloor, sal ons planne om in die eindstryd te speel, **op** 'n mislukking **uitloop.**

☐ **uit·loop** *werkwoord (teenwoordige tyd* **loop uit,** *verlede tyd* **het uitgeloop)**

uitlos leave alone *"I wish you would **leave** the dog **alone** and stop teasing it like that."* "Ek wens jy wil die hond **uitlos** en ophou om hom so te terg."

☐ **uit·los** *werkwoord (teenwoordige tyd* **los uit,** *verlede tyd* **het uitgelos)**

uitmaak ❶ make out *His voice was so faint over the tele-phone that I couldn't **make out** what he was saying.* Sy stem was so dof oor die telefoon dat ek nie kon **uit-maak** wat hy sê nie. ❷ form *The knee is a joint that **forms** part of one's leg.* Die knie is 'n gewrig wat deel van 'n mens se been **uitmaak.**

☐ **uit·maak** *werkwoord (teenwoordige tyd* **maak uit,** *verlede tyd* **het uitgemaak)**

uitmekaar apart *The two towns are 37 km **apart**.* Die twee dorpe is 37 km **uitmekaar.**

◆ **uitmekaar gaan** separate *"Let's **separate** here and meet each other at the station in an hour."* "Kom ons **gaan** hier **uitmekaar** en ontmoet mekaar oor 'n uur by die stasie."

◆ **uitmekaar haal, uitmekaarhaal** take apart *He had to **take** his bicycle **apart** to repair it.* Hy moes sy fiets **uitmekaar haal** (OF **uitmekaarhaal**) om dit reg te maak.

◆ **uitmekaar hou** keep separate *Put something be-tween the apples and the oranges to **keep** them **sep-arate**.* Sit iets tussen die appels en die lemoene om hulle **uitmekaar** te **hou.**

◆ **uitmekaar ken** tell apart *The twin brothers look exactly alike – I can't **tell** them **apart**.* Die tweeling-broers lyk presies eenders – ek **ken** hulle nie **uitme-kaar** nie.

☐ **uit·me·kaar** *bywoord*

uitneem ❶ take out, borrow *According to the rules of the library grown-ups are allowed to **take out (**OR **bor-row)** three books at a time.* Volgens die reëls van die biblioteek mag grootmense drie boeke op 'n slag **uit-neem.** ❷ take out **[a]** *Philip **took** his girlfriend **out** to the cinema.* Philip **het** sy meisie na die bioskoop **uitge-neem. [b]** *Dad **took** mum **out** to/for dinner on her birthday.* Pa **het** ma op haar verjaardag vir ete **uitge-neem.**

☐ **uit·neem** *werkwoord (teenwoordige tyd* **neem uit,** *verlede tyd* **het uitgeneem)**

uitnodiging invitation *"Are you going to accept the in-vitation to his party?"* "Gaan jy die **uitnodiging** na sy partytjie aanvaar?"

☐ **uit·no·di·ging** *selfstandige naamwoord (meervoud* **uitnodiginge/uitnodigings)**

uitnooi invite *Monica is going to **invite** all the children in her class to her party.* Monica gaan al die kinders in haar klas na haar partytjie **uitnooi.**

☐ **uit·nooi** *werkwoord (teenwoordige tyd* **nooi uit,** *verlede tyd* **het uitgenooi)**

uitpak unpack *Summer is past – we'll have to **unpack** our winter clothes.* Die somer is verby – ons sal ons winterklere moet **uitpak.**

☐ **uit·pak** *werkwoord (teenwoordige tyd* **pak uit,** *ver-lede tyd* **het uitgepak)**

uitrek stretch **[a]** *"Lay the jersey flat after you've washed it – it might **stretch** if you hang it up."* "Lê die trui plat neer nadat jy dit gewas het – dit kan dalk **uitrek** as jy dit ophang." **[b]** *The cat yawned and **stretched** itself.* Die kat **het** gegaap en hom **uit-gerek.**

☐ **uit·rek** *werkwoord (teenwoordige tyd* **rek uit,** *verle-de tyd* **het uitgerek)**

uitroep cry (out) *The doctor must have hurt her – I heard her **cry (out)** in pain.* Die dokter het haar seker seerge-maak – ek het gehoor hoe sy van die pyn **uitroep.**

☐ **uit·roep** *werkwoord (teenwoordige tyd* **roep uit,** *verlede tyd* **het uitgeroep)**

uitroepteken exclamation mark *There is an **exclama-tion mark** at the end of the sentence "Don't be so naughty!"* Daar is 'n **uitroepteken** aan die end van die sin "Moenie so stout wees nie!"

☐ **uit·roep·te·ken** *selfstandige naamwoord (meervoud* **uitroeptekens)**

uitrol roll out *"Don't **roll out** the dough too thinly."* "Moenie die deeg te dun **uitrol** nie."

☐ **uit·rol** *werkwoord (teenwoordige tyd* **rol uit,** *verle-de tyd* **het uitgerol)**

uitsien look forward *"Children, I'm sure that you all **look forward** to the school holiday."* "Kinders, ek is seker dat julle almal na die skoolvakansie **uitsien.**"

☐ **uit·sien** *werkwoord (teenwoordige tyd* **sien uit,** *ver-lede tyd* **het uitgesien)**

uitsig view *The house has a beautiful **view** of the moun-tain.* Die huis het 'n pragtige **uitsig** op die berg.

☐ **uit·sig** *selfstandige naamwoord (meervoud* **uit-sigte)**

uitsit put out *In our house it is the rule that the one who goes to bed last **puts out** the dog.* Dis in ons huis die reël dat die een wat laaste bed toe gaan, die hond **uit-sit.**

☐ **uit·sit** *werkwoord (teenwoordige tyd* **sit uit,** *verlede tyd* **het uitgesit)**

uitskeur tear out *Anna took my scribbler and asked, "May I **tear out** a page?"* Anna het my kladboek ge-neem en gevra: "Mag ek 'n blad **uitskeur?**"

☐ **uit·skeur** *werkwoord (teenwoordige tyd* **skeur uit,** *verlede tyd* **het uitgeskeur)**

uitskraap scrape out *"Will you **scrape out** the dirty plates for me, please?"* "Sal jy die vuil borde vir my **uitskraap,** asseblief?"

☐ **uit·skraap** *werkwoord (teenwoordige tyd* **skraap uit,** *verlede tyd* **het uitgeskraap)**

uitskryf, uitskrywe write out *Philip did not do his homework and as a punishment had to **write out** 200 *lines.* Philip het nie sy huiswerk gedoen nie en moes vir straf 200 reëls **uitskryf/uitskrywe.**

☐ **uit·skryf, uit·skry·we** *werkwoord (teenwoordige tyd* **skryf/skrywe** *uit, verlede tyd* **het uitgeskryf/ uitgeskrywe***)*

uitslaan ❶ knock out **[a]** *The boxer tried to* **knock** *his opponent* **out** *with a hard blow under the chin.* Die bok= ser het sy opponent met 'n harde hou onder die ken probeer **uitslaan.** **[b]** *There is a hole in the window, because someone* **knocked** *the glass* **out.** Daar is 'n gat in die venster, want iemand het die glas **uitgeslaan.** ❷ beat out *The men* **beat out** *the fire with wet sacks.* Die mans **het** die vuur met nat sakke **uitgeslaan.** ❸ break out *He was so ill with fever that sweat started to* **break out** *all over his body.* Hy was so siek aan die koors dat sweet oor sy hele liggaam begin **uitslaan** het.

☐ **uit·slaan** *werkwoord (teenwoordige tyd* **slaan uit***, verlede tyd* **het uitgeslaan***)*

uitslag result *The* **result** *of the match was 3 – 0 in favour of the blue team.* Die **uitslag** van die wedstryd was 3 – 0 ten gunste van die blou span.

☐ **uit·slag** *selfstandige naamwoord (meervoud* **uit= slae***)*

uitsluit lock out, shut out *"Remember your keys when you leave the house – don't* **lock/shut** *yourself* **out** *again."* "Onthou jou sleutels wanneer jy die huis ver= laat – moenie jou weer **uitsluit** nie."

☐ **uit·sluit** *werkwoord (teenwoordige tyd* **sluit uit***, verlede tyd* **het uitgesluit***)*

uitsny cut out **[a]** *"When you peel the potatoes, you must* **cut out** *the bad spots as well."* "Wanneer jy die aartap= pels skil, moet jy die slegte plekkies ook **uitsny.**" **[b]** *One is not allowed to* **cut** *pictures* **out** *of library books.* 'n Mens mag nie prentjies uit biblioteekboeke **uitsny** nie.

☐ **uit·sny** *werkwoord (teenwoordige tyd* **sny uit***, verle= de tyd* **het uitgesny***)*

uitsoek ❶ pick out *"You may* **pick out** *the best apple in the box for yourself."* "Jy kan maar vir jou die beste appel in die kis **uitsoek.**" ❷ sort out *"You must* **sort out** *the good apples and throw away the bad ones."* "Jul= le moet die goeie appels **uitsoek** en die slegtes weg= gooi."

☐ **uit·soek** *werkwoord (teenwoordige tyd* **soek uit***, verlede tyd* **het uitgesoek***)*

uitspoeg spit out *The medicine had such a bad taste that I wanted to* **spit** *it* **out.** Die medisyne het so sleg ge= smaak dat ek dit wou **uitspoeg.**

☐ **uit·spoeg** *werkwoord (teenwoordige tyd* **spoeg uit***, verlede tyd* **het uitgespoeg***)*

uitspoel rinse *She had to* **rinse** *the washing twice in clean water to get rid of all the soap.* Sy moes die was= goed twee keer in skoon water **uitspoel** om van al die seep ontslae te raak.

☐ **uit·spoel** *werkwoord (teenwoordige tyd* **spoel uit***, verlede tyd* **het uitgespoel***)*

uitspraak pronunciation *She has difficulty with the* *pronunciation of German words.* Sy het moeite met die **uitspraak** van Duitse woorde.

☐ **uit·spraak** *selfstandige naamwoord (geen meer= voud)*

uitspreek ❶ pronounce *"Of course I know that you* **pro= nounce** *the 'ph' in Philip like an 'f'!"* "Natuurlik weet ek dat 'n mens die 'ph' in Philip soos 'n 'f' **uit= spreek!**" ❷ say *"You must* **say** *Monday with the stress on 'Mon'."* "Jy moet Maandag met die klem op 'Maan' **uitspreek.**"

☐ **uit·spreek** *werkwoord (teenwoordige tyd* **spreek uit***, verlede tyd* **het uitgespreek***)*

uitsprei spread (out) *The children had to stand side by side and* **spread** *their arms* **(out)** *so that just their fingertips touched.* Die kinders moes langs mekaar staan en hul arms **uitsprei** sodat net hul vingertoppe raak.

☐ **uit·sprei** *werkwoord (teenwoordige tyd* **sprei uit***, verlede tyd* **het uitgesprei***)*

uitspring jump out *"Close the door of the cage, other= wise the rabbit will* **jump out** *and run away."* "Maak die deur van die hok toe, anders sal die haas **uitspring** en weghardloop."

☐ **uit·spring** *werkwoord (teenwoordige tyd* **spring uit***, verlede tyd* **het uitgespring***)*

uitstap walk out *If a film bores me, I can easily* **walk out** *in the middle of it.* As 'n prent my verveel, kan ek maklik in die middel daarvan **uitstap.**

☐ **uit·stap** *werkwoord (teenwoordige tyd* **stap uit***, ver= lede tyd* **het uitgestap***)*

uitstappie trip, outing *"Let's go on a* **trip** *(*OR *on an* **outing***) to the dam on Sunday afternoon."* "Kom ons gaan Sondagmiddag op 'n **uitstappie** dam toe."

☐ **uit·stap·pie** *selfstandige naamwoord (meervoud* **uitstappies***)*

uitsteek ❶ stick out, put out *"Don't* **stick/put** *your tongue* **out** *at me, you rude thing!"* "Moenie jou tong vir my **uitsteek** nie, jou onbeskofte ding!" ❷ stick out *A straw is* **sticking out** *of the cool-drink bottle.* 'n Strooitjie steek by die koeldrankbottel **uit.** ❸ hold out *The teacher told me to* **hold out** *my hands so that she could look at my nails.* Die juffrou het gesê ek moet my hande **uitsteek** sodat sy na my naels kon kyk. ❹ put out, stretch out *Just as I was about to* **put/stretch out** *my hand to ring the bell, the door opened.* Net toe ek my hand wou **uitsteek** om die klokkie te lui, het die deur oopgegaan.

◆ **die hand uitsteek na** reach for *He* **reached for** *the sugar.* Hy **het sy hand na** die suiker **uitgesteek.**

☐ **uit·steek** *werkwoord (teenwoordige tyd* **steek uit***, verlede tyd* **het uitgesteek***)*

uitstekend excellent *Christine's marks in the examina= tion were* **excellent** *– she got an A for all her subjects.* Christine se punte in die eksamen was **uitstekend** – sy het 'n A vir al haar vakke gekry.

☐ **uit·ste·kend** *byvoeglike naamwoord (attributief* **uitstekende***)*

uitstel put off *I have a cold and will have to **put off** my appointment with the dentist until next week.* Ek het verkoue en sal my afspraak met die tandarts tot volgende week moet **uitstel**.

□ **uit·stel** *werkwoord (teenwoordige tyd* **stel uit***, verlede tyd* **het uitgestel***)*

uitsterf die out *Animals that **die out**, become less and less and eventually cease to exist.* Diere wat **uitsterf**, word al hoe minder en hou uiteindelik op om te bestaan.

□ **uit·sterf** *werkwoord (teenwoordige tyd* **sterf uit***, verlede tyd* **het uitgesterf***)*

uitstoot push up *I had to **push** my bicycle **up** the steep hill.* Ek moes my fiets teen die steil bult **uitstoot**.

□ **uit·stoot** *werkwoord (teenwoordige tyd* **stoot uit***, verlede tyd* **het uitgestoot***)*

uitstorm storm out *If someone **storms out** of a room, you can be sure of it that he/she is very angry.* As iemand by 'n kamer **uitstorm**, kan jy maar weet hy/sy is baie kwaad.

□ **uit·storm** *werkwoord (teenwoordige tyd* **storm uit***, verlede tyd* **het uitgestorm***)*

uitstort spill out *If you carry a jug that is too full, the contents will **spill out**.* As jy 'n beker dra wat te vol is, sal die inhoud **uitstort**.

□ **uit·stort** *werkwoord (teenwoordige tyd* **stort uit***, verlede tyd* **het uitgestort***)*

uitstrek stretch out [a] *"You must **stretch** your arms **out** so that your hands are level with your shoulders."* "Jy moet jou arms **uitstrek** sodat jou hande gelyk met jou skouers kom." [b] *He **stretched** himself **out** on his bed and fell asleep.* Hy **het** hom op sy bed **uitgestrek** en aan die slaap geraak.

□ **uit·strek** *werkwoord (teenwoordige tyd* **strek uit***, verlede tyd* **het uitgestrek***)*

uitstuur send out [a] *"Anna, stop being so naughty – I'll **send** you **out** to stand in the passage!"* "Anna, hou op om so stout te wees – ek sal jou **uitstuur** om in die gang te staan!" [b] *The headmaster **sent out** a notice to all the children's parents.* Die hoof **het** 'n kennisgewing aan al die kinders se ouers **uitgestuur**.

□ **uit·stuur** *werkwoord (teenwoordige tyd* **stuur uit***, verlede tyd* **het uitgestuur***)*

uitsuig suck out *"Soften the orange before you **suck** the juice **out**."* "Maak die lemoen sag voor jy die sap **uitsuig**."

□ **uit·suig** *werkwoord (teenwoordige tyd* **suig uit***, verlede tyd* **het uitgesuig***)*

uittel lift out *"Come, let me **lift** you **out**,"* she said to the child in the bath. "Kom, laat ek jou **uittel**," het sy vir die kind in die bad gesê.

□ **uit·tel** *werkwoord (teenwoordige tyd* **tel uit***, verlede tyd* **het uitgetel***)*

uittrek ❶ take off *"It's very hot – do you mind if I **take off** my jacket?"* "Dis baie warm – gee jy om as ek my baadjie **uittrek**?" ❷ undress *"I want to bath the baby – will you **undress** her for me, please?"* "Ek wil die baba

bad – sal jy haar vir my **uittrek**, asseblief?" ❸ pull out [a] *Pliers are a tool with which you can **pull out** nails.* 'n Tang is 'n stuk gereedskap waarmee jy spykers kan **uittrek**. [b] *He nearly crashed into the car that suddenly **pulled out** in front of him.* Hy het amper teen die motor vasgery wat skielik voor hom **uitgetrek het**. ❹ pull off *He started to **pull off** his boots.* Hy het sy stewels begin **uittrek**. ❺ pull, draw *What a handy knife! It can cut, open tins and **pull/draw** corks.* Wat 'n handige mes! Dit kan sny, blikke oopmaak en proppe **uittrek**. ❻ move out *Our neighbours have to **move out** on Monday so that the new people can move in on Tuesday.* Ons bure moet Maandag **uittrek** sodat die nuwe mense Dinsdag kan intrek.

◆ onkruid uittrek ⇨ **onkruid**.

□ **uit·trek** *werkwoord (teenwoordige tyd* **trek uit***, verlede tyd* **het uitgetrek***)*

uitval ❶ fall out *"Don't open the drawer too wide; it will **fall out**."* "Moenie die laai te wyd ooptrek nie; dit sal **uitval**." ❷ pop out of *Her eyes nearly **popped out of** her head when she saw the snake in the cat's mouth.* Haar oë het amper **uit** haar kop **geval** toe sy die slang in die kat se bek sien.

□ **uit·val** *werkwoord (teenwoordige tyd* **val uit***, verlede tyd* **het uitgeval***)*

uitvee ❶ sweep (out) *"Lorraine, will you **sweep (out)** the kitchen for me, please?"* "Lorraine, sal jy die kombuis vir my **uitvee**, asseblief?" ❷ rub out *If you write in pencil, you can **rub out** and correct your mistakes quite easily.* As jy met potlood skryf, kan jy jou foute maklik **uitvee** en verbeter. ❸ rub, wipe *He woke up, yawned and began to **rub/wipe** his eyes.* Hy het wakker geword, gegaap en sy oë begin **uitvee**. ❹ wipe out *"Why must I **wipe out** the glasses?" – "They're full of dust."* "Hoekom moet ek die glase **uitvee**?" – "Hulle is vol stof."

□ **uit·vee** *werkwoord (teenwoordige tyd* **vee uit***, verlede tyd* **het uitgevee***)*

uitveër rubber *There is a pink **rubber** on the end of my pencil.* Daar is 'n pienk **uitveër** aan die agterkant van my potlood.

□ **uit·ve·ër** *selfstandige naamwoord (meervoud* **uitveërs***)*

uitverf paint *"Allow the plaster on the walls to dry properly before you **paint** the room."* "Laat die pleister aan die mure heeltemal droog word voor jy die kamer **uitverf**."

□ **uit·verf** *werkwoord (teenwoordige tyd* **verf uit***, verlede tyd* **het uitgeverf***)*

uitverkoop sell out *The shopkeeper is going to **sell out** his winter clothes to make room for new summer clothes.* Die winkelier gaan sy winterklere **uitverkoop** om vir nuwe somerklere plek te maak.

◆ uitverkoop wees ❶ be sold out *The brown bread **is sold out**, but there is still some white bread left.* Die bruinbrood **is uitverkoop**, maar daar is nog witbrood oor. ❷ be/have sold out of *"We **are/have sold out of** *brown bread, son.*" "Ons bruinbrood **is uitverkoop**, seun."

☐**uit·ver·koop** *werkwoord (teenwoordige tyd* **ver- koop uit**, *verlede tyd* **het uitverkoop**)

uitverkoping sale *If you wait until the shop has a **sale**, the prices will come down.* As jy wag totdat die winkel 'n **uitverkoping** hou, sal die pryse afkom.

☐**uit·ver·ko·ping** *selfstandige naamwoord (meervoud* **uitverkopinge/uitverkopings**)

uitvind ❶ find out "*I wish I could **find out** who has taken my pen.*" "Ek wens ek kon **uitvind** wie my pen gevat het." ❷ invent *Alexander Graham Bell **invented** the telephone.* Alexander Graham Bell **het** die telefoon **uitgevind.**

☐**uit·vind** *werkwoord (teenwoordige tyd* **vind uit**, *verlede tyd* **het uitgevind**)

uitvoer ❶ carry out *The headmaster scolded the boy and said, "If I give you an order, I expect you to **carry it out**!"* Die hoof het met die seun geraas en gesê: "As ek aan jou 'n opdrag gee, verwag ek dat jy dit moet **uit- voer**!" ❷ perform *It takes much practice before a pianist can **perform** a piece of music faultlessly.* Dit kos baie oefening voordat 'n pianis 'n musiekstuk foutloos kan **uitvoer.**

☐**uit·voer** *werkwoord (teenwoordige tyd* **voer uit**, *verlede tyd* **het uitgevoer**)

uitvra question *She started to **question** him about his new girlfriend.* Sy het hom oor sy nuwe meisie begin **uitvra.**

☐**uit·vra** *werkwoord (teenwoordige tyd* **vra uit**, *verle- de tyd* **het uitgevra**)

uitvryf, uitvrywe ❶ rub out *She tried to **rub out** the coffee stain with a damp cloth.* Sy het die koffievlek met 'n nat lap probeer **uitvryf/uitvrywe.** ❷ rub *He woke up, yawned and began to **rub** his eyes.* Hy het wakker geword, gegaap en sy oë begin **uitvryf/uitvrywe.**

☐**uit·vryf, uit·vry·we** *werkwoord (teenwoordige tyd* **vryf/vrywe uit**, **het uitgevryf/uitgevrywe**)

uitwas wash out [a] *The ink-spot won't **wash out**.* Die inkkol wil nie **uitwas** nie. [b] "*Wash the bowl out before you fill it with sugar again.*" "**Was** die bakkie **uit** voor jy dit weer vol suiker maak."

☐**uit·was** *werkwoord (teenwoordige tyd* **was uit**, *ver- lede tyd* **het uitgewas**)

uitwerk work out [a] *I couldn't **work out** how to open the box.* Ek kon nie **uitwerk** hoe om die doos oop te maak nie. [b] *Things don't always **work out** the way you plan.* Dinge **werk** nie altyd **uit** soos jy dit beplan nie. [c] *Multiply 24 by 7 to **work out** how many hours there are in a week.* Vermenigvuldig 24 met 7 om **uit** te **werk** hoeveel ure daar in 'n week is. [d] *I could **work out** six of the ten sums.* Ek kon ses van die tien somme **uitwerk.** [e] *Four of the sums wouldn't **work out**.* Vier van die somme wou nie **uitwerk** nie.

☐**uit·werk** *werkwoord (teenwoordige tyd* **werk uit**, *verlede tyd* **het uitgewerk**)

uitwerking effect "*Did the medicine have any **effect**?*" – "*Yes, it took away the pain.*" "Het die medisyne eni- ge **uitwerking** gehad?" – "Ja, dit het die pyn wegge- neem."

☐**uit·wer·king** *selfstandige naamwoord (meervoud* **uitwerkinge/uitwerkings**)

uitwip pop out *I saw a bird **pop out** of its nest.* Ek het 'n voël by sy nes sien **uitwip.**

☐**uit·wip** *werkwoord (teenwoordige tyd* **wip uit**, *ver- lede tyd* **het uitgewip**)

uitwys point out "*I don't know what Lorraine looks like.*" – "*I'll **point** her **out** to you at the party.*" "Ek weet nie hoe Lorraine lyk nie." – "Ek sal haar by die partytjie vir jou **uitwys.**"

☐**uit·wys** *werkwoord (teenwoordige tyd* **wys uit**, *ver- lede tyd* **het uitgewys**)

uniform uniform *Nurses wear a white **uniform**.* Ver- pleegsters dra 'n wit **uniform.**

☐**u·ni·form** *selfstandige naamwoord (meervoud* **uni- forms**)

universiteit university *He went to **university** to study medicine.* Hy is **universiteit** toe om vir dokter te leer.

☐**u·ni·ver·si·teit** *selfstandige naamwoord (meervoud* **universiteite**)

uur hour *There are sixty minutes in an **hour**.* Daar is sestig minute in 'n **uur**. ⇨ **meervoud; paar** [NOTAS].

☐**uur** *selfstandige naamwoord (meervoud* **ure**)

V

vaak sleepy *He yawned and said, "I'm so **sleepy** I can hardly keep my eyes open."* Hy het gegaap en gesê: "Ek is so **vaak**, ek kan skaars my oë oophou."

☐ **vaak** *byvoeglike naamwoord (attributief vaak)* **vaker, vaakste**

vaar sail **[a]** *We watched the ship **sail** out of the harbour.* Ons het gekyk hoe die skip uit die hawe **vaar**. **[b]** *"Have you ever **sailed** in a boat?"* "Het jy al ooit in 'n boot **gevaar?**"

◆ **goed vaar** do well *She is proud of her children; they all **do well** at school.* Sy is trots op haar kinders; hulle **vaar** almal **goed** op skool.

◆ **laat vaar** give up *"Don't **give up** your studies and leave school in standard eight."* "Moenie jou studie **laat vaar** en die skool in standerd agt verlaat nie."

☐ **vaar** *werkwoord (teenwoordige tyd vaar, verlede tyd het gevaar)*

vader father *My mother and **father** have been married for twenty years.* My moeder en **vader** is al twintig jaar getroud. ⇨ **pa** [NOTA].

☐ **va·der** *selfstandige naamwoord (meervoud vaders)*

vadoek dishcloth *One uses a **dishcloth** for washing dishes.* 'n Mens gebruik 'n **vadoek** om skottelgoed mee te was.

☐ **va·doek** *selfstandige naamwoord (meervoud vadoeke)*

vak subject *My best **subject** at school is history.* My beste **vak** op skool is geskiedenis.

☐ **vak** *selfstandige naamwoord (meervoud vakke)*

vakansie holiday *The **holiday** is over – school begins again tomorrow.* Die **vakansie** is verby – die skool begin weer môre.

☐ **va·kan·sie** *selfstandige naamwoord (meervoud vakansies)*

> Jy kan sê iemand is *op* of *met* vakansie, of hy *hou* vakansie.

vakansiedag holiday *Most people do not have to work on a **holiday** such as Christmas Day.* Die meeste mense hoef nie op 'n **vakansiedag** soos Kersdag te werk nie.

☐ **va·kan·sie·dag** *selfstandige naamwoord (meervoud vakansiedae)*

val[1] trap *The farmer set/laid a **trap** to catch the fox.* Die boer het 'n **val** gestel om die jakkals te vang.

☐ **val** *selfstandige naamwoord (meervoud valle)*

val[2] **❶** fall **[a]** *"Keep an eye on the baby; I'm afraid he might **fall** off the bed."* "Hou 'n ogie oor die baba; ek is bang hy **val** van die bed af." **[b]** *She slipped in the mud and **fell**.* Sy **het** in die modder gegly en **geval**. **[c]** *Sunlight is **falling** through the window on my bed.* Sonlig **val** deur die venster op my bed. **[d]** *New Year's Day **falls** on 1 January.* Nuwejaarsdag **val** op 1 Januarie. **[e]** *The girl has long hair that **falls** over her shoulders.* Die meisie het lang hare wat oor haar skouers **val**. **❷** drop *A leaf **dropped** from the tree to the ground.* 'n Blaar **het** uit die boom op die grond **geval**.

◆ **laat val** drop *"Don't **drop** the plate; it will break."* "Moenie die bord **laat val** nie; dit sal breek."

☐ **val** *werkwoord (teenwoordige tyd val, verlede tyd het geval)*

vallei valley *The town lies in a **valley** and is surrounded by mountains.* Die dorp lê in 'n **vallei** en word deur berge omring.

☐ **val·lei** *selfstandige naamwoord (meervoud valleie)*

van[1] surname *Botha is a common South African **surname**.* Botha is 'n algemene Suid-Afrikaanse **van**. ⇨ **hoofletter** [NOTA].

☐ **van** *selfstandige naamwoord (meervoud vanne)*

van[2] **❶** from **[a]** *On Saturdays he works **from** 09:00 until 13:00.* Saterdae werk hy **van** 09:00 tot 13:00. **[b]** *"I come **from** Johannesburg. Where do you live?"* "Ek kom **van** Johannesburg. Waar woon jy?" **[c]** *Wine is made **from** grapes.* Wyn word **van** druiwe gemaak. **[d]** *"Can you tell a rat **from** a mouse?" – "Yes, the one is bigger than the other."* "Kan jy 'n rot **van** 'n muis onderskei?" – "Ja, die een is groter as die ander." **[e]** *I feel sick **from** all the sweets I have eaten.* Ek voel naar **van** al die lekkers wat ek geëet het. **❷** of **[a]** *One **of** my uncles is an electrician.* Een **van** my ooms is 'n elektrisiën. **[b]** *She showed me a photograph **of** her boyfriend.* Sy het my 'n foto **van** haar kêrel gewys. **[c]** *The table is made **of** wood.* Die tafel is **van** hout gemaak. **[d]** *"Let's do something else; I'm tired **of** playing cards."* "Kom ons doen iets anders; ek is moeg **van** kaart speel." **[e]** *"It was kind **of** him to help you."* "Dit was gaaf **van** hom om jou te help." **[f]** *She has two children: a girl **of** ten and a boy **of** seven.* Sy het twee kinders: 'n meisie **van** tien en 'n seun **van** sewe. **[g]** *You can die **of** hunger.* Jy kan van honger doodgaan. **❸** off **[a]** *He fell **off** the ladder.* Hy het **van** die leer afgeval. **[b]** *The dog eats its food **off** a tin plate.* Die hond eet sy kos **van** 'n blikbord. **[c]** *There is a narrow dirt road that leads **off** the main road to the farm.* Daar is 'n smal grondpad wat **van** die hoofpad na die plaas lei. **❹** about **[a]** *"Tell me **about** your holiday."* "Vertel my **van** jou vakansie." **[b]** *I dreamt **about** snakes last night.* Ek het gisteraand **van** slange gedroom. **❺** for *She cried **for** joy when she heard that she had passed matric.* Sy het **van** vreugde gehuil toe sy hoor dat sy matriek geslaag het. **❻** some of **[a]** *He held out the packet to her and said, "Have **some of** my sweets!"* Hy het die pakkie na haar gehou en gesê: "Kry **van** my lekkers!" **[b]** ***Some of** the children* *had to stay behind and help the teacher; the others could go home.* **Van** die kinders moes agterbly en die onderwyser help; die ander kon huis toe gaan. **7** among *Cape Town is one **among** many cities that lies at the foot of a mountain.* Kaapstad is een **van** baie stede wat aan die voet van 'n berg lê.

◆ **'n paar van** ⇨ **paar.**

◆ **van ... af 1** from [a] *The station is 3 km **from** our house.* Die stasie is 3 km **van** ons huis **af**. [b] *She has been blind **from** birth.* Sy is **van** geboorte **af** blind. **2** from ... on *Grandpa broke his hip on 12 April 1990 and **from** that day **on** he has been walking with a limp.* Oupa het sy heup op 12 April 1990 gebreek en **van** dié/daardie dag **af** loop hy mank. **3** off *"Keep **off** the grass!"* "Bly **van** die gras **af**!" **4** ever since *Philip and Simon have been friends **ever since** their primary school days.* Philip en Simon is al **van** hul laerskooldae **af** vriende.

◆ **van die** with *His shirt was wet **with** perspiration.* Sy hemp was nat **van die** sweet.

◆ **van toe af** ever since *Philip and Simon got to know each other in standard one and have been good friends **ever since**.* Philip en Simon het mekaar in standerd een leer ken en is **van toe af** goeie vriende.

□ **van** *voorsetsel*

vanaand 1 this evening *"Come and have supper with us **this evening**."* "Kom eet **vanaand** by ons." **2** tonight *I don't feel like going out **tonight**; I'd rather stay at home.* Ek het nie lus om **vanaand** uit te gaan nie; ek wil liewer by die huis bly.

□ **van·aand** *bywoord*

vandaan from *"I live in Johannesburg. Where do you come **from**?"* "Ek woon in Johannesburg. Waar kom jy **vandaan**?"

□ **van·daan** *bywoord*

vandag[1] today *If **today** is Monday, then tomorrow is Tuesday.* As dit **vandag** Maandag is, dan is dit môre Dinsdag.

◆ **tot vandag toe** to this day *I said I would tell nobody, and **to this day** I have kept our secret.* Ek het gesê ek sal vir niemand vertel nie, en ek het ons geheim **tot vandag toe** bewaar.

□ **van·dag** *selfstandige naamwoord (geen meervoud)*

vandag[2] today *It is hotter **today** than yesterday.* Dis **vandag** warmer as gister.

◆ **vandag oor ... dae** in ... days from now *We go back to school again **in three days from now**.* Ons gaan **vandag oor** drie **dae** weer terug skool toe.

□ **van·dag** *bywoord*

vandat since *I have known him **since** we started going to school together.* Ek ken hom **vandat** ons saam begin skoolgaan het.

□ **van·dat** *voegwoord*

vang catch [a] *"I'm going to throw the ball to you; try and **catch** it."* "Ek gaan die bal vir jou gooi; probeer dit **vang**." [b] *We **caught** a big fish in the river.* Ons het 'n groot vis in die rivier **gevang**. [c] *The police **caught** the thief who had broken into our house.* Die

polisie **het** die dief **gevang** wat by ons huis ingebreek het.

◆ **in 'n strik vang** ⇨ **strik**[1].

□ **vang** *werkwoord (teenwoordige tyd* **vang**, *verlede tyd* **het gevang**)

Jy *haal* 'n bus of trein (jy *vang* hom nie).

vanjaar this year *Doreen was in standard five last year and is in standard six **this year**.* Doreen was verlede jaar in standerd vyf en is **vanjaar** in standerd ses.

□ **van·jaar** *bywoord*

vanmekaar apart *The two towns are 37 km **apart**.* Die twee dorpe is 37 km **vanmekaar**.

□ **van·me·kaar** *bywoord*

vanmiddag this afternoon *"You may borrow my bicycle, but see that you return before five o'clock **this afternoon**."* "Jy kan my fiets leen, maar sorg dat jy dit voor vyfuur **vanmiddag** terugbring."

□ **van·mid·dag** *bywoord*

vannag 1 tonight *I hope I'll get more sleep **tonight** than last night.* Ek hoop ek kry **vannag** meer slaap as gisternag. **2** last night *I had a bad dream about snakes **last night**.* Ek het **vannag** 'n nare droom oor slange gehad.

□ **van·nag** *bywoord*

vanoggend this morning *I had porridge for breakfast **this morning**.* Ek het **vanoggend** pap vir ontbyt gehad.

□ **van·og·gend** *bywoord*

vanself by itself *As soon as the water starts boiling, the kettle switches off **by itself**.* Sodra die water begin kook, skakel die ketel **vanself** af.

□ **van·self** *bywoord*

vantevore before *"I'm sure I've met you **before**. Your face looks so familiar."* "Ek is seker ek het jou al **vantevore** ontmoet. Jou gesig lyk so bekend."

□ **van·te·vo·re** *bywoord*

vark pig *A **pig** is a farm animal with a fat body, short legs and a big nose.* 'n **Vark** is 'n plaasdier met 'n vet lyf, kort bene en 'n groot neus.

□ **vark** *selfstandige naamwoord (meervoud* **varke**)

varkvleis pork *Simon eats any kind of meat, but is particularly fond of **pork**.* Simon eet enige soort vleis, maar is veral lief vir **varkvleis**.

□ **vark·vleis** *selfstandige naamwoord (geen meervoud)*

vars fresh [a] *"It's very stuffy in the room; open the windows so we can get some **fresh** air."* "Dis baie bedompig in die kamer; maak die vensters oop sodat ons 'n bietjie **vars** lug kan kry." [b] *The bread is very **fresh** – it has just come out of the oven.* Die brood is baie **vars** – dit het nou net uit die oond gekom. [c] *We usually eat **fresh** vegetables that we buy at the market.* Ons eet gewoonlik **vars** groente wat ons by die mark koop.

□ **vars** *byvoeglike naamwoord (attributief* **vars**) **varser, varsste**

vas[1] **1** fixed [a] *One cannot move the table; it is **fixed** to* *the floor.* 'n Mens kan nie die tafel verskuif nie; dit is aan die vloer **vas. [b]** *The date is fixed and cannot be changed.* Die datum is **vas** en kan nie verander word nie. **2** firm **[a]** *The baby is not yet firm on his feet and falls over often.* Die baba is nog nie **vas** op sy voete nie en val dikwels om. **[b]** *He was glad to get off the boat and be on firm ground again.* Hy was bly om van die boot af te klim en weer op **vaste** grond te wees. **3** tight *The wood swelled in the wet weather – that's why the windows are so tight.* Die hout het in die nat weer geswel – dis dié dat die vensters so **vas** sit.

□ **vas** *byvoeglike naamwoord (attributief* **vaste)** **vas= ter, vasste**

vas² **1** fast *The child is fast asleep.* Die kind is **vas** aan die slaap. **2** firm *"Make sure that the ladder stands firm before you climb up it."* "Sorg dat die leer **vas** staan voor jy daarteen opklim." **3** firmly *She firmly believes that she took the right decision.* Sy glo **vas** dat sy die regte besluit geneem het.

□ **vas** *bywoord*

vasberade determined *Christine is working very hard, because she is determined to pass the examination.* Christine werk baie hard, want sy is **vasberade** om in die eksamen te slaag.

□ **vas·be·ra·de** *byvoeglike naamwoord (attributief* **vasberade)** meer **vasberade,** mees **vasberade**

vasbind **1** tie **[a]** *Lynette has long hair that she ties with a ribbon.* Lynette het lang hare wat sy met 'n lint **vas= bind. [b]** *"Tie the two ends of the rope together."* "Bind die twee punte van die tou aan mekaar **vas**." **2** tie up **[a]** *"You needn't be afraid – I'll tie up the dog before you come."* "Jy hoef nie bang te wees nie – ek sal die hond **vasbind** voor jy kom." **[b]** *He tied up the bundle of wood with a piece of wire.* Hy **het** die bondel hout met 'n stuk draad **vasgebind. 3** fasten *"Fasten the gate with a piece of wire so no one can open it."* "Bind die hek met 'n stuk draad **vas** sodat niemand dit kan oopmaak nie."

□ **vas·bind** *werkwoord (teenwoordige tyd* **bind vas,** *verlede tyd* **het vasgebind)**

vasdraai **1** tighten *"Are there any more loose screws that I need to tighten?"* "Is daar nog los skroewe wat ek moet **vasdraai?" 2** screw *"Don't screw the lid too tightly on to the jam jar."* "Moenie die deksel te styf op die konfytfles **vasdraai**."

□ **vas·draai** *werkwoord (teenwoordige tyd* **draai vas,** *verlede tyd* **het vasgedraai)**

vasdruk pin *The man tried to pin her arms against her sides so she couldn't scratch him.* Die man het haar arms teen haar sye probeer **vasdruk** sodat sy hom nie kon krap nie.

□ **vas·druk** *werkwoord (teenwoordige tyd* **druk vas,** *verlede tyd* **het vasgedruk)**

vasgekeer trapped *A voice called from the burning building, "Help me out – I'm trapped!"* 'n Stem het uit die brandende gebou geroep: "Help my uit – ek's **vasge= keer!**"

□ **vas·ge·keer** *byvoeglike naamwoord (attributief* **vas= gekeerde)**

vashaak **1** hook *"Will you hook the plough (on) to the tractor for me, please?"* "Sal jy vir my die ploeg aan die trekker **vashaak,** asseblief?" **2** get hooked/caught *"Be careful that your jersey doesn't get hooked/ caught on the thorns."* "Pas op dat jou trui nie aan die dorings **vashaak** nie."

□ **vas·haak** *werkwoord (teenwoordige tyd* **haak vas,** *verlede tyd* **het vasgehaak)**

vasheg fasten *"You can fasten the two sheets of paper together with a pin."* "Jy kan die twee velle papier met 'n speld aan mekaar **vasheg**."

□ **vas·heg** *werkwoord (teenwoordige tyd* **heg vas,** *ver= lede tyd* **het vasgeheg)**

vashou **1** hold *She can't hold the pencil properly, because her thumb is sore.* Sy kan nie die potlood behoorlik **vashou** nie, want haar duim is seer. **2** keep hold of *"I'm going to let go; I can't keep hold of the rope any longer!"* "Ek gaan laat los; ek kan die tou nie langer **vashou** nie!" **3** hang on, hold on *"Hang/Hold on to the rail so that you don't fall over when the bus pulls away."* "Hou aan die reling **vas** sodat jy nie omval wanneer die bus wegtrek nie."

□ **vas·hou** *werkwoord (teenwoordige tyd* **hou vas,** *ver= lede tyd* **het vasgehou)**

vasketting chain *"Wait a minute, I just want to chain my bike to the lamp-post!"* "Wag 'n bietjie, ek wil gou my fiets aan die lamppaal **vasketting**!"

□ **vas·ket·ting** *werkwoord (teenwoordige tyd* **ketting vas,** *verlede tyd* **het vasgeketting)**

vasloop teen walk into *"Watch out, you're going to walk into the lamp-post!"* "Pasop, jy gaan **teen** die lamppaal **vasloop!**"

□ **vas·loop** teen *werkwoordfrase (teenwoordige tyd* **loop vas** teen, *verlede tyd* **het vasgeloop** teen)

vasmaak **1** fasten, do up *"Will you please fasten (OR do up) my dress for me at the back?"* "Sal jy my rok vir my agter **vasmaak,** asseblief?" **2** fix *"Will you fix this hook to the door for me, please?"* "Sal jy vir my dié haak aan die deur **vasmaak,** asseblief?" **3** tie **[a]** *"Can your little brother tie his own shoelaces yet?"* "Kan jou boetie al self sy skoenveters **vasmaak?" [b]** *She tied her dog to a rail outside the shop.* Sy **het** haar hond aan 'n reling buite die winkel **vasgemaak. [c]** *The belt of her dress ties at the back.* Die belt van haar rok **maak** agter **vas.**

□ **vas·maak** *werkwoord (teenwoordige tyd* **maak vas,** *verlede tyd* **het vasgemaak)**

vasry in/teen **1** drive into *"Go slower, or you'll drive into the back of the bus if it suddenly brakes!"* "Ry sta= diger, of jy sal agter **in** die bus **vasry** as hy skielik rem!" **2** hit, crash/run into *The car skidded on the wet road and hit (OR crashed/ran into) a tree.* Die motor **het** op die nat pad gegly en **in/teen** 'n boom **vasgery.**

□ **vas·ry** in/teen *werkwoordfrase (teenwoordige tyd* **ry vas** in/teen, *verlede tyd* **het vasgery** in/teen)

vassit stick **[a]** *There must be something causing the* *drawer to* **stick** – *I can't get it open.* Daar moet iets wees wat die laai laat **vassit** – ek kan dit nie oopkry nie. **[b]** *The syrup is* **sticking** *to my fingers.* Die stroop **sit** aan my vingers **vas**.

☐ **vas·sit** *werkwoord (teenwoordige tyd* **sit vas***, verlede tyd* **het vasgesit***)*

vasskroef screw *"Will you* **screw** *this hook to the door for me, please?"* "Sal jy vir my dié haak aan die deur **vasskroef**, asseblief?"

☐ **vas·skroef** *werkwoord (teenwoordige tyd* **skroef vas***, verlede tyd* **het vasgeskroef***)*

vasslaan nail down *There was a loose board in the floor which he had to* **nail down***.* Daar was 'n los plank in die vloer wat hy moes **vasslaan**.

☐ **vas·slaan** *werkwoord (teenwoordige tyd* **slaan vas***, verlede tyd* **het vasgeslaan***)*

vasspeld pin *The teacher asked me to* **pin** *a name-card to my blazer.* Die onderwyser het gevra dat ek 'n naam= kaartjie aan my baadjie **vasspeld**.

☐ **vas·speld** *werkwoord (teenwoordige tyd* **speld vas***, verlede tyd* **het vasgespeld***)*

vasspyker ❶ nail *"Will you* **nail** *the picture to the wall for me, please?"* "Sal jy vir my die prent aan die muur **vasspyker**, asseblief?" ❷ nail down *There was a loose board in the floor which he had to* **nail down***.* Daar was 'n los plank in die vloer wat hy moes **vasspyker**.

☐ **vas·spy·ker** *werkwoord (teenwoordige tyd* **spyker vas***, verlede tyd* **het vasgespyker***)*

vassteek pin *The teacher asked me to* **pin** *a name-card to my blazer.* Die onderwyser het gevra dat ek 'n naam= kaartjie aan my baadjie **vassteek**.

◆ **aan mekaar vassteek** pin together *"I think you should* **pin** *the papers* **together** *so you don't lose them."* "Ek dink jy moet die papiere **aan mekaar vassteek** sodat jy hulle nie verloor nie."

☐ **vas·steek** *werkwoord (teenwoordige tyd* **steek vas***, verlede tyd* **het vasgesteek***)*

vasstel find out *She went to the doctor so that he could* **find out** *what was wrong with her.* Sy is dokter toe sodat hy kon **vasstel** wat sy makeer.

☐ **vas·stel** *werkwoord (teenwoordige tyd* **stel vas***, ver= lede tyd* **het vasgestel***)*

vasvat get/take hold of *She couldn't* **get/take hold of** *the soap in the water.* Sy kon nie die seep in die water **vasvat** nie.

☐ **vas·vat** *werkwoord (teenwoordige tyd* **vat vas***, ver= lede tyd* **het vasgevat***)*

vaswerk sew *"Mummy, will you please* **sew** *the school badge onto the pocket of my blazer?"* "Mamma, sal jy asseblief die skoolwapen op die sak van my kleurbaad= jie **vaswerk**?"

☐ **vas·werk** *werkwoord (teenwoordige tyd* **werk vas***, verlede tyd* **het vasgewerk***)*

vat¹ hold *He lost his* **hold** *on the rope and fell.* Hy het sy **vat** op die tou verloor en geval.

☐ **vat** *selfstandige naamwoord (geen meervoud)*

vat² ❶ take **[a]** *"Doreen, please* **take** *the broom and*

sweep out the kitchen." "Doreen, **vat** asseblief die be= sem en vee die kombuis uit." **[b]** *She* **took** *her child by the hand as they crossed the street.* Sy **het** haar kind by die hand **gevat** toe hulle die straat oorsteek. **[c]** *He* **took** *the old lady by the arm and helped her across the street.* Hy **het** die ou dame aan die arm **gevat** en haar oor die straat gehelp. **[d]** *It is theft if you* **take** *some= thing that does not belong to you.* Dis diefstal as jy iets **vat** wat nie aan jou behoort nie. **[e]** *Ink doesn't* **take** *easily on plastic.* Ink **vat** nie maklik op plastiek nie. ❷ hold *The children had to* **hold** *hands to form a circle.* Die kinders moes hande **vat** om 'n kring te vorm. ❸ catch **[a]** *You'll* **catch** *a cold if you go out in the rain without a coat.* Jy sal koue **vat** as jy sonder 'n jas in die reën uitgaan. **[b]** *The wood is damp and won't* **catch** *fire.* Die hout is nat en wil nie vlam **vat** nie. ❹ start *The car won't* **start** – *perhaps the battery is flat.* Die motor wil nie **vat** nie – miskien is die battery pap.

◆ **vat aan** touch *"Don't* **touch** *the wall – the paint is still wet."* "Moenie **aan** die muur **vat** nie – die verf is nog nat."

☐ **vat** *werkwoord (teenwoordige tyd* **vat***, verlede tyd* **het gevat***)*

vee¹ livestock *The farmer keeps* **livestock** *such as sheep, goats and cattle.* Die boer hou **vee** soos skape, bokke en beeste aan.

☐ **vee** *meervoudige selfstandige naamwoord*

vee² ❶ sweep *"Please* **sweep** *the kitchen floor for me."* "Vee asseblief vir my die kombuisvloer." ❷ wipe **[a]** *"Wipe the floor clean with a wet cloth."* "Vee die vloer met 'n nat lap skoon." **[b]** *She* **wiped** *the tears from her eyes.* Sy **het** die trane uit haar oë **gevee**.

☐ **vee** *werkwoord (teenwoordige tyd* **vee***, verlede tyd* **het gevee***)*

veel¹ much *There isn't* **much** *milk left.* Daar is nie **veel** melk oor nie.

◆ **te veel** ❶ too many *It is bad for your teeth to eat* **too many** *sweets.* Dis sleg vir jou tande om **te veel** lekkers te eet. ❷ too much *"The balloon will burst if you blow* **too much** *air into it."* "Die ballon sal bars as jy **te veel** lug daarin blaas."

☐ **veel** *byvoeglike naamwoord (attributief* **veel***)*

veel² much, far *A rat looks like a mouse but is* **much/far** *bigger.* 'n Rot lyk soos 'n muis, maar is **veel** groter.

◆ **nie veel nie** little *He is very ill – there is* **little** *the doctors can do for him.* Hy is baie siek – die dokters kan **nie veel** vir hom doen **nie**.

◆ **veel meer** ⇨ **meer⁴**.

☐ **veel** *bywoord*

veels ❶ much *It's* **much** *too far to walk – we'll have to take a bus.* Dis **veels** te ver om te loop – ons sal 'n bus moet neem. ❷ far *It's* **far** *too hot to wear a jersey today.* Dis **veels** te warm vandag om 'n trui te dra.

◆ **veels geluk!** ❶ congratulations! *"Congratula= tions on your good exam results!"* "Veels geluk met jou goeie eksamenuitslae!" ❷ congratulations!, many happy returns! *"I hear it's your birthday today. Con=*

gratulations (OR *Many happy returns)!*" "Ek hoor jy verjaar vandag. **Veels geluk!**"

☐ **veels** *bywoord*

veer feather *This* **feather** *has fallen out of a bird's wing.* Hierdie **veer** het uit 'n voël se vlerk geval.

☐ **veer** *selfstandige naamwoord (meervoud* **vere***)*

veertien fourteen *Two times seven is* **fourteen**. Twee maal sewe is **veertien**.

☐ **veer·tien** *telwoord*

veertiende fourteenth *He is* **fourteenth** *in a queue of twenty, so there are six more people behind him.* Hy staan **veertiende** in 'n tou van twintig, dus is daar nog ses mense agter hom.

☐ **veer·tien·de** *telwoord*

veertig forty *Ten times four is* **forty**. Tien maal vier is **veertig**.

☐ **veer·tig** *telwoord*

veertigste fortieth *It is my dad's* **fortieth** *birthday to= day.* Dit is vandag my pa se **veertigste** verjaardag.

☐ **veer·tig·ste** *telwoord*

veg fight [a] *The two boxers are going to* **fight** *each other on Saturday night.* Die twee boksers gaan Saterdag= aand teen mekaar **veg**. [b] *The soldier* **fought** *in the Second World War.* Die soldaat **het** in die Tweede Wêreldoorlog **geveg**.

☐ **veg** *werkwoord (teenwoordige tyd* **veg**, *verlede tyd* **het geveg***)*

veilig[1] safe [a] *The bird is* **safe** *from danger in its cage.* Die voël is **veilig** teen gevaar in sy hok. [b] *It isn't* **safe** *to play with matches.* Dis nie **veilig** om met vuur= houtjies te speel nie.

☐ **vei·lig** *byvoeglike naamwoord (attributief* **veilige***)* **veiliger, veiligste**

veilig[2] safely *"Please drive carefully; I want you to get home* **safely**." "Ry asseblief versigtig; ek wil hê julle moet **veilig** by die huis kom."

☐ **vei·lig** *bywoord*

veiligheid safety *She's worried about the* **safety** *of her children on the busy roads.* Sy is bekommerd oor die **veiligheid** van haar kinders op die besige paaie.

☐ **vei·lig·heid** *selfstandige naamwoord (geen meer= voud)*

vel[1] skin [a] *The* **skin** *is the outer covering of the human body.* Die **vel** is die buitenste bedekking van die mens= like liggaam. [b] *A dog's* **skin** *is very loose round the neck.* 'n Hond se **vel** is baie los om die nek. [c] *A* **skin** *will form on the paint if you leave the tin open.* 'n **Vel** sal op die verf vorm as jy die blik laat oopstaan. [2] coat *A leopard has a yellow* **coat** *with black spots.* 'n Luiperd het 'n geel **vel** met swart vlekke. [3] sheet *Simon covered his book with a* **sheet** *of brown paper.* Simon het sy boek met 'n **vel** bruin papier oorgetrek.

☐ **vel** *selfstandige naamwoord (meervoud* **velle***)*

veld[1] veld *The men went hunting in the* **veld**. Die mans het in die **veld** gaan jag. [2] field [a] *The farmer's cattle are grazing in the* **field**. Die boer se beeste wei in die **veld**. [b] *The* **field** *on which they play soccer is nice and*

green. Die **veld** waarop hulle sokker speel, is mooi groen.

☐ **veld** *selfstandige naamwoord (meervoud* **velde***)*

venster window *"Open the* **window** *to let in some fresh air."* "Maak die **venster** oop om 'n bietjie vars lug binne te laat."

☐ **ven·ster** *selfstandige naamwoord (meervoud* **ven= sters***)*

vensterruit window-pane *She stood watching the rain= drops slide down the* **window-pane**. Sy het gestaan en kyk hoe die reëndruppels teen die **vensterruit** afgly.

☐ **ven·ster·ruit** *selfstandige naamwoord (meervoud* **vensterruite***)*

ver[1] [1] far [a] *"Can you walk to school?"* – *"No, it's too* **far**; *I have to catch a bus."* "Kan jy skool toe loop?" – "Nee, dis te **ver**; ek moet 'n bus haal." [b] *Messina lies in the* **far** *north of the Transvaal.* Messina lê in die **verre** noorde van Transvaal. [2] *a long way off Christ= mas is still* **a long way off**. Kersfees is nog **ver**.

♦ **'n ver ent** ⇨ **ent**.

☐ **ver** *byvoeglike naamwoord (attributief* **verre***)* **ver= der, verste**

ver[2] [1] far *They live* **far** *away in another country.* Hulle woon **ver** weg in 'n ander land. [2] away *The next town is 65 km* **away**. Die volgende dorp is 65 km **ver**.

♦ **dit ver bring** go a long way *You can* **go a long way** *in life if you're prepared to work hard.* 'n Mens kan **dit ver** in die lewe **bring** as jy bereid is om hard te werk.

♦ **so ver as/soos** as/so far as *They didn't walk* **as/so far as** *we did* – *they turned back sooner.* Hulle het nie **so ver as/soos** ons geloop nie – hulle het gouer omge= draai.

♦ **so ver ek weet** as/so far as I know *"Where is Anna?"* – *"As/So far as I know she's in her bed= room."* "Waar is Anna?" – "**So ver ek weet**, is sy in haar slaapkamer."

♦ **ver bo/bokant** well above *The water in die deep end of the swimming pool comes* **well above** *my head.* Die water aan die diep kant van die swembad kom **ver bo/ bokant** my kop.

♦ **ver onder** well below *Two out of ten is* **well below** *the pass mark.* Twee uit tien is **ver onder** die slaag= punt.

♦ **ver ... toe** a long way to *It's* **a long way** *from our house* **to** *the school.* Dis **ver** van ons huis af skool **toe**.

♦ **ver uit/van mekaar** wide apart *He stood with his feet* **wide apart**. Hy het met sy voete **ver uit/van mekaar** gestaan.

♦ **ver van ... af** [1] far away from *"Move your chair a little closer; you're sitting too* **far away from** *me."* "Skuif jou stoel 'n bietjie nader; jy sit te **ver van** my **af**." [2] a long way from *Our house is* **a long way from** *the school.* Ons huis is **ver van** die skool **af**.

☐ **ver** *bywoord*

veral [1] especially *Esmé is fond of sweet things,* **espe= cially** *chocolates.* Esmé is lief vir soet goed, **veral** sjo= kolade. [2] particularly *Simon eats any kind of meat, but* is **particularly** fond of chicken. Simon eet enige soort vleis, maar is **veral** lief vir hoender. **❸** in particular I enjoyed the film very much – the photography **in parti‑ cular** was wonderful. Ek het die prent baie geniet – **veral** die fotografie was wonderlik.

☐ **ver·al** bywoord

verander change They have decided to **change** the date of the meeting from 3 to 10 March. Hulle het besluit om die datum van die vergadering van 3 tot 10 Maart te **verander**.

◆ **verander in** turn into Water **turns into** steam when it boils. Water **verander in** stoom as dit kook.

☐ **ver·an·der** werkwoord (teenwoordige tyd **veran‑ der**, verlede tyd **het verander**)

verandering change It's a nice **change** to have eggs instead of porridge for breakfast. Dis 'n lekker **veran‑ dering** om eiers in plaas van pap vir ontbyt te kry.

☐ **ver·an·de·ring** selfstandige naamwoord (meervoud **veranderinge/veranderings**)

verantwoordelik responsible "Don't put the blame on me – Linda is **responsible** for us being late." "Moenie my die skuld gee nie – Linda is **verantwoordelik** daarvoor dat ons laat is."

☐ **ver·ant·woor·de·lik** byvoeglike naamwoord (attri‑ butief **verantwoordelike**) **verantwoordeliker, verantwoordelikste**

verantwoordelikheid responsibility As eldest child Tom has the **responsibility** to look after the little ones. As oudste kind het Tom die **verantwoordelikheid** om die kleintjies op te pas.

☐ **ver·ant·woor·de·lik·heid** selfstandige naamwoord (meervoud **verantwoordelikhede**)

verbaas¹ surprise It wouldn't **surprise** me if he failed – he didn't learn very hard. Dit sou my nie **verbaas** as hy sak nie – hy het nie baie hard geleer nie.

☐ **ver·baas** werkwoord (teenwoordige tyd **verbaas**, verlede tyd **het verbaas**)

verbaas² **❶** astonished She was **astonished** by the chil‑ dren's bad behaviour – they're usually very good. Sy was **verbaas** oor die kinders se swak gedrag – hulle is ge‑ woonlik baie soet. **❷** surprised "I'm **surprised** to see you here – I thought you were away on holiday." "Ek is **verbaas** om jou hier te sien – ek het gedink jy is met vakansie weg."

☐ **ver·baas** byvoeglike naamwoord **meer verbaas, meeste verbaas** (attributief **verbaasde, meer ver‑ baasde, mees verbaasde**)

verband bandage "Why do you have a **bandage** round your finger?" – "I cut myself." "Hoekom het jy 'n ver‑ **band** om jou vinger?" – "Ek het my gesny."

☐ **ver·band** selfstandige naamwoord (meervoud **ver‑ bande**)

verbasing **❶** astonishment She thought the dog was dead, but to her **astonishment** it suddenly got up and ran away. Sy het gedink die hond is dood, maar tot haar **verbasing** het hy skielik opgestaan en wegge‑ hardloop. **❷** surprise To Tom's **surprise** his mother

wasn't angry with him for breaking her best vase. Tot Tom se **verbasing** was sy ma nie vir hom kwaad oor hy haar beste blompot gebreek het nie.

☐ **ver·ba·sing** selfstandige naamwoord (geen meer‑ voud)

verbeel imagine "There is nothing under your bed – you are only **imagining** it." "Daar is niks onder jou bed nie – jy **verbeel jou** dit maar."

☐ **ver·beel** werkwoord (teenwoordige tyd **verbeel**, verlede tyd **het verbeel**)

verbeelding imagination [a] "Children, use your im‑ **agination** and write an essay about a man travelling to the moon." "Kinders, gebruik jul **verbeelding** en skryf 'n opstel oor 'n man wat na die maan reis." [b] "There is nothing under your bed – it's only your im‑ **agination**." "Daar is niks onder jou bed nie – dis maar jou **verbeelding**."

☐ **ver·beel·ding** selfstandige naamwoord (geen meer‑ voud)

verbeter **❶** improve He is taking extra lessons to im‑ **prove** his English. Hy neem ekstra lesse om sy Engels te **verbeter**. **❷** correct If you write in pencil you can rub out and **correct** your mistakes quite easily. As jy met potlood skryf, kan jy jou foute maklik uitvee en **ver‑ beter**.

☐ **ver·be·ter** werkwoord (teenwoordige tyd **verbeter**, verlede tyd **het verbeter**)

verbetering **❶** improvement [a] There is no **improve‑ ment** in the weather – it is still bitterly cold. Daar is geen **verbetering** in die weer nie – dis nog steeds bit‑ ter koud. [b] They will have to make **improvements** to the road, for it is in a bad condition. Hulle sal **verbe‑ teringe** aan die pad moet aanbring, want dis in 'n sleg‑ te toestand. **❷** correction He had to make a **correction** where the teacher had marked a spelling mistake in his essay. Hy moes 'n **verbetering** aanbring waar die juf‑ frou 'n spelfout in sy opstel gemerk het.

☐ **ver·be·te·ring** selfstandige naamwoord (meervoud **verbeteringe/verbeterings**)

verbied forbid "If you come home later than eleven o'clock, I'll **forbid** you to go out at night again." "As jy later as elfuur huis toe kom, sal ek jou **verbied** om weer saans uit te gaan."

☐ **ver·bied** werkwoord (teenwoordige tyd **verbied**, verlede tyd **het verbied**)

verbind **❶** join Your neck **joins** your head to the rest of your body. Jou nek **verbind** jou kop met die res van jou liggaam. **❷** connect "Switch off the power before you **connect** those two wires." "Skakel die krag af voordat jy daardie twee drade **verbind**." **❸** bandage "We'll have to **bandage** this wound; it's bleeding too much." "Ons sal dié wond moet **verbind**; dit bloei te veel."

☐ **ver·bind** werkwoord (teenwoordige tyd **verbind**, verlede tyd **het verbind**)

verbrand burn [a] "**Burn** the pile of dead leaves." "**Verbrand** die hoop dooie blare." [b] The furniture caught fire and **burnt** to ashes. Die meubels **het** vlam gevat en tot as **verbrand**. **[c]** *"Careful! The coffee is very hot; you'll **burn** your tongue."* "Pasop! Die koffie is baie warm; jy sal jou tong **verbrand**."

☐ **ver·brand** *werkwoord (teenwoordige tyd* **ver·brand**, *verlede tyd* **het verbrand***)*

verbreek break **[a]** *You **break** the law if you steal.* Jy **verbreek** die wet as jy steel. **[b]** *A book fell off someone's table and **broke** the silence in die examination room.* 'n Boek **het** van iemand se tafel afgeval en die stilte in die eksamenkamer **verbreek**.

☐ **ver·breek** *werkwoord (teenwoordige tyd* **verbreek**, *verlede tyd* **het verbreek***)*

verby[1] **①** past *Summer is **past** – we'll have to start unpacking our winter clothes.* Die somer is **verby** – ons sal ons winterklere moet begin uitpak. **②** by *"Run if you want to catch the bus; it has just gone **by**."* "Hardloop as jy die bus wil haal; hy is nou net hier **verby**." **③** over **[a]** *What a relief – my headache is **over**.* Wat 'n verligting – my hoofpyn is **verby**. **[b]** *The holidays are **over** – school begins again tomorrow.* Die vakansie is **verby** – die skool begin weer môre. **[c]** *When winter is **over**, the days gradually become longer.* As die winter **verby** is, word die dae geleidelik langer.

☐ **ver·by** *bywoord*

verby[2] past *They live just **past** the café on the next corner.* Hulle woon net **verby** die kafee op die volgende hoek.

◆ **by ... verby** past *"To get to the station, walk **past** the church and then turn right."* "Om by die stasie te kom, loop **by** die kerk **verby** en draai dan regs."

☐ **ver·by** *voorsetsel*

verbyflits flash by/past *He stood beside the road watching the cars **flash by/past**.* Hy het langs die pad gestaan en kyk hoe die motors **verbyflits**.

☐ **ver·by·flits** *werkwoord (teenwoordige tyd* **flits verby**, *verlede tyd* **het verbygeflits***)*

verbygaan pass, go by **[a]** *"Oh no, we've missed the bus! I've just seen it **pass** (OR **go by**)."* "Ag nee, ons het die bus gemis! Ek het dit nou net sien **verbygaan**." **[b]** *A month **passed** (OR **went by**) before we heard from him again.* 'n Maand **het verbygegaan** voordat ons weer van hom gehoor het.

☐ **ver·by·gaan** *werkwoord (teenwoordige tyd* **gaan verby**, *verlede tyd* **het verbygegaan***)*

verbykom pass *"Please stand aside so that I can **pass**."* "Staan asseblief opsy sodat ek kan **verbykom**."

☐ **ver·by·kom** *werkwoord (teenwoordige tyd* **kom verby**, *verlede tyd* **het verbygekom***)*

verbyloop, verbystap walk by *Many people who **walk by** stop to admire our garden.* Baie mense wat **verbyloop/verbystap**, gaan staan om ons tuin te bewonder.

☐ **ver·by·loop, ver·by·stap** *werkwoord (teenwoordige tyd* **loop/stap verby**, *verlede tyd* **het verbygeloop/verbygestap***)*

verbysteek pass, overtake *Keep left so that the faster cars can **pass/overtake** you on the right.* Hou links

sodat die vinniger motors jou regs kan **verbysteek**.

☐ **ver·by·steek** *werkwoord (teenwoordige tyd* **steek verby**, *verlede tyd* **het verbygesteek***)*

verdedig defend *A scorpion uses the sting in its tail to **defend** itself.* 'n Skerpioen gebruik die angel in sy stert om hom mee te **verdedig**.

☐ **ver·de·dig** *werkwoord (teenwoordige tyd* **verdedig**, *verlede tyd* **het verdedig***)*

verdeel ① divide **[a]** *At our Sunday school they **divide** the children into groups according to age.* By ons Sondagskool **verdeel** hulle die kinders in groepe volgens ouderdom. **[b]** *"Where the road **divides**, you must keep left and not turn right."* "Waar die pad **verdeel**, moet jy links hou en nie regs draai nie." **②** share *If we **share** the sweets equally among us, each will get six.* As ons die lekkers gelykop onder mekaar **verdeel**, sal elkeen ses kry.

☐ **ver·deel** *werkwoord (teenwoordige tyd* **verdeel**, *verlede tyd* **het verdeel***)*

verder[1] further *"Class, are there any **further** questions, or can we continue with the work?"* "Klas, is daar nog **verdere** vrae, of kan ons met die werk aangaan?"

☐ **ver·der** *byvoeglike naamwoord (attributief* **verdere***)*

verder[2] **①** farther, further *She was so tired that she couldn't walk any **farther/further**.* Sy was so moeg dat sy nie **verder** kon loop nie. **②** on *We travelled **on** for kilometres before we saw a farm house.* Ons het kilometers **verder** gereis voordat ons 'n plaashuis gesien het.

☐ **ver·der** *bywoord*

verdien ① earn *Simon and David work in a shop during school holidays and **earn** R60,00 a week.* Simon en David werk gedurende skoolvakansies in 'n winkel en **verdien** R60,00 per week. **②** deserve *"You've worked hard and **deserve** the prize as best student of the year."* "Jy het hard gewerk en **verdien** die prys as beste student van die jaar."

☐ **ver·dien** *werkwoord (teenwoordige tyd* **verdien**, *verlede tyd* **het verdien***)*

verdieping floor, storey *He works in an office on the seventh **floor/storey** of the building.* Hy werk in 'n kantoor op die sewende **verdieping** van die gebou.

☐ **ver·die·ping** *selfstandige naamwoord (meervoud* **verdiepings***)*

verdra put up with *If you live near a station you have to **put up with** a good deal of noise.* As jy naby 'n stasie woon, moet jy heelwat geraas **verdra**.

◆ **nie kan verdra nie ①** can't bear/stand *I **can't bear/stand** the smell of rotten eggs.* Ek **kan** die reuk van vrot eiers **nie verdra nie**. **②** have no time for *"I **have no time for** dishonest people."* "Ek **kan** oneerlike mense **nie verdra nie**."

☐ **ver·dra** *werkwoord (teenwoordige tyd* **verdra**, *verlede tyd* **het verdra***)*

verdrink drown *Maggie is afraid she might **drown**, be-*

cause she can't swim. Maggie is bang sy **verdrink** dalk, want sy kan nie swem nie.

☐ **ver·drink** *werkwoord (teenwoordige tyd* **verdrink,** *verlede tyd* **het verdrink)**

verduidelik explain *"Class, do you understand this sum, or shall I* ***explain*** *it again?"* "Klas, verstaan julle dié som, of moet ek dit weer **verduidelik?**"

◆ **verduidelik wat jy bedoel** explain yourself *"I don't know what you're talking about – please* ***explain yourself.***" "Ek weet nie waarvan jy praat nie – ver= duidelik asseblief **wat jy bedoel.**"

☐ **ver·dui·de·lik** *werkwoord (teenwoordige tyd* **ver= duidelik,** *verlede tyd* **het verduidelik)**

verdwaal[1] get lost, lose one's way *I have a road map and shouldn't* ***get lost (***OR ***lose my way).*** Ek het 'n padkaart en behoort nie te **verdwaal** nie.

☐ **ver·dwaal** *werkwoord (teenwoordige tyd* **ver= dwaal,** *verlede tyd* **het verdwaal)**

verdwaal[2] lost *I'm* ***lost*** *and don't know how to get to the station.* Ek is **verdwaal** en weet nie hoe om by die stasie te kom nie.

☐ **ver·dwaal** *byvoeglike naamwoord (attributief* **ver= dwaalde)**

verdwyn disappear *The sun will soon* ***disappear*** *behind that big dark cloud.* Die son sal nou-nou agter daardie groot donker wolk **verdwyn.**

☐ **ver·dwyn** *werkwoord (teenwoordige tyd* **verdwyn,** *verlede tyd* **het verdwyn)**

vererg annoy *It* ***annoys*** *me if people push in front of others and don't wait their turn.* Ek **vererg** my as men= se voor ander indruk en nie hul beurt afwag nie.

◆ **jou vererg oor** get annoyed at *When he's in a bad temper, he* ***gets annoyed at*** *the slightest thing.* As hy in 'n slegte bui is, **vererg hy hom oor** die kleinste dingetjie.

☐ **ver·erg** *werkwoord (teenwoordige tyd* **vererg,** *ver= lede tyd* **het vererg)**

verf[1] paint *They use yellow and white* ***paint*** *for the lines on the roads.* Hulle gebruik geel en wit **verf** vir die strepe op die paaie.

☐ **verf** *selfstandige naamwoord (meervoud* **verwe)**

verf[2] paint *Dad decided to* ***paint*** *the walls of our house white.* Pa het besluit om die mure van ons huis wit te **verf.**

☐ **verf** *werkwoord (teenwoordige tyd* **verf,** *verlede tyd* **het geverf)**

vergader meet *The teachers are going to* ***meet*** *this af= ternoon to discuss the school concert.* Die onderwysers gaan vanmiddag **vergader** om die skoolkonsert te bespreek.

☐ **ver·ga·der** *werkwoord (teenwoordige tyd* **verga= der,** *verlede tyd* **het vergader)**

vergadering meeting *The teachers held a* ***meeting*** *to discuss the school concert.* Die onderwysers het 'n **ver= gadering** gehou om die skoolkonsert te bespreek.

☐ **ver·ga·de·ring** *selfstandige naamwoord (meervoud* **vergaderinge/vergaderings)**

vergeef, vergewe forgive *"Please* ***forgive*** *me for being so rude to you yesterday."* "**Vergeef/Vergewe** my as= seblief dat ek gister so onbeskof met jou was."

☐ **ver·geef, ver·ge·we** *werkwoord (teenwoordige tyd* **vergeef/vergewe,** *verlede tyd* **het vergeef/ver= gewe)**

vergeet forget **[a]** *"Don't* ***forget*** *to take the key, other= wise you won't be able to get into the house."* "Moenie **vergeet** om die sleutel te neem nie, anders sal jy nie by die huis kan inkom nie." **[b]** *"Forget about the 2c you owe me; you don't have to give it back."* "**Vergeet** van die 2c wat jy my skuld; jy hoef dit nie terug te gee nie."

☐ **ver·geet** *werkwoord (teenwoordige tyd* **vergeet,** *verlede tyd* **het vergeet)**

vergelyk compare *If you* ***compare*** *the two flowers you will see that they are very alike.* As jy die twee blomme **vergelyk,** sal jy sien dat hulle baie eenders is.

☐ **ver·ge·lyk** *werkwoord (teenwoordige tyd* **vergelyk,** *verlede tyd* **het vergelyk)**

vergelyking comparison *East London is a small city in* ***comparison*** *with Johannesburg.* In **vergelyking** met Johannesburg is Oos-Londen 'n klein stad.

☐ **ver·ge·ly·king** *selfstandige naamwoord (meervoud* **vergelykinge/vergelykings)**

vergewe ⇨ **vergeef.**

vergrotende trap comparative *"Cleverer" is the* ***com= parative*** *of "clever".* "Slimmer" is die **vergrotende trap** van "slim".

☐ **ver·gro·ten·de trap** *selfstandige naamwoord (meervoud* **vergrotende trappe)**

verhaal story *"Children, I'm going to read the* ***story*** *of Little Red Riding Hood to you."* "Kinders, ek gaan die **verhaal** van Rooikappie aan julle voorlees."

☐ **ver·haal** *selfstandige naamwoord (meervoud* **ver= hale)**

verhit heat *The man had to* ***heat*** *the piece of iron before he could bend and shape it.* Die man moes die stuk yster **verhit** voordat hy dit kon buig en vorm.

☐ **ver·hit** *werkwoord (teenwoordige tyd* **verhit,** *verle= de tyd* **het verhit)**

verhoging increase *My father got an* ***increase*** *and now earns R50,00 more per month.* My pa het 'n **verhoging** gekry en verdien nou R50,00 meer per maand.

☐ **ver·ho·ging** *selfstandige naamwoord (meervoud* **verhoginge/verhogings)**

verhoog[1] stage *The audience clapped when the singer ap= peared on the* ***stage.*** Die gehoor het geklap toe die san= ger op die **verhoog** verskyn.

☐ **ver·hoog** *selfstandige naamwoord (meervoud* **ver= hoë)**

verhoog[2] ❶ heighten *He asked the builder to* ***heighten*** *the garden wall from one metre to two metres.* Hy het die bouer gevra om die tuinmuur van een meter tot twee meter te **verhoog.** ❷ increase, put up, raise *They are going to* ***increase (***OR ***put up*** OR ***raise)*** *the bus fare from 68c to 75c per ticket.* Hulle gaan die busgeld van 68c tot 75c per kaartjie **verhoog.**

☐**ver·hoog** *werkwoord (teenwoordige tyd* **verhoog**, *verlede tyd* **het verhoog***)*

verhouding relationship *"What is the **relationship** between Walter and Esther?"* – *"They are brother and sister."* "Wat is die **verhouding** tussen Walter en Esther?" – "Hulle is broer en suster."

☐**ver·hou·ding** *selfstandige naamwoord (meervoud* **verhoudinge/verhoudings***)*

verhuur rent (out) *The neighbours across the street **rent (out)** rooms to students for R200,00 a month.* Die bure oorkant die straat **verhuur** kamers aan studente teen R200,00 per maand.

☐**ver·huur** *werkwoord (teenwoordige tyd* **verhuur**, *verlede tyd* **het verhuur***)*

verjaar be one's birthday *"I hear it **is your birthday** today. How old are you now?"* "Ek hoor jy **verjaar** vandag. Hoe oud is jy nou?"

☐**ver·jaar** *werkwoord (teenwoordige tyd* **verjaar**, *verlede tyd* **het verjaar***)*

verjaar(s)dag birthday [a] *Esther gave a party to celebrate her sixteenth **birthday**.* Esther het 'n partytjie gegee om haar sestiende **verjaar(s)dag** te vier. [b] *"Happy **birthday!**"* "Veels geluk met jou **verjaar(s)dag!**"

☐**ver·jaar(s)·dag** *selfstandige naamwoord (meervoud* **verjaar[s]dae***)*

'n Mens kan **verjaardag** met of sonder 'n *=s=* skryf.

verkeer traffic *In heavy **traffic** the vehicles move very slowly through the streets.* In druk **verkeer** beweeg die voertuie baie stadig deur die strate.

☐**ver·keer** *selfstandige naamwoord (geen meervoud)*

verkeerd[1] wrong *He knows the difference between right and **wrong**.* Hy weet wat die verskil tussen reg en **verkeerd** is.

☐**ver·keerd** *selfstandige naamwoord (geen meervoud)*

verkeerd[2] **1** wrong, incorrect *"Four and five are eight."* – *"No, that's **wrong/incorrect!** The answer is nine."* "Vier en vyf is agt." – "Nee, dis **verkeerd!** Die antwoord is nege." **2** wrong [a] *It is **wrong** to steal.* Dis **verkeerd** om te steel. [b] *This must be the **wrong** key – I can't unlock the door with it.* Dis seker die **verkeerde** sleutel dié – ek kan nie die deur daarmee oopsluit nie.

☐**ver·keerd** *byvoeglike naamwoord (attributief* **verkeerde***)*

*Wat is **verkeerd** met jou fiets?* staan onder Engelse invloed. Vra liewer in goeie Afrikaans: *Wat **makeer** jou fiets?*

verkeerd[3] **1** wrong *"You've spelt his name **wrong**; there is only one 'l' in Philip and not two."* "Jy het sy naam **verkeerd** gespel; daar is net een 'l' in Philip en nie twee nie." **2** wrongly *The letter is **wrongly** addressed; the street number is 5 and not 15.* Die brief is **verkeerd** geadresseer; die straatnommer is 5 en nie 15 nie. **3** out *"My watch is **out** – I can't tell you the exact time."* "My horlosie is **verkeerd** – ek kan jou nie sê presies hoe laat dit is nie."

◆ **verkeerd loop** go wrong *"What will you do if your plans **go wrong?**"* "Wat sal jy doen as jou planne **verkeerd loop?**"

◆ **verkeerd om 1** inside out, wrong side out *"You've got your jersey on **inside out** (OR **wrong side out**) – the label is showing."* "Jy het jou trui **verkeerd om** aan – 'n mens kan die etiket sien." **2** the wrong way round *"Your skirt's on **the wrong way round** – the pocket should be in front and not at the back!"* "Jou romp is **verkeerd om** aan – die sak moet voor wees en nie agter nie!"

☐**ver·keerd** *bywoord*

verkeerslig traffic light, robot *The car stopped at the red **traffic light** (OR **robot**).* Die motor het by die rooi **verkeerslig** stilgehou.

☐**ver·keers·lig** *selfstandige naamwoord (meervoud* **verkeersligte***)*

verkeerspolisie traffic police *The **traffic police** fine motorists who speed.* Die **verkeerspolisie** beboet motoriste wat te vinnig ry.

☐**ver·keers·po·li·sie** *meervoudige selfstandige naamwoord*

verkies prefer *"Which do you **prefer** – meat or fish?"* "Wat **verkies** jy – vleis of vis?"

◆ **verkies bo** prefer to *"I **prefer** meat **to** fish."* "Ek **verkies** vleis **bo** vis."

☐**ver·kies** *werkwoord (teenwoordige tyd* **verkies**, *verlede tyd* **het verkies***)*

verklap, verklik give away, let out *"I give you my word, I won't **give away** (OR **let out**) the secret."* "Ek gee jou my woord, ek sal nie die geheim **verklap/verklik** nie."

◆ **gaan verklap/verklik by** tell on ... to *If Anna catches you smoking, she'll **tell on** you to the teacher.* As Anna jou betrap dat jy rook, sal sy jou **by** die juffrou **gaan verklap/verklik.**

☐**ver·klap, ver·klik** *werkwoord (teenwoordige tyd* **verklap, verklik**, *verlede tyd* **het verklap/verklik***)*

verkoel cool *Put the milk in the fridge to **cool** it.* Sit die melk in die yskas om dit te **verkoel.**

☐**ver·koel** *werkwoord (teenwoordige tyd* **verkoel**, *verlede tyd* **het verkoel***)*

verkoop[1] sale [a] *The neighbours had no problems with the **sale** of their house.* Die bure het geen moeite met die **verkoop** van hul huis gehad nie. [b] *The shop's **sales** usually go up in December.* Die winkel se **verkope** styg gewoonlik in Desember.

☐**ver·koop** *selfstandige naamwoord (meervoud* **verkope***)*

verkoop[2] sell [a] *"I want to **sell** my bike – do you think I can ask R65,00 for it?"* "Ek wil my fiets **verkoop** – dink jy ek kan R65,00 daarvoor vra?" [b] *That shop **sells** only shoes.* Daardie winkel **verkoop** net skoene.

◆ **verkoop vir/teen** sell at/for *The apples **sell at/for** 50c each.* Die appels **verkoop vir/teen** 50c elk.

□ ver·koop werkwoord (teenwoordige tyd verkoop, verlede tyd het verkoop)

verkoopklerk salesman When I entered the shop a **salesman** asked me, "Can I serve you?" Toe ek by die winkel inkom, het 'n **verkoopklerk** my gevra: "Kan ek jou help?"

□ ver·koop·klerk selfstandige naamwoord (meervoud **verkoopklerke**)

verkoue cold "Are you ill?" – "Yes, but it's nothing more than a light **cold**." "Is jy siek?" – "Ja, maar dis niks meer as 'n ligte **verkoue** nie."

◆ **verkoue kry** catch (a) cold "You'll **catch (a) cold** if you go out in the rain without a coat." "Jy sal **verkoue kry** as jy sonder 'n jas in die reën uitgaan."

□ ver·kou·e selfstandige naamwoord (meervoud **verkoues**)

verkry(g)baar available These days the music of many artists is **available** on record, tape and compact disc. Deesdae is die musiek van baie kunstenaars op plaat, band en laserplaat **verkry(g)baar**.

□ ver·kry(g)·baar byvoeglike naamwoord (attributief **verkry[g]bare**)

verlaag lower, reduce Shops **lower/reduce** their prices when they have a sale. Winkels **verlaag** hul pryse wanneer hulle 'n uitverkoping hou.

□ ver·laag werkwoord (teenwoordige tyd **verlaag**, verlede tyd het **verlaag**)

verlaat leave Esther put up her hand and asked, "Miss, may I please **leave** the room?" Esther het haar hand opgesteek en gevra: "Juffrou, mag ek asseblief die kamer **verlaat**?"

□ ver·laat werkwoord (teenwoordige tyd **verlaat**, verlede tyd het **verlaat**)

verlam paralyse A broken back can **paralyse** your legs. 'n Gebreekte rug kan jou bene **verlam**.

□ ver·lam werkwoord (teenwoordige tyd **verlam**, verlede tyd het **verlam**)

verlang wish for They are very rich and have everything one could **wish for**. Hulle is baie ryk en het alles wat 'n mens kan **verlang**.

◆ **daarna verlang** long I am tired of the city and **long** to be in the veld again. Ek is moeg vir die stad en **verlang daarna** om weer in die veld te wees.

◆ **verlang na** long for I am lonely in this place and **long for** my home and family. Ek is eensaam op dié plek en **verlang na** my huis en familie.

□ ver·lang werkwoord (teenwoordige tyd **verlang**, verlede tyd het **verlang**)

verlede[1] past "Can you tell me who his parents are and where he comes from?" – "No, I know nothing of his **past**." "Kan jy my sê wie sy ouers is en waarvandaan hy kom?" – "Nee, ek weet niks van sy **verlede** nie."

◆ **in die verlede** in the past In the past, when people did not have electricity, they lit their homes with candles. In die verlede, toe mense nie elektrisiteit gehad het nie, het hulle hul huise met kerse verlig.

□ ver·le·de selfstandige naamwoord (meervoud **verledes**)

verlede[2] last [a] I had a bad dream about snakes **last** night. Ek het **verlede** nag 'n nare droom oor slange gehad. [b] Doreen was in standard five **last** year and is in standard six this year. Doreen was **verlede** jaar in standerd vyf en is vanjaar in standerd ses.

◆ **verlede ... nog** as recently as last ... I saw him as **recently as last** Friday at Cynthia's party. Ek het hom **verlede** Vrydag **nog** by Cynthia se partytjie gesien.

◆ **verlede tyd** past tense The **past tense** of the verb "give" is "gave". Die **verlede tyd** van die werkwoord "gee" is "het gegee".

□ ver·le·de attributiewe byvoeglike naamwoord

verleng lengthen She had to **lengthen** her dress because it was too short. Sy moes haar rok **verleng** omdat dit te kort was.

□ ver·leng werkwoord (teenwoordige tyd **verleng**, verlede tyd het **verleng**)

verlief in love Simon is **in love** with Esther and wants to marry her. Simon is **verlief** op Esther en wil met haar trou.

◆ **verlief raak op** fall in love with He has **fallen in love with** a very beautiful girl. Hy **het op** 'n baie mooi meisie **verlief geraak**.

□ ver·lief byvoeglike naamwoord meer **verlief**, meeste **verlief** (attributief **verliefde**, meer **verliefde**, mees **verliefde**)

verlig[1] ❶ light The flames of the fire **light** their faces. Die vlamme van die vuur **verlig** hul gesigte. ❷ light up They **light up** the shop windows at night. Hulle **verlig** saans die winkelvensters. ❸ relieve "Take this pill – it will **relieve** your headache." "Drink dié pil – dit sal jou hoofpyn **verlig**."

□ ver·lig werkwoord (teenwoordige tyd **verlig**, verlede tyd het **verlig**)

verlig[2] relieved She was very **relieved** when she heard that her son was safe. Sy was baie **verlig** toe sy hoor haar seun is veilig.

□ ver·lig byvoeglike naamwoord (attributief **verligte**)

verligting relief What a **relief** – my headache is over. Wat 'n **verligting** – my hoofpyn is oor.

□ ver·lig·ting selfstandige naamwoord (geen meervoud)

verlof ❶ permission On the last school-day the headmaster gave us **permission** to go home earlier. Die hoof het ons op die laaste skooldag **verlof** gegee om vroeër huis toe te gaan. ❷ leave "Why isn't your dad at work?" – "He has taken a week's **leave** to paint our house." "Hoekom is jou pa nie by die werk nie?" – "Hy het 'n week **verlof** geneem om ons huis te verf."

□ ver·lof selfstandige naamwoord (geen meervoud)

verloor ❶ lose [a] "If you **lose** my pen, you'll have to buy me a new one." "As jy my pen **verloor**, sal jy vir my 'n nuwe moet koop." [b] I'm going to eat fewer *sweet things because I want to **lose** some weight.* Ek gaan minder soet goed eet, want ek wil 'n bietjie gewig **verloor**. **[c]** *"Did your team win?"* – *"No, we **lost** by two points."* "Het julle span gewen?" – "Nee, ons **het** met twee punte **verloor**." **2** shed *Some trees **shed** their leaves in winter.* Party bome **verloor** hul blare in die winter.

☐ **ver·loor** *werkwoord (teenwoordige tyd* **verloor,** *verlede tyd* **het verloor***)*

verlore lost, missing *I haven't found my **lost/missing** pen yet.* Ek het nog nie my **verlore** pen gekry nie.

☐ **ver·lo·re** *attributiewe byvoeglike naamwoord*

vermenigvuldig multiply *If you **multiply** 3 by 5 you get 15.* As jy 3 met 5 **vermenigvuldig,** kry jy 15.

☐ **ver·me·nig·vul·dig** *werkwoord (teenwoordige tyd* **vermenigvuldig,** *verlede tyd* **het vermenigvuldig***)*

vermis miss *"Would you **miss** a cent if it should disappear from your purse?"* "Sal jy 'n sent **vermis** as dit uit jou beursie sou verdwyn?"

☐ **ver·mis** *werkwoord (teenwoordige tyd* **vermis,** *verlede tyd* **het vermis***)*

vermiste missing *The police are looking for the **missing** girls.* Die polisie soek na die **vermiste** meisies.

☐ **ver·mis·te** *attributiewe byvoeglike naamwoord*

vermoë power *I will do everything in my **power** to help you.* Ek sal alles in my **vermoë** doen om jou te help.

☐ **ver·moë** *selfstandige naamwoord (geen meervoud)*

vermy avoid *Peaceful nations try to **avoid** wars.* Vredeliewende nasies probeer oorloë **vermy**.

☐ **ver·my** *werkwoord (teenwoordige tyd* **vermy,** *verlede tyd* **het vermy***)*

verniet for nothing **[a]** *"I'll do the work **for nothing** – you needn't pay me."* "Ek sal die werk **verniet** doen – jy hoef my nie te betaal nie." **[b]** *We waited for Anna **for nothing**; she never turned up.* Ons het **verniet** vir Anna gewag; sy het nooit opgedaag nie.

☐ **ver·niet** *bywoord*

vernietig destroy *She watched her house burn down and cried, "The fire will **destroy** everything!"* Sy het gekyk hoe haar huis afbrand en geroep: "Die vuur sal alles **vernietig**!"

☐ **ver·nie·tig** *werkwoord (teenwoordige tyd* **vernietig,** *verlede tyd* **het vernietig***)*

veroorsaak cause *Cancer is a serious disease which can **cause** death.* Kanker is 'n ernstige siekte wat die dood kan **veroorsaak**.

☐ **ver·oor·saak** *werkwoord (teenwoordige tyd* **veroorsaak,** *verlede tyd* **het veroorsaak***)*

verpleeg nurse **[a]** *When Lynette leaves school, she would like to go and **nurse**.* Wanneer Lynette die skool verlaat, wil sy graag gaan **verpleeg**. **[b]** *When I was ill, my mother **nursed** me herself.* Toe ek siek was, **het** my ma my self **verpleeg**.

☐ **ver·pleeg** *werkwoord (teenwoordige tyd* **verpleeg,** *verlede tyd* **het verpleeg***)*

verpleegster nurse *When I was in hospital a **nurse** came to wash me every morning.* Toe ek in die hospitaal

was, het 'n **verpleegster** my elke oggend kom was.

☐ **ver·pleeg·ster** *selfstandige naamwoord (meervoud* **verpleegsters***)*

verras[1] **1** surprise *"Esther thinks no one knows about her birthday; let's **surprise** her with a party."* "Esther dink niemand weet van haar verjaardag nie; kom ons **verras** haar met 'n partytjie." **2** give ... a surprise *"Let's **give** dad **a surprise** by washing his car for him."* "Kom ons **verras** pa deur sy motor vir hom te was."

☐ **ver·ras** *werkwoord (teenwoordige tyd* **verras,** *verlede tyd* **het verras***)*

verras[2] surprised *I was pleasantly **surprised** at the A that I got in the test.* Ek was aangenaam **verras** deur die A wat ek in die toets gekry het.

☐ **ver·ras** *byvoeglike naamwoord (attributief* **verraste***)*

verrassing surprise *He bought his girlfriend a bunch of flowers as a **surprise**.* Hy het vir sy meisie 'n bos blomme as 'n **verrassing** gekoop.

◆ **wat 'n verrassing!** what a surprise! *"**What a surprise** to see you here! I thought you were away on holiday."* "**Wat 'n verrassing** om jou hier te sien! Ek het gedink jy is met vakansie weg."

☐ **ver·ras·sing** *selfstandige naamwoord (meervoud* **verrassinge/verrassings***)*

verreweg by far *Johannesburg is **by far** the biggest city in South Africa.* Johannesburg is **verreweg** die grootste stad in Suid-Afrika.

☐ **ver·re·weg** *bywoord*

verroes rusty *The old tin is brown and **rusty** and full of holes.* Die ou blik is bruin en **verroes** en vol gate.

☐ **ver·roes** *byvoeglike naamwoord (attributief* **verroeste***)* meer **verroes,** mees **verroeste**

versamel collect *His hobby is to **collect** stamps.* Sy stokperdjie is om seëls te **versamel**.

☐ **ver·sa·mel** *werkwoord (teenwoordige tyd* **versamel,** *verlede tyd* **het versamel***)*

versameling collection *He likes music and has a big **collection** of records.* Hy hou van musiek en het 'n groot **versameling** plate.

☐ **ver·sa·me·ling** *selfstandige naamwoord (meervoud* **versamelinge/versamelings***)*

versier decorate *For Monica's birthday we are going to **decorate** the lounge with coloured lights.* Vir Monica se verjaardag gaan ons die sitkamer met gekleurde ligte **versier**.

☐ **ver·sier** *werkwoord (teenwoordige tyd* **versier,** *verlede tyd* **het versier***)*

versigtig[1] careful *He was **careful** not to wake anybody.* Hy was **versigtig** om niemand wakker te maak nie.

◆ **versigtig wees** take care, be careful *"**Take care** (OR **Be careful**) or you'll fall off the roof!"* "**Wees versigtig** of jy val van die dak af!"

☐ **ver·sig·tig** *byvoeglike naamwoord (attributief* **versigtige***)* **versigtiger, versigtigste**

versigtig[2] **1** carefully *"Son, drive **carefully**; don't* *bump my car."* "Seun, ry **versigtig**; moenie my motor stamp nie." **2** with care *"Handle the box **with care**; it contains things that can break."* "Hanteer die doos **ver= sigtig**; dit bevat goed wat kan breek." **3** gently *She laid the baby down **gently**.* Sy het die baba **versigtig** neergelê.

□ **ver·sig·tig** *bywoord*

verskaf 1 give *His books **give** pleasure to millions of people.* Sy boeke **verskaf** genot aan miljoene mense. **2** provide *Gold-mines **provide** jobs for thousands and thousands of people.* Goudmyne **verskaf** werk aan der= duisende mense.

□ **ver·skaf** *werkwoord (teenwoordige tyd* **verskaf**, *verlede tyd* **het verskaf**)

verskeidenheid variety *The shop sells a wide **variety** of goods.* Die winkel verkoop 'n groot **verskeidenheid** van goedere.

□ **ver·skei·den·heid** *selfstandige naamwoord (geen meervoud)*

verskeie[1] **1** several *We have lived in this house for **sev= eral** years.* Ons woon al **verskeie** jare in dié huis. **2** various *There are **various** ways of cooking fish – you can bake, fry or grill it.* Daar is **verskeie** maniere waar= op 'n mens vis kan gaarmaak – jy kan dit bak, braai of rooster.

□ **ver·skei·e** *attributiewe byvoeglike naamwoord*

verskeie[2] several *Several of the children in our class are ill.* **Verskeie** van die kinders in ons klas is siek.

□ **ver·skei·e** *voornaamwoord*

verskil[1] difference **[a]** *The mice look so alike that I can't see any **difference** between them.* Die muise lyk so een= ders dat ek geen **verskil** tussen hulle kan sien nie. **[b]** *The **difference** between 6 and 9 is 3.* Die **verskil** tus= sen 6 en 9 is 3.

◆ **die verskil ken** tell the difference *"Can you **tell the difference** between butter and margarine?"* "Ken jy **die verskil** tussen botter en margarien?"

□ **ver·skil** *selfstandige naamwoord (meervoud* **ver= skille**)

verskil[2] differ *She is unlike her sister – they **differ** com= pletely from each other.* Sy lyk nie na haar suster nie – hulle **verskil** heeltemal van mekaar.

□ **ver·skil** *werkwoord (teenwoordige tyd* **verskil**, *ver= lede tyd* **het verskil**)

verskillend 1 different *The two dresses are **different**; the one fastens with buttons and the other with a zip.* Die twee rokke is **verskillend**; die een kom met knope toe en die ander met 'n rits. **2** separate *There are twelve **separate** chapters in the book.* Daar is twaalf **verskil= lende** hoofstukke in die boek.

□ **ver·skil·lend** *byvoeglike naamwoord (attributief* **verskillende**)

verskoning excuse *She used a headache as an **excuse** to leave the party early.* Sy het 'n kopseer as **verskoning** gebruik om die partytjie vroeg te verlaat.

□ **ver·sko·ning** *selfstandige naamwoord (meervoud* **verskonings**)

verskoon excuse, pardon *"Please **excuse/pardon** my son's bad behaviour – he isn't normally so naughty."* "**Verskoon** asseblief my seun se swak gedrag – hy is nie gewoonlik so stout nie."

◆ **verskoon my** excuse me, pardon me *"**Excuse/ Pardon me**, sir, what time is it?"* "**Verskoon my**, meneer, hoe laat is dit?"

◆ **verskoon van** excuse from *"Please **excuse me from** the table – I want to fetch a knife for myself."* "**Verskoon** my asseblief **van** die tafel – ek wil vir my 'n mes gaan haal."

□ **ver·skoon** *werkwoord (teenwoordige tyd* **verskoon**, *verlede tyd* **het verskoon**)

verskrik frighten away/off *"Don't wave your arms about like that – you'll **frighten away/off** the birds."* "Moenie jou arms so rondswaai nie – jy sal die voëls **verskrik**."

□ **ver·skrik** *werkwoord (teenwoordige tyd* **verskrik**, *verlede tyd* **het verskrik**)

verskriklik[1] terrible **[a]** *More than two hundred people died in the accident. Isn't it **terrible**?* Meer as tweehon= derd mense is in die ongeluk dood. Is dit nie **verskrik= lik** nie? **[b]** *The road worker's drill makes a **terrible** noise.* Die padwerker se boor maak 'n **verskriklike** lawaai.

□ **ver·skrik·lik** *byvoeglike naamwoord (attributief* **verskriklike**) **verskrikliker, verskriklikste**

verskriklik[2] terribly **[a]** *He was in great pain and suf= fered **terribly**.* Hy het baie pyn gehad en het **ver= skriklik** gely. **[b]** *"It's **terribly** kind of you to help me."* "Dis **verskriklik** gaaf van jou om my te help."

□ **ver·skrik·lik** *bywoord*

verskuif move *One cannot **move** the table; it is fixed to the floor.* 'n Mens kan nie die tafel **verskuif** nie; dit is aan die vloer vas.

□ **ver·skuif** *werkwoord (teenwoordige tyd* **verskuif**, *verlede tyd* **het verskuif**)

verskyn 1 appear *Stars **appear** in the sky at night.* Sterre **verskyn** saans aan die hemel. **2** come out *This magazine **comes out** once a week.* Dié tydskrif **ver= skyn** een keer per week.

□ **ver·skyn** *werkwoord (teenwoordige tyd* **verskyn**, *verlede tyd* **het verskyn**)

versorg care for, look after, attend to *My grandmother was so ill that we had to get a nurse to **care for** (OR **look after** OR **attend to**) her.* My ouma was so siek dat ons 'n verpleegster moes kry om haar te **versorg**.

□ **ver·sorg** *werkwoord (teenwoordige tyd* **versorg**, *verlede tyd* **het versorg**)

versorging care *A housewife spends a lot of time on the **care** of her house, husband and children.* 'n Huisvrou bestee baie tyd aan die **versorging** van haar huis, man en kinders.

□ **ver·sor·ging** *selfstandige naamwoord (geen meer= voud)*

versper block **[a]** *Two tall buildings **block** our view of the mountain.* Twee hoë geboue **versper** ons uitsig op

die berg. **[b]** *A fallen tree **blocked** our way.* 'n Omge=
valde boom **het** ons pad **versper**.

◆ **versper word** be blocked *The road **is blocked** by a
fallen tree.* Die pad **word versper** deur 'n omgevalde
boom.

☐ **ver·sper** *werkwoord (teenwoordige tyd* **versper**,
verlede tyd **het versper**)

verspoel wash away *The farmer feared that his fields
would **wash away** in the flood.* Die boer het gevrees
dat sy landerye in die vloed sou **verspoel**.

☐ **ver·spoel** *werkwoord (teenwoordige tyd* **verspoel**,
verlede tyd **het verspoel**)

versprei spread **[a]** *"Put out the fire before it
spreads!"* "Blus die vuur voordat dit **versprei**!" **[b]**
*"Who **spread** the news that Linda has a new boy=
friend?"* "Wie **het** die nuus **versprei** dat Linda 'n
nuwe kêrel het?"

☐ **ver·sprei** *werkwoord (teenwoordige tyd* **versprei**,
verlede tyd **het versprei**)

verstaan understand **[a]** *"Class, do you **understand**
this sum, or shall I explain it again?"* "Klas, **verstaan**
julle dié som, of moet ek dit weer verduidelik?" **[b]**
*"Do you **understand** how a telephone works?"* "**Ver=
staan** jy hoe 'n telefoon werk?"

☐ **ver·staan** *werkwoord (teenwoordige tyd* **verstaan**,
verlede tyd **het verstaan**)

verstand ❶ brain *One must have a good **brain** if one
wants to become a doctor.* 'n Mens moet 'n goeie **ver=
stand** hê as jy dokter wil word. **❷** mind *She is very
clever – at the age of two she had the **mind** of a five-
year-old.* Sy is baie slim – op die ouderdom van twee
het sy die **verstand** van 'n vyfjarige gehad. ⇨ **brein**.

☐ **ver·stand** *selfstandige naamwoord (geen meervoud)*

verste farthest, furthest *"Which of the three athletes can
jump (the) **farthest/furthest**?"* "Wie van die drie at=
lete kan die **verste** spring?"

☐ **ver·ste** *bywoord*

verstop block (up) *Dead leaves are **blocking (up)** the
drain.* Dooie blare **verstop** die drein.

◆ **verstop wees** be blocked *The drain **is blocked** by
dead leaves.* Die drein **is verstop** deur dooie blare.

☐ **ver·stop** *werkwoord (teenwoordige tyd* **verstop**,
verlede tyd **het verstop**)

verstuit, verswik twist *"Be careful that you don't
twist your ankle when you walk over the stones."* "Pas=
op dat jy nie jou enkel **verstuit/verswik** as jy oor die
klippe loop nie."

☐ **ver·stuit, ver·swik** *werkwoord (teenwoordige tyd*
verstuit/verswik, *verlede tyd* **het verstuit/ver=
swik**)

vertaal translate *"Do you find it easy to **translate**
something from English into Afrikaans?"* "Is dit vir
jou maklik om iets uit Engels in Afrikaans te **ver=
taal**?"

☐ **ver·taal** *werkwoord (teenwoordige tyd* **vertaal**, *ver=
lede tyd* **het vertaal**)

vertaling translation *A new Afrikaans **translation** of

the Bible appeared in 1983.* 'n Nuwe Afrikaanse **verta=
ling** van die Bybel het in 1983 verskyn.

☐ **ver·ta·ling** *selfstandige naamwoord (meervoud* **ver=
talinge/vertalings**)

verte distance **[a]** *A big storm is on its way; I can hear it
thundering in the **distance**.* 'n Groot storm is aan die
kom; ek kan die weer in die **verte** hoor dreun. **[b]** *We
could hear the thunder of the waves from a **distance**.*
Ons kon die gedreun van die branders uit die **verte**
hoor.

☐ **ver·te** *selfstandige naamwoord (meervoud* **vertes**)

vertel tell **[a]** *"Please **tell** me a story."* "**Vertel** my
asseblief 'n storie." **[b]** *People who **tell** lies are dis=
honest.* Mense wat leuens **vertel**, is oneerlik. **[c]** *"I
want to **tell** you a secret."* "Ek wil jou 'n geheim **ver=
tel**." **[d]** *She phoned her father to **tell** him the good
news.* Sy het haar pa gebel om hom die goeie nuus te
vertel. **[e]** *"Don't **tell** mother where I've been."* "Moe=
nie vir ma **vertel** waar ek was nie."

☐ **ver·tel** *werkwoord (teenwoordige tyd* **vertel**, *verlede
tyd* **het vertel**)

vertoning show *"Let's go to the cinema tonight." –
"Fine, get us tickets for the early **show**."* "Kom ons
gaan fliek vanaand." – "Gaaf, kry vir ons kaartjies vir
die vroeë **vertoning**."

☐ **ver·to·ning** *selfstandige naamwoord (meervoud*
vertoninge/vertonings)

vertoon show *At some cinemas they **show** the same film
up to six times a day.* In party bioskope **vertoon** hulle
dieselfde prent tot ses keer per dag.

◆ **vertoon word** be on, be showing *"What **is on/
showing** at the cinema this week?"* "Wat **word** dié
week in die bioskoop **vertoon**?"

☐ **ver·toon** *werkwoord (teenwoordige tyd* **vertoon**,
verlede tyd **het vertoon**)

vertrek¹ room *The lounge is the biggest **room** in our
house.* Die sitkamer is die grootste **vertrek** in ons huis.

☐ **ver·trek** *selfstandige naamwoord (meervoud* **ver=
trekke**)

vertrek² departure *A board at the station gives you in=
formation about the arrival and **departure** of trains.* 'n
Bord by die stasie gee jou inligting oor die aankoms en
vertrek van treine.

☐ **ver·trek** *selfstandige naamwoord (geen meervoud)*

vertrek³ ❶ depart, leave *The train will arrive at 15:30
and **depart/leave** again at 15:40.* Die trein sal om
15:30 aankom en weer om 15:40 **vertrek**. **❷** sail
*"When does the ship **sail**?"* "Wanneer **vertrek** die
skip?"

◆ **van die pyn vertrek** wees be twisted with pain
*Her face **was twisted with pain**.* Haar gesig **was
van die pyn vertrek**.

◆ **van ... na ... vertrek** leave ... for ... *The train
leaves Pretoria **for** Johannesburg at 12:15.* Die trein
van Pretoria **na** Johannesburg **vertrek** om 12:15.

◆ **vertrek na ❶** leave for *We **leave for** Durban in a
week's time.* Ons **vertrek** oor 'n week **na** Durban. **❷**

sail for *The ship **sails for** Europe in a week's time.* Die skip **vertrek** oor 'n week **na** Europa.

☐ **ver·trek** *werkwoord (teenwoordige tyd* **vertrek,** *verlede tyd* **het vertrek***)*

,vertrou trust "*You can **trust** him – he is an honest boy.*" "Jy kan hom **vertrou** – hy is 'n eerlike seun."

◆ **vertrou op** trust, rely on, count on "*Can you **trust** (OR **rely/count on**) her to keep a secret?*" "Kan jy **op** haar **vertrou** om 'n geheim te bewaar?"

☐ **ver·trou** *werkwoord (teenwoordige tyd* **vertrou,** ,*verlede tyd* **het vertrou***)*

vertroue trust *He is an honest boy – I have a lot of **trust** in him.* Hy is 'n eerlike seun – ek het baie **vertroue** in hom.

☐ **ver·trou·e** *selfstandige naamwoord (geen meervoud)*

vervaardig produce *How many cars does the factory **produce** per year?* Hoeveel motors **vervaardig** die fabriek per jaar?

☐ **ver·vaar·dig** *werkwoord (teenwoordige tyd* **ver·vaardig,** *verlede tyd* **het vervaardig***)*

vervang replace *The radio's batteries are flat – I'll have to **replace** them with/by new ones.* Die radio se batterye is pap – ek sal hulle deur nuwes moet **vervang.**

◆ **iemand vervang** take someone's place *The goalkeeper is ill. I wonder who will **take his place** in the team?* Die doelwagter is siek. Ek wonder wie hom in die span sal **vervang?**

☐ **ver·vang** *werkwoord (teenwoordige tyd* **vervang,** *verlede tyd* **het vervang***)*

verveel bore *I have heard his jokes and stories so often that they **bore** me.* Ek het sy grappe en stories al so baie gehoor dat hulle my **verveel.**

☐ **ver·veel** *werkwoord (teenwoordige tyd* **verveel,** *verlede tyd* **het verveel***)*

verveeld bored *Miriam is **bored** because she has nothing to do.* Miriam is **verveeld,** want sy het niks om te doen nie.

☐ **ver·veeld** *byvoeglike naamwoord (attributief* **verveelde***)*

vervelig boring, dull *Life in this town is very **boring/dull**; little goes on here.* Die lewe op dié dorp is maar **vervelig;** hier gebeur nie veel nie.

☐ **ver·ve·lig** *byvoeglike naamwoord (attributief* **ver·velige***)* **verveliger, verveligste**

vervoer[1] transport "*Can your father bring you, or shall I arrange **transport** for you?*" "Kan jou pa jou bring, of moet ek vir jou **vervoer** reël?"

☐ **ver·voer** *selfstandige naamwoord (geen meervoud)*

vervoer[2] transport, carry *The bus can **transport/carry** forty passengers.* Die bus kan veertig passasiers, **vervoer.**

☐ **ver·voer** *werkwoord (teenwoordige tyd* **vervoer,** *verlede tyd* **het vervoer***)*

verwag expect **[a]** "*When is he coming?*" – "*We **expect** him tomorrow.*" "Wanneer kom hy?" – "Ons **verwag** hom môre." **[b]** *There are clouds in the sky – I **expect** that it will rain later today.* Daar is wolke in die lug – ek

verwag dat dit later vandag sal reën. **[c]** *My sister is **expecting** her first child in June.* My suster **verwag** haar eerste kind in Junie.

◆ **daar word verwag dat ... sal ...** is expected to *Linda **is expected to** walk off with three first prizes.* **Daar word verwag dat** Linda drie eerste pryse **sal** wegdra.

☐ **ver·wag** *werkwoord (teenwoordige tyd* **verwag,** *verlede tyd* **het verwag***)*

verwant related "*Are Charlotte and Lynette closely **related**?*" – "*Yes, they're sisters.*" "Is Charlotte en Lynette na (aan/met mekaar) **verwant?**" – "Ja, hulle is susters."

☐ **ver·want** *byvoeglike naamwoord (attributief* **verwante***)*

verwar **❶** confuse "*You **confuse** me: first you tell me to sit here and then you say I'm not allowed to.*" "Jy **verwar** my: eers sê jy ek moet hier sit en dan sê jy ek mag nie." **❷** confuse, mix up *I always **confuse** Cynthia with Lynette (OR **mix** Cynthia **up** with Lynette), for they are twins and look exactly alike.* Ek **verwar** Cynthia altyd met Lynette, want hulle is 'n tweeling en lyk presies eenders.

☐ **ver·war** *werkwoord (teenwoordige tyd* **verwar,** *verlede tyd* **het verwar***)*

verwar(d) confused "*I'm **confused**: first you tell me to sit here and then you say I'm not allowed to.*" "Ek is **verwar/verward**: eers sê jy ek moet hier sit en dan sê jy ek mag nie."

☐ **ver·war(d)** *byvoeglike naamwoord (attributief* **ver·warde***)* **verwarder, verwardste**

verwarm **❶** warm (up) **[a]** "*Come and **warm** yourself **(up)** by the fire.*" "Kom **verwarm** jou by die vuur." **[b]** *The fire soon **warmed** the room **(up)**.* Die vuur **het** die kamer gou **verwarm.** **❷** warm up, heat up "*There is soup in the fridge that you can **warm/heat up** for lunch.*" "Daar is sop in die yskas wat jy vir middagete kan **verwarm.**"

☐ **ver·warm** *werkwoord (teenwoordige tyd* **ver·warm,** *verlede tyd* **het verwarm***)*

verwarmer heater "*May I switch on the **heater**? It's rather cold in here.*" "Kan ek maar die **verwarmer** aanskakel? Dis 'n bietjie koud hier binne."

☐ **ver·war·mer** *selfstandige naamwoord (meervoud* **verwarmers***)*

verwelkom welcome **[a]** *I **welcome** the cooler weather after the heat of the past few days.* Ek **verwelkom** die koeler weer na die hitte van die afgelope paar dae. **[b]** *He **welcomed** the guests to his house.* Hy **het** die gaste in sy huis **verwelkom.**

☐ **ver·wel·kom** *werkwoord (teenwoordige tyd* **ver·welkom,** *verlede tyd* **het verwelkom***)*

verwer painter *My uncle is a builder and **painter**.* My oom is 'n bouer en **verwer.**

☐ **ver·wer** *selfstandige naamwoord (meervoud* **verwers***)*

verwyder remove "*Waiter, please **remove** the dirty

plates from the table." "Kelner, **verwyder** asseblief die vuil borde van die tafel."

♦ **verwyder uit 🔢** take out of, take away from *"You are not allowed to **take** these books **out of** (OR **away from**) the library."* "Jy mag nie dié boeke **uit** die biblioteek **verwyder** nie." **🔢** take out of, remove from *They say sugared water can **take** blood stains **out of** (OR **remove** blood stains **from**) clothing.* Hulle sê suikerwater kan bloedvlekke **uit** klere **verwyder**.

☐ **ver·wy·der** *werkwoord (teenwoordige tyd* **verwyder**, *verlede tyd* **het verwyder**)

verwys na refer to **[a]** *The doctor had to **refer** the patient to a hospital for treatment.* Die dokter moes die pasiënt vir behandeling **na** 'n hospitaal **verwys**. **[b]** *She **referred to** Simon when she spoke of the boy with the deep voice.* Sy **het na** Simon **verwys** toe sy van die seun met die diep stem gepraat het.

☐ **ver·wys na** *werkwoordfrase (teenwoordige tyd* **verwys na**, *verlede tyd* **het verwys na**)

vet[1] fat *There is a lot of **fat** on this meat.* Daar is baie **vet** aan dié vleis.

☐ **vet** *selfstandige naamwoord (meervoud* **vette**)

vet[2] fat *Anna is tall and thin, but Maggie is short and **fat**.* Anna is lank en skraal, maar Maggie is kort en **vet**.

☐ **vet** *byvoeglike naamwoord (attributief* **vet**) **vetter, vetste**

veter lace *My father taught me how to thread a **lace** through the holes in a shoe.* My pa het my geleer hoe om 'n **veter** deur die gaatjies in 'n skoen te ryg.

☐ **ve·ter** *selfstandige naamwoord (meervoud* **veters**)

vier[1] celebrate *Esther gave a party to **celebrate** her sixteenth birthday.* Esther het 'n partytjie gegee om haar sestiende verjaardag te **vier**.

☐ **vier** *werkwoord (teenwoordige tyd* **vier**, *verlede tyd* **het gevier**)

vier[2] four *Two and two is **four**.* Twee en twee is **vier**.

☐ **vier** *telwoord*

vierde fourth *April is the **fourth** month of the year.* April is die **vierde** maand van die jaar.

☐ **vier·de** *telwoord*

vierkant square *A **square** has four equal sides.* 'n **Vierkant** het vier ewe lang sye.

☐ **vier·kant** *selfstandige naamwoord (meervoud* **vierkante**)

vierkantig square *The table is **square** – all the sides are equal in length.* Die tafel is **vierkantig** – al die sye is ewe lank.

☐ **vier·kan·tig** *byvoeglike naamwoord (attributief* **vierkantige**)

vieruur four o'clock *16:00 stands for **four o'clock** in the afternoon.* 16:00 staan vir **vieruur** in die middag.

☐ **vier·uur** *selfstandige naamwoord (geen meervoud)*

vies annoyed *He was **annoyed** with himself for forgetting his ruler.* Hy was **vies** vir homself oor hy sy liniaal vergeet het.

♦ **vies maak** annoy *It **annoys** me if people push in front of others and don't wait their turn.* Dit **maak** my

vies as mense voor ander indruk en nie hul beurt afwag nie.

☐ **vies** *byvoeglike naamwoord (attributief* **vies/viese**) **vieser, viesste**

vind 🔢 find **[a]** *I must have lost my pen; I can't **find** it anywhere.* Ek het seker my pen verloor; ek kan dit nêrens **vind** nie. **[c]** *I didn't like the film – I **found** it boring.* Ek het nie van die film gehou nie – ek **het** dit vervelig **gevind**. **🔢** like *"How do you **like** the cake?" – "It's delicious!"* "Hoe **vind** jy die koek?" – "Dis heerlik!"

☐ **vind** *werkwoord (teenwoordige tyd* **vind**, *verlede tyd* **het gevind**)

vinger finger *One wears a wedding ring on one's fourth **finger**.* 'n Mens dra 'n trouring aan jou vierde **vinger**.

☐ **vin·ger** *selfstandige naamwoord (meervoud* **vingers**)

vinnig[1] **🔢** fast *This car is **fast** – it can go more than 150 km per hour.* Dié motor is **vinnig** – dit kan meer as 150 km per uur ry. **🔢** quick **[a]** *Walter is **quick** at sums.* Walter is **vinnig** met somme. **[b]** *Cynthia is a **quick** worker.* Cynthia is 'n **vinnige** werker.

☐ **vin·nig** *byvoeglike naamwoord (attributief* **vinnige**) **vinniger, vinnigste**

vinnig[2] **🔢** fast *Lorraine can run very **fast** and usually comes first.* Lorraine kan baie **vinnig** hardloop en kom gewoonlik eerste. **🔢** quickly *Babies don't grow as **quickly** as puppies or kittens.* Babas groei nie so **vinnig** soos hondjies of katjies nie. **🔢** sharply *In winter the temperature drops **sharply** after the sun has set.* In die winter daal die temperatuur **vinnig** nadat die son gesak het.

♦ **kom ons kyk wie ... die vinnigste** let's race to see who, let's have a race to see who *"**Let's race** (OR **have a race**) to see who swims the fastest!"* "**Kom ons kyk wie** swem **die vinnigste**!"

♦ **so vinnig (as) moontlik** at top speed *She typed the letter **at top speed** because her boss was in a hurry for it.* Sy het die brief **so vinnig (as) moontlik** getik, want haar baas was haastig daarvoor.

♦ **te vinnig ry** speed *The traffic police fine motorists who **speed**.* Die verkeerspolisie beboet motoriste wat **te vinnig ry**.

☐ **vin·nig** *bywoord*

vir 🔢 for **[a]** *"This letter is **for** you – your name and address are on the envelope."* "Dié brief is **vir** jou – jou naam en adres staan op die koevert." **[b]** *It is not good **for** your teeth to eat too many sweets.* Dit is nie goed **vir** jou tande om te veel lekkers te eet nie. **[c]** *"Please post this letter **for** me."* "Pos asseblief dié brief **vir** my." **[d]** *"It's rather cold **for** December, isn't it?"* "Dis nogal koud **vir** Desember, nè?" **[e]** *"Are you **for** or against the plan?"* "Is jy **vir** of teen die plan?" **[f]** *He sold his bicycle **for** R35,00.* Hy het sy fiets **vir** R35,00 verkoop. **[g]** *He is going to Pretoria **for** two months.* Hy **gaan** vir twee maande Pretoria toe. **🔢** to **[a]** *The neighbours were very good **to** us when my mother was ill.* Die bure was baie goed **vir** ons toe my ma siek was. **[b]** *He waved to his friend on the other side of the street.* Hy het **vir** sy maat aan die ander kant van die straat gewaai. **3** toward, towards *I'm saving toward/towards a new bike.* Ek spaar **vir** 'n nuwe fiets. **4** by *The gate is so narrow that people have to walk through it one by one.* Die hek is so smal dat mense een **vir** een daardeur moet loop. **5** with *"Don't be cross with me; I didn't break your pen on purpose."* "Moenie **vir** my kwaad wees nie; ek het nie jou pen met opset gebreek nie." **6** from *"Let's hide from Lynette – I don't want her to see us."* "Kom ons kruip **vir** Lynette weg – ek wil nie hê sy moet ons sien nie."

☐ **vir** *voorsetsel*

vis fish **[a]** *A fish is an animal that lives in water.* 'n **Vis** is 'n dier wat in water leef. **[b]** *We had fish and chips for lunch.* Ons het **vis** en skyfies vir middagete gehad.

☐ **vis** *selfstandige naamwoord (meervoud* **visse**)

'n Groot groep visse is 'n **skool**.

---

visser fisherman *The fisherman caught a shark in his net.* Die **visser** het 'n haai in sy net gevang.

☐ **vis·ser** *selfstandige naamwoord (meervoud* **vissers**)

vlag flag *The man waved a red flag to warn motorists against danger on the road.* Die man het 'n rooi **vlag** gewaai om motoriste teen gevaar op die pad te waarsku.

☐ **vlag** *selfstandige naamwoord (meervoud* **vlae**)

vlak[1] level *It rained so heavily that the level of the dam rose by a metre.* Dit het so swaar gereën dat die **vlak** van die dam met 'n meter gestyg het.

☐ **vlak** *selfstandige naamwoord (meervoud* **vlakke**)

vlak[2] shallow *In the shallow end of the swimming pool the water comes to my waist.* Aan die **vlak** kant van die swembad kom die water tot by my middel.

☐ **vlak** *byvoeglike naamwoord (attributief* **vlak**) **vlak-ker, vlakste**

vlak[3] right *There is a post-box right in front of the post office.* Daar is 'n posbus **vlak** voor die poskantoor.

♦ **vlak voor sy oë** before his very eyes *The accident happened before his very eyes.* Die ongeluk het **vlak voor sy oë** gebeur.

☐ **vlak** *bywoord*

vlakte plain *A plain is a large piece of flat land.* 'n **Vlak-te** is 'n groot stuk plat grond.

☐ **vlak·te** *selfstandige naamwoord (meervoud* **vlaktes**)

vlam flame *The flame of the candle is burning brightly.* Die **vlam** van die kers brand helder.

♦ **in vlamme staan** be in flames *The roof caught fire and (with)in seconds the whole house was in flames.* Die dak het aan die brand geraak en binne enkele oom-blikke **het** die hele huis **in vlamme gestaan**.

☐ **vlam** *selfstandige naamwoord (meervoud* **vlamme**)

vleis 1 meat *We had meat and vegetables for supper.* Ons het **vleis** en groente vir aandete gehad. **2** flesh *A watermelon is a large fruit with a green rind and light-red flesh.* 'n Waatlemoen is 'n groot vrug met 'n groen skil en ligrooi **vleis**.

☐ **vleis** *selfstandige naamwoord (meervoud* **vleise**)

vlek[1] **1** stain, spot, mark *He knocked the cup of coffee over and now there is a brown stain/spot/mark on the carpet.* Hy het die koppie koffie omgestamp en nou is daar 'n bruin **vlek** op die mat. **2** spot, mark *The horse has a white spot/mark on its nose.* Die perd het 'n wit **vlek** op sy neus.

☐ **vlek** *selfstandige naamwoord (meervoud* **vlekke**)

vlek[2] mark, stain **[a]** *White clothes mark/stain easily.* Wit klere **vlek** maklik. **[b]** *The coffee has marked/stained the carpet.* Die koffie **het** die mat **gevlek**.

☐ **vlek** *werkwoord (teenwoordige tyd* **vlek**, *verlede tyd* **het gevlek**)

vlerk wing *The bird has hurt its wing and can't fly.* Die voël het sy **vlerk** seergemaak en kan nie vlieg nie.

☐ **vlerk** *selfstandige naamwoord (meervoud* **vlerke**)

vlerkie wing *When we eat chicken I usually get a wing.* Wanneer ons hoender eet, kry ek gewoonlik 'n **vler-kie**.

☐ **vler·kie** *selfstandige naamwoord (meervoud* **vler-kies**)

vlieënier pilot *The pilot managed to land the aeroplane safely.* Die **vlieënier** het daarin geslaag om die vlieg-tuig veilig te laat land.

☐ **vlie·ë·nier** *selfstandige naamwoord (meervoud* **vlieëniers**)

vlieg[1] fly *A fly is an insect with two wings.* 'n **Vlieg** is 'n insek met twee vlerke.

☐ **vlieg** *selfstandige naamwoord (meervoud* **vlieë**)

vlieg[2] fly **[a]** *Birds have wings and can fly.* Voëls het vlerke en kan **vlieg**. **[b]** *It is much faster to fly from one place to another than to travel by train or car.* Dis baie vinniger om van een plek na 'n ander te **vlieg** as om per trein of motor te reis. **2** fly, slip by *How time flies (OR slips by) when you're on holiday! School begins again tomorrow.* Die tyd **vlieg** darem wanneer 'n mens met vakansie is! Die skool begin weer môre.

☐ **vlieg** *werkwoord (teenwoordige tyd* **vlieg**, *verlede tyd* **het gevlieg**)

vliegtuig aeroplane *An aeroplane is a machine that has wings and can fly.* 'n **Vliegtuig** is 'n masjien wat vlerke het en kan vlieg.

☐ **vlieg·tuig** *selfstandige naamwoord (meervoud* **vliegtuie**)

vloed flood *Heavy rain caused a flood in the valley.* Swaar reën het 'n **vloed** in die vallei veroorsaak.

☐ **vloed** *selfstandige naamwoord (meervoud* **vloede**)

vloei flow **[a]** *Many rivers flow into the sea.* Baie riviere **vloei** in die see. **[b]** *Blood flowed from the wound on his forehead.* Bloed **het** uit die wond op sy voorkop **gevloei**.

☐ **vloei** *werkwoord (teenwoordige tyd* **vloei**, *verlede tyd* **het gevloei**)

vloeistof liquid *Water is a liquid.* Water is 'n **vloei-stof**.

☐ **vloei·stof** *selfstandige naamwoord (meervoud* **vloei-stowwe***)*

vloer floor *She swept the kitchen because there were crumbs on the* ***floor***. Sy het die kombuis uitgevee, want daar was krummels op die **vloer**.

☐ **vloer** *selfstandige naamwoord (meervoud* **vloere***)*

vlooi flea *A* ***flea*** *is a small insect that lives on blood*. 'n **Vlooi** is 'n klein insek wat van bloed lewe.

☐ **vlooi** *selfstandige naamwoord (meervoud* **vlooie***)*

vloot navy *He likes the sea and is going to join the* ***navy*** *after matric*. Hy hou van die see en gaan na matriek by die **vloot** aansluit.

☐ **vloot** *selfstandige naamwoord (meervoud* **vlote***)*

vlootblou navy, navy-blue *In winter the boys wear grey trousers, white shirts and* ***navy/navy-blue*** *blazers to school*. Die seuns dra in die winter grys langbroeke, wit hemde en **vlootblou** kleurbaadjies skool toe.

☐ **vloot·blou** *byvoeglike naamwoord (attributief* **vlootblou***)*

vlug flee *The people ran out of the burning building to* ***flee*** *from the flames*. Die mense het uit die brandende gebou gehardloop om vir die vlamme te **vlug**.

☐ **vlug** *werkwoord (teenwoordige tyd* **vlug***, verlede tyd* **het gevlug***)*

voegwoord conjunction *In the sentence* "*My father and mother are out*" *the word* "*and*" *is a* ***conjunction***. In die sin "My pa en ma is uit" is die woord "en" 'n **voegwoord**.

☐ **voeg·woord** *selfstandige naamwoord (meervoud* **voegwoorde***)*

voel ❶ feel **[a]** *She put her hand in the water to* ***feel*** *how hot it was*. Sy het haar hand in die water gesteek om te **voel** hoe warm dit is. **[b]** *I have a headache and don't* ***feel*** *well*. Ek het hoofpyn en **voel** nie lekker nie. ❷ be ... to the touch *A baby's skin* ***is*** *soft* ***to the touch***. 'n Baba se vel **voel** sag.

◆ **voel soos** feel like **[a]** *She touched the chair cover and said*, "*It looks like leather but* ***feels like*** *plastic*." Sy het aan die stoeloortreksel gevat en gesê: "Dit lyk na leer maar **voel soos** plastiek." **[b]** *I was away for ten years and* ***felt like*** *a stranger when I returned to my home town*. Ek was tien jaar weg en **het soos** 'n vreemdeling **gevoel** toe ek na my tuisdorp terugkeer.

☐ **voel** *werkwoord (teenwoordige tyd* **voel***, verlede tyd* **het gevoel***)*

Na *het* kry die skakelwerkwoord **voel** nie *ge-* nie: *Ek* **het** *die trein* **voel** *beweeg*.

voël bird *A* ***bird*** *has wings and can fly*. 'n **Voël** het vlerke en kan vlieg.

☐ **vo·ël** *selfstandige naamwoord (meervoud* **voëls***)*

'n Groot groep voëls is 'n **swerm**.

voel-voel loop feel one's way *I had to* ***feel my way*** *in the dark*. Ek moes **voel-voel** in die donker **loop**.

☐ **voel-voel loop** *werkwoordfrase (teenwoordige tyd* **loop voel-voel***, verlede tyd* **het voel-voel geloop***)*

voer[1] feed *Some farmers grow maize as* ***feed*** *for their cattle*. Party boere kweek mielies as **voer** vir hul beeste.

☐ **voer** *selfstandige naamwoord (meervoud* **voere***)*

voer[2] feed **[a]** *Some farmers* ***feed*** *their cattle maize*. Party boere **voer** hul beeste mielies. **[b]** *The mother* ***fed*** *her baby some porridge with a spoon*. Die ma **het** haar baba 'n bietjie pap met 'n lepel **gevoer**.

☐ **voer** *werkwoord (teenwoordige tyd* **voer***, verlede tyd* **het gevoer***)*

voertuig vehicle *A bus is a* ***vehicle*** *that transports passengers*. 'n Bus is 'n **voertuig** wat passasiers vervoer.

☐ **voer·tuig** *selfstandige naamwoord (meervoud* **voer-tuie***)*

voet ❶ foot **[a]** *Tom can't walk because his* ***foot*** *is sore*. Tom kan nie loop nie, want sy **voet** is seer. **[b]** *They parked their car at the* ***foot*** *of the mountain*. Hulle het hul motor aan die **voet** van die berg geparkeer. ❷ bottom *She was standing at the* ***bottom*** *of the stairs*. Sy het aan die **voet** van die trap gestaan.

◆ **dis ... te voet soontoe** you can walk there in ... *You* ***can walk there in*** *ten minutes*. **Dis** tien minute **te voet soontoe**.

◆ **... minute te voet** ... minutes' walk *The station is ten* ***minutes' walk*** *from our house*. Die stasie is tien **minute te voet** van ons huis af.

◆ **nie ver te voet ... toe nie** a short walk to *It's* ***a short walk to*** *the station*. Dis **nie ver te voet** stasie **toe nie**.

◆ **te voet** on foot "*Do you go to school by bus or* ***on foot***?" "Gaan jy per bus of **te voet** skool toe?"

◆ **ver te voet ... toe** a long walk to *It's* ***a long walk*** *to the station*. Dis **ver te voet** stasie **toe**.

☐ **voet** *selfstandige naamwoord (meervoud* **voete***)*

voetbal football **[a]** ***Football*** *is another name for soccer or rugby*. **Voetbal** is nog 'n naam vir sokker of rugby. **[b]** *The captain kicked the* ***football*** *into the goal*. Die kaptein het die **voetbal** in die doel geskop.

☐ **voet·bal** *selfstandige naamwoord (geen meervoud by* a; **voetballe** *by* b*)*

voetganger pedestrian *The* ***pedestrian*** *waited on the pavement until the traffic light turned green*. Die **voet-ganger** het op die sypaadjie gewag tot die verkeerslig groen geword het.

☐ **voet·gan·ger** *selfstandige naamwoord (meervoud* **voetgangers***)*

voetspoor footprint *The waves washed away our* ***footprints*** *in the sand*. Die golwe het ons **voetspore** in die sand weggespoel.

☐ **voet·spoor** *selfstandige naamwoord (gewoonlik meervoud* **voetspore***)*

voetstap (foot)step *She heard* ***steps/footsteps*** *on the stoep and said*, "*I wonder who that is*?" Sy het **voet-stappe** op die stoep gehoor en gesê: "Ek wonder wie dit is?"

☐ **voet·stap** *selfstandige naamwoord (meervoud* **voet-stappe***)*

vol ◫ full **[a]** *The box is* ***full****; I can't get anything else into it.* Die doos is **vol**; ek kan niks meer daarin kry nie. **[b]** *He did not make a single mistake and got* ***full*** *marks in the test.* Hy het geen enkele fout gemaak nie en **vol** punte in die toets gekry. ◪ full of *"Rinse your feet under the tap; they're* ***full*** *of mud."* "Spoel jou voete onder die kraan af; hulle is **vol** modder." ◨ in flood *The river was* ***in flood*** *and washed over the bridge.* Die rivier was **vol** en het oor die brug gespoel.

◆ **vol word** fill *When you are sad, your eyes* ***fill*** *with tears.* As 'n mens hartseer is, **word** jou oë **vol** trane.

☐ **vol** byvoeglike naamwoord (attributief **vol**) **voller, volste**

volg follow **[a]** *"You walk in front; I'll* ***follow*** *you."* "Loop jy voor; ek sal jou **volg**." **[b]** *"****Follow*** *this road until you reach the railway line."* "**Volg** dié pad totdat jy by die spoorlyn kom."

◆ **volg op** follow *Friday* ***follows*** *Thursday.* Vrydag **volg op** Donderdag.

☐ **volg** werkwoord (teenwoordige tyd **volg**, verlede tyd **het gevolg**)

volgende ◫ next **[a]** *The* ***next*** *town is 65 km away.* Die **volgende** dorp is 65 km ver. **[b]** *He is fourteen years old and turns fifteen* ***next*** *year.* Hy is veertien jaar oud en word **volgende** jaar vyftien. ◪ following *The* ***following*** *sentence consists of only three words: "Eat your food."* Die **volgende** sin bestaan uit net drie woorde: "Eet jou kos."

◆ **die volgende aan die beurt kom** come next *At the end of the television programme he said, "The news* ***comes next****."* Aan die einde van die televisieprogram het hy gesê: "Die nuus **kom die volgende aan die beurt**."

◆ **die volgende keer** next **[a]** *"Do bring your sister along when you* ***next*** *visit us."* "Bring gerus jou suster saam wanneer jy ons **die volgende keer** besoek." **[b]** *When Esther got on the bike, Walter said to me, "It's your turn* ***next****."* Toe Esther op die fiets klim, het Walter vir my gesê: "**Die volgende keer** is dit jou beurt."

☐ **vol·gen·de** attributiewe byvoeglike naamwoord

volgens ◫ according to *****According to*** *the calendar the ninth of next month falls on a Sunday.* **Volgens** die almanak val die negende van volgende maand op 'n Sondag. ◪ according to, in order of *"Arrange the articles on the shelves* ***according to*** *(OR* ***in order of****) size."* "Rangskik die artikels **volgens** grootte op die rakke." ◨ say (that) *My watch* ***says (that)*** *it's 10:00 now.* **Volgens** my horlosie is dit nou 10:00.

☐ **vol·gens** voorsetsel

volgorde order *In a library the books are in alphabetical* ***order*** *on the shelves.* In 'n biblioteek staan die boeke in alfabetiese **volgorde** op die rakke.

☐ **volg·orde** selfstandige naamwoord (meervoud **volgordes**)

volk ◫ nation *The Australians are an English-speaking* ***nation****.* Die Australiërs is 'n Engelssprekende **volk**. ◪ people *The Ciskeians are a* ***people*** *who speak Xhosa.* Die Ciskeiers is 'n **volk** wat Xhosa praat.

☐ **volk** selfstandige naamwoord (meervoud **volke**)

volkome complete, total *The party was a* ***complete****/* ***total*** *success – everybody had a good time.* Die partytjie was 'n **volkome** sukses – almal het dit geniet.

☐ **vol·ko·me** attributiewe byvoeglike naamwoord

volkslied ◫ national anthem *"Nkosi, sikelel' iAfrika" is* ***the national anthem*** *of the Transkei.* "Nkosi, sikelel' iAfrika" is die **volkslied** van Transkei. ◪ folk-song *"Sarie Marais" is a well-known Afrikaans* ***folk-song****.* "Sarie Marais" is 'n welbekende Afrikaanse **volkslied**.

☐ **volks·lied** selfstandige naamwoord (meervoud **volksliedere**)

volledig complete *The team is* ***complete*** *– all the players turned up for the practice.* Die span is **volledig** – al die spelers het vir die oefening opgedaag.

☐ **vol·le·dig** byvoeglike naamwoord (attributief **volledige**) **vollediger, volledigste**

volmaak[1] ◫ fill (up) *"Must I* ***fill (up)*** *the tank, sir?"* – *"No, I want only ten rands' worth of petrol."* "Moet ek die tenk **volmaak**, meneer?" – "Nee, ek wil net tien rand se petrol hê." ◪ fill *"****Fill*** *the bottle with water for me, please."* "**Maak** vir my die bottel **vol** water, asseblief."

☐ **vol·maak** werkwoord (teenwoordige tyd **maak vol**, verlede tyd **het volgemaak**)

volmaak[2] perfect *The weather is* ***perfect*** *for a picnic – it is neither too hot nor too cold.* Die weer is **volmaak** vir 'n piekniek – dis nóg te warm nóg te koud.

☐ **vol·maak** byvoeglike naamwoord (attributief **volmaakte**) **volmaakter, volmaakste**

volslae complete, total *The party was a* ***complete****/* ***total*** *success – everybody had a good time.* Die partytjie was 'n **volslae** sukses – almal het dit geniet.

☐ **vol·sla·e** attributiewe byvoeglike naamwoord

volstruis ostrich *An* ***ostrich*** *is a large bird that cannot fly.* 'n **Volstruis** is 'n groot voël wat nie kan vlieg nie.

☐ **vol·struis** selfstandige naamwoord (meervoud **volstruise**)

voltooi finish, complete *The builders are working fast and hope to* ***finish****/****complete*** *the house within three months.* Die bouers werk vinnig en hoop om die huis binne drie maande te **voltooi**.

☐ **vol·tooi** werkwoord (teenwoordige tyd **voltooi**, verlede tyd **het voltooi**)

Jy *voltooi* nie 'n vorm nie – jy *vul* hom *in*.

volwassene adult, grown-up *There were twenty children and only one* ***adult****/****grown-up*** *in the bus.* Daar was twintig kinders en net een **volwassene** in die bus.

☐ **vol·was·se·ne** selfstandige naamwoord (meervoud **volwassenes**)

vonkel twinkle *Soon after sunset the first star begins to* ***twinkle*** *in the sky.* Kort na sononder begin die eerste ster aan die hemel **vonkel**.

☐ **von·kel** *werkwoord (teenwoordige tyd* **vonkel,** *ver= lede tyd* **het gevonkel)**

voor[1] *ditch A* **ditch** *beside the road carries off the rain= water.* 'n **Voor** langs die pad voer die reënwater weg.

☐ **voor** *selfstandige naamwoord (meervoud* **vore)**

voor[2] ◼ *in front "You walk* **in front;** *I'll follow you."* "Loop jy **voor;** ek sal jou volg." ◼ *ahead After twenty metres the athlete got* **ahead** *and won the race.* Die atleet het na twintig meter **voor** gekom en die wedloop ge= wen. ◼ *fast My watch is* **fast** *– it reads 13:10 instead of 13:00.* My horlosie is **voor** – dit wys 13:10 in plaas van 13:00.

◆ **voor** *wees* ◼ *lead Tom is* **leading** *by three metres and is going to win the race.* Tom **is** met drie meter **voor** en gaan die wedloop wen. ◼ *be in the lead Tom* **was in the lead** *from the beginning to the end of the race.* Tom **was** van die begin tot die end van die wed= loop **voor.**

☐ **voor** *bywoord*

voor[3] ◼ *in front of [a] "Walk* **in front of** *me and not behind me."* "Loop **voor** my en nie agter my nie." **[b]** *"Don't kiss your girlfriend* **in front of** *other people!"* "Moenie jou nooi **voor** ander mense soen nie!" ◼ *be= fore [a] I have to be home* **before** *17:00.* Ek moet **voor** 17:00 by die huis wees. **[b]** *In the alphabet the letter Q comes* **before** *R.* In die alfabet kom die letter Q **voor** R. ◼ *until, till The dentist can't see me* **until/till** *the end of next month.* Die tandarts kan my nie **voor** die einde van volgende maand ontvang nie. ◼ *to It is a quarter* **to** *one.* Dit is kwart **voor** een. ◼ *at [a] "Please wipe your feet on the mat* **at** *the door."* "Vee asseblief jou voete af op die mat **voor** die deur." **[b]** *He sat* **at** *the piano.* Hy het **voor** die klavier gesit.

◆ **kort voor** ⇨ **kort**[2].

◆ **voor in** *in the front of He sat* **in the front of** *the car next to the driver.* Hy het **voor in** die motor langs die bestuurder gesit.

☐ **voor** *voorsetsel*

voor[4] ◼ *before "Wipe your feet* **before** *you go inside."* "Vee jou voete af **voor** jy binnegaan." ◼ *until, till The match won't start* **until/till** *it stops raining.* Die wed= stryd sal nie begin **voor** dit ophou reën nie.

☐ **voor** *voegwoord*

voorarm *forearm The elbow is a joint between the upper arm and* **forearm.** Die elmboog is 'n gewrig tussen die boarm en **voorarm.**

☐ **voor·arm** *selfstandige naamwoord (meervoud* **voorarms)**

voorbeeld *example [a] "Cement" is an* **example** *of a noun that has no plural.* "Sement" is 'n **voorbeeld** van 'n selfstandige naamwoord wat geen meervoud het nie. **[b]** *The teacher sets a good* **example** *to the pupils by never being late.* Die onderwyser stel 'n goeie **voor= beeld** aan die leerlinge deur nooit laat te wees nie.

☐ **voor·beeld** *selfstandige naamwoord (meervoud* **voorbeelde)**

voorberei[1] *prepare "I can't go to the cinema with you; I*

have to **prepare** *myself for a history test."* "Ek kan nie saam met jou gaan fliek nie; ek moet my vir 'n geskie= denistoets **voorberei."**

☐ **voor·be·rei** *werkwoord (teenwoordige tyd* **berei voor,** *verlede tyd* **het voorberei)**

voorberei[2] *prepared She wasn't* **prepared** *for the bad news of her son's death.* Sy was nie **voorberei** op die slegte tyding van haar seun se dood nie.

☐ **voor·be·rei** *byvoeglike naamwoord (attributief* **voorbereide)**

voordat ◼ *before "Wipe your feet* **before** *you go in= side."* "Vee jou voete af **voordat** jy binnegaan." ◼ *un= til, till The match won't start* **until/till** *it stops raining.* Die wedstryd sal nie begin **voordat** dit ophou reën nie.

☐ **voor·dat** *voegwoord*

voordeur *front door The* **front door** *of our house leads to the sitting-room.* Die **voordeur** van ons huis lei na die sitkamer.

☐ **voor·deur** *selfstandige naamwoord (meervoud* **voordeure)**

voorheen ◼ *before "I'm sure I've met you* **before.** *Your face looks so familiar."* "Ek is seker ek het jou al **voor= heen** ontmoet. Jou gesig lyk so bekend." ◼ *at one time* **At one time** *Zimbabwe was known as Rhodesia.* Zim= babwe het **voorheen** as Rhodesië bekend gestaan.

☐ **voor·heen** *bywoord*

voorkant *front The engine of a car is at the* **front.** 'n Motor se enjin sit aan die **voorkant.**

☐ **voor·kant** *selfstandige naamwoord (meervoud* **voorkante)**

voorkom *prevent There was nothing he could do to* **pre= vent** *the accident.* Daar was niks wat hy kon doen om die ongeluk te **voorkom** nie.

◆ **voorkom dat iemand iets doen** *prevent someone (from) doing something, prevent someone's doing something She couldn't* **prevent** *the child* **(from)** *fal= ling* (OR **prevent** *the child's falling).* Sy kon nie **voor= kom dat** die baba val nie.

◆ **voorkom dat iets gebeur** *prevent something (from) happening, prevent something's happening He couldn't* **prevent** *the car* **(from)** *skidding* (OR **pre= vent** *the car's skidding).* Hy kon nie **voorkom dat** die motor gly nie.

☐ **voor·kom** *werkwoord (teenwoordige tyd* **voorkom,** *verlede tyd* **het voorkom)**

voorkop *forehead He banged his head against the cupboard and now has a large bump on his* **forehead.** Hy het sy kop teen die kas gestamp en het nou 'n groot knop op sy **voorkop.**

☐ **voor·kop** *selfstandige naamwoord (meervoud* **voor= koppe)**

voorlees *read "Children, I'm going to* **read** *the story of Little Red Riding Hood to you."* "Kinders, ek gaan die storie van Rooikappie aan julle **voorlees."**

☐ **voor·lees** *werkwoord (teenwoordige tyd* **lees voor,** *verlede tyd* **het voorgelees)**

voornaamwoord pronoun *In the sentence "How old is he?" the word "he" is a* ***pronoun***. In die sin "Hoe oud is hy?" is die woord "hy" 'n **voornaamwoord**.

☐ **voor·naam·woord** *selfstandige naamwoord (meervoud* **voornaamwoorde***)*

vooroor forward *He fell* ***forward*** *with his face in the mud.* Hy het **vooroor** met sy gesig in die modder geval.

◆ **vooroor buk** bend over *"**Bend over** and then straighten up."* "**Buk vooroor** en kom dan regop."

☐ **voor·oor** *bywoord*

voorsetsel preposition *In the sentence "The book is lying on the table" the word "on" is a* ***preposition***. In die sin "Die boek lê op die tafel" is die woord "op" 'n **voorsetsel**.

☐ **voor·set·sel** *selfstandige naamwoord (meervoud* **voorsetsels***)*

voorsien provide, supply *Farmers* ***provide/supply*** *us with meat and vegetables.* Boere **voorsien** ons van vleis en groente.

☐ **voor·sien** *werkwoord (teenwoordige tyd* **voorsien***, verlede tyd* **het voorsien***)*

voorsit serve *"Waiter, you must first* ***serve*** *the soup and then the meat and vegetables."* "Kelner, jy moet eers die sop **voorsit** en dan die vleis en groente."

☐ **voor·sit** *werkwoord (teenwoordige tyd* **sit voor***, verlede tyd* **het voorgesit***)*

voorsitter president *Dr Danie Craven became* ***president*** *of the South African Rugby Board in 1956.* Dr. Danie Craven het in 1956 **voorsitter** van die Suid-Afrikaanse Rugbyraad geword.

☐ **voor·sit·ter** *selfstandige naamwoord (meervoud* **voorsitters***)*

voorskoot apron *My mother usually wears an* ***apron*** *when she is cooking.* My ma dra gewoonlik 'n **voorskoot** wanneer sy kook.

☐ **voor·skoot** *selfstandige naamwoord (meervoud* **voorskote***)*

voorspoed success *If you wish a student* ***success*** *in the exams, you express the hope that he will pass.* As jy 'n student **voorspoed** in die eksamen toewens, spreek jy die hoop uit dat hy sal slaag.

☐ **voor·spoed** *selfstandige naamwoord (geen meervoud)*

voorsprong lead *Tom has a* ***lead*** *of three metres and should win the race.* Tom het 'n **voorsprong** van drie meter en sal waarskynlik die wedloop wen.

☐ **voor·sprong** *selfstandige naamwoord (geen meervoud)*

voorste front *The* ***front*** *row of desks is the closest to the board.* Die **voorste** ry banke is die naaste aan die bord.

☐ **voor·ste** *attributiewe byvoeglike naamwoord*

voorstel[1] suggestion *"Do you have a* ***suggestion*** *about what I can give him for his birthday?"* "Het jy 'n **voorstel** oor wat ek hom vir sy verjaardag kan gee?"

☐ **voor·stel** *selfstandige naamwoord (meervoud* **voorstelle***)*

voorstel[2] ❶ suggest *"May I* ***suggest*** *that you give him money for his birthday?"* "Mag ek **voorstel** dat jy hom geld vir sy verjaardag gee?" ❷ introduce *"I'd like to meet your sister; will you* ***introduce*** *her to me?"* "Ek wil jou suster graag ontmoet; sal jy haar aan my **voorstel**?"

◆ **jou voorstel** imagine *I can't* ***imagine*** *what it would be like to live on the moon.* Ek kan **my** nie **voorstel** hoe dit sou wees om op die maan te woon nie.

☐ **voor·stel** *werkwoord (teenwoordige tyd* **stel voor***, verlede tyd* **het voorgestel***)*

voortgaan ❶ continue, go on, carry on *The builders had to* ***continue (***OR ***go on*** OR ***carry on)*** *with their work in spite of the rain.* Die bouers moes ondanks die reën met hul werk **voortgaan**. ❷ get on *"Will you please stop talking and* ***get on*** *with your work?"* "Sal julle asseblief ophou praat en met julle werk **voortgaan**?"

☐ **voort·gaan** *werkwoord (teenwoordige tyd* **gaan voort***, verlede tyd* **het voortgegaan***)*

vooruit ahead *"Thomas, run on* ***ahead***, *but wait for us at the bridge."* "Thomas, hardloop **vooruit**, maar wag vir ons by die brug."

☐ **voor·uit** *bywoord*

voorwaarde condition *"You may borrow my bike on* ***condition*** *that you look after it properly."* "Jy kan my fiets leen op **voorwaarde** dat jy dit goed oppas."

☐ **voor·waar·de** *selfstandige naamwoord (meervoud* **voorwaardes***)*

voorwerp object **[a]** *"What is that shiny* ***object*** *in the grass?" – "I think it's a piece of glass."* "Wat is daardie blink **voorwerp** in die gras?" – "Ek dink dis 'n stuk glas." **[b]** *In the sentence "The cat caught a mouse", "cat" is the subject and "mouse" the* ***object***. In die sin "Die kat het 'n muis gevang" is "kat" die onderwerp en "muis" die **voorwerp**.

☐ **voor·werp** *selfstandige naamwoord (meervoud* **voorwerpe***)*

vorentoe ❶ forward *"All the boys standing against the wall must take one step* ***forward***." "Al die seuns wat teen die muur staan, moet een tree **vorentoe** gee." ❷ to the front *The teacher called Esther* ***to the front*** *to write the answer on the board.* Die juffrou het Esther **vorentoe** geroep om die antwoord op die bord te skryf.

◆ **verder vorentoe** further on *"Shall we stop here?" – "No, it's too hot in the sun; there might be a tree* ***further on***." "Sal ons hier stilhou?" – "Nee, dis te warm in die son; dalk is daar **verder vorentoe** 'n boom."

☐ **vo·ren·toe** *bywoord*

vorige ❶ previous *"Do you know her?" – "Yes, we met on a* ***previous*** *occasion."* "Ken jy haar?" – "Ja, ons het by 'n **vorige** geleentheid ontmoet." ❷ last *I sat in this very same seat the* ***last*** *time I came to the cinema.* Ek het op presies dieselfde plek gesit toe ek die **vorige** keer kom fliek het.

☐ **vo·ri·ge** *attributiewe byvoeglike naamwoord*

vorm[1] ❶ form **[a]** *Walking is a good* ***form*** *of exercise.*

Stap is 'n goeie **vorm** van oefening. **[b]** *You must fill in a form to send a telegram.* Jy moet 'n **vorm** invul om 'n telegram te stuur. **2** form, shape *Our house is built in the form/shape of an L.* Ons huis is in die **vorm** van 'n L gebou.

◆ **vorm aanneem** take form/shape *The mountain began to take form/shape when the fog lifted.* Die berg het begin **vorm aanneem** toe die mis lig.

☐ **vorm** *selfstandige naamwoord (meervoud* **vorme/ vorms***)*

vorm[2] **1** form **[a]** *The children had to hold hands to form a circle.* Die kinders moes hande vat om 'n kring te **vorm**. **[b]** *The clouds formed a thick blanket over the mountain.* Die wolke **het** 'n dik kombers oor die berg **gevorm**. **2** shape *The boy took a piece of clay and tried to shape it into an ox.* Die seun het 'n stuk klei gevat en dit tot 'n os probeer **vorm**.

☐ **vorm** *werkwoord (teenwoordige tyd* **vorm**, *verlede tyd* **het gevorm***)*

vou **1** fold **[a]** *"You'll have to fold the letter twice to get it in the envelope."* "Jy sal die brief twee keer moet **vou** om dit in die koevert te kry." **[b]** *Monica folded her hands in her lap.* Monica **het** haar hande in haar skoot **gevou**. **2** fold, wrap *"Fold/Wrap newspaper round the glasses before you pack them."* "**Vou** koerantpapier om die glase voor jy hulle inpak."

☐ **vou** *werkwoord (teenwoordige tyd* **vou**, *verlede tyd* **het gevou***)*

vra **1** ask **[a]** *"Ask the new girl what her name is."* "**Vra** die nuwe meisie wat haar naam is." **[b]** *Simon asked Miriam to marry him.* Simon **het** Miriam **gevra** om met hom te trou. **[c]** *"Are you going to ask Edith to come to your party?"* "Gaan jy vir Edith **vra** om na jou partytjie toe te kom?" **2** ask, charge *They ask/charge 85c for a sandwich at the café.* Hulle **vra** 85c vir 'n toebroodjie by die kafee.

◆ **iets by/van iemand vra** ask someone for something *It's polite to say "please" when you ask someone for something.* Dis beleef om "asseblief" te sê wanneer jy **iets by/van iemand vra**.

◆ **vra** vir invite to *Mum invited some friends to tea.* Ma **het** 'n paar vriendinne **vir** tee **gevra**.

☐ **vra** *werkwoord (teenwoordige tyd* **vra**, *verlede tyd* **het gevra***)*

vraag question **[a]** *"I asked you a question – why don't you answer me?"* "Ek het jou 'n **vraag** gevra – hoekom antwoord jy my nie?" **[b]** *She answered all the questions correctly and got full marks in the test.* Sy het al die **vrae** korrek beantwoord en vol punte in die toets gekry.

☐ **vraag** *selfstandige naamwoord (meervoud* **vrae***)*

vraagteken question mark *There is a question mark at the end of the sentence "What is your name?"* Daar is 'n **vraagteken** aan die end van die sin "Wat is jou naam?"

☐ **vraag·te·ken** *selfstandige naamwoord (meervoud* **vraagtekens***)*

vraestel paper *After the exam George said to Philip, "The paper was very difficult."* Na die eksamen het George vir Philip gesê: "Die **vraestel** was baie moeilik."

☐ **vra·e·stel** *selfstandige naamwoord (meervoud* **vraestelle***)*

vrag load *The bakkie is carrying a load of wood.* Die bakkie dra 'n **vrag** hout.

☐ **vrag** *selfstandige naamwoord (meervoud* **vragte***)*

vragmotor truck, lorry *The men loaded the truck/lorry full of bricks.* Die manne het die **vragmotor** vol bakstene gelaai. ⇨ **lorrie** [NOTA].

☐ **vrag·mo·tor** *selfstandige naamwoord (meervoud* **vragmotors***)*

vrede peace **[a]** *Most people want peace in the world and not war.* Die meeste mense wil **vrede** in die wêreld hê en nie oorlog nie. **[b]** *One has no peace and quiet with those noisy children about.* 'n Mens het geen rus en **vrede** met daardie luidrugtige kinders in die rondte nie.

◆ **vrede maak** make peace *The two countries decided to make peace and end the war.* Die twee lande het besluit om **vrede** te **maak** en die oorlog te beëindig.

☐ **vre·de** *selfstandige naamwoord (geen meervoud)*

vredeliewend peaceful *Nations that are peaceful try to avoid wars.* Nasies wat **vredeliewend** is, probeer oorloë vermy.

☐ **vre·de·lie·wend** *byvoeglike naamwoord (attributief* **vredeliewende***)* **vredeliewender, vredeliewendste**

vreemd **1** strange, odd, funny *That's strange/odd/ funny; I heard something behind me, but when I turned around there was nothing.* Dis **vreemd**; ek het iets agter my gehoor, maar toe ek omdraai, was daar niks nie. **2** strange *"Do you know who that strange girl is?" – "No, I've never seen her before."* "Weet jy wie daardie **vreemde** meisie is?" – "Nee, ek het haar nog nooit gesien nie." **3** foreign *The man is speaking a foreign language – it sounds like German to me.* Die man praat 'n **vreemde** taal – dit klink vir my na Duits.

◆ **heeltemal vreemd wees** be a perfect stranger *"I am a perfect stranger here – can you tell me where the post office is?"* "Ek is **heeltemal vreemd** hier – kan jy my sê waar die poskantoor is?"

☐ **vreemd** *byvoeglike naamwoord (attributief* **vreemde***)* **vreemder, vreemdste**

vreemdeling **1** stranger **[a]** *"Who is that man?" – "I don't know; he's a stranger to me."* "Wie is daardie man?" – "Ek weet nie; hy's vir my 'n **vreemdeling**." **[b]** *"Can you tell me where the station is? – I'm a stranger in this town."* "Kan jy my sê waar die stasie is? – Ek is 'n **vreemdeling** op dié dorp." **2** foreigner *"Is he a South African?" – "No, he is a foreigner and comes from Germany."* "Is hy 'n Suid-Afrikaner?" – "Nee, hy is 'n **vreemdeling** en kom van Duitsland."

☐ **vreem·de·ling** *selfstandige naamwoord (meervoud* **vreemdelinge***)*

vrees[1] fear *Miriam has a fear of water because she can't swim.* Miriam het 'n **vrees** vir water, want sy kan nie swem nie.

☐ **vrees** *selfstandige naamwoord (meervoud* **vrese***)*

vrees[2] ◻ fear *When there is a war on mothers fear for the lives of their sons.* Wanneer daar oorlog is, **vrees** moeders vir die lewe van hul seuns. ◻ fear, be afraid *The doctor said, "She is very ill; I fear (that) she might die (OR I am afraid [that] she might die)."* Die dokter het gesê: "Sy is baie siek; ek **vrees** sy kan sterf."

☐ **vrees** *werkwoord (teenwoordige tyd* **vrees***, verlede tyd* **het gevrees***)*

vreeslik[1] terrible [a] *More than two hundred people died in the accident. Isn't it terrible?* Meer as tweehonderd mense is in die ongeluk dood. Is dit nie **vreeslik** nie? [b] *The road worker's drill makes a terrible noise.* Die padwerker se boor maak 'n **vreeslike** lawaai.

☐ **vrees·lik** *byvoeglike naamwoord (attributief* **vreeslike***)* **vreesliker, vreeslikste**

vreeslik[2] terribly [a] *He was in great pain and suffered terribly.* Hy het baie pyn gehad en het **vreeslik** gely. [b] *"It's terribly kind of you to help me."* "Dis **vreeslik** gaaf van jou om my te help."

☐ **vrees·lik** *byvoord*

vreet eat *Cows don't feed on meat; they eat grass.* Koeie leef nie van vleis nie; hulle **vreet** gras.

☐ **vreet** *werkwoord (teenwoordige tyd* **vreet***, verlede tyd* **het gevreet***)*

vrek die *"The dog will die if you don't give it food and water."* "Die hond sal **vrek** as jy hom nie kos en water gee nie."

☐ **vrek** *werkwoord (teenwoordige tyd* **vrek***, verlede tyd* **het gevrek***)*

vreugde joy *She cried for joy when she heard that she had passed matric.* Sy het van **vreugde** gehuil toe sy hoor dat sy matriek geslaag het.

☐ **vreug·de** *selfstandige naamwoord (geen meervoud)*

vriend friend *He is an old friend of my dad's; they have known each other for years.* Hy is 'n ou **vriend** van my pa; hulle ken mekaar al jare lank.

☐ **vriend** *selfstandige naamwoord (meervoud* **vriende***)*

vriendelik[1] friendly *If a dog wags its tail, you know it is friendly.* As 'n hond sy stert swaai, weet jy hy is **vriendelik**. ◻ kind *When the boy stood up for a lady in the bus, she said, "How kind of you."* Toe die seun vir 'n vrou in die bus opstaan, het sy gesê: "Hoe **vriende·lik** van jou."

◆ **vriendelik teenoor iemand wees** be pleasant/ nice to someone *"I know you don't like Anna, but do try and be pleasant/nice to her."* "Ek weet jy hou nie van Anna nie, maar probeer tog **vriendelik teenoor haar wees**."

☐ **vrien·de·lik** *byvoeglike naamwoord (attributief* **vriendelike***)* **vriendeliker, vriendelikste**

vriendelik[2] ◻ kindly *"You needn't walk; I'll drive you home," her father said kindly.* "Jy hoef nie te loop nie;

ek sal jou met die motor huis toe vat," het haar pa **vriendelik** gesê. ◻ pleasantly *She smiled pleasantly and invited me inside.* Sy het **vriendelik** geglimlag en my binne genooi.

☐ **vrien·de·lik** *byvoord*

vriendelikheid kindness *When the boy stood up for the lady in the bus, she thanked him for his kindness.* Toe die seun vir die vrou in die bus opstaan, het sy hom vir sy **vriendelikheid** bedank.

☐ **vrien·de·lik·heid** *selfstandige naamwoord (geen meervoud)*

vriendin ◻ friend *She is an old friend of my mother's; they have known each other for years.* Sy is 'n ou **vriendin** van my ma; hulle ken mekaar al jare lank. ◻ girlfriend *Thomas and his girlfriend walked down the street hand in hand.* Thomas en sy **vriendin** het hand aan hand met die straat af geloop.

☐ **vrien·din** *selfstandige naamwoord (meervoud* **vriendinne***)*

vriendskap friendship *Edith and Lynette's friendship goes back for more than ten years.* Edith en Lynette se **vriendskap** gaan meer as tien jaar terug.

☐ **vriend·skap** *selfstandige naamwoord (geen meervoud)*

vries freeze *In the depth of winter it gets so cold that the water in the pipes freezes.* Dit word in die hartjie van die winter so koud dat die water in die pype **vries**.

☐ **vries** *werkwoord (teenwoordige tyd* **vries***, verlede tyd* **het gevries***)*

vrieskas freezer *"Take an ice-cream from the freezer and pay for it at the counter."* "Neem 'n roomys uit die **vrieskas** en betaal daarvoor by die toonbank."

☐ **vries·kas** *selfstandige naamwoord (meervoud* **vrieskaste***)*

vroeër ◻ in earlier times *In earlier times meat was cheap, but nowadays it is very expensive.* **Vroeër** was vleis goedkoop, maar deesdae is dit baie duur. ◻ at one time *At one time Zimbabwe was known as Rhodesia.* Zimbabwe het **vroeër** as Rhodesië bekend gestaan. ◻ used to *I weigh two kilograms less than I used to.* Ek weeg twee kilogram minder as **vroeër**.

◆ **het vroeër ge-** used to *She used to work in a factory but is a housewife now.* Sy het **vroeër** in 'n fabriek gewerk maar is nou 'n huisvrou.

◆ **vroeër of later** sooner or later *"Don't worry; the cat will eat its food sooner or later."* "Moenie bekommerd wees nie; die kat sal sy kos **vroeër of later** eet."

◆ **was vroeër** used to be *He used to be a teacher but now works in a bank.* Hy **was vroeër** 'n onderwyser maar werk nou in 'n bank.

☐ **vroe·ër** *byvoord*

vroeg[1] early [a] *It's still very early; it's only 05:00.* Dis nog baie **vroeg**; dis maar 05:00. [b] *"You're too early for the train; it only arrives in twenty minutes."* "Jy's te **vroeg** vir die trein; dit kom eers oor twintig minute aan."

☐ **vroeg** *byvoeglike naamwoord (attributief* **vroeë***)* **vroeër, vroegste**

vroeg² ❶ early *He goes to school* **early** *so that he can play with his friends before the classes start.* Hy gaan **vroeg** skool toe sodat hy met sy maats kan speel voordat die klasse begin. ❷ soon *We got to the cinema too* **soon** *and had to wait outside for a few minutes.* Ons het te **vroeg** by die bioskoop aangekom en moes 'n paar minute buite wag.

☐ **vroeg** *bywoord*

vroegtydig early *Book* **early** *if you want to be sure of a seat on the train.* Bespreek **vroegtydig** as jy seker wil wees van 'n plek op die trein.

☐ **vroeg·ty·dig** *bywoord*

vrolik¹ cheerful, merry *"Why are you so* **cheerful/merry** *– have you had good news?"* "Hoekom is jy so **vrolik** – het jy goeie nuus gekry?"

☐ **vro·lik** *byvoeglike naamwoord (attributief* **vrolike***)* **vroliker, vrolikste**

vrolik² cheerfully *The dog wagged its tail* **cheerfully***.* Die hond het sy stert **vrolik** geswaai.

☐ **vro·lik** *bywoord*

vrot rotten *Rotten eggs have a bad smell.* **Vrot** eiers ruik sleg.

☐ **vrot** *byvoeglike naamwoord (attributief* **vrot***)* **vrotter, vrotste**

vrou ❶ woman *His mother is a very nice* **woman***.* Sy ma is 'n baie gawe **vrou**. ❷ wife *"Are they husband and* **wife***?" – "No, they're not married."* "Is hulle man en **vrou**?" – "Nee, hulle is nie getroud nie." ❸ lady *The boy stood up for a* **lady** *in the bus.* Die seun het vir 'n **vrou** in die bus opgestaan. ❹ queen *In many card games the* **queen** *counts for ten points.* In baie kaartspelle tel die **vrou** tien punte.

☐ **vrou** *selfstandige naamwoord (meervoud* **vroue/ vrouens***)*

vroulik ❶ female *The* **female** *voice is higher than the male voice.* Die **vroulike** stem is hoër as die manlike stem. ❷ woman *A* **woman** *doctor examined me.* 'n **Vroulike** dokter het my ondersoek.

☐ **vrou·lik** *byvoeglike naamwoord (attributief* **vroulike***)*

vrug fruit *An apple is a* **fruit** *and a potato a vegetable.* 'n Appel is 'n **vrug** en 'n aartappel 'n groente.

☐ **vrug** *selfstandige naamwoord (meervoud* **vrugte***)*

vrugbaar fertile *Plants grow well in soil that is rich and* **fertile***.* Plante groei goed in grond wat ryk en **vrugbaar** is.

☐ **vrug·baar** *byvoeglike naamwoord (attributief* **vrugbare***)* **vrugbaarder, vrugbaarste**

vry free *[a] The bird escaped from its cage and is now* **free***.* Die voël het uit sy hok ontsnap en is nou **vry***. [b] My father has the day* **free** *tomorrow and need not go to work.* My pa het môre die dag **vry** en hoef nie te gaan werk nie. *[c] Entrance is* **free** *– we need not buy tickets for the concert.* Toegang is **vry** – ons hoef nie kaartjies vir die konsert te koop nie. *[d] The cat is healthy and*

free from disease. Die kat is gesond en **vry** van siekte.
◆ **vrye tyd** spare time *My dad does woodwork in his* **spare time***.* My pa doen houtwerk in sy **vrye tyd**.

☐ **vry** *byvoeglike naamwoord (attributief* **vry/vrye***)* **vryer, vryste**

Vrydag Friday *Friday is the fifth workday of the week.* **Vrydag** is die vyfde werkdag van die week.

☐ **Vry·dag** *selfstandige naamwoord (meervoud* **Vry= dae***)*

vryf, vrywe rub *[a] "Rub your hands together to warm them."* "**Vryf/Vrywe** jou hande teen mekaar om hulle warm te maak." *[b] He* **rubbed** *his stomach and said, "I'm hungry – when do we eat?"* Hy **het** sy maag ge= **vryf/gevrywe** en gesê: "Ek's honger – wanneer eet ons?"

☐ **vryf, vry·we** *werkwoord (teenwoordige tyd* **vryf/ vrywe***, verlede tyd* **het gevryf/gevrywe***)*

vrylaat release *We can't* **release** *the pigeon from the cage until its wing is healed properly.* Ons kan nie die duif uit die hok **vrylaat** voor sy vlerk mooi gesond is nie.

☐ **vry·laat** *werkwoord (teenwoordige tyd* **laat vry***, verlede tyd* **het vrygelaat***)*

vuil dirty *"Put on a clean shirt; the one you wore yester= day is* **dirty***."* "Trek 'n skoon hemp aan; die een wat jy gister aangehad het, is **vuil**."

☐ **vuil** *byvoeglike naamwoord (attributief* **vuil***)* **vui= ler, vuilste**

vuilgoed rubbish, refuse *She threw the* **rubbish/ refuse** *into the dustbin.* Sy het die **vuilgoed** in die vuilisblik gegooi.

☐ **vuil·goed** *meervoudige selfstandige naamwoord*

vuilgoedblik dustbin *She cut off the carrot leaves and threw them in the* **dustbin***.* Sy het die wortelblare afge= sny en in die **vuilgoedblik** gegooi.

☐ **vuil·goed·blik** *selfstandige naamwoord (meervoud* **vuilgoedblikke***)*

vuilgoedman dustman *The* **dustman** *emptied the dustbin into the dustcart.* Die **vuilgoedman** het die vuilgoedblik in die vuilgoedwa leeggemaak.

☐ **vuil·goed·man** *selfstandige naamwoord (meervoud* **vuilgoedmanne***)*

vuilgoedwa dustcart *The dustman emptied the dustbin into the* **dustcart***.* Die vuilgoedman het die vuilgoed= blik in die **vuilgoedwa** leeggemaak.

☐ **vuil·goed·wa** *selfstandige naamwoord (meervoud* **vuilgoedwaens***)*

vuiligheid dirt *See if the* **dirt** *will come off if you scrub the floor with a brush.* Kyk of die **vuiligheid** sal afkom as jy die vloer met 'n borsel skrop.

☐ **vui·lig·heid** *selfstandige naamwoord (meervoud* **vuilighede***)*

vuis fist *The boxer knocked his opponent out with one blow of his* **fist***.* Die bokser het sy opponent met een hou van sy **vuis** uitgeslaan.

☐ **vuis** *selfstandige naamwoord (meervoud* **vuiste***)*

vul fill *[a] "Fill the bottle with water for me, please."*

"Vul vir my die bottel met water, asseblief." **[b]** *Rook het die kamer* **gevul**. Smoke **filled** the room.

☐ **vul** *werkwoord (teenwoordige tyd* **vul**, *verlede tyd* **het gevul***)*

vullis 1 dirt *She swept up the* **dirt** *with a dustpan and a brush.* Sy het die **vullis** met 'n skoppie en 'n borsel opgevee. **2** rubbish, refuse *She threw the* **rubbish/ refuse** *into the dustbin.* Sy het die **vullis** in die vuil= goedblik gegooi.

☐ **vul·lis** *selfstandige naamwoord (geen meervoud)*

vullisblik dustbin *She cut off the carrot leaves and threw them in the* **dustbin***.* Sy het die wortelblare afgesny en in die **vullisblik** gegooi.

☐ **vul·lis·blik** *selfstandige naamwoord (meervoud* **vul= lisblikke***)*

vullisman dustman *The* **dustman** *emptied the dustbin into the dustcart.* Die **vullisman** het die vullisblik in die vulliswa leeggemaak.

☐ **vul·lis·man** *selfstandige naamwoord (meervoud* **vullismanne***)*

vulliswa dustcart *The dustman emptied the dustbin into the* **dustcart***.* Die vullisman het die vullisblik in die **vulliswa** leeggemaak.

☐ **vul·lis·wa** *selfstandige naamwoord (meervoud* **vul= lisswaens***)*

vurk fork **[a]** *I eat my food with a knife and* **fork***.* Ek eet my kos met 'n mes en **vurk**. **[b]** *He digs in the garden with a* **fork***.* Hy spit in die tuin met 'n **vurk**. **[c]** *"Keep left when you get to the* **fork** *at the end of the road."* "Hou links wanneer jy by die **vurk** aan die end van die pad kom."

☐ **vurk** *selfstandige naamwoord (meervoud* **vurke***)*

vuur fire *"Put some more wood on the* **fire** *to keep it burning."* "Sit nog hout op die **vuur** om dit aan die brand te hou."

☐ **vuur** *selfstandige naamwoord (meervoud* **vure***)*

vuurhoutjie match *The man lit his cigarette with a* **match***.* Die man het sy sigaret met 'n **vuurhoutjie** aangesteek.

☐ **vuur·hout·jie** *selfstandige naamwoord (meervoud* **vuurhoutjies***)*

vy fig *There is a* **fig** *and some other fruit in the basket.* Daar is 'n **vy** en 'n paar ander vrugte in die mandjie.

☐ **vy** *selfstandige naamwoord (meervoud* **vye***)*

vyand enemy *The soldiers attacked the* **enemy** *with planes and tanks.* Die soldate het die **vyand** met vlieg= tuie en tenks aangeval.

☐ **vy·and** *selfstandige · naamwoord (meervoud* **vyande***)*

vyf five *Four plus one is* **five***.* Vier plus een is **vyf**.

☐ **vyf** *telwoord*

vyfde fifth *May is the* **fifth** *month of the year.* Mei is die **vyfde** maand van die jaar.

☐ **vyf·de** *telwoord*

vyftien fifteen *Three times five is* **fifteen***.* Drie maal vyf is **vyftien**.

☐ **vyf·tien** *telwoord*

vyftiende fifteenth *He got a watch for his* **fifteenth** *birthday.* Hy het 'n horlosie vir sy **vyftiende** verjaar= dag gekry.

☐ **vyf·tien·de** *telwoord*

vyftig fifty *Ten times five is* **fifty***.* Tien maal vyf is **vyftig**.

☐ **vyf·tig** *telwoord*

vyftigste fiftieth *My mother is 49 and will celebrate her* **fiftieth** *birthday in a few months' time.* My ma is 49 en vier oor 'n paar maande haar **vyftigste** verjaar= dag.

☐ **vyf·tig·ste** *telwoord*

vyfuur five o'clock *17:00 stands for* **five o'clock** *in the afternoon.* 17:00 staan vir **vyfuur** in die middag.

☐ **vyf·uur** *selfstandige naamwoord (geen meervoud)*

W

wa ❶ wagon [a] *A team of oxen pulled the* **wagon**. 'n Span osse het die **wa** getrek. [b] *Mines transport coal by rail in* **wagons**. Myne vervoer steenkool per spoor in **waens**. ❷ coach *We travelled in the last* **coach** *of the train*. Ons het in die laaste **wa** van die trein gereis.
□ **wa** *selfstandige naamwoord (meervoud* **waens***)*

waag ❶ risk [a] *"Don't* **risk** *washing your suit – rather take it to the dry-cleaner."* "Moenie dit **waag** om jou pak te was nie – neem dit liewer na die droogskoonmaker." [b] *He* **risked** *his life to save her*. Hy **het** sy lewe **gewaag** om haar te red. ❷ dare *My parents are very strict – I would not* **dare** *to stay out late at night without their permission*. My ouers is baie streng – ek sou dit nie **waag** om sonder hul toestemming saans laat uit te bly nie.
□ **waag** *werkwoord (teenwoordige tyd* **waag***, verlede tyd* **het gewaag***)*

waai ❶ blow *I hope the wind won't* **blow** *today*. Ek hoop nie die wind gaan vandag **waai** nie. ❷ wave [a] *The flags* **wave** *gently in the breeze*. Die vlae **waai** liggies in die bries. [b] *She* **waved** *her hand and called, "Hallo! Here I am!"* Sy **het** (met) haar hand **gewaai** en geroep: "Hallo! Hier is ek!"
♦ **vir iemand totsiens (OF tot siens) waai** wave goodbye to someone *As the car moved off he said to his little girl, "***Wave goodbye to** *granny."* Toe die motor wegtrek, het hy vir sy dogtertjie gesê: "**Waai totsiens** (OF **tot siens**) **vir** ouma."
♦ **vir iemand waai** wave to someone *"***Wave to** *the waiter and ask him to come and take our order."* "**Waai vir** die kelner en vra hom om ons bestelling te kom neem."
□ **waai** *werkwoord (teenwoordige tyd* **waai***, verlede tyd* **het gewaai***)*

waak watch *The husband and wife took turns to* **watch** *over their sick child*. Die man en vrou het beurte gemaak om oor hul siek kind te **waak**.
□ **waak** *werkwoord (teenwoordige tyd* **waak***, verlede tyd* **het gewaak***)*

waar[1] ❶ true *"I'm not lying to you; it's* **true** *that we're going overseas."* "Ek jok nie vir jou nie; dis **waar** dat ons oorsee gaan." ❷ real *He says the road was slippery, but the* **real** *cause of the accident was that he had been speeding*. Hy sê die pad was glad, maar die **ware** oorsaak van die ongeluk was dat hy te vinnig gery het.
□ **waar** *byvoeglike naamwoord (attributief* **ware***)* **waarder, waarste**

waar[2] where [a] *"***Where** *is my blue shirt?"* – *"It's in the wash."* "**Waar** is my blou hemp?" – "Dis in die was." [b] *"Plant the tree right here* **where** *I'm standing."* "Plant die boom net hier **waar** ek staan."
♦ **net waar jy wil** anywhere/wherever you like *"There are plenty of chairs; sit* **anywhere/wherever** *you like."* "Daar is baie stoele; sit **net waar jy wil**."
♦ **nie waar nie?** ❶ isn't/wasn't/aren't/weren't [a] *"She's coming,* **isn't** *she?"* "Sy kom (mos), **nie waar nie?**" [b] *"He was late,* **wasn't** *he?"* "Hy was (mos) laat, **nie waar nie?**" [c] *"They're coming,* **aren't** *they?"* "Hulle kom (mos), **nie waar nie?**" [d] *"They were late,* **weren't** *they?"* "Hulle was (mos) laat, **nie waar nie?**" ❷ doesn't/don't/didn't [a] *"She likes it,* **doesn't** *she?"* "Sy hou (mos) daarvan, **nie waar nie?**" [b] *"They like it,* **don't** *they?"* "Hulle hou (mos) daarvan, **nie waar nie?**" [c] *"Walter won,* **didn't** *he?"* "Walter het (mos) gewen, **nie waar nie?**"
♦ **oral/orals waar** wherever *His dog follows him* **wherever** *he goes*. Sy hond volg hom **oral/orals waar** hy gaan.
♦ **van waar** from where *I can see the bridge* **from where** *I'm standing*. Ek kan die brug sien **van waar** ek staan.
♦ **waar ook (al)** wherever *He comes from Kriel,* **wherever** *that may be*. Hy kom van Kriel, **waar** dit **ook (al)** mag wees.
□ **waar** *bywoord*

waaraan what of *"***What** *does it remind you* **of?***"* "**Waaraan** laat dit jou dink?"
□ **waar·aan** *voornaamwoord*

waarde ❶ value [a] *The* **value** *of our house has gone up by more than R20 000,00*. Die **waarde** van ons huis het met meer as R20 000,00 gestyg. [b] *His advice was of great* **value** *to me*. Sy raad was vir my van groot **waarde**. ❷ value, worth *Second-hand furniture doesn't have much* **value/worth**. Tweedehandse meubels het nie veel **waarde** nie.
□ **waar·de** *selfstandige naamwoord (meervoud* **waardes***)*

waardeer appreciate *"Thank you very much, I* **appreciate** *your help."* "Baie dankie, ek **waardeer** jou hulp."
□ **waar·deer** *werkwoord (teenwoordige tyd* **waardeer***, verlede tyd* **het gewaardeer***)*

waardeur through which *"This is the hole* **through which** *the dog escaped."* "Dis die gat **waardeur** die hond ontsnap het."
□ **waar·deur** *voornaamwoord*

waardevol valuable [a] *That painting is extremely* **valuable**. *It is said to be worth millions of rands*. Daardie skildery is uiters **waardevol**. Dis glo miljoene rande werd. [b] *The trip overseas was a* **valuable** *experience for him*. Die reis oorsee was vir hom 'n **waardevolle** ondervinding.

☐ **waar·de·vol** *byvoeglike naamwoord (attributief* **waardevolle***)* **waardevoller, waardevolste**

waarheen ❶ where ... (to) "*Where are you going (to) for the holidays?*" "**Waarheen** gaan julle vir die vakansie?" ❷ which way *She felt so ashamed that she didn't know* **which way** *to look.* Sy het so skaam gekry dat sy nie geweet het **waarheen** om te kyk nie. ❸ to which *I can't remember the name of the town* **to which** *they have moved.* Ek kan nie onthou wat die naam van die dorp is **waarheen** hulle getrek het nie.

☐ **waar·heen** *by 1;* **waar·heen** *by 2 en 3 voornaamwoord*

waarheid truth "*Tell the* **truth***; don't lie to me.*" "Praat die **waarheid**; moenie vir my jok nie."

◆ **om die waarheid te sê** in fact, as a matter of fact *They live quite near –* **in** *(*OR **as a matter of***) fact, their house is just round the corner.* Hulle woon taamlik naby – **om die waarheid te sê**, hul huis is net om die hoek.

☐ **waar·heid** *selfstandige naamwoord (meervoud* **waarhede***)*

waarin ❶ what in "*In what can I pack it?*" – "*Use a cardboard box.*" "**Waarin** kan ek dit pak?" – "Gebruik 'n kartondoos." ❷ in which *They showed an old film* **in which** *Marilyn Monroe plays the leading part.* Hulle het 'n ou fliek vertoon **waarin** Marilyn Monroe die hoofrol speel. ❸ where *My socks are in the drawer* **where** *I keep my underwear.* My sokkies is in die laai **waarin** ek my onderklere hou.

☐ **waar·in** *by 1;* **waar·in** *by 2 en 3 voornaamwoord*

waarlik really [a] "*I'm not lying to you; it* **really** *happened.*" "Ek jok nie vir jou nie; dit het **waarlik** gebeur." [b] *It was a wonderful party; I* **really** *enjoyed it.* Dit was 'n heerlike partytjie; ek het dit **waarlik** geniet.

◆ **en jou waarlik** and sure enough *She said Philip would win,* **and sure enough** *he did.* Sy het gesê Philip sou wen, **en jou waarlik** hy het.

☐ **waar·lik** *bywoord*

waarmee ❶ what with "*What can I plug the hole in the pipe* **with?**" "**Waarmee** kan ek die gat in die pyp toestop?" ❷ with which *A bow is a weapon* **with which** *you shoot arrows.* 'n Boog is 'n wapen **waarmee** jy pyle afskiet.

☐ **waar·mee** *by 1;* **waar·mee** *by 2 voornaamwoord*

waarna ❶ what at "*What are you looking* **at?**" "**Waarna** kyk jy?" ❷ after which *He did his homework,* **after which** *he went for a swim.* Hy het sy huiswerk gedoen, **waarna** hy gaan swem het. ❸ for, that ... for, for which "*This is the book I was looking* **for** *(*OR **that** *I was looking* **for** OR **for which** *I was looking).*" "Dis die boek **waarna** ek gesoek het." ❹ to, that ... to, to which "*This is the book I referred* **to** *(*OR **that** *I referred* **to** OR **to which** *I referred).*" "Dis die boek **waarna** ek verwys het."

☐ **waar·na** *by 1;* **waar·na** *by 2, 3 en 4 voornaamwoord*

waarnatoe ❶ where ... (to) "*Where are you going (to)*

for the holidays?" "**Waarnatoe** gaan julle vir die vakansie?" ❷ which way *She felt so ashamed that she didn't know* **which way** *to look.* Sy het so skaam gekry dat sy nie geweet het **waarnatoe** om te kyk nie. ❸ to which *I can't remember the name of the town* **to which** *they have moved.* Ek kan nie onthou wat die naam van die dorp is **waarnatoe** hulle getrek het nie.

☐ **waar·na·toe** *by 1;* **waar·na·toe** *by 2 en 3 voornaamwoord*

waarom ❶ why, what for "*Why did you do that* (OR **What did you do that for***)?*" "**Waarom** het jy dit gedoen?" ❷ why [a] *The teacher asked him* **why** *he was late.* Die juffrou het hom gevra **waarom** hy laat is. [b] "*The reason* **why** *I'm late is that I missed the bus.*" "Die rede **waarom** ek laat is, is dat ek die bus gemis het." ❸ around which "*What colour is the candle* **around which** *the moth is flying?*" "Watter kleur is die kers **waarom** die mot vlieg?"

◆ **dis waarom** that is why, that's why *The batteries are flat,* **that is** *(*OR **that's***)* **why** *the radio won't play.* Die batterye is pap, **dis waarom** die radio nie speel nie.

☐ **waar·om** *by 1 en 2;* **waar·om** *by 3 voornaamwoord*

waaroor ❶ what about [a] "*What is the book* **about?**" "**Waaroor** gaan/handel die boek?" [b] "*I'm not going to tell you* **what** *we were talking* **about.**" "Ek gaan jou nie vertel **waaroor** ons gepraat het nie." ❷ over which *The river* **over which** *the bridge is built is very deep.* Die rivier **waaroor** die brug gebou is, is baie diep.

☐ **waar·oor** *by 1a;* **waar·oor** *by 1b en 2 voornaamwoord*

waarop ❶ what on "*What is she sitting* **on?**" "**Waarop** sit sy?" ❷ on, on which, that ... on *The blanket she is sitting* **on** *(*OR *The blanket* **on which** *she is sitting* OR *The blanket* **that** *she is sitting* **on***) is green.* Die kombers **waarop** sy sit, is groen. ❸ when *Monday is the day* **when** *she does the washing.* Maandag is die dag **waarop** sy was.

☐ **waar·op** *by 1;* **waar·op** *by 2 en 3 voornaamwoord*

waarsku warn [a] "*I* **warn** *you, if you do that again, you'll get a hiding!*" "Ek **waarsku** jou, as jy dit weer doen, kry jy pak!" [b] *He* **warned** *them not to play with matches.* Hy **het** hulle **gewaarsku** om nie met vuurhoutjies te speel nie.

☐ **waar·sku** *werkwoord (teenwoordige tyd* **waarsku***, verlede tyd* **het gewaarsku***)*

waarskuwing warning *There was a* **warning** *on the radio of bad weather.* Daar was 'n **waarskuwing** oor die radio teen slegte weer.

☐ **waar·sku·wing** *selfstandige naamwoord (meervoud* **waarskuwinge/waarskuwings***)*

waarskynlik[1] probable, likely *With a lead of four goals to nil it seems* **probable/likely** *that the team will win.* Met 'n voorsprong van vier doele teen nul lyk dit **waarskynlik** dat die span sal wen.

☐ **waar·skyn·lik** *byvoeglike naamwoord (attributief* **waarskynlike***)* **waarskynliker, waarskynlikste**

waarskynlik[2] probably *The team is leading 4 – 0 and will* **probably** *win.* Die span is 4 – 0 voor en sal **waarskynlik** wen.

◆ **heel waarskynlik** ⇨ **heel**[2].

◆ **sal waarskynlik** should *The black horse is far ahead and should win the race.* Die swart perd is ver voor en **sal waarskynlik** die wedren wen.

☐ **waar·skyn·lik** *bywoord*

waarvan ❶ what of *"What is it made of?"* **"Waarvan** is dit gemaak?" ❷ what about *"I don't know what you're talking about – please explain yourself."* "Ek weet nie **waarvan** jy praat nie – verduidelik asseblief wat jy bedoel." ❸ about which *Electricity is something about which I know very little.* Elektrisiteit is iets **waarvan** ek baie min weet. ❹ (that/which) ... about *"This is the book (that/which) I told you about."* "Dis die boek **waarvan** ek jou vertel het." ❺ of which *"This is the book of which I was speaking."* "Dis die boek **waarvan** ek gepraat het." ❻ whose *A rose is a plant whose stems are full of thorns.* 'n Roos is 'n plant **waarvan** die stingels vol dorings is.

☐ **waar·van** *by* 1; **waar·van** *by* 2, 3, 4, 5 *en* 6 *voornaamwoord*

waarvandaan where from *"Where do you come from?"* **"Waarvandaan** kom jy (OF **Waar** kom jy **vandaan**)?"

☐ **waar·van·daan** *voornaamwoord*

waarvoor ❶ what for *"Do you know what 15:00 stands for?" – "Yes, three o'clock in the afternoon."* "Weet jy **waarvoor** 15:00 staan?" – "Ja, drie-uur in die middag." ❷ what at *"What is he laughing at?"* **"Waarvoor** lag hy?" ❸ what of *"What are you afraid of?"* **"Waarvoor** is jy bang?" ❹ for which *She was wearing a dress for which she paid R250,00.* Sy het 'n rok aangehad **waarvoor** sy R250,00 betaal het.

◆ **maar waarvoor dan?, waarvoor dan tog?** whatever for? *"Whatever did you do that for?"* **"Maar waarvoor** het jy dit **dan** gedoen (OF **Waarvoor** het jy dit **dan tog** gedoen)?"

☐ **waar·voor** *by* 1, 2 *en* 3; **waar·voor** *by* 4 *voornaamwoord*

waatlemoen watermelon *A watermelon is a large fruit with a green skin and light-red flesh.* 'n **Waatlemoen** is 'n groot vrug met 'n groen skil en ligrooi vleis.

☐ **waat·le·moen, waat·le·moen** *selfstandige naamwoord (meervoud* **waatlemoene***)*

wag[1] ❶ guard *A guard watches the prisoners when they go out for exercise.* 'n **Wag** bewaak die gevangenes wanneer hulle uitgaan vir oefening. ❷ watchman *A watchman guards the factory at night.* 'n **Wag** pas die fabriek snags op.

◆ **wag hou, (op) wag staan** keep watch, be on guard, stand/keep guard *Two soldiers keep watch (OR are on guard OR stand/keep guard)* at the gate. Twee soldate **hou wag** (OF **staan wag** OF **staan op wag**) by die hek.

◆ **wag hou oor** keep watch over *A fierce dog keeps watch over their house.* 'n Kwaai hond **hou wag oor** hul huis.

☐ **wag** *selfstandige naamwoord (meervoud* **wagte***)*

wag[2] ❶ wait *[a] Wait until the road is clear before you cross over.* Wag tot die pad skoon is voor jy oorstap. *[b] "Must I do it today? Can't it wait until tomorrow?"* "Moet ek dit vandag doen? Kan dit nie tot môre **wag** nie?" ❷ wait for *We had to wait for hours before a bus eventually turned up.* Ons moes ure **wag** voordat 'n bus (uit)eindelik opgedaag het.

◆ **laat wag** keep waiting *"Be quick; don't keep me waiting!"* "Maak gou; moenie my **laat wag** nie!"

◆ **wag 'n bietjie!** wait a minute! *"Wait a minute, I have to fasten my shoe!"* **"Wag 'n bietjie**, ek moet my skoen vasmaak!"

◆ **wag (so) 'n bietjie** just a moment/minute/second *"Just a moment/minute/second, sir; I'll call my dad to the telephone."* **"Wag (so) 'n bietjie**, meneer; ek sal my pa na die telefoon roep."

◆ **wag vir** wait for *"Wait for me – don't walk so fast!"* **"Wag vir** my – moenie so vinnig loop nie!"

☐ **wag** *werkwoord (teenwoordige tyd* **wag**, *verlede tyd* **het gewag***)*

wagkamer waiting-room *"Let's go and sit in the waiting-room until the train comes."* "Kom ons gaan sit in die **wagkamer** tot die trein kom."

☐ **wag·ka·mer** *selfstandige naamwoord (meervoud* **wagkamers***)*

wakker awake *"Is Lorraine awake?" – "No, she's still sleeping."* "Is Lorraine **wakker**?" – "Nee, sy slaap nog."

◆ **wakker hou** keep up *The sick child kept his mother up all night.* Die siek kind **het** sy ma die hele nag **wakker gehou**.

◆ **wakker maak** ❶ wake (up) *"Please go and wake your sister (up) and tell her to get out of bed."* "Gaan **maak** asseblief jou suster **wakker** en sê vir haar sy moet opstaan." ❷ wake (up), awake *A noise in the street woke him (OR woke him up OR awoke him).* 'n Lawaai in die straat **het** hom **wakker gemaak**.

◆ **wakker word** ❶ wake (up) *I usually wake (up) at six o'clock in the morning.* Ek **word** gewoonlik soggens om sesuur **wakker**. ❷ awake *"Isn't it wonderful to awake to the sound of birds chirping?"* "Is dit nie wonderlik om met die gekwetter van voëls **wakker** te **word** nie?"

☐ **wak·ker** *byvoeglike naamwoord (attributief* **wakker/wakkere***)* **wakkerder, wakkerste**

wal ❶ bank *The man stood on the bank of the river catching fish.* Die man het op die **wal** van die rivier gestaan en visvang. ❷ wall *There is a big crack in the wall of the dam.* Daar is 'n groot bars in die **wal** van die dam.

◆ **aan wal** on shore *The sailors were glad to be back on shore after weeks at sea.* Die matrose was bly om na weke ter see terug **aan wal** te wees.

☐ **wal** *selfstandige naamwoord (meervoud* **walle***)*

wandelpad walk *There is a beautiful **walk** through the forest.* Daar is 'n pragtige **wandelpad** deur die bos.
☐ **wan·del·pad** *selfstandige naamwoord (meervoud* **wandelpaaie***)*

wang cheek *"Kiss me on the **cheek** and not on the mouth."* "Soen my op die **wang** en nie op die mond nie."
☐ **wang** *selfstandige naamwoord (meervoud* **wange***)*

wanneer[1] when *"**When** is he coming?"* – *"We expect him tomorrow."* "**Wanneer** kom hy?" – "Ons verwag hom môre."
◆ **van wanneer (af)?, sedert wanneer?** since when? *"**Since when** have you been living here?"* "**Van wanneer** (OF **Van wanneer af** OF **Sedert wanneer**) woon julle hier?"
☐ **wan·neer** *bywoord*

wanneer[2] when *"Remember to turn off the lights **when** you go to bed."* "Onthou om die ligte af te sit **wanneer** jy gaan slaap."
◆ **net wanneer jy wil** whenever you like, any time you like *"You can come **whenever** (OR **any time) you like**."* "Jy kan kom **net wanneer jy wil** – ek sal die hele middag tuis wees."
☐ **wan·neer** *voegwoord*

want because, as, for *I go to bed early at night **because/ as/for** I have to get up at six o'clock in the morning.* Ek gaan saans vroeg bed toe, **want** ek moet soggens om sesuur opstaan.
☐ **want** *voegwoord*

wapen ❶ weapon *A gun is a dangerous **weapon**.* 'n Geweer is 'n gevaarlike **wapen**. ❷ badge *His mother sewed the **badge** of his school on the pocket of his blazer.* Sy ma het die **wapen** van sy skool op die sak van sy kleurbaadjie vasgewerk.
☐ **wa·pen** *selfstandige naamwoord (meervoud* **wa·pens***)*

warm[1] ❶ warm [a] *It's nice and **warm** in the sun.* Dis lekker **warm** in die son. [b] *I sleep under three **warm** blankets in winter.* Ek slaap onder drie **warm** komberse in die winter. [c] *Red and orange are **warm** colours.* Rooi en oranje is **warm** kleure. ❷ hot *"The coffee is very **hot** – let it cool down before you drink it."* "Die koffie is baie **warm** – laat dit afkoel voor jy dit drink."
◆ **warm kry** be warm *"Are you **warm** enough, or do you want another blanket?"* "**Kry** jy **warm** genoeg, of wil jy nog 'n kombers hê?"
☐ **warm** *byvoeglike naamwoord (attributief* **warm***)* **warmer, warmste**

warm[2] warmly *"See that you dress **warmly** – it's bitterly cold outside."* "Sorg dat jy jou **warm** aantrek – dis bitter koud buite."
◆ **warm loop** warm up *He started the car and waited a while for the engine to **warm up**.* Hy het die motor aangesit en 'n rukkie gewag vir die enjin om **warm te loop**.
◆ **warm maak** ❶ warm (up) *"Come and **warm** your-self **(up)** by the fire."* "Kom **maak** jou by die vuur **warm**."* ❷ warm up, heat up *"There is soup in the fridge that you can **warm/heat up** for lunch."* "Daar is sop in die yskas wat jy vir middagete kan **warm maak**."
◆ **warm word** warm up, heat up *The room will soon **warm/heat up** if we make a fire in the fireplace.* Die kamer sal gou **warm word** as ons 'n vuur in die kaggel aanmaak.
◆ **warmer word** warm up *The weather usually starts to **warm up** towards the end of August.* Die weer begin gewoonlik teen die end van Augustus **warmer word**.
☐ **warm** *bywoord*

warmte ❶ warmth *The blankets are old and thin – there isn't much **warmth** left in them.* Die komberse is oud en dun – daar is nie veel **warmte** in hulle oor nie. ❷ heat *"Don't sit so close to me; your body gives off too much **heat**."* "Moenie so styf teen my sit nie; jou liggaam gee te veel **warmte** af."
☐ **warm·te** *selfstandige naamwoord (geen meervoud)*

was[1] wax *Candles are made from **wax**.* Kerse word van **was** gemaak.
☐ **was** *selfstandige naamwoord (geen meervoud)*

was[2] wash *I have no clean shirts – they're all in the **wash**.* Ek het geen skoon hemde nie – hulle is almal in die **was**.
☐ **was** *selfstandige naamwoord (geen meervoud)*

was[3] ❶ wash *"**Wash** your hands with soap and water."* "**Was** jou hande met seep en water." ❷ wash (up) *After supper mum asked, "Whose turn is it to **wash (up)** the dishes?"* Na aandete het ma gevra: "Wie se beurt is dit om die skottelgoed te **was**?" ❸ do the washing *My mother usually **does the washing** on Mondays.* My ma **was** gewoonlik Maandae.
◆ **jou was** wash oneself, have a wash *He went to the bathroom to **wash himself** (OR **have a wash**).* Hy is badkamer toe om **hom** te **was**.
☐ **was** *werkwoord (teenwoordige tyd* **was***, verlede tyd* **het gewas***)*

wasbak ❶ basin, wash-basin *There is a bath, **basin/ wash-basin** and toilet in the bathroom.* Daar is 'n bad, **wasbak** en toilet in die badkamer. ❷ sink *My mother keeps our pots and pans in a cupboard under the **sink**.* My ma hou ons potte en panne in 'n kas onder die **wasbak**.
☐ **was·bak** *selfstandige naamwoord (meervoud* **was·bakke***)*

wasgoed washing, laundry *She has a big bundle of **washing/laundry** to iron.* Sy het 'n groot bondel **wasgoed** om te stryk.
◆ **die wasgoed was** do the washing *My mother usually **does the washing** on Mondays.* My ma **was** gewoonlik **die wasgoed** Maandae.
☐ **was·goed** *selfstandige naamwoord (slegs meervoud)*

waslap face-cloth *When I have a bath, I wash myself with a **face-cloth**.* Wanneer ek bad, was ek my met 'n **waslap**.

☐ **was·lap** *selfstandige naamwoord (meervoud* **was=
lappe***)*

wasmasjien washing machine *"Does your mother wash
your clothes by hand?" – "No, she uses a **washing ma=
chine**."* "Was jou ma jul klere met die hand?" – "Nee,
sy gebruik 'n **wasmasjien**."

☐ **was·ma·sjien** *selfstandige naamwoord (meervoud*
wasmasjiene*)*

wassery laundry *She took the sheets to the **laundry** to
have them washed and ironed.* Sy het die lakens na die
wassery geneem om hulle te laat was en stryk.

☐ **was·se·ry** *selfstandige naamwoord (meervoud* **was=
serye***)*

wat ❶ what **[a]** *"**What** more do you want?"* "Wat wil jy
meer hê?" **[b]** *"**What** else could I do but tell the truth?"*
"**Wat** kon ek anders doen as die waarheid praat?" **[c]**
*What a handy knife! It can cut, open tins and draw
corks.* **Wat** 'n handige mes! Dit kan sny, blikke oop=
maak en proppe uittrek. **[d]** *"**What** do you want for
your birthday?"* "**Wat** wil jy vir jou verjaardag hê?"
[e] *"**What** is the matter? You look upset."* "**Wat** ma=
keer? Jy lyk ontsteld." **[f]** *"**What** does your dad do?"* –
"He is a builder." "**Wat** doen jou pa?" – "Hy is 'n
bouer." **[g]** *No one knows **what** will happen in the
future.* Niemand weet **wat** in die toekoms sal gebeur
nie. ❷ which *"**Which** do you prefer – meat or fish?"*
"**Wat** verkies jy – vleis of vis?" ❸ that, which *Cancer is
a serious disease **that/which** can cause death.* Kanker is
'n ernstige siekte **wat** die dood kan veroorsaak. ❹ who,
that **[a]** *"There is the boy **who/that** I met at Monica's
party."* "Daar is die seun **wat** ek by Monica se party=
tjie ontmoet het." **[b]** *Charlotte was the only one **who/
that** got full marks in the test.* Charlotte was die enigste
wat vol punte in die toets gekry het. ❺ who *"My cousin
Dennis, **who** lives in Windhoek, is coming to visit us in
December."* "My neef Dennis, **wat** in Windhoek
woon, kom in Desember by ons kuier."

◆ **al wat** whatever *"**Whatever** I have is yours."* "**Al
wat** ek het, is joune."

◆ **'n ... of wat** ❶ a ... or two *I reckon he'll be here in a
day or two.* Ek skat hy sal oor **'n dag of wat** hier wees.
❷ an ... or two *I reckon he'll be here in an hour or two.*
Ek skat hy sal oor **'n uur of wat** hier wees.

◆ **net wat ... wil** whatever *"Do **whatever** you like."*
"Maak **net wat** jy **wil**."

◆ **(vir) wat** why *"**Why** do you stare at me like that?"*
"**(Vir) wat** staar jy so na my?"

◆ **wat ook al** whatever *"**Whatever** you do, don't play
with matches!"* "**Wat** jy **ook al** doen, moenie met
vuurhoutjies speel nie!"

◆ **wat op aarde?** ⇨ **aarde.**

◆ **wat van?** how/what about? *"I feel like a cool drink.
How/**What** about you?"* "Ek is lus vir 'n koeldrank.
Wat van jou?"

◆ **wat vir 'n ... is dit?** what ... is that? *"**What** flower
is that?"* "**Wat vir 'n** blom **is dit?**"

☐ **wat** *voornaamwoord*

'n Mens sê in versorgde taal *die seun **wat** daar loop*
(nie **wie** *daar loop* nie), maar na 'n voorsetsel word
wie gebruik: *die meisie **van wie**, die man **vir wie**, die
vrou **aan wie**,* ensovoorts.

water[1] water *She was so thirsty that she drank two
glasses of **water**.* Sy was so dors dat sy twee glase **wa=
ter** gedrink het.

☐ **wa·ter** *selfstandige naamwoord (geen meervoud)*

water[2] water *My mouth began to **water** at the sight of all
the eats.* My mond het begin **water** toe ek al die eet=
goed sien.

☐ **wa·ter** *werkwoord (teenwoordige tyd **water**, verlede
tyd **het gewater***)*

waterdig waterproof *My raincoat is **waterproof**.* My
reënjas is **waterdig**.

☐ **wa·ter·dig** *byvoeglike naamwoord (attributief*
waterdigte*)*

waterval waterfall *There is a deep pool in the river near
the **waterfall**.* Daar is 'n diep poel in die rivier naby
die **waterval**.

☐ **wa·ter·val** *selfstandige naamwoord (meervoud*
watervalle*)*

watse what *"**What** flower is that?"* "**Watse** blom is
dit?"

☐ **wat·se** *voornaamwoord*

watte cotton wool *She patted some powder on her nose
with a piece of **cotton wool**.* Sy het 'n bietjie poeier
met 'n stukkie **watte** op haar neus getik.

☐ **wat·te** *selfstandige naamwoord (geen meervoud)*

watter ❶ which **[a]** *"**Which** apple do you want, the red
one or the green one?"* "**Watter** appel wil jy hê, die
rooie of die groene?" **[b]** *"**Watter** fiets is joune?"*
"**Which** is your bike?" ❷ what **[a]** *"**What** kind of
snake is that?" – "It's a mamba."* "**Watter** soort slang
is dit?" – "Dis 'n mamba." **[b]** *"On **what** day does the
25th of December fall?"* "Op **watter** dag val die 25ste
Desember?" **[c]** *"**What** size shoe do you take?"* "Wat=
ter nommer skoen dra jy?" **[d]** *What lovely children
she has! The one is as well-behaved as the other.* **Watter**
lieflike kinders het sy nie! Die een is so soet as die
ander.

◆ **van watter?** which? *"**Which** story did you like
best?"* "**Van watter** storie het jy die meeste gehou?"

◆ **watter een** ⇨ **een.**

◆ **watter ... ook al** whatever *"I'll be happy with
whatever books you have on the subject."* "Ek sal te=
vrede wees met **watter** boeke julle **ook al** oor die on=
derwerp het."

◆ **watter van?** which of? *"**Which of** these pens is
yours?"* "**Watter van** dié penne is joune?"

☐ **wat·ter** *voornaamwoord*

wawyd wide **[a]** *I got up because I was **wide** awake and
couldn't go back to sleep again.* Ek het opgestaan, want
ek was **wawyd** wakker en kon nie weer aan die slaap
raak nie. **[b]** *All the windows were **wide** open.* Al die
vensters was **wawyd** oop.

□**wa·wyd** *bywoord*

web web *The spider caught a fly in its **web**.* Die spinne=
kop het 'n vlieg in sy **web** gevang.

□**web** *selfstandige naamwoord (meervoud **webbe**)*

wedloop race *Mark ran the fastest and won the **race**.*
Mark het die vinnigste gehardloop en die **wedloop**
gewen.

□**wed·loop** *selfstandige naamwoord (meervoud **wed-
lope**)*

wedren race *The black horse is far ahead and should win
the **race**.* Die swart perd is ver voor en sal waarskynlik
die **wedren** wen.

□**wed·ren** *selfstandige naamwoord (meervoud **wed=
renne**)*

wedstryd ❶ match, game *Our soccer team won the
match/game by two goals to one.* Ons sokkerspan het
die **wedstryd** met twee doele teen een gewen. ❷ com-
petition *He won a car in a **competition**.* Hy het 'n
motor in 'n **wedstryd** gewen.

□**wed·stryd** *selfstandige naamwoord (meervoud **wed=
stryde**)*

weduwee widow *The **widow** was very lonely after the
death of her husband.* Die **weduwee** was baie eensaam
na die dood van haar man.

□**we·du·wee** *selfstandige naamwoord (meervoud
weduwees)*

weeg weigh [a] *I **weigh** two kilograms less than I used
to.* Ek **weeg** twee kilogram minder as vroeër. [b] *I
weighed myself on the scales in the chemist.* Ek het my
op die skaal in die apteek **geweeg**.

□**weeg** *werkwoord (teenwoordige tyd **weeg**, verlede
tyd het **geweeg**)*

week week [a] *There are seven days in a **week**.* Daar is
sewe dae in 'n **week**. [b] *I get up early during the
week, but sleep late on Saturdays and Sundays.* Ek
staan in die **week** vroeg op, maar slaap Saterdae en
Sondae laat. ⇨ **paar** [NOTA].

◆ **in die week** on weekdays, during the week *The mu-
seum is open to the public from 09:00 until 17:00 **on
weekdays** (OR **during the week**).* Die museum is **in
die week** van 09:00 tot 17:00 vir die publiek oop.

□**week** *selfstandige naamwoord (meervoud **weke**)*

weekdag weekday *A **weekday** is any day from Monday
to Friday.* 'n **Weekdag** is enige dag van Maandag tot
Vrydag.

□**week·dag** *selfstandige naamwoord (meervoud
weekdae)*

weekliks[1] weekly *What is the **weekly** wage of those fac-
tory workers?* Wat is die **weeklikse** loon van daardie
fabriekswerkers?

□**week·liks** *byvoeglike naamwoord (gewoonlik attri-
butief **weeklikse**)*

weekliks[2] weekly *Are those factory workers paid **week-
ly** or monthly?* Word daardie fabriekswerkers **week=
liks** of maandeliks betaal?

□**week·liks** *bywoord*

weens ❶ because of, owing to *The road is closed be-
cause of (OR owing to) repairs.* Die pad is **weens**
herstelwerk gesluit. ❷ for *The referee may send a player
off the field **for** dirty play.* Die skeidsregter mag 'n
speler **weens** vuil spel van die veld stuur.

□**weens** *voorsetsel*

weer[1] weather *We had good **weather** during the holiday
– it seldom rained.* Ons het goeie **weer** in die vakansie
gehad – dit het selde gereën.

□**weer** *selfstandige naamwoord (geen meervoud)*

weer[2] again *The song was so beautiful that they asked her
to sing it **again**.* Die lied was so mooi dat hulle haar
gevra het om dit **weer** te sing.

◆ **netnou/nou-nou weer hier** ⇨ **hier**.

□**weer** *bywoord*

weerlig lightning *There is always **lightning** in a
thunderstorm.* Daar is altyd **weerlig** in 'n donder=
storm.

□**weer·lig** *selfstandige naamwoord (geen meervoud)*

weerligstraal flash of lightning *During the thunder-
storm the house was struck by a **flash of lightning**.* Die
huis is gedurende die donderstorm deur 'n **weerlig=
straal** getref.

□**weer·lig·straal** *selfstandige naamwoord (meervoud
weerligstrale)*

weerskante both sides, either side *There are houses on
both sides (OR **either side**) of the street.* Daar is hui=
se aan **weerskante** van die straat.

□**weers·kan·te** *meervoudige selfstandige naamwoord*

wees be [a] *"**Behave** yourself, don't **be** so naughty!"*
"Gedra jou, moenie so stout **wees** nie!" [b] *Thomas **is**
very clever.* Thomas **is** baie slim. [c] *There **were**
25 000 people at the soccer match.* Daar **was** 25 000
mense by die sokkerwedstryd. [d] *Two plus two **is**
four.* Twee plus twee **is** vier.

◆ **vir ... wees** find *"Do you **find** it easy to translate
something from English into Afrikaans?"* "**Is** dit **vir** jou
maklik om iets uit Engels in Afrikaans te vertaal?"

□**wees** *werkwoord (teenwoordige tyd **is**, verlede tyd
was)*

weet ❶ know [a] *I **know** where he lives.* Ek **weet** waar
hy woon. [b] *Let me **know** whether you can come to my
party.* Laat my **weet** of jy na my partytjie toe kan kom.
[c] *"You are very naughty, you **know**?"* "Jy is baie
stout, **weet** jy?" ❷ can tell *How **can** you **tell** whether a
cat is a male or a female?* Hoe **weet** jy of 'n kat 'n man-
netjie of 'n wyfie is?

◆ **maar weet jy** mind you *"He isn't in his office.
Mind you, it's ten past one – he must have gone out for
lunch."* "Hy is nie in sy kantoor nie. **Maar weet jy**,
dis tien oor een – hy het seker gaan eet."

◆ **moet geweet het** ⇨ **moet**.

◆ **(nie) weet nie** doesn't/don't know, has/have no
idea *"Where is Maria?" – "I **don't know** (OR **have no
idea**)."* "Waar is Maria?" – "Ek **weet nie**."

◆ **weet wat ... is** know *They live somewhere in Preto-
ria, but I don't **know** the address.* Hulle woon êrens in
Pretoria, maar ek **weet** nie **wat** die adres **is** nie.

weg

□ **weet** *werkwoord (teenwoordige tyd* **weet***, verlede tyd* **het geweet***)*

weg ■ away **[a]** *The neighbours aren't at home; they're* **away** *on holiday.* Die bure is nie tuis nie; hulle is met vakansie **weg**. **[b]** *They live far* **away** *in another country.* Hulle woon ver **weg** in 'n ander land. ■ gone *I took a tablet and now my headache is* **gone**. Ek het 'n pil gedrink en nou is my hoofpyn **weg**. ■ lost, gone, missing *My pencil is* **lost/gone/missing** – *I can't find it anywhere.* My potlood is **weg** – ek kan dit nêrens kry nie. ■ left *When we got to the station the train had already* **left**. Toe ons by die stasie kom, was die trein al **weg**.

□ **weg** *bywoord*

wegbly ■ stay away *The doctor told me to* **stay away** *from school until my cold was better.* Die dokter het gesê ek moet van die skool af **wegbly** totdat my verkoue beter is. ■ keep away *"You must* **keep away** *from the hole they have dug; it is dangerous to play there."* "Julle moet **wegbly** van die gat wat hulle gegrawe het; dis gevaarlik om daar te speel." ■ keep off *I hope the rain will* **keep off** *for a few days so that I can paint the roof.* Ek hoop die reën sal 'n paar dae **wegbly** sodat ek die dak kan verf.
◆ **lank wegbly** be long *"Mum, I'm just going to the café – I won't* **be long**."* "Ma, ek gaan gou kafee toe – ek sal nie **lank wegbly** nie."

□ **weg·bly** *werkwoord (teenwoordige tyd* **bly weg***, verlede tyd* **het weggebly***)*

wegdra walk off/away with **[a]** *Linda is expected to* **walk off/away with** *three first prizes.* Daar word verwag dat Linda drie eerste pryse sal **wegdra**. **[b]** *Someone has* **walked off/away with** *my pen.* Iemand **het** my pen **weggedra**.

□ **weg·dra** *werkwoord (teenwoordige tyd* **dra weg***, verlede tyd* **het weggedra***)*

wegdraai turn away *"Look at me – don't* **turn** *your face* **away** *when I talk to you!"* "Kyk na my – moenie jou gesig **wegdraai** as ek met jou praat nie!"

□ **weg·draai** *werkwoord (teenwoordige tyd* **draai weg***, verlede tyd* **het weggedraai***)*

weggaan go away **[a]** *I wish we could* **go away** *for the weekend.* Ek wens ons kon vir die naweek **weggaan**. **[b]** *"Go away, you naughty dog, I don't want you in our garden!"* "**Gaan weg**, jou stoute hond, ek wil jou nie in ons tuin hê nie!"

□ **weg·gaan** *werkwoord (teenwoordige tyd* **gaan weg***, verlede tyd* **het weggegaan***)*

weggee give away *"Don't* **give away** *all the apples – keep some for us."* "Moenie al die appels **weggee** nie – hou 'n paar vir ons."

□ **weg·gee** *werkwoord (teenwoordige tyd* **gee weg***, verlede tyd* **het weggegee***)*

wegglip slip away *"No one at the party will notice if we* **slip away** *to the café for a few minutes."* "Niemand by die partytjie sal agterkom as ons vir 'n paar minute **wegglip** kafee toe nie."

□ **weg·glip** *werkwoord (teenwoordige tyd* **glip weg***, verlede tyd* **het weggeglip***)*

weggooi throw away *"Do you want to keep these old magazines, or may I* **throw** *them* **away?**"* "Wil jy dié ou tydskrifte hou, of kan ek hulle maar **weggooi?**"

□ **weg·gooi** *werkwoord (teenwoordige tyd* **gooi weg***, verlede tyd* **het weggegooi***)*

weghardloop ■ run away *"Don't frighten the buck – they'll* **run away**."* "Moenie die bokke laat skrik nie – hulle sal **weghardloop**." ■ run off *"Stop the thieves before they* **run off** *with the money!"* "Keer die diewe voor hulle met die geld **weghardloop!**"

□ **weg·hard·loop** *werkwoord (teenwoordige tyd* **hardloop weg***, verlede tyd* **het weggehardloop***)*

weghou keep away *A slight cold won't* **keep** *my dad* **away** *from work.* 'n Ligte verkoue sal my pa nie van die werk af **weghou** nie.

□ **weg·hou** *werkwoord (teenwoordige tyd* **hou weg***, verlede tyd* **het weggehou***)*

wegjaag chase away *"Will you please* **chase** *that strange dog* **away?** *I don't want it in our garden."* "Sal jy asseblief daardie vreemde hond **wegjaag?** Ek wil hom nie in ons tuin hê nie."

□ **weg·jaag** *werkwoord (teenwoordige tyd* **jaag weg***, verlede tyd* **het weggejaag***)*

wegkom get away *"Catch the thieves before they* **get away!**"* "Vang die diewe voordat hulle **wegkom!**"

□ **wegkom** *werkwoord (teenwoordige tyd* **kom weg***, verlede tyd* **het weggekom***)*

wegkruip hide *Simon won't find me if I* **hide** *from him behind the door.* Simon sal my nie kry as ek agter die deur vir hom **wegkruip** nie.

□ **weg·kruip** *werkwoord (teenwoordige tyd* **kruip weg***, verlede tyd* **het weggekruip***)*

wegkruipertjie hide-and-seek *Hide-and-seek* is a game in which one child has to try and find others who are hiding. **Wegkruipertjie** is 'n speletjie waarin een kind ander wat wegkruip, moet probeer vind.

□ **weg·krui·per·tjie** *selfstandige naamwoord (geen meervoud)*

wegkyk look away, look the other way *"If you don't want to see me chop the chicken's head off, you must* **look away** *(OR* **look the other way***) now."* "As jy nie wil sien hoe ek die hoender se kop afkap nie, moet jy nou **wegkyk**."

□ **weg·kyk** *werkwoord (teenwoordige tyd* **kyk weg***, verlede tyd* **het weggekyk***)*

weglaat leave out *"Don't* **leave out** *a word when you copy the work on the board into your books."* "Moenie 'n woord **weglaat** wanneer julle die werk op die bord in jul boeke oorskryf nie."

□ **weg·laat** *werkwoord (teenwoordige tyd* **laat weg***, verlede tyd* **het weggelaat***)*

wegloop walk away *"Wait, don't* **walk away** *from me!"* "Wag, moenie vir my **wegloop** nie!"

□ **weg·loop** *werkwoord (teenwoordige tyd* **loop weg***, verlede tyd* **het weggeloop***)*

wegneem take away **[a]** *The waiter asked, "Have you finished? May I take the plates away?"* Die kelner het gevra: "Is julle klaar? Kan ek maar die borde **wegneem**?" **[b]** *"Drink this pill – it will take away the pain."* "Drink dié pil – dit sal die pyn **wegneem**."

◆ **wegneem uit** take out of *"You are not allowed to take these books out of the library."* "Jy mag nie dié boeke **uit** die biblioteek **wegneem** nie."

◆ **wegneem van** take away from *Don't take a kitten away from its mother before it is at least eight weeks old.* Moenie 'n katjie **van** sy ma **wegneem** voordat hy minstens agt weke oud is nie.

□ **weg·neem** *werkwoord (teenwoordige tyd* **neem weg**, *verlede tyd* **het weggeneem***)*

wegpak pack/put away *"Mum says you must pack/put your toys away in the cupboard."* "Ma sê jy moet jou speelgoed in die kas **wegpak**."

□ **weg·pak** *werkwoord (teenwoordige tyd* **pak weg**, *verlede tyd* **het weggepak***)*

wegraak get lost *She held the little boy's hand so that he wouldn't get lost among all the people.* Sy het die seuntjie se hand vasgehou sodat hy nie tussen al die mense sou **wegraak** nie.

□ **weg·raak** *werkwoord (teenwoordige tyd* **raak weg**, *verlede tyd* **het weggeraak***)*

wegsit put away *"Mum says you must put your toys away in the cupboard."* "Ma sê jy moet jou speelgoed in die kas **wegsit**."

□ **weg·sit** *werkwoord (teenwoordige tyd* **sit weg**, *verlede tyd* **het weggesit***)*

wegspoel wash away *It won't take long for the waves to wash away our footprints in the sand.* Dit sal nie lank duur voordat die golwe ons voetspore in die sand **wegspoel** nie.

□ **weg·spoel** *werkwoord (teenwoordige tyd* **spoel weg**, *verlede tyd* **het weggespoel***)*

wegsteek hide *I'm going to hide her present under my bed so that she won't see what I have bought her.* Ek gaan haar present onder my bed **wegsteek** sodat sy nie sal sien wat ek vir haar gekoop het nie.

□ **weg·steek** *werkwoord (teenwoordige tyd* **steek weg**, *verlede tyd* **het weggesteek***)*

wegstuur ◼ send away *"I had to send the boy away because he didn't have enough money for the milk."* "Ek moes die seun **wegstuur**, want hy het nie genoeg geld vir die melk gehad nie." ◼ send off *"Will you go to the post office and send off this parcel for me, please?"* "Sal jy poskantoor toe gaan en dié pakkie vir my **wegstuur**, asseblief?"

□ **weg·stuur** *werkwoord (teenwoordige tyd* **stuur weg**, *verlede tyd* **het weggestuur***)*

wegtrek ◼ move off, pull away *The bus started to move off (OR pull away) just as I was about to get on.* Die bus het begin **wegtrek** net toe ek wou opklim. ◼ pull away *She pulled her bed away from the wall.* Sy **het** haar bed van die muur af **weggetrek**. ◼ pull out *We watched the train pull slowly out of the station.* Ons het

gekyk hoe die trein stadig uit die stasie **wegtrek**. ◼ move away *"When we move away I promise to write to you regularly."* "Wanneer ons **wegtrek**, beloof ek om gereeld aan jou te skryf." ◼ lift *The fog will lift as soon as it gets warmer.* Die mis sal **wegtrek** sodra dit warmer word.

□ **weg·trek** *werkwoord (teenwoordige tyd* **trek weg**, *verlede tyd* **het weggetrek***)*

wegvat take away **[a]** *The waiter asked, "Have you finished? May I take the plates away?"* Die kelner het gevra: "Is julle klaar? Kan ek maar die borde **wegvat**?" **[b]** *"Drink this pill – it will take away the pain."* "Drink dié pil – dit sal die pyn **wegvat**."

□ **weg·vat** *werkwoord (teenwoordige tyd* **vat weg**, *verlede tyd* **het weggevat***)*

wegvoer carry off *There are ditches beside the road that carry off rain-water.* Daar is slote langs die pad wat reënwater **wegvoer**.

□ **weg·voer** *werkwoord (teenwoordige tyd* **voer weg**, *verlede tyd* **het weggevoer***)*

wegwaai blow away *He put a bottle of glue on the papers to keep them from blowing away.* Hy het 'n bottel gom op die papiere gesit om te keer dat hulle **wegwaai**.

□ **weg·waai** *werkwoord (teenwoordige tyd* **waai weg**, *verlede tyd* **het weggewaai***)*

wegwys turn away *The attendant had to turn the cars away because the parking garage was full.* Die oppasser moes die motors **wegwys**, want die parkeergarage was vol.

□ **weg·wys** *werkwoord (teenwoordige tyd* **wys weg**, *verlede tyd* **het weggewys***)*

wei graze *The farmer lets his cattle graze in the field during the day.* Die boer laat sy vee bedags in die veld **wei**.

□ **wei** *werkwoord (teenwoordige tyd* **wei**, *verlede tyd* **het gewei***)*

weier ◼ refuse *"I refuse to lend you money – you don't pay one back."* "Ek **weier** om jou geld te leen – jy betaal 'n mens nie terug nie." ◼ fail *The bus got out of control when its brakes failed.* Die bus het buite beheer geraak toe sy remme **weier**.

□ **wei·er** *werkwoord (teenwoordige tyd* **weier**, *verlede tyd* **het geweier***)*

wekker alarm-clock *He woke up when the alarm-clock went off.* Hy het wakker geword toe die **wekker** afgaan.

□ **wek·ker** *selfstandige naamwoord (meervoud* **wekkers***)*

wel[1] well *"How could he do such a stupid thing?" – "You may well ask!"* "Hoe kon hy so 'n dom ding doen?" – "Dit kan jy **wel** vra!"

□ **wel** *bywoord*

wel[2] well **[a]** *"Well, believe it or not, I've won R5 000 in a competition!"* "**Wel**, glo dit as jy wil, ek het R5 000 in 'n kompetisie gewen!" **[b]** *"The milk has turned sour."* – *"Well, there's nothing you can do about it."* "Die melk het suur geword." – "**Wel**, jy kan daar niks aan doen nie." **[c]** *"Do you remember the Smiths? Well, they've moved to Australia."* "Onthou jy die Smiths? **Wel**, hulle het Australië toe getrek."

◆ **wel, wel!** well, well! *"Well, well, look who's here!"* "**Wel, wel**, kyk wie's hier!"

☐ **wel** *tussenwerpsel*

welbekend well-known *South Africa is **well-known** for its gold.* Suid-Afrika is **welbekend** vir/om sy goud.

☐ **wel·be·kend** *byvoeglike naamwoord* **welbekende**

welkom[1] welcome **[a]** *The cool weather is very **welcome** after the heat of the past few days.* Die koel weer is baie **welkom** na die hitte van die afgelope paar dae. **[b]** *"Come and see us again soon – you're always a **welcome** visitor."* "Kom kuier gou weer by ons – jy's altyd 'n **welkome** besoeker."

☐ **wel·kom** *byvoeglike naamwoord (attributief* **wel· kome***)*

welkom[2] welcome *"**Welcome** home! Did you enjoy your holiday?"* "**Welkom** tuis! Het jy jou vakansie geniet?"

◆ **welkom in** welcome to *"**Welcome to** Cape Town! I hope you'll enjoy your visit."* "**Welkom in** Kaapstad! Ek hoop jy sal jou besoek geniet."

◆ **welkom op** welcome to *"**Welcome to** our town!"* "**Welkom op** ons dorp!"

☐ **wel·kom** *tussenwerpsel*

wen win **[a]** *"Which boxer do you think will **win** the fight?"* "Watter bokser dink jy gaan die geveg **wen**?" **[b]** *Our team **won** the match by three points to nil.* Ons span **het** die wedstryd met drie punte teen nul **gewen**. **[c]** *She **won** a prize in some competition.* Sy **het** 'n prys in een of ander kompetisie **gewen**.

☐ **wen** *werkwoord (teenwoordige tyd* **wen**, *verlede tyd* **het gewen***)*

wenk tip *"Here is a **tip** for removing ink stains."* "Hier is 'n **wenk** om inkvlekke te verwyder."

☐ **wenk** *selfstandige naamwoord (meervoud* **wenke***)*

wenner winner *The **winner** of the race received a silver cup.* Die **wenner** van die wedloop het 'n silwer beker gekry.

☐ **wen·ner** *selfstandige naamwoord (meervoud* **wen· ners***)*

wens[1] wish *When Cynthia was little her greatest **wish** was to be a nurse some day.* Toe Cynthia nog klein was, was haar grootste **wens** om eendag verpleegster te word.

◆ **beste wense** best wishes *"**Best wishes** for the exams – I hope you will pass."* "**Beste wense** vir die eksamen – ek hoop jy sal slaag."

☐ **wens** *selfstandige naamwoord (meervoud* **wense***)*

wens[2] wish **[a]** *"I **wish** it would stop raining so that we can go and play outside."* "Ek **wens** dit wil ophou reën sodat ons buite kan gaan speel." **[b]** *I **wish** I were rich.* Ek **wens** ek was ryk.

☐ **wens** *werkwoord (teenwoordige tyd* **wens**, *verlede tyd* **het gewens***)*

werd worth **[a]** *My old bike isn't **worth** more than R60,00.* My ou fiets is nie meer as R60,00 **werd** nie. **[b]** *The museum is **worth** a visit.* Die museum is 'n besoek **werd**.

◆ **die moeite werd** ⇨ **moeite**.

◆ **niks werd nie** no good *This knife is **no good** – it is blunt.* Dié mes is **niks werd nie** – dis stomp.

☐ **werd** *predikatiewe byvoeglike naamwoord*

wêreld world *The rich man travelled round the **world** by boat.* Die ryk man het per boot om die **wêreld** gereis.

◆ **in die wêreld, ter wêreld** in the world *America is one of the richest countries **in the world**.* Amerika is een van die rykste lande **in die** (OF **ter**) **wêreld**.

◆ **in die wêreld van** in the world of *Elvis Presley is one of the most famous names **in the world of** pop music.* Elvis Presley is een van die beroemdste name **in die wêreld van** popmusiek.

☐ **wê·reld** *selfstandige naamwoord (geen meervoud)*

werk[1] ❶ work **[a]** *The builders continued with their **work** in spite of the rain.* Die bouers het ondanks die reën met hul **werk** voortgegaan. **[b]** *"Don't make mistakes when you copy the **work** on the board into your books."* "Moenie foute maak wanneer julle die **werk** op die bord in jul boeke afskryf nie." **[c]** *My father goes to **work** by train.* My pa gaan per trein **werk** toe. **[d]** *These days a **work** by a famous painter such as Van Gogh sells for millions of rands.* 'n **Werk** van 'n beroemde skilder soos Van Gogh verkoop deesdae teen miljoene rande. ❷ job *Women often earn less than men for the same **job**.* Vroue verdien dikwels minder as mans vir dieselfde **werk**.

◆ **watse werk doen ...?** what does ... do? *"**What does** your dad **do**?" – "He is a builder."* "**Watse werk doen** jou pa?" – "Hy is 'n bouer."

☐ **werk** *selfstandige naamwoord (geen meervoud by* **1a**, **1b** *en* **1c***;* **werke** *by* **1d** *en* **2***)*

werk[2] ❶ work **[a]** *Esther's parents both **work** in a factory.* Esther se ouers **werk** albei in 'n fabriek. **[b]** *He **worked** hard and deserves the prize as best student of the year.* Hy **het** hard **gewerk** en verdien die prys as beste student van die jaar. **[c]** *The radio won't **work** because the batteries are flat.* Die radio wil nie **werk** nie, want die batterye is pap. ❷ work, operate *"How does this machine **work/operate**?"* "Hoe **werk** dié masjien?"

◆ **werk met** ❶ work, operate *"Do you know how to **work/operate** this machine?"* "Weet jy hoe om **met** dié masjien te **werk**?" ❷ work on *These days most watches **work on** batteries.* Deesdae **werk** die meeste horlosies **met** batterye. ❸ deal with *If you want to become a nurse, you must be able to **deal with** sick people.* As jy verpleegster wil word, moet jy **met** siekes kan **werk**. ❹ handle *The women behind the counter cover their hands with plastic bags before they **handle** the food.* Die vroue agter die toonbank bedek hul hande met plastieksakke voordat hulle **met** die kos **werk**.

□**werk** *werkwoord (teenwoordige tyd* **werk**, *verlede tyd* **het gewerk***)*

werker worker **[a]** *She is a fast **worker** and tidied the kitchen in no time.* Sy is 'n vinnige **werker** en het die kombuis gou-gou aan die kant gemaak. **[b]** *What is the weekly wage of the **workers**?* Wat is die weeklikse loon van die **werkers**?

□**wer·ker** *selfstandige naamwoord (meervoud* **wer= kers***)*

werkie job *"Estelle, I have a couple of **jobs** for you: please peel the potatoes and empty the dustbin."* "Estel= le, ek het 'n paar **werkies** vir jou: skil asseblief die aartappels en maak die vuilgoedblik leeg."

□**wer·kie** *selfstandige naamwoord (meervoud* **wer= kies***)*

werking ❶ order *"You'll have to use the stairs because the lift is out of **order**."* "Jy sal die trap moet gebruik, want die hyser is buite **werking**." ❷ operation *You can see by the flashing lights that the machine is in **oper= ation**.* Jy kan aan die flitsende liggies sien dat die ma= sjien in **werking** is.

□**wer·king** *selfstandige naamwoord (geen meervoud)*

werklik[1] real *He plays the role of a German in the film, but in **real** life he is an American.* Hy speel die rol van 'n Duitser in die prent, maar in die **werklike** lewe is hy 'n Amerikaner.

□**werk·lik** *byvoeglike naamwoord (attributief* **werk= like***)*

werklik[2] really **[a]** *"You must read this book – it's **really** very good."* "Jy moet dié boek lees – dis **werklik** baie goed." **[b]** *"I **really** can't thank you enough for your help."* "Ek kan jou **werklik** nie genoeg vir jou hulp bedank nie." **[c]** *"I'm not lying to you; it **really** happened."* "Ek jok nie vir jou nie; dit het **werklik** gebeur."

□**werk·lik** *bywoord*

werktuigkundige mechanic *Simon is a **mechanic** at a garage.* Simon is 'n **werktuigkundige** by 'n garage.

□**werk·tuig·kun·di·ge** *selfstandige naamwoord (meer= voud* **werktuigkundiges***)*

werkwoord verb *In the sentence "He can run fast" the word "run" is a **verb**.* In die sin "Hy kan vinnig hard= loop" is die woord "hardloop" 'n **werkwoord**.

□**werk·woord** *selfstandige naamwoord (meervoud* **werkwoorde***)*

wes west *Zimbabwe lies **west** of Mozambique.* Zimbab= we lê **wes** van Mosambiek.

□**wes** *bywoord*

wese creature *Man is the only **creature** that can speak.* Die mens is die enigste **wese** wat kan praat.

□**we·se** *selfstandige naamwoord (meervoud* **wesens***)*

weste west *The sun comes up in the east and sets in the **west**.* Die son kom in die ooste op en sak in die **weste**.

□**wes·te** *selfstandige naamwoord (geen meervoud)*

westelike western *Springbok lies in the **western** part of our country.* Springbok lê in die **westelike** deel van ons land.

□**wes·te·li·ke** *attributiewe byvoeglike naamwoord*

wet law *It is against the **law** to steal.* Dit is teen die **wet** om te steel.

□**wet** *selfstandige naamwoord (meervoud* **wette***)*

wetenskap science *I am bad at languages but good at **science**.* Ek is swak in tale maar goed in **wetenskap**.

□**we·ten·skap** *selfstandige naamwoord (meervoud* **wetenskappe***)*

wetenskaplik scientific *He is very **scientific** in the way he farms, that's why he is so successful.* Hy is baie **we= tenskaplik** in die manier waarop hy boer, dis dié dat hy so suksesvol is.

□**we·ten·skap·lik** *byvoeglike naamwoord (attributief* **wetenskaplike***)*

wetenskaplike scientist *The **scientist** Alexander Graham Bell invented the telephone.* Die **wetenskap= like** Alexander Graham Bell het die telefoon uitge= vind.

□**we·ten·skap·li·ke** *selfstandige naamwoord (meer= voud* **wetenskaplikes***)*

wewenaar widower *The **widower** was very lonely af= ter the death of his wife.* Die **wewenaar** was baie een= saam na die dood van sy vrou.

□**we·we·naar** *selfstandige naamwoord (meervoud* **we= wenaars***)*

wie ❶ who *"**Who** is that girl?"* "**Wie** is daardie meisie?" ❷ who, whom *"**Who** are you writing to (OR To **whom** are you writing)?"* "Aan **wie** skryf jy?" ❸ (who), (whom), (that) *"The girl I spoke to (OR The girl **who**| that I spoke to OR The girl to **whom** I spoke) is Ro= bert's sister."* "Die meisie met **wie** ek gepraat het, is Robert se suster." ➭ **wat** [NOTA].

◆ **wie ... daar?** who is that? *"**Who** is that standing under the tree?"* "**Wie** staan **daar** onder die boom?"

◆ **wie ook (al)** whoever **[a]** *Whoever wins the prize is a very lucky person.* Wie ook (al) die prys wen, is 'n baie gelukkige persoon. **[b]** *When the doorbell rang she said, "**Whoever** it is, tell them I'm out."* Toe die deur= klokkie lui, het sy gesê: "**Wie** dit ook (al) is, sê vir hulle ek is uit."

◆ **wie se** whose **[a]** *"**Whose** book is this?"* – *"It's mine."* "**Wie se** boek is dit dié?" – "Dis myne." **[b]** *"There is the boy **whose** dog got lost."* "Daar is die seun **wie se** hond weggeraak het."

◆ **wie s'n** ➭ **s'n**.

◆ **wie van?** which of? *"**Which of** the three athletes can jump (the) furthest?"* "**Wie van** die drie atlete kan die verste spring?"

□**wie** *voornaamwoord*

wieg rock *She tried to **rock** her baby to sleep.* Sy het haar baba aan die slaap probeer **wieg**.

□**wieg** *werkwoord (teenwoordige tyd* **wieg**, *verlede tyd* **het gewieg***)*

wiel wheel *He took the **wheel** off to patch a puncture in the tyre.* Hy het die **wiel** afgehaal om 'n lek in die band te lap.

□**wiel** *selfstandige naamwoord (meervoud* **wiele***)*

wil ❶ want to [a] *"Lift your foot – I want to straighten the carpet."* "Lig jou voet – ek **wil** die mat regtrek." [b] *Lynette wants to be a nurse.* Lynette **wil** verpleeg= ster word. ❷ would [a] *I wish it would stop raining.* Ek wens dit **wil** ophou reën. [b] *"Would you like some salt and pepper on your egg?"* "**Wil** jy 'n bietjie sout en peper op jou eier hê?" ❸ like *"Sit wherever you like."* "Sit net waar jy **wil**." ❹ aim at *The builders aim at completing the house by the end of May.* Die bouers **wil** die huis teen die end van Mei voltooi.

♦ **as wat jy wil** as you please *"You may drink as much milk as you please."* "Jy kan soveel melk drink **as wat jy wil**."

♦ **dit wil sê** ⇨ **sê.**

♦ **doen wat jy wil** do as you please *Those children do just as they please – they take no notice of anybody.* Daardie kinders **doen** net **wat hulle wil** – hulle steur hulle aan niemand nie.

♦ **graag wil hê** would like *I would like a watch for my birthday.* Ek **wil graag** 'n horlosie vir my verjaar= dag **hê**.

♦ **(graag) wil wees** wish to be *"Please go away – I wish to be alone."* "Gaan asseblief weg – ek **wil (graag) alleen wees**."

♦ **wees wat ... wil hê** suit ... *It's a small car, but it suits us.* Dis 'n klein motortjie, maar dit **is wat ons wil hê**.

♦ **wil hê** ❶ want *"Have you decided what you want for your birthday?"* "Het jy besluit wat jy vir jou verjaar= dag **wil hê**?" ❷ would like, would care for *"Would you like (OR care for) another piece of cake?"* "**Wil** jy nog 'n stukkie koek **hê**?"

♦ **wil hê ... moet** want ... to *Mum wants me to go to the café for her.* Ma **wil hê** ek **moet** vir haar kafee toe gaan.

♦ **wil nie** ❶ won't *The radio won't work because the batteries are flat.* Die radio **wil nie** werk nie, want die batterye is pap. ❷ not want to *"Be quiet! I don't want to hear another word from you!"* "Bly stil! Ek **wil nie** nog 'n woord van jou hoor nie!"

♦ **wil-wil** be threatening to *It is threatening to rain.* Dit **wil-wil** reën.

☐ **wil** *werkwoord (teenwoordige tyd* **wil,** *verlede tyd* **wou***)*

wild¹ game *My uncle says they saw buck, zebras and other game when they went hunting.* My oom sê hulle het bokke, sebras en ander **wild** gesien toe hulle gaan jag het.

☐ **wild** *selfstandige naamwoord (geen meervoud)*

wild² wild [a] *The horse was very wild – it took a long time to tame it.* Die perd was baie **wild** – dit het lank geduur om hom mak te maak. [b] *The boy went wild and started throwing things about.* Die seun het **wild** geword en goed begin rondgooi.

☐ **wild** *byvoeglike naamwoord (attributief* **wilde***)* **wil= der, wildste**

wild³ wildly *She hammered wildly on the door and* shouted, *"Let me out! Let me out!"* Sy het **wild** op die deur gehamer en geskree: "Laat my uit! Laat my uit!"

☐ **wild** *bywoord*

wildsbok antelope *A springbuck is an antelope that can jump high into the air.* 'n Springbok is 'n **wildsbok** wat hoog in die lug kan spring.

☐ **wilds·bok** *selfstandige naamwoord (meervoud* **wildsbokke***)*

wind wind *A cold wind blew across the veld.* 'n Koue **wind** het oor die veld gewaai.

☐ **wind** *selfstandige naamwoord (meervoud* **winde***)*

winderig windy *It is calm today, but it was quite windy yesterday.* Dis stil vandag, maar dit was gister taamlik **winderig**.

☐ **winderig** *byvoeglike naamwoord (attributief* **win= derige***)* **winderiger, winderigste**

windjie breeze *A light breeze caused the candles to flicker.* 'n Ligte **windjie** het die kerse laat flikker.

☐ **wind·jie** *selfstandige naamwoord (meervoud* **wind= jies***)*

winkel ❶ shop *We buy our bread at the shop on the corner.* Ons koop ons brood by die **winkel** op die hoek. ❷ store *You can buy all kinds of things at that store.* Jy kan allerhande goed by daardie **winkel** koop.

♦ **winkel(s) toe gaan** go shopping *"Mum, when you go shopping, please buy me a rubber."* "Ma, wanneer jy **winkel(s) toe gaan**, koop asseblief vir my 'n uit= veër."

☐ **win·kel** *selfstandige naamwoord (meervoud* **win= kels***)*

winkelier shopkeeper *The shopkeeper does good busi= ness in December when people buy gifts for one another.* Die **winkelier** doen goeie sake in Desember wanneer mense presente vir mekaar koop.

☐ **win·ke·lier** *selfstandige naamwoord (meervoud* **winkeliers***)*

winkelsentrum shopping centre *There is a supermar= ket in the new shopping centre.* Daar is 'n supermark in die nuwe **winkelsentrum**.

☐ **win·kel·sen·trum** *selfstandige naamwoord (meer= voud* **winkelsentrums/winkelsentra***)*

wins profit *If you buy something for R15 and sell it for R20, you make a profit of R5.* As jy iets vir R15 koop en dit vir R20 verkoop, maak jy 'n **wins** van R5.

☐ **wins** *selfstandige naamwoord (meervoud* **winste***)*

winter winter *Winter is the coldest season of the year.* **Winter** is die koudste seisoen van die jaar.

☐ **win·ter** *selfstandige naamwoord (meervoud* **win= ters***)*

wipplank seesaw *There is a slide, a seesaw and a swing in the park for the children to play on.* Daar is 'n gly= plank, 'n **wipplank** en 'n swaai in die park vir die kin= ders om op te speel.

☐ **wip·plank** *selfstandige naamwoord* **wipplanke***)*

wiskunde mathematics *He is good at mathematics be= cause he has a head for figures.* Hy is goed in **wiskunde**, want hy het 'n kop vir syfers.

□ **wis·kun·de** *selfstandige naamwoord (geen meer= voud)*

wit[1] white **[a]** *White is a colour like that of snow.* Wit is 'n kleur soos dié van sneeu. **[b]** *An egg consists of two parts: the white and the yolk.* 'n Eier bestaan uit twee dele: die wit en die geel.

□ **wit** *selfstandige naamwoord (geen meervoud by* **a**; **witte** *by* **b***)*

wit[2] white *Milk is white.* Melk is **wit**.

□ **wit** *byvoeglike naamwoord (attributief* wit*)* **witter, witste**

witbrood ❶ white bread *The brown bread is sold out, but there is still some white bread left.* Die bruinbrood is uitverkoop, maar daar is nog **witbrood** oor. ❷ white loaf *He bought one white loaf and two brown loaves.* Hy het een **witbrood** en twee bruinbrode gekoop.

□ **wit·brood** *selfstandige naamwoord (meervoud* wit= brode*)*

woede anger *She slapped him across the face in anger.* Sy het hom in **woede** deur die gesig geklap.

□ **woe·de** *selfstandige naamwoord (geen meervoud)*

woedend furious *She was so furious with him that she slapped him across the face.* Sy was so **woedend** vir hom dat sy hom deur die gesig geklap het.

□ **woedend** *byvoeglike naamwoord (attributief* woe= dende*)* **woedender, woedendste**

Woensdag Wednesday *Wednesday is the third work- day of the week.* **Woensdag** is die derde werkdag van die week.

□ **Woens·dag** *selfstandige naamwoord (meervoud* Woensdae*)*

woestyn desert *In a desert there are regions where one finds only sand and no plants or water.* In 'n **woestyn** is daar streke waar 'n mens net sand en geen plante of water kry nie.

□ **woes·tyn** *selfstandige naamwoord (meervoud* woes= tyne*)*

wol wool **[a]** *Farmers shear their sheep to sell the wool.* Boere skeer hul skape om die **wol** te verkoop. **[b]** *She used six balls of wool to knit the jersey.* Sy het ses bolle **wol** gebruik om die trui te brei.

◆ **wol**= woollen *He was wearing a thick woollen jersey.* Hy het 'n dik **wol**trui aangehad.

□ **wol** *selfstandige naamwoord (geen meervoud)*

wolf wolf *A wolf is a wild animal that looks like a dog.* 'n **Wolf** is 'n wilde dier wat na 'n hond lyk.

□ **wolf** *selfstandige naamwoord (meervoud* wolwe*)*

wolk cloud *It is not going to rain today, for there is not a cloud in the sky.* Dit gaan nie vandag reën nie, want daar is nie 'n **wolk** in die lug nie.

□ **wolk** *selfstandige naamwoord (meervoud* wolke*)*

wond[1] wound *Blood flowed from the wound on his forehead.* Bloed het uit die **wond** op sy voorkop ge= vloei.

□ **wond** *selfstandige naamwoord (meervoud* wonde*)*

wond[2] wound *Hunters shoot to kill and not to wound.* Jagters skiet om dood te maak en nie om te **wond** nie.

□ **wond** *werkwoord (teenwoordige tyd* **wond**, *verlede tyd* het gewond*)*

wonder[1] wonder *I find it a great wonder that man can fly to the moon.* Dis vir my 'n groot **wonder** dat die mens maan toe kan vlieg.

◆ **dis 'n wonder dat** it's a wonder (that) *It's a won= der (that) the cat is still alive – it fell from a flat on the sixth floor.* **Dis 'n wonder dat** die kat nog lewe – hy het uit 'n woonstel op die sesde verdieping geval.

◆ **geen wonder dat** no/little/small wonder (that) *She is forever teasing the dog – no/little/small wonder (that) it doesn't like her at all.* Sy terg die hond gedurig – **geen wonder dat** hy niks van haar hou nie.

□ **won·der** *selfstandige naamwoord (meervoud* won= dere/wonders*)*

wonder[2] wonder *"The children are nowhere to be seen. I wonder where they are?"* "Die kinders is nêrens te sien(e) nie. Ek **wonder** waar hulle is?"

□ **won·der** *werkwoord (teenwoordige tyd* **wonder**, *verlede tyd* het gewonder*)*

wonderlik wonderful *The weather was wonderful – we could swim every day.* Die weer was **wonderlik** – ons kon elke dag swem.

□ **won·der·lik** *byvoeglike naamwoord (attributief* **wonderlike***)* **wonderliker, wonderlikste**

woon live, stay *They live/stay in a house opposite the park.* Hulle **woon** in 'n huis oorkant die park.

□ **woon** *werkwoord (teenwoordige tyd* **woon**, *verlede tyd* het gewoon*)*

woonstel flat *They rent a flat, but hope to buy themselves a house one day.* Hulle huur 'n **woonstel**, maar hoop om eendag vir hulle 'n huis te koop.

□ **woon·stel** *selfstandige naamwoord (meervoud* **woonstelle***)*

woonstelgebou block of flats *The block of flats is five storeys high.* Die **woonstelgebou** is vyf verdiepings hoog.

□ **woon·stel·ge·bou** *selfstandige naamwoord (meer= voud* **woonstelgeboue***)*

woord word **[a]** *In the sentence "The boy is tall" the word "tall" is an adjective.* In die sin "Die seun is lank" is die **woord** "lank" 'n byvoeglike naamwoord. **[b]** *"I give you my word, I won't let out the secret."* "Ek gee jou my **woord**, ek sal nie die geheim verklap nie."

◆ **met ander woorde** in other words *"I left my purse at home, in other words you'll have to pay."* "Ek het my beursie by die huis laat lê, **met ander woorde** jy sal moet betaal."

□ **woord** *selfstandige naamwoord (geen meervoud by* **b**; **woorde** *by* **a***)*

woordeboek dictionary *If you want to know what a word means, look it up in a dictionary.* As jy wil weet wat 'n woord beteken, slaan dit in 'n **woordeboek** na.

□ **woor·de·boek** *selfstandige naamwoord (meervoud* **woordeboeke***)*

word ❶ be, become *Lynette wants to be/become a*

nurse. Lynette wil verpleegster **word**. **2** be *George was run over by a car*. George is deur 'n motor omgery. **3** become **[a]** *She became a famous singer*. Sy **het** 'n beroemde sangeres geword. **[b]** *"What has become of them?" – "I think they've moved to Namibia."* "Wat **het** van hulle **geword**?" – "Ek dink hulle het Namibië toe getrek." **4** get *You will get fat if you eat too much*. Jy sal vet **word** as jy te veel eet. **5** get, grow *In winter it gets/grows dark sooner than in summer.* In die winter **word** dit gouer as in die somer donker. **6** go *My grandfather is very old and is starting to go blind.* My oupa is baie oud en is besig om blind te **word**. **7** turn **[a]** *It's autumn and the trees' leaves are starting to turn brown.* Dis herfs en die bome se blare begin bruin **word**. **[b]** *My grandmother turned 67 yesterday.* My ouma **het** gister 67 geword. **8** come *Winter is coming.* Dit **word** winter.

◆ **laat word** turn *Warm weather turns milk sour.* Warm weer **laat** melk suur **word**.

◆ **siek word** ⇨ **siek.**

☐ **word** *werkwoord (teenwoordige tyd* **word***, verlede tyd* **is** OF **het geword***)*

wors sausage *I had a piece of **sausage** with bread and tomato sauce for lunch.* Ek het 'n stuk **wors** met brood en tamatiesous vir middagete gehad.

☐ **wors** *selfstandige naamwoord (meervoud* **worse***)*

wortel 1 root *The **root** of a plant grows under the ground.* Die **wortel** van 'n plant groei onder die grond. **2** carrot *The vegetables I like best are **carrots** and cabbage.* Die groente waarvan ek die meeste hou, is **wortels** en kool.

☐ **wor·tel** *selfstandige naamwoord (meervoud* **wortels***)*

wou would *"If only he **would** listen to me!"* "As hy maar na my **wou** luister!"

☐ **wou** *werkwoord (verlede tyd van* **wil***)*

woud wood **[a]** *Many kinds of trees grow in this **wood**.* Baie soorte bome groei in dié **woud**. **[b]** *We went for a walk in the **wood(s)**.* Ons het 'n entjie in die **woud** gaan stap.

☐ **woud** *selfstandige naamwoord (meervoud* **woude***)*

wreed cruel *It is **cruel** to beat a dog with a stick.* Dis **wreed** om 'n hond met 'n stok te slaan.

☐ **wreed** *byvoeglike naamwoord (attributief* **wrede***)* **wreder, wreedste**

wurm worm **[a]** *A long brown **worm** crept out of a hole in the soil.* 'n Lang bruin **wurm** het uit 'n gat in die grond gekruip. **[b]** *The apple was rotten and full of **worms**.* Die appel was vrot en vol **wurms**. **[c]** *The dog is very thin – it might have **worms**.* Die hond is baie maer – hy kan dalk **wurms** hê.

☐ **wurm** *selfstandige naamwoord (meervoud* **wurms***)*

wyd[1] wide **[a]** *He fastened the top button of the shirt to see whether the collar was **wide** enough.* Hy het die boonste knoop van die hemp vasgemaak om te kyk of die kraag **wyd** genoeg is. **[b]** *The back seat of the bus is **wide** enough for five people.* Die agterste sitplek van die bus is **wyd** genoeg vir vyf mense.

☐ **wyd** *byvoeglike naamwoord (attributief* **wye***)* **wyer, wydste**

wyd[2] wide *"Don't open the drawer too **wide**; it will fall out."* "Moenie die laai te **wyd** ooptrek nie; dit sal uitval."

◆ **wyd oop** wide open *All the windows were **wide** open.* Al die vensters was **wyd oop.**

☐ **wyd** *bywoord*

wydte width *He fastened the top button of the shirt to check the **width** of the collar.* Hy het die boonste knoop van die hemp vasgemaak om die **wydte** van die kraag te toets.

☐ **wyd·te** *selfstandige naamwoord (meervoud* **wydtes***)*

wyfie female *In most animals the male is bigger and more attractive than the **female**.* By die meeste diere is die mannetjie groter en mooier as die **wyfie**.

☐ **wy·fie** *selfstandige naamwoord (meervoud* **wyfies***)*

wyn wine *Drink such as **wine** and beer contains alcohol.* Drank soos **wyn** en bier bevat alkohol.

☐ **wyn** *selfstandige naamwoord (meervoud* **wyne***)*

wys 1 show **[a]** *"**Show** me your new bike."* "**Wys** my jou nuwe fiets." **[b]** *A stranger asked me to **show** him the way to the station.* 'n Vreemdeling het my gevra om hom die pad na die stasie te **wys**. **[c]** *My dad **showed** me how to knot a tie.* My pa **het** my **gewys** hoe om 'n das te knoop. **2** point *The arrow **points** to the left.* Die pyltjie **wys** na links. **3** face *The rooms in our house that **face** east are nice and sunny in the morning.* Die kamers in ons huis wat oos **wys**, is soggens lekker sonnig. **4** read, show *My watch is fast – it **reads/shows** 13:10 instead of 13:00.* My horlosie is voor – dit **wys** 13:10 in plaas van 13:00.

◆ **daarop wys** point out *"May I **point out** to you that my name is Ann, without an 'e' at the end?"* "Kan ek jou **daarop wys** dat my naam Ann is, sonder 'n 'e' aan die end?"

☐ **wys** *werkwoord (teenwoordige tyd* **wys***, verlede tyd* **het gewys***)*

wyser hand *The long **hand** of the clock shows the minutes and the short one the hours.* Die lang **wyser** van die horlosie dui die minute aan en die korte die ure.

☐ **wy·ser** *selfstandige naamwoord (meervoud* **wysers***)*

wysie tune *He whistled a cheerful **tune**.* Hy het 'n vrolike **wysie** gefluit.

☐ **wy·sie** *selfstandige naamwoord (meervoud* **wysies***)*

X

Xhosa Xhosa **[a]** *Esther can speak English, Afrikaans and Xhosa*. Esther kan Engels, Afrikaans en **Xhosa** praat. **[b]** *Thomas Tshabalala is a Xhosa and comes from the Ciskei*. Thomas Tshabalala is 'n **Xhosa** en kom van die Ciskei.

◆ **Xhosa**＝ Xhosa *He is reading the **Xhosa** translation of a book that was written in English*. Hy lees die **Xhosa**vertaling van 'n boek wat in Engels geskryf is. □ **Xho·sa** *selfstandige naamwoord (geen meervoud by* **a***; Xhosas by* **b***)*

Y

ys ice *If you put a block of **ice** in the sun, it will melt and turn into water.* As jy 'n blokkie **ys** in die son sit, sal dit smelt en in water verander.
☐ **ys** *selfstandige naamwoord (geen meervoud)*

ysig icy *The wind was **icy** and made us shiver with cold.* Die wind was **ysig** en het ons van die koue laat bewe.
☐ **y·sig** *byvoeglike naamwoord (attributief **ysige**) **ysiger**, **ysigste***

yskas refrigerator *A **refrigerator** keeps food cold.* 'n **Yskas** hou kos koud.
☐ **ys·kas** *selfstandige naamwoord (meervoud **yskaste**)*

yskoud ice-cold *When I took the milk out of the refrigerator it was **ice-cold**.* Toe ek melk uit die koelkas haal, was dit **yskoud**.
☐ **ys·koud** *byvoeglike naamwoord (attributief **yskoue**)*

yslik huge, enormous *The house is **huge/enormous** – it has fourteen rooms!* Die huis is **yslik** – dit het veertien kamers!
☐ **ys·lik** *byvoeglike naamwoord (attributief **yslike**) **ysliker**, **yslikste***

yster iron **[a]** *Iron is a very hard metal.* **Yster** is 'n baie harde metaal. **[b]** *She burnt a hole in the sheet because the **iron** was too hot.* Sy het 'n gat in die laken gebrand, want die **yster** was te warm.
☐ **ys·ter** *selfstandige naamwoord (geen meervoud by **a**; **ysters** by **b**)*

ywerig keen *The student is very **keen** and works hard.* Die student is baie **ywerig** en werk hard.
☐ **y·we·rig** *byvoeglike naamwoord (attributief **ywerige**) **yweriger**, **ywerigste***

Z

Zoeloe, Zulu Zulu **[a]** *Anna can speak English, Afrikaans and* **Zulu**. Anna kan Engels, Afrikaans en **Zoeloe/Zulu** praat. **[b]** *John Khumalo is a* **Zulu** *and comes from KwaZulu*. John Khumalo is 'n **Zoeloe/Zulu** en kom van KwaZulu.

◆ **Zoeloe=, Zulu=** Zulu *He is reading the* **Zulu** *translation of a book that was written in English*. Hy lees die **Zoeloe**vertaling/**Zulu**vertaling van 'n boek wat in Engels geskryf is.

□ **Zoe·loe, Zu·lu** *selfstandige naamwoord (geen meervoud by* **a**; *Zoeloes/Zulu's by* **b**)

zoem ❶ buzz *Bees* **buzz** *and birds chirp*. Bye **zoem** en voëls kwetter. **❷** zoom *The racing cars* **zoom** *past at a tremendous speed*. Die renmotors **zoem** met 'n geweldige snelheid verby.

□ **zoem** *werkwoord (teenwoordige tyd* **zoem**, *verlede tyd* **het gezoem**)

ENGLISH/AFRIKAANS

A

a ❶ 'n *Sy het 'n glas water gedrink.* She drank **a** glass of water. ❷ per **[a]** *Simon werk gedurende skoolvakansies in 'n winkel en verdien R60,00 per week.* Simon works in a shop during school holidays and earns R60,00 **a** week. **[b]** *Petrol kos meer as R1,00 per liter.* Petrol costs more than R1,00 a litre.
♦ **a ... of** ⇨ **of.**
☐ **a** *indefinite article*

Use **a** before words beginning with a consonant and before words beginning with *u* pronounced *ju*; use **an** before *a, e, i, o* or *u,* and *h* if it is not pronounced: *a university,* **an** *urgent message; a house,* **an** *empty house;* **an** *hour.*

---

abbreviate afkort *'n Mens kan "televisie" tot "TV" afkort.* One can **abbreviate** "television" to "TV".
☐ **ab·bre·vi·a·te** *verb (past tense and past participle* **abbreviated,** *present participle* **abbreviating)**
abbreviation afkorting *"TV" is 'n afkorting vir "televisie".* "TV" is an **abbreviation** of/for "television".
☐ **ab·bre·vi·a·tion** *noun (plural* **abbreviations)**
able kan *"Kan jy na my partytjie toe kom?"* "Are you **able** to come to my party?"
☐ **a·ble** *adjective* **abler, ablest**
about¹ ❶ ongeveer, omtrent, sowat *Ons huis is ongeveer/omtrent/sowat 4 km van die stasie af.* Our house is **about** 4 km from the station. ❷ so *Ek moet oor so vyf minute huis toe gaan.* I have to go home in **about** five minutes. ❸ rond *Die kinders hardloop in die tuin rond.* The children are running **about** in the garden. ❹ in die rondte *'n Mens het geen rus en vrede met daardie lawaaierige kinders in die rondte nie.* One has no peace and quiet with those noisy children **about**. ❺ waarvan *"Dis die boek waarvan ek jou vertel het."* "This is the book I told you **about**."
♦ **be about to** op die punt staan/wees om te *Ons het op die punt gestaan* (OF *was op die punt) om te vertrek toe die foon lui.* We **were about to** leave when the phone rang.
♦ **just as ... was about to** net toe ... wou *Die bus het weggetrek net toe ek wou opklim.* The bus moved off **just as** I **was about to** get on.
☐ **a·bout** *adverb*
about² ❶ oor *Ek lees 'n boek oor honde.* I'm reading a book **about** dogs. ❷ van *"Vertel my van jou vakansie."* "Tell me **about** your holiday."
♦ **about it** ❶ daaraan *"Jy is kort maar wil lank wees; ongelukkig kan jy niks daaraan doen nie."* "You are short but want to be tall; unfortunately you can do nothing **about it**." ❷ daaroor *Ek wil nie daaroor*

praat nie. I don't want to talk **about it**. ❸ daarvan *"Ja, ek weet hulle gaan trek; hy het my daarvan vertel."* "Yes, I know they are going to move; he told me **about it**."
♦ **(at) about** (so) teen, teen ... (se kant) *Ons het die huis teen agtuur* (OF *so teen agtuur* OF *teen agtuur se kant) verlaat.* We left the house **(at) about** eight o'clock.
♦ **how about** ⇨ **how¹.**
♦ **round (about)** ⇨ **round⁴.**
☐ **a·bout** *preposition*
above¹ ❶ bo *Die bure bo gaan na 'n woonstel op die grondverdieping trek.* The neighbours **above** are going to move to a flat on the ground floor. ❷ daarbo *Die wolke daarbo is dik en donker.* The clouds **above** are thick and dark.
☐ **a·bove** *adverb*
above² bo, bokant *Die lamp wat bo/bokant die voordeur hang, verlig die hele stoep.* The lamp hanging **above** the front door lights up the whole stoep.
♦ **above it** daarbo *Daar is 'n wasbak in die badkamer met 'n spieël daarbo.* There is a washbasin in the bathroom with a mirror **above it**.
☐ **a·bove** *preposition*
absence afwesigheid *Siekte is die oorsaak van Lynette se afwesigheid van die skool.* Illness is the reason for Lynette's **absence** from school.
☐ **ab·sence** *noun (no plural)*
absent afwesig *Lynette is van die skool afwesig, want sy is siek.* Lynette is **absent** from school because she is ill.
☐ **ab·sent** *adjective*
absolutely ❶ absoluut *Dis absoluut onmoontlik om al dié werk binne twee dae te doen!* It's **absolutely** impossible to do all this work in two days! ❷ heeltemal *"Jy het heeltemal reg: ek moes nie na hom geluister het nie."* "You're **absolutely** right: I shouldn't have listened to him." ❸ hoegenaamd *Ek kan hoegenaamd niks in dié donker kamer sien nie.* I can see **absolutely** nothing in this dark room.
☐ **ab·so·lute·ly** *adverb*
accept aanneem, aanvaar *"Gaan jy die uitnodiging na sy partytjie aanneem/aanvaar?"* "Are you going to **accept** the invitation to his party?"
☐ **ac·cept** *verb (past tense and past participle* **accepted,** *present participle* **accepting)**
accident ongeluk *Drie mense is in die ongeluk beseer.* Three people were injured in the **accident**.
♦ **by accident** ❶ per ongeluk *Ek het die hond nie gesien nie en per ongeluk op sy stert getrap.* I didn't see the dog and stepped on its tail **by accident**. ❷ toevallig, per toeval *Ons het nie saam bioskoop toe gegaan nie – ons*

het mekaar **toevallig (**OF **per toeval)** daar ontmoet. We didn't go to the cinema together – we met each other there **by accident.**

☐ **ac·ci·dent** noun (plural **accidents**)

according to volgens [a] **Volgens** die almanak val die negende van volgende maand op 'n Sondag. **According to** the calendar the ninth of next month falls on a Sunday. [b] "Rangskik die artikels **volgens** grootte op die rakke." "Arrange the articles on the shelves **accord= ing to** size."

☐ **ac·cord·ing to** prepositional phrase

account rekening "Betaal u kontant vir dié rok, of moet ek dit op u **rekening** plaas?" "Are you paying cash for this dress, or must I put it on your **account?**"

☐ **ac·count** noun (plural **accounts**)

ache ❶ seer wees My kop **is** seer. My head **aches.** ❷ pyn My tand **pyn** vreeslik as ek iets soets eet. My tooth **aches** terribly when I eat something sweet.

☐ **ache** verb (past tense and past participle **ached,** pre= sent participle **aching**)

achieve ❶ bereik "As jy jou doel wil **bereik** om dokter te word, sal jy baie hard moet werk." "If you want to **achieve** your goal of becoming a doctor, you'll have to work very hard." ❷ behaal Christine het baie hard gewerk om sukses in die eksamen te **behaal.** Christine worked very hard to **achieve** success in the examin= ation.

☐ **a·chieve** verb (past tense and past participle **achieved,** present participle **achieving**)

acrobat akrobaat Die **akrobaat** in die sirkus het slim toertjies op 'n tou uitgehaal. The **acrobat** in the circus did clever tricks on a rope.

☐ **ac·ro·bat** noun (plural **acrobats**)

across ❶ oor Sy het die kind **oor** die straat gehelp. She helped the child **across** the street. ❷ oorkant Die bure wat **oorkant** die straat bly, gaan trek. The neighbours who live **across** the street are going to move.

◆ **across it** daaroor "Die rivier is baie breed – sal jy **daaroor** kan swem?" "The river is very wide – will you be able to swim **across it?**"

◆ **come across** ⇨ **come.**

☐ **a·cross** preposition

act[1] daad Dis 'n vriendelike **daad** om 'n ou mens oor die straat te help. It is a kind **act** to help an old person across the street.

☐ **act** noun (plural **acts**)

act[2] ❶ optree Ons moes vinnig **optree** om te voorkom dat die brand versprei. We had to **act** quickly to prevent the fire from spreading. ❷ speel "Wie **speel** die rol van die held in die prent?" "Who **acts** the part of the hero in the film?" ❸ jou gedra Hulle is broer en suster, maar **gedra hulle** asof hulle mekaar nie ken nie. They are brother and sister, but **act** as if they don't know each other.

☐ **act** verb (past tense and past participle **acted,** pre= sent participle **acting**)

action optrede Die brandweerman se vinnige **optrede**

het die seuntjie se lewe gered. The fireman's quick **ac= tion** saved the little boy's life.

☐ **ac·tion** noun (plural **actions**)

active aktief Sy is oud maar nog altyd **aktief;** sy doen haar eie huiswerk en gaan stap elke dag. She is old but still **active;** she does her own housework and goes for a walk every day.

☐ **ac·tive** adjective **more active, most active**

actor akteur "Watter **akteur** speel die rol van die held in die prent?" "Which **actor** is playing the role of the hero in the film?"

☐ **ac·tor** noun (plural **actors**)

actress aktrise "Watter **aktrise** speel die rol van die heldin in die prent?" "Which **actress** is playing the role of the heroine in the film?"

☐ **ac·tress** noun (plural **actresses**)

actually eintlik "Jy het my R2,50 gegee, maar jy skuld my **eintlik** R2,55." "You gave me R2,50 but you ac= **tually** owe me R2,55."

☐ **ac·tu·al·ly** adverb

add ❶ optel As jy drie, sewe en nege **optel,** kry jy negen= tien. If you **add** three, seven and nine, you get nine= teen. ❷ byvoeg "Het jy genoeg melk in jou tee, Char= lotte, of sal ek nog 'n bietjie **byvoeg?**" "Do you have enough milk in your tea, Charlotte, or shall I **add** a little more?"

☐ **add** verb (past tense and past participle **added,** pre= sent participle **adding**)

address[1] adres Die **adres** van die winkel is: Langstraat 32, Kaapstad, 8001. The **address** of the shop is: 32 Long Street, Cape Town, 8001.

☐ **ad·dress** noun (plural **addresses**)

address[2] adresseer "Onthou om die brief te **adresseer** voordat jy dit pos." "Remember to **address** the letter before you post it."

☐ **ad·dress** verb (past tense and past participle **ad= dressed,** present participle **addressing**)

adjective byvoeglike naamwoord In die sin "Die seun is lank" is die woord "lank" 'n **byvoeglike naam= woord.** In the sentence "The boy is tall" the word "tall" is an **adjective.**

☐ **ad·jec·tive** noun (plural **adjectives**)

admiration bewondering Ek het groot **bewondering** vir iemand wat altyd eerlik is. I have great **admiration** for someone who is always honest.

☐ **ad·mi·ra·tion** noun (no plural)

admire bewonder [a] Ek **bewonder** hom vir sy eerlik= heid. I **admire** him for his honesty. [b] Almal **het** haar in haar nuwe rok **bewonder.** Everybody ad= **mired** her in her new dress.

☐ **ad·mire** verb (past tense and past participle **ad= mired,** present participle **admiring**)

admit ❶ erken Hy wou nie **erken** dat hy die koppie ge= breek het nie. He wouldn't **admit** that he had broken the cup. ❷ toelaat Hulle sal jou nie sonder 'n kaartjie in die bioskoop **toelaat** nie. They won't **admit** you to the cinema without a ticket.

☐ **ad·mit** *verb (past tense and past participle* **ad-mitted,** *present participle* **admitting)**

adult volwassene, grootmens *Daar was twintig kinders en net een* ***volwassene/grootmens*** *in die bus.* There were twenty children and only one **adult** in the bus.

☐ **a·dult** *noun (plural* **adults)**

adventure avontuur *Dit sou 'n wonderlike* ***avontuur*** *wees om maan toe te vlieg!* It would be a wonderful **adventure** to fly to the moon!

☐ **ad·ven·ture** *noun (plural* **adventures)**

adverb bywoord *In die sin "Hy kan vinnig hardloop" is die woord "vinnig" 'n* ***bywoord.*** In the sentence "He can run fast" the word "fast" is an **adverb.**

☐ **ad·verb** *noun (plural* **adverbs)**

advertise adverteer *Hulle gaan die konsert* ***adverteer*** *deur kennisgewings in winkelvensters op te plak.* They are going to **advertise** the concert by putting up notices in shop windows.

☐ **ad·ver·tise** *verb (past tense and past participle* **advertised,** *present participle* **advertising)**

advertisement advertensie *My pa het vir my 'n fiets deur 'n* ***advertensie*** *in die koerant gekoop.* My father bought me a bicycle through an **advertisement** in the newspaper.

☐ **ad·ver·tise·ment** *noun (plural* **advertisements)**

advice raad *"Jy het 'n kwaai verkoue; luister na die dokter se* ***raad*** *en bly in die bed."* "You have a bad cold; take the doctor's **advice** and stay in bed."

☐ **ad·vice** *noun (no plural)*

advise aanraai *"As jy teen môre nie beter voel nie, sou ek jou* ***aanraai*** *om dokter toe te gaan."* "If you don't feel better by tomorrow, I'd **advise** you to see a doctor."

☐ **ad·vise** *verb (past tense and past participle* **advised,** *present participle* **advising)**

aeroplane vliegtuig *'n* ***Vliegtuig*** *is 'n masjien wat vlerke het en kan vlieg.* An **aeroplane** is a machine that has wings and can fly.

☐ **aer·o·plane** *noun (plural* **aeroplanes)**

affect ❶ aantas *Sigaretrook kan jou longe* ***aantas.*** Cigarette smoke can **affect** your lungs. ❷ tref *Die nuus van sy dood sal haar swaar* ***tref.*** The news of his death will **affect** her deeply.

☐ **af·fect** *verb (past tense and past participle* **affected,** *present participle* **affecting)**

afford bekostig *Hy kan dit nie* ***bekostig*** *om 'n nuwe motor te koop nie.* He can't **afford** to buy a new car.

☐ **af·ford** *verb (past tense and past participle* **afford-ed,** *present participle* **affording)**

afraid bang *"Moenie* ***bang*** *wees nie – die hond sal jou nie byt nie."* "Don't be **afraid** – the dog won't bite you."

◆ **be afraid of** bang wees vir *"Is jy* ***bang vir*** *slange?"* "**Are** you **afraid of** snakes?"

◆ **be afraid (that)** vrees *Die dokter het gesê: "Sy is baie siek; ek* ***vrees*** *sy kan sterf."* The doctor said, "She is very ill; I **am afraid (that)** she might die."

☐ **a·fraid** *adjective* **more afraid, most afraid**

Do not use **afraid** before a noun: *She is* ***afraid,*** but *She is a* ***frightened*** *girl.*

Afrikaans[1] Afrikaans *Sy huistaal is* ***Afrikaans,*** *maar hy praat Engels baie goed.* His home language is **Afrikaans,** but he speaks English very well.

☐ **Af·ri·kaans** *noun (no plural)*

Afrikaans[2] Afrikaans *Hy lees die* ***Afrikaanse*** *vertaling van 'n boek wat in Engels geskryf is.* He is reading the **Afrikaans** translation of a book that was written in English.

☐ **Af·ri·kaans** *adjective*

Afrikaner Afrikaner *Sy van is Potgieter – hy is seker 'n* ***Afrikaner.*** His surname is Potgieter – he is probably an **Afrikaner.**

☐ **Af·ri·ka·ner** *noun (plural* **Afrikaners)**

after[1] daarna *Philip skryf volgende jaar matriek en wil die jaar* ***daarna*** *universiteit toe gaan.* Philip writes matric next year and wants to go to university the year **after.**

◆ **after all** tog *Esther het van plan verander en besluit om* ***tog*** *na die partytjie toe te gaan.* Esther changed her mind and decided to go to the party **after all.**

☐ **af·ter** *adverb*

after[2] ❶ na *Hy gaan* ***na*** *skool sokker speel.* He is going to play soccer **after** school. ❷ agter *"Maak asseblief die deur* ***agter*** *jou toe."* "Please shut the door **after** you." ❸ agter ... aan *Die hond hardloop* ***agter*** *die seun* ***aan.*** The dog is running **after** the boy.

◆ **a little after, soon after, shortly after** kort na *Hy is* ***kort na*** *vyf hier weg.* He left here **a little** (OR **soon** OR **shortly) after** five.

◆ **after that** ⇨ **that**[4].

◆ **after this** ⇨ **this**[2].

◆ **after which** ⇨ **which**[2].

☐ **af·ter** *preposition*

after[3] nadat *Sy het die brief in stukke geskeur* ***nadat*** *sy dit gelees het.* She tore the letter to pieces **after** she had read it.

◆ **soon/shortly after** kort nadat *Die beseerde vrou is dood* ***kort nadat*** *sy by die hospitaal aangekom het.* The injured woman died **soon/shortly after** she arrived at the hospital.

☐ **af·ter** *conjunction (joining word)*

afternoon (na)middag *In die somer is dit baie warm tussen twaalf en drie in die* ***(na)middag.*** In summer it is very hot between twelve and three in the **after-noon.**

◆ **good afternoon** goeiemiddag *Gedurende middag-ete het iemand gebel en gesê: "****Goeiemiddag,*** *kan ek met jou ma praat?"* During lunch someone phoned and said, "**Good afternoon,** may I speak to your mother?"

◆ **in the afternoon** smiddae, smiddags *Ek kom* ***smiddae/smiddags*** *eers na 14:00 by die huis.* I get home only after 14:00 **in the afternoon.**

◆ **tomorrow afternoon** môremiddag *"As jy nie*

*vanmiddag kan kom nie, hoe lyk dit met **môremid=
dag**?*" "If you can't come this afternoon, how about
tomorrow afternoon?"

♦ **yesterday afternoon** gistermiddag *By die Son=
dagskool het hy vir sy vriend gesê: "Ek het **gister=
middag** gaan fliek.*" At Sunday school he said
to his friend, "I went to the cinema **yesterday after=
noon.**"

□ **af·ter·noon** *noun (plural* **afternoons***)*

afterwards agterna "*Maak eers jou huiswerk klaar; jy
kan **agterna** gaan swem.*" "First finish your home=
work; you can go swimming **afterwards.**"

♦ **soon/shortly afterwards** kort daarna *Daar was 'n
weerligstraal, en **kort daarna** het dit begin reën.* There
was a flash of lightning, and **soon/shortly after=
wards** it began to rain.

□ **af·ter·wards** *adverb*

again weer *Die lied was so mooi dat hulle haar gevra het
om dit **weer** te sing.* The song was so beautiful that
they asked her to sing it **again.**

□ **a·gain** *adverb*

against teen **[a]** "*Is jy vir of **teen** die plan?*" "Are you
for or **against** the plan?" **[b]** *Sy het met haar rug **teen**
die boom gesit.* She sat with her back **against** the tree.
[c] *Die dokter het hom **teen** griep ingespuit.* The doctor
gave him an injection **against** flu.

♦ **against it** daarteen "*Die boonste deur van die kom=
buiskas is oop; moenie jou kop **daarteen** stamp nie.*"
"The top door of the kitchen cupboard is open; don't
bang your head **against it.**"

□ **a·gainst** *preposition*

age ouderdom *Hy is op die **ouderdom** van ses skool toe.*
He went to school at the **age** of six.

♦ **for ages** baie lank *Ek ken hom al **baie lank** – ons het
saam grootgeword.* I have known him **for ages** – we
grew up together.

♦ **ripe old age** ⇨ **ripe.**

♦ **what age?** hoe oud? "***Hoe oud** is Lynette?*" – "*Sy is
veertien.*" "**What age** is Lynette?" – "She is four=
teen."

□ **age** *noun (plural* **ages***)*

ago gelede *My oupa leef nog, maar my ouma is 'n jaar
gelede dood.* My grandfather is still alive, but my
grandmother died a year **ago.**

♦ **a day or two ago** ⇨ **day.**

♦ **a little/short while ago, a short time ago** 'n ruk=
kie gelede *Dis 'n onlangse foto van my ouers – ek het dit
'n rukkie gelede geneem.* This is a recent photograph
of my parents – I took it **a little/short while** (OR **a
short time**) **ago.**

♦ **a long time ago that ... last** ⇨ **last**[4]**.**

♦ **last ... ago** ⇨ **last**[4]**.**

♦ **long ago** lank gelede "*Hoe **lank gelede** is jou
ouma dood?*" "How **long ago** did your grandmother
die?"

♦ **some years ago** ⇨ **some**[1]**.**

□ **a·go** *adverb*

♦ Do not use **ago** with verbs formed with *have*: *He
started working two years **ago**,* but *He has been work=
ing for two years.*

♦ It is wrong to use **ago** with *since*: *It was a week **ago**
that* (NOT *a week ago since*) *I last saw him. It is a week*
(NOT *a week ago*) **since** *I last saw him.* Note that the
past tense is used with **ago** and the present tense with
since in sentences of this type.

agree saamstem "*Dink jy hy sal met ons plan **saam=
stem**?*" "Do you think he'll **agree** to our plan?"

□ **a·gree** *verb (past tense and past participle* **agreed**,
present participle **agreeing***)*

ah a *A, ek het dit gekry. Dis net die boek waarna ek gesoek
het!* **Ah,** I've found it. This is the very book I've been
looking for!

□ **ah** *interjection*

ahead ❶ voor *Die atleet het na twintig meter **voor** gekom
en die wedloop gewen.* After twenty metres the athlete
got **ahead** and won the race. ❷ vooruit "*Thomas, hard=
loop **vooruit**, maar wag vir ons by die brug.*" "Thomas,
run on **ahead,** but wait for us at the bridge."

□ **a·head** *adverb*

aim[1] doel *Sy **doel** in die lewe is om dokter te word.* His
aim in life is to become a doctor.

♦ **take aim** mik "***Mik** noukeurig voor jy die blik met
die klip probeer raak gooi.*" "**Take** careful **aim** before
you try to hit the tin with the stone."

□ **aim** *noun (plural* **aims***)*

aim[2] mik "***Mik** noukeurig voor jy die blik met die klip
probeer raak gooi.*" "**Aim** carefully before you try to
hit the tin with the stone."

♦ **aim at** ❶ mik na "*Vat hierdie klip, **mik na** die blik
en kyk of jy dit kan raak gooi.*" "Take this stone, **aim
at** the tin and see if you can hit it." ❷ wil *Die bouers **wil**
die huis teen die end van Mei voltooi.* The builders **aim
at** completing the house by the end of May.

♦ **aim ... at ...** met ... aanlê op ... *Ek het gesien hoe die
jagter **met** sy geweer **op** die leeu **aanlê**.* I saw the
hunter **aim** his gun **at** the lion.

□ **aim** *verb (past tense and past participle* **aimed**, *pre=
sent participle* **aiming***)*

air lug **[a]** "*Die ballon sal bars as jy te veel **lug** daarin
blaas.*" "The balloon will burst if you blow too much
air into it." **[b]** "*Gooi die bal in die **lug** op en probeer
dit weer vang.*" "Throw the ball up into the **air** and try
to catch it again."

□ **air** *noun (no plural)*

airport lughawe *'n **Lughawe** is 'n plek waar vliegtuie
land en opstyg.* An **airport** is a place where aeroplanes
land and take off.

□ **air·port** *noun (plural* **airports***)*

aisle paadjie *Die leerling het in die **paadjie** tussen die
twee rye banke gestaan.* The pupil stood in the **aisle**
between the two rows of desks.

□ **aisle** *noun (plural* **aisles***)*

alarm-clock wekker *Hy het wakker geword toe die*

wekker *afgaan.* He woke up when the **alarm-clock** went off.

□ **a·larm-clock** *noun (plural* **alarm-clocks***)*

album album *Ek het 'n* **album** *vol prente van pop= sangers.* I have an **album** full of pictures of pop singers.

□ **al·bum** *noun (plural* **albums***)*

alcohol alkohol *Drank soos wyn en bier bevat* **alkohol***.* Drink such as wine and beer contains **alcohol**.

□ **al·co·hol** *noun (no plural)*

alcoholic alkoholies *Bier is* **alkoholies***, maar nie le= moensap nie.* Beer is **alcoholic**, but not orange juice.

□ **al·co·hol·ic** *adjective*

alike[1] eenders, eners *"Die twee susters lyk baie* **een= ders/eners** *– is hulle 'n tweeling?"* "The two sisters look very **alike** – are they twins?"

□ **a·like** *adjective*

alike[2] eenders, eners *Lorraine en Lynette is 'n tweeling en trek dikwels* **eenders/eners** *aan.* Lorraine and Lynette are twins and often dress **alike**.

□ **a·like** *adverb*

alive lewend, lewendig *Die hond was na die ongeluk nog* **lewend/lewendig***.* The dog was still **alive** after the accident.

◆ **be alive** leef, lewe *My oupa* **leef/lewe** *nog, maar my ouma is 'n jaar gelede dood.* My grandfather **is** still **alive**, but my grandmother died a year ago.

□ **a·live** *adjective*

Do not use **alive** before a noun: *The dog is* **alive***,* but *"Is that a* **live** *dog?"*

all[1] **1** al *"Ongelukkig is* **al** *die roomys uitverkoop – wat van 'n koeldrank?"* "Unfortunately **all** the ice-cream is sold out – how about a cool drink?" **2** die hele *Dit het* **die hele** *dag gereën.* It rained **all** day. **3** alle *Daar is insekte van* **alle** *soorte in ons tuin.* There are **all** kinds of insects in our garden.

□ **all** *adjective*

all[2] **1** al *Hulle het* **al** *met die rivier langs tot by die brug geloop.* They walked **all** along the river to the bridge. **2** heeltemal *Sy is 'n weduwee en woon* **heeltemal** *alleen.* She is a widow and lives **all** on her own. **3** alles *Dit is* **alles** *verby.* It is **all** over. **4** elk *Die telling was nul* **elk** *– nie een van die twee spanne kon 'n doel aanteken nie.* The score was nil **all** – neither team could score a goal.

◆ **all over** **1** oral(s), oral(s) rond *Hy het* **oral** *(*OF **orals** OF **oral/orals rond***) na sy vermiste hond gesoek.* He searched **all over** for his missing dog. **2** hele *'n Luiperd het vlekke oor sy* **hele** *lyf.* A leopard has spots **all over** its body.

◆ **not all that ...** ⇨ **that**[2].

□ **all** *adverb*

all[3] al [a] *'n Mens kan appels met skil en* **al** *eet.* One can eat apples skin and **all**. [b] *George het 5c op die tafel gesit en gesê: "Dis* **al** *wat ek het."* George put 5c on the table and said, "That's **all** I have."

◆ **all of us, we all** ons almal *Ons het* **almal** *geslaag –*

niemand het gesak nie. **All of us** (OR **We all**) passed – no one failed.

◆ **it all** alles *"Hier is R2,00 – moenie* **alles** *aan lekkers uitgee nie."* "Here is R2,00 – don't spend **it all** on sweets."

◆ **not at all** **1** glad nie *Ek is* **glad nie** *honger nie.* I'm **not** hungry **at all**. **2** niks nie *Esther het die prent geniet, maar ek het* **niks** *daarvan gehou* **nie***.* Esther enjoyed the film, but I didn't like it **at all**.

◆ **nothing at all** hoegenaamd niks *Ek kan* **hoege= naamd niks** *in dié donker kamer sien nie.* I can see **nothing at all** in this dark room.

□ **all** *pronoun*

The pronoun **all** takes a singular verb when used with an uncountable noun: *All the milk* **is** *finished.* It is plural with plural nouns: *All the birds* **have** *flown away.*

allow **1** toelaat *Anna se ouers is baie streng – hulle sal haar nooit* **toelaat** *om later as 22:00 uit te bly nie.* An= na's parents are very strict – they will never **allow** her to stay out later than 22:00. **2** laat *"Die koffie is baie warm –* **laat** *dit afkoel voor jy dit drink."* "The coffee is very hot – **allow** it to cool down before you drink it."

◆ **allow me to ...** mag ek ...? *"***Mag ek** *iets tot die koste van die ete bydra?"* "**Allow me to** contribute some= thing towards the cost of the meal."

◆ **not be allowed to** mag nie *Jy* **mag nie** *op die gras in die park loop nie.* You **are not allowed to** walk on the grass in the park.

□ **al·low** *verb (past tense and past participle* **allowed***, present participle* **allowing***)*

all right[1] **1** gangbaar *Die partytjie was nie so lekker as wat sy gedink het dit sou wees nie, maar dit was* **gang= baar***.* The party wasn't as nice as she thought it would be, but it was **all right**. **2** goed *Ek was vanoggend 'n bietjie naar, maar voel nou weer* **goed***.* I felt a little sick this morning, but am **all right** now. **3** in orde *Sy het 'n harde slag gehoor en geroep: "Kinders, is alles* **in orde***?"* She heard a loud bang and called, "Children, is everything **all right**?"

□ **all right** *adjective*

all right[2] **1** goed *"Help my asseblief die tafel verskuif." – "***Goed***, ek kom."* "Please help me move the table." – "**All right**, I'm coming." **2** redelik goed *Sy het* **rede= lik goed** *in die eksamen gevaar.* She did **all right** in the exam. **3** kan maar *"***Kan ek nou maar** *huis toe gaan?"* "Is it **all right** for me to go home now?"

□ **all right** *adverb*

almost byna, amper *Hy het oor die wortel van 'n boom gestruikel en* **byna/amper** *geval.* He tripped over the root of a tree and **almost** fell.

□ **al·most** *adverb*

alone **1** alleen *Terwyl ons buite gespeel het, het sy* **alleen** *in haar kamer gesit en lees.* While we were playing out= side, she sat reading **alone** in her room. **2** net *"***Net** *jy* weet van my planne, niemand anders nie." "You **alone** know about my plans, nobody else."

☐ a·**lone** adverb

along[1] saam Ons hou ons fietse **saam** met die motor in die garage. We keep our bicycles in the garage **along** with the car.

♦ **bring along** saambring "Jy kan gerus jou suster **saambring** wanneer ons vanmiddag gaan swem." "You are welcome to **bring** your sister **along** when we go swimming this afternoon."

♦ **come along ❶** saamkom "Ons gaan swem – wil jy **saamkom?**" "We're going for a swim – would you like to **come along?**" ❷ komaan "**Komaan**, Tom, anders sal ons laat wees!" "**Come along**, Tom, or we'll be late!"

♦ **move along ❶** aanloop, aanstap "**Aanloop/Aan-stap** (OF **Loop/Stap aan**), kinders, moenie op die brug bly staan nie!" "**Move along**, children, don't stand on the bridge." ❷ aanry "Sal u asseblief **aanry**, meneer? U mag nie voor dié hek parkeer nie." "Will you please **move along**, sir? You're not allowed to park in front of this gate."

☐ a·**long** adverb

along[2] ❶ langs [a] Ons het al **langs** die rivier tot by die brug geloop. We walked all **along** the river to the bridge. [b] Daar is plekke **langs** die pad waar 'n mens kan afdraai om te rus. There are places **along** the road where one can turn off to rest. ❷ met Ons het **met** 'n smal paadjie deur die bos geloop. We walked **along** a narrow path through the woods.

☐ a·**long** preposition

aloud hardop Die seun moes die storie **hardop** lees so-dat die res van die klas dit kon hoor. The boy had to read the story **aloud** so that the rest of the class could hear it.

☐ a·**loud** adverb

alphabet alfabet Daar is 26 letters in die **alfabet**. There are 26 letters in the **alphabet**.

☐ al·**pha·bet** noun (plural **alphabets**)

alphabetical alfabeties In 'n biblioteek rangskik hulle die boeke in **alfabetiese** volgorde op die rakke. In a li-brary they arrange the books in **alphabetical** order on the shelves.

☐ al·**pha·bet·i·cal** adjective

alphabetically alfabeties In 'n biblioteek rangskik hulle die boeke **alfabeties** op die rakke. In a library they ar-range the books **alphabetically** on the shelves.

☐ al·**pha·bet·i·cal·ly** adverb

already ❶ al, alreeds, reeds [a] Toe ons by die stasie aankom, was die trein **al/alreeds/reeds** weg. When we arrived at the station the train had **already** left. [b] "Kom ons gaan fliek, of het jy **al/alreeds/reeds** die prent gesien?" "Let's go to the cinema, or have you **already** seen the film?" ❷ al klaar "Het jy die skottel-goed **al klaar** gewas? Gits, maar dit was gou!" "Have you washed the dishes **already**? Gosh, but that was quick!" ❸ nou al "Is sy **nou al** hier? Ek het haar eers oor

'n uur verwag." "Is she here **already**? I expected her only in an hour's time." ⇨ **yet**[1] [NOTE].

☐ al·**read·y** adverb

alright ⇨ **all right**.

also ook Hy speel sokker en neem **ook** aan atletiek deel. He plays soccer and **also** takes part in athletics.

☐ al·**so** adverb

although ❶ al, alhoewel, hoewel Al is ons motor dertien jaar oud (OF **Alhoewel/Hoewel** ons motor dertien jaar oud is), loop hy nog baie goed. **Although** our car is thirteen years old, it still goes very well. ❷ al is dit Na haar operasie kan sy weer eet, **al is dit** baie min. After her operation she can eat again, **although** very little. ❸ al was dit Hy het my gehelp, **al was dit** net 'n uur. He helped me, **although** for only an hour.

☐ al·**though** conjunction (joining word)

altogether ❶ altesaam, altesame Daar is **altesaam/al-tesame** 39 leerlinge in ons klas. There are 39 pupils in our class **altogether**. ❷ heeltemal Hy het die bal pro-beer raak slaan, maar het dit **heeltemal** gemis. He tried to hit the ball, but missed it **altogether**.

☐ al·**to·geth·er** adverb

always altyd Die son sak **altyd** in die weste. The sun **always** sets in the west.

☐ al·**ways** adverb

am is Ek **is** honger. I **am** hungry. ⇨ **be** [NOTE].

☐ **am** present tense of the verb **be**, used only with "I" (past tense **was**)

ambulance ambulans Hulle het die beseerde man in 'n **ambulans** hospitaal toe geneem. They took the in-jured man to hospital in an **ambulance**.

☐ **am·bu·lance** noun (plural **ambulances**)

among ❶ tussen 'n Paar bokke wei **tussen** die skape. A few goats are grazing **among** the sheep. ❷ van Kaap-stad is een **van** baie stede wat aan die voet van 'n berg lê. Cape Town is one **among** many cities that lies at the foot of a mountain. ❸ onder As ons die lekkers gelykop **onder** mekaar verdeel, sal elkeen ses kry. If we share the sweets equally **among** us, each will get six. ⇨ **between** [NOTE].

☐ **a·mong** preposition

amount ❶ bedrag R150 000 is 'n enorme **bedrag** om vir 'n motor te betaal. R150 000 is an enormous **amount** to pay for a car. ❷ hoeveelheid 'n Groot **hoeveelheid** water het uit die stukkende tenk gelek. A large **amount** of water leaked from the broken tank.

☐ **a·mount** noun (plural **amounts**)

> Use **number** with countable nouns and **amount** with uncountable nouns: There were a large **number** of people at the boxing-match. R1,50 is a small **amount** of money.

an ❶ 'n Lynette eet **'n** appel. Lynette is eating **an** apple. ❷ per Hy verdien R12,50 **per** uur. He earns R12,50 **an** hour. ⇨ **a** [NOTE].

☐ **an** indefinite article

and en [a] My pa **en** ma werk albei. My father **and**

mother both work. **[b]** *Sy was moeg en het vroeg bed toe gegaan.* She was tired **and** went to bed early.

◆ **and so on, and so forth** ⇨ **so**[1].

☐ **and** *conjunction (joining word)*

anger woede *Sy het hom in woede deur die gesig geklap.* She slapped him across the face in **anger**.

☐ **an·ger** *noun (no plural)*

angrily kwaad *Hy het die pen kwaad geskud en gesê: "Die simpel ding wil nie skryf nie!"* He shook the pen **angrily** and said, "The stupid thing won't write!"

☐ **an·gri·ly** *adverb*

angry kwaad *"Moenie vir my kwaad wees nie; ek het nie jou pen met opset gebreek nie."* "Don't be **angry** with me; I didn't break your pen on purpose."

☐ **an·gry** *adjective* **angrier, angriest**

animal dier *'n Leeu is 'n gevaarlike dier.* A lion is a dangerous **animal**.

☐ **an·i·mal** *noun (plural* **animals***)*

ankle enkel *'n Skoen bedek slegs jou voet, maar 'n stewel bedek jou voet en enkel.* A shoe covers only your foot, but a boot covers your foot and **ankle**.

☐ **an·kle** *noun (plural* **ankles***)*

annoy ❶ pla *Ai, hoe pla dié vlieë my!* Oh, how these flies **annoy** me! ❷ vies maak *Dit maak my vies as mense voor ander indruk en nie hul beurt afwag nie.* It **annoys** me if people push in front of others and don't wait their turn.

☐ **an·noy** *verb (past tense and past participle* **an· noyed**, *present participle* **annoying***)*

annoyed vies *Hy was vies vir homself oor hy sy liniaal vergeet het.* He was **annoyed** with himself for forget= ting his ruler.

◆ **get annoyed at** jou vererg oor *As hy in 'n slegte bui is, vererg hy hom oor die kleinste dingetjie.* When he's in a bad temper he **gets annoyed at** the slightest thing.

☐ **an·noyed** *adjective* **more annoyed, most an= noyed**

annual jaarliks *Die jaarlikse partytjie vir die matrieks word in Oktober gehou.* The **annual** party for the ma= trics is held in October.

☐ **an·nu·al** *adjective*

annually jaarliks *Christene vier die geboorte van Chris= tus jaarliks op 25 Desember.* Christians celebrate the birth of Christ **annually** on 25 December.

☐ **an·nu·al·ly** *adverb*

another ❶ nog 'n *"Kan ek asseblief nog 'n stukkie koek kry?"* "May I please have **another** piece of cake?" ❷ 'n ander *"Gaan trek 'n ander trui aan; die een wat jy aanhet, is vuil."* "Go and put on **another** jersey; the one you are wearing is dirty."

◆ **one another** ⇨ **one**[4].

☐ **an·oth·er** *adjective*

answer[1] antwoord *Sy het nie geweet wat die antwoord op die vraag is.* She didn't know the **answer** to the question.

☐ **an·swer** *noun (plural* **answers***)*

answer[2] ❶ antwoord **[a]** *"Ek het jou 'n vraag gevra – hoekom antwoord jy my nie?"* "I asked you a question – why don't you **answer** me?" **[b]** *"Die telefoon lui – antwoord dit asseblief."* "The phone is ringing – please **answer** it." ❷ beantwoord, antwoord op *"Hoe= kom beantwoord jy nie sy briewe nie* (OF *Hoekom antwoord jy nie op sy briewe nie)?"* "Why don't you **answer** his letters?" ❸ beantwoord *Sy het al die vrae korrek beantwoord en vol punte in die toets gekry.* She **answered** all the questions correctly and got full marks in the test. ❹ oopmaak *"Sal jy asseblief die deur oopmaak? Ek hoor iemand klop."* "Will you please **answer** the door? I hear someone knocking."

☐ **an·swer** *verb (past tense and past participle* **answered**, *present participle* **answering***)*

ant mier *'n Mier is 'n klein insek.* An **ant** is a small insect.

☐ **ant** *noun (plural* **ants***)*

antelope wildsbok *'n Springbok is 'n wildsbok wat hoog in die lug kan spring.* A springbuck is an **antelope** that can jump high into the air.

☐ **an·te·lope** *noun (plural* **antelope/antelopes***)*

anthem ⇨ **national anthem**.

any[1] ❶ enige *Simon eet enige soort vleis, maar is veral lief vir beesvleis.* Simon eats **any** kind of meat, but is particularly fond of beef. ❷ elke *Dié vraag is so maklik, elke kind ken die antwoord.* This question is so easy, **any** child knows the answer. ❸ nog *"Is daar nog koek oor?"* "Is there **any** cake left?"

◆ **not any** geen ... nie *Ek het geen geld by my nie.* I do **not** have **any** money on me.

◆ **not any longer** ❶ nie meer nie *Hulle het getrek en woon nie meer hier nie.* They have moved and don't live here **any longer**. ❷ nie langer nie *Ek kan nie langer wag nie.* I can't wait **any longer**.

☐ **an·y** *adjective*

any[2] 'n bietjie *"Voel jy 'n bietjie beter, of is jou kop nog altyd seer?"* "Do you feel **any** better, or does your head still ache?"

◆ **any more** nog *"Is daar nog los skroewe wat ek moet vasdraai?"* "Are there **any more** loose screws that I need to tighten?"

◆ **not any** glad nie *"Ek voel glad nie beter nie; my kop is nog altyd seer."* "I do **not** feel **any** better; my head still aches." ❷ nie ... nie, niks ... nie *Sy was so moeg dat sy nie/niks verder kon loop nie.* She was so tired that she could **not** walk **any** further.

◆ **not any longer, not any more** nie meer nie *Hulle het getrek en woon nie meer hier nie.* They have moved and do **not** live here **any longer/more**.

◆ **not any more** niks meer nie *Sy is baie ongelukkig op kantoor, want sy hou niks meer van haar werk nie.* She is very unhappy at the office because she does **not** like her job **any more**.

☐ **an·y** *adverb*

any[3] enige *Sy is mooier as enige ander meisie in die klas.* She is prettier than **any** other girl in the class.

☐ **an·y** *pronoun*

anybody, anyone enigiemand *"Ek sien nie vir Monica nie; weet enigiemand waar sy is?"* "I don't see Monica; does **anybody/anyone** know where she is?"

☐ **an·y·bod·y, an·y·one** *pronoun*

anything enigiets **[a]** *"Is daar enigiets in die blik of is dit leeg?"* "Is there **anything** in the tin or is it empty?" **[b]** *Ons hond eet enigiets, selfs rou vis.* Our dog will eat **anything**, even raw fish.

◆ **anything but** alles behalwe *Ons huis is maar eenvoudig – dis alles behalwe deftig.* Our house is rather plain – it is **anything but** smart.

◆ **not anything** niks *Ek het stilgebly en niks gesê nie.* I kept quiet and did **not** say **anything**.

☐ **an·y·thing** *pronoun*

anywhere 1 êrens *"Is daar êrens 'n winkel oop wat op 'n Sondag tandepasta verkoop?"* "Is there a shop open **anywhere** that sells toothpaste on a Sunday?" **2** nêrens nie *Ek is seker my boek is weg; ek kan dit nêrens kry nie.* I'm sure my book is lost; I can't find it **anywhere**. **3** enige plek *"Sit die boeke enige plek op my tafel neer."* "Put the books **anywhere** on my table."

◆ **anywhere you like** net waar jy wil *"Daar is baie stoele; sit net waar jy wil."* "There are plenty of chairs; sit **anywhere you like**."

☐ **an·y·where** *adverb*

apart 1 apart *Hy het apart van die ander kinders gesit.* He sat **apart** from the other children. **2** uitmekaar, vanmekaar *Die twee dorpe is 37 km uitmekaar/vanmekaar.* The two towns are 37 km **apart**.

◆ **take apart** uitmekaar haal, uitmekaarhaal *Hy moes sy fiets uitmekaar haal (OF uitmekaarhaal) om dit reg te maak.* He had to **take** his bicycle **apart** to repair it.

◆ **tell apart** ⇨ **tell**.

☐ **a·part** *adverb*

appear 1 verskyn *Sterre verskyn saans aan die hemel.* Stars **appear** in the sky at night. **2** optree *"In watter televisieprogram gaan die sanger vanaand optree?"* "In what television show is the singer going to **appear** tonight?" **3** uitkom *Die bome is mooi groen wanneer hul blare in die lente uitkom.* The trees are nice and green when their leaves **appear** in spring.

◆ **appear to me** lyk (vir) my *Ek bekommer my oor hom – hy lyk nie vir my (OF hy lyk my nie) gesond nie.* I am concerned about him – he does not **appear** well to me.

☐ **ap·pear** *verb (past tense and past participle appeared, present participle appearing)*

apple appel *Wanneer my ma vrugteslaai maak, sny sy graag 'n appel daarin.* When my mother makes fruit salad, she likes to slice an **apple** into it.

☐ **ap·ple** *noun (plural apples)*

application aansoek *Die maatskappy het tot sover nog net een aansoek vir die werk ontvang.* So far the company has received only one **application** for the job.

☐ **ap·pli·ca·tion** *noun (plural applications)*

apply 1 aansoek doen *Wanneer ek die skool verlaat, gaan ek by die bank om werk aansoek doen.* When I leave school I'm going to **apply** for a job at the bank. **2** geld *Die hoof het gesê: "Kinders, die reël teen rokery geld vir julle almal."* The headmaster said, "Children, the rule against smoking **applies** to you all." **3** toepas *Dis bekend dat daardie skeidsregter die reëls van die spel streng maar regverdig toepas.* That referee is known to **apply** the rules of the game strictly but fairly. **4** aanwend *"Laat die verf goed droog word voor jy die tweede laag aanwend."* "Allow the paint to dry properly before you **apply** the second coat."

☐ **ap·ply** *verb (past tense and past participle applied, present participle applying)*

appointment afspraak *Ek het om drie-uur 'n afspraak met die dokter.* I have an **appointment** with the doctor at three o'clock.

☐ **ap·point·ment** *noun (plural appointments)*

appreciate waardeer *"Baie dankie, ek waardeer jou hulp."* "Thank you very much, I **appreciate** your help."

☐ **ap·pre·ci·ate** *verb (past tense and past participle appreciated, present participle appreciating)*

approach nader kom *Die dae word langer namate die somer nader kom.* The days lengthen as summer **nader kom**.

☐ **ap·proach** *verb (past tense and past participle approached, present participle approaching)*

apricot appelkoos *'n Appelkoos is 'n klein ronde vrug met 'n oranje kleur en 'n suur smaak.* An **apricot** is a small round fruit with an orange colour and a sour taste.

☐ **a·pri·cot** *noun (plural apricots)*

April April *April is die vierde maand van die jaar.* **April** is the fourth month of the year.

☐ **A·pril** *noun (no plural)*

apron voorskoot *My ma dra gewoonlik 'n voorskoot wanneer sy kook.* My mother usually wears an **apron** when she is cooking.

☐ **a·pron** *noun (plural aprons)*

are is *"Hoe lank is jy?"* "How tall **are** you?" ⇨ **be** [NOTE].

◆ **aren't ...?** (mos) ... nè?, (mos) ... nie waar nie? *"Hulle kom (mos), nè (OF nie waar nie)?"* "They're coming, **aren't** they?"

◆ **weren't ...?** (mos) ... nè?, (mos) ... nie waar nie? *"Hulle was (mos) laat, nè (OF nie waar nie)?"* "They were late, **weren't** they?"

☐ **are** *present tense of the verb* **be**, *used with "you", "we" and "they" (past tense* **were***)*

argue stry *"Moenie met my stry nie. Daardie kleur is donkerblou en nie swart nie."* "Don't **argue** with me. That colour is dark blue and not black."

☐ **ar·gue** *verb (past tense and past participle argued, present participle arguing)*

arm 1 arm *Jy kan jou arm by die elmboog buig.* You can bend your **arm** at the elbow. **2** (arm)leuning *Hy het* *langs my op die (arm)leuning van my stoel kom sit.* He came and sat next to me on the **arm** of my chair.

□ **arm** *noun (plural* **arms***)*

armed gewapen *Die rower was met 'n geweer gewapen.* The robber was **armed** with a gun.

□ **armed** *adjective*

army leër *Hy is 'n soldaat in die leër.* He is a soldier in the **army**.

□ **ar·my** *noun (plural* **armies***)*

around[1] ❶ rond *Die kinders hardloop in die tuin rond.* The children are running **around** in the garden. ❷ om *"Draai om en loop in die ander rigting!"* "Turn **around** and walk in the other direction!" ❸ omtrent, ongeveer, sowat *Daar was omtrent/ongeveer/so= wat 40 000 mense by die sokkerwedstryd.* There were **around** 40 000 people at the soccer match.

□ **a·round** *adverb*

around[2] ❶ om [a] *Sy het 'n verband om haar vinger.* She has a bandage **around** her finger. [b] *Die winkel is om die volgende hoek.* The shop is **around** the next corner. ❷ rond *Ek ken die meeste mense wat hier rond woon.* I know most of the people who live **around** here. ❸ rondom *Daar is 'n heining reg rondom die skool.* There is a fence right **around** the school. ⇨ **round** [NOTE].

□ **a·round** *preposition*

arrange ❶ rangskik *In 'n biblioteek rangskik hulle die boeke alfabeties op die rakke.* In a library they **arrange** the books alphabetically on the shelves. ❷ reël *"Kan jou pa jou bring, of moet ek vir jou vervoer reël?"* "Can your father bring you, or shall I **arrange** transport for you?"

□ **ar·range** *verb (past tense and past participle* **ar= ranged***, present participle* **arranging***)*

arrival aankoms *'n Bord by die stasie gee jou inligting oor die aankoms en vertrek van treine.* A board at the station gives you information about the **arrival** and departure of trains.

□ **ar·riv·al** *noun (plural* **arrivals***)*

arrive ❶ aankom *Die trein sal om 15:30 aankom en weer om 15:40 vertrek.* The train will **arrive** at 15:30 and leave again at 15:40. ❷ kom *"Gaan maak jou netjies voor die gaste kom."* "Go and tidy yourself up before the guests **arrive**."

□ **ar·rive** *verb (past tense and past participle* **arrived***, present participle* **arriving***)*

arrow pyl [a] *'n Pyl op die muur in die gang wys jou waar die hoof se kantoor is.* An **arrow** on the wall in the passage shows you where the principal's office is. [b] *Die man het 'n pyl met sy boog afgeskiet.* The man shot an **arrow** with his bow.

□ **ar·row** *noun (plural* **arrows***)*

art kuns *Sy teken mooi en wil kuns studeer as sy groot is.* She draws well and wants to study **art** when she grows up.

□ **art** *noun (no plural)*

article artikel *Daar is 'n interessante artikel oor honde*

in die tydskrif. There is an interesting **article** on dogs in the magazine.

□ **ar·ti·cle** *noun (plural* **articles***)*

artist kunstenaar *Die kunstenaar het 'n prent in helder kleure geskilder.* The **artist** painted a picture in bright colours.

□ **art·ist** *noun (plural* **artists***)*

as[1] so *Hy is so oud soos ek (ons is albei veertien).* He is **as** old as I am (we are both fourteen).

□ **as** *adverb*

as[2] as *As oudste kind moet sy die kleintjies oppas.* **As** the eldest child she has to look after the little ones.

□ **as** *preposition*

as[3] ❶ as *David eet twee keer soveel as sy suster.* David eats twice as much **as** his sister. ❷ soos *Thomas is net so lank soos sy ma.* Thomas is just as tall **as** his mother. ❸ terwyl *Sy het gesing terwyl sy haar strykwerk gedoen het.* She sang **as** she did her ironing. ❹ toe *Net toe ek aan die deur wou klop, het dit oopgegaan.* Just **as** I was about to knock on the door it opened. ❺ want, omdat *Ek gaan saans vroeg bed toe, want ek moet soggens om sesuur opstaan* (OF *omdat ek soggens om sesuur moet opstaan).* I go to bed early at night **as** I have to get up at six o'clock in the morning. ❻ namate *Die dae word langer namate die somer nader kom.* The days lengthen **as** summer approaches. ❼ mos *"Jy weet mos ek kan nie swem nie."* "**As** you know, I can't swim."

◆ **as if, as though** asof *Dit lyk asof dit gaan reën.* It looks **as if/though** it is going to rain.

□ **as** *conjunction (joining word)*

In speech, use *him, her, me, us* and *them* after **as ... as**, but in formal writing use *he, she, I, we* and *they*: *She is as old as me* (speech). *She is as old as I am* (formal).

---

ash as [a] *Nadat die vuur uitgebrand het, het net as oor= gebly.* After the fire had burnt out, only **ash** remained. [b] *Die man het die as van sy sigaret in 'n asbakkie afgetik.* The man flicked the **ash** off his cigarette into an ashtray.

□ **ash** *noun (no plural)*

ashamed skaam *Sy was te skaam om te erken dat sy 'n fout gemaak het.* She was too **ashamed** to admit that she had made a mistake.

◆ **be/feel ashamed of** ❶ jou skaam oor/vir *"Skaam jy jou nie oor/vir jou swak werk nie?"* "Aren't you (OR Don't you) **feel**) **ashamed of** your bad work?" ❷ skaam kry *"Ek kry skaam dat ek jou verjaardag ver= geet het."* "I **am/feel ashamed** that I've forgotten your birthday."

◆ **you ought to be ashamed of yourself** jy behoort jou te skaam *"Jy behoort jou te skaam dat jy jou so swak gedra het!"* "**You ought to be ashamed of yourself** for behaving so badly!"

□ **a·shamed** *adjective*

ashtray asbakkie *Die man het die as van sy sigaret in 'n asbakkie afgetik.* The man flicked the ash off his ciga= rette into an **ashtray**.

☐ **ash·tray** *noun (plural* **ashtrays***)*

aside ❶ opsy **[a]** *Sy het hom* **opsy** *gestoot en geroep: "Gee pad!"* She pushed him **aside** and cried, "Get out of my way!" **[b]** *Hy het my* **opsy** *geneem en my 'n geheim begin vertel.* He took me **aside** and started to tell me a secret. ❷ opsy, eenkant *Sy het die brief* **opsy/eenkant** *gesit en gesê: "Ek sal dit later lees."* She put the letter **aside** and said, "I'll read it later."

☐ **a·side** *adverb*

ask vra **[a]** *"Vra die nuwe meisie wat haar naam is."* "**Ask** the new girl what her name is." **[b]** *Simon* **het** *Miriam* **gevra** *om met hom te trou.* Simon asked Miriam to marry him. **[c]** *"Gaan jy vir Edith* **vra** *om na jou partytjie toe te kom?"* "Are you going to **ask** Edith to come to your party?" **[d]** *Hulle* **vra** *85c vir 'n toebroodjie by die kafee.* They **ask** 85c for a sandwich at the café.

◆ **ask someone for something** iets by/van iemand vra *Dis beleef om "asseblief" te sê wanneer jy* **iets by/van iemand vra***.* It's polite to say "please" when you **ask someone for something**.

◆ **ask over** ⇨ **over**[1].

☐ **ask** *verb (past tense and past participle* **asked***, present participle* **asking***)*

asleep[1] aan die slaap *Hy was vas* **aan die slaap** *en het liggies gesnork.* He was fast **asleep** and snored lightly.

☐ **a·sleep** *adjective*

Do not use **asleep** before a noun: *The baby is* **asleep**, but *She laid the* **sleeping** *baby down.*

---

asleep[2] aan die slaap *Sy was so moeg dat sy in haar stoel* **aan die slaap** *geraak het.* She was so tired that she fell **asleep** in her chair.

☐ **a·sleep** *adverb*

assemble bymekaarkom *Voor die klasse Maandagoggende begin, moet die onderwysers en leerlinge in die saal* **bymekaarkom***.* On Monday mornings before the classes start, the teachers and pupils have to **assemble** in the hall.

☐ **as·sem·ble** *verb (past tense and past participle* **assembled***, present participle* **assembling***)*

assembly saal *Die hoof sal môre in die* **saal** *die name van die nuwe prefekte aflees.* Tomorrow at **assembly** the principal will read out the names of the new prefects.

☐ **as·sem·bly** *noun (plural* **assemblies***)*

astonished verbaas *Sy was* **verbaas** *oor die kinders se swak gedrag – hulle is gewoonlik baie soet.* She was **astonished** by the children's bad behaviour – they're usually very **good**.

☐ **a·ston·ished** *adjective* **more astonished, most astonished**

astonishment verbasing *Hy het gedink die hond is dood, maar tot sy* **verbasing** *het hy skielik opgestaan en weggehardloop.* He thought the dog was dead, but to his **astonishment** it suddenly got up and ran away.

☐ **a·ston·ish·ment** *noun (no plural)*

at ❶ aan *Aan die begin van die geveg het albei boksers baie*

fiks gelyk. **At** the beginning of the fight both boxers looked very fit. ❷ by *Hulle is nie* **by** *die huis nie – hulle is uit.* They aren't **at** home – they're out. ❸ om *Die film begin* **om** *agtuur vanaand.* The film starts **at** eight o'clock this evening. ❹ op **[a]** *Sy vaar goed* **op** *skool en gaan volgende jaar matriek toe.* She is doing well **at** school and is going to matric next year. **[b]** *Op die ouderdom van 85 het hy nog sonder 'n kierie geloop.* **At** the age of 85 he was still walking without a stick. ❺ teen *Ons het ses appels* **teen** *20c elk gekoop.* We bought six apples **at** 20c each. ❻ voor **[a]** *"Vee asseblief jou voete af op die mat* **voor** *die deur."* "Please wipe your feet on the mat **at** the door." **[b]** *Hy het* **voor** *die klavier gesit.* He sat **at** the piano. ❼ met *Die boer het* **met** *oestyd ekstra arbeiders gehuur.* The farmer hired extra labourers **at** harvest time.

◆ **(at) about** ⇨ **about**[2].

◆ **at it** daarna *"Die ketel is stukkend. Kyk asseblief* **daarna** *om te sien wat makeer."* "The kettle is out of order. Please take a look **at it** to see what is wrong."

◆ **at this** hierna *Sy het iets opgetel en gesê: "Kyk* **hierna** *– wat dink jy is dit?"* She picked up something and said, "Look **at this** – what do you think it is?"

☐ **at** *preposition*

athlete atleet *"Watter* **atleet** *het eerste in die wedloop gekom?"* "Which **athlete** came first in the race?"

☐ **ath·lete** *noun (plural* **athletes***)*

athletics atletiek *By ons skool neem ons in die somer aan* **atletiek** *deel en in die winter speel ons netbal of sokker.* At our school we take part in **athletics** in summer and in winter we play netball or soccer.

☐ **ath·let·ics** *noun (no plural)*

atlas atlas *Die kaart van Suid-Afrika is op bladsy 23 van die* **atlas***.* The map of South Africa is on page 23 of the **atlas**.

☐ **at·las** *noun (plural* **atlases***)*

attack[1] aanval **[a]** *Vyf soldate is in die* **aanval** *op die vyand gewond.* Five soldiers were wounded in the **attack** on the enemy. **[b]** *Toe ek griep gehad het, het ek 'n ligte* **aanval** *van koors gekry.* When I had flu, I had a mild **attack** of fever.

☐ **at·tack** *noun (plural* **attacks***)*

attack[2] aanval *Die soldate gaan die vyand met vliegtuie en tenks* **aanval***.* The soldiers are going to **attack** the enemy with planes and tanks.

☐ **at·tack** *verb (past tense and past participle* **attacked***, present participle* **attacking***)*

attend bywoon *Aan sommige universiteite kan studente wat werk, saans klasse* **bywoon***.* At some universities students who work can **attend** classes in the evening.

◆ **attend to** ❶ versorg, sorg vir *My ouma was so siek dat ons 'n verpleegster moes kry om haar te* **versorg** *(OF* **vir haar te sorg***).* My grandmother was so ill that we had to get a nurse to **attend to** her. ❷ let op, aandag gee/skenk aan *"Kinders,* **let op** *(OF* **gee/skenk aan**

*dag aan) wat ek sê, anders sal julle nooit dié som ver=
staan nie."* "Children, **attend to** what I'm saying,
otherwise you'll never understand this sum."
☐ **at·tend** *verb (past tense and past participle* **attend=
ed,** *present participle* **attending)**

attendant ❶ oppasser *Die* ***oppasser*** *moes die motors
wegwys, want die parkeergarage was vol.* The **attend=
ant** had to turn the cars away because the parking
garage was full. ❷ joggie *Sy het by 'n garage ingetrek en
die* ***joggie*** *gevra om haar motor se bande te pomp.* She
pulled in at a garage and asked the **attendant** to pump
the tyres of her car.
☐ **at·tend·ant** *noun (plural* **attendants)**

attention aandag *Hy het sy arms geswaai om haar* ***aan=
dag*** *te trek.* He waved his arms to attract her **atten-
tion.**

◆ **pay attention to** ❶ aandag gee/skenk aan, let op
"Kinders, ***gee/skenk aandag aan*** *(OF* ***let op)*** *wat ek
sê, anders sal julle nooit dié som verstaan nie."* "Chil-
dren, **pay attention to** what I'm saying, otherwise
you'll never understand this sum." ❷ ag gee op *Hy* ***het
nie ag gegee op*** *die dokter se raad nie en baie siek
geword.* He **paid** no **attention to** the doctor's advice
and became very ill.
☐ **at·ten·tion** *noun (no plural)*

attract ❶ aantrek *'n* ***Magneet*** *kan stukke yster of staal*
aantrek. A magnet can **attract** pieces of iron or steel.
❷ trek *Hy het sy arms geswaai om haar aandag te* ***trek.***
He waved his arms to **attract** her attention.
☐ **at·tract** *verb (past tense and past participle* **attract=
ed,** *present participle* **attracting)**

attractive aantreklik *Hy is baie* ***aantreklik*** *en het baie
meisies.* He is very **attractive** and has many girl-
friends.
☐ **at·trac·tive** *adjective* **more attractive, most at-
tractive**

audience gehoor *Die* ***gehoor*** *het geklap toe die sanger
op die verhoog verskyn.* The **audience** clapped when
the singer appeared on the stage.
☐ **au·di·ence** *noun (plural* **audiences)**

August Augustus ***Augustus*** *is die agtste maand van die
jaar.* **August** is the eighth month of the year.
☐ **Au·gust** *noun (no plural)*

aunt tante *Jou ma of pa se suster is jou* ***tante.*** Your
mother or father's sister is your **aunt.**
☐ **aunt** *noun (plural* **aunts)**

Write **aunt** with an initial capital letter when it is
part of a proper name but not when used alone: *"Tell
Aunt Mary supper is ready."* My **aunt** lives in
Durban.

---

author skrywer *Shakespeare was 'n beroemde Engelse
****skrywer.*** Shakespeare was a famous English **author.**
☐ **au·thor** *noun (plural* **authors)**

authority gesag *'n Regering het die* ***gesag*** *om wette te
maak.* A government has the **authority** to make laws.
☐ **au·thor·i·ty** *noun (no plural)*

autumn herfs *Baie bome verloor hul blare in die* ***herfs.***
Many trees shed their leaves in **autumn.**
☐ **au·tumn** *noun (plural* **autumns)**

available ❶ beskikbaar *"Ek is vanmiddag* ***beskikbaar***
om jou te help, maar nie môre nie." "I'm **available** to
help you this afternoon, but not tomorrow." ❷ ver=
kry(g)baar *Deesdae is die musiek van baie kunstenaars
op plaat, band en laserplaat* ***verkry(g)baar.*** These
days the music of many artists is **available** on record,
tape and compact disc.
☐ **a·vail·a·ble** *adjective*

avoid vermy *Vredeliewende nasies probeer oorloë* ***ver-
my.*** Peaceful nations try to **avoid** wars.
☐ **a·void** *verb (past tense and past participle* **avoided,**
present participle **avoiding)**

awake[1] ❶ wakker word *"Is dit nie wonderlik om met die
gekwetter van voëls* ***wakker te word*** *nie?"* "Isn't it
wonderful to **awake** to the sound of birds chirping?"
❷ wakker maak *'n Lawaai in die straat* ***het hom wak-
ker gemaak.*** A noise in the street **awoke** him.
☐ **a·wake** *verb (past tense* **awoke,** *past participle*
awoken, *present participle* **awaking)**

awake[2] wakker *"Is Lorraine* ***wakker?"*** *– "Nee, sy
slaap nog."* "Is Lorraine **awake?"** – "No, she's still
sleeping."
☐ **a·wake** *adjective*

away ❶ weg [a] *Die bure is nie tuis nie; hulle is met va-
kansie* ***weg.*** The neighbours aren't at home; they're
away on holiday. [b] *Hulle woon ver* ***weg*** *in 'n ander
land.* They live far **away** in another country. ❷ ver *Die
volgende dorp is 65 km* ***ver.*** The next town is 65 km
away.
☐ **a·way** *adverb*

awful ❶ aaklig *Die kos was so* ***aaklig*** *dat nie eers die hond
dit wou eet nie.* The food was so **awful** that not even
the dog would eat it. ❷ geweldig *Die nuus van sy dood
was vir haar 'n* ***geweldige*** *skok.* The news of his death
came as an **awful** shock to her.
☐ **aw·ful** *adjective* **more awful, most awful**

axe byl *Hy het die boom met 'n* ***byl*** *afgekap.* He chopped
down the tree with an **axe.**
☐ **axe** *noun (plural* **axes)**

axle as *Die wiele draai om die* ***as*** *van die motor.* The
wheels turn around the **axle** of the car.
☐ **ax·le** *noun (plural* **axles)**

B

baboon bobbejaan *'n Aap is kleiner as 'n bobbejaan, maar hulle lyk baie na mekaar.* A monkey is smaller than a **baboon**, but they look very alike.
□ **ba·boon** *noun (plural* **baboons***)*

baby baba *Haar baba is ses maande oud.* Her **baby** is six months old.
◆ **baby boy** seuntjie *My suster het verlede week 'n seuntjie gekry.* My sister had a **baby boy** last week.
◆ **baby girl** dogtertjie *My suster het verlede week 'n dogtertjie gekry.* My sister had a **baby girl** last week.
□ **ba·by** *noun (plural* **babies***)*

> If uncertain whether a baby is a boy or a girl, use the pronoun **it** in sentences such as *The baby is crying, please give* **it** *some milk.*

back¹ ❶ rug **[a]** *Die vrou het die baba op haar rug gedra.* The woman carried the baby on her **back. [b]** *Hy het teen die rug van die stoel geleun.* He leant against the **back** of the chair. **❷** agterkant *Jy kan nie die agter= kant van jou kop sien nie.* You can't see the **back** of your head.
◆ **at the back of ❶** agter *Die groentetuin is agter die huis.* The vegetable garden is **at the back of** the house. **❷** agter in *Die kombuis is agter in die huis.* The kitchen is **at the back of** the house.
◆ **give someone a pat/slap on the back, pat/slap someone on the back** iemand op die skouer klop *Hy het die atleet op die skouer geklop en gesê: "Mooi so, seun! Geluk dat jy gewen het!"* He **gave the athlete a pat/slap on the back** (OR He **patted/slapped the athlete on the back**) and said, "Well done, boy! Congratulations on winning!"
◆ **in the back of** agter in *Die kinders het agter in die motor gesit.* The children sat **in the back of** the car.
◆ **into the back of** agter in *Sy het agter in 'n bus vasgery.* She drove **into the back of** a bus.
◆ **on the back of** agter op *Die kinders het agter op die bakkie gery.* The children rode **on the back of** the bakkie.
□ **back** *noun (plural* **backs***)*

back² ❶ agter= *Die agterdeur van ons huis lei na die kombuis.* The **back** door of our house leads to the kit= chen. **❷** agterste *Sy kan nie op die bord sien as sy in die agterste ry van die klas sit nie.* She can't see on the board if she sits in the **back** row of the class.
□ **back** *adjective*

back³ ❶ terug **[a]** *"Geniet die partytjie, Esther, maar sorg dat jy voor tienuur terug is!"* "Enjoy the party, Esther, but see that you are **back** before ten o'clock!"
[b] *Die radioverhaal het 'n paar weke terug begin.* The radio story started a few weeks **back. ❷** agteroor *Sy het*

agteroor teen die boom geleun. She leant **back** against the tree. **❸** agteruit *Hy het agteruit getree en in die swembad geval.* He stepped **back** and fell into the swimming pool.
◆ **back soon** netnou/nou-nou weer hier *Esmé is gou kafee toe en sal netnou/nou-nou weer hier wees.* Esmé has just gone to the café and will be **back soon.**
◆ **come back** ⇨ **come.**
◆ **go back** ⇨ **go.**
□ **back** *adverb*

backwards ❶ agteruit *Voëls kan nie agteruit vlieg nie.* Birds can't fly **backwards. ❷** agtertoe *Moenie die mo= tor agtertoe laat loop wanneer jy teen 'n bult wegtrek nie.* Don't let the car run **backwards** when you pull away on a hill. **❸** agteroor *Ek het agteroor van die stoel afgeval.* I fell **backwards** off the chair.
◆ **backwards and forwards** heen en weer *Sy het heen en weer in die stoel gewieg.* She rocked **back= wards and forwards** in the chair.
□ **back·wards** *adverb*

bad¹ kwaad *Daar is goed en kwaad in ons almal.* There is good and **bad** in all of us.
□ **bad** *noun (no plural)*

bad² ❶ sleg **[a]** *Dis sleg vir jou tande om te veel lekkers te eet.* It is **bad** for your teeth to eat too many sweets. **[b]** *Simon is baie stout en het 'n slegte invloed op Philip.* Simon is very naughty and has a **bad** influence on Philip. **[c]** *"Ek het slegte nuus vir jou: 'n motor het jou hond omgery."* "I have **bad** news for you: a car has run over your dog." **[d]** *"Sit die vleis in die yskas, anders word dit sleg."* "Put the meat in the fridge, otherwise it will go **bad." [e]** *Hy kan nie goed sien nie, want sy oë is sleg.* He can't see well because his eyes are **bad. [f]** *Ek het haar verjaardag vergeet en voel baie sleg daar= oor.* I forgot her birthday and feel very **bad** about it. **[g]** *Dis gevaarlik om in slegte weer te vinnig te ry.* It is dangerous to drive too fast in **bad** weather. **❷** swak *Tom is swak in wiskunde, maar goed in tale.* Tom is **bad** at maths but good at languages. **❸** erg *Toe hy sy been gebreek het, was die pyn so erg dat die dokter hom 'n inspuiting moes gee.* When he broke his leg, the pain was so **bad** that the doctor had to give him an injec= tion. **❹** kwaai *Sy is in die bed met 'n kwaai verkoue.* She is in bed with a **bad** cold. **❺** naar *Ek het gisteraand 'n nare droom oor slange gehad.* I had a **bad** dream about snakes last night.
◆ **use bad language** lelik praat *"Jy skok my – hoe kan jy so lelik praat?"* "You shock me – how can you **use such bad language?"**
□ **bad** *adjective* **worse, worst**

badge wapen *Sy ma het die wapen van sy skool op die*

sak van sy kleurbaadjie vasgewerk. His mother sewed the **badge** of his school on the pocket of his blazer.

☐ **badge** *noun (plural* **badges***)*

badly ◪ baie graag *Hy wil baie graag 'n fiets hê.* He wants a bicycle **badly**. ◪ erg *Die motor is erg in die ongeluk beskadig.* The car was **badly** damaged in the accident. ◪ swak *Die speelding is swak gemaak en sal nie lank hou nie.* The toy is **badly** made and won't last long. ◪ sleg *Hy het sleg in die eksamen gevaar – ek twyfel of hy sal slaag.* He did **badly** in the examination – I doubt whether he will pass. ◪ bitter *"Ek is in die moeilikheid en het jou hulp bitter nodig."* "I am in trouble and need your help **badly**." ◪ lelik *Sy het haar lelik met die kookwarm olie verbrand.* She burnt herself **badly** with the boiling hot oil.

◆ **think badly of** ⇨ **think.**

☐ **bad·ly** *adverb*

bag ◪ sak *"Dra asseblief vir my die sak groente."* "Please carry the **bag** of vegetables for me." ◪ tas *Sy tas met skoolboeke is baie swaar.* His **bag** of school-books is very heavy.

☐ **bag** *noun (plural* **bags***)*

bait aas *Die visser het 'n wurm as aas gebruik om die vis te vang.* The fisherman used a worm as **bait** to catch the fish.

☐ **bait** *noun (no plural)*

bake bak *"Ma gaan vir jou 'n koek vir jou verjaardag bak."* "Mother is going to **bake** you a cake for your birthday."

☐ **bake** *verb (past tense and past participle* **baked**, *present participle* **baking***)*

baker bakker *My pa is 'n bakker by die bakkery.* My father is a **baker** at the bakery.

☐ **bak·er** *noun (plural* **bakers***)*

bakery bakkery *My pa bak brood by die bakkery.* My father bakes bread at the **bakery**.

☐ **bak·e·ry** *noun (plural* **bakeries***)*

bakkie bakkie *'n Vragmotor kan veel swaarder vragte as 'n bakkie dra.* A truck can carry much heavier loads than a **bakkie**.

☐ **bak·kie** *noun (plural* **bakkies***)*

ball ◪ bal *Die kinders speel met 'n bal.* The children are playing with a **ball**. ◪ bol *Sy het 'n bol wol gekoop.* She bought a **ball** of wool. ◪ bolletjie *Die kat speel met 'n bolletjie papier.* The cat is playing with a **ball** of paper.

☐ **ball** *noun (plural* **balls***)*

ballet ballet *Ballet is 'n soort dans.* **Ballet** is a kind of dance.

☐ **bal·let** *noun (plural* **ballets***)*

balloon ballon *"Die ballon sal bars as jy te veel lug daarin blaas."* "The **balloon** will burst if you blow too much air into it."

☐ **bal·loon** *noun (plural* **balloons***)*

banana piesang *Daar is 'n piesang en 'n paar ander vrugte in die mandjie.* There is a **banana** and some other fruit in the basket.

☐ **ba·na·na** *noun (plural* **bananas***)*

band ◪ band *Sy het 'n rooi band om haar hoed.* She has a red **band** round her hat. ◪ orkes *Hy speel die tromme in 'n orkes.* He plays the drums in a **band**.

☐ **band** *noun (plural* **bands***)*

bandage[1] verband *"Hoekom het jy 'n verband om jou vinger?" – "Ek het my gesny."* "Why do you have a **bandage** round your finger?" – "I cut myself."

☐ **ban·dage** *noun (plural* **bandages***)*

bandage[2] verbind *"Ons sal dié wond moet verbind; dit bloei te veel."* "We'll have to **bandage** this wound; it's bleeding too much."

☐ **ban·dage** *verb (past tense and past participle* **ban= daged**, *present participle* **bandaging***)*

bang[1] slag *Die donderstorm het met 'n harde slag losge= bars.* The thunderstorm broke with a loud **bang**.

☐ **bang** *noun (plural* **bangs***)*

bang[2] ◪ stamp *"Die boonste deur van die kombuiskas is oop; moenie jou kop daarteen stamp nie."* "The top door of the kitchen cupboard is open; don't **bang** your head against it." ◪ toeklap *"Maak die deur saggies toe; moenie dit toeklap nie."* "Close the door softly; don't **bang** it."

☐ **bang** *verb (past tense and past participle* **banged**, *present participle* **banging***)*

bangle armband *Sy dra 'n goue armband om haar pols.* She is wearing a gold **bangle** round her wrist.

☐ **ban·gle** *noun (plural* **bangles***)*

bank[1] wal *Die man het op die wal van die rivier gestaan en visvang.* The man stood on the **bank** of the river catching fish. ⇨ **shore** [NOTE].

☐ **bank** *noun (plural* **banks***)*

bank[2] bank *Hy is ryk en het baie geld in die bank.* He is rich and has a lot of money in the **bank**.

☐ **bank** *noun (plural* **banks***)*

bank[3] bank *Dis beter om jou geld te bank as om dit in 'n kis onder jou bed te hou.* It is better to **bank** your money than to keep it in a box under your bed.

☐ **bank** *verb (past tense and past participle* **banked**, *present participle* **banking***)*

bare kaal [a] *Sy het haar moue opgestoot en met kaal arms in die son gesit.* She pushed up her sleeves and sat in the sun with **bare** arms. [b] *Die boom het al sy blare verloor en is heeltemal kaal.* The tree has shed all its leaves and is completely **bare**.

☐ **bare** *adjective* **barer, barest**

barefoot[1] kaalvoet *John is die enigste seun met skoene aan; al die ander is kaalvoet.* John is the only boy with shoes on; all the others are **barefoot**.

☐ **bare·foot** *adjective*

barefoot[2] kaalvoet *Hy het sy skoene uitgetrek en kaal= voet geloop.* He took off his shoes and walked **bare= foot**.

☐ **bare·foot** *adverb*

barely skaars *Haar oupa was skaars vyftig jaar oud toe hy dood is.* Her grandfather was **barely** fifty years old when he died.

□ **bare·ly** adverb

bark[1] bas Die **bas** van daardie ou boom is dik en grof. The **bark** of that old tree is thick and rough.

□ **bark** noun (plural **barks**)

bark[2] blaf Die hondjie is maar 'n paar dae oud en kan nog nie **blaf** nie. The puppy is only a few days old and cannot **bark** yet.

□ **bark** verb (past tense and past participle **barked**, present participle **barking**)

barking geblaf Die **geblaf** van 'n hond het my vanoggend vroeg wakker gemaak. The **barking** of a dog woke me early this morning.

□ **bark·ing** noun (no plural)

barn skuur Die boer bewaar sy veevoer in 'n **skuur**. The farmer stores his animal feed in a **barn**.

□ **barn** noun (plural **barns**)

basement kelder Die winkel se kosafdeling is onder in die **kelder**. The shop's food department is downstairs in the **basement**.

□ **base·ment** noun (plural **basements**)

basin [1] wasbak Daar is 'n bad, **wasbak** en toilet in die badkamer. There is a bath, **basin** and toilet in the bathroom. [2] skottel "Was die boontjies in 'n **skottel** koue water." "Wash the beans in a **basin** of cold water."

□ **ba·sin** noun (plural **basins**)

bask bak Dis lekker om in die winter in die son te sit en **bak**. In winter it is nice to sit and **bask** in the sun.

□ **bask** verb (past tense and past participle **basked**, present participle **basking**)

basket mandjie Sy het die groente in 'n **mandjie** gedra. She carried the vegetables in a **basket**.

□ **bas·ket** noun (plural **baskets**)

bass bas My pa het 'n diep stem en sing **bas** in ons kerk= koor. My father has a deep voice and sings **bass** in our church choir.

□ **bass** noun (plural **basses**)

bat kolf In krieket slaan 'n speler die bal met 'n **kolf**. In cricket a player hits the ball with a **bat**.

□ **bat** noun (plural **bats**)

bath[1] bad Daar is 'n **bad**, wasbak en toilet in die bad= kamer. There is a **bath**, wash-basin and toilet in the bathroom.

♦ **give a bath** bad "Philip, **bad** asseblief die hond." "Philip, please **give** the dog **a bath**."

♦ **have/take a bath** [1] (jou) bad [a] Ek **bad** elke aand. I **have/take a bath** every evening. [b] "Jy is baie vuil – gaan **bad jou**." "You are very dirty – go and **have/take a bath**." [2] 'n bad neem Sy **het 'n** warm **bad geneem**. She **had/took** a warm **bath**.

□ **bath** noun (plural **baths**)

bath[2] bad Ma's behoort hul babas elke dag te **bad**. Mothers ought to **bath** their babies every day.

□ **bath** verb (past tense and past participle **bathed**, present participle **bathing**)

bathroom badkamer Daar is 'n bad, wasbak en toilet in

die **badkamer**. There is a bath, wash-basin and toilet in the **bathroom**.

□ **bath·room** noun (plural **bathrooms**)

batsman kolwer Die **kolwer** het die krieketbal bo-oor die pawiljoen vir 'n ses geslaan. The **batsman** hit the cricket ball right over the stand for a six.

□ **bats·man** noun (plural **batsmen**)

battery battery Die radio wil nie werk nie, want die **bat= tery** is pap. The radio won't work because the **bat= tery** is flat.

□ **bat·tery** noun (plural **batteries**)

battle slag Honderde soldate is in die **slag** dood. Hundreds of soldiers died in the **battle**.

□ **bat·tle** noun (plural **battles**)

bay baai 'n Hawe word gewoonlik in 'n **baai** gebou waar die see kalm is. A harbour is usually built in a **bay** where the sea is calm.

□ **bay** noun (plural **bays**)

♦ In speech use him, her, me, us and them after **be**, but in formal writing use he, she, I, we and they: "Who is it?" – "It is **me**, George" (speech). "It is **I**, George" (formal).

♦ Short forms of **be** in the present tense: I'm, you're, he's, she's, it's, we're, you're, they're.

♦ Negative short forms of **be** in the present tense: you aren't, he/she/it isn't, we/you/they aren't. (Note that there is no natural short form for am not: "I'm in time, **am I not?**" Compare "You are Linda's brother, **are** you **not** OR **aren't** you?")

♦ Negative short forms of **be** in the past tense: I wasn't, you weren't, he/she/it wasn't, we/you/they weren't.

♦ Past perfect tense of **be**: I/you have been, he/she/it has been, we/you/they have been.

---

be [1] wees [a] "Gedra jou, moenie so stout **wees** nie!" "Behave yourself, don't **be** so naughty!" [b] Thomas is baie slim. Thomas **is** very clever. [c] Daar **was** 25 000 mense by die sokkerwedstryd. There **were** 25 000 people at the soccer match. [d] Twee plus twee **is** vier. Two plus two **is** four. [2] word [a] Lynette wil verpleeg= ster **word**. Lynette wants to **be** a nurse. [b] George **is** deur 'n motor omgery. George **was** run over by a car. [3] staan [a] Die borde **staan** op die boonste rak in die kas. The plates **are** on the top shelf in the cupboard. [b] "**Staan** jou naam op die lys?" "**Is** your name on the list?" [4] kry "Trek 'n trui aan as jy koud **kry**." "Put on a jersey if you **are** cold." [5] kos Die appels **kos** 50c elk. The apples **are** 50c each. [6] sit 'n Skerpioen se angel **sit** in sy stert. The sting of a scorpion **is** in its tail.

♦ **be about** gaan/handel oor Die eerste drie hoofstukke van die boek **gaan/handel oor** die Tweede Wêreldoor= log. The first three chapters of the book **are about** the Second World War.

♦ **has already been** het al gekom Die posbode **het al gekom**. The postman **has already been**.

♦ **how are you?** hoe gaan dit (met jou)? "**Hoe gaan**

dit (met jou)?" – "Dit gaan goed, dankie." "**How are you?**" – "I'm fine, thanks."

□ **be** verb (present tense **am/are/is**; past tense **was/ were**; past participle **been**; present participle **being**)

beach strand Party mense swem in die see; ander lê in die son op die **strand**. Some people are swimming in the sea; others are lying in the sun on the **beach**.

□ **beach** noun (plural **beaches**)

bead kraal Ek moet nog net een **kraal** inryg, dan sal die armband klaar wees. I have to string only one more **bead**, then the bangle will be finished.

□ **bead** noun (plural **beads**)

beak snawel 'n Perd het 'n bek en 'n voël 'n **snawel**. A horse has a mouth and a bird a **beak**.

□ **beak** noun (plural **beaks**)

beam balk Die dak van die huis rus op swaar **balke**. The roof of the house rests on heavy **beams**.

□ **beam** noun (plural **beams**)

bean boontjie Ertjies, uie en **boontjies** is almal groente. Peas, onions and **beans** are all vegetables.

□ **bean** noun (plural **beans**)

bear[1] beer Ons het 'n groot bruin **beer** in die dieretuin gesien. We saw a big brown **bear** at the zoo.

□ **bear** noun (plural **bears**)

bear[2] ◧ dra [a] "Moenie op daardie tak staan nie; dis nie sterk genoeg om jou gewig te **dra** nie." "Don't stand on that branch; it isn't strong enough to **bear** your weight." [b] Lemoenbome **dra** hul vrugte in die winter. Orange trees **bear** their fruit in winter. ◨ verdra Ek kan die reuk van vrot eiers nie **verdra** nie. I can't **bear** the smell of rotten eggs.

□ **bear** verb (past tense **bore**, past participle **borne**, present participle **bearing**)

beard baard Die man se **baard** groei so vinnig dat hy elke dag moet skeer. The man's **beard** grows so fast that he has to shave every day.

□ **beard** noun (plural **beards**)

beast ◧ dier Baie mense beskou die leeu as die koning van die **diere**. Many people regard the lion as the king of the beasts. ◨ bees Ek hou nie van hom nie; hy's 'n regte **bees** en het geen maniere nie. I don't like him; he's a real **beast** and has no manners.

□ **beast** noun (plural **beasts**)

beat[1] ◧ slag [a] "Die geluid wat jy in die verte hoor, is die **slag** van 'n trom." "The sound that you hear in the distance is the **beat** of a drum." [b] "Sit jou hand op sy bors en kyk of jy sy hart**slag** kan voel." "Put your hand on his chest and see if you can feel his heart**beat**." ◨ ritme Thomas hou van musiek met 'n vinnige **ritme**. Thomas likes music with a fast **beat**.

□ **beat** noun (plural **beats**)

beat[2] ◧ slaan [a] Dis wreed om 'n hond met 'n stok te **slaan**. It is cruel to **beat** a dog with a stick. [b] Hy het met sy hande op die trom **geslaan**. He **beat** the drum with his hands. [c] Die branders **slaan** teen die rotse. The waves **beat** against the rocks. ◨ klop [a] Toe ek my hand op sy bors sit, kon ek sy hart voel **klop**. When I

put my hand on his chest I could feel his heart **beat= ing**. [b] Ons span het die ander span met twee doele teen nul **geklop**. Our team **beat** the other team by two goals to nil. ◪ klap met Voëls **klap met** hul vlerke wanneer hulle vlieg. Birds **beat** their wings when they fly. ◫ klits **Klits** die eiers en suiker tot die mengsel glad en romerig is. **Beat** the eggs and sugar until the mixture is smooth and creamy.

◆ **beat out** uitslaan Die mans **het** die vuur met nat sakke **uitgeslaan**. The men **beat out** the fire with wet sacks.

□ **beat** verb (past tense **beat**, past participle **beaten**, present participle **beating**)

beautiful pragtig, baie mooi Sy suster is **pragtig** (OF **baie mooi**) – geen wonder dat sy soveel kêrels het nie. His sister is **beautiful** – no wonder (that) she has so many boyfriends.

□ **beau·ti·ful** adjective **more beautiful, most beautiful**

beautifully pragtig, baie mooi Sy het 'n lieflike stem en sing **pragtig** (OF **baie mooi**). She has a lovely voice and sings **beautifully**.

□ **beau·ti·ful·ly** adverb

because want, omdat Ek gaan saans vroeg bed toe, **want** ek moet soggens om sesuur opstaan (OF **omdat** ek soggens om sesuur moet opstaan). I go to bed early at night be= **cause** I have to get up at six o'clock in the morning.

◆ **because of** weens, oor Die pad is **weens/oor** her= stelwerk gesluit. The road is closed **because of** repairs.

□ **be·cause** conjunction (joining word)

become word [a] Lynette wil verpleegster **word**. Ly= nette wants to **become** a nurse. [b] Hy het 'n be= roemde sanger **geword**. He **became** a famous singer. [c] "Wat het van hulle **geword**?" – "Ek dink hulle het Namibië toe getrek." "What has **become** of them?" – "I think they've moved to Namibia."

□ **be·come** verb (past tense **became**, past participle **become**, present participle **becoming**)

bed ◧ bed My **bed** het 'n goeie matras en is baie gemak= lik. My **bed** has a good mattress and is very comfort= able. ◨ bedding In die lente is die **bedding** in ons voor= tuin vol kleurryke blomme. In spring the **bed** in our front garden is full of colourful flowers.

◆ **go to bed** bed toe gaan, gaan slaap "Jy moet nou **bed toe gaan** (OF **gaan slaap**) – dit word laat." "You must **go to bed** now – it's getting late."

□ **bed** noun (plural **beds**)

bedroom slaapkamer Daar is twee beddens en 'n hang= kas in my **slaapkamer**. There are two beds and a wardrobe in my **bedroom**.

□ **bed·room** noun (plural **bedrooms**)

bee by 'n By zoem terwyl hy vlieg. A **bee** buzzes as it flies.

□ **bee** noun (plural **bees**)

A large group of bees is a **swarm**.

beef beesvleis Simon eet enige soort vleis, maar is veral *lief vir **beesvleis***. Simon eats any kind of meat, but is particularly fond of **beef**.

☐ **beef** *noun (no plural)*

beer bier **[a]** *Drank soos wyn en **bier** bevat alkohol.* Drink such as wine and **beer** contains alcohol. **[b]** *"Wil u nog 'n **bier** hê, meneer?"* "Would you like another **beer**, sir?"

☐ **beer** *noun (no plural at* **a**; **beers** *at* **b***)*

before[1] ❶ tevore, vantevore, voorheen *"Ek is seker ek het jou al **tevore/vantevore/voorheen** ontmoet. Jou gesig lyk so bekend."* "I'm sure I've met you **before**. Your face looks so familiar." ❷ al, alreeds, reeds *"Kom ons gaan fliek, of het jy **al/alreeds/reeds** die prent gesien?"* "Let's go to the cinema, or have you seen the film **before**?"

◆ **never before** ⇨ **never**.

☐ **be·fore** *adverb*

before[2] voor **[a]** *Ek moet **voor** 17:00 by die huis wees.* I have to be home **before** 17:00. **[b]** *In die alfabet kom die letter Q **voor** R.* In the alphabet the letter Q comes **before** R.

◆ **before that** ⇨ **that**[4].

◆ **shortly before** kort voor *Die wedstryd het **kort voor** vyf geëindig.* The match ended **shortly before** five.

☐ **be·fore** *preposition*

before[3] voor, voordat *"Vee jou voete af **voor/voordat** jy binnegaan."* "Wipe your feet **before** you go inside."

☐ **be·fore** *conjunction (joining word)*

beg ❶ smeek, soebat *"Mamma, ek **smeek/soebat** jou, mag ek asseblief saam met hulle bioskoop toe gaan?"* "Mummy, I **beg** you, may I please go to the cinema with them?" ❷ bedel *Hy is so arm dat hy om kos moet **bedel**.* He is so poor that he has to **beg** for food.

☐ **beg** *verb (past tense and past participle **begged**, present participle **begging**)*

beggar bedelaar *Die **bedelaar** het my geld gevra om kos te koop.* The **beggar** asked me for money to buy food.

☐ **beg·gar** *noun (plural **beggars**)*

begin begin *Ons skool **begin** om agtuur.* Our school **begins** at eight o'clock.

☐ **be·gin** *verb (past tense **began**, past participle **begun**, present participle **beginning**)*

beginning begin *Tom was van die **begin** tot die end van die wedloop voor.* Tom was in the lead from the **beginning** to the end of the race.

☐ **be·gin·ning** *noun (plural **beginnings**)*

behave gedra *"**Gedra** jou, moenie so stout wees nie!"* "**Behave** yourself, don't be so naughty!"

☐ **be·have** *verb (past tense and past participle **behaved**, present participle **behaving**)*

behaviour gedrag *"Verskoon asseblief my seun se swak **gedrag** – hy is nie gewoonlik so stout nie."* "Please pardon my son's bad **behaviour** – he isn't normally so naughty."

☐ **be·hav·iour** *noun (no plural)*

behind[1] agter **[a]** *Hy het van **agter** gekom en die ander*

atlete verbygesteek. He came from **behind** and passed the other athletes. **[b]** *Sy was lank siek en het **agter** geraak met haar skoolwerk.* She was ill for a long time and fell **behind** with her schoolwork.

☐ **be·hind** *adverb*

behind[2] agter *"Maak asseblief die deur **agter** jou toe."* "Please shut the door **behind** you."

◆ **behind each other, behind one another, one behind the other** agter mekaar *Ons moes **agter mekaar** op die smal paadjie loop.* We had to walk **behind each other** (OR **behind one another** OR **one behind the other**) on the narrow path.

◆ **behind it** daaragter *"Weet jy waar die bank is? Die bushalte is reg **daaragter**."* "Do you know where the bank is? The bus stop is just **behind it**."

☐ **be·hind** *preposition*

belief geloof *Hy is diep godsdienstig en het groot **geloof** in die krag van gebed.* He is deeply religious and has great **belief** in the power of prayer.

☐ **be·lief** *noun (no plural)*

believe glo *"Ek **glo** jou nie; jy jok vir my."* "I don't **believe** you; you're lying to me."

◆ **believe in** ❶ glo in *Ek **glo in** God.* I **believe in** God. ❷ glo aan *Sy **glo aan** die dokter se medisyne.* She **believes in** the doctor's medicine.

◆ **believe it or not** glo dit as jy wil *"**Glo dit as jy wil**, ek het R5 000 in 'n kompetisie gewen!"* "**Believe it or not,** I've won R5 000 in a competition!"

◆ **I believe** glo *Hy is **glo** baie ryk.* **I believe** he is very rich.

☐ **be·lieve** *verb (past tense and past participle **believed**, present participle **believing**)*

bell klok *Wanneer die **klok** in die namiddag lui, weet die kinders dis tyd om huis toe te gaan.* When the **bell** rings in the afternoon, the children know it is time to go home.

☐ **bell** *noun (plural **bells**)*

bellow bulk *Beeste **bulk** en bokke blêr.* Cattle **bellow** and goats bleat.

☐ **bel·low** *verb (past tense and past participle **bellowed**, present participle **bellowing**)*

belong ❶ behoort **[a]** *"Aan wie **behoort** dié pen?" –* "Dis Anna s'n." "Who does this pen **belong** to? – "It is Anna's." **[b]** *"Aan watter kerk **behoort** jy?"* "Which church do you **belong** to? **[c]** *'n Leeu **behoort** tot die katfamilie.* A lion **belongs** to the cat family. ❷ hoort *Dié stoele **hoort** in die kombuis, nie in die eetkamer nie.* These chairs **belong** in the kitchen, not in the dining room.

☐ **be·long** *verb (past tense and past participle **belonged**, present participle **belonging**)*

belongings besittings *Hulle het al hul **besittings** in die brand verloor.* They lost all their **belongings** in the fire.

☐ **be·long·ings** *plural noun*

below[1] onder *Die bure **onder** gaan boontoe trek na 'n woonstel op die vierde verdieping.* The neighbours be-

low are going to move up to a flat on the fourth floor.
☐ **be·low** *adverb*

below² ❶ onder *Sy is 'n jaar jonger as haar broer en is in die klas **onder** hom.* She is a year younger than her brother and is in the class **below** him. ❷ onderkant *Daar is 'n poel in die rivier 'n entjie **onderkant** die waterval.* There is a pool in the river a short distance **below** the waterfall. ❸ laer as *Jou knie is **laer as** jou heup.* Your knee is **below** your hip.
☐ **be·low** *preposition*

---

below *the bridge* means the bridge is higher up in the stream, river or road; **under** *the bridge* means the bridge is overhead

---

belt ❶ belt *Die **belt** van haar rok maak agter vas.* The **belt** of her dress ties at the back. ❷ belt, gordel *Sy broek se **belt/gordel** is van leer gemaak.* The **belt** of his trousers is made of leather.
☐ **belt** *noun (plural* **belts***)*

bench bank *Hulle het op 'n **bank** in die park gesit.* They sat on a **bench** in the park.
☐ **bench** *noun (plural* **benches***)*

bend¹ draai *Hy het so vinnig om die **draai** gery dat sy motor omgeslaan het.* He went so fast round the **bend** that his car overturned.
☐ **bend** *noun (plural* **bends***)*

bend² ❶ buig [a] *"**Buig** die stuk draad in die vorm van 'n S."* "**Bend** the piece of wire into the shape of an S." [b] *"Kan jy die grond raak sonder om jou knieë te **buig**?"* "Can you touch the ground without **bending** your knees?" ❷ buk *"**Buk** oor die wasbak sodat ek jou hare kan was."* "**Bend** over the basin so that I can wash your hair."
◆ **bend down** buk *Hy het **gebuk** om sy skoen vas te maak.* He **bent down** to tie his shoe.
◆ **bend over** vooroor buk *"**Buk vooroor** en kom dan regop."* "**Bend over** and then straighten up."
☐ **bend** *verb (past tense and past participle* **bent***, present participle* **bending***)*

bent krom *Hy het die **krom** draad probeer reg buig.* He tried to straighten the **bent** wire.
☐ **bent** *adjective* **more bent, most bent**

beside langs *"Kom sit **langs** my op die bank."* "Come and sit **beside** me on the bench."
☐ **be·side** *preposition*

besides¹ boonop, daarby *"Die rok is te duur; **boonop/daarby** hou ek nie van die kleur nie."* "The dress is too expensive; **besides**, I don't like the colour."
☐ **be·sides** *adverb*

besides² behalwe *Sy het twee ander jasse **behalwe** die groene.* She has two other coats **besides** the green one.
☐ **be·sides** *preposition*

best¹ ❶ beste *Haar klere moet perfek pas; net die **beste** is goed genoeg vir haar.* Her clothes must fit perfectly; only the **best** is good enough for her. ❷ bes *Hy het sy **bes** gedoen, maar kon nie betyds klaarkry nie.* He did his **best**, but couldn't finish in time.

☐ **best** *noun (no plural)*

best² beste *Sy het haar **beste** rok na die partytjie gedra.* She wore her **best** dress to the party.
☐ **best** *adjective*

best³ ❶ die beste *Die leerling wat **die beste** presteer, kry 'n boekprys.* The pupil who does **best** gets a book prize. ❷ die meeste *Van al die meisies in die klas hou hy **die meeste** van Monica.* Of all the girls in the class he likes Monica **best**.
☐ **best** *adverb*

better¹ beter *"Ons gaan julle klop, want ons span is **beter** as julle s'n."* "We're going to beat you, because our team is **better** than yours."
◆ **get better** gesond/beter word *"Jy sal gou **gesond/beter word** as jy dié medisyne drink."* "You'll **get better** soon if you take this medicine."
☐ **bet·ter** *adjective*

better² beter *Hy swem **beter** as sy suster omdat hy les geneem het.* He swims **better** than his sister because he took lessons.
◆ **had better** moet liewer(s) *"George, jy **moet nou liewer(s)** huis toe gaan – dit word donker."* "George, you **had better** go home now – it's getting dark."
◆ **the sooner, the better** ⇨ **soon.**
☐ **bet·ter** *adverb*

between ❶ tussen [a] *Daar is 'n heining **tussen** die twee huise.* There is a fence **between** the two houses. [b] *Ons geniet aandete **tussen** 18:00 en 19:00.* We have supper **between** 18:00 and 19:00. [c] *Bloemfontein lê **tussen** Kaapstad en Johannesburg.* Bloemfontein lies **between** Cape Town and Johannesburg. ❷ onder *Sy het die lekkers gelykop **onder** die vier kinders verdeel.* She shared out the sweets equally **between** the four children.
☐ **be·tween** *preposition*

Use **between** for two or more things considered individually and **among** for things considered as a group: *Lesotho lies **between** the Free State, the Cape and Natal. Tom shared out the books **among** the class.*

---

beware pasop, pas op *"**Pasop** (OF **Pas op**) vir die hond – hy byt."* "**Beware** of the dog – it bites."
☐ **be·ware** *verb (no past tense or participle)*

Bible Bybel *Die **Bybel** sê dat Jesus die seun van God is.* It says in the **Bible** that Jesus is the son of God.
☐ **Bi·ble** *noun (plural* **Bibles***)*

bicycle fiets *Esther het gesê ek kan op haar **fiets** ry.* Esther said I may ride on her **bicycle**.
☐ **bi·cy·cle** *noun (plural* **bicycles***)*

big groot *'n Leeu is 'n **groot** dier.* A lion is a **big** animal.
☐ **big** *adjective* **bigger, biggest**

---

bike is an abbreviated, informal word for **bicycle** or **motorbike/motorcycle** (its plural is **bikes**)

---

bin blik *Ons hou ons brood in 'n **blik** met 'n ronde deksel.* We keep our bread in a **bin** with a round lid.
☐ **bin** *noun (plural* **bins***)*

bind bind *"Was jy al ooit by 'n fabriek waar hulle boeke druk en **bind**?"* "Have you ever been to a factory where they print and **bind** books?"

☐ **bind** *verb (past tense and past participle **bound**, present participle **binding**)*

bird voël *'n **Voël** het vlerke en kan vlieg.* A **bird** has wings and can fly.

☐ **bird** *noun (plural **birds**)*

A large group of birds is a **flock**.

birth geboorte *My ma het 'n paar dae by my suster gebly na die **geboorte** van haar eerste baba.* My mother stayed with my sister for a few days after the **birth** of her first baby.

☐ **birth** *noun (plural **births**)*

birthday verjaar(s)dag **[a]** *Esther het 'n partytjie gegee om haar sestiende **verjaar(s)dag** te vier.* Esther gave a party to celebrate her sixteenth **birthday**. **[b]** *"Veels geluk met jou **verjaar(s)dag**, Esther!"* "Happy **birthday**, Esther!"

☐ **birth·day** *noun (plural **birthdays**)*

biscuit ❶ koekie *Die **koekie** is bros en het 'n lagie sjoko=lade bo-op.* The **biscuit** is crispy and has a layer of chocolate on top. ❷ beskuitjie *"Wil jy 'n bietjie vissmeer of 'n stukkie kaas op jou **beskuitjie** hê?"* "Would you like some fish-paste or a piece of cheese on your **bis=cuit**?"

☐ **bis·cuit** *noun (plural **biscuits**)*

bit ❶ stukkie *Hy het 'n **stukkie** koue vleis op sy toebrood=jie.* He has a **bit** of cold meat on his sandwich. ❷ bietjie *"Wag 'n **bietjie**, ek is nou-nou klaar."* "Wait a **bit**, I shall be finished in a minute."

☐ **bit** *noun (plural **bits**)*

Use **a bit** before adjectives, and **a bit of** before nouns: *It is **a bit** late.* *"Would you like **a bit of** milk in your tea?"*

bite[1] hap *"Jou appel lyk heerlik; kan ek 'n **hap** kry?"* "Your apple looks delicious; may I have a **bite**?"

☐ **bite** *noun (plural **bites**)*

bite[2] ❶ byt *Toe die hond die kat probeer **byt**, het sy hom op die neus gekrap.* When the dog tried to **bite** the cat, she scratched him on the nose. ❷ hap *"Wil jy 'n stukkie uit my appel **hap**?"* "Would you like to **bite** a piece from my apple?" ❸ pik *As 'n giftige slang jou **pik**, kan jy siek word of selfs doodgaan.* If a poisonous snake **bites** you, you can become ill or even die.

☐ **bite** *verb (past tense **bit**, past participle **bitten**, pre=sent participle **biting**)*

bitter bitter **[a]** *Sy drink haar koffie **bitter**, maar ek hou van myne met suiker.* She drinks her coffee **bitter**, but I like mine with sugar. **[b]** *Dit was 'n **bittere** te=leurstelling vir die span dat hulle die wedstryd verloor het.* It was a **bitter** disappointment to the team that they lost the match.

☐ **bit·ter** *adjective **more bitter**, **bitterest***

bitterly bitter *Die gras is wit van die ryp en dis **bitter***

koud. The grass is white with frost and it's **bitterly** cold.

☐ **bit·ter·ly** *adverb*

black[1] swart *Swart is die donkerste kleur.* **Black** is the darkest colour.

☐ **black** *noun (no plural)*

black[2] swart *Sy het 'n **swart** rok na sy begrafnis gedra.* She wore a **black** dress to his funeral.

☐ **black** *adjective **blacker**, **blackest***

blade lem *Die mes het 'n skerp **lem**.* The knife has a sharp **blade**.

☐ **blade** *noun (plural **blades**)*

blame[1] skuld *"Moenie my die **skuld** gee nie – Linda is verantwoordelik daarvoor dat ons laat is."* "Don't put the **blame** on me – Linda is responsible for us being late."

◆ **take the blame** die skuld dra *Ek weier om **die skuld** te **dra** vir 'n fout wat iemand anders gemaak het.* I refuse to **take the blame** for a mistake someone else has made.

☐ **blame** *noun (no plural)*

blame[2] kwalik neem *"Dis haar skuld dat ons laat is – moenie my **kwalik neem** nie."* "It's her fault that we're late – don't **blame** me."

☐ **blame** *verb (past tense and past participle **blamed**, present participle **blaming**)*

blanket kombers *In die somer slaap ek onder 'n laken en een **kombers**.* In summer I sleep under a sheet and one **blanket**.

☐ **blan·ket** *noun (plural **blankets**)*

blazer kleurbaadjie *"Mamma, werk asseblief die skool=wapen op die sak van my **kleurbaadjie** vas."* "Mummy, please sew the school badge onto the pocket of my **blazer**."

☐ **blaz·er** *noun (plural **blazers**)*

bleat blêr *Honde blaf, koeie bulk, en bokke en skape **blêr**.* Dogs bark, cows moo, and goats and sheep **bleat**.

☐ **bleat** *verb (past tense and past participle **bleated**, present participle **bleating**)*

bleed bloei *Hy het sy neus gestamp en dit het begin **bloei**.* He bumped his nose and it began to **bleed**.

☐ **bleed** *verb (past tense and past participle **bled**, pre=sent participle **bleeding**)*

blind[1] blindes *Gidshonde is die oë van **blindes**.* Guide dogs are the eyes of the **blind**.

☐ **blind** *plural noun*

The noun **blind** is plural and is always used with **the**. The singular form is **a blind person** or, if you know the gender, **a blind man/woman**.

blind[2] blind *Die man is **blind** en kan nie sien nie.* The man is **blind** and cannot see.

☐ **blind** *adjective **blinder**, **blindest***

block[1] ❶ blok **[a]** *Hy het op 'n **blok** hout geklim om oor die heining te kyk.* He got on to a **block** of wood to look over the fence. **[b]** *Ons woon op die eerste verdieping van daardie **blok** woonstelle.* We live on the first floor of that **block** of flats. [c] *Die skool is omtrent vyf blokke van ons huis af.* The school is about five **blocks** from our home. ❷ blokkie *"Wil jy 'n blokkie ys in jou koeldrank hê?"* "Would you like a **block** of ice in your cool drink?"

☐ **block** *noun (plural* **blocks***)*

block² versper [a] *Twee hoë geboue* **versper** *ons uitsig op die berg.* Two tall buildings **block** our view of the mountain. [b] *'n Omgevalde boom* **het** *ons pad* **versper**. A fallen tree **blocked** our way.

◆ **be blocked** ❶ versper word *Die pad* **word versper** *deur 'n omgevalde boom.* The road **is blocked** by a fallen tree. ❷ verstop wees *Die drein* **is verstop** *deur dooie blare.* The drain **is blocked** by dead leaves. ❸ toe wees *"Hoekom* **is** *jou neus toe?"* – *"Ek het 'n kwaai verkoue."* "Why **is** your nose **blocked**?" – "I have a bad cold."

◆ **block (up)** verstop *Dooie blare* **verstop** *die drein.* Dead leaves are **blocking (up)** the drain.

☐ **block** *verb (past tense and past participle* **blocked***, present participle* **blocking***)*

blood bloed *Bloed het uit die wond op sy voorkop gevloei.* **Blood** flowed from the wound on his forehead.

☐ **blood** *noun (no plural)*

bloom¹ bloei *Rose is op hul mooiste wanneer hulle in volle bloei is.* Roses are at their most beautiful when they are in full **bloom**.

☐ **bloom** *noun (no plural)*

Use **bloom** when the flowers of a plant remain flowers, and **blossom** when they eventually become fruit: *The roses are in* **bloom**. *The apple trees are in* **blossom**.

---

bloom² blom *Rose* **blom** *meer as een keer per jaar.* Roses **bloom** more than once a year.

☐ **bloom** *verb (past tense and past participle* **bloomed***, present participle* **blooming***)*

blossom¹ bloeisel *Die appelboom is met wit bloeisels oortrek.* The apple tree is covered in white **blossoms**.

☐ **blos·som** *noun (plural* **blossoms***)*

blossom² bloei *Perskebome* **bloei** *in die lente.* Peach trees **blossom** in the spring.

☐ **blos·som** *verb (past tense and past participle* **blossomed***, present participle* **blossoming***)*

blouse bloes, bloese *Esther dra 'n romp en* **bloes/ bloese**. Esther is wearing a skirt and **blouse**.

☐ **blouse** *noun (plural* **blouses***)*

blow¹ ❶ hou *Die bokser het sy opponent met een* **hou** *van sy vuis uitgeslaan.* The boxer knocked his opponent out with one **blow** of his fist. ❷ slag *Dit was vir hom 'n swaar* **slag** *toe sy hond dood is.* It was a heavy **blow** to him when his dog died.

☐ **blow** *noun (plural* **blows***)*

blow² ❶ blaas [a] *"Moenie jou rook in my gesig* **blaas** *nie."* "Don't **blow** your smoke into my face." [b] *Die skeidsregter* **het** *(op) sy fluitjie* **geblaas** *om die wedstryd te begin.* The referee **blew** his whistle to start the

game. ❷ waai *Ek hoop nie die wind gaan vandag* **waai** *nie.* I hope the wind won't **blow** today. ❸ snuit *Gebruik 'n sakdoek wanneer jy jou neus* **snuit**. Use a handkerchief when you **blow** your nose.

◆ **blow away** wegwaai *Hy het 'n bottel gom op die papiere gesit om te keer dat hulle* **wegwaai**. He put a bottle of glue on the papers to keep them from **blowing away**.

◆ **blow off** afwaai *"Pas op, die wind sal die hoed van jou kop* **afwaai**!" "Look out, the wind will **blow** the hat **off** your head!"

◆ **blow out** uitblaas *"Jy moet die kers* **uitblaas** *voordat jy bed toe gaan."* "You must **blow out** the candle before you go to bed."

◆ **blow up** opblaas *Wanneer jy 'n ballon* **opblaas**, *vul jy dit met lug.* When you **blow up** a balloon, you fill it with air.

☐ **blow** *verb (past tense* **blew***, past participle* **blown***, present participle* **blowing***)*

blue¹ blou *As jy* **blou** *en geel meng, kry jy groen.* If you mix **blue** and yellow, you get green.

☐ **blue** *noun (no plural)*

blue² blou *Die lug is* **blou**. The sky is **blue**.

☐ **blue** *adjective* **bluer***,* **bluest**

blunt stomp *Die mes is* **stomp** *en wil nie sny nie.* The knife **is blunt** and won't cut.

☐ **blunt** *adjective* **blunter***,* **bluntest**

board ❶ bord [a] *Onderwysers skryf met* **kryt** *op die bord.* Teachers write on the board with **chalk**. [b] *"Lees asseblief die kennisgewings op die bord in die gang."* "Please read the notices on the **board** in the passage." ❷ plank *Die bouer moes die* **plank** *middeldeur saag, want dit was te lank.* The builder had to saw the **board** in half because it was too long.

☐ **board** *noun (plural* **boards***)*

boast spog *Hy* **spog** *dat hy die sterkste seun in die klas is.* He **boasts** that he is the strongest boy in the class.

☐ **boast** *verb (past tense and past participle* **boasted***, present participle* **boasting***)*

boat boot *Ons het die* **boot** *na die oorkant van die rivier geroei.* We rowed the **boat** to the other side of the river.

☐ **boat** *noun (plural* **boats***)*

A **boat**, in the normal sense of the word, is smaller than a **ship**, but it can be used informally for a large vessel that carries passengers: *He has bought himself a fishing* **boat**. *They went to England by* **boat**. Large vessels used for fighting are, however, always called **ships**: *How many* **ships** *does the South African navy have?*

---

body ❶ liggaam [a] *Die hart is 'n orgaan wat bloed deur jou* **liggaam** *pomp.* The heart is an organ that pumps blood through your **body**. [b] *Die son is 'n* **liggaam** *wat lig en hitte afgee.* The sun is a **body** that gives off light and heat. ❷ lyf *Toe ek griep gehad het, was my hele* **lyf** *seer.* When I had flu my whole **body** ached. ❸ lyk

Hulle het die **lyk** *van 'n dooie man gevind.* They found the **body** of a dead man. ❹ bak *Die* **bak** *van die motor is vol duike.* The **body** of the car is full of dents.

☐ **bod·y** *noun (plural* **bodies***)*

boil kook *"Skakel asseblief die ketel af wanneer die water begin* **kook.***"* "Please switch the kettle off when the water starts to **boil.**"

◆ **boil over** oorkook *"Sal jy die melk vir my dophou, asseblief? Ek wil nie hê dit moet* **oorkook** *nie."* "Will you watch the milk for me, please? I don't want it to **boil over.**"

☐ **boil** *verb (past tense and past participle* **boiled,** *present participle* **boiling***)*

bolt bout *Hy het die moer met 'n sleutel op die* **bout** *vasgedraai.* He tightened the nut on the **bolt** with a spanner.

☐ **bolt** *noun (plural* **bolts***)*

bone been *Hy het van sy fiets afgeval en 'n* **been** *in sy hand gebreek.* He fell off his bicycle and broke a **bone** in his hand.

☐ **bone** *noun (plural* **bones***)*

book[1] boek *Ek lees 'n interessante* **boek.** I'm reading an interesting **book.**

☐ **book** *noun (plural* **books***)*

book[2] bespreek *Bespreek vroegtydig as jy seker wil wees van 'n plek op die trein.* **Book** early if you want to be sure of a seat on the train.

◆ **booked up** vol bespreek *Die tandarts is* **vol bespreek** *– hy kan nie nog 'n pasiënt inpas nie.* The dentist is **booked up** – he cannot fit in another patient.

☐ **book** *verb (past tense and past participle* **booked,** *present participle* **booking***)*

bookcase boekrak *Die woordeboek staan op die boonste rak van die* **boekrak.** The dictionary is on the top shelf of the **bookcase.**

☐ **book·case** *noun (plural* **bookcases***)*

bookmark boekmerk *Hy het 'n* **boekmerk** *tussen bladsye 32 en 33 gesit om sy plek te merk.* He placed a **bookmark** between pages 32 and 33 to mark his place.

☐ **book·mark** *noun (plural* **bookmarks***)*

bookshop boekwinkel *'n Mens kan boeke en tydskrifte by 'n* **boekwinkel** *koop.* One can buy books and magazines at a **bookshop.**

☐ **book·shop** *noun (plural* **bookshops***)*

boot ❶ stewel *'n Skoen bedek slegs jou voet, maar 'n* **stewel** *bedek jou voet en enkel.* A shoe covers only your foot, but a **boot** covers your foot and ankle. ❷ bagasiebak *Hy het die koffers in die* **bagasiebak** *van die motor gelaai.* He loaded the suitcases into the **boot** of the car.

☐ **boot** *noun (plural* **boots***)*

border grens *Die Oranjerivier is die* **grens** *tussen die Vrystaat en die Kaapprovinsie.* The Orange River is the **border** between the Free State and the Cape Province.

☐ **bor·der** *noun (plural* **borders***)*

bore verveel *Ek het sy grappe en stories al so baie gehoor*

dat hulle my **verveel.** I have heard his jokes and stories so often that they **bore** me.

☐ **bore** *verb (past tense and past participle* **bored,** *present participle* **boring***)*

bored verveeld *Miriam is* **verveeld,** *want sy het niks om te doen nie.* Miriam is **bored** because she has nothing to do.

☐ **bored** *adjective* **more bored, most bored**

boring vervelig *Die lewe op dié dorp is maar* **vervelig;** *hier gebeur nie veel nie.* Life in this town is very **boring;** little goes on here.

☐ **bor·ing** *adjective* **more boring, most boring**

born gebore *Hy is op die platteland* **gebore,** *maar woon en werk nou in die stad.* He was **born** in the country, but now lives and works in the city.

☐ **born** *verb (past participle of* **bear,** *past tense* **bore,** *present participle* **bearing***)*

borrow ❶ leen *"Kan ek 20c by jou* **leen**? *Ek sal jou môre terugbetaal."* "May I **borrow** 20c from you? I'll pay you back tomorrow." ❷ uitneem *Volgens die reëls van die biblioteek mag grootmense drie boeke op 'n slag* **uitneem.** According to the rules of the library grown-ups are allowed to **borrow** three books at a time. ⇨ **lend** [NOTE].

☐ **bor·row** *verb (past tense and past participle* **borrowed,** *present participle* **borrowing***)*

boss baas *Sy het 'n brief vir haar* **baas** *getik.* She typed a letter for her **boss.**

☐ **boss** *noun (plural* **bosses***)*

both[1] ❶ albei, al twee *"Maak* **albei** *(*OF **al twee***) oë toe en moenie loer nie."* "Close **both** eyes and don't peep." ❷ beide *Beide Miriam en Rut is na die partytjie genooi.* **Both** Miriam and Ruth were invited to the party.

◆ **on both sides of** ⇨ **side.**

☐ **both** *adjective*

both[2] albei, al twee *Sy ouers werk* **albei** *(*OF **al twee***).* His parents **both** work.

☐ **both** *pronoun*

bother ❶ hinder, pla, steur *"Moenie my met lawwe vrae* **hinder/pla/steur** *nie – ek is besig!"* "Don't **bother** me with silly questions – I'm busy!" ❷ hinder, pla *"Jy kan maar die motorvenster oop los; die wind* **hinder/pla** *my nie."* "You may leave the car window open; the wind doesn't **bother** me." ❸ die moeite doen *Ek twyfel of hy* **die moeite** *sal* **doen** *om my brief te beantwoord.* I doubt whether he will **bother** to answer my letter.

◆ **sorry to bother you** jammer om jou te pla *"Jammer om jou te* **pla,** *maar kan jy my sê waar die poskantoor is?"* "**Sorry to bother you,** but can you tell me where the post office is?"

☐ **both·er** *verb (past tense and past participle* **bothered,** *present participle* **bothering***)*

bottle bottel *Ons gebruik net een* **bottel** *melk per dag.* We use only one **bottle** of milk per day.

☐ **bot·tle** *noun (plural* **bottles***)*

bottom[1] ❶ onderkant *"Jy hoef nie die* **onderkant** *van* *die tafelblad te verf nie."* "You needn't paint the **bot‑ tom** of the table-top." ❷ boom *Die resep sê: "Voeg net genoeg water by om die **boom** van die pan te bedek."* The recipe says: "Just add enough water to cover the **bottom** of the pan." ❸ bodem *Die klip het tot op die **bodem** van die rivier gesink.* The stone sank to the **bottom** of the river.

♦ **at the bottom of** ❶ onderaan *"Teken jou naam on‑ deraan die brief."* "Sign your name **at the bottom of** the letter." ❷ aan die voet van *Sy het **aan die voet van** die trap gestaan.* She was standing **at the bottom of** the stairs. ❸ aan die onderent van *Ek sit teenoor pa **aan die onderent van** die tafel.* I sit opposite dad **at the bottom of** the table.

♦ **be at the bottom of the class** laaste in die klas staan *Tom **staan laaste in die klas** en loop gevaar om te sak.* Tom **is at the bottom of the class** and is in danger of failing.

♦ **from the bottom** van onder af *Die laaste para‑ graaf begin twaalf reëls **van onder af**.* The last para‑ graph starts twelve lines **from the bottom**.

♦ **from top to bottom** ⇨ **top**[1].

♦ **right at the bottom of** heel onder in *Die winkel se kosafdeling is **heel onder in** die gebou.* The shop's food department is **right at the bottom of** the building.

☐ **bot‑tom** *noun (plural* **bottoms***)*

bottom[2] ❶ onderste *Die **onderste** sport van die leer is wyer as al die ander.* The **bottom** step of the ladder is wider than all the others. ❷ onder‑ *Die **onder**deur van die stal is op slot.* The **bottom** door of the stable is locked.

♦ **in the bottom right-hand corner** regs onder in die hoek *"Watter nommer verskyn **regs onder in die hoek** van die bladsy?"* "Which number appears **in the bottom right-hand corner** of the page?"

☐ **bot‑tom** *adjective*

bow[1] ❶ boog *Die man het 'n pyl met sy **boog** afgeskiet.* The man shot an arrow with his **bow**. ❷ strik *Die mei‑ sie dra 'n rooi **strik** in haar hare.* The girl is wearing a red **bow** in her hair.

♦ **tie in a bow** ⇨ **tie**[2].

☐ **bow** *noun (plural* **bows***)*

bow[2] buig *Die predikant het gesê: "Kom ons **buig** ons hoofde en bid."* The parson said, "Let us **bow** our heads and pray."

☐ **bow** *verb (past tense and past participle* **bowed***, pre‑ sent participle* **bowing***)*

bowl bak *"Gee my asseblief die **bak** suiker aan."* "Please pass me the **bowl** of sugar."

☐ **bowl** *noun (plural* **bowls***)*

box[1] ❶ doos, boks *Hy het die boeke in 'n **doos/boks** gepak.* He packed the books into a **box**. ❷ doos *Hy het vir haar 'n **doos** sjokolade gekoop.* He bought her a **box** of chocolates. ❸ kis *Ons het 'n **kis** tamaties by die mark gekoop.* We bought a **box** of tomatoes at the market.

☐ **box** *noun (plural* **boxes***)*

box[2] boks *Simon gaan probeer om sy opponent uit te slaan*

*wanneer hulle Saterdagaand teen mekaar **boks**.* Simon is going to try and knock his opponent out when they **box** against each other on Saturday night.

☐ **box** *verb (past tense and past participle* **boxed***, pre‑ sent participle* **boxing***)*

boxer bokser *Die **bokser** is in die sesde ronde van die geveg uitgeslaan.* The **boxer** was knocked out in the sixth round of the fight.

☐ **box‑er** *noun (plural* **boxers***)*

boxing boks *Boks is 'n baie gewilde sport.* **Boxing** is a very popular sport.

☐ **box‑ing** *noun (no plural)*

boy seun *My oudste suster is getroud en het een **seun** en twee dogters.* My eldest sister is married and has one **boy** and two girls.

☐ **boy** *noun (plural* **boys***)*

boyfriend kêrel *Christine se **kêrel** het haar gevra om met hom te trou.* Christine's **boyfriend** has asked her to marry him.

☐ **boy‑friend** *noun (plural* **boyfriends***)*

braai braai *"Wag totdat die vuur kole gemaak het voor‑ dat jy die vleis daaroor **braai**."* "Wait until the fire has made coals before you **braai** the meat over it."

☐ **braai** *verb (past tense and past participle* **braaied***, present participle* **braaiing***)*

bracelet armband *Sy dra 'n goue **armband** om haar pols.* She is wearing a gold **bracelet** round her wrist.

☐ **brace‑let** *noun (plural* **bracelets***)*

brain ❶ brein *Hy het op sy kop geval en sy **brein** beska‑ dig.* He fell on his head and damaged his **brain**. ❷ verstand *'n Mens moet 'n goeie **verstand** hê as jy dokter wil word.* One must have a good **brain** if one wants to become a doctor.

☐ **brain** *noun (plural* **brains***)*

brake[1] rem *Die man het **rem** getrap om sy motor te laat stop.* The man put on the **brake** to stop his car.

☐ **brake** *noun (plural* **brakes***)*

brake[2] rem *Hy moes hard **rem** om sy fiets te laat stop.* He had to **brake** hard to make his bicycle stop.

☐ **brake** *verb (past tense and past participle* **braked***, present participle* **braking***)*

branch tak **[a]** *Hy het 'n **tak** van die boom afgesny.* He cut a **branch** off the tree. **[b]** *Groot banke het 'n **tak** op elke dorp.* Large banks have a **branch** in every town.

☐ **branch** *noun (plural* **branches***)*

brave dapper *Dit was baie **dapper** van hom om die kind uit die brandende gebou te red.* It was very **brave** of him to save the child from the burning building.

☐ **brave** *adjective* **braver, bravest**

bread brood *Ek het 'n gebakte eier op 'n snytjie **brood** vir middagete gehad.* I had a fried egg on a slice of **bread** for lunch.

☐ **bread** *noun (no plural)*

When describing a loaf, it is wrong to call it **a bread**. The correct usage is **a loaf of bread** or, in the plural, **loaves of bread**.

breadth breedte *"Wat is die **breedte** van die rivier?"* "What is the **breadth** of the river?"

☐ **breadth** *noun (plural* **breadths***)*

break[1] pouse *Die leerlinge speel buite gedurende die **pouse**.* The pupils play outside during **break**.

☐ **break** *noun (plural* **breaks***)*

break[2] ❶ breek [a] *"Moenie die bord laat val nie; dit sal **breek**."* "Don't drop the plate; it will **break**." [b] *Sy het haar arm in 'n ongeluk **gebreek**.* She **broke** her arm in an accident. [c] *Die atleet **het** die rekord in die 100 meter **gebreek** en is nou die vinnigste man in Suid-Afrika.* The athlete **broke** the record in the 100 metres and is now the fastest man in South Africa. [d] *"Hoekom **het** jy jou belofte **gebreek** en ons geheim verklap?"* "Why dit you **break** your promise and let out our secret?" [e] *Wanneer die dag **breek**, word die lug in die ooste rooi.* When day **breaks**, the sky in the east turns red. ❷ verbreek [a] *Jy **verbreek** die wet as jy steel.* You **break** the law if you steal. [b] *'n Boek **het** van iemand se tafel afgeval en die stilte in die eksamen-kamer **verbreek**.* A book fell off someone's table and **broke** the silence in the examination room. ❸ onder-breek *Wanneer ons van Kaapstad na Johannesburg ry, **onderbreek** ons ons reis deur in Bloemfontein oor te slaap.* When we drive from Cape Town to Johannes-burg we **break** our journey by sleeping over in Bloem-fontein. ❹ losbars *"Die storm kan elke oomblik **losbars** – kyk hoe flits die weerlig."* "The storm can **break** any moment – see how the lightning flashes."

◆ **break down** ❶ afbreek *Die brandweermanne moes die voordeur **afbreek** om by die huis in te kom.* The firemen had to **break down** the front door to get into the house. ❷ gaan staan *Toe ons motor **gaan staan het**, het hulle dit na 'n garage weggesleep.* When our car **broke down**, they towed it away to a garage.

◆ **break in** inbreek *'n Dief **het ingebreek** en my ra-dio gesteel.* A thief **broke in** and stole my radio.

◆ **break into** inbreek *Die polisie het die dief betrap net toe hy by die huis wou **inbreek**.* The police caught the thief just as he was about to **break into** the house.

◆ **break off** afbreek *"Mag ek van jou sjokolade kry?" – "Ja, maar moenie meer as twee blokkies **afbreek** nie."* "May I have some of your chocolate?" – "Yes, but don't **break off** more than two blocks."

◆ **break out** ❶ uitbreek [a] *Die rower in die tronk het probeer **uitbreek** en ontsnap.* The robber in jail tried to **break out** and escape. [b] *Die Tweede Wêreldoorlog het in 1939 in Europa **uitgebreek**.* The Second World War **broke out** in Europe in 1939. [c] *Hy het alarm gemaak toe die brand **uitbreek**.* He gave the alarm when the fire **broke out**. ❷ uitslaan *Hy was so siek aan die koors dat sweet oor sy hele liggaam begin **uitslaan** het.* He was so ill with fever that sweat started to **break out** all over his body.

◆ **break up** sluit *Die skool sal op 7 Desember vir die somervakansie **sluit**.* School will **break up** on 7 De-cember for the summer holiday.

☐ **break** *verb (past tense* **broke***, past participle* **broken***, present participle* **breaking***)*

breakfast ontbyt *Ek het vanoggend pap vir **ontbyt** ge-had.* I had porridge for **breakfast** this morning.

☐ **break·fast** *noun (plural* **breakfasts***)*

breast bors *Sy het 'n baba wat nog aan die **bors** drink.* She has a baby who still drinks at her **breast**.

☐ **breast** *noun (plural* **breasts***)*

breath asem *Hy het sy **asem** opgehou en in die water geduik.* He held his **breath** and dived into the water.

◆ **out of breath** uitasem *Hy het ver gehardloop en was so **uitasem** dat hy nie kon praat nie.* He had run far and was so **out of breath** that he couldn't speak.

☐ **breath** *noun (plural* **breaths***)*

breathe asemhaal *'n Mens kan nie onder water **asem-haal** nie.* One cannot **breathe** under water.

◆ **breathe in** inasem *Die dokter het gesê ek moet deur my neus **inasem** en deur my mond uitasem.* The doctor told me to **breathe in** through my nose and breathe out through my mouth.

◆ **breathe out** uitasem *Die dokter het gesê ek moet deur my neus inasem en deur my mond **uitasem**.* The doctor told me to breathe in through my nose and **breathe out** through my mouth.

☐ **breathe** *verb (past tense and past participle* **breathed***, present participle* **breathing***)*

breeze bries, windjie *'n Ligte **bries/windjie** het die kerse laat flikker.* A light **breeze** caused the candles to flicker.

☐ **breeze** *noun (plural* **breezes***)*

brick ❶ baksteen *Daar is 'n gat in die muur waar die **baksteen** uitgeval het.* There is a hole in the wall where the **brick** fell out. ❷ blok *'n Klein **blok** marga-rien weeg 250 g.* A small **brick** of margarine weighs 250 g.

◆ **lay bricks** ⇨ **lay**.

☐ **brick** *noun (plural* **bricks***)*

bricklayer messelaar *Die **messelaar** het die muur binne twee dae gebou.* The **bricklayer** built the wall within two days.

☐ **brick·lay·er** *noun (plural* **bricklayers***)*

bride bruid *Die **bruid** het 'n lang wit rok gedra.* The **bride** wore a long white dress.

☐ **bride** *noun (plural* **brides***)*

bridegroom bruidegom *Die **bruidegom** het 'n swart pak vir die troue gedra.* The **bridegroom** wore a black suit for the wedding.

☐ **bride·groom** *noun (plural* **bridegrooms***)*

bridge brug *Ons het oor die **brug** na die ander kant van die spoorlyn geloop.* We walked over the **bridge** to the other side of the railway line.

☐ **bridge** *noun (plural* **bridges***)*

bright ❶ helder [a] *Dis 'n **helder**, sonnige dag.* It is a **bright**, sunny day. [b] *Ek verkies 'n dowwe kleur soos pienk bo 'n **helder** kleur soos rooi.* I prefer a pale colour such as pink to a **bright** colour such as red. ❷ slim *Lorraine is baie **slim** en het drie A's in die eksamen* *gekry.* Lorraine is very **bright** and got three A's in the exams.

☐ **bright** *adjective* **brighter, brightest**

brightly helder *Die son skyn **helder**.* The sun is shin‎ing **brightly**.

☐ **bright·ly** *adverb*

brim rand *Sy dra 'n hoed met 'n wye **rand** om die son uit haar oë te hou.* She is wearing a hat with a wide **brim** to keep the sun out of her eyes.

☐ **brim** *noun (plural* **brims***)*

bring bring **[a]** *"Kinders, **bring** asseblief môre jul ge‎skiedenisboeke skool toe."* "Children, please **bring** your history books to school tomorrow." **[b]** *Toe sy hoor dat 'n motor haar kat omgery het, **het** dit trane in haar oë **gebring**.* When she heard that a car had run over her cat, it **brought** tears to her eyes.

◆ **bring back** terugbring *"Jy kan my fiets leen, maar sorg dat jy dit voor vyfuur vanmiddag **terugbring**."* "You may borrow my bicycle, but see that you **bring** it **back** before five o'clock this afternoon."

◆ **bring in** inbring *"Seun, sal jy asseblief die droë was‎goed vir my **inbring**?"* "Son, will you please **bring in** the dry washing for me?"

◆ **bring up** grootmaak *Na haar man se dood moes sy haar kinders alleen **grootmaak**.* After her husband's death she had to **bring up** her children on her own.

☐ **bring** *verb (past tense and past participle* **brought,** *present participle* **bringing***)*

broad breed *Sy is klein en het smal skouers, maar hy is groot en het **breë** skouers.* She is small and has narrow shoulders, but he is big and has **broad** shoulders.

☐ **broad** *adjective* **broader, broadest**

broken stukkend **❶** *"Jy kan nie die telefoon gebruik nie – dis **stukkend**."* "You can't use the telephone – it's **broken**." **[b]** *Stukkies glas het onder die **stuk‎kende** venster gelê.* Pieces of glass were lying under the **broken** window. **❷** gebreek, af *Sy arm is **gebreek/af**.* His arm is **broken**.

☐ **bro·ken** *adjective*

broom besem *"Doreen, neem asseblief die **besem** en vee die kombuis uit."* "Doreen, please take the **broom** and sweep out the kitchen."

☐ **broom** *noun (plural* **brooms***)*

brother broer *Ek het een **broer** en twee susters.* I have one **brother** and two sisters.

☐ **broth·er** *noun (plural* **brothers***)*

brown[1] bruin *Bruin is 'n kleur soos dié van koffie of sjokolade.* **Brown** is a colour like that of coffee or chocolate.

☐ **brown** *noun (no plural)*

brown[2] bruin *Sjokolade is **bruin**.* Chocolates are **brown**.

◆ **brown bread** bruinbrood *Die **bruinbrood** is uit‎verkoop, maar daar is nog witbrood oor.* The **brown bread** is sold out, but there is still some white bread left.

☐ **brown** *adjective* **browner, brownest**

brush[1] **❶** borsel *Sy het die vullis met 'n **borsel** opgevee.* She swept up the dirt with a **brush**. **❷** kwas *Hy het die **kwas** in die verf gesteek.* He dipped the **brush** into the paint.

☐ **brush** *noun (plural* **brushes***)*

brush[2] borsel *Ek **borsel** altyd my tande nadat ek ontbyt geëet het.* I always **brush** my teeth after I've had break‎fast.

☐ **brush** *verb (past tense and past participle* **brushed,** *present participle* **brushing***)*

bubble[1] borrel *Wanneer water kook, maak dit **borrels**.* When water boils, it makes **bubbles**.

☐ **bub·ble** *noun (plural* **bubbles***)*

bubble[2] borrel *Die water sal **borrel** wanneer dit kook.* The water will **bubble** when it boils.

☐ **bub·ble** *verb (past tense and past participle* **bub‎bled,** *present participle* **bubbling***)*

buck bok *'n Koedoe is 'n groot **bok** met lang, gedraaide horings.* A kudu is a big **buck** with long, curling horns.

☐ **buck** *noun (plural* **buck***)*

bucket emmer *Hy het die **emmer** met water gevul.* He filled the **bucket** with water.

☐ **buck·et** *noun (plural* **buckets***)*

buffalo buffel *'n **Buffel** is 'n dier met groot krom ho‎rings.* A **buffalo** is an animal with large curved horns.

☐ **buf·fa·lo** *noun (plural* **buffalo/buffaloes***)*

build bou *Dit het drie jaar gekos om die brug te **bou**.* It took three years to **build** the bridge.

◆ **build up** opbou *'n Vliegtuig moet baie spoed **opbou** voordat dit van die grond af kan opstyg.* An aeroplane has to **build up** great speed before it can lift off the ground.

☐ **build** *verb (past tense and past participle* **built,** *pre‎sent participle* **building***)*

builder bouer *'n **Bouer** lê eers die fondament van 'n huis voordat hy die mure bou.* A **builder** first lays the foun‎dation of a house before he builds the walls.

☐ **build·er** *noun (plural* **builders***)*

building gebou *Hy werk in 'n kantoor op die sewende verdieping van daardie hoë **gebou**.* He works in an of‎fice on the seventh floor of that tall **building**.

☐ **build·ing** *noun (plural* **buildings***)*

bulge[1] bult *Sy sak maak 'n **bult** van al die lekkers daarin.* His pocket forms a **bulge** because of all the sweets in it.

☐ **bulge** *noun (plural* **bulges***)*

bulge[2] bult *Sy sakke **bult** van al die lekkers daarin.* His pockets **bulge** because of all the sweets in them.

☐ **bulge** *verb (past tense and past participle* **bulged,** *present participle* **bulging***)*

bull bul *Onder die beeste wat in die veld wei, is daar tien koeie en een **bul**.* Among the cattle that are grazing in the field there are ten cows and one **bull**.

☐ **bull** *noun (plural* **bulls***)*

bully bullebak *'n **Bullebak** soek altyd rusie met iemand wat kleiner as hy is.* A **bully** always picks a fight with someone smaller than himself.

□ **bul·ly** *noun (plural* **bullies***)*

bump[1] ◻ stamp *Die baba het van die bed afgeval en 'n stamp teen die kop gekry.* The baby fell off the bed and got a **bump** on the head. ◻ bult *Die pad is vol bulte en is baie ongelyk.* The road is full of **bumps** and is very uneven.

□ **bump** *noun (plural* **bumps***)*

bump[2] stamp [a] *"Die boonste deur van die kombuiskas is oop; moenie jou kop daarteen stamp nie."* "The top door of the kitchen cupboard is open; don't **bump** your head against it." [b] *"Seun, ry versigtig; moenie my motor stamp nie."* "Son, drive carefully; don't **bump** my car."

□ **bump** *verb (past tense and past participle* **bumped**, *present participle* **bumping***)*

bun bolletjie *Beskuit is bolletjies wat mens in die oond uitdroog.* Rusks are **buns** that you dry out in the oven.

□ **bun** *noun (plural* **buns***)*

bunch ◻ bos *Sy het 'n sak aartappels en 'n bos wortels gekoop.* She bought a pocket of potatoes and a **bunch** of carrots. ◻ tros *Daar is 'n tros druiwe en 'n paar ander vrugte in die mandjie.* There is a **bunch** of grapes and some other fruit in the basket. ◻ spul, klomp *Ek hou van sy maats – hulle is 'n gawe spul/klomp.* I like his friends – they're a nice **bunch**.

□ **bunch** *noun (plural* **bunches***)*

bundle ◻ bondel *Sy het 'n groot bondel wasgoed om te stryk.* She has a big **bundle** of washing to iron. ◻ pak *Die pak koerante is met 'n tou saamgebind.* The **bundle** of newspapers is tied together with a rope.

□ **bun·dle** *noun (plural* **bundles***)*

burglar inbreker *Die polisie het die inbreker gevang wat my radio gesteel het.* The police caught the **burglar** who stole my radio.

□ **bur·glar** *noun (plural* **burglars***)*

burn[1] brandwond *Die brandwond op my hand is deur 'n warm strykyster veroorsaak.* The **burn** on my hand was caused by a hot iron.

□ **burn** *noun (plural* **burns***)*

burn[2] ◻ brand [a] *"Sit nog hout op die vuur om dit beter te laat brand."* "Put more wood on the fire to make it **burn** better." [b] *Dis donker en al die straatligte brand.* It is dark and all the streetlights are **burning**. [c] *Sy het haar hand met 'n warm yster gebrand.* She **burnt** her hand with a hot iron. ◻ verbrand [a] *"Verbrand die hoop dooie blare."* "**Burn** the pile of dead leaves." [b] *Die meubels het vlam gevat en tot as verbrand.* The furniture caught fire and **burnt** to ashes. [c] *"Pasop! Die koffie is baie warm; jy sal jou tong verbrand."* "Careful! The coffee is very hot; you'll **burn** your tongue." ◻ laat aanbrand *"Die plaat is te warm – jy sal die kos laat aanbrand!"* "The plate is too hot – you'll **burn** the food!" ◻ steek *"As jy jou kraag opslaan, sal die son jou nie so erg steek nie."* "If you turn up your collar the sun won't **burn** you so badly."

◆ **burn down** afbrand *Sy het gekyk hoe haar huis afbrand en geroep: "Die vuur sal alles vernietig!"* She

watched her house **burn down** and cried, "The fire will destroy everything!"

◆ **get burnt** aanbrand *"Moenie die water laat wegkook nie – die rys sal aanbrand."* "Don't let the water boil away – the rice will **get burnt**."

□ **burn** *verb (past tense and past participle* **burnt/ burned**, *present participle* **burning***)*

> Although **burned** is an alternative form of **burnt**, it is more common to use **burnt** in sentences where there is an object and **burned** where there is no object: *He **burnt** the leaves. The candle **burned** dimly.*

burst ◻ bars *"Die ballon sal bars as jy te veel lug daarin blaas."* "The balloon will **burst** if you blow too much air into it." ◻ laat bars *Sy het die ballon met 'n speld laat bars.* She **burst** the balloon with a pin.

◆ **burst into tears** in trane uitbars *Ek het geskrik toe die seuntjie skielik in trane uitbars.* I got a fright when the little boy suddenly **burst into tears**.

◆ **burst out laughing** van die lag uitbars *Al die kinders het van die lag uitgebars toe George met 'n snaakse hoed op sy kop die klaskamer binnekom.* All the children **burst out laughing** when George came into the classroom with a funny hat on his head.

□ **burst** *verb (past tense and past participle* **burst**, *present participle* **bursting***)*

bury begrawe *Pa het gesê ons moet die dooie voël in die tuin begrawe.* Dad told us to **bury** the dead bird in the garden.

□ **bur·y** *verb (past tense and past participle* **buried**, *present participle* **burying***)*

bus bus *"Gaan jy per trein of per bus na Pretoria reis?"* "Are you going to travel to Pretoria by train or by **bus**?"

◆ **bus fare** busgeld *Die busgeld het met 3c per kaartjie gestyg.* The **bus fare** has gone up by 3c per ticket.

◆ **bus stop** bushalte *Hy het by die bushalte op die bus gewag.* He waited at the **bus stop** for the bus.

□ **bus** *noun (plural* **buses***)*

bush bos [a] *Die bos wat in ons voortuin groei, is vol blomme.* The **bush** growing in our front garden is full of flowers. [b] *Ek het gesien hoe 'n bok deur die bos storm om van 'n leeu te probeer wegkom.* I saw a buck storm through the **bush**, trying to get away from a lion.

□ **bush** *noun (plural* **bushes***)*

business saak [a] *Die skoenmaker wil sy saak verkoop, want hy is oud en wil ophou werk.* The shoemaker wants to sell his **business**, because he is old and wants to stop working. [b] *Die winkel doen goeie sake in die Kerstyd.* The shop does good **business** at Christmastime. [c] *"Wat ek met my geld doen, is my saak, nie joune nie."* "What I do with my money is my **business**, not yours."

◆ **on business** vir sake *"Is jou pa vir sake of vir plesier Durban toe?"* "Did your dad go to Durban **on business** or for pleasure?"

☐ busi·ness *noun (plural* **businesses***)*

busy ❶ besig [a] *"Die hoof is te besig om jou nou te spreek."* "The principal is too **busy** to see you now." [b] *"Ek is besig met my huiswerk en kan nie nou kom speel nie."* "I'm **busy** with my homework and can't come and play now." ❷ besig, druk *Weekdae is die strate besig/druk, maar Sondae is hulle stil.* On weekdays the streets are **busy**, but on Sundays they are quiet.

☐ bus·y *adjective* **busier, busiest**

but[1] behalwe *"Niemand behalwe jy weet hoe oud ek is nie."* "Nobody **but** you knows how old I am."

☐ **but** *preposition*

but[2] maar *Sy huistaal is Afrikaans, maar hy praat Engels baie goed.* His home language is Afrikaans, **but** he speaks English very well.

☐ **but** *conjunction (joining word)*

butcher slagter *Ons koop al ons vleis by 'n slagter.* We buy all our meat from a **butcher**.

☐ butch·er *noun (plural* **butchers***)*

butter[1] botter *Baie mense gebruik margarien in plaas van botter.* Many people use margarine instead of **butter**.

☐ but·ter *noun (no plural)*

butter[2] smeer *"Smeer vir my 'n stukkie bruinbrood, asseblief."* "**Butter** a piece of brown bread for me, please."

☐ but·ter *verb (past tense and past participle* **buttered***, present participle* **buttering***)*

buttock boud *Die bank waarop hy gesit het, was so hard dat hy van die een boud na die ander geskuif het.* The bench on which he sat was so hard that he shifted from one **buttock** to the other.

☐ but·tock *noun (plural* **buttocks***)*

button ❶ knoop *"Maak die boonste knoop van jou hemp vas voordat jy jou das aansit."* "Fasten the top **button** of your shirt before you put on your tie." ❷ knoppie *"Jy moet op dié knoppie druk om die televisie aan te skakel."* "You must press this **button** to switch on the television."

☐ but·ton *noun (plural* **buttons***)*

button up toeknoop *"Knoop jou hemp toe."* "**Button up** your shirt."

☐ but·ton up *phrasal verb (past tense and past participle* **buttoned up***, present participle* **buttoning up***)*

buy koop *Ons koop ons melk en brood by die winkel op die hoek.* We **buy** our milk and bread at the shop on the corner.

☐ **buy** *verb (past tense and past participle* **bought***, present participle* **buying***)*

buyer koper *Ek wil my fiets verkoop, maar het nog nie 'n koper gekry nie.* I want to sell my bicycle but have not found a **buyer** yet.

☐ buy·er *noun (plural* **buyers***)*

buzz zoem *Bye zoem en voëls kwetter.* Bees **buzz** and birds chirp.

☐ **buzz** *verb (past tense and past participle* **buzzed***, present participle* **buzzing***)*

by[1] verby *"Hardloop as jy die bus wil haal; hy is nou net hier verby."* "Run if you want to catch the bus; it has just gone **by**."

☐ **by** *adverb*

by[2] ❶ by [a] *"Kom sit hier by my."* "Come and sit here **by** me." [b] *Eiers word by die dosyn verkoop.* Eggs are sold **by** the dozen. ❷ aan *Sy het die kind aan die hand geneem en hom oor die straat gehelp.* She took the child **by** the hand and helped him across the street. ❸ deur [a] *Sy lees 'n gedig wat deur Shakespeare geskryf is.* She is reading a poem written **by** Shakespeare. [b] *As jy 6 deur 3 deel, kry jy 2.* If you divide 6 **by** 3 you get 2. [c] *Hy verdien sakgeld deur koerante af te lewer.* He earns pocket money **by** delivering newspapers. ❹ per *Hy het per trein na Pretoria gereis.* He travelled to Pretoria **by** train. ❺ teen *My pa kom saans teen 17:30 tuis.* My dad gets home **by** 17:30 in the evening. ❻ met [a] *Ons sokkerspan het die wedstryd met twee doele teen een gewen.* Our soccer team won the match **by** two goals to one. [b] *As jy 3 met 5 vermenigvuldig, kry jy 15.* If you multiply 3 **by** 5 you get 15. [c] *Die brief is met die hand geskryf.* The letter is written **by** hand. [d] *Hulle het met die teerpad gekom.* They came **by** the tarred road. ❼ vir *Die hek is so smal dat mense een vir een daardeur moet loop.* The gate is so narrow that people have to walk through it one **by** one.

◆ **by now** nou al *Dis baie laat; sy moes nou al by die huis gewees het.* It's very late; she should have been home **by now**.

◆ **by that** ⇨ **that**[4].

☐ **by** *preposition*

C

cabbage kool *Die groente waarvan ek die meeste hou, is wortels en **kool**.* The vegetables I like best are carrots and **cabbage**.
□ **cab·bage** *noun (plural* **cabbages***)*

café kafee **[a]** *Ons koop koeldranke en lekkers by die **kafee** oorkant die straat.* We buy cool drinks and sweets at the **café** across the road. **[b]** *"Is daar 'n **kafee** naby waar ons iets ligs kan eet?"* "Is there a **café** nearby where we can have something light to eat?"
□ **ca·fé** *noun (plural* **cafés***)*

cage hok *Ons het by die dieretuin 'n groot bruin beer in 'n **hok** langs die leeus gesien.* At the zoo we saw a big brown bear in a **cage** next to the lions.
□ **cage** *noun (plural* **cages***)*

cake ▯ koek *Sy ma het vir hom 'n **koek** vir sy verjaardag gebak.* His mother baked him a **cake** for his birthday. ▮ koekie *"Susan, bring asseblief vir my 'n nuwe **koekie** seep na die badkamer."* "Susan, please bring me a new **cake** of soap to the bathroom."
□ **cake** *noun (plural* **cakes***)*

calculator rekenaar *"Mag julle 'n **rekenaar** gebruik wanneer julle somme op skool maak?"* "Are you allowed to use a **calculator** when you do sums at school?"
□ **cal·cu·la·tor** *noun (plural* **calculators***)*

calendar kalender, almanak *Volgens die **kalender**/**almanak** val die negende van volgende maand op 'n Sondag.* According to the **calendar** the ninth of next month falls on a Sunday.
□ **cal·en·dar** *noun (plural* **calendars***)*

calf kalf *Die koei en haar **kalf** wei naby die rivier.* The cow and her **calf** are grazing near the river.
□ **calf** *noun (plural* **calves***)*

call[1] ▯ geroep *Ons het 'n **geroep** om hulp uit die brandende gebou gehoor.* We heard a **call** for help from the burning building. ▮ roep *"Hoe sou jy die **roep** van 'n uil beskryf?"* "How would you describe the **call** of an owl?" ▰ oproep *"Pa, daar was vir jou 'n **oproep**, maar die man het gesê hy sal later terugbel."* "Dad, there was a **call** for you, but the man said he would ring back later."
◆ **make a call** bel *"Hoeveel kos dit om van Kaapstad af Johannesburg toe te **bel**?"* "How much does it cost to **make a call** from Cape Town to Johannesburg?"
□ **call** *noun (plural* **calls***)*

call[2] roep **[a]** *"Wag hier en moenie kom voordat ek jou **roep** nie."* "Wait here and don't come until I **call** you." **[b]** *Ek het iemand in die brandende gebou om hulp hoor **roep**.* I heard someone in the burning building **call** for help. ▮ noem **[a]** *Sy naam is Thomas, maar al sy maats **noem** hom Tom.* His name is Thomas, but all his friends **call** him Tom. **[b]** *'n Mens **noem** die harde*

deel van 'n voël se bek die snawel.* One **calls** the hard part of a bird's mouth the beak. ▰ bel *"Ek sal jou van die telefoonhokkie buite die poskantoor **bel**."* "I'll **call** you from the phone box outside the post office." ▱ laat kom *My broer was so siek dat ons die dokter moes **laat kom**.* My brother was so ill that we had to **call** the doctor. ▵ aanry *"Pa, kan ons by Tom se huis **aanry** en hom oplaai skool toe?"* "Dad, can we **call** at Tom's house and give him a lift to school?"
□ **call** *verb (past tense and past participle* **called***, present participle* **calling***)*

call-box telefoonhokkie *"Ek sal jou van die **telefoonhokkie** buite die poskantoor bel."* "I'll phone you from the **call-box** outside the post office."
□ **call-box** *noun (plural* **call-boxes***)*

calm[1] kalmte *Daar was 'n dag van **kalmte** nadat die wind gaan lê het.* There was a day of **calm** after the wind had dropped.
□ **calm** *noun (no plural)*

calm[2] ▯ kalm **[a]** *"John, ek weet jy is kwaad vir Joe, maar bly **kalm**; moenie met hom baklei nie."* "John, I know you're cross with Joe, but stay **calm**; don't fight with him." **[b]** *Die see het na die storm weer **kalm** geword.* After the storm the sea became **calm** again. ▮ stil *Dis **stil** vandag, maar dit was gister taamlik winderig.* It is **calm** today, but it was quite windy yesterday.
◆ **calm down** bedaar *"Jy is te opgewonde om duidelik te praat. **Bedaar** eers en vertel my dan wat gebeur het."* "You are too excited to speak clearly. First **calm down** and then tell me what happened."
□ **calm** *adjective* **calmer, calmest**

camera kamera *Sy het foto's van haar vriende met haar nuwe **kamera** geneem.* She took photographs of her friends with her new **camera**.
□ **cam·e·ra** *noun (plural* **cameras***)*

camp[1] kamp *Wanneer ons 'n paar dae in die veld uit is, slaap ons in 'n **kamp** in tente.* When we are out in the veld for a few days, we sleep in a **camp** in tents.
□ **camp** *noun (plural* **camps***)*

camp[2] kampeer *Wanneer ons in die berge gaan stap, verkies ons om saans naby water te **kampeer**.* When we go walking in the mountains, we prefer to **camp** near water at night.
□ **camp** *verb (past tense and past participle* **camped***, present participle* **camping***)*

can[1] kan *Daar is 'n **kan** petrol op die bak van die vragmotor.* There is a **can** of petrol on the back of the lorry.
□ **can** *noun (plural* **cans***)*

can[2] kan **[a]** *"**Kan** jy fietsry?"* "**Can** you ride a bicycle?" **[b]** *Hy het aan die deur geklop en gesê: "**Kan***

ek inkom?" He knocked on the door and said, **"Can I come in?"** [c] *In sekere dele van ons land kan dit in die winter sneeu.* In certain parts of our country it **can** snow in winter.

☐ **can** *verb (past tense* **could***)*

◆ In some senses the verbs **can** and **may** both mean "be allowed". **May** is used in formal texts and **can** in informal texts.

◆ The negative form of **can** is **cannot** – the past tense is **could not**. The shortened forms **can't** and **couldn't** are normally used in speech and in informal writing.

---

cancer kanker *Kanker is 'n ernstige siekte wat die dood kan veroorsaak.* **Cancer** is a serious disease which can cause death.

☐ **can·cer** *noun (no plural)*

candle kers *Die kers het uitgegaan toe die vlam te laag brand.* The **candle** went out when the flame burnt too low.

☐ **can·dle** *noun (plural* **candles***)*

cannot kan nie *Die man is blind en kan nie sien nie.* The man is blind and **cannot** see.

☐ **can·not** *verb (past tense* **could not***)*

cap ❶ pet *Die jokkie op die grys perd dra 'n rooi pet.* The jockey on the grey horse is wearing a red **cap**. ❷ dop [a] *Die dop van 'n pen beskerm die punt.* The **cap** of a pen protects the nib. [b] *Pa, sal jy die bottel se dop vir my afskroef, asseblief?"* "Dad, will you unscrew the **cap** of the bottle for me, please?"

☐ **cap** *noun (plural* **caps***)*

capital hoofstad *Die hoofstad van Zimbabwe is Harare.* The **capital** of Zimbabwe is Harare.

☐ **cap·i·tal** *noun (plural* **capitals***)*

capital, capital letter hoofletter *'n Mens begin 'n sin met 'n hoofletter.* One starts a sentence with a **capital** (OR **capital letter**).

☐ **cap·i·tal, cap·i·tal let·ter** *noun (plural* **capitals/ capital letters***)*

captain kaptein *Die kaptein het sy span op die veld gelei.* The **captain** led his team on to the field.

☐ **cap·tain** *noun (plural* **captains***)*

car motor *My pa neem my per motor skool toe.* My father takes me to school by **car**.

☐ **car** *noun (plural* **cars***)*

carcass karkas *'n Karkas is die liggaam van 'n dooie dier.* A **carcass** is the body of a dead animal.

☐ **car·cass** *noun (plural* **carcasses***)*

card kaart *In baie kaartspelle is die koning 'n kaart wat tien punte tel.* In many card games the king is a **card** that counts for ten points.

☐ **card** *noun (plural* **cards***)*

cardboard karton *Die doos is van karton gemaak.* The box is made of **cardboard**.

☐ **card·board** *noun (no plural)*

care[1] ❶ sorg [a] *Sy het mediese behandeling onder die sorg van 'n dokter gekry.* She had medical treatment

under the **care** of a doctor. [b] *Wanneer ons met vakansie gaan, laat ons ons diere in die sorg van ons bure.* When we go on holiday we leave our animals in the **care** of our neighbours. [c] *"Jy sal jou werk met groter sorg moet doen as jy aan die einde van die jaar wil slaag."* "You will have to do your work with greater **care** if you want to pass at the end of the year." ❷ versorging *'n Huisvrou bestee baie tyd aan die versorging van haar huis, man en kinders.* A housewife spends a lot of time on the **care** of her house, husband and children.

◆ **take care** versigtig wees *"Wees versigtig of jy val van die dak af!"* **"Take care** or you'll fall off the roof!"

◆ **take care of** oppas, kyk na *"Esmé, sal jy die baba oppas* (OF *na die baba kyk) terwyl ek uit is?"* "Esmé, will you **take care of** the baby while I'm out?"

◆ **with care** versigtig *"Hanteer die doos versigtig; dit bevat goed wat kan breek."* "Handle the box **with care**; it contains things that can break."

☐ **care** *noun (plural* **cares***)*

care[2] omgee *As jy vir jou diere omgee, sal jy hulle goed versorg.* If you **care** about your animals you will look after them well.

◆ **care for** ❶ hou van *Hy hou so baie van Anna dat hy amper enigiets vir haar sal doen.* He **cares** so much **for** Anna that he would do almost anything for her. ❷ wil hê *"Wil jy nog 'n stukkie koek hê?"* "Would you **care for** another piece of cake?" ❸ versorg, sorg vir *My ouma was so siek dat ons 'n verpleegster moes kry om haar te versorg* (OF *vir haar te sorg*). My grandmother was so ill that we had to get a nurse to **care for** her.

☐ **care** *verb (past tense and past participle* **cared***, present participle* **caring***)*

careful versigtig *Hy was versigtig om niemand wakker te maak nie.* He was **careful** not to wake anybody.

◆ **be careful** ❶ oppas, pasop [a] *"Jy moet oppas/ pasop – die strate is baie besig."* "You must **be careful** – the streets are very busy." [b] *"Pas op* (OF *Pasop) dat jy nie van die leer afval nie!"* "**Be careful** that you don't fall off the ladder!" ❷ versigtig wees *"Wees versigtig of jy val van die dak af!"* **"Be careful** or you'll fall off the roof!"

☐ **care·ful** *adjective* **more careful, most careful**

carefully ❶ versigtig *"Seun, ry versigtig; moenie my motor stamp nie."* "Son, drive **carefully**; don't bump my car." ❷ sorgvuldig *"Bekyk die fiets sorgvuldig en sê my as daar iets makeer."* "Examine the bicycle **carefully** and tell me if there's something wrong." ❸ noukeurig *"Mik noukeurig voor jy die blik met die klip probeer raak gooi."* "Aim **carefully** before you try to hit the tin with the stone." ❹ mooi *"Dink mooi voordat jy die vraag beantwoord."* "Think **carefully** before you answer the question."

☐ **care·ful·ly** *adverb*

carol Kerslied *"Stille Nag" is 'n welbekende Kerslied.* "Silent Night" is a well-known **carol**.

☐ **car·ol** *noun (plural* **carols***)*

carpet tapyt, mat *Ons sitkamervloer is met 'n groen ta=pyt/mat bedek.* Our lounge floor is covered with a green **carpet**.

☐ **car·pet** *noun (plural* **carpets***)*

carrot wortel *Die groente waarvan ek die meeste hou, is wortels en kool.* The vegetables I like best are **car=rots** and cabbage.

☐ **car·rot** *noun (plural* **carrots***)*

carry ❶ dra [a] *Ek dra my boeke in 'n boeksak skool toe.* I **carry** my books to school in a satchel. [b] *"Moenie op daardie tak staan nie; dis nie sterk genoeg om jou gewig te dra nie."* "Don't stand on that branch; it isn't strong enough to **carry** your weight." ❷ vervoer *Die bus kan veertig passasiers vervoer.* The bus can **carry** forty passengers.

♦ **carry into** indra *Ek het twee mans 'n nuwe tafel by hul huis sien indra.* I saw two men **carry** a new table **into** their house.

♦ **carry off** wegvoer *Daar is slote langs die pad wat reënwater wegvoer.* There are ditches beside the road that **carry off** rain-water.

♦ **carry on** aangaan, voortgaan *Die bouers moes on=danks die reën met hul werk aangaan/voortgaan.* The builders had to **carry on** with their work in spite of the rain.

♦ **carry out** uitvoer *Die hoof het met die seun geraas en gesê: "As ek aan jou 'n opdrag gee, verwag ek dat jy dit moet uitvoer!"* The headmaster scolded the boy and said, "If I give you an order, I expect you to **carry** it **out!**"

☐ **car·ry** *verb (past tense and past participle* **carried***, present participle* **carrying***)*

cart kar *'n Kar word deur 'n perd of 'n donkie getrek.* A **cart** is pulled by a horse or a donkey.

☐ **cart** *noun (plural* **carts***)*

case[1] tas, koffer *"Moenie vergeet om jou nagklere in te sit wanneer jy jou tas/koffer pak nie."* "Don't forget to put in your pyjamas when you pack your **case**."

☐ **case** *noun (plural* **cases***)*

case[2] geval *Die plante het vanjaar vroeër begin blom as wat gewoonlik die geval is.* This year the plants started flowering earlier than is usually the **case**.

♦ **in any case** in elk geval *"Ek weet jy kan nie dans nie, maar kom in elk geval na my partytjie toe."* "I know you can't dance, but come to my party **in any case**."

♦ **in case** indien, ingeval *"Bel my indien/ingeval jy my hulp nodig het."* "Call me **in case** you need my help."

♦ **in case of** in geval van *In geval van reën sal ons die partytjie in die huis hou en nie in die tuin nie.* **In case of** rain we will have the party in the house and not in the garden.

☐ **case** *noun (plural* **cases***)*

cash kontant *"Betaal u kontant vir dié rok, of sal ek dit op u rekening plaas?"* "Are you paying **cash** for this dress, or shall I put it on your account?"

☐ **cash** *noun (no plural)*

cat kat [a] *Sommige mense hou 'n kat aan om muise te vang.* Some people keep a **cat** to catch mice. [b] *Die leeu is 'n groot soort kat.* The lion is a large kind of **cat**.

☐ **cat** *noun (plural* **cats***)*

Cats **miaow** or **purr**. A baby cat is a **kitten**.

catch ❶ vang [a] *"Ek gaan die bal vir jou gooi; probeer dit vang."* "I'm going to throw the ball to you; try and **catch** it." [b] *Ons het 'n groot vis in die rivier gevang.* We **caught** a big fish in the river. [c] *Die polisie het die dief gevang wat by ons huis ingebreek het.* The police **caught** the thief who had broken into our house. ❷ betrap *"Maak dood daardie sigaret! As ek jou weer betrap dat jy rook, straf ek jou!"* "Put out that cigarette! If I **catch** you smoking again, I'll punish you!" ❸ haal *Ons moet die bus om 15:00 haal.* We have to **catch** the bus at 15:00. ❹ kry *Baie mense kry in die winter griep.* Many people **catch** flu in winter. ❺ vat [a] *Jy sal koue vat as jy sonder 'n jas in die reën uitgaan.* You'll **catch** a cold if you go out in the rain without a coat. [b] *Die hout is nat en wil nie vlam vat nie.* The wood is damp and won't **catch** fire. ❻ hoor *Sy stem was so dof oor die telefoon dat ek nie kon hoor wat hy sê nie.* His voice was so faint over the telephone that I couldn't **catch** what he was saying. ❼ trek *Hy het sy arms geswaai om haar aandag te trek.* He waved his arms to **catch** her attention. ❽ haak *Die gordyne wil nie oor die stok gly nie – die ringe haak êrens.* The curtains won't slide over the rod – the rings **catch** somewhere.

♦ **be caught in** oorval word deur *Ek hoop nie ons gaan deur die reën oorval word nie.* I hope we won't **be caught in** the rain.

♦ **catch up with** inhaal *Hulle is te ver voor ons; ons sal hulle nooit inhaal nie!* They're too far ahead of us; we'll never **catch up with** them!

♦ **get caught on** vashaak aan *"Pas op dat jou trui nie aan die dorings vashaak nie."* "Be careful that your jersey doesn't **get caught on** the thorns."

☐ **catch** *verb (past tense and past participle* **caught***, present participle* **catching***)*

cattle beeste *Onder die beeste wat in die veld wei, is daar tien koeie en een bul.* Among the **cattle** that are grazing in the field there are ten cows and one bull.

☐ **cat·tle** *plural noun*

cauliflower blomkool *Die groente waarvan ek die mees=te hou, is wortels en blomkool.* The vegetables I like best are carrots and **cauliflower**.

☐ **cau·li·flow·er** *noun (plural* **cauliflowers***)*

cause[1] oorsaak *'n Ernstige ongeluk was die oorsaak van sy dood.* A serious accident was the **cause** of his death.

☐ **cause** *noun (plural* **causes***)*

cause[2] ❶ veroorsaak *Kanker is 'n ernstige siekte wat die dood kan veroorsaak.* Cancer is a serious disease which can **cause** death. ❷ aanrig *'n Sterk wind kan groot skade aanrig.* A strong wind can **cause** great damage.

◆ **cause to** laat *Rook kan jou oë* **laat** *traan.* Smoke can **cause** your eyes to water.

☐ **cause** *verb (past tense and past participle* **caused**, *present participle* **causing**)

cave grot *Daar is 'n diep* **grot** *in die hang van die berg.* There is a deep **cave** in the side of the mountain.

☐ **cave** *noun (plural* **caves**)

ceiling plafon *Die kamer het vier mure, 'n vloer en 'n* **plafon**. The room has four walls, a floor and a **ceiling**.

☐ **ceil·ing** *noun (plural* **ceilings**)

celebrate vier *Esther het 'n partytjie gegee om haar sestiende verjaardag te* **vier**. Esther gave a party to **celebrate** her sixteenth birthday.

☐ **cel·e·brate** *verb (past tense and past participle* **cel= ebrated**, *present participle* **celebrating**)

cement sement *'n Mens bou 'n muur met bakstene en* **sement**. One builds a wall with bricks and **cement**.

☐ **ce·ment** *noun (no plural)*

cemetery begraafplaas *Sy het na die* **begraafplaas** *gegaan om blomme op haar man se graf te sit.* She went to the **cemetery** to put flowers on her husband's grave.

☐ **cem·e·ter·y** *noun (plural* **cemeteries**)

cent sent *"Sal jy 'n* **sent** *vermis as dit uit jou beursie sou verdwyn?"* "Would you miss a **cent** if it should disappear from your purse?"

☐ **cent** *noun (plural* **cents**)

In writing, use the word **cents** when you mean the coins themselves and the abbreviation **c** when you mean an amount of money: *I had several coins in my purse, but no* **cents**. *The apples are 25c each.*

---

centimetre sentimeter *Daar is 10 millimeter in 'n* **sentimeter**. There are 10 millimetres in a **centimetre**.

⇨ **measurement** [NOTE].

☐ **cen·ti·me·tre** *noun (plural* **centimetres**)

---

cm is the written abbreviation for **centimetre** or **centimetres**

---

centre middel *Daar is 'n neut in die* **middel** *van die sjokolade.* There is a nut in the **centre** of the chocolate.

☐ **cen·tre** *noun (plural* **centres**)

century eeu *Die negentiende* **eeu** *is van 1800 tot 1899.* The nineteenth **century** is from 1800 to 1899.

☐ **cen·tu·ry** *noun (plural* **centuries**)

certain seker **[a]** *"Is jy* **seker** *dis vyf oor tien?" – "Ja, kyk op my horlosie."* "Are you **certain** it's five past ten?" – "Yes, look at my watch." **[b]** *Daardie donker wolke in die lug is 'n* **seker** *teken van reën.* Those dark clouds in the sky are a **certain** sign of rain. **[c]** *In* **sekere** *dele van ons land reën dit in die winter en nie in die somer nie.* In **certain** parts of our country it rains in winter and not in summer.

◆ **be certain to ❶** sorg dat jy *"Sorg dat jy al die deure sluit voordat jy uitgaan."* "**Be certain to** lock all the doors before you go out." **❷** sal beslis *George is die*

slimste kind in die klas en **sal beslis** aan die end van die jaar eerste staan. George is the cleverest child in the class and **is certain to** come first at the end of the year.

◆ **for certain** seker *"Ek dink Cynthia is Walter se suster, maar ek weet nie* **seker** *nie."* "I think Cynthia is Walter's sister, but I don't know **for certain**."

◆ **make certain** seker maak *"Ek dink die winkel is Saterdagmiddae toe, maar ek sal bel om* **seker** *te* **maak**." "I think the shop is closed on Saturday afternoons, but I'll phone to **make certain**."

◆ **make certain that ❶** sorg dat *"Sorg dat al die deure gesluit is voordat jy uitgaan."* "**Make certain that** all the doors are locked before you go out." **❷** seker maak of/dat *Die klerk by die poskantoor moet elke vorm nagaan om* **seker** *te* **maak of/dat** *dit in orde is.* The clerk at the post office has to check each form to **make certain that** it is in order.

☐ **cer·tain** *adjective*

certainly ❶ beslis *Die plant sal* **beslis** *doodgaan as jy hom nie natgooi nie.* The plant will **certainly** die if you don't water it. **❷** darem *Esther is* **darem** *slim – sy het 95 persent in die toets gekry.* Esther **certainly** is clever – she got 95 per cent in the test. **❸** ja seker *"Sal jy my help?" – "Ja seker!"* "Will you help me?" – "**Certainly!**" **❹** ja-nee *"Dis warm, nè?" – "Ja-nee, dit is!"* "It's hot, isn't it?" – "It **certainly** is!"

☐ **cer·tain·ly** *adverb*

certificate sertifikaat *As jy in matriek slaag, kry jy 'n* **sertifikaat** *as bewys daarvan.* When you pass matric, you get a **certificate** as proof of it.

☐ **cer·tif·i·cate** *noun (plural* **certificates**)

chain[1] ketting **[a]** *Die* **ketting** *van 'n fiets laat die wiele draai.* The **chain** of a bicycle makes the wheels turn. **[b]** *Sy dra 'n silwer* **ketting** *om haar nek.* She is wearing a silver **chain** round her neck.

☐ **chain** *noun (plural* **chains**)

chain[2] vasketting *"Wag 'n bietjie, ek wil gou my fiets aan die lamppaal* **vasketting**!" "Wait a minute, I just want to **chain** my bike to the lamp-post!"

☐ **chain** *verb (past tense and past participle* **chained**, *present participle* **chaining**)

chair stoel *"Kom sit op die* **stoel** *langs my."* "Come and sit on the **chair** next to me."

☐ **chair** *noun (plural* **chairs**)

chalk kryt *Onderwysers skryf met* **kryt** *op die bord.* Teachers write on the board with **chalk**.

☐ **chalk** *noun (plural* **chalks**)

champion kampioen *Na die boksgeveg het die skeidsregter die* **kampioen** *se hand opgehou.* After the boxing match the referee held up the hand of the **champion**.

☐ **cham·pi·on** *noun (plural* **champions**)

chance kans **[a]** *Hy het nie geweet wat die antwoord is nie en toe maar 'n* **kans** *gewaag en vyftien gesê.* He didn't know what the answer was, so he took a **chance** and said fifteen. **[b]** *Al die spelers is fiks; die span het dus 'n goeie* **kans** *om die wedstryd te wen.* All the players are fit, so the team stands a good **chance** of winning the match.

◆ **by chance** toevallig, per toeval *Ons het nie saam bioskoop toe gegaan nie – ons het mekaar **toevallig** (OF **per toeval**) daar ontmoet.* We didn't go to the cinema together – we met each other there **by chance.**

◆ **by any chance** miskien *'n Vreemdeling het hom gevra: "Is jy **miskien** die skoolhoof se seun?"* A stranger asked him, "Are you **by any chance** the headmaster's son?"

◆ **give a chance** 'n kans gee *"Lynette, bly 'n bietjie stil en **gee** iemand anders 'n kans om iets te sê."* "Lynette, be quiet for a moment and **give** someone else **a chance** to say something."

☐ **chance** *noun (plural* **chances***)*

change¹ ❶ verandering *Dis 'n lekker **verandering** om eiers in plaas van pap vir ontbyt te kry.* It's a nice **change** to have eggs instead of porridge for breakfast. **❷** kleingeld *Ek het die winkelier R1,00 gegee, maar die appels was 80c, toe kry ek 20c **kleingeld**.* I gave the shopkeeper R1,00 but the apples were 80c, so I got 20c **change.**

◆ **change, small change** kleingeld *"Kan jy my tien 50c-stukke vir 'n R5-noot gee?" – "Ongelukkig nie; ek het geen **kleingeld** nie."* "Could you give me ten 50c pieces for a R5 note?" – "Unfortunately not; I have no **change** (OR **small change**)."

☐ **change** *noun (no plural at* 2*;* **changes** *at* 1*)*

change² ❶ verander *Hulle het besluit om die datum van die vergadering van 3 tot 10 Maart te **verander**.* They have decided to **change** the date of the meeting from 3 to 10 March. **❷** ruil *"Kom ons **ruil** plekke, dan sit ek in die middel en jy langs die venster."* "Let's **change** places, then I sit in the middle and you next to the window."

☐ **change** *verb (past tense and past participle* **changed***, present participle* **changing***)*

chap kêrel, ou *Ek hou baie van Theo; hy's 'n gawe **kêrel/ou**.* I like Theo very much; he's a nice **chap.**

☐ **chap** *noun (plural* **chaps***)*

chapter hoofstuk *Ons moet **hoofstuk** 3 in ons geskiedenisboeke vir môre se toets leer.* We have to learn **chapter** 3 in our history books for tomorrow's test.

☐ **chap·ter** *noun (plural* **chapters***)*

charge¹ koste *Die **koste** om in die stad te parkeer, is 50c per uur.* The **charge** for parking in town is 50c an hour.

◆ **in charge of** in beheer van *Wanneer die hoof weg is, is die onderhoof **in beheer van** die skool.* When the principal is away the vice-principal is **in charge of** the school.

☐ **charge** *noun (plural* **charges***)*

charge² vra *Hulle **vra** 85c vir 'n toebroodjie by die kafee.* They **charge** 85c for a sandwich at the café.

◆ **charge, charge at** bestorm *Die kwaai bul het op die punt gestaan om die boer te **bestorm**.* The fierce bull was about to **charge** (OR **charge at**) the farmer.

☐ **charge** *verb (past tense and past participle* **charged***, present participle* **charging***)*

chase ❶ jaag *"Daar gaan jou maats! Spring op jou fiets en **jaag** agter hulle aan."* "There go your friends! Hop on your bike and **chase** after them." **❷** agtervolg *Ek het gesien hoe twee polisiemanne 'n dief deur die strate **agtervolg**.* I saw two policemen **chase** a thief through the streets.

◆ **chase away** wegjaag *"Sal jy asseblief daardie vreemde hond **wegjaag**? Ek wil hom nie in ons tuin hê nie."* "Will you please **chase** that strange dog **away**? I don't want it in our garden."

◆ **chase out** uitjaag *"As die hond weer in die huis kom, moet jy hom **uitjaag**."* "If the dog comes into the house again you must **chase** it **out**."

☐ **chase** *verb (past tense and past participle* **chased***, present participle* **chasing***)*

chat gesels, praat *"Waaroor **gesels/praat** jy en Doreen as julle mekaar bel?"* "What do you and Doreen **chat** about when you phone each other?"

☐ **chat** *verb (past tense and past participle* **chatted***, present participle* **chatting***)*

cheap goedkoop *Dié potlood was baie **goedkoop** – dit het maar 35c gekos.* This pencil was very **cheap** – it cost only 35c.

☐ **cheap** *adjective* **cheaper, cheapest**

cheat bedrieg, kul *Hy het my probeer **bedrieg/kul** deur my R7,00 vir die pen te vra, terwyl dit net R5,00 werd was.* He tried to **cheat** me by charging me R7,00 for the pen, while it was worth only R5,00.

☐ **cheat** *verb (past tense and past participle* **cheated***, present participle* **cheating***)*

check ❶ kyk *"Draai die handvatsel om te **kyk** of die deur gesluit is."* "Turn the handle to **check** whether the door is locked." **❷** toets *Voordat 'n motor die fabriek verlaat, **toets** hulle sy enjin om te kyk of dit goed werk.* Before a car leaves the factory they **check** its engine to see if it works well. **❸** nagaan *Die klerk by die poskantoor moet elke vorm **nagaan** om seker te maak of dit in orde is.* The clerk at the post office has to **check** each form to make sure that it is in order.

☐ **check** *verb (past tense and past participle* **checked***, present participle* **checking***)*

cheek wang *"Soen my op die **wang** en nie op die mond nie."* "Kiss me on the **cheek** and not on the mouth."

☐ **cheek** *noun (plural* **cheeks***)*

cheer juig *Toe die sanger op die verhoog verskyn, het die mense begin hande klap en **juig**.* When the singer appeared on the stage, the people started to clap hands and **cheer.**

☐ **cheer** *verb (past tense and past participle* **cheered***, present participle* **cheering***)*

cheerful vrolik, opgewek *"Hoekom is jy so **vrolik/opgewek** – het jy goeie nuus gekry?"* "Why are you so **cheerful** – have you had good news?"

☐ **cheer·ful** *adjective* **more cheerful, most cheerful**

cheerfully vrolik, opgewek *Die hond het sy stert **vro=
lik/opgewek** geswaai.* The dog wagged its tail **cheerfully**.
☐ **cheer·ful·ly** *adverb*
cheese kaas *"Kry 'n snytjie **kaas** om op jou brood te sit."*
"Have a slice of **cheese** to put on your bread."
☐ **cheese** *noun (plural* **cheeses***)*

> Use the plural **cheeses** only when talking about dif
> ferent kinds: *There is a variety of **cheeses** in the shop:
> sweet-milk cheese, Cheddar cheese, goat's milk cheese,
> etc.*

chemist ❶ apteek *Sy het die bottel medisyne by die **apteek** gekoop.* She bought the bottle of medicine at the
chemist. ❷ apteker *Hy wil **apteker** word omdat hy in
die maak en verkoop van medisyne belang stel.* He wants
to be a **chemist** because he is interested in making and
selling medicines.
☐ **chem·ist** *noun (plural* **chemists***)*
chess skaak *Skaak is 'n spel vir twee wat met 32 stukke
gespeel word.* **Chess** is a game for two played with 32
pieces.
☐ **chess** *noun (no plural)*
chest bors *"Sit jou hand op sy **bors** en kyk of jy sy hartslag kan voel."* "Put your hand on his **chest** and see if
you can feel his heartbeat."
☐ **chest** *noun (plural* **chests***)*
chest of drawers laaikas *My sokkies is in die boonste
laai van my **laaikas**.* My socks are in the top drawer of
my **chest of drawers**.
☐ **chest of draw·ers** *noun (plural* **chests of draw=
ers***)*
chew kou *Kou jou kos goed voordat jy dit sluk.* **Chew**
your food well before you swallow it.
☐ **chew** *verb (past tense and past participle* **chewed**,
present participle **chewing***)*
chick kuiken *Die hen het drie eiers gelê, maar net een
kuiken het uitgebroei.* The hen laid three eggs, but
only one **chick** hatched.
☐ **chick** *noun (plural* **chicks***)*
chicken hoender **[a]** *Daar is tien henne en een haan
onder die **hoenders** in die hok.* There are ten hens and
one cock among the **chickens** in the cage. **[b]** *Ons eet
dikwels **hoender** vir middagete op 'n Sondag.* We often
have **chicken** for lunch on a Sunday. ⇨ **meat**
[NOTE].
☐ **chick·en** *noun (no plural at* **b**; *chickens at* **a***)*
chief[1] ❶ hoof *As my pa vakansie wil neem, moet hy toestemming by die **hoof** van sy afdeling kry.* If my father
wants to take a holiday, he has to get permission from
the **chief** of his department. ❷ hoofman *Die leier van
'n stam word 'n **hoofman** genoem.* The leader of a tribe
is called a **chief**.
☐ **chief** *noun (plural* **chiefs***)*
chief[2] hoof=, belangrikste *George is die **hoofdorp** (OF
belangrikste dorp) van Suid-Kaapland.* George is
the **chief** town of the Southern Cape.

☐ **chief** *adjective*
chiefly hoofsaaklik *Brood bestaan **hoofsaaklik** uit
meel.* Bread consists **chiefly** of flour.
☐ **chief·ly** *adverb*
child kind *Rachel was al **kind** in die klas wat vol punte in
die toets gekry het.* Rachel was the only **child** in the
class to get full marks in the test.
☐ **child** *noun (plural* **children***)*
chimney skoorsteen *Rook kom by die **skoorsteen** van
die huis uit.* Smoke is coming out of the **chimney** of
the house.
☐ **chim·ney** *noun (plural* **chimneys***)*
chin ken *Die man se baard bedek sy **ken** en wange.* The
man's beard covers his **chin** and cheeks.
☐ **chin** *noun (plural* **chins***)*
chip skyfie *Hy het vir hom 'n stuk vis en 'n pakkie warm
skyfies gekoop.* He bought himself a piece of fish and a
packet of hot **chips**.
☐ **chip** *noun (plural* **chips***)*
chirp kwetter *Bye zoem en voëls **kwetter**.* Bees buzz
and birds **chirp**.
☐ **chirp** *verb (past tense and past participle* **chirped**,
present participle **chirping***)*
chocolate sjokolade *"Wil jy 'n toffie of 'n stukkie **sjo=
kolade** hê?"* "Would you like a toffee or a piece of
chocolate?"
☐ **choc·o·late** *noun (plural* **chocolates***)*
choice keuse *Die rokke was so mooi dat sy moeilik 'n
keuse kon doen.* The dresses were so pretty that it was
difficult for her to make a **choice**.
☐ **choice** *noun (plural* **choices***)*
choir koor *Sy het 'n pragtige stem en sing in 'n **koor**.* She
has a beautiful voice and sings in a **choir**.
☐ **choir** *noun (plural* **choirs***)*
choose kies *Ek weet nie watter rok om te **kies** nie – hulle
is albei ewe mooi.* I don't know which dress to **choose** –
the one is as pretty as the other.
☐ **choose** *verb (past tense* **chose**, *past participle*
chosen, *present participle* **choosing***)*
chop[1] tjop *As hy 'n **tjop** vir ete kry, eet hy die vleis en gee
die been vir die hond.* When he has a **chop** for dinner,
he eats the meat and gives the bone to the dog.
☐ **chop** *noun (plural* **chops***)*
chop[2] kap *Kap die uie in klein stukkies voordat jy hulle
saam met die tamaties braai.* **Chop** the onions into
small pieces before you fry them with the tomatoes.
♦ **chop down** afkap *Hulle moes die boom **afkap** omdat
dit oud en siek was.* They had to **chop down** the tree
because it was old and sick.
♦ **chop off** afkap *Pa het die slang se kop met 'n graaf
probeer **afkap**.* Dad tried to **chop off** the snake's head
with a spade.
♦ **chop up** opkap *Hy moes hout vir die vuur **opkap**.*
He had to **chop up** wood for the fire.
☐ **chop** *verb (past tense and past participle* **chopped**,
present participle **chopping***)*
Christ Christus *Christene glo dat Jesus **Christus** die*

seun van God is. Christians believe that Jesus **Christ** is the son of God.

☐ **Christ** proper name

christen doop *Hulle het hul dogter Elizabeth laat* **doop** *maar noem haar Lizzy.* They had their daughter **christened** Elizabeth but call her Lizzy.

☐ **chris·ten** verb (past tense and past participle **christened**, present participle **christening**)

christening doop *In ons kerk vind die* **doop** *van babas een keer per maand plaas.* In our church the **christen-ing** of babies takes place once a month.

☐ **chris·ten·ing** noun (plural **christenings**)

Christian[1] Christen *'n* **Christen** *glo dat Jesus Christus die seun van God is.* A **Christian** believes that Jesus Christ is the son of God.

☐ **Chris·tian** noun (plural **Christians**)

Christian[2] Christelik *Volgens die* **Christelike** *leer is Jesus die seun van God.* According to **Christian** teach-ings Jesus is the son of God.

☐ **Chris·tian** adjective

Christmas Kersfees **Kersfees** *val op 25 Desember.* **Christmas** falls on 25 December.

◆ **merry Christmas** geseënde Kersfees *"Geseënde Kersfees, Lynette!"* "**Merry Christmas,** Lynette!"

☐ **Christ·mas** noun (plural **Christmases**)

Christmas Day Kersdag *Ons vier die geboorte van Christus op* **Kersdag.** We celebrate the birth of Christ on **Christmas Day.**

☐ **Christ·mas Day** noun (plural **Christmas Days**)

Christmas-time Kerstyd *Baie fabrieke sluit in die* **Kerstyd** *vir 'n paar weke.* Many factories close down for a few weeks at **Christmas-time.**

☐ **Christ·mas-time** noun (no plural)

church kerk *Ons gaan Sondae* **kerk** *toe om God te aan-bid.* We go to **church** on Sundays to worship God.

☐ **church** noun (plural **churches**)

cigarette sigaret *Die man rook 'n* **sigaret.** The man is smoking a **cigarette.**

☐ **cig·a·rette** noun (plural **cigarettes**)

cinema bioskoop, fliek *"Weet jy watter prent op die oomblik in die* **bioskoop/fliek** *draai?"* "Do you know what film is showing in the **cinema** at the moment?"

◆ **go to the cinema** ❶ bioskoop toe gaan, gaan fliek *"Kom ons* **gaan bioskoop toe** (OF **gaan fliek**), of het jy al die prent gesien?"* "Let's **go to the cinema,** or have you seen the film before?" ❷ fliek *"Ek het nie lus vir* **fliek** *nie; kom ons bly by die huis en kyk televisie."* "I don't feel like **going to the cinema;** let's stay at home and watch television."

☐ **cin·e·ma** noun (plural **cinemas**)

cinnamon kaneel *"Wil jy 'n bietjie suiker en* **kaneel** *op jou pannekoek hê?"* "Would you like some sugar and **cinnamon** on your pancake?"

☐ **cin·na·mon** noun (no plural)

circle ❶ sirkel *'n* **Sirkel** *is rond.* A **circle** is round. ❷ kring *"Kinders, vat hande en vorm 'n* **kring** *om my."* "Children, hold hands and form a **circle** around me."

☐ **cir·cle** noun (plural **circles**)

circus sirkus *Die akrobaat in die* **sirkus** *het slim toer-tjies op 'n tou uitgehaal.* The acrobat in the **circus** did clever tricks on a rope.

☐ **cir·cus** noun (plural **circuses**)

city stad *Johannesburg is 'n groot* **stad.** Johannesburg is a big **city.**

☐ **cit·y** noun (plural **cities**)

clap klap **[a]** *"**Klap** julle hande op maat van die mu-siek."* "**Clap** your hands to the beat of the music." **[b]** *Die gehoor* **het geklap** *toe die sanger op die verhoog verskyn.* The audience **clapped** when the singer ap-peared on the stage.

☐ **clap** verb (past tense and past participle **clapped**, present participle **clapping**)

class klas *Toe die skool vanjaar begin het, was daar 35 leerlinge in ons* **klas.** When school started this year there were 35 pupils in our **class.**

◆ **class captain** klaskaptein *As die onderwyser nie daar is nie, moet die* **klaskaptein** *orde in die klas hou.* When the teacher is not there, the **class captain** has to keep order in the classroom.

◆ **first/second/third class** (in die) eerste/tweede/derde klas *Hy reis gewoonlik* **(in die) eerste/tweede/derde klas** *op die trein.* He usually travels **first/second/third class** on the train.

☐ **class** noun (plural **classes**)

classroom klaskamer *Ons kry al ons lesse in dieselfde* **klaskamer.** We have all our lessons in the same **classroom.**

☐ **class·room** noun (plural **classrooms**)

clay klei *Die pot is van rooi* **klei** *gemaak.* The pot is made of red **clay.**

☐ **clay** noun (no plural)

clean[1] skoonmaak *"Ma, kan ek 'n ou lap en 'n emmer water kry? Ek wil my fiets* **skoonmaak.**" "Mum, may I have an old cloth and a bucket of water? I want to **clean** my bicycle."

☐ **clean** verb (past tense and past participle **cleaned**, present participle **cleaning**)

clean[2] skoon **[a]** *"Trek 'n* **skoon** *hemp aan; die een wat jy gister aangehad het, is vuil."* "Put on a **clean** shirt; the one you wore yesterday is dirty." **[b]** *"Gee my as-seblief 'n* **skoon** *vel papier met niks daarop geskryf nie."* "Please give me a **clean** sheet of paper with no writing on it."

☐ **clean** adjective **cleaner, cleanest**

clear[1] ❶ afdek *Die kinders moet na ete die tafel* **afdek.** After dinner the children have to **clear** the table. ❷ skoonmaak *Die bouers moes die stuk grond* **skoonmaak** *voordat hulle daarop kon bou.* The builders had to **clear** the piece of ground before they could build on it. ❸ ooptrek *Dit het opgehou met reën en dit lyk asof die lug gaan* **ooptrek.** It has stopped raining and it looks as if the sky is going to **clear.**

☐ **clear** verb (past tense and past participle **cleared**, present participle **clearing**)

clear² ❶ helder **[a]** *Op 'n helder dag is daar geen wolke in die lug nie.* On a **clear** day there are no clouds in the sky. **[b]** *Die water is so **helder** dat 'n mens die bodem van die dam kan sien.* The water is so **clear** that one can see the bottom of the dam. ❷ duidelik **[a]** *Dié foto is baie goed; alles daarop is **duidelik** en skerp.* This photograph is very good; everything on it is **clear** and sharp. **[b]** *"Jou kaart is mooi **duidelik** – ek behoort nie moeite te hê om jul huis te vind nie."* "Your map is quite **clear** – I shouldn't have trouble finding your house." ❸ skoon *Wag tot die pad **skoon** is voor jy oorstap.* Wait until the road is **clear** before you cross over.

◆ **clear out** leegmaak *Esther moes 'n laai in haar kas vir haar ouma se goed **leegmaak**.* Esther had to **clear out** a drawer in her cupboard for her grandmother's things.

◆ **clear up** ❶ opklaar *Ek hoop die weer sal voor môre **opklaar**, want ons wil gaan piekniek hou.* I hope the weather will **clear up** before tomorrow, because we want to go on a picnic. ❷ skoonmaak *"Sal jy asseblief jou gemors in die kombuis gaan **skoonmaak**?"* "Will you please go and **clear up** your mess in the kitchen?"

◆ **make clear** duidelik stel *"Laat ek dit **duidelik** stel: kinders wat nie hul huiswerk doen nie, kry straf!"* "Let me **make** it **clear**: children who don't do their homework get punished!"

□ **clear** *adjective* **clearer, clearest**

clearly ❶ duidelik **[a]** *Hy het so **duidelik** gepraat dat ek elke woord kon hoor.* He spoke so **clearly** that I could hear every word. **[b]** *Sy het die man so **duidelik** beskryf dat ons presies geweet het van wie sy praat.* She described the man so **clearly** that we knew exactly who she was talking about. **[c]** *Ons kon die klippe taamlik **duidelik** op die bodem van die rivier sien.* We could see the stones quite **clearly** on the bottom of the river. ❷ kennelik *Iets verskrikliks moes gebeur het – hy is **kennelik** baie ontsteld.* Something terrible must have happened – he is **clearly** very upset.

◆ **put clearly** duidelik stel *"Laat ek dit **duidelik** stel: kinders wat nie hul huiswerk doen nie, kry straf!"* "Let me **put** it **clearly**: children who don't do their homework get punished!"

□ **clear·ly** *adverb*

clench bal *'n Mens se armspiere trek saam as jy jou vuiste **bal**.* Your arm muscles tighten when you **clench** your fists.

◆ **clench one's teeth** op die tande byt *Ek moes **op my tande byt** om nie van die pyn te gil nie.* I had to **clench my teeth** not to scream with pain.

□ **clench** *verb (past tense and past participle **clenched**, present participle **clenching**)*

clerk klerk *Die **klerk** by die poskantoor moet elke vorm nagaan om seker te maak of dit in orde is.* The **clerk** at the post office has to check each form to make sure that it is in order.

□ **clerk** *noun (plural **clerks**)*

clever slim **[a]** *Monica is baie **slim** en staan eerste in haar klas.* Monica is very **clever** and is top of her class. **[b]** *Die akrobaat in die sirkus het **slim** toertjies op 'n tou uitgehaal.* The acrobat in the circus did **clever** tricks on a rope.

□ **clev·er** *adjective* **cleverer, cleverest**

climate klimaat *Kaapstad het 'n koue, nat **klimaat** in die winter.* Cape Town has a cold, wet **climate** in winter.

□ **cli·mate** *noun (plural **climates**)*

climb klim **[a]** *Hy het 'n leer gebruik om op die dak te **klim**.* He used a ladder to **climb** on the roof. **[b]** *Die kinders **het** agter in die motor **geklim**.* The children **climbed** into the back of the car. **[c]** *Nadat die vliegtuig opgestyg het, **het** dit tot 'n hoogte van 10 000 meter **geklim**.* After the aeroplane had taken off, it **climbed** to a height of 10 000 metres.

◆ **climb down** afklim *"Wees versigtig wanneer jy teen die leer **afklim**."* "Be careful when you **climb down** the ladder."

◆ **climb up** opklim *As jy teen die leer **opklim**, sal jy oor die muur kan kyk.* If you **climb up** the ladder you will be able to see over the wall.

□ **climb** *verb (past tense and past participle **climbed**, present participle **climbing**)*

clinic kliniek *Sy het haar siek baba na die **kliniek** geneem om medisyne te kry.* She took her sick baby to the **clinic** to get some medicine.

□ **clin·ic** *noun (plural **clinics**)*

clip knip *"Gee vir die kondukteur jou kaartjie sodat hy dit kan **knip**."* "Hand the conductor your ticket so that he can **clip** it."

□ **clip** *verb (past tense and past participle **clipped**, present participle **clipping**)*

clock horlosie *Die **horlosie** teen die muur is 'n paar minute voor.* The **clock** on the wall is a few minutes fast. ⇨ **watch¹** [NOTE].

□ **clock** *noun (plural **clocks**)*

close¹ ❶ toemaak *"Moenie die deur **toemaak** nie; laat dit oopstaan."* "Don't **close** the door; leave it open." ❷ toemaak, sluit *Die meeste winkels **maak** Saterdae om 13:00 **toe** (OF **sluit** Saterdae om 13:00).* Most shops **close** at 13:00 on Saturdays. ❸ toegaan **[a]** *Die raam is stukkend; dis dié dat die venster nie behoorlik wil **toegaan** nie.* The frame is broken; that's why the window won't **close** properly. **[b]** *Sommige winkeldeure **gaan** vanself oop **en toe**.* Some shop doors open and **close** by themselves. ❹ toedruk *Hy het gesê ek moet my oë met albei hande **toedruk**.* He told me to **close** my eyes with both hands.

◆ **close down** toemaak, sluit **[a]** *Die man moes sy winkel **toemaak/sluit**, want hy het siek geword en kon nie meer werk nie.* The man had to **close down** his shop, as he had fallen ill and could no longer work. **[b]** *Baie fabrieke **maak** in die Kerstyd vir 'n paar weke **toe** (OF **sluit** in die Kerstyd vir 'n paar weke).* Many factories **close down** for a few weeks at Christmas-time.

◆ **close up** toemaak, sluit *"Dis tyd dat ons die winkel*

toemaak/sluit en huis toe gaan." "It's time for us to **close up** shop and go home."

☐ **close** *verb (past tense and past participle* **closed**, *present participle* **closing**)

close² ◼ naby *"Die stasie is baie **naby** – ons kan maklik soontoe stap.*" "The station is very **close** – we can easily walk there." ◻ na, naby *"Is Anna en Linda na/ **naby** familie?"* – *"Ja, hulle is susters.*" "Are Anna and Linda **close** relations/relatives?" – "Yes, they're sis= ters." ◼ dik *Charles en George is **dik** vriende.* Charles and George are **close** friends.

◆ **close to** naby, na aan *Soweto is **naby** (*OF **na aan**) *Johannesburg.* Soweto is **close to** Johannesburg.

☐ **close** *adjective* **closer, closest**

close³ ◼ naby *Hulle woon taamlik **naby** – trouens, hul huis is net om die hoek.* They live quite **close** – in fact, their house is just round the corner. ◻ styf *Die dogter= tjie het **styf** teen haar ma gestaan.* The little girl stood **close** against her mother.

◆ **close together** ◼ styf teen mekaar *Die twee katte het **styf teen mekaar** gesit om warm te bly.* The two cats sat **close together** to keep warm. ◻ dig opmekaar *Die bome in die bos groei **dig opmekaar.*** The trees in the forest grow **close together**.

◆ **draw closer** ⇨ **draw².**

☐ **close** *adverb*

closely ◼ goed *Hy het **goed** na die pen gekyk en gesê: "Ek dink dis myne.*" He looked **closely** at the pen and said, "I think this is mine." ◻ nou *Die dokters en ver= pleegsters werk **nou** saam in 'n hospitaal.* The doctors and nurses work **closely** together in a hospital. ◼ na *"Is Anna en Linda **na** (aan/met mekaar) verwant?"* – *"Ja, hulle is susters.*" "Are Anna and Linda **closely** related?" – "Yes, they're sisters."

☐ **close·ly** *adverb*

closed ◼ toe *"Is die deur oop?"* – *"Nee, dis **toe.***" "Is the door open?" – "No, it's **closed**." ◻ toe, gesluit *Die meeste winkels is op 'n Sondag **toe/gesluit.*** Most shops are **closed** on a Sunday.

☐ **closed** *adjective*

cloth ◼ doek *Wanneer my ma brood bak, bedek sy die deeg met 'n **doek** om dit warm te hou.* When my mother bakes bread she covers the dough with a **cloth** to keep it warm. ◻ lap *"Ma, kan ek 'n ou **lap** en 'n emmer water kry? Ek wil my fiets was.*" "Mum, may I have an old **cloth** and a bucket of water? I want to wash my bike."

☐ **cloth** *noun (plural* **cloths**)

clothes klere *Hy het sy **klere** uitgetrek en in die bad geklim.* He took off his **clothes** and got into the bath.

☐ **clothes** *noun (plural only)*

clothing klere *Groot winkels het dikwels een afdeling vir kos en 'n ander vir **klere.*** Large shops often have one department for food and another for **clothing**.

☐ **cloth·ing** *noun (no plural)*

cloud wolk *Dit gaan nie vandag reën nie, want daar is nie 'n **wolk** in die lug nie.* It is not going to rain today, for there is not a **cloud** in the sky.

☐ **cloud** *noun (plural* **clouds**)

cloudy bewolk *Die lug is **bewolk** en dit lyk na reën.* The sky is **cloudy** and it looks like rain.

☐ **cloud·y** *adjective* **cloudier, cloudiest**

clown nar *Die **nar** in die sirkus was so snaaks dat die mense van die lag gegil het.* The **clown** in the circus was so funny that the people screamed with laughter.

☐ **clown** *noun (plural* **clowns**)

club klub *Ons skool het 'n **klub** begin vir kinders wat seëls versamel.* Our school has started a **club** for children who collect stamps.

☐ **club** *noun (plural* **clubs**)

cluck kloek *Henne **kloek** en hane kraai.* Hens **cluck** and cocks crow.

☐ **cluck** *verb (past tense and past participle* **clucked**, *present participle* **clucking**)

clumsy lomp *Die **lomp** kind het sy glas melk omge= stamp.* The **clumsy** child has knocked his glass of milk over.

☐ **clum·sy** *adjective* **clumsier, clumsiest**

coach¹ ◼ wa *Ons het in die laaste **wa** van die trein gereis.* We travelled in the last **coach** of the train. ◻ afrigter *Die **afrigter** van ons eerste sokkerspan is 'n welbekende doelwagter.* The **coach** of our first soccer team is a well-known goalkeeper.

☐ **coach** *noun (plural* **coaches**)

coach² afrig *'n Suid-Afrikaanse kampioen gaan vol= gende jaar ons skool se atlete **afrig.*** A South African champion is going to **coach** our school's athletes next year.

☐ **coach** *verb (past tense and past participle* **coached**, *present participle* **coaching**)

coal ◼ kool [a] *'n Warm **kool** het uit die vuur geval.* A hot **coal** fell out of the fire. [b] *"Sit nog **kole** op die vuur.*" "Put more **coal** on the fire." ◻ steenkool *Sasol is 'n maatskappy wat petrol uit **steenkool** maak.* Sasol is a company that makes petrol out of **coal**.

☐ **coal** *noun (no plural at* 1[b] *and* 2; **coals** *at* 1[a])

coarse grof *Die bas van daardie ou boom is dik en **grof.*** The bark of that old tree is thick and **coarse**.

☐ **coarse** *adjective* **coarser, coarsest**

coast kus *Daar is baie strande langs die **kus** van Suid-Afrika.* There are many beaches along the **coast** of South Africa. ⇨ **shore** [NOTE].

☐ **coast** *noun (plural* **coasts**)

coat ◼ jas *Dit was so koud dat hy 'n **jas** moes dra.* It was so cold that he had to wear a **coat**. ◻ vel *'n Luiperd het 'n geel **vel** met swart vlekke.* A leopard has a yellow **coat** with black spots. ◼ laag *Skuur eers die deur en gee dit dan 'n **laag** verf.* First sandpaper the door and then give it a **coat** of paint.

☐ **coat** *noun (plural* **coats**)

cock haan *Ek het vanoggend vroeg 'n **haan** hoor kraai.* I heard a **cock** crow early this morning.

☐ **cock** *noun (plural* **cocks**)

coffee koffie [a] *"Drink jy melk en suiker in jou **koffie?***" "Do you take milk and sugar in your **coffee**?" [b]

*"Kelner, kan ons twee **koffies** en een tee kry, asseblief?"* "Waiter, could we have two **coffees** and one tea, please?"

☐ **cof·fee** *noun (no plural at* **a**; **coffees** *at* **b**)

cold[1] **◨** koue *Die ysige wind het ons van die **koue** laat beef/bewe.* The icy wind made us shiver with **cold**. **◩** verkoue *"Is jy siek?" – "Ja, maar dis niks meer as 'n ligte **verkoue** nie."* "Are you ill?" – "Yes, but it's nothing more than a light **cold**."
  ◆ **catch (a) cold** verkoue kry, koue vat *"Jy sal ver= koue kry (OF koue vat) as jy sonder 'n jas in die reën uitgaan."* "You'll **catch (a) cold** if you go out in the rain without a coat."
  ☐ **cold** *noun (no plural at* 1; **colds** *at* 2)

cold[2] koud *Dis **koud** buite, maar dis lekker warm binne.* It is **cold** outside, but it is nice and warm inside.
  ◆ **be cold** koud kry *"Trek 'n trui aan as jy **koud kry**."* "Put on a jersey if you **are cold**."
  ☐ **cold** *adjective* **colder, coldest**

collar kraag *Hy het die boonste knoop van die hemp vas= gemaak om te kyk of die **kraag** wyd genoeg is.* He fastened the top button of the shirt to see whether the **collar** was wide enough.
  ☐ **col·lar** *noun (plural* **collars**)

collect **◨** versamel *Sy stokperdjie is om seëls te **versa= mel**.* His hobby is to **collect** stamps. **◩** insamel *Alle bietjies help wanneer jy geld vir die armes **insamel**.* Every little helps when you **collect** money for the poor. **◪** afhaal *Hy is poskantoor toe om 'n pakkie te gaan **afhaal**.* He went to the post office to **collect** a parcel.
  ☐ **col·lect** *verb (past tense and past participle* **col= lected**, *present participle* **collecting**)

collection **◨** versameling *Hy hou van musiek en het 'n groot **versameling** plate.* He likes music and has a big **collection** of records. **◩** insameling *Al die kinders moes help met die **insameling** van geld om 'n klavier vir die skool te koop.* All the children had to help with the **collection** of money to buy a piano for the school.
  ☐ **col·lec·tion** *noun (plural* **collections**)

college kollege *Philip wil na matriek **kollege** toe gaan om vir onderwyser te leer.* After matric Philip wants to go to **college** to study teaching.
  ☐ **col·lege** *noun (plural* **colleges**)

colour[1] kleur *Daardie **kleur** is donkerblou en nie swart nie.* That **colour** is dark blue and not black.
  ◆ **be the same colour** dieselfde kleur hê/wees *Die katjies **het/is** almal **dieselfde kleur**.* The kittens **are** all **the same colour**.
  ☐ **col·our** *noun (plural* **colours**)

colour[2] kleur *Sy **kleur** nie haar hare nie – dis van na= ture rooi.* She doesn't **colour** her hair – it's naturally red.
  ◆ **colour (in)** inkleur *Die seuntjie het gesê: "Ek gaan my tekening met blou en rooi kryt **inkleur**."* The little boy said, "I'm going to **colour** (OR **colour in**) my drawing with blue and red crayons."

☐ **col·our** *verb (past tense and past participle* **coloured**, *present participle* **colouring**)

colourful kleurryk *In die lente is ons voortuin vol blomme en baie **kleurryk**.* In spring our front garden is full of flowers and very **colourful**.
  ☐ **col·our·ful** *adjective* **more colourful, most colourful**

comb[1] kam *Toe sy die **kam** deur haar hare trek, het een van die tande afgebreek.* When she pulled the **comb** through her hair one of the teeth broke off.
  ☐ **comb** *noun (plural* **combs**)

comb[2] kam *Esther is amper klaar. Sy moet nog net haar hare **kam** en 'n bietjie lipstiffie aansmeer.* Esther is al= most ready. She just has to **comb** her hair and put on some lipstick.
  ☐ **comb** *verb (past tense and past participle* **combed**, *present participle* **combing**)

come **◨** kom [a] *"**Kom** gou hier; ek wil jou iets wys."* "**Come** here quickly; I want to show you something." [b] *"Hoe laat het hy **gekom**?" – "Hy was om drie-uur hier."* "At what time did he **come**?" – "He was here at three o'clock." [c] *Somer **kom** na die lente.* Summer **comes** after spring. [d] *In die vlak kant van die swem= bad **kom** die water tot by my middel.* In the shallow end of the swimming pool the water **comes** to my waist. **◩** word *Dit **word** winter.* Winter is **coming**.
  ◆ **come across** **◨** raak loop *"As jy Maggie by die bus= halte **raak loop**, sê vir haar sy het haar trui in die klas vergeet."* "If you **come across** Maggie at the bus stop, tell her she has left her jersey in the class." **◩** afkom *As ek op 'n slang sou **afkom**, sou ek weghardloop so vinnig as wat ek kan.* If I should **come across** a snake, I would run away as fast as I could.
  ◆ **come along** ⇨ **along**[1].
  ◆ **come back** terugkom *"Anna, bly hier by Esmé. Ek sal later **terugkom** om jou te kom haal."* "Anna, stay here with Esmé. I'll **come back** later to fetch you."
  ◆ **come down** afkom [a] *"Gaan boontoe en doen jou huiswerk, en moenie **afkom** voor jy klaar is nie!"* "Go upstairs and do your homework, and don't **come down** before you have finished!" [b] *Die prys van klere **kom af** teen die end van 'n seisoen.* The price of clothes **comes down** towards the end of a season.
  ◆ **come from** **◨** kom van *"Ek **kom van** Johannes= burg. Waar woon jy?"* "I **come from** Johannesburg. Where do you live?" **◩** kom uit *Die sang wat jy hoor, **kom uit** die saal waar die koor oefen.* The singing that you hear is **coming from** the hall where the choir is practising.
  ◆ **come in** **◨** inkom, binnekom *Hy het aan die deur geklop en gevra: "Kan ek maar **inkom/binnekom**?"* He knocked on the door and asked, "May I **come in**?" **◩** aankom *"Hoe laat verwag u dat die trein sal **aan= kom**?"* "At what time do you expect the train to **come in**?" **◪** eindig *Ek wonder watter perd eerste sal **eindig**?* I wonder which horse will **come in** first?
  ◆ **come in!** binne!, kom binne/in! *Toe hy klop, het*

*iemand geroep: "**Binne (**OF **Kom binne/in)!**" When he knocked, someone called, "Come in!"*

◆ **come in useful/handy** nuttig wees *"Moenie dié planke weggooi nie – hulle kan dalk eendag **nuttig wees**." "Don't throw these planks away – they might* **come in useful/handy** one day."

◆ **come into** inkom, binnekom *"Kinders, staan asse= blief op wanneer die hoof die klaskamer **inkom/binne= kom**." "Children, please stand up when the head= master* **comes into** the classroom."

◆ **come off** afkom *Die vuiligheid sal **afkom** as jy die vloer met 'n borsel skrop.* The dirt will **come off** if you scrub the floor with a brush.

◆ **come on** toe nou *"**Toe nou**, Lynette, kom ons ry! Ek is haastig."* "**Come on**, Lynette, let's go! I'm in a hurry."

◆ **come out** ❶ uitkom [a] *Ek het hom by die huis sien **uitkom**.* I saw him **come out** of the house. [b] *Die inkkol wil nie **uitkom** nie.* The ink-spot won't **come out**. [c] *"Jy het goed op dié foto **uitgekom**."* "You **came out** well in this photograph." ❷ verskyn *Dié tydskrif **verskyn** een keer per week.* This magazine **comes out** once a week.

◆ **come over/round** kom kuier *"Cynthia, het jy lus om vanaand te **kom kuier**?"* "Cynthia, would you like to **come over/round** this evening?"

◆ **come together** saamkom, bymekaarkom *Die water vloei baie vinnig waar die twee riviere **saamkom/by= mekaarkom**.* The water flows very fast where the two rivers **come together**.

◆ **come up** opkom [a] *"Die hysbak is stukkend; jy sal met die trap moet **opkom**."* "The lift is broken; you'll have to **come up** by the stairs." [b] *Die son kom in die ooste **op** en sak in die weste.* The sun **comes up** in the east and sets in the west. [c] *Die plante het 'n paar weke nadat hy die saad gesaai het, **opgekom**.* The plants **came up** a few weeks after he had sown the seeds.

◆ **come up to** kom tot by *In die vlak kant van die swembad **kom** die water **tot by** my middel.* In the shal= low end of the swimming pool the water **comes up to** my waist.

☐ **come** *verb (past tense* **came**, *past participle* **come**, *present participle* **coming)**

comfort[1] ❶ gemak *Die bed is hard en smal en nie vir **gemak** gemaak nie.* The bed is hard and narrow and not made for **comfort**. ❷ troos *Die bang seuntjie het na sy ma toe gehardloop vir **troos**.* The frightened little boy ran to his mother for **comfort**.

☐ **com·fort** *noun (no plural)*

comfort[2] troos *Sy het die baba opgetel om hom te **troos** en gesê: "Toe maar, kleintjie, moenie huil nie."* She picked up the baby to **comfort** him and said, "There now, little one, don't cry."

☐ **com·fort** *verb (past tense and past participle* **com= forted**, *present participle* **comforting)**

comfortable gemaklik [a] *My bed het 'n goeie matras*

*en is baie **gemaklik**.* My bed has a good mattress and is very **comfortable**. [b] *Die verpleegster het die pa= siënt gevra: "Is u **gemaklik**, of wil u nog 'n kussing hê?"* The nurse asked the patient, "Are you **comfort= able**, or would you like another pillow?"

☐ **com·fort·a·ble** *adjective* **more comfortable, most comfortable**

comfortably gemaklik *Hy kon nie **gemaklik** slaap nie, want hy moes 'n bed met sy broer deel.* He couldn't sleep **comfortably** because he had to share a bed with his brother.

☐ **com·fort·a·bly** *adverb*

comma komma *Daar is 'n **komma** na die woord "aap" in die sin: Daardie dier is 'n aap, nie 'n bobbejaan nie.* There is a **comma** after the word "monkey" in the sentence: That animal is a monkey, not a baboon.

☐ **com·ma** *noun (plural* **commas)**

common ❶ gewoon [a] *Dis heel **gewoon** dat Kaapstad in September reën kry.* It is quite **common** for Cape Town to get rain in September. [b] *Dis 'n **gewone** klagte onder kinders dat hulle te veel huiswerk kry.* It is a **common** complaint among children that they get too much homework. ❷ algemeen [a] *Dit is **algemeen** bekend dat die wêreld rond is en nie plat nie.* It is com= mon knowledge that the world is round and not flat. [b] *Anna is 'n **algemene** naam onder meisies.* Anna is a **common** name among girls.

☐ **com·mon** *adjective* **commoner, commonest**

compact disc laserplaat *Deesdae is die musiek van baie kunstenaars op plaat, band en **laserplaat** verkrygbaar.* These days the music of many artists is available on record, tape and **compact disc**.

☐ **com·pact disc** *noun (plural* **compact discs)**

company ❶ geselskap *My oupa is baie oud, maar hou van die **geselskap** van jong mense.* My grandfather is very old but likes the **company** of young people. ❷ firma *My pa werk vir 'n **firma** wat huise bou en ver= koop.* My father works for a **company** that builds and sells houses. ❸ maatskappy *Sasol is 'n **maatskappy** wat petrol uit steenkool maak.* Sasol is a **company** that makes petrol out of coal.

☐ **com·pa·ny** *noun (no plural at* 1*; **companies** at* 2 *and* 3*)*

comparative vergrotende trap *"Slimmer" is die **ver= grotende trap** van "slim".* "Cleverer" is the com= parative of "clever".

☐ **com·par·a·tive** *noun (plural* **comparatives)**

compare vergelyk *As jy die twee blomme **vergelyk**, sal jy sien dat hulle baie eenders is.* If you **compare** the two flowers you will see that they are very alike.

☐ **com·pare** *verb (past tense and past participle* **com= pared**, *present participle* **comparing)**

comparison vergelyking *In **vergelyking** met Jo= hannesburg is Oos-Londen 'n klein stad.* East London is a small city in **comparison** with Johannesburg.

☐ **com·par·i·son** *noun (plural* **comparisons)**

competition kompetisie, wedstryd *Hy het 'n motor in*

*'n **kompetisie/wedstryd** gewen*. He won a car in a **competition**.

☐ **com·pe·ti·tion** *noun (plural **competitions**)*

complain kla **[a]** *"As jy die hond se stert trek, moenie **kla** as hy jou byt nie!"* "If you pull the dog's tail, don't **complain** if it bites you!" **[b]** *Hy het van hoofpyn **gekla***. He **complained** of a headache.

☐ **com·plain** *verb (past tense and past participle **complained**, present participle **complaining**)*

complaint klagte *Die bestuurder wou nie na my **klagte** oor die swak diens in sy winkel luister nie*. The manager would not listen to my **complaint** about the bad service in his shop.

☐ **com·plaint** *noun (plural **complaints**)*

complete¹ ❶ voltooi *Die bouers werk vinnig en hoop om die huis binne drie maande te **voltooi***. The builders are working fast and hope to **complete** the house within three months. **❷** invul *"Gaan jy die vorm **invul** en dit vir die kompetisie instuur?"* "Are you going to **complete** the form and send it in for the competition?"

☐ **com·plete** *verb (past tense and past participle **completed**, present participle **completing**)*

complete² ❶ volledig *Die span is **volledig** – al die spelers het vir die oefening opgedaag*. The team is **complete** – all the players turned up for the practice. **❷** klaar *Die man moet die bouer betaal sodra die huis **klaar** is*. The man has to pay the builder as soon as the house is **complete**. **❸** volslae, volkome *Die partytjie was 'n **volslae/volkome** sukses – almal het dit geniet*. The party was a **complete** success – everybody had a good time.

◆ **be a complete stranger** heeltemal 'n vreemdeling wees *Ek weet nie wie daardie man is nie – hy **is** vir my **heeltemal 'n vreemdeling***. I have no idea who that man is – he **is a complete stranger** to me.

☐ **com·plete** *adjective*

completely heeltemal **[a]** *Ons ou hond is **heeltemal** doof en kan niks hoor nie*. Our old dog is **completely** deaf and can hear nothing. **[b]** *Hy het die bal probeer raak slaan, maar het dit **heeltemal** gemis*. He tried to hit the ball, but missed it **completely**.

☐ **com·plete·ly** *adverb*

composition opstel *Ons moes 'n **opstel** skryf oor wat ons in die skoolvakansie gedoen het*. We had to write a **composition** about what we did during the school holidays.

☐ **com·po·si·tion** *noun (plural **compositions**)*

computer rekenaar *'n **Rekenaar** is 'n masjien wat inligting kan bewaar en antwoorde vinnig kan uitwerk*. A **computer** is a machine that can store information and work out answers quickly.

☐ **com·put·er** *noun (plural **computers**)*

concern ❶ aangaan, raak *"Gaan asseblief weg; ons praat oor goed wat jou nie **aangaan/raak** nie."* "Please go away; we are talking about things that do not **concern** you." **❷** gaan oor *Die eerste hoofstuk van die boek **gaan oor** die Tweede Wêreldoorlog*. The first chapter of the

book **concerns** the Second World War. **❸** betref *Wat my **betref**, kan ons by die huis bly; ek het nie lus om bioskoop toe te gaan nie*. As far as I am **concerned**, we can stay at home; I don't feel like going to the cinema.

◆ **be concerned** bekommerd wees *"Ek **is** baie **bekommerd** – dis al laat en Lynette is nog nie van die skool af tuis nie."* "I am very **concerned** – it is quite late and Lynette isn't home from school yet."

☐ **con·cern** *verb (past tense and past participle **concerned**, present participle **concerning**)*

concert konsert *Al die kinders in ons klas gaan aan die **konsert** deelneem – party gaan sing en ander gaan dans*. All the children in our class are going to take part in the **concert** – some are going to sing and others are going to dance.

☐ **con·cert** *noun (plural **concerts**)*

consider beskou *Hulle **beskou** hom as een van Suid-Afrika se beste boksers*. They **consider** him (OR They **consider** him as OR They **consider** him to be) one of South Africa's best boxers.

☐ **con·sid·er** *verb (past tense and past participle **considered**, present participle **considering**)*

condition toestand *Sy fiets is oud maar nog in 'n goeie **toestand**, omdat hy dit goed oppas*. His bicycle is old but still in good **condition**, because he looks after it well.

◆ **on condition that** mits, op voorwaarde dat *"Jy kan my fiets leen **mits** (OF **op voorwaarde dat**) jy dit goed oppas."* "You may borrow my bike **on condition that** you look after it properly."

☐ **con·di·tion** *noun (plural **conditions**)*

conductor kondukteur *Die **kondukteur** op die trein het ons kaartjies geknip*. The **conductor** on the train clipped our tickets.

☐ **con·duc·tor** *noun (plural **conductors**)*

confess erken *Ek het die prys gewen, maar ek moet **erken** dat Esmé dit eintlik verdien het*. I won the prize, but I must **confess** that Esmé really deserved it.

☐ **con·fess** *verb (past tense and past participle **confessed**, present participle **confessing**)*

confuse verwar **[a]** *"Jy **verwar** my: eers sê jy ek moet hier sit en dan sê jy ek mag nie."* "You **confuse** me: first you tell me to sit here and then you say I'm not allowed to." **[b]** *Ek **verwar** Cynthia altyd met Lynette, want hulle is 'n tweeling en lyk presies eenders*. I always **confuse** Cynthia with Lynette, for they are twins and look exactly alike.

☐ **con·fuse** *verb (past tense and past participle **confused**, present participle **confusing**)*

confused ❶ verwar(d) *"Ek is **verwar/verward**: eers sê jy ek moet hier sit en dan sê jy ek mag nie."* "I'm **confused**: first you tell me to sit here and then you say I'm not allowed to." **❷** deurmekaar *Hy was so **deurmekaar** dat hy nie geweet het waar hy was nie*. He was so **confused** that he didn't know where he was.

☐ **con·fused** *adjective* **more confused, most confused**

congratulate gelukwens *"Ek wil jou **gelukwens** met jou goeie eksamenuitslae."* "I want to **congratulate** you on your good exam results."

□ **con·grat·u·late** *verb (past tense and past participle* **congratulated**, *present participle* **congratulating***)*

congratulations[1] gelukwense *Ons het aan haar 'n telegram van **gelukwense** met die geboorte van haar baba gestuur.* We sent her a telegram of **congratulations** on the birth of her baby.

□ **con·grat·u·la·tions** *plural noun*

congratulations[2] veels geluk *"**Veels geluk** met jou goeie eksamenuitslae!"* "**Congratulations** on your good exam results!"

□ **con·grat·u·la·tions** *interjection*

conjunction voegwoord *In die sin "My pa en ma is uit" is die woord "en" 'n **voegwoord**.* In the sentence "My father and mother are out" the word "and" is a **conjunction**.

□ **con·junc·tion** *noun (plural* **conjunctions***)*

connect verbind *"Skakel die krag af voordat jy daardie twee drade **verbind**."* "Switch off the power before you **connect** those two wires."

□ **con·nect** *verb (past tense and past participle* **connected**, *present participle* **connecting***)*

consist bestaan *Die span **bestaan** uit elf spelers.* The team **consists** of eleven players.

□ **con·sist** *verb (past tense and past participle* **consisted**, *present participle* **consisting***)*

consult raadpleeg *Raadpleeg 'n woordeboek as jy nie weet hoe om 'n woord te spel nie.* **Consult** a dictionary if you don't know how to spell a word.

◆ **consult a doctor** dokter toe gaan, 'n dokter spreek/raadpleeg *"Ek dink jy behoort **dokter toe** te gaan oor jou hoes (OF 'n dokter oor jou hoes te **spreek/raadpleeg**)."* "I think you ought to **consult a doctor** about your cough."

□ **con·sult** *verb (past tense and past participle* **consulted**, *present participle* **consulting***)*

contact[1] aanraking *Jy kan masels kry as jy in **aanraking** kom met 'n kind wat aan dié siekte ly.* You can catch measles if you come into **contact** with a child who suffers from this disease.

◆ **lose contact with** kontak verloor met *"Skryf asseblief; ons moenie **kontak met** mekaar **verloor** nie."* "Please write; we mustn't **lose contact with** one another."

□ **con·tact** *noun (no plural)*

contact[2] in aanraking kom met *"Kan 'n mens per telefoon **met** haar **in aanraking kom**?"* "Can one **contact** her by phone?"

□ **con·tact** *verb (past tense and past participle* **contacted**, *present participle* **contacting***)*

contain bevat *Sjokolade **bevat** suiker.* Chocolates **contain** sugar.

□ **con·tain** *verb (past tense and past participle* **contained**, *present participle* **containing***)*

container houer *Enigiets soos 'n doos, sak of bottel is 'n*

houer. Anything such as a box, bag or bottle is a container.

□ **con·tain·er** *noun (plural* **container***)*

contents inhoud [a] *Die sak het geskeur en die inhoud het uitgeval.* The bag tore and the **contents** fell out. [b] *"Vertel my die **inhoud** van die brief."* "Tell me the **contents** of the letter."

□ **con·tents** *plural noun*

continent kontinent *Afrika is 'n **kontinent**.* Africa is a continent.

□ **con·ti·nent** *noun (plural* **continents***)*

continue ❶ aangaan, voortgaan *Die bouers moes ondanks die reën met hul werk **aangaan/voortgaan**.* The builders had to **continue** with their work in spite of the rain. ❷ aanhou *"Hoe lank dink jy sal dié slegte weer **aanhou**?"* "For how long do you think this bad weather will **continue**?"

◆ **continue to be** bly *'n Tekort aan water **bly** 'n probleem in sekere dele van ons land.* A shortage of water **continues to be** a problem in certain parts of our country.

□ **con·tin·ue** *verb (past tense and past participle* **continued**, *present participle* **continuing***)*

continuously aanhoudend, aanmekaar *Sy praat **aanhoudend/aanmekaar** en is byna nooit stil nie.* She talks **continuously** and is hardly ever silent.

□ **con·tin·u·ous·ly** *adverb*

contribute bydra *"Mag ek iets tot die koste van die ete **bydra**?"* "Allow me to **contribute** something towards the cost of the meal."

□ **con·tri·bute** *verb (past tense and past participle* **contributed**, *present participle* **contributing***)*

control[1] beheer *Die bus het buite **beheer** geraak toe sy remme weier.* The bus got out of **control** when its brakes failed.

□ **con·trol** *noun (no plural)*

control[2] beheer *Die perd is a bietjie wild – net 'n goeie ruiter sal hom kan **beheer**.* The horse is a little wild – only a good rider will be able to **control** it.

□ **con·trol** *verb (past tense and past participle* **controlled**, *present participle* **controlling***)*

convenient gerieflik *Dis baie **gerieflik** om naby die skool te woon.* It's very **convenient** to live near the school.

□ **con·ven·i·ent** *adjective* **more convenient, most convenient**

conversation gesprek *"Dit was 'n lang **gesprek** – waaroor het julle gepraat?"* "That was a long **conversation** – what did you talk about?"

□ **con·ver·sa·tion** *noun (plural* **conversations***)*

cook[1] kok *My suster is 'n goeie **kok** – sy maak dikwels vir ons middagete.* My sister is a good **cook** – she often makes lunch for us.

□ **cook** *noun (plural* **cooks***)*

cook[2] ❶ kook [a] *Ma het gesê sy gaan vir ons sop vir middagete **kook**.* Mother said she was going to **cook** us soup for lunch. [b] *Rys moet omtrent 20 minute **kook***

voordat dit gaar is. Rice has to **cook** for about 20 minutes before it is done. **2** gaarmaak *'n Mens kan kos* **gaarmaak** *deur dit te rooster, bak, kook of braai.* One can **cook** food by roasting, baking, boiling or frying it.
□ **cook** *verb (past tense and past participle* **cooked***, present participle* **cooking***)*

cooked gaar *'n Mens kan die meeste groente* **gaar** *of rou eet.* One can eat most vegetables **cooked** or raw.
□ **cook·ed** *adjective*

cool[1] verkoel *Sit die melk in die yskas om dit te* **verkoel***.* Put the milk in the fridge to **cool** it.
◆ **cool down** afkoel *"Die koffie is baie warm – laat dit* **afkoel** *voor jy dit drink."* "The coffee is very hot – let it **cool down** before you drink it."
□ **cool** *verb (past tense and past participle* **cooled***, present participle* **cooling***)*

cool[2] koel *Dit was 'n* **koel***, bewolkte dag.* It was a **cool**, cloudy day.
□ **cool** *adjective* **cooler, coolest**

cool drink koeldrank *Sy het haar* **koeldrank** *deur 'n strooitjie gedrink.* She drank her **cool drink** through a straw.
□ **cool drink** *noun (plural* **cool drinks***)*

copy **1** afskryf, afskrywe, oorskryf, oorskrywe *"Moenie foute maak wanneer julle die werk op die bord in jul boeke* **afskryf/afskrywe/oorskryf/oorskrywe** *nie."* "Don't make mistakes when you **copy** the work on the board into your books." **2** afskryf, afskrywe *Die onderwyser sal jou straf as jy 'n ander kind se antwoorde in die eksamen* **afskryf/afskrywe***.* The teacher will punish you if you **copy** another child's answers during the examination. **3** afteken, oorteken *Ons moes vir huiswerk 'n kaart van Suid-Afrika uit 'n atlas* **afteken/oorteken***.* For homework we had to **copy** a map of South Africa out of an atlas.
□ **cop·y** *verb (past tense and past participle* **copied***, present participle* **copying***)*

cork (kurk)prop *Hy het die* **(kurk)prop** *uit die bottel getrek en die wyn geskink.* He pulled the **cork** out of the bottle and poured the wine.
□ **cork** *noun (plural* **corks***)*

corner hoek **[a]** *Die skool is op die* **hoek** *van Langstraat en Sewende Laan.* The school is on the **corner** of Long Street and Seventh Avenue. **[b]** *Daar is vier* **hoeke** *in 'n vierkantige vertrek.* There are four **corners** in a square room.
□ **cor·ner** *noun (plural* **corners***)*

corpse lyk *'n* **Lyk** *is die liggaam van 'n dooie mens.* A **corpse** is the body of a dead person.
□ **corpse** *noun (plural* **corpses***)*

correct[1] **1** verbeter *As jy met potlood skryf, kan jy jou foute maklik uitvee en* **verbeter***.* If you write in pencil you can rub out and **correct** your mistakes quite easily. **2** nasien *"Kinders, julle moet jul boeke ingee sodat ek jul huiswerk kan* **nasien***."* "Children, you must hand in your books so that I can **correct** your homework."

□ **cor·rect** *verb (past tense and past participle* **corrected***, present participle* **correcting***)*

correct[2] korrek, reg *"Dis* **korrek/reg***, twee plus twee is vier."* "That's **correct**, two plus two is four."
□ **cor·rect** *adjective*

correction verbetering *Hy moes 'n* **verbetering** *aanbring waar die juffrou 'n spelfout in sy opstel gemerk het.* He had to make a **correction** where the teacher had marked a spelling mistake in his essay.
□ **cor·rec·tion** *noun (plural* **corrections***)*

correctly korrek, reg *Sy het al die vrae* **korrek/reg** *beantwoord en vol punte in die toets gekry.* She answered all the questions **correctly** and got full marks in the test.
□ **cor·rect·ly** *adverb*

cost[1] koste *Die* **koste** *van die ete was R23,65.* The **cost** of the meal was R23,65.
□ **cost** *noun (plural* **costs***)*

The **cost** or **price** of something is the amount of money needed to pay for it. Generally, use **cost** for services and **price** for things which can be bought or sold: *His car was repaired at a* **cost** *of R350.* *"What is the* **price** *of this book?"* **Charge** is the amount of money asked, usually for a service: *The* **charge** *for parking is 50c an hour.* The **value** of something is what it is worth: *The rich man owns land to the* **value** *of millions of rands.*

---

cost[2] kos *Die appels* **kos** *50c elk.* The apples **cost** 50c each.
□ **cost** *verb (past tense and past participle* **cost***, present participle* **costing***)*

cotton katoen *In die somer dra sy graag rokke wat van* **katoen** *of linne gemaak is.* In summer she likes to wear dresses made of **cotton** or linen.
◆ **cotton wool** watte *Sy het 'n bietjie poeier met 'n stukkie* **watte** *op haar neus getik.* She patted some powder on her nose with a piece of **cotton wool**.
◆ **thread of cotton** ⇨ **thread**[1].
□ **cot·ton** *noun (no plural)*

couch bank, sofa *Twee mense kan op die* **bank/sofa** *in ons sitkamer sit.* Two people can sit on the **couch** in our lounge.
□ **couch** *noun (plural* **couches***)*

cough[1] hoes *"Jy behoort dokter toe te gaan oor jou* **hoes***."* "You ought to see a doctor about your **cough**."
□ **cough** *noun (no plural)*

cough[2] hoes *Wanneer ek 'n verkoue het,* **hoes** *en nies ek altyd.* When I have a cold I always **cough** and sneeze.
□ **cough** *verb (past tense and past participle* **coughed***, present participle* **coughing***)*

could **1** kan **[a]** *Hy het my gevra of ek* **kan** *fietsry.* He asked me if I **could** ride a bicycle. **[b]** *"Kan jy my sê waar die poskantoor is?"* "**Could** you tell me where the post office is?" **[c]** *Ek is so honger dat ek 'n hele hoender* **kan** *eet.* I'm so hungry I **could** eat a whole chicken.

[d] *Hulle het alles wat 'n mens **kan** begeer.* They have everything one **could** wish for. **2** kon **[a]** *Ek was so moeg dat ek skaars **kon** loop.* I was so tired that I **could** hardly walk. **[b]** *Hy **kon** al swem toe hy vier was.* He **could** already swim when he was four. **3** kan, mag **[a]** *Hy het gesê ek **kan/mag** sy pen leen.* He said I **could** borrow his pen. **[b]** *"**Kan/Mag** ek nog 'n stukkie koek kry, asseblief?"* "**Could** I have another piece of cake, please?" **4** sou kon *Hy **sou** op skool beter **kon** vaar as hy 'n bietjie harder wou werk.* He **could** do better at school if he would work a little harder.

◆ **could have** kon *"Jy het nie die deur gesluit nie. Iemand **kon** ons beroof het!"* "You didn't lock the door. Someone **could have** robbed us!"

◆ **could have been** kon gewees het *Die appeltert is nogal lekker, maar dit **kon** 'n bietjie soeter **gewees het**.* The apple pie is quite nice, but it **could have been** a little sweeter.

☐ **could** *verb (past tense of* **can***)*

count **1** tel **[a]** *"**Tel** hoeveel appels daar in die doos is – ek kry 24."* "**Count** how many apples there are in the box – I get 24." **[b]** *My sussie kan tot by vyftig **tel**.* My little sister can **count** up to fifty. **2** tel, reken *Ek **tel/reken** Lynette onder my vriende.* I **count** Lynette as a friend (OR among my friends).

◆ **count on** **1** staatmaak op, reken op *Hy is 'n getroue vriend – ek kan altyd **op** hom **staatmaak/reken** as ek hulp nodig het.* He is a faithful friend – I can always **count on** him if I need help. **2** daarop staatmaak/reken *Jy kan nie **daarop staatmaak/reken** dat die goeie weer sal hou nie.* You can't **count on** the good weather to last. **3** vertrou *"Kan jy **op** haar **vertrou** om 'n geheim te bewaar?"* "Can you **count on** her to keep a secret?"

☐ **count** *verb (past tense and past participle* **counted***, present participle* **counting***)*

counter toonbank *"Neem 'n roomys uit die vrieskas en betaal daarvoor by die **toonbank**."* "Take an ice-cream from the freezer and pay for it at the **counter**."

☐ **count·er** *noun (plural* **counters***)*

country **1** land *Suid-Afrika is 'n sonnige **land**.* South Africa is a sunny **country**. **2** binneland *As die wind aan die kus waai, reën dit dikwels in die **binneland**.* If the wind blows on the coast, it often rains up **country**. **3** platteland *Hy is op die **platteland** gebore, maar woon en werk nou in die stad.* He was born in the **country**, but now lives and works in the city.

☐ **coun·try** *noun (no plural at 2 and 3;* **countries** *at 1)*

couple paar(tjie) *Hulle is 'n gelukkig getroude **paar(tjie)**.* They are a happily married **couple**.

☐ **cou·ple** *noun (plural* **couples***)*

Use **couple** for two things of the same kind: *There are a **couple** of chairs (= two chairs) in the room.* It can also mean "a few": *I saw him a **couple** of days ago.*

courage moed *Ek bewonder hom vir sy **moed** om die kind uit die brandende gebou te red.* I admire him for his **courage** in saving the child from the burning building.

☐ **cour·age** *noun (no plural)*

course **1** loop **[a]** *As jy die **loop** van die Oranjerivier volg, sal jy uiteindelik by die see uitkom.* If you follow the **course** of the Orange River, you will eventually get to the sea. **[b]** *Ons gaan in die **loop** van die volgende twee weke vier toetse skryf.* We are going to write four tests in the **course** of the next two weeks. **2** koers *Die wind was so sterk dat die visser nie sy boot op **koers** kon hou nie.* The wind was so strong that the fisherman couldn't keep his boat on **course**. **3** baan *Perde hardloop gewoonlik vinniger op 'n droë as op 'n nat **baan**.* Horses usually run faster on a dry than on a wet **course**. **4** kursus *Sy wil graag 'n **kursus** in geskiedenis op universiteit volg.* She would like to do a **course** in history at university.

◆ **of course** natuurlik **[a]** *"**Natuurlik** ken ek hom; ons is in dieselfde klas."* "**Of course** I know him; we're in the same class." **[b]** *"Kan ek julle telefoon gebruik?"* – *"Ja, **natuurlik!**"* "May I use your telephone?" – "Yes, **of course!**"

☐ **course** *noun (plural* **courses***)*

cousin **1** neef *Die seun van my pa se broer is my **neef**.* The son of my father's brother is my **cousin**. **2** niggie *Die dogter van my pa se broer is my **niggie**.* The daughter of my father's brother is my **cousin**.

☐ **cous·in** *noun (plural* **cousins***)*

cover[1] **1** bedekking *'n Mens kan 'n bord in plaas van 'n deksel as **bedekking** vir 'n pot gebruik.* One can use a plate instead of a lid as **cover** for a pot. **2** oortreksel *Die stoel het 'n rooi **oortreksel**.* The chair has a red **cover**. **3** omslag *Daar is 'n prent op die **omslag** van die boek.* There is a picture on the **cover** of the book. **4** skuiling *Ons het onder die brug **skuiling** gesoek toe dit begin reën het.* We took **cover** under the bridge when it began to rain.

☐ **cov·er** *noun (no plural at 4; covers at 1, 2 and 3)*

cover[2] **1** bedek **[a]** *Bedek die kos met 'n doek om die vlieë uit te hou.* **Cover** the food with a cloth to keep the flies out. **[b]** *Die meubels was na die sandstorm met stof **bedek**.* The furniture was **covered** in/with dust after the sandstorm. **2** dek **[a]** *Skuur eers die deur af en **dek** dit dan met 'n laag verf.* First sand the door and then **cover** it with a coat of paint. **[b]** *Vandag se geskiedenisles **het** die oorsake van die Tweede Wêreldoorlog **gedek**.* Today's history lesson **covered** the causes of the Second World War. **3** oortrek *Sy gaan haar boek met bruin papier **oortrek** en 'n mooi prentjie daarop plak.* She is going to **cover** her book with brown paper and paste a pretty picture on it.

◆ **cover up** bedek, toemaak *Gee vir my die kombers aan sodat ek die baba kan **bedek/toemaak** voordat ons in die koue uitgaan.* Pass me the blanket so I can **cover up** the baby before we go out into the cold.

☐ **cov·er** verb (past tense and past participle **covered**, present participle **covering**)

covering bedekking Die vel is die buitenste **bedekking** van die menslike liggaam. The skin is the outer **covering** of the human body.

☐ **cov·er·ing** noun (plural **coverings**)

cow koei Die seun het die **koei** gemelk. The boy milked the **cow**. ⇨ **meat** [NOTE].

☐ **cow** noun (plural **cows**)

> Cows **moo**. A baby cow is a **calf**.

crack[1] ❶ kraak, bars Hy het die **kraak/bars** in die muur met sement gevul. He filled the **crack** in the wall with cement. ❷ klap Met 'n **klap** van sy sweep het die drywer die donkies vinniger laat hardloop. With a **crack** of his whip the driver made the donkeys run faster.

☐ **crack** noun (plural **cracks**)

crack[2] ❶ kraak, bars Dié glas kan **kraak/bars**, maar dit sal nie breek nie. This glass can **crack**, but it won't break. ❷ klap met Die drywer van die kar **klap met** sy sweep om die donkies vinniger te laat hardloop. The driver of the cart **cracks** his whip to make the donkeys run faster.

☐ **crack** verb (past tense and past participle **cracked**, present participle **cracking**)

crash[1] ❶ botsing Al die passasiers is in die **botsing** tussen die twee motors dood. All the passengers were killed in the **crash** between the two cars. ❷ slag Ons het 'n harde **slag** gehoor toe die kas omval. We heard a loud **crash** when the cupboard fell over.

☐ **crash** noun (plural **crashes**)

crash[2] ❶ bots, vasry Die man moes hard rem om nie teen die bus te **bots** (OF **vas te ry**) nie. The man had to brake hard not to **crash** into the bus. ❷ bars Die diere het deur die bome **gebars** om aan die vlamme te ontsnap. The animals **crashed** through the trees to escape from the flames. ❸ met 'n harde slag val Die kat het die lamp omgestamp en dit **het met 'n harde slag** op die vloer **geval**. The cat knocked the lamp over and it **crashed** to the floor.

☐ **crash** verb (past tense and past participle **crashed**, present participle **crashing**)

crawl kruip Babas **kruip** voor hulle loop. Babies **crawl** before they walk.

☐ **crawl** verb (past tense and past participle **crawled**, present participle **crawling**)

crayon kryt Die seuntjie het 'n huis geteken en die dak met rooi **kryt** ingekleur. The little boy drew a house and coloured in the roof with a red **crayon**.

☐ **cray·on** noun (plural **crayons**)

creak kraak Die treetjies **kraak** as 'n mens by die ou houttrap afloop. The steps **creak** when one walks down the old wooden staircase.

☐ **creak** verb (past tense and past participle **creaked**, present participle **creaking**)

cream room [a] By 'n melkery skei hulle die **room** van die melk af. At a dairy they separate the **cream** from

the milk. [b] My ma gebruik **room** op haar gesig om haar vel sag te hou. My mother uses **cream** on her face to keep her skin soft.

☐ **cream** noun (no plural)

creamy romerig Die resep sê jy moet die eiers en suiker klits tot die mengsel glad en **romerig** is. The recipe says you must beat the eggs and sugar until the mixture is smooth and **creamy**.

☐ **cream·y** adjective **creamier, creamiest**

creature wese Die mens is die enigste **wese** wat kan praat. Man is the only **creature** that can speak.

☐ **crea·ture** noun (plural **creatures**)

crèche crèche 'n **Crèche** is 'n plek waar klein kindertjies kan bly terwyl hul ouers werk. A **crèche** is a place where small children can stay while their parents are working.

☐ **crèche** noun (plural **crèches**)

creep kruip "Jy sal op jou hande en knieë deur die gat moet **kruip**." "You'll have to **creep** through the hole on your hands and knees."

☐ **creep** verb (past tense and past participle **crept**, present participle **creeping**)

crib afkyk Moenie **afkyk** nie – dis oneerlik om iemand anders se antwoorde in 'n eksamen af te skryf. Don't **crib** – it is dishonest to copy someone else's answers in an examination.

☐ **crib** verb (past tense and past participle **cribbed**, present participle **cribbing**)

cricket krieket In die winter speel die seuns rugby en in die somer speel hulle **krieket**. In winter the boys play rugby and in summer they play **cricket**.

☐ **crick·et** noun (no plural)

crime misdaad Dis 'n ernstige **misdaad** om iemand dood te maak. It is a serious **crime** to kill someone.

☐ **crime** noun (plural **crimes**)

criminal misdadiger 'n Polisieman het die mag om 'n **misdadiger** gevange te neem. A policeman has the power to take a **criminal** prisoner.

☐ **crim·i·nal** noun (plural **criminals**)

crisp bros Dié koekie het sag geword en is nie meer **bros** nie. This biscuit has become soft and is no longer **crisp**.

☐ **crisp** adjective **crisper, crispest**

croak kwaak Wanneer paddas **kwaak**, maak hulle 'n diep, lae geluid. When frogs **croak** they make a deep, low sound.

☐ **croak** verb (past tense and past participle **croaked**, present participle **croaking**)

crocodile krokodil 'n **Krokodil** is 'n gevaarlike dier wat in riviere woon. A **crocodile** is a dangerous animal that lives in rivers.

☐ **croc·o·dile** noun (plural **crocodiles**)

crook skelm Daardie man is 'n **skelm** – hy is oneerlik en bedrieg mense. That man is a **crook** – he is dishonest and cheats people.

☐ **crook** noun (plural **crooks**)

crooked skeef "Die prent hang **skeef**; skuif dit asseblief *reg.*" "The picture is hanging **crooked**; please straighten it."

☐ **crook·ed** *adjective* **more crooked, most crooked**

crop oes *Die boer het vanjaar 'n groot oes gehad, want sy mielies het goed gegroei.* The farmer had a large **crop** this year, because his mealies grew well.

☐ **crop** *noun (plural* **crops***)*

cross[1] kruis *'n Kruis kan soos 'n plusteken (+) of 'n vermenigvuldigteken (x) lyk.* A **cross** can look like a plus sign (+) or a multiplication sign (x).

☐ **cross** *noun (plural* **crosses***)*

cross[2] ❶ kruis *Daar is 'n verkeerslig waar die twee paaie mekaar kruis.* There is a robot where the two roads **cross** each other. ❷ oorsteek *"Kyk links en regs voor jy die straat oorsteek."* "Look left and right before you **cross** the street."

◆ **cross (over)** oorstap, oorloop *"Wag tot die pad skoon is voor jy oorstap/oorloop."* "Wait until the road is clear before you **cross (over)**."

☐ **cross** *verb (past tense and past participle* **crossed**, *present participle* **crossing***)*

cross[3] kwaad *"Moenie vir my kwaad wees nie; ek het nie jou pen met opset gebreek nie."* "Don't be **cross** with me; I didn't break your pen on purpose."

☐ **cross** *adjective* **crosser, crossest**

crow[1] kraai *'n Kraai is 'n groot swart voël.* A **crow** is a big black bird.

☐ **crow** *noun (plural* **crows***)*

crow[2] kraai *Henne kloek en hane kraai.* Hens cluck and cocks **crow**.

☐ **crow** *verb (past tense and past participle* **crowed**, *present participle* **crowing***)*

crowd ❶ skare, menigte *Daar was 'n skare/menigte van omtrent 70 000 mense by die sokkerwedstryd.* There was a **crowd** of about 70 000 people at the soccer match. ❷ spul, klomp *Ek hou van sy maats – hulle is 'n gawe spul/klomp.* I like his friends – they're a nice **crowd**.

☐ **crowd** *noun (plural* **crowds***)*

cruel wreed *Dis wreed om 'n hond met 'n stok te slaan.* It is **cruel** to beat a dog with a stick.

☐ **cru·el** *adjective* **crueller, cruellest**

crumb krummel *"Ek kan sien dat jy brood geëet het; daar's 'n krummel op jou lip."* "I can see that you've been eating bread; there's a **crumb** on your lip."

☐ **crumb** *noun (plural* **crumbs***)*

crunch kraak *Die droë blare kraak onder ons voete.* The dry leaves **crunch** under our feet.

☐ **crunch** *verb (past tense and past participle* **crunched**, *present participle* **crunching***)*

crust korsie *Die korsie van 'n brood is hard en bros, maar die binnekant is sag.* The **crust** of a bread is hard and crispy, but the inside is soft.

☐ **crust** *noun (plural* **crusts***)*

cry[1] ❶ geroep *Ons het 'n geroep om hulp uit die brandende gebou gehoor.* We heard a **cry** for help from the burning building. ❷ skree, skreeu, kreet, gil *Toe Ly=*

nette die slang sien, het sy 'n skree/skreeu/kreet/gil gegee en weggehardloop. When Lynette saw the snake, she gave a **cry** and ran away.

☐ **cry** *noun (plural* **cries***)*

cry[2] ❶ huil *Hy het haar trane afgevee en gesê: "Moenie huil nie."* He dried her tears and said, "Don't **cry**." ❷ skree, skreeu, roep *Ek het iemand in die brandende ge= bou om hulp hoor skree/skreeu/roep.* I heard some= one in the burning building **cry** for help.

◆ **cry (out)** uitroep *Die dokter het haar seker seerge= maak – ek het gehoor hoe sy van die pyn uitroep.* The doctor must have hurt her – I heard her **cry (out)** in pain.

☐ **cry** *verb (past tense and past participle* **cried**, *pre= sent participle* **crying***)*

cup ❶ koppie *'n Mens drink gewoonlik tee of koffie uit 'n koppie.* One usually drinks tea or coffee out of a **cup**. ❷ beker *Die beste atleet het 'n silwer beker as prys gewen.* The best athlete won a silver **cup** as prize.

☐ **cup** *noun (plural* **cups***)*

cupboard kas *My ma hou ons potte en panne in 'n kas onder die opwasbak.* My mother keeps our pots and pans in a **cupboard** under the sink.

☐ **cup·board** *noun (plural* **cupboards***)*

cure[1] (genees)middel *Dokters probeer 'n geneesmid= del/middel teen verkoue ontdek.* Doctors are trying to discover a **cure** for the common cold.

☐ **cure** *noun (plural* **cures***)*

cure[2] genees, gesond maak *"Drink dié medisyne – dit sal jou gou genees (OF gesond maak)."* "Take this medicine – it will soon **cure** you."

☐ **cure** *verb (past tense and past participle* **cured**, *pre= sent participle* **curing***)*

curiosity nuuskierigheid *Hy het die pakkie uit nuus= kierigheid oopgemaak.* He opened the parcel out of **curiosity**.

☐ **cu·ri·os·i·ty** *noun (no plural)*

curious nuuskierig *Hy was so nuuskierig om te weet wat in die pakkie was dat hy dit dadelik oopgemaak het.* He was so **curious** to know what was in the parcel that he opened it immediately.

☐ **cu·ri·ous** *adjective* **more curious, most curious**

curiously nuuskierig *"Wat is in die pakkie?" het hy nuuskierig gevra.* "What is in the parcel?" he asked **curiously**.

☐ **cu·ri·ous·ly** *adverb*

curl[1] krul *As jy 'n appel al in die rondte afskil, sal die skil 'n lang, dun krul vorm.* If you peel an apple in a circle, the skin will form a long, narrow **curl**.

☐ **curl** *noun (plural* **curls***)*

curl[2] krul [a] *Lynette het steil hare – dit krul nie.* Ly= nette has straight hair – it does not **curl**. [b] *Die aap het sy stert om die tak gekrul.* The monkey **curled** its tail around the branch.

☐ **curl** *verb (past tense and past participle* **curled**, *pre= sent participle* **curling***)*

curly ❶ krullerig *Lynette se hare is steil, maar Monica* *s'n is **krullerig**.* Lynette's hair is straight, but Monica's is **curly**. **2** krul= *Monica het **krulhare**.* Monica has **curly** hair.

☐ **cur·ly** *adjective* **curlier, curliest**

curry kerrie *Ons het **kerrie** en rys vir aandete gehad.* We had **curry** and rice for supper.

☐ **cur·ry** *noun (plural* **curries***)*

cursive lopende skrif *"Moet ek my naam in drukskrif of in **lopende skrif** skryf?"* "Must I print my name or write it in **cursive**?"

☐ **curs·ive** *noun (no plural)*

curtain gordyn *"Trek asseblief die **gordyn** effens toe, want die son skyn in my oë."* "Please draw the **curtain** slightly, because the sun is shining in my eyes."

☐ **cur·tain** *noun (plural* **curtains***)*

curve[1] draai *Hy het so vinnig om die **draai** gery dat sy motor omgeslaan het.* He went so fast round the **curve** that his car overturned.

☐ **curve** *noun (plural* **curves***)*

curve[2] draai *Die pad loop vir 'n paar kilometer reguit en **draai** dan skerp na regs.* The road runs straight for a few kilometres and then **curves** sharply to the right.

☐ **curve** *verb (past tense and past participle* **curved**, *present participle* **curving***)*

curved krom *'n Buffel is 'n dier met groot **krom** horings.* A buffalo is an animal with large **curved** horns.

☐ **curv·ed** *adjective*

cushion kussing *"Die stoel is 'n bietjie hard; gee my 'n **kussing** om op te sit."* "The chair is a little hard; give me a **cushion** to sit on."

☐ **cush·ion** *noun (plural* **cushions***)*

cut[1] sny *Sy ma het 'n pleister oor die **sny** op sy vinger geplak.* His mother put a plaster over the **cut** on his finger.

☐ **cut** *noun (plural* **cuts***)*

cut[2] **1** sny **[a]** *"**Sny** die vleis in dun skywe."* "**Cut** the meat into thin slices." **[b]** *Wat 'n handige mes! Dit kan **sny**, blikke oopmaak en proppe uit bottels trek.* What a handy knife! It can **cut**, open tins and draw corks from bottles. **[c]** *Ek het my voet op 'n stuk glas **gesny**.* I **cut** my foot on a piece of glass. **2** afsny *"Pas op vir die dorings wanneer jy die rose **afsny**!"* "Mind the thorns

when you **cut** the roses!" **3** sny, knip *Sy is haarkapper toe om haar hare te laat **sny/knip**.* She went to the hairdresser to have her hair **cut**.

◆ **cut across** oor ... steek *Hy het die paadjie verlaat en gesê: "Kom ons **steek oor** die gras na die hek toe."* He left the path and said, "Let's **cut across** the grass to the gate."

◆ **cut down** afkap *Hulle moes die boom **afkap** omdat dit oud en siek was.* They had to **cut down** the tree because it was old and sick.

◆ **cut in half/two** middeldeur sny, in twee sny *"**Sny** die appel **middeldeur** (OF **in twee**) en deel dit met jou maat."* "Cut the apple **in half/two** and share it with your friend."

◆ **cut off** **1** afsny *"Sal jy vir my 'n stukkie kaas **afsny**, asseblief?"* "Will you **cut off** a piece of cheese for me, please?" **2** afkap *Pa het die slang se kop met 'n graaf probeer **afkap**.* Dad tried to **cut off** the snake's head with a spade.

◆ **cut out** **1** uitsny *"Wanneer jy die aartappels skil, moet jy die slegte plekkies ook **uitsny**."* "When you peel the potatoes, you must **cut out** the bad spots as well." **2** uitsny, uitknip *'n Mens mag nie prentjies uit biblioteekboeke **uitsny/uitknip** nie.* One is not allowed to **cut** pictures **out** of library books.

◆ **cut through** **1** deursny *"Jy sal nooit dié dik stuk draad met 'n skêr kan **deursny** nie."* "You'll never be able to **cut through** this thick piece of wire with a pair of scissors." **2** deur ... steek *"Kom ons **steek deur** die park in plaas van om daarom te loop."* "Let's **cut through** the park instead of walking around it."

◆ **cut up** **1** opsny *Sy moes 'n hele brood **opsny** om genoeg toebroodjies vir almal te maak.* She had to **cut up** a whole loaf of bread to make enough sandwiches for everybody. **2** in stukke sny *"Skil en **sny** vir my 'n aartappel **in stukke**, asseblief."* "Peel and **cut up** a potato for me, please."

☐ **cut** *verb (past tense and past participle* **cut**, *present participle* **cutting***)*

cute oulik *My suster se baba is baie **oulik**; hy het groot bruin oë en 'n lieflike glimlag.* My sister's baby is very **cute**; he has big brown eyes and a lovely smile.

☐ **cute** *adjective* **cuter, cutest**

D

dad pa *My ma en **pa** is al twintig jaar getroud.* My mum and **dad** have been married for twenty years.

□ **dad** noun *(plural **dads**)*

> **dad** and **daddy** are informal words for **father**; when used as a form of address, write them with a capital letter: *"What are you doing, **Dad/Daddy?**"*

daddy pappa, pappie *Sy ma het gesê: "Gaan sê asseblief vir **pappa/pappie** dis etenstyd."* His mother said, "Please go and tell **daddy** it's time for dinner."

□ **dad·dy** noun *(plural **daddies**)*

daily[1] daaglikse *Vir **daaglikse** oefening gaan draf hy elke oggend voor ontbyt.* For **daily** exercise he jogs every morning before breakfast.

□ **dai·ly** adjective

daily[2] daagliks *As jy fiks wil bly, moet jy **daagliks** oefen en nie net een keer per week nie.* If you want to keep fit, you must exercise **daily** and not just once a week.

□ **dai·ly** adverb

dairy melkery *Thomas werk vir 'n **melkery** en lewer melk by winkels af.* Thomas works for a **dairy** and delivers milk to shops.

□ **dair·y** noun *(plural **dairies**)*

dam dam *Die **dam** op die plaas is vol water.* The **dam** on the farm is full of water.

□ **dam** noun *(plural **dams**)*

damage[1] skade *Die wind het groot **skade** aangerig – dit het baie huise se dakke afgewaai.* The wind caused great **damage** – it blew the roofs off many houses.

□ **dam·age** noun *(plural **damages**)*

damage[2] beskadig *"Jy sal die plate **beskadig** as jy hulle in die son laat lê."* "You'll **damage** the records if you leave them in the sun."

□ **dam·age** verb *(past tense and past participle **damaged**, present participle **damaging**)*

damp [1] klam *Die lakens is al droog, maar die handdoeke is nog **klam**.* The sheets are dry, but the towels are still **damp**. [2] nat *Sy het die koffievlek met 'n **nat** lap probeer uitvryf.* She tried to rub out the coffee stain with a **damp** cloth.

□ **damp** adjective **damper, dampest**

dance[1] [1] dans *Ballet is 'n soort **dans**.* Ballet is a kind of **dance**. [2] dans, dansparty *Hulle het by die **dans/dansparty** net popmusiek gespeel.* They played only pop music at the **dance**.

◆ **go to a dance** gaan dans *Linda en haar kêrel **het** gisteraand **gaan dans**.* Linda and her boyfriend **went to a dance** last night.

□ **dance** noun *(plural **dances**)*

dance[2] dans *By die partytjie het Philip vir Esmé gevra om met hom te **dans**.* At the party Philip asked Esmé to **dance** with him.

□ **dance** verb *(past tense and past participle **danced**, present participle **dancing**)*

danger gevaar *Mense wat te vinnig ry, is 'n **gevaar** op die pad.* People who speed are a **danger** on the road.

◆ **be in danger of** gevaar loop om te *Sommige diere is so seldsaam dat hulle **gevaar loop om uit te** sterf.* Some animals are so rare that they **are in danger of** dying out.

□ **dan·ger** noun *(plural **dangers**)*

dangerous gevaarlik *"Moenie jou kop by die treinvenster uitsteek nie – dis **gevaarlik!**"* "Don't stick your head out of the train window – it's **dangerous!**"

□ **dan·ger·ous** adjective **more dangerous, most dangerous**

dare [1] durf *Ek **durf** nie lelik in ons huis praat nie – my pa sal my straf.* I **dare** not use bad language in our house – my father will punish me. [2] waag *My ouers is baie streng – ek sou dit nie **waag** om sonder hul toestemming saans laat uit te bly nie.* My parents are very strict – I would not **dare** to stay out late at night without their permission. [3] uitdaag *"Dink jy Thomas sal Cynthia voor die klas soen as ek hom **uitdaag** om dit te doen?"* "Do you think Thomas will kiss Cynthia in front of the class if I **dare** him to do it?"

□ **dare** verb *(past tense and past participle **dared**, present participle **daring**)*

dark[1] donker *"Jy moet voor **donker** by die huis wees, want dis nie veilig om saans alleen rond te loop nie."* "You must be home before **dark**, as it is not safe to walk about alone at night."

□ **dark** noun *(no plural)*

dark[2] [1] donker [a] *Dis **donker**, daarom brand die straatligte.* It is **dark**, so the street-lights are burning. [b] *Bruin is 'n **donker** kleur en pienk is 'n ligte kleur.* Brown is a **dark** colour and pink is a light colour. [2] donker *Daardie kleur is **donker**blou en nie swart nie.* That colour is **dark** blue and not black.

□ **dark** adjective **darker, darkest**

> When writing a **date** in numbers the year comes first, the month second and the day third, separated by a hyphen (a nought is placed before numbers smaller than ten): *1986-03-15, 1996-11-02*, etc. When writing out the month the order is reversed: *15 March 1986, 2 November 1996*, etc.

date [1] datum *"Wat is vandag se **datum?**"* – *"Dit is die 10de Maart."* "What is the **date** today?" – "It is the 10th of March." [2] afspraak *Willie het 'n **afspraak** met Esther om Saterdagmiddag bioskoop toe te gaan.* Willie

has a **date** with Esther to go to the cinema on Saturday afternoon.
☐ **date** *noun (plural* **dates***)*

daughter dogter *My oudste suster is getroud en het een* **dogter** *en twee seuns.* My eldest sister is married and has one **daughter** and two sons.
☐ **daugh·ter** *noun (plural* **daughters***)*

dawn dagbreek *Met* **dagbreek** *word die lug in die ooste rooi.* At **dawn** the sky in the east turns red.
☐ **dawn** *noun (plural* **dawns***)*

day dag **[a]** *Sondag is die eerste* **dag** *van die week.* Sunday is the first **day** of the week. **[b]** *Die wind het die hele* **dag** *gewaai.* The wind blew all **day**.
◆ **day in, day out** OR **day after day** dag vir dag, dag na dag *Hy het* **dag vir/na dag** *gewerk om die werk betyds klaar te kry.* He worked **day in, day out** (OR **day after day**) to finish the job in time.
◆ **every other/second day** al om die ander dag *Die atlete oefen* **al om die ander dag** – *op Maandae, Woensdae en Vrydae.* The athletes train **every other/second day** – on Mondays, Wednesdays and Fridays.
◆ **for a day or two** 'n dag of wat (lank) *As 'n vlooi jou byt, sal die merk op jou vel* **'n dag of wat (lank)** *jeuk.* If a flea bites you, the mark on your skin will itch **for a day or two**.
◆ **in/during the day** bedags *Die son skyn* **bedags** *en die maan snags.* The sun shines **in/during the day** and the moon at night.
◆ **(just) the other day, a day or two ago** 'n paar dae gelede, nou die dag *Ek het hom* **'n paar dae gelede** *(*OF **nou die dag***) by Esther se partytjie gesien.* I saw him **(just) the other day** (OR **a day or two ago**) at Esther's party.
◆ **one day** ⇨ **one²**.
◆ **some day** eendag *Hy hoop dat hy* **eendag** *genoeg geld sal hê om vir hom 'n motor te koop.* He hopes that **some day** he'll have enough money to buy himself a car.
◆ **the day after tomorrow** oormôre *As dit vandag Vrydag is, is dit* **oormôre** *Sondag.* If it is Friday today, then it is Sunday **the day after tomorrow**.
◆ **the day before yesterday** eergister *As dit vandag Dinsdag is, dan was dit* **eergister** *Sondag.* If it is Tuesday today, then it was Sunday **the day before yesterday**.
◆ **these days** deesdae *Vroeër was vleis goedkoop, maar* **deesdae** *is dit baie duur.* In earlier times meat was cheap, but **these days** it is very expensive.
◆ **to this day** tot vandag toe *Ek het gesê ek sal vir niemand vertel nie, en ek het ons geheim* **tot vandag toe** *bewaar.* I said I would tell nobody, and **to this day** I have kept our secret.
☐ **day** *noun (plural* **days***)*

dead ❶ dood *Ons het vanoggend ons ou hond* **dood** *op sy kombers gekry en hom in die tuin begrawe.* This morning we found our old dog **dead** on his blanket and buried him in the garden. **❷** oorlede *Die weduwee praat dik-*

wels oor haar **oorlede** *man.* The widow often talks about her **dead** husband.
☐ **dead** *adjective*

deaf doof *Hy is in een oor* **doof** *en kan nie goed hoor nie.* He is **deaf** in one ear and is unable to hear well.
☐ **deaf** *adjective* **deafer, deafest**

deafness doofheid *Baie ou mense ly aan* **doofheid.** Many old people suffer from **deafness**.
☐ **deaf·ness** *noun (no plural)*

deal¹ ooreenkoms *Die* **ooreenkoms** *was dat hy haar R5,00 per maand sou betaal om elke oggend sy bed op te maak.* The **deal** was that he would pay her R5,00 a month to make his bed every morning.
◆ **a great/good deal** dikwels *Hy gaan* **dikwels** *op reis.* He travels **a great/good deal**.
◆ **a great/good deal of ❶** baie, 'n hele klomp *'n Plaas kos* **baie** *(*OF **'n hele klomp***) geld.* A farm costs **a great/good deal of** money. **❷** heelwat *Sy is lief vir lees en bring* **heelwat** *tyd in die biblioteek deur.* She loves to read and spends **a great/good deal of** time in the library.
☐ **deal** *noun (plural* **deals***)*

deal² gee *Die bokser het probeer om sy opponent 'n harde hou teen die kop te* **gee.** The boxer tried to **deal** his opponent a hard blow on the head.
◆ **deal at** koop by *Ons* **koop** *nie* **by** *daardie winkel nie, want sy pryse is te hoog.* We do not **deal at** that shop because its prices are too high.
◆ **deal in** handel in *'n Hele paar winkels in dié straat* **handel in** *meubels.* Several shops in this street **deal in** furniture.
◆ **deal (out)** uitdeel *"Moet ek die kaarte* **uitdeel,** *of is dit jou beurt?"* "Must I **deal (out)** the cards, or is it your turn?"
◆ **deal with ❶** werk met *As jy verpleegster wil word, moet jy* **met** *siekes kan* **werk.** If you want to become a nurse, you must be able to **deal with** sick people. **❷** hanteer *Haar seun rook en sy weet nie hoe om die probleem te* **hanteer** *nie.* Her son smokes and she does not know how to **deal with** the problem. **❸** gaan/handel oor *Die eerste drie hoofstukke van die boek* **gaan/handel oor** *die Tweede Wêreldoorlog.* The first three chapters of the book **deal with** the Second World War.
☐ **deal** *verb (past tense and past participle* **dealt,** *present participle* **dealing***)*

dear lief **[a]** *Willie is 'n* **liewe** *seuntjie – 'n mens kan nie anders as om van hom te hou nie.* Willie is a **dear** little boy – one can't help liking him. **[b]** *Hy het die brief met "***Liewe** *Susan" begin.* He started the letter with "**Dear** Susan".
☐ **dear** *adjective* **dearer, dearest**

death dood *'n Ernstige ongeluk was die oorsaak van sy* **dood.** A serious accident was the cause of his **death**.
⇨ **dead.**
☐ **death** *noun (plural* **deaths***)*

debt skuld *Hy het R50,00* **skuld** *by die winkel wat hy* *binne twee maande moet afbetaal.* He has a **debt** of R50,00 at the shop which he has to pay off in two months.

☐ **debt** *noun (plural* **debts***)*

December Desember *Desember is die twaalfde maand van die jaar.* **December** is the twelfth month of the year.

☐ **De·cem·ber** *noun (no plural)*

decide besluit *"Ek sal na julle albei luister en dan be= sluit wie die waarheid praat."* "I will listen to you both and then **decide** who is telling the truth."

☐ **de·cide** *verb (past tense and past participle* **de= cided***, present participle* **deciding***)*

decision besluit *Ek dink hy het die verkeerde* **besluit** *geneem deur die skool na standerd ses te verlaat.* I think he made the wrong **decision** by leaving school after standard six.

☐ **de·ci·sion** *noun (plural* **decisions***)*

deck dek *Hy het die trap na die boonste* **dek** *van die bus geklim.* He climbed the stairs to the top **deck** of the bus.

☐ **deck** *noun (plural* **decks***)*

decorate versier *Vir Monica se verjaardag gaan ons die sitkamer met gekleurde ligte* **versier***.* For Monica's birthday we are going to **decorate** the lounge with coloured lights.

☐ **dec·o·rate** *verb (past tense and past participle* **dec= orated***, present participle* **decorating***)*

decrease afneem *Hulle verwag dat die aantal leerlinge volgende jaar van 750 tot 700 sal* **afneem***.* They expect that the number of pupils will **decrease** from 750 to 700 next year.

☐ **de·crease** *verb (past tense and past participle* **de= creased***, present participle* **decreasing***)*

deed daad *Sy het 'n goeie* **daad** *gedoen deur die ou dame oor die straat te help.* She did a good **deed** by helping the old lady across the street.

☐ **deed** *noun (plural* **deeds***)*

deep[1] diep **[a]** *Hier is die water maar een meter* **diep***.* Here the water is only one metre **deep**. **[b]** *"Haal* **diep** *asem voor jy in die water duik."* "Take a **deep** breath before you dive into the water." **[c]** *My pa het 'n* **diep** *stem en sing bas in die koor.* My father has a **deep** voice and sings bass in the choir. **[d]** *Hy het vir hom nuwe klere en 'n televisie gekoop en is nou* **diep** *in die skuld.* He bought himself new clothes and a television and is now **deep** in debt.

☐ **deep** *adjective* **deeper, deepest**

deep[2] diep **[a]** *Die mynwerkers gaan* **diep** *in die myn af om na goud te grawe.* The miners go down **deep** into the mine to dig for gold. **[b]** *Ons het tot* **diep** *in die nag gesels en is baie laat bed toe.* We chatted **deep** into the night and went to bed very late. **[c]** *Ek was so* **diep** *in gedagte dat ek groot geskrik het toe iemand skielik agter my praat.* I was so **deep** in thought that I got a big fright when someone suddenly spoke behind me.

☐ **deep** *adverb*

deeply **❶** diep *Hy is* **diep** *godsdienstig en gaan elke Son= dag kerk toe.* He is **deeply** religious and goes to church every Sunday. **❷** swaar *Die nuus van sy dood sal haar* **swaar** *tref.* The news of his death will affect her **deeply**.

☐ **deep·ly** *adverb*

defend verdedig *'n Skerpioen gebruik die angel in sy stert om hom mee te* **verdedig***.* A scorpion uses the sting in its tail to **defend** itself.

☐ **de·fend** *verb (past tense and past participle* **de= fended***, present participle* **defending***)*

degree graad **[a]** *Elke dokter het 'n* **graad** *in die medi= syne.* Every doctor has a **degree** in medicine. **[b]** *Bak die brood by 190* **grade***.* Bake the bread at 190 **de= grees**.

☐ **de·gree** *noun (plural* **degrees***)*

delicious heerlik, baie lekker *"Die koek is* **heerlik** *(OF* **baie lekker***); kan ek nog 'n stukkie kry?"* "The cake is **delicious**; may I have another piece?"

☐ **de·li·cious** *adjective* **more delicious, most deli= cious**

deliver aflewer *Ons het 'n nuwe tafel gekoop en die win= kel sal dit môre by ons huis* **aflewer***.* We have bought a new table and the shop will **deliver** it to our house tomorrow.

☐ **de·liv·er** *verb (past tense and past participle* **de= livered***, present participle* **delivering***)*

dent duik *Daar is 'n* **duik** *in sy motor waar die motorfiets hom gestamp het.* There is a **dent** in his car where the motorbike hit him.

☐ **dent** *noun (plural* **dents***)*

dentist tandarts *Die* **tandarts** *het my 'n inspuiting gegee voordat hy my tand gestop het.* The **dentist** gave me an injection before he filled my tooth.

☐ **den·tist** *noun (plural* **dentists***)*

deny ontken *"Ek* **ontken** *dat ek die koppie gebreek het – Simon het dit gedoen."* "I **deny** that I broke the cup – Simon did it."

☐ **de·ny** *verb (past tense and past participle* **denied***, present participle* **denying***)*

depart vertrek *Die trein sal om 15:30 aankom en weer om 15:40* **vertrek***.* The train will arrive at 15:30 and **depart** again at 15:40.

☐ **de·part** *verb (past tense and past participle* **de= parted***, present participle* **departing***)*

department afdeling *Groot winkels het dikwels een* **af= deling** *vir kos en 'n ander vir klere.* Large shops often have one **department** for food and another for cloth= ing.

☐ **de·part·ment** *noun (plural* **departments***)*

departure vertrek *'n Bord by die stasie gee jou inligting oor die aankoms en* **vertrek** *van treine.* A board at the station gives you information about the arrival and de= **parture** of trains.

☐ **de·par·ture** *noun (plural* **departures***)*

depend on **❶** afhang van *"Kan ons môre gaan swem?" – "Ek weet nie. Dit sal* **van** *die weer* **afhang***."* "Can we

go swimming tomorrow?" – "I don't know. It will de‑
pend on the weather." ◱ staatmaak op, reken op *Hy is
'n getroue vriend – ek kan altyd **op hom staatmaak/
reken** as ek hulp nodig het.* He is a faithful friend – I
can always **depend on** him if I need help. ◳ daarop
staatmaak/reken *Jy kan nie **daarop staatmaak/re‑
ken** dat die goeie weer sal hou nie.* You can't **depend on**
the good weather to last.

☐ de·pend on *phrasal verb (past tense and past par‑
ticiple* **depended on,** *present participle* **depending
on)**

depth ◱ diepte *Mynwerkers gaan dikwels tot 'n **diepte**
van drie kilometer en meer af om na goud te grawe.*
Miners often go down to a **depth** of three kilometres
and more to dig for gold. ◳ hartjie *Dit word in die **hart‑
jie** van die winter so koud dat die water in die pype vries.*
In the **depth** of winter it gets so cold that the water in
the pipes freezes.

☐ **depth** *noun (plural* **depths)**

describe beskryf, beskrywe *"Kan jy **beskryf/be‑
skrywe** hoe die man gelyk het? Was hy oud of jonk, en
wat het hy gedra?"* "Can you **describe** what the man
looked like? Was he old or young, and what did he
wear?"

☐ de·scribe *verb (past tense and past participle* de‑
scribed, *present participle* **describing)**

description beskrywing *Die winkelier het 'n goeie
beskrywing gegee van hoe die dief gelyk het.* The
shopkeeper gave a good **description** of what the thief
looked like.

☐ de·scrip·tion *noun (plural* **descriptions)**

desert woestyn *In 'n **woestyn** is daar streke waar 'n
mens net sand en geen plante of water kry nie.* In a de‑
sert there are regions where one finds only sand and
no plants or water.

☐ de·sert *noun (plural* **deserts)**

deserve verdien *"Jy het hard gewerk en **verdien** die
prys as beste student van die jaar."* "You've worked
hard and **deserve** the prize as best student of the
year."

☐ de·serve *verb (past tense and past participle* de‑
served, *present participle* **deserving)**

desk ◱ lessenaar *Die hoof het by sy **lessenaar** 'n brief
gesit en skryf.* The principal was sitting at his **desk**
writing a letter. ◳ bank *Die onderwyser het vir die leer‑
ling gesê: "Staan langs jou **bank** totdat ek sê jy mag sit."*
The teacher said to the pupil, "Stand next to your
desk until I say you may sit."

☐ **desk** *noun (plural* **desks)**

dessert nagereg *"As jy al jou kos opeet, kan jy roomys vir
nagereg kry."* "If you eat up all your food, you can
have ice-cream for **dessert.**"

☐ des·sert *noun (plural* **desserts)**

destroy vernietig *Sy het gekyk hoe haar huis afbrand en
geroep: "Die vuur sal alles **vernietig!**"* She watched
her house burn down and cried, "The fire will de‑
stroy everything!"

☐ de·stroy *verb (past tense and past participle* de‑
stroyed, *present participle* **destroying)**

determine bepaal *Die eksamenuitslae sal **bepaal** wie
eerste in ons klas staan.* The exam results will deter‑
mine who is top of our class.

☐ de·ter·mine *verb (past tense and past participle* de‑
termined, *present participle* **determining)**

determined vasberade *Christine werk baie hard, want
sy is **vasberade** om in die eksamen te slaag.* Christine is
working very hard, because she is **determined** to pass
the examination.

☐ de·ter·mined *adjective* **more determined, most
determined**

develop ◱ ontwikkel *Sade **ontwikkel** tot plante.* Seeds
develop into plants. ◳ ontstaan *As ons nie vanjaar reën
kry nie, sal 'n ernstige droogte **ontstaan**.* If we don't get
rain this year, a serious drought will **develop.**

☐ de·vel·op *verb (past tense and past participle* devel‑
oped, *present participle* **developing)**

development ontwikkeling *Dit is interessant om die
ontwikkeling van 'n saad tot 'n plant dop te hou.* It is
interesting to watch the **development** of a seed into a
plant.

☐ de·vel·op·ment *noun (plural* **developments)**

dew dou *Ek het gisteraand my fiets buite vergeet en van‑
oggend was dit nat van die **dou**.* I forgot my bicycle
outside last night and this morning it was wet with
dew.

☐ **dew** *noun (no plural)*

diamond diamant *Sy het 'n **diamant** in haar ring.* She
has a **diamond** in her ring.

☐ di·a·mond *noun (plural* **diamonds)**

dictionary woordeboek *As jy wil weet wat 'n woord be‑
teken, slaan dit in 'n **woordeboek** na.* If you want to
know what a word means, look it up in a **dictionary.**

☐ dic·tion·ar·y *noun (plural* **dictionaries)**

die ◱ sterf, sterwe, doodgaan *Die ou man is so siek dat hy
elke oomblik kan **sterf/sterwe/doodgaan**.* The old
man is so ill that he may **die** at any moment. ◳ vrek
*"Die hond sal **vrek** as jy hom nie kos en water gee nie."*
"The dog will **die** if you don't give it food and water."

◆ die down bedaar *"Jy sal moet wag vir die storm om
te **bedaar** voordat jy buitentoe gaan."* "You'll have to
wait for the storm to **die down** before you go out‑
side."

◆ die out uitsterf *Diere wat **uitsterf**, word al hoe
minder en hou uiteindelik op om te bestaan.* Animals that
die out, become less and less and eventually cease to
exist.

◆ died is dood/oorlede *My oupa **is** drie jaar gelede
dood/oorlede.* My grandfather **died** three years ago.

☐ die *verb (past tense and past participle* died, *present
participle* **dying)**

diet dieet *Ek sal op **dieet** moet gaan, want ek het te veel
gewig aangesit.* I'll have to go on a **diet** because I've
put on too much weight.

☐ di·et *noun (plural* **diets)**

differ verskil *Sy lyk nie na haar suster nie – hulle **verskil** heeltemal van mekaar.* She is unlike her sister – they **differ** completely from each other.

☐ **dif·fer** *verb (past tense and past participle* **differed**, *present participle* **differing***)*

difference verskil **[a]** *Die muise lyk so eenders dat ek geen **verskil** tussen hulle kan sien nie.* The mice look so alike that I can't see any **difference** between them. **[b]** *Die **verskil** tussen 6 en 9 is 3.* The **difference** between 6 and 9 is 3.

◆ **tell the difference** die verskil ken *"**Ken** jy die **verskil** tussen botter en margarien?"* "Can you **tell the difference** between butter and margarine?"

☐ **dif·fer·ence** *noun (plural* **differences***)*

different **1** verskillend *Die twee rokke is **verskillend**; die een kom met knope toe en die ander met 'n rits.* The two dresses are **different**; the one fastens with buttons and the other with a zip. **2** anders *'n Volstruis is **anders** as ander voëls – hy kan nie vlieg nie.* An ostrich is **different** from other birds – it cannot fly.

☐ **dif·fer·ent** *adjective*

difficult **1** moeilik *Dis **moeilik** om 'n baba te voer wat nie wil stilsit nie.* It's **difficult** to feed a baby that won't sit still. **2** swaar *Dis **swaar** om afskeid te neem van vriende wat vir goed weggaan.* It's **difficult** to say goodbye to friends who are going away for good.

◆ **find it difficult to ...** swaar kry om te ..., swaar ... *Ek **kry swaar om te** sluk (*OF *Ek sluk **swaar**), want my keel is baie seer.* I **find it difficult to** swallow because my throat is very sore.

☐ **dif·fi·cult** *adjective* **more difficult, most difficult**

difficulty moeite *Sy het **moeite** met die uitspraak van Duitse woorde.* She has **difficulty** with the pronunciation of German words.

◆ **have difficulty (in) ...** **1** swaar kry om te ..., swaar ... *Ek **kry swaar om te** sluk (*OF *Ek sluk **swaar**), want my keel is baie seer.* I **have difficulty (in)** swallowing because my throat is very sore. **2** moeite hê om te ... *Party boere **het moeite om** arbeid **te** kry.* Some farmers **have difficulty (in)** getting labour.

☐ **dif·fi·cul·ty** *noun (plural* **difficulties***)*

dig **1** grawe **[a]** *Die mans gaan diep in die myn af om na goud te **grawe**.* The men go down deep into the mine to **dig** for gold. **[b]** *Die hond **het** 'n gat in die grond **gegrawe** om sy been te begrawe.* The dog **dug** a hole in the ground to bury its bone. **2** spit *Ek **spit** in die tuin met 'n graaf.* I **dig** in the garden with a spade. **3** omspit *Jy moet 'n bedding **omspit** voordat jy saad daarin saai.* You must **dig** a bed before you sow seeds in it.

◆ **dig up** opgrawe *Ek het die hond 'n been wat hy begrawe het, sien **opgrawe**.* I saw the dog **dig up** a bone it had buried.

☐ **dig** *verb (past tense and past participle* **dug**, *present participle* **digging***)*

dim dof, flou *Die lig is te **dof/flou** om by te lees.* The light is too **dim** to read by.

☐ **dim** *adjective* **dimmer, dimmest**

dining room eetkamer *Ons huis het nie 'n aparte **eetkamer** nie; ons eet in die kombuis.* Our house doesn't have a separate **dining room**; we eat in the kitchen.

☐ **din·ing room** *noun (plural* **dining rooms***)*

dinner ete *Ons het vleis en groente vir **ete** gehad.* We had meat and vegetables for **dinner**.

◆ **dinner-time, time for dinner** etenstyd *"**Gaan** was asseblief julle hande; dis amper **etenstyd**."* "Please go and wash your hands; it is almost **dinner time** (OR **time for dinner**)."

◆ **have dinner** eet *"Hoe laat **eet** julle?"* "At what time do you **have dinner**?"

◆ **have for dinner** eet *"Wat **eet** ons vanaand?"* "What are we **having for dinner** tonight?"

☐ **din·ner** *noun (plural* **dinners***)*

> If you have dinner in the afternoon, the evening meal is referred to as **supper**. If you have dinner in the evening, the afternoon meal is referred to as **lunch**.

dip **1** doop *'n Koekie word sag as jy dit in tee **doop**.* A biscuit goes soft if you **dip** it into tea. **2** insteek *"Moenie die kwas te diep in die verf **insteek** nie."* "Don't **dip** the brush too deep into the paint."

☐ **dip** *verb (past tense and past participle* **dipped**, *present participle* **dipping***)*

direct[1] die pad beduie *"**Kan** jy my **die pad** stasie toe **beduie**?"* "Can you **direct** me to the station?"

☐ **di·rect** *verb (past tense and past participle* **directed**, *present participle* **directing***)*

direct[2] direk *"Is dit 'n **direkte** pad na die volgende dorp, of draai dit êrens af?"* "Is this a **direct** road to the next town, or does it turn off somewhere?"

☐ **di·rect** *adjective* **more direct, most direct**

direct[3] direk *Dié trein loop **direk** van Pretoria na Johannesburg en hou nie by ander stasies stil nie.* This train runs **direct** from Pretoria to Johannesburg and does not stop at other stations.

☐ **di·rect** *adverb*

direction rigting *Oos is die teenoorgestelde **rigting** van wes.* East is the opposite **direction** to west.

☐ **di·rec·tion** *noun (plural* **directions***)*

directory gids *Ons telefoonnommer is in die **gids**.* Our telephone number is in the **directory**.

☐ **di·rec·to·ry** *noun (plural* **directories***)*

dirt **1** vullis *Sy het die **vullis** met 'n skoppie en 'n borsel opgevee.* She swept up the **dirt** with a dustpan and a brush. **2** vuiligheid *Kyk of die **vuiligheid** sal afkom as jy die vloer met 'n borsel skrop.* See if the **dirt** will come off if you scrub the floor with a brush.

◆ **dirt road** grondpad *Die teerpad word 'n **grondpad** kort buite die dorp.* The tarred road becomes a **dirt road** just outside the town.

☐ **dirt** *noun (no plural)*

dirty vuil *"Trek 'n skoon hemp aan; die een wat jy gister aangehad het, is **vuil**."* "Put on a clean shirt; the one you wore yesterday is **dirty**."

□ **dirt·y** *adjective* **dirtier, dirtiest**

disagree nie saamstem nie *"Ek dink dis 'n goeie plan, maar as jy **nie saamstem nie**, stel iets anders voor."* "I think it's a good idea, but if you **disagree**, suggest something else."

□ **dis·a·gree** *verb (past tense and past participle* **dis= agreed**, *present participle* **disagreeing)**

disappear verdwyn *Die son sal nou-nou agter daardie groot donker wolk **verdwyn**.* The sun will soon **disap= pear** behind that big dark cloud.

□ **dis·ap·pear** *verb (past tense and past participle* **dis= appeared**, *present participle* **disappearing)**

disappoint teleurstel *Jammer dat ek jou moet **teleur= stel**, maar ek kan nie na jou partytjie toe kom nie.* Sorry to **disappoint** you, but I can't come to your party.

□ **dis·ap·point** *verb (past tense and past participle* **disappointed**, *present participle* **disappointing)**

disappointed teleurgestel, teleurgesteld *Doreen is baie **teleurgestel/teleurgesteld** omdat sy 'n B vir geskie= denis gekry het en nie 'n A nie.* Doreen is very **disap= pointed** because she got a B for history and not an A.

□ **dis·ap·point·ed** *adjective* **more disappointed, most disappointed**

disappointment teleurstelling *Tot Doreen se groot **te= leurstelling** het sy 'n B vir geskiedenis gekry en nie 'n A nie.* To Doreen's great **disappointment** she got a B for history and not an A.

□ **dis·ap·point·ment** *noun (plural* **disappoint= ments)**

disco disko *Baie jong mense gaan dans Vrydagaande by die **disko**.* Many young people go and dance at the **disco** on Friday evenings.

□ **disco** *noun (plural* **discos)**

discover ❶ ontdek [a] *As hulle diep genoeg boor, **ont= dek** hulle dalk olie in die grond onder die see.* If they drill deep enough, they might **discover** oil in the land under the sea. [b] *Toe sy haar tas uitpak, **het** sy **ontdek** dat haar liniaal weg is.* When she unpacked her bag, she **discovered** that her ruler was gone. **❷** uitvind *"Ek wens ek kon **uitvind** wie my pen gevat het."* "I wish I could **discover** who has taken my pen."

□ **dis·cov·er** *verb (past tense and past participle* **dis= covered**, *present participle* **discovering)**

---

discover refers to finding something that already exists; **invent** refers to producing something new: *Christopher Columbus **discovered** America in 1492. Who **invented** the steam-engine?*

---

discovery ontdekking [a] *Die **ontdekking** van goud op sy plaas het hom 'n baie ryk man gemaak.* The **dis= covery** of gold on his farm made him a very rich man. [b] *Sy was teleurgesteld by die **ontdekking** dat haar liniaal weg is.* She was disappointed at the **discovery** that her ruler was gone.

□ **dis·cov·er·y** *noun (plural* **discoveries)**

discuss bespreek *Die doel van die vergadering is om die skoolkonsert te **bespreek**.* The purpose of the meeting is to **discuss** the school concert.

□ **dis·cuss** *verb (past tense and past participle* **dis= cussed**, *present participle* **discussing)**

discussion bespreking *Die skoolkonsert het by die verga= dering onder **bespreking** gekom.* The school concert came under **discussion** at the meeting.

□ **dis·cus·sion** *noun (plural* **discussions)**

disease siekte *Masels is 'n **siekte** wat kinders dikwels kry.* Measles is a **disease** that children often get.

□ **dis·ease** *noun (plural* **diseases)**

dish ❶ bak, skottel [a] *Die **bak/skottel** vir die groente is taamlik diep en het 'n deksel.* The **dish** for the veg= etables is quite deep and has a lid. [b] *Die **bak/skot= tel** vir die vleis is groot en vlak en het nie 'n deksel nie.* The **dish** for the meat is large and shallow, and has no lid. **❷** gereg *Kerrie en rys is my geliefkoosde **gereg**.* Curry and rice is my favourite **dish**.

◆ **dishes** skottelgoed *Die kinders moet na aandete die **skottelgoed** was en afdroog.* The children have to wash and dry the **dishes** after supper.

□ **dish** *noun (plural* **dishes)**

dish up opskep *"Ons moet ingaan vir aandete; mammie gaan nou-nou die kos **opskep**."* "We must go in for dinner; mummy is going to **dish up** the food soon."

□ **dish up** *phrasal verb (past tense and past participle* **dished up**, *present participle* **dishing up)**

dishcloth vadoek *'n Mens gebruik 'n **vadoek** om skottel= goed mee te was.* One uses a **dishcloth** for washing dishes.

□ **dish·cloth** *noun (plural* **dishcloths)**

dishonest oneerlik *Mense wat leuens vertel, is **oneer= lik**.* People who tell lies are **dishonest**.

□ **dis·hon·est** *adjective* **more dishonest, most dis= honest**

disobedient ongehoorsaam *"Hoekom is jy so **onge= hoorsaam**? Jy weet jy mag nie pa se pen sonder sy toe= stemming gebruik nie!"* "Why are you so **disobedient**? You know you're not allowed to use dad's pen without his permission!"

□ **dis·o·be·di·ent** *adjective* **more disobedient, most disobedient**

disobey ❶ ongehoorsaam wees aan *"Moenie **onge= hoorsaam wees aan** jou ma nie; maak soos sy sê."* "Do not **disobey** your mother; do as she says." **❷** nie gehoorsaam nie *"Hou op (met) praat! As julle my **nie gehoorsaam nie**, straf ek julle!"* "Stop talking! If you **disobey** me, I'll punish you!"

□ **dis·o·bey** *verb (past tense and past participle* **dis= obeyed**, *present participle* **disobeying)**

dissatisfied ontevrede *Pa is **ontevrede** met die punte wat ek op skool kry; hy sê ek kan beter vaar.* Dad is **dissatisfied** with the marks I get at school; he says I could do better.

□ **dis·sat·is·fied** *adjective* **more dissatisfied, most dissatisfied**

dissolve oplos [a] *Jy kan suiker in water **oplos**.* You can **dissolve** sugar in water. [b] *Suiker los in water op.* Sugar **dissolves** in water.

☐ **dis·solve** *verb (past tense and past participle dis=solved, present participle dissolving)*

distance afstand *Die afstand tussen die twee dorpe is 40 kilometer.* The **distance** between the two towns is 40 kilometres.

◆ **a short distance** 'n (klein) entjie *Daar is 'n poel in die rivier 'n (klein) entjie onderkant die waterval.* There is a pool in the river **a short distance** below the waterfall.

◆ **from a distance** uit die verte *Ons kon die gedreun van die branders uit die verte hoor.* We could hear the thunder of the waves **from a distance**.

◆ **in the distance** in die verte *'n Groot storm is aan die kom; ek kan die weer in die verte hoor dreun.* A big storm is on its way; I can hear it thundering **in the distance**.

☐ **dis·tance** *noun (plural distances)*

disturb steur, pla *"Moenie die hond steur/pla terwyl hy slaap nie."* "Don't **disturb** the dog while he's sleeping."

☐ **dis·turb** *verb (past tense and past participle dis=turbed, present participle disturbing)*

ditch sloot, voor *'n Sloot/voor langs die pad voer die reënwater weg.* A **ditch** beside the road carries off the rain-water.

☐ **ditch** *noun (plural ditches)*

dive duik *Wanneer jy in 'n rivier duik, tref jou hande en kop die water eerste.* When you **dive** into a river your hands and head hit the water first.

☐ **dive** *verb (past tense and past participle dived, pre=sent participle diving)*

> Something is divided *in* two or *in* half, but *into* three or more parts.

divide ❶ deel *As jy 8 deur 2 deel, kry jy 4.* If you **divide** 8 by 2 you get 4. ❷ verdeel [a] *By ons Sondagskool verdeel hulle die kinders in groepe volgens ouderdom.* At our Sunday school they **divide** the children into groups according to age. [b] *"Waar die pad verdeel, moet jy links hou en nie regs draai nie."* "Where the road **divides**, you must keep left and not turn right." ❸ afbreek *Die kolletjie tussen die "s" en "t" van "dis·trict" wys waar jy die woord aan die end van 'n reël kan af=breek.* The dot between the "s" and "t" of "dis·trict" shows where you can **divide** the word at the end of a sentence.

☐ **di·vide** *verb (past tense and past participle divided, present participle dividing)*

do ❶ – [a] *"Waar woon jy?"* "Where **do** you live?" [b] *Hy eet baie meer as sy suster.* He eats much more than his sister **does**. [c] *"Het jy gister gaan swem?"* "**Did** you go swimming yesterday?" [d] *"Wil jy suiker in jou tee hê?"* "**Do** you want some sugar in your tea?" ❷ doen *Ek het baie huiswerk om te doen.* I have a lot of homework to **do**. ❸ maak [a] *Thomas is baie slim en kan*

goed somme maak. Thomas is very clever and is good at **doing** sums. [b] *"Dit maak nie saak hoe laat jy kom nie; ek sal die hele middag tuis wees."* "It **does** not mat=ter at what time you come; I'll be at home all after-noon." ❹ (werk) doen *"Wat doen (*OF *Watse werk doen) jou pa?"* – *"Hy is 'n bouer."* "What does your dad **do**?" – "He is a builder." ❺ ry *Die man het gesê: "Ek gebruik my motor elke dag en ry omtrent 800 km per maand."* The man said, "I use my car every day and **do** about 800 km a month." ❻ soek *"Wat soek jy by die huis? Jy moet by die skool wees."* "What are you **doing** at home? You're supposed to be at school." ❼ uithhaal *Die akrobaat kan slim toertjies op 'n tou uit=haal.* The acrobat can **do** clever tricks on a rope. ❽ tog *"Hou tog op om so te lawaai!"* "**Do** stop making such a noise!" ❾ gerus *"Bring gerus jou broer saam wanneer ons vanmiddag gaan swem."* "**Do** bring your brother along when we go swimming this afternoon." ❿ reg=tig, werklik *Die weduwee het gesê: "Ek mis my man reg=tig/werklik – dis so eensaam sonder hom."* The widow said, "I **do** miss my husband – it is so lonely without him." ⓫ goed wees *"Sal kaas goed wees, of wil jy iets anders op jou brood hê?"* "Will cheese **do**, or would you like something else on your bread?"

◆ **can/could do with** ❶ lus hê/wees vir *Ek is baie dors en het/is lus vir 'n koeldrank.* I'm very thirsty and **can/could do with** a cool drink. ❷ nodig hê *My skoene is oud; ek het 'n nuwe paar nodig.* My shoes are old; I **can/could do with** a new pair.

◆ **do good** ⇨ **good¹**.

◆ **do harm** ⇨ **harm¹**.

◆ **do up** vasmaak *"Sal jy my rok vir my agter vas=maak, asseblief?"* "Will you please **do up** my dress for me at the back?"

◆ **do well** goed vaar *Sy is trots op haar kinders; hulle vaar almal goed op skool.* She is proud of her chil=dren; they all **do well** at school.

◆ **do without** klaarkom sonder *"Ek kan sonder jou hulp klaarkom."* "I can **do without** your help."

◆ **do you?** ❶ of hoe? *"Jy hou mos nie van pampoen nie, of hoe?"* "You don't like pumpkin, **do you?**" ❷ en jy? *"Ek hou nie van pampoen nie, en jy?"* "I don't like pumpkin, **do you?**"

◆ **doesn't ...?** (mos) ... nè?, (mos) ... nie waar nie? *"Sy hou (mos) daarvan, nè (*OF *nie waar nie)?"* "She likes it, **doesn't** she?"

◆ **don't ...?** (mos) ... nè?, (mos) ... nie waar nie? *"Hulle hou (mos) daarvan, nè (*OF *nie waar nie)?"* "They like it, **don't** they?"

◆ **have done** klaar hê *Ek is halfpad met my werk – ek het drie van die ses somme klaar.* I'm halfway through my work – I **have done** three of the six sums.

◆ **have (got) to do with** te doen hê met *Sy werk in die kombuis van die hospitaal en het niks te doen met die versorging van die pasiënte nie.* She works in the kit-chen of the hospital and **has (got)** nothing **to do with** looking after the patients.

◆ **I do** ja *"Hou jy van roomys?" – "Ja."* "Do you like ice-cream?" – "Yes, **I do**."

◆ **so do ... ⇨ so**[1].

◆ **that will do** dit is genoeg *Die onderwyser het die boek toegemaak en gesê: "Dit is genoeg vir vandag."* The teacher closed the book and said, "**That will do** for today."

◆ **there is nothing you can do about it** jy kan daar niks aan doen nie *"Die melk het suur geword." – "Wel, jy kan daar niks aan doen nie."* "The milk has turned sour." – "Well, **there is nothing you can do about it**."

□ **do** verb *(past tense* **did***, past participle* **done***, present participle* **doing***)*

doctor dokter *Die dokter het die siek man vir 'n operasie hospitaal toe gestuur.* The **doctor** sent the sick man to hospital for an operation.

◆ **see a doctor ⇨ see.**

□ **doc·tor** noun *(plural* **doctors***)*

dog hond *Die hond het vir die kat geblaf.* The **dog** barked at the cat.

□ **dog** noun *(plural* **dogs***)*

doll pop *My suster het 'n pop wat soos 'n baba lyk.* My sister has a **doll** that looks like a baby.

□ **doll** noun *(plural* **dolls***)*

donkey donkie *'n Kar word deur 'n perd of 'n donkie getrek.* A cart is pulled by a horse or a **donkey**.

□ **don·key** noun *(plural* **donkeys***)*

don't ❶ moenie *"Moenie die deur toemaak nie; laat dit oopstaan."* "**Don't** shut the door; leave it open." ❷ nie ... nie *Ek woon nie hier nie.* I **don't** live here. ❸ nee *"Hou jy van pampoen?" – "Nee."* "Do you like pumpkin?" – "No, I **don't**."

◆ **didn't** het nie *Sy het nie gehuil nie.* She **didn't** cry.

◆ **didn't ...?** (mos) ... nè?, (mos) ... nie waar nie? *"Walter het (mos) gewen, nè (OF nie waar nie)?"* "Walter won, **didn't** he?"

◆ **don't you?** nie waar nie? *"Jy hou mos van gerasperde wortels, nie waar nie?"* "You do like grated carrots, **don't you?**"

□ **don't** verb *(past tense* **didn't***)*

door deur *Hy het aan die deur geklop en gevra: "Kan ek maar binnekom?"* He knocked on the **door** and asked, "May I come in?"

◆ **answer the door ⇨ answer**[2].

◆ **from door to door** van huis tot huis *Die kinders het van huis tot huis gegaan om geld vir die skool in te samel.* The children went **from door to door** to collect money for the school.

◆ **next door ⇨ next**[2].

◆ **out of doors** in die buitelug *In die somer bestee ons baie tyd in die buitelug.* In summer we spend a great deal of time **out of doors**.

□ **door** noun *(plural* **doors***)*

dot kolletjie *Die kolletjie tussen die "n" en "k" van "don·key" wys waar jy die woord aan die end van 'n reël kan afbreek.* The **dot** between the "n" and "k" of

"don·key" shows where you can divide the word at the end of a sentence.

□ **dot** noun *(plural* **dots***)*

double[1] ❶ dubbel [a] *Ons telefoonnommer is twee, vier, dubbel een, ses, drie (24 1163).* Our telephone number is two, four, **double** one, six, three (24 1163). [b] *"Jy sal die deur 'n dubbele laag verf moet gee – een laag is nie genoeg nie."* "You'll have to give the door a **double** coat of paint – one coat is not enough." ❷ dubbel= *My ma en pa slaap op 'n dubbelbed.* My mother and father sleep on a **double** bed.

□ **doub·le** adjective

double[2] dubbel [a] *As jy dubbel sien, sien jy twee beelde in plaas van een.* If you see **double**, you see two images instead of one. [b] *"Vou die kombers dubbel as jy nie warm genoeg daaronder kry nie."* "Fold the blanket **double** if you aren't warm enough under it."

□ **doub·le** adverb

doubt[1] twyfel *Daar bestaan geen twyfel oor sy skuld nie – die polisie het hom met die gesteelde goedere betrap.* There is no **doubt** about his guilt – the police caught him with the stolen goods.

□ **doubt** noun *(plural* **doubts***)*

doubt[2] twyfel *Sy het gister siek geword – ek twyfel of sy vandag skool toe sal kom.* She fell ill yesterday – I **doubt** whether she will come to school today.

□ **doubt** verb *(past tense and past participle* **doubted***, present participle* **doubting***)*

dough deeg *Die deeg is 'n mengsel van suiker, eiers, melk en meel.* The **dough** is a mixture of sugar, eggs, milk and flour.

□ **dough** noun *(no plural)*

down ❶ af met *Hy is met die trap af na die grondverdieping toe.* He went **down** the stairs to the ground floor. ❷ af teen *Die motor is met 'n groot snelheid teen die bult af.* The car went **down** the hill at a high speed. ❸ onder *Ons woon in die huis daar onder aan die voet van die bult.* We live in the house **down** there at the bottom of the hill.

◆ **climb down it** daarteen afklim *"Sorg dat die leer vas staan voor jy daarteen afklim."* "Make sure that the ladder stands firm before you **climb down it**."

◆ **down the river** rivieraf *Dis makliker om rivieraf as rivierop te swem.* It's easier to swim **down the river** than up the river.

◆ **down the street** ❶ straataf *"Is huis nommer 315 straatop of straataf?"* "Is house number 315 up the street or **down the street**?" ❷ met die straat af *"Gaan met die straat af tot jy by die rivier kom."* "Go **down the street** until you get to the river."

□ **down** preposition

downhill afdraand(e) *Ek loop afdraand(e) skool toe en opdraand(e) terug huis toe.* I walk **downhill** to school and uphill back home.

□ **down·hill** adverb

downstairs ❶ onder *Die winkel se kosafdeling is onder in die kelder.* The shop's food department is **down·**

stairs in the basement. **2** ondertoe *"Is die klere-afde= ling hier op die eerste verdieping?" – "Nee, julle moet* **ondertoe** *gaan; dis op die grondverdieping."* "Is the clothing department here on the first floor?" – "No, you must go **downstairs**; it's on the ground floor."
☐ **down·stairs** *adverb*

downward, downwards 1 boontoe *Dié pad lei* **onder= toe** *na die voet van die berg.* This road leads **down= ward/downwards** to the foot of the mountain. **2** met *... na onder Sy het op haar maag gelê* **met** *die gesig* **na** **onder**. She lay on her stomach face **downward/ downwards**.
☐ **do̲wn·ward(s)** *adverb*

dozen dosyn *Daar is twaalf eiers in 'n* **dosyn**. There are twelve eggs in a **dozen**. ⇨ **hundred** [NOTE].
☐ **do̲z·en** *noun (plural* **dozens***)*

drag sleep *Ek moes die sak aartappels* **sleep**, *want dit was te swaar om te dra.* I had to **drag** the sack of po= tatoes because it was too heavy to carry.
☐ **drag** *verb (past tense and past participle* **dragged***, present participle* **dragging***)*

drain drein *Die* **drein** *is verstop – die water in die was= bak wil nie uitloop nie.* The **drain** is blocked – the water in the sink won't run out.
☐ **drain** *noun (plural* **drains***)*

draw¹ gelykop spel *As daar 'n* **gelykop spel** *is, sal die twee spanne die beker deel.* If there is a **draw**, the two teams will share the cup.
♦ **in a draw** gelykop *Nie een van die twee spanne kon 'n doel aanteken nie; die wedstryd het dus* **gelykop geëin= dig**. Neither team could score a goal, so the match end= ed **in a draw**.
☐ **draw** *noun (plural* **draws***)*

draw² 1 teken *Die kinders moes 'n prent van 'n boom* **teken**. The children had to **draw** a picture of a tree. **2** trek **[a]** *Ek kan nie 'n reguit streep sonder 'n liniaal* **trek** *nie.* I can't **draw** a straight line without a ruler. **[b]** *"Die tee is nog 'n bietjie flou – laat dit 'n rukkie langer* **trek**." "The tea is still a bit weak – let it **draw** a while longer." **3** uittrek *Wat 'n handige mes! Dit kan sny, blikke oopmaak en proppe* **uittrek**. What a handy knife! It can cut, open tins and **draw** corks. **4** toetrek *"Sal jy asseblief die gordyn effens* **toetrek**? *Die son skyn in my oë."* "Will you please **draw** the curtain slightly? The sun is shining in my eyes." **5** gelykop speel *As twee spanne* **gelykop speel**, *is daar geen wenner nie.* When two teams **draw** there is no winner.
♦ **draw near/closer** nader kom *Die dae word langer namate die somer* **nader kom**. The days lengthen as summer **draws near/closer**.
☐ **draw** *verb (past tense* **drew**, *past participle* **drawn**, *present participle* **drawing***)*

drawer laai *My sokkies is in die boonste* **laai** *van my laaikas.* My socks are in the top **drawer** of my chest of drawers.
☐ **dra̲w·er** *noun (plural* **drawers***)*

drawing tekening *Hy het 'n* **tekening** *van 'n motor ge=*

maak en dit met kryt ingekleur. He made a **drawing** of a car and coloured it in with crayons.
☐ **draw·ing** *noun (plural* **drawings***)*

dreadful aaklig *Die kos was so* **aaklig** *dat nie eers die hond dit wou eet nie.* The food was so **dreadful** that not even the dog would eat it.
☐ **dread·ful** *adjective* **more dreadful, most dread= ful**

dreadfully geweldig *Dit was* **geweldig** *koud – die tem= peratuur was onder die vriespunt.* It was **dreadfully** cold – the temperature was below freezing-point.
☐ **dread·ful·ly** *adverb*

dream¹ droom **[a]** *Ek het vannag 'n nare* **droom** *oor slange gehad.* I had a bad **dream** about snakes last night. **[b]** *Sy grootste* **droom** *is om eendag sy eie winkel te hê.* His greatest **dream** is to have his own shop some day.
☐ **dream** *noun (plural* **dreams***)*

dream² 1 droom **[a]** *Nadat hy aan die slaap geraak het, het hy van slange begin* **droom**. After he had fallen asleep, he started to **dream** about snakes. **[b]** *Ons* **droom** *almal oor wat ons sou doen as ons baie geld gehad het.* We all **dream** about what we would do if we had a lot of money. **2** dink *Sy sou nooit daaraan* **dink** *om haar baba alleen by die huis te laat nie.* She would never **dream** of leaving her baby alone at home.
☐ **dream** *verb (past tense and past participle* **dream= ed/dreamt**, *present participle* **dreaming***)*

dress¹ rok *Esmé het 'n lang* **rok** *aangehad en Simon 'n swart pak.* Esmé wore a long **dress** and Simon a black suit.
☐ **dress** *noun (plural* **dresses***)*

dress² 1 aantrek **[a]** *"Hier is die baba se klere – sal jy hom vir my* **aantrek**?" "Here are the baby's clothes – will you **dress** him for me?" **[b]** *Ek* **trek** *my* **aan**. I am **dressing**.
♦ **be dressed in** aanhê *"Hoe sal ek haar herken?" – "Sy sal 'n blou romp en 'n wit bloes* **aanhê**." "How will I recognize her?" – "She'll **be dressed in** a blue skirt and a white blouse."
♦ **get dressed** ⇨ **get**.
♦ **smartly dressed** ⇨ **smartly**.
☐ **dress** *verb (past tense and past participle* **dressed**, *present participle* **dressing***)*

drift¹ drif *By die* **drif** *is die rivier vlak genoeg sodat 'n mens dit veilig kan oorsteek.* At the **drift** the river is shallow enough for one to cross it safely.
☐ **drift** *noun (plural* **drifts***)*

drift² dryf, drywe *Hy het gekyk hoe die wolke stadig na die berg toe* **dryf/drywe**. He watched the clouds **drift** slowly towards the mountain.
☐ **drift** *verb (past tense and past participle* **drifted**, *present participle* **drifting***)*

drill¹ boor *Die man het 'n* **boor** *gebruik om 'n gat in die muur te maak.* The man used a **drill** to make a hole in the wall.
☐ **drill** *noun (plural* **drills***)*

drill[2] boor *Die man gaan 'n gat in die muur* **boor**. The man is going to **drill** a hole in the wall.

☐ **drill** *verb (past tense and past participle* **drilled***, present participle* **drilling***)*

drink[1] ❶ drank [a] *Melk en roomys is 'n heerlike* **drank**. Milk and ice-cream is a delicious **drink**. [b] *Wyn is 'n alkoholiese* **drank**. Wine is an alcoholic **drink**. ❷ iets te drink(e) *"Wil jy* **iets te drink(e)** *hê?"* – *"Graag! Kan ek 'n bietjie lemoensap kry?"* "Would you like a **drink**?" – "Yes, please! May I have some orange juice?"

♦ **a drink of ...** 'n glas ... *"Ek is dors. Kan ek* **'n glas** *water kry, asseblief?"* "I'm thirsty. Could I have **a drink of** water, please?"

♦ **drinks** drinkgoed *Daar was baie eetgoed en* **drink= goed** *by die partytjie.* There were plenty of eats and **drinks** at the party.

☐ **drink** *noun (plural* **drinks***)*

drink[2] ❶ drink *"Drink 'n glas water as jy dors is."* "**Drink** a glass of water if you're thirsty." ❷ suip *Die seun het die perd 'n emmer water gegee om te* **suip**. The boy gave the horse a bucket of water to **drink**.

☐ **drink** *verb (past tense* **drank***, past participle* **drunk***, present participle* **drinking***)*

drip drup [a] *Die kraan sal* **drup** *as jy dit nie styf genoeg toedraai nie.* The tap will **drip** if you don't turn it off tightly enough. [b] *Water* **drup** *van sy hande op die vloer.* Water is **dripping** from his hands on to the floor.

☐ **drip** *verb (past tense and past participle* **dripped***, present participle* **dripping***)*

drive[1] ❶ rit *Hy het uit sy motor geklim en gesê: "Ek het 'n lang* **rit** *agter my en is baie moeg."* He got out of his car and said, "I have a long **drive** behind me and am very tired." ❷ ry *Stellenbosch is minder as 'n uur se* **ry** *van Kaapstad af.* Stellenbosch is less than an hour's **drive** from Cape Town.

♦ **go for a drive, take a drive** ('n entjie) gaan ry *"Kom ons* **gaan ry ('n entjie)** *in my nuwe motor."* "Let's **go for a drive** (OR **take a drive**) in my new car."

☐ **drive** *noun (plural* **drives***)*

drive[2] ❶ ry *In Suid-Afrika* **ry** *motors aan die linkerkant van die pad.* In South Africa cars **drive** on the left side of the road. ❷ bestuur *"Kan jou ma 'n motor* **be= stuur***?"* "Can your mother **drive** a car?" ❸ dryf, drywe *'n Sterk wind* **het** *die boot op die rotse* **gedryf /gedrywe**. A strong wind **drove** the boat on to the rocks. ❹ aanjaag *Hy moet die beeste* **aanjaag** *kraal toe.* He has to **drive** the cattle to the kraal.

☐ **drive** *verb (past tense* **drove***, past participle* **driven***, present participle* **driving***)*

driver ❶ bestuurder *Hy het voor in die motor langs die* **bestuurder** *gesit.* He sat in the front of the car next to the **driver**. ❷ drywer *Die* **drywer** *het met sy sweep geklap om die donkies vinniger te laat hardloop.* The **driver** cracked his whip to make the donkeys run faster.

♦ **driver's licence** rybewys *Jy moet 'n rytoets slaag voordat jy 'n* **rybewys** *kan kry.* You need to pass a driving test before you can get a **driver's licence**.

☐ **driv·er** *noun (plural* **drivers***)*

driving ryery *Hy was skuldig aan gevaarlike* **ryery** *en moes 'n swaar boete betaal.* He was guilty of dangerous **driving** and had to pay a heavy fine.

♦ **driving test** rytoets *Jy moet 'n* **rytoets** *slaag voor= dat jy 'n rybewys kan kry.* You need to pass a **driving test** before you can get a driver's licence.

☐ **driv·ing** *noun (no plural)*

droop slap hang *Die blomme het begin* **slap hang** *en is kort daarna dood.* The flowers started to **droop** and soon died.

☐ **droop** *verb (past tense and past participle* **drooped***, present participle* **drooping***)*

drop[1] ❶ druppel [a] *'n* **Druppel** *reën het op my hand geval.* A **drop** of rain fell on my hand. [b] *Hy het al die melk gedrink; daar is nie 'n* **druppel** *oor nie.* He drank all the milk; there isn't a **drop** left. ❷ daling *Sneeu op die berge het 'n skielike* **daling** *van temperatuur veroor= saak.* Snow on the mountains caused a sharp **drop** in temperature.

☐ **drop** *noun (plural* **drops***)*

drop[2] ❶ laat val *"Moenie die bord* **laat val** *nie; dit sal breek."* "Don't **drop** the plate; it will break." ❷ val *'n Blaar* **het** *uit die boom op die grond geval.* A leaf **dropped** from the tree to the ground. ❸ laat sak *"Laat sak jou stem; jy praat te hard."* "**Drop** your voice; you're talking too loudly." ❹ gaan lê *Ek wens die wind wil* **gaan lê** – *dit waai al sewe dae lank.* I wish the wind would **drop** – it has been blowing for seven days. ❺ afsit *Sy het op die bus geklim en vir die bestuurder gesê: "Sal jy my by die stasie* **afsit***, asseblief?"* She got on the bus and said to the driver, "Would you kindly **drop** me at the station?" ❻ daal *Die temperatuur* **daal** *wan= neer die son ondergaan.* The temperature **drops** when the sun goes down.

☐ **drop** *verb (past tense and past participle* **dropped***, present participle* **dropping***)*

drought droogte *Die dam het tydens die* **droogte** *heelte= mal opgedroog.* The dam dried up completely during the **drought**.

☐ **drought** *noun (plural* **droughts***)*

drown verdrink *Maggie is bang sy* **verdrink** *dalk, want sy kan nie swem nie.* Maggie is afraid she might **drown**, because she can't swim.

☐ **drown** *verb (past tense and past participle* **drowned***, present participle* **drowning***)*

drum ❶ trom *Hy het gesing terwyl hy met sy hande op die* **trom** *slaan.* He sang as he beat the **drum** with his hands. ❷ drom, blik, konka *Dié* **drom/blik/konka** *kan 10 liter petrol hou.* This **drum** can hold 10 litres of petrol.

☐ **drum** *noun (plural* **drums***)*

drunk dronk *Hy het te veel bier gedrink en het* **dronk** *geword.* He drank too much beer and got **drunk**.

☐ **drunk** *adjective* **drunker, drunkest**

dry[1] ❶ droog word *"Hang die wasgoed uit om in die son* ***droog te word.****"* "Hang the washing out to **dry** in the sun." ❷ droogmaak *"Die baba is nat. Sal jy haar vir my* ***droogmaak****, asseblief?"* "The baby is wet. Will you **dry** her for me, please?" ❸ afvee *Hy* ***het*** *haar trane* ***afgevee*** *en gesê: "Moenie huil nie."* He **dried** her tears and said, "Don't cry."

◆ **dry out** uitdroog *Beskuit is bolletjies wat mens in die oond* ***uitdroog****.* Rusks are buns that you **dry out** in the oven.

◆ **dry (up)** ❶ opdroog *Die dam sal* ***opdroog*** *as dit nie binnekort reën nie.* The dam will **dry up** if it doesn't rain soon. ❷ afdroog *"Was jy die skottelgoed – ek sal* ***afdroog****."* "You wash the dishes – I'll **dry (up)**."

☐ **dry** *verb (past tense and past participle* **dried,** *present participle* **drying)**

dry[2] droog **[a]** *Die lakens is al* ***droog****, maar die hand= doeke is nog nat.* The sheets are **dry** but the towels are still wet. **[b]** *In* ***droë*** *dele van die land reën dit selde.* In **dry** parts of the country it seldom rains.

☐ **dry** *adjective* **drier, driest**

dry-clean droogskoonmaak *Wanneer hulle jou klere* ***droogskoonmaak****, gebruik hulle geen water nie.* When they **dry-clean** your clothes they do not use any water.

☐ **dry-clean** *verb (past tense and past participle* **dry-cleaned,** *present participle* **dry-cleaning)**

dry-cleaner droogskoonmaker *"Moenie jou pak was nie – dit sal krimp. Neem dit liewer na die* ***droogskoon= maker****."* "Don't wash your suit – it will shrink. Rather take it to the **dry-cleaner**."

☐ **dry-clean·er** *noun (plural* **dry-cleaners)**

duck[1] eend *'n* ***Eend*** *is 'n watervoël.* A **duck** is a water-bird. ⇨ **meat** [NOTE].

☐ **duck** *noun (plural* **ducks)**

duck[2] koes *Hy moes* ***koes*** *sodat die tak hom nie in die gesig tref nie.* He had to **duck** so the branch wouldn't hit him in the face.

☐ **duck** *verb (past tense and past participle* **ducked,** *present participle* **ducking)**

due moet aankom *Die trein* ***moet*** *oor tien minute* ***aan= kom****.* The train is **due** in ten minutes.

◆ **due to** te danke aan *Haar sukses is* ***aan*** *harde werk* ***te danke****.* Her success is **due to** hard work.

☐ **due** *adjective*

dull ❶ vervelig *Die lewe op dié dorp is maar* ***vervelig****; hier gebeur nie veel nie.* Life in this town is very **dull**; little goes on here. ❷ dof *Grys is 'n* ***dowwe*** *kleur.* Grey is a **dull** colour.

☐ **dull** *adjective* **duller, dullest**

dumb stom *'n* ***Stom*** *mens kan nie praat nie.* A **dumb** person cannot speak.

☐ **dumb** *adjective* **dumber, dumbest**

dune duin *Hy het teen die* ***duin*** *afgehardloop en in die see geduik.* He ran down the **dune** and dived into the sea.

☐ **dune** *noun (plural* **dunes)**

during ❶ gedurende, tydens *Die boere moes hul vee* ***ge= durende/tydens*** *die droogte voer.* The farmers had to feed their livestock **during** the drought. ❷ in *My neef kom* ***in*** *die skoolvakansie vir twee weke by ons kuier.* My cousin is coming to stay with us for two weeks **during** the school holidays. ❸ onder *Die juffrou word baie kwaad as die kinders* ***onder*** *'n les sit en praat.* The teacher gets very angry if the children sit and talk **dur= ing** a lesson.

◆ **during the day** ⇨ **day**.

◆ **during the night** ⇨ **night**.

☐ **dur·ing** *preposition*

dusk skemer *Skemer is die tyd wanneer die son gesak het en dit begin donker word.* **Dusk** is the time when the sun has set and it starts to get dark.

☐ **dusk** *noun (no plural)*

dust[1] stof *Ons het 'n sandstorm gehad en nou is ons huis met* ***stof*** *bedek.* We had a sandstorm and now our house is covered in **dust**.

☐ **dust** *noun (no plural)*

dust[2] afstof *"Jy moet die meubels* ***afstof*** *voor jy die kamer uitvee."* "You must **dust** the furniture before you sweep out the room."

☐ **dust** *verb (past tense and past participle* **dusted,** *present participle* **dusting)**

dustbin vuilgoedblik, vullisblik *Sy het die wortelblare afgesny en in die* ***vuilgoedblik/vullisblik*** *gegooi.* She cut off the carrot leaves and threw them in the **dust= bin**.

☐ **dust·bin** *noun (plural* **dustbins)**

dustcart vuilgoedwa, vulliswa *Die* ***vuilgoedman/vullis= man*** *het die vuilgoedblik/vullisblik in die* ***vuilgoedwa/ vulliswa*** *leeggemaak.* The dustman emptied the dust= bin into the **dustcart**.

☐ **dust·cart** *noun (plural* **dustcarts)**

dustman vuilgoedman, vullisman *Die* ***vuilgoedman/ vullisman*** *het die vuilgoedblik/vullisblik in die vuil= goedwa/vulliswa leeggemaak.* The **dustman** emptied the dustbin into the dustcart.

☐ **dust·man** *noun (plural* **dustmen)**

dustpan skoppie *Sy het die krummels met 'n borsel in die* ***skoppie*** *gevee.* She swept the crumbs into the **dust= pan** with a brush.

☐ **dust·pan** *noun (plural* **dustpans)**

duty ❶ plig *As oudste kind is dit haar* ***plig*** *om haar jonger boeties en sussies op te pas.* As the eldest child it is her **duty** to look after her younger brothers and sisters. ❷ taak *Hy werk in 'n bank en sy belangrikste* ***taak*** *is om geld te ontvang en uit te betaal.* He works in a bank and his main **duty** is to receive and pay out money.

◆ **off duty** van diens (af) *'n Verpleegster dra nie 'n uniform as sy* ***van diens (af)*** *is nie.* A nurse does not wear a uniform when she is **off duty**.

◆ **on duty** aan/op diens *Verpleegsters wat bedags werk, kom soggens om 07:00* ***aan/op diens****.* Nurses that work during the day come **on duty** at 07:00 in the morning.

☐ **du·ty** *noun (plural* **duties)**

E

each ❶ elk [a] *"Die lemoene kos 10c elk. As jy twee neem, skuld jy my 20c."* "The oranges cost 10c **each**. If you take two, you owe me 20c." [b] *Ek het tien vingers, vyf aan elke hand.* I have ten fingers, five on **each** hand. ❷ elk, elkeen *"Gee vir elk/elkeen van die kinders 'n stukkie koek."* "Give a piece of cake to **each** of the children."

◆ **each other** mekaar *Die twee susters skryf taamlik gereeld aan mekaar.* The two sisters write to **each other** quite regularly.

☐ **each** *pronoun (plural* **all***)*

eager gretig *Ek is gretig om haar te ontmoet – sy is glo 'n lieflike mens.* I'm **eager** to meet her – I believe she's a lovely person.

☐ **ea·ger** *adjective* **more eager, most eager**

eagerly gretig *"Kinders, wil julle Saterdag dieretuin toe gaan?" – "Ja!" het hulle gretig gesê.* "Children, would you like to go to the zoo on Saturday?" – "Yes!" they said **eagerly**.

☐ **ea·ger·ly** *adverb*

eagle arend *Die arend is 'n groot voël wat van ander voëls en diertjies leef.* The **eagle** is a large bird that feeds on other birds and small animals.

☐ **ea·gle** *noun (plural* **eagles***)*

ear oor *Hy is in een oor doof en kan nie goed hoor nie.* He is deaf in one **ear** and can't hear well.

☐ **ear** *noun (plural* **ears***)*

early[1] vroeg [a] *Dis nog baie vroeg; dis maar 05:00.* It's still very **early**; it's only 05:00. [b] *"Jy's te vroeg vir die trein; dit kom eers oor twintig minute aan."* "You're too **early** for the train; it only arrives in twenty minutes."

◆ **as early as** reeds *In sommige winkels is somerklere reeds in Julie te koop.* In some shops summer clothes are on sale **as early as** July.

◆ **in earlier times** ⇨ **time.**

☐ **ear·ly** *adjective* **earlier, earliest**

early[2] ❶ vroeg *Hy gaan vroeg skool toe sodat hy met sy maats kan speel voordat die klasse begin.* He goes to school **early** so that he can play with his friends before the classes start. ❷ vroegtydig *Bespreek vroegtydig as jy seker wil wees van 'n plek op die trein.* Book **early** if you want to be sure of a seat on the train.

☐ **ear·ly** *adverb*

earn verdien *Simon en David werk gedurende skoolvakansies in 'n winkel en verdien R60,00 per week.* Simon and David work in a shop during school holidays and **earn** R60,00 a week.

☐ **earn** *verb (past tense and past participle* **earned**, *present participle* **earning***)*

earth ❶ aarde *Die maan draai om die aarde.* The moon goes round the **earth.** ❷ grond *Water verander grond in modder.* Water turns **earth** into mud.

◆ **on earth** op aarde [a] *Afrika is een van die grootste kontinente op aarde.* Africa is one of the largest continents **on earth.** [b] *Niks op aarde sal my van plan laat verander nie.* Nothing **on earth** will make me change my mind.

◆ **what on earth?** wat op aarde? *"Wat op aarde is die vreemde ding daar oorkant?"* "**What on earth** is that strange thing over there?"

◆ **where on earth?** waar op aarde? *"Waar op aarde het jy daardie snaakse hoed gekry?"* "**Where on earth** did you get that funny hat?"

◆ **who on earth?** wie op aarde? *"Wie op aarde het jou vertel dat ek dit gedoen het?"* "**Who on earth** told you that I had done it?"

☐ **earth** *noun (no plural)*

easily maklik *Hulle lyk na mekaar en kan maklik vir susters deurgaan.* They look alike and could **easily** pass for sisters.

☐ **eas·i·ly** *adverb*

east[1] ooste *Die son kom in die ooste op en sak in die weste.* The sun comes up in the **east** and sets in the west.

☐ **east** *noun (no plural)*

east[2] oos- *Dar es Salaam lê aan die ooskus van Afrika.* Dar es Salaam lies on the **east** coast of Africa.

☐ **east** *adjective*

east[3] oos *My slaapkamer kyk oos en is soggens lekker sonnig.* My bedroom faces **east** and is nice and sunny in the morning.

☐ **east** *adverb*

eastern oostelike *Durban lê in die oostelike deel van ons land.* Durban lies in the **eastern** part of our country.

☐ **east·ern** *adjective*

easy maklik *Die somme was maklik – ek het al die antwoorde reg gekry.* The sums were **easy** – I got all the answers right.

☐ **eas·y** *adjective* **easier, easiest**

eat ❶ eet [a] *"Moenie so baie lekkers eet nie; dis sleg vir jou tande."* "Don't **eat** so many sweets; it's bad for your teeth." [b] *Ons eet gewoonlik saans om sesuur.* We usually **eat** at six o'clock in the evening. ❷ vreet *Koeie leef nie van vleis nie; hulle vreet gras.* Cows don't feed on meat; they **eat** grass.

◆ **eat up** opeet *"As jy al jou kos opeet, kan jy roomys vir poeding kry."* "If you **eat up** all your food, you can have ice-cream for pudding."

☐ **eat** *verb (past tense* **ate**, *past participle* **eaten**, *present participle* **eating***)*

In British English the past tense **ate** is pronounced "et" and in American English it is pronounced "ait".

eats eetgoed *Daar was baie **eetgoed** en drinkgoed by die partytjie.* There were plenty of **eats** and drinks at the party.

☐ **eats** *plural noun*

edge 1 rand *Hulle woon in die laaste straat aan die **rand** van die dorp.* They live in the last street on the **edge** of the town. **2** kant *Hy het hom met die skerp **kant** van die mes gesny.* He cut himself with the sharp **edge** of the knife.

☐ **edge** *noun (plural **edges**)*

educate opvoed *Onderwysers leer kinders nie net lees en skryf nie, maar probeer hulle ook **opvoed** in goeie gedrag.* Teachers not only teach children to read and write but also try to **educate** them in good behaviour.

☐ **ed·u·cate** *verb (past tense and past participle **educated**, present participle **educating**)*

education 1 onderwys *'n Universiteit is 'n plek vir hoër **onderwys**.* A university is a place of higher **education**. **2** opvoeding *Skole speel 'n belangrike rol in die **opvoeding** van kinders.* Schools play an important part in the **education** of children.

☐ **ed·u·ca·tion** *noun (no plural)*

effect 1 gevolg *'n Ernstige **gevolg** van droogte is dat riviere en damme opdroog.* A serious **effect** of drought is that rivers and dams dry up. **2** uitwerking *"Het die medisyne enige **uitwerking** gehad?" – "Ja, dit het die pyn weggeneem."* "Did the medicine have any **effect**?" – "Yes, it took away the pain."

☐ **ef·fect** *noun (plural **effects**)*

effort moeite *Hy is baie sterk en kon die swaar tafel sonder **moeite** lig.* He is very strong and could lift the heavy table without **effort**.

☐ **ef·fort** *noun (no plural)*

egg eier **[a]** *Die hen het 'n **eier** gelê.* The hen has laid an **egg**. **[b]** *Ek het 'n gebakte **eier** op brood vir middagete gehad.* I had a fried **egg** on bread for lunch.

☐ **egg** *noun (plural **eggs**)*

eight ag, agt *Ses plus twee is **ag/agt**.* Six plus two is **eight**.

☐ **eight** *numeral*

eighteen agtien *Tien plus ag/agt is **agtien**.* Ten plus eight is **eighteen**.

☐ **eight·een** *numeral*

eighteenth agtiende *Hy het kort na sy **agtiende** verjaardag leer motor bestuur.* He learnt to drive a car soon after his **eighteenth** birthday.

☐ **eight·eenth** *numeral*

eighth agste, agtste *Augustus is die **agste/agtste** maand van die jaar.* August is the **eighth** month of the year.

☐ **eighth** *numeral*

eightieth tagtigste *My oupa is in sy **tagtigste** jaar dood.* My grandfather died in his **eightieth** year.

☐ **eight·i·eth** *numeral*

eighty tagtig *Agt maal tien is **tagtig**.* Eight times ten is **eighty**.

☐ **eight·y** *numeral*

either 1 die een of die ander *"Daar is 'n appel en 'n lemoen – jy kan **die een of die ander** kry."* "There is an apple and an orange – you can have **either**." **2** albei *Of jy twee en twee of drie en een optel, in **albei** gevalle is die antwoord vier.* Whether you add two and two or three and one, in **either** case the answer is four.

◆ **either of 1** een van twee *"**Een van julle twee mag** gaan, maar nie albei nie."* "**Either of** you may go, but not both." **2** nie een van twee nie *Ek ken **nie een van** haar **twee** broers **nie**.* I don't know **either of** her brothers.

◆ **on either side of** ⇨ **side.**

☐ **ei·ther** *adjective*

either 2 ook *Hy kan nie swem nie; sy suster **ook** nie.* He can't swim; his sister can't **either**.

◆ **either ... or** óf ... óf *"Ek kan jou **óf** vandag **óf** môre help."* "I can help you **either** today **or** tomorrow."

☐ **ei·ther** *adverb*

In a sentence with **either ... or**, use a singular verb if both subjects are singular and a plural verb if both subjects are plural. If both singular and plural subjects occur, the verb agrees with the subject closest to **or**: *Either the dog or the cat **has** made the mess. Either the dogs or the cats **have** made the mess. Either the dogs or the cat **has** made the mess. Either the dog or the cats **have** made the mess.*

elastic rek *Haar romp bly bo omdat dit **rek** om die middel het.* Her skirt stays up because it has **elastic** round the waist.

◆ **elastic band** rek, rekkie *Hy het die **rek/rekkie** twee keer om die rol papiere gedraai.* He twisted the **elastic band** twice round the roll of papers.

☐ **e·las·tic** *noun (no plural)*

elbow elmboog *'n Mens kan jou arm by die **elmboog** buig.* One can bend one's arm at the **elbow**.

☐ **el·bow** *noun (plural **elbows**)*

elder 1 ouer *George is in standerd sewe en sy **ouer** broer, Tom, is in matriek.* George is in standard seven and his **elder** brother, Tom, is in matric. **2** oudste *Tom is die **oudste** van die twee seuns.* Tom is the **elder** of the two boys.

☐ **el·der** *adjective*

Use **elder** and **eldest** only when comparing the ages of people, especially of members of a family: *my **elder/eldest** sister.* Do not use them with *than*: *My sister is **older** (NOT **elder**) than me.* **Older** and **oldest** can be used when referring to things and people: *I am **older** than my friend. That is the **oldest** building in Cape Town.*

eldest oudste *As **oudste** kind moet Lynette haar jonger boeties en sussies oppas.* As **eldest** child Lynette has to look after her younger brothers and sisters.

☐ **el·dest** *adjective*

elect kies *Ek sal bly wees as hulle Philip tot hoofseun van die skool kies.* I shall be pleased if they **elect** Philip (to be) head boy of the school.

☐ **e·lect** *verb (past tense and past participle* **elected**, *present participle* **electing***)*

electric elektries *Deesdae loop die meeste treine met **elektriese** krag.* Nowadays most trains run on **electric** power.

☐ **e·lec·tric** *adjective*

electrical elektries *Ons het 'n **elektriese** yskas en 'n stoof wat met gas werk.* We have an **electrical** fridge and a stove that works by gas.

☐ **e·lec·tri·cal** *adjective*

electrician elektrisiën *Pa het 'n **elektrisiën** laat kom om ons stukkende wasmasjien reg te maak.* Dad got in an **electrician** to fix our broken washing machine.

☐ **e·lec·tri·cian** *noun (plural* **electricians***)*

electricity elektrisiteit *In die verlede het mense nie **elektrisiteit** gehad nie en moes hulle hul huise met kerse verlig.* In the past, people did not have **electricity** and had to light their homes with candles.

☐ **e·lec·tric·i·ty** *noun (no plural)*

elephant olifant *Die **olifant** is een van die grootste diere op aarde.* The **elephant** is one of the largest animals on earth.

☐ **el·e·phant** *noun (plural* **elephants***)*

eleven elf *Tien plus een is **elf**.* Ten plus one is **eleven**.

☐ **e·lev·en** *numeral*

eleventh elfde *November is die **elfde** maand van die jaar.* November is the **eleventh** month of the year.

☐ **e·lev·enth** *numeral*

else anders *"Ek is moeg van kaart speel; kom ons doen iets **anders**."* "I'm tired of playing cards; let's do something **else**."

◆ **or else** anders *"Maak gou, **anders** sal jy laat wees vir skool!"* "Hurry up, **or else** you'll be late for school!"

◆ **something else** ⇨ **something**.

◆ **somewhere else** ⇨ **somewhere**.

☐ **else** *adverb*

empty[1] leegmaak *Thomas moes sy sakke **leegmaak** sodat die onderwyser kon sien wat hy daarin het.* Thomas had to **empty** his pockets so the teacher could see what he had in them.

☐ **emp·ty** *verb (past tense and past participle* **emptied**, *present participle* **emptying***)*

empty[2] leeg *Daar is niks in die doos nie; dit is **leeg**.* There is nothing in the box; it is **empty**.

☐ **emp·ty** *adjective* **emptier, emptiest**

enclose insluit **[a]** *"Sal jy asseblief 'n foto van jouself by jou volgende brief **insluit**?"* "Will you please **enclose** a photograph of yourself with your next letter?" **[b]** *'n Hoë heining **sluit** die sportveld **in**.* A high fence **encloses** the sports field.

☐ **en·close** *verb (past tense and past participle* **enclosed**, *present participle* **enclosing***)*

end[1] **❶** end, einde **[a]** *Aan die **end/einde** van die gang is daar 'n deur wat na die kombuis lei.* At the **end** of the passage there is a door that leads to the kitchen. **[b]** *"Kom spreek my teen die **end/einde** van die maand, so om en by die 28ste."* "Come and see me towards the **end** of the month, round about the 28th." **❷** punt, ent *Die kat het regop gesit met die **punt/ent** van sy stert om sy voorpote gekrul.* The cat sat up straight with the **end** of its tail curled round its front legs. **❸** kant *In die vlak **kant** van die swembad kom die water tot by my middel.* In the shallow **end** of the swimming pool the water comes to my waist.

◆ **at an end** op 'n end/einde *Die vakansie is **op 'n end/einde**; ons gaan môre terug skool toe.* The holiday is **at an end**; we go back to school tomorrow.

◆ **for hours/days/weeks/months/years on end** ure/dae/weke/maande/jare aanmekaar *Die wind het in September **dae aanmekaar** gewaai.* In September the wind blew **for days on end**.

◆ **in the end** op die ou end/einde *Hy het oral na sy pen gesoek en dit **op die ou end/einde** langs die telefoon gekry.* He looked everywhere for his pen and **in the end** found it next to the telephone.

☐ **end** *noun (plural* **ends***)*

end[2] **❶** eindig *As die telling een elk bly, sal die wedstryd gelykop **eindig**.* If the score remains one all, the match will **end** in a draw. **❷** beëindig *Die twee lande het besluit om vrede te maak en die oorlog te **beëindig**.* The two countries decided to make peace and **end** the war.

◆ **end in** uitloop op *As ons dié wedstryd verloor, sal ons planne om in die eindstryd te speel, **op 'n mislukking uitloop**.* If we lose this match, our plans to play in the final will **end in** failure.

☐ **end** *verb (past tense and past participle* **ended**, *present participle* **ending***)*

ending einde *Die storie is 'n bietjie treurig, maar dit het 'n gelukkige **einde**.* The story is a little sad but it has a happy **ending**.

☐ **end·ing** *noun (plural* **endings***)*

enemy vyand *Die soldate het die **vyand** met vliegtuie en tenks aangeval.* The soldiers attacked the **enemy** with planes and tanks.

☐ **en·e·my** *noun (plural* **enemies***)*

engine enjin *'n Motor kan nie sonder 'n **enjin** loop nie.* A car can't go without an **engine**.

☐ **en·gine** *noun (plural* **engines***)*

English[1] Engels *Sy huistaal is Afrikaans, maar hy praat **Engels** baie goed.* His home language is Afrikaans, but he speaks **English** very well.

◆ **the English** die Engelse *Engels is 'n taal wat nie net deur **die Engelse** nie maar ook deur Amerikaners en Australiërs gepraat word.* English is a language spoken by not only **the English** but also by Americans and Australians.

☐ **Eng·lish** *noun (no plural)*

English[2] Engels *Hy lees die **Engelse** vertaling van 'n boek wat in Afrikaans geskryf is.* He is reading the **Eng**

lish translation of a book that was written in Afri=
kaans.

☐ **Eng·lish** *adjective*

Englishman Engelsman *Hy is 'n Engelsman wat in
Engeland gebore is maar nou in Suid-Afrika woon.* He is
an **Englishman** who was born in England but now
lives in South Africa.

☐ **Eng·lish·man** *noun (plural* **Englishmen***)*

enjoy geniet **[a]** *As jy goeie gesondheid wil geniet, moet
jy die regte kos eet en genoeg oefening kry.* If you want to
enjoy good health, you should eat the right food and
get enough exercise. **[b]** *"Het jy die partytjie ge=
niet?" – "Ja, dit was heerlik."* "Did you **enjoy** the
party?" – "Yes, it was great."

◆ **enjoy oneself** kuier *Ek kuier te lekker om die par=
tytjie nou al te verlaat.* I'm **enjoying myself** too much
to leave the party just yet.

☐ **en·joy** *verb (past tense and past participle* **enjoyed**,
present participle **enjoying***)*

enormous enorm, yslik, geweldig groot *Die huis is
enorm* (OF *yslik* OF *geweldig groot*) *– dit het veer=
tien kamers!* The house is **enormous** – it has fourteen
rooms!

☐ **e·nor·mous** *adjective*

enormously geweldig *Die Koningin van Engeland is
geweldig ryk.* The Queen of England is **enor=
mously** rich.

☐ **e·nor·mous·ly** *adverb*

enough[1] genoeg *Daar is genoeg plek vir ses mense in
die motor.* There is **enough** room for six people in the
car.

☐ **e·nough** *adjective*

enough[2] genoeg *Die beker is groot genoeg vir 'n liter
melk.* The jug is large **enough** for a litre of milk.

☐ **e·nough** *adverb*

enough[3] genoeg *"Het jy genoeg geëet, of is jy nog
honger?"* "Have you eaten **enough**, or are you still
hungry?"

☐ **e·nough** *pronoun*

enter ▯ ingaan, binnegaan *"Klop aan die deur voordat
jy ingaan/binnegaan."* "Knock on the door before
you **enter**." ▮ inkom, binnekom *"Kinders, staan as=
seblief op wanneer die hoof die klaskamer inkom/bin=
nekom."* "Children, please stand up when the head=
master **enters** the classroom." ▰ inskryf, inskrywe **[a]**
*As jy vir die kompetisie inskryf/inskrywe, kan jy 'n
motor as prys wen.* If you **enter** the competition, you
can win a car as prize. **[b]** *Die onderwyser het gevra:
"Tom, wil jy sokker speel, of sal ek jou vir krieket
inskryf/inskrywe?"* The teacher asked, "Tom, do
you want to play soccer, or shall I **enter** you for crick=
et?"

☐ **en·ter** *verb (past tense and past participle* **entered**,
present participle **entering***)*

entrance ▯ ingang *Jy moet jou kaartjie by die ingang
tot die sokkerveld wys.* You have to show your ticket at
the **entrance** to the soccer field. ▮ toegang *Toegang*

is vry – ons hoef nie kaartjies vir die konsert te koop nie.
Entrance is free – we need not buy tickets for the
concert.

☐ **en·trance** *noun (no plural at* 2; **entrances** *at* 1*)*

envelope koevert *"Plak 'n seël op die koevert voordat
jy die brief pos."* "Stick a stamp on the **envelope** be=
fore you post the letter."

☐ **en·ve·lope** *noun (plural* **envelopes***)*

equal[1] ▯ gelyk **[a]** *Tien millimeter is gelyk aan een sen=
timeter.* Ten millimetres are **equal** to one centimetre.
[b] *As jy 'n appel in kwarte sny, kry jy vier gelyke
stukke.* If you cut an apple into quarters, you get four
equal pieces. ▮ ewe lang *'n Vierkant het vier ewe lang
sye.* A square has four **equal** sides.

◆ **equal in** ewe *Die stokke is ewe lank – hulle meet
albei 50 cm.* The sticks are **equal in** length – they both
measure 50 cm.

☐ **e·qual** *adjective*

equal[2] gelyk wees aan *Twee plus ses moet gelyk wees
aan drie plus vyf, want in albei gevalle is die antwoord
agt.* Two plus six must **equal** three plus five, for in
both cases the answer is eight.

☐ **e·qual** *verb (past tense and past participle* **equal=
led**, *present participle* **equalling***)*

equally gelykop *As ons die lekkers gelykop deel, sal
elkeen ses kry.* If we divide the sweets **equally**, each
will get six.

☐ **e·qual·ly** *adverb*

escape ontsnap *'n Gevangene het uit die tronk probeer
ontsnap.* A prisoner tried to **escape** from jail.

☐ **es·cape** *verb (past tense and past participle* **es=
caped**, *present participle* **escaping***)*

especially veral *Esmé is lief vir soet goed, veral sjoko=
lade.* Esmé is fond of sweet things, **especially**
chocolates.

☐ **es·pe·cial·ly** *adverb*

essay opstel *Ons moes 'n opstel skryf oor wat ons in die
skoolvakansie gedoen het.* We had to write an **essay**
about what we did during the school holidays.

☐ **es·say** *noun (plural* **essays***)*

et cetera ensovoort(s) *Ons het leeus, bobbejane, olifante,
ensovoort/ensovoorts gesien.* We saw lions, ba=
boons, elephants, **et cetera**.

☐ **et cet·er·a** *no part of speech*

even[1] ▯ gelyk **[a]** *Daar is geen bulte in die pad nie; dit is
glad en gelyk.* There are no bumps in the road; it is
smooth and **even**. **[b]** *Die spanne was gelyk – hulle het
een doel elk gehad.* The teams were **even** – they had one
goal each. ▮ ewe *2, 4 en 6 is ewe getalle.* 2, 4 and 6 are
even numbers.

☐ **e·ven** *adjective*

even[2] ▯ selfs, eers *Niemand weet van ons geheim nie,
selfs nie* (OF *nie eers*) *my ma nie.* Nobody knows
about our secret, not **even** my mother. ▮ selfs *Dit is
vandag selfs warmer as gister.* It is **even** hotter today
than yesterday. ▰ glad *Die boeke is heeltemal deurme=
kaar – daar is glad woordeboeke tussen die storieboeke!*

The books are all mixed up – there are **even** diction=
aries among the storybooks!

◆ **even if** al *Ons sal die wedstryd speel, al reën dit.* We
will play the match, **even if** it rains.

◆ **even though** ⇨ **though.**

☐ **e·ven** *adverb*

evening aand *"Dis 'n lieflike aand – hoekom gaan speel
julle nie buite totdat dit donker word nie?"* "It's a lovely
evening – why don't you go and play outside until it
gets dark?"

◆ **good evening** goeienaand *Toe ons aandete geniet
het, het iemand gebel en gesê: "Goeienaand, mag ek
met jou pa praat?"* While we were having supper some=
one phoned and said, "**Good evening**, may I speak to
your father?"

◆ **in the evening ❶** in die aand *Die trein het om 20:00
in die aand vertrek.* The train left at 20:00 **in the
evening. ❷** saans *Ons kyk gewoonlik saans na ete TV.*
We usually watch TV after supper **in the evening.**

◆ **this evening** vanaand *"Kom eet vanaand by ons."*
"Come and have supper with us **this evening.**"

◆ **tomorrow evening** môreaand *Die konsert begin
môreaand om 19:30.* The concert begins at 19:30 **to=
morrow evening.**

◆ **yesterday evening** gisteraand *Die ongeluk het gis=
teraand om 19:00 gebeur.* The accident happened at
19:00 **yesterday evening.**

☐ **eve·ning** *noun (plural* **evenings***)*

eventually uiteindelik, eindelik *Ons het ure gewag voor=
dat 'n bus uiteindelik/eindelik opgedaag het.* We had
to wait for hours before a bus **eventually** turned up.

☐ **e·ven·tu·al·ly** *adverb*

ever ❶ ooit *"Het jy al ooit in die see geswem?"* – "Nee,
nog nooit nie."* "Have you **ever** swum in the sea?" –
"No, never." **❷** nooit *Sy pa het hom pak gegee en gesê:
"Moet dit nooit weer doen nie!"* His father gave him a
hiding and said, "Don't you **ever** do that again!"

◆ **ever since ❶** van toe af *Philip en Simon het mekaar
in standerd een leer ken en is van toe af goeie vriende.*
Philip and Simon got to know each other in standard
one and have been good friends **ever since. ❷** van ... af
Philip en Simon is al van hul laerskooldae af vriende.
Philip and Simon have been friends **ever since** their
primary school days.

◆ **for ever** vir altyd *Op hul troudag het die bruidegom
sy bruid gesoen en gesê: "Ek sal jou vir altyd liefhê."*
On their wedding day the bridegroom kissed his bride
and said, "I will love you **for ever.**"

◆ **hardly ever** byna/amper nooit *Sy praat baie en is
byna/amper nooit stil nie.* She talks a lot and is
hardly ever silent.

☐ **ev·er** *adverb*

every elke *Elke leerling in die klas het deurgekom – nie=
mand het gesak nie.* **Every** pupil in the class passed –
no one failed.

◆ **every now and then, every now and again** (so)
nou en dan, (so) af en toe *Ek loop gewoonlik skool toe,*

maar *(so) nou en dan (*OF *af en toe) haal ek 'n bus.* I
usually walk to school, but **every now and then/
again** I catch a bus.

◆ **every other/second day** ⇨ **day.**

☐ **eve·ry** *adjective*

everybody, everyone ❶ almal *Hy is so 'n gawe kêrel;
almal hou van hom.* He is such a nice chap; **every=
body/everyone** likes him. **❷** elkeen *Sy het genoeg koek
skool toe geneem sodat elkeen in die klas 'n stukkie kon
kry.* She took enough cake to school so that **every=
body/everyone** in the class could have a piece.

☐ **eve·ry·bod·y, eve·ry·one** *pronoun*

---

everybody and **everyone** take a singular verb, even
if followed by *they, their* or *themselves: Everybody/
Everyone* **was** *there. Everybody/Everyone* **seems** *to
be enjoying themselves.*

---

everything alles *Hy het alles gevat en niks vir my gelaat
nie.* He took **everything** and left me nothing.

☐ **eve·ry·thing** *pronoun*

everywhere oral(s), oral(s) rond *Hy het oral (*OF *orals*
OF *oral/orals rond) na sy vermiste hond gesoek.* He
searched **everywhere** for his missing dog.

☐ **eve·ry·where** *adverb*

exact presies *"Hoe laat is dit?"* – "*Dis sewe minute oor
nege, om presies te wees."* "What is the time?" – "It's
seven minutes past nine, to be **exact.**"

☐ **ex·act** *adjective*

exactly presies *Sy het die man so duidelik beskryf dat ons
presies geweet het van wie sy praat.* She described the
man so clearly that we knew **exactly** who she was talk=
ing about.

☐ **ex·act·ly** *adverb*

---

exam is an abbreviated, informal word for **examin=
ation** (its plural is **exams**)

---

examination ❶ eksamen *Die doel van 'n eksamen is
om leerlinge se kennis van 'n vak te toets.* The purpose of
an **examination** is to test pupils on their knowledge
of a subject. **❷** ondersoek *Sy is hospitaal toe vir 'n me=
diese ondersoek.* She went to hospital for a medical
examination.

☐ **ex·am·i·na·tion** *noun (plural* **examinations***)*

examine ❶ bekyk *"Bekyk die fiets sorgvuldig en sê
my as daar iets makeer."* "**Examine** the bicycle care=
fully and tell me if there's something wrong." **❷** onder=
soek *Dokters ondersoek hul pasiënte om vas te stel
wat hulle makeer.* Doctors **examine** their patients to
find out what is wrong with them. **❸** nagaan *Die klerk
by die poskantoor moet elke vorm nagaan om seker te
maak of dit in orde is.* The clerk at the post office
has to **examine** each form to make sure that it is in
order.

☐ **ex·am·ine** *verb (past tense and past participle*
examined*, present participle* **examining***)*

example voorbeeld **[a]** *"Sement" is 'n voorbeeld van
'n selfstandige naamwoord wat geen meervoud het nie.*

"Cement" is an **example** of a noun that has no plural. **[b]** *Die onderwyser stel 'n goeie* **voorbeeld** *aan die leerlinge deur nooit laat te wees nie.* The teacher sets a good **example** to the pupils by never being late.

◆ **for example** byvoorbeeld *Daar is baie maniere om fiks te bly – 'n mens kan* **byvoorbeeld** *elke dag oefeninge doen.* There are many ways of keeping fit – one can, **for example**, do exercises every day.

☐ **ex·am·ple** *noun (plural* **examples***)*

excellent uitstekend *Christine se punte in die eksamen was* **uitstekend** *– sy het 'n A vir al haar vakke gekry.* Christine's marks in the examination were **excellent** – she got an A for all her subjects.

☐ **ex·cel·lent** *adjective*

except behalwe *Almal* **behalwe** *Esther gaan; sy wil by die huis bly.* Everyone **except** Esther is going; she wants to stay at home.

☐ **ex·cept** *preposition*

excited opgewonde *"Jy is te* **opgewonde** *om duidelik te praat. Bedaar eers en vertel my dan wat gebeur het."* "You're too **excited** to speak clearly. First calm down and then tell me what happened."

☐ **ex·cit·ed** *adjective* **more excited, most excited**

excitement ❶ opgewondenheid *Haar hande het van* **opgewondenheid** *gebewe toe sy haar presente oopmaak.* Her hands were shaking with **excitement** when she opened her presents. ❷ opwinding *Dit het groot* **opwinding** *veroorsaak toe pa gesê het hy gaan 'n nuwe motor koop.* It caused great **excitement** when dad said he was going to buy a new car.

☐ **ex·cite·ment** *noun (no plural at* 1*;* **excitements** *at* 2*)*

exciting ❶ spannend *Die wedstryd was baie* **spannend** *– eers was die een span voor en toe die ander.* The match was very **exciting** – first the one team was ahead and then the other. ❷ opwindend *Dis* **opwindend** *maar gevaarlik om op jou fiets teen 'n steil bult af te jaag.* It's **exciting** but dangerous to speed down a steep hill on your bike.

☐ **ex·cit·ing** *adjective* **more exciting, most exciting**

exclamation mark uitroepteken *Daar is 'n* **uitroepteken** *aan die end van die sin "Moenie so stout wees nie!"* There is an **exclamation mark** at the end of the sentence "Don't be so naughty!"

☐ **ex·cla·ma·tion mark** *noun (plural* **exclamation marks***)*

excuse[1] verskoning, ekskuus *Sy het 'n kopseer as* **verskoning/ekskuus** *gebruik om die partytjie vroeg te verlaat.* She used a headache as an **excuse** to leave the party early.

☐ **ex·cuse** *noun (plural* **excuses***)*

excuse[2] ❶ verskoon *"Verskoon asseblief my seun se swak gedrag – hy is nie gewoonlik so stout nie."* "Please **excuse** my son's bad behaviour – he isn't normally so naughty." ❷ jammer *"Jammer dat ek laat is!"* "Excuse my (OR **Excuse** me for) being late!"

◆ **excuse from** verskoon van *"Verskoon my asseblief van die tafel – ek wil vir my 'n mes gaan haal."* "Please **excuse** me from the table – I want to fetch a knife for myself."

◆ **excuse me** ekskuus (tog), verskoon my *"Ekskuus (OF Ekskuus tog OF Verskoon my), meneer, hoe laat is dit?"* "**Excuse me**, sir, what time is it?"

☐ **ex·cuse** *verb (past tense and past participle* **excused**, *present participle* **excusing***)*

exercise[1] oefening **[a]** *Swem en stap is goeie vorms van* **oefening**. Swimming and walking are good forms of **exercise**. **[b]** *Die wiskunde-onderwyser het ons drie* **oefeninge** *vir huiswerk gegee.* The maths teacher gave us three **exercises** for homework.

☐ **ex·er·cise** *noun (no plural at* **a***;* **exercises** *at* **b***)*

exercise[2] oefen *Lê op jou rug en lig jou bene om jou maagspiere te* **oefen**. Lie on your back and lift your legs to **exercise** your stomach muscles.

☐ **ex·er·cise** *verb (past tense and past participle* **exercised**, *present participle* **exercising***)*

exist bestaan *Bestaan daar lewe op die maan?* Does life **exist** on the moon?

☐ **ex·ist** *verb (past tense and past participle* **existed**, *present participle* **existing***)*

exit uitgang *"Verlaat die sportveld deur daardie hek – dis die* **uitgang**." "Leave the sports ground by that gate – it's the **exit**."

☐ **ex·it** *noun (plural* **exits***)*

expect verwag **[a]** *"Wanneer kom hy?" – "Ons* **verwag** *hom môre."* "When is he coming?" – "We **expect** him tomorrow." **[b]** *Daar is wolke in die lug – ek* **verwag** *dat dit later vandag sal reën.* There are clouds in the sky – I **expect** that it will rain later today. **[c]** *My suster* **verwag** *haar eerste kind in Junie.* My sister is **expecting** her first child in June.

◆ **... is expected to** daar word verwag dat ... sal *Daar word verwag dat Linda drie eerste pryse* **sal** *wegdra.* Linda **is expected to** walk off with three first prizes.

☐ **ex·pect** *verb (past tense and past participle* **expected**, *present participle* **expecting***)*

expensive duur *Dié potlood is goedkoop – dit kos net 85c, maar daardie een is* **duur** *– dit kos R11,95.* This pencil is cheap – it costs only 85c, but that one is **expensive** – it costs R11,95.

☐ **ex·pen·sive** *adjective* **more expensive, most expensive**

experience[1] ondervinding, ervaring **[a]** *Sy het vyf jaar* **ondervinding/ervaring** *as verpleegster.* She has five years' **experience** as a nurse. **[b]** *Dit moet 'n wonderlike* **ondervinding/ervaring** *wees om in 'n ruimtetuig om die maan te vlieg.* It must be a wonderful **experience** to fly round the moon in a spacecraft.

☐ **ex·pe·ri·ence** *noun (no plural at* **a***;* **experiences** *at* **b***)*

experience[2] ondervind, ervaar *"As ek jou met 'n speld steek, sal jy pyn ondervind/ervaar."* "If I prick you with a pin, you'll **experience** pain."

□ **ex·pe·ri·ence** *verb (past tense and past participle* **experienced**, *present participle* **experiencing***)*

explain verduidelik *"Klas, verstaan julle dié som, of moet ek dit weer verduidelik?"* "Class, do you understand this sum, or shall I **explain** it again?"

◆ **explain yourself** verduidelik wat jy bedoel *"Ek weet nie waarvan jy praat nie – verduidelik asseblief wat jy bedoel."* "I don't know what you're talking about – please **explain yourself**."

□ **ex·plain** *verb (past tense and past participle* **explained**, *present participle* **explaining***)*

expression uitdrukking **[a]** *Ek kon aan die uitdrukking op sy gesig sien dat hy kwaad was.* I could tell by/ from the **expression** on his face that he was angry. **[b]** *"Jou uit die voete maak" is 'n uitdrukking wat "weghardloop" beteken.* "To take to one's heels" is an **expression** meaning "to run away".

□ **ex·pres·sion** *noun (plural* **expressions***)*

extra[1] ekstra *"Neem 'n ekstra trui saam – miskien word dit baie koud."* "Take an **extra** jersey with you – it might become very cold."

□ **ex·tra** *adjective*

extra[2] ekstra *Hy was lank siek en moet nou ekstra hard werk om die ander leerlinge in te haal.* He was ill for a long time and now has to work **extra** hard to catch up with the other pupils.

□ **ex·tra** *adverb*

extremely uiters *Daardie skildery is uiters waardevol. Dis glo miljoene rande werd.* That painting is **extremely** valuable. It is said to be worth millions of rands.

□ **ex·treme·ly** *adverb*

eye oog **[a]** *Hy is blind in een oog.* He is blind in one **eye**. **[b]** *Sy het gesukkel om die draad garing deur die oog van die naald te steek.* She had trouble passing the thread of cotton through the **eye** of the needle.

□ **eye** *noun (plural* **eyes***)*

eyesight oë *Mense met goeie oë hoef nie bril te dra nie.* People with good **eyesight** need not wear glasses.

□ **eye·sight** *noun (no plural)*

F

face¹ gesig *Sy het 'n glimlag op haar* **gesig**. She has a smile on her **face**.
□ **face** *noun (plural* **faces***)*

face² ◱ wys, kyk *Die kamers in ons huis wat oos* **wys/kyk**, *is soggens lekker sonnig*. The rooms in our house that **face** east are nice and sunny in the morning. ◲ kyk na *"***Kyk na** *die kamera en glimlag."* "**Face** the camera and smile."
□ **face** *verb (past tense and past participle* **faced***, present participle* **facing***)*

face-cloth waslap *Wanneer ek bad, was ek my met 'n* **waslap**. When I have a bath, I wash myself with a **face-cloth**.
□ **face-cloth** *noun (plural* **face-cloths***)*

fact feit *Dit is 'n* **feit** *dat die son altyd in die weste sak*. It is a **fact** that the sun always sets in the west.

◆ **in fact, as a matter of fact** trouens, om die waarheid te sê *Hulle woon taamlik naby –* **trouens** *(*OF **om die waarheid te sê***), hul huis is net om die hoek*. They live quite near – **in** (OR **as a matter of**) **fact**, their house is just round the corner.
□ **fact** *noun (plural* **facts***)*

factory fabriek *Philip se pa werk in 'n* **fabriek** *wat motors maak*. Philip's father works in a **factory** that makes cars.
□ **fac·to·ry** *noun (plural* **factories***)*

fail ◱ misluk *Ons plan om in die eindstryd te speel, sal* **misluk** *as ons dié wedstryd verloor*. Our plan to play in the final will **fail** if we lose this match. ◲ sak *As jy minder as vyf uit tien in die toets kry,* **sak** *jy*. If you get less than five out of ten in the test, you **fail**. ◳ weier *Die bus het buite beheer geraak toe sy remme* **weier**. The bus got out of control when its brakes **failed**.
□ **fail** *verb (past tense and past participle* **failed***, present participle* **failing***)*

failure mislukking *"Was die partytjie 'n sukses?" –* *"Nee, dit was 'n* **mislukking**.*"* "Was the party a success?" – "No, it was a **failure**."
□ **fail·ure** *noun (plural* **failures***)*

faint¹ flou word *'n Mens kan* **flou word** *as jy te veel bloed verloor*. One can **faint** if one loses too much blood.
□ **faint** *verb (past tense and past participle* **fainted***, present participle* **fainting***)*

faint² ◱ dof *Sy stem was so* **dof** *oor die telefoon dat ek nie kon uitmaak wat hy sê nie*. His voice was so **faint** over the telephone that I couldn't make out what he was saying. ◲ dof, flou *Die lig is te* **dof/flou** *om by te lees*. The light is too **faint** to read by.
□ **faint** *adjective* **fainter, faintest**

fair ◱ regverdig *"Dis nie* **regverdig** *nie! Doreen het vyf*

lekkers gekry en ek net drie." "That's not **fair**! Doreen got five sweets and I got only three." ◲ mooi *Dit is* **mooi** *weer – dit sal nie vandag reën nie*. The weather is **fair** – it won't rain today. ◳ taamlik goed *Sy kanse staan* **taamlik goed** *om prefek te word – hy is slim, en die kinders hou van hom*. He stands a **fair** chance of becoming a prefect – he is clever, and the children like him. ◴ lig van kleur *Die mense van Noord-Europa is gewoonlik baie* **lig van kleur**. The people of Northern Europe are usually very **fair**.
□ **fair** *adjective* **fairer, fairest**

fairly ◱ redelik *Dis* **redelik** *warm vandag*. It is **fairly** hot today. ◲ regverdig *Dit is bekend dat daardie skeidsregter die reëls van die spel streng maar* **regverdig** *toepas*. That referee is known to apply the rules of the game strictly but **fairly**.
□ **fair·ly** *adverb*

fairy tale sprokie *Hans Christian Andersen was die skrywer van die* **sprokie** *"Die lelike eendjie"*. Hans Christian Andersen was the author of the **fairy tale** "The ugly duckling".
□ **fai·ry tale** *noun (plural* **fairy tales***)*

faith geloof [a] *Ruth se* **geloof** *in God is baie sterk*. Ruth's **faith** in God is very strong. [b] *"Van watter* **geloof** *is jy?" – "Ek is 'n Christen."* "Of what **faith** are you?" – "I'm a Christian."
□ **faith** *noun (no plural at* a*;* **faiths** *at* b*)*

faithful getrou *My hond is so* **getrou** *dat hy my met sy lewe sal beskerm*. My dog is so **faithful** that he will protect me with his life.
□ **faith·ful** *adjective* **more faithful, most faithful**

fall ◱ val [a] *"Hou 'n ogie oor die baba; ek is bang hy* **val** *van die bed af."* "Keep an eye on the baby; I'm afraid he might **fall** off the bed." [b] *Sy* **het** *in die modder gegly en* **geval**. She slipped in the mud and **fell**. [c] *Sonlig* **val** *deur die venster op my bed*. Sunlight is **fall**ing through the window on my bed. [d] *Nuwejaarsdag* **val** *op 1 Januarie*. New Year's Day **falls** on 1 January. [e] *Die meisie het lang hare wat oor haar skouers* **val**. The girl has long hair that **falls** over her shoulders. ◲ daal *Die temperatuur* **daal** *wanneer die son ondergaan*. The temperature **falls** when the sun goes down.

◆ **fall asleep** ⇨ **asleep²**.
◆ **fall behind with** ⇨ **behind¹**.
◆ **fall down** afval *"Hou aan die reling vas sodat jy nie by die trap* **afval** *nie."* "Hold on to the rail so you don't **fall down** the stairs."
◆ **fall ill** ⇨ **ill**.
◆ **fall in love with** ⇨ **love¹**.
◆ **fall off** afval *"Jy sal seerkry as jy van daardie hoë*

muur afval." "You'll get hurt if you **fall off** that high wall."

◆ **fall out** uitval *"Moenie die laai te wyd ooptrek nie; dit sal uitval.*" "Don't open the drawer too wide; it will **fall out**."

◆ **fall over** omval *"Die boeke sal omval as jy hulle te hoog opmekaar stapel.*" "The books will **fall over** if you pile them too high."

☐ **fall** *verb (past tense* **fell**, *past participle* **fallen**, *present participle* **falling**)

familiar bekend *"Ek is seker ek het jou al tevore ontmoet. Jou gesig lyk so bekend."* "I'm sure I've met you before. Your face looks so **familiar.**"

☐ **fa·mil·i·ar** *adjective*

family familie *My niggie se baba van twee is die jongste kind in ons familie.* My cousin's baby of two is the youngest child in our **family**. ❷ gesin, huisgesin *Ons gesin/huisgesin bestaan uit my pa en ma, my twee broers en ek.* Our **family** consists of my father and mother, my two brothers and me.

☐ **fam·i·ly** *noun (plural* **families**)

famous beroemd *Suid-Afrika is beroemd vir/om sy goud.* South Africa is **famous** for its gold.

☐ **fa·mous** *adjective* **more famous, most famous**

fancy spoggerig *"Jy lyk baie spoggerig in daardie lang rok, Anna – gaan jy na 'n dans toe?"* "You look very **fancy** in that long dress, Anna – are you going to a dance?"

☐ **fan·cy** *adjective* **fancier, fanciest**

far[1] ver **[a]** *"Kan jy skool toe loop?" – "Nee, dis te ver; ek moet 'n bus haal."* "Can you walk to school?" – "No, it's too **far**; I have to catch a bus." **[b]** *Messina lê in die verre noorde van Transvaal.* Messina lies in the **far** north of the Transvaal.

☐ **far** *adjective* **farther/further, farthest/furthest**

far[2] ❶ ver *Hulle woon ver weg in 'n ander land.* They live **far** away in another land. ❷ baie, veel *'n Rot lyk soos 'n muis, maar is baie/veel groter.* A rat looks like a mouse but is **far** bigger. ❸ veels *Dis veels te warm vandag om 'n trui te dra.* It's **far** too hot to wear a jersey today.

◆ **as/so far as** ❶ so ver as/soos *Hulle het nie so ver as/soos ons geloop nie – hulle het gouer omgedraai.* They didn't walk **as/so far as** we did – they turned back sooner. ❷ so ver *"Waar is Anna?" – "So ver ek weet, is sy in haar slaapkamer."* "Where is Anna?" – "**As/So far as** I know she's in her bedroom." ❸ sover *"Ek geniet nie die program nie – sover dit my betref, kan jy maar die TV afskakel."* "I'm not enjoying the programme – **as/so far as** I'm concerned, you may switch off the TV." ❹ tot by *"Loop tot by die brug en wag daar vir my."* "Walk **as/so far as** the bridge and wait for me there."

◆ **by far** verreweg *Johannesburg is verreweg die grootste stad in Suid-Afrika.* Johannesburg is **by far** the biggest city in South Africa.

◆ **far away from ...** ver van ... af *"Skuif jou stoel 'n*

bietjie nader; jy sit te ver van my af." "Move your chair a little closer; you're sitting too **far away from** me."

◆ **far from** alles behalwe *Ons huis is maar eenvoudig – dis alles behalwe deftig.* Our house is rather plain – it is **far from** smart.

◆ **from as far as** tot van *Mense het tot van Kaapstad gekom om die perdewedren in Durban by te woon.* People came **from as far as** Cape Town to attend the horserace in Durban.

◆ **so far** ❶ so ver *Ek is nie bereid om so ver te loop nie; ek gaan 'n bus haal.* I'm not prepared to walk **so far**; I'm going to catch a bus. ❷ tot sover, tot nou/nog toe *Sy het gesê sy sou skryf, maar ek het tot sover (OF tot nou/nog toe) niks van haar gehoor nie.* She said she would write, but I haven't heard anything from her **so far**.

☐ **far** *adverb*

fare reisgeld *Die busbestuurder het gesê dat die reisgeld stad toe 95c is.* The bus driver said that the **fare** to town was 95c.

☐ **fare** *noun (plural* **fares**)

farm[1] plaas *Ons gaan 'n plaas besoek om te sien hoe koeie gemelk word.* We are going to visit a **farm** to see how cows are milked.

☐ **farm** *noun (plural* **farms**)

farm[2] boer *As ek groot is, wil ek boer, want ek hou daarvan om met diere te werk.* When I grow up I want to **farm**, because I like working with animals.

☐ **farm** *verb (past tense and past participle* **farmed**, *present participle* **farming**)

farmer boer *Die boer ploeg sy lande om.* The **farmer** is ploughing his fields.

☐ **farm·er** *noun (plural* **farmers**)

farther, further verder *Sy was so moeg dat sy nie verder kon loop nie.* She was so tired that she couldn't walk any **farther/further**.

☐ **far·ther, fur·ther** *adverb*

farthest, furthest verste *"Wie van die drie atlete kan die verste spring?"* "Which of the three athletes can jump (the) **farthest/furthest**?"

☐ **far·thest, fur·thest** *adverb*

fashion mode *Sy is baie modern en dra altyd klere wat in die mode is.* She is very modern and always wears clothes that are in **fashion**.

☐ **fash·ion** *noun (plural* **fashions**)

fast[1] ❶ vinnig *Dié motor is vinnig – dit kan meer as 150 km per uur ry.* This car is **fast** – it can go more than 150 km per hour. ❷ voor *My horlosie is voor – dit wys 13:10 in plaas van 13:00.* My watch is **fast** – it reads 13:10 instead of 13:00.

☐ **fast** *adjective* **faster, fastest**

fast[2] ❶ vinnig *Lorraine kan baie vinnig hardloop en kom gewoonlik eerste.* Lorraine can run very **fast** and usually comes first. ❷ styf *Die motor sit styf in die modder vas.* The car is stuck **fast** in the mud. ❸ vas *Die kind is vas aan die slaap.* The child is **fast** asleep.

☐**fast** *adverb*

fasten ❶ vasmaak *"Sal jy my rok vir my agter vas=*
maak, asseblief?" "Will you please **fasten** my dress
for me at the back?" ❷ vasbind *"Bind die hek met 'n*
stuk draad vas sodat niemand dit kan oopmaak nie."
"**Fasten** the gate with a piece of wire so no one can
open it." ❸ toe kom *Haar rok kom agter toe.* Her
dress **fastens** at the back.

◆ **fasten (together)** aan mekaar vasheg *"Jy kan die*
twee velle papier met 'n speld aan mekaar vasheg."
"You can **fasten** the two sheets of paper **(together)**
with a pin."

☐**fas·ten** *verb (past tense and past participle* **fas=**
tened, *present participle* **fastening**)

fat[1] vet *Daar is baie vet aan dié vleis.* There is a lot of
fat on this meat.

☐**fat** *noun (plural* **fats**)

fat[2] vet *Anna is lank en skraal, maar Maggie is kort en*
vet. Anna is tall and thin, but Maggie is short and **fat**.

☐**fat** *adjective* **fatter, fattest**

father pa, vader *My ma/moeder en pa/vader is al twin=*
tig jaar getroud. My mother and **father** have been
married for twenty years. ⇨ **dad; mum** [NOTES].

☐**fa·ther** *noun (plural* **fathers**)

fault ❶ fout *Die motor wil nie vat nie – daar is 'n fout in*
sy enjin. The car won't start – there is a **fault** in its
engine. ❷ skuld *"Dis haar skuld dat ons laat is – toe ek*
by haar huis kom, was sy nog nie aangetrek nie." "It's
her **falt** that we're late – when I got to her house she
wasn't dressed yet."

☐**fault** *noun (no plural at* 2; **faults** *at* 1)

faultlessly foutloos *Dit kos baie oefening voordat 'n*
pianis 'n musiekstuk foutloos kan uitvoer. It takes
much practice before a pianist can perform a piece of
music **faultlessly**.

☐**fault·less·ly** *adverb*

favour guns *"Sal jy my 'n guns bewys en dié brief vir*
my pos?" "Will you do me a **favour** and post this letter
for me?"

◆ **in favour of** ten gunste van *Die uitslag van die wed=*
stryd was 1 – 0 ten gunste van die blou span. The re=
sult of the match was 1 – 0 **in favour of** the blue team.

☐**fa·vour** *noun (plural* **favours**)

favourite geliefkoosde *Daar is 'n prent van my gelief=*
koosde popsanger teen die muur bokant my bed. There
is a picture of my **favourite** pop singer on the wall
above my bed.

☐**fa·vour·ite** *adjective*

fear[1] ❶ vrees *Miriam het 'n vrees vir water, want sy kan*
nie swem nie. Miriam has a **fear** of water because she
can't swim. ❷ angs *Toe Lynette die slang sien, het sy van*
angs gegil. When Lynette saw the snake, she
screamed with **fear**.

☐**fear** *noun (plural* **fears**)

fear[2] ❶ bang wees vir *"Is jy bang vir slange?"* "Do
you **fear** snakes?" ❷ vrees [a] *Wanneer daar oorlog is,*
vrees moeders vir die lewe van hul seuns. When there is

a war on mothers **fear** for the lives of their sons. [b]
Die dokter het gesê: "Sy is baie siek; ek vrees sy kan
sterf." The doctor said, "She is very ill; I **fear** (that)
she might die."

☐**fear** *verb (past tense and past participle* **feared**, *pre=*
sent participle **fearing**)

feast fees *Die koning het 'n fees gehou om die geboorte*
van sy seun te vier. The king held a **feast** to celebrate
the birth of his son.

☐**feast** *noun (plural* **feasts**)

feather veer *Hierdie veer het uit 'n voël se vlerk geval.*
This **feather** has fallen out of a bird's wing.

☐**feath·er** *noun (plural* **feathers**)

February Februarie *Februarie is die tweede maand*
van die jaar. **February** is the second month of the
year.

☐**Feb·ru·ar·y** *noun (no plural)*

feed[1] voer *Party boere kweek mielies as voer vir hul*
beeste. Some farmers grow maize as **feed** for their
cattle.

☐**feed** *noun (no plural)*

feed[2] ❶ voer [a] *Party boere voer hul beeste mielies.*
Some farmers **feed** their cattle maize. [b] *Die ma het*
haar baba 'n bietjie pap met 'n lepel gevoer. The
mother **fed** her baby some porridge with a spoon. ❷
kos gee *Ons gee ons kat twee keer per dag kos.* We **feed**
our cat twice a day.

◆ **feed on** leef/lewe van *Party voëls leef/lewe van*
vrugte. Some birds **feed on** fruit.

☐**feed** *verb (past tense and past participle* **fed**, *present*
participle **feeding**)

feel ❶ voel [a] *Sy het haar hand in die water gesteek om te*
voel hoe warm dit is. She put her hand in the water to
feel how hot it was. [b] *Ek het hoofpyn en voel nie*
lekker nie. I have a headache and don't **feel** well. ❷ kry
"Trek 'n tru aan as jy koud kry." "Put on a jersey if you
feel cold." ❸ dink *Ek dink dis onregverdig dat Doreen*
vyf lekkers gekry het en ek net drie. I **feel** it's unfair that
Doreen got five sweets and I only three.

◆ **feel like** ❶ lus hê/wees om te *Ek het/is nie lus om*
vanaand uit te gaan nie; ek wil liewer by die huis bly. I
don't **feel like** going out tonight; I would rather stay
at home. ❷ lus hê/wees vir *Ek is baie dors en het/is lus*
vir 'n koeldrank. I'm very thirsty and **feel like** a cool
drink. ❸ voel soos [a] *Sy het aan die stoeloortreksel*
gevat en gesê: "Dit lyk na leer maar voel soos plas=
tiek." She touched the chair cover and said, "It looks
like leather but **feels like** plastic." [b] *Ek was tien jaar*
weg en het soos 'n vreemdeling gevoel toe ek na my
tuisdorp terugkeer. I was away for ten years and **felt**
like a stranger when I returned to my home town.

◆ **feel one's way** voel-voel loop *Ek moes voel-voel*
in die donker loop. I had to **feel my way** in the
dark.

☐**feel** *verb (past tense and past participle* **felt**, *present*
participle **feeling**)

feeling gevoel *Vrees is 'n gevoel wat jy ervaar wanneer* *jy in gevaar is.* Fear is a **feeling** that you experience when you are in danger.

☐ **feel·ing** *noun (plural* **feelings***)*

fellow kêrel, ou *Ek hou baie van Theo; hy's 'n gawe* **kêrel/ou**. I like Theo very much; he's a nice **fellow**.

☐ **fel·low** *noun (plural* **fellows***)*

female[1] wyfie *By die meeste diere is die mannetjie groter en mooier as die* **wyfie**. In most animals the male is bigger and more attractive than the **female**.

☐ **fe·male** *noun (plural* **females***)*

female[2] vroulik *Die* **vroulike** *stem is hoër as die manlike stem*. The **female** voice is higher than the male voice.

☐ **fe·male** *adjective*

fence heining *Die* **heining** *om ons tuin is van draad gemaak*. The **fence** around our garden is made of wire.

☐ **fence** *noun (plural* **fences***)*

fertile vrugbaar *Plante groei goed in grond wat ryk en* **vrugbaar** *is*. Plants grow well in soil that is rich and fertile.

☐ **fer·tile** *adjective* **more fertile, most fertile**

fetch gaan haal [a] *"Gaan haal asseblief vir my 'n skoon mes in die kombuis."* "Please **fetch** me a clean knife from the kitchen." [b] *Pa het gesê: "Ek moet ma by die stasie* **gaan haal**." Dad said, "I have to go and **fetch** mum from the station."

☐ **fetch** *verb (past tense and past participle* **fetched**, *present participle* **fetching***)*

fever koors *"Die kind is siek en het* **koors** – *voel net hoe warm is sy voorkop."* "The child is ill and has a **fever** – just feel how hot his forehead is."

☐ **fe·ver** *noun (plural* **fevers***)*

few min *Min mense kan drie motors bekostig*. **Few** people can afford three cars.

◆ **a few** 'n paar *Ek het hom slegs* **'n paar** *minute gelede gesien*. I saw him only **a few** minutes ago.

◆ **no fewer than** nie minder nie as *Daar was* **nie minder nie as** *duisend mense by haar troue*. There were **no fewer than** a thousand people at her wedding.

☐ **few** *adjective* **fewer, fewest**

field ❶ veld [a] *Die boer se beeste wei in die* **veld**. The farmer's cattle are grazing in the **field**. [b] *Die veld waarop hulle sokker speel, is mooi groen*. The **field** on which they play soccer is nice and green. ❷ land *Die boer ploeg 'n* **land** *om*. The farmer is ploughing a **field**.

◆ **fields** landerye *Die boer het gevrees dat sy* **landerye** *in die vloed sou verspoel*. The farmer feared that his **fields** would wash away in the flood.

☐ **field** *noun (plural* **fields***)*

fierce kwaai [a] *Hy is deur 'n* **kwaai** *hond gebyt*. He was bitten by a **fierce** dog. [b] *Baie huise is in die* **kwaai** *storm beskadig*. Many houses were damaged in the **fierce** storm.

☐ **fierce** *adjective* **fiercer, fiercest**

fifteen vyftien *Drie maal vyf is* **vyftien**. Three times five is **fifteen**.

☐ **fif·teen** *numeral*

fifteenth vyftiende *Hy het 'n horlosie vir sy* **vyftiende** *verjaardag gekry*. He got a watch for his **fifteenth** birthday.

☐ **fif·teenth** *numeral*

fifth vyfde *Mei is die* **vyfde** *maand van die jaar*. May is the **fifth** month of the year.

☐ **fifth** *numeral*

fiftieth vyftigste *My ma is 49 en vier oor 'n paar maande haar* **vyftigste** *verjaardag*. My mother is 49 and will celebrate her **fiftieth** birthday in a few months' time.

☐ **fif·tieth** *numeral*

fifty vyftig *Tien maal vyf is* **vyftig**. Ten times five is **fifty**.

☐ **fif·ty** *numeral*

fig vy *Daar is 'n* **vy** *en 'n paar ander vrugte in die mandjie*. There is a **fig** and some other fruit in the basket.

☐ **fig** *noun (plural* **figs***)*

fight[1] ❶ geveg *Die* **geveg** *tussen die twee boksers het tien rondes geduur*. The **fight** between the two boxers lasted ten rounds. ❷ bakleiery *In 'n* **bakleiery** *het die een seun die ander bloedneus geslaan*. In a **fight** the one boy gave the other a bloody nose.

◆ **pick a fight** ⇨ **pick**.

☐ **fight** *noun (plural* **fights***)*

fight[2] ❶ veg [a] *Die twee boksers gaan Saterdagaand teen mekaar* **veg**. The two boxers are going to **fight** each other on Saturday night. [b] *Die soldaat het in die Tweede Wêreldoorlog* **geveg**. The soldier **fought** in the Second World War. ❷ baklei *Die twee broers stry en* **baklei** *dikwels met mekaar*. The two brothers often argue and **fight** with each other.

☐ **fight** *verb (past tense and past participle* **fought**, *present participle* **fighting***)*

fighting bakleiery *"Ek is moeg vir jul* **bakleiery**; *dit moet nou end kry!"* "I'm tired of your **fighting**; it has got to stop now!"

☐ **fight·ing** *noun (no plural)*

figure ❶ figuur [a] *Sy het 'n mooi* **figuur** *en lieflike lang bene*. She has a beautiful **figure** and lovely long legs. [b] *Die skoolhoof is 'n belangrike* **figuur** *op 'n klein dorpie*. The headmaster is an important **figure** in a small village. ❷ syfer *"Ek kan nie dié* **syfer** *uitmaak nie. Is dit 'n 1 of 'n 7?"* "I can't make out this **figure**. Is it a 1 or a 7?"

☐ **fig·ure** *noun (plural* **figures***)*

fill ❶ volmaak, vul *"Maak vir my die bottel* **vol** *water* (OF *Vul vir my die bottel met water*), *asseblief."* "**Fill** the bottle with water for me, please." ❷ vul *Rook het die kamer* **gevul**. Smoke **filled** the room. ❸ vol word *As 'n mens hartseer is,* **word** *jou oë* **vol** *trane*. When you are sad, your eyes **fill** with tears. ❹ stop [a] *Die man het 'n bietjie tabak uitgehaal om sy pyp te* **stop**. The man took out some tobacco to **fill** his pipe. [b] *Die tandarts het my tand* **gestop**. The dentist **filled** my tooth.

◆ **fill in** invul *Aan die end van 'n kwartaal moet die*

onderwyoers vir alles loorling 'n rupport **invul**. At the end of a term the teachers have to **fill in** a report for each pupil.

◆ **fill (up)** volmaak *"Moet ek die tenk **volmaak**, meneer?" – "Nee, ek wil net tien rand se petrol hê."* "Must I **fill (up)** the tank, sir?" – "No, I want only ten rands' worth of petrol."

□ **fill** *verb (past tense and past participle* **filled,** *present participle* **filling)**

film ❶ (rol)prent, film, fliek *Ek het gisteraand op televi-sie 'n ou **prent** (OF **rolprent** OF **film** OF **fliek**) gesien waarin Marilyn Monroe die hoofrol speel.* Last night on television I saw an old **film** in which Marilyn Monroe stars. **❷** film *Hy het 'n **film** vir sy kamera gekoop.* He bought a **film** for his camera.

□ **film** *noun (plural* **films)**

final¹ eindstryd *In sport is die **eindstryd** die laaste en belangrikste wedstryd van 'n reeks.* In sport the **final** is the last and most important match of a series.

□ **fi·nal** *noun (plural* **finals)**

final² laaste *Toe die klok lui, het die atlete geweet die **laaste** rondte van die wedloop lê voor.* When the bell rang the athletes knew the **final** round of the race lay ahead.

□ **fi·nal** *adjective*

finally uiteindelik, eindelik *Ons het ure gewag voordat 'n bus **uiteindelik/eindelik** opgedaag het.* We waited for hours before a bus **finally** turned up.

□ **fi·nal·ly** *adverb*

find ❶ vind, kry *Ek het seker my pen verloor; ek kan dit nêrens **vind/kry** nie.* I must have lost my pen; I can't **find** it anywhere. **❷** vind *Ek het nie van die film gehou nie – ek **het** dit vervelig **gevind.*** I didn't like the film – I **found** it boring. **❸** vir ... wees *"Is dit **vir** jou maklik om iets uit Engels in Afrikaans te vertaal?"* "Do you **find** it easy to translate something from English into Afrikaans?"

◆ **find out ❶** uitvind *"Ek wens ek kon **uitvind** wie my pen gevat het."* "I wish I could **find out** who has taken my pen." **❷** vasstel *Sy is dokter toe sodat hy kon **vasstel** wat sy makeer.* She went to the doctor so that he could **find out** what was wrong with her.

□ **find** *verb (past tense and past participle* **found,** *present participle* **finding)**

fine¹ boete *Ek moes 'n **boete** van 50c betaal omdat ek my biblioteekboeke laat teruggebring het.* I had to pay a **fine** of 50c for returning my library books late.

□ **fine** *noun (plural* **fines)**

fine² beboet *Die verkeerspolisie **beboet** motoriste wat te vinnig ry.* The traffic police **fine** motorists who speed.

□ **fine** *verb (past tense and past participle* **fined,** *present participle* **fining)**

fine³ ❶ fyn [a] *'n Mens kry meel as jy koring tot 'n **fyn** poeier maal.* One gets flour if one grinds wheat to a **fine** powder. [b] *'n Spinnekop spin sy web met 'n **fyn** draad wat uit sy liggaam kom.* A spider spins its web with a **fine** thread that comes out of its body. **❷** mooi

*Dit is **mooi** weer – dit sal nie vandag reen nie.* The weather is **fine** – it won't rain today.

◆ **I'm fine** dit gaan goed *"Hoe gaan dit met jou?" – "Dit gaan goed, dankie."* "How are you?" – "**I'm fine,** thanks."

□ **fine** *adjective* **finer, finest**

fine⁴ ❶ goed *"Wil jy nie 'n skroewedraaier hê nie?" – "Nee, dankie, dié mes werk **goed**."* "Wouldn't you like a screwdriver?" – "No, thanks, this knife works **fine**." **❷** gaaf *"Kom ons gaan fliek vanaand." – "**Gaaf,** ek kry jou daar."* "Let's go to the cinema tonight." – "**Fine,** I'll meet you there."

□ **fine** *adverb*

finger vinger *'n Mens dra 'n trouring aan jou vierde **vinger**.* One wears a wedding ring on one's fourth **finger**.

□ **fin·ger** *noun (plural* **fingers)**

finish¹ end *Die seun wat gewen het, het van die begin tot die **end** voor gehardloop.* The boy who won had run in front from start to **finish**.

□ **fin·ish** *noun (no plural)*

finish² ❶ klaarmaak *George moet sy huiswerk **klaar-maak** voordat hy kan gaan speel.* George has to **finish** his homework before he can go and play. **❷** voltooi *Die bouers werk vinnig en hoop om die huis binne drie maande te **voltooi**.* The builders are working fast and hope to **finish** the house within three months. **❸** klaarkry *Hy het sy bes gedoen, maar kon nie die werk betyds **klaar-kry** nie.* He did his best, but couldn't **finish** the job in time. **❹** eindig *"Wie dink jy sal eerste in die wedloop **eindig**?"* "Who do you think will **finish** first in the race?" **❺** opeet *"Moenie jou bekommer as jy nie al jou kos kan **opeet** nie."* "Don't worry if you can't **finish** all your food."

◆ **have finished with** klaar wees met *"Ek is klaar met die skottelgoed; wat moet ek nou doen, Mamma?"* "I **have finished with** the dishes; what shall I do next, Mummy?"

□ **fin·ish** *verb (past tense and past participle* **finished,** *present participle* **finishing)**

finished ❶ klaar *Die man moet die bouer betaal sodra die huis **klaar** is.* The man has to pay the builder as soon as the house is **finished**. **❷** op, klaar *"Die melk is **op/klaar** – jy sal jou koffie swart moet drink."* "The milk is **finished** – you'll have to drink your coffee black."

□ **fin·ished** *adjective*

fire¹ ❶ vuur *"Sit nog hout op die **vuur** om dit aan die brand te hou."* "Put some more wood on the **fire** to keep it burning." **❷** brand *Hy het alarm gemaak toe die **brand** uitbreek.* He gave the alarm when the **fire** broke out.

◆ **be on fire** aan die brand wees *Die huis **is aan die brand**!* The house **is on fire**!

◆ **catch fire** aan die brand raak *Nat hout **raak** nie maklik **aan die brand** nie.* Wet wood does not **catch fire** easily.

◆ **set on fire, set fire to** aan die brand steek *"Moenie met die vuurhoutjies speel nie – jy kan die huis **aan die brand steek**."* "Don't play with the matches – you can **set** the house **on fire** (OR **set fire to** the house)."

☐ **fire** *noun (plural* **fires***)*

fire² skiet *Die jagter wou sy seun nie toelaat om 'n skoot met sy geweer te **skiet** nie.* The hunter wouldn't allow his son to **fire** a shot with his gun.

☐ **fire** *verb (past tense and past participle* **fired***, present participle* **firing***)*

fire brigade brandweer *"Die huis is aan die brand – bel die **brandweer**!"* "The house is on fire – phone the **fire brigade**!"

☐ **fire bri·gade** *noun (plural* **fire brigades***)*

fireman brandweerman *Die **brandweerman** het die vuur geblus.* The **fireman** put out the fire.

☐ **fire·man** *noun (plural* **firemen***)*

fireplace kaggel *Die kamer sal gou warm word as ons ('n) vuur in die **kaggel** maak.* The room will soon warm up if we make a fire in the **fireplace**.

☐ **fire·place** *noun (plural* **fireplaces***)*

fire station brandweerstasie *Daar is altyd brandweer= manne aan diens by die **brandweerstasie**.* There are always firemen on duty at the **fire station**.

☐ **fire sta·tion** *noun (plural* **fire stations***)*

firm¹ firma *My pa werk vir 'n **firma** wat huise bou en verkoop.* My father works for a **firm** that builds and sells houses.

☐ **firm** *noun (plural* **firms***)*

firm² vas **[a]** *Die baba is nog nie **vas** op sy voete nie en val dikwels om.* The baby is not yet **firm** on his feet and falls over often. **[b]** *Hy was bly om van die boot af te klim en weer op **vaste** grond te wees.* He was glad to get off the boat and be on **firm** ground again.

☐ **firm** *adjective* **firmer, firmest**

firm³ vas *"Sorg dat die leer **vas** staan voor jy daarteen opklim."* "Make sure that the ladder stands **firm** before you climb up it."

☐ **firm** *adverb*

firmly ❶ vas *Sy glo **vas** dat sy die regte besluit geneem het.* She **firmly** believes that she took the right de= cision. ❷ styf *Hy het haar **styf** vasgehou terwyl hy haar by die leer afgehelp het.* He held her **firmly** as he helped her down the ladder.

☐ **firm·ly** *adverb*

first¹ eerste *"Ek het nog nie vir iemand anders vertel nie; jy is die **eerste** wat weet."* "I haven't told anyone else yet; you're the **first** to know."

◆ **at first** eers *Hulle het **eers** nie van mekaar gehou nie, maar nou is hulle groot maats.* **At first** they did not like each other, but now they are great friends.

☐ **first** *noun (no plural)*

first² eerste *Maandag is die **eerste** werkdag van die week.* Monday is the **first** workday of the week.

◆ **first class** ⇨ **class.**

◆ **first thing** heel eerste *My ma het die gewoonte om soggens **heel eerste** al die vensters oop te maak.* My mother has the habit of opening all the windows **first thing** in the morning.

◆ **the first ... to** die eerste ... wat *Neil Armstrong was **die eerste** man **wat** op die maan geloop het.* Neil Arm= strong was **the first** man **to** walk on the moon.

☐ **first** *adjective*

first³ eers *Steek **eers** die prop in die bad en draai dan die kraan oop.* **First** put the plug in the bath and then open the tap.

◆ **come first** ❶ eerste kom *Sy het **eerste** in die resies gekom en 'n silwer beker gewen.* She **came first** in the race and won a silver cup. ❷ eerste staan *George is die slimste kind in die klas en sal waarskynlik aan die end van die jaar **eerste staan**.* George is the cleverest child in the class and will probably **come first** at the end of the year.

☐ **first** *adverb*

first-class eersteklas= *'n **Eersteklas**kaartjie kos meer as 'n tweedeklaskaartjie.* A **first-class** ticket costs more than a second-class ticket.

☐ **first-class** *adjective*

fish vis **[a]** *'n **Vis** is 'n dier wat in water leef.* A **fish** is an animal that lives in water. **[b]** *Ons het **vis** en skyfies vir middagete gehad.* We had **fish** and chips for lunch. ⇨ **meat** [NOTE].

☐ **fish** *noun (plural* **fish/fishes***)*

◆ The plural **fish** is never wrong, but **fishes** can only be used when referring to different kinds: *He caught five **fish**. Hake, snoek and yellowtail are salt-water **fish/fishes**.*

◆ A large group of fish swimming together is a **shoal**.

---

fisherman visser *Die **visser** het 'n haai in sy net ge= vang.* The **fisherman** caught a shark in his net.

☐ **fish·er·man** *noun (plural* **fishermen***)*

fist vuis *Die bokser het sy opponent met een hou van sy **vuis** uitgeslaan.* The boxer knocked his opponent out with one blow of his **fist**.

☐ **fist** *noun (plural* **fists***)*

fit¹ ❶ pas *Dié skoene is te klein; hulle **pas** my nie.* These shoes are too small; they don't **fit** me. ❷ inpas *Dis die verkeerde sleutel dié – dit **pas** nie **in** die slot nie.* This is the wrong key – it doesn't **fit** the lock. ❸ aanbring *Ons het 'n lamp bo die voordeur laat **aanbring**.* We had a lamp **fitted** above the front door. ❹ aansit *My pa het nuwe bande vir sy motor laat **aansit**.* My dad had new tyres **fitted** to his car.

◆ **fit in** inpas *Die tandarts is vol bespreek – hy kan nie nog 'n pasiënt **inpas** nie.* The dentist is booked up – he cannot **fit in** another patient.

◆ **fit into** inpas *Die boek is te groot om in my tas te **pas**.* The book is too big to **fit into** my bag.

☐ **fit** *verb (past tense and past participle* **fitted***, present participle* **fitting***)*

fit² fiks *Philip hardloop elke aand 'n paar keer om die blok* *om **fiks** te bly*. Every evening Philip runs a few times around the block to keep **fit**.

☐ **fit** *adjective* **fitter, fittest**

five vyf *Vier plus een is **vyf***. Four plus one is **five**.

☐ **five** *numeral*

fix ❶ vasmaak *"Sal jy vir my dié haak aan die deur **vasmaak**, asseblief?"* "Will you **fix** this hook to the door for me, please?" ❷ regmaak, heelmaak *Die werktuigkundige kon die motor nie **regmaak/heelmaak** nie – dit was te erg beskadig*. The mechanic couldn't **fix** the car – it was too badly damaged. ❸ bepaal *Ons moet 'n datum vir die wedstryd **bepaal** wat albei spanne pas*. We must **fix** a date for the match that suits both teams.

☐ **fix** *verb (past tense and past participle **fixed**, present participle **fixing**)*

fixed vas **[a]** *'n Mens kan nie die tafel verskuif nie; dit is aan die vloer **vas***. One cannot move the table; it is **fixed** to the floor. **[b]** *Die datum is **vas** en kan nie verander word nie*. The date is **fixed** and cannot be changed.

☐ **fixed** *adjective*

flag vlag *Die man het 'n rooi **vlag** gewaai om motoriste teen gevaar op die pad te waarsku*. The man waved a red **flag** to warn motorists against danger on the road.

☐ **flag** *noun (plural **flags**)*

flame vlam *Die **vlam** van die kers brand helder*. The **flame** of the candle is burning brightly.

◆ **be in flames** in vlamme staan *Die dak het aan die brand geraak en binne enkele oomblikke **het** die hele huis **in vlamme gestaan***. The roof caught fire and (with)in seconds the whole house **was in flames**.

◆ **burst into flames** aan die brand slaan *Die motor het teen 'n bus gebots en **aan die brand geslaan***. The car crashed into a bus and **burst into flames**.

☐ **flame** *noun (plural **flames**)*

flash[1] flits *Jy moet 'n kamera met 'n **flits** hê om foto's in swak lig te neem*. You need a camera with a **flash** to take photographs in poor light.

◆ **flash of lightning** blits, weerligstraal *Die huis is gedurende die donderstorm deur 'n **blits/weerligstraal** getref*. During the thunderstorm the house was struck by a **flash of lightning**.

◆ **in a flash** blitsvinnig *Die kat het vir die hond geskrik en **blitsvinnig** oor die muur verdwyn*. The cat took fright at the dog and disappeared over the wall **in a flash**.

☐ **flash** *noun (plural **flashes**)*

flash[2] ❶ flits *"Die storm kan elke oomblik losbars – kyk hoe **flits** die weerlig."* "The storm can break any moment – see how the lightning **flashes**." ❷ blits *Haar oë **het** van woede **geblits***. Her eyes **flashed** with anger.

◆ **flash by/past** verbyflits *Hy het langs die pad gestaan en kyk hoe die motors **verbyflits***. He stood beside the road watching the cars **flash by/past**.

☐ **flash** *verb (past tense and past participle **flashed**, present participle **flashing**)*

flat[1] woonstel *Hulle huur 'n **woonstel**, maar hoop om eendag vir hulle 'n huis te koop*. They rent a **flat**, but hope to buy themselves a house one day.

◆ **block of flats** woonstelgebou *Die **woonstelgebou** is vyf verdiepings hoog*. The **block of flats** is five storeys high.

☐ **flat** *noun (plural **flats**)*

flat[2] ❶ plat *Die aarde is nie **plat** nie; dis rond*. The earth is not **flat**; it is round. ❷ pap **[a]** *Hy het die **pap** band opgepomp*. He pumped up the **flat** tyre. **[b]** *Die radio wil nie werk nie, want die batterye is **pap***. The radio won't work because the batteries are **flat**.

☐ **flat** *adjective* **flatter, flattest**

flat[3] plat *"Staan regop met jou skouers **plat** teen die muur."* "Stand up straight with your shoulders **flat** against the wall."

☐ **flat** *adverb*

flavour geur *Sout en peper gee **geur** aan kos*. Salt and pepper give **flavour** to food.

☐ **fla·vour** *noun (plural **flavours**)*

flea vlooi *'n **Vlooi** is 'n klein insek wat van bloed lewe*. A **flea** is a small insect that lives on blood.

☐ **flea** *noun (plural **fleas**)*

flee vlug *Die mense het uit die brandende gebou gehardloop om vir die vlamme te **vlug***. The people ran out of the burning building to **flee** from the flames.

☐ **flee** *verb (past tense and past participle **fled**, present participle **fleeing**)*

flesh vleis *'n Waatlemoen is 'n groot vrug met 'n groen skil en ligrooi **vleis***. A watermelon is a large fruit with a green rind and light-red **flesh**.

☐ **flesh** *noun (no plural)*

flick tik *"Moenie jou as op die vloer **tik** nie; gebruik 'n asbakkie."* "Don't **flick** your ash on the floor; use an ashtray."

☐ **flick** *verb (past tense and past participle **flicked**, present participle **flicking**)*

flicker flikker *'n Ligte windjie het die kerse laat **flikker***. A light wind caused the candles to **flicker**.

☐ **flick·er** *verb (past tense and past participle **flickered**, present participle **flickering**)*

float dryf, drywe *Kurkproppe sink nie in water nie, hulle **dryf/drywe***. Corks do not sink in water, they **float**.

☐ **float** *verb (past tense and past participle **floated**, present participle **floating**)*

flock ❶ swerm *Ek het 'n **swerm** voëls oor die dam sien vlieg*. I saw a **flock** of birds fly over the dam. ❷ trop *Die boer het 'n groot **trop** skape*. The farmer has a big **flock** of sheep.

☐ **flock** *noun (plural **flocks**)*

flood vloed *Swaar reën het 'n **vloed** in die vallei veroorsaak*. Heavy rain caused a **flood** in the valley.

◆ **in flood** vol *Die rivier was **vol** en het oor die brug gespoel*. The river was **in flood** and washed over the bridge.

☐ **flood** *noun (plural **floods**)*

floor ❶ vloer *Sy het die kombuis uitgevee, want daar was*

*krummels op die **vloer***. She swept the kitchen because there were crumbs on the **floor**. **2** verdieping *Hy werk in 'n kantoor op die sewende **verdieping** van die gebou*. He works in an office on the seventh **floor** of the building.
□ **floor** *noun (plural* **floors***)*

flop mislukking *"Was die partytjie 'n sukses?" – "Nee, dit was 'n **mislukking**."* "Was the party a success?" – "No, it was a **flop**."
□ **flop** *noun (plural* **flops***)*

flour meel *Brood bestaan hoofsaaklik uit **meel***. Bread consists mainly of **flour**.
□ **flour** *noun (no plural)*

flow vloei **[a]** *Baie riviere **vloei** in die see*. Many rivers **flow** into the sea. **[b]** *Bloed **het** uit die wond op sy voorkop **gevloei***. Blood **flowed** from the wound on his forehead.
□ **flow** *verb (past tense and past participle* **flowed**, *present participle* **flowing***)*

flower[1] blom *'n Roos is 'n pragtige **blom***. A rose is a pretty **flower**.
□ **flow·er** *noun (plural* **flowers***)*

flower[2] blom *Rose **blom** meer as een keer per jaar*. Roses **flower** more than once a year.
□ **flow·er** *verb (past tense and past participle* **flowered**, *present participle* **flowering***)*

flu griep ***Griep** is 'n siekte wat 'n mens gewoonlik in die winter kry*. **Flu** is an illness which one usually gets in winter.
□ **flu** *noun (no plural)*

flu is an abbreviated, informal word for **influenza**

fly[1] vlieg *'n **Vlieg** is 'n insek met twee vlerke*. A **fly** is an insect with two wings.
□ **fly** *noun (plural* **flies***)*

fly[2] **1** vlieg **[a]** *Voëls het vlerke en kan **vlieg***. Birds have wings and can **fly**. **[b]** *Dis baie vinniger om van een plek na 'n ander te **vlieg** as om per trein of motor te reis*. It is much faster to **fly** from one place to another than to travel by train or car. **2** vlieg *Die tyd **vlieg** darem wanneer 'n mens met vakansie is! Die skool begin weer môre*. How time **flies** when you're on holiday! School begins again tomorrow.
□ **fly** *verb (past tense* **flew**, *past participle* **flown**, *present participle* **flying***)*

foam[1] skuim *Daar is 'n dun lagie **skuim** op die bier in die glas*. There is a thin layer of **foam** on the beer in the glass.
□ **foam** *noun (no plural)*

foam[2] skuim *Seep **skuim** nie maklik in harde water nie*. Soap does not **foam** easily in hard water.
□ **foam** *verb (past tense and past participle* **foamed**, *present participle* **foaming***)*

fog mis *Die **mis** was so dik dat hy skaars die motor voor hom kon sien*. The **fog** was so thick that he could hardly see the car in front of him.
□ **fog** *noun (no plural)*

foggy mistig *Hulle sê dit gaan vandag koud, bewolk en **mistig** wees*. They say it is going to be cold, cloudy and **foggy** today.
□ **fog·gy** *adjective* **foggier, foggiest**

fold vou **[a]** *"Jy sal die brief twee keer moet **vou** om dit in die koevert te kry."* "You'll have to **fold** the letter twice to get it in the envelope." **[b]** *Monica **het** haar hande in haar skoot **gevou***. Monica **folded** her hands in her lap. **[c]** *"**Vou** koerantpapier om die glase voor jy hulle inpak."* "**Fold** newspaper round the glasses before you pack them."
◆ **fold up** opvou *"Lynette, sal jy asseblief die lakens inbring en hulle vir my **opvou**?"* "Lynette, will you please bring in the sheets and **fold** them **up** for me?"
□ **fold** *verb (past tense and past participle* **folded**, *present participle* **folding***)*

folk-song volkslied *"Sarie Marais" is 'n welbekende Afrikaanse **volkslied***. "Sarie Marais" is a well-known Afrikaans **folk-song**.
□ **folk-song** *noun (plural* **folk-songs***)*

follow **1** volg **[a]** *"Loop jy voor; ek sal jou **volg**."* "You walk in front; I'll **follow** you." **[b]** *"**Volg** dié pad totdat jy by die spoorlyn kom."* "**Follow** this road until you reach the railway line." **2** volg op *Vrydag **volg op** Donderdag*. Friday **follows** Thursday.
□ **fol·low** *verb (past tense and past participle* **followed**, *present participle* **following***)*

following volgende *Die **volgende** sin bestaan uit net drie woorde: "Eet jou kos."* The **following** sentence consists of only three words: "Eat your food."
□ **fol·low·ing** *adjective*

fond of lief vir, hou van *Simon eet enige soort vleis, maar is veral **lief vir** (OF **hou** veral **van**) beesvleis*. Simon eats any kind of meat, but is particularly **fond of** beef.
□ **fond of** *adjectival phrase*

food kos *'n Mens kan nie sonder **kos** en water lewe nie*. One can't live without **food** and water.
□ **food** *noun (no plural)*

fool dwaas, gek *Net 'n **dwaas/gek** sou sy motor verlaat met die sleutels nog daarin*. Only a **fool** would leave his car with the keys still in it.
□ **fool** *noun (plural* **fools***)*

foolish dom, dwaas, gek *Dit is **dom/dwaas/gek** om te diep in die see in te gaan as jy nie kan swem nie*. It is **foolish** to go too deep into the sea if you can't swim.
□ **fool·ish** *adjective* **more foolish, most foolish**

foot **1** voet **[a]** *Tom kan nie loop nie, want sy **voet** is seer*. Tom can't walk because his **foot** is sore. **[b]** *Hulle het hul motor aan die **voet** van die berg geparkeer*. They parked their car at the **foot** of the mountain. **2** poot *Die hoef is die harde deel van 'n perd, os of koei se **poot***. The hoof is the hard part of a horse, ox or cow's **foot**.
◆ **on foot** te voet *"Gaan jy per bus of **te voet** skool toe?"* "Do you go to school by bus or **on foot**?"
□ **foot** *noun (plural* **feet***)*

football voetbal **[a]** ***Voetbal** is nog 'n naam vir sokker of rugby*. **Football** is another name for soccer or rugby. **[b]** *Die kaptein het die* **voetbal** *in die doel ge≈ skop.* The captain kicked the **football** into the goal.

☐ **foot·ball** *noun (no plural at* **a***; footballs at* **b***)*

footprint (voet)spoor *Die golwe het ons* **spore/voet≈ spore** *in die sand weggespoel.* The waves washed away our **footprints** in the sand.

☐ **foot·print** *noun (usually plural* **footprints***)*

footstep voetstap *Sy het* **voetstappe** *op die stoep ge≈ hoor en gesê: "Ek wonder wie dit is?"* She heard **foot≈ steps** on the stoep and said, "I wonder who that is?"

☐ **foot·step** *noun (plural* **footsteps***)*

for¹ ❶ vir **[a]** *"Dié brief is* **vir** *jou – jou naam en adres staan op die koevert."* "This letter is **for** you – your name and address are on the envelope." **[b]** *Dit is nie goed* **vir** *jou tande om te veel lekkers te eet nie.* It is not good **for** your teeth to eat too many sweets. **[c]** *"Pos asseblief dié brief* **vir** *my."* "Please post this letter **for** me." **[d]** *"Dis nogal koud* **vir** *Desember, nè?"* "It's rather cold **for** December, isn't it?" **[e]** *"Is jy* **vir** *of teen die plan?"* "Are you **for** or against the plan?" **[f]** *Hy het sy fiets* **vir** *R35,00 verkoop.* He sold his bicycle **for** R35,00. **[g]** *Hy gaan* **vir** *twee maande Pretoria toe.* He is going to Pretoria for two months. **❷** (lank) *Hy was twee maande* **(lank)** *weg.* He was away **for** two months. **❸** – *Kom ons gaan stap.* Let's go **for** a walk. **❹** om **[a]** *Ons het 'n geroep* **om** *hulp uit die brandende gebou gehoor.* We heard a cry **for** help from the burn≈ ing building. **[b]** *Hulle het* **om** *reën gebid.* They prayed **for** rain. **❺** uit *Sy het* **uit** *liefde met hom getrou.* She married him **for** love. **❻** na **[a]** *Die trein* **na** *Bloemfon≈ tein vertrek om 12:30.* The train **for** Bloemfontein leaves at 12:30. **[b]** *Ek hou nie van stroop nie – dis te soet* **na** *my smaak.* I don't like syrup – it's too sweet **for** my taste. **❼** van *Sy het* **van** *vreugde gehuil toe sy hoor dat sy matriek geslaag het.* She cried **for** joy when she heard that she had passed matric. **❽** oor, omdat *Die juffrou het hom gestraf* **oor/omdat** *hy laat gekom het.* The teacher punished him **for** being late. **❾** ter *Sy het 'n serp om haar nek* **ter** *beskerming teen die koue gedra.* She wore a scarf round her neck **for** protection against the cold. **❿** weens *Die skeidsregter mag 'n speler* **weens** *vuil spel van die veld stuur.* The referee may send a player off the field **for** dirty play. **⓫** dat *"Kom, dis tyd* **dat** *ons ry."* "Come, it's time **for** us to leave." **⓬** waarna *"Dis die boek* **waarna** *ek gesoek het."* "This is the book I was looking **for**."

◆ **for example** ⇨ **example**.

◆ **for it** daarvoor *"Neem 'n roomys uit die vrieskas en betaal* **daarvoor** *by die toonbank."* "Take an ice-cream from the freezer and pay **for it** at the counter."

◆ **for nothing** ⇨ **nothing**.

◆ **for someone to** dat iemand moet *As jy jou vinger op jou lippe sit, is dit 'n teken* **dat** *ander* **moet** *stilbly.* When you put your finger to your lips, it is a sign **for** others **to** be quiet.

☐ **for** *preposition*

for² want, omdat *Ek gaan saans vroeg bed toe,* **want** *ek*

moet soggens om sesuur opstaan (OF **omdat** *ek soggens om sesuur moet opstaan).* I go to bed early at night **for** I have to get up at six o'clock in the morning.

☐ **for** *conjunction (joining word)*

forbid verbied, belet *"As jy later as elfuur huis toe kom, sal ek jou* **verbied/belet** *om weer saans uit te gaan."* "If you come home later than eleven o'clock, I'll **for≈ bid** you to go out at night again."

☐ **for·bid** *verb (past tense* **forbade***, past participle* **forbidden***, present participle* **forbidding***)*

force¹ krag, geweld *Die huis se dak is deur die* **krag/ geweld** *van die wind afgewaai.* The roof of the house was blown off by the **force** of the wind.

☐ **force** *noun (no plural)*

force² dwing *"Ek hou nie van pampoen nie; moet my asseblief nie* **dwing** *om dit te eet nie."* "I don't like pumpkin; please don't **force** me to eat it."

☐ **force** *verb (past tense and past participle* **forced***, present participle* **forcing***)*

forearm voorarm *Die elmboog is 'n gewrig tussen die boarm en* **voorarm***.* The elbow is a joint between the upper arm and **forearm**.

☐ **fore·arm** *noun (plural* **forearms***)*

forehead voorkop *Hy het sy kop teen die kas gestamp en het nou 'n groot knop op sy* **voorkop***.* He banged his head against the cupboard and now has a large bump on his **forehead**.

☐ **fore·head** *noun (plural* **foreheads***)*

foreign vreemd *Die man praat 'n* **vreemde** *taal – dit klink vir my na Duits.* The man is speaking a **foreign** language – it sounds like German to me.

☐ **for·eign** *adjective*

foreigner vreemdeling, buitelander *"Is hy 'n Suid-Afrikaner?"* – *"Nee, hy is 'n* **vreemdeling/buite≈ lander** *en kom van Duitsland."* "Is he a South Afri≈ can?" – "No, he is a **foreigner** and comes from Ger≈ many."

☐ **for·eign·er** *noun (plural* **foreigners***)*

forest bos *Daar is baie bome in die* **bos***.* There are many trees in the **forest**.

☐ **for·est** *noun (plural* **forests***)*

forever ❶ vir altyd *Op hul troudag het die bruidegom sy bruid gesoen en gesê: "Ek sal jou* **vir altyd** *liefhê."* On their wedding day the bridegroom kissed his bride and said, "I will love you **forever**." **❷** gedurig *Die hond is vol vlooie en krap hom* **gedurig***.* The dog is full of fleas and is **forever** scratching himself.

☐ **for·ev·er** *adverb*

forget vergeet **[a]** *"Moenie* **vergeet** *om die sleutel te neem nie, anders sal jy nie by die huis kan inkom nie."* "Don't **forget** to take the key, otherwise you won't be able to get into the house." **[b]** *"Vergeet van die 2c wat jy my skuld; jy hoef dit nie terug te gee nie."* "For≈ get about the 2c you owe me; you don't have to give it back."

☐ **for·get** *verb (past tense* **forgot***, past participle* **for≈ gotten***, present participle* **forgetting***)*

forgive vergeef, vergewe *"Vergeef/Vergewe my as= seblief dat ek gister so onbeskof met jou was."* "Please **forgive** me for being so rude to you yesterday."

☐ **for·give** *verb (past tense* **forgave**, *past participle* **forgiven**, *present participle* **forgiving)**

fork ❶ vurk [a] *Ek eet my kos met 'n mes en* **vurk**. I eat my food with a knife and **fork**. [b] *Hy spit in die tuin met 'n* **vurk**. He digs in the garden with a **fork**. [c] *"Hou links wanneer jy by die* **vurk** *aan die end van die pad kom."* "Keep left when you get to the **fork** at the end of the road." ❷ mik *'n* **Mik** *is 'n tak in die vorm van 'n "Y".* A **fork** is a branch in the shape of a "Y".

☐ **fork** *noun (plural* **forks)**

form[1] vorm [a] *Stap is 'n goeie* **vorm** *van oefening.* Walking is a good **form** of exercise. [b] *Ons huis is in die* **vorm** *van 'n L gebou.* Our house is built in the **form** of an L. [c] *Jy moet 'n* **vorm** *invul om 'n telegram te stuur.* You must fill in a **form** to send a telegram.

◆ **on form** op stryk *As die tennisspeler* **op stryk** *is, is dit moeilik om hom te klop.* When the tennis player is **on form**, it is difficult to beat him.

◆ **take form** vorm aanneem *Die berg het begin* **vorm aanneem** *toe die mis lig.* The mountain began to **take form** when the fog lifted.

☐ **form** *noun (plural* **forms)**

form[2] ❶ vorm [a] *Die kinders moes hande vat om 'n kring te* **vorm**. The children had to hold hands to **form** a circle. [b] *Die wolke* **het** *'n dik kombers oor die berg* **gevorm**. The clouds **formed** a thick blanket over the mountain. ❷ uitmaak *Die knie is 'n gewrig wat deel van 'n mens se been* **uitmaak**. The knee is a joint that **forms** part of one's leg. ❸ ontstaan *As die son skyn terwyl dit reën, kan 'n reënboog in die lug* **ontstaan**. When the sun shines while it is raining, a rainbow can **form** in the sky.

☐ **form** *verb (past tense and past participle* **formed**, *present participle* **forming)**

fortieth veertigste *Dit is vandag my pa se* **veertigste** *verjaardag.* It is my dad's **fortieth** birthday today.

☐ **for·ti·eth** *numeral*

fortunately gelukkig *Hy het uit die boom geval, maar het* **gelukkig** *nie seergekry nie.* He fell out of the tree, but **fortunately** didn't get hurt.

☐ **for·tu·nate·ly** *adverb*

forty veertig *Tien maal vier is* **veertig**. Ten times four is **forty**.

☐ **for·ty** *numeral*

forward ❶ vorentoe *"Al die seuns wat teen die muur staan, moet een tree* **vorentoe** *gee."* "All the boys standing against the wall must take one step **for= ward**." ❷ vooroor *Hy het* **vooroor** *met sy gesig in die modder geval.* He fell **forward** with his face in the mud.

◆ **look forward to** ⇨ **look**[2].

☐ **for·ward** *adverb*

foundations fondament *'n Bouer lê eers die* **fonda= ment** *van 'n huis voordat hy die mure bou.* A builder

first lays the **foundations** of a house before he builds the walls.

☐ **foun·da·tions** *plural noun*

four vier *Twee en twee is* **vier**. Two and two is **four**.

☐ **four** *numeral*

fourteen veertien *Twee maal sewe is* **veertien**. Two times seven is **fourteen**.

☐ **four·teen** *numeral*

fourteenth veertiende *Hy staan* **veertiende** *in 'n tou van twintig, dus is daar nog ses mense agter hom.* He is **fourteenth** in a queue of twenty, so there are six more people behind him.

☐ **four·teenth** *numeral*

fourth vierde *April is die* **vierde** *maand van die jaar.* April is the **fourth** month of the year.

☐ **fourth** *numeral*

fox jakkals *'n* **Jakkals** *is 'n wilde dier wat soos 'n hond lyk.* A **fox** is a wild animal that looks like a dog.

☐ **fox** *noun (plural* **foxes)**

frame raam [a] *Die* **raam** *van my bed is van staal ge= maak.* The **frame** of my bed is made of steel. [b] *Hy het die foto in 'n* **raam** *gesit en dit teen die muur opge= hang.* He put the photograph in a **frame** and hung it on the wall.

☐ **frame** *noun (plural* **frames)**

free[1] bevry *Hy het die deur van die hok oopgemaak om die voël te* **bevry**. He opened the door of the cage to **free** the bird.

☐ **free** *verb (past tense and past participle* **freed**, *pre= sent participle* **freeing)**

free[2] vry [a] *Die voël het uit sy hok ontsnap en is nou* **vry**. The bird escaped from its cage and is now **free**. [b] *My pa het môre die dag* **vry** *en hoef nie te gaan werk nie.* My father has the day **free** tomorrow and need not go to work. [c] *Toegang is* **vry** *– ons hoef nie kaartjies vir die konsert te koop nie.* Entrance is **free** – we need not buy tickets for the concert. [d] *Die kat is gesond en* **vry** *van siekte.* The cat is healthy and **free** from disease.

☐ **free** *adjective* **freer**, **freest**

freeze vries *Dit word in die hartjie van die winter so koud dat die water in die pype* **vries**. In the depth of winter it gets so cold that the water in the pipes **freezes**.

☐ **freeze** *verb (past tense* **froze**, *past participle* **frozen**, *present participle* **freezing)**

freezer vrieskas *"Neem 'n roomys uit die* **vrieskas** *en betaal daarvoor by die toonbank."* "Take an ice-cream from the **freezer** and pay for it at the counter."

☐ **freez·er** *noun (plural* **freezers)**

frequently ❶ dikwels *"Dit was gaaf om jou weer te sien; jy moet ons meer* **dikwels** *kom besoek."* "It was nice to see you again; you must come and visit us more **fre= quently**." ❷ dikwels, baiekeer, baiemaal *Kinders wat saam grootword, bly* **dikwels/baiekeer/baiemaal** *hul lewe lank vriende.* Children who grow up together **frequently** remain friends for life. ❸ baie *Ek het sy grappe en stories al so* **baie** *gehoor dat hulle my verveel.* I have heard his jokes and stories so **frequently** that they bore me.

□ **fre·quent·ly** *adverb*

fresh vars [a] *"Dis baie bedompig in die kamer; maak die vensters oop sodat ons 'n bietjie **vars** lug kan kry."* "It's very stuffy in the room; open the windows so we can get some **fresh** air." [b] *Die brood is baie **vars** – dit het nou net uit die oond gekom.* The bread is very **fresh** – it has just come out of the oven. [c] *Ons eet gewoonlik **vars** groente wat ons by die mark koop.* We usually eat **fresh** vegetables that we buy at the market.

□ **fresh** *adjective* **fresher, freshest**

Friday Vrydag *Vrydag is die vyfde werkdag van die week.* **Friday** is the fifth workday of the week.

□ **Fri·day** *noun (plural* **Fridays***)*

---

fridge is an abbreviated, informal word for **re-frigerator** (its plural is **fridges**)

---

friend ❶ vriend *Hy is 'n ou **vriend** van my pa; hulle ken mekaar al jare lank.* He is an old **friend** of my dad's; they have known each other for years. ❷ vriendin *Sy is 'n ou **vriendin** van my ma.* She is an old **friend** of my mother's. ❸ maat *'n **Maat** kom vanmiddag by my speel.* A **friend** is coming to play with me this after-noon.

◆ **become friends again** weer maats maak *'n Paar dae na hul rusie het hulle besluit om **weer maats te maak**.* A few days after their quarrel they decided to **become friends again**.

◆ **make friends with** maats maak met *Philip **het maats gemaak met** die nuwe seun in die klas.* Philip has **made friends with** the new boy in the class.

□ **friend** *noun (plural* **friends***)*

friendly vriendelik *As 'n hond sy stert swaai, weet jy hy is **vriendelik**.* If a dog wags its tail, you know it is **friendly**.

□ **friend·ly** *adjective* **friendlier, friendliest**

friendship vriendskap *Edith en Lynette se **vriend-skap** gaan meer as tien jaar terug.* Edith and Lynette's **friendship** goes back for more than ten years.

□ **friend·ship** *noun (plural* **friendships***)*

fright skrik *Sy het van **skrik** uitgeroep toe 'n spinnekop op haar hand val.* She cried out in **fright** when a spider dropped on to her hand.

◆ **get a fright** skrik *"**Jy** sou ook **skrik** as 'n hond jou skielik bestorm."* "You would also **get a fright** if a dog suddenly charged at you."

◆ **give a fright** laat skrik *Die hond **het** my groot **laat skrik** toe hy my skielik bestorm.* The dog **gave** me a big **fright** when it suddenly charged at me.

◆ **take fright at** skrik vir *Die kat **het vir** die hond **geskrik** en blitsvinnig oor die muur verdwyn.* The cat **took fright at** the dog and disappeared over the wall in a flash.

□ **fright** *noun (plural* **frights***)*

frighten bang maak *Daar is min dinge wat my so **bang maak** as iemand wat te vinnig ry.* There are few things

that **frighten** me as much as a person who drives too fast.

◆ **frighten away/off** skrikmaak, verskrik *"**Moenie** jou arms so rondswaai nie – jy sal die voëls **skrikmaak/ verskrik**."* "Don't wave your arms about like that – you'll **frighten away/off** the birds."

□ **fright·en** *verb (past tense and past participle* **frightened**, *present participle* **frightening***)*

frightened bang *"**Moenie bang** wees nie – die hond sal jou nie byt nie."* "Don't be **frightened** – the dog won't bite you." ⇨ **afraid** [NOTE].

◆ **be frightened of** bang wees vir *"Is jy **bang vir** slange?"* "**Are** you **frightened of** snakes?"

□ **fright·ened** *adjective* **more frightened, most frightened**

fro ⇨ **to and fro** *under* **to**[1].

frog padda *'n **Padda** is 'n klein springende diertjie wat naby water woon.* A **frog** is a small jumping animal that lives near water.

□ **frog** *noun (plural* **frogs***)*

from ❶ van [a] *Saterdae werk hy **van** 09:00 tot 13:00.* On Saturdays he works **from** 09:00 until 13:00. [b] *"Ek kom **van** Johannesburg. Waar woon jy?"* "I come **from** Johannesburg. Where do you live?" [c] *Wyn word **van** druiwe gemaak.* Wine is made **from** grapes. [d] *"Kan jy 'n rot **van** 'n muis onderskei?" – "Ja, die een is groter as die ander."* "Can you tell a rat **from** a mouse?" – "Yes, the one is bigger than the other." [e] *Ek voel naar **van** al die lekkers wat ek geëet het.* I feel sick **from** all the sweets I have eaten. ❷ van ... af [a] *Die stasie is 3 km **van** ons huis **af**.* The station is 3 km **from** our house. [b] *Sy is **van** geboorte **af** blind.* She has been blind **from** birth. ❸ vandaan *"Ek woon in Johannesburg. Waar kom jy **vandaan**?"* "I live in Jo-hannesburg. Where do you come **from**?" ❹ uit [a] *'n Baba kan nie melk **uit** 'n glas drink nie.* A baby can't drink milk **from** a glass. [b] *Ons moet vir huiswerk 'n paar reëls **uit** Engels in Afrikaans vertaal.* For home-work we have to translate a few lines **from** English into Afrikaans. [c] *Die man het gister **uit** Amerika hier aangekom.* The man arrived here yesterday **from** America. [d] *Sy plaas is tien kilometer **uit** die dorp.* His farm is ten kilometres **from** town. ❺ by *Ons koop al ons vleis **by** 'n slagter.* We buy all our meat **from** a butcher. ❻ vir *"Kom ons kruip **vir** Lynette weg – ek wil nie hê sy moet ons sien nie."* "Let's hide **from** Lynette – I don't want her to see us." ❼ aan *Hy ly **aan** 'n siekte wat die dokters nie kan genees nie.* He suffers **from** a disease that the doctors cannot cure. ❽ omdat *Sy maag is seer **omdat** hy te veel appelkose geëet het.* His stomach aches **from** eating too many apricots.

◆ **from now on** ⇨ **now**[1].

□ **from** *preposition*

front[1] voorkant *'n Motor se enjin sit aan die **voorkant**.* The engine of a car is at the **front**.

◆ **in front** voor *"Loop jy **voor**; ek sal jou volg."* "You walk **in front**; I'll follow you."

◆ **in front of** voor [a] *"Loop voor my en nie agter my nie."* "Walk **in front of** me and not behind me." **[b]** *"Moenie jou nooi voor ander mense soen nie!"* "Don't kiss your girlfriend **in front of** other people!"

◆ **in front of it** daarvoor *"Weet jy waar die kafee is? Die bushalte is reg daarvoor."* "Do you know where the café is? The bus stop is right **in front of it**."

◆ **in the front of** voor in *Hy het voor in die motor langs die bestuurder gesit.* He sat **in the front of** the car next to the driver.

◆ **to the front** vorentoe *Die juffrou het Esther vorentoe geroep om die antwoord op die bord te skryf.* The teacher called Esther **to the front** to write the answer on the board.

☐ **front** *noun (plural* **fronts***)*

front² ◻ voor= *Die voordeur van ons huis lei na die sit= kamer.* The **front** door of our house leads to the sit= ting-room. ◻ voorste *Die voorste ry banke is die naas= te aan die bord.* The **front** row of desks is the closest to the board.

☐ **front** *adjective*

frost ryp *Die gras is wit van die ryp en dis bitter koud.* The grass is white with **frost** and it's bitterly cold.

☐ **frost** *noun (no plural)*

fruit vrug *'n Appel is 'n vrug en 'n aartappel 'n groente.* An apple is a **fruit** and a potato a vegetable.

☐ **fruit** *noun (plural* **fruit/fruits***)*

> Use the plural **fruits** only when referring to differ= ent types: *There are bananas, apples and other fruits in the basket.*

fry ◻ braai *"Braai die wors in 'n bietjie vet."* "Fry the sausage in some fat." ◻ bak *My ma het vir my 'n eier vir ontbyt gebak.* My mother **fried** me an egg for breakfast.

☐ **fry** *verb (past tense and past participle* **fried**, *present participle* **frying***)*

full vol [a] *Die doos is vol; ek kan niks meer daarin kry nie.* The box is **full**; I can't get anything else into it. **[b]** *Hy het geen enkele fout gemaak nie en vol punte in die toets gekry.* He did not make a single mistake and got **full** marks in the test.

◆ **full of** vol, die ene *"Spoel jou voete onder die kraan af; hulle is vol (*OF *die ene) modder."* "Rinse your feet under the tap; they're **full of** mud."

◆ **full stop** punt *'n Punt dui die end van 'n sin aan.* A **full stop** shows the end of a sentence.

☐ **full** *adjective* **fuller, fullest**

fun pret *Ek is seker ons gaan vanaand groot pret by die partytjie hê.* I am sure we are going to have great **fun** at the party tonight.

☐ **fun** *noun (no plural)*

funeral begrafnis *Die ou man is 'n paar dae gelede dood en ons gaan vanmiddag na sy begrafnis toe.* The old man died a few days ago and we are going to his **funeral** this afternoon.

☐ **fu·ner·al** *noun (plural* **funerals***)*

funny ◻ snaaks *Die grap was so snaaks dat ons nie kon ophou lag nie.* The joke was so **funny** that we could not stop laughing. ◻ vreemd, eienaardig, snaaks *Dis vreemd/eienaardig/snaaks; ek het iets agter my ge= hoor, maar toe ek omdraai, was daar niks nie.* That's **funny**; I heard something behind me, but when I turned around there was nothing.

☐ **fun·ny** *adjective* **funnier, funniest**

furious woedend *Sy was so woedend vir hom dat sy hom deur die gesig geklap het.* She was so **furious** with him that she slapped him across the face.

☐ **fu·ri·ous** *adjective* **more furious, most furious**

furniture meubels *Die meubels in my kamer bestaan uit 'n bed, 'n tafel en 'n hangkas.* The **furniture** in my room consists of a bed, a table and a wardrobe.

☐ **fur·ni·ture** *noun (no plural)*

further ◻ verder *"Is daar nog verdere vrae, of kan ons met die werk aangaan?"* "Are there any **further** ques= tions, or can we continue with the work?" ◻ nader(e) *"Kan jy my nader/nadere inligting oor hom gee? Wat is sy naam en waar woon hy?"* "Can you give me **further** information about him? What is his name and where does he live?" ⇨ **farther.**

☐ **fur·ther** *adjective*

furthest ⇨ **farthest.**

future toekoms *Niemand weet wat in die toekoms sal gebeur nie.* No one knows what will happen in the **future**.

◆ **in future** van nou af *"Die hond mors te veel in die huis; van nou af moet hy buite bly."* "The dog makes too much mess in the house; **in future** he has to stay outside."

☐ **fu·ture** *noun (no plural)*

G

gallop galop *"Laat die perd loop, dan draf, dan galop."* "Make the horse walk, then trot, then **gallop**."

☐ **gal·lop** *verb (past tense and past participle **galloped**, present participle **galloping**)*

gamble dobbel *Hy **dobbel** deur vir geld kaart te speel.* He **gambles** by playing cards for money.

☐ **gam·ble** *verb (past tense and past participle **gambled**, present participle **gambling**)*

gambler dobbelaar *Iemand wat vir geld kaart speel, is 'n **dobbelaar**.* Someone who plays cards for money is a **gambler**.

☐ **gam·bler** *noun (plural **gamblers**)*

game ❶ spel [a] *Sokker is die nasionale **spel** van baie Suid-Amerikaanse lande.* Soccer is the national **game** of many South American countries. [b] *Skaak is 'n **spel** vir twee wat met 32 stukke gespeel word.* Chess is a **game** for two played with 32 pieces. ❷ speletjie *Weg-kruipertjie is 'n **speletjie** wat kinders dikwels speel.* Hide-and-seek is a **game** that children often play. ❸ wedstryd *Ons sokkerspan het die **wedstryd** met twee doele teen een gewen.* Our soccer team won the **game** by two goals to one. ❹ wild *My oom sê hulle het bokke, sebras en ander **wild** gesien toe hulle gaan jag het.* My uncle says they saw buck, zebras and other **game** when they went hunting.

☐ **game** *noun (no plural at 4; **games** at 1, 2 and 3)*

garage garage [a] *By die huis hou ons ons fietse in die **garage** saam met die motor.* At home we keep our bicycles in the **garage** along with the car. [b] *Die **garage** op die hoek verkoop petrol en olie aan motoriste.* The **garage** on the corner sells petrol and oil to motorists.

☐ **gar·age** *noun (plural **garages**)*

garden tuin *Ek kan nie insien waarom ek die **tuin** moet natgooi as dit gister gereën het nie.* I can't see why I have to water the **garden** if it rained yesterday.

☐ **gar·den** *noun (plural **gardens**)*

gardener tuinier *Ma het die **tuinier** gevra om die pak saad vir haar te saai.* Mum asked the **gardener** to sow the packet of seeds for her.

☐ **gar·den·er** *noun (plural **gardeners**)*

gas gas *Die stoof werk met **gas** en nie elektrisiteit nie.* The stove works by **gas** and not electricity.

☐ **gas** *noun (no plural)*

gate hek *Daar is 'n **hek** in die heining om die tuin.* There is a **gate** in the fence round the garden.

☐ **gate** *noun (plural **gates**)*

general¹ algemeen [a] *Die boek gaan oor diere in die **algemeen** en bevat baie min inligting oor honde.* The book is about animals in **general** and contains very little information on dogs. [b] *Honde hou in/oor die*

algemeen *nie van katte nie.* Dogs in **general** do not like cats.

☐ **gen·er·al** *noun (no plural)*

general² algemeen [a] *Die slegte weer is taamlik alge-meen – dis koud en nat in die meeste dele van die land.* The bad weather is fairly **general** – it is cold and wet in most parts of the country. [b] *Die juffrou het ons allerhande vrae gevra om ons **algemene** kennis te toets.* The teacher asked us all sorts of questions to test our **general** knowledge.

☐ **gen·er·al** *adjective*

generally ❶ in/oor die algemeen *Honde hou in/oor die **algemeen** nie van katte nie.* Dogs **generally** do not like cats. ❷ gewoonlik *Ons eet **gewoonlik** saans om sewe-uur.* We **generally** have dinner at seven in the evening.

☐ **gen·er·al·ly** *adverb*

gentle sag, lig *'n **Sagte** bries (OF 'n **Ligte** windjie) het gewaai.* A **gentle** breeze blew.

☐ **gen·tle** *adjective* **gentler**, **gentlest**

gently ❶ saggies, liggies *Sy het die kat **saggies/lig-gies** gestreel.* She stroked the cat **gently**. ❷ versigtig *Sy het die baba **versigtig** neergelê.* She laid the baby down **gently**.

☐ **gent·ly** *adverb*

geography aardrykskunde, geografie *Aardrykskun-de/Geografie is 'n vak wat jou leer van die aarde, sy berge, riviere, oseane en klimaat.* **Geography** is a subject that teaches you about the earth, its mountains, rivers, oceans and climate.

☐ **ge·og·ra·phy** *noun (no plural)*

get ❶ kry [a] *Ek wil my fiets verkoop en hoop om R30,00 daarvoor te **kry**.* I want to sell my bicycle and hope to **get** R30,00 for it. [b] *Hy **kry** dikwels hoofpyn.* He often **gets** headaches. [c] *"Hou op om stout te wees, anders **kry** jy slae!"* "Stop being naughty, or else you'll **get** a hiding!" [d] *Sy kan nie die vlek uit haar rok **kry** nie.* She cannot **get** the stain out of her dress. ❷ uitkom *As jy die loop van die Oranjerivier volg, sal jy uiteindelik by die see **uitkom**.* If you follow the course of the Orange River, you eventually **get** to the sea. ❸ word [a] *Jy sal vet **word** as jy te veel eet.* You will **get** fat if you eat too much. [b] *In die winter **word** dit gouer as in die somer donker.* In winter it **gets** dark sooner than in summer. ❹ behaal *"Jy sal hard moet werk as jy goeie punte in die eksamen wil **behaal**."* "You'll have to work hard if you want to **get** good marks in the exam." ❺ moet *"Ek **moet** gaan – dit word donker."* "I've got to go – it's getting dark." ❻ gaan haal [a] *"**Gaan haal** asseblief vir my 'n skoon mes in die kombuis."* "Please **get** me a clean knife from the kitchen." [b] *Pa het gesê:*

*"Ek moet ma by die stasie **gaan haal**."* Dad said, "I have to go and **get** mum from the station." **7** klim [a] *"**Klim** in die bed."* "**Get** into bed." [b] *"**Klim** op die trein."* "**Get** on the train." **8** raak *"Hou die appels een=kant sodat hulle nie met die lemoene deurmekaar **raak** nie."* "Keep the apples aside so that they don't **get** mixed up with the oranges." **9** laat *Ek moet my hare **laat** sny.* I must **get** my hair cut.

◆ **get at** bykom *As ek op my tone staan, kan ek net-net die boeke op die boonste rak **bykom**.* If I stand on my toes, I can only just **get at** the books on the top shelf.

◆ **get away** wegkom *"Vang die diewe voordat hulle **wegkom**!"* "Catch the thieves before they **get away**!"

◆ **get back** terugkom *"Ek sal jou bel sodra ons van vakansie af **terugkom**."* "I'll give you a ring as soon as we **get back** from holiday."

◆ **get done** klaarkom *"Dit help niks om te kla nie – jou huiswerk sal nie vanself **klaarkom** nie!"* "It's no use complaining – your homework won't **get done** by itself!"

◆ **get down** afklim *"Kan jy sonder 'n leer van die dak **afklim**?"* "Can you **get down** from the roof without a ladder?"

◆ **get dressed** aantrek *Ek was my altyd voordat ek soggens **aantrek**.* I always have a wash before I **get dressed** in the morning.

◆ **get in** **1** inklim *"Julle moet **inklim** – die trein gaan vertrek."* "You must **get in** – the train is going to leave." **2** inkom *"Hou die deur toe sodat die hond nie kan **inkom** nie."* "Keep the door closed so that the dog can't **get in**." **3** laat kom *Pa moes 'n elektrisiën **laat kom** om ons stukkende wasmasjien reg te maak.* Dad had to **get in** an electrician to fix our broken washing machine.

◆ **get into** **1** inklim *"Sal jy agter **inklim**? Ek wil voor sit."* "Will you **get into** the back? I want to sit in front." **2** inkom by *"Hou die deur toe sodat die hond nie **by** die huis kan **inkom** nie."* "Keep the door closed so that the dog can't **get into** the house."

◆ **get into trouble** ⇨ **trouble**[1].

◆ **get married** gaan trou *Hulle **gaan** volgende week **trou**.* They are **getting married** next week.

◆ **get off** **1** afkry [a] *Ek kan nie die bottel se dop met dié oopmaker **afkry** nie.* I can't **get** the top **off** the bottle with this opener. [b] *My pa **het** die dag by die werk **afgekry** om te kom kyk hoe ek sokker speel.* My father **got** the day **off** from work to come and watch me play soccer. **2** afklim *"Pas op! Moenie val wanneer jy van die perd **afklim** nie."* "Mind! Don't fall when you **get off** the horse."

◆ **get on** **1** opklim *"**Klim op** die trein; hy gaan nou vertrek."* "**Get on** the train; it's going to leave now." **2** klaarkom *Kinders wat nie goed met mekaar **klaarkom** nie, stry en baklei dikwels.* Children who do not **get on** well together often argue and fight. **3** aangaan, voort= gaan *"Sal julle asseblief ophou praat en met julle werk*

aangaan/voortgaan?" "Will you please stop talking and **get on** with your work?"

◆ **get out** **1** uitklim *Die motor wou nie vat nie, toe moes ons **uitklim** en hom stoot.* The car wouldn't start, so we had to **get out** and push it. **2** uitkom *"Keer die hond voordat hy by die hek **uitkom**!"* "Stop the dog before it **gets out** of the gate!" **3** uithaal *Sy het die yskas oopgemaak en gevra: "Hoeveel eiers moet ek **uithaal**, Ma?"* She opened the fridge and asked, "How many eggs must I **get out**, Mum?" **4** uitkry *Hulle moes die tafel op sy kant draai voordat hulle dit by die deur kon **uitkry**.* They had to turn the table onto its side before they could **get** it **out** of the door.

◆ **get out of bed** opstaan *Ek moet elke oggend om 06:00 **opstaan**.* I have to **get out of bed** at 06:00 every morning.

◆ **get through** deurkom *Die hek is so nou dat net een mens op 'n slag daar kan **deurkom**.* The gate is so nar= row that only one person at a time can **get through** it.

◆ **get to** **1** kom by *"Kan jy my asseblief sê hoe om **by** die stasie te **kom**?"* "Can you please tell me how to **get** to the station?" **2** aankom in *Volgens die tydtafel sal die trein om 20:00 **in** Johannesburg **aankom**.* According to the timetable the train will **get to** Johannesburg at 20:00. **3** aankom op *Die trein **het** om 20:00 **op** Brits= town **aangekom**.* The train **got to** Britstown at 20:00.

◆ **get up** **1** opkom *Hy het geval en sy been gebreek en kon nie weer **opkom** nie.* He fell and broke his leg and couldn't **get up** again. **2** regop kom *My ouma kan nie neerkniel en weer **regop kom** nie – haar bene is te swak.* My grandmother can't kneel down and **get up** again – her legs are too weak. **3** opstaan *Ek gaan saans vroeg bed toe, want ek moet soggens om sesuur **opstaan**.* I go to bed early at night because I have to **get up** at six o'clock in the morning.

◆ **have got** ⇨ **have**.

☐ **get** *verb (past tense and past participle* **got**, *present participle* **getting***)*

giant reus *In die storie is daar 'n **reus** wat so groot is dat hy 'n mens in sy hand kan hou.* In the story there is a **giant** who is so big that he can hold a man in his hand.

☐ **gi·ant** *noun (plural* **giants***)*

gift geskenk, present *Ek moet vir Lynette 'n **geskenk/ present** vir haar verjaardag koop.* I must buy Lynette a **gift** for her birthday.

☐ **gift** *noun (plural* **gifts***)*

gigantic reusagtig *'n Walvis is **reusagtig** en is die grootste dier in die see.* A whale is **gigantic** and is the largest animal in the sea.

☐ **gi·gan·tic** *adjective*

giraffe kameelperd *'n Kameelperd is 'n groot dier met 'n baie lang nek.* A **giraffe** is a large animal with a very long neck.

☐ **gi·raffe** *noun (plural* **giraffes***)*

girl **1** meisie *Die **meisie** speel met haar poppe.* The **girl** is playing with her dolls. **2** dogter *My oudste suster is getroud en het een **dogter** en twee seuns.* My eldest sister is married and has one **girl** and two boys.

☐ **girl** *noun (plural* **girls***)*

girlfriend nooi, vriendin, meisie *Thomas en sy* **nooi/ vriendin/meisie** *het hand aan hand met die straat af geloop.* Thomas and his **girlfriend** walked down the street hand in hand.

☐ **girl·friend** *noun (plural* **girlfriends***)*

give ❶ gee **[a]** *"***Gee** *my asseblief 'n stukkie van jou sjoko= lade."* "Please **give** me a piece of your chocolate." **[b]** *Sy* **het** *hom 'n soen op die wang* **gegee.** She **gave** him a kiss on the cheek. **[c]** *Die juffrou wat vir ons sangles* **gee,** *is vandag siek.* The teacher who **gives** us singing lessons is ill today. **[d]** *Toe Lynette die slang sien,* **het** *sy 'n gil* **gegee** *en weggehardloop.* When Lynette saw the snake, she **gave** a scream and ran away. ❷ gee, ingee *Ons moes vir ons siek hond medisyne* **gee/ingee.** We had to **give** some medicine to our sick dog. ❸ skenk **[a]** *Ek gaan na matriek al my boeke aan die skool* **skenk.** After matric I will **give** all my books to the school. **[b]** *My tante* **het** *vanoggend vroeg die lewe aan 'n seun ge= **skenk.** My aunt **gave** birth to a boy early this morn= ing. ❹ verskaf *Sy boeke* **verskaf** *genot aan miljoene mense.* His books **give** pleasure to millions of people.

◆ **give away** ❶ weggee *"Moenie al die appels* **weggee** *nie – hou 'n paar vir ons."* "Don't **give away** all the apples – keep some for us." ❷ verklap, verklik *"Ek gee jou my woord, ek sal nie die geheim* **verklap/verklik** *nie."* "I give you my word, I won't **give away** the secret."

◆ **give back** teruggee *"Kan ek jou pen leen? Ek sal dit weer vir jou* **teruggee.***"* "May I borrow your pen? I'll **give** it **back** to you again."

◆ **give in** toegee *Sy wou nie* **toegee** *en erken dat sy 'n fout gemaak het nie.* She would not **give in** and admit that she had made a mistake.

◆ **give off** afgee *Die son is 'n liggaam wat lig en hitte* **afgee.** The sun is a body that **gives off** light and heat.

◆ **give to** gee aan/vir *"***Gee aan/vir** *elkeen van die kinders 'n stukkie koek."* "**Give** a piece of cake **to** each of the children."

◆ **give up** ❶ ophou *Die dokter het gesê my pa moet* **ophou** *rook.* The doctor told my dad to **give up** smok= ing. ❷ laat vaar *"Moenie jou studie* **laat vaar** *en die skool in standerd agt verlaat nie."* "Don't **give up** your studies and leave school in standard eight." ❸ afsien van *Ons moes as gevolg van die slegte weer* **afsien van** *ons plan om te gaan swem.* We had to **give up** our plan to go swimming because of the bad weather.

☐ **give** *verb (past tense* **gave,** *past participle* **given,** *present participle* **giving***)*

glad bly *Sy was so* **bly** *om hom weer te sien dat sy trane in haar oë gekry het.* She was so **glad** to see him again that she got tears in her eyes.

☐ **glad** *adjective* **gladder, gladdest**

gladly graag *Ek neem* **graag** *die uitnodiging na jou par= tytjie aan.* I **gladly** accept the invitation to your party.

☐ **glad·ly** *adverb*

glass glas **[a]** *Bottels word van* **glas** *of plastiek gemaak.* Bottles are made of **glass** or plastic. **[b]** *Sy het die koeldrank in 'n* **glas** *geskink.* She poured the cool drink into a **glass.**

◆ **a glass of** ... 'n glas ... *"Ek is dors. Kan ek 'n* **glas** *water kry, asseblief?"* "I'm thirsty. Could I have **a glass of** water, please?"

☐ **glass** *noun (no plural at* **a***;* **glasses** *at* **b***)*

glasses bril *Mense met goeie oë hoef nie* **bril** *te dra nie.* People with good eyesight need not wear **glasses.**

☐ **glass·es** *(plural noun)*

> **glasses** take a plural verb, but **a pair of glasses** is singular: *Her glasses* **have** *a pink frame.* "*Whose pair of glasses* **is** *this?*"

globe gloeilamp *Toe ek die lig aanskakel, het die* **gloei= lamp** *helder gebrand.* When I switched on the light, the **globe** burnt brightly.

☐ **globe** *noun (plural* **globes***)*

glove handskoen *'n* **Handskoen** *is 'n bedekking vir die hand, met aparte dele vir die duim en elke vinger.* A **glove** is a covering for the hand, with separate parts for the thumb and each finger.

☐ **glove** *noun (plural* **gloves***)*

glue[1] lym, gom *"Plak die twee stukke papier met* **lym/ gom** *aan mekaar vas."* "Stick the two pieces of paper together with **glue.**"

☐ **glue** *noun (no plural)*

glue[2] lym *"***Lym** *die twee stukke papier aan mekaar."* "**Glue** the two pieces of paper together."

☐ **glue** *verb (past tense and past participle* **glued,** *pre= sent participle* **gluing***)*

go ❶ gaan **[a]** *Ek* **gaan** *per bus skool toe.* I **go** to school by bus. **[b]** *Hy het by die deur van die winkel gestaan en kyk hoe die mense kom en* **gaan.** He stood at the door of the shop watching the people come and **go. [c]** *"Daar* **gaan** *jou maats! Spring op jou fiets en jaag agter hulle aan."* "There **go** your friends! Hop on your bike and chase after them." **[d]** *"Hoe* **gaan** *die liedjie wat ons moet sing?"* "How does the song **go** that we have to sing?" **[e]** *Dit* **gaan** *môre reën.* It is **going** to rain to= morrow. **[f]** *"Kom ons* **gaan** *swem."* "Let's **go** for a swim." ❷ word *My oupa is baie oud en is besig om blind te* **word.** My grandfather is very old and is starting to **go** blind. ❸ hoort *Die potte* **hoort** *in die kas onder die opwasbak.* The pots **go** in the cupboard under the sink. ❹ loop, gaan *Dié pad* **loop/gaan** *na Bloemfontein.* This road **goes** to Bloemfontein. ❺ loop **[a]** *My horlo= sie is stukkend en wil nie* **loop** *nie.* My watch is broken and won't **go. [b]** *"***Loop** *dié bus na die stasie?"* "Does this bus **go** to the station?" ❻ ry *'n Mens mag in die stad nie vinniger as 60 kilometer per uur* **ry** *nie.* One is not allowed to **go** faster than 60 kilometres per hour in the city. ❼ maak, sê *Eende* **maak/sê** *"kwaak".* Ducks **go** "quack". ❽ gaan, lui *"Daar* **gaan/lui** *die klok – dis speeltyd."* "There **goes** the bell – it's playtime." ❾ trek *"Kyk, daar* **trek** *die trein – jy het hom net-net gemis!"*

"Look, there **goes** the train – you have just missed it!"

◆ **be going now** moet nou gaan *"Dit word laat – ek moet nou liewer gaan."* "It's getting late – I had bet= ter **be going now**."

◆ **be gone** weg wees **[a]** *My pen is weg – ek kan dit nêrens kry nie.* My pen **is gone** – I can't find it any= where. **[b]** *Ek het 'n pil gedrink en nou is my hoofpyn weg.* I took a tablet and now my headache **is gone**.

◆ **go and** gaan *"Gaan was jou hande."* "**Go and** wash your hands."

◆ **go away** weggaan **[a]** *Ek wens ons kon vir die naweek weggaan.* I wish we could **go away** for the weekend. **[b]** *"Gaan weg, jou stoute hond, ek wil jou nie in ons tuin hê nie!"* "**Go away**, you naughty dog, I don't want you in our garden!"

◆ **go back** teruggaan *Die vakansie is om – ons moet môre teruggaan skool toe.* The holidays are over – we have to **go back** to school tomorrow.

◆ **go by** verbygaan **[a]** *"Ag nee, ons het die bus gemis! Ek het dit nou net sien verbygaan."* "Oh no, we've missed the bus! I've just seen it **go by**." **[b]** *'n Maand het verbygegaan voordat ons weer van hom gehoor het.* A month **went by** before we heard from him again.

◆ **go down 1** afgaan *Die mans moet diep in die myn afgaan om na goud te grawe.* The men have to **go down** deep into the mine to dig for gold. **2** sak, onder= gaan *Wanneer die son sak/ondergaan, word die lug in die weste rooi.* When the sun **goes down**, the sky in the west turns red.

◆ **go for** gaan *"Kom ons gaan swem."* "Let's **go for** a swim."

◆ **go in** ingaan *"Die deur is oop, julle kan maar in= gaan."* "The door is open, you may **go in**."

◆ **go into 1** ingaan in *Maggie wil nie in die water in= gaan nie, want sy kan nie swem nie.* Maggie won't **go into** the water because she can't swim. **2** pas in *Die boek is te groot om in my tas te pas.* The book is too big to **go into** my bag.

◆ **go off 1** afgaan *'n Wekker maak 'n skerp geluid wan= neer dit afgaan.* An alarm clock makes a sharp sound when it **goes off**. **2** sleg word *"Sit die vleis in die yskas, anders word dit sleg."* "Put the meat in the fridge, otherwise it will **go off**."

◆ **go on 1** aangaan, voortgaan *Die bouers moes ondanks die reën met hul werk aangaan/voortgaan.* The builders had to **go on** with their work in spite of the rain. **2** aangaan, aan die gang wees *"Sal iemand vir my sê wat hier aangaan (OF aan die gang is)? Hoekom lawaai julle so?"* "Will someone tell me what is **going on** here? Why are you making such a noise?" **3** gebeur *Die lewe op dié dorp is maar vervelig; hier gebeur nie veel nie.* Life in this town is very dull; little **goes on** here.

◆ **go on and on** aanhou en aanhou *Lawaai wat aan= hou en aanhou maak my gek!* Noise that **goes on and on** drives me mad!

◆ **go out** uitgaan **[a]** *"Moenie sonder 'n sambreel of 'n reënjas in die reën uitgaan nie."* "Don't **go out** in the rain without an umbrella or a raincoat." **[b]** *Ons moet by dié deur inkom en uitgaan.* We have to come in and **go out** through this door. **[c]** *Die kers het uitgegaan toe die vlam te laag brand.* The candle **went out** when the flame burnt too low. **[d]** *My suster en haar kêrel gaan al twee jaar lank uit.* My sister and her boy= friend have been **going out** for two years.

◆ **go through 1** deurgaan **[a]** *Die man by die hek het ons kaartjies geneem en gesê: "Julle kan maar deur= gaan."* The man at the gate took our tickets and said, "You may **go through**." **[b]** *Hy het die name op die lys deurgegaan om te sien of hy vir die span gekies is.* He **went through** the names on the list to see whether he had been chosen for the team. **2** nagaan *Die klerk by die poskantoor moet elke vorm nagaan om seker te maak of dit in orde is.* The clerk at the post office has to **go through** each form to make sure that it is in order.

◆ **go together** saamgaan *Wit en pienk is twee kleure wat goed saamgaan.* White and pink are two colours that **go** well **together**.

◆ **go up 1** opgaan *"Jy kan die hysbak gebruik as jy na die tweede verdieping toe wil opgaan."* "You can use the lift if you want to **go up** to the second floor." **2** styg *Die prys van kos hou aan styg.* The price of food continues to **go up**.

◆ **go with someone** (met iemand) saamgaan **[a]** *"Mag ek saamgaan wanneer jy dorp toe gaan?"* "May I **go with you** when you go to town?" **[b]** *"Mamma, mag ek saam met hulle bioskoop toe gaan?"* "Mummy, may I **go** to the cinema **with them**?"

◆ **go without** klaarkom sonder *Geen mens kan son= der slaap klaarkom nie.* Nobody can **go without** sleep.

◆ **has/have gone** is *"Is Lynette nog hier?"* – *"Nee, sy is huis toe."* "Is Lynette still here?" – "No, she **has gone** home."

☐ **to go** oor *Daar is twee weke oor voordat die skoolva= kansie begin.* There are two weeks **to go** before the school holiday begins.

☐ **go** verb *(past tense* **went**, *past participle* **gone**, *pre= sent participle* **going)**

goal doel **[a]** *Ons span het die enigste doel aangeteken en die wedstryd met 1 teen 0 gewen.* Our team scored the only **goal** and won the match by 1 to 0. **[b]** *In sokker is 'n doelwagter die speler wat moet keer dat die bal in sy eie span se doel beland.* In soccer a goalkeeper is the player who has to prevent the ball from getting into his own team's **goal**.

☐ **goal** noun *(plural* **goals***)*

> **goalie** is an abbreviated, informal word for **goal= keeper** (its plural is **goalies**)

goalkeeper doelwagter *Die doelwagter het die bal ge= vang en gekeer dat die ander span 'n doel aanteken.* The

goalkeeper caught the ball and prevented the other team from scoring a goal.
☐ **goal·keep·er** noun (plural **goalkeepers**)

goat bok *'n Hond blaf, 'n koei bulk en 'n* **bok** *blêr.* A dog barks, a cow moos and a **goat** bleats.
☐ **goat** noun (plural **goats**)

God God *Die Bybel sê dat Jesus die seun van* **God** *is.* It says in the Bible that Jesus is the son of **God**.
☐ **God** noun (no plural)

gold[1] goud *My ma se trouring is van* **goud** *gemaak.* My mother's wedding-ring is made of **gold**.
☐ **gold** noun (no plural)

gold[2] goue [a] *Lynette dra 'n* **goue** *ketting om haar nek.* Lynette is wearing a **gold** chain round her neck. [b] *Die atleet het 'n* **goue** *medalje as eerste prys gewen.* The athlete won a **gold** medal as first prize. [c] *Hy het 'n blik* **goue** *verf gekoop.* He bought a tin of **gold** paint.
☐ **gold** adjective

golden goue [a] *Lynette dra 'n* **goue** *ketting om haar nek.* Lynette is wearing a **golden** chain round her neck. [b] *Sy bril het 'n* **goue** *raam.* His glasses have a **golden** frame.
☐ **gold·en** adjective

gone ⇨ **go**.

good[1] goed *Daar is* **goed** *en kwaad in ons almal.* There is **good** and bad in all of us.
◆ **do good** goed doen [a] *"Drink dié medisyne – dit sal jou* **goed doen***."* "Take this medicine – it will **do** you **good**." [b] *Sy* **doen goed** *aan ander deur onder die siekes en armes te werk.* She **does good** to others by working among the sick and the poor.
◆ **for good** vir goed *Hy sal nooit weer terugkom nie – hy het die dorp* **vir goed** *verlaat.* He will never come back again – he has left the town **for good**.
◆ **no good** ❶ niks werd nie *Dié mes is* **niks werd nie** *– dis stomp.* This knife is **no good** – it is blunt. ❷ help niks nie *"Dit* **help niks** *om te kla* **nie** *– jou huiswerk sal nie vanself klaarkom nie!"* "It's **no good** complaining – your homework won't get done by itself!"
◆ **something good** iets goeds *Ek glo daar is* **iets goeds** *in elke mens.* I believe there is **something good** in every person.
☐ **good** noun (no plural)

good[2] ❶ goed [a] *Dis nie* **goed** *vir jou tande om te veel lekkers te eet nie.* It's not **good** for your teeth to eat too many sweets. [b] *Iemand wat heilig is, is* **goed** *en sonder sonde.* A person who is holy is **good** and free from sin. [c] *"Ek het* **goeie** *nuus vir jou: jy het 'n A in die eksamen gekry."* "I have **good** news for you: you got an A in the exams." [d] *Hy het* **goeie** *oë en hoef nie bril te dra nie.* He has **good** eyes and need not wear glasses. [e] *Ons het* **goeie** *weer gedurende die vakansie gehad – dit het selde gereën.* We had **good** weather during the holiday – it seldom rained. [f] *Tom is swak in wiskunde, maar* **goed** *in tale.* Tom is bad at maths but **good** at languages. [g] *Ons huis is 'n* **goeie** *drie kilometer van die stasie af.* Our house is a **good** three kilo-

metres from the station. ❷ soet *Sy was verbaas oor die kinders se swak gedrag – hulle is gewoonlik baie* **soet***.* She was astonished by the children's bad behaviour – they are usually very **good**. ❸ gaaf *"Dit was* **gaaf** *om jou weer te sien, Philip; jy moet ons meer dikwels kom besoek."* "It was **good** to see you again, Philip; you must come and visit us more often." ❹ lekker *"Die kos ruik* **lekker***, Ma!"* "The food smells **good**, Mum!"
◆ **good afternoon/evening/morning/night** ⇨ **afternoon; evening; morning; night**.
☐ **good** adjective **better, best**

goodbye[1]
◆ **say goodbye** ❶ afskeid neem *Dis swaar om* **afskeid te neem** *van vriende wat vir goed weggaan.* It's difficult to say **goodbye** to friends who are going away for good. ❷ totsiens (OF tot siens) sê, groet *"Esther, kom* **sê totsiens** *(OF* **tot siens***) (OF* **kom groet***) vir oupa en ouma – hulle wil ry."* "Esther, come and **say goodbye** to grandpa and grandma – they want to leave."
☐ **good·bye** noun (plural **goodbyes**)

goodbye[2] totsiens, tot siens *"***Totsiens** *(OF* **Tot siens***), Thomas, sien jou môre by die skool!"* "**Goodbye**, Thomas, see you at school tomorrow!"
☐ **good·bye** interjection

good-looking aantreklik *Hy is baie* **aantreklik** *en het baie meisies.* He is very **good-looking** and has many girlfriends.
☐ **good-look·ing** adjective **better-looking, best-looking**

goods goedere *Party waens op die trein vervoer* **goedere** *en geen passasiers nie.* Some wagons on the train carry **goods** and no passengers.
☐ **goods** plural noun

goose gans *'n* **Gans** *lyk soos 'n eend maar is groter.* A **goose** looks like a duck but is larger.
☐ **goose** noun (plural **geese**)

gosh gits *"Het jy die skottelgoed al klaar gewas?* **Gits***, maar dit was gou!"* "Have you washed the dishes already? **Gosh**, but that was quick!"
☐ **gosh** interjection

government regering *In lande wat geen koning of koningin het nie, is 'n president dikwels die hoof van die* **regering***.* In countries that have no king or queen a president is often the head of the **government**.
☐ **gov·ern·ment** noun (plural **governments**)

grab gryp *Die man moes na sy hoed* **gryp** *toe die wind skielik opkom.* The man had to **grab** at his hat when the wind suddenly came up.
☐ **grab** verb (past tense and past participle **grabbed**, present participle **grabbing**)

gradually geleidelik *Die winter is verby en die dae word* **geleidelik** *langer.* Winter is over and the days are **gradually** becoming longer.
☐ **grad·u·al·ly** adverb

grain ❶ graan *Koring is 'n soort* **graan***.* Wheat is a kind of **grain**. ❷ korrel *"Vee jou mond af – daar is 'n* **korrel**

rys op jou lip.” “Wipe your mouth – there's a **grain** of rice on your lip.”

☐ **grain** *noun (no plural at* **1***;* **grains** *at* **2***)*

gram gram *'n **Gram** is 'n duisendste van 'n kilogram.* A **gram** is a thousandth of a kilogram. ⇨ **measurement** [NOTE].

☐ **gram** *noun (plural* **grams***)*

> **g** is the written abbreviation for **gram** or **grams**

grandchild kleinkind *Ek is my grootouers se jongste **kleinkind**.* I am my grandparents' youngest **grandchild**.

☐ **grand·child** *noun (plural* **grandchildren***)*

granddaughter kleindogter *“Ontmoet my **kleindogter**. Sy is my oudste seun se enigste kind.”* “Meet my **granddaughter**. She is my eldest son's only child.”

☐ **grand·daugh·ter** *noun (plural* **granddaughters***)*

grandfather oupa *Jou **oupa** is die pa van jou ma of pa.* Your **grandfather** is the father of your mother or father.

☐ **grand·fa·ther** *noun (plural* **grandfathers***)*

grandmother ouma *Jou **ouma** is die ma van jou pa of ma.* Your **grandmother** is the mother of your father or mother.

☐ **grand·moth·er** *noun (plural* **grandmothers***)*

grandparent grootouer *Ek het net een **grootouer** – albei my oupas en een van my oumas is al dood.* I have only one **grandparent** – both my grandfathers and one of my grandmothers have died.

☐ **grand·par·ent** *noun (plural* **grandparents***)*

grandson kleinseun *“Ontmoet my **kleinseun**. Hy is my oudste dogter se enigste kind.”* “Meet my **grandson**. He is my eldest daughter's only child.”

☐ **grand·son** *noun (plural* **grandsons***)*

grape ❶ druif *'n **Druif** is 'n klein, ronde vrug wat in trosse groei.* A **grape** is a small, round fruit which grows in bunches. ❷ druiwekorrel *'n Rosyntjie is 'n gedroogde **druiwekorrel**.* A raisin is a dried **grape**.

☐ **grape** *noun (plural* **grapes***)*

grass gras [a] *Koeie vreet **gras**.* Cows eat **grass**. [b] *“George, sny asseblief vir my die **gras**.”* “George, please mow the **grass** for me.”

☐ **grass** *noun (no plural at* **b***;* **grasses** *at* **a***)*

grasshopper sprinkaan *'n **Sprinkaan** is 'n insek wat ver en hoog kan spring.* A **grasshopper** is an insect that can jump far and high.

☐ **grass·hop·per** *noun (plural* **grasshoppers***)*

grate rasper *“**Rasper** asseblief vir my 'n bietjie kaas om oor die blomkool te strooi.”* “Please **grate** some cheese for me to sprinkle on the cauliflower.”

☐ **grate** *verb (past tense and past participle* **grated***, present participle* **grating***)*

grateful dankbaar *Hy is ernstig in die ongeluk beseer en kan **dankbaar** wees dat hy nog lewe.* He was seriously injured in the accident and can be **grateful** that he is still alive.

☐ **grate·ful** *adjective* **more grateful, most grateful**

grave graf *Toe ons hond dood is, het ons hom in 'n **graf** naby die rivier begrawe.* When our dog died, we buried it in a **grave** near the river.

☐ **grave** *noun (plural* **graves***)*

gravel gruis *'n Mynhoop word gevorm deur al die sand en **gruis** wat mynwerkers onder die grond uitgrawe.* A mine dump is formed by all the sand and **gravel** that miners dig out of the earth.

☐ **grav·el** *noun (no plural)*

gravy sous *“Skep asseblief 'n bietjie **sous** oor my rys.”* “Please spoon some **gravy** over my rice.”

☐ **gra·vy** *noun (no plural)*

graze wei *Die boer laat sy vee bedags in die veld **wei**.* The farmer lets his cattle **graze** in the field during the day.

☐ **graze** *verb (past tense and past participle* **grazed***, present participle* **grazing***)*

great ❶ groot [a] *Hulle het eers nie van mekaar gehou nie, maar nou is hulle **groot** maats.* At first they did not like each other, but now they are **great** friends. [b] *Shakespeare was een van die **grootste** skrywers van alle tye.* Shakespeare was one of the **greatest** writers of all time. ❷ baie *Wees **baie** versigtig en kyk links en regs voordat jy die straat oorsteek.* Take **great** care and look left and right before you cross the street. ❸ heerlik *Die partytjie was **heerlik**; ek het elke oomblik daarvan geniet.* The party was **great**; I enjoyed every moment of it.

☐ **great** *adjective* **greater, greatest**

greedy gulsig *“Moenie so **gulsig** wees en al die koek opeet nie – die ander kinders wil ook daarvan hê!”* “Don't be so **greedy** and eat up all the cake – the other children would like some too!”

☐ **greed·y** *adjective* **greedier, greediest**

green[1] groen *As jy blou en geel meng, kry jy **groen**.* If you mix blue and yellow, you get **green**.

☐ **green** *noun (no plural)*

green[2] groen [a] *In die lente is die blare van die bome mooi **groen**.* In spring the leaves of the trees are nice and **green**. [b] *“Is die piesangs al ryp genoeg om te eet?”* – *“Nee, hulle is nog 'n bietjie **groen**.”* “Are the bananas ripe enough to eat yet?” – “No, they're still a little **green**.”

☐ **green** *adjective* **greener, greenest**

greengrocer ❶ groentewinkel *Sy het 'n sak aartappels en 'n bos wortels by die **groentewinkel** gekoop.* She bought a pocket of potatoes and a bunch of carrots at the **greengrocer**. ❷ groenteman *Die **groenteman** verkoop vrugte en groente in sy winkel.* The **greengrocer** sells fruit and vegetables in his shop.

☐ **green·gro·cer** *noun (plural* **greengrocers***)*

greet groet *Die man het “Hallo” gesê en sy hand uitgesteek om my te **groet**.* The man said “Hello” and put out his hand to **greet** me.

☐ **greet** *verb (past tense and past participle* **greeted***, present participle* **greeting***)*

greeting groet [a] *Die hond het my 'n vriendelike groet gegee deur my in die gesig te lek.* The dog gave me a friendly **greeting** by licking me in the face. [b] *My ma end altyd haar brief deur te sê: "Almal by die huis stuur groete vir jou."* My mother always ends her letter by saying: "Everybody at home sends **greetings** to you."
□ **greet·ing** *noun (plural* **greetings***)*

grey[1] grys *As jy swart en wit meng, kry jy grys.* If you mix black and white, you get **grey**.
□ **grey** *noun (no plural)*

grey[2] grys *My pa het 'n grys haar uit sy kop getrek en gesê: "Ek word oud."* My father pulled a **grey** hair out of his head and said, "I'm growing old."
□ **grey** *adjective* **greyer, greyest**

grill[1] rooster [a] *Hy het die vleis op 'n rooster oor warm kole gaargemaak.* He cooked the meat on a **grill** over hot coals. [b] *Die rooster in die oond het rooiwarm geword.* The **grill** in the oven became red-hot.
□ **grill** *noun (plural* **grills***)*

grill[2] rooster *'n Mens rooster vleis deur dit onder direkte hitte gaar te maak.* One **grills** meat by cooking it under direct heat.
□ **grill** *verb (past tense and past participle* **grilled**, *present participle* **grilling***)*

grind maal *'n Mens kry meel as jy koring tot 'n fyn poeier maal.* You get flour if you **grind** wheat to a fine powder.
□ **grind** *verb (past tense and past participle* **ground**, *present participle* **grinding***)*

groan kreun *Die meeste mense kreun wanneer hulle pyn het.* Most people **groan** when they are in pain.
□ **groan** *verb (past tense and past participle* **groaned**, *present participle* **groaning***)*

grocer kruidenier *'n Kruidenier is iemand wat kos en ander goedere vir die huis verkoop.* A **grocer** is someone who sells food and other goods for the home.
□ **gro·cer** *noun (plural* **grocers***)*

groceries kruideniersware *Ons koop al ons kruideniersware by die supermark.* We buy all our **groceries** at the supermarket.
□ **groceries** *plural noun*

ground grond [a] *Die hond het 'n gat in die grond gegrawe om sy been te begrawe.* The dog dug a hole in the **ground** to bury its bone. [b] *"Kan jy die grond raak sonder om jou knieë te buig?"* "Can you touch the **ground** without bending your knees?"
□ **ground** *noun (no plural)*

grounds terrein *'n Tuinier hou die terrein om ons skool skoon en aantreklik.* A gardener keeps the **grounds** around our school clean and attractive.
□ **ground** *plural noun*

group groep *Die juffrou het gesê die kinders moet in 'n groep bymekaar bly.* The teacher told the children to stay together in a **group**.
□ **group** *noun (plural* **groups***)*

grow[1] groei [a] *Baie min plante kan in 'n woestyn groei.* Very few plants can **grow** in a desert. [b] *Si-*

mon het verlede jaar 5 cm gegroei en is nou langer as sy ma. Simon **grew** 5 cm last year and is now taller than his mother. [2] laat groei *My pa het opgehou skeer, want hy wil sy baard laat groei.* My dad has stopped shaving because he wants to **grow** a beard. [3] kweek *Die bure kweek groente in hul agterplaas.* The neighbours **grow** vegetables in their back yard. [4] boer met *My oom het 'n plaas en boer hoofsaaklik met mielies.* My uncle has a farm and **grows** mainly mealies. [5] word *In die winter word dit gouer as in die somer donker.* In winter it **grows** dark sooner than in summer.
◆ **grow into** opgroei tot *Dié kuikens sal opgroei tot henne en hane.* These chicks will **grow into** hens and cocks.
◆ **grow up** grootword, opgroei *Kinders wat saam grootword/opgroei, bly dikwels hul lewe lank vriende.* Children who **grow up** together often remain friends for life.
◆ **grow up, be grown up** groot wees *Sy teken mooi en wil kuns studeer as sy groot is.* She draws well and wants to study art when she **grows up** (OR **is grown up**).
□ **grow** *verb (past tense* **grew**, *past participle* **grown**, *present participle* **growing***)*

growl[1] knor, grom *Wanneer honde knor/grom, maak hulle 'n diep, growwe geluid in die keel.* When dogs **growl** they make a deep, rough sound in the throat. [2] brom *Bere brom en leeus en tiers brul.* Bears **growl** and lions and tigers roar.
□ **growl** *verb (past tense and past participle* **growled**, *present participle* **growling***)*

grown-up grootmens, volwassene *Daar was twintig kinders en net een grootmens/volwassene in die bus.* There were twenty children and only one **grown-up** in the bus.
□ **grown-up** *noun (plural* **grown-ups***)*

growth[1] groei *Dit sal jare duur voordat die boom sy volle groei bereik.* It will take years before the tree reaches its full **growth**. [2] groeisel *'n Doring is 'n skerp groeisel aan die stingel van sommige plante.* A thorn is a pointed **growth** on the stem of some plants.
□ **growth** *noun (no plural at* 1*; growths at* 2*)*

guard[1] wag *'n Wag bewaak die gevangenes wanneer hulle uitgaan vir oefening.* A **guard** watches the prisoners when they go out for exercise.
◆ **be on guard, stand/keep guard** wag hou, (op) wag staan *Twee soldate hou wag (OF staan wag OF staan op wag) by die hek.* Two soldiers **are on guard** (OR **stand/keep guard**) at the gate.
□ **guard** *noun (plural* **guards***)*

guard[2] [1] bewaak, oppas *Die bure het twee honde wat hul huis bewaak/oppas.* The neighbours have two dogs that **guard** their house. [2] beskerm *'n Hoë heining beskerm die gebou teen inbrekers.* A high fence **guards** the building from burglars.
□ **guard** *verb (past tense and past participle* **guarded**, *present participle* **guarding***)*

guess raai *"As ek moet **raai** hoe oud hy is, sou ek sê hy's omtrent vyftien."* "If I have to **guess** his age, I'd say he's about fifteen."

□ **guess** *verb (past tense and past participle* **guessed**, *present participle* **guessing**)

guest gas *Die **gas** wat by ons kuier, is 'n vriend van my pa.* The **guest** who is visiting us is a friend of my father's.

□ **guest** *noun (plural* **guests**)

guide[1] gids **[a]** *'n **Gids** het ons deur die museum geneem en al ons vrae beantwoord.* A **guide** took us through the museum and answered all our questions. **[b]** *As jy 'n stad nie ken nie, kan jy vir jou 'n **gids** met kaarte van al die strate koop.* If you do not know a city, you can buy yourself a **guide** with maps of all the streets.

◆ **guide dog** gidshond *'n **Gidshond** is 'n hond wat geleer het hoe om 'n blinde te lei.* A **guide dog** is a dog that has learnt how to lead a blind person.

□ **guide** *noun (plural* **guides**)

guide[2] lei *Baie blindes het honde wat hulle deur die strate **lei**.* Many blind people have dogs that **guide** them through the streets.

□ **guide** *verb (past tense and past participle* **guided**, *present participle* **guiding**)

guilt skuld *Daar bestaan geen twyfel oor sy **skuld** nie – die polisie het hom met die gesteelde goedere betrap.* There is no doubt about his **guilt** – the police caught him with the stolen goods.

□ **guilt** *noun (no plural)*

guilty skuldig **[a]** *Hy is **skuldig** aan diefstal.* He is **guilty** of theft. **[b]** *Ek voel baie **skuldig**; ek het vergeet om die plant water te gee, en nou het dit gevrek.* I feel very **guilty**; I forgot to water the plant, and now it has died.

□ **guilt·y** *adjective* **guiltier, guiltiest**

guitar kitaar, ghitaar *Party orkeste maak musiek met net 'n **kitaar/ghitaar** en tromme.* Some bands make music with only a **guitar** and drums.

□ **gui·tar** *noun (plural* **guitars**)

gun geweer *Die jagter het die leeu met sy **geweer** in die kop geskiet.* The hunter shot the lion in the head with his **gun**.

□ **gun** *noun (plural* **guns**)

H

habit gewoonte *My ma het die **gewoonte** om soggens heel eerste al die vensters oop te maak.* My mother has the **habit** of opening all the windows first thing in the morning.
☐ **hab·it** *noun (plural **habits**)*

hail[1] hael *Na die storm het 'n dik laag **hael** op die grond gelê.* After the storm a thick layer of **hail** lay on the ground.
☐ **hail** *noun (no plural)*

hail[2] hael *Die storm het met 'n weerligstraal losgebars, en toe begin dit reën en **hael**.* The storm broke with a flash of lightning, and then it began to rain and **hail**.
☐ **hail** *verb (past tense and past participle **hailed**, present participle **hailing**)*

hair ❶ haar *My pa het 'n grys **haar** uit sy kop getrek en gesê: "Ek word oud."* My father pulled a grey **hair** out of his head and said, "I'm growing old." ❷ hare *Lynette se **hare** is steil, maar Monica s'n is krullerig.* Lynette's **hair** is straight, but Monica's is curly.
☐ **hair** *noun (no plural at 2; **hairs** at 1)*

hairbrush haarborsel *'n Mens borsel jou hare met 'n **haarborsel**.* One brushes one's hair with a **hairbrush**.
☐ **hair·brush** *noun (plural **hairbrushes**)*

haircut haarsnit *"Ek hou van jou nuwe **haarsnit** – dit pas jou."* "I like your new **haircut** – it suits you."
◆ **have a haircut** hare laat sny *Ek moet my **hare laat sny**.* I must **have a haircut**.
☐ **hair·cut** *noun (plural **haircuts**)*

hairdresser haarkapper *Sy is **haarkapper** toe om haar hare te laat sny.* She went to the **hairdresser** for a haircut.
☐ **hair·dress·er** *noun (plural **hairdressers**)*

half[1] ❶ helfte [a] *Die **helfte** van R1,00 is 50c.* **Half** of R1,00 is 50c. [b] *Die span het twee doele in die eerste **helfte** van die wedstryd aangeteken.* The team scored two goals in the first **half** of the match. ❷ halwe *"Ver-deel die appel in een **halwe** en twee kwarte."* "Divide the apple into one **half** and two quarters."
◆ **and a half** en 'n half *Sy het een **en 'n half** liter melk gekoop.* She bought a litre **and a half** (OR one **and a half** litres) of milk.
◆ **in half** middeldeur *"Sny die appel **middeldeur** en deel dit met jou maat."* "Cut the apple **in half** and share it with your friend."
☐ **half** *noun (plural **halves**)*

half[2] ❶ half= *'n **Halfuur** is gelyk aan dertig minute.* **Half** an hour equals thirty minutes. ❷ halwe *"Kan ek een witbrood en 'n **halwe** bruinbrood kry, asseblief?"* "May I have one loaf of white bread and **half** a loaf of brown bread, please?"

☐ **half** *adjective*

half[3] half [a] *Dit verbaas my nie dat hy nie na my party-tjie toe gekom het nie; ek het dit **half** verwag.* I am not surprised that he did not come to my party; I was **half** expecting it. [b] *Philip se pa is 'n Engelsman en sy ma 'n Afrikaner; hy is dus **half** Engels, **half** Afrikaans.* Philip's father is an Englishman and his mother an Afrikaner, so he is **half** English, **half** Afrikaans.
◆ **half past** half= *"Hoe laat is dit?" – "Dis **halfeen**."* "What is the time?" – "It is **half past** twelve."
☐ **half** *adverb*

halfway halfpad *Ek is **halfpad** met my werk – ek het al drie van die ses somme klaar.* I am **halfway** through my work – I have done three of the six sums.
☐ **half·way** *adverb*

hall saal *Ons skool het 'n groot **saal** waarin ons vergade-rings en konserte hou.* Our school has a big **hall** in which we have meetings and concerts.
☐ **hall** *noun (plural **halls**)*

hallo, hello, hullo hallo *"**Hallo**, hoe gaan dit met jou?"* "**Hallo/Hello/Hullo**, how are you?"
☐ **hal·lo, hel·lo, hul·lo** *interjection*

hammer[1] hamer *"Slaan die spyker met 'n **hamer** in die muur."* "Knock the nail into the wall with a ham-mer."
☐ **ham·mer** *noun (plural **hammer**)*

hammer[2] hamer *"Klop beleef; moenie met jou vuiste op die deur **hamer** nie."* "Knock politely; don't ham-mer on the door with your fists."
☐ **ham·mer** *verb (past tense and past participle **ham-mered**, present participle **hammering**)*

hand[1] ❶ hand *Ek het tien vingers, vyf aan elke **hand**.* I have ten fingers, five on each **hand**. ❷ wyser *Die lang **wyser** van die horlosie dui die minute aan en die korte die ure.* The long **hand** of the clock shows the minutes and the short one the hours.
◆ **by hand** met die hand *"Was jou ma jul klere **met die hand**?" – "Nee, sy gebruik 'n wasmasjien."* "Does your mother wash your clothes **by hand**?" – "No, she uses a washing machine."
◆ **give a hand, lend a hand** help *"**Help** my asseblief met dié tafel – ek kan dit nie alleen verskuif nie."* "Please give/lend me **a hand** with this table – I can't move it on my own."
◆ **hand in hand** hand aan hand *Thomas en sy meisie het **hand aan hand** met die straat af geloop.* Thomas and his girlfriend walked down the street **hand in hand**.
◆ **hold hands** hande vat *"Kinders, **vat hande** en vorm 'n kring om my."* "Children, **hold hands** and form a circle around me."

◆ **shake hands with someone** iemand se hand skud *Die man het my hand geskud en gesê: "Aangename kennis."* The man **shook hands with me** and said, "How do you do?"

☐ **hand** *noun (plural* **hands***)*

hand² ❶ gee *"Gee vir die kondukteur jou kaartjie sodat hy dit kan knip."* "**Hand** the conductor your ticket so that he can clip it." ❷ aangee *"Sal jy my asseblief die sout aangee?"* "Would you kindly **hand** me the salt?"
◆ **hand in** ingee *"Kinders, julle moet jul boeke ingee sodat ek jul huiswerk kan nasien."* "Children, you must **hand in** your books so that I can mark your homework."
◆ **hand out** uitdeel *Die onderwyser het gesê: "Esther, sal jy asseblief dié boeke uitdeel?"* The teacher said, "Esther, will you please **hand out** these books?"

☐ **hand** *verb (past tense and past participle* **handed***, present participle* **handing***)*

handbag handsak *Vroue dra hul beursie, lipstiffie en ander goedjies in 'n handsak.* Women carry their purse, lipstick and other small things in a **handbag**.

☐ **hand·bag** *noun (plural* **handbags***)*

handkerchief sakdoek *Hy het sy neus met 'n sakdoek afgevee.* He wiped his nose with a **handkerchief**.

☐ **hand·ker·chief** *noun (plural* **handkerchiefs***)*

handle¹ ❶ handvatsel *"Draai die handvatsel om te kyk of die deur gesluit is."* "Turn the **handle** to check whether the door is locked." ❷ steel *Die besem het 'n lang steel.* The broom has a long **handle**. ❸ hef *Jy hou 'n mes aan sy hef vas.* You hold a knife by its **handle**.

☐ **han·dle** *noun (plural* **handles***)*

handle² ❶ aanraak *Jy mag na die goed in 'n museum kyk maar dit nie aanraak nie.* You may look at the things in a museum but not **handle** them. ❷ hanteer **[a]** *"Hanteer die doos versigtig; dit bevat goed wat kan breek."* "**Handle** the box with care; it contains things that can break." **[b]** *Haar seun rook en sy weet nie hoe om die probleem te hanteer nie.* Her son smokes and she does not know how to **handle** the problem. ❸ werk met *Die vroue agter die toonbank bedek hul hande met plastieksakke voordat hulle met die kos werk.* The women behind the counter cover their hands with plastic bags before they **handle** the food. ❹ beheer *Die perd is 'n bietjie wild – net 'n goeie ruiter sal hom kan beheer.* The horse is a little wild – only a good rider will be able to **handle** it.

☐ **han·dle** *verb (past tense and past participle* **handled***, present participle* **handling***)*

handsome aantreklik *Hy is baie aantreklik en het baie meisies.* He is very **handsome** and has many girlfriends.

☐ **hand·some** *adjective* **more handsome, most handsome**

handwriting handskrif *Ruth se handskrif is baie netjies – dis maklik om te lees wat sy skryf.* Ruth's **handwriting** is very neat – it's easy to read what she writes.

☐ **hand·writ·ing** *noun (no plural)*

handy handig **[a]** *My pa is baie handig en kan allerhande dinge in en om die huis regmaak.* My dad is very **handy** and can fix all sorts of things in and round the house. **[b]** *Wat 'n handige mes! Dit kan sny, blikke oopmaak en proppe uittrek.* What a **handy** knife! It can cut, open tins and draw corks.

☐ **hand·y** *adjective* **handier, handiest**

hang ❶ hang *Die gordyne wat voor die venster hang, is baie mooi.* The curtains that **hang** at the window are very pretty. ❷ ophang *"Sal ek die prent teen dié muur ophang?"* "Shall I **hang** the picture on this wall?" ❸ laat sak *Hy het sy kop uit skaamte laat sak toe die juffrou met hom raas.* He **hung** his head in shame when the teacher scolded him.
◆ **hang down** afhang *Party bome het takke wat so laag afhang dat hulle byna aan die grond raak.* Some trees have branches that **hang down** so low that they almost touch the ground.
◆ **hang from** afhang *Philip swaai aan 'n tou wat van die boom afhang.* Philip is swinging on a rope **hanging from** the tree.
◆ **hang on** ❶ vashou *"Jy moet aan die reling vashou sodat jy nie omval wanneer die bus wegtrek nie."* "You must **hang on** to the rail so that you don't fall over when the bus pulls away." ❷ aanhou *"Sal u asseblief aanhou, meneer? My pa kom nou-nou na die telefoon."* "Will you please **hang on**, sir? My dad will come to the telephone in a minute."
◆ **hang out** uithang **[a]** *Die hond is so moeg dat sy tong uithang.* The dog is so tired that its tongue is **hanging out**. **[b]** *"Hang die wasgoed uit om in die son droog te word."* "**Hang** the washing **out** to dry in the sun."
◆ **hang (up)** ophang *"Hang jou jas op aan die haak agter die deur."* "**Hang (up)** your coat on the hook behind the door."

☐ **hang** *verb (past tense and past participle* **hung***, present participle* **hanging***)*

hanger hanger *Hy het sy kleurbaadjie uitgetrek en dit aan 'n hanger in die klerekas opgehang.* He took off his blazer and hung it on a **hanger** in the wardrobe.

☐ **hang·er** *noun (plural* **hangers***)*

---

hanky is an informal word for **handkerchief** (its plural is **hankies**)

---

happen gebeur *Niemand weet wat in die toekoms sal gebeur nie.* No one knows what will **happen** in the future.

☐ **hap·pen** *verb (past tense and past participle* **happened***, present participle* **happening***)*

happily gelukkig *Die bruid en bruidegom het gelukkig geglimlag toe hulle by die kerk uitkom.* The bride and groom came out of the church, smiling **happily**.

☐ **hap·pi·ly** *adverb*

happiness geluk *Liefde en vriendskap bring ware geluk – nie geld nie.* Love and friendship bring true **happiness** – not money.

☐ **hap·pi·ness** *noun (no plural)*

happy ❶ gelukkig *Hy is baie **gelukkig** op skool, want hy hou van sy onderwysers en geniet die werk.* He is very **happy** at school, for he likes his teachers and enjoys the work. **❷** bly *Sy was **bly** om te hoor dat sy in die eksamen geslaag het.* She was **happy** to hear that she had passed the exam.

◆ **be happy with** tevrede wees met *"Ek sal **tevrede wees met** watter boeke julle ook al oor die onderwerp het."* "I'll **be happy with** whatever books you have on the subject."

◆ **happy birthday!** ⇨ **birthday.**

◆ **happy New Year!** ⇨ **new.**

☐ **hap·py** *adjective* **happier, happiest**

harbour hawe *Daar is baie skepe en bote in die **hawe.*** There are many ships and boats in the **harbour.**

☐ **har·bour** *noun (plural* **harbours***)*

hard¹ ❶ hard **[a]** *"As die stoel vir jou te **hard** is, sit 'n kussing daarop."* "If the chair is too **hard** for you, put a cushion on it." **[b]** *Dit was **harde** werk om daardie boom af te kap.* It was **hard** work chopping down that tree. **[c]** *Die bokser het sy opponent met 'n **harde** hou teen die kop uitgeslaan.* The boxer knocked out his opponent with a **hard** blow on the head. **[d]** *Seep skuim nie maklik in **harde** water nie.* Soap does not foam easily in **hard** water. **❷** swaar **[a]** *Dis **swaar** om afskeid te neem van vriende wat vir goed weggaan.* It's **hard** to say goodbye to friends who are going away for good. **[b]** *Die lewe in 'n woestyn is maar **swaar.*** Life in a desert is rather **hard.** **❸** moeilik *Dis **moeilik** om taai vleis te kou.* Tough meat is **hard** to chew.

☐ **hard** *adjective* **harder, hardest**

hard² hard **[a]** *"Moenie my hand so **hard** druk nie; jy maak my seer."* "Don't squeeze my hand so **hard;** you're hurting me." **[b]** *Hy het **hard** gewerk en verdien die prys as beste student van die jaar.* He worked **hard** and deserves the prize as best student of the year.

☐ **hard** *adverb*

hardly skaars, byna/amper nie *Ek was so moeg dat ek **skaars** kon loop (*OF *byna/amper nie kon loop nie).* I was so tired that I could **hardly** walk.

◆ **hardly ever** ⇨ **ever.**

☐ **hard·ly** *adverb*

hard-working fluks *Party kinders in ons klas is **fluks**, ander is lui.* Some children in our class are **hard-working**, others are lazy.

☐ **hard-work·ing** *adjective* **more hard-working, most hard-working**

hare haas *'n **Haas** is 'n dier met lang ore, sterk agterpote en 'n kort stert.* A **hare** is an animal with long ears, strong hind legs and a short tail.

☐ **hare** *noun (plural* **hares***)*

harm¹ kwaad *Die hond is baie mak en sal jou geen **kwaad** doen nie.* The dog is very tame and will do you no **harm.**

☐ **harm** *noun (no plural)*

harm² kwaad doen *Die hond is baie mak en sal jou geen*

kwaad doen nie. The dog is very tame and won't **harm** you.

☐ **harm** *verb (past tense and past participle* **harmed**, *present participle* **harming***)*

harmful skadelik *Die strale van die son kan **skadelik** wees vir jou vel.* The rays of the sun can be **harmful** to your skin.

☐ **harm·ful** *adjective* **more harmful, most harmful**

harvest¹ oes *Die boer het vanjaar 'n groot **oes** gehad, want sy mielies het goed gegroei.* The farmer had a large **harvest** this year, because his mealies grew well.

☐ **har·vest** *noun (plural* **harvests***)*

harvest² oes *Die boer moet die appels **oes** voordat hulle te ryp is.* The farmer has to **harvest** the apples before they are too ripe.

☐ **har·vest** *verb (past tense and past participle* **harvested**, *present participle* **harvesting***)*

haste haas *In sy **haas** om die bus te haal, het hy sy toebroodjies by die huis vergeet.* In his **haste** to catch the bus, he forgot his sandwiches at home.

☐ **haste** *noun (no plural)*

hat hoed *Sy sit altyd 'n **hoed** op haar kop voordat sy in die son uitgaan.* She always puts a **hat** on her head before she goes out in the sun.

☐ **hat** *noun (plural* **hats***)*

hatch uitbroei **[a]** *Die eiers wat die hen gelê het, sal na drie weke **uitbroei.*** The eggs that the hen has laid will **hatch** after three weeks. **[b]** *Die hen het drie eiers gelê, maar net een kuiken **het uitgebroei.*** The hen laid three eggs, but only one chick **hatched.**

☐ **hatch** *verb (past tense and past participle* **hatched**, *present participle* **hatching***)*

hate¹ haat *Haat is die teenoorgestelde van liefde.* **Hate** is the opposite of love.

☐ **hate** *noun (no plural)*

hate² haat **[a]** *Die twee vyande **haat** mekaar.* The two enemies **hate** each other. **[b]** *Ek **haat** dit om vroeg in die oggend op te staan.* I **hate** getting up early in the morning.

☐ **hate** *verb (past tense and past participle* **hated**, *present participle* **hating***)*

have ❶ hê **[a]** *Hy hoop dat hy eendag genoeg geld sal **hê** om vir hom 'n motor te koop.* He hopes that some day he'll **have** enough money to buy himself a car. **[b]** *'n Fiets **het** twee wiele.* A bicycle **has** two wheels. **[c]** *Dié koppie tee **het** suiker in.* This cup of tea **has** sugar in it. **[d]** *Hy **het** 'n pyp in sy mond **gehad.*** He **had** a pipe in his mouth. **[e]** *Sy **het** twee broers.* She **has** two brothers. **[f]** *Ek **het** vannag 'n nare droom oor slange **gehad.*** I **had** a bad dream about snakes last night. **❷** het **[a]** *"**Het** jy al jou huiswerk gedoen?"* "**Have** you done your homework yet?" **[b]** *Hy moes na my geluister **het.*** He should **have** listened to me. **[c]** *Sy **het** vanoggend haar hare laat sny.* She **had** her hair cut this morning. **❸** kry **[a]** *"Kan ek 'n glas water **kry**, asseblief?"* "May I **have** a glass of water, please?" **[b]** *My* *suster het verlede week 'n dogtertjie gekry.* My sister **had** a baby girl last week. **4** laat *"Jou hare is te lank; jy moet dit korter laat sny."* "Your hair is too long; you must **have** it cut shorter." **5** geniet *Ons geniet middagete om 13:00 en aandete om 18:00.* We **have** lunch at 13:00 and supper at 18:00. **6** drink *Ons drink gewoonlik koffie na aandete.* We usually **have** coffee after supper. **7** eet *Ek eet gewoonlik pap vir ontbyt.* I usually **have** porridge for breakfast.

◆ **don't have to** hoef nie *"Jy hoef nie die werk vandag te doen nie - dit kan tot môre wag."* "You **don't have to** do the work today - it can wait until tomorrow."

◆ **have back** terugkry *"Dankie dat jy my jou pen geleen het - jy kan dit vanmiddag terugkry."* "Thank you for lending me your pen - you can **have** it **back** this afternoon."

◆ **have (got)** hê [a] *"Het jy 'n ekstra pen wat ek kan leen?"* **"Have** you **got** (OR Do you **have**) an extra pen that I may borrow?" [b] *Ek het hoofpyn.* I **have (got)** a headache.

◆ **have (got) on** aan die gang hê *"Kom ons gaan bioskoop toe, of het jy iets anders aan die gang?"* "Let's go to the cinema, or **have** you **(got)** something else **on**?"

◆ **have (got) to** moet *"Dis laat - ek moet nou gaan."* "It's late - I **have (got) to** go now."

◆ **have (got) to do with** ⇨ **do.**

◆ **have on** aanhê *"Hoe sal ek haar herken?"* – *"Sy sal 'n blou reënjas aanhê."* "How will I recognize her?" – "She'll **have on** a blue raincoat."

◆ **have to** moet *Jy moet (in) 'n rytoets slaag voordat jy 'n rybewys kan kry.* You **have to** pass a driving test before you can get a driver's licence.

☐ **have** *verb (past tense and past participle* **had,** *present participle* **having)**

◆ *Short forms of* **have** *in the present tense:* I've, you've, he's, she's, it's, we've, you've, they've.

◆ *Negative short forms of* **have** *in the present tense:* I/you haven't, he/she/it hasn't, we/you/they haven't.

◆ *Short forms of* **have** *in the past tense:* I'd, you'd, he'd, she'd, it'd, we'd, you'd, they'd.

◆ *Negative short forms of* **have** *in the past tense:* I/you/he/she/it/we/you/they hadn't.

---

he hy *My oupa was 85 toe hy dood is.* My grandfather was 85 when **he** died.

☐ **he** *pronoun*

head **1** kop [a] *Hy dra 'n hoed op sy kop.* He is wearing a hat on his **head.** [b] *Hy is goed in wiskunde, want hy het 'n kop vir syfers.* He is good at mathematics because he has a **head** for figures. [c] *'n Spyker het 'n plat kop.* A nail has a flat **head. 2** hoof [a] *Die predikant het gesê: "Kom ons buig ons hoofde en bid."* The parson said, "Let us bow our **heads** and pray." [b] *In sommige lande is 'n koning die hoof van die volk.* In some countries a king is the **head** of the nation. **3**

hoof, kop, bo-ent *Pa sit altyd aan die hoof/kop/bo-ent van die tafel.* Dad always sits at the **head** of the table.

☐ **head** *noun (plural* **heads)**

headache hoofpyn, kopseer *Ek het hoofpyn/kopseer en voel nie lekker nie.* I have a **headache** and do not feel well.

☐ **head·ache** *noun (plural* **headaches)**

head boy hoofseun *Hy was in standerd nege 'n prefek en het in matriek hoofseun geword.* He was a prefect in standard nine and became **head boy** in matric.

☐ **head boy** *noun (plural* **head boys)**

head girl hoofmeisie *Sy was in standerd nege 'n prefek en het in matriek hoofmeisie geword.* She was a prefect in standard nine and became **head girl** in matric.

☐ **head girl** *noun (plural* **head girls)**

headmaster hoof *Mnr. Brown is die hoof van die seunskool.* Mr Brown is the **headmaster** of the boys' school. ◦

☐ **head·mas·ter** *noun (plural* **headmasters)**

headmistress hoof *Mev. Smith is die hoof van die meisieskool.* Mrs Smith is the **headmistress** of the girls' school.

☐ **head·mis·tress** *noun (plural* **headmistresses)**

heal genees, gesond word *"Smeer 'n bietjie salf aan die wond, dan sal dit gouer genees (OF gesond word)."* "Put some ointment on the wound, then it will **heal** more quickly."

☐ **heal** *verb (past tense and past participle* **healed,** *present participle* **healing)**

health gesondheid *As jy goeie gesondheid wil geniet, moet jy die regte kos eet en genoeg oefening kry.* If you want to enjoy good **health,** you should eat the right food and get enough exercise.

☐ **health** *noun (no plural)*

healthy gesond *Die kat is gesond en vry van siekte.* The cat is **healthy** and free from disease.

☐ **health·y** *adjective* **healthier, healthiest**

heap hoop *Die tuinier het die hoop dooie blare verbrand.* The gardener burnt the **heap** of dead leaves.

☐ **heap** *noun (plural* **heaps)**

hear hoor [a] *Hy is in een oor doof en kan nie goed hoor nie.* He is deaf in one ear and is unable to **hear** well. [b] *"Ek hoor Edith gaan trou. Is dit waar?"* "I **hear** Edith is getting married. Is it true?"

◆ **hear from** hoor van *"Hoor jy ooit van Philip?"* – *"Ja, hy skryf gereeld aan my."* "Do you ever **hear from** Philip?" – "Yes, he writes to me regularly."

◆ **hear of** hoor van *"Wie is Esmé Smith?"* – *"Ek weet nie, ek het nog nooit van haar gehoor nie."* "Who is Esmé Smith?" – "I don't know, I've never **heard of** her."

☐ **hear** *verb (past tense and past participle* **heard,** *present participle* **hearing)**

hearing gehoor *Die ou man se gehoor is baie swak – hy is feitlik doof.* The old man's **hearing** is very poor – he is practically deaf.

□**hear·ing** noun (no plural)

heart ❶ hart [a] Toe ek my hand op sy bors sit, kon ek sy **hart** voel klop. When I put my hand on his chest I could feel his **heart** beating. [b] Sy het 'n goeie **hart** en gee altyd iets vir die armes. She has a kind **heart** and always gives something to the poor. [c] Ek het nie die **hart** gehad om hom te vertel dat sy hond dood is nie. I didn't have the **heart** to tell him that his dog was dead. [d] Sy het 'n **hart** geteken en daarin geskryf: "Ek het jou lief." She drew a **heart** and wrote in it: "I love you." ❷ hartjie Die meeste van die groot winkels en kantore is in die **hartjie** van die stad. Most of the big shops and offices are in the **heart** of the city.

♦ by heart uit die kop Hy ken die gedig **uit sy kop** en kan dit opsê sonder om in 'n boek te kyk. He knows the poem **by heart** and can recite it without looking in a book.

□**heart** noun (no plural at 1c; **hearts** in all the other cases)

heat[1] ❶ hitte In die somer laat die **hitte** van die son die teer op die pad sag word. In summer the **heat** of the sun makes the tar on the road become soft. ❷ warmte "Moenie so styf teen my sit nie; jou liggaam gee te veel **warmte** af." "Don't sit so close to me; your body gives off too much **heat**."

□**heat** noun (no plural)

heat[2] verhit Die man moes die stuk yster **verhit** voordat hy dit kon buig en vorm. The man had to **heat** the piece of iron before he could bend and shape it.

♦ heat up ❶ verwarm, warm maak, opwarm "Daar is sop in die yskas wat jy vir middagete kan **verwarm** (OF **warm maak** OF **opwarm**)." "There is soup in the fridge that you can **heat up** for lunch." ❷ warm word Die kamer sal gou **warm word** as ons 'n vuur in die kaggel aanmaak. The room will soon **heat up** if we make a fire in the fireplace.

□**heat** verb (past tense and past participle **heated**, present participle **heating**)

heater verwarmer "Kan ek maar die **verwarmer** aanskakel? Dis 'n bietjie koud hier binne." "May I switch on the **heater**? It's rather cold in here."

□**heat·er** noun (plural **heaters**)

heaven hemel Baie mense glo dat die **hemel** die plek is waar God woon. Many people believe that **heaven** is the place where God lives.

♦ heavens hemel Sterre verskyn saans aan die **hemel**. Stars appear in the **heavens** at night.

□**heaven** noun (no plural)

heavily swaar Dit het so **swaar** gereën dat die vlak van die dam met 'n meter gestyg het. It rained so **heavily** that the level of the dam rose by a metre.

□**heav·i·ly** adverb

heavy ❶ swaar [a] Die tafel is so **swaar** dat twee mans dit moet dra. The table is so **heavy** that two men have to carry it. [b] "Hoe **swaar** is jy?" – "Ek weeg 50 kilogram." "How **heavy** are you?" – "I weigh 50 kilograms." [c] Swaar reën het 'n vloed in die vallei veroor-

saak. **Heavy** rain caused a flood in the valley. [d] Dit was vir hom 'n **swaar** slag toe sy hond dood is. It was a **heavy** blow to him when his dog died. ❷ druk In **druk** verkeer beweeg die voertuie baie stadig deur die strate. In **heavy** traffic the vehicles move very slowly through the streets.

□**heav·y** adjective **heavier**, **heaviest**

hedge heining Die **heining** wat ons tuin van die bure s'n skei, het dik, blink blare. The **hedge** that separates our garden from the neighbours' has thick, shiny leaves.

□**hedge** noun (plural **hedges**)

heel hak [a] "Lig die tone van jou regtervoet en hou die **hak** op die grond." "Lift the toes of your right foot and keep the **heel** on the ground." [b] Die **hak** van 'n skoen is hoër as die sool. The **heel** of a shoe is higher than the sole.

□**heel** noun (plural **heels**)

height ❶ hoogte Die **hoogte** van Tafelberg is 1 113 meter. The **height** of Table Mountain is 1 113 metres. ❷ lengte Weens sy **lengte** moet hy buk as hy by die deur inkom. Because of his **height** he has to stoop when he enters the door. ❸ hartjie Dit word baie warm hier in die **hartjie** van die somer. It gets very hot here in the **height** of summer.

♦ at a height of op 'n hoogte van Die vliegtuig het **op 'n hoogte van** 8 000 meter bo die grond gevlieg. The aeroplane flew **at a height of** 8 000 metres above the ground.

♦ in height ❶ hoog Tafelberg is 1 113 meter **hoog**. Table Mountain is 1 113 metres **in height**. ❷ lank Edith is 1,5 meter **lank**. Edith is 1,5 metres **in height**.

♦ what height? hoe lank? "Hoe **lank** is jy?" "What is your **height**?"

□**height** noun (plural **heights**)

heighten verhoog Hy het die bouer gevra om die tuin= muur van een meter tot twee meter te **verhoog**. He asked the builder to **heighten** the garden wall from one metre to two metres.

□**height·en** verb (past tense and past participle **heightened**, present participle **heightening**)

hello ⇨ **hallo.**

helmet helm Die motorfietsryer dra 'n **helm** om sy kop te beskerm as hy 'n ongeluk het. The motorcyclist wears a **helmet** to protect his head if he has an accident.

□**hel·met** noun (plural **helmets**)

help[1] hulp [a] Toe die meisie in die water val, het sy om **hulp** geroep. When the girl fell into the water she cried for **help**. [b] George is vir sy ma 'n groot **hulp** – hy was altyd die skottelgoed en werk in die tuin. George is a great **help** to his mother – he always washes the dishes and works in the garden.

□**help** noun (no plural)

help[2] help [a] "**Help** my die pakkie toedraai, asseblief." "**Help** me (to) wrap up the parcel, please." [b] "Hier= die medisyne sal jou **help** om gesond te word." "This medicine will **help** you to get better."

♦ can't help kan nie help nie "Moenie hom oor sy ore

terg nie – hy **kan** dit **nie help** dat hulle so groot is nie."
"Don't tease him about his ears – he **can't help** it that
they're so big."

◆ **can't help** ≈**ing** kan nie anders nie as om *Willie is 'n
liewe seuntjie – 'n mens **kan nie anders as om** van hom
te hou **nie**. Willie is a dear little boy – one **can't help**
lik**ing** him.

◆ **help to** gee *"Kan ek jou nog rys gee?"* "May I **help**
you **to** some more rice?"

◆ **help yourself to** neem, kry *"Neem/Kry gerus nog
'n stukkie koek."* "Do **help yourself to** another piece
of cake."

□**help** *verb (past tense and past participle* **helped**,
present participle **helping**)

helper helper *Die messelaar het vir sy **helper** gesê:
"Maak asseblief vir my nog sement aan."* The brick≈
layer said to his **helper**, "Please mix some more ce≈
ment for me."

□**help·er** *noun (plural* **helpers**)

hem soom *Om 'n **soom** in 'n rok te sit, vou jy die onderste
rand om en werk dit vas.* To put a **hem** in a dress you
fold back the bottom edge and sew it down.

□**hem** *noun (plural* **hems**)

hen hen *Die **hen** het 'n eier gelê.* The **hen** has laid an
egg.

□**hen** *noun (plural* **hens**)

her ❶ haar [a] *"Weet jy waar Anna is? Ek kan **haar**
nêrens kry nie."* "Do you know where Anna is? I can't
find **her** anywhere." [b] *Lynette en **haar** broer stap
saam skool toe.* Lynette and **her** brother walk to school
together. ❷ vir haar *Hy het **vir haar** 'n doos sjokolade
gekoop.* He bought **her** a box of chocolates.

□**her** *pronoun*

herd trop *Die boer het 'n groot **trop** beeste.* The farmer
has a big **herd** of cattle.

□**herd** *noun (plural* **herds**)

here ❶ hier [a] *"Waar is die hond?"* – *"Hy lê **hier** onder
my stoel."* "Where is the dog?" – "It is lying **here**
under my chair." [b] *Sy het by die venster uitgekyk en
gesê: "**Hier** kom die posbode."* She looked out of the
window and said, "**Here** comes the postman." ❷ hier,
hierso *Hy het sy vriend geroep en gesê: "Kom **hier**/
hierso; ek wil jou iets wys."* He called his friend and
said, "Come **here**; I want to show you something." ❸
hierheen, hiernatoe *Die Amerikaner het sy besoek aan
ons land soveel geniet dat hy graag weer **hierheen**/
hiernatoe wil kom.* The American enjoyed his visit to
our country so much that he would like to come **here**
again.

◆ **from here** hiervandaan *"Hoe ver is die skool **hier≈
vandaan?"*"* "How far is the school **from here?**"

◆ **from here to there** van hier tot daar *Ek sal nie **van
hier tot daar** kan spring nie – die afstand is te groot.* I
won't be able to jump **from here to there** – the dis≈
tance is too great.

◆ **here and there** hier en daar *Ons het deur grasland
gery en net **hier en daar** bome gesien.* We drove

through grassland and only saw trees **here and there**.

◆ **in here** hier binne, hierbinne *"Sit asseblief die lig
aan; dis 'n bietjie donker **hier binne (**OF **hierbinne).**"*
"Please switch on the light; it's a bit dark **in here**."

□**here** *adverb*

hero held [a] *John Wayne het al in baie cowboy-films die
rol van die **held** gespeel.* John Wayne has played the
role of the **hero** in many cowboy films. [b] *Mense be≈
skou Ben as 'n **held** omdat hy Anna se lewe gered het.*
People regard Ben as a **hero** for saving Anna's life.

□**he·ro** *noun (plural* **heroes**)

heroine heldin [a] *Meryl Streep het al in baie rolprente
die rol van die **heldin** gespeel.* Meryl Streep has played
the role of the **heroine** in many films. [b] *Mense be≈
skou Doreen as 'n **heldin** omdat sy die baba se lewe gered
het.* People regard Doreen as a **heroine** for saving the
baby's life.

□**her·o·ine** *noun (plural* **heroine**)

hers hare *Toe die onderwyser vra wie se potlood dit is, het
Gloria gesê dis **hare**.* When the teacher asked whose
pencil it was, Gloria said it was **hers**.

◆ **of hers** van haar *"Ken jy vir Gloria? Is jy 'n maat
van **haar?"*"* "Do you know Gloria? Are you a friend
of **hers?**"

□**hers** *pronoun*

herself ❶ haarself *Sy het na **haarself** in die spieël gekyk.*
She looked at **herself** in the mirror. ❷ haar *Sy het
haar met 'n mes gesny.* She cut **herself** with a knife. ❸
self [a] *Sy het die rok **self** gemaak – haar ma het haar
nie gehelp nie.* She made the dress **herself** – her
mother didn't help her. [b] *"Hoe weet jy Lorraine gaan
weg?"* – *"Sy het my **self** vertel."* "How do you know
Lorraine is going away?" – "She told me **herself**."

◆ **by herself** alleen *Almal was uit – sy was heeltemal
alleen by die huis.* Everybody was out – she was all **by
herself** at home.

□**her·self** *pronoun*

hesitate huiwer *"As jy enige hulp nodig het, moenie
huiwer om my te bel nie."* "If you need any help, don't
hesitate to call me."

□**hes·i·tate** *verb (past tense and past participle,* **hesi≈
tated** *present participle* **hesitating**)

hide ❶ wegkruip *Simon sal my nie kry as ek agter die
deur vir hom **wegkruip** nie.* Simon won't find me if I
hide from him behind the door. ❷ wegsteek *Ek gaan
haar present onder my bed **wegsteek** sodat sy nie sal
sien wat ek vir haar gekoop het nie.* I'm going to **hide**
her present under my bed so that she won't see what I
have bought her.

□**hide** *verb (past tense* **hid**, *past participle* **hidden**,
present participle **hiding**)

hide-and-seek wegkruipertjie *Wegkruipertjie is 'n
speletjie waarin een kind ander wat wegkruip, moet pro≈
beer vind.* **Hide-and-seek** is a game in which one
child has to try and find others who are hiding.

□**hide-and-seek** *noun (no plural)*

hiding slae, ('n) pak, 'n pak slae *Hy het **slae (**OF **pak** OF *'n pak* OF *'n pak slae) gekry omdat hy stout was.* He got a **hiding** because he was naughty.

☐ **hid·ing** *noun (plural* **hidings***)*

high¹ ❶ hoog **[a]** *Die muur is drie meter hoog.* The wall is three metres **high. [b]** *Die berg is so hoog dat dit vier uur sal duur om tot bo te klim.* The mountain is so **high** that it will take four hours to climb to the top. **[c]** *Hy het min foute gemaak en hoë punte in die toets gekry.* He made few mistakes and got **high** marks in the test. **[d]** *'n Vrou se stem is hoër as 'n man s'n.* A woman's voice is **higher** than a man's. **❷** groot *Die motor het met 'n groot snelheid teen die bult afgery.* The car went down the hill at a **high** speed.

◆ **high-heeled shoe** hoëhakskoen *Lynette is fyn uit= gevat in 'n lang rok en hoëhakskoene.* Lynette is smartly dressed in a long dress and **high-heeled shoes.**

◆ **high school** hoër skool, hoërskool *Sy is in standerd agt op hoër skool (*OF *hoërskool).* She is in standard eight at **high school.**

☐ **high** *adjective* **higher, highest**

high² hoog **[a]** *Party van die appels is so hoog in die boom dat ek hulle nie kan bykom nie.* Some of the apples are so **high** in the tree that I can't reach them. **[b]** *Die man het 'n diep stem en kan nie hoog sing nie.* The man has a deep voice and cannot sing **high.**

☐ **high** *adverb*

hill bult, heuwel *Ek moes my fiets teen die steil bult/ heuwel uitstoot.* I had to push my bicycle up the steep **hill.**

☐ **hill** *noun (plural* **hills***)*

him hom *By die partytjie het Philip vir Esmé gevra om met hom te dans.* At the party Philip asked Esmé to dance with **him.**

☐ **him** *pronoun*

himself ❶ homself *Hy het na homself in die spieël ge= kyk.* He looked at **himself** in the mirror. **❷** hom *Hy het hom met 'n mes gesny.* He cut **himself** with a knife. **❸** self **[a]** *Hy sê hy het dit self gemaak, maar ek dink iemand het hom gehelp.* He says he made it **himself,** but I think someone helped him. **[b]** *"Hoe weet jy Ben= jamin gaan weg?" – "Hy het my self vertel."* "How do you know Benjamin is going away?" – "He told me **himself."**

◆ **by himself** alleen *Almal was uit – hy was heeltemal alleen by die huis.* Everybody was out – he was all **by himself** at home.

☐ **him·self** *pronoun*

hind agter= *Perde skop met hul agterpote.* Horses kick with their **hind** legs.

☐ **hind** *adjective*

hip heup *Sy het met haar hand op die heup gestaan.* She stood with her hand on her **hip.**

☐ **hip** *noun (plural* **hips***)*

hippo is an abbreviated, informal word for **hippo= potamus** (its plursal is **hippos**)

hippopotamus seekoei *'n Seekoei is 'n swaar dier met 'n groot kop wat in en naby riviere woon.* A **hippopota= mus** is a heavy animal with a large head that lives in and near rivers.

☐ **hip·po·pot·a·mus** *noun (plural* **hippopota= muses/hippopotami***)*

hire huur *Boere huur met oestyd ekstra arbeiders om met al die werk te help.* At harvest time farmers **hire** extra labourers to help with all the work.

☐ **hire** *verb (past tense and past participle* **hired***, pre= sent participle* **hiring***)*

his ❶ sy *Die seun is amper so lank soos sy pa.* The boy is almost as tall as **his** dad. **❷** syne *Toe die onderwyser vra wie se potlood dit is, het George gesê dis syne.* When the teacher asked whose pencil it was, George said it was **his.**

◆ **of his** van hom *"Ken jy Philip? Is jy 'n maat van hom?"* "Do you know Philip? Are you a friend **of his?"**

☐ **his** *pronoun*

hiss sis *Slange sis en honde blaf.* Snakes **hiss** and dogs bark.

☐ **hiss** *verb (past tense and past participle* **hissed***, pre= sent participle* **hissing***)*

history geskiedenis **[a]** *Dié boek gaan oor die geskie= denis van die Tweede Wêreldoorlog.* This book deals with the **history** of the Second World War. **[b]** *My beste vak op skool is geskiedenis.* My best subject at school is **history.**

☐ **his·to·ry** *noun (no plural at* **b***; histories at* **a***)*

hit ❶ slaan **[a]** *Dit is wreed om 'n hond met 'n stok te slaan.* It is cruel to **hit** a dog with a stick. **[b]** *In krie= ket slaan 'n speler die bal met 'n kolf.* In cricket a player **hits** the ball with a bat. **[c]** *Hy het die spyker met 'n hamer in die muur geslaan.* He **hit** the nail into the wall with a hammer. **❷** raak gooi *"Vat hierdie klip, mik na die blik en kyk of jy dit kan raak gooi."* "Take this stone, aim at the tin and see if you can **hit** it." **❸** raak skiet *'n Jagter probeer altyd 'n dier met die eerste skoot raak skiet.* A hunter always tries to **hit** an animal with the first shot. **❹** raak ry *As 'n motoris iemand raak ry, moet hy stilhou en die ongeluk by die polisie aanmeld.* When a motorist **hits** someone, he has to stop and report the accident to the police. **❺** tref **[a]** *Ek het ge= sien hoe 'n motor die boom tref en aan die brand slaan.* I saw a car **hit** the tree and burst into flames. **[b]** *Hy het gehuil toe die bal hom teen die kop tref.* He cried when the ball **hit** him on the head. **❻** stamp *"Die boonste deur van die kombuiskas is oop; moenie jou kop daarteen stamp nie."* "The top door of the kitchen cupboard is open; don't **hit** your head against it." **❼** vasry in/teen *Die motor het op die nat pad gegly en in/teen 'n boom vasgery.* The car skidded on the wet road and **hit** a tree.

◆ **hit into** slaan teen *In tennis verloor jy 'n punt as jy die bal teen die net slaan.* In tennis, you lose a point if you **hit** the ball **into** the net.

☐**hit** *verb (past tense and past participle* **hit,** *present participle* **hitting)**

hoarse hees *As ek te veel skree, word my stem* **hees**. If I shout too much my voice becomes **hoarse**.

☐**hoarse** *adjective* **hoarser, hoarsest**

hobby stokperdjie *My* **stokperdjie** *is om seëls te versamel*. My **hobby** is to collect stamps.

☐**hob·by** *noun (plural* **hobbies)**

hold[1] vat, greep *Hy het sy* **vat/greep** *op die tou verloor en geval*. He lost his **hold** on the rope and fell.

◆ **get hold of** ❶ in die hande kry *"Kan jy die bal* ***in die hande kry?"* – *"Nee, ek kan nie so ver strek nie."* "Can you **get hold of** the ball?" – "No, I can't reach so far." ❷ bereik *"Kan 'n mens jou per telefoon* **bereik?"** "Can one **get hold of** you by phone?"

◆ **get/grab hold of** beetkry *As jy 'n slang wil vang, moet jy sy stert probeer* **beetkry**. If you want to catch a snake, you should try to **get/grab hold of** its tail.

◆ **get/take hold of** vasvat *Sy kon nie die seep in die water* **vasvat** *nie*. She couldn't **get/take hold of** the soap in the water.

◆ **grab hold of** gryp *"* **Gryp** *die tou, dan trek ek jou uit die water!"* "**Grab hold of** the rope, then I'll pull you out of the water!"

◆ **keep hold of** vashou *"Ek gaan laat los; ek kan die tou nie langer* **vashou** *nie!"* "I'm going to let go; I can't **keep hold of** the rope any longer!"

☐**hold** *noun (no plural)*

hold[2] ❶ hou [a] *"* **Hou** *jou hande bo jou kop."* "**Hold** your hands above your head." [b] *Dié emmer* **hou** *vyf liter water*. This bucket **holds** five litres of water. [c] *Die onderwysers* **het** *'n vergadering* **gehou** *om die skoolkonsert te bespreek*. The teachers **held** a meeting to discuss the school concert. [d] *Esther gaan 'n partytjie* **hou** *om haar vyftiende verjaardag te vier*. Esther is going to **hold** a party to celebrate her fifteenth birthday. ❷ vashou *Sy kan nie die potlood behoorlik* **vashou** *nie, want haar duim is seer*. She can't **hold** the pencil properly, because her thumb is sore. ❸ vat *Die kinders moes hande* **vat** *om 'n kring te vorm*. The children had to **hold** hands to form a circle. ❹ ophou *Hoe langer jy jou asem kan* **ophou**, *hoe verder kan jy onder water swem*. The longer you can **hold** your breath, the further you are able to swim under water. ❺ toedruk *Die vrot eiers het so sleg geruik dat hy sy neus moes* **toedruk**. The rotten eggs had such a bad smell that he had to **hold** his nose.

◆ **hold on** ❶ vashou *"Jy moet aan die reling* **vashou** *sodat jy nie omval wanneer die bus wegtrek nie."* "You must **hold on** to the rail so that you don't fall over when the bus pulls away." ❷ aanhou *"Sal u asseblief* **aanhou**, *meneer? My pa kom nou-nou na die telefoon."* "Will you please **hold on**, sir? My dad will come to the telephone in a minute."

◆ **hold out** uitsteek *Die juffrou het gesê ek moet my hande* **uitsteek** *sodat sy na my naels kon kyk*. The teacher told me to **hold out** my hands so that she could look at my nails.

◆ **hold up** ❶ ophou *Daar is vier pilare wat die dak van die stoep* **ophou**. There are four pillars that **hold up** the roof of the stoep. ❷ opsteek *"Sal almal wat onder vyftien is, asseblief hul hande* **opsteek?"** "Will everyone who is under fifteen please **hold up** their hands?"

◆ **... will hold ...** daar kan ... in ... gaan *Daar kan 300 mense* ***in*** *die saal* ***gaan***. The hall **will hold** 300 people.

☐**hold** *verb (past tense and past participle* **held,** *present participle* **holding)**

hole ❶ gat *Die hond het 'n* **gat** *in die grond gegrawe om sy been te begrawe*. The dog dug a **hole** in the ground to bury its bone. ❷ gaatjie *Sy het gesukkel om die draad garing deur die* **gaatjie** *in die naald te steek*. She had trouble passing the thread of cotton through the **hole** in the needle.

☐**hole** *noun (plural* **holes)**

holiday ❶ vakansie *Die* **vakansie** *is verby – die skool begin weer môre*. The **holiday** is over – school begins again tomorrow. ❷ vakansiedag *Die meeste mense hoef nie op 'n* **vakansiedag** *soos Kersdag te werk nie*. Most people do not have to work on a **holiday** such as Christmas Day.

☐**hol·i·day** *noun (plural* **holidays)**

hollow hol *Blikke, pype en bottels is* **hol**. Tins, pipes and bottles are **hollow**.

☐**hol·low** *adjective* **hollower, hollowest**

holy heilig [a] *Iemand wat* **heilig** *is, is goed en sonder sonde*. A person who is **holy** is good and free from sin. [b] *Die* **Heilige** *Skrif is die Woord van God*. The **Holy** Bible is the Word of God.

☐**ho·ly** *adjective* **holier, holiest**

home[1] huis *Hy het na skool die* **huis** *verlaat en in Johannesburg gaan woon*. After school he left **home** and went to live in Johannesburg.

◆ **at home** tuis, by die huis *"Is jou pa* **tuis** *(*OF **by die huis***)?"* – *"Nee, Meneer, hy is by die werk."* "Is your dad **at home**?" – "No, Sir, he is at work."

☐**home** *noun (plural* **homes)**

home[2] huis toe *Dit word laat, ons moet* **huis toe** *gaan*. It's getting late, we must go **home**.

◆ **home from ...** tuis van ... af *"Ek is baie bekommerd – dis al laat en Lynette is nog nie* **van** *die skool* **af tuis** *nie."* "I'm very worried – it is quite late and Lynette isn't **home from** school yet."

☐**home** *adverb*

homework huiswerk *Die wiskunde-onderwyser het ons ses somme vir* **huiswerk** *gegee*. The maths teacher gave us six sums for **homework**.

☐**home·work** *noun (no plural)*

honest eerlik *Sy is baie* **eerlik** *en vertel nooit leuens nie*. She is very **honest** and never tells lies.

☐**hon·est** *adjective* **more honest, most honest**

honestly eerlik *Hy het die geld* **eerlik** *verdien – hy het dit nie gesteel nie*. He made the money **honestly** – he didn't steal it.

☐ **hon·est·ly** *adverb*

honesty eerlikheid *Die vrou het die seun vir sy **eerlik‹ heid** geprys toe hy vir haar sê dat sy haar beursie laat val het.* The woman praised the boy for his **honesty** when he told her that she had dropped her purse.

☐ **hon·es·ty** *noun (no plural)*

honey heuning *'n By is 'n insek wat **heuning** maak.* A bee is an insect that makes **honey**.

☐ **hon·ey** *noun (no plural)*

hoof hoef *Die **hoef** is die harde deel van 'n perd, os of koei se poot.* The **hoof** is the hard part of a horse, ox or cow's foot.

☐ **hoof** *noun (plural **hoofs/hooves**)*

hook¹ ❶ hoek *Hy het die vis met 'n **hoek** en lyn gevang.* He caught the fish with a **hook** and line. ❷ haak *Hy het sy jas aan die **haak** agter die deur opgehang.* He hung his coat on the **hook** behind the door.

☐ **hook** *noun (plural **hooks**)*

hook² ❶ haak *"**Haak** die draad van die prent oor die spyker in die muur."* "**Hook** the wire of the picture over the nail in the wall." ❷ vashaak *"Sal jy vir my die ploeg aan die trekker **vashaak**, asseblief?"* "Will you **hook** the plough (on)to the tractor for me, please?"

◆ **get hooked on** vashaak aan *"Pas op dat jou trui nie **aan die dorings vashaak** nie."* "Be careful that your jersey doesn't **get hooked on** the thorns."

☐ **hook** *verb (past tense and past participle **hooked**, present participle **hooking**)*

hoot toet, toeter *Die busbestuurder moes verskeie kere **toet/toeter** voordat die hond padgegee het.* The bus driver had to **hoot** several times before the dog got out of the way.

☐ **hoot** *verb (past tense and past participle **hooted**, present participle **hooting**)*

hooter toeter *Die busbestuurder het sy **toeter** vir die hond geblaas.* The bus driver sounded his **hooter** at the dog.

☐ **hoot·er** *noun (plural **hooters**)*

hop spring [a] *"Kyk hoe ver jy op een been kan **spring**."* "See how far you can **hop** on one leg." [b] *'n Voëltjie het oor die grasperk **gespring**.* A little bird **hopped** across the lawn.

☐ **hop** *verb (past tense and past participle **hopped**, present participle **hopping**)*

hope¹ hoop *Edith het hard gewerk en is vol **hoop** dat sy 'n A in die eksamen sal kry.* Edith worked hard and is full of **hope** that she will get an A in the exams.

☐ **hope** *noun (no plural)*

hope² hoop *Ek **hoop** die weer sal voor môre opklaar, want ons wil gaan piekniek hou.* I **hope** the weather will clear up before tomorrow, because we want to go on a picnic.

☐ **hope** *verb (past tense and past participle **hoped**, present participle **hoping**)*

hopefully hopelik *Tamaties is op die oomblik baie duur. **Hopelik** sal die pryse binnekort daal.* Tomatoes are very expensive at the moment. **Hopefully** the prices will drop soon.

☐ **hope·ful·ly** *adverb*

horizon horison *Die son het oor die **horison** verdwyn.* The sun disappeared over the **horizon**.

☐ **ho·ri·zon** *noun (plural **horizons**)*

horn ❶ horing *Daardie renoster het net een **horing** op sy neus.* That rhinoceros has only one **horn** on its nose. ❷ toeter *Die busbestuurder het sy **toeter** vir die hond in die straat geblaas.* The bus driver sounded his **horn** at the dog in the street.

☐ **horn** *noun (plural **horns**)*

horrible aaklig *Die kos was so **aaklig** dat nie eers die hond dit wou eet nie.* The food was so **horrible** that not even the dog would eat it.

☐ **hor·ri·ble** *adjective* **more horrible, most horrible**

horse perd *Die seun het die **perd** opgesaal en 'n entjie gaan ry.* The boy saddled the **horse** and went for a ride.

◆ **on horseback** te perd *Hy het 'n entjie **te perd** gaan ry.* He went for a ride **on horseback**.

☐ **horse** *noun (plural **horses**)*

hose, hosepipe tuinslang *Hy spuit die tuin met 'n **tuin‹ slang** nat.* He waters the garden with a **hose/hose‹ pipe**.

☐ **hose, hose·pipe** *noun (plural **hoses/hosepipes**)*

hospital hospitaal *Die dokter het die siek man vir 'n ope‹ rasie **hospitaal** toe gestuur.* The doctor sent the sick man to **hospital** for an operation.

☐ **hos·pi·tal** *noun (plural **hospitals**)*

hostel koshuis *Kinders wat van ver kom, bly gedurende die kwartaal in die skool se **koshuis**.* Children who come from far away stay in the school's **hostel** during term.

☐ **hos·tel** *noun (plural **hostels**)*

hot warm *"Die koffie is baie **warm** – laat dit afkoel voor jy dit drink."* "The coffee is very **hot** – let it cool down before you drink it."

☐ **hot** *adjective* **hotter, hottest**

hotel hotel *Die **hotel** het meer as 200 slaapkamers.* The **hotel** has over 200 bedrooms.

☐ **ho·tel** *noun (plural **hotels**)*

hour uur *Daar is sestig minute in 'n **uur**.* There are sixty minutes in an **hour**.

☐ **hour** *noun (plural **hours**)*

house huis *"Woon julle in 'n **huis** of in 'n woonstel?"* "Do you live in a **house** or in a flat?"

☐ **house** *noun (plural **houses**)*

housewife huisvrou *'n **Huisvrou** bestee baie tyd om haar huis, man en kinders te versorg.* A **housewife** spends a lot of time looking after her house, husband and children.

☐ **house·wife** *noun (plural **housewives**)*

housework huiswerk *George help sy ma met die **huis‹ werk** – hy maak die ruite skoon, vee die stoep en was die skottelgoed.* George helps his mother with the **house‹**

work – he cleans the windows, sweeps the stoep and washes the dishes.
□ **house·work** *noun (no plural)*

how[1] hoe **[a]** *Ek weet nie* **hoe** *om dié som te maak nie.* I don't know **how** to do this sum. **[b]** *"Hoe oud is jy?"* – *"Ek is vyf."* **"How** old are you?" – "I'm five."

◆ **how about?** wat van?, hoe lyk dit met? *"Ek is lus vir 'n koeldrank.* **Wat van (**OF **Hoe lyk dit met)** *jou?"* "I feel like a cool drink. **How about** you?"

◆ **how are you?** hoe gaan dit (met jou)? *"Hoe gaan dit (met jou)?"* – *"Dit gaan goed, dankie."* **"How are you?"** – "I'm fine, thanks."

◆ **how do you do?** aangename kennis *"Ma, dis my vriend George."* – *"Aangename kennis, George."* "Mum, this is my friend George." – **"How do you do,** George?"

◆ **how many** ⇨ **many.**

◆ **how much** ⇨ **much.**

□ **how** *adverb*

how[2] hoe **[a]** *"Kyk* **hoe** *vuil is jou hande! Gaan was hulle onmiddellik."* "Look **how** dirty your hands are! Go and wash them immediately." **[b]** *Hoe het hulle nie gelag nie!* **How** they laughed!

□ **how** *exclamation*

however[1] hoe ook (al) *Hoe hard ek ook (al) probeer, ek kan nie die vlek uit my hemp kry nie.* **However** hard I try, I can't get the stain out of my shirt.

□ **how·ev·er** *adverb*

however[2] ❶ maar, egter **[a]** *Tom hou van groente,* **maar** *sy suster nie* (OF *Tom hou van groente; sy suster* **egter** *nie).* Tom likes vegetables; his sister, **however,** does not. **[b]** *Tom hou van groente,* **maar** *hy eet nie pampoen nie* (OF *Tom hou van groente; hy eet* **egter** *nie pampoen nie).* Tom likes vegetables; he does not, **however,** eat pumpkin. **[c]** *Ek hou van dié skoene,* **maar** *hulle is te duur* (OF *Ek hou van dié skoene; hulle is* **egter** *te duur).* I like these shoes; they are too expensive, **however.** ❷ tog, darem *Ons motor is al dertien jaar oud;* **tog** *loop hy nog baie goed* (OF *Ons motor is al dertien jaar oud. Hy loop* **darem** *nog baie goed).* Our car is already thirteen years old. **However,** it still goes very well.

□ **how·ev·er** *conjunction (joining word)*

howl ❶ tjank *Wanneer honde* **tjank,** *maak hulle lang, harde huilgeluide.* When dogs **howl** they make long, loud crying sounds. ❷ huil *Die wind is partykeer so sterk dat dit deur die bome* **huil.** Sometimes the wind is so strong that it **howls** through the trees.

□ **howl** *verb (past tense and past participle* **howled,** *present participle* **howling***)*

huge yslik, enorm, geweldig groot *Die huis is* **yslik (**OF **enorm** OF **geweldig groot)** *– dit het veertien kamers!* The house is **huge** – it has fourteen rooms!

□ **huge** *adjective*

hullo ⇨ **hallo.**

human menslik **[a]** *Die bene is die langste deel van die* **menslike** *liggaam.* The legs are the longest part of the

human body. **[b]** *"Jy is nie volmaak nie; dis* **menslik** *om 'n fout te maak."* "You're not perfect; it's **human** to make a mistake."

◆ **human being** mens *"Ek is 'n* **mens** *en jy ook."* "I am a **human being** and so are you."

□ **hu·man** *adjective*

humour humor *Hy het 'n goeie sin vir* **humor** *en snap 'n grap gou.* He has a good sense of **humour** and is quick to catch a joke.

□ **hu·mour** *noun (no plural)*

hundred honderd *Tien maal tien is* **honderd.** Ten times ten is a **hundred.**

□ **hun·dred** *numeral*

---

hundred, thousand and **dozen** take the singular form when there is a number before them and the plural form when there is no number before them: *three* **hundred** *years ago, seventy* **thousand** *people, two* **dozen** *eggs;* **hundreds** *of people,* **thousands** *of rands,* **dozens** *of birds* (note that they take a plural verb: *there* **were** *about seventy thousand people*)

---

hundredth honderdste *My oupa is 99 en hoop om volgende jaar sy* **honderdste** *verjaardag te vier.* My grandfather is 99 and hopes to celebrate his **hundredth** birthday next year.

□ **hun·dred** *numeral*

hunger honger *Hy het 'n paar snytjies brood geëet om sy* **honger** *te stil.* He ate a few slices of bread to satisfy his **hunger.**

□ **hun·ger** *noun (no plural)*

hungry honger *"Wil jy iets eet?"* – *"Nee, dankie; ek is nie* **honger** *nie."* "Will you have something to eat?" – "No, thanks; I'm not **hungry.**"

□ **hun·gry** *adjective* **hungrier, hungriest**

hunt[1] jag *Die mans is op* **jag** *en hoop om 'n bok of twee te skiet.* The men are out on a **hunt** and hope to shoot a buck or two.

□ **hunt** *noun (plural* **hunts***)*

hunt[2] ❶ jag *Die mans het gaan* **jag** *en twee bokke geskiet.* The men went out to **hunt** and shot two buck. ❷ jag maak op *Uile* **maak** *snags* **op** *klein diertjies* **jag.** Owls **hunt** small animals at night.

□ **hunt** *verb (past tense and past participle* **hunted,** *present participle* **hunting***)*

hunter jagter *Die* **jagter** *het die leeu met sy geweer in die kop geskiet.* The **hunter** shot the lion in the head with his gun.

□ **hunt·er** *noun (plural* **hunters***)*

hurry[1] haas *In sy* **haas** *om die bus te haal, het hy sy toebroodjies by die huis vergeet.* In his **hurry** to catch the bus, he forgot his sandwiches at home.

◆ **be in a hurry** haastig wees *"Ek kan nie nou met jou praat nie – ek* **is haastig** *om die bus te haal."* "I can't talk to you now – I'm **in a hurry** to catch the bus."

□ **hur·ry** *noun (no plural)*

hurry[2] jou haas *"Jy hoef jou nie te haas nie – die trein vertrek eers oor 'n uur."* "You needn't **hurry** – the train only leaves in an hour's time."

◆ **hurry up** ❶ gou maak *"As jy nie gou maak nie, sal jy laat wees vir skool."* "If you don't **hurry up**, you'll be late for school." ❷ aanjaag *Sy werk te stadig; jaag haar 'n bietjie aan.* She is working too slowly; **hurry** her **up** a bit.

☐ **hur·ry** *verb (past tense and past participle* **hurried**, *present participle* **hurrying**)

hurt ❶ seermaak *"Moenie haar arm so draai nie; jy sal haar seermaak."* "Don't twist her arm like that; you'll **hurt** her." ❷ seermaak, beseer *Hy het sy been seergemaak/beseer toe hy van sy fiets afgeval het.* He **hurt** his leg when he fell off his bicycle. ❸ seerkry *My vingers is so styf van die koue dat hulle seerkry as ek hulle buig.* My fingers are so stiff with cold that they **hurt** when I bend them. ❹ seer wees *My voete is seer omdat ek die hele dag moes staan.* My feet **hurt** because I had to stand all day.

◆ **get hurt** seerkry *"Jy sal seerkry as jy van daardie hoë muur afval."* "You'll **get hurt** if you fall off that high wall."

☐ **hurt** *verb (past tense and past participle* **hurt**, *present participle* **hurting**)

husband man *"Is hulle man en vrou?"* – *"Nee, hulle is nie getroud nie."* "Are they **husband** and wife?" – "No, they're not married."

☐ **hus·band** *noun (plural* **husbands**)

hut hut *Hulle woon in 'n ronde hut wat van riete en klei gemaak is.* They live in a round **hut** made of reeds and clay.

☐ **hut** *noun (plural* **huts**)

hymn gesang *"Kom ons sing hierdie gesang tot lof van God."* "Let's sing this **hymn** in praise of God."

☐ **hymn** *noun (plural* **hymns**)

I

I ek "**Ek** is veertien. Hoe oud is jy?" "**I** am fourteen. How old are you?"

☐ **I** pronoun

ice ys As jy 'n blokkie **ys** in die son sit, sal dit smelt en in water verander. If you put a block of **ice** in the sun, it will melt and turn into water.

☐ **ice** noun (no plural)

ice-cold yskoud Toe ek die melk uit die koelkas haal, was dit **yskoud**. When I took the milk out of the refrigerator it was **ice-cold**.

☐ **ice-cold** adjective

ice-cream roomys "As jy al jou kos opeet, kan jy **roomys** vir poeding kry." "If you eat up all your food, you can have **ice-cream** for pudding."

◆ **ice-cream cone** roomyshorinkie "Wil jy jou **roomyshorinkie** gewoon hê, of met 'n sjokolade in die middel?" "Would you like your **ice-cream cone** plain, or with a chocolate in the middle?"

☐ **ice-cream** noun (plural **ice-creams**)

icy ysig Die wind was **ysig** en het ons van die koue laat bewe. The wind was **icy** and made us shiver with cold.

☐ **i·cy** adjective **icier, iciest**

idea ❶ idee, plan "Dis so warm, kom ons gaan swem." – "Ja, dis 'n goeie **idee/plan**." "It's so hot, let's go for a swim." – "Yes, that's a good **idea**." ❷ gedagte "Hoe kan jy rou vleis eet? Net die **gedagte** daaraan laat my naar voel!" "How can you eat raw meat? The very **idea** of it makes me feel sick!"

◆ **give an idea** sê ongeveer "Kan jy my **sê ongeveer** hoeveel 'n nuwe fiets oor 'n jaar sal kos?" "Can you **give** me **an idea** of how much a new bicycle will cost in a year's time?"

◆ **have an idea** dink Hy sê hy het dit self gemaak, maar ek **dink** iemand het hom gehelp. He says he made it himself, but I **have an idea** someone helped him.

◆ **have no idea** (nie) weet nie "Waar is Maria?" – "Ek **weet nie**." "Where is Maria?" – "I **have no idea**."

◆ **have you any idea?** weet jy miskien? "**Weet jy miskien** wanneer sy verjaar?" "**Have you any idea** when it is her birthday?"

☐ **idea** noun (plural **ideas**)

if ❶ as "Trek 'n trui aan **as** jy koud kry." "Put on a jersey **if** you're cold." ❷ of "Vra hom **of** hy nog 'n stukkie brood wil hê." "Ask him **if** he would like another piece of bread." ❸ indien Proe die sop en voeg nog sout by **indien** nodig. Taste the soup and add more salt **if** necessary.

◆ **as if** ⇨ **as**³.

◆ **even if** ⇨ **even**².

◆ **if not** ❶ indien nie "Is daar nog appels oor? **Indien**

nie, kan ek 'n piesang kry?" "Are there any apples left? **If not**, may I have a banana?" ❷ so nie "**Jy moet voor eenuur by die huis wees. So nie**, sal jy sonder middagete moet klaarkom." "You have to be home before one o'clock. **If not**, you'll have to go without lunch." ❸ of selfs Ek het baie van die skrywer se eerste boek gehou, maar sy tweede boek is ewe goed **of selfs** beter. I liked the author's first book very much, but his second book is just as good **if not** better.

◆ **if only** ❶ het maar Toe hy sy swak eksamenuitslae sien, het hy gesê: "**Het ek maar** 'n bietjie harder gewerk!" When he saw his bad exam results he said, "**If only** I had worked a little harder!" ❷ was maar Sy het die ring in die winkelvenster bewonder en gesê: "**Was ek maar** ryk!" She admired the ring in the shop window and said, "**If only** I were rich!"

◆ **if so** indien wel "Gaan jy kafee toe? **Indien wel**, koop asseblief vir my 'n liter melk." "Are you going to the café? **If so**, please buy me a litre of milk."

☐ **if** conjunction (joining word)

ill ❶ siek Esmé is ernstig **siek** in die hospitaal. Esmé is seriously **ill** in hospital. ❷ sleg Ek voel **sleg** – ek dink ek gaan verkoue kry. I feel **ill** – I think I am going to get a cold.

◆ **fall ill, be taken ill** siek word Esmé **het** by die skool **siek geword** en moes dokter toe gaan. Esmé **fell ill** (OR **was taken ill**) at school and had to see a doctor.

☐ **ill** adjective **worse, worst**

> The adjective **ill** cannot be used before a noun: you say a **sick** man (not an **ill** man).

illness siekte Lynette is weens **siekte** van die skool afwesig. Lynette is absent from school because of **illness**.

☐ **ill·ness** noun (plural **illnesses**)

image beeld As ek aan 'n bruid dink, kom die **beeld** van 'n vrou in 'n lang wit rok in my gedagte op. When I think of a bride the **image** of a woman in a long white dress comes into my mind.

☐ **im·age** noun (plural **images**)

imagination verbeelding [a] "Kinders, gebruik jul **verbeelding** en skryf 'n opstel oor 'n man wat na die maan reis." "Children, use your **imagination** and write an essay about a man travelling to the moon." [b] "Daar is niks onder jou bed nie – dis maar jou **verbeelding**." "There is nothing under your bed – it's only your **imagination**."

☐ **im·ag·i·na·tion** noun (no plural)

imagine ❶ jou verbeel "Daar is niks onder jou bed nie – jy **verbeel jou** dit maar." "There is nothing under your bed – you are only **imagining** it." ❷ jou voorstel Ek kan **my** nie **voorstel** hoe dit sou wees om op die maan *te woon nie.* I can't **imagine** what it would be like to live on the moon.

☐ **im·ag·ine** *verb (past tense and past participle* **im= agined,** *present participle* **imagining***)*

immediately onmiddellik, dadelik *Sy was so nuus= kierig om te weet wat in die pakkie was dat sy dit* **onmid= dellik/dadelik** *oopgemaak het.* She was so curious to know what was in the parcel that she opened it **imme= diately**

☐ **im·me·di·ate·ly** *adverb*

important belangrik [a] *Vir goeie gesondheid is dit* **be= langrik** *dat jy reg eet en genoeg oefening kry.* For good health it is **important** that you eat correctly and get enough exercise. [b] *Die skoolhoof is 'n* **belangrike** *figuur op 'n klein dorpie.* The headmaster is an **im= portant** figure in a small village.

☐ **im·por·tant** *adjective* **more important, most important**

impossible onmoontlik *Dit is* **onmoontlik** *vir 'n ap= pelboom om vye te dra.* It is **impossible** for an apple tree to bear figs.

☐ **im·pos·si·ble** *adjective*

improve verbeter *Hy neem ekstra lesse om sy Engels te* **verbeter.** He is taking extra lessons to **improve** his English.

☐ **im·prove** *verb (past tense and past participle* **im= proved,** *present participle* **improving***)*

improvement verbetering [a] *Daar is geen* **verbete= ring** *in die weer nie – dis nog steeds bitter koud.* There is no **improvement** in the weather – it is still bitterly cold. [b] *Hulle sal* **verbeteringe** *aan die pad moet aanbring, want dis in 'n slegte toestand.* They will have to make **improvements** to the road, for it is in a bad condition.

☐ **im·prove·ment** *noun (plural* **improvements***)*

in[1] ❶ in *Toe hy klop, het iemand geroep: "Kom* **in/ binne!"** When he knocked, someone called, "Come **in!**" ❷ tuis *"Is jou pa* **tuis?"** *– "Nee, meneer, hy is by die werk."* "Is your dad **in?**" – "No, sir, he is at work." ❸ in die mode *Sy is baie modern en dra altyd klere wat* **in die mode** *is.* She is very modern and always wears clothes that are **in.**

☐ **in** *adverb*

in[2] in [a] *"Waar is Martin?" – "Hy is* **in** *sy kamer."* "Where is Martin?" – "He is **in** his room." [b] *"Sit die geld* **in** *jou beursie."* "Put the money **in** your purse." [c] *Dit is twee-uur* **in** *die middag.* It is two o'clock **in** the afternoon. [d] *Die kinders speel* **in** *die water.* The children are playing **in** the water. [e] *Ons woon* **in** *'n groot stad.* We live **in** a large city. [f] *Dit word baie warm* **in** *die somer.* It gets very hot **in** sum= mer. [g] *Ek glo* **in** *God.* I believe **in** God. ❷ aan [a] *Thomas en sy meisie het hand* **aan** *hand met die straat af geloop.* Thomas and his girlfriend walked down the street hand **in** hand. [b] *Ek glo* **aan** *die dokter se medi= syne.* I believe **in** the doctor's medicine. ❸ by *Mense het* **by** *die duisende die eindwedstryd bygewoon.* People

attended the final match **in** their thousands. ❹ met [a] *Die meubels was na die sandstorm* **met** *stof bedek.* The furniture was covered **in** dust after the sandstorm. [b] *As jy* **met** *potlood skryf, kan jy jou foute maklik uitvee en verbeter.* If you write **in** pencil you can rub out and correct your mistakes quite easily. ❺ op [a] *Hulle woon* **op** *'n klein dorpie.* They live **in** a small town. [b] *My ma hou nie daarvan as ons* **op** *straat speel nie.* My mother does not like it if we play **in** the street.

◆ **in an hour, in an hour's time** oor 'n uur *"Jy hoef jou nie te haas nie – die trein vertrek eers* **oor 'n uur."** "You needn't hurry – the train only leaves **in an hour** (OR **in an hour's time**)."

◆ **in ... days from now** ⇨ **now**[1].

◆ **in it** daarin *"As jy die laai ooptrek, sal jy sien dat ek my onderklere* **daarin** *hou."* "If you open the drawer you will see that I keep my underwear **in it.**"

◆ **in which** ⇨ **which**[2].

☐ **in** *preposition*

include ❶ insluit [a] *Daar was 250 mense by haar troue, as jy die kinders ook* **insluit.** There were 250 people at her wedding, if you **include** the children as well. [b] *Huiswerk* **sluit** *take* **in** *soos ruite skoonmaak en skottel= goed was.* Housework **includes** tasks such as cleaning windows and washing dishes. ❷ opneem *Hulle kon hom nie in die span* **opneem** *nie, want hy het sy been gebreek.* They couldn't **include** him in the team because he had broken his leg.

☐ **in·clude** *verb (past tense and past participle* **in= cluded,** *present participle* **including***)*

incorrect verkeerd *"Vier en vyf is agt." – "Nee, dis* **verkeerd!** *Die antwoord is nege."* "Four and five are eight." – "No, that's **incorrect!** The answer is nine."

☐ **in·cor·rect** *adjective*

increase[1] ❶ verhoging *My pa het 'n* **verhoging** *gekry en verdien nou R50,00 meer per maand.* My father got an **increase** and now earns R50,00 more per month. ❷ toename *Daar is gewoonlik 'n* **toename** *in ongelukke in vakansietye.* There is usually an **increase** in accidents during holiday seasons. ❸ styging *Sodra petrol duurder word, lei dit tot 'n* **styging** *in die prys van ander goedere.* As soon as petrol becomes more expen= sive, it leads to an **increase** in the price of other goods.

☐ **in·crease** *noun (plural* **increases***)*

increase[2] ❶ verhoog *Hulle gaan die busgeld van 68c tot 75c per kaartjie* **verhoog.** They are going to **increase** the bus fare from 68c to 75c per ticket. ❷ toeneem *Alles bly in prys* **toeneem** *– niks word goedkoper nie.* Every= thing continues to **increase** in price – nothing be= comes cheaper.

☐ **in·crease** *verb (past tense and past participle* **in= creased,** *present participle* **increasing***)*

indicate aandui *Daar is pyltjies langs die pad wat* **aan= dui** *waar motoriste kan afdraai.* There are arrows along the road that **indicate** where motorists can turn off.

☐ **in·di·cate** *verb (past tense and past participle* **indi-cated**, *present participle* **indicating**)

indication aanduiding, teken *Donker wolke in die lug is 'n* **aanduiding/teken** *van reën.* Dark clouds in the sky are an **indication** of rain.

☐ **indication** *noun (plural* **indications**)

indoors binne *Die kinders moes* **binne** *speel, want dit het die hele dag gereën.* The children had to play **indoors** because it rained all day.

☐ **in·doors** *adverb*

infect aansteek *As jy griep het, bly in die bed sodat jy ander mense nie* **aansteek** *nie.* When you have flu, stay in bed so that you don't **infect** other people.

☐ **in·fect** *verb (past tense and past participle* **infected**, *present participle* **infecting**)

infectious aansteeklik *"Is griep* **aansteeklik**?" *– "Ja, dis 'n siekte wat van een mens na 'n ander versprei."* "Is flu **infectious**?" – "Yes, it's an illness that spreads from one person to another."

☐ **in·fec·tious** *adjective* **more infectious, most infectious**

influence[1] invloed *Simon is baie stout en het 'n slegte* **invloed** *op Philip.* Simon is very naughty and has a bad **influence** on Philip.

☐ **in·flu·ence** *noun (plural* **influences**)

influence[2] beïnvloed *'n Onderwyser kan die kinders* **beïnvloed** *deur die voorbeeld wat hy stel.* A teacher can **influence** the children by the example he sets.

☐ **in·flu·ence** *verb (past tense and past participle* **influenced**, *present participle* **influencing**)

influenza griep **Griep** *is 'n siekte wat 'n mens gewoonlik in die winter kry.* **Influenza** is an illness which one usually gets in winter. ⇨ **flu** [NOTE].

☐ **in·flu·en·za** *noun (no plural)*

inform in kennis stel *"***Stel** *asseblief jul ouers* **in kennis** *dat die skool môre om twaalfuur sluit."* "Please **inform** your parents that the school closes at twelve o'clock tomorrow."

♦ **remain informed** op die hoogte bly *Mense wat in die politiek belang stel,* **bly op die hoogte** *van regeringsake.* People who are interested in politics **remain informed** about government matters.

☐ **in·form** *verb (past tense and past participle* **informed**, *present participle* **informing**)

information inligting *'n Bord by die stasie gee jou* **inligting** *oor die aankoms en vertrek van treine.* A board at the station gives you **information** about the arrival and departure of trains.

☐ **in·for·ma·tion** *noun (no plural)*

ingredient bestanddeel *Meel is 'n* **bestanddeel** *van brood.* Flour is an **ingredient** of bread.

☐ **in·gre·di·ent** *noun (plural* **ingredients**)

inhabit bewoon *Visse* **bewoon** *die see, en mense en diere die aarde.* Fish **inhabit** the sea, and people and animals the earth.

☐ **in·hab·it** *verb (past tense and past participle* **inhabited**, *present participle* **inhabiting**)

inhabitant inwoner *My oupa van 101 is die oudste* **inwoner** *van ons dorp.* My grandfather of 101 is the oldest **inhabitant** of our town.

☐ **in·hab·it·ant** *noun (plural* **inhabitants**)

injection inspuiting *Die tandarts het my 'n* **inspuiting** *gegee voordat hy my tand gestop het.* The dentist gave me an **injection** before he filled my tooth.

☐ **in·jec·tion** *noun (plural* **injections**)

injure seermaak, beseer *"Sit weg daardie skerp mes; jy kan jou lelik* **seermaak/beseer** *as jy daarmee speel."* "Put away that sharp knife; you can **injure** yourself badly if you play with it."

☐ **in·jure** *verb (past tense and past participle* **injured**, *present participle* **injuring**)

injured beseer *"Is die vrou erg* **beseer**?" *– "Ja, haar nek is af."* "Is the woman badly **injured**?" – "Yes, her neck is broken."

☐ **in·jured** *adjective*

injury besering *Die* **besering** *aan sy rug was so ernstig dat hy hospitaal toe moes gaan.* The **injury** to his back was so serious that he had to go to hospital.

☐ **in·ju·ry** *noun (plural* **injuries**)

ink ink *Daar is blou* **ink** *in my pen.* There is blue **ink** in my pen.

☐ **ink** *noun (plural* **inks**)

innocent onskuldig *Die seun is* **onskuldig** *– hy het nie die geld gesteel nie.* The boy is **innocent** – he did not steal the money.

☐ **in·no·cent** *adjective*

inquisitive nuuskierig *Sy is baie* **nuuskierig** *en probeer altyd goed oor ander mense uitvind.* She is very **inquisitive** and always tries to find out things about other people.

☐ **in·quis·i·tive** *adjective* **more inquisitive, most inquisitive**

inquisitively nuuskierig *"Wat is in die pakkie?" het hy* **nuuskierig** *gevra.* "What is in the parcel?" he asked **inquisitively**.

☐ **in·quis·i·tive·ly** *adverb*

insect ❶ insek *'n Vlieg is 'n* **insek**. A fly is an **insect**. ❷ gogga *'n Groen* **gogga** *met ses pote het gate in die plant se blare gevreet.* A green **insect** with six legs has chewed holes in the plant's leaves.

☐ **in·sect** *noun (plural* **insects**)

inside[1] binnekant *Die* **binnekant** *en die buitekant van die huis is wit geverf.* The **inside** and the outside of the house are painted white.

♦ **inside out** verkeerd om *"Jy het jou trui* **verkeerd om** *aan – 'n mens kan die etiket sien."* "You've got your jersey on **inside out** – the label is showing."

☐ **in·side** *noun (plural* **insides**)

inside[2] ❶ binne- *Hy hou sy pen in die* **binnesak** *van sy baadjie.* He keeps his pen in the **inside** pocket of his jacket. ❷ binne(n)ste *Die* **binne(n)ste** *deure van die gebou is kleiner as die buitenstes.* The **inside** doors of the building are smaller than the outside ones.

☐ **in·side** *adjective*

inside[3] ❶ binne, binnekant *Die kinders speel buite/buitekant terwyl die grootmense **binne/binnekant** sit en televisie kyk.* The children are playing outside while the grown-ups are sitting **inside** watching television. ❷ binne(n)toe, na binne *Hy het die deur oopgemaak en **binne(n)toe** (OF **na binne**) gegaan.* He opened the door and went **inside**.
□ **in·side** *adverb*

inside[4] in *Ons het **in** die winkel gewag totdat dit opgehou reën het.* We waited **inside** the shop until it stopped raining.
□ **in·side** *preposition*

inspect inspekteer *Die Departement van Onderwys het iemand gestuur om ons skool te **inspekteer**.* The Department of Education sent someone to **inspect** our school.
□ **in·spect** *verb (past tense and past participle **in·spected**, present participle **inspecting**)*

inspection inspeksie *Die inspekteur het 'n **inspeksie** van ons skool gedoen.* The inspector made an **inspection** of our school.
□ **in·spec·tion** *noun (plural **inspections**)*

inspector inspekteur *'n **Inspekteur** kyk of mense hul werk reg doen.* An **inspector** checks whether people do their work properly.
□ **in·spec·tor** *noun (plural **inspectors**)*

instance geval *Die ergste **geval** van diefstal by ons skool was toe Simon die eksamenvraestelle gesteel het.* The worst **instance** of theft at our school was when Simon stole the examination papers.
◆ **for instance** byvoorbeeld *Daar is baie maniere om fiks te bly – 'n mens kan **byvoorbeeld** elke dag oefeninge doen.* There are many ways of keeping fit – one can, **for instance**, do exercises every day.
□ **in·stance** *noun (plural **instances**)*

instant kits= *Dis baie maklik om **kits**koffie te maak: jy voeg net 'n teelepel poeier by 'n koppie kookwater.* It is very easy to make **instant** coffee: you just add a teaspoonful of powder to a cup of boiling water.
□ **in·stant** *adjective*

instead in plaas daarvan *Sy het nie botter gehad nie, toe gebruik sy margarien **in plaas daarvan**.* She didn't have butter, so she used margarine **instead**.
◆ **instead of** in plaas van *My horlosie is voor – dit wys 13:10 **in plaas van** 13:00.* My watch is fast – it reads 13:10 **instead of** 13:00.
□ **in·stead** *adverb*

instruct opdrag gee *Die hoof het vir die onderwysers gesê: "**Gee** asseblief aan die kinders **opdrag** om môre om 08:00 in die saal bymekaar te kom."* The headmaster said to the teachers: "Please **instruct** the children to assemble in the hall at 08:00 tomorrow."
◆ **instruct in** leer *Daar is drie onderwysers by ons skool wat die kinders **leer** swem.* There are three teachers at our school that **instruct** the children **in** swimming.
□ **in·struct** *verb (past tense and past participle **in·structed**, present participle **instructing**)*

instruction ❶ les *Die kinders kry **les** in swem by die skool.* The children get **instruction** in swimming at school. ❷ opdrag *Die **opdrag** het van die hoof gekom – ek kon nie weier om dit te doen nie.* The **instruction** came from the headmaster – I couldn't refuse to do it. ❸ aanwysing *Volgens die **aanwysinge/aanwysings** op die bottel medisyne moet jy twee pille drie maal per dag drink.* According to the **instructions** on the bottle of medicine you have to take two tablets three times a day.
□ **in·struc·tion** *noun (no plural at 1; instructions at 2 and 3)*

instrument instrument [a] *Die dokter het 'n spesiale **instrument** waarmee hy na jou hart en longe luister.* The doctor has a special **instrument** with which he listens to your heart and lungs. [b] *Sy kan twee **instrumente** speel, naamlik die klavier en die kitaar.* She can play two **instruments**, namely the piano and the guitar.
□ **in·stru·ment** *noun (plural **instruments**)*

intend van plan wees *"Ons **is van plan** om vanmiddag te gaan swem – wil jy saamkom?"* "We **intend** to go swimming this afternoon – would you like to come along?"
◆ **be intended for** bedoel wees vir *"Die blomme **is vir** jou **bedoel**; nie vir jou ma nie."* "The flowers **are intended for** you; not for your mother."
□ **in·tend** *verb (past tense and past participle **in·tended**, present participle **intending**)*

intention bedoeling *"Jammer, dit was nie my **bedoeling** om jou te ontstel nie."* "I'm sorry, it wasn't my **intention** to upset you."
◆ **have no intention of** nie van plan wees nie *Ek **is nie van plan** om vir my 'n nuwe fiets te koop **nie**, want my oue makeer niks.* I **have no intention of** buying myself a new bicycle, because there is nothing wrong with my old one.
□ **in·ten·tion** *noun (plural **intentions**)*

interest[1] ❶ belang *Dis in jou eie **belang** om hard te werk vir die eksamen.* It is in your own **interest** to work hard for the examination. ❷ belangstelling *Hy het matroos geword weens sy **belangstelling** in skepe.* He became a sailor because of his **interest** in ships.
◆ **take an interest in** belang stel (OF belangstel) in *Ek waardeer dit dat my ouers **belang stel** (OF **belangstel**) in alles wat ek doen.* I appreciate it that my parents **take an interest in** everything I do.
□ **in·ter·est** *noun (no plural at 2; interests at 1)*

interest[2] interesseer *Lorraine kyk nooit boks nie, want dit **interesseer** haar nie.* Lorraine never watches boxing because it doesn't **interest** her.
◆ **be interested in** belang stel (OF belangstel) in *Ek waardeer dit dat my ouers **belang stel** (OF **belangstel**) in alles wat ek doen.* I appreciate it that my parents **are interested in** everything I do.
□ **in·ter·est** *verb (past tense and past participle **interested**, present participle **interesting**)*

interesting interessant *Die boek was so **interessant** dat ek dit twee keer gelees het.* The book was so **interesting** that I read it twice.
□**in·ter·est·ing** *adjective* **more interesting, most interesting**

interior binneland *Kaapstad lê aan die kus en Johannesburg in die **binneland** van Suid-Afrika.* Cape Town lies on the coast and Johannesburg in the **interior** of South Africa.
□**in·te·ri·or** *noun (no plural)*

interrupt onderbreek, in die rede val *"Moet my asseblief nie **onderbreek** (OF **in die rede val**) terwyl ek praat nie."* "Please don't **interrupt** me while I'm speaking."
□**in·ter·rupt** *verb (past tense and past participle **interrupted**, present participle **interrupting**)*

interval pouse *Daar is 'n **pouse** van twintig minute voordat die hoofprent begin.* There is an **interval** of twenty minutes before the main film starts.
□**in·ter·val** *noun (plural **intervals**)*

into ❶ in [a] *Hy het sy nagklere aangetrek en **in** die bed geklim.* He put on his pyjamas and got **into** bed. [b] *Die koppie het van die tafel afgeval en **in** stukkies gebreek.* The cup fell off the table and broke **into** pieces. [c] *"Moenie jou rook **in** my gesig blaas nie."* "Don't blow your smoke **into** my face." [d] *Ons moes vir huiswerk 'n paar reëls uit Engels **in** Afrikaans vertaal.* For homework we had to translate a few lines from English **into** Afrikaans. [e] *"Jy sal **in** die moeilikheid kom as pa jou sien rook."* "You'll get **into** trouble if dad sees you smoking." [f] *Die blokkie ys het gesmelt en **in** water verander.* The block of ice melted and turned **into** water. [g] *Ons het tot diep **in** die nag gesels en is baie laat bed toe.* We chatted deep **into** the night and went to bed very late. ❷ in, teen *Die motor het op die nat pad gegly en **in/teen** 'n boom vasgery.* The car skidded on the wet road and crashed **into** a tree. ❸ aan *Die motor het **in** 'n bus vasgery en **aan** die brand geslaan.* The car crashed into a bus and burst **into** flames. ❹ tot *Sade ontwikkel **tot** plante.* Seeds develop **into** plants. ❺ op *Hy het die blare **op** 'n hoop gehark.* He raked the leaves **into** a heap.
◆ **into it** daarin *Die doos is vol; ek kan niks meer **daarin** kry nie.* The box is full; I can't get anything else **into it**.
□**in·to** *preposition*

introduce voorstel *"Ek wil jou suster graag ontmoet; sal jy haar aan my **voorstel**?"* "I'd like to meet your sister; will you **introduce** her to me?"
□**in·tro·duce** *verb (past tense and past participle **introduced**, present participle **introducing**)*

invent uitvind *Alexander Graham Bell **het** die telefoon **uitgevind**.* Alexander Graham Bell **invented** the telephone. ⇨ **discover** [NOTE].
□**in·vent** *verb (past tense and past participle **invented**, present participle **inventing**)*

invitation uitnodiging *"Gaan jy die **uitnodiging** na*

sy partytjie aanvaar?"* "Are you going to accept the **invitation** to his party?"
□**in·vi·ta·tion** *noun (plural **invitations**)*

invite nooi, uitnooi *Monica gaan al die kinders in haar klas na haar partytjie **nooi/uitnooi**.* Monica is going to **invite** all the children in her class to her party.
◆ **invite to** vra vir *Ma **het** 'n paar vriendinne **vir** tee **gevra**.* Mum **invited** some friends **to** tea.
□**in·vite** *verb (past tense and past participle **invited**, present participle **inviting**)*

iron[1] ❶ yster *Yster is 'n baie harde metaal.* **Iron** is a very hard metal. ❷ yster, strykyster *Sy het 'n gat in die laken gebrand, want die **yster/strykyster** was te warm.* She burnt a hole in the sheet because the **iron** was too hot.
□**i·ron** *noun (no plural at 1; **irons** at 2)*

iron[2] stryk *Sy het 'n groot bondel wasgoed om te **stryk**.* She has a big bundle of washing to **iron**.
□**i·ron** *verb (past tense and past participle **ironed**, present participle **ironing**)*

is is [a] *Hy **is** 'n boer.* He **is** a farmer. [b] *Sy **was** ses toe sy skool toe is.* She **was** six when she went to school. [c] *Dit **is** sleg vir jou tande om te veel lekkers te eet.* It **is** bad for your teeth to eat too many sweets. [d] *Twee en twee **is** vier.* Two and two **is** four. ⇨ **be** [NOTE].
◆ **isn't ...?** (mos) ... nè?, (mos) ... nie waar nie? *"Sy kom **(mos), nè** (OF **nie waar nie)**?"* "She's coming, **isn't** she?"
◆ **wasn't ...?** (mos) ... nè?, (mos) ... nie waar nie? *"Hy was **(mos)** laat, **nè** (OF **nie waar nie)**?"* "He was late, **wasn't** he?"
□**is** *present tense of the verb **be**, used only with "he", "she" and "it" (past tense **was**)*

Islam Islam *Islam **is** die godsdiens van die Moslems.* **Islam** is the religion of the Muslims.
□**Is·lam** *noun (no plural)*

island eiland *Madagaskar is 'n groot **eiland** teenoor die kus van Mosambiek.* Madagascar is a big **island** off the coast of Mozambique.
□**is·land** *noun (plural **islands**)*

it ❶ dit [a] *Ek het seker my pen verloor; ek kan **dit** nêrens kry nie.* I must have lost my pen; I can't find **it** anywhere. [b] *Dit is sy skuld dat ons laat is.* It is his fault that we are late. [c] *"Wie is daardie seun?" – "**Dit** is Anna se broer."* "Who is that boy?" – "**It** is Anna's brother." [d] *Dit reën.* It is raining. ❷ hy *"Waar is die hond?" – "**Hy** is in die tuin."* "Where is the dog?" – "**It** is in the garden." ❸ hom *"Die hond is dors; gee **hom** 'n bietjie water."* "The dog is thirsty; give **it** some water."
◆ **it all** ⇨ **all**[3].
◆ **it's** dis *Dis laat en al die winkels is toe.* **It's** late and all the shops are closed.
◆ **of it** ⇨ **of**.
□**it** *pronoun*

itch jeuk *'n Vlooibyt laat jou vel **jeuk**.* A flea-bite makes your skin **itch**.

□**itch** verb (past tense and past participle **itched**, present participle **itching**)

its sy Die hond het al **sy** kos opgeëet. The dog ate all **its** food.

□**its** pronoun

---

its is the possessive form of **it**, while **it's** is short for **it is** or **it has**: The dog is wagging **its** tail. **It's** very hot. **It's** rained for three days now.

---

itself ◧ homself Die voël het na **homself** in die spieël gekyk. The bird looked at **itself** in the mirror. ◨ hom Die kat krap **hom**, want hy is vol vlooie. The cat is scratching **itself**, because it is full of fleas. ◪ self **[a]** Die hond is baie slim – hy kan die deur **self** oopmaak. The dog is very clever – it can open the door **itself**. **[b]** Die brand het die dak beskadig, maar nie die huis **self** nie. The fire damaged the roof, but not the house **itself**.

◆ **by itself** ◧ alleen Die hond was heeltemal **alleen** by die huis. The dog was all **by itself** at home. ◨ vanself Sodra die water begin kook, skakel die ketel **vanself** af. As soon as the water starts boiling, the kettle switches off **by itself**.

□**it·self** pronoun

J

jacket baadjie *Hy dra altyd 'n **baadjie** en 'n lang broek kerk toe.* He always wears a **jacket** and a pair of trousers to church.
☐ **jack·et** *noun (plural* **jackets***)*

jail tronk *Hy is weens diefstal **tronk** toe gestuur.* He was sent to **jail** for stealing.
☐ **jail** *noun (plural* **jails***)*

jam konfyt *"Wil jy stroop of **konfyt** op jou brood hê?"* "Would you like syrup or **jam** on your bread?"
☐ **jam** *noun (plural* **jams***)*

January Januarie *Januarie is die eerste maand van die jaar.* **January** is the first month of the year.
☐ **Jan·u·ar·y** *noun (no plural)*

jar fles *"Moenie die deksel te styf op die **fles** vasdraai nie."* "Don't screw the lid too tightly on to the **jar**."
☐ **jar** *noun (plural* **jars***)*

jaw kaak, kakebeen *Nadat hy sy **kaak/kakebeen** gebreek het, kon hy nie kou nie.* After he had broken his **jaw** he couldn't chew.
☐ **jaw** *noun (plural* **jaws***)*

jealous jaloers *Cynthia is baie **jaloers** en hou nie daarvan as haar kêrel met ander meisies praat nie.* Cynthia is very **jealous** and doesn't like it when her boyfriend talks to other girls.
◆ **jealous of** jaloers op *Hy was **jaloers op** sy suster toe sy 'n nuwe paar skoene gekry het.* He was **jealous of** his sister when she got a new pair of shoes.
☐ **jeal·ous** *adjective* **more jealous, most jealous**

jelly jellie *Ons het **jellie** en roomys vir poeding gehad.* We had **jelly** and ice-cream for pudding.
☐ **jel·ly** *noun (plural* **jellies***)*

jerk¹ ruk *Die bus het met 'n **ruk** weggetrek en ek het amper omgeval.* The bus pulled away with a **jerk** and I nearly fell over.
☐ **jerk** *noun (plural* **jerks***)*

jerk² ruk *Sy bestuur nie goed nie en laat die motor **ruk** wanneer sy wegtrek.* She doesn't drive well and lets the car **jerk** when she pulls away.
☐ **jerk** *verb (past tense and past participle* **jerked***, present participle* **jerking***)*

jersey trui *"Trek 'n **trui** aan as jy koud kry."* "Put on a **jersey** if you're cold."
☐ **jer·sey** *noun (plural* **jerseys***)*

Jew Jood *Hy was 'n **Jood** maar het van geloof verander en is nou 'n Christen.* He was a **Jew** but changed his religion and is now a Christian.
☐ **Jew** *noun (plural* **Jews***)*

jewel juweel *Daar is 'n rooi **juweel** in haar ring.* There is a red **jewel** in her ring.
☐ **jew·el** *noun (plural* **jewels***)*

jewellery juwele *Die dief het al my ma se ringe, armbande en ander **juwele** gesteel.* The thief stole all my mother's rings, bracelets and other **jewellery**.
☐ **jewellery** *noun (no plural)*

job ❶ werk *Vroue verdien dikwels minder as mans vir dieselfde **werk**.* Women often earn less than men for the same **job**. ❷ werkie *"Estelle, ek het 'n paar **werkies** vir jou: skil asseblief die aartappels en maak die vuilgoedblik leeg."* "Estelle, I have a couple of **jobs** for you: please peel the potatoes and empty the dustbin."
◆ **a good job** 'n goeie ding *Dis **'n goeie ding** dat ek 'n trui gebring het – dit het skielik koud geword.* It's **a good job** I brought a jersey – it suddenly got cold.
◆ **do/make a good job of** goed, mooi *Sy ma het hom geld vir 'n roomys gegee omdat hy die tuin so **goed/mooi** skoongemaak het.* His mother gave him money for an ice-cream because he **did/made** such **a good job of** cleaning the garden.
☐ **job** *noun (plural* **jobs***)*

jockey jokkie *'n **Jokkie** ry perde in wedrenne.* A **jockey** rides horses in races.
☐ **jock·ey** *noun (plural* **jockeys***)*

jog draf *Vir oefening **draf** Philip en Simon elke oggend 'n paar keer om die blok.* For exercise Philip and Simon **jog** around the block a few times every morning.
☐ **jog** *verb (past tense and past participle* **jogged***, present participle* **jogging***)*

join ❶ las *"Las die twee toue met 'n stywe knoop aan mekaar."* "**Join** the two ropes together with a tight knot." ❷ verbind *Jou nek **verbind** jou kop met die res van jou liggaam.* Your neck **joins** your head to the rest of your body. ❸ aansluit [a] *Wanneer jy by 'n klub **aansluit**, word jy lid daarvan.* When you **join** a club, you become a member of it. [b] *"Ek sal (my) oor tien minute by julle in die kafee **aansluit**."* "I'll **join** you in the café in ten minutes." ❹ saamkom *"Ons gaan swem – wil jy **saamkom**?"* "We're going for a swim – would you like to **join** us?" ❺ saamkom, bymekaarkom *Die water vloei baie vinnig waar die twee riviere **saamkom/bymekaarkom**.* The water flows very fast where the two rivers **join**.
☐ **join** *verb (past tense and past participle* **joined***, present participle* **joining***)*

joint ❶ gewrig *Jou knie is 'n **gewrig**.* Your knee is a **joint**. ❷ las, lasplek *Water lek uit die **las/lasplek** in die pyp.* Water is leaking out of the **joint** in the pipe.
☐ **joint** *noun (plural* **joints***)*

joke¹ grap *Jy vertel 'n **grap** om mense te laat lag.* You tell a **joke** to make people laugh.
◆ **see/catch a joke** 'n grap snap *Hy het 'n goeie sin vir humor en **snap 'n grap** gou.* He has a good sense of humour and is quick to **see/catch a joke**.

☐ **joke** *noun (plural* **jokes***)*

joke² 'n grap maak *"Bedoel jy wat jy sê, of* **maak** *jy 'n* **grap***?"* "Do you mean what you are saying, or are you joking?"

☐ **joke** *verb (past tense and past participle* **joked***, pre= sent participle* **joking***)*

journey reis *Sy* **reis** *werk toe duur omtrent 45 minute.* His **journey** to work takes about 45 minutes.

☐ **jour·ney** *noun (plural* **journeys***)*

joy vreugde, blydskap *Sy het van* **vreugde/blydskap** *gehuil toe sy hoor dat sy matriek geslaag het.* She cried for **joy** when she heard that she had passed matric.

☐ **joy** *noun (no plural)*

jug beker *Die* **beker** *kan 'n liter melk hou.* The **jug** can hold a litre of milk.

☐ **jug** *noun (plural* **jugs***)*

juice sap *Gloria het 'n paar lemoene uitgedruk en die* **sap** *gedrink.* Gloria squeezed some oranges and drank the **juice**.

☐ **juice** *noun (plural* **juices***)*

July Julie *Julie is die sewende maand van die jaar.* **July** is the seventh month of the year.

☐ **Ju·ly** *noun (no plural)*

jump spring *Die heining is te hoog – die hond kan nie daaroor* **spring** *nie.* The fence is too high – the dog can't **jump** over it.

♦ **jump in** inspring *"As jy nie kan swem nie, moenie by die diep kant van die swembad* **inspring** *nie."* "If you can't swim, don't **jump in** at the deep end of the swimming pool."

♦ **jump into** inspring *Thomas* **het in** *die rivier ge= spring en die meisie se lewe gered.* Thomas **jumped into** the river and saved the girl's life.

♦ **jump off** afspring *"Pas op dat jy nie seerkry wan= neer jy van die muur* **afspring** *nie."* "Be careful that you don't get hurt when you **jump off** the wall."

♦ **jump out** uitspring *"Maak die deur van die hok toe, anders sal die haas* **uitspring** *en weghardloop."* "Close the door of the cage, otherwise the rabbit will **jump out** and run away."

☐ **jump** *verb (past tense and past participle* **jumped***, present participle* **jumping***)*

June Junie *Junie is die sesde maand van die jaar.* **June** is the sixth month of the year.

☐ **June** *noun (no plural)*

---

just has a variety of senses and, therefore, must be positioned carefully to make the meaning of the sen= tence clear: *Mary has* **just** *washed two dresses* (a short while ago). *Mary has washed* **just** *two dresses* (not one or three, etc.). ***Just*** *Mary washed two dresses* (only Mary, no one else).

---

just 🛮 net **[a]** *Ek het* **net** *genoeg geld vir die appel, nie 'n sent meer of minder nie.* I have **just** enough money for the apple, not a cent more or less. **[b]** *"Jy het* **net** *betyds gekom om die begin van die program te sien."* "You came **just** in time to see the beginning of the programme." **[c]** *Ek is nie baie honger nie; ek wil* **net** *een snytjie brood hê."* "I'm not very hungry; I **just** want one slice of bread." **[d]** *Ek het dié horlosie gekoop* **net** *omdat dit die goedkoopste van almal was.* I bought this watch **just** because it was the cheapest of the lot. **🛮** nog net *"Ek is amper klaar! Ek moet* **nog net** *my hare kam en 'n bietjie lipstiffie aansmeer."* "I'm almost ready! I **just** have to comb my hair and put on some lipstick." **🛮** so pas, nou net *Die brood is baie vars – dit het* **so pas** *(*OF **nou net***) uit die oond gekom.* The bread is very fresh – it has **just** come out of the oven. **🛮** maar *"Jy sal* **maar** *vir my moet wag, of jy jus het of nie."* "You'll **just** have to wait for me, whether you like it or not." **🛮** presies *"Sê my, wat het* **presies** *gebeur?"* "Tell me, **just** what happened?" **🛮** ('n) bietjie *"Walter, kom* **('n) bietjie** *hier; ek wil jou iets wys."* "Walter, **just** come here; I want to show you some= thing." **🛮** eenvoudig *Ek het my bes probeer, maar kon* **eenvoudig** *nie betyds klaarkry nie.* I tried my best, but **just** couldn't finish in time. **🛮** net-net *"Kyk, daar trek die trein – jy het hom* **net-net** *gemis!"* "Look, there goes the train – you've **just** missed it!" **🛮** kort *Die teer= pad word 'n grondpad* **kort** *buite die dorp.* The tarred road becomes a dirt road **just** outside the town. **🛮🛮** gou *"Ma, ek gaan* **gou** *kafee toe – ek sal nie lank wegbly nie."* "Mum, I'm **just** going to the café – I won't be long."

♦ **just a moment** ⇨ **moment**.

♦ **just as** net toe *Die trein het weggetrek* **net toe** *ons by die stasie aankom.* The train pulled away **just as** we arrived at the station.

♦ **just as ... as** net so ... soos *Thomas is* **net so lank soos** *sy ma.* Thomas is **just as** tall **as** his mother.

♦ **just as good** ewe goed, net so goed *Ek het baie van die skrywer se eerste boek gehou, maar sy tweede boek is* **ewe goed** *(*OF **net so goed***).* I liked the author's first book very much, but his second book is **just as good**.

♦ **just as ... was about to** ⇨ **about¹**.

♦ **just like** ⇨ **like²**.

♦ **just now 🛮** op die oomblik *"Ek kan jou nie* **op die oomblik** *help nie – my hande is vol deeg."* "I can't help you **just now** – my hands are full of dough." **🛮** nou-nou, netnou *Ek het Esmé* **nou-nou/netnou** *gesien toe ek gaan brood koop het.* I saw Esmé **just now** when I went to buy some bread.

♦ **(just) the other day** ⇨ **day**.

♦ **just yet** nou al *"Moenie die koevert* **nou al** *toeplak nie; ek wil iets by die brief voeg."* "Don't seal the envel= ope **just yet**; I want to add something to the letter."

♦ **only just** ⇨ **only²**.

☐ **just** *adverb*

K

keen **1** ywerig *Die student is baie **ywerig** en werk hard.* The student is very **keen** and works hard. **2** gretig *Ek is **gretig** om haar te ontmoet – sy is glo 'n lieflike mens.* I'm **keen** to meet her – I believe she's a lovely person. **3** lewendig *Hy het 'n **lewendige** belangstelling in sport.* He has a **keen** interest in sport.
♦ be keen on **1** lief wees vir *Sy **is lief vir** lees.* She is **keen on** reading. **2** baie graag *Hy speel **baie graag** sokker.* He **is keen on** playing soccer. **3** graag wil *Sy **wil** baie **graag** eendag oorsee gaan.* She is very **keen on** going overseas one day.
☐ keen *adjective* keener, keenest

keep **1** hou [a] *"Moenie al die appels weggee nie – **hou** 'n paar vir ons."* "Don't give away all the apples – **keep** some for us." [b] *Ek **hou** my fiets in die garage.* I **keep** my bicycle in the garage. **2** oorhou *"Ek gaan nie nou al my lekkers opeet nie maar 'n paar vir môre **oorhou**."* "I won't eat up all my sweets now but **keep** a few for tomorrow." **3** bewaar *"Kan jy 'n geheim **bewaar**?"* "Can you **keep** a secret?" **4** aanhou *As jy 'n aap wil **aanhou**, moet jy hom eers mak maak.* If you want to **keep** a monkey, you first have to tame it. **5** boer met *My oom het 'n plaas en **boer** hoofsaaklik **met** beeste.* My uncle has a farm and **keeps** mainly cattle. **6** bly *Ons het naby die vuur gesit om warm te **bly**.* We sat close to the fire to **keep** warm. **7** laat *"Maak gou; moenie my **laat** wag nie!"* "Be quick; don't **keep** me waiting!" **8** goed bly/hou *"Sit die vleis in die yskas, anders sal dit nie **goed bly/hou** nie."* "Put the meat in the fridge, otherwise it won't **keep**."
♦ keep a promise ⇨ promise¹.
♦ keep away **1** weghou *'n Ligte verkoue sal my pa nie van die werk af **weghou** nie.* A slight cold won't **keep** my dad **away** from work. **2** wegbly *"Julle moet **wegbly** van die gat wat hulle gegrawe het; dis gevaarlik om daar te speel."* "You must **keep away** from the hole they have dug; it is dangerous to play there."
♦ keep from keer dat *Hy het 'n bottel gom op die papiere gesit om te **keer dat** hulle wegwaai.* He put a bottle of glue on the papers to **keep** them **from** blowing away.
♦ keep good time ⇨ time.
♦ keep it up! hou so aan! *"Jou werk is goed – **hou so aan!**"* "Your work is good – **keep it up!**"
♦ keep off **1** afbly van *Daar is kennisgewings in die park wat waarsku dat mense van die gras moet **afbly**.* There are notices in the park that warn people to **keep off** the grass. **2** afhou *"Sal jy asseblief jou hond van ons grond **afhou**; hy grawe ons plante uit."* "Will you please **keep** your dog **off** our land; it digs up our plants." **3** wegbly *Ek hoop die reën sal 'n paar dae **weg**

bly *sodat ek die dak kan verf.* I hope the rain will **keep off** for a few days so that I can paint the roof.
♦ keep (on) ... gedurig ... *Dié horlosie is niks werd nie – hy breek **gedurig**.* This watch is no good – it **keeps (on)** going wrong.
♦ keep on **1** aanhou *"Bly asseblief stil. As julle **aanhou** om so te lawaai, sal ek julle straf!"* "Please keep quiet. If you **keep on** making such a noise I'll punish you!" **2** ophou *Hy het sy hoed **opgehou** en geweier om dit af te haal.* He **kept** his hat **on** and refused to take it off.
♦ keep open ⇨ open³.
♦ keep out uithou *As jy die hitte in die somer wil **uithou**, maak al die deure, vensters en gordyne toe.* If you want to **keep out** the heat in summer, close all the doors, windows and curtains.
♦ keep out of uithou uit *"Die hond is nat. Probeer hom asseblief **uit** die huis **uithou**."* "The dog is wet. Please try to **keep** it **out of** the house."
♦ keep quiet ⇨ quiet².
♦ keep to bly op *"Bly op dié pad – moet nêrens afdraai nie."* "**Keep to** this road – don't turn off anywhere."
♦ keep (to the) left hou links *"Hou links; moenie in die middel van die pad ry nie."* "**Keep (to the) left**; don't ride in the middle of the road."
♦ keep up **1** ophou *Hy moet sy broek met 'n belt **ophou**, want dis te wyd om die middel.* He has to **keep** his trousers **up** with a belt because they are too wide around the waist. **2** wakker hou *Die siek kind **het** sy ma die hele nag **wakker gehou**.* The sick child **kept** his mother **up** all night.
♦ keep up with bybly (by), byhou (by) [a] *Tom werk te stadig en kan nie **by** die res van die klas **bybly/byhou** nie.* Tom works too slowly and can't **keep up with** the rest of the class. [b] *"Loop 'n bietjie stadiger; ek kan nie **bybly/byhou** nie."* "Walk a little slower; I can't **keep up with** you."
♦ keep watch ⇨ watch².
☐ keep *verb (past tense and past participle* kept, *present participle* keeping*)*

kettle ketel *"Skakel asseblief die **ketel** af wanneer die water begin kook."* "Please switch the **kettle** off when the water starts to boil."
☐ ket·tle *noun (plural* kettles*)*

key sleutel *Draai die **sleutel** na regs om die deur te sluit.* Turn the **key** to the right to lock the door.
☐ key *noun (plural* keys*)*

keyhole sleutelgat *Daar is 'n sleutel in die **sleutelgat**.* There is a key in the **keyhole**.
☐ key·hole *noun (plural* keyholes*)*

kick[1] skop *Simon het die bal 'n harde **skop** gegee.* Simon gave the ball a hard **kick**.

☐**kick** *noun (plural **kicks**)*

kick[2] skop **[a]** *Perde **skop** met hul agterpote.* Horses **kick** with their hind legs. **[b]** *Nie een van die twee spanne het 'n doel **geskop** nie; die telling was dus nul elk.* Neither of the teams **kicked** a goal, so the score was nil all.

◆ **kick off** afskop *Die kaptein van ons span moes **afskop** om die wedstryd te begin.* The captain of our team had to **kick off** to start the match.

☐**kick** *verb (past tense and past participle **kicked**, present participle **kicking**)*

kick-off afskop *Die **afskop** vir vanmiddag se wedstryd is om 14:30.* The **kick-off** for this afternoon's match is at 14:30.

☐**kick-off** *noun (plural **kick-offs**)*

kill doodmaak *Hy wou die slang **doodmaak**, maar besluit toe om die dier se lewe te spaar.* He wanted to **kill** the snake, but then decided to spare the animal's life.

☐**kill** *verb (past tense and past participle **killed**, present participle **killing**)*

◆ **kilo** is an abbreviated, informal word for **kilogram** (its plural is **kilos**)

◆ **kg** is the written abbreviation for **kilogram** or **kilograms**

---

kilogram kilogram *250 g is 'n kwart **kilogram**.* 250 g is a quarter of a **kilogram**. ⇨ **measurement** [NOTE].

☐**kil·o·gram** *noun (plural **kilograms**)*

kilometre kilometer *Daar is 1 000 meter in 'n **kilometer**.* There are 1 000 metres in a **kilometre**. ⇨ **measurement** [NOTE].

☐**kil·o·me·tre** *noun (plural **kilometres**)*

---

km is the written abbreviation for **kilometre** or **kilometres**

---

kind[1] soort *"Watter **soort** slang is dit?" – "Dis 'n mamba."* "What **kind** of snake is that?" – "It's a mamba."

◆ **all kinds of** allerhande *Die juffrou het ons **allerhande** vrae gevra om ons algemene kennis te toets.* The teacher asked us **all kinds of** questions to test our general knowledge.

☐**kind** *noun (plural **kinds**)*

kind[2] vriendelik *Toe die seun vir 'n vrou in die bus opstaan, het sy gesê: "Hoe **vriendelik** van jou."* When the boy stood up for a lady in the bus, she said, "How **kind** of you."

☐**kind** *adjective **kinder, kindest***

kindly ❶ vriendelik *"Jy hoef nie te loop nie; ek sal jou met die motor huis toe vat," het haar pa **vriendelik** gesê.* "You needn't walk; I'll drive you home," her father said **kindly**. ❷ asseblief *"Sal jy **asseblief** die gordyn toetrek? Die son skyn in my oë."* "Would you **kindly** draw the curtain? The sun is shining in my

eyes." ❸ so goed wees om *"Hy was so **goed om** my sy fiets vir die dag te leen."* "He **kindly** lent me his bicycle for the day."

☐**kind·ly** *adverb*

kindness vriendelikheid *Toe die seun vir die vrou in die bus opstaan, het sy hom vir sy **vriendelikheid** bedank.* When the boy stood up for the lady in the bus, she thanked him for his **kindness**.

☐**kind·ness** *noun (plural **kindnesses**)*

king koning **[a]** *Die Bybel leer ons dat Dawid die tweede **koning** van Israel was.* The Bible teaches us that David was the second **king** of Israel. **[b]** *In baie kaartspelle tel die **koning** tien punte.* In many card games the **king** counts for ten points.

☐**king** *noun (plural **kings**)*

kiss[1] soen *Sy het hom 'n **soen** op die wang gegee.* She gave him a **kiss** on the cheek.

☐**kiss** *noun (plural **kisses**)*

kiss[2] soen *"**Soen** my op die wang en nie op die mond nie."* "**Kiss** me on the cheek and not on the mouth."

☐**kiss** *verb (past tense and past participle **kissed**, present participle **kissing**)*

kitchen kombuis *Sy is **kombuis** toe om tee te maak.* She went to the **kitchen** to make tea.

☐**kitch·en** *noun (plural **kitchens**)*

kitten katjie *Die kat lek haar **katjie**.* The cat is licking her **kitten**.

☐**kit·ten** *noun (plural **kittens**)*

A group of kittens born at the same time is a **litter**.

---

knead knie *Wanneer my ma brood maak, help ek haar gewoonlik om die deeg te **knie**.* When my mother makes bread, I usually help her to **knead** the dough.

☐**knead** *verb (past tense and past participle **kneaded**, present participle **kneading**)*

knee knie *Jou been buig by die **knie**.* Your leg bends at the **knee**.

☐**knee** *noun (plural **knees**)*

kneel kniel *In sommige kerke **kniel** die mense op die vloer wanneer hulle bid.* In some churches the people **kneel** on the floor when they pray.

◆ **kneel down** neerkniel *My ouma kan nie **neerkniel** en weer regop kom nie – haar bene is te swak.* My grandmother can't **kneel down** and get up again – her legs are too weak.

☐**kneel** *verb (past tense and past participle **knelt**, present participle **kneeling**)*

knife mes *Ek eet my kos met 'n **mes** en vurk.* I eat my food with a **knife** and fork.

☐**knife** *noun (plural **knives**)*

knit brei *Sy het ses bolle wol gebruik om die trui te **brei**.* She used six balls of wool to **knit** the jersey.

☐**knit** *verb (past tense and past participle **knitted**, present participle **knitting**)*

knob knop *Hy het die **knop** gedraai om die radio aan te skakel.* He turned the **knob** to switch on the radio.

☐**knob** *noun (plural **knobs**)*

knock¹ ❶ klop *Daar was 'n harde **klop** aan/op die deur.* There was a loud **knock** at/on the door. **❷** hou *Die tak het teruggeswaai en haar 'n **hou** teen die kop gegee.* The branch swung back and gave her a **knock** on the head. ☐ **knock** *noun (plural **knocks**)*

knock² ❶ klop *Ek het iemand aan die deur hoor **klop** en vra: "Mag ek binnekom?"* I heard someone **knock** on the door and ask, "May I come in?" **❷** slaan *"**Slaan** die spyker met 'n hamer in die muur."* "**Knock** the nail into the wall with a hammer." **❸** stamp *"Die boonste deur van die kombuiskas is oop; moenie jou kop daarteen **stamp** nie."* "The top door of the kitchen cupboard is open; don't **knock** your head against it."

♦ **knock down ❶** omry *Ons hou ons kat snags binne, want ons is bang 'n motor kan haar **omry**.* We keep our cat inside at night, because we're afraid a car might **knock** her **down**. **❷** platslaan **[a]** *Hulle gaan die ou gebou **platslaan** om 'n nuwe te bou.* They are going to **knock down** the old building to build a new one. **[b]** *Die bokser **het** sy opponent vir 'n telling van tien **platgeslaan**.* The boxer **knocked** his opponent **down** for a count of ten.

♦ **knock off** afslaan *"Pas op dat die hond nie die koppie met sy stert van die tafel **afslaan** nie."* "Be careful that the dog doesn't **knock** the cup **off** the table with his tail."

♦ **knock out** uitslaan **[a]** *Die bokser het sy opponent met 'n harde hou onder die ken probeer **uitslaan**.* The boxer tried to **knock** his opponent **out** with a hard blow under the chin. **[b]** *Daar is 'n gat in die venster, want iemand het die glas **uitgeslaan**.* There is a hole in the window, because someone **knocked** the glass **out**.

♦ **knock over** omstamp *"Skuif die glas melk weg – jy kan dit miskien met jou elmboog **omstamp**."* "Move the glass of milk away – you might **knock** it **over** with your elbow."

☐ **knock** *verb (past tense and past participle **knocked**, present participle **knocking**)*

knot¹ knoop *"Maak 'n **knoop** in die draad garing om te keer dat dit deur die materiaal glip."* "Tie a **knot** in the thread of cotton to prevent it from slipping through the material."

☐ **knot** *noun (plural **knots**)*

knot² knoop *"Kan jou boetie al self sy das **knoop**?"* "Can your little brother **knot** his own tie yet?"

☐ **knot** *verb (past tense and past participle **knotted**, present participle **knotting**)*

know ❶ ken **[a]** *"Natuurlik **ken** ek hom; ons is in dieselfde klas."* "Of course I **know** him; we are in the same class." **[b]** *Hy **ken** die gedig uit sy kop en kan dit opsê sonder om in 'n boek te kyk.* He **knows** the poem by heart and can recite it without looking in a book. **❷** weet **[a]** *Ek **weet** waar hy woon.* I **know** where he lives. **[b]** *Laat my **weet** of jy na my partytjie toe kan kom.* Let me **know** whether you can come to my party. **[c]** *"Jy is baie stout, **weet** jy?"* "You are very naughty, you **know**?" **❸** weet wat ... is *Hulle woon êrens in Pretoria, maar ek **weet** nie **wat** die adres **is** nie.* They live somewhere in Pretoria, but I don't **know** the address.

♦ **be known as** staan bekend as *Johannesburg **staan bekend as** "die Goudstad".* Johannesburg **is known as** "the Golden City".

♦ **be known to** dit is bekend dat *Dit is bekend dat daardie skeidsregter die reëls van die spel streng maar regverdig toepas.* That referee **is known to** apply the rules of the game strictly but fairly.

♦ **get to know** leer ken *Sy lyk 'n gawe meisie; ek wil haar graag beter **leer ken**.* She seems a nice girl; I would like to **get to know** her better.

♦ **know as** ken as *Sy regte naam is Thomas, maar sy maats **ken** hom **as** Tom.* His real name is Thomas, but his friends **know** him **as** Tom.

♦ **know by** ken aan *Ek **ken** hom **aan** sy stem.* I **know** him **by** his voice.

♦ **know how to** kan *Hy **kan** nie brei nie.* He doesn't **know how to** knit.

☐ **know** *verb (past tense **knew**, past participle **known**, present participle **knowing**)*

knowledge kennis *Philip het 'n goeie **kennis** van Afrikaans en kan dit goed praat.* Philip has a good **knowledge** of Afrikaans and can speak it well.

☐ **knowl·edge** *noun (no plural)*

koppie koppie *Die **koppie** is maar laag – dit sal ons nie meer as tien minute kos om tot bo te klim nie.* The **koppie** is quite low – it won't take us more than ten minutes to climb to the top.

☐ **kop·pie** *noun (plural **koppies**)*

kraal kraal *Die boer jaag sy beeste vir die nag in die **kraal** in.* The farmer drives his cattle into the **kraal** for the night.

☐ **kraal** *noun (plural **kraals**)*

kudu koedoe *'n **Koedoe** is 'n groot bok met lang, gedraaide horings.* A **kudu** is a large buck with long, curling horns.

☐ **ku·du** *noun (plural **kudu/kudus**)*

L

label etiket *Die etiket op die blik sê: "Voeg 'n teelepel koffie by 'n koppie kookwater."* The **label** on the tin says: "Add a teaspoonful of coffee to a cup of boiling water."

☐ **la·bel** *noun (plural **labels**)*

labour arbeid **[a]** *Dit het jare se **arbeid** gekos om die hospitaal te voltooi.* It took years of **labour** to complete the hospital. **[b]** *Party boere het moeite om **arbeid** te kry.* Some farmers have difficulty (in) getting **labour**.

☐ **la·bour** *noun (no plural)*

labourer arbeider *Die boer het die **arbeider** gevra om die koei te melk.* The farmer asked the **labourer** to milk the cow.

☐ **la·bour·er** *noun (plural **labourers**)*

lace veter *My pa het my geleer hoe om 'n **veter** deur die gaatjies in 'n skoen te ryg.* My father taught me how to thread a **lace** through the holes in a shoe.

☐ **lace** *noun (plural **laces**)*

lack 1 nie hê nie *Hulle **het nie** die geld om hul seun universiteit toe te stuur **nie**.* They **lack** the money to send their son to university. **2** makeer *Die aartappels **makeer** sout.* The potatoes **lack** salt.

☐ **lack** *verb (past tense and past participle **lacked**, present participle **lacking**)*

ladder leer **[a]** *Hy het 'n **leer** gebruik om op die dak te klim.* He used a **ladder** to climb on the roof. **[b]** *"Esmé, jy het 'n **leer** in jou kous."* "Esmé, you have a **ladder** in your stocking."

☐ **lad·der** *noun (plural **ladders**)*

lady 1 vrou *Die seun het vir 'n **vrou** in die bus opgestaan.* The boy stood up for a **lady** in the bus. **2** dame **[a]** *Hy het 'n ou **dame** oor die straat gehelp.* He helped an old **lady** across the street. **[b]** *Lynette sit soos 'n **dame** met haar knieë bymekaar.* Lynette sits like a **lady** with her knees together.

☐ **la·dy** *noun (plural **ladies**)*

lake meer *'n **Meer** is baie groter as 'n dam.* A **lake** is much bigger than a dam.

☐ **lake** *noun (plural **lakes**)*

lamb 1 lam *'n **Lam** is 'n jong skaap.* A **lamb** is a young sheep. **2** lamsvleis *Simon eet enige soort vleis, maar is veral lief vir **lamsvleis**.* Simon eats any kind of meat, but is particularly fond of **lamb**. ⇨ **meat** [NOTE].

☐ **lamb** *noun (no plural at 2; **lambs** at 1)*

lamp lamp *Sy doen haar huiswerk by die lig van 'n **lamp**.* She does her homework by the light of a **lamp**.

☐ **lamp** *noun (plural **lamps**)*

lamp-post lamppaal *Hy het sy fiets aan 'n **lamppaal** buite die winkel vasgeketting.* He chained his bike to a **lamp-post** outside the shop.

☐ **lamp-post** *noun (plural **lamp-posts**)*

land¹ 1 land *Die aarde bestaan uit see en **land**.* The earth consists of sea and **land**. **2** grond *Die boer se **grond** strek tot by die rivier.* The farmer's **land** stretches as far as the river.

☐ **land** *noun (no plural)*

land² 1 land *Die vliegtuig het om 18:00 uit Johannesburg vertrek en sal so teen 20:00 in Kaapstad **land**.* The aeroplane left Johannesburg at 18:00 and will **land** in Cape Town at about 20:00. **2** laat land *Die vlieënier het daarin geslaag om die vliegtuig veilig te **laat land**.* The pilot managed to **land** the aeroplane safely. **3** beland *As 'n kat val, **beland** hy gewoonlik op sy pote.* If a cat falls, it usually **lands** on its feet.

☐ **land** *verb (past tense and past participle **landed**, present participle **landing**)*

language taal *Baie mense vind Afrikaans 'n maklike **taal** om aan te leer.* Many people find Afrikaans an easy **language** to learn.

☐ **lan·guage** *noun (plural **languages**)*

lap skoot *Die seuntjie sit op sy ma se **skoot**.* The little boy is sitting on his mother's **lap**.

☐ **lap** *noun (plural **laps**)*

large groot *'n Leeu is 'n **groot** dier.* A lion is a **large** animal.

☐ **large** *adjective **larger**, **largest***

last¹ laaste *Ek was die **laaste** om op die bus te klim; daar was niemand agter my nie.* I was the **last** to get on the bus; there was nobody behind me.

◆ **at last** eindelik *Na drie uur het hy sy boeke toege= maak en gesê: "**Eindelik** is my huiswerk klaar."* After three hours he closed his books and said, "**At last** my homework is finished."

☐ **last** *noun (plural **last**)*

last² 1 duur *Die televisieprogram **duur** 'n uur, van 19:00 tot 20:00.* The television programme **lasts** for an hour, from 19:00 until 20:00. **2** hou *Ek hoop die mooi weer sal tot Saterdag **hou**, want ons wil gaan piek= niek maak.* I hope the fine weather will **last** until Sa= turday, because we want to go on a picnic.

☐ **last** *verb (past tense and past participle **lasted**, pre= sent participle **lasting**)*

last³ 1 laaste **[a]** *Desember is die **laaste** maand van die jaar.* December is the **last** month of the year. **[b]** *Toe die klok lui, het die atlete geweet die **laaste** rondte van die wedloop lê voor.* When the bell rang the athletes knew the **last** round of the race lay ahead. **2** verlede *Sy was **verlede** jaar in standerd vyf en is vanjaar in stan= derd ses.* She was in standard five **last** year and is in standard six this year. **3** vorige *Ek het op presies dieselfde plek gesit toe ek die **vorige** keer kom fliek het.* I sat in this very same seat the **last** time I came to the cinema.

◆ **last night** ⇨ **night.**

☐ **last** *adjective*

last[4] laaste *Hy het geval – dis dié dat hy **laaste** in die reisies gekom het.* He fell – that's why he came **last** in the race.

◆ **a long time since ... last, a long time ago that ... last** lank laas *Ek het hom **lank laas** gesien.* It is **a long time since** (OR It was **a long time ago that**) I **last** saw him.

◆ **since ... last, last ... ago** laas *Ek het hom 'n jaar **laas** gesien.* It is a year **since** I **last** saw him (OR I **last** saw him a year **ago**.)

☐ **last** *adverb*

late[1] **1** laat *"Dis laat – jy behoort in die bed te wees."* "It's **late** – you ought to be in bed." **2** oorlede *Die weduwee praat dikwels oor haar **oorlede** man.* The widow often talks about her **late** husband.

◆ **it is quite late** dis al laat *"Ek is baie bekommerd – **dis al laat** en Lynette is nog nie van die skool af tuis nie."* "I'm very worried – **it is quite late** and Lynette isn't home from school yet."

☐ **late** *adjective* **later, latest**

late[2] laat *Ek is gisteraand baie **laat** bed toe.* I went to bed very **late** last night.

☐ **late** *adverb*

later later *As jy die brief vandag pos, sal dit drie dae **later** in Pretoria aankom.* If you **post** the letter today, it will arrive in Pretoria three days **later**.

◆ **later on** later *"Jy kan **later** 'n paar lekkers kry, nadat ons aandete geniet het."* "You may have some sweets **later on**, after we've had supper."

◆ **sooner or later** ⇨ **soon.**

☐ **later** *adverb*

latest jongste *'n Mens kan al die **jongste** popliedjies oor die radio hoor.* One can hear all the **latest** pop songs on the radio.

☐ **latest** *adjective*

laugh[1] lag *"Jy weet nie waar ek jou skoen weggesteek het nie!" het Tom met 'n **lag** gesê.* "You don't know where I've hidden your shoe!" said Tom with a **laugh**.

☐ **laugh** *noun (plural* **laughs***)*

laugh[2] lag *Jy vertel 'n grap om mense te laat **lag**.* You tell a joke to make people **laugh**.

◆ **burst out laughing** ⇨ **burst.**

◆ **laugh at** lag vir *"Moenie **vir** hom **lag** nie – hy kan dit nie help dat sy ore so groot is nie."* "Don't **laugh at** him – he can't help it that his ears are so big."

☐ **laugh** *verb (past tense and past participle* **laughed**, *present participle* **laughing***)*

laughter gelag *Ons het die **gelag** gehoor van kinders wat in die park speel.* We heard the **laughter** of children playing in the park.

◆ **roar/scream with laughter** brul/gil/skater van die lag *Die nar het die mense **van die lag** laat **brul/gil/skater**.* The clown made the people **roar/scream with laughter**.

☐ **laugh·ter** *noun (no plural)*

laundry **1** wassery *Sy het die lakens na die **wassery** geneem om hulle te laat was en stryk.* She took the sheets to the **laundry** to have them washed and ironed. **2** wasgoed *Sy het 'n groot bondel **wasgoed** om te stryk.* She has a big bundle of **laundry** to iron.

☐ **laun·dry** *noun (no plural at* 2; **laundries** *at* 1)

lavatory toilet *Party huise het 'n aparte **toilet**, maar ons s'n is in die badkamer.* Some houses have a separate **lavatory**, but ours is in the bathroom.

☐ **lav·a·to·ry** *noun (plural* **lavatories***)*

law wet *Dit is teen die **wet** om te steel.* It is against the **law** to steal.

☐ **law** *noun (plural* **laws***)*

lawn **1** gras *"George, sny asseblief vir my die **gras**."* "George, please mow the **lawn** for me." **2** grasperk *Daar is 'n **grasperk** voor ons huis.* There is a **lawn** in front of our house.

☐ **lawn** *noun (plural* **lawns***)*

lay **1** lê [a] *Voëls **lê** eiers.* Birds **lay** eggs. [b] *Hy het sy hand op haar skouer **gelê**.* He **laid** his hand on her shoulder. **2** neerlê, neersit *"Mamma, moet ek die baba op sy rug **neerlê/neersit**?"* "Mummy, must I **lay** the baby on its back?" **3** dek *"Dek asseblief die tafel vir aandete."* "Please **lay** the table for supper." **4** stel *Die boer wil 'n val/strik **stel** om die jakkals te vang.* The farmer wants to **lay** a trap to catch the fox.

◆ **lay bricks** messel *Hy verf op die oomblik huise, maar sy eintlike werk is om te **messel**.* He paints houses at the moment, but his real job is to **lay bricks**.

◆ **lay down** neerlê *Sy het die baba versigtig **neergelê**.* She **laid** the baby **down** gently.

☐ **lay** *verb (past tense and past participle* **laid**, *present participle* **laying***)*

> Do not confuse the verb **lay**, which has an object, with **lie**, which does not have an object: *She **lay** the blanket on the lawn. Grandpa went to **lie** down for a while.*

layer laag *Na die storm het 'n dik **laag** hael op die grond gelê.* After the storm a thick **layer** of hail lay on the ground.

☐ **lay·er** *noun (plural* **layers***)*

lazy lui *My broer is baie **lui** en wil ons nooit help om die huis skoon te maak nie.* My brother is very **lazy** and never wants to help us clean the house.

☐ **la·zy** *adjective* **lazier, laziest**

lead[1] lood [a] *Lood is 'n swaar, grys metaal.* **Lead** is a heavy, grey metal. [b] *My potlood wil nie skryf nie, want die **lood** het afgebreek.* My pencil won't write because the **lead** has broken off.

☐ **lead** *noun (no plural)*

lead[2] **1** voorsprong *Tom het 'n **voorsprong** van drie meter en sal waarskynlik die wedloop wen.* Tom has a **lead** of three metres and should win the race. **2** leiband *Jy moet jou hond aan 'n **leiband** hou as jy met hom gaan stap.* You must keep your dog on a **lead** when you take it out for a walk.

♦ **in the lead** voor *Tom was van die begin tot die end van die wedloop **voor**.* Tom was **in the lead** from the beginning to the end of the race.

☐ **lead** *noun (no plural at 1; **leads** at 2)*

lead[3] ☐ lei [a] *Wanneer 'n sokkerwedstryd begin, **lei** die kaptein sy span op die veld.* When a soccer match starts, the captain **leads** his team on to the field. [b] *Baie blindes het honde wat hulle deur die strate **lei**.* Many blind people have dogs that **lead** them through the streets. ☐ voor wees *Tom **is** met drie meter **voor** en gaan die wedloop wen.* Tom is **leading** by three metres and is going to win the race.

♦ **lead to** ☐ lei na, uitkom op *Dié deur **lei na** die tuin (OF **kom** op die tuin **uit**).* This door **leads to** the garden. ☐ lei tot *Swaar reën **het tot** 'n vloed in die vallei **gelei**.* Heavy rain **led to** a flood in the valley.

☐ **lead** *verb (past tense and past participle **led**, present participle **leading**)*

leader leier *'n Kaptein is die **leier** van 'n span.* A captain is the **leader** of a team.

☐ **lead·er** *noun (plural **leaders**)*

leaf blaar *Die **blaar** het uit die boom op die grond geval.* The **leaf** dropped from the tree to the ground.

☐ **leaf** *noun (plural **leaves**)*

leak[1] lek, lekplek *Water drup uit die **lek/lekplek** in die emmer.* Water is dripping from the **leak** in the bucket.

☐ **leak** *noun (plural **leaks**)*

leak[2] lek *'n Mens kan nie water dra in 'n emmer wat **lek** nie.* One cannot carry water in a bucket that **leaks**.

♦ **leak out** uitlek *Draai die dop styf op die bottel vas sodat die water nie **uitlek** nie.* Screw the cap tightly on to the bottle so the water won't **leak out**.

☐ **leak** *verb (past tense and past participle **leaked**, present participle **leaking**)*

lean leun *Sy voet was so seer dat hy op my skouer moes **leun** om te loop.* His foot was so sore that he had to **lean** on my shoulder to walk.

♦ **lean against** (laat) leun teen [a] *Sy het agteroor gesit en teen die boom **geleun**.* She sat back and **leant/leaned** against the tree. [b] *"**Laat** jou fiets **teen** die muur **leun**."* "**Lean** your bicycle **against** the wall."

☐ **lean** *verb (past tense and past participle **leant/leaned**, present participle **leaning**)*

learn leer [a] *Ons **leer** geskiedenis op skool.* We **learn** history at school. [b] *Hy **het** die gedig uit sy kop **geleer** en kan dit opsê sonder om in 'n boek te kyk.* He **learnt/learned** the poem by heart and can recite it without looking in a book.

☐ **learn** *verb (past tense and past participle **learnt/learned**, present participle **learning**)*

To **learn** is to gain knowledge, to **teach** is to impart knowledge: *My little brother is **learning** how to ride a bike. I am **teaching** him how to ride a bike.*

least[1] minste *"Dankie dat jy my boeksak gedra het toe my arm af was." – "Dis die **minste** wat ek vir jou kon doen."* "Thank you for carrying my satchel when my arm was broken." – "It's the **least** I could do for you."

♦ **at least** ☐ minstens, ten minste *Die dokter het gesê Anna moet **minstens** (OF **ten minste**) drie dae in die bed bly.* The doctor said Anna had to stay in bed for **at least** three days. ☐ ten minste *Dit was koud en bewolk, maar dit het **ten minste** nie gereën nie.* It was cold and cloudy, but **at least** it didn't rain.

♦ **not in the least** nie in die minste nie *Lorraine kyk nooit sokker nie – die spel interesseer haar **nie in die minste nie**.* Lorraine never watches soccer – the game does **not** interest her **in the least**.

☐ **least** *noun (no plural)*

least[2] minste *Ek het die **minste** geld van ons almal – net 1c.* I have the **least** money of us all – only 1c.

☐ **least** *adjective*

leather leer *My skoene is van **leer** gemaak.* My shoes are made of **leather**.

☐ **leath·er** *noun (no plural)*

leave[1] verlof *"Hoekom is jou pa nie by die werk nie?" – "Hy het 'n week **verlof** geneem om ons huis te verf."* "Why isn't your dad at work?" – "He has taken a week's **leave** to paint our house."

☐ **leave** *noun (no plural)*

leave[2] ☐ vertrek *Die trein sal om 15:30 aankom en weer om 15:40 **vertrek**.* The train will arrive at 15:30 and **leave** again at 15:40. ☐ ry *Hy het die motor se deur oopgemaak en gesê: "Klim in; ek wil **ry**."* He opened the door of the car and said, "Get in; I want to **leave**." ☐ verlaat *Esther het haar hand opgesteek en gevra: "Juffrou, mag ek asseblief die kamer **verlaat**?"* Esther put up her hand and asked, "Miss, may I please **leave** the room?" ☐ uitgaan *"Trek asseblief die deur toe wanneer jy **uitgaan**."* "Please pull the door shut when you **leave**." ☐ laat [a] *Wanneer ons met vakansie gaan, **laat** ons ons diere in die sorg van die bure.* When we go on holiday we **leave** our animals in the care of the neighbours. [b] *6 van 8 **laat** 2.* 6 from 8 **leaves** 2. ☐ laat lê *"Onthou om jou liniaal in te pak – moenie dit weer by die huis **laat lê** nie."* "Remember to pack your ruler – don't **leave** it at home again." ☐ oorlaat, laat oorbly *"Moenie al die koekies eet nie – **laat** 'n paar vir my **oor** (OF **laat** 'n paar vir my **oorbly**)!"* "Don't eat all the biscuits – **leave** some for me!" ☐ laat staan, laat bly *"Mag ek my fiets hier by julle huis **laat staan** (OF **laat bly**) en dit môre kom haal?"* "May I **leave** my bicycle here at your house and fetch it tomorrow?"

♦ **leave alone** laat staan, uitlos *"Ek wens jy wil die hond **uitlos** (OF **laat staan**) en ophou om hom so te terg."* "I wish you would **leave** the dog **alone** and stop teasing it like that."

♦ **leave for** vertrek na *Ons **vertrek** oor 'n week **na** Durban.* We **leave for** Durban in a week's time.

♦ **leave ... for ...** van ... na ... vertrek *Die trein **van** Pretoria **na** Johannesburg **vertrek** om tien oor twaalf.* The train **leaves** Pretoria **for** Johannesburg at ten past twelve.

♦ **leave open** laat oopstaan *"Moenie die deur toemaak*

nie; laat dit oopstaan." "Don't shut the door; **leave** it **open**."

◆ **leave out** weglaat, uitlaat *"Moenie 'n woord weg= laat/uitlaat wanneer julle die werk op die bord in jul boeke oorskryf nie.*" "Don't **leave out** a word when you copy the work on the board into your books."

◆ **leave to** oorlaat aan *"Jy kan die skottelgoed aan my oorlaat – ek sal dit was.*" "You can **leave** the dishes **to** me – I will wash them."

◆ **left** weg *Toe ons by die stasie kom, was die trein al weg.* When we got to the station the train had already **left**.

◆ **left (over)** oor *"Daar is baie rys oor – wie wil nog hê?*" "There is plenty of rice **left (over)** – who would like some more?"

☐ **leave** *verb (past tense and past participle* **left**, *pre= sent participle* **leaving***)*

left[1] linkerkant *Tom sit aan haar linkerkant en Philip aan haar regterkant.* Tom is sitting on her **left** and Philip on her right.

◆ **keep (to the) left** links hou *Hou links sodat die vinniger motors jou regs kan verbysteek.* **Keep (to the) left** so that the faster cars can pass you on the right.

◆ **on the left** links, aan die linkerkant *Die bruid staan links (*OF *aan die linkerkant) van die bruidegom.* The bride stands **on the left** of the bridegroom.

◆ **to the left** (na) links *Die fotograaf het hom gevra om 'n bietjie meer (na) links te staan.* The photographer asked him to stand a little more **to the left**.

☐ **left** *noun (no plural)*

left[2] linker= *In Suid-Afrika ry ons aan die linkerkant van die pad.* In South Africa we drive on the **left** side of the road.

☐ **left** *adjective*

left[3] links *"Moet ek links of regs draai wanneer ek by die hoek kom?*" "Must I turn **left** or right when I get to the corner?"

☐ **left** *adverb*

left-hand[1] linkerhandse, linkerkants(t)e *Die eerste woord in die linkerhandse/linkerkants(t)e kolom van dié bladsy is "nie".* The first word in the **left-hand** column of this page is "nie". [2] linker= *In Suid-Afrika ry ons aan die linkerkant van die pad.* In South Africa we drive on the **left-hand** side of the road.

☐ **left-hand** *adjective*

left-handed links *Hy is links en kan nie met sy regter= hand skryf nie.* He is **left-handed** and can't write with his right hand.

☐ **left-hand·ed** *adjective*

leg[1] been *"Kan jy op een been staan?*" "Can you stand on one **leg**?" [2] boud *My ma het 'n halwe lam gekoop en die boud Sondag gaargemaak.* My mother bought half a lamb and cooked the **leg** on Sunday. [3] boudjie *Wan= neer ons hoender eet, kry ek gewoonlik 'n boudjie.* When we eat chicken I usually get a **leg**. [4] poot [a] *Ek het my toon teen die poot van die tafel gestamp.* I knocked my toe against the **leg** of the table. [b] *'n*

Spinnekop het agt pote. A spider has eight **legs**. [5] pyp *Die broek pas hom nie – die pype is te lank.* The trousers don't fit him – the **legs** are too long.

☐ **leg** *noun (plural* **legs***)*

lemon suurlemoen *Die sap van 'n suurlemoen is baie suur.* The juice of a **lemon** is very sour.

☐ **lem·on** *noun (plural* **lemons***)*

lend leen *"Ek sal jou 20c leen, maar dan moet jy my môre terugbetaal.*" "I'll **lend** you 20c, but then you must pay me back tomorrow."

☐ **lend** *verb (past tense and past participle* **lent**, *pre= sent participle* **lending***)*

To **borrow** is to obtain something from someone with the intention of giving it back; to **lend** is the opposite (someone uses something of yours on the understanding that it will be returned): *"May I bor= row 25c from you?*" *I will never lend money to him* (OR *I will never lend him money*).

---

length[1] lengte *Wat is die lengte en breedte van die tafel?* What is the **length** and width of the table? [2] stuk *Hy het 'n stuk tou gekoop.* He bought a **length** of rope.

◆ **in length** lank *Die kamer is drie meter lank.* The room is three metres **in length**.

◆ **of the same length** ⇨ **same**.

☐ **length** *noun (plural* **lengths***)*

lengthen[1] langer maak, verleng *Sy moes haar rok langer maak (*OF *verleng) omdat dit te kort was.* She had to **lengthen** her dress because it was too short. [2] langer word *Die dae word langer namate die somer nader kom.* The days **lengthen** as summer ap= proaches.

☐ **length·en** *verb (past tense and past participle* **lengthened**, *present participle* **lengthening***)*

leopard luiperd *'n Luiperd is kleiner as 'n leeu en het vlekke oor sy hele lyf.* A **leopard** is smaller than a lion and has spots all over its body.

☐ **leop·ard** *noun (plural* **leopards***)*

less[1] minder *Vroue verdien dikwels minder as mans vir dieselfde werk.* Women often earn **less** than men for the same job.

☐ **less** *noun (no plural)*

less[2] minder *"Sal julle asseblief minder lawaai maak? Ek praat oor die telefoon.*" "Will you please make **less** noise? I'm speaking on the telephone."

☐ **less** *adjective*

less[3] minder [a] *Dis vandag minder warm as gister.* It is **less** hot today than yesterday. [b] *Ek hou minder van koffie as van tee.* I like coffee **less** than tea.

☐ **less** *adverb*

less[4] min, minus *Tien min/minus ses is vier.* Ten **less** six is four.

☐ **less** *preposition*

lesson les *Die juffrou word baie kwaad as die kinders onder die les sit en praat.* The teacher gets very angry if the children sit and talk during the **lesson**.

◆ **give lessons** les gee *Daar is twee onderwysers by ons skool wat les in geskiedenis gee.* There are two teachers at our school that **give lessons** in history.

◆ **take lessons** les neem *Sy het 'n pragtige stem en neem les in sang.* She has a beautiful voice and **takes lessons** in singing.

◆ **teach a lesson** 'n les leer *Toe die hond hom byt, het sy pa gesê: "Dit sal jou 'n les leer! Ek het jou gewaar= sku om nie sy stert te trek nie."* When the dog bit him, his father said, "That will **teach** you **a lesson**! I warned you not to pull its tail."

□ **les·son** *noun (plural* **lessons***)*

let laat **[a]** *"Die koffie is baie warm – laat dit afkoel voor jy dit drink."* "The coffee is very hot – **let** it cool down before you drink it." **[b]** *"Laat my weet of jy na my partytjie toe kan kom."* "**Let** me know whether you can come to my party."

◆ **let down** ❶ laat sak *Hy het 'n tou gebruik om die emmer in die water te laat sak.* He used a rope to **let** the bucket **down** into the water. ❷ in die steek laat *'n Egte vriend is altyd getrou en sal jou nooit in die steek laat nie.* A true friend is always faithful and will never **let** you **down**.

◆ **let go** ❶ laat gaan, (laat) los *"Laat my gaan/los* (OF *los my); jy maak my seer!"* "**Let** me **go**; you're hurting me!" ❷ loslaat *Hy het die hok oopgemaak en die voël losgelaat.* He opened the cage and **let** the bird **go**.

◆ **let go of** (laat) los *"Hou styf vas; moenie die tou (laat) los nie."* "Hold on tightly; don't **let go of** the rope."

◆ **let in** ❶ binnelaat, inlaat *As jy laat vir die konsert opdaag, sal hulle jou nie binnelaat/inlaat nie.* If you turn up late for the concert, they won't **let** you **in**. ❷ laat inloop *Steek die prop in die bad voor jy die water laat inloop.* Put the plug in the bath before you **let** the water **in**.

◆ **let out** ❶ uitlaat *Sy het hom in die kamer toegesluit en wou hom nie uitlaat nie.* She locked him in the room and wouldn't **let** him **out**. ❷ verklap, verklik *"Ek gee jou my woord, ek sal nie die geheim verklap/verklik nie."* "I give you my word, I won't **let out** the secret." ❸ laat uitloop *Trek die prop uit die bad om die water te laat uitloop.* Pull the plug out of the bath to **let** the water **out**.

◆ **let's** kom ons *"Kom ons hardloop en kyk wie's eerste by die huis!"* "**Let's** race and see who's home first!"

◆ **let us** kom ons *Die predikant het gesê: "Kom ons buig ons hoofde en bid."* The parson said, "**Let us** bow our heads and pray."

□ **let** *verb (past tense and past participle* **let***, present participle* **letting***)*

> **let's** is short for **let us** and is used in less formal English to introduce a suggestion

letter ❶ letter *A is die eerste letter van die alfabet.* A is the first **letter** of the alphabet. ❷ brief *"Pos asseblief dié brief vir my."* "Please post this **letter** for me."

□ **let·ter** *noun (plural* **letters***)*

letterbox briewebus **[a]** *Daar is vandag geen pos in ons briewebus nie.* There is no mail in our **letterbox** today. **[b]** *"Pos asseblief dié brief vir my – daar is 'n briewebus op die hoek van die straat."* "Please post this letter for me – there is a **letterbox** at the corner of the street."

□ **let·ter·box** *noun (plural* **letterboxes***)*

lettuce slaai *Hy het 'n stukkie slaai en 'n paar skyfies uie en tamatie op sy brood gesit.* He put a piece of **lettuce** and a few slices of onion and tomato on his bread.

◆ **a (head of) lettuce** 'n kop slaai *Cynthia het 'n kop slaai by die groentewinkel gekoop.* Cynthia bought a **(head of) lettuce** at the greengrocer.

□ **let·tuce** *noun (plural* **lettuces***)*

level[1] vlak *Dit het so swaar gereën dat die vlak van die dam met 'n meter gestyg het.* It rained so heavily that the **level** of the dam rose by a metre.

□ **lev·el** *noun (plural* **levels***)*

level[2] gelykmaak **[a]** *Jy kan grond met 'n hark gelyk= maak.* You can **level** soil with a rake. **[b]** *Sy doel het die telling gelykgemaak – albei spanne het nou twee punte.* His goal **levelled** the score – both teams now have two points.

□ **lev·el** *verb (past tense and past participle* **levelled***, present participle* **levelling***)*

level[3] gelyk **[a]** *Ek en my ouma is ewe lank – as ons regop staan, is ons skouers gelyk.* My grandmother and I are the same height – if we stand up straight, our shoulders are **level**. **[b]** *Ek neem 'n gelyk teelepel suiker in my tee.* I take a **level** teaspoon of sugar in my tea. **[c]** *Die spanne was gelyk – hulle het een doel elk gehad.* The teams were **level** – they had one goal each.

□ **lev·el** *adjective*

liar leuenaar *Iemand wat leuens vertel, is 'n leuenaar.* Someone who tells lies is a **liar**.

□ **liar** *noun (plural* **liars***)*

library biblioteek *Ek het 'n paar boeke by die biblio= teek geleen.* I borrowed some books from the **library**.

□ **li·brar·y** *noun (plural* **libraries***)*

licence lisensie *Jy mag nie 'n televisie sonder 'n lisensie aanhou nie.* You are not allowed to keep a television without a **licence**.

□ **li·cence** *noun (plural* **licences***)*

lick lek *Katte lek hulle skoon.* Cats **lick** themselves clean.

□ **lick** *verb (past tense and past participle* **licked***, pre= sent participle* **licking***)*

lid deksel *Wanneer my ma wors braai, sit sy 'n deksel op die pan.* When my mother fries sausages, she puts a **lid** on the pan.

□ **lid** *noun (plural* **lids***)*

lie[1] leuen *Hy het 'n leuen vertel toe hy gesê het hy is vyftien – hy is maar dertien.* He told a **lie** when he said he was fifteen – he is only thirteen.

☐ **lie** *noun (plural* **lies***)*

lie² ❶ lieg *"Praat die waarheid; moenie vir my **lieg** nie."* "Tell the truth; don't **lie** to me." ❷ jok *"Ek **jok** nie vir jou nie; dis waar dat ons oorsee gaan."* "I'm not **lying** to you; it's true that we're going overseas."

☐ **lie** *verb (past tense and past participle* **lied***, present participle* **lying***)*

lie³ lê **[a]** *Lê op jou rug en lig jou bene om jou maagspiere te oefen.* **Lie** on your back and lift your legs to exercise your stomach muscles. **[b]** *Bloemfontein **lê** tussen Kaapstad en Johannesburg.* Bloemfontein **lies** between Cape Town and Johannesburg. ⇨ **lay** [NOTE].

◆ **go and lie down** gaan lê *"Jy lyk moeg – waarom **gaan lê** jy nie 'n rukkie nie?"* "You look tired – why don't you **go and lie down** for a while?"

◆ **lie down** gaan lê *Ek het vir die hond gesê om te **gaan lê** en toe het hy.* I told the dog to **lie down** and so it did.

☐ **lie** *verb (past tense* **lay***, past participle* **lain***, present participle* **lying***)*

life lewe **[a]** *Hy het in die rivier gespring en die meisie se **lewe** gered.* He jumped into the river and saved the girl's **life**. **[b]** *Kinders wat saam grootword, bly dikwels hul **lewe** lank vriende.* Children who grow up together often remain friends for **life**. **[c]** *Ek moet 'n opstel oor die **lewe** op 'n plaas skryf.* I have to write an essay about **life** on a farm. **[d]** *Bestaan daar **lewe** op die maan?* Does **life** exist on the moon? **[e]** *Die Nuwe Testament vertel ons van die **lewe** van Jesus.* The New Testament tells us about the **life** of Jesus.

☐ **life** *noun (no plural at* **a, c** *and* **d***;* **lives** *at* **b** *and* **e***)*

lift¹ hyser, hysbak *Sy wou nie die trappe klim nie, toe gaan sy in die **hyser/hysbak** op.* She didn't want to climb the stairs, so she went up in the **lift**.

◆ **get a lift** saamry, 'n geleentheid kry *Hy het die bestuurder van die motor gevra: "Kan ek met jou **saamry** stad toe?"* (OF *"Kan ek 'n **geleentheid** met jou stad toe **kry**?"*) He asked the driver of the car, "Can I **get a lift** into town with you?"

◆ **give a lift** oplaai, 'n geleentheid gee *Die bestuurder van die motor het hom gevra: "Kan ek jou **oplaai** stad toe?"* (OF *"Kan ek jou 'n **geleentheid** stad toe **gee**?"*) The driver of the car asked him, "Can I **give** you **a lift** into town?"

☐ **lift** *noun (plural* **lifts***)*

lift² ❶ optel *"Ek kan jou nie **optel** nie – jy's te swaar."* "I can't **lift** you – you're too heavy." ❷ lig *"**Lig** jou voet – ek wil die mat regtrek."* "**Lift** your foot – I want to straighten the carpet." ❸ wegtrek *Die mis sal **wegtrek** sodra dit warmer word.* The fog will **lift** as soon as it gets warmer.

◆ **lift down** aftel *"Wees versigtig wanneer jy die koffer van die rak **aftel**."* "Be careful when you **lift** the suitcase **down** from the shelf."

◆ **lift into** intel in *"Toets die water voordat jy die baba in die bad **intel**."* "Test the water before you **lift** the baby **into** the bath."

◆ **lift off** opstyg *'n Vliegtuig moet baie spoed opbou*

voordat dit van die grond af kan **opstyg**. An aeroplane has to build up great speed before it can **lift off** the ground.

◆ **lift onto** (OR **on to**) op ... tel *"**Tel** my **op** jou skouers, Pappa."* "**Lift** me **onto** (OR **on to**) your shoulders, Daddy."

◆ **lift out** uittel *"Kom, laat ek jou **uittel**," het sy vir die kind in die bad gesê.* "Come, let me **lift** you **out**," she said to the child in the bath.

◆ **lift up** optel *"Pa, sal jy my **optel**? Ek kan nie sien nie."* "Dad, will you **lift** me **up**? I can't see."

☐ **lift** *verb (past tense and past participle* **lifted***, present participle* **lifting***)*

light¹ lig **[a]** *Die son gee **lig** en hitte af.* The sun gives off **light** and heat. **[b]** *"Sit asseblief die **lig** aan; dis 'n bietjie donker hier binne."* "Please switch on the **light**; it's a bit dark in here."

☐ **light** *noun (no plural at* **a***;* **lights** *at* **b***)*

light² ❶ aansteek *"Gee asseblief vir my die vuurhoutjies aan; ek wil die vuur **aansteek**."* "Please pass me the matches; I want to **light** the fire." ❷ opsteek *"Dit word donker; sal ek die kers **opsteek**?"* "It's getting dark; shall I **light** the candle?" ❸ verlig *Die vlamme van die vuur **verlig** hul gesigte.* The flames of the fire **light** their faces.

◆ **light up** verlig *Hulle **verlig** saans die winkelvensters.* They **light up** the shop windows at night.

☐ **light** *verb (past tense and past participle* **lit***, present participle* **lighting***)*

light³ lig **[a]** *Dit word in die somer vroeg **lig**.* It gets **light** early in summer. **[b]** *Pienk is 'n **ligte** kleur.* Pink is a **light** colour. **[c]** *Die doos is baie **lig** – ek kan dit maklik dra.* The box is very **light** – I can carry it easily. **[d]** *Hy is sieklik en kan net **ligte** werkies doen.* He is sickly and can only do **light** jobs.

☐ **light** *adjective* **lighter, lightest**

lightly liggies, saggies *Hy het haar hand **liggies/saggies** gedruk en gesê: "Ek is lief vir jou."* He pressed her hand **lightly** and said, "I love you."

☐ **light·ly** *adverb*

lightning ❶ weerlig *Daar is altyd **weerlig** in 'n donderstorm.* There is always **lightning** in a thunderstorm. ❷ blits *Kaapstad ervaar selde storms met donder en **blitse**.* Cape Town seldom experiences storms with thunder and **lightning**.

◆ **a flash of lightning** ⇨ **flash**¹.

☐ **light·ning** *noun (no plural)*

like¹ ❶ hou van *"Ek **hou van** jou rok – dis baie mooi."* "I **like** your dress – it's very pretty." ❷ wil *"Sit net waar jy **wil**."* "Sit wherever you **like**." ❸ lus hê *"Ons kan gaan stap as jy **lus het**."* "We can go for a walk if you **like**." ❹ vind *"Hoe **vind** jy die koek?" – "Dis heerlik!"* "How do you **like** the cake?" – "It's delicious!"

◆ **like to** graag *Hy slaap **graag** Sondagoggende laat.* He **likes to** sleep late on Sunday mornings.

◆ **would like** ❶ graag wil hê *Ek **wil graag** 'n horlosie vir my verjaardag **hê**.* I **would like** a watch for my

birthday. **2** wil hê, lus hê/wees vir *"Wil jy nog 'n kop=
pie tee hê?"* (OF *"Het/Is jy lus vir nog 'n koppie
tee?"*) "**Would** you **like** another cup of tea?"

◆ **would like to** graag wil *"Ek wil jou suster graag
ontmoet; stel haar asseblief aan my voor."* "I **would
like to** meet your sister; please introduce her to me."

☐ **like** *verb (past tense and past participle* **liked***, pre=
sent participle* **liking***)*

like² **1** soos *My suster het 'n pop wat soos 'n baba lyk.*
My sister has a doll that looks **like** a baby. **2** na **[a]** *Die
man praat 'n vreemde taal – dit klink vir my na Duits.*
The man is speaking a foreign language – it sounds
like German to me. **[b]** *Dit lyk na reën.* It looks **like**
rain.

◆ **feel like** ⇨ **feel.**

◆ **just like** nes, net soos *Sy klink nes* (OF **net soos***)
haar suster – ek ken hul stemme nie uitmekaar nie.* She
sounds **just like** her sister – I can't tell their voices
apart.

◆ **like it** so *Wat 'n snaakse insek – ek het nog nooit so
iets gesien nie.* What a strange insect – I have never seen
anything **like it**.

◆ **like that** so *"Moenie my arm so draai nie; jy maak
my seer!"* "Don't twist my arm **like that**; you're hurt=
ing me!"

◆ **like this** so *Sy het die mes in haar hand geneem en
gesê: "Jy moet dit so vashou."* She took the knife in her
hand and said, "You must hold it **like this**."

☐ **like** *preposition*

likely waarskynlik *Met 'n voorsprong van vier doele teen
nul lyk dit waarskynlik dat die span sal wen.* With a
lead of four goals to nil it seems **likely** that the team
will win.

☐ **like·ly** *adjective* **more likely, most likely**

limit¹ grens *In stede is die snelheidsgrens 60 kilometer
per uur – jy mag nie vinniger as dit ry nie.* In cities the
speed **limit** is 60 kilometres per hour – you are not
allowed to drive faster than that.

☐ **lim·it** *noun (plural* **limits***)*

limit² beperk *Ek hou van brood, maar ek beperk my tot
twee snye per dag.* I like bread, but I **limit** myself to
two slices a day.

☐ **lim·it** *verb (past tense and past participle* **limited***,
present participle* **limiting***)*

limp¹ mankheid *Hy kan weens sy mankheid nie aan
sport deelneem nie.* He cannot play sport because of his
limp.

◆ **have a limp, walk with a limp** kreupel/kruppel
loop, mank loop, mank wees *Hy loop kreupel/krup=
pel/mank (OF is mank), want sy een been is korter as
die ander.* He **has** (OR **walks with**) **a limp** because his
one leg is shorter than the other.

☐ **limp** *noun (no plural)*

limp² kreupel/kruppel loop, mank loop, mank wees *Hy
loop kreupel/kruppel/mank (OF is mank), want
sy een been is korter as die ander.* He **limps** because his
one leg is shorter than the other.

☐ **limp** *verb (past tense and past participle* **limped***,
present participle* **limping***)*

limp³ slap *Wanneer jy aan die slaap raak, word jou lig=
gaam slap.* When you fall asleep, your body goes
limp.

☐ **limp** *adjective* **limper, limpest**

limply slap *Die baba was vas aan die slaap en het slap in
haar arms gelê.* The baby was fast asleep and lay **limp=
ly** in her arms.

☐ **limp·ly** *adverb*

line **1** lyn **[a]** *Hy het die vis met 'n hoek en lyn gevang.*
He caught the fish with a hook and **line**. **[b]** *Die rooi
lyne op die kaart dui die grense van die verskillende
lande aan.* The red **lines** on the map mark the borders
of the different countries. **2** streep *Ek kan nie 'n reguit
streep sonder 'n liniaal trek nie.* I can't draw a straight
line without a ruler. **3** draad *Die lakens op die draad is
al droog, maar die handdoeke is nog klam.* The sheets on
the **line** are dry, but the towels are still damp. **4** ry *Die
juffrou het vir die kinders gesê om agter mekaar in 'n
reguit ry te staan.* The teacher told the children to
stand in a straight **line**, one behind the other. **5** reël
*Die eerste reël op dié bladsy begin met die woord "birth=
day".* The first **line** on this page starts with the word
"birthday".

☐ **line** *noun (plural* **lines***)*

linen linne *In die somer dra sy graag rokke wat van ka=
toen of linne gemaak is.* In summer she likes to wear
dresses made of cotton or **linen**.

☐ **lin·en** *noun (no plural)*

lion leeu *Ons het 'n leeu en 'n olifant in die dieretuin
gesien.* We saw a **lion** and an elephant in the zoo.

☐ **lion** *noun (plural* **lions***)*

lip lip *"Moenie my soen nie; ek het 'n seer op my lip."*
"Don't kiss me; I have a sore on my **lip**."

☐ **lip** *noun (plural* **lips***)*

lipstick lipstiffie *"Ek is amper klaar! Ek moet nog net
my hare kam en 'n bietjie lipstiffie aansmeer."* "I am
almost ready! I just have to comb my hair and put on
some **lipstick**."

☐ **lip·stick** *noun (plural* **lipsticks***)*

liquid vloeistof *Water is 'n vloeistof.* Water is a
liquid.

☐ **liq·uid** *noun (plural* **liquids***)*

list lys *Die juffrou het 'n lys gemaak van al die seuns wat
wil sokker speel.* The teacher made a **list** of all the boys
who want to play soccer.

☐ **list** *noun (plural* **lists***)*

listen luister **[a]** *Hy het die radio aangeskakel om na die
nuus te luister.* He switched on the radio to **listen** to
the news. **[b]** *Ek het haar gesê sy moet dit nie doen nie,
maar sy wou nie na my luister nie.* I told her not to do
it, but she wouldn't **listen** to me.

☐ **lis·ten** *verb (past tense and past participle* **listened***,
present participle* **listening***)*

litre liter *Ons koop elke dag 'n liter melk.* We buy a **litre**
of milk every day.

☐ **li·tre** *noun (plural* **litres***)*

little¹ ❶ min *– dis dié dat sy so maer is.* She eats too **little** – that's why she is so thin. ❷ nie veel nie *Hy is baie siek – die dokters kan* **nie veel** *vir hom doen nie.* He is very ill – there is **little** the doctors can do for him.

◆ **a little** 'n bietjie *"Is daar nog koeldrank oor?" – "Ja,* '***n bietjie.***" "Is there any cool drink left?" – "Yes, **a little.**"

◆ **every little** alle bietjies *Alle* **bietjies** *help wanneer jy geld vir die armes insamel.* **Every little** helps when you collect money for the poor.

☐ **lit·tle** *noun (no plural)*

little² ❶ klein *Die* **klein** *katjie is maar 'n paar dae oud.* The **little** kitten is only a few days old. ❷ min *"Hoe= kom het jy so* **min** *konfyt op my brood gesmeer?"* "Why did you put so **little** jam on my bread?"

◆ **a little** 'n bietjie *"Daar is* '***n bietjie*** *vleis oor – jy kan dit kry."* "There is **a little** meat left over – you may have it."

◆ **little boy** seuntjie *Hulle het twee kinders: 'n dogter van agt en 'n* **seuntjie** *van vier.* They have two chil= dren: a girl of eight and a **little boy** of four.

◆ **little brother** boetie *Simon se* **boetie** *is twee jaar oud.* Simon's **little brother** is two years old.

◆ **little finger** pinkie *Daar is drie ander vingers tussen jou duim en* **pinkie.** There are three other fingers be= tween your thumb and **little finger.**

◆ **little girl** dogtertjie *Hulle het twee kinders: 'n seun van agt en 'n* **dogtertjie** *van vier.* They have two chil= dren: a boy of eight and a **little girl** of four.

◆ **little one** kleintjie *As oudste kind moet sy die* **klein= tjies** *oppas.* As the eldest child she has to look after the **little ones.**

◆ **little sister** sussie *Simon se* **sussie** *is twee jaar oud.* Simon's **little sister** is two years old.

☐ **lit·tle** *adjective* **littler, littlest**

little³ min *Toe hy die deur geverf het, het hy geprobeer om so* **min** *as moontlik te mors.* When he painted the door, he tried to make as **little** mess as possible.

◆ **a little** ❶ 'n bietjie *"Loop* '***n bietjie*** *stadiger; ek kan nie byhou nie."* "Walk **a little** slower; I can't keep up with you." ❷ effe, effens *Die rok is* **effe/effens** *lank, maar andersins pas dit perfek.* The dress is **a little** long, but otherwise it fits perfectly.

◆ **a little after** ⇨ **after²**.

☐ **lit·tle** *adverb*

live¹ ❶ leef, lewe **[a]** *Party blomme* **leef/lewe** *net 'n jaar en gaan dan dood.* Some flowers **live** for only a year and then die. **[b]** *Mense, diere en plante kan nie sonder water* **leef/lewe** *nie.* People, animals and plants cannot **live** without water. ❷ woon *Hulle* **woon** *in 'n huis oorkant die park.* They **live** in a house opposite the park.

◆ **live on** leef/lewe van *Babas* **leef/lewe van** *melk.* Babies **live on** milk.

☐ **live** *verb (past tense and past participle* **lived***, pre= sent participle* **living***)*

live² ❶ lewend, lewendig *Jy sal* **lewende/lewendige** *diere in 'n dieretuin kry maar nie in 'n museum nie.* You'll find **live** animals in a zoo but not in a museum. ❷ lewendig *"Moenie aan daardie kaal draad vat nie – dis* **lewendig** *en sal jou skok."* "Don't touch that bare wire – it's **live** and will shock you." ⇨ **alive** [NOTE].

☐ **live** *adjective*

lively lewendig *Die katjie is baie* **lewendig** *en speel graag met bolletjies papier.* The kitten is very **lively** and loves playing with balls of paper.

☐ **live·ly** *adjective* **livelier, liveliest**

liver lewer **[a]** *Die* **lewer** *is 'n orgaan in die liggaam wat die bloed skoonmaak.* The **liver** is an organ in the body that cleans the blood. **[b]** *Ons het* **lewer** *en gebraaide uie vir middagete gehad.* We had **liver** and fried onions for lunch.

☐ **liv·er** *noun (no plural at* **b***; livers at* **a***)*

livestock vee *Die boer hou* **vee** *soos skape, bokke en beeste aan.* The farmer keeps **livestock** such as sheep, goats and cattle.

☐ **live·stock** *noun (no plural)*

lizard akkedis *'n* **Akkedis** *is 'n diertjie met vier kort pote en 'n vel soos 'n slang s'n.* A **lizard** is a small animal with four short legs and a skin like a snake's.

☐ **liz·ard** *noun (plural* **lizards***)*

load¹ vrag *Die bakkie dra 'n* **vrag** *hout.* The bakkie is carrying a **load** of wood.

☐ **load** *noun (plural* **loads***)*

load² laai *Die seuns het hul pa gehelp om die hout op die bakkie te* **laai.** The boys helped their father to **load** the wood on to the bakkie.

☐ **load** *verb (past tense and past participle* **loaded***, present participle* **loading***)*

loaf brood *Sy het 'n sjokoladekoek en 'n piesang***brood** *vir die partytjie gebak.* She baked a chocolate cake and a banana **loaf** for the party.

◆ **a loaf of bread** 'n brood *Sy het* '***n hele brood*** *op= gesny om die toebroodjies te maak.* She cut up **a** whole **loaf of bread** to make the sandwiches.

◆ **brown loaf** bruinbrood *Hy het een* **bruinbrood** *en twee witbrode gekoop.* He bought one **brown loaf** and two white loaves.

◆ **white loaf** witbrood *Hy het een* **witbrood** *en twee bruinbrode gekoop.* He bought one **white loaf** and two brown loaves.

☐ **loaf** *noun (plural* **loaves***)*

lock¹ slot *Die sleutel is in die* **slot** *van die deur.* The key is in the **lock** of the door.

☐ **lock** *noun (plural* **locks***)*

lock² sluit *"Onthou om al die deure te* **sluit** *voordat jy uitgaan."* "Remember to **lock** all the doors before you go out."

◆ **be locked** op slot wees *Die onderdeur van die stal* **is op slot.** The bottom door of the stable **is locked.**

◆ **lock in** toesluit in *"Moet ek die hond* **in** *die huis* **toesluit***?" – "Nee, los hom buite."* "Shall I **lock** the dog **in** the house?" – "No, leave him outside."

◆ **lock out** uitsluit *"Onthou jou sleutels wanneer jy die huis verlaat – moenie jou weer **uitsluit** nie."* "Remember your keys when you leave the house – don't **lock** yourself **out** again."

◆ **lock up ❶** opsluit *Die polisieman het vir die dief gesê: "Ek gaan jou vir die nag in die tronk **opsluit**."* The policeman said to the thief: "I'm going to **lock** you **up** in prison for the night." **❷** toesluit *"Jy moet jou fiets in die garage **toesluit** voordat jy gaan slaap."* "You must **lock** your bike **up** in the garage before you go to bed."

□ **lock** *verb (past tense and past participle* **locked,** *present participle* **locking)**

log stomp *Die man het die **stomp** hout met 'n byl opgekap.* The man chopped up the **log** of wood with an axe.

□ **log** *noun (plural* **logs)**

lonely eensaam *Sy is baie **eensaam,** want sy het geen maats om mee te speel nie.* She is very **lonely** because she has no friends to play with.

□ **lone·ly** *adjective* **lonelier, loneliest**

long[1] daarna verlang *Ek is moeg vir die stad en **verlang daarna** om weer in die veld te wees.* I am tired of the city and **long** to be in the veld again.

◆ **long for** verlang na *Ek is eensaam op dié plek en **verlang na** my huis en familie.* I am lonely in this place and **long for** my home and family.

□ **long** *verb (past tense and past participle* **longed,** *present participle* **longing)**

long[2] **❶** lang *Die **lang** wyser van die horlosie dui die minute aan en die korte die ure.* The **long** hand of the clock shows the minutes and the short one the hours. **❷** lank **[a]** *"Jou hare is te **lank;** jy moet dit laat sny."* "Your hair is too **long;** you must have it cut." **[b]** *Die gang is vier meter **lank**.* The passage is four metres **long**.

◆ **a long time since ... last, a long time ago that ... last** ⇨ **last**[4].

◆ **a long way** ⇨ **way**.

◆ **for a long time** ⇨ **time**.

◆ **take a long time** ⇨ **take**.

□ **long** *adjective* **longer, longest**

long[3] lank *"Ek kan nie **lank** bly nie – ek moet 'n bus oor tien minute haal."* "I can't stay **long** – I have to catch a bus in ten minutes' time."

◆ **as long as** solank, so lank as *Hy het in haar oë gekyk en gesê: "Ek sal jou liefhê **solank (**OF **so lank as)** ek leef."* He looked in her eyes and said, "I will love you **as long as** I live."

◆ **be long** lank wegbly *"Ma, ek gaan gou kafee toe – ek sal nie **lank wegbly** nie."* "Mum, I'm just going to the café – I won't **be long**."

◆ **don't be long** maak gou *"**Maak gou;** ek is haastig."* "**Don't be long;** I'm in a hurry."

◆ **it won't take long** ⇨ **take**.

◆ **long ago** ⇨ **ago**.

◆ **no longer ❶** nie meer nie *Hulle het getrek en woon **nie meer hier** nie.* They have moved and live here **no longer**. **❷** nie langer nie *Ek kan **nie langer** wag nie.* I can wait **no longer**.

◆ **so/as long as** mits, op voorwaarde dat *"Jy kan my fiets leen **mits (**OF **op voorwaarde dat)** jy dit goed oppas."* "You may borrow my bike **so/as long as** you look after it properly."

□ **long** *adverb*

look[1] uitdrukking *Ek kon aan die **uitdrukking** op sy gesig sien dat hy kwaad was.* I could tell by/from the **look** on his face that he was angry.

◆ **have/take a look at** kyk na *"Mag ek **na** jou tekening **kyk?**"* "May I **have/take a look at** your drawing?"

◆ **take a good/close look at** van naby bekyk *"**Bekyk** die mense op die foto **van naby** en sê my wie van hulle Anna is."* "**Take a good/close look at** the people on the photograph and tell me which of them is Anna."

□ **look** *noun (plural* **looks)**

look[2] **❶** kyk *"**Kyk** links en regs voordat jy die straat oorsteek."* "**Look** left and right before you cross the street." **❷** lyk *"Die appels **lyk** heerlik; kan ek een kry?"* "The apples **look** delicious; may I have one?"

◆ **it looks as if/though** dit lyk asof *Dit **lyk asof** dit gaan reën.* It **looks as if/though** it is going to rain.

◆ **just look at** kyk hoe lyk *"**Kyk hoe lyk** jy! Hoekom is jy so vuil?"* "**Just look at** you! Why are you so dirty?"

◆ **look after ❶** oppas, kyk na *"Esmé, sal jy die baba **oppas (**OF **na die baba kyk)** terwyl ek uit is?"* "Esmé, will you **look after** the baby while I'm out?" **❷** versorg, sorg vir *My ouma was so siek dat ons 'n verpleegster moes kry om haar te **versorg (**OF **vir haar te sorg)**.* My grandmother was so ill that we had to get a nurse to **look after** her.

◆ **look alike** na mekaar lyk *Hulle **lyk na mekaar** en kan maklik vir susters deurgaan.* They **look alike** and could easily pass for sisters.

◆ **look around/round** rondkyk *"Wil jy iets koop?" – "Nee, dankie, maar mag ek in die winkel **rondkyk?**"* "Would you like to buy anything?" – "No, thanks, but may I **look around/round** the shop?"

◆ **look at ❶** kyk na *Simon **kyk** graag **na** die sportprogramme op televisie.* Simon likes to **look at** the sports programmes on television. **❷** bekyk *"**Bekyk** die fiets sorgvuldig en sê my as daar iets makeer."* "**Look at** the bicycle carefully and tell me if there's something wrong."

◆ **look away** wegkyk, anderkant toe kyk *"As jy nie wil sien hoe ek die hoender se kop afkap nie, moet jy nou **wegkyk (**OF **anderkant toe kyk)**."* "If you don't want to see me chop the chicken's head off, you must **look away** now."

◆ **look back** omkyk *Die bestuurder van 'n motor moet sy oë op die pad hou en nooit **omkyk** na iemand wat agter hom sit nie.* The driver of a car should keep his eyes on the road and never **look back** at someone sitting behind him.

◆ **look down** afkyk, neerkyk *As jy bo van die berg op*

die stad afkyk/neerkyk, lyk die mense soos miertjies. If you **look down** on the city from the top of the moun= tain, the people look like little ants.

◆ **look for 1** soek *Hy is Johannesburg toe om werk te soek.* He went to Johannesburg to **look for** work. **2** soek na *"Waar was jy? Ek het oral na jou gesoek."* "Where have you been? I've been **looking for** you all over."

◆ **look forward to** uitsien na *"Kinders, ek is seker dat julle almal na die skoolvakansie uitsien."* "Children, I'm sure that you all **look forward to** the school holiday."

◆ **look like** lyk na **[a]** *Dit lyk na reën.* It **looks like** rain. **[b]** *Charles lyk na sy pa.* Charles **looks like** his father.

◆ **look out!** pasop!, pas op! *"Pasop (OF Pas op), jy gaan teen die lamppaal vasloop!"* "**Look out**, you're going to walk into the lamp-post!"

◆ **look out of** uitkyk by *As jy by ons sitkamervenster uitkyk, het jy 'n uitsig oor die park.* If you **look out of** our lounge window, you have a view over the park.

◆ **look out on/over** uitkyk op *Hulle het 'n lieflike huis wat op die see uitkyk.* They have a lovely house that **looks out on/over** the sea.

◆ **look round** ⇨ **look around.**

◆ **look up 1** opkyk *As jy in die boom opkyk, kan jy 'n voëlnes sien.* If you **look up** the tree you can see a bird's nest. **2** opsoek *"Ek sal jou opsoek sodra ons van va= kansie af terugkom."* "I will **look** you **up** as soon as we get back from holiday." **3** naslaan, opsoek *Jy kan die betekenisse van woorde in 'n woordeboek naslaan/op= soek.* You can **look up** the meanings of words in a dictionary.

☐ **look** *verb (past tense and past participle* **looked***, pre= sent participle* **looking***)*

look-out uitkyk *Die polisie is op die uitkyk na 'n man wat uit die tronk ontsnap het.* The police are on the **look-out** for a man who has escaped from prison.

☐ **look-out** *noun (no plural)*

loose los *"Maak jou skoenveter vas; dis los."* "Fasten your shoelace; it's **loose**."

☐ **loose** *adjective* **looser, loosest**

loosen losmaak *"Sal jy die deksel van die konfytfles vir my losmaak, asseblief?"* "Will you **loosen** the lid of the jam jar for me, please?"

☐ **loos·en** *verb (past tense and past participle* **loosen= ed***, present participle* **loosening***)*

lorry vragmotor, lorrie *Die manne het die vragmotor/ lorrie vol bakstene gelaai.* The men loaded the **lorry** full of bricks.

☐ **lor·ry** *noun (plural* **lorries***)*

lose verloor **[a]** *"As jy my pen verloor, sal jy vir my 'n nuwe moet koop."* "If you **lose** my pen, you'll have to buy me a new one." **[b]** *Ek gaan minder soet goed eet, want ek wil 'n bietjie gewig verloor.* I'm going to eat fewer sweet things because I want to **lose** some weight. **[c]** *"Het julle span gewen?" – "Nee, ons het met*

twee punte verloor." "Did your team win?" – "No, we **lost** by two points."

☐ **lose** *verb (past tense and past participle* **lost***, present participle* **losing***)*

lost 1 verlore *Ek het nog nie my verlore pen gekry nie.* I haven't found my **lost** pen yet. **2** weg *My pen is weg – ek kan dit nêrens kry nie.* My pen is **lost** – I can't find it anywhere. **3** verdwaal *Ek is verdwaal en weet nie hoe om by die stasie te kom nie.* I'm **lost** and don't know how to get to the station.

◆ **get lost 1** wegraak *Sy het die seuntjie se hand vasge= hou sodat hy nie tussen al die mense sou wegraak nie.* She held the little boy's hand so that he wouldn't **get lost** among all the people. **2** verdwaal *Ek het 'n pad= kaart en behoort nie te verdwaal nie.* I have a road map and shouldn't **get lost**.

☐ **lost** *adjective*

lot spul, klomp *Ek hou van sy maats – hulle is 'n gawe spul/klomp.* I like his friends – they're a nice **lot**.

◆ **a lot** baie *"Baie dankie vir jou hulp!"* "Thanks **a lot** for your help!"

◆ **a lot of 1** baie *Hy is ryk en het baie geld in die bank.* He is rich and has **a lot of** money in the bank. **2** 'n spul, 'n klomp *"Wees versigtig – daar is 'n spul/ klomp skape voor in die pad."* "Be careful – there are **a lot of** sheep in the road ahead."

◆ **a lot of, lots of** baie *Sy het op haar verjaardag baie presente gekry.* She got **a lot of** (OR **lots of**) presents on her birthday.

◆ **the (whole) lot 1** alles *Die groenteman het 'n paar appels oorgehad en gesê ek kan alles vir R1,50 kry.* The greengrocer had a few apples left and said I could have **the (whole) lot** for R1,50. **2** almal *Ek het dié horlosie gekoop omdat dit die goedkoopste van almal was.* I bought this watch because it was the cheapest of **the lot**.

◆ **the (whole) lot of** almal *"Kinders, gedra julle, of ek straf julle almal!"* "Children, behave yourselves, or I'll punish **the (whole) lot of** you!"

☐ **lot** *noun (plural* **lots***)*

loud¹ 1 hard *"Die radio is 'n bietjie hard – draai asse= blief die klank af."* "The radio is a bit **loud** – please turn down the sound." **2** luidrugtig *Mense wat aandag probeer trek, is gewoonlik laf en luidrugtig.* People who show off are usually silly and **loud**.

☐ **loud** *adjective* **louder, loudest**

loud² hard *"Praat ek hard genoeg? Kan almal my hoor?"* "Am I speaking **loud** enough? Can everybody hear me?"

◆ **out loud** hardop *Hy moes die storie hardop lees so= dat die res van die klas dit kon hoor.* He had to read the story **out loud** so that the rest of the class could hear it.

☐ **loud** *adverb*

loudly hard *Oupa het aan die slaap geraak en baie hard begin snork.* Grandfather fell asleep and started to snore very **loudly**.

☐**loud·ly** *adverb*

lounge sitkamer *Sy het die gaste in die **sitkamer** met tee bedien.* She served the guests tea in the **lounge.**

☐**lounge** *noun (plural* **lounges***)*

love[1] liefde *My ma en my pa het uit **liefde** getrou en nie om geld nie.* My mother and father married for **love** and not for money.

◆ **be in love with** verlief wees op *Simon **is verlief op** Esther en wil met haar trou.* Simon **is in love with** Esther and wants to marry her.

◆ **fall in love with** verlief raak op *Hy **het op** 'n baie mooi meisie **verlief geraak**.* He has **fallen in love with** a very beautiful girl.

☐**love** *noun (no plural)*

love[2] **1** liefhê *Hy het sy bruid gesoen en gesê: "Ek sal jou **liefhê** solank ek leef."* He kissed his bride and said, "I will **love** you as long as I live." **2** baie hou van, lief wees vir *Ek **hou baie van (**OF **is lief vir)** sjokolade.* I **love** chocolates.

◆ **love (to) 1** lief wees vir **[a]** *Ek **is lief vir** my ma.* I **love** my mother. **[b]** *Hy **is lief vir** lees.* He **loves to** read. **2** graag *Die katjie is baie lewendig en speel **graag** met bolletjies papier.* The kitten is very lively and **loves to** play (OR **loves** playing) with balls of paper.

◆ **would love to** baie graag wil *Die kinders **wil baie graag** buite speel, maar hulle kan nie want dit reën.* The children **would love to** play outside, but they can't as it's raining.

☐**love** *verb (past tense and past participle* **loved,** *present participle* **loving***)*

lovely 1 lieflik *"Is haar baba nie **lieflik** nie?" – "Ja, hy is werklik baie oulik."* "Isn't her baby **lovely**?" – "Yes, it is really very cute." **2** pragtig *"Hou jy van my nuwe rok?" – "Ja, dis **pragtig**."* "Do you like my new dress?" – "Yes, it's **lovely**." **3** heerlik *Die partytjie was **heerlik**; ek het elke oomblik daarvan geniet.* The party was **lovely**; I enjoyed every moment of it.

☐**lovely** *adjective* **lovelier, loveliest**

low[1] laag **[a]** *Die heining om ons huis is so **laag** dat 'n groot hond maklik daaroor kan spring.* The fence around our house is so **low** that a big dog can easily jump over it. **[b]** *Die vragmotor het met 'n **lae** snelheid teen die bult opgery.* The lorry went up the hill at a **low** speed. **[c]** *Die temperatuur was so **laag** dat die water in die pype gevries het.* The temperature was so **low** that the water in the pipes froze. **[d]** *Wanneer paddas kwaak, maak hulle 'n diep, **lae** geluid.* When frogs croak they make a deep, **low** sound.

☐**low** *adjective* **lower, lowest**

low[2] laag *Party bome het takke wat so **laag** afhang dat hulle byna aan die grond raak.* Some trees have branches that hang down so **low** that they almost touch the ground.

☐**low** *adverb*

lower[1] **1** laat sak *Hy het 'n tou gebruik om die emmer in die water te **laat sak**.* He used a rope to **lower** the bucket into the water. **2** verlaag *Winkels **verlaag** hul pryse wanneer hulle 'n uitverkoping hou.* Shops **lower** their prices when they have a sale.

☐**low·er** *verb (past tense and past participle* **lowered,** *present participle* **lowering***)*

lower[2] laer *Die tafel in ons sitkamer is kleiner en **laer** as die tafel in ons kombuis.* The table in our lounge is smaller and **lower** than the table in our kitchen.

◆ **lower lip** onderlip *Sy **onderlip** is baie dikker as sy bolip.* His **lower lip** is much thicker than his upper lip.

☐**lower** *adjective*

luck geluk *Die motor se petroltenk is amper leeg, maar met 'n bietjie **geluk** sal ons die volgende dorp kan haal.* The car's petrol tank is almost empty, but with some **luck** we'll be able to reach the next town.

◆ **good luck!** alles van die beste!, alle sukses! *"**Alles van die beste (**OF **alle sukses)** met die eksamen!"* "**Good luck** with the exams!"

☐**luck** *noun (no plural)*

luckily gelukkig *Hy het uit die boom geval, maar het **gelukkig** nie seergekry nie.* He fell out of the tree, but **luckily** didn't get hurt.

☐**luck·i·ly** *adverb*

lucky gelukkig **[a]** *Ek is nie baie **gelukkig** wanneer ons kaart speel nie – my broer wen gewoonlik.* I'm not very **lucky** when we play cards – my brother usually wins. **[b]** *Sy is **gelukkig** dat sy na die ongeluk nog leef.* She is **lucky** still to be alive after the accident.

◆ **it is lucky** dis 'n geluk *"**Dis 'n geluk** dat ek soveel kos gekook het – ek het nie ekstra gaste verwag nie."* "It is **lucky** that I cooked so much food – I didn't expect extra guests."

☐**luck·y** *adjective* **luckier, luckiest**

luggage bagasie *"Het jy baie **bagasie**?" – "Nee, net twee koffers."* "Do you have a lot of **luggage**?" – "No, only two suitcases."

☐**lug·gage** *noun (no plural)*

lump knop, bult *Hy het 'n **knop|bult** op sy kop waar hy dit teen die kas gestamp het.* He has a **lump** on his head where he knocked it against the cupboard.

☐**lump** *noun (plural* **lumps***)*

lunch middagete *Ons geniet **middagete** om 13:00 en aandete om 18:00.* We have **lunch** at 13:00 and supper at 18:00.

☐**lunch** *noun (plural* **lunches***)*

lure lok *Hy het die hond met 'n been uit die huis probeer **lok**.* He tried to **lure** the dog out of the house with a bone.

☐**lure** *verb (past tense and past participle* **lured,** *present participle* **luring***)*

M

machine masjien *Die enjin van 'n motor is 'n soort masjien.* The engine of a car is a type of **machine**.
â ma·chine *noun (plural* **machines***)*

machinery masjinerie *Die boer hou sy trekker, ploeg en ander masjinerie in 'n skuur.* The farmer keeps his tractor, plough and other **machinery** in a barn.
â ma·chin·er·y *noun (no plural)*

mad â mal *"Daardie man sê en doen vreemde dinge – dink jy hy is mal?"* "That man says and does strange things – do you think he is **mad**?" â gek, mal *"Kom ons gaan ry 'n ent op ons fietse." – "Is jy gek/mal? Dit reën!"* "Let's go for a ride on our bicycles." – "Are you **mad**? It's raining!"

â— **be mad at** kwaad wees vir *My ma was vir my kwaad omdat ek een van haar beste koppies gebreek het.* My mother **was mad at** me for breaking one of her best cups.

â— **drive mad** gek maak, mal maak *Daardie hond sal my nog gek/mal maak met sy geblaf!* That dog will **drive** me **mad** with its barking!

â— **mad about** mal oor *Hy is mal oor diere en het twee honde en drie katte.* He is **mad about** animals and has two dogs and three cats.
â mad *adjective* **madder, maddest**

madam mevrou, juffrou *Die kelner het 'n kam opgetel en gevra: "Is dit miskien u s'n, Mevrou/Juffrou?"* The waiter picked up a comb and asked, "Is this by any chance yours, **Madam**?"
â mad·am *noun (plural* **mesdames***)*

magazine tydskrif *Daar is 'n paar interessante stories en artikels in dié tydskrif.* There are some interesting stories and articles in this **magazine**.
â mag·a·zine *noun (plural* **magazines***)*

magic toorkuns *Die heks in die storie gebruik toorkuns om slegte dinge te doen.* The witch in the story uses **magic** to do bad things.
â ma·gic *noun (no plural)*

magnet magneet *'n Magneet kan stukke yster of staal aantrek.* A **magnet** can attract pieces of iron or steel.
â mag·net *noun (plural* **magnets***)*

mail[1] pos [a] *Daar was vir my twee briewe in die pos.* There were two letters in the **mail** for me. [b] *Sy het die pakkie per pos aan hom gestuur.* She sent the parcel to him by **mail**.
â mail *noun (no plural)*

mail[2] pos *"Plak 'n seël op die koevert voordat jy die brief pos."* "Stick a stamp on the envelope before you **mail** the letter."
â mail *verb (past tense and past participle* **mailed**, *present participle* **mailing***)*

main hoof= *Baie van die groot winkels en kantore van 'n dorp is in die hoofstraat.* Many of the big shops and offices of a town are in the **main** street.
â main *adjective*

mainly hoofsaaklik *Brood bestaan hoofsaaklik uit meel.* Bread consists **mainly** of flour.
â main·ly *adverb*

maize mielies *Party boere kweek mielies as voer vir hul beeste.* Some farmers grow **maize** as feed for their cattle.
â maize *noun (no plural)*

make â maak [a] *My ma kan klere maak.* My mother can **make** clothes. [b] *Sy het vir hom 'n koppie tee gemaak.* She **made** him a cup of tea. [c] *Dit maak die juffrou baie kwaad as die kinders praat terwyl sy les gee.* It **makes** the teacher very angry if the children talk while she is giving a lesson. [d] *Philip het maats gemaak met die nuwe seun in die klas.* Philip has **made** friends with the new boy in the class. [e] *Twee en twee maak vier.* Two and two **make** four. [f] *Hoeveel geld maak hy uit die koerante wat hy na skool aflewer?* How much money does he **make** out of the newspapers that he delivers after school? [g] *Die kamer sal gou warm word as ons ('n) vuur in die kaggel maak.* The room will soon warm up if we **make** a fire in the fireplace. â opmaak *Die kinders moet elke oggend self hul beddens opmaak.* The children have to **make** their own beds every morning. â aanbring *Hy moes 'n verbetering aanbring waar die juffrou 'n spelfout in sy opstel gemerk het.* He had to **make** a correction where the teacher had marked a spelling mistake in his essay. â laat [a] *Rook kan jou oë laat traan.* Smoke can **make** your eyes water. [b] *Sy het hom 'n uur laat wag.* She **made** him wait for an hour. â dwing *"Ek hou nie van pampoen nie; moet my asseblief nie dwing om dit te eet nie."* "I don't like pumpkin; please don't **make** me eat it."

â— **make a choice** â‡’ **choice**.
â— **make a decision** â‡’ **decision**.
â— **make a noise** â‡’ **noise**.
â— **make do with** klaarkom met *Die aartappels was op, toe moes ons met rys klaarkom.* The potatoes were finished, so we had to **make do with** rice.
â— **make from** maak van *'n Mens maak wyn van druiwe.* One **makes** wine **from** grapes.
â— **make it to** bereik, haal *Ons het die trein gemis, want ons kon nie die stasie betyds bereik/haal nie.* We missed the train because we couldn't **make it to** the station in time.
â— **make it up** weer maats maak *'n Paar dae na hul rusie het hulle besluit om weer maats te maak.* A few days after their quarrel they decided to **make it up**.

◆ **make of** maak van *'n Mens kan skoene van leer of plastiek maak*. One can **make** shoes **of** leather or plastic.

◆ **make out** uitmaak *Sy stem was so dof oor die telefoon dat ek nie kon uitmaak wat hy sê nie*. His voice was so faint over the telephone that I couldn't **make out** what he was saying.

◆ **make sure** ⇨ **sure**[1].

◆ **make up** ❶ opmaak *Wanneer jy 'n pakkie opmaak, draai jy dit in papier toe en maak dit met lyn of kleeflint vas*. When you **make up** a parcel, you wrap it in paper and fasten it with string or sticky tape. ❷ opmaak, grimeer *Vroue grimeer hul gesigte (OF maak hul gesigte op) met lipstiffie en poeier*. Women **make up** their faces with lipstick and powder. ❸ uitdink *"Ek het nie lus om na haar partytjie toe te gaan nie. Watse verskoning kan ek uitdink om weg te bly?"* "I don't feel like going to her party. What excuse can I **make up** to stay away?"

◆ **make up your mind** ⇨ **mind**[1].

☐ **make** *verb (past tense and past participle* **made,** *present participle* **making)**

male[1] mannetjie *By die meeste diere is die mannetjie groter en mooier as die wyfie*. In most animals the **male** is bigger and more attractive than the female.

☐ **male** *noun (plural* **males)**

male[2] manlik *Die manlike stem is dieper as die vroulike stem*. The **male** voice is deeper than the female voice.

☐ **male** *adjective*

man ❶ man **[a]** *Daar was 'n man, 'n vrou, twee seuns en drie meisies by die bushalte*. There was a **man,** a woman, two boys and three girls at the bus stop. **[b]** *Die pa het vir sy seun gesê: "Moenie huil nie – gedra jou soos 'n man."* The father said to his son, "Don't cry – behave yourself like a **man."** **[c]** *Daar is altyd 'n paar manne aan diens by die brandweerstasie*. There are always a few **men** on duty at the fire station. ❷ mens, persoon *Hy is die regte mens/persoon vir die werk*. He is the right **man** for the job. ❸ die mens *Die mens is die enigste wese wat kan praat*. **Man** is the only creature that can speak.

☐ **man** *noun (no plural at* **3;** **men** *at* **1** *and* **2)**

manage ❶ bestuur *Die bank het iemand aangestel om die nuwe tak in Langstraat te bestuur*. The bank appointed someone to **manage** the new branch in Long Street. ❷ regkom *Min mans kan sonder 'n vrou in die huis regkom*. Few men can **manage** without a woman in the house. ❸ eet *"Kan jy nog 'n aartappel eet?"* "Can you **manage** another potato?" ❹ drink *"Kan jy nog 'n koppie tee drink?"* "Can you **manage** another cup of tea?"

◆ **manage on** klaarkom met *Die huisvrou het vir haar man gesê: "Ek kan nie met R200,00 per maand klaarkom nie."* The housewife said to her husband, "I can't **manage on** R200,00 a month."

◆ **manage to** ❶ kan *"Kan jy nog 'n aartappel eet?"* "Can you **manage to** eat another potato?" ❷ dit reg-

kry om, daarin slaag om *"Dink jy hy sal dit regkry (OF daarin slaag) om die kampioen te klop?"* "Do you think he'll **manage to** beat the champion?"

☐ **man·age** *verb (past tense and past participle* **managed,** *present participle* **managing)**

manager bestuurder *Sy het by die bestuurder oor die swak diens in die winkel gekla*. She complained to the **manager** about the bad service in the shop.

☐ **man·ag·er** *noun (plural* **managers)**

manner manier *Hy loop op 'n eienaardige manier want sy been makeer iets*. He walks in a strange **manner** because there is something wrong with his leg.

◆ **manners** maniere *Dis slegte maniere om met jou mond vol kos te praat*. It is bad **manners** to speak with your mouth full of food.

☐ **man·ner** *noun (plural* **manners)**

manure mis *Boere ploeg mis in die grond om dit vrugbaar te maak*. Farmers plough **manure** into the soil to make it fertile.

☐ **ma·nure** *noun (no plural)*

many baie *Baie bome verloor hul blare in die winter*. **Many** trees shed their leaves in winter.

◆ **how many** hoeveel *"Hoeveel lepels suiker wil jy in jou tee hê?" – "Twee, asseblief."* "**How many** spoons of sugar would you like in your tea?" – "Two, please."

◆ **so many** soveel *Ek het nog nooit in my lewe soveel mense gesien nie*. Never in my life have I seen **so many** people.

◆ **too many** te veel *Dis sleg vir jou tande om te veel lekkers te eet*. It is bad for your teeth to eat **too many** sweets.

☐ **man·y** *adjective* **more, most**

> Use **many** with countable nouns and **much** with uncountable nouns: *"How many spoons of sugar would you like in your tea?" "How much sugar would you like in your tea?"*

map kaart, landkaart *Die kaart/landkaart van Suid-Afrika is op bladsy 23 van die atlas*. The **map** of South Africa is on page 23 of the atlas.

☐ **map** *noun (plural* **maps)**

March[1] Maart *Maart is die derde maand van die jaar*. **March** is the third month of the year.

☐ **March** *noun (no plural)*

march[2] marsjeer *Wanneer ek marsjeer, sê ek by myself: "Links, regs, links, regs ..."* When I **march** I say to myself, "Left, right, left, right ..."

☐ **march** *verb (past tense and past participle* **marched,** *present participle* **marching)**

margarine margarien *Baie mense gebruik margarien in plaas van botter*. Many people use **margarine** instead of butter.

☐ **mar·ga·rine** *noun (no plural)*

mark[1] ❶ merk *Hy het 'n rooi merk op sy pen gemaak sodat almal sou weet dis syne*. He made a red **mark** on his pen so that everyone would know it's his. ❷ vlek, kol **[a]** *Hy het die koppie koffie omgestamp en nou is daar* 'n bruin *vlek/kol op die mat*. He knocked the cup of coffee over and now there is a brown **mark** on the carpet. **[b]** *Die perd het 'n wit vlek/kol op sy neus*. The horse has a white **mark** on its nose. **3** punt *Sy hoogste punt in 'n speltoets was agt uit tien*. His highest **mark** in a spelling test was eight out of ten.

☐ **mark** *noun (plural* **marks***)*

mark² **1** merk *Sy het 'n stukkie papier in haar boek gesit om haar plek te merk*. She put a piece of paper in her book to **mark** her place. **2** vlek **[a]** *Wit klere vlek maklik*. White clothes **mark** easily. **[b]** *Die koffie het die mat gevlek*. The coffee has **marked** the carpet. **3** nasien *"Kinders, julle moet jul boeke ingee sodat ek jul huiswerk kan nasien."* "Children, you must hand in your books so that I can **mark** your homework." **4** aandui, aangee *Die rooi lyne op die kaart dui/gee die grense van die verskillende lande aan*. The red lines on the map **mark** the borders of the different countries.

◆ **be marked (with)** **1** het *Sebras het swart en wit strepe*. Zebras **are marked with** black and white stripes. **2** staan op **[a]** *Tom se naam staan op die liniaal*. The ruler **is marked with** Tom's name. **[b]** *Op die doos staan "Glas – hanteer versigtig"*. The box is **marked** "Glass – handle with care". **3** gemerk wees met *Die pad is met wit strepe gemerk*. The road is **marked with** white lines.

☐ **mark** *verb (past tense and past participle* **marked**, *present participle* **marking***)*

market mark *My ma koop ons groente en vrugte by die mark*. My mother buys our vegetables and fruit at the **market**.

☐ **mar·ket** *noun (plural* **markets***)*

marriage huwelik **[a]** *My oupa en ouma se huwelik het meer as vyftig jaar gehou*. My grandfather and grandmother's **marriage** lasted for more than fifty years. **[b]** *Hul huwelik het in die kerk plaasgevind*. Their **marriage** took place in church.

☐ **mar·riage** *noun (plural* **marriages***)*

married getroud *My ouers is al twintig jaar getroud*. My parents have been **married** for twenty years.

☐ **mar·ried** *adjective*

marry trou **[a]** *Simon is verlief op Esther en wil met haar trou*. Simon is in love with Esther and wishes to **marry** her. **[b]** *Die dominee het die paartjie getrou*. The parson **married** the couple.

◆ **get married** trou *"Wanneer gaan Simon en Esther trou?"* "When are Simon and Esther going to **get married?**"

◆ **were married** is getroud *Hulle is in 'n kerk getroud*. They **were married** in a church.

☐ **mar·ry** *verb (past tense and past participle* **married**, *present participle* **marrying***)*

mask masker *Hy het 'n masker gedra sodat niemand sy gesig kon herken nie*. He wore a **mask** so that no one could recognize his face.

☐ **mask** *noun (plural* **masks***)*

mass massa *Die sjokolade het tot 'n taai massa gesmelt*. The chocolates melted to a sticky **mass**.

◆ **a mass of, masses of** 'n massa *Daar was 'n massa mense by die sokkerwedstryd*. There was **a mass of** (OR were **masses of**) people at the soccer match.

☐ **mass** *noun (plural* **masses***)*

┌───┐
│ **masses of** is a less formal expression than **a mass of** │
└───┘

mat mat *"Vee asseblief jou voete op die mat af."* "Please wipe your feet on the **mat**."

☐ **mat** *noun (plural* **mats***)*

match¹ vuurhoutjie *Die man het sy sigaret met 'n vuurhoutjie aangesteek*. The man lit his cigarette with a **match**.

☐ **match** *noun (plural* **matches***)*

match² wedstryd *Ons sokkerspan het die wedstryd met twee doele teen een gewen*. Our soccer team won the **match** by two goals to one.

☐ **match** *noun (plural* **matches***)*

match³ **1** pas by *Haar handsak pas by haar skoene – hulle is albei van bruin leer gemaak*. Her handbag **matches** her shoes – both of them are made of brown leather. **2** pas by mekaar *Die skoene pas nie by mekaar nie – hulle verskil in grootte*. The shoes don't **match** – they differ in size.

☐ **match** *verb (past tense and past participle* **matched**, *present participle* **matching***)*

material **1** materiaal *Hulle gebruik materiaal soos hout en bakstene in huisbou*. They use **materials** such as wood and bricks in house-building. **2** materiaal, stof *In die somer dra sy graag rokke wat van materiaal/stof soos katoen of linne gemaak is*. In summer she likes to wear dresses made of **material** such as cotton or linen.

☐ **ma·te·ri·al** *noun (plural* **materials***)*

mathematics wiskunde *Hy is goed in wiskunde, want hy het 'n kop vir syfers*. He is good at **mathematics** because he has a head for figures.

☐ **math·e·mat·ics** *noun (no plural)*

┌───┐
│ **maths** is an abbreviated, informal word for **mathematics** │
└───┘

matric matriek **[a]** *Philip skryf volgende jaar matriek en wil graag die jaar daarna universiteit toe gaan*. Philip writes **matric** next year and would like to go to university the year after. **[b]** *Die jaarlikse partytjie vir die matrieks word in Oktober gehou*. The annual party for the **matrics** is held in October.

☐ **ma·tric** *noun (no plural at* **a**; **matrics** *at* **b***)*

matter¹ saak *"Die hoof het 'n belangrike saak om met jou in sy kantoor te bespreek."* "The headmaster has an important **matter** to discuss with you in his office."

◆ **as a matter of fact** ⇨ **fact**.

◆ **what's the matter?** wat makeer? *"Wat makeer? Hoekom huil jy?"* "**What's the matter?** Why are you crying?"

◆ **what's the matter with ...?** wat makeer ...? "*Wat makeer jou? Jy lyk siek.*" "**What's the matter with** you? You look ill.''

☐ **mat·ter** *noun (plural* **matters***)*

matter[2] saak maak "*Dit maak nie saak hoe laat jy kom nie; ek sal die hele middag tuis wees.*" "It doesn't **matter** at what time you come; I'll be at home all afternoon.''

☐ **mat·ter** *verb (past tense and past participle* **mattered**, *present participle* **mattering***)*

mattress matras *My bed het 'n goeie matras en is baie gemaklik.* My bed has a good **mattress** and is very comfortable.

☐ **mat·tress** *noun (plural* **mattresses***)*

May[1] Mei *Mei is die vyfde maand van die jaar.* **May** is the fifth month of the year.

☐ **May** *noun (no plural)*

may[2] ❶ mag [a] "*My huiswerk is klaar; mag ek nou gaan speel?*" "My homework is finished; **may** I go and play now?" [b] *Toe hy siek was, het sy vir hom 'n kaartjie gestuur wat sê: "Mag jy gou gesond word!"* When he was ill, she sent him a card that said: "**May** you get better soon!" ❷ kan maar "*Ek hou nie van dié radioprogram nie; kan ek maar na 'n ander stasie oorskakel?*" "I don't like this radio programme; **may** I switch over to another station?" ❸ miskien, dalk "*Neem 'n sambreel saam; miskien/dalk reën dit vanaand.*" "Take an umbrella with you; it **may/might** rain tonight." ⇨ **can**[2] [NOTE].

◆ **may/might as well** kan gerus "*Dis al amper eenuur – jy kan gerus vir middagete bly.*" "It's almost one o'clock – you **may/might as well** stay for lunch.''

☐ **may** *verb (past tense* **might***)*

maybe dalk, miskien "*Hoekom is hy so laat?*" – "*Ek weet nie; dalk/miskien het hy die bus gemis.*" "Why is he so late?" – "I don't know; **maybe** he missed the bus.''

☐ **may·be** *adverb*

me ❶ my "*Het sy my gesien?*" "Did she see me?" ❷ vir my *My pa het vir my 'n nuwe fiets gekoop.* My father bought **me** a new bicycle. ❸ ek [a] "*Maak die deur oop. Dis ek, Walter!*" "Open the door. It's **me**, Walter!" [b] *Sy is ouer as ek.* She is older than **me**.

☐ **me** *pronoun*

meal ❶ maal, maaltyd *Ontbyt is die eerste maal/maaltyd van die dag.* Breakfast is the first **meal** of the day. ❷ ete "*Het julle lus vir koue vleis en slaaie, of sal ek 'n warm ete maak?*" "Do you feel like cold meat and salads, or shall I prepare a warm **meal**?"

◆ **come over for a meal** kom eet by ons "*Het jy lus om Saterdag by ons te kom eet?*" "Would you like to **come over for a meal** on Saturday?"

◆ **go for a meal** gaan eet *Ons het gisteraand by vriende gaan eet.* We went to friends **for a meal** last night.

◆ **have a meal** eet *My oupa en ouma eet dikwels Son-*

dagmiddae by ons. My grandfather and grandmother often **have a meal** with us on Sunday afternoons.

☐ **meal** *noun (plural* **meals***)*

mealie mielie *Sy het die blare en die baard van die mielie afgetrek voordat sy dit gekook het.* She pulled the leaves and the beard off the **mealie** before she cooked it.

☐ **meal·ie** *noun (plural* **mealies***)*

mean[1] ❶ beteken [a] *Die woorde "enorm" en "yslik" beteken albei "baie groot".* The words "enormous" and "huge" both **mean** "very large". [b] *As 'n verkeerslig groen is, beteken dit jy kan ry.* If a traffic light is green, it **means** you can go. [c] *Ek sou nie in 'n ander land kan woon nie – my vriende en familie beteken te veel vir my.* I couldn't live in another country – my friends and family **mean** too much to me. ❷ bedoel [a] "*As jy sê ons moet om sewe daar wees, bedoel jy 07:00 in die oggend of 19:00 in die aand?*" "If you say we have to be there at seven, do you **mean** 07:00 in the morning or 19:00 in the evening?" [b] "*Ek is jammer, ek het nie bedoel om jou seer te maak nie.*" "I'm sorry, I didn't **mean** to hurt you." [c] *Sy het na die tekening gekyk en gevra: "Wat is dit bedoel om te wees: 'n bok of 'n hond?"* She looked at the drawing and asked, "What is this **meant** to be: a goat or a dog?" ❸ bedoel, meen [a] "*Bedoel/Meen jy wat jy sê, of maak jy 'n grap?*" "Do you **mean** what you are saying, or are you joking?" [b] "*As jy praat van die seun met die bril, bedoel/meen jy George of Walter?*" "If you talk about the boy with the glasses, do you **mean** George or Walter?"

◆ **be meant for** bedoel wees vir "*Die blomme is vir jou bedoel; nie vir jou ma nie.*" "The flowers **are meant for** you; not for your mother."

◆ **be meant to** moet "*Moet jy nie by die skool wees nie?*" – "*Nee, die hoof het ons vroeg huis toe gestuur.*" "**Are** you not **meant to** be at school?" – "No, the headmaster sent us home early."

☐ **mean** *verb (past tense and past participle* **meant**, *present participle* **meaning***)*

mean[2] ❶ gemeen *Dit was gemeen van hom om die hond buite in die reën te laat.* It was **mean** of him to leave the dog outside in the rain. ❷ suinig "*Moenie so suinig wees nie; gee vir jou broer een van jou lekkers.*" "Don't be so **mean**; give your brother one of your sweets."

☐ **mean** *adjective* **meaner, meanest**

meaning betekenis *Die betekenis van die werkwoord "abba" is "op die rug dra".* The **meaning** of the verb "piggyback" is "carry on the back".

☐ **mean·ing** *noun (plural* **meanings***)*

means middel *Die trein is 'n middel van vervoer.* The train is a **means** of transport.

◆ **by all means** natuurlik "*Kan ek julle telefoon gebruik?*" – "*Ja, natuurlik!*" "May I use your telephone?" – "Yes, **by all means**!"

◆ **by means of** deur middel van *Hy het haar deur middel van 'n telegram met haar verjaardag geluk-*

gewens. He wished her happy birthday **by means of** a telegram.

◆ **by no means** glad nie *"Ek is glad nie tevrede met jou punte nie; jy kan baie beter vaar."* "I am **by no means** satisfied with your marks; you can do much better."

☐ **means** *noun*

meantime, in the meantime intussen *Die program begin oor 'n uur; ek gaan intussen bad.* The programme starts in an hour; **(in the) meantime,** I'm going to have a bath.

☐ **mean·time** *adverb*

meanwhile intussen *"Sny jy die koek; ek sal intussen die tee maak."* "You cut the cake; **meanwhile,** I'll make the tea."

☐ **mean·while** *adverb*

measles masels *Masels is 'n siekte wat kinders dikwels kry.* **Measles** is a disease that children often get.

☐ **mea·sles** *noun*

measure[1] maat *'n Sentimeter is 'n maat van lengte.* A centimetre is a **measure** of length.

☐ **meas·ure** *noun (plural* **measures***)*

measure[2] ❶ meet [a] *Hy het 'n liniaal gebruik om die tafel te meet.* He used a ruler to **measure** the table. [b] *'n Termometer meet temperatuur.* A thermometer **measures** temperature. ❷ meet, groot wees *Die mat meet drie meter by twee meter* (OF *is drie meter by twee meter groot*). The carpet **measures** three metres by two metres. ❸ meet, lank wees *Die gordyne meet 2,5 m* (OF *is 2,5 m lank*). The curtains **measure** 2,5 m.

☐ **meas·ure** *verb (past tense and past participle* **measured***, present participle* **measuring***)*

measurement maat *Die maat van sy arm is 50 cm.* The **measurement** of his arm is 50 cm.

☐ **meas·ure·ment** *noun (plural* **measurements***)*

Metric measurements and decimal units take the plural form when used predicatively in plural expressions: *The table measures three metres by two metres. She bought two kilograms of sugar. He paid twenty rands for the book.* Note, however, that informally **rand** can be used in the singular form in plural expressions: *He paid twenty rand for the book.*

---

meat vleis *Ons het vleis en groente vir aandete gehad.* We had **meat** and vegetables for supper.

☐ **meat** *noun (plural* **meats***)*

The meat from some animals has a different name from the animal itself: the meat from a cow is called **beef** and that from a pig **pork**, but the meat from a lamb is called **lamb**. For fish and for birds such as chicken or duck the same word is used for both meat and animal.

---

mechanic werktuigkundige *Simon is 'n werktuigkundige by 'n garage.* Simon is a **mechanic** at a garage.

☐ **me·chan·ic** *noun (plural* **mechanics***)*

medal medalje *Die atleet het 'n goue medalje as eerste prys gewen.* The athlete won a gold **medal** as first prize.

☐ **med·al** *noun (plural* **medals***)*

medical medies *Sy is hospitaal toe vir 'n mediese ondersoek.* She went to hospital for a **medical** examination.

☐ **med·i·cal** *adjective*

medicine medisyne *Medisyne help jou gesond word wanneer jy siek is.* **Medicine** helps you get better when you are ill.

◆ **study medicine** vir dokter leer *Hy is universiteit toe om vir dokter te leer.* He went to university to **study medicine.**

☐ **med·i·cine** *noun (plural* **medicines***)*

meet ❶ ontmoet [a] *"Ek wil jou suster graag ontmoet; stel haar asseblief aan my voor."* "I'd like to **meet** your sister; please introduce her to me." [b] *Ek ken hom; ons het by 'n partytjie ontmoet.* I know him; we **met** at a party. ❷ kry *"Ek sal jou om 13:45 by die fliek kry."* "I'll **meet** you at the cinema at 13:45." ❸ raak loop *"As jy Maggie by die bushalte raak loop, sê vir haar sy het haar trui in die klas vergeet."* "If you **meet** Maggie at the bus stop, tell her she has left her jersey in the class." ❹ vergader *Die onderwysers gaan vanmiddag vergader om die skoolkonsert te bespreek.* The teachers are going to **meet** this afternoon to discuss the school concert. ❺ saamkom, bymekaarkom *Die water vloei baie vinnig waar die twee riviere saamkom/bymekaarkom.* The water flows very fast where the two rivers **meet.**

☐ **meet** *verb (past tense and past participle* **met***, present participle* **meeting***)*

meeting ❶ vergadering *Die onderwysers het 'n vergadering gehou om die skoolkonsert te bespreek.* The teachers held a **meeting** to discuss the school concert. ❷ ontmoeting *Sy eerste ontmoeting met Christine was by Lynette se partytjie.* His first **meeting** with Christine was at Lynette's party.

☐ **meet·ing** *noun (plural* **meetings***)*

melt smelt *As jy 'n blokkie ys in die son sit, sal dit smelt en in water verander.* If you put a block of ice in the sun, it will **melt** and turn into water.

☐ **melt** *verb (past tense and past participle* **melted***, present participle* **melting***)*

member lid *John is 'n lid van sy skool se eerste sokkerspan.* John is a **member** of his school's first soccer team.

☐ **mem·ber** *noun (plural* **members***)*

memory ❶ geheue *Hy het 'n goeie geheue en vergeet selde iemand se naam.* He has a good **memory** and seldom forgets a person's name. ❷ herinnering *Die herinnering aan haar oorlede man maak haar baie hartseer.* The **memory** of her dead husband makes her very sad.

☐ **mem·o·ry** *noun (plural* **memories***)*

mend heelmaak, regmaak *Die werktuigkundige kon nie*

die motor **heelmaak/regmaak** *nie – dit was te erg be=skadig.* The mechanic couldn't **mend** the car – it was too badly damaged.

☐ **mend** *verb (past tense and past participle* **mended,** *present participle* **mending)**

mention ❶ noem *"Noem hulle die prys van die fiets in die advertensie?"* "Do they **mention** the price of the bicycle in the advertisement?" **❷** sê *Sy het vergeet om vir haar ma te sê die rys is op.* She forgot to **mention** to her mother that the rice was finished.

☐ **men·tion** *verb (past tense and past participle* **men=tioned,** *present participle* **mentioning)**

menu spyskaart *Die kelner het gesê: "Kan ek u bestelling neem, of wil u eers die* **spyskaart** *sien?"* The waiter said, "Can I take your order, or would you like to see the **menu** first?"

☐ **men·u** *noun (plural* **menus)**

merry vrolik, opgewek *"Hoekom is jy so* **vrolik/opge=wek** *– het jy goeie nuus gekry?"* "Why are you so **mer=ry** – have you had good news?"

♦ **merry Christmas ⇨ Christmas.**

☐ **mer·ry** *adjective* **merrier, merriest**

mess¹ gemors *"Wat is dié* **gemors** *op die vloer?" – "Dis melk wat uit die bottel gelek het."* "What's this **mess** on the floor?" – "It's milk that leaked from the bottle."

♦ **in a mess** deurmekaar *Die huis was so* **deurme=kaar** *dat dit ons ure gekos het om dit weer aan die kant te maak.* The house was in such **a mess** that it took us hours to put it straight again.

♦ **make a mess ❶** *'n gemors maak* [a] *"Anna, as jy nie die breipatroon volg nie, sal jy* **'n gemors** *van die trui maak."* "Anna, if you don't follow the knitting pattern, you will **make a mess** of the jersey." [b] *Hy het die bottel melk laat val en* **'n groot gemors** *op die vloer gemaak.* He dropped the bottle of milk and **made a** big **mess** on the floor. **❷** mors *Die baba het op die tafeldoek gemors.* The baby **made a mess** on the tablecloth.

☐ **mess** *noun (plural* **messes)**

mess² mors *"Moet asseblief nie met die verf op die tafel* **mors** *nie."* "Please don't **mess** on the table with the paint."

♦ **mess up** deurmekaar maak *"Moenie die kombuis* **deurmekaar maak** *nie – ek het dit so pas aan die kant gemaak."* "Don't **mess up** the kitchen – I've just tidied it."

☐ **mess** *verb (past tense and past participle* **messed,** *present participle* **messing)**

message boodskap *"Simon, ek het vir jou 'n* **boodskap** *– Philip sê daar is geen sokkeroefening vanmiddag nie."* "Simon, I have a **message** for you – Philip says there is no soccer practice this afternoon."

☐ **mes·sage** *noun (plural* **messages)**

messenger ❶ boodskapper *"Gaan sê vir Walter hy moet hiernatoe kom." – "Ek sal nie; ek is nie jou* **bood=skapper** *nie."* "Go and tell Walter to come here." – "I won't; I'm not your **messenger.**" **❷** bode *'n* **Bode**

in my pa se kantoor het die pakkie by ons huis afgelewer. A **messenger** in my dad's office delivered the parcel to our house.

☐ **mes·sen·ger** *noun (plural* **messengers)**

metal metaal *Yster is 'n* **metaal.** Iron is a **metal.**

☐ **met·al** *noun (plural* **metals)**

meter meter *Die* **meter** *in 'n huurmotor sê vir die be=stuurder hoeveel 'n passasier vir sy rit moet betaal.* The **meter** in a taxi tells the driver how much a passenger must pay for his ride.

☐ **me·ter** *noun (plural* **meters)**

method metode *Sy glo dat stap die beste* **metode** *is vir 'n ou mens om fiks te bly.* She believes that walking is the best **method** for an old person to keep fit.

☐ **meth·od** *noun (plural* **methods)**

metre meter *Die tou is een* **meter** *lank.* The rope measures one **metre.** ⇨ **measurement** [NOTE].

☐ **me·tre** *noun (plural* **metres)**

---

m is the written abbreviation for **metre** or **metres**

---

miaow miaau *Ons katte* **miaau** *voor die yskas wanneer hulle honger is.* Our cats **miaow** in front of the fridge when they are hungry.

☐ **mi·aow** *verb (past tense and past participle* **miaowed,** *present participle* **miaowing)**

middle middel *Daar is 'n wit streep in die* **middel** *van die pad.* There is a white line in the **middle** of the road.

☐ **mid·dle** *noun (no plural)*

midnight middernag *Ek het tot* **middernag** *wakker gebly en die horlosie twaalf hoor slaan.* I stayed awake until **midnight** and heard the clock strike twelve.

☐ **mid·night** *noun (no plural)*

might¹ krag *Sy het met al haar* **krag** *probeer om die swaar deur oop te stoot.* She tried with all her **might** to push the heavy door open.

☐ **might** *noun (no plural)*

might² **❶** dalk *"Neem 'n sambreel saam;* **dalk** *reën dit."* "Take an umbrella with you; it **might** rain." **❷** kan dalk *George is baie gewild en* **kan dalk** *oor twee jaar hoofseun van die skool word.* George is very popular and **might** become head boy of the school in two years' time. **❸** sou *Toe sy Tom in die garage kry, het sy gesê: "Ek het gedink jy* **sou** *hier wees."* When she found Tom in the garage, she said, "I thought you **might** be here." **❹** netnou *"Ons moet liewer by die paadjie hou;* **netnou** *verdwaal ons."* "We had better stick to the path; we **might** get lost."

♦ **might have ❶** dalk *"Hoekom is Anna so laat?" – "Dalk het sy verdwaal."* "Why is Anna so late?" – "She **might have** got lost." **❷** kon *"Jy het nie die deur gesluit nie. Iemand* **kon** *ons beroof het!"* "You didn't lock the door. Someone **might have** robbed us!"

♦ **might have known** moet geweet het *"Ek het ver=geet om jou brief te pos." – "Ek* **moet geweet het** *jy sou."* "I forgot to post your letter." – "I **might have known** you would."

☐ **might** *verb (past tense of* **may**)

mild ❶ matig [a] *Die weer was dié winter taamlik matig – dit was selde baie koud.* The weather was quite **mild** this winter – it was seldom very cold. [b] *Matige mosterd het nie 'n skerp smaak nie.* **Mild** mustard doesn't have a sharp taste. **❷** lig *Ek het ek 'n ligte aanval van griep gehad.* I had a **mild** attack of flu.

☐ **mild** *adjective* **milder, mildest**

milk¹ melk *Babas leef van melk.* Babies live on **milk**.

☐ **milk** *noun (no plural)*

milk² melk *"Weet jy hoe om 'n koei te melk?"* "Do you know how to **milk** a cow?"

☐ **milk** *verb (past tense and past participle* **milked**, *present participle* **milking**)

millilitre milliliter *'n Milliliter is gelyk aan 'n duisendste van 'n liter.* A **millilitre** is equal to a thousandth of a litre. ⇨ **measurement** [NOTE].

☐ **mil·li·li·tre** *noun (plural* **millilitres**)

---

ml is the written abbreviation for **millilitre** or **millilitres**

---

millimetre millimeter *Daar is 10 millimeter in 'n sentimeter.* There are 10 **millimetres** in a centimetre. ⇨ **measurement** [NOTE].

☐ **mil·li·me·tre** *noun (plural* **millimetres**)

---

mm is the written abbreviation for **millimetre** or **millimetres**

---

million miljoen *Duisend maal duisend is 'n miljoen (1 000 000).* A thousand times a thousand is a **million** (1 000 000).

☐ **mil·lion** *noun (plural* **millions**)

mind¹ ❶ verstand *Sy is baie slim – op die ouderdom van twee het sy die verstand van 'n vyfjarige gehad.* She is very clever – at the age of two she had the **mind** of a five-year-old. **❷** kop *"Daardie man sê en doen vreemde dinge – dink jy hy is van sy kop af?"* "That man says and does strange things – do you think he is out of his **mind**?" **❸** gedagte *"Kom ons doen iets lekkers." –* "Goed, wat het jy in gedagte?"* "Let's do something nice." – "All right, what do you have in **mind**?"

◆ **change your mind** van plan verander *Hy het besluit om by die huis te bly en niks sal hom van plan laat verander nie.* He has decided to stay at home and nothing will make him **change his mind**.

◆ **make up your mind** besluit *Sy kon nie besluit watter rok om te koop nie, die rooie of die groene.* She couldn't **make up her mind** which dress to buy, the red one or the green one.

☐ **mind** *noun (no plural at* 2 *and* 3; **minds** *at* 1)

mind² ❶ omgee *"Ek kry 'n bietjie warm – sal jy omgee as ek die venster oopmaak?"* "I'm a bit hot – would you **mind** if I open the window?" **❷** pasop vir, pas op vir *"Pasop (OF Pas op) vir die dorings wanneer jy die rose afsny!"* "**Mind** the thorns when you cut the roses!"

◆ **mind you** maar weet jy *"Hy is nie in sy kantoor nie. Maar weet jy, dis tien oor een – hy het seker gaan eet."*

"He isn't in his office. **Mind you**, it's ten past one – he must have gone out for lunch."

◆ **never mind** toe maar, toemaar *"Ek het vergeet om die deur te sluit." – "Toe maar (OF Toemaar), ek sal dit doen."* "I forgot to lock the door." – "**Never mind**, I'll do it."

☐ **mind** *verb (past tense and past participle* **minded**, *present participle* **minding**)

mine¹ myn *Die mans gaan diep in die myn af om na goud te grawe.* The men go down deep into the **mine** to dig for gold.

◆ **mine dump** mynhoop *'n Mynhoop word gevorm deur al die sand en gruis wat mynwerkers onder die grond uitgrawe.* A **mine dump** is formed by all the sand and gravel that miners dig out of the earth.

☐ **mine** *noun (plural* **mines**)

mine² myne *"Kan ek jou pen leen? Myne is weg."* "May I borrow your pen? **Mine** is missing."

◆ **of mine** van my *Tom is 'n maat van my.* Tom is a friend **of mine**.

☐ **mine** *pronoun*

miner mynwerker *Mynwerkers gaan dikwels tot 'n diepte van drie kilometer en meer af om na goud te delf.* **Miners** often go down to a depth of three kilometres and more to dig for gold.

☐ **min·er** *noun (plural* **miners**)

minister ❶ minister *'n Minister is 'n lid van die regering en die hoof van 'n departement.* A **minister** is a member of the government and the head of a department. **❷** predikant, dominee *Die predikant/dominee het gesê: "Kom ons buig ons hoofde en bid."* The **minister** said, "Let us bow our heads and pray."

☐ **min·is·ter** *noun (plural* **ministers**)

minus minus, min *Tien minus/min vier is ses.* Ten **minus** four is six.

☐ **mi·nus** *preposition*

minute ❶ minuut *Daar is 60 sekondes in 'n minuut.* There are 60 seconds in a **minute**. **❷** oomblik *Die oomblik toe ek hom sien, het ek geweet hy is Linda se broer.* The **minute** I saw him, I knew he was Linda's brother.

◆ **a minute ago** nou-nou, netnou *Ek het Esmé nou-nou/netnou gesien toe ek gaan brood koop het.* I saw Esmé **a minute ago** when I went to buy some bread.

◆ **I won't be a minute** ek is nou-nou klaar, ek kom nou-nou *"Ek is nou-nou klaar (OF Ek kom nou-nou)! Ek moet nog net my hare kam."* "**I won't be a minute**! I just have to comb my hair."

◆ **in a minute** nou-nou, netnou *"Ek gaan gou kafee toe, Ma! Ek sal nou-nou/netnou terug wees!"* "I'm just going to the café, Mum! I'll be back **in a minute**!"

◆ **it won't take a minute** ⇨ **take**.

◆ **just a minute** wag (so) 'n bietjie, net 'n oomblik *"Wag (so) 'n bietjie (OF Net 'n oomblik), meneer; ek sal my pa na die telefoon roep."* "**Just a minute**, sir; I'll call my dad to the telephone."

□ **mi·nute** *noun (plural* **minutes***)*

mirror spieël *Sy het in die* **spieël** *gekyk om haar hare te kam.* She looked in the **mirror** to comb her hair.

□ **mir·ror** *noun (plural* **mirrors***)*

Miss[1] ☐ Juffrou *Toe die onderwyseres die klaskamer binnekom, het dié kinders opgestaan en gesê: "Môre,* **Juffrou!***"* When the teacher entered the classroom, the children stood up and said, "Good morning, **Miss!**" ☐ mejuffrou **[a]** *Die tikster in my pa se kantoor,* **mejuffrou** *Evans, trou in Desember.* The typist in my father's office, **Miss** Evans, is getting married in December. **[b]** *Haar adres is:* **Mej.** *B. Evans, Langstraat 10, Brits, 0250.* Her address is: **Miss** B. Evans, 10 Long Street, Brits, 0250.

□ **miss** *noun (plural* **misses***)*

miss[2] ☐ mis **[a]** *"Maak gou, Lynette, anders* **mis** *ons die trein!"* "Hurry, Lynette, or we'll **miss** the train!" **[b]** *Die jagter het die bok probeer raak skiet, maar* **het gemis.** The hunter tried to hit the buck but **missed.** **[c]** *Sy het vir haar maat gesê: "Ek sal jou baie* **mis** *wanneer julle trek."* She said to her friend: "I'll **miss** you a lot when you move." ☐ vermis *"Sal jy 'n sent* **vermis** *as dit uit jou beursie sou verdwyn?"* "Would you **miss** a cent if it should disappear from your purse?"

□ **miss** *verb (past tense and past participle* **missed,** *present participle* **missing***)*

missing ☐ vermiste *Die polisie soek na die* **vermiste** *meisies.* The police are looking for the **missing girls.** ☐ verlore *Ek het nog nie my* **verlore** *pen gekry nie.* I haven't found my **missing** pen yet.

◆ **be missing** ☐ soek wees, weg wees *My pen* **is soek/ weg** *– ek kan dit nêrens kry nie.* My pen **is missing** – I can't find it anywhere. ☐ makeer *'n Blad* **makeer** *uit die boek – die nommers spring van 6 tot 9.* A page **is missing** from the book – the numbers jump from 6 to 9.

□ **miss·ing** *adjective*

mistake fout *Hy het nie 'n enkele* **fout** *gemaak nie en vol punte in die toets gekry.* He did not make a single **mistake** and got full marks in the test.

◆ **by mistake** per ongeluk *"Ek's jammer, ek het jou pen* **per ongeluk** *geneem – dit lyk nes myne."* "I'm sorry, I took your pen **by mistake** – it looks just like mine."

□ **mis·take** *noun (plural* **mistakes***)*

mister ⇨ **Mr** [NOTE].

mix ☐ meng **[a]** *"**Meng** eers die suiker en eiers; voeg dan die meel by."* "First **mix** the sugar and eggs, then add the flour." **[b]** *As jy blou en geel* **meng,** *kry jy groen.* If you **mix** blue and yellow, you get green. **[c]** *Water en olie* **meng** *nie.* Water and oil don't **mix.** ☐ aanmaak *Die messelaar het vir sy helper gesê: "Sal jy asseblief vir my nog sement* **aanmaak?***"* The bricklayer said to his helper, "Would you kindly **mix** some more cement for me?"

◆ **mix up** ☐ deurmekaar maak *"Moenie die boeke* **deurmekaar maak** *nie – ek het hulle so pas gesorteer."*

"Don't **mix up** the books – I've just sorted them." ☐ verwar *Ek* **verwar** *Cynthia altyd met Lynette, want hulle is 'n tweeling en lyk presies eenders.* I always **mix** Cynthia **up** with Lynette, for they are twins and look exactly alike.

□ **mix** *verb (past tense and past participle* **mixed,** *present participle* **mixing***)*

mixed gemeng **[a]** *"Is julle skool* **gemeng?***" – "Nee, dis net vir seuns; hulle laat nie meisies toe nie."* "Is your school **mixed?**" – "No, it's for boys only; they don't admit girls." **[b]** *Daar is verskillende soorte lekkers in 'n* **gemengde** *pak.* There are different kinds of sweets in a **mixed** pack.

◆ **mixed up** deurmekaar **[a]** *Die boeke is heeltemal* **deurmekaar** *– daar is glad woordeboeke tussen die storieboeke!* The books are all **mixed up** – there are even dictionaries among the storybooks! **[b]** *Ek het* **deurmekaar** *geraak en vergeet in watter koppies ek reeds suiker gegooi het.* I got **mixed up** and forgot in which cups I had already put sugar.

□ **mixed** *adjective*

mixture mengsel *Klits die eiers en suiker tot die* **mengsel** *glad en romerig is.* Beat the eggs and sugar until the **mixture** is smooth and creamy.

□ **mix·ture** *noun (plural* **mixtures***)*

model ☐ model **[a]** *Philip speel met 'n* **model** *van 'n vliegtuig wat hy self gebou het.* Philip is playing with a **model** of an aeroplane that he built himself. **[b]** *"Is jou pa se motor vanjaar se* **model?***"* "Is your dad's car this year's **model?**" ☐ mannekyn *Sy werk as* **mannekyn** *en verskyn dikwels in modefoto's in koerante en tydskrifte.* She has a job as a **model** and often appears in fashion photographs in newspapers and magazines.

□ **mod·el** *noun (plural* **models***)*

modern modern *Sy is baie* **modern** *en dra altyd klere wat in die mode is.* She is very **modern** and always wears clothes that are in fashion.

□ **mod·ern** *adjective* **more modern, most modern**

mole mol *'n Mol is 'n diertjie wat in tonnels onder die grond lewe.* A **mole** is a small animal that lives in tunnels under the ground.

□ **mole** *noun (plural* **moles***)*

mom ma *My* **ma** *en pa is al twintig jaar getroud.* My **mom** and dad have been married for twenty years. ⇨ **mommy** [NOTE].

□ **mom** *noun (plural* **moms***)*

moment oomblik *Die* **oomblik** *toe ek hom sien, het ek geweet hy is Linda se broer.* The **moment** I saw him, I knew he was Linda's brother.

◆ **a moment** ('n) bietjie *"Walter, kom ('n) bietjie hier, ek wil jou iets wys."* "Walter, come here **a moment,** I want to show you something."

◆ **a moment ago** nou-nou, netnou *Ek het Esmé* **nounou/netnou** *gesien toe ek gaan brood koop het.* I saw Esmé **a moment ago** when I went to buy some bread.

◆ **at the moment** op die oomblik *"Lynette is nie op*

die oomblik tuis nie. Kan ek haar vra om jou terug te bel?" "Lynette isn't home **at the moment**. Can I ask her to phone you back? "

◆ **for the moment** vir die oomblik *Ons het **vir die oomblik** genoeg melk, maar sal môre nog moet kry.* We have enough milk **for the moment** but will have to get some more tomorrow.

◆ **I won't be a moment** ek is nou-nou klaar, ek kom nou-nou *"**Ek is nou-nou klaar** (OF **Ek kom nou-nou**)! Ek moet nog net my hare kam!"* "**I won't be a moment**! I just have to comb my hair!"

◆ **in a moment** nou-nou, netnou *"Ek gaan gou kafee toe, Ma! Ek sal **nou-nou/netnou** terug wees!"* "I'm just going to the café, Mum! I'll be back **in a moment**!"

◆ **just a moment** wag (so) 'n bietjie, net 'n oomblik *"**Wag (so) 'n bietjie** (OF **Net 'n oomblik**), meneer; ek sal my pa na die telefoon roep."* "**Just a moment**, sir; I'll call my dad to the telephone."

☐ **mo‧ment** *noun (plural* **moments***)*

mommy mamma, mammie *Sy pa het gesê: "Gaan vra asseblief vir **mamma/mammie** om vir my 'n koppie koffie te maak."* His father said, "Please go and ask **mommy** to make me a cup of coffee."

☐ **mom‧my** *noun (plural* **mommies***)*

---

mom and **mommy** are informal words for mother; when used as a form of address, write them with a capital letter: *"What are you doing, **Mom/ Mommy**?"*

Monday Maandag *Maandag is die eerste werkdag van die week.* **Monday** is the first working day of the week.

☐ **Mon‧day** *noun (plural* **Mondays***)*

money geld *"Hoeveel **geld** het jy in jou beursie?"* "How much **money** do you have in your purse?"

☐ **mon‧ey** *noun (no plural)*

monkey aap *'n **Aap** is kleiner as 'n bobbejaan, maar hulle lyk baie na mekaar.* A **monkey** is smaller than a baboon, but they look very alike.

☐ **mon‧key** *noun (plural* **monkeys***)*

A large group of monkeys is a **troop**.

---

month maand *Januarie is die eerste **maand** van die jaar.* January is the first **month** of the year.

☐ **month** *noun (plural* **months***)*

monthly[1] ❶ maandeliks *Wat is die **maandelikse** salaris van 'n onderwyser?* What is the **monthly** salary of a teacher? ❷ maand‧ *'n **Maand**kaartjie kom goedkoper uit as enkelkaartjies.* A **monthly** ticket works out cheaper than single tickets.

☐ **month‧ly** *adjective*

monthly[2] maandeliks *Onderwysers word **maandeliks** betaal.* Teachers are paid **monthly**.

☐ **month‧ly** *adverb*

moo bulk *Honde blaf, katte miaau, koeie **bulk**, en bokke en skape blêr.* Dogs bark, cats miaow, cows **moo**, and goats and sheep bleat.

☐ **moo** *verb (past tense and past participle* **mooed**, *present participle* **mooing***)*

mood bui *As hy in 'n slegte **bui** is, vererg hy hom oor die kleinste dingetjie.* When he's in a bad **mood**, he gets annoyed at the slightest thing.

◆ **be in no mood for** nie lus hê/wees vir ... nie, nie in die stemming wees vir ... nie *"Eet jou kos – ek **het/is nie lus** (OF **is nie in die stemming**) **vir** nonsens **nie**!"* "Eat your food – I'm **in no mood for** nonsense!"

◆ **be in no mood for/to** nie lus wees om te ... nie, nie in die stemming wees om te ... nie *Hy het moeg by die huis gekom en **was nie lus** (OF **was nie in die stemming**) **om** met die kinders **te speel nie**.* He got home tired and **was in no mood for** playing (OR **to** play) with the children.

◆ **be in the mood for** lus hê/wees vir, in die stemming wees vir *Ek **het/is lus vir** (OF **is in die stemming vir**) musiek.* I'm **in the mood for** music.

◆ **be in the mood for/to** lus hê/wees om te, in die stemming wees om te *Ek **het/is lus** (OF **is in die stemming**) **om te** dans.* I'm **in the mood for** dancing (OR **to** dance).

☐ **mood** *noun (plural* **moods***)*

moon maan *Die **maan** skyn snags en die son bedags.* The **moon** shines at night and the sun in the day.

☐ **moon** *noun (no plural)*

more[1] meer *Daar is **meer** seuns as meisies in ons klas.* There are **more** boys than girls in our class.

◆ **only ... more** ⇨ **only**[2].

◆ **(some) more** nog *"Wil jy **nog** tee hê?" – "Nee, dankie, ek het genoeg gehad."* "Would you like **(some) more** tea?" – "No, thanks, I've had enough."

☐ **more** *adjective*

more[2] ❶ meer *Daar is **meer** as 600 leerlinge in ons skool.* There are **more** than 600 pupils in our school. ❷ ‧er *By die meeste diere is die mannetjie groter en mooier as die wyfie.* In most animals the male is bigger and **more** attractive than the female.

◆ **more or less** min of meer *Ons huis is **min of meer** vier kilometer van die stasie af.* Our house is **more or less** four kilometres from the station.

◆ **no more** ❶ nie meer nie [a] *Hulle het getrek en woon **nie meer** hier **nie**.* They have moved and live here **no more**. [b] *Ons huis is **nie meer** as 'n kilometer van die stasie af **nie**.* Our house is **no more** than a kilometre from the station. ❷ niks meer nie *"Dis **niks meer** as jou plig om hom vir sy hulp te bedank **nie**."* "It is **no more** than your duty to thank him for his help."

◆ **not any more** ⇨ **any**[2].

◆ **once more** ⇨ **once**[1].

◆ **the more ... the more** hoe meer ... hoe meer *Hoe meer ek hom sien, hoe meer hou ek van hom.* **The more** I see him, **the more** I like him.

◆ **what is more** boonop, daarby *Sy is slim en, **boonop/daarby** baie mooi.* She is clever and, **what is more**, very pretty.

□ **more** *adverb*

more[3] meer *"Ek kan jou nie **meer** as 50c gee nie; dis al wat ek het."* "I can't give you **more** than 50c; that's all I have."

◆ **a few more** nog 'n paar *"Is daar genoeg blomme in die pot, of sal ek **nog 'n paar** insteek?"* "Are there enough flowers in the pot, or shall I put in **a few more**?"

◆ **even more** nog meer *Tom eet baie, maar sy broer eet **nog meer**.* Tom eats a lot, but his brother eats **even more**.

◆ **more than enough** meer as genoeg *"Kan ek jou nog 'n stukkie koek aanbied?" – "Nee, dankie, ek het **meer as genoeg** gehad."* "Can I offer you another piece of cake?" – "No, thanks, I've had **more than enough**."

◆ **nothing more** niks meer nie *"Is jy siek?" – "Ja, maar dis **niks meer** as 'n ligte verkoue **nie**."* "Are you ill?" – "Yes, but it's **nothing more** than a light cold."

◆ **some more** nog *"Daar is baie rys oor – wie wil **nog** hê?"* "There is plenty of rice left over – who would like **some more**?"

□ **more** *pronoun*

morning môre, oggend *Ek maak elke **môre/oggend** voor skool my skoene skoon.* I clean my shoes every **morning** before school.

◆ **good morning** goeiemôre, môre *Die juffrou het die klaskamer binnegekom en gesê: "**Goeiemôre/Môre**, klas!"* The teacher entered the classroom and said, "**Good morning**, class!"

◆ **in the morning** soggens *Ons staan **soggens** om 06:00 op.* We get up at 06:00 **in the morning**.

◆ **this morning** vanoggend *Ek het **vanoggend** pap vir ontbyt gehad.* I had porridge for breakfast **this morning**.

◆ **tomorrow morning** môreoggend *Ons moet vanaand ons tasse pak, want die bus vertrek **môreoggend** vroeg.* We have to pack our cases tonight, because the bus leaves early **tomorrow morning**.

◆ **yesterday morning** gisteroggend *Maandag by die skool het hy vir sy vriend gesê: "Hoekom was jy nie **gisteroggend** by die Sondagskool nie?"* On Monday at school he said to his friend, "Why weren't you at Sunday school **yesterday morning**?"

□ **morn·ing** *noun (plural **mornings**)*

mosquito muskiet *My been jeuk verskriklik waar 'n **muskiet** my gebyt het.* My leg itches terribly where a **mosquito** bit me.

□ **mos·qui·to** *noun (plural **mosquitoes**)*

most[1] die meeste *Die **meeste** van die kinders in ons klas kan swem.* **Most** of the children in our class can swim.

◆ **at (the) most** op die meeste *Ek kan **op die meeste** twintig minute bly.* I can stay for twenty minutes **at (the) most**.

◆ **make the most of** die beste gebruik maak van *"Kom ons **maak die beste gebruik van** dié mooi dag*

en gaan swem." "Let's **make the most of** this fine day and go for a swim."

◆ **most of the time** ⇨ **time**.

◆ **the most** die meeste *"Wat kos **die meeste**, die appel of die lemoen?"* "What costs **the most**, the apple or the orange?"

□ **most** *noun (no plural)*

most[2] meeste *Die **meeste** mense werk nie Sondae nie.* **Most** people don't work on Sundays.

□ **most** *adjective*

most[3] **1** die meeste *Wat haar **die meeste** bekommer, is dat haar seun dalk in die eksamen kan sak.* What troubles her **most** is that her son might fail in the examination. **2** baie *Toe hy die vrou met haar pakkies help, het sy gesê: "Dankie, dis **baie** vriendelik van jou."* When he helped the lady with her parcels, she said, "Thank you, it's **most** kind of you." **3** -ste *Rose is op hul mooiste wanneer hulle in volle bloei is.* Roses are at their **most** beautiful when they are in full bloom.

◆ **most probably** heel waarskynlik *"Waar is Anna?" – "Sy het **heel waarskynlik** van die vergadering vergeet."* "Where is Anna?" – "She **most probably** forgot about the meeting."

□ **most** *adverb*

mostly mees(t)al *Ek haal soms 'n bus skool toe, maar **mees(t)al** loop ek.* Sometimes I catch a bus to school, but **mostly** I walk.

□ **most·ly** *adverb*

moth mot *'n **Mot** vlieg om die kers.* A **moth** is flying around the candle.

□ **moth** *noun (plural **moths**)*

mother ma, moeder *My **ma/moeder** en pa/vader is al twintig jaar getroud.* My **mother** and father have been married for twenty years. ⇨ **mum; dad** [NOTES].

□ **moth·er** *noun (plural **mothers**)*

motor motor *My ma se naaimasjien het 'n elektriese **motor**.* My mother's sewing machine has an electric **motor**.

□ **mo·tor** *noun (plural **motors**)*

motorbike, motorcycle motorfiets *'n **Motorfiets** het 'n enjin en twee wiele.* A **motorbike/motorcycle** has an engine and two wheels. ⇨ **bike** [NOTE].

□ **mo·tor·bike, mo·tor·cy·cle** *noun (plural **motorbikes, motorcycles**)*

motorcyclist motorfietsryer *Die **motorfietsryer** dra 'n helm om sy kop te beskerm as hy 'n ongeluk het.* The **motorcyclist** wears a helmet to protect his head if he has an accident.

□ **mo·tor·cy·clist** *noun (plural **motorcyclists**)*

motorist motoris *As 'n **motoris** iemand omry, moet hy stilhou en die ongeluk by die polisie aanmeld.* When a **motorist** knocks someone down, he must stop and report the accident to the police.

□ **mo·tor·ist** *noun (plural **motorists**)*

mountain berg *Daar is 'n diep grot in die hang van die **berg**.* There is a deep cave in the side of the **mountain**.

☐ **moun·tain** *noun (plural* **mountains***)*

mourn rou *Baie mense dra swart klere wanneer hulle* **rou** *oor die dood van iemand wat hulle liefgehad het.* Many people wear black clothes when they **mourn** the death of someone they loved.

☐ **mourn** *verb (past tense and past participle* **mourned***, present participle* **mourning***)*

mouse muis *Die kat het 'n* **muis** *gevang.* The cat caught a **mouse**.

☐ **mouse** *noun (plural* **mice***)*

moustache snor *George se pa dra 'n* **snor** *maar nie 'n baard nie.* George's father wears a **moustache** but not a beard.

☐ **mous·tache** *noun (plural* **moustaches***)*

mouth ❶ mond *Dis slegte maniere om met jou mond vol kos te praat.* It is bad manners to speak with your **mouth** full of food. ❷ bek *'n Perd het 'n* **bek** *en 'n voël 'n snawel.* A horse has a **mouth** and a bird a beak.

☐ **mouth** *noun (plural* **mouths***)*

move ❶ skuif *"***Skuif** *jou stoel 'n bietjie nader; jy sit te ver van my af."* "**Move** your chair a little closer; you're sitting too far away from me." ❷ verskuif *'n Mens kan nie die tafel* **verskuif** *nie; dit is aan die vloer vas.* One cannot **move** the table; it is fixed to the floor. ❸ beweeg *In druk verkeer* **beweeg** *die motors en busse baie stadig deur die strate.* In heavy traffic the cars and buses **move** very slowly through the streets. ❹ roer *"Staan stil; moenie* **roer** *nie."* "Stand still; don't **move**." ❺ trek *Ons gaan volgende maand na 'n nuwe woonstel* **trek***.* We are going to **move** to a new flat next month.

◆ **move along** ⇨ **along**[1].

◆ **move away** wegtrek *"Wanneer ons* **wegtrek***, beloof ek om gereeld aan jou te skryf."* "When we **move away** I promise to write to you regularly."

◆ **move in** intrek *Ons bure moet Maandag uittrek sodat die nuwe mense Dinsdag kan* **intrek***.* Our neighbours have to move out on Monday so that the new people can **move in** on Tuesday.

◆ **move off** wegtrek *Die bus het begin* **wegtrek** *net toe ek wou opklim.* The bus started to **move off** just as I was about to get on.

◆ **move out** uittrek *Ons bure moet Maandag* **uittrek** *sodat die nuwe mense Dinsdag kan intrek.* Our neighbours have to **move out** on Monday so that the new people can move in on Tuesday.

◆ **move up** opskuif, opskuiwe *"Sal jy asseblief* **opskuif/opskuiwe***? Jy sit op my plek."* "Would you kindly **move up**? You're sitting in my place."

☐ **move** *verb (past tense and past participle* **moved***, present participle* **moving***)*

movement beweging *"Daar was 'n* **beweging** *in die gras – dink jy dis 'n slang?"* "There was a **movement** in the grass – do you think it's a snake?"

☐ **move·ment** *noun (plural* **movements***)*

mow sny *"George,* **sny** *asseblief vir my die gras."* "George, please **mow** the lawn for me."

☐ **mow** *verb (past tense* **mowed***, past participle* **mown***, present participle* **mowing***)*

◆ **Mr** is the written abbreviation for **Mister**: *Mr (George) Smith*.

◆ **Mrs** is an abbreviated title that comes before the surname of a married woman: *Mrs (Anne) Smith*.

---

much[1] baie *"Hoe ver is jy met jou werk?" – "Ek het nog* **baie** *om te doen."* "How far are you with your work?" – "I still have **much** to do."

◆ **how much** hoeveel *"***Hoeveel** *kos die appels?" – "Hulle is 25c elk."* "**How much** do the apples cost?" – "They are 25c each."

☐ **much** *noun (no plural)*

much[2] baie, veel *Daar is nie* **baie/veel** *melk oor nie.* There isn't **much** milk left. ⇨ **many** [NOTE].

◆ **how much** hoeveel *"***Hoeveel** *geld het jy in jou beursie?"* "**How much** money do you have in your purse?"

◆ **so much** soveel, so baie *Sy het my* **soveel** *(*OF **so baie***) kos gegee dat ek nie alles kon eet nie.* She gave me **so much** food that I couldn't eat it all.

◆ **too much** te veel *"Die ballon sal bars as jy* **te veel** *lug daarin blaas."* "The balloon will burst if you blow **too much** air into it."

☐ **much** *adjective* **more, most**

much[3] ❶ baie, veel *'n Rot lyk soos 'n muis, maar is* **baie/veel** *groter.* A rat looks like a mouse but is **much** bigger. ❷ dikwels *Ons sien hulle nie* **dikwels** *nie – hulle woon te ver van ons af.* We don't see them **much** – they live too far away from us.

◆ **as much as** ❶ soveel as *David eet twee keer* **soveel** *as sy suster.* David eats twice **as much as** his sister. ❷ tot *Hy wil die popster so graag sien dat hy bereid is om* **tot** *R60,00 vir 'n kaartjie te betaal.* He wants to see the pop star so badly that he is prepared to pay **as much as** R60,00 for a ticket.

◆ **like the one as much as the other** ewe veel van albei hou *"Van wie hou jy die meeste, Lynette of Cynthia?" – "Ek kan nie sê nie; ek* **hou van albei ewe veel***."* "Who do you like better, Lynette or Cynthia?" – "I can't say; I **like the one as much as the other**."

◆ **much as** ❶ hoeveel ook (al) *Hoeveel sy* **ook (al)** *van hom hou, sy sal nooit met hom trou nie.* **Much as** she likes him, she will never marry him. ❷ hoe graag ook (al) *"***Hoe graag** *ek ook (al) wil, ek kan jou nie op die oomblik help nie."* "**Much as** I would like to, I can't help you at the moment."

◆ **much more** baie/veel meer *'n Olifant eet* **baie/veel meer** *as 'n bok.* An elephant eats **much more** than a buck.

◆ **much to** tot groot *Tot my* **groot** *verbasing het ek die eerste prys gewen.* **Much to** my surprise, I won the first prize.

◆ **much too** veels te *Dis* **veels te** *ver om te loop – ons sal 'n bus moet neem.* It's **much too** far to walk – we'll have to take a bus.

◆ **so much** soveel *Ek het die film **soveel** geniet dat ek dit graag weer wil sien.* I enjoyed the film **so much** that I would like to see it again.

◆ **very much** baie *"**Baie** dankie vir jou hulp!"* "Thank you **very much** for your help!"

□ **much** *adverb*

mud modder *Water verander grond in **modder**.* Water turns earth into **mud**.

□ **mud** *noun (no plural)*

muddy modderig *Die grondpad was na die reën baie **modderig**.* The dirt road was very **muddy** after the rain.

□ **mud·dy** *adjective* **muddier, muddiest**

mudguard modderskerm *"Draai die wiel van jou fiets om te kyk of dit teen die **modderskerm** skuur."* "Spin the wheel of your bicycle to see whether it scrapes against the **mudguard**."

□ **mud·guard** *noun (plural* **mudguards***)*

mug beker *'n Koppie het 'n piering maar 'n **beker** nie.* A cup has a saucer but a **mug** does not.

□ **mug** *noun (plural* **mugs***)*

multiply vermenigvuldig *As jy 3 met 5 **vermenigvuldig**, kry jy 15.* If you **multiply** 3 by 5 you get 15.

□ **mul·ti·ply** *verb (past tense and past participle* **multiplied**, *present participle* **multiplying***)*

mum ma *My **ma** en pa is al meer as twintig jaar getroud.* My **mum** and dad have been married for more than twenty years.

□ **mum** *noun (plural* **mums***)*

---

mum and **mummy** are informal words for mother; when used as a form of address, write them with a capital letter: *"What are you doing, **Mum/Mummy?**"*

---

mummy mamma, mammie *Sy pa het gesê: "Gaan vra asseblief vir **mamma/mammie** om vir my 'n koppie koffie te maak."* His father said, "Please go and ask **mummy** to make me a cup of coffee."

□ **mum·my** *noun (plural* **mummies***)*

mumps pampoentjies ***Pampoentjies** is 'n siekte wat die kante van jou gesig en nek laat opswel.* **Mumps** is a disease that causes the sides of your face and neck to swell.

□ **mumps** *noun (no plural)*

muscle spier *Die **spier** in sy bo-arm bult wanneer hy iets swaars optel.* The **muscle** in his upper arm bulges when he lifts something heavy.

□ **mus·cle** *noun (plural* **muscles***)*

museum museum *Sommige van die bekers en bakke wat ons in die **museum** gesien het, is eeue oud.* Some of the

jugs and bowls that we saw in the **museum** are centuries old.

□ **mu·se·um** *noun (plural* **museums***)*

music musiek *Hy hou van **musiek** en het 'n groot versameling plate.* He likes **music** and has a large collection of records.

□ **mu·sic** *noun (no plural)*

Muslim Moslem *'n **Moslem** glo in die leer van Mohammed.* A **Muslim** believes in the teaching of Muhammad.

□ **Mus·lim** *noun (plural* **Muslims***)*

must moet *"Dis laat – ek **moet** nou gaan."* "It's late – I **must** go now."

◆ **must be** seker wees *Daar is iemand by die deur. Dit is **seker** my pa – hy kom gewoonlik teen dié tyd huis toe.* There is someone at the door. It **must be** my father – he usually comes home about this time.

◆ **must have** het seker *Ek kan my pen nêrens kry nie; ek **het** dit **seker** verloor.* I can't find my pen anywhere; I **must have** lost it.

◆ **mustn't** ■ moenie *"**Jy moenie** vergeet om jou nagklere in te sit wanneer jy jou tas pak nie."* "You **mustn't** forget to put in your pyjamas when you pack your suitcase." ■ moet nie *"Kan jy 'n geheim bewaar? Ek wil jou iets vertel wat jy **nie moet** oorvertel nie."* "Can you keep a secret? I want to tell you something that you **mustn't** repeat."

□ **must** *verb*

mustard mosterd ***Mosterd** het 'n skerp smaak.* **Mustard** has a sharp taste.

□ **mus·tard** *noun (no plural)*

mutton skaapvleis *Simon eet enige soort vleis, maar is veral lief vir **skaapvleis**.* Simon eats any kind of meat, but is particularly fond of **mutton**.

□ **mut·ton** *noun (no plural)*

my[1] my *Ek is amper so lank soos **my** ma.* I am almost as tall as **my** mother.

□ **my** *pronoun*

my[2] aitsa *"**Aitsa**, maar jy lyk deftig in jou nuwe pak klere!"* "**My**, but you look smart in your new suit!"

□ **my** *exclamation*

myself ■ myself *Ek het na **myself** in die spieël gekyk.* I looked at **myself** in the mirror. ■ my *Ek het **my** met 'n mes gesny.* I cut **myself** with a knife. ■ self *"Ek kan dit **self** doen – ek het nie jou hulp nodig nie."* "I can do it **myself** – I don't need your help."

◆ **by myself** alleen *Almal was uit – ek was heeltemal **alleen** by die huis.* Everybody was out – I was all **by myself** at home.

□ **myself** *pronoun*

N

naartjie, nartjie nartjie *'n **Nartjie** lyk soos 'n lemoen maar is kleiner en het 'n los skil.* A **naartjie/nartjie** looks like an orange but is smaller and has a loose skin.
☐**naar·tjie, nar·tjie** *noun (plural* **naartjies/nartjies***)*

nail[1] ❶ spyker *"Slaan die **spyker** met 'n hamer in die muur."* "Knock the **nail** into the wall with a hammer." ❷ nael *'n Baksteen het op my groottoon geval en nou het die **nael** blou geword.* A brick fell on my big toe and now the **nail** has turned blue.
☐**nail** *noun (plural* **nails***)*

nail[2] spyker, vasspyker *"Sal jy vir my die prent aan die muur **spyker/vasspyker**, asseblief?"* "Will you **nail** the picture to the wall for me, please?"
◆ **nail down** vasspyker, vasslaan *Daar was 'n los plank in die vloer wat hy moes **vasspyker/vasslaan**.* There was a loose board in the floor which he had to **nail down**.
☐**nail** *verb (past tense and past participle* **nailed**, *present participle* **nailing***)*

naked kaal *Hy het sy klere uitgetrek en **kaal** in die rivier geswem.* He took off his clothes and swam **naked** in the river.
☐**na·ked** *adjective*

name[1] naam *Haar **naam** is Christine.* Her **name** is Christine.
◆ **know someone's name** weet wat iemand se naam is *"**Weet** jy **wat** daardie seun **se naam is**?" – "Ja, dis Simon."* "Do you **know** that boy's **name**?" – "Yes, it's Simon."
☐**name** *noun (plural* **names***)*

name[2] ❶ noem *"**Noem** die hoofstede van die vier provinsies in Suid-Afrika."* "**Name** the capitals of the four provinces in South Africa." ❷ die naam gee *Hulle wil hul dogtertjie **die naam** Christine **gee**.* They want to **name** their baby girl Christine.
◆ **name after** noem na *My broer en sy vrou gaan hul seun **na** my pa **noem**.* My brother and his wife are going to **name** their son **after** my father.
☐**name** *verb (past tense and past participle* **named**, *present participle* **naming***)*

namely naamlik *Hy kan twee instrumente speel, **naamlik** die klavier en die kitaar.* He can play two instruments, **namely** the piano and the guitar.
☐**name·ly** *adverb*

nappy doek *Die babà het sy **doek** natgemaak.* The baby has wet its **nappy**.
☐**nap·py** *noun (plural* **nappies***)*

narrow nou, smal *Ons kan nie langs mekaar op die **nou/smal** paadjie loop nie.* We can't walk next to each other on the **narrow** path.

☐**nar·row** *adjective* **narrower, narrowest**
nartjie ⇨ **naartjie, nartjie**.

nasty ❶ naar [a] *Dit was **naar** van George om 'n gat in Philip se fietsband te steek.* It was **nasty** of George to prick a hole in Philip's bicycle tyre. [b] *"**Watter nare** weer! Kyk hoe reën dit."* "What **nasty** weather! See how it's raining." [c] *Sy het 'n **nare** verkoue en behoort in die bed te wees.* She has a **nasty** cold and ought to be in bed. ❷ naar, sleg *Vrot eiers het 'n **nare/slegte** reuk.* Rotten eggs have a **nasty** smell. ❸ lelik *"Die wond op jou been lyk **lelik** – jy moet 'n dokter daaroor spreek."* "The wound on your leg looks **nasty** – you must see a doctor about it."
☐**nas·ty** *adjective* **nastier, nastiest**

nation nasie, volk *Die Australiërs is 'n Engelssprekende **nasie/volk**.* The Australians are an English-speaking **nation**.
☐**na·tion** *noun (plural* **nations***)*

national nasionaal *Sokker is die **nasionale** spel van baie Suid-Amerikaanse lande.* Soccer is the **national** game of many South American countries.
◆ **national anthem** volkslied *"Nkosi, sikelel' iAfrika" is die **volkslied** van Transkei.* "Nkosi, sikelel' iAfrika" is the **national anthem** of the Transkei.
◆ **national flag** landsvlag *Die **landsvlag** van Japan is wit met 'n rooi kol in die middel.* The **national flag** of Japan is white with a red dot in the middle.
☐**na·tion·al** *adjective*

natural natuurlik [a] *Dit is **natuurlik** om te huil as jy hartseer is.* It is **natural** to cry when you are sad. [b] *Die plat rots vorm 'n **natuurlike** brug oor die rivier.* The flat rock forms a **natural** bridge over the river.
☐**nat·u·ral** *adjective* **more natural, most natural**

naturally ❶ natuurlik [a] *"Kinders, moenie so gesigte trek nie – glimlag **natuurlik** terwyl ek die foto neem."* "Children, don't pull such faces – smile **naturally** while I take the photograph." [b] *Natuurlik was ek baie ontsteld toe my ma vir my sê my hond is omgery.* **Naturally** I was very upset when my mother told me my dog had been run over. ❷ van nature *Sy kleur nie haar hare nie – dis **van nature** rooi.* She doesn't colour her hair – it's **naturally** red.
☐**nat·u·ral·ly** *adverb*

nature ❶ natuur *'n Sonsondergang in die Bosveld is een van die mooiste gesigte in die **natuur**.* A sunset in the Bushveld is one of the most beautiful sights in **nature**. ❷ geaardheid *Sy het 'n liewe **geaardheid** – 'n mens kan nie anders as om van haar te hou nie.* She has a sweet **nature** – one can't help liking her.
◆ **be (in) someone's/something's nature** in iemand/iets se aard lê/wees [a] *Sy is 'n liewe mens – dit*

lê|*is* nie *in haar aard* om naar met ander te wees nie. She is a sweet person – it **is** not **(in) her nature** to be nasty to others. **[b]** *Dit lê*|*is in 'n kat se aard* om te *miaau.* It **is (in) a cat's nature** to miaow.

◆ **be in the nature of** in die aard lê/wees van *Dit lê*|*is in die aard van sommige voëls om in die winter na warmer wêrelddele te vlieg.* It **is in the nature of** some birds to fly to warmer parts of the world during winter.

◆ **by nature** ❶ van aard, van nature *Hy is vrolik van aard* (OF *Hy is van nature vrolik*) *en word selde kwaad.* He is cheerful **by nature** and seldom gets cross. ❷ van nature *Sommige voëls vlieg van nature in die winter na warmer wêrelddele.* **By** their **nature** some birds fly to warmer parts of the world during winter.

◆ **of nature** van aard *Sy besering was van so 'n ernstige aard dat hy nooit weer sal kan loop nie.* His injury was **of** such a serious **nature** that he will never be able to walk again.

☐ **na·ture** *noun (no plural at* 1*; natures at* 2*)*

naughtiness stoutigheid *Die seuntjie het van pure stoutigheid op die muur geskryf.* The little boy wrote on the wall out of pure **naughtiness.**

☐ **naugh·ti·ness** *noun (no plural)*

naughty stout *"Moenie die hond se stert trek nie! Hou op om so stout te wees!"* "Don't pull the dog's tail! Stop being so **naughty!**"

☐ **naugh·ty** *adjective* **naughtier, naughtiest**

navy vloot *Hy hou van die see en gaan na matriek by die vloot aansluit.* He likes the sea and is going to join the **navy** after matric.

☐ **na·vy** *noun (plural* **navies**)

navy, navy-blue vlootblou *Die seuns dra in die winter grys langbroeke, wit hemde en vlootblou kleurbaadjies skool toe.* In winter the boys wear grey trousers, white shirts and **navy/navy-blue** blazers to school.

☐ **na·vy, na·vy-blue** *adjective*

near[1] ❶ naby *"Die stasie is baie naby – ons kan maklik soontoe stap."* "The station is very **near** – we can easily walk there." ❷ na, naby *"Is Anna en Linda na*|*naby familie?" – "Ja, hulle is susters."* "Are Anna and Linda **near** relations/relatives?" – "Yes, they're sisters."

☐ **near** *adjective* **nearer, nearest**

near[2] naby *Hulle woon taamlik naby – trouens, hul huis is net om die hoek.* They live quite **near** – in fact, their house is just round the corner.

◆ **draw near** ⇨ **draw**[2].

☐ **near** *adverb*

near[3] ❶ naby, na aan *Soweto is naby* (OF *na aan*) *Johannesburg.* Soweto is **near** Johannesburg. ❷ teen *Teen die end van die jaar is almal moeg en sien uit na die vakansie.* **Near** the end of the year everyone is tired and looks forward to the holidays.

☐ **near** *preposition*

nearby naby *"Is daar 'n kafee naby waar ons iets ligs kan eet?"* "Is there a café **nearby** where we can have something light to eat?"

☐ **near·by** *adverb*

nearly byna, amper *Hy het oor die wortel van 'n boom gestruikel en byna*|*amper geval.* He tripped over the root of a tree and **nearly** fell.

☐ **near·ly** *adverb*

neat ❶ netjies, aan die kant *Esther se slaapkamer is altyd skoon en netjies* (OF *aan die kant*). Esther's bedroom is always clean and **neat.** ❷ netjies **[a]** *Sy is 'n netjiese meisie en laat haar goed nooit rondlê nie.* She is a **neat** girl and never leaves her things lying about. **[b]** *Simon se handskrif is baie netjies – dis maklik om te lees wat hy skryf.* Simon's handwriting is very **neat** – it's easy to read what he writes.

☐ **neat** *adjective* **neater, neatest**

neatly netjies *Hy het sy hemp netjies opgevou en dit in die kas gesit.* He folded up his shirt **neatly** and put it in the cupboard.

☐ **neat·ly** *adverb*

necessary ❶ nodig *Proe die sop en voeg nog sout by indien nodig.* Taste the soup and add more salt if **necessary.** ❷ noodsaaklik *Kos en water is noodsaaklik vir goeie gesondheid.* Food and water are **necessary** for good health.

◆ **is it necessary for ... to?** moet?, is dit nodig dat? *"Moet* (OF *Is dit nodig dat*) *ek die werk vandag doen? Kan dit nie tot môre wag nie?"* "**Is it necessary for** me **to** do the work today? Can't it wait until tomorrow?"

◆ **it is necessary to** jy moet *Jy moet die blik styf toemaak, anders word die verf droog.* **It is necessary to** close the tin tightly, otherwise the paint will become dry.

◆ **it's not necessary for ... to, it's not necessary to** dis nie nodig om te ... nie, hoef nie te ... nie *"Ek kan jou hoor – dis nie nodig om* (OF *jy hoef nie*) *so te skree nie."* "I can hear you – **it's not necessary for** you (OR **it's not necessary**) **to** shout like that."

☐ **nec·es·sar·y** *adjective*

neck ❶ nek *Jou nek verbind jou kop met die res van jou liggaam.* Your **neck** joins your head to the rest of your body. ❷ hals, nek *Sy dra 'n string krale om haar hals*|*nek.* She is wearing a string of beads round her **neck.**

☐ **neck** *noun (plural* **necks**)

necklace halssnoer *Die halssnoer is so lank dat sy dit twee keer om haar nek kan draai.* The **necklace** is so long that she can wind it twice round her neck.

☐ **neck·lace** *noun (plural* **necklaces**)

neckline halslyn *Dis nie behoorlik om 'n rok met so 'n lae halslyn kerk toe te dra nie.* It isn't proper to wear a dress with such a low **neckline** to church.

☐ **neck·line** *noun (plural* **necklines**)

need[1] behoefte *Daar is 'n groot behoefte aan 'n biblioteek by ons skool.* There is a great **need** for a library at our school.

◆ **be in need of** nodig hê *"Het jy hulp nodig?"* "Are you **in need of** help?"

◆ **have no need of** nie nodig hê nie *Ek gaan my ou kladboek weggooi, want ek het dit nie meer nodig nie.*

I'm going to throw my old scribbler away as I **have no need of** it any more.

◆ **there is no need for ... to, there is no need to** dis nie nodig om te ... nie, hoef nie te ... nie "*Ek kan jou hoor – dis nie nodig om* (OF *jy hoef nie*) *so te skree nie.*" "I can hear you – **there is no need for** you (OR **there is no need**) **to** shout like that."

☐ **need** *noun (plural* **needs***)*

need² ❶ nodig hê "*Het jy hulp nodig?*" "Do you **need** help?" **❷** moet "*Moet ek die werk vandag doen?*" – "*Nee, dit kan tot môre wag.*" "**Need** I do the work today?" – "No, it can wait until tomorrow." **❸** moet hê *Jy moet 'n lisensie hê om 'n hond aan te hou.* You **need** a licence to keep a dog. **❹** kortkom "*Wat jy kortkom, is 'n goeie pak slae!*" "What you **need** is a good hiding!"

◆ **needn't, need not** hoef nie "*Jy hoef nie die werk vandag te doen nie – dit kan tot môre wag.*" "You **needn't** (OR **need not**) do the work today – it can wait until tomorrow."

◆ **needs to be ˰ed, needs ˰ing** moet ge˰ word *Die wasgoed moet gestryk word.* The washing **needs to be** ironed (OR **needs** ironing).

◆ **need to** moet *Jy moet (in) 'n rytoets slaag voordat jy 'n rybewys kan kry.* You **need to** pass a driving test before you can get a driver's licence.

☐ **need** *verb (past tense and past participle* **needed**, *present participle* **needing***)*

needle naald "*Ek sal jou knoop aanwerk as jy vir my 'n naald en garing bring.*" "I'll sew on your button if you bring me a **needle** and thread."

☐ **nee·dle** *noun (plural* **needles***)*

neighbour ❶ buurman *Die buurman en sy vrou pas ons huis op wanneer ons met vakansie weg is.* The **neighbour** and his wife look after our house when we are away on holiday. **❷** buurvrou *Die buurvrou langsaan het my gevra om haar baba vir haar op te pas.* The **neighbour** next door asked me to look after her baby for her.

◆ **neighbours** bure *Nuwe bure het in die huis oorkant die straat ingetrek.* New **neighbours** have moved into the house across the road.

☐ **neigh·bour** *noun (plural* **neighbours***)*

neighbourhood buurt, omgewing [a] *Ons woon in 'n stil buurt/omgewing.* We live in a quiet **neighbourhood**. [b] *Hulle woon in die buurt/omgewing van die skool.* They live in the **neighbourhood** of the school.

☐ **neigh·bour·hood** *noun (no plural at b;* **neigh·bourhoods** *at a)*

◆ In speech, say *I know* **neither** *of them* (NOT *I don't know both of them*). *I know both of them* is correct.
◆ In sentences with **neither ... nor**, the verb agrees with the noun or pronoun closest to **nor**: *Neither Tom nor his parents* **are** *at home. Neither the children nor their mother* **is** *at home.*

neither¹ nie een van die twee nie *Nie een van die twee spanne het 'n doel aangeteken nie.* **Neither** team (OR **Neither** of the teams) scored a goal.

☐ **nei·ther** *adjective*

neither² ook nie *Hy kan nie swem nie; sy suster ook nie.* He can't swim; **neither** can his sister.

◆ **neither ... nor** nóg ... nóg *Die weer is volmaak vir 'n piekniek – dis nóg te warm nóg te koud.* The weather is perfect for a picnic – it is **neither** too hot **nor** too cold.

☐ **nei·ther** *conjunction (joining word)*

neither³ nie een van die twee nie "*Watter fiets is joune, die rooie of die groene?*" – "*Nie een van die twee nie, myne is by die huis.*" "Which is your bike, the red one or the green one?" – "**Neither,** mine is at home."

☐ **nei·ther** *pronoun*

nervous senuagtig, senuweeagtig *As sy senuagtig/senuweeagtig is, soos voor 'n eksamen, byt sy haar naels.* When she is **nervous**, like before an examination, she bites her nails.

◆ **be nervous of** skrikkerig wees vir *Ek is skrikkerig vir daardie perd; hy is 'n bietjie wild.* I **am nervous of** that horse; it is a bit wild.

☐ **nerv·ous** *adjective* **more nervous, most nervous**

nest nes *Voëls lê hul eiers in 'n nes.* Birds lay their eggs in a **nest**.

☐ **nest** *noun (plural* **nests***)*

net net [a] *Hulle het taamlik baie vis in hul net gevang.* They caught quite a lot of fish in their **net**. [b] *In tennis verloor jy 'n punt as jy die bal teen die net slaan.* In tennis, you lose a point if you hit the ball into the **net**.

☐ **net** *noun (plural* **nets***)*

netball netbal *By ons skool speel die seuns sokker en die meisies netbal.* At our school the boys play soccer and the girls **netball**.

☐ **net·ball** *noun (no plural)*

never ❶ nooit *Dit sneeu nooit in 'n woestyn nie.* It **never** snows in a desert. **❷** moet nooit *Moet nooit skielik op 'n nat pad rem nie – jou fiets kan dalk gly en teen iets vasry.* **Never** brake suddenly on a wet road – your bike might skid and crash into something. **❸** nog nooit nie "*Het jy al ooit in die see geswem?*" – "*Nee, nog nooit nie.*" "Have you ever swum in the sea?" – "No, **never.**"

◆ **never again** nooit weer nie *Hy het vir haar gejok en daarna het sy hom nooit weer vertrou nie.* He lied to her and after that she **never** trusted him **again**.

◆ **never before** nog nooit nie *Ek weet nie wie daardie man is nie; ek het hom nog nooit gesien nie.* I don't know who that man is; I've **never** seen him **before**.

◆ **never mind** ⇨ **mind²**.

☐ **nev·er** *adverb*

new nuut [a] "*Is jou rok nuut?*" – "*Ja, dis die eerste keer dat ek dit dra.*" "Is your dress **new?**" – "Yes, this is the first time that I'm wearing it." [b] *Nuwe bure het in die huis oorkant die straat ingetrek.* **New** neighbours have moved into the house across the road.

◆ **new year** nuwe jaar *"Tot siens! Ek sien jou in die* **nuwe jaar** *wanneer ons van vakansie af terugkom."* "Goodbye! I'll see you in the **new year** when we get back from holiday."

◆ **New Year** Nuwejaar *"Gelukkige* **Nuwejaar***!"* "Happy **New Year**!"

◆ **New Year's Day** Nuwejaarsdag *Nuwejaarsdag val op 1 Januarie.* **New Year's Day** falls on 1 January.

☐ **new** *adjective* newer, newest

news ◻ nuus *Volgens die* **nuus** *oor die radio het baie paaie in die kwaai storm verspoel.* According to the **news** on the radio many roads were washed away in the fierce storm. ◻ tyding *Sy was nie voorberei op die slegte* **tyding** *van haar seun se dood nie.* She wasn't prepared for the bad **news** of her son's death.

☐ **news** *noun (no plural)*

---
news takes a singular verb
---

newspaper ◻ koerant *My pa het vir my 'n fiets deur 'n advertensie in die* **koerant** *gekoop.* My father bought me a bicycle through an advertisement in the **news= paper**. ◻ koerantpapier *Hy het die vis en skyfies in* **koerantpapier** *toegedraai.* He wrapped the fish and chips in **newspaper**.

☐ **news·pa·per** *noun (no plural at 2; newspapers at 1)*

next[1] volgende **[a]** *Die* **volgende** *dorp is 65 km ver.* The **next** town is 65 km away. **[b]** *Hy is veertien jaar oud en word* **volgende** *jaar vyftien.* He is fourteen years old and turns fifteen **next** year.

◆ **the next day** die dag daarop, die volgende dag *Dit het die Dinsdag gereën, maar* **die dag daarop** *(OF* **die volgende dag***) het die weer opgeklaar.* It rained on the Tuesday, but **the next day** the weather cleared up.

☐ **next** *adjective*

next[2] **◻** die volgende keer *"Bring gerus jou suster saam wanneer jy ons* **die volgende keer** *besoek."* "Do bring your sister along when you **next** visit us." ◻ hierna, die volgende keer *Toe Esther op die fiets klim, het Walter vir my gesê: "Hierna* (OF **Die volgende keer***) is dit jou beurt."* When Esther got on the bike, Walter said to me, "It's your turn **next**." ◻ nou *"Ek is klaar met die skottelgoed; wat moet ek* **nou** *doen, Mamma?"* "I've finished with the dishes; what shall I do **next**, Mummy?" ◻ dan *"Was eers die skottelgoed en vee die kombuis uit. Maak* **dan** *die sitkamer aan die kant."* "First wash the dishes and sweep out the kitchen. **Next**, tidy the lounge."

◆ **come next** hierna volg, die volgende aan die beurt kom *Aan die einde van die televisieprogram het hy gesê: "Die nuus* **volg hierna** *(OF* **kom die volgende aan die beurt***)."* At the end of the television programme he said, "The news **comes next**."

◆ **next door** langsaan *Esther woon nie hier nie maar in die huis* **langsaan**. Esther does not live here but in the house **next door**.

◆ **next door to** langs *Hulle woon oorkant die straat,* nie **langs** *ons nie.* They live across the road, not **next door to** us.

◆ **next to** langs *"Kom sit* **langs** *my op die bank."* "Come and sit **next to** me on the bench."

☐ **next** *adverb*

next-door naaste *Ons* **naaste** *bure kom van Zimbabwe.* Our **next-door** neighbours come from Zimbabwe.

☐ **next-door** *adjective*

nib punt *Die dop van 'n pen beskerm die* **punt**. The top of a pen protects the **nib**.

☐ **nib** *noun (plural nibs)*

nice ◻ lekker *Die weer was baie* **lekker** *– dit het selde gereën.* The weather was very **nice** – it seldom rained. ◻ gaaf **[a]** *"Dit was* **gaaf** *om jou weer te sien; jy moet ons meer dikwels kom besoek."* "It was **nice** to see you again; you must come and visit us more often." **[b]** *Theo is 'n baie* **gawe** *kêrel; almal hou van hom.* Theo is a very **nice** chap; everybody likes him. ◻ mooi *Dis 'n* **mooi** *trui – ek hou van die kleure daarin.* That's a **nice** jersey – I like the colours in it.

◆ **be nice to someone** vriendelik teenoor iemand wees *"Ek weet jy hou nie van Anna nie, maar probeer tog* **vriendelik teenoor haar wees***."* "I know you don't like Anna, but do try and **be nice to her**."

◆ **nice and ◻** lekker *Dis* **lekker** *koel in die bioskoop.* It's **nice and** cool in the cinema. ◻ mooi *In die lente is die blare van die bome* **mooi** *groen.* In spring the leaves of the trees are **nice and** green.

☐ **nice** *adjective* nicer, nicest

---
nice is a very common word; avoid it in formal writ= ing and use *pleasant, kind, friendly, fine,* etc., accord= ing to the meaning of the sentence
---

nicely mooi *"Jy kan nog 'n stukkie koek kry as jy* **mooi** *vra."* "You may have another piece of cake if you ask **nicely**."

☐ **nice·ly** *adverb*

night ◻ nag *Ek is verlede* **nag** *om 23:00 bed toe.* I went to bed at 23:00 last **night**. ◻ aand *Sy het die hele* **aand** *met dieselfde seun gedans.* She danced with the same boy all **night**.

◆ **at night ◻** snags *Die maan skyn* **snags** *en die son bedags.* The moon shines **at night** and the sun in the day. ◻ saans *Ruth gaan* **saans** *baie laat bed toe.* Ruth goes to bed very late **at night**.

◆ **good night** goeienag *"***Goeienag***, Ma, ek gaan nou slaap."* "**Good night**, Mother, I'm going to bed now."

◆ **in/during the night ◻** snags *As ek* **snags** *wakker word en nie weer aan die slaap kan raak nie, lees ek 'n boek.* If I wake up **in/during the night** and can't fall asleep again, I read a book. ◻ in die nag *Die baba het 'n paar keer* **in die nag** *wakker geword.* The baby woke up a few times **in/during the night**.

◆ **last night ◻** gisteraand *Sy het* **gisteraand** *gaan dans.* She went to a dance **last night**. ◻ gisternag, ver= lede nag, vannag *Ek het* **gisternag** *(OF* **verlede nag**

OF *vannag)* '*n nare droom oor slange gehad.* I had a bad dream about snakes **last night**.

◆ **on Saturday night** Saterdagaand *Ek gaan Sater=dagaand na 'n partytjie toe.* I'm going to a party **on Saturday night**.

◆ **say good night** nagsê "*Trek jou nagklere aan en klim in die bed; ek kom nou-nou vir jou nagsê.*" "Put on your pyjamas and get into bed; I'll come and **say good night** to you in a minute."

◆ **tomorrow night** môreaand *Die konsert eindig môreaand om 23:00.* The concert ends at 23:00 **to= morrow night**.

☐ **night** *noun (plural* **nights***)*

nil nul *Die telling was **nul** elk, want nie een van die twee spanne kon 'n doel aanteken nie.* The score was **nil** all, because neither team could score a goal.

☐ **nil** *noun (no plural)*

nine nege *Sewe plus twee is **nege**.* Seven plus two is **nine**.

☐ **nine** *numeral*

nineteen negentien *Tien plus nege is **negentien**.* Ten plus nine is **nineteen**.

☐ **nine·teen** *numeral*

nineteenth negentiende *Die **negentiende** eeu is van 1800 tot 1899.* The **nineteenth** century is from 1800 to 1899.

☐ **nine·teenth** *numeral*

ninetieth negentigste *1990 is die **negentigste** jaar van hierdie eeu.* 1990 is the **ninetieth** year of this century.

☐ **nine·ti·eth** *numeral*

ninety negentig *Nege maal tien is **negentig**.* Nine times ten is **ninety**.

☐ **nine·ty** *numeral*

ninth negende *September is die **negende** maand van die jaar.* September is the **ninth** month of the year.

☐ **ninth** *numeral*

no[1] geen *Ons moes staan, want daar was **geen** stoele om op te sit nie.* We had to stand because there were **no** chairs to sit on.

☐ **no** *adjective*

no[2] ❶ nee "*Is dit vieruur?*" – "***Nee**, dis vyfuur.*" "Is it four o'clock?" – "**No**, it's five o'clock." ❷ niks "*Ek voel **niks** beter nie – my kop is nog altyd seer.*" "I feel **no** better – my head still aches."

◆ **no longer** ⇨ **long**[3].

◆ **no more** ⇨ **more**[3].

☐ **no** *adverb*

nobody, no one niemand *Al die kinders was kaalvoet – **niemand** het skoene aangehad nie.* All the children were barefoot – **nobody** (OR **no one**) had shoes on.

☐ **no·bod·y, no one** *pronoun*

nobody and **no one** take a singular verb

nod[1] knik **[a]** *Toe ek my ma vra of ons kan gaan swem, het sy met 'n **knik** van haar kop ja gesê.* When I asked my mother whether we could go swimming, she said yes with a **nod** of her head. **[b]** *Ons buurman het my*

met '*n vriendelike **knik** gegroet.* Our neighbour greeted me with a friendly **nod**.

☐ **nod** *noun (plural* **nods***)*

nod[2] knik **[a]** *Jy kan jou kop **knik** om ja te sê.* You can **nod** your head to say yes. **[b]** *Die buurman het sy kop **geknik** toe ek hom groet.* The neighbour **nodded** his head when I greeted him.

☐ **nod** *verb (past tense and past participle* **nodded**, *present participle* **nodding***)*

noise ❶ geraas, lawaai *'n **Geraas/Lawaai** in die straat het hom wakker gemaak.* A **noise** in the street awoke him. ❷ geluid "*Wat is daardie snaakse **geluid**?*" – "*Dis voëls wat op die dak loop.*" "What is that funny **noise**?" – "It's birds walking on the roof."

◆ **make a noise** raas, lawaai, 'n lawaai maak "*Bly asseblief stil – moenie so **raas/lawaai** (OF 'n lawaai maak) nie!*" "Please be quiet – don't **make** such **a noise!**"

☐ **noise** *noun (plural* **noises***)*

noisy luidrugtig, lawaaierig *'n Mens het geen rus en vrede met daardie kinders in die rondte nie – hulle is vreeslik **luidrugtig/lawaaierig**.* One has no peace and quiet with those children about – they're terribly noisy.

☐ **nois·y** *adjective* **noisier, noisiest**

none niks *Hy het al die melk gedrink – daar is **niks** oor nie.* He drank all the milk – there is **none** left.

◆ **none of** ❶ nie een van ... nie *Nie een van ons was daar **nie** – ons het almal by die huis gebly.* **None of** us was/were there – we all stayed at home. ❷ niks van ... nie *Ek het **niks van** die poeding gekry **nie** – George het alles opgeëet.* I had **none of** the pudding – George ate it all.

☐ **none** *pronoun*

none takes a singular or plural verb

nonsense ❶ nonsens, nonsies, onsin "*Moenie non= sens/nonsies/onsin praat nie – daar is nie 'n man in die maan nie!*" "Don't talk **nonsense** – there isn't a man in the moon!" ❷ nonsens, nonsies "*Eet jou kos – ek is nie lus vir **nonsens/nonsies** nie!*" "Eat your food – I'm in no mood for **nonsense!**"

☐ **non·sense** *noun (no plural)*

no one ⇨ **nobody**.

nor ❶ ook nie *Hy kan nie swem nie; sy suster **ook nie**.* He can't swim; **nor** can his sister. ❷ en ... ook nie *Ek kan dit nie doen nie **en** wil **ook nie**.* I can't do it, **nor** do I want to. ❸ of "*Jy mag nie gaan nie – nie vandag **of** môre of enige ander dag nie.*" "You are not allowed to go – not today, **nor** tomorrow, **nor** any other day."

◆ **neither ... nor** ⇨ **neither**[2].

☐ **nor** *conjunction (joining word)*

normal normaal **[a]** *Die temperatuur is nie **normaal** vir dié tyd van die jaar nie – dis veels te warm.* The temperature isn't **normal** for this time of the year – it's much too hot. **[b]** *Daardie man sê en doen vreemde dinge – ek dink nie hy is **normaal** nie.* That man says and does strange things – I don't think he is **normal**.

☐ **nor·mal** *adjective* **more normal, most normal**

normally **❶** gewoonlik *Ons eet **gewoonlik** saans om sewe-uur.* We **normally** have dinner at seven in the evening. **❷** normaal *Hy kan nie **normaal** loop nie, want sy een been is korter as die ander.* He can't walk **normally** because his one leg is shorter than the other.

☐ **nor·mal·ly** *adverb*

north[1] noorde *Johannesburg lê in die **noorde** en Port Elizabeth in die suide van ons land.* Johannesburg lies in the **north** and Port Elizabeth in the south of our country.

☐ **north** *noun (no plural)*

north[2] noord= *Tripoli lê aan die **noordkus** van Afrika.* Tripoli lies on the **north** coast of Africa.

☐ **north** *adjective*

north[3] noord *Zimbabwe lê **noord** van Suid-Afrika.* Zimbabwe lies **north** of South Africa.

☐ **north** *adverb*

northern noordelike *Johannesburg lê in die **noordelike** deel van ons land.* Johannesburg lies in the **northern** part of our country.

☐ **north·ern** *adjective*

nose neus *Die dokter het gesê ek moet deur my **neus** inasem en deur my mond uitasem.* The doctor told me to breathe in through my **nose** and breathe out through my mouth.

◆ **blow your nose** ⇨ **blow**[2].

◆ **give a bloody nose** bloedneus slaan *In 'n bakleiery het die een seun die ander **bloedneus geslaan**.* In a fight the one boy **gave** the other **a bloody nose**.

☐ **nose** *noun (plural **noses**)*

not **❶** nie *"Jy sal maar vir my moet wag, of jy lus het of **nie**."* "You will just have to wait for me, whether you like it or **not**." **❷** nie ... nie *"Dis **nie** my trui **nie** – dit moet joune wees."* "It's **not** my jersey – it must be yours."

◆ **if not** ⇨ **if**.

◆ **not any** ⇨ **any**.

◆ **not anything** ⇨ **anything**.

◆ **not at all** ⇨ **all**[3].

◆ **not only ... but also** ⇨ **only**[2].

◆ **not yet** ⇨ **yet**[1].

◆ **=n't** nie ... nie *Die radio wil **nie** speel **nie**, want die battery is pap.* The radio won't play, because the battery is flat.

☐ **not** *adverb*

In spoken and informal written language **not** is often shortened to **=n't** after helping verbs: *can't, couldn't; don't, didn't; isn't, wasn't; won't, wouldn't.*

note[1] **❶** aantekening, nota *Hy het 'n **aantekening**/ **nota** van haar naam en adres op die agterkant van 'n ou koevert gemaak.* He made a **note** of her name and address on the back of an old envelope. **❷** briefie *Sy het hom 'n **briefie** gestuur om hom vir die blomme te bedank.*

She sent him a **note** to thank him for the flowers. **❸** noot **[a]** *In Suid-Afrikaanse geld is 'n groen **noot** R10,00 werd.* In South African money a green **note** is worth R10,00. **[b]** *'n Man met 'n diep stem kan nie die hoë **note** sing nie.* A man with a deep voice can't sing the high **notes**.

☐ **note** *noun (plural **notes**)*

note[2] **❶** merk *"Ek **merk** jy weet nie hoe om 'Philip' te spel nie – dit het een 'l' en nie twee nie."* "I **note** you don't know how to spell 'Philip' – it has one 'l' and not two." **❷** kennis neem (daar)van *"**Neem** asseblief **kennis daarvan** dat die biblioteek Saterdag gesluit sal wees."* "Please **note** that the library will be closed on Saturday." **❸** let op *"**Let op** die spinnekop se pote – daar is agt en nie ses soos by insekte nie."* "**Note** the spider's legs – there are eight and not six as with insects."

◆ **note down** aanteken *"Gee my jou nuwe telefoonnommer sodat ek dit in my adresboek kan **aanteken**."* "Give me your new telephone number so that I can **note** it **down** in my address book."

☐ **note** *verb (past tense and past participle **noted**, present participle **noting**)*

nothing niks *Daar is **niks** in die doos nie; dit is leeg.* There is **nothing** in the box; it is empty.

◆ **for nothing** verniet **[a]** *"Ek sal die werk **verniet** doen – jy hoef my nie te betaal nie."* "I'll do the work **for nothing** – you needn't pay me." **[b]** *Ons het **verniet** vir Anna gewag; sy het nooit opgedaag nie.* We waited for Anna **for nothing**; she never turned up.

☐ **noth·ing** *noun (pronoun)*

notice[1] kennisgewing *Hulle gaan die konsert adverteer deur 'n **kennisgewing** in die winkelvenster op te plak.* They are going to advertise the concert by putting up a **notice** in the shop window.

◆ **notice-board** kennisgewingbord *Daar is 'n lys name van die nuwe prefekte op die **kennisgewingbord** in die gang.* There is a list of names of the new prefects on the **notice-board** in the passage.

◆ **take no notice of, not take any notice of** jou nie steur aan ... nie *Daardie kinders doen net wat hulle wil – hulle steur hulle nie aan hul ouers nie.* Those children do just as they please – they **take no (OR don't take any) notice of** their parents.

☐ **no·tice** *noun (plural **notices**)*

notice[2] **❶** sien, merk *"Ek **sien**/**merk** jy het 'n nuwe fiets (OF Ek **sien**/**merk** dat jy 'n nuwe fiets het) – wanneer het jy dit gekry?"* "I **notice** (that) you have a new bicycle – when did you get it?" **❷** sien *Ek het hom die huis om 10:00 **sien** verlaat.* I **noticed** him leave/leaving the house at 10:00. **❸** merk, agterkom, oplet *"As jy 'n trui aantrek, sal niemand **merk**/**agterkom**/**oplet** jy het 'n vuil kol op jou mou nie."* "If you put on a jersey no one will **notice** you have a dirty mark on your sleeve." **❹** let op *"**Let op** die spinnekop se pote – daar is agt en nie ses soos by insekte nie."* "**Notice** the spider's legs – there are eight and not six as with insects."

☐ **no·tice** *verb (past tense and past participle* **noticed,** *present participle* **noticing)**

nought nul *Tien word geskryf as 'n een gevolg deur 'n nul.* Ten is written as a one followed by a **nought**.

☐ **nought** *noun (plural* **noughts)**

noun selfstandige naamwoord *In die sin "Die seun is lank" is die woord "seun" 'n* **selfstandige naam= woord.** In the sentence "The boy is tall" the word "boy" is a **noun.**

☐ **noun** *noun (plural* **nouns)**

November November *November is die elfde maand van die jaar.* **November** is the eleventh month of the year.

☐ **No·vem·ber** *noun (no plural)*

now[1] nou **[a]** *Hy is in Engeland gebore maar woon* **nou** *in Suid-Afrika.* He was born in England but **now** lives in South Africa. **[b]** *Ek kan nie langer bly nie; ek moet* **nou** *gaan.* I can't stay any longer; I have to go **now.**
♦ **(every) now and then/again** (so) nou en dan, (so) af en toe *Ek loop gewoonlik skool toe, maar* **(so) nou en dan** *(OF* **af en toe)** *haal ek 'n bus.* I usually walk to school, but **(every) now and then/again** I catch a bus.
♦ **for now** vir eers *Die messelaar het vir sy helper gesê:* **"Dis** **vir eers** *genoeg sement – jy kan later nog aan= maak."* The bricklayer said to his helper, "That's enough cement **for now** – you can mix some more later."
♦ **from now on** van nou af *"Die hond mors te veel in die huis;* **van nou af** *moet hy buite bly."* "The dog makes too much mess in the house; **from now on** he has to stay outside."
♦ **in ... days from now** vandag oor ... dae *Ons gaan* **vandag oor** *drie* **dae** *weer terug skool toe.* We go back to school again **in** three **days from now.**
♦ **just now** ⇨ **just.**
♦ **now, now** OR **now then** toe nou, toe tog *"Toe nou (OF* **Toe tog),** *kinders, hou op (met) baklei!"* **"Now, now** (OR **Now then),** children, stop fighting!"
♦ **right now** ⇨ **right**[6].
♦ **up to now, until/till now** tot sover, tot nou/nog toe *Sy het gesê sy sou skryf, maar ek het* **tot sover** *(OF* **tot nou/nog toe)** *niks van haar gehoor nie.* She said she would write, but I haven't heard anything from her **up to now** (OR **until/till now).**

☐ **now** *adverb*

now[2], **now that** noudat *Noudat hy sewentien is, kan hy leer motor bestuur.* **Now (that)** he is seventeen he can learn to drive a car.

☐ **now (that)** *conjunction (joining word)*

nowadays deesdae *Vroeër was vleis goedkoop, maar* **deesdae** *is dit baie duur.* In earlier times meat was cheap, but **nowadays** it is very expensive.

☐ **now·a·days** *adverb*

nowhere ❶ nêrens *"Waarheen gaan julle vir die vakan= sie?" – "Nêrens, ons bly by die huis."* "Where are you going for the holidays?" – **"Nowhere,** we're staying at

home." ❷ nêrens nie *Ek is gelukkig op dié dorp en wil* **nêrens** *anders woon* **nie.** I'm happy in this town and want to live **nowhere** else.
♦ **nowhere to be found** nêrens te vind(e) nie *Ek het oral na my pen gesoek, maar dis* **nêrens te vind(e) nie.** I've looked everywhere for my pen, but it's **nowhere to be found.**
♦ **nowhere to be seen** nêrens te sien(e) nie *"Die kinders is* **nêrens te sien(e) nie.** *Ek wonder waar hulle is?"* "The children are **nowhere to be seen.** I wonder where they are?"

☐ **no·where** *adverb*

number[1] ❶ nommer *"Het julle 'n telefoon?" – "Ja, ons* **nommer** *is 24 3120."* "Do you have a telephone?" – "Yes, our **number** is 24 3120." ❷ getal *4 is 'n ewe* **getal.** 4 is an even **number.** ⇨ **amount** [NOTE].
♦ **a number of** 'n aantal *Daar was 'n groot* **aantal** *mense by die sokkerwedstryd.* There were **a** large **num= ber of** people at the soccer match.

☐ **num·ber** *noun (plural* **numbers)**

♦ Use a hyphen when writing out numbers between 21 and 99 in full: *twenty-one, eighty-three, fifty-third, seventy-fifth,* etc. Use a hyphen also when writing out fractions: *one-third, three-quarters,* etc. In all other cases, do not use a hyphen: *four hundred and twenty five, six thousand and four.*
♦ **a number of** means "several" and takes a plural verb: *A number of pupils* **were** *late this morning.*
♦ **the number of** means "the total quantity of something" and takes a singular verb: *The number of pupils in our school* **has** *increased.*

---

number[2] ❶ nommer *"Moenie vergeet om die bladsye van jou opstel te* **nommer** *nie."* "Don't forget to **num= ber** the pages of your essay." ❷ tel *Die mense by die boksgeveg* **het** *etlike duisende* **getel.** The people at the boxing-match **numbered** several thousands.

☐ **num·ber** *verb (past tense and past participle* **num= bered,** *present participle* **numbering)**

nurse[1] verpleegster *Toe ek in die hospitaal was, het 'n* **verpleegster** *my elke oggend kom was.* When I was in hospital a **nurse** came to wash me every morning.

☐ **nurse** *noun (plural* **nurses)**

nurse[2] verpleeg **[a]** *Wanneer Lynette die skool verlaat, wil sy graag gaan* **verpleeg.** When Lynette leaves school, she would like to go and **nurse. [b]** *Toe ek siek was,* **het** *my ma my self* **verpleeg.** When I was ill, my mother **nursed** me herself.

☐ **nurse** *verb (past tense and past participle* **nursed,** *present participle* **nursing)**

nursery school kleuterskool *Kinders wat te jonk is vir 'n gewone skool, kan na 'n* **kleuterskool** *toe gaan.* Chil= dren that are too young for an ordinary school can go to a **nursery school.**

☐ **nur·se·ry school** *noun (plural* **nursery schools)**

nut ❶ neut *'n Grondboontjie is 'n soort* **neut.** A peanut is a type of **nut.** ❷ moer *Hy het die* **moer** *met 'n sleutel op* *die bout vasgedraai.* He tightened the **nut** on the bolt with a spanner.

☐ **nut** *noun (plural* **nuts***)*

nylon nylon *Nylon is 'n sterk stof wat 'n mens vir klere,* *tou, borsels, ensovoorts, gebruik.* **Nylon** is a strong material that one uses for clothes, rope, brushes, and so on.

☐ **ny·lon** *noun (no plural)*

O

o, oh **1** o *"Jy moet op dié knoppie druk om die televisie aan te skakel." – "O, ek sien."* "You must press this button to switch on the television." – **"O/Oh,** I see." **2** ag **[a]** *"Ek het vergeet om die deur te sluit." – "Ag, toe maar, ek sal dit doen."* "I forgot to lock the door." – **"O/Oh,** never mind, I'll do it." **[b]** *"Ons is bioskoop toe om te kyk na ... ag, wat is die naam van die prent nou weer?"* "We went to the cinema to see ... o/oh, what is the name of the film again?" **3** aai *"Esther is baie siek en moet hospitaal toe gaan." – "Aai, arme kind."* "Esther is very ill and has to go to hospital." – **"O/Oh,** poor child." **4** ai *"Ai, wat 'n lieflike dag!"* **"O/Oh,** what a lovely day!"

♦ o/oh dear! **1** o aarde! *"O aarde, ek het die koppie se oor afgebreek!"* **"O/Oh dear,** I've broken off the cup's ear!" **2** ai tog! *"Ai tog, ons het die trein gemis!"* **"O/Oh dear,** we've missed the train!"

♦ o/oh no! ag nee! *Toe sy hoor haar kat is omgery, het sy geroep: "Ag nee!"* When she heard her cat had been run over, she cried, **"O/Oh no!"**

♦ oh well ⇨ well[4].

☐ **o, oh** *interjection*

oar roeispaan *Jy roei 'n boot met 'n roeispaan.* You row a boat with an **oar.**

☐ **oar** *noun (plural* **oars***)*

obedience gehoorsaamheid *Die onderwyser verwag gehoorsaamheid van die kinders.* The teacher expects **obedience** from the children.

☐ **o·be·di·ence** *noun (no plural)*

obedient gehoorsaam *My hond is baie gehoorsaam – as ek vir hom sê hy moet sit, doen hy dit.* My dog is very **obedient** – if I tell him to sit, he does.

☐ **o·be·di·ent** *adjective* **more obedient, most obedient**

obey gehoorsaam *"Sal jou hond jou gehoorsaam as jy vir hom sê hy moet sit?"* "Will your dog **obey** you if you tell him to sit?"

☐ **o·bey** *verb (past tense and past participle* **obeyed,** *present participle* **obeying***)*

object voorwerp **[a]** *"Wat is daardie blink voorwerp in die gras?" – "Ek dink dis 'n stuk glas."* "What is that shiny **object** in the grass?" – "I think it's a piece of glass." **[b]** *In die sin "Die kat het 'n muis gevang" is "kat" die onderwerp en "muis" die voorwerp.* In the sentence "The cat caught a mouse", "cat" is the subject and "mouse" the **object.** **2** doel *"Die doel van ons rit stad toe is om vir jou 'n nuwe paar skoene te koop."* "The **object** of our trip to town is to buy you a new pair of shoes."

☐ **ob·ject** *noun (plural* **objects***)*

obtain kry *As jy iets in kwarte deel, kry jy vier gelyke dele.* If you divide something into quarters, you **obtain** four equal parts.

☐ **ob·tain** *verb (past tense and past participle* **obtained,** *present participle* **obtaining***)*

obvious duidelik *"Dis duidelik dat jy laat bed toe is,"* het die juffrou vir die gapende kind gesê. "It's **obvious** that you went to bed late," the teacher said to the yawning child.

☐ **ob·vi·ous** *adjective* **more obvious, most obvious**

obviously kennelik *Iets verskrikliks moes gebeur het – hy is kennelik baie ontsteld.* Something terrible must have happened – he is **obviously** very upset.

☐ **ob·vi·ous·ly** *adverb*

occasion geleentheid **[a]** *"Ken jy haar?" – "Ja, ons het by 'n vorige geleentheid ontmoet."* "Do you know her?" – "Yes, we met on a previous **occasion.**" **[b]** *Haar troue was 'n groot geleentheid.* Her wedding was a big **occasion.**

☐ **oc·ca·sion** *noun (plural* **occasions***)*

occupant inwoner *"Wie is die inwoner van daardie huis?"* "Who is the **occupant** of that house?"

☐ **oc·cu·pant** *noun (plural* **occupants***)*

occupation beroep *"Wat is jou ma se beroep?" – "Sy is 'n onderwyseres."* "What is your mother's **occupation?**" – "She is a teacher."

☐ **occupation** *noun (plural* **occupations***)*

occupied beset *"Kan ek maar hier sit, of is die stoel beset?"* "May I sit here, or is the chair **occupied?**"

☐ **oc·cu·pied** *adjective*

occupy **1** bewoon *Vyf mense bewoon die huis oorkant die straat.* Five people **occupy** the house across the street. **2** besig hou *Baie mense hou hulle op 'n trein besig deur te lees.* Many people **occupy** themselves on a train by reading.

☐ **oc·cu·py** *verb (past tense and past participle* **occupied,** *present participle* **occupying***)*

ocean oseaan *Die Atlantiese Oseaan is tussen Afrika en Amerika.* The Atlantic **Ocean** is between Africa and America.

☐ **o·cean** *noun (plural* **oceans***)*

o'clock -uur *Ek staan soggens om sesuur op.* I get up at six **o'clock** in the morning.

☐ **o'clock** *adverb*

October Oktober *Oktober is die tiende maand van die jaar.* **October** is the tenth month of the year.

☐ **Oc·to·ber** *noun (no plural)*

odd[1] vreemd, eienaardig, snaaks *Dis vreemd/eienaardig/snaaks; ek het iets agter my gehoor, maar toe ek omdraai, was daar niks nie.* That's **odd;** I heard something behind me, but when I turned around there was nothing.

□ **odd** *adjective* **odder, oddest**

odd² **1** onewe *3, 5 en 7 is* **onewe** *getalle.* 3, 5 and 7 are **odd** numbers. **2** enkel *'n* **Enkele** *skoen het op die sy=paadjie gelê.* An **odd** shoe was lying on the pavement. **3** onpaar *"Jy het* **onpaar** *sokkies aan – die een is bruin en die ander swart!"* "You're wearing **odd** socks – the one is brown and the other black!" **4** los *Hy doen na skool* **los** *werkies soos om ander mense se gras vir hulle te sny.* After school he does **odd** jobs such as mowing other people's lawns for them.

□ **odd** *adjective*

of **1** van [a] *Een* **van** *my ooms is 'n elektrisiën.* One **of** my uncles is an electrician. [b] *Sy het my 'n foto* **van** *haar kêrel gewys.* She showed me a photograph **of** her boy= friend. [c] *Die tafel is* **van** *hout gemaak.* The table is made **of** wood. [d] *"Kom ons doen iets anders; ek is moeg* **van** *kaart speel."* "Let's do something else; I'm tired **of** playing cards." [e] *"Dit was gaaf* **van** *hom om jou te help."* "It was kind **of** him to help you." [f] *Sy het twee kinders: 'n meisie* **van** *tien en 'n seun* **van** *sewe.* She has two children: a girl **of** ten and a boy **of** seven. [g] *Jy kan* **van** *honger doodgaan.* You can die **of** hunger. **2** aan *Hy is* **aan** *kanker dood.* He died **of** can= cer. **3** se *Dit het jare* **se** *arbeid gekos om die hospitaal te voltooi.* It took years **of** labour to complete the hospi= tal. **4** omtrent *"Wat is jou mening* **omtrent** *haar teke= ning?"* – *"Ek dink dis baie goed."* "What is your opinion **of** her drawing?" – "I think it's very good." ◆ **a ... of** *'n "Gaan koop vir my 'n bottel melk, asse= blief."* "Go and buy me **a** bottle **of** milk, please." ◆ **a sense of humour** ⇨ **humour.** ◆ **all of a sudden** ⇨ **sudden.** ◆ **all of us** ⇨ **all**³. ◆ **full of** ⇨ **full.** ◆ **in the care of, under the care of** ⇨ **care**¹. ◆ **of it** daarvan *"Lynette het vir my 'n pakkie lekkers gegee; jy kan die helfte* **daarvan** *kry."* "Lynette gave me a packet of sweets; you may have half **of it.**" ◆ **of this** hiervan *Hy het haar sy tekening gewys en gevra: "Wat dink jy* **hiervan**?" He showed her his drawing and asked, "What do you think **of this**?"

□ **of** *preposition*

off **1** van *Hy het* **van** *die leer afgeval.* He fell **off** the ladder. **2** van ... af *"Bly* **van** *die gras* **af**!" "Keep **off** the grass!" **3** uit, van [a] *Die hond eet sy kos* **uit/van** *'n blikbord.* The dog eats its food **off** a tin plate. [b] *Daar is 'n smal grondpad wat* **uit/van** *die hoofpad na die plaas lei.* There is a narrow dirt road that leads **off** the main road to the farm. **4** teenoor *Madagaskar is 'n groot ei= land* **teenoor** *die kus van Mosambiek.* Madagascar is a big island **off** the coast of Mozambique. ◆ **go off** ⇨ **go.** ◆ **off duty** ⇨ **duty.**

□ **off** *preposition*

offer¹ aanbod *Sy wou nie my* **aanbod** *van hulp aanvaar nie.* She wouldn't accept my **offer** of help. ◆ **make an offer** *'n bod/bot gee "Gee my 'n bod/*

bot vir my fiets." – *"Hoe lyk dit met R65,00?"* **"Make** me **an offer** for my bike." – "How about R65,00?"

□ **of·fer** *noun (plural* **offers***)*

offer² aanbied [a] *"Kan ek jou enige hulp* **aanbied**?" "Can I **offer** you any help?" [b] *Hy het my R65,00 vir my fiets* **aangebied.** He **offered** me R65,00 for my bike.

□ **of·fer** *verb (past tense and past participle* **offered**, *present participle* **offering***)*

office kantoor *Die juffrou het my na die hoof se* **kantoor** *gestuur.* The teacher sent me to the headmaster's **office.**

□ **of·fice** *noun (plural* **offices***)*

often **1** dikwels *"Dit was gaaf om jou weer te sien; jy moet ons meer* **dikwels** *kom besoek."* "It was nice to see you again; you must come and visit us more **often.**" **2** dikwels, baiekeer, baiemaal *Kinders wat saam groot= word, bly* **dikwels/baiekeer/baiemaal** *hul lewe lank vriende.* Children who grow up together **often** remain friends for life. **3** baie *Ek het sy grappe en stories al so* **baie** *gehoor dat hulle my verveel.* I have heard his jokes and stories so **often** that they bore me.

□ **of·ten** *adverb*

oh ⇨ **o.**

oil¹ olie [a] *Sy het die vis in* **olie** *gaargemaak.* She cooked the fish in **oil.** [b] *"Jou fiets se ketting is droog – sit 'n bietjie* **olie** *daarop."* "The chain of your bicycle is dry – put some **oil** on it."

□ **oil** *noun (no plural)*

oil² olie *"Jou fietsketting sal mooi glad loop as jy dit ge= reeld* **olie**." "Your bicycle chain will run nice and smoothly if you **oil** it regularly."

□ **oil** *verb (past tense and past participle* **oiled**, *present participle* **oiling***)*

ointment salf *"Smeer 'n bietjie* **salf** *aan die wond, dan sal dit gouer genees."* "Put some **ointment** on the wound, then it will heal more quickly."

□ **oint·ment** *noun (plural* **ointments***)*

OK, okay¹ **1** gangbaar *Die partytjie was nie so lekker as wat sy gedink het dit sou wees nie, maar dit was* **gang= baar**. The party wasn't as nice as she thought it would be, but it was **OK/okay.** **2** goed *Ek was vanoggend 'n bietjie naar, maar voel nou weer* **goed**. I felt a little sick this morning, but am **OK/okay** now. **3** in orde *Sy het 'n harde slag gehoor en geroep: "Kinders, is alles* **in orde**?" She heard a loud bang and called, "Children, is everything **OK/okay**?"

□ **OK, okay** *adjective*

OK, okay² **1** goed *"Help my asseblief die tafel verskuif."* – *"Goed, ek kom."* "Please help me move the table." – **"OK/Okay,** I'm coming." **2** redelik goed *Sy het re= delik goed in die eksamen gevaar.* She did **OK/okay** in the exam. **3** kan maar *"Kan ek nou* **maar** *huis toe gaan?"* "Is it **OK/okay** for me to go home now?"

□ **OK, okay** *adverb*

old oud [a] *My oupa is baie* **oud** *– hy is in 1910 gebore.* My grandfather is very **old** – he was born in 1910. [b]

*Miriam is agt jaar **oud**.* Miriam is eight years **old**. **[c]** *Hy het sy **ou** motor verkoop en vir hom 'n nuwe gekoop.* He sold his **old** car and bought himself a new one.
◆ **how old?** hoe oud? *"Hoe oud is Lynette?" – "Sy is veertien."* "How old is Lynette?" – "She is fourteen."
◆ **ripe old age** ⇨ **ripe**.
☐ **old** *adjective* **older, oldest**

on[1] ❶ op *"Is almal **op**? Kan ek maar ry?" het die busbestuurder gevra.* "Is everybody **on**? May I go?" the bus driver asked. ❷ aan **[a]** *Sy het haar jas **aan** omdat dit koud is.* She has her coat **on** because it is cold. **[b]** *Dis donker en al die straatligte is **aan**.* It is dark and all the street-lights are **on**. ❸ verder *Ons het kilometers **verder** gereis voordat ons 'n plaashuis gesien het.* We travelled **on** for kilometres before we saw a farm house.
◆ **and so on** ⇨ **so**[1].
◆ **be on** ❶ draai, vertoon word *"Wat **draai** dié week in die bioskoop (OF **word** dié week in die bioskoop **vertoon**)?"* "What **is on** at the cinema this week?" ❷ begin *Die wedstryd **begin** om halfdrie.* The match **is on** at half past two.
◆ **from that day on** van dié/daardie dag af *Oupa het sy heup op 12 April 1990 gebreek en **van dié/daardie dag af** loop hy mank.* Grandpa broke his hip on 12 April 1990 and **from that day on** he has been walking with a limp.
◆ **further on** verder vorentoe *"Sal ons hier stilhou?" – "Nee, dis te warm in die son; dalk is daar **verder vorentoe** 'n boom."* "Shall we stop here?" – "No, it's too hot in the sun; there might be a tree **further on**."
◆ **go on and on** ⇨ **go**.
◆ **have on** doen *"Doen jy vanaand iets?" – "Ja, ek gaan na 'n partytjie toe."* "Do you **have** anything **on** tonight?" – "Yes, I'm going to a party."
◆ **later on** ⇨ **later**.
◆ **on and on** aanhoudend *Sy het **aanhoudend** gepraat – ek het gedink sy sou nooit ophou nie!* She talked **on and on** – I thought she would never stop!
◆ **on to** na, tot by *"Sal ons vanaand hier slaap, of wil jy hê ek moet **na** (OF **tot by**) die volgende dorp ry?"* "Shall we sleep here tonight, or would you like me to go **on to** the next town?"
☐ **on** *adverb*

on[2] ❶ op **[a]** *Die boek lê **op** die tafel.* The book is lying **on** the table. **[b]** *Die kaart van Suid-Afrika is **op** bladsy 23 van die atlas.* The map of South Africa is **on** page 23 of the atlas. **[c]** *"Werk jou pa **op** 'n Saterdag?"* "Does your father work **on** a Saturday?" ❷ aan **[a]** *Sy dra 'n goue ring **aan** haar vinger.* She is wearing a gold ring **on** her finger. **[b]** *Die kinders speel **aan** die ander kant van die rivier.* The children are playing **on** the other side of the river. **[c]** *Oos-Londen lê **aan** die Buffelsrivier.* East London lies **on** the Buffalo River. ❸ oor **[a]** *Ek lees 'n boek **oor** honde.* I'm reading a book on dogs. **[b]** *Ons het met mekaar **oor** die telefoon gepraat.* We spoke to each other **on** the telephone. ❹ by *"Hoeveel geld het jy **by** jou?"* "How much money do you

have **on** you?" ❺ met **[a]** *Die bure is **met** vakansie weg.* The neighbours are away **on** holiday. **[b]** *Motors loop **met** petrol.* Cars run **on** petrol. ❻ teen *Sy het haar kop **teen** die tafel gestamp.* She knocked her head **on** the table. ❼ te *Hy het 'n entjie **te** perd gaan ry.* He went for a ride **on** horseback. ❽ waarop *Die kombers **waarop** sy sit, is groen.* The blanket she is sitting **on** is green.
◆ **on duty** ⇨ **duty**.
◆ **on fire** ⇨ **fire**[1].
◆ **on it** daarop *"Jou fiets se ketting is droog – sit 'n bietjie olie **daarop**."* "The chain of your bicycle is dry – put some oil **on it**."
◆ **on purpose** ⇨ **purpose**.
◆ **on to** ⇨ **onto**.
◆ **on to it** daaraan *"Philip, daar is 'n bos links van jou – hou **daaraan** vas om te keer dat jy gly!"* "Philip, there is a bush on your left – hold **on to it** to stop yourself slipping!"
◆ **on which** ⇨ **which**[2].
☐ **on** *preposition*

once[1] ❶ een maal, een keer *My ma was **een maal/keer** per week, gewoonlik op 'n Maandag.* My mother does our washing **once** a week, usually on a Monday. ❷ eenmaal, eenkeer *Ons het **eenmaal/eenkeer** in Namibië gewoon.* We **once** lived in Namibia.
◆ **all at once** skielik *Ek het gesit en lees toe die ligte **skielik** uitgaan.* I sat reading when **all at once** the lights went out.
◆ **(all) at once** tegelyk *"Ek het net een paar hande – ek kan nie alles **tegelyk** doen nie!"* "I have only one pair of hands – I can't do everything **(all) at once!**"
◆ **at once** ❶ dadelik, onmiddellik *"Gaan **dadelik/onmiddellik** bed toe – dis laat!"* "Go to bed **at once** – it's late!" ❷ gelyk *"Moenie almal **gelyk** praat nie!"* "Don't all speak **at once!**"
◆ **once and for all** eens en vir altyd *"Kan ek asseblief by Cynthia gaan speel?" – "**Eens en vir altyd**, die antwoord is nee!"* "Please may I go and play with Cynthia?" – "**Once and for all**, the answer is no!"
◆ **once in a while** (so) nou en dan, (so) af en toe *Ek loop gewoonlik skool toe, maar **(so) nou en dan** (OF **af en toe**) haal ek 'n bus.* I usually walk to school, but **once in a while** I catch a bus.
◆ **once more** nog 'n maal/keer, nog een maal/keer *"Lees die storie **nog 'n maal/keer** (OF **nog een maal/keer**) vir my."* "Read the story to me **once more**."
◆ **once or twice** een of twee maal/keer *Ek ken Oos-Londen nie goed nie; ek was nog net **een of twee maal/keer** daar.* I don't know East London well; I've only been there **once or twice**.
◆ **once upon a time** eenmaal, eenkeer, eendag *Die storie begin so: "Daar was **eenmaal/eenkeer/eendag** 'n koning ..."* This is how the story begins: "**Once upon a time** there was a king ..."
☐ **once** *adverb*

once[2] ❶ as ... eers *As jy **eers** die reëls ken, is die spel* *maklik*. **Once** you know the rules, the game is easy. **2** sodra "*Sodra pa by die huis kom, kan ons eet.*" "**Once** dad gets home, we can have dinner."

□**once** *conjunction (joining word)*

one[1] een *Ons huis is die een met die groen dak.* Our house is the **one** with the green roof.

◆ **a blue one** 'n bloue *My suster het 'n rooi fiets, maar ek het **'n bloue**.* My sister has a red bike, but I have **a blue one**.

◆ **a new one** 'n nuwe *Ons het 'n ou motor, maar hulle het **'n nuwe**.* We have an old car, but they have **a new one**.

◆ **an old one** 'n oue *Hulle het 'n nuwe motor, maar ons het **'n oue**.* They have a new car, but we have **an old one**.

◆ **that one** daardie een *Dié appel is groter as **daardie een**.* This apple is bigger than **that one**.

◆ **the little ones** die kleintjies *As oudste kind moet sy die **kleintjies** oppas.* As the eldest child she has to look after **the little ones**.

◆ **this one** dié/hierdie een *Daardie appel is kleiner as **dié/hierdie een**.* That apple is smaller than **this one**.

◆ **which one** watter een "*Ek het twee appels – **watter een** wil jy hê?*" "I have two apples – **which one** would you like?"

□**one** *noun (plural* **ones***)*

one[2] **1** een **[a]** *Ek het **een** broer en twee susters.* I have **one** brother and two sisters. **[b]** *My suster se kleintjie is **een** (jaar oud).* My sister's baby is **one** (year old). **2** dieselfde *Die katjies is almal **dieselfde** kleur.* The kittens are all **one** colour.

◆ **one day** eendag *Eendag, wanneer sy groot is, wil sy trou en twee kinders hê.* **One day**, when she is grown up, she wants to marry and have two children.

◆ **one day/morning/afternoon/evening** een dag/oggend/middag/aand *Die ongeluk het **een dag/oggend/middag/aand** in Mei gebeur.* The accident happened **one day/morning/afternoon/evening** in May.

□**one** *adjective*

one[3] een *Een en een is twee (1 + 1 = 2).* **One** and **one** make two (1 + 1 = 2).

□**one** *numeral*

one[4] ('n) mens *('n) Mens kan appels met skil en al eet.* **One** can eat apples skin and all.

◆ **one after another, one after the other** (die) een na die ander *Hy het die bottels **(die) een na die ander** oopgemaak.* He opened the bottles **one after another** (OR **one after the other**).

◆ **one another** mekaar *Die twee susters skryf taamlik gereeld aan **mekaar**.* The two sisters write to **one another** quite regularly.

◆ **one by one** een vir een *Die mense loop **een vir een** deur die smal hek.* The people go through the narrow gate **one by one**.

◆ **one of** een van *Een van my susters is getroud.* **One of** my sisters is married.

◆ **tell (the) one from the other** ⇨ **tell.**

□**one** *pronoun*

> In British English the pronoun **one**, in the sense of no specific person, is usually followed by **one's**, **oneself**, etc.: *One should keep **one's** promises.* In American English **one** is usually followd by **his**, **himself**, etc.: *One should keep **his** promises.*

onion ui *'n Ui is 'n groente met 'n sterk reuk en smaak.* An **onion** is a vegetable with a strong smell and taste.

□**on·ion** *noun (plural* **onions***)*

only[1] **1** al *Rachel was **al** kind in die klas wat vol punte in die toets gekry het.* Rachel was the **only** child in the class to get full marks in the test. **2** enigste *John is die **enigste** seun met skoene aan; al die ander is kaalvoet.* John is the **only** boy with shoes on; all the others are barefoot.

◆ **only one** enigste *Rachel was die **enigste** wat vol punte in die toets gekry het.* Rachel was the **only one** who got full marks in the test.

□**on·ly** *adjective*

> **only** should be positioned as near as possible to the word it refers to in order to make the meaning clear: *I have an egg for breakfast **only** on Sundays* (not on other days). *I have **only** an egg* (nothing else) *for breakfast on Sundays.* ***Only** I have an egg for breakfast on Sundays* (no one else).

only[2] **1** net, alleen *Dié ingang is net vir lede* (OF is vir lede **alleen**). This entrance is for members **only**. **2** net, slegs *Daar was vyftien seuns en **net/slegs** een meisie by die partytjie.* There were fifteen boys and **only** one girl at the party. **3** nog net *Ek ken Oos-Londen nie goed nie; ek was **nog net** een of twee maal daar.* I don't know East London well; I've been there **only** once or twice. **4** eers "*Jy hoef jou nie te haas nie – die trein vertrek **eers** oor 'n uur.*" "You needn't hurry – the train leaves in **only** an hour's time." **5** maar *Hy is **maar** twee jaar oud.* He is **only** two years old. **6** pas *Ek het hom **pas** 'n paar minute gelede gesien.* I saw him **only** a few minutes ago.

◆ **if only** ⇨ **if.**

◆ **not only ... but also** nie net/alleen ... nie, maar ook *Nie **net/alleen** sy ouers **nie**, maar **ook** sy broers en susters was daar.* **Not only** his parents were there **but also** his brothers and sisters.

◆ **only just 1** nou net, so pas "*Wag jy al lank vir my?*" – "*Nee, ek het **nou net*** (OF **so pas**) *hier aangekom.*" "Have you been waiting for me a long time?" – "No, I've **only just** arrived here." **2** net-net *As ek op my tone staan, kan ek **net-net** die boeke op die boonste rak bykom.* If I stand on my toes, I can **only just** reach the books on the top shelf.

◆ **only ... more** nog net *Die saal is amper vol; daar is sitplek vir **nog net** sewe mense.* The hall is almost full; there are seats for **only** seven **more** people.

◆ **only then** toe eers, eers toe *Die horlosie het twaalf* geslaan; **toe eers (**OF **eers toe)** het ek besef hoe laat dit is. The clock struck twelve; **only then** did I realize how late it was.

◆ **only too** maar alte Ek sal jou **maar alte** graag help. I'll be **only too** pleased to help you.

▢ **on·ly** adverb

onto, on to op Sy het die baba **op** haar rug getel. She lifted the baby **onto** (OR **on to**) her back.

▢ **on·to, on to** preposition

oops aitsa "**Aitsa,** amper laat val ek die glas water!" "**Oops,** I almost dropped the glass of water!"

▢ **oops** interjection

open[1] buitelug Dit is tipies Suid-Afrikaans om vleis in die **buitelug** te braai. It is typically South African to braai meat out in the **open**.

▢ **o·pen** noun (no plural)

open[2] **1** oopmaak **[a]** "Ek kry 'n bietjie warm – sal jy omgee as ek die venster **oopmaak**?" "I'm a bit hot – would you mind if I **open** the window?" **[b]** "**Maak** jul boeke by bladsy 61 **oop.**" "**Open** your books at page 61." **[c]** Wat 'n handige mes! Dit kan sny, blikke **oop-maak** en proppe uittrek. What a handy knife! It can cut, **open** tins and draw corks. **2** oopgaan Die winkel het deure wat vanself **oopgaan** en toegaan. The shop has doors that **open** and shut by themselves. **3** oopkry Die deksel het so styf gesit dat ek nie die fles kon **oopkry** nie. The lid was so tight that I couldn't **open** the jar. **4** oopdraai Steek die prop in die bad voor jy die kraan **oopdraai.** Put the plug in the bath before you **open** the tap. **5** ooptrek "Moenie die laai te wyd **ooptrek** nie; dit sal uitval." "Don't **open** the drawer too wide; it will fall out." **6** begin, open **[a]** Hulle gaan 'n super-mark in die nuwe winkelsentrum **begin/open.** They are going to **open** a supermarket in the new shopping centre. **[b]** Hy **het** die vergadering met 'n kort toespraak **begin/geopen.** He **opened** the meeting with a short speech.

◆ **open into** uitkom in/op, uitgaan in "**Kom** dié deur **in/op** die kombuis **uit** (OF **Gaan** dié deur **in** die kombuis **uit**)?" "Does this door **open into** the kitchen?"

▢ **o·pen** verb (past tense and past participle **opened,** present participle **opening**)

open[3] oop **[a]** "Is die deur **oop**?" – "Nee, dis toe." "Is the door **open**?" – "No, it's shut." **[b]** Die winkels bly tot 17:00 **oop.** The shops stay **open** until 17:00.

◆ **keep open** oophou Ek is so vaak, ek kan skaars my oë **oophou.** I'm so sleepy I can hardly **keep** my eyes **open.**

◆ **open air** buitelug Dit is tipies Suid-Afrikaans om vleis in die **buitelug** te braai. It is typically South Afri-can to braai meat in the **open air.**

▢ **o·pen** adjective

opener oopmaker Ek kan nie die bottel se dop met dié **oopmaker** afkry nie. I can't get the top off the bottle with this **opener.**

▢ **o·pen·er** noun (plural **openers**)

opening opening **[a]** Die hond het deur 'n **opening** in

die heining by die erf uitgekom. The dog got out of the yard through an **opening** in the fence. **[b]** Die **open-ing** van die nuwe biblioteek is môreaand om sewe. The **opening** of the new library is tomorrow evening at seven.

▢ **o·pen·ing** noun (plural **openings**)

operate **1** opereer Die dokter moes die dogtertjie **ope-reer** om die spyker wat sy ingesluk het, te verwyder. The doctor had to **operate** on the little girl to remove the nail she had swallowed. **2** werk "Hoe **werk** dié ma-sjien?" "How does this machine **operate**?" **3** werk met "**Weet** jy hoe om **met** dié masjien te **werk**?" "Do you know how to **operate** this machine?" **4** bedien Jy **bedien** 'n hysbak deur op knoppies te druk. You **oper-ate** a lift by pressing buttons.

▢ **op·er·ate** verb (past tense and past participle **oper-ated,** present participle **operating**)

operation **1** operasie Die dokter moes 'n **operasie** doen om die spyker wat die dogtertjie ingesluk het, te ver-wyder. The doctor had to perform an **operation** to remove the nail the little girl had swallowed. **2** wer-king Jy kan aan die flitsende liggies sien dat die masjien in **werking** is. You can see by the flashing lights that the machine is in **operation.**

▢ **op·er·a·tion** noun (plural **operations**)

opinion mening "Wat is jou **mening** omtrent haar te-kening?" – "Ek dink dis baie goed." "What is your **opinion** of her drawing?" – "I think it's very good."

◆ **differ in opinion** van mening verskil Die twee broers **verskil van mening** oor wie Suid-Afrika se beste rugbyspeler is. The two brothers **differ in opinion** on who South Africa's best rugby player is.

◆ **in my opinion** na my mening **Na my mening** bederf die buurvrou haar kinders te veel. **In my opinion,** the neighbour spoils her children too much.

▢ **o·pin·ion** noun (plural **opinions**)

opponent opponent Die bokser het sy **opponent** uitge-slaan. The boxer knocked his **opponent** out.

▢ **op·po·nent** noun (plural **opponents**)

opportunity geleentheid "Het jy al ooit die **geleent-heid** gehad om oorsee te reis?" "Have you ever had the **opportunity** to travel overseas?"

▢ **op·por·tun·ity** noun (plural **opportunities**)

opposite[1] teenoorgestelde Haat is die **teenoorge-stelde** van liefde. Hate is the **opposite** of love.

▢ **op·po·site** noun (plural **opposites**)

opposite[2] **1** oorkant "Woon Charles en Lorraine langs julle?" – "Nee hulle woon **oorkant** ons." "Do Charles and Lorraine live next door to you?" – "No, they live **opposite** us." **2** teenoor My broer sit **teenoor** my aan tafel. My brother sits **opposite** me at table. **3** teenoor-gestel(d) Oos is die **teenoorgestelde** rigting van wes. East is the **opposite** direction to west.

◆ **on the opposite side of; the opposite side** ⇨ **side.**

▢ **op·po·site** adjective

opposite[3] aan die oorkant, aan die ander kant *Die huis aan die oorkant (*OF *aan die ander kant) is te koop.* The house **opposite** is for sale.

☐ **op·po·site** *adverb*

or of *"Is haar baba 'n seuntjie of 'n dogtertjie?"* "Is her baby a boy **or** a girl?"

◆ **either ... or** ⇨ **either**[2].

◆ **or (else)** anders *"Maak gou, anders sal jy laat wees vir skool!"* "Hurry up, **or** (OR **or else**) you'll be late for school!"

☐ **or** *conjunction (joining word)*

> When **or** connects two singular subjects the sentence takes a singular verb: *I think George or Charles has your pen.* When it connects singular and plural subjects, the verb agrees with the subject that is closest to it: *One large egg or two small ones are needed. Two small eggs or one large one is needed.*

orange[1] lemoen *Daar is 'n lemoen en 'n paar ander vrugte in die mandjie.* There is an **orange** and some other fruit in the basket.

☐ **or·ange** *noun (plural* **oranges***)*

orange[2] oranje *As jy geel en rooi meng, kry jy oranje.* If you mix yellow and red, you get **orange**.

☐ **or·ange** *noun (no plural)*

orange[3] oranje *"Watter kleur is 'n nartjie?" – "Dis oranje."* "What colour is a naartjie?" – "It is **orange**."

☐ **or·ange** *adjective*

order[1] ❶ volgorde *In 'n biblioteek staan die boeke in alfabetiese volgorde op die rakke.* In a library the books are in alphabetical **order** on the shelves. ❷ orde *As die onderwyser nie daar is nie, moet die klaskaptein orde in die klas hou.* When the teacher is not there, the class captain has to keep **order** in the classroom. ❸ bevel *Op bevel van die skoolhoof mag geen kind op die skoolterrein rook nie.* At the **order** of the headmaster no child is allowed to smoke on the school grounds. ❹ opdrag *Die opdrag het van die hoof gekom – ek kon nie weier om dit te doen nie.* The **order** came from the headmaster – I couldn't refuse to do it. ❺ bestelling *"Kelner, kan jy my bestelling neem? Ek wil 'n koppie koffie hê, asseblief."* "Waiter, can you take my **order**? I'd like a cup of coffee, please."

◆ **be on order** bestel wees *Die vrou by die boekwinkel het gesê: "Ons het nog nie die nuwe woordeboek gekry nie, maar dit is bestel."* The lady at the bookshop said, "We haven't received the new dictionary yet, but it **is on order**."

◆ **in good order** in goeie orde *Sy motor is oud maar in goeie orde, want hy pas dit mooi op.* His car is old but **in good order** because he looks after it well.

◆ **in order** in orde *Die poskantoorklerk het die vorm nagegaan om seker te maak of dit in orde is.* The post-office clerk checked the form to make sure that it was **in order**.

◆ **in order of** volgens *"Rangskik die artikels volgens grootte op die rakke."* "Arrange the articles on the shelves **in order of** size."

◆ **in order that** sodat *"Bring vir my 'n naald en garing sodat ek jou knoop kan aanwerk."* "Bring me a needle and thread **in order that** I can sew on your button."

◆ **in order to** om te *Hy lewer koerante voor skool af om 'n bietjie geld te verdien.* He delivers newspapers before school **in order to** earn some money.

◆ **out of order** buite werking, stukkend *"Jy sal die trap moet gebruik, want die hyser is buite werking (*OF *stukkend)."* "You'll have to use the stairs because the lift is **out of order**."

◆ **put in order** ❶ agtermekaar sit *"Die boeke is heeltemal deurmekaar – sal jy hulle vir my agtermekaar sit, asseblief?"* "The books are all mixed up – will you **put** them **in order** for me, please?" ❷ aan (die) kant maak *Die huis was so deurmekaar dat dit ons ure gekos het om dit weer aan (die) kant te maak.* The house was in such a mess that it took us hours to **put it in order** again.

☐ **or·der** *noun (plural* **orders***)*

order[2] ❶ beveel *'n Skeidsregter kan 'n speler beveel om die veld weens vuil spel te verlaat.* A referee can **order** a player to leave the field for dirty play. ❷ bestel *"Wanneer die kelner kom, bestel asseblief vir my 'n glas lemoensap."* "When the waiter comes, please **order** a glass of orange juice for me."

☐ **or·der** *verb (past tense and past participle* **ordered**, *present participle* **ordering***)*

ordinary gewoon *Daar is niks besonders aan sy nuwe fiets nie – dis heel gewoon.* There is nothing special about his new bike – it's quite **ordinary**.

☐ **or·di·nar·y** *adjective*

organ[1] orgaan *Die hart is 'n orgaan wat bloed deur jou liggaam pomp.* The heart is an **organ** that pumps blood through your body.

☐ **or·gan** *noun (plural* **organs***)*

organ[2] orrel *Hy speel orrel in die kerk op Sondae.* He plays the **organ** in church on Sundays.

☐ **or·gan** *noun (plural* **organs***)*

organist orrelis *Toe die bruid by die kerk inkom, het die orrelis die troumars gespeel.* As the bride entered the church, the **organist** played the wedding march.

☐ **or·gan·ist** *noun (plural* **organists***)*

organization organisasie **[a]** *"Wie is verantwoordelik vir die organisasie van die matriekdans?"* "Who is responsible for the **organization** of the matric dance?" **[b]** *Sy werk vir 'n organisasie wat arm mense van kos voorsien.* She works for an **organization** that provides poor people with food.

☐ **or·gan·i·za·tion** *noun (no plural at* **a***; organizations at* **b***)*

organize organiseer, reël *"Wie gaan die matriekdans organiseer/reël?"* "Who is going to **organize** the matric dance?"

☐ **or·gan·ize** *verb (past tense and past participle* **organized**, *present participle* **organizing***)*

ostrich volstruis *'n **Volstruis** is 'n groot voël wat nie kan vlieg nie.* An **ostrich** is a large bird that cannot fly.
□ **os·trich** *noun (plural **ostriches**)*

other[1] ander *Cynthia en Lynette en vyf **ander** meisies was daar.* Cynthia and Lynette and five **other** girls were there.
◆ **(just) the other day** ⇨ **day**.
◆ **on the other side of; the other side** ⇨ **side**.
◆ **other than** behalwe *Niemand **behalwe** my ma is by die huis nie.* No one is at home **other than** my mother.
◆ **some ... (or other)** ⇨ **some**[1].
□ **oth·er** *adjective*

other[2] ander *Ek het twee susters: die een werk in 'n kantoor en die **ander** is 'n verpleegster.* I have two sisters: one works in an office and the **other** is a nurse.
◆ **each other** ⇨ **each**.
□ **oth·er** *pronoun*

others ❶ ander *Party van die kinders is in die klas; die **ander** speel buite.* Some of the children are in the classroom; the **others** are playing outside. ❷ ander(e) *Ons mag dink dis die beste manier om die probleem op te los, **ander(e)** stem dalk nie saam nie.* We may think this is the best way of solving the problem, **others** may disagree.
□ **oth·ers** *pronoun*

otherwise[1] anders, andersins *Die aartappels makeer 'n bietjie sout – **anders/andersins** is hulle baie lekker.* The potatoes lack some salt – **otherwise** they are very nice.
□ **oth·er·wise** *adverb*

otherwise[2] anders *"Maak gou, **anders** sal jy laat wees vir skool!"* "Hurry up, **otherwise** you'll be late for school!"
□ **oth·er·wise** *conjunction (joining word)*

ouch eina *"**Eina**, jy maak my seer!"* "**Ouch**, you're hurting me!"
□ **ouch** *interjection*

ought to behoort te *"Jy **behoort** jou te skaam dat jy jou so swak gedra het!"* "You **ought to** be ashamed of yourself for behaving so badly!"
□ **ought to** *phrasal verb used with another verb*

our ons *Ons huis het twee slaapkamers.* **Our** house has two bedrooms.
□ **our** *adjective*

ours ons s'n *Hulle huis is groter as **ons s'n**.* Their house is bigger than **ours**.
◆ **of ours** van ons *"Wie is daardie mense?" – "Hulle is vriende **van ons**."* "Who are those people?" – "They are friends **of ours**."
□ **ours** *pronoun*

ourselves ❶ ons *Ons het **ons** in die rivier gewas.* We washed **ourselves** in the river. ❷ onsself *Ons kon **ons-self** in die blink winkelvensters sien.* We could see **our-selves** in the shiny shop windows. ❸ self *"Het iemand julle gehelp?" – "Nee, ons het dit **self** gedoen."* "Did someone help you?" – "No, we did it **ourselves**."

◆ **by ourselves** alleen *Ons was heeltemal **alleen** in die huis.* We were all **by ourselves** in the house.
□ **our·selves** *pronoun*

out ❶ uit **[a]** *"Is jou ma tuis?" – "Nee, sy is **uit**."* "Is your mother at home?" – "No, she is **out**." **[b]** *Die son is **uit** en skyn helder.* The sun is **out** and is shining brightly. **[c]** *Dis donker buite – al die straatligte is **uit**.* It's dark outside – all the streetlights are **out**. ❷ buite *Dis baie aangenaam hier **buite** in die tuin.* It's very pleasant **out** here in the garden. ❸ dood, uit *Die vuur is **dood/uit** – dit brand nie meer nie.* The fire is **out** – it is no longer burning. ❹ verkeerd *"My horlosie is **ver-keerd** – ek kan jou nie sê presies hoe laat dit is nie."* "My watch is **out** – I can't tell you the exact time."
◆ **be out of** op/klaar wees *"Die melk **is op/klaar** – jy sal jou koffie swart moet drink."* "We **are out of** milk – you'll have to drink your coffee black."
◆ **get out!** uit! *"**Uit**, jou vuil hond! Ek wil jou nie in die huis hê nie!"* "**Get out**, you dirty dog! I don't want you in the house!"
◆ **go out** ⇨ **go**.
◆ **out loud** ⇨ **loud**[2].
◆ **out of** ❶ uit **[a]** *Haar beursie het **uit** haar handsak geval.* Her purse dropped **out of** her handbag. **[b]** *"Moenie die melk **uit** die bottel drink nie!"* "Don't drink the milk **out of** the bottle!" **[c]** *Hy het die pakkie **uit** nuuskierigheid oopgemaak.* He opened the parcel **out of** curiosity. **[d]** *Anna het 7 **uit** 10 in die toets gekry.* Anna got 7 **out of** 10 in the test. **[e]** *Sasol is 'n maatskappy wat petrol **uit** steenkool maak.* Sasol is a company that makes petrol **out of** coal. ❷ by ... uit *Hy het opgestaan en **by** die deur **uit** geloop.* He got up and walked **out of** the door. ❸ buite, buitekant **[a]** *Visse kan nie **buite/buitekant** water lewe nie.* Fish can't live out of water. **[b]** *Hulle woon 20 kilometer **buite/buitekant** die dorp op 'n plaas.* They live 20 kilometres **out of** town on a farm. ❹ deur *Ek het haar **deur** die venster gesien.* I saw her **out of** the window.
◆ **out of breath** ⇨ **breath**.
◆ **out of doors** ⇨ **door**.
◆ **out of it** daaruit *Toe die pyp bars, het water **daaruit** gestroom.* When the pipe burst, water streamed **out of** it.
◆ **out to/for lunch** gaan eet *"Hy is nie in sy kantoor nie. Hy het seker **gaan eet**."* "He isn't in his office. He must have gone **out to/for lunch**."
◆ **take out** ⇨ **take**.
□ **out** *adverb*

outdoors in die buitelug *In die somer bestee ons baie tyd **in die buitelug**.* In summer we spend a great deal of time **outdoors**.
□ **out·doors** *adverb*

outer buitenste *Die vel is die **buitenste** bedekking van die menslike liggaam.* The skin is the **outer** covering of the human body.
□ **out·er** *adjective*

outing uitstappie *"Kom ons gaan Sondagmiddag op 'n*

uitstappie dam toe.'' "Let's go on an **outing** to the dam on Sunday afternoon.''

☐ **out·ing** *noun (plural* **outings***)*

outside[1] buitekant *Die **buitekant** van die huis is wit.* The **outside** of the house is white.

☐ **out·side** *noun (usually singular)*

outside[2] buite= *Die kamer het 'n **buite**deur wat op die agterplaas uitkom.* The room has an **outside** door that leads to the back yard.

☐ **out·side** *adjective*

outside[3] ◻ buite, buitekant *Die kinders speel **buite/buitekant** in die tuin.* The children are playing **outside** in the garden. ◻ buite(n)toe, na buite *"Jy sal moet wag vir die storm om te bedaar voordat jy **buite(n)toe** (*OF **na buite***) gaan.''* "You'll have to wait for the storm to die down before you go **outside**.''

☐ **out·side** *adverb*

outside[4] buite, buitekant *"Wag vir my **buite/buitekant** die kafee.''* "Wait for me **outside** the café.''

☐ **out·side** *preposition*

oven oond *Sy het die koek uit die **oond** gehaal.* She took the cake out of the **oven**.

☐ **ov·en** *noun (plural* **oven***)*

over[1] ◻ oor *"Daar is baie rys **oor** – wie wil nog hê?''* "There is plenty of rice **over** – who would like some more?'' ◻ oor, verby *Wat 'n verligting – my hoofpyn is **oor/verby**.* What a relief – my headache is **over**. ◻ om, verby *Die vakansie is **om/verby** – die skool begin weer môre.* The holidays are **over** – school begins again tomorrow. ◻ verby *As die winter **verby** is, word die dae geleidelik langer.* When winter is **over**, the days gradually become longer. ◻ daarbo *Slegs persone van agtien en **daarbo** mag die prent sien.* Only persons of eighteen and **over** may see the film. ◻ oorkant *Hulle is **oorkant** in Engeland om by familie te kuier.* They are **over** in England to visit relatives.

◆ **all over** ⇨ **all**[2].

◆ **(all) over again** weer oor= *Ek het koffie op die brief gemors en moes dit **weer oor**skryf.* I spilt coffee on the letter and had to write it **(all) over again**.

◆ **ask/invite over** nooi, oorvra *"Ma, kan ek maar 'n paar maats vir ete **nooi/oorvra**?''* "Mum, may I **ask/invite** some friends **over** for dinner?''

◆ **come over** ⇨ **come**.

◆ **over and over again** keer op keer *Daar is geen afwisseling in sy werk nie – hy moet **keer op keer** dieselfde ding doen.* There is no variety in his job – he has to do the same thing **over and over again**.

◆ **over here** hierso *Hy het sy vriend geroep en gesê: "Kom **hierso**; ek wil jou iets wys.''* He called his friend and said, "Come **over here**; I want to show you something.''

◆ **over there** ◻ daarso *"Hulle woon **daarso**, in die huis aan die voet van die bult.''* "They live **over there**, in the house at the foot of the hill.'' ◻ daar oorkant *"Wie is die meisie **daar oorkant**?''* "Who is that girl **over there**?''

☐ **o·ver** *adverb*

over[2] ◻ oor **[a]** *Die hond het die oor die heining gespring.* The dog jumped **over** the fence. **[b]** *"Wil jy 'n bietjie sous **oor** jou rys hê?''* "Would you like some gravy **over** your rice?'' **[c]** *Hoewel hy **oor** die tagtig is, kan hy nog sonder 'n kierie loop.* Although he is **over** eighty, he can still walk without a stick. **[d]** *Ons het met mekaar **oor** die telefoon gepraat.* We spoke to each other **over** the telephone. ◻ oorkant *Die bure wat **oorkant** die straat bly, gaan trek.* The neighbours who live **over** the street are going to move. ◻ bo *Jy moet **bo** agtien wees voordat jy 'n rybewys kan kry.* You must be **over** eighteen before you can get a driver's licence. ◻ bo, bokant *Die lamp wat **bo/bokant** die voordeur hang, verlig die hele stoep.* The lamp hanging **over** the front door lights up the whole stoep. ◻ meer as *Die hotel het **meer as** 200 slaapkamers.* The hotel has **over** 200 bedrooms.

◆ **all over** ⇨ **all**[2].

◆ **over it** daaroor *Die brug het gebeef toe die trein **daaroor** ry.* The bridge shook as the train went **over** it.

◆ **over which** ⇨ **which**[2].

☐ **o·ver** *preposition*

overseas oorsee *'n Oom van haar woon **oorsee** in Engeland.* An uncle of hers lives **overseas** in England.

☐ **o·ver·seas** *adverb*

overtake verbysteek *Hou links sodat die vinniger motors jou regs kan **verbysteek**.* Keep left so that the faster cars can **overtake** you on the right.

☐ **o·ver·take** *verb (past tense* **overtook***, past participle* **overtaken***, present participle* **overtaking***)*

overtime oortyd *Pa het **oortyd** gewerk en laat huis toe gekom.* Dad worked **overtime** and came home late.

☐ **o·ver·time** *adverb*

overturn omslaan *'n Sterk wind het die lamp laat **omslaan**.* A strong wind caused the lamp to **overturn**.

☐ **o·ver·turn** *verb (past tense and past participle* **overturned***, present participle* **overturning***)*

owe skuld *As jy R2,50 by iemand leen en hom R1,25 terugbetaal, **skuld** jy hom nog R1,25.* If you borrow R2,50 from someone and pay him back R1,25 you still **owe** him R1,25.

☐ **owe** *verb (past tense and past participle* **owed***, present participle* **owing***)*

owing to weens, oor *Die pad is **weens/oor** herstelwerk gesluit.* The road is closed **owing to** repairs.

☐ **ow·ing** to *prepositional phrase*

owl uil *'n **Uil** is 'n voël wat snags op klein diertjies jag maak.* An **owl** is a bird that hunts small animals at night.

☐ **owl** *noun (plural* **owls***)*

own[1] besit *Hulle is baie ryk en **besit** 'n huis en twee motors.* They are very rich and **own** a house and two cars.

☐ **own** *verb (past tense and past participle* **owned***, present participle* **owning***)*

own² eie *Ek het dié horlosie met my **eie** geld gekoop.* I bought this watch with my **own** money.

◆ **of one's own** jou eie *Hy het sy **eie** kamer, maar sy susters moet een deel.* He has a room **of his own**, but his sisters have to share one.

☐ **own** *adjective*

own³ ❶ eie *"Het jy dié pen geleen, of is dit jou **eie**?"* "Did you borrow this pen, or is it your **own**?" **❷** self *Ek maak elke oggend **self** my bed op.* I make my **own** bed every morning.

◆ **on one's own ❶** alleen *Sy is 'n weduwee en woon heeltemal **alleen**.* She is a widow and lives all **on her own**. **❷** op jou eie *Toe die juffrou na die hoof toe is, moes ons **op ons eie** met die werk aangaan.* When the teacher went to the headmaster we had to continue with the work **on our own**. **❸** uit jou eie *Niemand het hom gesê om sy kamer netjies te maak nie; hy het dit **uit sy eie** gedoen.* Nobody told him to tidy his room; he did it **on his own**.

☐ **own** *pronoun*

owner eienaar *"Is jou pa die **eienaar** van dié huis?"* – *"Nee, dit behoort aan iemand anders."* "Is your dad the **owner** of this house?" – "No, it belongs to someone else."

☐ **own·er** *noun (plural* **owners***)*

ox os *Die **os** wat die ploeg trek, is groot en sterk en het lang horings.* The **ox** pulling the plough is large and strong and has long horns.

☐ **ox** *noun (plural* **oxen***)*

P

pack¹ ❶ trop *Wolwe hardloop in 'n **trop** saam.* Wolves run together in a **pack**. ❷ pak *Daar is 52 speelkaarte in 'n **pak**.* There are 52 playing-cards in a **pack**.
□ **pack** *noun (plural* **packs***)*

pack² ❶ pak [a] *"Draai die borde in papier toe voordat jy hulle in die doos **pak**."* "Wrap the plates in paper before you **pack** them into the box." [b] *"Moenie vergeet om jou nagklere in te sit wanneer jy jou tas **pak** nie."* "Don't forget to put in your pyjamas when you **pack** your suitcase." ❷ inpak *"Hoeveel toebroodjies moet ek vir jou **inpak**?"* "How many sandwiches shall I **pack** for you?"
◆ **pack away** wegpak *"Ma sê jy moet jou speelgoed in die kas **wegpak**."* "Mum says you must **pack** your toys **away** in the cupboard."
◆ **pack up** inpak *Toe die klok lui, het die juffrou gesê: "Julle kan maar **inpak** en huis toe gaan."* When the bell rang, the teacher said, "You may **pack up** and go home."
□ **pack** *verb (past tense and past participle* **packed***, present participle* **packing***)*

package pakkie *Ma is poskantoor toe om 'n **pakkie** af te haal wat my tante aan ons gestuur het.* Mum went to the post office to collect a **package** that my aunt had sent us.
□ **pack·age** *noun (plural* **packages***)*

packet ❶ pak *Sy het vir ons 'n groot **pak** lekkers gekoop.* She bought us a large **packet** of sweets. ❷ pakkie *Hy het die **pakkie** sigarette in sy hempsak gesit.* He put the **packet** of cigarettes in his shirt pocket.
□ **pack·et** *noun (plural* **packets***)*

page ❶ blad *'n **Blad** makeer uit die boek – die nommers spring van 6 tot 9.* A **page** is missing from the book – the numbers jump from 6 to 9. ❷ bladsy *"Maak jul boeke by **bladsy** 61 oop."* "Open your books at **page** 61."
□ **page** *noun (plural* **pages***)*

pain pyn *Sy het van die **pyn** uitgeroep toe hy haar hare trek.* She cried out in **pain** when he pulled her hair.
□ **pain** *noun (plural* **pains***)*

painful seer *'n By se steek is nogal **seer**.* The sting of a bee is quite **painful**.
□ **pain·ful** *adjective* **more painful, most painful**

paint¹ verf *Hulle gebruik geel en wit **verf** vir die strepe op die paaie.* They use yellow and white **paint** for the lines on the roads.
□ **paint** *noun (plural* **paints***)*

paint² ❶ verf, skilder *Pa het besluit om die mure van ons huis wit te **verf/skilder**.* Dad decided to **paint** the walls of our house white. ❷ skilder *Die kunstenaar het 'n prent in helder kleure **geskilder**.* The artist **painted**

a picture in bright colours. ❸ uitverf *"Laat die pleister aan die mure heeltemal droog word voor jy die kamer **uitverf**."* "Allow the plaster on the walls to dry properly before you **paint** the room."
□ **paint** *verb (past tense and past participle* **painted***, present participle* **painting***)*

painter ❶ verwer, skilder *My oom is 'n bouer en **verwer/skilder**.* My uncle is a builder and **painter**. ❷ skilder *Die **skilder** het sy naam onderaan die prent geteken.* The **painter** signed his name at the bottom of the picture.
□ **paint·er** *noun (plural* **painters***)*

painting skildery *"Hou jy van die **skildery** wat teen die muur bo die kaggel hang?"* "Do you like the **painting** hanging on the wall over the fireplace?"
□ **paint·ing** *noun (plural* **paintings***)*

pair ❶ paar *Hy het vir hom 'n **paar** swart skoene gekoop.* He bought himself a **pair** of black shoes. ❷ paar, paartjie *Hulle is 'n gelukkig getroude **paar/paartjie**.* They are a happily married **pair**.
◆ **a pair of glasses** 'n bril *Ek het **'n bril** met 'n swart raam op 'n tafel in die biblioteek gevind.* I found **a pair of glasses** with a black frame on a table in the library.
◆ **a pair of pliers** 'n tang *Hy het die spyker met **'n tang** uitgetrek.* He pulled out the nail with **a pair of pliers**.
◆ **a pair of scissors** 'n skêr *Sy het die stuk papier met **'n skêr** middeldeur gesny.* She cut the piece of paper in half with **a pair of scissors**.
◆ **a pair of shorts** 'n kortbroek *Simon het na kerk sy langbroek uitgetrek en **'n kortbroek** aangetrek.* After church Simon took off his trousers and put on **a pair of shorts**.
◆ **a pair of trousers** 'n langbroek *"Simon, trek **'n langbroek** aan – jy kan nie in 'n kortbroek kerk toe gaan nie."* "Simon, put on **a pair of trousers** – you can't go to church in shorts."
□ **pair** *noun (plural* **pairs***)*

> Use **pair** for a set of two things of the same kind that go together or for a single thing that consists of two parts, e.g. *a **pair** of shoes, a **pair** of trousers*.

pale ❶ dof *"Jy het te veel wit bygevoeg – dis dié dat die pienk so **dof** is."* "You added too much white – that's why the pink is so **pale**." ❷ bleek *"Hoekom is jy so **bleek**? Voel jy sleg?"* "Why are you so **pale**? Do you feel ill?"
□ **pale** *adjective* **paler, palest**

palm palm *Hy het 'n witmuis in die **palm** van sy hand gehou.* He held a white mouse in the **palm** of his hand.
□ **palm** *noun (plural* **palms***)*

pan pan *Sy het die wors in 'n **pan** gebraai.* She fried the sausage in a **pan**.
□ **pan** *noun (plural* **pans***)*

pancake pannekoek *"Wil jy 'n bietjie suiker en kaneel op jou **pannekoek** hê?"* "Would you like some sugar and cinnamon on your **pancake**?"
□ **pan·cake** *noun (plural* **pancakes***)*

pane ruit *Die **ruit** in die venster is stukkend.* The **pane** in the window is broken.
□ **pane** *noun (plural* **panes***)*

pantihose, pantyhose (broekie)kouse, kousbroekie *Sy het 'n leer in die regterbeen van haar **broekiekouse** (OF **kouse** OF **kousbroekie**).* She has a ladder in the right leg of her **pantihose/pantyhose**. ⇨ **sock; stocking.**
□ **pan·ti·hose, pan·ty·hose** *noun*

paper ❶ papier *Hy het sy boeke met bruin **papier** oorgetrek.* He covered his books with brown **paper**. ❷ koerant *My pa het vir my 'n fiets deur 'n advertensie in die **koerant** gekoop.* My father bought me a bicycle through an advertisement in the **paper**. ❸ vraestel *Na die eksamen het George vir Philip gesê: "Die **vraestel** was baie moeilik."* After the exam George said to Philip, "The **paper** was very difficult."
□ **pa·per** *noun (plural* **papers***)*

paraffin paraffien *"Kyk of daar genoeg **paraffien** in die lamp is voor jy dit aansteek."* "See whether there is enough **paraffin** in the lamp before you light it."
□ **par·af·fin** *noun (no plural)*

paragraph paragraaf *Die eerste sin van 'n **paragraaf** begin op 'n nuwe reël.* The first sentence of a **paragraph** begins on a new line.
□ **par·a·graph** *noun (plural* **paragraphs***)*

paralyse verlam *'n Gebreekte rug kan jou bene **verlam**.* A broken back can **paralyse** your legs.
□ **par·a·lyse** *verb (past tense and past participle* **paralysed**, *present participle* **paralysing***)*

paralysed lam *Hy kan nie loop nie, want sy bene is **lam**.* He can't walk because his legs are **paralysed**.
□ **par·a·lysed** *adjective*

parcel pakkie *Ma is poskantoor toe om 'n **pakkie** af te haal wat my tante aan ons gestuur het.* Mum went to the post office to collect a **parcel** that my aunt had sent us.
□ **par·cel** *noun (plural* **parcels***)*

pardon[1] verskoon *"**Verskoon** asseblief my seun se swak gedrag – hy is nie gewoonlik so stout nie."* "Please **pardon** my son's bad behaviour – he isn't normally so naughty."
◆ **pardon me** ekskuus (tog), verskoon my *"**Ekskuus** (OF **Ekskuus tog** OF **Verskoon my**), meneer, hoe laat is dit?"* "**Pardon me**, sir, what time is it?"
□ **par·don** *verb (past tense and past participle* **pardoned**, *present participle* **pardoning***)*

pardon[2] ekskuus (tog) *"**Ekskuus** (OF **Ekskuus tog?**) Kan u die vraag herhaal?"* "**Pardon?** Could you repeat the question?"
◆ **I beg your pardon** ekskuus (tog), jammer *"**Ek-**

skuus (OF **Ekskuus tog** OF **Jammer**), ek het nie bedoel om op jou toon te trap nie!"* "**I beg your pardon**, I didn't mean to tread on your toe!"
□ **par·don** *interjection*

parent ouer *My **ouers** is al twintig jaar getroud.* My **parents** have been married for twenty years.
□ **par·ent** *noun (plural* **parents***)*

park[1] park *Daar is 'n glyplank, 'n wipplank en 'n swaai in die **park** vir die kinders om op te speel.* There is a slide, a seesaw and a swing in the **park** for the children to play on.
□ **park** *noun (plural* **parks***)*

park[2] parkeer *Ons het 'n garage waarin ons ons motor **parkeer**.* We have a garage in which we **park** our car.
□ **park** *verb (past tense and past participle* **parked**, *present participle* **parking***)*

part ❶ deel, gedeelte *Ons het 'n **deel/gedeelte** van ons vakansie by die see deurgebring.* We spent **part** of our holiday at the seaside. ❷ deel [a] *Die Bosveld lê in die noordelike **deel** van ons land.* The Bushveld lies in the northern **part** of our country. [b] *"Sny die koek in agt gelyke **dele**."* "Cut the cake into eight equal **parts**." [c] *'n Eier bestaan uit twee **dele**: die wit en die geel.* An egg consists of two **parts**: the white and the yolk. ❸ rol [a] *Hy speel die **rol** van 'n Duitser in die prent, maar in die werklike lewe is hy 'n Amerikaner.* He plays the **part** of a German in the film, but in real life he is an American. [b] *Kos kan 'n belangrike **rol** speel in die sukses van 'n partytjie.* Food can play an important **part** in the success of a party.
◆ **play the leading part** ⇨ **play**[2].
◆ **take part in** deelneem aan *Al die kinders in ons klas gaan **aan** die skoolkonsert **deelneem**.* All the children in our class are going to **take part in** the school concert.
◆ **take someone's part** iemand se kant kies *"As ek en George baklei, **kies** jy altyd **sy kant!**"* "When George and I have a fight, you always **take his part!**"
□ **part** *noun (plural* **parts***)*

particular ❶ besondere *Dié boek is van **besondere** belang vir mense wat katte het.* This book is of **particular** interest to people who have cats. ❷ bepaalde *Op dié **bepaalde** oomblik is hy in die trein op pad werk toe.* At this **particular** moment he is in the train on his way to work.
◆ **anything in particular** iets besonders *"Is daar **iets besonders** waarmee ek jou kan help?"* "Is there **anything in particular** with which I can help you?"
◆ **in particular** veral *Ek het die prent baie geniet – **veral** die fotografie was wonderlik.* I enjoyed the film very much – the photography **in particular** was wonderful.
□ **par·tic·u·lar** *adjective*

particularly ❶ veral *Simon eet enige soort vleis, maar is **veral** lief vir hoender.* Simon eats any kind of meat, but is **particularly** fond of chicken. ❷ besonder *Dis **besonder** koud vandag.* It is **particularly** cold today. ❸ juis *Ek is verbaas oor my goeie punte – ek het nie juis hard geleer nie.* I'm astonished at my good marks – I didn't learn **particularly** hard.

☐ **par·tic·u·lar·ly** *adverb*

partly gedeeltelik *Die huis is gedeeltelik klaar – die bouers sal die werk na die Kersvakansie voltooi.* The house is **partly** finished – the builders will complete the job after the Christmas holidays.

☐ **part·ly** *adverb*

party partytjie *Esther het 'n partytjie gegee om haar sestiende verjaardag te vier.* Esther gave a **party** to celebrate her sixteenth birthday.

☐ **par·ty** *noun (plural parties)*

pass ❶ verbygaan [a] *"Ag nee, ons het die bus gemis! Ek het dit nou net sien verbygaan."* "Oh no, we've missed the bus! I've just seen it **pass**." [b] *'n Maand het verbygegaan voordat ons weer van hom gehoor het.* A month **passed** before we heard from him again. ❷ verbysteek *Hou links sodat die vinniger motors jou regs kan verbysteek.* Keep left so that the faster cars can **pass** you on the right. ❸ verbykom *"Staan asseblief opsy sodat ek kan verbykom."* "Please stand aside so that I can **pass**." ❹ aangee *"Sal jy my asseblief die sout aangee?"* "Would you kindly **pass** me the salt?" ❺ aangee, uitgee *Die doelwagter het die bal na een van sy eie spelers probeer aangee/uitgee.* The goalkeeper tried to **pass** the ball to one of his own players. ❻ slaag, deurkom *"Dink jy jy sal slaag/deurkom?" – "Ja, die eksamen was nie te moeilik nie."* "Do you think you will **pass**?" – "Yes, the exam wasn't too difficult."

◆ **pass for** deurgaan vir *Hulle lyk na mekaar en kan maklik vir susters deurgaan.* They look alike and could easily **pass for** sisters.

◆ **pass on** ❶ oordra *"Sal jy asseblief die boodskap aan Simon oordra dat daar vanmiddag geen sokkeroefening is nie?"* "Will you please **pass on** the message to Simon that there is no soccer practice this afternoon?" ❷ aflaai *"Moenie die werk op jou suster aflaai nie – doen dit self!"* "Don't **pass** the work **on** to your sister – do it yourself!"

◆ **pass out** flou word *'n Mens kan flou word as jy te veel bloed verloor.* One can **pass out** if one loses too much blood.

◆ **pass through** ❶ reis deur *"Reis ons deur Bloemfontein op pad Johannesburg toe?"* "Do we **pass through** Bloemfontein on our way to Johannesburg?" ❷ deur ... steek *Sy het gesukkel om die draad garing deur die gaatjie in die naald te steek.* She had trouble **passing** the thread of cotton **through** the hole in the needle.

☐ **pass** *verb (past tense and past participle passed, present participle passing)*

passage gang *Daar is vyf kantore aan weerskante van die gang.* There are five offices on either side of the **passage**.

☐ **pas·sage** *noun (plural passages)*

passenger passasier *Daar is net twee mense in die motor:* die bestuurder en sy **passasier**. There are only two people in the car: the driver and his **passenger**.

☐ **pas·sen·ger** *noun (plural passengers)*

past[1] verlede *"Kan jy my sê wie sy ouers is en waarvandaan hy kom?" – "Nee, ek weet niks van sy verlede nie."* "Can you tell me who his parents are and where he comes from?" – "No, I know nothing of his **past**."

◆ **in the past** in die verlede *In die verlede, toe mense nie elektrisiteit gehad het nie, het hulle hul huise met kerse verlig.* **In the past**, when people did not have electricity, they lit their homes with candles.

☐ **past** *noun (plural pasts)*

past[2] ❶ verby *Die somer is verby – ons sal ons winterklere moet begin uitpak.* Summer is **past** – we'll have to start unpacking our winter clothes. ❷ afgelope *Dit reën al die afgelope drie dae.* It has been raining for the **past** three days. ❸ oud= *Mnr. B.J. Vorster was 'n oudpresident van die Republiek van Suid-Afrika.* Mr B.J. Vorster was a **past** president of the Republic of South Africa.

◆ **past tense** verlede tyd *Die verlede tyd van die werkwoord "gee" is "het gegee".* The **past tense** of the verb "give" is "gave".

☐ **past** *adjective*

past[3] ❶ verby *Hulle woon net verby die kafee op die volgende hoek.* They live just **past** the café on the next corner. ❷ by ... verby *"Om by die stasie te kom, loop by die kerk verby en draai dan regs."* "To get to the station, walk **past** the church and then turn right." ❸ oor *"Hoe laat is dit?" – "Dis twintig minute oor drie."* "What is the time?" – "It's twenty minutes **past** three."

◆ **half past** ⇨ **half**[3].

☐ **past** *preposition*

paste plak *"Moenie vergeet om 'n seël op die brief te plak nie."* "Don't forget to **paste** a stamp on the letter."

☐ **paste** *verb (past tense and past participle pasted, present participle pasting)*

pat[1] tik, tikkie *Iemand het my 'n tik/tikkie op die skouer gegee en gesê: "Die volgende toonbank is vry."* Someone gave me a **pat** on the shoulder and said, "The next counter is free."

◆ **give someone a pat on the back** ⇨ **back**[1].

☐ **pat** *noun (plural pats)*

pat[2] tik *Sy het 'n stukkie watte gebruik om 'n bietjie poeier op haar neus te tik.* She used a piece of cotton wool to **pat** some powder on her nose.

◆ **pat someone on the back** ⇨ **back**[1].

☐ **pat** *verb (past tense and past participle patted, present participle patting)*

patch[1] ❶ lap *Ma het 'n lap op die mou van my baadjie gewerk om 'n gat in die elmboog te bedek.* Mum sewed a **patch** on the sleeve of my jacket to cover a hole in the elbow. ❷ kol [a] *Die kat is swart met 'n wit kol op sy voorkop.* The cat is black with a white **patch** on its forehead. [b] *Daar is swart kolle in die veld waar die gras afgebrand is.* There are black **patches** in the veld where the grass was burnt down. **3** akker *Hy het in die een **akker** boontjies geplant en in die ander wortels.* He planted beans in one **patch** and carrots in the other.

□ **patch** *noun (plural **patches**)*

patch[2] lap *"Ma, **lap** asseblief my baadjie – daar is 'n gat in die elmboog."* "Mum, please **patch** my jacket – there is a hole in the elbow."

□ **patch** *verb (past tense and past participle **patched**, present participle **patching**)*

path paadjie *Ons het met 'n smal **paadjie** deur die bos geloop.* We walked along a narrow **path** through the woods.

□ **path** *noun (plural **paths**)*

patience geduld *Mense met min **geduld** word gou kwaad.* People with little **patience** get angry very quickly.

□ **pa·tience** *noun (no plural)*

patient[1] pasiënt *Die dokter het die **pasiënt** vir 'n operasie hospitaal toe gestuur.* The doctor sent the **patient** to hospital for an operation.

□ **pa·tient** *noun (plural **patients**)*

patient[2] geduldig *"Wees **geduldig** en laat die verf goed droog word voor jy die tweede laag aanwend."* "Be **patient** and allow the paint to dry properly before you apply the second coat."

□ **pa·tient** *adjective **more patient, most patient***

patiently geduldig *Hy het **geduldig** gewag tot dit sy beurt was om op die perd te ry.* He waited **patiently** until it was his turn to ride on the horse.

□ **pa·tient·ly** *adverb*

pattern patroon **[a]** *My ma het vir my 'n trui van 'n **patroon** af gebrei.* My mother knitted me a jersey from a **pattern**. **[b]** *Miriam dra 'n rok met 'n **patroon** van blou en rooi blokke.* Miriam is wearing a dress with a **pattern** of blue and red blocks.

□ **pat·tern** *noun (plural **patterns**)*

pavement sypaadjie *Loop op die **sypaadjie** en nie in die straat nie.* Walk on the **pavement** and not in the street.

□ **pave·ment** *noun (plural **pavements**)*

paw poot *Hoeveel naels het 'n kat aan elke **poot**?* How many nails does a cat have on each **paw**?

□ **paw** *noun (plural **paws**)*

pay[1] betaling *"Het jy die werk teen **betaling** gedoen?" – "Ja, ek het R12,50 per uur gekry."* "Did you do the work for **pay**?" – "Yes, I got R12,50 an hour."

□ **pay** *noun (no plural)*

pay[2] betaal *"Ek sal jou R35,00 vir die werk **betaal**."* "I'll **pay** you R35,00 for the job."

◆ **pay a visit to** ⇨ **visit**[1].

◆ **pay attention to** ⇨ **attention.**

◆ **pay back** terugbetaal *"Leen my asseblief 20c – ek sal jou môre **terugbetaal**."* "Please lend me 20c – I'll **pay** you **back** tomorrow."

◆ **pay off** afbetaal *As jy iets op rekening by daardie winkel koop, kan jy dit oor ses maande **afbetaal**.* If you

buy something on account at that shop, you can **pay** it **off** over six months.

□ **pay** *verb (past tense and past participle **paid**, present participle **paying**)*

payment betaling *"Sal jy R35,00 as **betaling** vir die werk aanvaar?"* "Will you accept R35,00 as **payment** for the job?"

□ **pay·ment** *noun (plural **payments**)*

pea ertjie **[a]** *'n **Ertjie** het uit die dop geval.* A **pea** fell out of the pod. **[b]** *Ons het hoender, rys en **ertjies** vir ete gehad.* We had chicken, rice and **peas** for dinner.

□ **pea** *noun (plural **peas**)*

peace vrede **[a]** *Die meeste mense wil **vrede** in die wêreld hê en nie oorlog nie.* Most people want **peace** in the world and not war. **[b]** *'n Mens het geen rus en **vrede** met daardie luidrugtige kinders in die rondte nie.* One has no **peace** and quiet with those noisy children about.

◆ **leave in peace** met rus laat *"Laat die hond **met rus** – moet hom nie pla nie."* "**Leave** the dog **in peace** – don't disturb him."

◆ **make peace** vrede maak *Die twee lande het besluit om **vrede** te **maak** en die oorlog te beëindig.* The two countries decided to **make peace** and end the war.

□ **peace** *noun (no plural)*

peaceful **1** vredeliewend *Nasies wat **vredeliewend** is, probeer oorloë vermy.* Nations that are **peaceful** try to avoid wars. **2** rustig *Dis lekker **rustig** met daardie luidrugtige kinders uit die pad!* It's nice and **peaceful** with those noisy children out of the way!

□ **peace·ful** *adjective **more peaceful, most peaceful***

peach perske *Daar is 'n **perske** en 'n paar ander vrugte in die mandjie.* There is a **peach** and some other fruit in the basket.

□ **peach** *noun (plural **peaches**)*

peak top *Die **top** van die berg is wit van die sneeu.* The **peak** of the mountain is white with snow.

□ **peak** *noun (plural **peaks**)*

peanut grondboontjie *'n **Grondboontjie** is 'n soort neut.* A **peanut** is a type of nut.

□ **pea·nut** *noun (plural **peanuts**)*

pear peer *Daar is 'n **peer** en 'n paar ander vrugte in die mandjie.* There is a **pear** and some other fruit in the basket.

□ **pear** *noun (plural **pears**)*

peck pik *"Moenie jou vinger in die hok steek nie; die voël sal jou **pik**!"* "Don't put your finger in the cage; the bird will **peck** you!"

□ **peck** *verb (past tense and past participle **pecked**, present participle **pecking**)*

pedal[1] pedaal *Sy voet het op die **pedaal** van sy fiets gerus.* His foot rested on the **pedal** of his bike.

□ **ped·al** *noun (plural **pedals**)*

pedal[2] trap *Dis moeilik om fiets te **trap** as jy teen 'n steil bult uitry.* It is difficult to **pedal** a bicycle when you ride up a steep hill.

☐ **ped·al** *verb (past tense and past participle* **ped=** **alled,** *present participle* **pedalling)**

pedestrian voetganger *Die* **voetganger** *het op die sy=* *paadjie gewag tot die verkeerslig groen geword het.* The **pedestrian** waited on the pavement until the traffic light turned green.

☐ **pe·des·tri·an** *noun (plural* **pedestrians)**

peel[1] skil *Hy het die* **skil** *van die piesang afgetrek en in die vullisblik gegooi.* He pulled the **peel** off the banana and threw it in the dustbin.

☐ **peel** *noun (plural* **peels)**

peel[2] afskil, skil *"Kan ek jou knipmes leen, asseblief? Ek wil my appel daarmee* **afskil/skil."** "May I borrow your penknife, please? I want to **peel** my apple with it."

☐ **peel** *verb (past tense and past participle* **peeled,** *pre= sent participle* **peeling)**

peep loer *"Loer deur die sleutelgat om te kyk of hy daar is."* "**Peep** through the keyhole to see if he is there."

☐ **peep** *verb (past tense and past participle* **peeped,** *present participle* **peeping)**

pen pen *Daar is blou ink in my* **pen.** There is blue ink in my **pen.**

☐ **pen** *noun (plural* **pens)**

pencil potlood *My* **potlood** *is stomp en wil nie skryf nie.* My **pencil** is blunt and won't write.

☐ **pen·cil** *noun (plural* **pencils)**

penknife knipmes *"Kan ek jou knipmes leen, asse= blief? Ek wil my appel daarmee afskil."* "May I borrow your **penknife,** please? I want to peel my apple with it."

☐ **pen·knife** *noun (plural* **penknives)**

people ❶ mense *Daar was duisende* **mense** *by die sok= kerwedstryd.* There were thousands of **people** at the soccer match. ❷ hul(le), die mense *Hul (OF* **Hulle** OF **Die mense)** *sê Frankryk is 'n pragtige land.* **People** say that France is a beautiful country. ❸ volk *Die Cis= keiers is 'n* **volk** *wat Xhosa praat.* The Ciskeians are a **people** who speak Xhosa.

☐ **peo·ple** *plural noun*

pepper peper *"Wil jy 'n bietjie sout en* **peper** *op jou eier hê?"* "Would you like some salt and **pepper** on your egg?"

☐ **pep·per** *noun (no plural)*

per per [a] *Die kaartjies kos R16,25* **per** *persoon.* The tickets cost R16,25 **per** person. [b] *Ons geniet drie etes* **per** *dag.* We have three meals **per** day.

◆ **per cent** persent [a] *Esther is baie slim – sy het 95* **persent** *in die toets gekry.* Esther is very clever – she got 95 **per cent** in the test. [b] *Die simbool vir* **persent** *is* %. The symbol for **per cent** is %.

☐ **per** *preposition*

perfect volmaak, perfek *Die weer is* **volmaak/perfek** *vir 'n piekniek – dis nóg te warm nóg te koud.* The weather is **perfect** for a picnic – it is neither too hot nor too cold.

◆ **be a perfect stranger** heeltemal vreemd wees *"Ek*

is heeltemal vreemd hier – kan jy my sê waar die poskantoor is?" "I **am a perfect stranger** here – can you tell me where the post office is?"

☐ **per·fect** *adjective*

perfectly ❶ perfek *Die rok is effens lank, maar andersins pas dit* **perfek.** The dress is a little long, but otherwise it fits **perfectly.** ❷ dood= *"Wil jy êrens anders sit?" –* *"Nee, dankie, ek is* **doodgelukkig in dié stoel."** "Would you like to sit somewhere else?" – "No, thanks, I'm **perfectly** happy in this chair." ❸ heeltemal *"Ek het nie veel van die prent gedink nie, om* **heeltemal** *eerlik te wees."* "I didn't think much of the film, to be **per= fectly** honest." ❹ eenvoudig *"Het jy jou vakansie ge= niet?" – "Ja, dit was* **eenvoudig** *wonderlik!"* "Did you enjoy your holiday?" – "Yes, it was **perfectly** won= derful!"

☐ **per·fect·ly** *adverb*

perform ❶ optree *Van al die diere wat in 'n sirkus* **op= tree,** *hou ek die meeste van die olifante.* Of all the ani= mals that **perform** in a circus I like the elephants best. ❷ opvoer *Hulle gaan 'n toneelstuk deur Shakespeare in die teater* **opvoer.** They are going to **perform** a play by Shakespeare in the theatre. ❸ uitvoer *Dit kos baie oefening voordat 'n pianis 'n musiekstuk foutloos kan* **uit= voer.** It takes much practice before a pianist can **per= form** a piece of music faultlessly. ❹ uithaal *Die akro= baat kan slim toertjies op 'n tou* **uithaal.** The acrobat can **perform** clever tricks on a rope. ❺ doen *Die dokter moes 'n operasie* **doen** *om die spyker wat die dog= tertjie ingesluk het, te verwyder.* The doctor had to **per= form** an operation to remove the nail the little girl had swallowed. ❻ presteer *Jy kan nie verwag dat 'n span sonder vier van sy beste spelers goed moet* **presteer** *nie.* You can't expect a team to **perform** well without four of its best players.

☐ **per·form** *verb (past tense and past participle* **per= formed,** *present participle* **performing)**

perhaps dalk, miskien *"Hoekom is hy so laat?" – "Ek weet nie;* **dalk/miskien** *het hy die bus gemis."* "Why is he so late?" – "I don't know; **perhaps** he missed the bus."

☐ **per·haps** *adverb*

period ❶ periode *Ons het op skool net een* **periode** *sang per week.* At school we have only one **period** of singing a week. ❷ tydperk *Die bouers moet die huis binne 'n* **tyd= perk** *van drie maande voltooi.* The builders must com= plete the house within a **period** of three months.

☐ **pe·ri·od** *noun (plural* **periods)**

permission verlof *Die hoof het ons op die laaste skooldag* **verlof** *gegee om vroeër huis toe te gaan.* On the last school-day the headmaster gave us **permission** to go home earlier.

☐ **per·mis·sion** *noun (no plural)*

permit[1] permit *In Suid-Afrika mag jy nie sonder 'n* **permit** *gaan jag nie.* In South Africa you are not al= lowed to go hunting without a **permit.**

☐ **per·mit** *noun (plural* **permits)**

permit[2] toelaat *Anna se ouers is baie streng – hulle sal haar nooit* **toelaat** *om later as 22:00 uit te bly nie.* Anna's parents are very strict – they will never **permit** her to stay out later than 22:00.

◆ **not be permitted to** mag nie *Jy* **mag nie** *op die gras in die park loop nie.* You **are not permitted to** walk on the grass in the park.

◆ **... permitting** as ... dit toelaat *Ons sal die partytjie in die tuin hou* **as** *die weer* **dit toelaat.** We'll hold the party in the garden, weather **permitting**.

☐ **per·mit** *verb (past tense and past participle* **permitted,** *present participle* **permitting)**

person ❶ persoon *Die kaartjies kos R16,25 per* **persoon.** The tickets cost R16,25 per **person.** ❷ mens *Esther se ma is 'n baie vriendelike* **mens.** Esther's mother is a very friendly **person.** ❸ iemand *"Kan jy my sê waar Albert Fani woon?" – "Ongelukkig nie, ek ken nie so* **iemand** *nie."* "Can you tell me where Albert Fani lives?" – "Unfortunately not, I know no such **person."**

◆ **in person** persoonlik *Sy kon nie die pakkie* **persoonlik** *aflewer nie, toe stuur sy haar seun daarmee.* She couldn't deliver the parcel **in person,** so she sent her son with it.

◆ **on one's person** by jou *'n Mens behoort nooit baie geld* **by jou** *te dra nie.* One should never carry a lot of money **on one's person.**

☐ **per·son** *noun (plural* **people** *or, in formal language,* **persons)**

personal persoonlik *"Kan ek maar die brief lees?" – "Nee, dis* **persoonlik;** *dit kom van my kêrel."* "May I read the letter?" – "No, it's **personal;** it comes from my boyfriend."

☐ **per·son·al** *adjective* **more personal, most personal**

personality persoonlikheid [a] *Sy het 'n vriendelike* **persoonlikheid;** *dis dié dat mense so baie van haar hou.* She has a friendly **personality;** that's why people like her so much. [b] *Elvis Presley was een van die bekendste* **persoonlikhede** *in die wêreld van popmusiek.* Elvis Presley was one of the best-known **personalities** in the world of pop music.

☐ **per·son·al·i·ty** *noun (plural* **personalities)**

personally persoonlik [a] *Sy kon nie die pakkie* **persoonlik** *aflewer nie, toe stuur sy haar seun daarmee.* She couldn't deliver the parcel **personally,** so sent her son with it. [b] *Ek ken hom nie* **persoonlik** *nie, maar hy is glo 'n baie gawe kêrel.* I don't know him **personally,** but he is said to be a very nice chap. [c] *Esther het die prent geniet, maar* **persoonlik** *het ek niks daarvan gehou nie.* Esther enjoyed the film but, **personally,** I didn't like it at all.

☐ **per·son·al·ly** *adverb*

perspiration sweet *Na die sokkeroefening was sy hemp deurnat van die* **sweet.** After the soccer practice his shirt was wet through with **perspiration.**

☐ **per·spi·ra·tion** *noun (no plural)*

perspire sweet *Oefening laat jou* **sweet.** Exercise makes you **perspire.**

☐ **per·spire** *verb (past tense and past participle* **perspired,** *present participle* **perspiring)**

persuade oorreed *Ek kon hom nie* **oorreed** *om saam met ons te gaan swem nie.* I could not **persuade** him to go swimming with us.

☐ **per·suade** *verb (past tense and past participle* **persuaded,** *present participle* **persuading)**

pet troeteldier *Ons hou 'n hond as ('n)* **troeteldier** *aan.* We keep a dog as a **pet.**

☐ **pet** *noun (plural* **pets)**

petrol petrol *Pa is garage toe om sy motor met* **petrol** *te laat vul.* Dad went to the garage to have his car filled with **petrol.**

☐ **pet·rol** *noun (no plural)*

petticoat onderrok *Haar rok is te kort; dis dié dat haar* **onderrok** *uithang.* Her dress is too short; that's why her **petticoat** is showing.

☐ **pet·ti·coat** *noun (plural* **petticoats)**

phone[1] telefoon *Hy het die* **telefoon** *geantwoord en gesê: "Hallo, dis Theo wat praat."* He answered the **phone** and said, "Hallo, this is Theo speaking."

◆ **be on the phone** 'n telefoon hê *Ons het in 'n nuwe huis getrek en* **het** *nog nie 'n telefoon nie.* We've moved into a new house and **are** not **on the phone** yet.

◆ **be on the phone to ...** met ... oor die telefoon praat *"Draai asseblief die radio af – ek* **praat met** *ouma* **oor die telefoon!"** "Please turn the radio down – I **am on the phone to** granny!"

◆ **by phone** per telefoon *"Ek sal jou* **per telefoon** *laat weet of ek kan kom."* "I'll let you know **by phone** whether I can come."

◆ **make a phone call** bel *"Hoeveel kos dit om van Kaapstad af Johannesburg toe te* **bel?"** "How much does it cost to **make a phone call** from Cape Town to Johannesburg?"

◆ **on/over the phone** oor die telefoon *"Met wie het jy* **oor die telefoon** *gepraat?"* "Who were you speaking to **on/over the phone?"**

◆ **phone book** telefoongids *"Wat is Gloria se telefoonnommer?" – "Ek weet nie; slaan dit in die* **telefoongids** *na."* "What is Gloria's telephone number?" – "I don't know; look it up in the **phone book.**"

◆ **phone box, phone booth** telefoonhokkie *"Ek sal jou van die* **telefoonhokkie** *buite die poskantoor bel."* "I'll phone you from the **phone box/booth** outside the post office."

◆ **phone number** telefoonnommer *Ons* **telefoonnommer** *is 24 1163.* Our **phone number** is 24 1163.

◆ **want on the phone** oor die telefoon wil praat met *"Pa, iemand* **wil met** *jou* **oor die telefoon praat."** "Dad, somebody **wants** you **on the phone.**"

☐ **phone** *noun (plural* **phones)**

phone is an abbreviated, informal word for **telephone**

phone[2] bel "*Bel die stasie en vind uit wanneer die trein vertrek.*" "**Phone** the station and find out when the train leaves."

◆ **phone back** terugbel "*Pa, daar was vir jou 'n oproep, maar die man het gesê hy sal later terugbel.*" "Dad, there was a call for you, but the man said he would **phone back** later."

☐ **phone** *verb (past tense and past participle* **phoned**, *present participle* **phoning***)*

---

photo is an abbreviated, informal word for **photo=graph** (its plural is **photos**)

---

photograph[1] foto *Daar is 'n foto van die Staatspresi=dent op die voorblad van die koerant.* There is a **photo=graph** of the State President on the front page of the newspaper.

◆ **take a photograph** 'n foto neem *Sy het haar nuwe kamera gebruik om 'n foto van haar broer te neem.* She used her new camera to **take a photograph** of her brother.

☐ **pho·to·graph** *noun (plural* **photographs***)*

photograph[2] afneem "*Kyk na die kamera en glimlag terwyl ek jou afneem.*" "Face the camera and smile while I **photograph** you."

☐ **pho·to·graph** *verb (past tense and past participle* **photographed**, *present participle* **photographing***)*

photographer fotograaf *Die fotograaf het die bruid gevra om te glimlag terwyl hy 'n foto van haar neem.* The **photographer** asked the bride to smile while he took a picture of her.

☐ **pho·tog·ra·pher** *noun (plural* **photographers***)*

photography fotografie *Die fotografie in die prent was uitstekend.* The **photography** in the film was excellent.

☐ **pho·tog·ra·phy** *noun (no plural)*

phrase frase "*In die verlede*" *is 'n frase.* "In the past" is a **phrase**.

☐ **phrase** *noun (plural* **phrases***)*

pianist pianis *Dit kos baie oefening voordat 'n pianis 'n musiekstuk foutloos kan uitvoer.* It takes much practice before a **pianist** can perform a piece of music fault=lessly.

☐ **pi·an·ist** *noun (plural* **pianists***)*

piano klavier *Sy het voor die klavier gaan sit en 'n deuntjie begin speel.* She sat down at the **piano** and started playing a tune.

☐ **pi·an·o** *noun (plural* **pianos***)*

pick[1] pluk *'n Mens mag nie die blomme in 'n park pluk nie.* One is not allowed to **pick** the flowers in a park. [2] kies *Ek weet nie watter rok om te kies nie – hulle is albei ewe mooi.* I don't know which dress to **pick** – the one is as pretty as the other.

◆ **pick a fight** rusie soek *'n Bullebak sal altyd rusie soek met iemand wat kleiner as hy is.* A bully will always **pick a fight** with someone smaller than him=self.

◆ **pick out** uitsoek "*Jy kan maar vir jou die beste appel*

in die kis uitsoek." "You may **pick out** the best apple in the box for yourself."

◆ **pick up** [1] optel "*Sal jy asseblief jou speelgoed optel en hulle wegpak?*" "Will you please **pick up** your toys and pack them away?" [2] oplaai [a] *Die bouer is in sy vragmotor weg om nog bakstene te gaan oplaai.* The builder left in his truck to go and **pick up** more bricks. [b] *Pa het my by die stasie opgelaai en huis toe gery.* Dad **picked** me **up** at the station and drove me home. [3] aanleer *Jy sal Hollands taamlik maklik kan aanleer as jy Afrikaans ken.* You'll be able to **pick up** Dutch quite easily if you know Afrikaans.

◆ **pick up a cold** verkoue kry *Jy sal verkoue kry as jy sonder 'n jas in die reën uitgaan.* You will **pick up a cold** if you go out in the rain without a coat.

☐ **pick** *verb (past tense and past participle* **picked**, *pre=sent participle* **picking***)*

picnic piekniek *Ons het 'n mandjie vol kos geneem en langs die rivier gaan piekniek hou/maak.* We took a basket full of food and went on a **picnic** by the river.

☐ **pic·nic** *noun (plural* **picnics***)*

picture prent *Christine het 'n prent van 'n huis geteken.* Christine drew a **picture** of a house.

◆ **go to the pictures** [1] bioskoop toe gaan, gaan fliek "*Kom ons gaan bioskoop toe (OF gaan fliek), of het jy al die prent gesien?*" "Let's **go to the pictures**, or have you seen the film before?" [2] fliek "*Ek het nie lus vir fliek nie; kom ons bly by die huis en kyk televisie.*" "I don't feel like **going to the pictures**; let's stay at home and watch television."

◆ **take a picture** 'n foto neem *Sy het haar nuwe kamera gebruik om 'n foto van haar broer te neem.* She used her new camera to **take a picture** of her brother.

☐ **pic·ture** *noun (plural* **pictures***)*

pie pastei *Die pastei is van vleis en aartappels gemaak en het 'n lekker bros kors.* The **pie** is made of meat and potatoes and has a nice crisp crust.

☐ **pie** *noun (plural* **pies***)*

piece [1] stuk "*Het jy die stuk in die koerant oor die brand op Tafelberg gesien?*" "Did you see the **piece** in the newspaper about the fire on Table Mountain?" [2] ent *Daar is 'n slegte ent pad naby die spoorlyn waar hulle 'n brug bou.* There is a bad **piece** of road near the railway line where they are building a bridge.

◆ **fall to pieces** stukkend val *Die bord het op die vloer stukkend geval.* The plate **fell to pieces** on the kit=chen floor.

◆ **in pieces** in stukke *Hulle verkoop die tafel in vyf stukke wat jy self aan mekaar moet sit.* They sell the table **in** five **pieces** which you have to put together yourself.

◆ **into/to pieces** aan/in stukke *Sy het die brief aan/in stukke geskeur nadat sy dit gelees het.* She tore the letter **into/to pieces** after she had read it.

◆ **piece of bread/cake/meat** stuk(kie) brood/ koek/vleis "*Wil jy nog 'n stuk(kie) brood/koek/*

vleis hê?" "Would you like another **piece of bread/ cake/meat?"**

◆ **piece of furniture** meubelstuk *Die enigste meu= belstuk in die kamer is 'n groot ronde tafel.* The only **piece of furniture** in the room is a big round table.

◆ **piece of music** musiekstuk *Dit kos baie oefening voordat 'n pianis 'n musiekstuk foutloos kan uitvoer.* It takes much practice before a pianist can perform a **piece of music** faultlessly.

◆ **piece of wood** stuk hout *Hy het die stuk hout mid= deldeur gesaag.* He sawed the **piece of wood** in half.

◆ **take to pieces** uitmekaar haal, uitmekaarhaal *Hy moes die radio uitmekaar haal (OF uitmekaarhaal) om dit reg te maak.* He had to **take** the radio **to pieces** to repair it.

☐ **piece** *noun (plural* **pieces***)*

pig vark *'n Vark is 'n plaasdier met 'n vet lyf, kort bene en 'n groot neus.* A **pig** is a farm animal with a fat body, short legs and a big nose. ⇨ **meat** [NOTE].

☐ **pig** *noun (plural* **pigs***)*

A young pig is a **piglet**. A group of piglets born at the same time is a **litter**.

---

pigeon duif *'n Duif is 'n grys of bruin voël wat 'n mens dikwels in dorpe en stede sien.* A **pigeon** is a grey or brown bird that one often sees in towns and cities.

☐ **pi·geon** *noun (plural* **pigeons***)*

piggyback abba *Hy het vir sy seun gesê: "Klim op my rug; ek sal jou huis toe abba."* He said to his son, "Get on my back; I'll **piggyback** you home."

☐ **pig·gy·back** *verb (past tense and past participle* **pig= gybacked***, present participle* **piggybacking***)*

pile[1] ❶ hoop *Die tuinier het die hoop dooie blare ver= brand.* The gardener burnt the **pile** of dead leaves. ❷ stapel *Daar is 'n groot stapel boeke op die tafel.* There is a big **pile** of books on the table.

☐ **pile** *noun (plural* **piles***)*

pile[2] stapel *"Moenie soveel kos op jou bord stapel nie!"* "Don't **pile** so much food on(to) your plate!"

◆ **pile (up)** opmekaar stapel, opmekaarstapel *"Die boeke sal omval as jy hulle te hoog opmekaar stapel (OF opmekaarstapel)."* "The books will fall over if you **pile** them **(up)** too high."

◆ **pile up** ophoop *"Was asseblief die koppies na tee – ek hou nie daarvan dat die skottelgoed in die kombuis op= hoop nie."* "Please wash the cups after tea – I don't like the dishes to **pile up** in the kitchen."

☐ **pile** *verb (past tense and past participle* **piled***, pre= sent participle* **piling***)*

pill pil *Sy het 'n pil vir haar hoofpyn geneem.* She took a **pill** for her headache.

☐ **pill** *noun (plural* **pills***)*

pillar pilaar *Die stoep se dak rus op 'n pilaar.* The roof of the stoep rests on a **pillar**.

☐ **pil·lar** *noun (plural* **pillars***)*

pillow kussing *Sy was so moeg dat sy aan die slaap ge= raak het toe haar kop aan die kussing raak.* She was so

tired that she fell asleep when her head touched the **pillow**.

☐ **pil·low** *noun (plural* **pillows***)*

pillowcase, pillowslip kussingsloop, sloop *Sy het die kussingsloop/sloop afgetrek en dit saam met die la= kens in die wasgoedmandjie gegooi.* She pulled off the **pillowcase/pillowslip** and threw it into the laundry basket together with the sheets.

☐ **pil·low·case, pil·low·slip** *noun (plural* **pillow= cases, pillowslips***)*

pilot vlieënier *Die vlieënier het daarin geslaag om die vliegtuig veilig te laat land.* The **pilot** managed to land the aeroplane safely.

☐ **pi·lot** *noun (plural* **pilots***)*

pimple puisie *"Moenie die puisie op jou neus uitdruk nie."* "Don't squeeze the **pimple** on your nose."

☐ **pim·ple** *noun (plural* **pimples***)*

pin[1] speld *Sy het die twee velle papier met 'n speld aan mekaar vasgeheg.* She fastened the two sheets of paper together with a **pin**.

◆ **have pins and needles in** slaap *My voet slaap, want ek het daarop gesit.* I **have pins and needles in** my foot because I sat on it.

☐ **pin** *noun (plural* **pins***)*

pin[2] ❶ speld, vasspeld, vassteek *Die onderwyser het gevra dat ek 'n naamkaartjie aan my baadjie speld/ vasspeld/vassteek.* The teacher asked me to **pin** a name-card to my blazer. ❷ vasdruk *Hy het haar arms teen haar sye probeer vasdruk sodat sy hom nie kon krap nie.* He tried to **pin** her arms against her sides so she couldn't scratch him.

◆ **pin together** aan mekaar vassteek/speld *"Ek dink jy moet die papiere aan mekaar vassteek/speld so= dat jy hulle nie verloor nie."* "I think you should **pin** the papers **together** so you don't lose them."

☐ **pin** *verb (past tense and past participle* **pinned***, pre= sent participle* **pinning***)*

pinch ❶ knyp *"Eina, moenie my arm knyp nie!"* "Ouch, don't **pinch** my arm!" ❷ knyp, druk *Dié skoene is te nou; hulle knyp/druk my.* These shoes are too tight; they **pinch** me. ❸ gaps *"Dink jy ma sal agter= kom as ons 'n paar koekies uit die blik gaps?"* "Do you think mum will notice if we **pinch** a few biscuits from the tin?"

☐ **pinch** *verb (past tense and past participle* **pinched***, present participle* **pinching***)*

pineapple pynappel *'n Pynappel is 'n groot vrug met 'n dik, growwe skil.* A **pineapple** is a large fruit with a thick, rough skin.

☐ **pine·ap·ple** *noun (plural* **pineapples***)*

pink[1] pienk *As jy wit en rooi meng, kry jy pienk.* If you mix white and red, you get **pink**.

☐ **pink** *noun (no plural)*

pink[2] pienk *Sy dra 'n wit bloes met 'n pienk romp.* She is wearing a white blouse with a **pink** skirt.

☐ **pink** *adjective* **pinker, pinkest**

pip pit *Hy het die druiwekorrel gekou en die pit uitge=*

spoeg. He chewed the grape and spat out the **pip**.

☐ **pip** *noun (plural* **pips***)*

pipe pyp **[a]** *Water lek uit die pyp wat na die kraan lei.* Water is leaking out of the **pipe** that leads to the tap. **[b]** *My pa rook pyp.* My dad smokes a **pipe**.

☐ **pipe** *noun (plural* **pipes***)*

pity[1] jammerte *Sy het die honger hond uit jammerte gevoer.* She fed the hungry dog out of **pity**.

♦ **it's a pity** dis jammer *"Dis jammer dat jy nie saam met ons gaan fliek het nie – jy sou die prent geniet het."* "**It's a pity** that you didn't go to the cinema with us – you would have enjoyed the film."

♦ **what a pity!** hoe jammer! *Die span het baie goed gespeel. Hoe jammer dat hulle verloor het!* The team played very well. **What a pity** that they lost!

☐ **pit·y** *noun (no plural)*

pity[2] jammer kry *Ek kry die arme mense jammer – hulle het al hul besittings in die brand verloor.* I **pity** the poor people – they lost all their possessions in the fire.

☐ **pit·y** *verb (past tense and past participle* **pitied**, *present participle* **pitying***)*

place[1] ❶ plek **[a]** *'n Lughawe is 'n plek waar vliegtuie land en opstyg.* An airport is a **place** where aeroplanes land and take off. **[b]** *Die Noordkaap is 'n baie warm plek in die somer.* The North Cape is a very hot **place** in summer. **[c]** *"Skuif asseblief op; jy sit op my plek."* "Please move up; you're sitting in my **place**." **[d]** *Hy het van sy fiets afgeval en sy been op twee plekke gebreek.* He fell off his bicycle and broke his leg in two **places**. **[e]** *Sy het 'n stukkie papier in haar boek gesit om haar plek te merk.* She put a piece of paper in her book to mark her **place**. ❷ huis *"Ma, ek sal na fliek by Tom se huis wees."* "Mum, I'll be at Tom's **place** after the cinema."

♦ **in place** op sy plek *"Sit die boek asseblief op sy regte plek terug."* "Please put the book back **in** its right **place**."

♦ **in place of** in plaas van *Masjiene in plaas van mense doen baie van die werk in 'n fabriek.* Machines **in place of** humans do much of the work in a factory.

♦ **in somebody's place** in iemand se plek *Toe ek siek was, het George in my plek doelwagter gespeel.* When I was ill George played goalkeeper **in my place**.

♦ **take place** plaasvind *Die vergadering sal op 15 April plaasvind.* The meeting will **take place** on 15 April.

♦ **take someone's place** iemand vervang, iemand se plek inneem *Die doelwagter is siek. Ek wonder wie hom in die span sal vervang (*OF *wie sy plek in die span sal inneem)?* The goalkeeper is ill. I wonder who will **take his place** in the team?

♦ **take the place of** die plek inneem van *In haar hartseer het sy gevoel dat niks die plek sou kon inneem van die hond wat sy verloor het nie.* In her sadness she felt that nothing could **take the place of** the dog she had lost.

♦ **take your places** neem jul plekke in, gaan sit

*"Môre, klas, neem asseblief jul plekke in (*OF *gaan sit asseblief) en haal jul boeke uit."* "Good morning, class, please **take your places** and get out your books."

♦ **win first place** eerste wees *"Wie dink jy sal eerste in die wedloop wees?"* "Who do you think will **win first place** in the race?"

☐ **place** *noun (plural* **places***)*

place[2] ❶ plaas, sit *Maak die jellie aan en plaas/sit dit in die yskas om te stol.* Mix the jelly and **place** it in the fridge to set. ❷ plaas *Ons het 'n bestelling vir twee koppies tee by die kelner geplaas.* We **placed** an order for two cups of tea with the waiter.

☐ **place** *verb (past tense and past participle* **placed**, *present participle* **placing***)*

plain[1] vlakte *'n Vlakte is 'n groot stuk plat grond.* A **plain** is a large piece of flat land.

☐ **plain** *noun (plural* **plains***)*

plain[2] ❶ eenvoudig **[a]** *Ons huis is maar eenvoudig – dis alles behalwe deftig.* Our house is rather **plain** – it is anything but smart. **[b]** *Die boek is in eenvoudige taal geskrywe – selfs kleintjies kan dit verstaan.* The book is written in **plain** language – even little ones can understand it. **[c]** *Ons het 'n eenvoudige maal van brood en kaas gehad.* We had a **plain** meal of bread and cheese. ❷ gewoon **[a]** *"Wil jy jou toebroodjie gewoon hê, of moet ek dit vir jou rooster?"* "Do you want your sandwich **plain**, or shall I toast it for you?" **[b]** *Hy eet net gewone kos – moenie vir hom vreemde geregte met ryk souse gee nie.* He eats only **plain** food – don't give him strange dishes with rich sauces. ❸ duidelik *"Dis duidelik dat jy laat bed toe is,"* het die juffrou vir die gapende kind gesê. "It's **plain** that you went to bed late," the teacher said to the yawning child. ❹ effe *By ons skool dra die seuns grys broeke en effe blou hemde.* At our school the boys wear grey trousers and **plain** blue shirts.

♦ **make plain** duidelik stel *"Laat ek dit duidelik stel: kinders wat nie hul huiswerk doen nie, kry straf!"* "Let me **make** it **plain**: children who don't do their homework get punished!"

☐ **plain** *adjective* **plainer, plainest**

plain[3] eenvoudig *Dis eenvoudig gek om te diep in die see in te gaan as jy nie kan swem nie.* It is **plain** stupid to go too deep into the sea if you can't swim.

☐ **plain** *adverb*

plainly ❶ kennelik *Iets verskrikliks moes gebeur het – hy is kennelik baie ontsteld.* Something terrible must have happened – he is **plainly** very upset. ❷ eenvoudig *Esmé trek baie eenvoudig aan – sy hou nie van spoggerige klere nie.* Esmé dresses very **plainly** – she doesn't like fancy clothes. ❸ duidelik *Ons kon die klippe taamlik duidelik op die bodem van die rivier sien.* We could see the stones quite **plainly** on the bottom of the river.

☐ **plain·ly** *adverb*

plan[1] plan **[a]** *Die bouer het die plan van die huis bestu-*

deer om te sien waar die kombuis moet kom. The builder studied the **plan** of the house to see where the kitchen must be. **[b]** *"Wat is jul **planne** vir die vakansie?"* – *"Ons gaan by my tante op Queenstown kuier."* "What are your **plans** for the holidays?" – "We're going to visit my aunt in Queenstown."

♦ **make a plan** *'n plan maak Ek het my uitgesluit en sal 'n **plan** moet **maak** om by die huis in te kom.* I've locked myself out and will have to **make a plan** to get into the house.

☐ **plan** *noun (plural* **plans***)*

plan² ❶ *van plan wees "Ons is van plan om vanmiddag te gaan swem – wil jy saamkom?"* "We **plan** to go swimming this afternoon – would you like to come along?" ❷ *beplan Dinge werk nie altyd uit soos jy dit **beplan** nie.* Things don't always work out the way you **plan**.

☐ **plan** *verb (past tense and past participle* **planned***, present participle* **planning***)*

> **plane** is an abbreviated, informal word for **aero=plane** (its plural is **planes**)

plank plank *Hy het 'n **plank** gelig om te kyk wat in die kis is.* He lifted a **plank** to see what was in the box.

☐ **plank** *noun (plural* **planks***)*

plant¹ plant *Die **plant** in daardie pot blom in die lente.* The **plant** in that pot flowers in spring.

☐ **plant** *noun (plural* **plant***)*

plant² plant *My pa gaan 'n boom in ons tuin **plant**.* My father is going to **plant** a tree in our garden.

☐ **plant** *verb (past tense and past participle* **planted***, present participle* **planting***)*

plaster ❶ pleister **[a]** *Ma het 'n **pleister** oor die sny op my hand geplak.* Mum put a **plaster** over the cut on my hand. **[b]** *"Laat die **pleister** aan die mure heelte= mal droog word voor jy die kamer uitverf."* "Allow the **plaster** on the walls to dry properly before you paint the room." ❷ gips *"Jou arm is af; ek sal dit in **gips** moet sit," het die dokter gesê.* "Your arm is broken; I'll have to put it in **plaster**," the doctor said.

☐ **plas·ter** *noun (no plural at* **1b** *and* 2; **plasters** *at* 1a*)*

plastic¹ plastiek *'n Koppie wat van **plastiek** gemaak is, breek nie maklik nie.* A cup made of **plastic** does not break easily.

☐ **plas·tic** *noun (no plural)*

plastic² plastiek= *Sy het die brood in 'n **plastieksak** ge= sit.* She put the loaf of bread into a **plastic** bag.

☐ **plas·tic** *adjective*

plate ❶ bord *Die kos op my **bord** lyk heerlik.* The food on my **plate** looks delicious. ❷ plaat *"Pasop, die ag= terste **plaat** van die stoof is nog warm."* "Be careful, the back **plate** of the stove is still hot."

♦ **a plate of ...** *'n bord ... Hy het 'n **bord** pap vir ontbyt gehad.* He had a **plate of** porridge for breakfast.

☐ **plate** *noun (plural* **plates***)*

platform platform **[a]** *Die trein na Bloemfontein ver= trek van **platform** 19.* The train to Bloemfontein

leaves from **platform** 19. **[b]** *Die kinders het geklap toe die atleet wat eerste was, op die **platform** verskyn.* The children clapped when the athlete who won first place appeared on the **platform**.

☐ **plat·form** *noun (plural* **platforms***)*

play¹ ❶ spel *Die skeidsregter mag 'n speler weens vuil **spel** van die veld stuur.* The referee may send a player off the field for dirty **play**. ❷ toneelstuk, stuk *Ons het 'n **toneelstuk/stuk** deur Shakespeare in die teater ge= sien.* We saw a **play** by Shakespeare in the theatre.

☐ **play** *noun (no plural at* 1; **plays** *at* 2*)*

play² speel **[a]** *Tommie wou nie toelaat dat Esther met sy bal **speel** nie.* Tommy wouldn't allow Esther to **play** with his ball. **[b]** *Walter **speel** sokker vir die skool se eerste span.* Walter **plays** soccer for the school's first team. **[c]** *Lynette kan klavier **speel**.* Lynette can **play** the piano. **[d]** *"Wie **speel** die rol van die held in die prent?"* "Who **plays** the part of the hero in the film?" **[e]** *Die radio wil nie **speel** nie, want die battery is pap.* The radio won't **play** because the battery is flat.

♦ **play the leading part** *die hoofrol speel Ek het gis= teraand op televisie 'n ou fliek gesien waarin Marilyn Monroe **die hoofrol speel**.* Last night on television I saw an old film in which Marilyn Monroe **plays the leading part**.

♦ **play with** *speel by "Kan ek by Cynthia gaan **speel**, Mamma?"* "May I go and **play with** Cynthia, Mummy?"

☐ **play** *verb (past tense and past participle* **played***, present participle* **playing***)*

player speler *Die skeidsregter mag 'n **speler** weens vuil spel van die veld stuur.* The referee may send a **player** off the field for dirty play.

☐ **play·er** *noun (plural* **players***)*

playground speelgrond, speelplek *Toe die klok vir pouse lui, het die kinders uit die klaskamers na die **speel= grond/speelplek** gestroom.* When the bell rang for break, the children poured out of the classrooms to the **playground**.

☐ **play·ground** *noun (plural* **playgrounds***)*

playtime speeltyd *Die kinders gaan **speeltyd** buiten= twe.* The children go outside at **playtime**.

☐ **play·time** *noun (plural* **playtimes***)*

pleasant ❶ aangenaam *Wat 'n **aangename** verrassing – hy het my die hele pad van Engeland af gebel!* What a **pleasant** surprise – he phoned me all the way from England! ❷ lekker *Die weer was baie **lekker** – dit het selde gereën.* The weather was very **pleasant** – it sel= dom rained. ❸ vriendelik *"Ek weet jy hou nie van Anna nie, maar probeer tog **vriendelik** teenoor haar wees."* "I know you don't like Anna, but do try and be **pleasant** to her."

☐ **pleas·ant** *adjective* **more pleasant, most pleasant**

pleasantly ❶ aangenaam *Ek was **aangenaam** verras deur die A wat ek in die toets gekry het.* I was **pleasant= ly** surprised at the A that I got in the test. ❷ lekker *Dis* *lekker koel in die bioskoop.* It is **pleasantly** cool in the cinema. ❸ vriendelik *Sy het **vriendelik** geglimlag en my binne genooi.* She smiled **pleasantly** and invited me inside.

☐ **pleas·ant·ly** *adverb*

please[1] tevrede stel *"Dis onmoontlik om jou **tevrede te stel** – niks is ooit goed genoeg vir jou nie!"* "It's imposs= ible to **please** you – nothing is ever good enough for you!"

◆ **as you please** as wat jy wil *"Jy kan soveel melk drink **as wat jy wil**."* "You may drink as much milk **as you please**."

◆ **do as you please** doen wat jy wil *Daardie kinders **doen** net **wat hulle wil** – hulle steur hulle aan niemand nie.* Those children **do** just **as they please** – they take no notice of anybody.

☐ **please** *verb (past tense and past participle* **pleased**, *present participle* **pleasing)**

please[2] ❶ asseblief *"Gee my **asseblief** die suiker aan."* "**Please** pass me the sugar." ❷ toe *"**Toe** tog, maak gou! Ek wil ry!"* "Do hurry up, **please**! I want to leave!"

◆ **yes, please** ja, asseblief *"Wil jy nog 'n stukkie koek hê?"* – *"**Ja, asseblief!**"* "Would you like another piece of cake?" – "**Yes, please!**"

☐ **please** *interjection*

pleased bly *"Ek is **bly** dat jy kon kom."* "I am **pleased** that you could come."

◆ **be pleased about** bly wees oor *Die boere **is bly oor** die reën.* The farmers **are pleased about** the rain.

◆ **be pleased to** graag, met plesier *Ek sal jou **graag** (*OF **met plesier***) help.* I'd **be pleased to** help you.

◆ **be pleased with something** tevrede wees met iets *"Ek **is nie tevrede met** jou punte nie; jy kan baie beter presteer."* "I **am** not **pleased with** your marks; you can do much better."

◆ **pleased to meet you** aangename kennis *"Ma, dis my vriend George."* – *"**Aangename kennis**, George."* "Mum, this is my friend George." – "**Pleased to meet you**, George."

☐ **pleased** *adjective*

pleasure ❶ plesier **[a]** *"Dankie dat jy my gehelp het."* – *"Dit was 'n groot **plesier**."* "Thank you for helping me." – "It was a great **pleasure**." **[b]** *"Is jou pa vir sake of vir **plesier** Durban toe?"* "Did your dad go to Durban on business or for **pleasure**?" ❷ plesier, ge= not, lus *"Wat 'n **plesier/genot/lus** om jou huiswerk na te sien – dis altyd so netjies."* "What a **pleasure** to mark your homework – it's always so neat." ❸ genot *Sy musiek verskaf **genot** aan miljoene mense.* His music gives **pleasure** to millions of people.

◆ **with pleasure** met plesier *"Kan ek jou pen leen?"* – *"Ja, **met plesier**."* "May I borrow your pen?" – "Yes, **with pleasure**."

☐ **pleas·ure** *noun (no plural at 3;* **pleasures** *at 1 and 2)*

plenty genoeg *"Hoeveel aartappels wil jy hê?"* – *"Twee sal **genoeg** wees."* "How many potatoes would you like?" – "Two will be **plenty**."

◆ **plenty of** baie *"Daar is **baie** stoele; sit net waar jy wil."* "There are **plenty of** chairs; sit anywhere you like."

☐ **plen·ty** *pronoun*

pliers tang *'n **Tang** kan deur draad sny.* **Pliers** can cut through wire.

◆ **a pair of pliers** ⟹ **pair.**

☐ **pliers** *plural noun*

plot erf *Ons huis staan op 'n klein **erf**.* Our house stands on a small **plot**.

☐ **plot** *noun (plural* **plots)**

plough[1] ploeg *Die boer sleep die **ploeg** met 'n trekker.* The farmer pulls the **plough** with a tractor.

☐ **plough** *noun (plural* **ploughs)**

plough[2] ❶ ploeg *Boere **ploeg** mis in die grond om dit vrugbaar te maak.* Farmers **plough** manure into the soil to make it fertile. ❷ omploeg *Ek het gekyk hoe die boer sy lande **omploeg**.* I watched the farmer **plough** his fields.

☐ **plough** *verb (past tense and past participle* **ploughed**, *present participle* **ploughing)**

plug[1] prop *Steek die **prop** in die bad voor jy die water laat inloop.* Put the **plug** in the bath before you let the water in.

☐ **plug** *noun (plural* **plugs)**

plug[2] toestop *"Waarmee kan ek die gat in die pyp **toestop**?"* "What can I **plug** the hole in the pipe with?"

◆ **plug in** inprop *"Sal jy die ketel vir my **inprop**, asseblief?"* "Will you **plug in** the kettle for me, please?"

☐ **plug** *verb (past tense and past participle* **plugged**, *present participle* **plugging)**

plum pruim *'n **Pruim** is 'n klein rooi of geel vrug met 'n plat pit.* A **plum** is a small red or yellow fruit with a flat stone.

☐ **plum** *noun (plural* **plums)**

plural meervoud *Die **meervoud** van "baba" is "ba= bas".* The **plural** of "baby" is "babies".

☐ **plu·ral** *noun (plural* **plurals)**

plus plus *Drie **plus** twee is vyf.* Three **plus** two is five.

☐ **plus** *preposition*

pocket sak *Hy het sy hand in sy **sak** gesteek en 10c uit= gehaal.* He put his hand in his **pocket** and took out 10c.

◆ **pocket knife** sakmes *"Kan ek jou **sakmes** leen, asseblief? Ek wil my appel daarmee afskil."* "May I bor= row your **pocket knife**, please? I want to peel my apple with it."

◆ **pocket money** sakgeld *Haar pa het gesê: "Toe ek so oud soos jy was, het ek 20c **sakgeld** per week gekry."* Her dad said, "When I was your age, I got 20c **pocket money** a week."

☐ **pock·et** *noun (plural* **pockets***)*

pod dop *"Hoeveel ertjies is daar in die **dop**?"* "How many peas are there in the **pod**?"

☐ **pod** *noun (plural* **pods***)*

poem gedig *Hy ken die **gedig** uit sy kop en kan dit opsê sonder om in 'n boek te kyk.* He knows the **poem** by heart and can recite it without looking in a book.

☐ **po·em** *noun (plural* **poems***)*

poet digter *Shakespeare was 'n **digter** en skrywer van toneelstukke.* Shakespeare was a **poet** and writer of plays.

☐ **po·et** *noun (plural* **poets***)*

poetry ❶ gedigte *"Hoeveel mense ken jy wat graag ge= **digte** lees?"* "How many people do you know that like to read **poetry**?" ❷ digkuns *As jy Engels op universiteit loop, sal jy beslis die **digkuns** van Shakespeare bestu= deer.* If you take English at university, you are sure to study the **poetry** of Shakespeare.

☐ **po·et·ry** *noun (no plural)*

point[1] ❶ punt **[a]** *'n Speld het 'n baie skerp **punt**.* A pin has a very sharp **point**. **[b]** *Ons sokkerspan het die wed= stryd met twee **punte** teen een gewen.* Our soccer team won the match by two **points** to one. ❷ sin *Watter **sin** het dit om te eet as jy nie honger is nie?* What is the **point** of eating if you are not hungry?

◆ **be on the point of** op die punt staan/wees om te *Ons **het op die punt gestaan** (*OF **was op die punt***) om te** vertrek toe die foon lui.* We **were on the point of** leaving when the phone rang.

☐ **point** *noun (no plural at* **2***;* **points** *at* **1***)*

point[2] wys *Die pyltjie **wys** na links.* The arrow **points** to the left.

◆ **point out** ❶ uitwys *"Ek weet nie hoe Lorraine lyk nie." – "Ek sal haar by die partytjie vir jou **uitwys**."* "I don't know what Lorraine looks like." – "I'll **point** her **out** to you at the party." ❷ daarop wys *"Kan ek jou **daarop wys** dat my naam Ann is, sonder 'n 'e' aan die end?"* "May I **point out** to you that my name is Ann, without an 'e' at the end?"

☐ **point** *verb (past tense and past participle* **pointed***, present participle* **pointing***)*

pointed ❶ spits *Die kerktoring het 'n **spits** dak.* The church tower has a **pointed** roof. ❷ skerp *'n Doring is 'n **skerp** groeisel aan die stingel van sommige plante.* A thorn is a **pointed** growth on the stem of some plants. ❸ skerppunt= *Sy dra **skerppunt**skoene met hoë hakke.* She wears **pointed** shoes with high heels.

☐ **point·ed** *adjective* **more pointed, most pointed**

poison gif *Tuiniers spuit hulle plante met **gif** om die in= sekte dood te maak.* Gardeners spray their plants with **poison** to kill the insects.

☐ **poi·son** *noun (plural* **poisons***)*

poisonous giftig *"Is 'n mamba 'n gevaarlike slang?" – "Ja, hy's baie **giftig**."* "Is a mamba a dangerous snake?" – "Yes, it's very **poisonous**."

☐ **poi·son·ous** *adjective* **more poisonous, most poisonous**

pole paal *Die vlag hang aan 'n **paal**.* The flag is hanging on a **pole**.

☐ **pole** *noun (plural* **poles***)*

police polisie *Die **polisie** het die dief gevang wat by ons huis ingebreek het.* The **police** caught the thief who had broken into our house.

☐ **po·lice** *plural noun*

policeman polisieman *Die **polisieman** het vir die dief gesê: "Ek gaan jou vir die nag in die tronk opsluit."* The **policeman** said to the thief, "I'm going to lock you up in prison for the night."

☐ **po·lice·man** *noun (plural* **policemen***)*

police station polisiekantoor *Na die ongeluk moes hy een of ander vorm by die **polisiekantoor** gaan invul.* After the accident he had to go and complete some form or other at the **police station**.

☐ **po·lice sta·tion** *noun (plural* **police stations***)*

polish[1] politoer *Hy het 'n blik bruin **politoer** vir sy skoene gekoop.* He bought a tin of brown **polish** for his shoes.

☐ **pol·ish** *noun (plural* **polishes***)*

polish[2] ❶ poets, blink maak *Ek **poets** my skoene met 'n lap (*OF **maak** my skoene met 'n lap **blink***).* I **polish** my shoes with a cloth. ❷ poleer, politoer *Die vloere van ons huis is altyd mooi blink, want my ma **poleer/poli= toer** hulle gereeld.* The floors of our house are always nice and shiny because my mother **polishes** them regularly.

☐ **pol·ish** *verb (past tense and past participle* **pol= ished***, present participle* **polishing***)*

polite beleef, beleefd *Hy is baie **beleef/beleefd** en sal altyd vir 'n ouer persoon in die bus opstaan.* He is very **polite** and will always stand up for an older person in the bus.

☐ **po·lite** *adjective* **more polite, most polite**

politely beleef, beleefd *Sy het hom **beleef/beleefd** vir die blomme bedank.* She thanked him **politely** for the flowers.

☐ **po·lite·ly** *adverb*

political politieke *Die ANC is 'n **politieke** party.* The ANC is a **political** party.

☐ **po·lit·i·cal** *adjective*

politician politikus *Margaret Thatcher was die eerste vroulike **politikus** wat eerste minister van Brittanje geword het.* Margaret Thatcher was the first female **politician** to become prime minister of Britain.

☐ **pol·i·ti·cian** *noun (plural* **politicians***)*

politics politiek *Mense wat in die **politiek** belang stel, bly op die hoogte van regeringsake.* People who are in= terested in **politics** remain informed about govern= ment matters.

☐ **pol·i·tics** *noun*

pooh ❶ ag *"Ag, jy praat nonsies!"* "Pooh, you're talk= ing nonsense!" ❷ ga *"Ga, die vullisblik stink!"* "Pooh, the dustbin stinks!"

☐ **pooh** *interjection*

pool[1] poel *Daar is 'n diep **poel** in die rivier naby die* *waterval.* There is a deep **pool** in the river near the waterfall. **2** plas *Sy het die **plas** water op die vloer opge= vee.* She wiped up the **pool** of water on the floor. **3** swembad *Hy het in die **swembad** geduik en drie lengtes geswem.* He dived into the **pool** and swam three lengths.

☐ **pool** *noun (plural* **pools***)*

poor[1] armes *Alle bietjies help wanneer jy geld vir die **armes** insamel.* Every little helps when you collect money for the **poor.**

☐ **poor** *plural noun*

poor[2] **1** arm **[a]** *Hy is so **arm** dat hy om kos moet bedel.* He is so **poor** that he has to beg for food. **[b]** *Die **arme** vrou het nie 'n reënjas of sambreel gehad nie en het papnat gereën.* The **poor** woman didn't have a raincoat or umbrella and got sopping wet. **2** swak *Speelgoed van **swak** gehalte breek maklik.* Toys of **poor** quality break easily. **3** sleg *Anne se ouers bekommer hulle oor haar **slegte** gesondheid.* Anne's parents worry about her **poor** health.

☐ **poor** *adjective* **poorer, poorest**

pop[1] klap *Die prop het met 'n **klap** uit die bottel gekom.* The cork came out of the bottle with a **pop.**

☐ **pop** *noun (plural* **pops***)*

pop[2] **1** klap *Hy het seker 'n bottel wyn oopgemaak – ek het 'n prop hoor **klap**.* He must have opened a bottle of wine – I heard a cork **pop**. **2** bars *"Die ballon sal **bars** as jy te veel lug daarin blaas."* "The balloon will **pop** if you blow too much air into it." **3** laat bars *Sy het die ballon met 'n speld **laat bars**.* She **popped** the balloon with a pin. **4** gooi *"**Gooi** dié brief vir my in die posbus, asseblief."* "**Pop** this letter into the post-box for me, please." **5** steek **[a]** *"**Steek** die koek in die oond sodra die klokkie lui."* "**Pop** the cake into the oven as soon as the bell rings." **[b]** *Die dokter **het** sy kop om die deur **gesteek** en gesê: "Volgende, asseblief."* The doctor **popped** his head round the door and said, "Next, please."

◆ **pop in** inloer *"Ouma vra of sy vanmiddag vir 'n kop= pie tee kan kom **inloer**?"* "Granny asks if she can **pop in** for a cup of tea this afternoon?"

◆ **pop into** inwip *Ek het 'n voël by sy nes sien **inwip**.* I saw a bird **pop into** its nest.

◆ **pop out (of something) 1** uitwip by *Ek het 'n voël by sy nes sien **uitwip**.* I saw a bird **pop out of** its nest. **2** uitglip *"Meneer, mag ek maar **uitglip** kafee toe? Ek het my toebroodjies by die huis laat lê."* "Sir, may I **pop out** to the café? I've left my sandwiches at home." **3** uitval *Haar oë **het** amper **uit** haar kop geval toe sy die slang in die kat se bek sien.* Her eyes nearly **popped out of** her head when she saw the snake in the cat's mouth.

◆ **pop over** gou gaan *"Ek sal nie lank wegbly nie – ek **gaan** net **gou** na die bure toe."* "I won't be long – I'm just **popping over** to the neighbours."

☐ **pop** *verb (past tense and past participle* **popped**, *present participle* **popping***)*

pop[3] pop= *Elvis Presley was een van die bekendste per=*

*soonlikhede in die wêreld van **pop**musiek.* Elvis Presley was one of the best-known personalities in the world of **pop** music.

☐ **pop** *adjective*

popular gewild *Esther is **gewild** by die skool en het baie maats.* Esther is **popular** at school and has many friends.

☐ **pop·u·lar** *adjective* **more popular, most popular**

population bevolking *In 1980 het ongeveer 74% van Suid-Afrika se **bevolking** in stede gewoon.* In 1980 about 74% of South Africa's **population** lived in cities.

☐ **pop·u·la·tion** *noun (plural* **populations***)*

pork varkvleis *Simon eet enige soort vleis, maar is veral lief vir **varkvleis**.* Simon eats any kind of meat, but is particularly fond of **pork.**

☐ **pork** *noun (no plural)*

porridge pap *Ek het vanoggend **pap** vir ontbyt gehad.* I had **porridge** for breakfast this morning.

☐ **por·ridge** *noun (no plural)*

portion deel *Die voorste **deel** van die trein is vir passa= siers wat eerste klas reis.* The front **portion** of the train is for passengers that travel first class.

☐ **por·tion** *noun (plural* **portions***)*

position 1 posisie **[a]** *"Hou jou arms in die lug in 'n regop **posisie**."* "Hold your arms in the air in an up= right **position**." **[b]** *"In watter **posisie** speel hy?" – "Doelwagter."* "What **position** does he play?" – "Goalkeeper." **2** plek *Die TV staan op die verkeerde **plek** – daar val te veel lig op die skerm.* The TV is in the wrong **position** – too much light falls on the screen.

☐ **po·si·tion** *noun (plural* **positions***)*

possess besit *Hulle is baie ryk en **besit** 'n huis en twee motors.* They are very rich and **possess** a house and two cars.

☐ **pos·sess** *verb (past tense and past participle* **pos= sessed**, *present participle* **possessing***)*

possession 1 besit *Die polisie het hom met gesteelde goe= dere in sy **besit** betrap.* The police caught him with stolen goods in his **possession**. **2** besitting *Hulle het al hul **besittings** in die brand verloor.* They lost all their **possessions** in the fire.

☐ **pos·ses·sion** *noun (no plural at 1; **possessions** at 2)*

possibility moontlikheid *Daar is 'n sterk **moontlik= heid** dat dit later vandag kan reën.* There is a strong **possibility** that it might rain later today.

☐ **pos·si·bil·i·ty** *noun (plural* **possibilities***)*

possible moontlik *Die dokters doen al wat **moontlik** is om die kind se lewe te red.* The doctors are doing every= thing **possible** to save the child's life.

◆ **as ... as possible 1** so ... (as) moontlik *Ek sal die werk **so gou (as) moontlik** probeer klaarkry.* I'll try to finish the job **as soon as possible**. **2** soveel ... (as) moontlik *Die dokter het die vrou 'n inspuiting gegee om haar **soveel** pyn **(as) moontlik** te bespaar.* The doc=

tor gave the woman an injection to spare her **as much pain as possible**.

□ **pos·si·ble** *adjective*

possibly ❶ – *"Ek sal kom so gou (as) ek kan."* "I'll come as soon as I **possibly** can." ❷ moontlik *"Daar is wolke in die lug. Dink jy dit gaan reën?"* – *"Moontlik."* "There are clouds in the sky. Do you think it will rain?" – "**Possibly**."

◆ **can't possibly** kan onmoontlik (nie) *"Jy kan on= moontlik (nie) al daardie kos eet (nie)!"* "You **can't possibly** eat all that food!"

◆ **how could ... possibly?** hoe op aarde kon? *"Hoe op aarde kon jy R350,00 vir daardie bloes betaal?"* "**How could** you **possibly** pay R350,00 for that blouse?"

□ **pos·si·bly** *adverb*

post[1] pos [a] *Daar was vir my twee briewe in die pos.* There were two letters in the **post** for me. [b] *Sy het die pakkie per pos aan hom gestuur.* She sent the parcel to him by **post**.

□ **post** *noun (no plural)*

post[2] pos *"Plak 'n seël op die koevert voordat jy die brief pos."* "Stick a stamp on the envelope before you **post** the letter."

□ **post** *verb (past tense and past participle* **posted**, *present participle* **posting**)

postage posgeld *In 1991 het die regering besluit om die posgeld vir briewe van 21c tot 25c te verhoog.* In 1991 the government decided to raise the **postage** for let= ters from 21c to 25c.

□ **post·age** *noun (no plural)*

postal order posorder *Dis veiliger om 'n posorder as kontant te gebruik as jy geld per pos aan iemand wil stuur.* It is safer to use a **postal order** than cash when you want to send money to someone by post.

□ **post·al or·der** *adjective*

post-box posbus [a] *Daar is vandag geen briewe in ons posbus nie.* There are no letters in our **post-box** to= day. [b] *Sy het die brief in die posbus op die hoek van die straat gegooi.* She put the letter into the **post-box** at the corner of the street.

□ **post-box** *noun (plural* **post-boxes**)

postcard poskaart *Sy het 'n poskaart aan haar ma en pa geskryf toe sy in Durban met vakansie was.* She wrote a **postcard** to her mother and father when she was on holiday in Durban.

□ **post·card** *noun (plural* **postcards**)

postman posbode *Die posbode het vandag vir ons drie briewe gebring.* The **postman** brought us three letters today.

□ **post·man** *noun (plural* **postmen**)

post office poskantoor *Hy is poskantoor toe om 'n pakkie weg te stuur.* He went to the **post office** to send off a parcel.

□ **post office** *noun (plural* **post offices**)

pot ❶ pot [a] *Die aartappels kook in 'n pot op die stoof.* The potatoes are cooking in a **pot** on the stove. [b]

"Maak vir ons 'n pot tee, asseblief." "Make a **pot** of tea for us, please." [c] *Die plant in daardie pot blom in die lente.* The plant in that **pot** flowers in spring. ❷ kan *"Is daar nog koffie in die kan?"* "Is there some more coffee in the **pot**?"

□ **pot** *noun (plural* **pots**)

potato aartappel *"Ek wil nie meer ertjies hê nie, maar kan ek nog 'n aartappel kry, asseblief?"* "I don't want any more peas, but may I have another **potato**, please?"

□ **po·ta·to** *noun (plural* **potatoes**)

pounce on bespring *Ons het gesien hoe die kat die voël bekruip en hom bespring.* We saw the cat stalk the bird and **pounce on** it.

□ **pounce on** *phrasal verb (past tense and past parti= ciple* **pounced on**, *present participle* **pouncing on**)

pour ❶ inskink, skink *"Kan ek vir jou nog 'n koppie tee inskink/skink?"* "Can I **pour** you another cup of tea?" ❷ gooi *Ma het 'n witsous gemaak om oor die blom= kool te gooi.* Mum made a white sauce to **pour** over the cauliflower. ❸ stroom [a] *Water stroom uit die gat in die pyp.* Water is **pouring** out of the hole in the pipe. [b] *Die kinders het uit die klaskamers na die speel= grond gestroom.* The children **poured** out of the classrooms to the playground. ❹ sous *Dit reën nie net nie – dit sous!* It isn't just raining – it's **pouring**! ❺ borrel *Rook borrel uit die brandende huis.* Smoke is **pouring** from the burning house.

□ **pour** *verb (past tense and past participle* **poured**, *present participle* **pouring**)

powder[1] poeier [a] *'n Mens kry meel as jy koring tot 'n fyn poeier maal.* One gets flour if you grind wheat to a fine **powder**. [b] *Vroue maak hul gesigte op met lipstif= fie en poeier.* Women make up their faces with lipstick and **powder**.

□ **pow·der** *noun (plural* **powders**)

powder[2] poeier *"Ek is amper klaar! Ek moet nog net 'n bietjie lipstiffie aansmeer en my neus poeier."* "I'm al= most ready! I just have to put on some lipstick and **powder** my nose."

□ **pow·der** *verb (past tense and past participle* **pow= dered**, *present participle* **powdering**)

power ❶ krag *Deesdae loop die meeste treine met elek= triese krag.* Nowadays most trains run on electric **power**. ❷ mag *'n Polisieman het die mag om 'n misda= diger gevange te neem.* A policeman has the **power** to take a criminal prisoner. ❸ vermoë *Ek sal alles in my vermoë doen om jou te help.* I will do everything in my **power** to help you.

□ **pow·er** *noun (no plural at 1 and 3;* **powers** *at 2)*

powerful sterk *'n Trekker het 'n baie sterk enjin.* A tractor has a very **powerful** engine.

□ **pow·er·ful** *adjective* **more powerful, most powerful**

practical prakties *Hy is baie prakties en kan byna enigiets in en om die huis regmaak.* He is very **practical** and can fix almost anything in and around the house.

□ **prac·ti·cal** *adjective* **more practical, most practical**

practically feitlik *My huiswerk is feitlik klaar – ek moet nog net een som maak.* My homework is **practically** finished – I have to do only one more sum.
□ **prac·ti·cal·ly** *adverb*

practice oefening *Jy kan nie sonder oefening 'n goeie tennisspeler word nie.* You cannot become a good tennis player without **practice**.
□ **prac·tice** *noun (no plural)*

practise oefen [a] *As jy 'n goeie tennisspeler wil word, moet jy elke dag oefen.* If you want to become a good tennis player you must **practise** every day. [b] *My broer oefen 'n nuwe liedjie op sy kitaar.* My brother is **practising** a new song on his guitar.
□ **prac·tise** *verb (past tense and past participle practised, present participle practising)*

praise[1] lof *"Kom ons sing hierdie gesang tot lof van God."* "Let's sing this hymn in **praise** of God."
□ **praise** *noun (no plural)*

praise[2] prys *Die hoof het na ons klas gekom om Simon vir sy goeie werk te prys.* The principal came to our class to **praise** Simon for his good work.
□ **praise** *verb (past tense and past participle praised, present participle praising)*

pray bid *Sy het neergekniel om tot God te bid.* She knelt down to **pray** to God.
□ **pray** *verb (past tense and past participle prayed, present participle praying)*

prayer gebed *Hy is diep godsdienstig en het groot geloof in die krag van gebed.* He is deeply religious and has great belief in the power of **prayer**.
◆ **say a prayer** bid, 'n gebed doen *Sy het die dominee gevra om vir haar sterwende man te bid (OF om 'n gebed vir haar sterwende man te doen).* She asked the minister to **say a prayer** for her dying husband.
◆ **say your prayers** bid, jou gebed opsê *"Seun, onthou om te bid (OF om jou gebed op te sê) voor jy in die bed klim."* "Son, remember to **say your prayers** before you get into bed."
□ **pray·er** *noun (plural prayers)*

prefect prefek *Hy was in standerd nege 'n prefek en het in matriek hoofseun geword.* He was a prefect in standard nine and became **head boy** in matric.
□ **pre·fect** *noun (plural prefects)*

prefer verkies *"Wat verkies jy – vleis of vis?"* "Which do you **prefer** – meat or fish?"
◆ **prefer to** verkies bo *"Ek verkies vleis bo vis."* "I **prefer** meat to fish."
□ **pre·fer** *verb (past tense and past participle preferred, present participle preferring)*

prepare [1] maak *"Het julle lus vir koue vleis en slaaie, of sal ek 'n warm ete maak?"* "Do you feel like cold meat and salads, or shall I **prepare** a warm meal?" [2] klaarmaak *Toe hy die donker wolke in die lug sien, het hy gesê: "Ons kan ons klaarmaak vir 'n koue, nat dag."* When he saw the dark clouds in the sky, he said, "We can

prepare ourselves for a cold, wet day." [3] voorberei *"Ek kan nie saam met jou gaan fliek nie; ek moet my vir 'n geskiedenistoets voorberei."* "I can't go to the cinema with you; I have to **prepare** myself for a history test."
□ **pre·pare** *verb (past tense and past participle prepared, present participle preparing)*

prepared [1] gewillig, bereid *"Is jy gewillig/bereid om te help?"* "Are you **prepared** to help?" [2] voorberei *Sy was nie voorberei op die slegte tyding van haar seun se dood nie.* She wasn't **prepared** for the bad news of her son's death.
□ **pre·pared** *adjective*

preposition voorsetsel *In die sin "Die boek lê op die tafel" is die woord "op" 'n voorsetsel.* In the sentence "The book is lying on the table" the word "on" is a **preposition**.
□ **prep·o·si·tion** *noun (plural prepositions)*

present[1] present, geskenk *Ek moet vir Lynette 'n present/geskenk vir haar verjaardag koop.* I must buy Lynette a **present** for her birthday.
□ **pres·ent** *noun (plural presents)*

present[2] hede *Vergeet die verlede en moenie jou oor die toekoms bekommer nie – leef vir die hede!* Forget the past and don't worry about the future – live for the **present**!
◆ **at present** op die oomblik *"Lynette is nie op die oomblik tuis nie. Kan ek haar vra om jou terug te bel?"* "Lynette isn't home **at present**. Can I ask her to phone you back?"
◆ **for the present** vir die oomblik *Ons het vir die oomblik genoeg melk, maar sal môre nog moet kry.* We have enough milk **for the present** but will have to get some more tomorrow.
□ **pres·ent** *noun (no plural)*

present[3] [1] uitdeel *Die hoof se vrou sal die pryse aan die wenners uitdeel.* The headmaster's wife will **present** the prizes to the winners. [2] aanbied *"Wie gaan vanaand die nuus op TV aanbied?"* "Who is going to **present** the news on TV tonight?"
□ **pre·sent** *verb (past tense and past participle presented, present participle presenting)*

present[4] [1] aanwesig, teenwoordig *"Hoeveel mense was by haar troue aanwesig/teenwoordig?"* "How many people were **present** at her wedding?" [2] huidige *"Dis ons ou adres; ons huidige adres is Langstraat 24."* "That's our old address; our **present** address is 24 Long Street."
◆ **present tense** teenwoordige tyd *Die teenwoordige tyd van die werkwoord "aanmaak" is "maak aan".* The **present tense** of the verb "mix" is "mix" or "mixes".
□ **pres·ent** *adjective*

president [1] president *In lande wat geen koning of koningin het nie, is 'n president dikwels die hoof van die regering.* In countries that have no king or queen a **president** is often the head of the government. [2]

voorsitter *Dr. Danie Craven het in 1956 **voorsitter** van die Suid-Afrikaanse Rugbyraad geword.* Dr Danie Craven became **president** of the South African Rugby Board in 1956.

☐ **pres·i·dent** *noun (plural* **presidents***)*

press[1] pers *Groot maatskappye adverteer nie net op te levisie nie maar ook in die **pers**.* Big companies advertise not only on television but also in the **press**.

☐ **press** *noun (no plural)*

press[2] ❶ druk *"Druk die prop in die bottel."* "**Press** the cork into the bottle." ❷ druk op *"Jy moet **op** dié knoppie **druk** om die televisie aan te skakel."* "You must **press** this button to switch on the television." ❸ pars [a] *Om wyn te maak, **pars** hulle eers die druiwe.* To make wine, they first **press** the grapes. [b] *Sy het die baadjie met 'n klam doek en 'n warm strykyster **gepars**.* She **pressed** the jacket with a damp cloth and a hot iron. ❹ pers *"Pers die blom deur dit tussen die blaaie van 'n dik, swaar boek te plaas."* "**Press** the flower by placing it between the pages of a thick, heavy book."

◆ **press in** indruk *"Jy moet dié knoppie **indruk** om die televisie aan te skakel."* "You must **press** this button **in** to switch on the television."

☐ **press** *verb (past tense and past participle* **pressed***, present participle* **pressing***)*

pressure druk *Die **druk** van die water het die damwal laat breek.* The **pressure** of the water caused the dam wall to break.

☐ **pres·sure** *noun (no plural)*

pretend speel *"Kom ons **speel** jy's 'n verpleegster en ek 'n dokter!"* "Let's **pretend** (that) you're a nurse and I'm a doctor!"

◆ **pretend to be** maak asof/of *"Hier kom ma! Spring in die bed en **maak asof/of** jy slaap!"* "Here comes mother! Jump into bed and **pretend to be** asleep!"

☐ **pre·tend** *verb (past tense and past participle* **pretended***, present participle* **pretending***)*

pretty[1] mooi, fraai *Die dogtertjie lyk tog te **mooi** (of **fraai***) in haar pienk rokkie.* The little girl looks so **pretty** in her pink dress.

◆ **the one is as pretty as the other** hulle is albei ewe mooi *Ek weet nie watter rok om te kies nie – **hulle is albei ewe mooi**.* I don't know which dress to choose – **the one is as pretty as the other**.

☐ **pret·ty** *adjective* **prettier, prettiest**

pretty[2] taamlik *Dit reën **taamlik** hard.* It is raining **pretty** hard.

☐ **pret·ty** *adverb*

prevent ❶ voorkom *Daar was niks wat hy kon doen om die ongeluk te **voorkom** nie.* There was nothing he could do to **prevent** the accident. ❷ keer *"Maak die deur toe om te **keer** dat die hond by die huis inkom."* "Close the door to **prevent** the dog from coming into the house."

◆ **prevent someone (from) doing something, prevent someone's doing something** voorkom dat iemand iets doen *Sy kon nie **voorkom dat** die baba val*

nie. She couldn't **prevent** the child **(from)** falling (OR **prevent** the child's falling).

◆ **prevent something (from) happening, prevent something's happening** voorkom dat iets gebeur *Hy kon nie **voorkom dat** die motor gly nie.* He couldn't **prevent** the car **(from)** skidding (OR **prevent** the car's skidding).

☐ **pre·vent** *verb (past tense and past participle* **prevented***, present participle* **preventing***)*

previous vorige *"Ken jy haar?" – "Ja, ons het by 'n **vorige** geleentheid ontmoet."* "Do you know her?" – "Yes, we met on a **previous** occasion."

☐ **pre·vi·ous** *adjective*

prey[1] prooi *Die leeu het sy **prooi** doodgemaak.* The lion killed its **prey**.

◆ **beast of prey** roofdier *'n Leeu is 'n **roofdier**.* A lion is a **beast of prey**.

◆ **bird of prey** roofvoël *'n Uil is 'n **roofvoël**.* An owl is a **bird of prey**.

☐ **prey** *noun (no plural)*

prey[2] aas *Uile **aas** op muise en ander klein diertjies.* Owls **prey** on mice and other small animals.

☐ **prey** *verb (past tense and past participle* **preyed***, present participle* **preying***)*

price prys *Die **prys** van suiker het met 7c per kilogram gestyg.* The **price** of sugar went up by 7c per kilogram.
⇨ **cost**[1] [NOTE].

☐ **price** *noun (plural* **prices***)*

prick steek *"Pasop, moenie jou met die naald **steek** nie!"* "Be careful, don't **prick** yourself with the needle!"

☐ **prick** *verb (past tense and past participle* **pricked***, present participle* **pricking***)*

pride trots *"Sluk jou **trots** en sê vir haar jy's jammer, jy het 'n fout gemaak."* "Swallow your **pride** and tell her you're sorry, you've made a mistake."

◆ **take pride in** trots wees op *Hulle **is** baie **trots op** hul seun, wat tot hoofseun van sy skool gekies is.* They **take** great **pride in** their son, who has been elected head boy of his school.

☐ **pride** *noun (no plural)*

priest priester *In die Rooms-Katolieke Kerk kan 'n vrou nie 'n **priester** word nie.* In the Roman Catholic Church a woman cannot become a **priest**.

☐ **priest** *noun (plural* **priests***)*

primary primêr *Blou, geel en rooi is **primêre** kleure.* Blue, red and yellow are **primary** colours.

◆ **primary school** laer skool, laerskool *Sy is in standerd vier op **laer skool** (of **laerskool***).* She is in standard four at **primary school**.

☐ **pri·ma·ry** *adjective*

prime minister eerste minister *Margaret Thatcher het in 1979 **eerste minister** van Brittanje geword.* Margaret Thatcher became **prime minister** of Britain in 1979.

☐ **prime min·is·ter** *noun (plural* **prime ministers***)*

prince prins *Wanneer sy ma sterf, sal **prins** Charles*

koning van Groot-Brittanje en Noord-Ierland word.
When his mother dies, **Prince** Charles will become
king of Great Britain and Northern Ireland.
☐ **prince** *noun (plural* **princes***)*

Write a title such as **prince** or **princess** with initial
capital letters when it is part of a proper name but not
when used alone: *Lady Diana Spencer married
Prince Charles in 1981. Prince Charles and Prin=
cess Anne are brother and sister. "Let's pretend you're
a prince and I'm your princess."*

---

princess prinses *Prinses Anne en prins Charles is broer
en suster.* **Princess** Anne and Prince Charles are
brother and sister.
☐ **prin·cess** *noun (plural* **princesses***)*

principal hoof, skoolhoof *Die onderwyser het my na die
hoof/skoolhoof se kantoor gestuur.* The teacher sent
me to the **principal**'s office.
☐ **prin·ci·pal** *noun (plural* **principals***)*

print[1] **1** druk *Die druk in die Bybel is so fyn dat ouma
dit nie sonder haar bril kan lees nie.* The **print** in the
Bible is so small that granny can't read it without her
glasses. **2** afdruk *Hy het die film na die kamerawinkel
geneem en hulle gevra om een afdruk van elke foto te
maak.* He took the film to the camera shop and asked
them to make one **print** of each photograph.
☐ **print** *noun (no plural at* 1; **prints** *at* 2)

print[2] **1** druk *"Was jy al ooit by 'n fabriek waar hulle
boeke druk en bind?"* "Have you ever been to a factory
where they **print** and bind books?" **2** in drukskrif
skryf *"Moet ek my naam in drukskrif of in lopende
skrif skryf?"* "Must I **print** my name or write it in
cursive?"
☐ **print** *verb (past tense and past participle* **printed***,
present participle* **printing***)*

printing drukskrif *In hul eerste skooljaar leer die klein=
tjies drukskrif.* In their first school year the little ones
learn **printing**.
☐ **print·ing** *noun (no plural)*

prison tronk *Hy is weens diefstal tronk toe gestuur.* He
was sent to **prison** for stealing.
☐ **pris·on** *noun (plural* **prisons***)*

prisoner gevangene *'n Gevangene het uit die tronk
probeer ontsnap.* A **prisoner** tried to escape from jail.
◆ **take prisoner** gevange neem *'n Polisieman het die
mag om 'n misdadiger gevange te neem.* A policeman
has the power to **take** a criminal **prisoner**.
☐ **pris·on·er** *noun (plural* **prisoners***)*

private privaat *Dis 'n privaat/private hospitaal dié –
dit behoort aan 'n groep dokters en nie aan die regering
nie.* This is a **private** hospital – it belongs to a group of
doctors and not to the government.
☐ **pri·vate** *adjective*

prize prys *"Jy het hard gewerk en verdien die prys as
beste student van die jaar."* "You worked hard and de=
serve the **prize** as best student of the year."
☐ **prize** *noun (plural* **prizes***)*

probable waarskynlik *Met 'n voorsprong van vier doele
teen nul lyk dit waarskynlik dat die span sal wen.*
With a lead of four goals to nil it seems **probable** that
the team will win.
☐ **prob·a·ble** *adjective* **more probable, most
probable**

probably **1** waarskynlik *Die span is 4 – 0 voor en sal
waarskynlik wen.* The team is leading 4 – 0 and will
probably win. **2** seker *Daar is geen teken van lewe by
hul huis nie – hulle is seker weg.* There is no sign of life
at their house – they are **probably** away.
◆ **most probably** ⇨ **most**[3].
☐ **prob·a·bly** *adverb*

problem probleem **[a]** *"Ek wil graag na jou partytjie
toe kom, maar ek het 'n probleem: ek het nie vervoer
nie."* "I'd like to come to your party, but I have a
problem: I don't have transport." **[b]** *Tom kon sewe
van die tien probleme in die wiskundetoets oplos.* Tom
could solve seven of the ten **problems** in the maths
test.
◆ **have no problem(s) with** geen moeite hê met . . .
nie *Die bure het geen moeite met die verkoop van hul
huis gehad nie.* The neighbours **had no problem(s)
with** the sale of their house.
☐ **prob·lem** *noun (plural* **problems***)*

produce **1** vervaardig *Hoeveel motors vervaardig die
fabriek per jaar?* How many cars does the factory **pro=
duce** per year? **2** produseer *Plase in die Vrystaat pro=
duseer 'n groot deel van ons land se mielies.* Farms in
the Free State **produce** a large part of our country's
maize. **3** maak **[a]** *Dit is moontlik om petrol uit steenkool
te maak.* It is possible to **produce** petrol from coal.
[b] *Sy het nie veel nodig om 'n heerlike ete te maak nie.*
She doesn't need much to **produce** a delicious meal. **4**
afgee *Die hitte wat die son afgee, is baie sterker in die
somer as in die winter.* The heat that the sun **produces**
is much stronger in summer than in winter. **5** lewer
"Kan jy bewys lewer dat jy vir dié goedere betaal het?"
"Can you **produce** proof that you have paid for these
goods?" **6** uithaal *Hy het 'n pen uit sy sak gehaal.* He
produced a pen from his pocket. **7** uitkry *Sy was so
geskok toe sy die slang sien dat sy nie 'n geluid kon uitkry
nie.* She was so shocked when she saw the snake that
she couldn't **produce** a sound. **8** gee *Koeie gee melk.*
Cows **produce** milk. **9** dra *Dennebome dra nie vrugte
nie.* Pine trees don't **produce** fruit.
☐ **pro·duce** *verb (past tense and past participle* **pro=
duced***, present participle* **producing***)*

product produk *Kaas is 'n belangrike produk van
melk.* Cheese is an important **product** of milk.
☐ **prod·uct** *noun (plural* **products***)*

profession beroep *Sy is 'n verpleegster van beroep.*
She is a nurse by **profession**. ⇨ **trade**[1] [NOTE].
☐ **pro·fes·sion** *noun (plural* **professions***)*

profit wins *As jy iets vir R15 koop en dit vir R20 ver=
koop, maak jy 'n wins van R5.* If you buy something
for R15 and sell it for R20, you make a **profit** of R5.

☐ **prof·it** *noun (plural* **profits***)*

programme program **[a]** *Ek het gisteraand 'n pro=
gram oor voëls op televisie gesien.* I saw a **programme**
about birds on television last night. **[b]** *Volgens die
program is daar 'n pouse van twintig minute tussen die
twee dele van die konsert.* According to the **pro=
gramme** there is an interval of twenty minutes be=
tween the two parts of the concert.

☐ **pro·gramme** *noun (plural* **programmes***)*

promise[1] belofte *Hy het sy* **belofte** *gehou en my met my
huiswerk gehelp.* He kept his **promise** and helped me
with my homework.

☐ **prom·ise** *noun (plural* **promises***)*

promise[2] beloof, belowe *"Leen my asseblief 50c − ek
beloof/belowe om jou môre terug te betaal."* "Please
lend me 50c − I **promise** to pay you back tomorrow."

☐ **prom·ise** *verb (past tense and past participle*
promised, *present participle* **promising***)*

pronoun voornaamwoord *In die sin "Hoe oud is hy?" is
die woord "hy" 'n **voornaamwoord**.* In the sentence
"How old is he?" the word "he" is a **pronoun**.

☐ **pro·noun** *noun (plural* **pronouns***)*

pronounce uitspreek *"Natuurlik weet ek dat 'n mens die
'ph' in Philip soos 'n 'f' **uitspreek**!"* "Of course I
know that you **pronounce** the 'ph' in Philip like an
'f'!"

☐ **pro·nounce** *verb (past tense and past participle*
pronounced, *present participle* **pronouncing***)*

pronunciation uitspraak *Sy het moeite met die **uit=
spraak** van Duitse woorde.* She has difficulty with the
pronunciation of German words.

☐ **pro·nun·ci·a·tion** *noun (no plural)*

proof bewys *'n Kwitansie dien as **bewys** dat jy vir iets
betaal het.* A receipt serves as **proof** that you have paid
for something.

☐ **proof** *noun (plural* **proofs***)*

proper ❶ egte *Tommie wil 'n **egte** horlosie vir sy ver=
jaardag hê, nie 'n speelhorlosie nie.* Tommy wants a
proper watch for his birthday, not a toy watch. ❷
regte **[a]** *"Sit asseblief die boeke op hul **regte** plekke
terug."* "Please put the books back in their **proper**
places." **[b]** *Sy **regte** naam is Thomas, maar sy maats
noem hom Tom.* His **proper** name is Thomas, but his
friends call him Tom. **[c]** *Hy is 'n **regte** bullebak en
soek gedurig rusie met kinders wat kleiner as hy is.* He is a
proper bully and is forever picking fights with chil=
dren smaller than himself. ❸ goeie maniere *Dis nie
goeie maniere om met jou mond vol kos te praat nie.* It
isn't **proper** to talk with your mouth full of food. ❹
behoorlik **[a]** *Dis nie **behoorlik** om 'n rok met so 'n lae
halslyn kerk toe te dra nie.* It isn't **proper** to wear a
dress with such a low neckline to church. **[b]** *"Het jy
behoorlik gesoek?" − "Ja, Ma; ek kan die sleutel nê=
rens kry nie."* "Have you made a **proper** search?" −
"Yes, Mum; I can't find the key anywhere."

☐ **prop·er** *adjective*

properly ❶ behoorlik *"Moenie so stout wees nie. Sit stil*

*en gedra jou **behoorlik**!"* "Don't be so naughty. Sit
still and behave yourself **properly**!" ❷ mooi *Ouma
kan nie **mooi** sien sonder haar bril nie.* Granny can't see
properly without her glasses. ❸ reg *Ek het nie die
vraag **reg** verstaan nie en die verkeerde antwoord gegee.*
I didn't understand the question **properly** and gave
the wrong answer. ❹ goed *"Laat die verf **goed** droog
word voor jy die tweede laag aanwend."* "Allow the
paint to dry **properly** before you apply the second
coat."

☐ **prop·er·ly** *adverb*

protect beskerm *'n Donkerbril **beskerm** jou oë teen
helder sonlig.* Dark glasses **protect** your eyes from
bright sunlight.

☐ **pro·tect** *verb (past tense and past participle* **pro=
tected,** *present participle* **protecting***)*

protection beskerming *'n Donkerbril bied **besker=
ming** teen helder sonlig.* Dark glasses offer **protection**
against bright sunlight.

☐ **pro·tec·tion** *noun (no plural)*

proud trots **[a]** *Sy is **trots** op haar kinders; hulle vaar
almal goed op skool.* She is **proud** of her children; they
all do well at school. **[b]** *Hy is te **trots** om te erken dat
hy 'n fout gemaak het.* He is too **proud** to admit that he
has made a mistake.

☐ **proud** *adjective* **prouder, proudest**

proudly trots *Die kampioen het **trots** geglimlag terwyl
die persfotograwe hom afneem.* The champion smiled
proudly while the press photographers took pictures
of him.

☐ **proud·ly** *adverb*

prove bewys *Ek het 'n kwitansie om te **bewys** dat ek vir
alles in die sak betaal het.* I have a receipt to **prove** that
I have paid for everything in the bag.

☐ **prove** *verb (past tense and past participle* **proved,**
present participle **proving***)*

provide ❶ voorsien *Boere **voorsien** ons van vleis en
groente.* Farmers **provide** us with meat and veg=
etables. ❷ verskaf *Goudmyne **verskaf** werk aan derdui=
sende mense.* Gold-mines **provide** jobs for thousands
and thousands of people.

◆ **provided (that), providing (that)** mits, op voor=
waarde dat *"Jy kan my fiets leen **mits** (OF **op voor=
waarde dat***) jy dit goed oppas."* "You may borrow my
bike **provided** (OR **provided that** OR **providing** OR
providing that*)* you look after it properly."

☐ **pro·vide** *verb (past tense and past participle* **pro=
vided,** *present participle* **providing***)*

province provinsie *Natal is die kleinste **provinsie** in
ons land.* Natal is the smallest **province** in our
country.

☐ **prov·ince** *noun (plural* **provinces***)*

public[1] publiek *Die museum is in die week van 09:00 tot
17:00 vir die **publiek** oop.* The museum is open to the
public from 09:00 until 17:00 on weekdays.

◆ **in public** in die openbaar *Haar hare het uitgeval;
dis dié dat sy nie sonder 'n hoed **in die openbaar** wil*

verskyn nie. Her hair has fallen out; that's why she won't appear **in public** without a hat.

☐ **pub·lic** *noun (no plural)*

public[2] openbaar *Die meeste winkels en kantore is op openbare vakansiedae toe.* Most shops and offices are closed on **public** holidays.

☐ **pub·lic** *adjective*

pudding poeding *"As jy al jou kos opeet, kan jy roomys vir poeding kry."* "If you eat up all your food, you can have ice-cream for **pudding**."

☐ **pud·ding** *noun (plural puddings)*

pull ❶ trek [a] *"Trek asseblief die deur toe wanneer jy uitgaan."* "Please **pull** the door shut when you leave." [b] *Sy het van die pyn uitgeroep toe hy haar hare trek.* She cried out in pain when he **pulled** her hair. [c] *Linda is tandarts toe om 'n tand te laat trek.* Linda has gone to the dentist to have a tooth **pulled**. ❷ uittrek *Wat 'n handige mes! Dit kan sny, blikke oopmaak en proppe uittrek.* What a handy knife! It can cut, open tins and **pull** corks. ❸ sleep *"Sleep jou stoel nader aan die vuur."* "**Pull** your chair nearer the fire."

◆ **pull away** wegtrek [a] *Die bus het begin wegtrek net toe ek wou opklim.* The bus started to **pull away** just as I was about to get on. [b] *Sy het haar bed van die muur af weggetrek.* She **pulled** her bed **away** from the wall.

◆ **pull down** ❶ aftrek *"Probeer die tak 'n bietjie laer aftrek – ek kan nie die perskes bykom nie."* "Try to **pull** the branch **down** a little lower – I can't reach the peaches." ❷ sloop, afbreek *Hulle gaan daardie ou gebou sloop/afbreek en 'n bioskoop in sy plek bou.* They are going to **pull down** that old building and put up a cinema in its place.

◆ **pull in** intrek *My pa moes by die garage intrek vir petrol.* My father had to **pull in** at the garage for petrol.

◆ **pull off** ❶ aftrek [a] *"As jy die tamatie 'n rukkie in kookwater laat lê, sal jy die skil sommer maklik kan aftrek."* "If you leave the tomato in boiling water for a while, you'll be able to **pull** the skin **off** quite easily." [b] *Hy het van die pad afgetrek en onder 'n boom stilgehou.* He **pulled off** the road and stopped under a tree. ❷ afruk *Sy het die brandende klere van die kind probeer afruk.* She tried to **pull** the burning clothes **off** the child. ❸ uittrek *Hy het sy stewels begin uittrek.* He started to **pull off** his boots.

◆ **pull out** ❶ uittrek [a] *'n Tang is 'n stuk gereedskap waarmee jy spykers kan uittrek.* Pliers are a tool with which you can **pull out** nails. [b] *Hy het amper teen die motor vasgery wat skielik voor hom uitgetrek het.* He nearly crashed into the car that suddenly **pulled out** in front of him. ❷ wegtrek *Ons het gekyk hoe die trein stadig uit die stasie wegtrek.* We watched the train **pull** slowly out of the station.

◆ **pull up** optrek *"Jy moet jou onderrok optrek – dit hang uit."* "You must **pull up** your petticoat – it's showing."

☐ **pull** *verb (past tense and past participle pulled, present participle pulling)*

pump[1] pomp *Hy het die pap band met 'n pomp opgeblaas.* He blew up the flat tyre with a **pump**.

☐ **pump** *noun (plural pumps)*

pump[2] pomp *Die hart is 'n orgaan wat bloed deur jou liggaam pomp.* The heart is an organ that **pumps** blood through your body.

◆ **pump (up)** pomp, oppomp *"Sal jy my motor se bande vir my pomp/oppomp, asseblief?"* "Would you **pump** (OR **pump up**) the tyres of my car for me, please?"

☐ **pump** *verb (past tense and past participle pumped, present participle pumping)*

pumpkin pampoen *"Ek wil nie meer pampoen hê nie, maar kan ek nog 'n aartappel kry, asseblief?"* "I don't want any more **pumpkin**, but may I have another potato, please?"

☐ **pump·kin** *noun (plural pumpkins)*

punch[1] hou *Die bokser het sy opponent 'n hou in die maag gegee.* The boxer gave his opponent a **punch** in the stomach.

☐ **punch** *noun (plural punches)*

punch[2] (met die vuis) slaan [a] *Die bokser het probeer om sy opponent in die maag te slaan.* The boxer tried to **punch** his opponent in the stomach. [b] *Sy het die seun met die vuis op die neus geslaan.* She **punched** the boy on the nose.

☐ **punch** *verb (past tense and past participle punched, present participle punching)*

puncture[1] lek *Hy het die lek in sy fietsband gelap.* He patched the **puncture** in his bicycle tyre.

◆ **get a puncture** 'n pap band kry *"Moenie oor die glas in die pad ry nie; jy sal 'n pap band kry!"* "Don't ride over the glass in the road; you'll **get a puncture**!"

☐ **punc·ture** *noun (plural punctures)*

puncture[2] 'n gat steek in *'n Skerp voorwerp soos 'n spyker kan 'n gat in 'n band steek.* A sharp object like a nail can **puncture** a tyre.

☐ **punc·ture** *verb (past tense and past participle punctured, present participle puncturing)*

punish straf *Ek durf nie lelike woorde in ons huis gebruik nie – my pa sal my straf.* I dare not use bad language in our house – my father will **punish** me.

☐ **pun·ish** *verb (past tense and past participle punished, present participle punishing)*

punishment straf *Tommie was stout en moes vir straf die hele middag in sy kamer bly.* Tommy was naughty and as a **punishment** had to stay in his room all afternoon.

☐ **pun·ish·ment** *noun (plural punishments)*

pupil leerling *Charlotte is die enigste leerling in ons klas wat vol punte in die toets gekry het.* Charlotte is the only **pupil** in our class who got full marks in the test.

☐ **pu·pil** *noun (plural pupils)*

puppy hondjie *Die hondjie is maar 'n paar dae oud en*

kan nog nie blaf nie. The **puppy** is only a few days old and cannot bark yet.

☐ **pup·py** noun (plural **puppies**)

pure ❶ suiwer Die lug in die berge is **suiwer** en gesond. The air in the mountains is **pure** and healthy. ❷ pure Die seuntjie het van **pure** stoutigheid op die muur ge= skryf. The little boy wrote on the wall out of **pure** naughtiness.

☐ **pure** adjective **purer, purest**

purely bloot Ek het die pakkie **bloot** uit nuuskierigheid oopgemaak. I opened the parcel **purely** out of curi= osity.

☐ **pure·ly** adverb

purple¹ pers As jy blou en rooi meng, kry jy **pers**. If you mix blue and red, you get **purple**.

☐ **pur·ple** noun (no plural)

purple² pers Sy dra 'n **pers** rok met 'n wit kraag. She is wearing a **purple** dress with a white collar.

☐ **pur·ple** adjective

purpose doel Die **doel** van die vergadering is om die skoolkonsert te bespreek. The **purpose** of the meeting is to discuss the school concert.

◆ **on purpose** opsetlik, met opset "Moenie vir my kwaad wees nie; ek het nie jou pen **opsetlik** (OF met opset) gebreek nie." "Don't be angry with me; I didn't break your pen **on purpose**."

☐ **pur·pose** noun (plural **purposes**)

purr spin Katte **spin** as hulle gelukkig is. Cats **purr** when they are happy.

☐ **purr** verb (past tense and past participle **purred**, present participle **purring**)

purse beursie "Hoeveel geld het jy in jou **beursie**?" "How much money do you have in your **purse**?"

☐ **purse** noun (plural **purses**)

push ❶ stoot "**Stoot** asseblief die laai toe." "Please **push** the drawer shut." ❷ druk Ons moes deur die skare **druk** om by die hek te kom. We had to **push** through the crowd to get to the gate. ❸ stamp Hy het gedreig om haar in die water te **stamp**. He threatened to **push** her into the water.

◆ **push in** indruk [a] "Jy moet dié knoppie **indruk** om die televisie aan te skakel." "You must **push** this but= ton **in** to switch on the television." [b] "Moenie in= druk nie – gaan staan agter in die tou!" "Don't **push in** – go and stand at the back of the queue!"

◆ **push over** omstoot 'n Olifant kan 'n boom sommer maklik **omstoot**. An elephant can **push over** a tree quite easily.

◆ **push up** uitstoot Ek moes my fiets teen die steil bult **uitstoot**. I had to **push** my bicycle **up** the steep hill.

☐ **push** verb (past tense and past participle **pushed**, present participle **pushing**)

put ❶ sit [a] "**Sit** die vleis in die yskas, anders word dit sleg." "**Put** the meat in the fridge, otherwise it will go bad." [b] Hy het nog hout op die vuur **gesit**. He put some more wood on the fire. [c] Sy het die baba in die bed **gesit**. She **put** the baby to bed. [d] Hy het sy

vinger op sy lippe **gesit** en gefluister: "Sjuut, bly stil." He **put** his finger to his lips and whispered, "Sh, be quiet." [e] Die juffrou **het** die kinders aan die werk ge= **sit** voor sy na die hoof is. The teacher **put** the children to work before she went to the principal. ❷ sit, plaas Maak die jellie aan en **sit/plaas** dit in die yskas om te stol. Mix the jelly and **put** it in the fridge to set. ❸ plaas "Betaal u kontant vir dié rok, of sal ek dit op u rekening **plaas**?" "Are you paying cash for this dress, or shall I **put** it on your account?" ❹ gooi [a] "Moenie te veel suiker in my tee **gooi** nie." "Don't **put** too much sugar in my tea." [b] Hy het die brief in die posbus **gegooi**. He **put** the letter into the post-box. ❺ steek "**Steek** die geld in jou sak." "**Put** the money in your pocket." ❻ smeer Ek het salf by die apteek gekry om aan die seer op my been te **smeer**. I got some ointment from the chem= ist to **put** on the sore on my leg. ❼ maak Sy het die baba aan die slaap probeer **maak**. She tried to **put** the baby to sleep. ❽ plak "Moenie vergeet om 'n seël op die brief te **plak** nie." "Don't forget to **put** a stamp on the letter." ❾ stel [a] "Laat ek dit duidelik **stel**: kinders wat nie hul huiswerk doen nie, kry straf!" "Let me **put** it clearly: children who don't do their homework get punished!" [b] Sy het 'n vraag aan die spreker **gestel**. She **put** a question to the speaker. ❿ stapel Hy het my gevra om die dose teen die muur opmekaar te **stapel**. He asked me to **put** the boxes one on top of the other against the wall. ⓫ bestee Die seun **bestee** baie tyd aan sy huis= werk. The boy **puts** a lot of time into his homework.

◆ **put away** wegsit, wegpak, bêre "Ma sê jy moet jou speelgoed in die kas **wegsit/wegpak/bêre**." "Mum says you must **put** your toys **away** in the cupboard."

◆ **put back** terugsit "Wil jy ook 'n bietjie melk hê, of kan ek die bottel maar in die yskas **terugsit**?" "Would you like some milk too, or may I **put** the bottle **back** in the fridge?"

◆ **put down** neersit, neerlê "Kinders, die tyd is om. Julle moet jul penne **neersit/neerlê** en jul vraestelle ingee." "Children, time is up. You must **put down** your pens and hand in your papers."

◆ **put in** ❶ insit Ons gaan 'n nuwe bad laat **insit**. We are having a new bath **put in**. ❷ insteek "Is daar genoeg blomme in die pot, of sal ek nog 'n paar **insteek**?" "Are there enough flowers in the pot, or shall I **put in** a few more?" ❸ ingooi "Moenie vir my suiker **ingooi** nie – ek drink my koffie bitter." "Don't **put in** sugar for me – I have my coffee bitter."

◆ **put off** ❶ uitstel Ek het verkoue en sal my afspraak met die tandarts tot volgende week moet **uitstel**. I have a cold and will have to **put off** my appointment with the dentist until next week. ❷ afsit, afskakel [a] "Kan ek maar die radio **afsit/afskakel**, of luister jy nog daar= na?" "May I **put off** the radio, or are you still listen= ing to it?" [b] "Onthou om die ligte **af te skakel/sit** voordat jy gaan slaap." "Remember to **put off** the lights before you go to bed." ❸ afsit Sy het op die bus geklim en vir die bestuurder gesê: "Sal jy my by die stasie *afsit, asseblief?*" She got on the bus and said to the driver, "Would you kindly **put** me **off** at the station?" ◻4 hinder *Sy slegte tafelmaniere hinder my.* His bad table manners **put** me **off.** ◻5 lus bederf *"Hoe kan jy daardie kaas eet? Die reuk alleen is genoeg om 'n mens se lus te bederf!"* "How can you eat that cheese? The smell alone is enough to **put** one **off!**" ◻6 van stryk bring *Mense het die politikus van stryk probeer bring deur opmerkings tydens sy toespraak te skree.* People tried to **put** the politician **off** by shouting remarks during his speech.

◆ **put on** ◻1 aantrek *"Dis koud buite; jy moet 'n warm trui aantrek."* "It's cold outside; you must **put on** a warm jersey." ◻2 aanskakel, aansit *"Sal ek die lig aanskakel/aansit? Dis 'n bietjie donker hier binne."* "Shall I **put on** the light? It's a bit dark in here." ◻3 aansit [a] *"Ek het nie lus nie, maar ek sal seker 'n das moet aansit."* "I don't feel like it, but I suppose I'll have to **put on** a tie." [b] *Ek sal op dieet moet gaan, want ek het te veel gewig aangesit.* I'll have to go on a diet because I've **put on** too much weight. ◻4 opsit *"Wag, laat ek my bril opsit – ek kan nie die fyn druk in die koerant lees nie."* "Wait, let me **put on** my glasses – I can't read the small print in the newspaper." ◻5 aansmeer *"Ek is amper klaar! Ek moet nog net my hare kam en 'n bietjie lipstiffie aansmeer."* "I'm almost ready! I just have to comb my hair and **put on** some lipstick."

◆ **put out** ◻1 uitsteek [a] *"Moenie jou tong vir my uitsteek nie, jou onbeskofte ding!"* "Don't **put** your tongue **out** at me, you rude thing!" [b] *Sy het haar hand uitgesteek om die klokkie te lui.* She **put out** her hand to ring the bell. ◻2 uitsit *Dis in ons huis die reël dat die een wat laaste bed toe gaan, die hond uitsit.* In our house it is the rule that the one who goes to bed last **puts out** the dog. ◻3 afskakel, afsit *"Kan ek maar die lig afskakel/afsit, of wil jy nog lees?"* "May I **put out** the light, or do you still want to read?" ◻4 blus *"Blus die vuur voordat dit versprei!"* "**Put out** the fire before it spreads!" ◻5 doodmaak *"Sal u asseblief u sigaret doodmaak? U mag nie in die bioskoop rook nie."* "Will you please **put out** your cigarette? You are not allowed to smoke in the cinema."

◆ **put together** aan mekaar sit *Hulle verkoop die tafel in vyf stukke wat jy self aan mekaar moet sit.* They sell the table in five pieces which you have to **put together** yourself.

◆ **put up** ◻1 opsteek *"Sal almal wat onder vyftien is, asseblief hul hande opsteek?"* "Will everyone who is under fifteen please **put up** their hands?" ◻2 verhoog *Hulle gaan die busgeld van 68c tot 75c per kaartjie verhoog.* They are going to **put up** the bus fare from 68c to 75c per ticket. ◻3 bou *Pa het besluit om 'n muur tussen ons huis en die bure s'n te bou.* Dad has decided to **put up** a wall between our house and the neighbours'. ◻4 opsit *Die huis het die stadium bereik dat die bouers die dak kan opsit.* The house has reached the stage where the builders can **put up** the roof. ◻5 slaapplek gee *Die hotel is vol – hulle kan nie aan ons slaapplek gee nie.* The hotel is full – they can't **put** us **up.** ◻6 opslaan *"Dit lyk na 'n lekker plek dié. Sal ek die tent hier opslaan?"* "This looks like a nice spot. Shall I **put up** the tent here?"

◆ **put up with** verdra *As jy naby 'n stasie woon, moet jy heelwat geraas verdra.* If you live near a station you have to **put up with** a good deal of noise.

☐ **put** *verb (past tense and past participle* **put,** *present participle* **putting)**

pyjamas nagklere *Hy het gebad, sy nagklere aangetrek en in die bed geklim.* He had a bath, put on his **pyjamas** and got into bed.

☐ **py·ja·mas** *plural noun*

Q

quack kwaak *Eende **kwaak** en voëls kwetter.* Ducks **quack** and birds chirp.
□ **quack** *verb (past tense and past participle **quacked**, present participle **quacking**)*

quality ❶ gehalte *Speelgoed van swak **gehalte** breek maklik.* Toys of poor **quality** break easily. ❷ eienskap *'n **Eienskap** van water is dat dit in stoom verander as jy dit kook.* A **quality** of water is that it changes into steam when you boil it.
□ **qual·i·ty** *noun (no plural at 1; **qualities** at 2)*

quantity hoeveelheid *'n Groot **hoeveelheid** water het uit die stukkende tenk gelek.* A large **quantity** of water leaked from the broken tank.
□ **quant·i·ty** *noun (plural **quantities**)*

quarrel¹ rusie *As die twee broers **rusie** maak, loop dit dikwels op 'n vuisgeveg uit.* When the two brothers have a **quarrel**, it often ends in a fist-fight.
◆ **pick a quarrel** rusie soek *'n Bullebak sal altyd **rusie soek** met iemand wat kleiner as hy is.* A bully will always **pick a quarrel** with someone smaller than himself.
□ **quar·rel** *noun (plural **quarrels**)*

quarrel² rusie maak *As die twee broers **rusie maak**, loop dit dikwels op 'n vuisgeveg uit.* When the two brothers **quarrel**, it often ends in a fist-fight.
□ **quar·rel** *verb (past tense and past participle **quarrelled**, present participle **quarrelling**)*

quarter ❶ kwart [a] *"Hoe laat is dit?" – "Dis **kwart** voor tien."* "What is the time?" – "It's (a) **quarter** to ten." [b] *"Verdeel die appel in een halwe en twee **kwarte**."* "Divide the apple into one half and two **quarters**." ❷ kwartaal *Januarie, Februarie en Maart vorm die eerste **kwartaal** van die jaar.* January, February and March form the first **quarter** of the year.
◆ **a quarter of a** 'n kwart *250 g is **'n kwart** kilogram.* 250 g is **a quarter of a** kilogram.
◆ **quarter of an hour** kwartier *Daar is 15 minute in 'n **kwartier**.* There are 15 minutes in a **quarter of an hour.**
◆ **three quarters of an hour** driekwartier *Daar is 45 minute in 'n **driekwartier**.* There are 45 minutes in **three quarters of an hour**.
□ **quar·ter** *noun (plural **quarters**)*

queen ❶ koningin *Elizabeth II het in 1952 **koningin** van Groot-Brittanje en Noord-Ierland geword.* Elizabeth II became **queen** of Great Britain and Northern Ireland in 1952. ❷ vrou *In baie kaartspelle tel die **vrou** tien punte.* In many card games the **queen** counts for ten points.
□ **queen** *noun (plural **queens**)*

quench les *Sy het 'n glas water gedrink om haar dors te les.* She drank a glass of water to **quench** her thirst.
□ **quench** *verb (past tense and past participle **quenched**, present participle **quenching**)*

question¹ vraag [a] *"Ek het jou 'n **vraag** gevra – hoe= kom antwoord jy my nie?"* "I asked you a **question** – why don't you answer me?" [b] *Sy het al die **vrae** korrek beantwoord en vol punte in die toets gekry.* She answered all the **questions** correctly and got full marks in the test.
◆ **question mark** vraagteken *Daar is 'n **vraagteken** aan die end van die sin "Wat is jou naam?"* There is a **question mark** at the end of the sentence "What is your name?"
□ **ques·tion** *noun (plural **questions**)*

question² ❶ uitvra *Sy het hom oor sy nuwe meisie begin **uitvra**.* She started to **question** him about his new girlfriend. ❷ ondervra *Ek wonder hoekom die polisie hom wil **ondervra**? Het hy iets verkeerds gedoen?* I wonder why the police want to **question** him? Did he do something wrong?
□ **ques·tion** *verb (past tense and past participle **questioned**, present participle **questioning**)*

queue tou *Daar was 'n lang **tou** mense by die bushalte.* There was a long **queue** of people at the bus stop.
□ **queue** *noun (plural **queues**)*

queue (up) toustaan *Ons moes omtrent twintig minute lank **toustaan** om by die bioskoop in te kom.* We had to **queue (up)** for about twenty minutes to get into the cinema.
□ **queue** *verb (past tense and past participle **queued**, present participle **queuing**)*

quick ❶ gou *"Het jy die skottelgoed al klaar gewas? Gits, maar dit was **gou**!"* "Have you washed the dishes al= ready? Gosh, but that was **quick**!" ❷ rats *Die kat het weggekom – sy was te **rats** vir die hond.* The cat got away – she was too **quick** for the dog. ❸ vinnig [a] *Walter is **vinnig** met somme.* Walter is **quick** at sums. [b] *Cynthia is 'n **vinnige** werker.* Cynthia is a **quick** worker.
◆ **be quick!** maak gou! *"**Maak gou**; ek is haastig!"* "Be quick; I'm in a hurry!"
◆ **quick to** gou klaar om te *My oom is baie kwaai en is **gou klaar om** sy kinders **te** straf.* My uncle is very strict and is **quick to** punish his children.
□ **quick** *adjective **quicker**, **quickest***

quickly ❶ gou *"Anna, kom **gou** hier; ek wil jou iets wys."* "Anna, come here **quickly**; I want to show you something." ❷ vinnig *Babas groei nie so **vinnig** soos hondjies of katjies nie.* Babies don't grow as **quickly** as puppies or kittens.
□ **quick·ly** *adverb*

quiet[1] ❶ stilte *Klank trek ver in die **stilte** van die nag.* Sound travels far in the **quiet** of the night. ❷ rus *'n Mens het geen **rus** en vrede met daardie lawaaierige kinders in die rondte nie.* One has no peace and **quiet** with those noisy children about.

□ **qui·et** *noun (no plural)*

quiet[2] stil *Dit was so **stil** in die biblioteek dat jy 'n speld kon hoor val.* It was so **quiet** in the library that you could hear a pin drop.

◆ **be quiet, keep quiet** stilbly *"Kinders, sal julle asseblief **stilbly**! Die baba slaap."* "Children, will you please **be/keep quiet**! The baby is sleeping."

◆ **(be) quiet!, keep quiet!** hou jou mond!, bly stil! *"**Hou jou mond** (OF **Bly stil**)! Ek wil nie nog 'n woord van jou hoor nie!"* "**Quiet** (OR **Be quiet** OR **Keep quiet**)! I don't want to hear another word from you!"

◆ **keep quiet** stil hou **[a]** *"**Hou** asseblief die kinders **stil** terwyl ek oor die telefoon praat."* "Please **keep** the children **quiet** while I'm speaking on the telephone." **[b]** *"Hou dit **stil** – moet niemand van ons planne vertel nie."* "**Keep** it **quiet** – don't tell anybody about our plans."

□ **qui·et** *adjective* **quieter, quietest**

quietly ❶ stil *Die kinders het **stil** na die storie gesit en luister.* The children sat **quietly** listening to the story. ❷ soetjies, saggies *Hy het sy skoene uitgetrek en **soetjies/saggies** in die gang afgeloop.* He took off his shoes and walked **quietly** down the passage. ❸ stilletjies *"Kom ons verdwyn **stilletjies** – ek is seker niemand by die partytjie sal ons mis nie."* "Let's disappear

quietly – I'm sure no one at the party will miss us."

□ **qui·et·ly** *adverb*

quite ❶ taamlik, nogal *Dis **taamlik/nogal** warm vandag.* It is **quite** hot today. ❷ heeltemal *Die handdoeke is nog nie **heeltemal** droog nie.* The towels aren't **quite** dry yet. ❸ heel *Daar is niks besonders aan sy nuwe fiets nie – dis **heel** gewoon.* There is nothing special about his new bike – it's **quite** ordinary. ❹ sommer *'n Olifant kan 'n boom **sommer** maklik omstoot.* An elephant can push over a tree **quite** easily. ❺ mooi *"Julle was almal so goed vir my, ek weet nie **mooi** wie om eerste te bedank nie!"* "You were all so good to me, I don't **quite** know who to thank first!" ❻ maar *Die koppie is **maar** laag – dit sal ons nie meer as tien minute kos om tot bo te klim nie.* The koppie is **quite** low – it won't take us more than ten minutes to climb to the top.

◆ **quite a/an** nogal 'n *Om ses A's in matriek te kry is **nogal 'n** prestasie.* Getting six A's in matric is **quite an** achievement.

◆ **quite a few** 'n hele paar *'n **Hele paar** van die kinders in ons klas is siek.* **Quite a few** of the children in our class are ill.

◆ **quite a lot of** heelwat, taamlik baie *Daar was **heelwat** (OF **taamlik baie**) mense by haar troue.* There were **quite a lot of** people at her wedding.

◆ **quite a number of** 'n hele paar, 'n hele aantal *Ons woon al 'n **hele paar** jaar (OF 'n **hele aantal** jare) in dié huis.* We have lived in this house for **quite a number of** years.

◆ **quite some time** ⇨ **some**[1].

□ **quite** *adverb*

R

rabbit konyn *'n Konyn lyk soos 'n haas, maar is effens kleiner.* A **rabbit** looks like a hare but is slightly smaller.

☐ **rab·bit** *noun (plural* **rabbits***)*

race[1] **◻** wedloop *Mark het die vinnigste gehardloop en die **wedloop** gewen.* Mark ran the fastest and won the **race**. **◻** wedren *Die swart perd is ver voor en sal waar= skynlik die **wedren** wen.* The black horse is far ahead and should win the **race**.

◆ **have a race** re(i)sies jaag *Hy het op sy fiets gespring en na sy maat geroep: "Kom ons **jaag re(i)sies** en kyk wie's eerste by die huis!"* He hopped on his bike and called to his friend, "Let's **have a race** and see who's home first!"

◆ **have/run a race** re(i)sies hardloop *"Kom ons **hardloop re(i)sies** en kyk wie's eerste by die huis!"* "Let's **have/run a race** and see who's home first!"

◆ **let's have a race to see who ◻** kom ons kyk wie ... die vinnigste *"Kom ons kyk wie **swem die vin= nigste!**"* "**Let's have a race to see who** swims the fastest!" **◻** kom ons kyk wie's eerste *"Kom ons kyk wie's eerste met sy werk klaar!"* "**Let's have a race to see who** finishes his work first!"

☐ **race** *noun (plural* **races***)*

race[2] **◻** re(i)sies hardloop *"Kom ons **hardloop re(i)= sies** en kyk wie's eerste by die huis!"* "Let's **race** and see who's home first!" **◻** re(i)sies jaag *Hy het op sy fiets gespring en na sy maat geroep: "Kom ons **jaag re(i)sies** en kyk wie's eerste by die huis!"* He hopped on his bike and called to his friend, "Let's **race** and see who's home first!" **◻** hardloop *Die polisieman het oor die muur gespring en agter die dief aan **gehardloop**.* The policeman jumped over the wall and **raced** after the thief. **◻** jaag **[a]** *Ek moes **jaag** om betyds klaar te kry.* I had to **race** to finish in time. **[b]** *Die motorfietse het om die baan **gejaag**.* The motorbikes **raced** round the track.

◆ **I'll race you** kom ons kyk wie's eerste *"Kom ons **kyk wie's eerste** by die huis!"* "**I'll race you** home!"

◆ **let's race to see who ◻** kom ons kyk wie ... die vinnigste *"Kom ons kyk wie **swem die vinnigste!**"* "**Let's race to see who** swims the fastest!" **◻** kom ons kyk wie's eerste *"Kom ons kyk **wie's eerste** met sy werk klaar!"* "**Let's race to see who** finishes his work first!"

◆ **race against/with ◻** re(i)sies hardloop teen *Agt atlete gaan **teen** mekaar **re(i)sies hardloop**.* Eight athletes are going to **race against/with** each other. **◻** re(i)sies jaag teen *Twaalf motorfietse gaan **teen** mekaar **re(i)sies jaag**.* Twelve motorbikes are going to **race against/with** each other.

◆ **race someone to ...** met iemand ... toe jaag *Hulle moes **met** die siek kind hospitaal **toe jaag**.* They had to **race** the sick child **to** hospital.

☐ **race** *verb (past tense and past participle* **raced***, pre= sent participle* **racing***)*

racing car renmotor *Die **renmotor** het met 'n gewel= dige snelheid om die baan gejaag.* The **racing car** went round the track at a tremendous speed.

☐ **ra·cing car** *noun (plural* **racing cars***)*

rack rak *Die elektrisiën se paneelwa het 'n **rak** op die dak vir sy leer.* The electrician's van has a **rack** on the roof for his ladder.

☐ **rack** *noun (plural* **racks***)*

racket raket *Die tennisspeler het die bal so hard geslaan dat hy 'n snaar in sy **raket** gebreek het.* The tennis player hit the ball so hard that he broke a string in his **racket**.

☐ **rack·et** *noun (plural* **rackets***)*

radio radio *Hy het die **radio** aangeskakel om na die nuus te luister.* He switched on the **radio** to listen to the news.

☐ **ra·di·o** *noun (plural* **radios***)*

rail **◻** reling *Sy het haar hand op die **reling** gehou toe sy met die trap afloop.* She kept her hand on the **rail** as she walked down the stairs. **◻** spoor *Treine loop op twee **spore**.* Trains run on two **rails**.

◆ **by rail** per spoor *Dit duur omtrent 25 uur om **per spoor** van Johannesburg na Kaapstad te reis.* It takes about 25 hours to travel from Johannesburg to Cape Town **by rail**.

☐ **rail** *noun (plural* **rails***)*

railing tralie *Die aap het sy arm deur die **tralies** van die hok gesteek.* The monkey stuck its arm through the **railings** of the cage.

☐ **rail·ing** *noun (usually plural* **railings***)*

railway spoorweg *Hy werk by/vir die **spoorweë** as kondukteur.* He works on/for the **railways** as a con= ductor.

◆ **railway line** spoorlyn, treinspoor *Daar is 'n brug oor die **spoorlyn/treinspoor** vir voetgangers.* There is a bridge over the **railway line** for pedestrians.

☐ **rail·way** *noun (usually plural* **railways***)*

rain[1] reën *"Moenie sonder 'n sambreel of 'n reënjas in die **reën** uitgaan nie."* "Don't go out in the **rain** without an umbrella or a raincoat."

☐ **rain** *noun (no plural)*

rain[2] reën *"Neem 'n sambreel saam; dalk **reën** dit."* "Take an umbrella with you; it might **rain**."

☐ **rain** *verb (past tense and past participle* **rained***, pre= sent participle* **raining***)*

rainbow reënboog *As die son skyn terwyl dit reën, kan 'n* *reënboog in die lug ontstaan.* When the sun shines while it is raining, a **rainbow** can form in the sky.

☐ **rain·bow** *noun (plural* **rainbows***)*

raincoat reënjas *"Moenie sonder 'n sambreel of 'n reënjas in die reën uitgaan nie."* "Don't go out in the rain without an umbrella or a **raincoat**."

☐ **rain·coat** *noun (plural* **raincoats***)*

rainy ◳ reënerig *Dis te reënerig om vandag te was – die wasgoed sal nie droog word nie.* It's too **rainy** to wash today – the washing won't get dry. ◲ reën= *Die reënseisoen in Transvaal begin gewoonlik teen Oktober se kant.* The **rainy** season in the Transvaal usually starts towards October.

☐ **rain·y** *adjective* **rainier, rainiest**

raise ◳ lig *My skouer is so seer dat ek nie my arm bo my kop kan lig nie.* My shoulder is so sore that I can't **raise** my arm above my head. ◲ opsteek *"Sal almal wat onder vyftien is, asseblief hul hande opsteek?"* "Will everyone who is under fifteen please **raise** their hands?" ◳ hoër maak *"Die muur is te laag; maak dit 'n halwe meter hoër."* "The wall is too low; **raise** it by half a metre." ◳ verhoog *Hulle gaan die busgeld van 68c tot 75c per kaartjie verhoog.* They are going to **raise** the bus fare from 68c to 75c per ticket. ◳ grootmaak *Na haar man se dood moes sy haar kinders alleen grootmaak.* After her husband's death she had to **raise** her children on her own. ◳ insamel *Skole kan geld insamel deur konserte te hou.* Schools can **raise** money by holding concerts.

☐ **raise** *verb (past tense and past participle* **raised***, present participle* **raising***)*

raisin rosyntjie *'n Rosyntjie is 'n gedroogde druiwekorrel.* A **raisin** is a dried grape.

☐ **rai·sin** *noun (plural* **raisins***)*

rake¹ hark *Die tuinier het die grond met 'n hark gelykgemaak.* The gardener smoothed the soil with a **rake**.

☐ **rake** *noun (plural* **rakes***)*

rake² hark *"Hark die dooie blare op 'n hoop."* "**Rake** the dead leaves into a heap."

☐ **rake** *verb (past tense and past participle* **raked***, present participle* **raking***)*

ram ram *'n Ram is 'n manlike skaap.* A **ram** is a male sheep.

☐ **ram** *noun (plural* **rams***)*

rand rand *'n Rand (R1,00) is 100 sent werd.* A **rand** (R1,00) is worth 100 cents.

☐ **rand** *noun (plural* **rands***)*

In writing, use the word **rand** when you mean the standard unit of money of South Africa and the abbreviation **R** when you mean an amount of money: *A rand is divided into 100 cents. I paid R25 for the book.*

⇨ **measurement** [NOTE].

rare ◳ seldsaam *Sommige diere is so seldsaam dat hulle gevaar loop om uit te sterf.* Some animals are so **rare** that they are in danger of dying out. ◲ ongewoon, buitengewoon *Dis ongewoon/buitengewoon om sneeu*

in die somer te sien. It is **rare** to see snow in summer.

◆ **it is rare for ... to** dis selde dat *Ek is bekommerd oor Anna – dis selde dat sy so laat huis toe kom.* I'm worried about Anna – **it is rare for** her **to** come home so late.

☐ **rare** *adjective* **rarer, rarest**

rarely selde *Dit sneeu baie selde in die somer.* It very **rarely** snows in summer.

☐ **rare·ly** *adverb*

rat rot *'n Rot lyk soos 'n muis, maar is veel groter.* A **rat** looks like a mouse but is much bigger.

☐ **rat** *noun (plural* **rats***)*

rather ◳ taamlik, nogal *Dis taamlik/nogal warm vandag.* It is **rather** hot today. ◲ 'n bietjie *Ons is 'n bietjie vroeg – die trein kom eers oor twintig minute aan.* We are **rather** early – the train arrives in only twenty minutes. ◳ maar *Ons huis is maar eenvoudig – dis alles behalwe deftig.* Our house is **rather** plain – it is anything but smart.

◆ **or rather** of liewer/liewers *My ma is, of liewer/liewers was, 'n verpleegster – sy werk nie meer nie.* My mother is, **or rather** was, a nurse – she no longer works.

◆ **rather not** liewer/liewers nie *"Wat staan in sy brief?" – "Ek wil liewer/liewers nie sê nie."* "What does his letter say?" – "I'd **rather not** tell."

◆ **rather than** eerder as *George eerder as Tom het die prys verdien, want hy het die hardste gewerk.* George **rather than** Tom deserved the prize, because he had worked the hardest.

◆ **would rather** wil liewer/liewers *Ek het nie lus om vanaand uit te gaan nie; ek wil liewer/liewers by die huis bly.* I don't feel like going out tonight; I **would rather** stay at home.

◆ **would rather ... than** ◳ sou liewer/liewers ... as om *Ek sou liewer/liewers by die huis bly as om vanaand uit te gaan.* I **would rather** stay at home **than** go out tonight. ◲ sal liewer/liewers ... as *Ek sal dit liewer/liewers vandag as môre doen.* I **would rather** do it today **than** tomorrow.

☐ **ra·ther** *adverb*

raw rou *'n Mens kan die meeste groente gaar of rou eet.* One can eat most vegetables cooked or **raw**.

☐ **raw** *adjective* **rawer, rawest**

ray straal *Die strale van die son kan skadelik wees vir jou vel.* The **rays** of the sun can be harmful to your skin.

◆ **ray of ...** =straal *Toe ek die deur oopmaak, het 'n ligstraal oor die vloer geval.* When I opened the door a **ray of** light fell across the floor.

☐ **ray** *noun (plural* **rays***)*

razor skeermes *Hy het sy baard met 'n skeermes afgeskeer.* He shaved his beard off with a **razor**.

☐ **ra·zor** *noun (plural* **razors***)*

reach¹ bereik **[a]** *Ons woon binne maklike bereik van die stasie.* We live within easy **reach** of the station. **[b]** *Die bottel gif staan op 'n hoë rak, buite bereik van die* *kleintjies*. The bottle of poison is on a high shelf, out of **reach** of the little ones.

☐ **reach** *noun (no plural)*

reach² ❶ bykom *As ek op my tone staan, kan ek net-net die boeke op die boonste rak bykom.* If I stand on my toes, I can only just **reach** the books on the top shelf. ❷ kom tot by *In die vlak kant van die swembad kom die water tot by my middel.* In the shallow end of the swimming pool the water **reaches** my waist. ❸ kom by *"Draai links as jy by die verkeerslig kom."* "Turn left when you **reach** the traffic light." ❹ aankom in *Volgens die tydtafel sal die trein om 20:00 in Johannesburg aankom.* According to the timetable the train will **reach** Johannesburg at 20:00. ❺ aankom op *Die trein het om 20:00 op Britstown aangekom.* The train **reached** Britstown at 20:00. ❻ bereik [a] *"Kan 'n mens jou per telefoon bereik?"* "Can one **reach** you by phone? [b] *My oupa het die hoë ouderdom van 90 bereik.* My grandfather **reached** the ripe old age of 90. [c] *Haar brief het my nooit bereik nie.* Her letter never **reached** me. ❼ strek [a] *Die boer se grond strek tot by die rivier.* The farmer's land **reaches** as far as the river. [b] *"Kan jy die bal in die hande kry?" – "Nee, ek kan nie so ver strek nie."* "Can you get hold of the ball?" – "No, I can't **reach** so far." ❽ haal *Die span moet nog net een wedstryd wen om die eindstryd te haal.* The team needs to win only one more match to **reach** the final.

◆ **reach down to** ❶ hang tot op *Die gordyne hang tot op die vloer.* The curtains **reach down to** the floor. ❷ hang tot by *Haar rok hang tot by haar enkels.* Her dress **reaches down to** her ankles.

◆ **reach for** die hand uitsteek na *Hy het sy hand na die suiker uitgesteek.* He **reached for** the sugar.

☐ **reach** *verb (past tense and past participle* **reached,** *present participle* **reaching)**

read ❶ lees *Pa kan nie die fyn druk in die koerant sonder sy bril lees nie.* Dad can't **read** the small print in the newspaper without his glasses. ❷ sê, lui *Die kennisgewing op die deur sê/lui "Oor tien minute terug".* The notice on the door **reads** "Back in ten minutes". ❸ wys *My horlosie is voor – dit wys 13:10 in plaas van 13:00.* My watch is fast – it **reads** 13:10 instead of 13:00.

◆ **read out** aflees *Die hoof sal môre in die saal die name van die nuwe prefekte aflees.* Tomorrow at assembly the principal will **read out** the names of the new prefects.

◆ **read through** deurlees *Die boek is te dik – ek sal dit nie binne 'n dag kan deurlees nie.* The book is too thick – I won't be able to **read through** it in a day.

◆ **read to** lees vir, voorlees aan *"Kinders, ek gaan die storie van Rooikappie vir julle lees* (OF *aan julle voorlees)."* "Children, I'm going to **read** the story of Little Red Riding Hood **to** you."

☐ **read** *verb (past tense and past participle* **read,** *present participle* **reading)**

reader leser *Hy is 'n ywerige leser en neem dikwels boeke by die biblioteek uit.* He is a keen **reader** and often takes out books from the library.

☐ **read·er** *noun (plural* **readers)**

ready ❶ klaar *"Ek is amper klaar! Ek moet nog net my hare kam."* "I'm almost **ready**! I just have to comb my hair." ❷ gereed *"Die ete is gereed – kom asseblief tafel toe!"* "Dinner is **ready** – please come to the table!" ❸ reg [a] *Die trein staan reg om te vertrek.* The train is **ready** to depart. [b] *"Is jy reg om te gaan?" – "Ja, my tasse is gepak."* "Are you **ready** to go?" – "Yes, my bags are packed." ❹ gewillig, bereid *"Is jy gewillig/bereid om te help?"* "Are you **ready** to help?"

☐ **read·y** *adjective* **readier, readiest**

real ❶ eg *"Is die blom eg?"* – *"Nee, dis van plastiek gemaak."* "Is the flower **real**?" – "No, it's made of plastic." ❷ werklike *Hy speel die rol van 'n Duitser in die prent, maar in die werklike lewe is hy 'n Amerikaner.* He plays the role of a German in the film, but in **real** life he is an American. ❸ eintlike *Hy verf op die oomblik huise, maar sy eintlike werk is om te messel.* He paints houses at the moment, but his **real** job is to lay bricks. ❹ ware *Hy sê die pad was glad, maar die ware oorsaak van die ongeluk was dat hy te vinnig gery het.* He says the road was slippery, but the **real** cause of the accident was that he had been speeding. ❺ regte [a] *Sy regte naam is Thomas, maar sy maats noem hom Tom.* His **real** name is Thomas, but his friends call him Tom. [b] *Hy is 'n regte bullebak en soek gedurig rusie met kinders wat kleiner as hy is.* He is a **real** bully and is forever picking fights with children smaller than himself.

☐ **real** *adjective*

realize, realise besef *"Hoekom rook jy? Besef jy dan nie hoe sleg dit vir jou gesondheid is nie?"* "Why do you smoke? Don't you **realize/realise** how bad it is for your health?"

☐ **re·a·lize, re·a·lise** *verb (past tense and past participle* **realized, realised,** *present participle* **realizing, realising)**

really ❶ werklik, regtig [a] *"Jy moet dié boek lees – dis werklik/regtig baie goed."* "You must read this book – it's **really** very good." [b] *"Ek kan jou werklik/regtig nie genoeg vir jou hulp bedank nie."* "I **really** can't thank you enough for your help." [c] *"Ek jok nie vir jou nie; dit het werklik/regtig gebeur."* "I'm not lying to you; it **really** happened." ❷ eintlik *"Het jy die prent geniet?"* – *"Nie eintlik nie; dit was te lank."* "Did you enjoy the film?" – "Not **really**; it was too long." ❸ tog *"Jy verwag tog seker nie dat ek dit moet glo nie!"* "You don't **really** expect me to believe that!" ❹ darem *Dis darem warm vandag.* It **really** is hot today.

☐ **re·al·ly** *adverb*

reason rede *Die rede waarom ek laat is, is dat ek op pad skool toe 'n pap band gekry het.* The **reason** why I'm late is that I got a puncture on my way to school.

☐ **rea·son** noun (plural **reasons**)

receipt kwitansie 'n **Kwitansie** dien as bewys dat jy vir iets betaal het. A **receipt** serves as proof that you have paid for something.

☐ **re·ceipt** noun (plural **receipts**)

receive ontvang, kry As ek die brief vandag pos, behoort hy dit oor so drie dae te **ontvang/kry**. If I post the letter today, he ought to **receive** it in about three days.

☐ **re·ceive** verb (past tense and past participle **received**, present participle **receiving**)

recent onlangs Dis 'n **onlangse** foto van my ouers – ek het dit 'n rukkie gelede geneem. This is a **recent** photograph of my parents – I took it a short time ago.

◆ **in recent years** in die laaste jare Baie dinge het **in die laaste jare** in Suid-Afrika verander. Many things have changed in South Africa **in recent years**.

☐ **re·cent** adjective **more recent, most recent**

recently onlangs "Ek kan sien jy het jou hare **onlangs** laat sny – dis nog baie kort." "I can see you've had your hair cut **recently** – it's still very short."

◆ **as recently as last ...** verlede ... nog Ek het hom **verlede Vrydag nog** by Cynthia se partytjie gesien. I saw him **as recently as last** Friday at Cynthia's party.

☐ **re·cent·ly** adverb

recipe resep "Kan ek die **resep** van jou heerlike sjokola-dekoek kry?" "May I have the **recipe** of your delicious chocolate cake?"

☐ **rec·i·pe** noun (plural **recipes**)

recite opsê Hy ken die gedig uit sy kop en kan dit **opsê** sonder om in 'n boek te kyk. He knows the poem by heart and can **recite** it without looking in a book.

☐ **re·cite** verb (past tense and past participle **recited**, present participle **reciting**)

reckon ❶ reken As jy van die 28ste November af **reken**, bly daar 34 dae oor tot aan die end van die jaar. If you **reckon** from the 28th of November, 34 days remain until the end of the year. ❷ tel, reken Ek **tel/reken** Lynette onder my vriende. I **reckon** Lynette as a friend (OR among my friends). ❸ dink "Hoe **dink** jy staan sy kanse om te wen?" "What do you **reckon** his chances are of winning?" ❹ skat Ek **skat** sy sal oor 'n uur of wat hier wees. I **reckon** (that) she'll be here in an hour or two.

◆ **reckon on** ❶ staatmaak op, reken op Hy is 'n getroue vriend – ek kan altyd **op** hom **staatmaak/reken** as ek hulp nodig het. He is a faithful friend – I can always **reckon on** him if I need help. ❷ daarop staatmaak/reken Jy kan nie **daarop staatmaak/reken** dat die goeie weer sal hou nie. You can't **reckon on** the good weather to last.

◆ **reckon (to be)** beskou Hulle **beskou** hom as een van Suid-Afrika se beste boksers. They **reckon** him **(to be)** one of South Africa's best boxers.

☐ **reck·on** verb (past tense and past participle **reck-oned**, present participle **reckoning**)

recognize ❶ herken "**Herken** jy die meisie op die foto?"

– "Ja, dis Christine." "Do you **recognize** the girl in the photograph?" – "Yes, it's Christine." ❷ erken Vandag **erken** al die lande van die wêreld Namibië as die naam vir Suidwes-Afrika. Today all the countries of the world **recognize** Namibia as the name for South West Africa.

◆ **recognize by** herken aan Jy kan 'n kameelperd **aan** sy lang nek **herken**. You can **recognize** a giraffe **by** its long neck.

☐ **rec·og·nize** verb (past tense and past participle **recognized**, present participle **recognizing**)

recognise is an alternative spelling for **recognize**

recommend aanbeveel Ek kan dié koek **aanbeveel;** dis heerlik. I can **recommend** this cake; it's delicious.

☐ **rec·om·mend** verb (past tense and past participle **recommended**, present participle **recommending**)

record ❶ plaat Hy luister na 'n **plaat** van Michael Jackson. He is listening to a **record** of Michael Jackson. ❷ rekord Die atleet het die **rekord** in die 100 meter gebreek. The athlete broke the **record** in the 100 metres.

◆ **record player** platespeler Die naald van die **plate-speler** was stomp en het die plaat gekrap. The needle of the **record player** was blunt and scratched the record.

☐ **rec·ord** noun (plural **records**)

recover gesond/beter word, herstel "Jy sal gou **ge-sond/beter word (**OF **herstel)** as jy dié medisyne drink." "You'll **recover** soon if you take this medicine."

☐ **re·cov·er** verb (past tense and past participle **recovered**, present participle **recovering**)

red[1] rooi As jy **rooi** en blou meng, kry jy pers. If you mix **red** and blue, you get purple.

☐ **red** noun (no plural)

red[2] rooi Sy sakdoek was **rooi** van die bloed. His hand-kerchief was **red** with blood.

☐ **red** adjective **redder, reddest**

redraw oorteken Ek moes die prent **oorteken** omdat ek 'n fout gemaak het. I had to **redraw** the picture because I had made a mistake.

☐ **re·draw** verb (past tense **redrew**, past participle **redrawn**, present participle **redrawing**)

reduce verlaag Winkels **verlaag** hul pryse wanneer hulle 'n uitverkoping hou. Shops **reduce** their prices when they have a sale.

◆ **reduce speed** stadiger ry "**Ry stadiger –** daar is 'n skerp draai in die pad." "**Reduce speed –** there is a sharp bend in the road."

☐ **re·duce** verb (past tense and past participle **reduced**, present participle **reducing**)

reed riet 'n **Riet** is 'n plant met 'n hol stingel wat naby water groei. A **reed** is a plant with a hollow stem that grows near water.

☐ **reed** noun (plural **reeds**)

refer to ❶ verwys na [a] Die dokter moes die pasiënt vir behandeling **na 'n** hospitaal **verwys**. The doctor had to refer the patient to a hospital for treatment. [b] *Sy het na Simon verwys toe sy van die seun met die diep stem gepraat het.* She referred to Simon when she spoke of the boy with the deep voice. **2** raadpleeg *Raadpleeg 'n woordeboek as jy nie weet hoe om 'n woord te spel nie.* Refer to a dictionary if you don't know how to spell a word.

□ re·fer to *phrasal verb (past tense and past participle* referred to, *present participle* referring to*)*

referee skeidsregter *Die skeidsregter het op sy fluitjie geblaas om die wedstryd te begin.* The referee blew his whistle to start the game.

□ ref·er·ee *noun (plural* referees*)*

refrigerator yskas, koelkas *'n Yskas/Koelkas hou kos koud.* A refrigerator keeps food cold.

□ re·frig·er·a·tor *noun (plural* refrigerators*)*

refuse[1] afval, vuilgoed, vullis *Sy het die afval/vuilgoed/vullis in die vuilgoedblik/vullisblik gegooi.* She threw the refuse into the dustbin.

□ ref·use *noun (no plural)*

refuse[2] weier *"Ek weier om jou geld te leen – jy betaal 'n mens nie terug nie."* "I refuse to lend you money – you don't pay one back."

□ re·fuse *verb (past tense and past participle* refused, *present participle* refusing*)*

regard beskou *Ek ken haar al jare lank en beskou haar as my beste vriendin.* I've known her for years and regard her as my best friend.

□ re·gard *verb (past tense and past participle* regarded, *present participle* regarding*)*

region streek *Die Bosveld is 'n streek in die oostelike deel van Transvaal.* The Bushveld is a region in the eastern part of the Transvaal.

□ re·gion *noun (plural* regions*)*

regular gereeld *"Hoe gereeld is jou besoeke aan die tandarts?" – "Ek gaan elke ses maande na hom toe."* "How regular are your visits to the dentist?" – "I see him every six months."

□ reg·u·lar *adjective*

regularly gereeld *"Hoe gereeld gaan jy tandarts toe?" – "Ek besoek hom elke ses maande."* "How regularly do you see the dentist?" – "I visit him every six months."

□ reg·u·lar·ly *adverb*

related verwant (aan/met mekaar) *Anna en Linda is na (aan/met mekaar) verwant – hulle is susters.* Anna and Linda are closely related – they are sisters.

◆ be related to familie wees (van) *"Is hy familie van jou (OF Is jy en hy familie)?" – "Ja, ons is neefs."* "Is he related to you?" – "Yes, we are cousins."

□ re·la·ted *adjective*

relation, relative familielid *Ek het net een familielid wat in Amerika woon: my pa se oudste broer.* I have only one relation/relative who lives in America: my father's eldest brother.

◆ be a relation/relative of familie wees (van) *"Is*

hy familie van jou (OF Is jy en hy familie)?" – "Ja, ons is neefs."* "Is he a relation/relative of yours?" – "Yes, we are cousins."

◆ close/near relations, close/near relatives na/ naby familie *Is Anna en Linda na/naby familie?" – "Ja, hulle is susters."* "Are Anna and Linda close/ near relations (OR close/near relatives)?" – "Yes, they're sisters."

◆ relations, relatives familie *Sy het al haar familie na haar troue genooi.* She invited all her relations/ relatives to her wedding.

□ re·la·tion, rel·a·tive *noun (plural* relations, relatives*)*

relationship verhouding *"Wat is die verhouding tussen Walter en Esther?" – "Hulle is broer en suster."* "What is the relationship between Walter and Esther?" – "They are brother and sister."

□ re·la·tion·ship *noun (plural* relationships*)*

release **1** loslaat, vrylaat *Ons kan nie die duif uit die hok loslaat/vrylaat voor sy vlerk mooi gesond is nie.* We can't release the pigeon from the cage until its wing is healed properly. **2** bevry *Die seun het die jakkals uit die val/strik probeer bevry.* The boy tried to release the fox from the trap. **3** losmaak *"Jy moet dié knoppie indruk as jy die motor se handrem wil losmaak."* "You must press this button in if you want to release the car's handbrake."

□ re·lease *verb (past tense and past participle* released, *present participle* releasing*)*

relief verligting *Wat 'n verligting – my hoofpyn is oor.* What a relief – my headache is over.

□ re·lief *noun (no plural)*

relieve verlig *"Drink dié pil – dit sal jou hoofpyn verlig."* "Take this pill – it will relieve your headache."

□ re·lieve *verb (past tense and past participle* relieved, *present participle* relieving*)*

relieved verlig *Sy was baie verlig toe sy hoor haar seun is veilig.* She was very relieved when she heard that her son was safe.

□ re·lieved *adjective*

religion **1** geloof *Hy was 'n Jood maar het van geloof verander en is nou 'n Christen.* He was a Jew but changed his religion and is now a Christian. **2** godsdiens *Islam is die godsdiens van die Moslems.* Islam is the religion of the Muslims.

□ re·li·gion *noun (plural* religions*)*

religious godsdienstig *Hy is diep godsdienstig en gaan elke Sondag kerk toe.* He is deeply religious and goes to church every Sunday.

□ re·li·gious *adjective* more religious, most religious

rely on **1** staatmaak op, reken op *Hy is 'n getroue vriend – ek kan altyd op hom staatmaak/reken as ek hulp nodig het.* He is a faithful friend – I can always rely on him if I need help. **2** daarop staatmaak/reken *Jy kan nie daarop staatmaak/reken dat die goeie weer sal hou nie.* You can't rely on the good weather lasting. **3** vertrou op *"Kan jy op haar vertrou om 'n geheim te bewaar?"* "Can you **rely on** her to keep a se=cret?"

☐ **re·ly on** *verb (past tense and past participle* **relied on**, *present participle* **relying on***)*

remain ❶ oorbly *"Gee die eetgoed wat na die partytjie oorbly, vir jou maats om huis toe te neem."* "Give the eats that **remain** after the party to your friends to take home." **❷** bly *As die telling drie elk bly, sal die wedstryd gelykop eindig.* If the score **remains** three all, the match will end in a draw.

◆ **remain behind** agterbly *"Klas, julle kan gaan. George en Philip, sal julle asseblief agterbly?"* "Class, you may go. George and Philip, will you please **remain behind?**"

☐ **re·main** *verb (past tense and past participle* **remained**, *present participle* **remaining***)*

remember onthou **[a]** *"Wat is sy naam?"* – *"Ek weet nie, ek kan nie onthou nie."* "What is his name?" – "I don't know, I can't **remember.**" **[b]** *"Onthou om die ligte af te sit voordat jy gaan slaap."* "**Remember** to switch off the lights before you go to bed."

☐ **re·mem·ber** *verb (past tense and past participle* **remembered**, *present participle* **remembering***)*

remind help onthou, daaraan herinner *"Help my asseblief onthou* (OF **herinner** *my asseblief daaraan) dat ek vir jou pa 'n koerant moet koop."* "Please **remind** me to buy a newspaper for your father."

◆ **remind of** laat dink aan *Daardie meisie laat my aan Lynette dink.* That girl **reminds** me **of** Lynette.

☐ **re·mind** *verb (past tense and past participle* **reminded**, *present participle* **reminding***)*

remove verwyder **[a]** *"Kelner, verwyder asseblief die vuil borde van die tafel."* "Waiter, please **remove** the dirty plates from the table." **[b]** *Hulle sê suikerwater kan bloedvlekke uit klere verwyder.* They say sugared water can **remove** blood stains from clothing.

☐ **re·move** *verb (past tense and past participle* **removed**, *present participle* **removing***)*

rent¹ huur *"Hoeveel huur betaal julle per maand vir dié woonstel?"* "How much **rent** do you pay for this flat per month?"

☐ **rent** *noun (plural* **rents***)*

rent² huur *"Besit of huur julle dié woonstel?"* "Do you own or **rent** this flat?"

◆ **rent (out)** verhuur *Hulle verhuur kamers aan studente teen R200,00 per maand.* They **rent (out)** rooms to students for R200,00 a month.

☐ **rent** *verb (past tense and past participle* **rented**, *present participle* **renting***)*

repair regmaak, heelmaak *Die werktuigkundige kon nie die motor regmaak/heelmaak nie – dit was te erg beskadig.* The mechanic couldn't **repair** the car – it was too badly damaged.

☐ **re·pair** *verb (past tense and past participle* **repaired**, *present participle* **repairing***)*

repairs herstelwerk *Hulle het 'n deel van die pad vir herstelwerk gesluit.* They have closed a section of the road for **repairs**.

☐ **re·pairs** *plural noun*

repeat ❶ herhaal *"Ek het nie die vraag gehoor nie – herhaal dit, asseblief."* "I didn't hear the question – please **repeat** it." **❷** oorvertel *"Kan jy 'n geheim bewaar? Ek wil jou iets vertel wat jy nie moet oorvertel nie."* "Can you keep a secret? I want to tell you something that you mustn't **repeat.**"

☐ **re·peat** *verb (past tense and past participle* **repeated**, *present participle* **repeating***)*

replace vervang *Die radio se batterye is pap – ek sal hulle deur nuwes moet vervang.* The radio's batteries are flat – I'll have to **replace** them with/by new ones.

☐ **re·place** *verb (past tense and past participle* **replaced**, *present participle* **replacing***)*

reply¹ antwoord *Ek kon nie hoor wat hy in antwoord op haar vraag gesê het nie.* I couldn't hear what he said in **reply** to her question.

☐ **re·ply** *noun (plural* **replies***)*

reply² antwoord *Hy het my gevra hoeveel elf maal twaalf is, en tot my skande moes ek antwoord dat ek nie weet nie.* He asked me how much eleven times twelve was, and to my shame I had to **reply** that I did not know.

◆ **reply to** antwoord op, beantwoord *"Hoekom antwoord jy nie op sy briewe nie* (OF *Hoekom beantwoord jy nie sy briewe nie)?"* "Why don't you **reply** to his letters?"

☐ **re·ply** *verb (past tense and past participle* **replied**, *present participle* **replying***)*

report ❶ rapport *Aan die end van 'n kwartaal kry elke leerling 'n rapport oor sy skoolwerk.* At the end of a term each pupil gets a **report** on his schoolwork. **❷** berig *Volgens 'n berig in die koerant is meer as 200 mense in die vakansie in padongelukke dood.* According to a **report** in the newspaper more than 200 people died in road accidents during the holidays.

☐ **re·port** *noun (plural* **reports***)*

report² aanmeld *As 'n motoris 'n ongeluk het, moet hy dit by die polisie aanmeld.* When a motorist has an accident, he has to **report** it to the police.

☐ **re·port** *verb (past tense and past participle* **reported**, *present participle* **reporting***)*

republic republiek *'n Republiek is 'n land met 'n president as hoof van die regering.* A **republic** is a country with a president as head of the government.

☐ **re·pub·lic** *noun (plural* **republics***)*

rescue¹ redding *Die meisie sou verdrink het as Thomas nie tot haar redding gekom het nie.* The girl would have drowned if Thomas had not come to her **rescue**.

☐ **res·cue** *noun (no plural)*

rescue² red *As hy nie in die rivier gespring het om haar te red nie, sou sy verdrink het.* If he had not jumped into the river to **rescue** her, she would have drowned.

☐ **res·cue** *verb (past tense and past participle* **rescued**, *present participle* **rescuing***)*

respect[1] respek *Ek het geen* **respek** *vir 'n man wat sy vrou slaan nie.* I have no **respect** for a man who beats his wife.
☐ **re·spect** *noun (no plural)*

respect[2] respekteer *Ek* **respekteer** *Philip om sy eerlikheid.* I **respect** Philip for his honesty.
☐ **re·spect** *verb (past tense and past participle* **respected**, *present participle* **respecting**)

responsibility verantwoordelikheid *As oudste kind het Tom die* **verantwoordelikheid** *om die kleintjies op te pas.* As eldest child Tom has the **responsibility** to look after the little ones.
☐ **re·spons·i·bil·i·ty** *noun (plural* **responsibilities**)

responsible verantwoordelik *"Moenie my die skuld gee nie – Linda is* **verantwoordelik** *daarvoor dat ons laat is."* "Don't put the blame on me – Linda is **responsible** for us being late."
☐ **re·spons·i·ble** *adjective* **more responsible, most responsible**

rest[1] res *Cynthia het by die huis gebly; die* **res** *van ons het gaan swem.* Cynthia stayed at home; the **rest** of us went for a swim.
☐ **rest** *noun (no plural)*

rest[2] rus *"Ek is moeg en het* **rus** *nodig – kom ons hou 'n rukkie op met werk."* "I'm tired and need a **rest** – let's stop working for a while."
☐ **rest** *noun (no plural)*

rest[3] rus *"Ek is moeg – kom ons hou op met werk en* **rus** *'n rukkie."* "I'm tired – let's stop working and **rest** for a while."
☐ **rest** *verb (past tense and past participle* **rested**, *present participle* **resting**)

restaurant restaurant, restourant *Ons is gisteraand vir ete na 'n* **restaurant/restourant** *toe.* We went to a **restaurant** for dinner last night.
☐ **res·taur·ant** *noun (plural* **restaurants**)

result ❶ uitslag *Die* **uitslag** *van die wedstryd was 3 – 0 ten gunste van die blou span.* The **result** of the match was 3 – 0 in favour of the blue team. ❷ gevolg *Sy besering is die* **gevolg** *van 'n motorongeluk.* His injury is the **result** of a car accident.
◆ **as a result of** as gevolg van *Hulle het die wedstryd* **as gevolg van** *die slegte weer gekanselleer.* They cancelled the match **as a result of** the bad weather.
☐ **re·sult** *noun (plural* **results**)

retire aftree *My oom is sestig en moet nog vyf jaar werk voor hy kan* **aftree**. My uncle is sixty and has to work for five more years before he can **retire**.
☐ **re·tire** *verb (past tense and past participle* **retired**, *present participle* **retiring**)

return[1] terugkoms *Die leier moes baie vrae by sy* **terugkoms** *uit Europa beantwoord.* The leader had to answer many questions on his **return** from Europe.
◆ **many happy returns!** veels geluk! *"Ek hoor jy verjaar vandag.* **Veels geluk!**" "I hear it's your birthday today. **Many happy returns!**"
☐ **re·turn** *noun (no plural)*

return[2] ❶ terugkom *"Ek sal jou bel sodra ons van vakansie af* **terugkom**." "I'll give you a ring as soon as we **return** from holiday." ❷ terugbring [a] *"Jy kan my fiets leen, maar sorg dat jy dit voor vyfuur vanmiddag* **terugbring**." "You may borrow my bicycle, but see that you **return** it before five o'clock this afternoon." [b] *"Wanneer moet jy jou boeke* **terugbring** *biblioteek toe?"* "When must you **return** your books to the library?"
☐ **re·turn** *verb (past tense and past participle* **returned**, *present participle* **returning**)

return[3] retoer- *Jy moet 'n* **retoer***kaartjie koop as jy van een plek na 'n ander en weer terug wil reis.* You must buy a **return** ticket if you want to travel from one place to another and back again.
☐ **re·turn** *adjective*

Reverend dominee *Dominee John Murray was 'n predikant in die Presbiteriaanse Kerk.* **The Reverend** John Murray was a minister in the Presbyterian Church.
☐ **Rev·e·rend** *noun (no plural)*

reward[1] beloning *Sy bied 'n* **beloning** *van R50,00 aan vir die persoon wat haar verlore kat vind.* She is offering a **reward** of R50,00 to the person who finds her lost cat.
☐ **re·ward** *noun (plural* **rewards**)

reward[2] beloon *Sy is bereid om enigiemand wat haar verlore kat vind, met R50,00 te* **beloon**. She is prepared to **reward** anyone who finds her lost cat with R50,00.
☐ **re·ward** *verb (past tense and past participle* **rewarded**, *present participle* **rewarding**)

rewrite oorskryf, oorskrywe *Ek moes my opstel* **oorskryf/oorskrywe** *omdat dit nie netjies genoeg was nie.* I had to **rewrite** my essay because it wasn't neat enough.
☐ **re·write** *verb (past tense* **rewrote**, *past participle* **rewritten**, *present participle* **rewriting**)

---

rhino is an abbreviated, informal word for **rhinoceros** (its plural is **rhinos**)

---

rhinoceros renoster *'n* **Renoster** *is 'n groot, swaar dier met een of twee horings op sy neus.* A **rhinoceros** is a large, heavy animal with one or two horns on its nose.
☐ **rhi·noc·e·ros** *noun (plural* **rhinoceroses**)

rhyme[1] ❶ rym *Shakespeare het van sy gedigte in* **rym** *geskryf.* Shakespeare wrote some of his poems in **rhyme**. ❷ rympie *Dis 'n* **rympie**: *"Oompie-Doompie sit op die wal, Oompie-Doompie het hard geval."* This is a **rhyme**: "Humpty-Dumpty sat on a wall, Humpty-Dumpty had a great fall."
☐ **rhyme** *noun (plural* **rhymes**)

rhyme[2] rym *"Wal" en "val"* **rym**. "Wall" and "fall" **rhyme**.
☐ **rhyme** *verb (past tense and past participle* **rhymed**, *present participle* **rhyming**)

rib rib *Hy het op sy bors geval en 'n **rib** gebreek.* He fell on his chest and broke a **rib**.
□ **rib** *noun (plural* **ribs***)*

ribbon lint *Sy het 'n rooi **lint** in haar hare.* She has a red **ribbon** in her hair.
□ **rib·bon** *noun (plural* **ribbons***)*

rice rys *Ons het **rys**, vleis en groente vir aandete gehad.* We had **rice**, meat and vegetables for supper.
□ **rice** *noun (no plural)*

rich ryk *Hulle is baie **ryk** en besit 'n huis en twee motors.* They are very **rich** and own a house and two cars.
□ **rich** *adjective* **richer, richest**

rid bevry *Wat kan ek doen om my hond van vlooie te **bevry**?* What can I do to **rid** my dog of fleas?
◆ **get rid of** ontslae raak van *Die beste manier om **van** 'n verkoue **ontslae** te **raak**, is om 'n paar dae in die bed te bly.* The best way to **get rid of** a cold, is to stay in bed for a few days.
□ **rid** *verb (past tense and past participle* **rid/ridded**, *present participle* **ridding***)*

riddle raaisel *Hier is 'n **raaisel**: Wat loop en fluit maar kan nie praat nie? Die antwoord is "'n trein".* Here is a **riddle**: What runs and whistles but cannot talk? The answer is "a train".
□ **rid·dle** *noun (plural* **riddles***)*

ride[1] rit *Jy betaal 50c vir 'n **rit** op die perd.* You pay 50c for a **ride** on the horse.
◆ **go for a ride** ('n entjie) gaan ry *"Kom ons **gaan ry** ('n entjie) op ons fietse."* "Let's **go for a ride** on our bicycles."
□ **ride** *noun (plural* **rides***)*

ride[2] ry *Dis gevaarlik om 'n baba voor in 'n motor te laat **ry**.* It's dangerous to let a baby **ride** in the front of a car.
◆ **ride a bicycle** fietsry *My boetie leer **fietsry**.* My little brother is learning to **ride a bicycle**.
◆ **ride a horse** perdry *"Kan jy sonder 'n saal **perdry**?"* "Can you **ride a horse** without a saddle?"
□ **ride** *verb (past tense* **rode**, *past participle* **ridden**, *present participle* **riding***)*

rider ruiter *Die perd het sy **ruiter** afgegooi.* The horse threw its **rider**.
□ **ri·der** *noun (plural* **riders***)*

right[1] regterkant *Tom sit aan haar linkerkant en Philip aan haar **regterkant**.* Tom is sitting on her left and Philip on her **right**.
◆ **on the right of** regs van, aan die regterkant van *Die bruidegom staan **regs van** (OF **aan die regterkant van**) die bruid.* The bridegroom stands **on the right of** the bride.
◆ **to the right** (na) regs *Die fotograaf het hom gevra om 'n bietjie meer **(na) regs** te staan.* The photographer asked him to stand a little more **to the right**.
□ **right** *noun (no plural)*

right[2] reg **[a]** *Hy weet wat die verskil tussen **reg** en verkeerd is.* He knows the difference between **right** and wrong. **[b]** *"Wie het jou die **reg** gegee om die skoolter-*

rein tydens pouse te verlaat?" "Who gave you the **right** to leave the school grounds during break?"
□ **right** *noun (no plural)*

right[3] regter= *Omdat hy links is, kan hy nie met sy **reg= terhand** skryf nie.* Because he is left-handed he can't write with his **right** hand.
□ **right** *adjective*

right[4] reg **[a]** *"Dis **reg**, twee plus twee is vier."* "That's **right**, two plus two is four." **[b]** *Dis nie **reg** om een mens meer as 'n ander vir dieselfde werk te betaal nie.* It's not **right** to pay one person more than another for the same job. **[c]** *Sit asseblief die boeke op hul **regte** plekke terug.* "Please put the books back in their **right** places."
◆ **be right** reg hê *"Jy het heeltemal **reg**: ek moes nie na hom geluister het nie."* "You **are** absolutely **right**: I shouldn't have listened to him."
□ **right** *adjective*

right[5] regs *"Moet ek links of **regs** draai wanneer ek by die hoek kom?"* "Must I turn left or **right** when I get to the corner?"
□ **right** *adverb*

right[6] reg **[a]** *"Jy het **reg** geraai – ek is vyftien."* "You have guessed **right** – I'm fifteen." **[b]** *Die apteek is **reg** langs die boekwinkel.* The chemist is **right** next to the bookshop.
◆ **come right** regkom *My rug is seer en wil nie **reg= kom** nie – ek sal 'n dokter daaroor moet spreek.* My back hurts and won't **come right** – I'll have to see a doctor about it.
◆ **get right** regkry *"Help my asseblief met dié som – ek kan dit nie **regkry** nie."* "Please help me with this sum – I can't **get** it **right**."
◆ **right after** net na *Ons het **net na** ontbyt vertrek.* We left **right after** breakfast.
◆ **right at the back of** heel agter in *Die uitgang is **heel agter in** die saal.* The exit is **right at the back of** the hall.
◆ **right at the end of** heel aan die end van *Hulle woon in die laaste huis **heel aan die end van** dié straat.* They live in the last house **right at the end of** this street.
◆ **right away** onmiddellik, dadelik *Sy was so nuus= kierig om te weet wat in die pakkie was dat sy dit **onmid= dellik/dadelik** oopgemaak het.* She was so curious to know what was in the parcel that she opened it **right away**.
◆ **right here** net hier *"Plant die boom **net hier** waar ek staan."* "Plant the tree **right here** where I'm standing."
◆ **right in front of** ◻ reg voor, vlak voor *Daar is 'n posbus **reg/vlak voor** die poskantoor.* There is a post-box **right in front of** the post office. ◻ heel voor in *Hy het **heel voor in** die tou gestaan.* He stood **right in front of** the queue.
◆ **right inside** binne-in *Die bal het deur die venster getrek en **binne-in** die sitkamer beland.* The ball flew

through the window and landed **right inside** the sit=
ting-room.

◆ **right now** op die oomblik *"Lynette is nie op die
oomblik tuis nie. Kan ek haar vra om jou terug te bel?"*
"Lynette isn't home **right now**. Can I ask her to
phone you back?"

◆ **right over** bo-oor *Die kolwer het die krieketbal bo-
oor die pawiljoen vir 'n ses geslaan.* The batsman hit the
cricket ball **right over** the stand for a six.

◆ **right through** dwarsdeur, regdeur *Die wind het 'n
blaar **dwarsdeur/regdeur** die oop venster in my
kamer gewaai.* The wind blew a leaf **right through**
the open window into my room.

◆ **right to the top of** tot heel bo op *Ons het tot heel
bo op die berg geklim.* We climbed **right to the top of**
the mountain.

☐ **right** *adverb*

right-hand ❶ regterhandse, regterkants(t)e *Die laaste
woord in die **regterhandse/regterkantse/regter=
kantste** kolom van dié bladsy is "aan".* The last word
in the **right-hand** column of this page is "aan". ❷
regter= *Ons woon in die derde huis aan die **regterkant**
van die pad.* We live in the third house on the **right-
hand** side of the road.

☐ **right-hand** *adjective*

right-handed regs *Hy is **regs** en kan nie met sy linker=
hand skryf nie.* He is **right-handed** and can't write
with his left hand.

☐ **right-hand·ed** *adjective*

rind skil *Die **skil** van 'n suurlemoen is geel.* The **rind** of
a lemon is yellow.

☐ **rind** *noun (plural rinds)*

ring¹ ❶ ring [a] *Sy dra 'n goue **ring** aan haar vinger.*
She wears a gold **ring** on her finger. [b] *Hy dra sy
sleutels aan 'n **ring**.* He carries his keys on a **ring**. ❷
kring [a] *"Kinders, vat hande en vorm 'n **kring** om
my."* "Children, hold hands and form a **ring** around
me." [b] *Die nat glas het 'n wit **kring** op die tafel ge=
laat.* The wet glass left a white **ring** on the table. ❸
kryt *Die skare het gejuig toe die bokser in die **kryt** klim.*
The crowd cheered as the boxer climbed into the **ring**.

☐ **ring** *noun (plural rings)*

ring² lui *Met die **lui** van die skoolklok het die kinders hul
boeke begin wegpak.* At the **ring** of the school bell the
children began to put their books away.

◆ **give a ring** (op)bel *"Ek sal jou van die telefoonhok=
kie buite die poskantoor (op)bel."* "I'll **give** you **a ring**
from the phone box outside the post office."

◆ **there is a ring at the door** die deurklokkie lui
*"Die **deurklokkie lui** – gaan kyk asseblief wie dit is."*
"**There is a ring at the door** – please go and see who
it is."

☐ **ring** *noun (no plural)*

ring³ lui [a] *"Jy moet op dié knoppie druk om die deur=
klokkie te **lui**."* "You must press this button to **ring**
the doorbell." [b] *Die telefoon **lui**.* The phone is **ring=
ing.**

◆ **ring back** terugbel *"Pa, daar was vir jou 'n oproep,
maar die man het gesê hy sal later **terugbel**."* "Dad,
there was a call for you, but the man said he would
ring back later."

◆ **ring (up)** (op)bel *"Ek sal jou van die telefoonhokkie
buite die poskantoor (op)bel."* "I'll **ring** you **(up)**
from the phone box outside the post office."

☐ **ring** *verb (past tense **rang**, past participle **rung**,
present participle **ringing**)*

rinse ❶ spoel, uitspoel *Sy moes die wasgoed twee keer in
skoon water **spoel/uitspoel** om van al die seep ontslae
te raak.* She had to **rinse** the washing twice in clean
water to get rid of all the soap. ❷ afspoel *"Jy moet maar
liewer jou modderige voete onder die kraan **afspoel** voor
jy na binne gaan."* "You had better **rinse** your muddy
feet under the tap before you go inside."

☐ **rinse** *verb (past tense and past participle **rinsed**,
present participle **rinsing**)*

ripe ryp *"Is die piesangs al **ryp** genoeg om te eet?"* –
"Nee, hulle is nog 'n bietjie groen." "Are the bananas
ripe enough to eat yet?" – "No, they're still a little
green."

◆ **ripe old age** hoë ouderdom *My oupa het die **hoë
ouderdom** van 90 bereik.* My grandfather reached the
ripe old age of 90.

☐ **ripe** *adjective **riper, ripest***

rise¹ styging *Sodra petrol duurder word, lei dit tot 'n
styging in die prys van ander goedere.* As soon as pet=
rol becomes more expensive, it leads to a **rise** in the
price of other goods.

☐ **rise** *noun (plural **rises**)*

rise² ❶ styg [a] *Die prys van kos hou aan **styg**.* The
price of food continues to **rise**. [b] *Die pad **styg** skerp
naby die top van die berg.* The road **rises** steeply near
the top of the mountain. [c] *Die rivier het na die swaar
reën met 'n paar meter **gestyg**.* The river **rose** by a few
metres after the heavy rain. [d] *Die vliegtuig het in die
lug **gestyg**.* The aeroplane **rose** into the air. ❷ rys
*Brooddeeg moet **rys** voor jy dit kan bak.* Bread dough
has to **rise** before you can bake it. ❸ opkom *Wanneer
die son **opkom**, word die lug in die ooste rooi.* When the
sun **rises**, the sky in the east turns red. ❹ opstaan [a]
*Ek moet elke oggend om 06:00 **opstaan**.* I have to **rise**
at 06:00 every morning. [b] *Hy het uit sy stoel **opge=
staan** om haar te groet.* He **rose** from his chair to greet
her.

☐ **rise** *verb (past tense **rose**, past participle **risen**, pre=
sent participle **rising**)*

risk¹ ❶ gevaar [a] *Hy het haar lewe gered op **gevaar**
(af) van sy eie te verloor.* He saved her life at the **risk** of
losing his own. [b] *Die brand versprei vinnig en baie
huise is in **gevaar**.* The fire spreads fast and many
houses are at **risk**. ❷ risiko *Dié rivier is baie gevaarlik –
mense wat hier swem, doen dit op eie **risiko**.* This river
is very dangerous – people who swim here, do so at
their own **risk**.

◆ **take/run the risk** die risiko loop *Hy het sy fiets aan*

'n paal vasgeketting, want hy wou nie **die risiko loop**
dat iemand dit steel nie. He chained his bicycle to a pole
because he didn't want to **take/run the risk** of some=
one stealing it.

☐ **risk** *noun (plural* **risks**)

risk[2] waag **[a]** *"Moenie dit **waag** om jou pak te was nie –*
neem dit liewer na die droogskoonmaker." "Don't **risk**
washing your suit – rather take it to the dry-cleaner."
[b] *Hy het sy lewe **gewaag** om haar te red.* He risked
his life to save her.

☐ **risk** *verb (past tense and past participle* **risked**, *pre=
sent participle* **risking**)

river rivier *Daar is 'n diep poel in die **rivier** naby die*
waterval. There is a deep pool in the **river** near the
waterfall.

☐ **riv·er** *noun (plural* **rivers**)

road pad *In Suid-Afrika ry ons aan die linkerkant van*
*die **pad**.* In South Africa we drive on the left-hand side
of the **road**.

☐ **road** *noun (plural* **roads**)

roar[1] gebrul *Ons kon die **gebrul** van 'n leeu hoor.* We
could hear the **roar** of a lion.

☐ **roar** *noun (plural* **roars**)

roar[2] **1** brul *Leeus **brul** en olifante trompet(ter).* Lions
roar and elephants trumpet. **2** dreun **[a]** *Die renmo=*
*tors **dreun** om die baan.* The racing cars **roar** round
the track. **[b]** *"Die see het langs die kus **gedreun**."*
"The sea **roared** along the shore."

◆ **roar with laughter** ⇨ **laughter.**

☐ **roar** *verb (past tense and past participle* **roared**,
present participle **roaring**)

roast[1] braai *"Sal ek die hoender in die oond **braai**?"*
"Shall I **roast** the chicken in the oven?"

☐ **roast** *verb (past tense and past participle* **roasted**,
present participle **roasting**)

roast[2] gebraaide *Ons het **gebraaide** hoender vir ete ge=*
had. We had **roast** chicken for dinner.

☐ **roast** *adjective*

rob beroof, roof *Die polisie het die diewe gevang voor*
*hulle die bank kon **beroof/roof**.* The police caught the
thieves before they could **rob** the bank.

◆ **rob of** beroof van *Die dief **het** die winkelier **van** al*
*sy geld **beroof**.* The thief robbed the shopkeeper **of**
all his money.

☐ **rob** *verb (past tense and past participle* **robbed**, *pre=
sent participle* **robbing**)

robber rower *Die **rower** het met R15 000 van die win=*
kelier se geld weggekom. The **robber** got away with
R15 000 of the shopkeeper's money.

☐ **rob·ber** *noun (plural* **robbers**)

robbery roof *Gewapende **roof** is 'n ernstige misdaad.*
Armed **robbery** is a serious crime.

☐ **rob·ber·y** *noun (plural* **robberies**)

robot verkeerslig *Die motor het by die rooi **verkeerslig***
stilgehou. The car stopped at the red **robot**.

☐ **ro·bot** *noun (plural* **robots**)

rock[1] rots **[a]** *Berge is van **rots** gemaak.* Mountains are

made of **rock**. **[b]** *"Kyk hoe spat die water wanneer die*
*branders op die **rotse** breek!"* "See how the water
splashes when the waves break on the **rocks**!"

☐ **rock** *noun (no plural at* **a**; **rocks** *at* **b**)

rock[2] wieg *Sy het haar baba aan die slaap probeer **wieg**.*
She tried to **rock** her baby to sleep.

☐ **rock** *verb (past tense and past participle* **rocked**,
present participle **rocking**)

rod stok *Die gordyne wil nie oor die **stok** gly nie – die*
ringe haak êrens. The curtains won't slide over the **rod**
– the rings catch somewhere.

☐ **rod** *noun (plural* **rods**)

role rol *Hy speel die **rol** van 'n Duitser in die prent, maar*
in die werklike lewe is hy 'n Amerikaner. He plays the
role of a German in the film, but in real life he is an
American.

☐ **role** *noun (plural* **roles**)

roll[1] **1** rol *Hy het 'n nuwe **rol** film in sy kamera gesit.* He
put a new **roll** of film into his camera. **2** rolletjie
*"Smeer vir my 'n **rolletjie**, asseblief."* "Butter a **roll**
for me, please."

☐ **roll** *noun (plural* **rolls**)

roll[2] rol **[a]** *"**Rol** die bal oor die gras na my toe."* "Roll
the ball across the lawn towards me." **[b]** *Sy het die*
*klei tot 'n bol **gerol**.* She **rolled** the clay into a ball.

◆ **roll down 1** afrol met *"Keer die bal voor dit **met** die*
*trap **afrol**!"* "Stop the ball before it **rolls down** the
stairs!" **2** rol oor *Trane **het oor** haar wange gerol.*
Tears were **rolling down** her cheeks.

◆ **roll out** uitrol *"Moenie die deeg te dun **uitrol** nie."*
"Don't **roll out** the dough too thinly."

◆ **roll over** omrol *Die dokter het gesê ek moet op my*
*maag **omrol**.* The doctor told me to **roll over** onto my
stomach.

◆ **roll up** oprol *"Mamma, sal jy my moue vir my*
***oprol**, asseblief?"* "Mummy, will you **roll up** my
sleeves for me, please?"

☐ **roll** *verb (past tense and past participle* **rolled**, *pre=
sent participle* **rolling**)

roof dak *Daar is 'n skoorsteen op die **dak** van ons huis.*
There is a chimney on the **roof** of our house.

☐ **roof** *noun (plural* **roofs**)

room **1** kamer **[a]** *My **kamer** is deurmekaar – ek het*
nog nie my bed opgemaak nie. My **room** is in a mess – I
haven't made my bed yet. **[b]** *Jy sal dr. Smith op die*
*derde verdieping in **kamer** 317 kry.* You will find Dr
Smith on the third floor in **room** 317. **2** vertrek *Die*
*sitkamer is die grootste **vertrek** in ons huis.* The lounge
is the biggest **room** in our house. **3** plek *"Is daar **plek***
vir nog 'n passasier op die bus?" "Is there **room** for
another passenger on the bus?"

☐ **room** *noun (no plural at* **3**; **rooms** *at* **1** *and* **2**)

root wortel *Die **wortel** van 'n plant groei onder die*
grond. The **root** of a plant grows under the ground.

☐ **root** *noun (plural* **roots**)

rope tou *Hulle het die seun met 'n **tou** uit die water ge=*
trek. They pulled the boy out of the water with a **rope**.

☐ **rope** *noun (plural* **ropes***)*

rose roos *'n Roos is 'n blom met dorings aan sy stingel.* A **rose** is a flower with thorns on its stem.

☐ **rose** *noun (plural* **roses***)*

rotten vrot *Vrot eiers ruik sleg.* **Rotten** eggs have a bad smell.

☐ **rot·ten** *adjective* **more rotten, most rotten**

rough 1 grof *Die skil van 'n pynappel is baie grof.* The skin of a pineapple is very **rough**. **2** ru [a] *Die see was ru en stormagtig.* The sea was **rough** and stormy. [b] *Die motor het op en af oor die ru/ruwe pad gestamp.* The car bumped up and down over the **rough** road.

☐ **rough** *adjective* **rougher, roughest**

roughly 1 ru *"Moenie so ru met die hondjie speel nie – jy sal hom seermaak."* "Don't play so **roughly** with the puppy – you'll hurt him." **2** ruweg *Daar was ruweg sewentig mense by die partytjie.* There were **roughly** seventy people at the party.

☐ **rough·ly** *adverb*

round[1] rond(t)e [a] *Die melkman begin sy rond(t)e om 06:00.* The milkman starts his **round** at 06:00. [b] *Die bokser is in die sesde rond(t)e van die geveg uitgeslaan.* The boxer was knocked out in the sixth **round** of the fight.

☐ **round** *noun (plural* **rounds***)*

round[2] rond *'n Bal is rond.* A ball is **round**.

☐ **round** *adjective* **rounder, roundest**

round[3] om *"Loop agter om en kyk of sy in die kombuis is."* "Go **round** the back and see if she's in the kitchen."

◆ **all round 1** rondom *Die huis het 'n groot tuin met 'n heining rondom.* The house has a large garden with a fence **all round**. **2** oral, orals, oral/orals rond *Hy het oral* (OF *orals* OF *oral/orals rond) na sy vermiste hond gesoek.* He searched **all round** for his missing dog.

◆ **all the year round** die hele jaar deur, dwarsdeur die jaar *In 'n woestyn skyn die son die hele jaar deur* (OF *dwarsdeur die jaar).* In a desert the sun shines **all the year round**.

◆ **ask/invite round** nooi, oorvra *"Ma, kan ek maar 'n paar maats vir ete nooi/oorvra?"* "Mum, may I **ask/invite** some friends **round** for dinner?"

◆ **be round** daar wees *"Wanneer kan ek jou verwag?" – "Ek sal oor twintig minute daar wees."* "When can I expect you?" – "I'll **be round** in twenty minutes."

◆ **come round** ⇨ **come.**

◆ **enough to go round** genoeg wees vir almal *"Is daar genoeg toebroodjies vir almal?"* "Are there **enough** sandwiches **to go round**?"

◆ **get round ... om ...** kry *"Die lyn is te kort – jy sal dit nie om die pakkie kan kry nie."* "The string is too short – you won't be able to **get** it **round** the parcel."

◆ **go round** omgaan [a] *Sy hou nie van die maats met wie haar seun omgaan nie.* She doesn't like the friends with whom her son **goes round**. [b] *Hy het by al die bure omgegaan om geld vir sy skool in te samel.* He

went round to all the neighbours to collect money for his school.

◆ **round about** in die rondte *"Moenie jou musiek so hard speel nie – mense in die rondte kla daaroor."* "Don't play your music so loudly – people **round about** are complaining about it."

◆ **round and round 1** om en om *Die wysers van 'n horlosie gaan om en om.* The hands of a clock go **round and round**. **2** al in die rondte *Die wiel het al in die rondte gedraai.* The wheel spun **round and round.**

◆ **the other way round** ⇨ **way.**

◆ **the wrong way round** ⇨ **way.**

◆ **turn round** ⇨ **turn**[2].

☐ **round** *adverb*

> **around** is an alternative form of **round** when it is an adverb, preposition or the second part of a phrasal verb: *The earth moves around/round the sun. "If you turn around/round you will see Lynette sitting behind you."*

round[4] **1** om [a] *Sy het 'n verband om haar vinger.* She has a bandage **round** her finger. [b] *Die winkel is om die volgende hoek.* The shop is **round** the next corner. **2** rond *Ek ken die meeste mense wat hier rond woon.* I know most of the people who live **round** here. **3** rond= om *Daar is 'n heining reg rondom die skool.* There is a fence right **round** the school.

◆ **round (about)** (so) om en by [a] *Ons het die huis (so) om en by agtuur verlaat.* We left the house **round (about)** eight o'clock. [b] *Ek het (so) om en by R22,00 vir die boek betaal.* I paid **round (about)** R22,00 for the book.

◆ **round and round** al om *Die mot het al om die kers gevlieg.* The moth flew **round and round** the candle.

◆ **round it** daarom *Die boom se stam is so dik dat ek nie my arms daarom kan kry nie.* The tree's trunk is so thick that I can't get my arms **round it**.

☐ **round** *preposition*

row[1] ry [a] *Ons het in die agterste ry van die bioskoop gesit.* We sat in the back **row** of the cinema. [b] *Daar is 'n ry bome aan weerskante van die pad.* There is a **row** of trees on either side of the road.

◆ **in a row 1** in/op 'n ry *Die kinders het in/op 'n ry voor die klas gestaan.* The children stood **in a row** in front of the class. **2** agtermekaar *Dit het drie dae ag= termekaar gereën.* It rained for three days **in a row**.

☐ **row** *noun (plural* **rows***)*

row[2] roei [a] *"Kan jy 'n boot roei?"* "Can you **row** a boat?" [b] *Hy het ons na die oorkant van die rivier geroei.* He **rowed** us to the other side of the river.

☐ **row** *verb (past tense and past participle* **rowed***, pre= sent participle* **rowing***)*

rub 1 vryf, vrywe *"Vryf/Vrywe jou hande teen me= kaar om hulle warm te maak."* "**Rub** your hands to= gether to warm them." [b] *Hy het sy maag gevryf/ gevrywe en gesê: "Ek's honger – wanneer eet ons?"* He

rubbed his stomach and said, "I'm hungry – when do we eat?" **2** uitvryf, uitvrywe, uitvee *Sy het wakker geword, gegaap en haar oë begin* **uitvryf/uitvrywe/ uitvee**. She woke up, yawned and began to **rub** her eyes. **3** skuur *Die kat* **het** *teen my been* **geskuur**. The cat **rubbed** against my leg.

◆ **rub out 1** uitvryf, uitvrywe *Sy het die koffievlek met 'n nat lap probeer* **uitvryf/uitvrywe**. She tried to **rub out** the coffee stain with a damp cloth. **2** uitvee *As jy met potlood skryf, kan jy jou foute maklik* **uitvee** *en verbeter.* If you write in pencil, you can **rub out** and correct your mistakes quite easily.

☐ **rub** *verb (past tense and past participle* **rubbed**, *present participle* **rubbing**)

rubber 1 rubber *Bande word van* **rubber** *gemaak.* Tyres are made of **rubber. 2** uitveër *Daar is 'n pienk* **uitveër** *aan die agterkant van my potlood.* There is a pink **rubber** on the end of my pencil.

◆ **rubber band** rek, rekkie *Hy het die* **rek/rekkie** *twee keer om die rol papiere gedraai.* He twisted the **rubber band** twice round the roll of papers.

☐ **rub·ber** *noun (no plural at 1; rubbers at 2)*

rubbish 1 afval, vuilgoed, vullis *Sy het die* **afval/vuil= goed/vullis** *in die vuilgoedblik/vullisblik gegooi.* She threw the **rubbish** into the dustbin. **2** rommel *Die garage is so vol ou koerante en ander* **rommel** *dat daar skaars plek is vir die motor!* The garage is so full of old newspapers and other **rubbish** that there's hardly room for the car! **3** nonsens, nonsies, onsin *"Moenie* **nonsens/nonsies/onsin** *praat nie – daar is nie 'n man in die maan nie!"* "Don't talk **rubbish** – there isn't a man in the moon!"

☐ **rub·bish** *noun (no plural)*

rude onbeskof *Dis* **onbeskof** *om met jou mond vol kos te praat.* It is **rude** to speak with your mouth full of food.

☐ **rude** *adjective* **ruder, rudest**

rug 1 mat *Daar is 'n rooi* **mat** *op die vloer voor my bed.* There is a red **rug** on the floor in front of my bed. **2** reiskombers *Ouma het in die motor geklim en haar bene met 'n* **reiskombers** *bedek.* Grandma got into the car and covered her legs with a **rug**.

☐ **rug** *noun (plural* **rugs**)

rugby rugby *Rugby is 'n gewilde sport in Suid-Afrika.* **Rugby** is a popular sport in South Africa.

☐ **rug·by** *noun (no plural)*

rule[1] reël *Die hoof het gesê: "Kinders, die* **reël** *teen rokery geld vir julle almal."* The headmaster said, "Children, the **rule** against smoking applies to you all."

◆ **as a rule** in die reël *In die* **reël** *staan ek elke oggend om 06:00 op.* **As a rule** I get up at 06:00 every morn= ing.

☐ **rule** *noun (plural* **rules**)

rule[2] regeer *Die president van die Verenigde State mag nie sy land langer as agt jaar* **regeer** *nie.* The president of the United States is not allowed to **rule** his country for more than eight years.

☐ **rule** *verb (past tense and past participle* **ruled**, *pre= sent participle* **ruling**)

ruler 1 regeerder *Shaka was 'n beroemde* **regeerder** *van die Zoeloes.* Shaka was a famous **ruler** of the Zu= lus. **2** liniaal *Ek kan nie 'n reguit streep sonder 'n* **liniaal** *trek nie.* I can't draw a straight line without a **ruler**.

☐ **ru·ler** *noun (plural* **rulers**)

run 1 hardloop *"Kom ons* **hardloop** *re(i)sies en kyk wie's eerste by die huis!"* "Let's **run** a race and see who's home first!" **2** loop **[a]** *Treine* **loop** *op spore.* Trains **run** on rails. **[b]** *Riviere* **loop** *na die see.* Rivers **run** to the sea. **[c]** *Motors* **loop** *met petrol.* Cars **run** on petrol. **[d]** *Die pad* **loop** *reguit en draai dan skerp na regs.* The road **runs** straight and then turns sharply to the right. **3** bestuur *"Wat is die naam van die man wat die hotel* **bestuur**?" "What is the name of the man who **runs** the hotel?"

◆ **has/have run out of** op/klaar wees *"Die melk is* **op/klaar** *– jy sal jou koffie swart moet drink."* "We **have run out of** milk – you'll have to drink your cof= fee black."

◆ **run about/around** rondhardloop *"Moenie in die huis* **rondhardloop** *nie – gaan speel buite!"* "Don't **run about/around** in the house – go and play out= side!"

◆ **run after** ⇨ **after[2]**.

◆ **run away** weghardloop *"Moenie die bokke laat skrik nie – hulle sal* **weghardloop**." "Don't frighten the buck – they'll **run away**."

◆ **run back** terughardloop *"Ek sal moet* **terughard= loop** *huis toe om my treinkaartjie te gaan haal."* "I'll have to **run back** home to fetch my train ticket."

◆ **run down 1** afhardloop met *In geval van brand moet jy* **met** *die trap* **afhardloop** *en nie die hysbak ge= bruik nie.* In case of fire you must **run down** the stairs and not use the lift. **2** afloop *Dis 'n ou soort horlosie dié wat* **afloop** *nadat jy dit opgewen het.* This is an old type of watch that **runs down** after you have wound it. **3** afloop teen *'n Stroom trane* **het teen** *haar wange* **afge= loop**. A stream of tears **ran down** her cheeks. **4** pap word *"Onthou om die motor se ligte af te sit, anders* **word** *die battery* **pap**." "Remember to switch off the car's lights, otherwise the battery will **run down**." **5** omry *Ons hou ons kat snags binne, want ons is bang 'n motor kan haar* **omry**. We keep our cat inside at night, because we're afraid a car might **run** her **down**.

◆ **run into 1** vasry in/teen *Die motor* **het** *op die nat pad gegly en* **in/teen** *'n boom* **vasgery**. The car skid= ded on the wet road and **ran into** a tree. **2** uitloop in *"Weet jy waar die Sondagsrivier* **in** *die see* **uitloop**?" – *"Ja, by Port Elizabeth."* "Do you know where the Sundays River **runs into** the sea?" – "Yes, at Port Elizabeth."

◆ **run off 1** weghardloop *"Keer die diewe voor hulle met die geld* **weghardloop**!" "Stop the thieves before they **run off** with the money!" **2** afloop *Dakke loop* *skuins sodat die reën daarteen kan* **afloop**. Roofs slant so that the rain can **run off** them.

◆ **run out** ❶ uithardloop *"Hou die hek toe, anders sal die hond in die straat* **uithardloop**." "Keep the gate closed, otherwise the dog will **run out** into the street." ❷ uitloop *Die drein is verstop – die water in die wasbak wil nie* **uitloop** *nie*. The drain is blocked – the water in the sink won't **run out**.

◆ **run over** ❶ oorloop *Die dam is so vol dat dit sal* **oorloop** *as nog reën val*. The dam is so full that it will **run over** if more rain falls. ❷ omry *Ons hou ons kat snags binne, want ons is bang 'n motor kan haar* **omry**. We keep our cat inside at night, because we're afraid a car might **run** her **over**.

☐ **run** *verb (past tense* **ran**, *past participle* **run**, *present participle* **running**)

runner hardloper *Die* **hardloper** *is met drie meter voor en gaan die wedloop wen*. The **runner** is leading by three metres and is going to win the race.

☐ **run·ner** *noun (plural* **runners**)

running ❶ hardloop= *Die atleet het vir hom 'n nuwe paar* **hardloop**skoene gekoop. The athlete bought himself a new pair of **running** shoes. ❷ na mekaar *Die span het die beker drie jaar* **na mekaar** gewen. The team won the cup for three years **running**. ❸ lopende *Sy het die tamatie onder* **lopende** *koue water afgespoel*. She rinsed the tomato under **running** cold water.

☐ **run·ning** *adjective*

rush[1] ❶ haas *Hy het die werk in 'n* **haas** gedoen – dis dié dat dit so vol foute is. He did the work in a **rush** – that's why it's so full of mistakes. ❷ stormloop *Daar was 'n* **stormloop** na die deure toe die brand in die gebou uit= breek. There was a **rush** for the doors when the fire broke out in the building.

◆ **be in a rush** haastig wees *"Ek kan nie nou met jou praat nie – ek* **is haastig** *om die bus te haal*." "I can't talk to you now – **I'm in a rush** to catch the bus."

☐ **rush** *noun (no plural)*

rush[2] ❶ jou haas *"Jy hoef* **jou** *nie te* **haas** *nie – die trein vertrek eers oor 'n uur*." "You needn't **rush** – the train leaves in only an hour's time." ❷ aanjaag *"Moenie my* **aanjaag** *nie – daar is baie tyd om by die stasie te kom*." "Don't **rush** me – there is plenty of time to get to the station." ❸ storm *"Hoekom* **storm** *almal na die deur?"* – "'n Brand het uitgebreek!" "Why is everyone **rush**= ing to the door?" – "A fire has broken out!"

◆ **rush someone to ...** met iemand ... toe jaag *Hulle moes* **met** *die siek kind hospitaal* **toe jaag**. They had to **rush** the sick child **to** hospital.

☐ **rush** *verb (past tense and past participle* **rushed**, *present participle* **rushing**)

rusk (stukkie) beskuit *Hy het 'n* **(stukkie) beskuit** *geneem en in sy koffie gedoop*. He took a **rusk** and dipped it into his coffee.

◆ **rusks** beskuit ***Beskuit*** *is bolletjies wat mens in die oond uitdroog*. **Rusks** are buns that you dry out in the oven.

☐ **rusk** *noun (plural* **rusks**)

rust[1] roes *Roes vorm op yster en staal in nat toestande*. **Rust** forms on iron and steel in wet conditions.

☐ **rust** *noun (no plural)*

rust[2] roes *Yster en staal* **roes** *in nat toestande*. Iron and steel **rust** in wet conditions.

☐ **rust** *verb (past tense and past participle* **rusted**, *present participle* **rusting**)

rusty geroes, verroes *Die ou blik is bruin en* **geroes**/ **verroes** *en vol gate*. The old tin is brown and **rusty** and full of holes.

☐ **rust·y** *adjective* **rustier, rustiest**

S

sack sak *Ons het 'n **sack** aartappels by die mark gekoop.* We bought a **sack** of potatoes at the market.
☐ **sack** *noun (plural **sacks**)*

sad ❶ hartseer, treurig *Die kinders was baie **hartseer**/**treurig** na die dood van hul hond.* The children were very **sad** after the death of their dog. ❷ treurig *Die storie was so **treurig** dat sy gehuil het.* The story was so **sad** that she cried.
◆ **be sad** treur *Die kinders **treur** oor die dood van hul hond.* The children **are sad** about the death of their dog.
◆ **make sad** hartseer maak *Dit **maak** my **hartseer** om te dink dat daar kinders sonder 'n huis is.* It **makes** me **sad** to think that there are children without a home.
☐ **sad** *adjective **sadder, saddest***

sadness hartseer *In haar **hartseer** het sy gevoel dat niks die plek sou kon inneem van die hond wat sy verloor het nie.* In her **sadness** she felt that nothing could take the place of the dog she had lost.
☐ **sad·ness** *noun (no plural)*

saddle[1] saal *"Kan jy sonder 'n **saal** perdry?"* "Can you ride a horse without a **saddle**?"
☐ **sad·dle** *noun (plural **saddles**)*

saddle[2] opsaal *"Sal jy die perd vir my **opsaal**, asseblief?"* "Will you **saddle** the horse for me, please?"
☐ **sad·dle** *verb (past tense and past participle **saddled**, present participle **saddling**)*

safe veilig [a] *Die voël is **veilig** teen gevaar in sy hok.* The bird is **safe** from danger in its cage. [b] *Dis nie **veilig** om met vuurhoutjies te speel nie.* It isn't **safe** to play with matches.
☐ **safe** *adjective **safer, safest***

safely veilig *"Ry asseblief versigtig; ek wil hê julle moet **veilig** by die huis kom."* "Please drive carefully; I want you to get home **safely**."
☐ **safe·ly** *adverb*

safety veiligheid *Sy is bekommerd oor die **veiligheid** van haar kinders op die besige paaie.* She's worried about the **safety** of her children on the busy roads.
☐ **safe·ty** *noun (no plural)*

safety-pin haakspeld *Sy het die baba se doek met 'n **haakspeld** vasgesteek.* She fastened the baby's nappy with a **safety-pin**.
☐ **safe·ty-pin** *noun (plural **safety-pins**)*

sail[1] seil *Die boot se **seil** is aan 'n lang paal vasgemaak.* The boat's **sail** is fixed to a tall pole.
☐ **sail** *noun (plural **sails**)*

sail[2] ❶ seil [a] *'n Seilboot kan nie sonder wind **seil** nie.* A sailing boat can't **sail** without wind. [b] *"Weet jy hoe om te **seil**?"* "Do you know how to **sail**?" ❷ laat seil

*Die kinders **laat** hul bootjies op die dam **seil**.* The children **sail** their little boats on the dam. ❸ seil, trek *"Daar moet 'n sterk wind wees – kyk hoe vinnig **seil**/**trek** die wolke deur die lug."* "There must be a strong wind – look how fast the clouds are **sailing** through the air." ❹ vaar [a] *Ons het gekyk hoe die skip uit die hawe **vaar**.* We watched the ship **sail** out of the harbour. [b] *"Het jy al ooit in 'n boot **gevaar**?"* "Have you ever **sailed** in a boat?" ❺ vertrek *"Wanneer **vertrek** die skip?"* "When does the ship **sail**?"
◆ **go sailing** gaan seil *Ons wil volgende naweek op die dam **gaan seil**.* We want to **go sailing** on the dam next weekend.
◆ **sail for** vertrek na *Die skip **vertrek** oor 'n week **na** Europa.* The ship **sails for** Europe in a week's time.
☐ **sail** *verb (past tense and past participle **sailed**, present participle **sailing**)*

sailing seil *'n **Seilboot** kan nie sonder wind seil nie.* A **sailing** boat can't sail without wind.
☐ **sail·ing** *adjective*

sailor matroos *Hy het **matroos** geword omdat hy in skepe belang stel.* He became a **sailor** because he is interested in ships.
☐ **sail·or** *noun (plural **sailors**)*

salad slaai *Die **slaai** waarvan ek die meeste hou, is gerasperde wortels met 'n bietjie lemoensap daaroor.* The **salad** I like best is grated carrots with a little orange juice over it.
☐ **sal·ad** *noun (plural **salads**)*

salary salaris *Hy verdien 'n goeie **salaris** as bankbestuurder.* He earns a good **salary** as a bank manager.
☐ **sal·a·ry** *noun (plural **salaries**)*

sale ❶ verkoop *Die bure het geen moeite met die **verkoop** van hul huis gehad nie.* The neighbours had no problems with the **sale** of their house. ❷ uitverkoping *As jy wag totdat die winkel 'n **uitverkoping** hou, sal die pryse afkom.* If you wait until the shop has a **sale**, the prices will come down.
◆ **for sale** te koop *Die bure gaan trek – dis dié dat hul huis **te koop** is.* The neighbours are going to move – that's why their house is **for sale**.
◆ **on sale** te koop *In sommige winkels is somerklere reeds in Julie **te koop**.* In some shops summer clothes are **on sale** as early as July.
◆ **sales** verkope *Die winkel se **verkope** styg gewoonlik in Desember.* The shop's **sales** usually go up in December.
☐ **sale** *noun (plural **sales**)*

salesman verkoopklerk *Toe ek by die winkel inkom, het 'n **verkoopklerk** my gevra: "Kan ek jou help?"* When

I entered the shop a **salesman** asked me, "Can I serve you?"

☐ **sales·man** *noun (plural* **salesmen***)*

salt sout *"Wil jy 'n bietjie **sout** en peper op jou eier hê?"* "Would you like some **salt** and pepper on your egg?"

☐ **salt** *noun (no plural)*

same selfde *Sy het gister daardie **selfde** rok gedra.* She wore that **same** dress yesterday.

◆ **at the same time** ❶ terselfdertyd *Ek gaan stort en **terselfdertyd** my hare was.* I'm going to have a shower and wash my hair **at the same time.** ❷ gelyk *Ek en my ma het **gelyk** by die huis gekom.* My mother and I got home **at the same time.**

◆ **be the same price** ewe veel kos *Die twee rokke **kos** presies **ewe veel.*** The two dresses **are** exactly the same price.

◆ **of the same length** ewe lang *'n Vierkant het vier **ewe lang** sye.* A square has four sides **of the same length.**

◆ **the same** ❶ dieselfde *Chris en Walter is in **die-selfde** klas – hulle is albei in standerd ses.* Chris and Walter are in **the same** class – they are both in stan-dard six. ❷ eenders, eners *Die drie muise lyk vir my **eenders/eners**; ek kan geen verskil tussen hulle sien nie.* The three mice look **the same** to me; I can see no difference between them.

◆ **the same age** ewe oud *Paul en Simon is **ewe oud** – hulle is albei veertien.* Paul and Simon are **the same age** – they are both fourteen.

◆ **the same age as** so oud soos *Hy is **so oud soos** sy maat.* He is **the same age as** his friend.

◆ **the same height** ewe lank *Ek en my ouma is **ewe lank** – as ons regop staan, is ons skouers gelyk.* My grandmother and I are **the same height** – if we stand up straight, our shoulders are level.

◆ **the same height as** so lank soos *Ek is **so lank soos** my ouma.* I am **the same height as** my grand-mother.

◆ **the same size** ewe groot *Die twee dose is presies **ewe groot.*** The two boxes are exactly **the same size.**

☐ **same** *adjective*

sand sand *Daar is baie **sand** in 'n woestyn.* There is a lot of **sand** in a desert.

☐ **sand** *noun (no plural)*

sandal sandaal *Sy het die band van haar **sandaal** vasge-maak.* She fastened the strap of her **sandal.**

☐ **san·dal** *noun (plural* **sandals***)*

sandpaper[1] skuurpapier *"Maak die tafel met **skuur-papier** glad voor jy dit verf."* "Smooth the table with **sandpaper** before you paint it."

☐ **sand·pa·per** *noun (no plural)*

sandpaper[2] skuur *"**Skuur** die tafel glad voordat jy dit verf."* "**Sandpaper** the table smooth before you paint it."

☐ **sand·pa·per** *verb (past tense and past participle* **sandpapered***, present participle* **sandpapering***)*

sandwich toebroodjie *Jy moet twee stukkies brood hê om*

'*n **toebroodjie** te maak.* You need two pieces of bread to make a **sandwich.**

☐ **sand·wich** *noun (plural* **sandwiches***)*

sandy sanderig *Na die sterk wind was die pad na die strand baie **sanderig.*** After the strong wind the road to the beach was very **sandy.**

☐ **sand·y** *adjective* **sandier, sandiest**

satchel boeksak *Ek dra my boeke in 'n **boeksak** skool toe.* I carry my books to school in a **satchel.**

☐ **sat·chel** *noun (plural* **satchels***)*

satisfied tevrede *"Ek is nie **tevrede** met jou punte nie; jy kan baie beter presteer."* "I'm not **satisfied** with your marks; you can do much better."

☐ **sat·is·fied** *adjective* **more satisfied, most satisfied**

satisfy ❶ tevrede stel *"Dis onmoontlik om jou **tevrede te stel** – niks is ooit goed genoeg vir jou nie!"* "It's impos-sible to **satisfy** you – nothing is ever good enough for you!" ❷ stil *Hy het 'n paar snytjies brood geëet om sy honger te **stil.*** He ate a few slices of bread to **satisfy** his hunger.

☐ **sat·is·fy** *verb (past tense and past participle* **satis-fied***, present participle* **satisfying***)*

Saturday Saterdag *Saterdag is die sewende dag van die week.* **Saturday** is the seventh day of the week.

☐ **Sat·ur·day** *noun (plural* **Saturdays***)*

sauce sous *Ma het 'n **sous** van melk, margarien en meel gemaak om oor die blomkool te gooi.* Mother made a **sauce** from milk, margarine and flour to pour over the cauliflower.

☐ **sauce** *noun (plural* **sauces***)*

saucepan kastrol *Ma het die rys in 'n **kastrol** gekook.* Mum cooked the rice in a **saucepan.**

☐ **sauce·pan** *noun (plural* **saucepans***)*

saucer piering *'n Bietjie tee het uit die koppie in die **pie-ring** gestort.* Some tea spilt out of the cup into the **saucer.**

☐ **sau·cer** *noun (plural* **saucers***)*

sausage wors *Ek het 'n stuk **wors** met brood en tamatie-sous vir middagete gehad.* I had a piece of **sausage** with bread and tomato sauce for lunch.

☐ **sau·sage** *noun (plural* **sausages***)*

save ❶ red *Ons het iemand uit die rivier hoor roep: "Help! **Red** my!"* We heard someone calling from the river, "Help! **Save** me!" ❷ spaar *As jy elke maand R1,00 **spaar**, sal jy oor 'n jaar R12,00 hê.* If you **save** R1,00 each month, you will have R12,00 in a year's time. ❸ bespaar *Jy kan 10c op die prys van die seep **bespaar** deur twee koekies in plaas van een te koop.* You can **save** 10c on the price of the soap by buying two cakes instead of one. ❹ oorhou *"Ek gaan nie nou al my lekkers opeet nie maar 'n paar vir môre **oorhou.**"* "I won't eat up all my sweets now but **save** a few for tomorrow." ❺ opsy sit *Ma het gesê ons moenie die bene weggooi nie maar hulle vir die hond **opsy sit.*** Mum said we mustn't throw the bones away but **save** them for the dog. ❻ keer *Die doelwagter het daarin geslaag om* *vier doele te* **keer**. The goalkeeper managed to **save** four goals.

◆ **save from ❶** red uit *'n Dier sal sy kleintjies altyd uit gevaar probeer red.* An animal will always try to **save** its young **from** danger. ❷ keer dat *Hy het haar aan die arm gegryp om te* **keer dat** *sy val.* He grabbed her by the arm to **save** her **from** falling.

◆ **save time** ⇨ **time.**

◆ **save (up) for** spaar vir *Ek* **spaar vir** *'n nuwe fiets.* I am **saving (up) for** a new bicycle.

◆ **save your strength** jou kragte spaar *"Jy moet* **jou kragte** *vir die laaste minute van die wedloop* **spaar**.*" "You must **save your strength** for the last minutes of the race."

☐ **save** *verb (past tense and past participle* **saved**, *present participle* **saving***)*

saw[1] saag *Hy het die stuk hout met 'n* **saag** *middeldeur gesny.* He cut the piece of wood in half with a **saw**.

☐ **saw** *noun (plural* **saws***)*

saw[2] saag *My pa het my gevra om die stuk hout middeldeur te* **saag**. My dad asked me to **saw** the piece of wood in half.

☐ **saw** *verb (past tense* **sawed**, *past participle* **sawn**, *present participle* **sawing***)*

say ❶ sê *"Staan langs jou bank totdat ek* **sê** *jy mag sit."* "Stand next to your desk until I **say** you may sit." ❷ sê, lui *Die kennisgewing op die deur* **sê/lui** *"Oor tien minute terug".* The notice on the door **says** "Back in ten minutes". ❸ staan *"Wat* **staan** *in sy brief?"* "What does his letter **say**?" ❹ sê nou (maar) *"**Sê nou (maar)** dit reën: sal ons nog steeds die wedstryd speel?"* "**Say** it rains: will we still play the match?" ❺ opsê *Hy ken die gedig uit sy kop en kan dit* **opsê** *sonder om in 'n boek te kyk.* He knows the poem by heart and can **say** it without looking in a book. ❻ uitspreek *"Jy moet Maandag met die klem op 'Maan'* **uitspreek**."* "You must **say** Monday with the stress on 'Mon'."

◆ **it says in ... ...** sê, in ... staan *Die Bybel* **sê** *(*OF *In die Bybel* **staan***) dat Jesus die seun van God is.* **It says in** the Bible that Jesus is the son of God.

◆ **(let's) say** sê *"Ontmoet my oor,* **sê**, *twee uur by die poskantoor."* "Meet me at the post office in, **(let's) say**, two hours."

◆ **said to be** glo *Hy is* **glo** *baie ryk.* He is **said to be** very rich.

◆ **say after ...** agter ... aan sê *"**Sê agter** my **aan**: een en een is twee, twee en twee is vier ..."* "**Say after** me: one and one is two, two and two is four ..."

◆ **say goodbye** totsiens (OF tot siens) sê *"Esther, kom* **sê totsiens** *(*OF **tot siens***) vir oupa en ouma – hulle wil ry."* "Esther, come and **say goodbye** to grandpa and grandma – they want to leave."

◆ **say good night** ⇨ **night.**

◆ **... says (that)** ... volgens ... *Volgens* my horlosie is dit nou 10:00.* My watch **says (that)** it's 10:00 now.

◆ **say to oneself** by jouself sê *Wanneer ek marsjeer,* **sê** *ek* **by myself**: *"Links, regs, links, regs ..."* When I

march I **say to myself**: "Left, right, left, right ..."

◆ **that is to say** dit wil sê *Hulle het verlede Vrydag,* **dit wil sê** *die twintigste, hier aangekom.* They arrived here last Friday, **that is to say** the twentieth.

☐ **say** *verb (past tense and past participle* **said**, *present participle* **saying***)*

scab roof *'n* **Roof** *het op my hand gevorm waar ek my gesny het.* A **scab** formed on my hand where I had cut myself.

☐ **scab** *noun (plural* **scabs***)*

scales skaal *Sy het op die* **skaal** *geklim om haar te weeg.* She got on to the **scales** to weigh herself.

☐ **scales** *plural noun*

scarce skaars *Boontjies moet* **skaars** *wees – daar is al weke lank niks te koop nie.* Beans must be **scarce** – there haven't been any on sale for weeks.

☐ **scarce** *adjective* **scarcer, scarcest**

scarcely skaars *Ek was so moeg dat ek* **skaars** *kon loop.* I was so tired that I could **scarcely** walk.

☐ **scarce·ly** *adverb*

scare bang maak *Daar is min dinge wat my so* **bang maak** *as iemand wat te vinnig ry.* There are few things that **scare** me as much as a person who drives too fast.

☐ **scare** *verb (past tense and past participle* **scared**, *present participle* **scaring***)*

scared bang *"Moenie* **bang** *wees nie – die hond sal jou nie byt nie."* "Don't be **scared** – the dog won't bite you."

◆ **be scared of** bang wees vir *"Is jy* **bang vir** *slange?"* "**Are** you **scared of** snakes?"

☐ **scared** *adjective* **more scared, most scared**

scarf serp *Sy het 'n* **serp** *om haar nek gedra om haar teen die koue te beskerm.* She wore a **scarf** round her neck to protect herself against the cold.

☐ **scarf** *noun (plural* **scarves/scarfs***)*

scent ❶ geur *Party blomme het 'n baie soet* **geur**. Some flowers have a very sweet **scent**. ❷ reukwater *Esmé het 'n bietjie* **reukwater** *aan haar vel gesmeer om haar lekker te laat ruik.* Esmé put some **scent** on her skin to make herself smell nice.

☐ **scent** *noun (no plural at 2; scents at 1)*

school skool *Daar is meer as 600 leerlinge in ons* **skool**. There are more than 600 pupils in our **school**.

◆ **go to school** skoolgaan *"Weet jy waar daardie kinders* **skoolgaan?**"* "Do you know where those children **go to school?**"

☐ **school** *noun (plural* **schools***)*

schoolbag skooltas *Sy het haar boeke uit haar* **skooltas** *gehaal en haar huiswerk gedoen.* She took her books out of her **schoolbag** and did her homework.

☐ **school·bag** *noun (plural* **schoolbags***)*

schooldays skooldae *My pa sê hy het sy* **skooldae** *baie geniet.* My father says he enjoyed his **schooldays** very much.

☐ **school·days** *plural noun*

schoolwork skoolwerk *Aan die end van 'n kwartaal kry*

elke kind 'n rapport oor sy **skoolwerk**. At the end of a term each child gets a report on his **schoolwork**.

☐ **school·work** *noun (no plural)*

science wetenskap *Ek is swak in tale maar goed in we=* *tenskap*. I am bad at languages but good at **science**.

☐ **sci·ence** *noun (plural* **sciences***)*

scientific wetenskaplik *Hy is baie* **wetenskaplik** *in die manier waarop hy boer, dis dié dat hy so suksesvol is*. He is very **scientific** in the way he farms, that's why he is so successful.

☐ **sci·en·tif·ic** *adjective*

scientist wetenskaplike *Die* **wetenskaplike** *Alex= ander Graham Bell het die telefoon uitgevind*. The **scientist** Alexander Graham Bell invented the tele= phone.

☐ **scien·tist** *noun (plural* **scientists***)*

scissors skêr *'n* **Skêr** *kan nie deur draad sny nie*. **Scis= sors** can't cut through wire.

☐ **scis·sors** *plural noun*

---

scissors take a plural verb, but **a pair of scissors** is singular: *"Where* **are** *the scissors?" This pair of scis= sors* **is** *mine*.

---

scold raas met *"Ma sal* **met** *jou* **raas** *as jy die kombuis deurmekaar maak."* "Mother will **scold** you if you mess up the kitchen."

☐ **scold** *verb (past tense and past participle* **scolded***, present participle* **scolding***)*

scoop skep *"Skep 'n bietjie suiker uit die sak met 'n koppie."* "**Scoop** some sugar out of the bag with a cup."

☐ **scoop** *verb (past tense and past participle* **scooped***, present participle* **scooping***)*

score[1] telling *Die* **telling** *in die sokkerwedstryd was 2 doele teen 1*. The **score** in the soccer match was 2 goals to 1.

☐ **score** *noun (plural* **scores***)*

score[2] aanteken *As die span nog 'n doel kan* **aanteken***, sal hulle die wedstryd wen*. If the team can **score** another goal they will win the match.

☐ **score** *verb (past tense and past participle* **scored***, present participle* **scoring***)*

scorpion skerpioen *'n* **Skerpioen** *se angel sit in sy stert*. The sting of a **scorpion** is in its tail.

☐ **scor·pi·on** *noun (plural* **scorpions***)*

scrape[1] skraap, krap *"Skraap|Krap jou modderige skoene skoon voordat jy na binne gaan."* "**Scrape** your muddy shoes clean before you go inside." [2] krap *Sy het te na aan die muur gery en die motor* **gekrap***.* She drove too close to the wall and **scraped** the car. [3] skuur *"Moenie die stoel oor die vloer* **skuur** *wanneer jy opstaan nie."* "Don't **scrape** the chair on the floor when you get up."

◆ **scrape (down)** skuur, afkrap *"Jy moet die mure* **skuur|afkrap** *voordat jy hulle weer verf."* "You must **scrape** the walls **(down)** before you paint them again."

◆ **scrape from/off** afskraap van, afkrap van *"Jy moet die modder* **van** *jou skoene* **afskraap|afkrap** *voordat jy na binne gaan."* "You must **scrape** the mud **from/off** your shoes before you go inside."

◆ **scrape out** uitkrap, uitskraap *"Sal jy die vuil borde vir my* **uitkrap|uitskraap***, asseblief?"* "Will you **scrape out** the dirty plates for me, please?"

☐ **scrape** *verb (past tense and past participle* **scraped***, present participle* **scraping***)*

scratch krap [a] *"Moenie die kat terg nie; hy het skerp naels en sal jou* **krap***."* "Don't tease the cat; it has sharp nails and will **scratch** you." [b] *"Krap asseblief my rug; dit jeuk."* "Please **scratch** my back; it's itching."

☐ **scratch** *verb (past tense and past participle* **scratched***, present participle* **scratching***)*

scream[1] skree, skreeu, gil, kreet *Toe Lynette die slang sien, het sy 'n* **skree|skreeu|gil|kreet** *gegee en wegge= hardloop*. When Lynette saw the snake, she gave a **scream** and ran away.

☐ **scream** *noun (plural* **screams***)*

scream[2] skree, skreeu, gil *Ek moes op my tande byt om nie van die pyn te* **skree|skreeu|gil** *nie*. I had to clench my teeth not to **scream** with pain.

◆ **scream with laughter** ⇨ **laughter**.

☐ **scream** *verb (past tense and past participle* **screamed***, present participle* **screaming***)*

screen [1] skerm, doek *Die ligte in die bioskoop het uitge= gaan en 'n prent het op die* **skerm|doek** *verskyn*. The lights in the cinema went out and a picture appeared on the **screen**. [2] skerm [a] *Die* **skerm** *van ons televi= siestel is van glas gemaak*. The **screen** of our television set is made of glass. [b] *Die verpleegster het 'n* **skerm** *om my bed gesit sodat die dokter my kon ondersoek*. The nurse put a **screen** around my bed so that the doctor could examine me.

☐ **screen** *noun (plural* **screens***)*

screw[1] skroef *Pa het die los* **skroef** *met 'n skroewe= draaier vasgedraai*. Dad tightened the loose **screw** with a screwdriver.

☐ **screw** *noun (plural* **screws***)*

screw[2] [1] skroef, vasskroef *"Sal jy vir my dié haak aan die deur* **skroef|vasskroef***, asseblief?"* "Will you **screw** this hook to the door for me, please?" [2] vas= draai *"Moenie die deksel te styf op die konfytfles* **vas= draai** *nie."* "Don't **screw** the lid too tightly on to the jam jar."

☐ **screw** *verb (past tense and past participle* **screwed***, present participle* **screwing***)*

screwdriver skroewedraaier *Pa het die los skroef met 'n* **skroewedraaier** *vasgedraai*. Dad tightened the loose screw with a **screwdriver**.

☐ **screw·driv·er** *noun (plural* **screwdrivers***)*

scribble krap [a] *"Skryf netjies; moenie so* **krap** *nie."* "Write neatly; don't **scribble** so." [b] *Klein Tommie het met 'n potlood op die muur* **gekrap***.* Little Tommy **scribbled** on the wall with a pencil.

□ **scrib·ble** *verb (past tense and past participle* **scrib-bled,** *present participle* **scribbling***)*

scribbler kladboek *Wanneer ons moeilike somme vir huiswerk kry, werk ek hulle eers in my **kladboek** uit en skryf hulle dan netjies in my klasboek oor.* When we get difficult sums for homework, I first work them out in my **scribbler** and then copy them neatly into my classbook.

□ **scrib·bler** *noun (plural* **scribblers***)*

scrub skrop *Die kombuisvloer was so vuil dat sy dit met 'n borsel moes **skrop***. The kitchen floor was so dirty that she had to **scrub** it with a brush.

□ **scrub** *verb (past tense and past participle* **scrub-bed,** *present participle* **scrubbing***)*

sea see *Die aarde bestaan uit **see** en land.* The earth consists of **sea** and land.

◆ **at sea** op/ter see *Die matrose was bly om na weke **op/ter see** terug aan wal te wees.* The sailors were glad to be back on shore after weeks **at sea.**

□ **sea** *noun (plural* **seas***)*

seal toeplak *"Moenie die koevert nou al **toeplak** nie; ek wil iets by die brief voeg."* "Don't **seal** the envelope just yet; I want to add something to the letter."

□ **seal** *verb (past tense and past participle* **sealed,** *present participle* **sealing***)*

search[1] soektog *Die polisie het die **soektog** na die vermiste kind gelei.* The police led the **search** for the missing child.

◆ **in search of** op soek na *Ons het in die dorp rondgery **op soek na** 'n plek om te eet.* We drove about in town **in search of** a place to eat.

□ **search** *noun (plural* **searches***)*

search[2] ■ soek *Hulle het die polisie laat kom om na die vermiste kind te help **soek**.* They called the police to help **search** for the missing child. ■ deursoek **[a]** *"Jy kan my laaie maar **deursoek** – ek het nie jou sokkies nie."* "You may **search** my drawers – I don't have your socks." **[b]** *Die polisie **het** die bos na die vermiste kind **deurgesoek**.* The police **searched** the forest for the missing child.

□ **search** *verb (past tense and past participle* **searched,** *present participle* **searching***)*

seaside see, strand **[a]** *"Gaan julle in Desember **see/ strand** toe?"* – *"Ja, ons gaan vir twee weke Durban toe."* "Are you going to the **seaside** in December?" – "Yes, we're going to Durban for two weeks." **[b]** *Ons het 'n heerlike vakansie aan/by die **see/strand** gehad.* We had a lovely holiday at the **seaside.**

□ **sea·side** *noun (no plural)*

season seisoen *Somer is die warmste **seisoen** van die jaar.* Summer is the hottest **season** of the year.

□ **sea·son** *noun (plural* **seasons***)*

seat[1] ■ plek *Bespreek vroegtydig as jy seker wil wees van 'n **plek** op die trein.* Book early if you want to be sure of a **seat** on the train. ■ sitplek **[a]** *Die saal is amper vol; daar is **sitplek** vir nog net sewe mense.* The hall is almost full; there are **seats** for only seven more people.

[b] *Daar is 'n kussing op die **sitplek** van die stoel.* There is a cushion on the **seat** of the chair. **[c]** *Philip het 'n vuil kol op die **sitplek** van sy broek.* Philip has a dirty mark on the **seat** of his trousers. ■ sitplek, bank *Die agterste **sitplek/bank** van die bus is wyd genoeg vir vyf mense.* The back **seat** of the bus is wide enough for five people.

◆ **please have/take a seat** sit gerus *"**Sit gerus** – die dokter is nog met 'n ander pasiënt besig."* "**Please have/take a seat** – the doctor is still busy with another patient."

◆ **take a seat** gaan sit *"Lynette, **gaan sit** asseblief langs Esther."* "Lynette, please **take a seat** next to Esther."

□ **seat** *noun (plural* **seats***)*

seat[2] sitplek hê *Die saal **het sitplek** vir 750 mense.* The hall **seats** 750 people.

◆ **be seated** sit *"Goeiemôre, kinders! **Sit** asseblief en haal jul geskiedenisboeke uit."* "Good morning, children! Please **be seated** and take out your history books."

◆ **seat oneself** gaan sit *"Lynette, **gaan sit** asseblief langs Esther."* "Lynette, please **seat yourself** next to Esther."

□ **seat** *verb (past tense and past participle* **seated,** *present participle* **seating***)*

second[1] sekonde *... 58, 59 ... – nog net een **sekonde,** en 'n minuut is verby. ... 58, 59 ...* – only one more **second,** and a minute has passed.

◆ **a second** ('n) bietjie *"Walter, kom **('n) bietjie** hier, ek wil jou iets wys."* "Walter, come here **a second,** I want to show you something."

◆ **I won't be a second** ek is nou-nou klaar, ek kom nou-nou *"**Ek is nou-nou klaar** (OF **Ek kom nou-nou)!** Ek moet nog net my hare kam!"* "**I won't be a second!** I just have to comb my hair!"

◆ **in a second** nou-nou, netnou *"Ek gaan gou kafee toe, Ma! Ek sal **nou-nou/netnou** terug wees!"* "I'm just going to the café, Mum! I'll be back **in a second!**"

◆ **in/within seconds** binne enkele oomblikke *Die dak het aan die brand geraak en **binne enkele oomblikke** het die hele huis in vlamme gestaan.* The roof caught fire and **in/within seconds** the whole house was in flames.

◆ **it won't take a second** ⇨ **take.**

◆ **just a second** wag (so) 'n bietjie, net 'n oomblik *"**Wag (so) 'n bietjie** (OF **Net 'n oomblik),** meneer; ek sal my pa na die telefoon roep."* "**Just a second,** sir; I'll call my dad to the telephone."

□ **sec·ond** *noun (plural* **seconds***)*

second[2] ■ tweede *Februarie is die **tweede** maand van die jaar.* February is the **second** month of the year. ■ nog 'n *"Kan ek **nog 'n** koppie tee kry, asseblief?"* "May I have a **second** cup of tea, please?"

◆ **second class** ⇨ **class.**

□ **sec·ond** *adjective*

second-class tweedeklas *'n Eersteklaskaartjie kos meer* *as 'n **tweedeklas**kaartjie.* A first-class ticket costs more than a **second-class** ticket.

☐ **sec·ond-cla̱ss** *adjective*

second-hand tweedehands *"Is jou fiets nuut?" – "Nee, dis **tweedehands**."* "Is your bike new?" – "No, it's **second-hand**."

☐ **sec·ond-ha̱nd** *adjective*

secret[1] geheim *"Kan jy 'n **geheim** bewaar? Ek wil jou iets vertel wat jy nie moet oorvertel nie."* "Can you keep a **secret**? I want to tell you something that you mustn't repeat."

☐ **se̱·cret** *noun (plural* **secrets***)*

secret[2] geheim *"Hou ons plan **geheim** – moet niemand daarvan vertel nie."* "Keep our plan **secret** – don't tell anyone about it."

☐ **se̱·cret** *adjective*

secretary sekretaresse *Die hoof se **sekretaresse** tik al sy briewe vir hom.* The headmaster's **secretary** types all his letters for him.

☐ **se̱c·ret·ary** *noun (plural* **secretaries***)*

section ❶ afdeling *Daar is 'n spesiale **afdeling** in die biblioteek vir koerante en tydskrifte.* There is a special **section** in the library for newspapers and magazines. ❷ deel *Hulle het 'n **deel** van die pad vir herstelwerk gesluit.* They have closed a **section** of the road for repairs.

☐ **sec̱·tion** *noun (plural* **sections***)*

see ❶ sien **[a]** *Die man is blind en kan nie **sien** nie.* The man is blind and cannot **see**. **[b]** *Ons het 'n leeu in die dieretuin **gesien**.* We **saw** a lion in the zoo. **[c]** *"Kom ons gaan bioskoop toe, of **het** jy al die prent **gesien**?"* "Let's go to the cinema, or have you **seen** the film before? **[d]** *Ek **het** Anna by Simon se partytjie **gesien**.* I **saw** Anna at Simon's party. **[e]** *"Jy moet op dié knoppie druk om die televisie aan te skakel." – "O, ek **sien**."* "You must press this button to switch on the television." – "Oh, I **see**." **[f]** *"Hy is so stadig, ek kan hom nie die werk teen Vrydag **sien** klaarkry nie."* "He is so slow, I can't **see** him finishing the job by Friday." **[g]** *"Kan Cynthia vir die naweek na ons toe kom?" – "Ek weet nie; ons sal moet **sien**."* "Can Cynthia come to us for the weekend?" – "I don't know; we'll have to **see**." ❷ sien hoe *Ons het **gesien** hoe die kat die voël vang.* We **saw** the cat catch the bird. ❸ kyk *"Gaan **kyk** asseblief of die posbode al gekom het."* "Please go and **see** whether the postman has been yet." ❹ kuier by/vir, besoek *"Tot siens, Thomas! Kom **kuier** gou weer **by/vir** ons (OF Kom besoek ons gou weer)!"* "Goodbye, Thomas! Come and **see** us again soon!" ❺ spreek *Die hoof is op die oomblik besig en kan jou eers oor twee uur **spreek**.* The principal is busy at the moment and can **see** you in only two hours' time. ❻ ontvang *Die tandarts kan my nie voor die einde van volgende maand **ontvang** nie.* The dentist can't **see** me till the end of next month. ❼ insien *Ek kan nie **insien** waarom ek die tuin moet natgooi as dit gister gereën het nie.* I can't **see** why I have to water the garden if it rained yesterday.

◆ **see a doctor** dokter toe gaan, 'n dokter spreek/raadpleeg *"Jy behoort **dokter toe** te gaan oor jou hoes (OF 'n dokter oor jou hoes te **spreek/raadpleeg**)."* "You ought to **see a doctor** about your cough."

◆ **see home** huis toe bring *Pa het vir my maat Anna gesê: "Dis donker buite; ek sal jou **huis toe bring**."* Dad said to my friend Anna, "It's dark outside; I'll **see** you **home**."

◆ **see ... of** sien *Ons **sien** hulle nie dikwels nie – hulle woon te ver van ons af.* We don't **see** much **of** them – they live too far away from us.

◆ **see off** gaan groet *Ons is stasie toe om Tom te **gaan groet**.* We went to the station to **see** Tom **off**.

◆ **see that, see to it that** sorg dat *"**Sorg dat** al die deure gesluit is voordat jy uitgaan."* "**See that** (OR **See to it that**) all the doors are locked before you go out."

◆ **see to** ❶ sorg vir *"Julle kan gaan speel – ek sal **vir die skottelgoed sorg**."* "You can go and play – I'll **see to** the dishes." ❷ kyk na *Pa het 'n elektrisiën laat kom om **na** ons stukkende wasmasjien te **kyk**.* Dad got in an electrician to **see to** our broken washing machine.

◆ **see you, be seeing you** totsiens, tot siens *"**Totsiens** (OF **Tot siens**), Philip; ek gaan nou huis toe."* "**See** (OR **Be seeing**) **you**, Philip; I'm going home now."

◆ **seeing that** aangesien *"**Aangesien** jy kombuis toe gaan, neem asseblief die koppies saam."* "**Seeing that** you're going to the kitchen, take the cups with you, please."

☐ **see** *verb (past tense* **saw**, *past participle* **seen**, *present participle* **seeing***)*

seed saad *Dié plant het uit 'n **saad** gegroei.* This plant grew from a **seed**.

☐ **seed** *noun (plural* **seeds***)*

seem lyk *Maer mense **lyk** dikwels langer as wat hulle is.* Thin people often **seem** taller than they are.

◆ **it seems as if/though** dit lyk asof *Dit **lyk asof** dit gaan reën.* **It seems as if/though** it is going to rain.

◆ **seem (to be)** lyk na *Sy **lyk na** 'n gawe meisie; ek wil haar graag beter leer ken.* She **seems (to be)** a nice girl; I would like to get to know her better.

◆ **seem to me** lyk (vir) my *Ek bekommer my oor hom – hy **lyk** nie **vir my** (OF hy **lyk my** nie) gesond nie.* I am concerned about him – he does not **seem** well **to me**.

☐ **seem** *verb (past tense and past participle* **seemed**, *present participle* **seeming***)*

seesaw wipplank *Daar is 'n glyplank, 'n **wipplank** en 'n swaai in die park vir die kinders om op te speel.* There is a slide, a **seesaw** and a swing in the park for the children to play on.

☐ **seesaw** *noun (plural* **seesaws***)*

seldom selde *Ek slaap gewoonlik reg deur en word **selde** snags wakker.* I usually sleep straight through and **seldom** wake up during the night.

☐ **sel·dom** *adverb*

selfish selfsugtig *"Jy's baie **selfsugtig** – jy dink net aan* *jousesf!"* "You're very **selfish** – you think only about yourself!"

☐ **self·ish** *adjective* **more selfish, most selfish**

sell verkoop **[a]** *"Ek wil my fiets verkoop – dink jy ek kan R65,00 daarvoor vra?"* "I want to **sell** my bike – do you think I can ask R65,00 for it?" **[b]** *Daardie winkel verkoop net skoene.* That shop **sells** only shoes.

◆ **be sold out** uitverkoop wees *Die bruinbrood is uit= verkoop, maar daar is nog witbrood oor.* The brown bread **is sold out**, but there is still some white bread left.

◆ **be/have sold out of** uitverkoop wees *"Ons bruin= brood is uitverkoop, seun."* "We **are/have sold out of** brown bread, son."

◆ **sell at/for** kos, verkoop vir/teen *Die appels kos (OF verkoop vir/teen) 50c elk.* The apples **sell at/for** 50c each.

◆ **sell out** uitverkoop *Die winkelier gaan sy winter= klere uitverkoop om vir nuwe somerklere plek te maak.* The shopkeeper is going to **sell out** his winter clothes to make room for new summer clothes.

☐ **sell** *verb (past tense and past participle* **sold,** *present participle* **selling)**

send stuur **[a]** *"Ek sal die pakkie per pos aan jou stuur."* "I'll **send** you the parcel (OR I'll **send** the parcel to you) by post." **[b]** *Walter se ma het hom kafee toe gestuur om melk te koop.* Walter's mother **sent** him to the café to buy some milk.

◆ **send away** wegstuur *"Ek moes die seun wegstuur, want hy het nie genoeg geld vir die melk gehad nie."* "I had to **send** the boy **away** because he didn't have enough money for the milk."

◆ **send back** terugstuur *Die dokter moes die pasiënt terugstuur hospitaal toe vir 'n tweede operasie.* The doctor had to **send** the patient **back** to hospital for a second operation.

◆ **send for** laat kom *My broer was so siek dat ons die dokter moes laat kom.* My brother was so ill that we had to **send for** the doctor.

◆ **send in** instuur *"Gaan jy die vorm invul en vir die kompetisie instuur?"* "Are you going to complete the form and **send** it **in** for the competition?"

◆ **send off ❶** wegstuur *"Sal jy poskantoor toe gaan en dié pakkie vir my wegstuur, asseblief?"* "Will you go to the post office and **send off** this parcel for me, please?" **❷** stuur van *Die skeidsregter mag 'n speler weens vuil spel van die veld stuur.* The referee may **send** a player **off** the field for dirty play.

◆ **send out** uitstuur **[a]** *"Anna, hou op om so stout te wees – ek sal jou uitstuur om in die gang te staan!"* "Anna, stop being so naughty – I'll **send** you **out** to stand in the passage!" **[b]** *Die hoof het 'n kennisgewing aan al die kinders se ouers uitgestuur.* The head= master **sent out** a notice to all the children's parents.

☐ **send** *verb (past tense and past participle* **sent,** *pre= sent participle* **sending)**

sense sin **[a]** *As jy sê "ons was in dieselfde klas", gebruik jy "klas" in die sin van 'n groep leerlinge.* If you say "we were in the same class" you are using "class" in the **sense** of a group of pupils. **[b]** *Hy het 'n goeie sin vir humor en snap 'n grap gou.* He has a good **sense** of humour and is quick to catch a joke.

◆ **make sense** sin hê *"Slim 'n hy is seun" het geen sin nie, want die woorde staan in die verkeerde volgorde.* "Clever a he is boy" doesn't **make** any **sense** because the words are in the wrong order.

◆ **sense of ...** =gevoel *Esmé verdwaal maklik, want sy het geen rigtinggevoel nie.* Esmé gets lost easily be= cause she has no **sense of** direction.

◆ **sense organ** sintuig *Die oor is die sintuig van ge= hoor.* The ear is the **sense organ** of hearing.

◆ **the five senses** die vyf sinne/sintuie *Gesig, reuk, gehoor, smaak en gevoel is die vyf sinne/sintuie.* Sight, smell, hearing, taste and touch are **the five senses.**

☐ **sense** *noun (no plural at* **b;** **senses** *at* **a)**

sentence sin *Die volgende sin bestaan uit net drie woorde: "Eet jou kos."* The following **sentence** con= sists of only three words: "Eat your food."

☐ **sen·tence** *noun (plural* **sentences)**

separate[1] **❶** skei *Die Oranjerivier skei Suid-Afrika en Namibië.* The Orange River **separates** South Africa and Namibia. **❷** uitmekaar gaan *"Kom ons gaan hier uitmekaar en ontmoet mekaar oor 'n uur by die stasie."* "Let's **separate** here and meet each other at the station in an hour."

☐ **sep·a·rate** *verb (past tense and past participle* **sep= arated,** *present participle* **separating)**

separate[2] **❶** apart *Die seuns en die meisies slaap in aparte kamers.* The boys and the girls sleep in **sepa= rate** rooms. **❷** verskillend *Daar is twaalf verskil= lende hoofstukke in die boek.* There are twelve **sepa= rate** chapters in the book.

◆ **keep separate** uitmekaar hou *Sit iets tussen die ap= pels en die lemoene om hulle uitmekaar te hou.* Put something between the apples and the oranges to **keep** them **separate.**

◆ **keep separate from** geskei hou van *Hou die ap= pels van die lemoene geskei.* **Keep** the apples **sepa= rate from** the oranges.

☐ **sep·a·rate** *adjective*

separately afsonderlik *"Kan ons afsonderlik vir ons koeldranke betaal, meneer?"* "May we pay for our cool drinks **separately,** sir?"

☐ **sep·a·rate·ly** *adverb*

September September *September is die negende maand van die jaar.* **September** is the ninth month of the year.

☐ **Sep·tem·ber** *noun (no plural)*

series reeks *'n Nuwe reeks programme oor voëls begin volgende Sondag op televisie.* A new **series** of pro= grammes on birds begins on television next Sunday.

☐ **se·ries** *noun (plural* **series)**

---

series takes a singular verb

---

serious ernstig **[a]** *"Is jy ernstig? Het jy regtig R5 000 in die kompetisie gewen?"* "Are you **serious**? Did you really win R5 000 in the competition?" **[b]** *Kanker is 'n ernstige siekte wat die dood kan veroorsaak.* Cancer is a **serious** disease which can cause death.
□ **se·ri·ous** *adjective* **more serious, most serious**

seriously ernstig **[a]** *Philip dink ernstig daaraan om na matriek in Kaapstad te gaan werk.* Philip is **seriously** thinking of going to work in Cape Town after matric. **[b]** *Maggie is ernstig siek en moes hospitaal toe gaan.* Maggie is **seriously** ill and had to go to hospital.
□ **se·ri·ous·ly** *adverb*

serve ❶ dien **[a]** *Die bank dien as ('n) bed wanneer ons ekstra slaapplek nodig het.* The sofa **serves** as (a) bed when we need extra sleeping-place. **[b]** *Die leier het sy land en sy mense meer as veertig jaar gedien.* The leader **served** his country and his people for more than forty years. ❷ help *Toe ek by die winkel inkom, het 'n verkoopklerk my gevra: "Kan ek jou help?"* When I entered the shop a salesman asked me, "Can I **serve** you?" ❸ bedien *"Kelner, bedien asseblief die mense aan daardie tafel."* "Waiter, please **serve** the people at that table." ❹ voorsit *"Kelner, jy moet eers die sop voorsit en dan die vleis en groente."* "Waiter, you must first **serve** the soup and then the meat and veg‑ etables." ❺ opdien *"Kinders, is jul hande skoon? Ek wil die ete opdien."* "Children, are your hands clean? I want to **serve** dinner." ❻ skink *Na die ete het ma gesê: "Kom ons gaan sitkamer toe – ek sal die koffie daar skink."* After the meal mum said, "Let's go to the lounge – I'll **serve** the coffee there." ❼ afslaan *Die tennisspeler het die bal vir sy opponent gewys en gevra: "Is jy gereed? Kan ek afslaan?"* The tennis player showed the ball to his opponent and asked, "Are you ready? Can I **serve**?"
□ **serve** *verb (past tense and past participle* **served**, *present participle* **serving***)

service diens **[a]** *Die diens in daardie winkel is baie swak – die personeel help jou nie graag nie.* The **service** in that shop is very bad – the staff don't like to help you. **[b]** *Die predikant hou elke Sondag om 10:00 'n diens in die kerk.* The minister holds a **service** in the church every Sunday at 10:00.
□ **serv·ice** *noun (no plural at* **a***;* **services** *at* **b***)*

set[1] stel *My ma het 'n nuwe stel koppies en pierings ge‑ koop.* My mother bought a new **set** of cups and saucers.
□ **set** *noun (plural* **sets***)*

set[2] ❶ stel **[a]** *"Stel die wekker om môreoggend om 05:30 af te gaan."* "**Set** the alarm-clock to go off at 05:30 tomorrow morning." **[b]** *Die boer wil 'n val/strik stel om die jakkals te vang.* The farmer wants to **set** a trap to catch the fox. ❷ dek *"Doreen, dek asseblief die tafel vir aandete."* "Doreen, please **set** the table for sup‑ per." ❸ sak *Wanneer die son sak, word die lug in die*

weste rooi. When the sun **sets**, the sky in the west turns red. ❹ stol *Maak die jellie aan en sit dit in die yskas om te stol.* Mix the jelly and put it in the fridge to **set**. ❺ laat staan *Hy het sy fiets opgetel en regop teen die muur laat staan.* He picked up his bike and **set** it upright against the wall.
◆ **set free** bevry *Hy het die deur van die hok oopge‑ maak om die voël te bevry.* He opened the door of the cage to **set** the bird **free**.
◆ **set on fire, set fire to** ⇨ **fire**[1].
□ **set** *verb (past tense and past participle* **set**, *present participle* **setting***)*

seven sewe *Vier plus drie is sewe.* Four plus three is **seven**.
□ **sev·en** *numeral*

seventeen sewentien *Tien plus sewe is sewentien.* Ten plus seven is **seventeen**.
□ **sev·en·teen** *numeral*

seventeenth sewentiende *Die sewentiende eeu is van 1600 tot 1699.* The **seventeenth** century is from 1600 to 1699.
□ **sev·en·teenth** *numeral*

seventh sewende *Julie is die sewende maand van die jaar.* July is the **seventh** month of the year.
□ **sev·enth** *numeral*

seventieth sewentigste *My oupa is in sy sewentigste jaar dood.* My grandfather died in his **seventieth** year.
□ **sev·en·ti·eth** *numeral*

seventy sewentig *Tien maal sewe is sewentig.* Ten times seven is **seventy**.
□ **sev·en·ty** *numeral*

several[1] 'n hele paar, verskeie, etlike *Ons woon al 'n hele paar jaar (OF verskeie OF etlike jare) in dié woonstel.* We have lived in this flat for **several** years.
□ **sev·er·al** *adjective*

several[2] 'n hele paar, verskeie, etlike *'n Hele paar (OF Verskeie OF Etlike) van die kinders in ons klas is siek.* **Several** of the children in our class are ill.
□ **sev·er·al** *pronoun*

sew ❶ naaldwerk doen *Sy kan goed naaldwerk doen en maak pragtige rokke.* She can **sew** well and makes beautiful dresses. ❷ vaswerk *"Mamma, sal jy asseblief die skoolwapen op die sak van my kleurbaadjie vas‑ werk?"* "Mummy, will you please **sew** the school badge onto the pocket of my blazer?"
◆ **sew on** aanwerk *"Simon, bring vir my 'n naald en garing sodat ek jou knoop kan aanwerk."* "Simon, bring me a needle and thread so that I can **sew on** your button."
◆ **sew up** toewerk *"Ma, sal jy die skeur in my hemp toewerk, asseblief?"* "Mum, will you **sew up** the tear in my shirt, please?"
□ **sew** *verb (past tense* **sewed**, *past participle* **sewn**, *present participle* **sewing***)*

sewing naaldwerk *Op skool leer die meisies naaldwerk*

en die seuns houtwerk. At school the girls learn **sewing** and the boys woodwork.

☐ **sew·ing** *noun (no plural)*

sewing machine naaimasjien *Sy het haar naaima= sjien uitgehaal om die twee stukke materiaal aan me= kaar te stik.* She took out her **sewing machine** to stitch the two pieces of material together.

☐ **sew·ing ma·chine** *noun (plural* **sewing ma= chines***)*

sex geslag *Waar hulle vra wat jou geslag is, moet die meisies skryf "vroulik" en die seuns "manlik".* Where they ask what **sex** you are, the girls must write "fe= male" and the boys "male".

☐ **sex** *noun (plural* **sexes***)*

sh! sjuut! *"Sjuut, moenie so raas nie!"* "**Sh**, don't make such a noise!"

☐ **sh!** *interjection*

shade skaduwee, koelte *Dis te warm in die son – ek gaan in die skaduwee/koelte sit.* It's too hot in the sun – I'm going to sit in the **shade**.

☐ **shade** *noun (no plural)*

shadow skaduwee *Hoe laer die son, hoe langer die ska= duwee wat die boom op die grond maak.* The lower the sun, the longer the **shadow** that the tree makes on the ground.

☐ **shad·ow** *noun (plural* **shadows***)*

shake ❶ skud [a] *Skud die bottel om die medisyne te meng.* **Shake** the bottle to mix the medicine. [b] *Oom Tom het my hand geskud en gesê: "Tot siens, Philip."* Uncle Tom **shook** my hand and said, "Goodbye, Phi= lip." [c] *Toe ma vir pa vra of hy nog tee wil hê, het hy sy kop geskud en gesê: "Nee, dankie."* When mum asked dad whether he would like some more tea, he **shook** his head and said, "No, thanks." ❷ beef, bewe [a] *Die ysige wind het ons van die koue laat beef/bewe.* The icy wind made us **shake** with cold. [b] *Die brug het ge= beef/gebewe toe die trein daaroor ry.* The bridge **shook** as the train went over it.

☐ **shake** *verb (past tense* **shook***, past participle* **sha= ken***, present participle* **shaking***)*

◆ To express a simple future tense, use **shall** with *I* and *we*, and **will** with *you, he, she, it* and *they: I/We* **shall** *do it tomorrow. He/She/They* **will** *do it tomor= row.* However, the forms change when you express a promise or command: *"I* **will** *punish you if you do that again!" "You* **shall** *wash the dishes whether you like it or not."*

◆ In informal language you can use ='ll to represent both **shall** and **will** for all persons: *He'll do it tomor= row. "I'll punish you if you do that again!"*

---

shall ❶ sal [a] *"Ma, ek sal teen vieruur vanmiddag tuis wees."* "Mum, I **shall** be home by four o'clock this afternoon." [b] *"Het jy genoeg melk in jou tee, of sal ek nog 'n bietjie byvoeg?"* "Do you have enough milk in your tea, or **shall** I add a little more?" ❷ moet *"Klas, verstaan julle dié som, of moet ek dit weer verduidelik?"*

"Class, do you understand this sum, or **shall** I explain it again?" ❸ gaan *Ons het ons huis verkoop en gaan binnekort trek.* We have sold our house and **shall** be moving soon.

☐ **shall** *verb (past tense* **should***)*

shallow vlak *Aan die vlak kant van die swembad kom die water tot by my middel.* In the **shallow** end of the swimming pool the water comes to my waist.

☐ **shal·low** *adjective* **shallower, shallowest**

shame[1] skaamte *Hy het sy kop uit skaamte laat sak toe die juffrou met hom voor die klas raas.* He hung his head in **shame** when the teacher scolded him in front of the class. ❷ skande *"Hoekom het jy die boek gesteel? Jy het ons familie in die skande gesteek!"* "Why did you steal the book? You have brought **shame** on our family!"

◆ **what a shame!** hoe jammer! *Die span het baie goed gespeel. Hoe jammer dat hulle verloor het!* The team played very well. **What a shame** that they lost!

☐ **shame** *noun (no plural)*

shame![2] foei tog!, sies tog! *Foei tog (*OF *Sies tog), die arme voël het sy vlerk seergemaak!* **Shame**, the poor bird has hurt its wing!

☐ **shame!** *interjection*

shape[1] vorm *Ons huis is in die vorm van 'n L gebou.* Our house is built in the **shape** of an L.

◆ **take shape** vorm aanneem *Die berg het begin vorm aanneem toe die mis lig.* The mountain began to **take shape** when the fog lifted.

☐ **shape** *noun (plural* **shapes***)*

shape[2] vorm *Die seun het 'n stuk klei gevat en dit tot 'n os probeer vorm.* The boy took a piece of clay and tried to **shape** it into an ox.

☐ **shape** *verb (past tense and past participle* **shaped***, present participle* **shaping***)*

share[1] deel *"Moenie bekommerd wees nie, julle sal elkeen 'n gelyke deel van die poeding kry."* "Don't worry, you'll each get an equal **share** of the pudding."

☐ **share** *noun (plural* **shares***)*

share[2] ❶ deel *Die twee broers deel 'n slaapkamer.* The two brothers **share** a bedroom. ❷ verdeel *As ons die lekkers gelykop onder mekaar verdeel, sal elkeen ses kry.* If we **share** the sweets equally among us, each will get six.

◆ **share (out)** uitdeel *"Sorg dat elke kind 'n stukkie kry wanneer jy die koek uitdeel."* "Make sure that each child gets a piece when you **share (out)** the cake."

☐ **share** *verb (past tense and past participle* **shared***, present participle* **sharing***)*

shark haai *'n Haai is 'n groot vis wat ander visse vreet.* A **shark** is a large fish that eats other fish.

☐ **shark** *noun (plural* **sharks***)*

sharp ❶ skerp [a] *Sy het haar met 'n skerp mes gesny.* She cut herself with a **sharp** knife. [b] *'n Doring het 'n skerp punt.* A thorn has a **sharp** point. [c] *"Ry sta= diger – daar is 'n skerp draai in die pad."* "Slow down

– there is a **sharp** bend in the road." **[d]** *Die foto is so* ***skerp** dat jy die hare op die man se arms kan sien.* The photograph is so **sharp** that you can see the hair on the man's arms. **[e]** *'n Wekker maak 'n **skerp** geluid wanneer dit afgaan.* An alarm-clock makes a **sharp** sound when it goes off. **[f]** *Mosterd het 'n **skerp** smaak.* Mustard has a **sharp** taste. **[g]** *Katte het **skerp** oë en kan goed in die donker sien.* Cats have **sharp** eyes and can see well in the dark. ◻ **skielik** *Sneeu op die berge het 'n **skielike** daling van temperatuur veroorsaak.* Snow on the mountains caused a **sharp** drop in temperature.

◻ **sharp** *adjective* **sharper, sharpest**

sharpen ◻ skerp maak *My potlood is stomp. Ek moet dit **skerp maak**.* My pencil is blunt. I must **sharpen** it. ◻ slyp *Jy kan 'n mes op 'n plat steen **slyp**.* You can **sharpen** a knife on a flat stone.

◻ **sharp·en** *verb (past tense and past participle* **sharp= ened**, *present participle* **sharpening**)

sharply ◻ skerp **[a]** *Die pad loop reguit en draai dan **skerp** na regs.* The road runs straight and then turns **sharply** to the right. **[b]** *"Moenie so onbeskof wees nie!" het sy **skerp** gesê.* "Don't be so rude!" she said **sharply**. ◻ vinnig *In die winter daal die temperatuur **vinnig** nadat die son gesak het.* In winter the temperature drops **sharply** after the sun has set.

◻ **sharp·ly** *adverb*

shave skeer *Die man se baard groei so vinnig dat hy elke dag moet **skeer**.* The man's beard grows so fast that he has to **shave** every day.

◻ **shave** *verb (past tense and past participle* **shaved**, *present participle* **shaving**)

she sy *Sy is 'n mooi meisie.* **She** is a pretty girl.

◻ **she** *pronoun*

shear skeer *Boere **skeer** hul skape om die wol te verkoop.* Farmers **shear** their sheep to sell the wool.

◻ **shear** *verb (past tense* **sheared**, *past participle* **shorn**, *present participle* **shearing**)

shed verloor *Party bome **verloor** hul blare in die winter.* Some trees **shed** their leaves in winter.

◻ **shed** *verb (past tense and past participle* **shed**, *present participle* **shedding**)

sheep skaap *'n Lam is 'n jong **skaap**.* A lamb is a young **sheep**.

◻ **sheep** *noun (plural* **sheep**)

A group of sheep is a **flock**.

sheet ◻ laken *In die somer slaap ek onder 'n **laken** en een kombers.* In summer I sleep under a **sheet** and one blanket. ◻ vel *Simon het sy boek met 'n **vel** bruin papier oorgetrek.* Simon covered his book with a **sheet** of brown paper.

◻ **sheet** *noun (plural* **sheets**)

shelf rak *Die borde staan op die boonste **rak** in die kas.* The plates are on the top **shelf** in the cupboard.

◻ **shelf** *noun (plural* **shelves**)

shell ◻ dop **[a]** *Die **dop** van die eier is gekraak.* The **shell** of the egg is cracked. **[b]** *'n Skilpad kan sy kop en*

pote in sy **dop** intrek. A tortoise can pull its head and legs into its **shell**. ◻ skulp *Die slak het 'n **skulp** op sy rug.* The snail has a **shell** on its back.

◻ **shell** *noun (plural* **shells**)

shelter[1] skuiling *Ons het onder die brug **skuiling** gesoek toe dit begin reën het.* We took **shelter** under the bridge when it began to rain.

◻ **shel·ter** *noun (no plural)*

shelter[2] skuil *"Kom ons **skuil** teen die reën onder die brug."* "Let's **shelter** from the rain under the bridge."

◻ **shel·ter** *verb (past tense and past participle* **shel= tered**, *present participle* **sheltering**)

shift skuif *"Help my asseblief om die bed na die ander kant van die kamer te **skuif**."* "Please help me to **shift** the bed to the other side of the room."

◻ **shift** *verb (past tense and past participle* **shifted**, *present participle* **shifting**)

shine ◻ skyn **[a]** *Daar is geen wolke in die lug nie – die son behoort die hele dag te **skyn**.* There are no clouds in the sky – the sun ought to **shine** all day. **[b]** *"Draai asseblief die lamp weg – die lig **skyn** in my oë."* "Please turn the lamp away – the light is **shining** in my eyes." ◻ blink *Die motors **blink** in die son.* The cars **shine** in the sun. ◻ lig met *"Moenie **met** jou flits in my oë **lig** nie."* "Don't **shine** your torch in my eyes." ◻ poets, blink maak *Ek **poets** my skoene met 'n lap* (OF **maak** *my skoene met 'n lap **blink***). I **shine** my shoes with a cloth. ◻ straal *Jy kan sien hulle het die wedstryd gewen – kyk hoe **straal** hul gesigte van geluk.* You can see they have won the match – see how their faces **shine** with happiness.

◻ **shine** *verb (past tense and past participle* **shone**, *present participle* **shining**)

shiny blink *Die motor is so **blink** dat ek my gesig daarin kan sien.* The car is so **shiny** that I can see my face in it.

◻ **shin·y** *adjective* **shinier, shiniest**

ship skip *Ons het gekyk hoe die **skip** uit die hawe vaar.* We watched the **ship** sail out of the harbour. ⇨ **boat** [NOTE].

◻ **ship** *noun (plural* **ships**)

shirt hemp *Walter dra 'n **hemp** met kort moue.* Walter is wearing a **shirt** with short sleeves.

◻ **shirt** *noun (plural* **shirts**)

shiver beef, bewe *Die ysige wind het ons van die koue laat **beef/bewe**.* The icy wind made us **shiver** with cold.

◻ **shiv·er** *verb (past tense and past participle* **shiv= ered**, *present participle* **shivering**)

shock[1] skok *Hy het 'n elektriese **skok** gekry toe hy aan die kaal draad vat.* He got an electric **shock** when he touched the bare wire.

◆ **come as a shock** 'n skok wees *Die nuus van haar dood **was** vir my 'n geweldige **skok**.* The news of her death **came as a** terrible **shock** to me.

◆ **give a shock** skok *"Moenie aan daardie kaal draad vat nie – dis lewendig en sal jou **skok**."* "Don't touch that bare wire – it's live and will **give** you **a shock**."

☐ **shock** *noun (plural* **shocks***)*

shock[2] skok **[a]** *"Moenie aan daardie kaal draad vat nie – dis lewendig en sal jou* **skok***."* "Don't touch that bare wire – it's live and will **shock** you." **[b]** *"Jy skok my – hoe kan jy so lelik praat?"* "You **shock** me – how can you use such bad language?"

◆ **be shocked at/by** geskok wees deur *Ek was diep geskok deur haar dood.* I **was** deeply **shocked at/by** her death.

◆ **get shocked** 'n skok kry *"Jy sal 'n skok kry as jy aan daardie kaal elektriese draad vat."* "You'll **get shocked** if you touch that bare electric wire."

☐ **shock** *verb (past tense and past participle* **shocked***, present participle* **shocking***)*

shoe skoen *Hy het gebuk om die veter van sy* **skoen** *vas te maak.* He bent down to fasten the lace of his **shoe**.

☐ **shoe** *noun (plural* **shoes***)*

shoelace skoenveter *"Maak jou* **skoenveter** *vas; dis los."* "Fasten your **shoelace**; it's loose."

☐ **shoe·lace** *noun (plural* **shoelaces***)*

shoot ❶ skiet *Jagters* **skiet** *bokke met gewere.* Hunters **shoot** buck with guns. ❷ afskiet *'n Boog is 'n wapen waarmee jy pyle* **afskiet***.* A bow is a weapon with which you **shoot** arrows.

☐ **shoot** *verb (past tense and past participle* **shot***, present participle* **shooting***)*

shop winkel *Ons koop ons brood by die* **winkel** *op die hoek.* We buy our bread at the **shop** on the corner.

☐ **shop** *noun (plural* **shops***)*

shopkeeper winkelier *Die* **winkelier** *doen goeie sake in Desember wanneer mense presente vir mekaar koop.* The **shopkeeper** does good business in December when people buy gifts for one another.

☐ **shop·keep·er** *noun (plural* **shopkeepers***)*

shopping inkopies *Toe sy haar* **inkopies** *uitpak, merk sy melk het in die sak uitgelek.* As she unpacked her **shopping**, she noticed milk had leaked out into the bag.

◆ **do shopping** inkopies doen *Ma is stad toe om* **inkopies** *te doen.* Mum went to town to **do shopping**.

◆ **go shopping** winkel(s) toe gaan, inkopies gaan doen *"Ma, wanneer jy* **winkel(s) toe gaan** *(OF* **inkopies gaan doen***), koop asseblief vir my 'n uitveër."* "Mum, when you **go shopping**, please buy me a rubber."

◆ **shopping centre** winkelsentrum *Daar is 'n super=mark in die nuwe* **winkelsentrum***.* There is a super=market in the new **shopping centre**.

◆ **shopping list** inkopielys *"Maak 'n* **inkopielys***, en neem 'n pen saam sodat jy kan afmerk wat jy gekoop het."* "Make a **shopping list**, and take a pen with you so that you can tick off what you have bought."

☐ **shop·ping** *noun (no plural)*

shore ❶ kus *Toe die skip begin sink, het mense in die see gespring en na die* **kus** *probeer swem.* When the ship began to sink, people jumped into the sea and tried to

swim to the **shore**. ❷ oewer *Riete groei langs die* **oewer** *van die rivier.* Reeds grow along the **shore** of the river.

◆ **on shore** aan wal, aan/op land *Die matrose was bly om na weke ter see terug* **aan wal** *(OF* **aan/op land***) te wees.* The sailors were glad to be back **on shore** after weeks at sea.

☐ **shore** *noun (plural* **shores***)*

> The land along the edge of a river is the **bank,** and the land along the edge of the sea or a lake is the **shore; coast** is used for the whole area bordering the sea: *We walked along the* **shore***. My parents live on the south* **coast** (near the sea, but not necessarily right on the edge).

short kort **[a]** *'n Haas het lang ore en 'n* **kort** *stert.* A hare has long ears and a **short** tail. **[b]** *Anna is lank en skraal, maar Maggie is* **kort** *en vet.* Anna is tall and thin, but Maggie is **short** and fat. **[c]** *Ons het in Sep=tember 'n* **kort** *vakansie van net tien dae gehad.* In Sep=tember we had a **short** holiday of only ten days.

◆ **be short for** die afkorting wees vir *Tom is die af=korting vir Thomas.* Tom **is short for** Thomas.

◆ **be short of** te min hê *"Ons het te min melk – jy sal jou koffie swart moet drink."* "We **are short of** milk – you'll have to have your coffee black."

◆ **for short** kortweg *Sy naam is Thomas, maar ons noem hom* **kortweg** *Tom.* His name is Thomas, but we call him Tom **for short**.

☐ **short** *adjective* **shorter, shortest**

shortage tekort *In die dertigerjare was daar 'n groot te=kort aan werk – dit was moeilike tye vir die meeste Suid-Afrikaners.* In the thirties there was a great **shortage** of work – those were difficult times for most South Africans.

☐ **short·age** *noun (plural* **shortages***)*

shorten ❶ korter maak *Sy moes haar rok* **korter maak***, want dit was te lank.* She had to **shorten** her dress because it was too long. ❷ korter word *Die dae* **word korter** *namate die winter nader kom.* The days **shorten** as winter approaches.

☐ **short·en** *verb (past tense and past participle* **shortened***, present participle* **shortening***)*

shortly ❶ netnou, nou-nou *Esmé is gou kafee toe en sal* **netnou/nou-nou** *weer hier wees.* Esmé has just gone to the café and will be back **shortly**. ❷ binnekort *Ons het ons huis verkoop en gaan* **binnekort** *trek.* We have sold our house and shall be moving **shortly**.

◆ **shortly after** ⇨ after[2]; after[3].

◆ **shortly afterwards** ⇨ afterwards.

◆ **shortly before** ⇨ before[2].

☐ **short·ly** *adverb*

> ◆ **shorts** take a plural verb, but **a pair of shorts** is singular: *His shorts* **are** *dirty.* "Whose pair of shorts **is** this?"
>
> ◆ Say *He has four* **pairs of shorts** (not *He has four* **shorts***).*

shorts kortbroek *"Simon, trek 'n langbroek aan – jy kan nie in 'n **kortbroek** kerk toe gaan nie."* "Simon, put on a pair of trousers – you can't go to church in **shorts**."

☐ **shorts** *plural noun*

shot skoot *Die jagter het 'n **skoot** met sy geweer geskiet.* The hunter fired a **shot** with his gun.

☐ **shot** *noun (plural **shots**)*

should 1 sou *"Sal jy 'n sent vermis as dit uit jou beursie **sou** verdwyn?"* "Will you miss a cent if it **should** disappear from your purse?" **2** moes *Dis baie laat; sy **moes** nou al by die huis gewees het.* It's very late; she **should** have been home by now. **3** moet *As jy 'n goeie tennisspeler wil word, **moet** jy elke dag oefen.* If you want to become a good tennis player you **should** practise every day. **4** sal *"As jy in die bed bly en dié medisyne drink, **sal** jy gou gesond word."* "If you stay in bed and take this medicine, you **should** get better soon." **5** sal waarskynlik *Die swart perd is ver voor en **sal waarskynlik** die wedren wen.* The black horse is far ahead and **should** win the race. **6** behoort te *"Jy **behoort** jou **te** skaam dat jy jou so swak gedra het!"* "You **should** be ashamed of yourself for behaving so badly!"

◆ **should have known** moet geweet het *"Ek het vergeet om jou brief te pos." – "Ek **moet geweet het** jy sou."* "I forgot to post your letter." – "I **should have known** you would."

◆ **shouldn't** moenie *"Jy **moenie** soveel lekkers eet nie; dis nie goed vir jou tande nie."* "You **shouldn't** eat so many sweets; it's not good for your teeth."

☐ **should** *verb (past tense of **shall**)*

shoulder skouer *Hy het oor sy **skouer** gekyk om te sien wie agter hom loop.* He looked over his **shoulder** to see who was walking behind him.

☐ **shoul·der** *noun (plural **shoulders**)*

shout[1] skree, skreeu, kreet, gil *Toe Lynette die slang sien, het sy 'n **skree/skreeu/kreet/gil** gegee en weggehardloop.* When Lynette saw the snake, she gave a **shout** and ran away.

☐ **shout** *noun (plural **shouts**)*

shout[2] **1** skree, skreeu *"Ek kan jou hoor – jy hoef nie so te **skree/skreeu** nie."* "I can hear you – it's not necessary for you to **shout** like that." **2** skree, skreeu, roep *Ek het iemand in die brandende gebou om hulp hoor **skree/skreeu/roep**.* I heard someone in the burning building **shout** for help.

☐ **shout** *verb (past tense and past participle **shouted**, present participle **shouting**)*

show[1] **1** vertoning *"Kom ons gaan fliek vanaand." – "Gaaf, kry vir ons kaartjies vir die vroeë **vertoning**."* "Let's go to the cinema tonight." – "Fine, get us tickets for the early **show**." **2** program *My geliefkoosde sanger gaan vanaand in 'n **program** op televisie optree.* My favourite singer is going to appear in a **show** on television tonight. **3** skou *Die boer se bul het die eerste prys op die **skou** gekry.* The farmer's bull got the first prize at the **show**.

☐ **show** *noun (plural **shows**)*

show[2] **1** wys **[a]** *"**Wys** my jou nuwe fiets."* "**Show** me your new bike." **[b]** *'n Vreemdeling het my gevra om hom die pad na die stasie te **wys**.* A stranger asked me to **show** him the way to the station. **[c]** *My pa **het** my gewys hoe om 'n das te knoop.* My dad **showed** me how to knot a tie. **[d]** *My horlosie is voor – dit **wys** 13:10 in plaas van 13:00.* My watch is fast – it **shows** 13:10 instead of 13:00. **2** draai, vertoon *In party bioskope **draai/vertoon** hulle dieselfde prent tot ses keer per dag.* At some cinemas they **show** the same film up to six times a day. **3** aandui *Natuurlik weet ek dat die lang wyser van die horlosie die minute **aandui** en die korte die ure!* Of course I know that the long hand of the clock **shows** the minutes and the short one the hours! **4** toon, bewys *"Jou swak punte **toon/bewys** dat jy nie hard genoeg vir die toets geleer het nie."* "Your bad marks **show** that you didn't learn hard enough for the test." **5** toon *Die bokser het in die negende ronde tekens van moegheid begin **toon**.* The boxer started **showing** signs of tiredness in the ninth round. **6** op ... wees *Op die foto **is** 'n vrou wat 'n baba dra.* The photo **shows** a woman carrying a baby. **7** uithang *Lynette se rok is te kort; dis dié dat haar onderrok **uithang**.* Lynette's dress is too short; that's why her petticoat is **showing**.

◆ **be showing** draai, vertoon word *"Wat **draai** dié week in die bioskoop (OF **word** dié week in die bioskoop **vertoon**)?"* "What **is showing** at the cinema this week?"

◆ **does ... show?** kan 'n mens ... sien? *"**Kan 'n mens** die koffievlek op my rok **sien**?"* "**Does** the coffee stain on my dress **show**?"

◆ **... doesn't show** 'n mens kan nie ... sien nie *"'n Mens kan **nie** die koffievlek op jou rok **sien** nie."* "The coffee stain on your dress **doesn't show**."

◆ **show around/round** rondlei *Daar is gidse wat mense in die museum **rondlei**.* There are guides that **show** people **around/round** the museum.

◆ **show off** aandag probeer trek *Mense wat **aandag probeer trek**, is gewoonlik laf en luidrugtig.* People who **show off** are usually silly and loud.

◆ **show through** deurskyn *"Plaas 'n stuk dun papier oor die prent en trek die lyne wat **deurskyn** na."* "Place a piece of thin paper over the picture and trace the lines that **show through**."

◆ **show to** bring na *Jong mans met flitse **bring** mense **na** hul sitplekke in die bioskoop.* Young men with torches **show** people **to** their seats in the cinema.

◆ **show up 1** (duidelik) te sien wees *Kleure soos swart en bruin **is** nie **(duidelik)** in die donker **te sien** nie.* Colours such as black and brown don't **show up** in the dark. **2** opdaag *Ek wonder hoeveel mense by die vergadering sal **opdaag**?* I wonder how many people will **show up** at the meeting?

◆ **won't show** 'n mens sal ... nie kan sien nie *"As jy 'n trui aantrek, **sal 'n mens** die vuil kol op jou hemp **nie** *kan sien nie.*" "If you put on a jersey the dirty mark on your shirt **won't show.**"

□ **show** *verb (past tense* **showed,** *past participle* **shown,** *present participle* **showing)**

shower 🔲 bui *Ons is deur 'n **bui** reën oorval.* We were caught in a **shower** of rain. 🔲 stort, stortbad *Die bure het 'n bad, **stort/stortbad** en toilet in hul badkamer.* The neighbours have a bath, **shower** and toilet in their bathroom.

◆ **have/take a shower** stort *Ek gaan **stort** en terself= dertyd my hare was.* I'm going to **have/take a shower** and wash my hair at the same time.

□ **show·er** *noun (plural* **showers)**

shrink krimp "*Moenie jou pak was nie – dit sal **krimp.** Neem dit liewer na die droogskoonmaker.*" "Don't wash your suit – it will **shrink.** Rather take it to the dry-cleaner."

□ **shrink** *verb (past tense* **shrank/shrunk,** *past parti= ciple* **shrunk/shrunken,** *present participle* **shrink= ing)**

shut¹ toe "*Is die deur oop?*" – "*Nee, dis **toe.**" "Is the door open?" – "No, it's **shut.**"

□ **shut** *adjective*

shut² 🔲 toemaak "*Moenie die deur **toemaak** nie; laat dit oopstaan.*" "Don't **shut** the door; leave it open." 🔲 toemaak, sluit *Die meeste winkels **maak** Saterdae om 13:00 **toe** (*OF **sluit** Saterdae om 13:00). Most shops **shut** at 13:00 on Saturdays. 🔲 toegaan [a] *Die raam is stukkend; dis dié dat die venster nie behoorlik wil **toe= gaan** nie.* The frame is broken; that's why the window won't **shut** properly. [b] *Sommige winkeldeure **gaan** vanself oop en **toe.*** Some shop doors open and **shut** by themselves.

◆ **shut down** toemaak, sluit [a] *Die man moes sy win= kel **toemaak/sluit,** want hy het siek geword en kon nie meer werk nie.* The man had to **shut down** his shop, as he had fallen ill and could no longer work. [b] *Baie fabrieke **maak** in die Kerstyd vir 'n paar weke **toe** (*OF **sluit** in die Kerstyd vir 'n paar weke). Many factories **shut down** for a few weeks at Christmas-time.

◆ **shut in** toesluit in "*Moet ek die hond **in** die huis **toesluit?***" – "*Nee, los hom buite.*" "Shall I **shut** the dog **in** the house?" – "No, leave him outside."

◆ **shut off** afsluit *Jy moet die water **afsluit** voor jy aan 'n gebarste pyp werk.* You must **shut off** the water be-fore you work on a burst pipe.

◆ **shut out** uitsluit "*Onthou jou sleutels wanneer jy die huis verlaat – moenie jou weer **uitsluit** nie.*" "Remem= ber your keys when you leave the house – don't **shut** yourself **out** again."

◆ **shut up** 🔲 stilbly "*Kinders, sal julle asseblief **stil= bly?** Ek praat oor die telefoon.*" "Children, will you please **shut up?** I'm speaking on the telephone." 🔲 hou jou mond!, bly stil! "***Hou jou mond (*OF **Bly stil)!** Ek wil nie nog 'n woord van jou hoor nie!*" "**Shut up!** I don't want to hear another word from you!" 🔲 stilmaak "*Sal jy asseblief die kleintjies **stilmaak?***

Hulle maak 'n vreeslike lawaai." "Will you please **shut** the little ones **up?** They're making a terrible noise." 🔲 toemaak, sluit "*Dis tyd dat ons die winkel **toemaak/ sluit** en huis toe gaan.*" "It's time for us to **shut up** shop and go home." 🔲 toesluit "*Jy moet jou fiets in die garage **toesluit** voordat jy gaan slaap.*" "You must **shut** your bike **up** in the garage before you go to bed." 🔲 opsluit *Die polisieman het vir die dief gesê: "Ek gaan jou vir die nag in die tronk **opsluit.***" The policeman said to the thief: "I'm going to **shut** you **up** in prison for the night."

□ **shut** *verb (past tense and past participle* **shut,** *pre= sent participle* **shutting)**

shy skaam *My boetie is baie **skaam** en kruip altyd weg as vreemde mense by ons kom kuier.* My little brother is very **shy** and always hides when strange people come and visit us.

□ **shy** *adjective* **shyer/shier, shyest/shiest**

sick 🔲 siek *Die dokter het die **siek** man vir 'n operasie hospitaal toe gestuur.* The doctor sent the **sick** man to hospital for an operation. ⇨ **ill** [NOTE]. 🔲 naar *Ek voel **naar** van al die lekkers wat ek geëet het.* I feel **sick** from all the sweets I have eaten.

□ **sick** *adjective* **sicker, sickest**

sickly sieklik *Hy is **sieklik** en kan net ligte werkies doen.* He is **sickly** and can do only light jobs.

□ **sick·ly** *adjective* **sicklier, sickliest**

side 🔲 kant [a] *Hulle moes die tafel op sy **kant** draai om dit by die deur uit te kry.* They had to turn the table onto its **side** to get it out of the door. [b] *'n Doos het ses **kante.*** A box has six **sides.** [c] *Moenie aan albei **kante** van die papier skryf nie.* Don't write on both **sides** of the paper. [d] *In die Tweede Wêreldoorlog het Amerika aan die **kant** van Brittanje teen die Duitsers geveg.* In the Second World War America fought on the **side** of Britain against the Germans. [e] *Iemand met 'n sin vir humor sien baie gou die snaakse **kant** van dinge raak.* Someone with a sense of humour spots the funny **side** of things very quickly. 🔲 sy [a] *Cynthia het op haar **sy** gelê met haar rug na die muur toe.* Cynthia lay on her **side** with her back to the wall. [b] *'n Vier= kant het vier **sye.*** A square has four **sides.** 🔲 hang *Daar is 'n diep grot in die **hang** van die berg.* There is a deep cave in the **side** of the mountain.

◆ **at/by the side of** langs *Daar is 'n tafeltjie met 'n lamp **langs** my bed.* There is a small table with a lamp **at/by the side of** my bed.

◆ **from side to side** heen en weer *Hy het sy kop **heen en weer** geskud en gesê: "Nee, dankie, ek wil nie nog tee hê nie.*" He shook his head **from side to side** and said, "No, thanks, I don't want any more tea."

◆ **left side** ⇨ **left².**

◆ **on both sides of, on either side of** aan weers= kante van, aan albei kante van *Daar is huise **aan weerskante (*OF **aan albei kante) van** die straat.* There are houses **on both sides** (OR **on either side) of** the street.

◆ **on one side** opsy *Hy het my **opsy** geneem en my 'n geheim begin vertel.* He took me **on one side** and started to tell me a secret.

◆ **on the opposite/other side of** oorkant, anderkant, aan die ander kant van *Die bus het oor die brug gery en **oorkant** (OF **anderkant** OF **aan die ander kant van**) die rivier stilgehou.* The bus crossed the bridge and stopped **on the opposite/other side of** the river.

◆ **on this side of** aan dié/hierdie kant van, duskant, aan die duskant van *Daar is huise **aan dié/hierdie kant van** (OF **duskant** OF **aan die duskant van**) die pad en 'n oop stuk veld aan die ander kant.* There are houses **on this side of** the road and an open field on the other side.

◆ **side by side** langs mekaar *Esmé en Simon het **langs mekaar** op die voorste bank van die bus gesit.* Esmé and Simon sat **side by side** on the front seat of the bus.

◆ **the opposite/other side** die oorkant, die ander kant *Hy het deur die rivier na **die oorkant** (OF **die ander kant**) toe geswem.* He swam through the river to **the opposite/other side.**

◆ **to one side** opsy *Sy het hom **opsy** gestoot en geroep: "Gee pad!"* She pushed him **to one side** and cried, "Get out of my way!"

◆ **to one side, on one side** eenkant, opsy *Sy het die brief **eenkant/opsy** gesit en gesê: "Ek sal dit later lees."* She put the letter **to/on one side** and said, "I'll read it later."

◆ **wrong side out** ⇨ **wrong²**.

☐ **side** *noun (plural **sides**)*

sigh¹ sug *"Ek het nie lus nie, maar ek sal my huiswerk moet gaan doen," het hy met 'n **sug** gesê.* "I don't feel like it, but I'll have to go and do my homework," he said with a **sigh**.

☐ **sigh** *noun (plural **sighs**)*

sigh² sug *"Hoekom **sug** jy altyd as ek jou vra om iets vir my te doen?"* "Why do you always **sigh** when I ask you to do something for me?"

☐ **sigh** *verb (past tense and past participle **sighed**, present participle **sighing**)*

sight ❶ gesig **[a]** *Die oog is die sintuig van **gesig**.* The eye is the sense organ of **sight**. **[b]** *'n Sonsondergang in die Bosveld is een van die mooiste **gesigte** in die natuur.* A sunset in the Bushveld is one of the most beautiful **sights** in nature. **❷** sig *Toe die trein in **sig** kom, het die mense op die platform begin wuif.* When the train came into **sight**, the people on the platform began to wave. **❸** sien *Ek ken hom van **sien** – ons ry soggens saam bus.* I know him by **sight** – we travel together by bus in the morning.

◆ **at the sight of** sien *Toe die hond die kat **sien**, het hy begin blaf.* **At the sight of** the cat the dog began to bark.

◆ **catch sight of** te sien kry *Sy kon nie die popster **te sien kry** nie, want daar was te veel mense rondom hom.*

She couldn't **catch sight of** the pop star, for there were too many people around him.

◆ **out of sight** uit sig, uit die gesig *Die garage is **uit sig** (OF **uit die gesig**) agter die huis.* The garage is **out of sight** behind the house.

☐ **sight** *noun (no plural at **1a, 2** and **3**; **sights** at **1b**)*

sign¹ teken **[a]** + *is die **teken** vir "plus".* + is the **sign** for "plus". **[b]** *As jy jou vinger op jou lippe sit, is dit 'n **teken** dat ander moet stilbly.* When you put your finger to your lips, it is a **sign** for others to be quiet. **[c]** *Daar is geen **teken** van lewe by hul huis nie – hulle is seker weg.* There is no **sign** of life at their house – they are probably away. **[d]** *Die donker wolke in die lug is 'n **teken** van reën.* The dark clouds in the sky are a **sign** of rain. **❷** bord *Die **bord** op die deur van die winkel sê: "Toe tussen 13:00 en 14:00."* The **sign** on the door of the shop says: "Closed between 13:00 and 14:00."

☐ **sign** *noun (plural **signs**)*

sign² teken *"**Teken** jou naam onderaan die brief."* "**Sign** your name at the bottom of the letter."

☐ **sign** *verb (past tense and past participle **signed**, present participle **signing**)*

signature handtekening *Ek kan nie die **handtekening** onderaan die brief uitmaak nie.* I can't make out the **signature** at the bottom of the letter.

☐ **sig·na·ture** *noun (plural **signatures**)*

silence¹ stilte *'n Boek het van iemand se tafel afgeval en die **stilte** in die eksamenkamer verbreek.* A book fell off someone's table and broke the **silence** in the examination room.

◆ **in silence** in stilte *Sy het haar kos **in stilte** geëet en die hele ete nie 'n woord gesê nie.* She ate her food **in silence**, not saying a word throughout the meal.

☐ **si·lence** *noun (no plural)*

silence² stilmaak *"Sal jy asseblief die kleintjies **stilmaak**? Hulle maak 'n vreeslike lawaai."* "Will you please **silence** the little ones? They're making a terrible noise."

☐ **si·lence** *verb (past tense and past participle **silenced**, present participle **silencing**)*

silent stil *Klank trek ver in die **stil** ure van die nag.* Sound travels far in the **silent** hours of the night.

◆ **keep silent** stilbly *"Moenie **stilbly** nie – sê vir die juffrou wie die bakleiery begin het."* "Don't **keep silent** – tell the teacher who started the fight."

☐ **si·lent** *adjective*

silently ❶ stil *Die kinders sit **stil** in die biblioteek en lees.* The children sit reading **silently** in the library. **❷** stilletjies *Hy het sy skoene uitgetrek en **stilletjies** na sy kamer geloop.* He took off his shoes and walked **silently** to his room. **❸** in stilte *Sy het haar kos **in stilte** geëet en die hele ete nie 'n woord gesê nie.* She ate her food **silently**, not saying a word throughout the meal.

☐ **si·lent·ly** *adverb*

silly ❶ laf *Mense wat aandag probeer trek, is gewoonlik **laf** en luidrugtig.* People who show off are usually **silly** and loud. **❷** dom, dwaas, gek *Dit is **dom/dwaas/gek***

om te diep in die see in te gaan as jy nie kan swem nie. It is
silly to go too deep into the sea if you can't swim.

☐ **sil·ly** *adjective* **sillier, silliest**

silver[1] silwer *Die ketting om haar nek is van **silwer**
gemaak.* The chain round her neck is made of **silver**.

☐ **sil·ver** *noun (no plural)*

silver[2] silwer **[a]** *Sy dra 'n **silwer** ketting om haar nek.*
She is wearing a **silver** chain round her neck. **[b]** *Hy
het die draadheining **silwer** geverf.* He painted the wire
fence **silver**.

☐ **sil·ver** *adjective*

similar ❶ eenders, eners **[a]** *"Die twee susters lyk baie
eenders/eners – is hulle 'n tweeling?"* "The two sis‑
ters look very **similar** – are they twins?" **[b]** *Die
tweelingsusters dra dikwels **eenderse/enerse** rokke.*
The twin sisters often wear **similar** dresses. ❷ soort‑
gelyk *John se fiets is **soortgelyk** aan Tom s'n – al wat
verskil, is die kleur.* John's bike is **similar** to Tom's –
all that differs is the colour.

♦ **similar in size** amper ewe groot *Appels en lemoene
is **amper ewe groot**.* Apples and oranges are **similar
in size**.

☐ **sim·i·lar** *adjective*

similarly eenders, eners *Lorraine en Lynette is 'n twee‑
ling en trek dikwels **eenders/eners** aan.* Lorraine and
Lynette are twins and often dress **similarly**.

☐ **sim·i·lar·ly** *adverb*

simple eenvoudig **[a]** *"Hoe skakel 'n mens die TV
aan?" – "Dis baie **eenvoudig**; jy druk net op dié knop‑
pie."* "How do you switch the TV on?" – "It's very
simple; you just press this button." **[b]** *Die boek is in
eenvoudige taal geskrywe – selfs kleintjies kan dit ver‑
staan.* The book is written in **simple** language – even
little ones can understand it. **[c]** *Ons het 'n **eenvou‑
dige** maal van brood en kaas gehad.* We had a **simple**
meal of bread and cheese.

☐ **sim·ple** *adjective* **simpler, simplest**

simply ❶ eenvoudig **[a]** *Die onderwyser het die som so
eenvoudig as moontlik probeer verduidelik.* The
teacher tried to explain the sum as **simply** as possible.
[b] *Esmé trek baie **eenvoudig** aan – sy hou nie van
spoggerige klere nie.* Esmé dresses very **simply** – she
doesn't like fancy clothes. **[c]** *"Het jy jou vakansie ge‑
niet?" – "Ja, dit was **eenvoudig** wonderlik!"* "Did you
enjoy your holiday?" – "Yes, it was **simply** wonder‑
ful!" **[d]** *Ek het my bes probeer, maar kon **eenvoudig**
nie betyds klaarkry nie.* I tried my best, but **simply**
couldn't finish in time. ❷ net *Ek het dié horlosie gekoop
net omdat dit die goedkoopste van almal was.* I bought
this watch **simply** because it was the cheapest of the
lot.

☐ **sim·ply** *adverb*

sin sonde *Die Bybel sê dis 'n **sonde** om te steel.* The Bible
says it is a **sin** to steal.

☐ **sin** *noun (plural **sins**)*

since[1] sedertdien *Ons het verlede Saterdag saam bio‑
skoop toe gegaan maar mekaar **sedertdien** nie weer ge‑*
sien nie. We went to the cinema together last Saturday
but haven't seen each other **since**. ⟡ **ago** [NOTE].

♦ **a long time since ... last** ⟡ **last**[4].

♦ **ever since** van toe af nog altyd *Hulle het in 1985
Durban toe getrek en woon **van toe af nog altyd** daar.*
They moved to Durban in 1985 and have lived there
ever since.

♦ **(ever) since** sedertdien *Hy is verlede Desember hier
weg en niemand het **sedertdien** van hom gehoor nie.* He
left here last December and no one has heard from him
(ever) since.

♦ **since ... last** ⟡ **last**[4].

☐ **since** *adverb*

since[2] sedert *Ons woon al **sedert** 1961 in dié huis.* We
have been living in this house **since** 1961.

☐ **since** *preposition*

since[3] ❶ sedert *Dis die eerste keer **sedert** sy operasie dat
hy iets mag eet.* It's the first time **since** his operation
that he is allowed to eat something. ❷ vandat *Ek ken
hom **vandat** ons saam begin skoolgaan het.* I have
known him **since** we started going to school together.
❸ aangesien *"**Aangesien** jy kombuis toe gaan, neem
asseblief die koppies saam."* "**Since** you're going to the
kitchen, take the cups with you, please."

☐ **since** *conjunction (joining word)*

sing sing *"**Sing** jy in die skoolkoor?"* "Do you **sing** in
the school choir?"

☐ **sing** *verb (past tense **sang**, past participle **sung**, pre‑
sent participle **singing**)*

singer ❶ sanger *George is 'n **sanger** in 'n popgroep.*
George is a **singer** in a pop group. ❷ sangeres *Edith is
'n **sangeres** in 'n popgroep.* Edith is a **singer** in a pop
group.

☐ **sing·er** *noun (plural **singers**)*

singing sang *Sy het 'n pragtige stem en neem les in **sang**.*
She has a beautiful voice and takes lessons in **singing**.

☐ **sing·ing** *noun (no plural)*

single ❶ enkel *Die streep onder jou opstel moet **enkel**
wees en nie dubbel nie.* The line under your essay must
be **single** and not double. ❷ enkel‑ *My ma en pa slaap
op 'n dubbelbed, maar ek slaap op 'n **enkel**bed.* My
mother and father sleep on a double bed, but I sleep on
a **single** bed.

♦ **not a single** geen enkele *Hy het **geen enkele** fout
gemaak nie en vol punte in die toets gekry.* He did **not**
make a **single** mistake and got full marks in the test.

☐ **sin·gle** *adjective*

singular enkelvoud *Die **enkelvoud** van "babas" is
"baba".* The **singular** of "babies" is "baby".

☐ **sin·gu·lar** *noun (plural **singulars**)*

sink[1] opwasbak, wasbak *My ma hou ons potte en panne
in 'n kas onder die **opwasbak/wasbak**.* My mother
keeps our pots and pans in a cupboard under the **sink**.

☐ **sink** *noun (plural **sinks**)*

sink[2] ❶ sink *Kurkproppe **sink** nie in water nie, hulle
dryf.* Corks do not **sink** in water, they float. ❷ sak *Ons
het gekyk hoe die son stadig agter die heuwels **sak**.* We

watched the sun **sink** slowly behind the hills.

☐ **sink** *verb (past tense* **sank**, *past participle* **sunk**, *present participle* **sinking**)

sip slukkie *"Neem 'n* **slukkie** *van jou tee en sê vir my of dit soet genoeg is."* "Take a **sip** of your tea and tell me whether it is sweet enough."

☐ **sip** *noun (plural* **sips**)

sir meneer *Toe die onderwyser hom vra hoe oud hy is, het hy geantwoord: "Ek is dertien,* **Meneer**." When the teacher asked him how old he was, he replied, "I'm thirteen, **Sir**."

☐ **sir** *noun*

sister suster **[a]** *Ek het een* **suster** *en twee broers.* I have one **sister** and two brothers. **[b]** *"Wat is die naam van die* **suster** *wat in beheer van dié saal is?" het die pasiënt gevra.* "What is the name of the **sister** who is in charge of this ward?" the patient asked.

☐ **sis·ter** *noun (plural* **sisters**)

sit ❶ sit **[a]** *"Kom* **sit** *langs my op die bank."* "Come and **sit** next to me on the bench." **[b]** *'n Voël* **het** *op die tak* **gesit** *en sing.* A bird **sat** singing on the branch. ❷ broei *Die hen* **broei** *op haar eiers.* The hen is **sitting** on her eggs.

◆ **sit back** agteroor sit *Pa hou daarvan om na werk in sy stoel* **agteroor** *te* **sit** *en 'n koppie koffie te geniet.* After work dad likes to **sit back** in his chair and enjoy a cup of coffee.

◆ **sit down** ❶ sit *"Goeiemôre, kinders! Sit asseblief en haal jul geskiedenisboeke uit."* "Good morning, children! Please **sit down** and take out your history books." ❷ gaan sit *"Lynette,* **gaan sit** *asseblief langs Esther."* "Lynette, please **sit down** next to Esther." ❸ kom sit *'n Vrou het op die bus geklim en langs my* **kom sit**. A woman got on the bus and **sat down** beside me.

◆ **sit ... (down)** laat sit *"Laat die kinders om die tafel sit en gee hulle iets te drink."* "**Sit** the children **(down)** round the table and give them something to drink."

◆ **sit down to dinner** aansit vir ete *Die telefoon het gelui net toe ons wou* **aansit vir ete**. The phone rang just as we were about to **sit down to dinner**.

◆ **sit reading** sit en lees *Die kinders* **sit** *stil in die biblioteek* **en lees**. The children **sit reading** silently in the library.

◆ **sit up** ❶ regop sit *Die baba is nog te klein om vanself* **regop** *te* **sit**. The baby is still too young to **sit up** by itself. ❷ opbly *"Mamma, mag ons vanaand laat* **opbly** *om na die film op TV te kyk?"* "Mummy, may we **sit up** late to watch the film on TV tonight?"

☐ **sit** *verb (past tense and past participle* **sat**, *present participle* **sitting**)

sitting-room sitkamer *Sy het die gaste in die* **sitkamer** *met tee bedien.* She served the guests tea in the **sitting-room**.

☐ **sit·ting-room** *noun (plural* **sitting-rooms**)

six ses *Vier plus twee is* **ses**. Four plus two is **six**.

☐ **six** *numeral*

sixteen sestien *Twee maal agt is* **sestien**. Two times eight is **sixteen**.

☐ **six·teen** *numeral*

sixteenth sestiende *Die* **sestiende** *eeu is van 1500 tot 1599.* The **sixteenth** century is from 1500 to 1599.

☐ **six·teenth** *numeral*

sixth sesde *Junie is die* **sesde** *maand van die jaar.* June is the **sixth** month of the year.

☐ **sixth** *numeral*

sixtieth sestigste *'n Sekonde is 'n* **sestigste** *van 'n minuut.* A second is a **sixtieth** of a minute.

☐ **six·tieth** *numeral*

sixty sestig *Daar is* **sestig** *sekondes in 'n minuut.* There are **sixty** seconds in a minute.

☐ **six·ty** *numeral*

size ❶ grootte *Die* **grootte** *van ons sokkerveld is 90 meter by 45 meter.* The **size** of our soccer field is 90 metres by 45 metres. ❷ nommer *"Watter* **nommer** *skoen dra jy?"* "What **size** shoe do you take?"

☐ **size** *noun (plural* **sizes**)

skid gly *Moet nooit skielik op 'n nat pad rem nie – jou fiets kan dalk* **gly** *en teen iets vasry.* Never brake suddenly on a wet road – your bike might **skid** and crash into something.

☐ **skid** *verb (past tense and past participle* **skidded**, *present participle* **skidding**)

skin ❶ vel **[a]** *Die* **vel** *is die buitenste bedekking van die menslike liggaam.* The **skin** is the outer covering of the human body. **[b]** *'n Hond se* **vel** *is baie los om die nek.* A dog's **skin** is very loose round the neck. **[c]** *'n Vel sal op die verf vorm as jy die blik laat oopstaan.* A **skin** will form on the paint if you leave the tin open. ❷ skil *Tamaties het 'n dun, rooi* **skil**. Tomatoes have a thin, red **skin**. ❸ dop *"Eet jy die* **dop** *en pitte van 'n druiwekorrel?"* "Do you eat the **skin** and pips of a grape?"

☐ **skin** *noun (plural* **skins**)

skirt romp *Esther dra 'n* **romp** *en bloes(e).* Esther is wearing a **skirt** and blouse.

☐ **skirt** *noun (plural* **skirts**)

sky ❶ lug *Daar is nie 'n wolk in die* **lug** *nie.* There isn't a cloud in the **sky**. ❷ hemel *Sterre verskyn saans aan die* **hemel**. Stars appear in the **sky** at night.

☐ **sky** *noun (plural* **skies**)

slack slap *"Die tou is te* **slap** – *trek dit 'n bietjie stywer."* "The rope is too **slack** – stretch it a bit tighter."

☐ **slack** *adjective* **slacker, slackest**

slam toeklap *"Maak die deur saggies toe; moenie dit* **toeklap** *nie."* "Close the door softly; don't **slam** it."

☐ **slam** *verb (past tense and past participle* **slammed**, *present participle* **slamming**)

slant skuins loop *Dakke* **loop skuins** *na die grond toe sodat die reën daarteen kan afloop.* Roofs **slant** towards the ground so that the rain can run off them.

☐ **slant** *verb (past tense and past participle* **slanted**, *present participle* **slanting**)

slanting skuins *Selfs 'n plat dak moet effens* **skuins** *wees sodat die reën daarteen kan afloop.* Even a flat roof should be slightly **slanting** so that the rain can run off it.

□ **slant·ing** *adjective* **more slanting, most slanting**

slap[1] klap *Tom se ma het hom 'n **klap** op die hand gegee omdat hy stout was.* Tom's mother gave him a **slap** on the hand for being naughty.

◆ **give someone a slap in the face** iemand in/deur die gesig klap *"Ek weet hy het jou baie kwaad gemaak, maar was dit nodig om **hom in/deur die gesig te klap?"** "I know he made you very angry, but was it necessary to **give him a slap in the face?"**

◆ **give someone a slap on the back** ⇨ **back**[1].

□ **slap** *noun (plural* **slaps***)*

slap[2] klap *"Ek weet hy het jou baie kwaad gemaak, maar was dit nodig om hom in/deur die gesig te **klap?"** "I know he made you very angry, but was it necessary to **slap** him in/across the face?"

◆ **slap someone on the back** ⇨ **back**[1].

□ **slap** *verb (past tense and past participle* **slapped**, *present participle* **slapping***)*

slaughter slag *Die boer gaan 'n skaap **slag** om vir elkeen van sy werkers 'n stukkie vleis te gee.* The farmer is going to **slaughter** a sheep to give each of his workers some meat.

□ **slaugh·ter** *verb (past tense and past participle* **slaughtered**, *present participle* **slaughtering***)*

sleep[1] slaap *Hy het vir sy broer gesê: "Jy het gisternag in jou **slaap** gepraat."* He said to his brother, "You talked in your **sleep** last night."

◆ **get sleep** slaap kry *"Ek hoop ek **kry** vannag meer slaap as gisternag."* "I hope I'll **get** more **sleep** tonight than last night."

◆ **go to sleep** aan die slaap raak *Ek kon nie **aan die slaap raak** nie, want die honde het te veel geblaf.* I couldn't **go to sleep** because the dogs barked too much.

◆ **have sleep** slaap *Kinders behoort minstens agt uur per nag te **slaap**.* Children ought to **have** at least eight hours' **sleep** a night.

□ **sleep** *noun (no plural)*

sleep[2] slaap *Ek **slaap** in die winter onder drie komberse.* In winter I **sleep** under three blankets.

□ **sleep** *verb (past tense and past participle* **slept**, *present participle* **sleeping***)*

sleepy vaak *Hy het gegaap en gesê: "Ek is so **vaak**, ek kan skaars my oë oophou."* He yawned and said, "I'm so **sleepy** I can hardly keep my eyes open."

□ **sleep·y** *adjective* **sleepier, sleepiest**

sleeve mou *Hy het die **mou** van sy hemp opgerol.* He rolled up the **sleeve** of his shirt.

□ **sleeve** *noun (plural* **sleeves***)*

slice ❶ sny, snytjie *Ek het 'n gebakte eier op 'n **sny/snytjie** brood vir middagete gehad.* I had a fried egg on a **slice** of bread for lunch. ❷ skyfie *Sy het 'n **skyfie** kaas op haar brood gesit.* She put a **slice** of cheese on her bread. ❸ stuk, stukkie *"Kan ek nog 'n **stuk/stukkie***

koek kry, asseblief?" "May I have another **slice** of cake, please?"

□ **slice** *noun (plural* **slices***)*

slide[1] glyplank *Daar is 'n **glyplank**, 'n wipplank en 'n swaai in die park vir die kinders om op te speel.* There is a **slide**, a seesaw and a swing in the park for the children to play on.

□ **slide** *noun (plural* **slides***)*

slide[2] ❶ gly *Die gordyne wil nie oor die stok **gly** nie – die ringe haak êrens.* The curtains won't **slide** over the rod – the rings catch somewhere. ❷ skuif *"**Skuif** die ketting in die gleuf aan die deur."* "**Slide** the chain into the slot on the door."

◆ **slide down** afgly *Die visser het sy boot teen die wal in die rivier laat **afgly**.* The fisherman let his boat **slide down** the bank into the river.

◆ **slide off** afgly *"Moenie die skinkbord skeef hou nie – die koppies sal daarvan **afgly**!"* "Don't tip the tray – the cups will **slide off** it!"

◆ **slide out** uitgly *"Pas op dat jou voete nie onder jou **uitgly** wanneer jy die modderige paadjie oorsteek nie."* "Be careful that your feet don't **slide out** from under you when you cross the muddy path."

□ **slide** *verb (past tense and past participle* **slid**, *present participle* **sliding***)*

slight ❶ klein *"Ek wil graag na jou partytjie toe kom, maar ek het 'n **klein** probleem: ek het nie vervoer nie."* "I'd like to come to your party, but I have a **slight** problem: I don't have transport." ❷ lig *Ek het 'n **ligte** aanval van griep gehad.* I had a **slight** attack of flu.

◆ **have a slight cold** effe/effens verkoue wees *Hy **is effe/effens verkoue** en voel nie lekker nie.* He **has a slight cold** and doesn't feel well.

◆ **have a slight headache** effe/effens hoofpyn hê *Ek het vanoggend **effe/effens hoofpyn gehad**, maar dis gelukkig nou weg.* I **had a slight headache** this morning, but fortunately it's gone now.

□ **slight** *adjective* **slighter, slightest**

slightly ❶ effe, effens, 'n bietjie *Al is dit vandag **effe** (OF **effens** OF **'n bietjie**) warmer as gister, is dit nog steeds bitter koud.* Though it is **slightly** warmer today than yesterday, it is still bitterly cold. ❷ lig *Die speler is **lig** beseer toe die bal hom teen die kop tref.* The player was **slightly** injured when the ball hit him on the head.

□ **slight·ly** *adverb*

slip ❶ gly [a] *"Die vloer is nat; moenie daarop **gly** nie."* "The floor is wet; don't **slip** on it." [b] *Die mes **het gegly** en haar vinger gesny.* The knife **slipped** and cut her finger. ❷ gly, glip *Nat seep **gly/glip** baie maklik uit 'n mens se hande.* Wet soap **slips** out of one's hands very easily. ❸ stop, druk, steek *Ek het gesien hoe hy 'n R10-noot optel en dit in sy sak **stop/druk/steek**.* I saw him pick up a R10 note and **slip** it into his pocket. ❹ skuif *Die armband was so nou dat sy gesukkel het om dit oor haar hand te **skuif**.* The bangle was so narrow that she struggled to **slip** it over her hand.

◆ **slip away** wegglip *"Niemand by die partytjie sal ag=
terkom as ons vir 'n paar minute **wegglip** kafee toe nie."*
"No one at the party will notice if we **slip away** to the
café for a few minutes."

◆ **slip by** vlieg *Die tyd **vlieg** darem wanneer 'n mens
met vakansie is! Die skool begin weer môre.* How time
slips by when you're on holiday! School begins again
tomorrow.

◆ **slip down 1** afgly *Ek het gesien hoe hy teen die mod=
derige wal **afgly** en in die water beland.* I saw him **slip
down** the muddy bank and land in the water. **2** afsak
*As jy rek om jou kouse dra, sal hulle nie so maklik **afsak**
wanneer jy hardloop nie.* If you wear elastic round your
socks, they won't **slip down** so easily when you run.

◆ **slip off** afgly van *Simon **het van** die rots **afgegly** en
sy been gebreek.* Simon **slipped off** the rock and broke
his leg.

☐ **slip** *verb (past tense and past participle* **slipped**,
present participle **slipping**)

slipper pantoffel *Hy het sy nagklere en 'n paar **pantof=
fels** aangetrek.* He put on his pyjamas and a pair of
slippers.

☐ **slipper** *noun (plural* **slippers**)

slippery 1 glad *Seep is so **glad** onder water dat jy dit nie
kan vashou nie.* Soap is so **slippery** under water that
you can't hold it. **2** glibberig *Die grondpad is baie **glib=
berig** na die swaar reën.* The dirt road is very **slip=
pery** after the heavy rain.

☐ **slip·per·y** *adjective* **slipperier**, **slipperiest**

slit 1 gleuf *Sy het die brief deur die **gleuf** in die posbus
gegooi.* She put the letter through the **slit** in the post-
box. **2** skrefie *Hy het deur 'n **skrefie** in die heining
geloer.* He peeped through a **slit** in the fence.

☐ **slit** *noun (plural* **slits**)

sloot sloot *'n **Sloot** langs die pad voer die reënwater weg.*
A **sloot** beside the road carries off the rain-water.

☐ **sloot** *noun (plural* **sloots**)

slope¹ 1 hang *Lae bossies groei teen die **hang** van die
berg.* Low bushes grow on the **slope** of the mountain.
2 helling *Die pad het 'n steil **helling** naby die top van
die berg.* The road has a steep **slope** near the top of the
mountain. **3** afdraand, afdraande *Ek het gerem toe ek
teen die steil **afdraand/afdraande** afry.* I braked as I
rode down the steep **slope**. **4** opdraand, opdraande *Ek
het my fiets teen die steil **opdraand/opdraande** uit-
gestoot.* I pushed my bicycle up the steep **slope**.

☐ **slope** *noun (plural* **slopes**)

slope² skuins loop *Dakke loop **skuins** na die grond toe
sodat die reën daarteen kan afloop.* Roofs **slope** towards
the ground so that the rain can run off them.

☐ **slope** *verb (past tense and past participle* **sloped**,
present participle **sloping**)

sloping skuins *Selfs 'n plat dak moet effens **skuins** wees
sodat die reën daarteen kan afloop.* Even a flat roof
should be slightly **sloping** so that the rain can run off
it.

☐ **slo·ping** *adjective*

slot gleuf *"Skuif die ketting in die **gleuf** aan die deur."*
"Slide the chain into the **slot** on the door."

☐ **slot** *noun (plural* **slots**)

slow 1 stadig *Hy is **stadig** en het baie tyd nodig om
soggens aan te trek.* He is **slow** and takes a long time to
get dressed in the morning. **2** agter *"Loop jou horlosie
goed?" – "Nee, dis 'n paar minute **agter**."* "Does your
watch keep good time?" – "No, it's a few minutes
slow." **3** dom *Hy is slim in tale maar 'n bietjie **dom** in
wiskunde.* He is clever at languages but a little **slow** at
maths.

☐ **slow** *adjective* **slower**, **slowest**

slow down stadiger ry *"**Ry stadiger** – daar is 'n skerp
draai in die pad."* "**Slow down** – there is a sharp bend
in the road."

☐ **slow down** *phrasal verb (past tense and past parti=
ciple* **slowed down**, *present participle* **slowing down**)

slowly stadig *Die motor het **stadig** weggetrek en toe al
hoe vinniger begin ry.* The car moved off **slowly** and
then started to go faster and faster.

☐ **slow·ly** *adverb*

sly skelm *Ek vertrou hom nie – hy is **skelm** en bedrieg
mense.* I don't trust him – he is **sly** and cheats people.

◆ **on the sly** skelm *Sy ouers het hom belet om te rook en
nou doen hy dit **skelm**.* His parents have forbidden
him to smoke and now he does it **on the sly**.

☐ **sly** *adjective* **slyer**, **slyest**

small klein **[a]** *'n **Klein** blok margarien weeg 250 g en 'n
grote 500 g.* A **small** brick of margarine weighs 250 g
and a big one 500 g. **[b]** *Die taal in daardie boek is baie
eenvoudig – selfs 'n **klein** kindjie kan dit verstaan.* The
language in that book is very simple – even a **small**
child can understand it. **[c]** *"Jou werk is goed – jy het
net 'n paar **klein** foute gemaak."* "Your work is good –
you made only a few **small** mistakes." **[d]** *'n Mens
skryf F.W. de Klerk met 'n **klein** "d".* One writes F.W.
de Klerk with a **small** "d".

◆ **in a small voice** met 'n fyn stemmetjie *"Ek is bang
vir die hond," het die dogtertjie **met 'n fyn stemme=
tjie** gesê.* "I'm afraid of the dog," the little girl said **in
a small voice**.

◆ **(small) change** ⇨ **change¹**.

☐ **small** *adjective* **smaller**, **smallest**

smart 1 deftig *"Jy lyk baie **deftig** – gaan jy na 'n par-
tytjie toe?"* "You look very **smart** – are you going to a
party?" **2** oulik *"Ek soek 'n seun om Saterdagoggende in
my winkel te werk." – "Vra vir George; hy's baie ou-
lik."* "I'm looking for a boy to work in my shop on
Saturday mornings." – "Ask George; he's very
smart."

☐ **smart** *adjective* **smarter**, **smartest**

smartly fyn *Sy is **fyn** uitgevat in 'n lang rok en hoëhak=
skoene.* She is **smartly** dressed in a long dress and
high-heeled shoes.

☐ **smart·ly** *adverb*

smell¹ reuk **[a]** *Die neus is die sintuig van **reuk**.* The
nose is the sense organ of **smell**. **[b]** *Daar is 'n sterk*

reuk van uie in die kombuis. There is a strong **smell** of onions in the kitchen.

♦ **a good sense of smell** *'n fyn reuk Honde het 'n fyn reuk.* Dogs have **a good sense of smell**.

♦ **have a bad smell** stink, sleg ruik *Vrot eiers stink (*OF *ruik sleg).* Rotten eggs **have a bad smell**.

☐ **smell** *noun (no plural at* **a**; **smells** *at* **b***)*

smell[2] ❶ ruik **[a]** *Ek ruik iets wat brand.* I **smell** some=thing burning. **[b]** *"Die kos ruik lekker, Ma!"* "The food **smells** good, Mum!" **[c]** *"Maak asseblief die vul=lisblik leeg – dit begin ruik."* "Please empty the dustbin – it's beginning to **smell**." ❷ ruik aan *"Ruik aan die vleis en sê my of jy dink dis sleg."* "**Smell** the meat and tell me if you think it's bad."

♦ **smell of** ruik na *"My hande ruik na uie."* "My hands **smell of** onions."

☐ **smell** *verb (past tense and past participle* **smelt/ smelled**, *present participle* **smelling***)*

smelly stink *Na die sokkeroefening was sy hemp stink van die sweet.* After the soccer practice his shirt was **smelly** with sweat.

♦ **be smelly** stink, sleg ruik *"Sy het haar neus toege=druk en gesê: "Die hond stink (*OF *ruik sleg) – kom ons was hom."* She held her nose and said, "The dog is **smelly** – let's wash it."

☐ **smell·y** *adjective* **smellier, smelliest**

smile[1] glimlag *Ek het aan die glimlag op sy gesig geweet dat hy gewen het.* I could tell by the **smile** on his face that he had won.

☐ **smile** *noun (plural* **smiles***)*

smile[2] glimlag *"Kyk na die kamera en glimlag."* "Face the camera and **smile**."

☐ **smile** *verb (past tense and past participle* **smiled**, *present participle* **smiling***)*

smoke[1] rook *Rook kom by sy pyp uit.* **Smoke** is coming out of his pipe.

☐ **smoke** *noun (no plural)*

smoke[2] rook **[a]** *Hy is na buite om sy pyp te rook.* He went outside to **smoke** his pipe. **[b]** *Die skoorsteen rook.* The chimney is **smoking**.

☐ **smoke** *verb (past tense and past participle* **smoked**, *present participle* **smoking***)*

smoker roker *Toe hy 'n sigaret aansteek, het sy gesê: "Ek het nie geweet jy's 'n roker nie."* As he lit a cigarette, she said, "I didn't know you're a **smoker**."

☐ **smok·er** *noun (plural* **smokers***)*

smooth[1] ❶ glad maak *"Maak die tafel met skuurpapier glad voor jy dit verf."* "**Smooth** the table with sand=paper before you paint it." ❷ gelykmaak *Jy kan grond met 'n hark gelykmaak.* You can **smooth** soil with a rake.

☐ **smooth** *verb (past tense and past participle* **smoothed**, *present participle* **smoothing***)*

smooth[2] glad **[a]** *Haar vel is so glad soos 'n baba s'n.* Her skin is as **smooth** as a baby's. **[b]** *Klits die eiers en suiker tot die mengsel glad en romerig is.* Beat the eggs and sugar until the mixture is **smooth** and creamy.

☐ **smooth** *adjective* **smoother, smoothest**

smoothly glad *"Jou fietsketting sal mooi glad loop as jy dit gereeld olie."* "Your bicycle chain will run nice and **smoothly** if you oil it regularly."

☐ **smooth·ly** *adverb*

snail slak *Die slak het 'n skulp op sy rug.* The **snail** has a shell on its back.

☐ **snail** *noun (plural* **snails***)*

snake slang *Sy is deur 'n giftige slang gepik.* She was bitten by a poisonous **snake**.

☐ **snake** *noun (plural* **snakes***)*

sneeze nies *Peper laat jou nies as dit in jou neus kom.* Pepper makes you **sneeze** if it gets into your nose.

☐ **sneeze** *verb (past tense and past participle* **sneezed**, *present participle* **sneezing***)*

snore snork *Oupa het aan die slaap geraak en baie hard begin snork.* Grandfather fell asleep and started to **snore** very loudly.

☐ **snore** *verb (past tense and past participle* **snored**, *present participle* **snoring***)*

snow[1] sneeu *Die top van die berg is wit van die sneeu.* The peak of the mountain is white with **snow**.

☐ **snow** *noun (no plural)*

snow[2] sneeu *Dis baie koud en dit kan dalk môre op die Drakensberge sneeu.* It is very cold and it might **snow** on the Drakensberg tomorrow.

☐ **snow** *verb (past tense and past participle* **snowed**, *present participle* **snowing***)*

so[1] ❶ so **[a]** *Ek was so honger dat ek vier snye brood geëet het.* I was **so** hungry that I ate four slices of bread. **[b]** *"Kyk hoe lyk jy! Hoekom is jy so vuil?"* "Just look at you! Why are you **so** dirty?" **[c]** *"Loop dié bus na die stasie?" – "Ek dink so."* "Does this bus go to the sta=tion?" – "I think **so**." **[d]** *"Hy is omtrent so lank," het sy gesê en haar hand 'n meter of wat bo die grond gehou.* "He is about **so** tall," she said, holding her hand a me=tre or two above the ground. ❷ ja *"Die winkel is toe." – "Ja, ek sien."* "The shop is closed." – "**So** I see."

♦ **and so on, and so forth** ensovoort(s) *Ons het leeus, bobbejane, olifante, ensovoort/ensovoorts gesien.* We saw lions, baboons, elephants, **and so on** (OR **and so forth**).

♦ **do so** doen dit *Dié waters is baie gevaarlik – mense wat hier swem, doen dit op eie risiko.* These waters are very dangerous – people who swim here, **do so** at their own risk.

♦ **or so** (so) om en by *"Hoe oud dink jy is Tom?" – "Ek sou sê hy is (so) om en by vyftien."* "How old do you think Tom is?" – "I'd say he is fifteen **or so**."

♦ **so ... a** so *'n Hy is nie so 'n goeie sokkerspeler as sy broer nie.* He's not **so** good **a** soccer player as his brother.

♦ **so ... as to** so ... wees om *"Sal jy so vriendelik wees om dié brief vir my te pos?"* "Would you be **so** kind **as to** post this letter for me?"

♦ **so do ... ...** ook *Sy hou baie van sjokolade en ek ook.* She loves chocolates and **so do** I.

◆ **so far** ⇨ **far**².

◆ **so far as** ⇨ **far**².

◆ **so have** ... ... ook *"Ek het die prent al gesien." – "Ek ook."* "I've seen the film before." – **"So have** I."

◆ **so is** ... ... ook *Hy is baie slim; sy broer ook.* He is very clever; **so is** his brother.

◆ **so many** ⇨ **many**.

◆ **so much** ⇨ **much**²; **much**³.

☐ **so** *adverb*

so² 🄵 daarom *Dit het gereën, daarom moes die kinders binne speel.* It rained, **so** the children had to play inside. 🄸 dus *"Die mes is baie skerp; wees dus versigtig daarmee."* "The knife is very sharp, **so** be careful with it." 🄼 toe *Ek het vir die hond gesê om te gaan lê en toe het hy.* I told the dog to lie down and **so** it did.

◆ **if so** ⇨ **if**.

◆ **so as not to** om nie te ... nie *Hy het op sy tone geloop om nie die baba wakker te maak nie.* He walked on his toes **so as not to** wake the baby.

◆ **so (that)** sodat *"Bring vir my 'n naald en garing sodat ek jou knoop kan aanwerk."* "Bring me a needle and thread **so (that)** I can sew on your button."

☐ **so** *conjunction (joining word)*

soaking wet ⇨ **wet**².

soap seep *Was jou hande met seep en water.* Wash your hands with **soap** and water.

☐ **soap** *noun (no plural)*

soccer sokker *By ons skool speel die seuns sokker en die meisies netbal.* At our school the boys play **soccer** and the girls netball.

☐ **soc·cer** *noun (no plural)*

sock 🄵 sokkie *'n Sokkie bedek jou voet en enkel.* A **sock** covers your foot and ankle. 🄸 kous *Die kous kom tot by sy knie.* The **sock** comes up to his knee. ⇨ **panti= hose; stocking**.

☐ **sock** *noun (plural socks)*

sofa sofa, bank *Twee mense kan op die sofa/bank in ons sitkamer sit.* Two people can sit on the **sofa** in our lounge.

☐ **so·fa** *noun (plural sofas)*

soft 🄵 sag [a] *'n Koekie word sag as jy dit in tee doop.* A biscuit goes **soft** if you dip it into tea. [b] *Die baba se vel is glad en sag.* The baby's skin is smooth and **soft**. [c] *Die musiek is so sag, ek kan dit skaars hoor.* The music is so **soft**, I can hardly hear it. [d] *Pienk is 'n sagte kleur.* Pink is a **soft** colour. 🄸 pap *Die piesang is bruin en pap, want dit het te ryp geword.* The banana is brown and **soft** because it has become too ripe.

☐ **soft** *adjective softer, softest*

soften 🄵 sag maak *"Druk en rol die klei om dit sag te maak."* "Squeeze and roll the clay to **soften** it." 🄸 sag word *Botter word sag as jy dit in die son laat staan.* Butter **softens** if you leave it in the sun.

☐ **soft·en** *verb (past tense and past participle soft= ened, present participle softening)*

softly saggies *"Sjuut! Praat saggies – die baba slaap."* "Sh! Talk **softly** – the baby is asleep."

☐ **soft·ly** *adverb*

soil grond *Plante groei goed in grond wat ryk en vrug= baar is.* Plants grow well in **soil** that is rich and fertile.

☐ **soil** *noun (no plural)*

soldier soldaat *Hy is 'n soldaat in die leër.* He is a sol= **dier** in the army.

☐ **sol·dier** *noun (plural soldiers)*

sole sool *Die hak van 'n skoen is hoër as die sool.* The heel of a shoe is higher than the **sole**.

☐ **sole** *noun (plural soles)*

solve oplos *Tom kon sewe van die tien probleme in die wiskundetoets oplos.* Tom could **solve** seven of the ten problems in the maths test.

☐ **solve** *verb (past tense and past participle solved, present participle solving)*

some¹ 🄵 sommige, party *Sommige/Party mense hou van pampoen, ander nie.* **Some** people like pumpkin, others don't. 🄸 'n paar *Daar is 'n piesang en 'n paar ander vrugte in die mandjie.* There is a banana and **some** other fruit in the basket. 🄼 'n bietjie *"Ek is dors – kan ek 'n bietjie water kry?"* "I'm thirsty – may I have **some** water?" 🄾 – *"Wil jy koek hê?"* "Would you like **some** cake?" 🄵 'n stuk of, om en by *Daar was 'n stuk of (*OF *om en by) 35 000 mense by die sokkerwedstryd.* There were **some** 35 000 people at the soccer match. 🄶 taamlik *Ons huis is taamlik ver van die stasie af.* Our house is **some** distance from the station.

◆ **(for) some time** 'n tyd lank, 'n ruk lank *Hy is baie siek en moet 'n tyd/ruk lank in die hospitaal bly.* He is very ill and has to stay in hospital **(for) some time**.

◆ **not for some years** in geen jare nie *Ons het mekaar in geen jare gesien nie.* We have **not** seen each other **for some years**.

◆ **quite some time** taamlik lank *"Is dit 'n nuwe rok?"* – *"Nee, ek het dit taamlik lank gelede gekoop."* "Is that a new dress?" – "No, I bought it **quite some time** ago."

◆ **some day** ⇨ **day**.

◆ **(some) more** ⇨ **more**¹; **more**².

◆ **some ... (or other)** (die) een of ander *Sy het 'n prys in (die) een of ander kompetisie gewen.* She won a prize in **some** competition **(or other)**.

◆ **some years ago** 'n paar jaar gelede *My oupa is 'n paar jaar gelede dood.* My grandfather died **some years ago**.

◆ **take some time** ⇨ **take**.

☐ **some** *adjective*

Use **any** or **no** (not **some**) in negative statements: *There aren't any apples left* or *There are no apples left.*

---

some² 🄵 'n bietjie *Ek het vir jou 'n lekker bord sop gebring, eet 'n bietjie.* "I've brought you a nice bowl of soup, have **some**." 🄸 'n paar *Hy het die pakkie lekkers na haar gehou en gesê: "Kry/neem 'n paar."* He held out the packet of sweets to her and said, "Have **some**." 🄼 daarvan *"Moenie al die koek eet nie – ek wil* *ook daarvan hê!"* "Don't eat all the cake – I'd like **some** too!"

◆ **have some of** kry van *Hy het die pakkie na haar gehou en gesê: "Kry van my lekkers!"* He held out the packet to her and said: "**Have some of** my sweets!"

◆ **some of 1** party/sommige van, van *Party van (OF Sommige van OF Van) die kinders moes agterbly en die onderwyser help; die ander kon huis toe gaan.* **Some of** the children had to stay behind and help the teacher; the others could go home. **2** 'n paar van *"Hoe= kom gee jy hom nie 'n paar van jou lekkers nie?"* "Why don't you give him **some of** your sweets?"

☐ **some** *pronoun*

somebody, someone iemand *"Daar is iemand by die deur – gaan kyk asseblief wie dit is."* "There is **some= body/someone** at the door – please go and see who it is."

☐ **some·bod·y, some·one** *pronoun*

something iets *"Wil jy iets te ete hê?" – "Nee, dankie, ek is nie honger nie."* "Would you like **something** to eat?" – "No, thanks, I'm not hungry."

◆ **or something** of so iets *Daardie man in die wit jas is seker 'n dokter of so iets.* That man in the white coat must be a doctor **or something**.

◆ **something else** iets anders *"Sal kaas goed wees, of wil jy iets anders op jou brood hê?"* "Will cheese do, or would you like **something else** on your bread?"

◆ **something like** sowat, ongeveer *Hy moes sowat/ ongeveer R350,00 betaal om sy motor te laat regmaak.* He had to pay **something like** R350,00 to have his car repaired.

☐ **some·thing** *pronoun*

sometimes soms, partymaal, partykeer *Ek loop ge= woonlik skool toe, maar soms/partymaal/party= keer haal ek 'n bus.* I usually walk to school, but **sometimes** I catch a bus.

☐ **some·times** *adverb*

somewhat ietwat *Die rok is ietwat lank, maar ander= sins pas dit perfek.* The dress is **somewhat** long, but otherwise it fits perfectly.

☐ **some·what** *adverb*

somewhere 1 êrens, iewers *Hulle woon êrens/iewers in Pretoria, maar ek ken nie die adres nie.* They live **somewhere** in Pretoria, but I don't know the ad= dress. **2** êrens/iewers heen *"Gaan jy na skool êrens/ iewers heen?" – "Nee, Ma, ek kom direk huis toe."* "Are you going **somewhere** after school?" – "No, Mum, I'm coming straight home."

◆ **somewhere else** êrens/iewers anders *"Jy kan nie jou fiets hier laat staan nie – sit dit êrens/iewers anders."* "You can't leave your bicycle here – put it **somewhere else**."

☐ **some·where** *adverb*

son seun *My oudste suster is getroud en het een seun en twee dogters.* My eldest sister is married and has one **son** and two daughters.

☐ **son** *noun (plural* **sons***)*

song lied **[a]** *Die lied wat hy sing, het baie mooi woorde.* The **song** he is singing has lovely words. **[b]** *Op Kers= dag gaan daar 'n aand van sang en gebed in ons kerk wees.* On Christmas Day there is going to be an even= ing of **song** and prayer in our church.

☐ **song** *noun (plural* **songs***)*

soon 1 gou *"Ek hoop jy word gou gesond!"* "I hope you'll get better **soon**!" **2** binnekort *Ons het ons huis verkoop en gaan binnekort trek.* We have sold our house and shall be moving **soon**. **3** netnou, nou-nou *Esmé is gou kafee toe en sal netnou/nou-nou weer hier wees.* Esmé has just gone to the café and will be back **soon**. **4** vroeg *Ons het te vroeg by die bioskoop aange= kom en moes 'n paar minute buite wag.* We got to the cinema too **soon** and had to wait outside for a few minutes.

◆ **as soon as 1** sodra, so gou as *"Sluit asseblief die hek sodra (OF so gou as) almal deur is."* "Please lock the gate **as soon as** everyone is through." **2** net toe *Sy het die hond uitgelaat net toe sy by die huis kom.* She let the dog out **as soon as** she got home.

◆ **as soon as possible, as soon as … can** so gou (as) moontlik *Ek sal die werk so gou (as) moontlik pro= beer klaarkry.* I'll try to finish the job **as soon as poss= ible** (OR **as soon as I can**).

◆ **no sooner … than** skaars … of *Ek het skaars gaan sit of ek moes weer opstaan om die deur oop te maak.* I had **no sooner** (OR **no sooner** had I) sat down **than** I had to get up again to open the door.

◆ **soon after** ⇨ **after**[2]; **after**[3].

◆ **soon afterwards** ⇨ **afterwards**.

◆ **sooner or later** vroeër of later *"Moenie bekommerd wees nie; die kat sal sy kos vroeër of later eet."* "Don't worry; the cat will eat its food **sooner or later**."

◆ **the sooner, the better** hoe eerder, hoe beter *Hoe eerder jy jou huiswerk doen, hoe beter.* **The sooner** you do your homework, **the better**.

☐ **soon** *adverb*

sopping wet ⇨ **wet**[2].

sore[1] seer *Hy het 'n seer op sy hand waar hy hom ge= brand het.* He has a **sore** on his hand where he burnt himself.

☐ **sore** *noun (plural* **sores***)*

sore[2] seer *Ek het seer voete omdat ek die hele dag moes staan.* I have **sore** feet because I had to stand all day.

◆ **be sore** seer wees *My voete is seer omdat ek die hele dag moes staan.* My feet **are sore** because I had to stand all day.

☐ **sore** *adjective* **sorer, sorest**

sorry[1] jammer *"Ek is jammer dat ek die koppie gebreek het, Mamma."* "I'm **sorry** for breaking the cup, Mummy."

◆ **be/feel sorry for** jammer kry *Ek kry die arme mense jammer – hulle het al hul besittings in die brand verloor.* I **am/feel sorry for** the poor people – they lost all their possessions in the fire.

☐ **sor·ry** *adjective* **sorrier, sorriest**

sorry[2] ekskuus (tog) *"Ekskuus (*OF *Ekskuus tog)? Kan u die vraag herhaal?"* **"Sorry?** Could you repeat the question?"

◆ **I'm sorry** ekskuus (tog), jammer *"Ekskuus (*OF *Ekskuus tog* OF *Jammer), ek het nie bedoel om op jou toon te trap nie!"* **"I'm sorry,** I didn't mean to tread on your toe!"

☐ **sor·ry** *interjection*

sort[1] soort *"Van watter soort vrugte hou jy die meeste – appels, piesangs of lemoene?"* "What **sort** of fruit do you like best – apples, bananas or oranges?"

◆ **all sorts of** allerhande *Die juffrou het ons allerhande vrae gevra om ons algemene kennis te toets.* The teacher asked us **all sorts of** questions to test our general knowledge.

☐ **sort** *noun (plural* **sorts***)*

sort[2] sorteer *"Sorteer die messe en vurke in grotes en kleintjies."* **"Sort** the knives and forks into large ones and small ones."

◆ **sort out** uitsoek *"Julle moet die goeie appels uitsoek en die slegtes weggooi."* "You must **sort out** the good apples and throw away the bad ones."

☐ **sort** *verb (past tense and past participle* **sorted**, *present participle* **sorting***)*

sound[1] ❶ geluid *Ek kon die geluid van stemme uit die kamer langsaan hoor.* I could hear the **sound** of voices from the room next door. ❷ klank *'n Mens kan die klank van musiek drie blokke van die disko af hoor.* One can hear the **sound** of music three blocks from the disco.

☐ **sound** *noun (plural* **sounds***)*

sound[2] klink **[a]** *"Hoekom klink jou stem so snaaks? Het jy verkoue?"* "Why does your voice **sound** so funny? Do you have a cold?" **[b]** *Ek weet nie watter taal hulle praat nie. Dit klink vir my na Duits.* I don't know what language they are speaking. It **sounds** like German to me. ❷ blaas *Die busbestuurder moes sy toeter vir die hond in die straat blaas.* The bus driver had to **sound** his hooter at the dog in the street.

☐ **sound** *verb (past tense and past participle* **sounded**, *present participle* **sounding***)*

soup sop *'n Mens eet sop met 'n lepel.* You eat **soup** with a spoon.

☐ **soup** *noun (plural* **soups***)*

sour suur *Asyn is suur.* Vinegar is **sour**.

☐ **sour** *adjective* **sourer, sourest**

south[1] suide *Port Elizabeth lê in die suide en Johannesburg in die noorde van ons land.* Port Elizabeth lies in the **south** and Johannesburg is in the north of our country.

☐ **south** *noun (no plural)*

south[2] suid- *Mosselbaai lê aan die suidkus van ons land.* Mossel Bay lies on the **south** coast of our country.

☐ **south** *adjective*

south[3] suid *Namibië lê suid van Angola.* Namibia lies **south** of Angola.

☐ **south** *adverb*

South Africa Suid-Afrika *Zimbabwe lê noord van Suid-Afrika.* Zimbabwe lies north of **South Africa**.

☐ **South Af·ri·ca** *noun (no plural)*

South African[1] Suid-Afrikaner *Iemand wat in Suid-Afrika gebore is, is 'n Suid-Afrikaner.* A person who was born in South Africa is a **South African**.

☐ **South Af·ri·can** *noun (plural* **South Africans***)*

South African[2] Suid-Afrikaans *Dit is tipies Suid-Afrikaans om vleis in die buitelug te braai.* It is typically **South African** to braai meat in the open air.

☐ **South Af·ri·can** *adjective*

southern suidelike *Port Elizabeth lê in die suidelike deel van ons land.* Port Elizabeth lies in the **southern** part of our country.

☐ **south·ern** *adjective*

sow saai *Ma het die tuinier gevra om die pak saad vir haar te saai.* Mum asked the gardener to **sow** the packet of seeds for her.

☐ **sow** *verb (past tense* **sowed**, *past participle* **sown**, *present participle* **sowing***)*

space ❶ plek, ruimte *Daar is 'n groot plek/ruimte voor die hospitaal waar besoekers hul motors kan parkeer.* There is a big **space** in front of the hospital where visitors can park their cars. ❷ plek *"Is daar plek vir nog 'n passasier op die bus?"* "Is there **space** for another passenger on the bus?" ❸ ruimte *Neil Armstrong was die eerste man wat deur die ruimte gereis en op die maan geloop het.* Neil Armstrong was the first man to travel through **space** and walk on the moon. ❹ spasie *Ons weet almal dat jy 'n spasie tussen die woorde van 'n sin moet laat.* We all know that you have to leave a **space** between the words of a sentence.

☐ **space** *noun (no plural at* 2 *and* 3; **spaces** *at* 1 *and* 4*)*

spacecraft, spaceship ruimtetuig, ruimteskip *Dit moet 'n wonderlike ondervinding wees om in 'n ruimtetuig/ruimteskip om die maan te vlieg.* It must be a wonderful experience to fly round the moon in a **spacecraft/spaceship**.

☐ **space·craft, space·ship** *noun (plural* **spacecraft, spaceships***)*

spade graaf *Hy het 'n gat in die grond met 'n graaf gegrawe.* He dug a hole in the ground with a **spade**.

☐ **spade** *noun (plural* **spades***)*

spanner sleutel *Hy het die moer met 'n sleutel op die bout vasgedraai.* He tightened the nut on the bolt with a **spanner**.

☐ **span·ner** *noun (plural* **spanners***)*

spare[1] ❶ spaar *Sy wou die wurm doodmaak, maar besluit toe om sy lewe te spaar.* She wanted to kill the worm, but then decided to **spare** its life. ❷ bespaar *Die dokter het die beseerde vrou 'n inspuiting gegee om haar soveel pyn (as) moontlik te bespaar.* The doctor gave the injured woman an injection to **spare** her as much pain as possible. ❸ leen *"Kan jy my 50c leen?" – "Ongelukkig nie; ek het geen geld by my nie."* "Can you **spare** me 50c?" – "Unfortunately not; I have no money on me."

◆ **can't spare the time to ...** nie tyd hê om ... te ...

spill

nie *"Ek is besig en het nie tyd om jou nou te help nie."* "I'm busy and **can't spare the time to** help you now."

◆ **to spare** ◼ oor [a] *"Daar is 'n toebroodjie oor – wie wil dit hê?"* "There is a sandwich **to spare** – who would like it?" [b] *"Ons het 'n uur oor voordat die trein kom – kom ons gaan drink iets."* "We have an hour **to spare** before the train comes – let's go and drink something." ◼ orig *"Het julle dalk 'n paar orige eiers? My ma wil graag drie leen."* "Do you perhaps have a few eggs **to spare**? My mother would like to borrow three."

☐ **spare** *verb (past tense and past participle* **spared**, *present participle* **sparing)**

spare[2] ◼ gaste= *As oupa en ouma by ons kuier, slaap hulle in die gastekamer.* When grandpa and grandma visit us, they sleep in the **spare** room. ◼ vrye *My pa doen houtwerk in sy vrye tyd.* My dad does woodwork in his **spare** time. ◼ nood= *Die noodwiel is in die bagasiebak van die motor.* The **spare** wheel is in the boot of the car.

☐ **spare** *adjective*

speak praat [a] *Haar keel is so seer dat sy nie kan praat nie.* Her throat is so sore that she can't **speak**. [b] *Hy kan Afrikaans en Engels baie goed praat.* He can **speak** Afrikaans and English very well.

◆ **speak up** harder praat *"Praat asseblief 'n bietjie harder; ek kan jou nie hoor nie."* "Please **speak up**; I can't hear you."

◆ **speak well of** met lof praat van, goeie dinge sê van *Hulle praat met lof (OF sê goeie dinge) van haar by die skool – sy kan dalk die nuwe hoofmeisie word.* They **speak well of** her at school – she might become the new head girl.

☐ **speak** *verb (past tense* **spoke**, *past participle* **spoken**, *present participle* **speaking)**

special ◼ besonder *"Wat maak môre meer besonder as ander dae?" – "Dis my verjaardag!"* "What makes tomorrow more **special** than other days?" – "It's my birthday!" ◼ besonders *Daar is niks besonders aan Philip se nuwe fiets nie – dis heel gewoon.* There is nothing **special** about Philip's new bike – it's quite ordinary. ◼ spesiaal *Die dokter het 'n spesiale instrument waarmee hy na jou hart en longe luister.* The doctor has a **special** instrument with which he listens to your lungs and heart. ◼ ekstra *Die skool het 'n ekstra bus gehuur om die kinders na die sportveld te neem.* The school hired a **special** bus to take the children to the sports ground.

☐ **spe·cial** *adjective*

specially spesiaal *"Ek het die blomme spesiaal vir jou gekoop."* "I bought the flowers **specially** for you."

☐ **spe·cial·ly** *adverb*

speech ◼ spraak *As jou tong geswel is, kan dit jou spraak aantas.* If your tongue is swollen, it can affect your **speech**. ◼ toespraak *Mense het die politikus van stryk probeer bring deur opmerkings onder sy toe-*

spraak *te skree.* People tried to put the politician off by shouting remarks during his **speech**.

☐ **speech** *noun (no plural at* 1; *speeches at* 2)

speed[1] ◼ snelheid *Die motor het met 'n groot snelheid teen die bult afgery.* The car went down the hill at a high **speed**. ◼ spoed *'n Vliegtuig moet baie spoed op= bou voordat dit van die grond af kan opstyg.* An aeroplane has to build up great **speed** before it can lift off the ground.

◆ **speed limit** snelheidsgrens *In stede en dorpe is die snelheidsgrens 60 kilometer per uur – motoriste mag nie vinniger as dit ry nie.* In cities and towns the **speed limit** is 60 kilometres an hour – motorists are not allowed to go faster than that.

☐ **speed** *noun (no plural at* 2; *speeds at* 1)

speed[2] ◼ jaag *Dis opwindend maar gevaarlik om op jou fiets teen 'n steil bult af te jaag.* It's exciting but dangerous to **speed** down a steep hill on your bike. ◼ te vinnig ry *Die verkeerspolisie beboet motoriste wat te vinnig ry.* The traffic police fine motorists who **speed**.

☐ **speed** *verb (past tense and past participle* **sped**, *present participle* **speeding)**

spell spel *Jy spel Philip met een "l", nie twee nie.* You **spell** Philip with one "l", not two.

☐ **spell** *verb (past tense and past participle* **spelled/spelt**, *present participle* **spelling)**

spend ◼ uitgee, bestee *"Hier is R2,00 – moenie alles aan lekkers uitgee/bestee nie."* "Here is R2,00 – don't **spend** it all on sweets." ◼ bestee *In die somer bestee ons baie tyd in die buitelug.* In summer we **spend** a great deal of time out of doors. ◼ deurbring [a] *Ons gaan vanjaar die somervakansie by die see deurbring.* This year we're going to **spend** the summer holidays by the sea. [b] *Jou skoolwerk sal daaronder ly as jy te veel tyd voor die TV deurbring.* Your schoolwork will suffer if you **spend** too much time in front of the TV.

☐ **spend** *verb (past tense and past participle* **spent**, *present participle* **spending)**

spider spinnekop *"Het jy geweet dat 'n spinnekop agt pote het?"* "Did you know that a **spider** has eight legs?"

☐ **spi·der** *noun (plural* **spiders)**

> It is wrong to call a spider an insect, because it has eight legs and an insect has six.

spill ◼ stort *"Dra die koppie versigtig – probeer om geen tee in die piering te stort nie."* "Carry the cup carefully – try not to **spill** any tea in the saucer." ◼ mors *Hy het die glas omgestamp en melk op die vloer gemors.* He knocked the glass over and **spilt/spilled** milk on the floor.

◆ **spill out** uitstort *As jy 'n beker dra wat te vol is, sal die inhoud uitstort.* If you carry a jug that is too full, the contents will **spill out**.

☐ **spill** *verb (past tense and past participle* **spilt/spilled**, *present participle* **spilling)**

spin ❶ spin *Ek het gekyk hoe 'n spinnekop sy web* **spin**. I watched a spider **spin** its web. ❷ draai *"Draai die wiel van jou fiets om te kyk of dit teen die modderskerm skuur."* **"Spin** the wheel of your bicycle to see whether it scrapes against the mudguard."

◆ **spin round** in die rondte draai *Sy het op haar tone in die rondte probeer draai.* She tried to **spin round** on her toes.

□ **spin** *verb (past tense and past participle* **spun***, present participle* **spinning***)*

spit spoeg *Dis slegte maniere om op straat te* **spoeg**. It is bad manners to **spit** in the street.

◆ **spit out** uitspoeg *Die medisyne het so sleg gesmaak dat ek dit wou* **uitspoeg**. The medicine had such a bad taste that I wanted to **spit** it **out**.

□ **spit** *verb (past tense and past participle* **spat***, present participle* **spitting***)*

spite kwaadwilligheid *Sy wou hom nie met haar pop laat speel nie, toe steek hy dit uit* **kwaadwilligheid** *weg.* She wouldn't let him play with her doll, so he hid it out of **spite**.

◆ **in spite of** ondanks *Die bouers het* **ondanks** *die reën met hul werk voortgegaan.* The builders carried on with their work **in spite of** the rain.

□ **spite** *noun (no plural)*

splash[1] ❶ plons *Hy het met 'n groot* **plons** *in die water geval.* He fell into the water with a big **splash**. ❷ spatsel *"Jy het 'n* **spatsel** *verf op jou neus."* "You have a **splash** of paint on your nose."

□ **splash** *noun (plural* **splashes***)*

splash[2] ❶ spat **[a]** *"Kyk hoe* **spat** *die water wanneer die branders op die rotse breek!"* "See how the water **splashes** when the waves break on the rocks!" **[b]** *Die kinders in die swembad* **het** *water oor mekaar* **gespat**. The children in the swimming pool **splashed** water over each other. ❷ nat spat *Hy het oor die wasbak gebuk om sy gesig* **nat te spat**. He bent over the basin to **splash** his face. ❸ bespat *"Moenie jou pen so skud nie; jy sal die muur met ink* **bespat***!"* "Don't shake your pen like that; you'll **splash** the wall with ink!" ❹ plas *Die baba* **plas** *graag in die bad.* The baby loves to **splash** in the bath.

□ **splash** *verb (past tense and past participle* **splashed***, present participle* **splashing***)*

spoil bederf **[a]** *Hulle* **bederf** *die kinders deur hulle te veel presente te gee.* They **spoil** the children by giving them too many presents. **[b]** *Slegte weer* **het** *ons vakansie* **bederf**. Bad weather **spoilt/spoiled** our holiday. **[c]** *Jy sal jou oë* **bederf** *as jy in slegte lig lees.* You'll **spoil** your eyesight if you read in bad light. **[d]** *Sit die vleis in die vrieskas sodat dit nie* **bederf** *nie.* Put the meat in the freezer so it won't **spoil**.

□ **spoil** *verb (past tense and past participle* **spoilt/ spoiled***, present participle* **spoiling***)*

spoon[1] lepel *'n Mens eet sop met 'n* **lepel**. One eats soup with a **spoon**.

□ **spoon** *noun (plural* **spoons***)*

spoon[2] skep *"***Skep** *asseblief 'n bietjie sous oor my rys."* "Please **spoon** some gravy over my rice."

□ **spoon** *verb (past tense and past participle* **spooned***, present participle* **spooning***)*

spoonful lepel, lepel vol *Hy het 'n* **lepel** *(*OF **lepel vol***) suiker in sy koffie gegooi.* He put a **spoonful** of sugar in his coffee.

□ **spoon·ful** *noun (plural* **spoonfuls***)*

sport sport **[a]** *Sokker is 'n baie gewilde* **sport** *in Suid-Afrika.* Soccer is a very popular **sport** in South Africa. **[b]** *"Neem jy aan* **sport** *deel?"* "Do you play **sport**?"

□ **sport** *noun (no plural at* **b***; * **sports** *at* **a***)*

sportsman sportman *Die bokser Brian Mitchell was in 1988 Suid-Afrika se* **sportman** *van die jaar.* In 1988 the boxer Brian Mitchell was South Africa's **sports= man** of the year.

□ **sports·man** *noun (plural* **sportsmen***)*

sportswoman sportvrou *Die atleet Zola Budd was in 1983 Suid-Afrika se* **sportvrou** *van die jaar.* In 1983 the athlete Zola Budd was South Africa's **sports= woman** of the year.

□ **sports·wom·an** *noun (plural* **sportswomen***)*

spot[1] ❶ kol *Sy dra 'n wit bloes met pienk* **kolle**. She is wearing a white blouse with pink **spots**. ❷ kol, vlek **[a]** *Hy het die koppie koffie omgestamp en nou is daar 'n bruin* **kol/vlek** *op die tafeldoek.* He knocked the cup of coffee over and now there is a brown **spot** on the table= cloth. **[b]** *Die perd het 'n wit* **kol/vlek** *op sy neus.* The horse has a white **spot** on its nose. ❸ plek *"Dis die* **plek** *waar die ongeluk gebeur het."* "This is the **spot** where the accident happened." ❹ plekkie *"Wanneer jy die aartappels skil, sny die slegte* **plekkies** *ook uit."* "When you peel the potatoes, cut out the bad **spots** as well."

□ **spot** *noun (plural* **spots***)*

spot[2] ❶ raak sien *Die luiperd het so stil gelê dat dit moeilik was om hom in die lang gras* **raak te sien**. The leopard lay so still that it was difficult to **spot** it in the tall grass. ❷ kol(le) maak *Die koffie* **het 'n kol** *op die skoon tafeldoek* **gemaak**. The coffee has **spotted** the clean tablecloth.

□ **spot** *verb (past tense and past participle* **spotted***, present participle* **spotting***)*

spout tuit *Toe die water begin kook, het stoom by die* **tuit** *van die ketel uitgekom.* When the water started to boil, steam came out of the **spout** of the kettle.

□ **spout** *noun (plural* **spouts***)*

spray spuit *Tuiniers* **spuit** *hulle plante met gif om die insekte dood te maak.* Gardeners **spray** their plants with poison to kill the insects.

□ **spray** *verb (past tense and past participle* **sprayed***, present participle* **spraying***)*

spread ❶ smeer *"***Smeer** *'n bietjie konfyt op my brood, asseblief."* **"Spread** some jam on my bread, please." ❷ versprei **[a]** *"Blus die vuur voordat dit* **versprei***!"* "Put out the fire before it **spreads**!" **[b]** *"Wie het die*

nuus *versprei dat Linda 'n nuwe kêrel het?"* "Who
spread the news that Linda has a new boyfriend?" ❸
strek *Die woestyn* **strek** *na die weste.* The desert
spreads towards the west.

◆ **spread (out)** ❶ uitsprei *Die kinders moes langs me=
kaar staan en hul arms* **uitsprei** *sodat net hul vinger=
toppe raak.* The children had to stand side by side and
spread their arms **(out)** so that just their fingertips
touched. ❷ oopsprei **[a]** *"Help my asseblief – ek wil die
kombers op die gras* **oopsprei**." "Please help me – I
want to **spread** the blanket **(out)** on the grass." **[b]**
"As jy die ertjies op die tafel **oopsprei***, sal dit makliker
wees om die slegtes uit te soek."* "If you **spread** the peas
(out) on the table, it will be easier to pick out the bad
ones."

☐ **spread** *verb (past tense and past participle* **spread***,
present participle* **spreading***)*

spring lente *Lente is die seisoen tussen winter en somer.*
Spring is the season between winter and summer.

☐ **spring** *noun (plural* **springs***)*

springbok springbok *'n Springbok is 'n wildsbok wat
hoog in die lug kan spring.* A **springbok** is an antelope
that can jump high into the air.

☐ **spring·bok** *noun (plural* **springbok***)*

sprinkle strooi *"Rasper asseblief vir my 'n bietjie kaas
om oor die blomkool te* **strooi**." "Please grate some
cheese for me to **sprinkle** on the cauliflower."

☐ **sprin·kle** *verb (past tense and past participle*
sprinkled*, present participle* **sprinkling***)*

square¹ ❶ vierkant *'n Vierkant het vier ewe lang sye.* A
square has four equal sides. ❷ plein *Daar is 'n mark op
die plein in die middel van Kaapstad.* There is a market
in/on the **square** in the middle of Cape Town.

☐ **square** *noun (plural* **squares***)*

square² vierkantig *Die tafel is* **vierkantig** *– al die sye is
ewe lank.* The table is **square** – all the sides are equal
in length.

☐ **square** *adjective*

squeak¹ ❶ gepiep *Ek het die* **gepiep** *van 'n muis gehoor.*
I heard the **squeak** of a mouse. ❷ piepgeluid *Die hek
het met 'n* **piepgeluid** *oopgegaan.* The gate opened
with a **squeak**.

☐ **squeak** *noun (plural* **squeaks***)*

squeak² ❶ piep **[a]** *Muise* **piep** *as hulle bang is.* Mice
squeak when they are frightened. **[b]** *Die hek het ge=
piep toe iemand dit oopmaak.* The gate **squeaked**
when someone opened it. ❷ kraak *Sy nuwe skoene
kraak.* His new shoes **squeak**.

☐ **squeak** *verb (past tense and past participle*
squeaked*, present participle* **squeaking***)*

squeeze ❶ druk *"Moenie my hand so hard* **druk** *nie; jy
maak my seer."* "Don't **squeeze** my hand so hard;
you're hurting me." ❷ uitdruk *Ek moes twee lemoene
uitdruk om genoeg sap vir een glas te kry.* I had to
squeeze two oranges to get enough juice for one glass.

◆ **squeeze from, squeeze out of** uit ... druk *"Druk
net 'n bietjie tandepasta uit die buis op jou borsel."* "Just

squeeze a little toothpaste **from (OR out of)** the tube
onto your brush."

☐ **squeeze** *verb (past tense and past participle*
squeezed*, present participle* **squeezing***)*

stab¹ steek *Die jagter het die dier met 'n steek van sy mes
doodgemaak.* The hunter killed the animal with a **stab**
of his knife.

☐ **stab** *noun (plural* **stabs***)*

stab² steek *"Die dier is nog nie dood nie;* **steek** *hom met
jou mes in die hart."* "The animal isn't dead yet; **stab** it
in the heart with your knife."

☐ **stab** *verb (past tense and past participle* **stabbed***,
present participle* **stabbing***)*

stable stal *Die perde slaap snags in die stal.* At night the
horses sleep in the **stable**.

☐ **sta·ble** *noun (plural* **stables***)*

staff personeel *Daar is twintig onderwysers in die per=
soneel van ons skool.* There are twenty teachers on the
staff of our school.

☐ **staff** *noun (plural* **staffs***)*

stage ❶ verhoog *Die gehoor het geklap toe die sanger op
die verhoog verskyn.* The audience clapped when the
singer appeared on the **stage**. ❷ stadium *Die huis het
die stadium bereik dat die bouers die dak kan opsit.*
The house has reached the **stage** where the builders
can put up the roof.

☐ **stage** *noun (plural* **stages***)*

stain¹ vlek, kol *Hy het die koppie koffie omgestamp en
nou is daar 'n bruin vlek/kol op die mat.* He knocked
the cup of coffee over and now there is a brown **stain**
on the carpet.

☐ **stain** *noun (plural* **stains***)*

stain² vlek **[a]** *Wit klere* **vlek** *maklik.* White clothes
stain easily. **[b]** *Die koffie het die mat gevlek.* The
coffee has **stained** the carpet.

☐ **stain** *verb (past tense and past participle* **stained***,
present participle* **staining***)*

stair treetjie *Sy het op die boonste treetjie van die trap
gestaan.* She was standing on the top **stair** of the
staircase.

◆ **stairs** trap *"Gaan met die trap op na die tweede ver=
dieping toe."* "Go up the **stairs** to the second floor."

☐ **stair** *noun (plural* **stairs***)*

staircase trap *Daar is 'n trap sowel as 'n hysbak in die
winkel.* There is a **staircase** as well as a lift in the shop.

☐ **stair·case** *noun (plural* **staircases***)*

stalk¹ ❶ stingel, steel *Daar is vyf blare aan die stingel/
steel van die blom.* There are five leaves on the **stalk** of
the flower. ❷ stronk *Nadat hy die mielie geëet het, het hy
die stronk weggegooi.* After he had eaten the mealie he
threw away the **stalk**.

☐ **stalk** *noun (plural* **stalks***)*

stalk² bekruip *Ons het gesien hoe die kat die voël be=
kruip en hom bespring.* We saw the cat **stalk** the bird
and pounce on it.

☐ **stalk** *verb (past tense and past participle* **stalked***,
present participle* **stalking***)*

stamp¹ **1** stamp *Met 'n stamp van sy voet het hy uitge= roep: "Nee, ek sal dit nie doen nie!"* With a **stamp** of his foot he cried, "No, I won't do it!" **2** seël *"Plak 'n seël op die koevert voordat jy die brief pos."* "Stick a **stamp** on the envelope before you post the letter." **3** stempel *Volgens die stempel op die koevert is die brief op 15 Desember 1990 in Pretoria gepos.* According to the **stamp** on the envelope the letter was posted in Pretoria on 15 December 1990.

□ **stamp** *noun (plural stamps)*

stamp² **1** stamp *Die dansers klap hul hande en stamp hul voete op maat van die musiek.* The dancers clap their hands and **stamp** their feet to the beat of the music. **2** 'n seël plak op *"Jy moet 'n seël op die brief plak voordat jy dit pos."* "You must **stamp** the letter before you post it." **3** stempel *By die poskantoor stempel hulle die datum op al die briewe.* At the post office they **stamp** the date on all the letters.

□ **stamp** *verb (past tense and past participle stamped, present participle stamping)*

stand¹ **1** stander *"Sit jou nat sambreel in die stander in die gang."* "Put your wet umbrella in the **stand** in the passage." **2** paviljoen, pawiljoen *Daar was 'n groot skare mense in die paviljoen/pawiljoen by die sokker= wedstryd.* There was a large crowd of people in the **stand** at the soccer match.

□ **stand** *noun (plural stands)*

stand² **1** staan [a] *Ons moes staan, want daar was geen stoele om op te sit nie.* We had to **stand** because there were no chairs to sit on. [b] *Die stoel staan in die hoek van die kamer.* The chair **stands** in the corner of the room. [c] *Die motor het by die verkeerslig gestaan en wag totdat die lig groen word.* The car **stood** waiting at the robot until the light turned green. [d] *Die afkor= ting SA staan vir Suid-Afrika.* The abbreviation SA **stands** for South Africa. **2** bly staan *"Stap aan, kinders; moenie op die brug bly staan nie!"* "Move along, children; don't **stand** on the bridge!" **3** sit, plaas *"Tel jou fiets op en sit/plaas dit teen die muur."* "Pick up your bicycle and **stand** it against the wall." **4** trap *"Jy het jou voet lelik seergemaak – dit sal 'n ruk duur voordat jy weer daarop kan trap."* "You've in= jured your foot badly – it will take some time before you'll be able to **stand** on it again." **5** verdra *Ek kan die reuk van vrot eiers nie verdra nie.* I can't **stand** the smell of rotten eggs.

◆ **make ... stand** laat staan *Hou 'n stukkie vleis in die lug om die hond op sy agterpote te laat staan.* Hold a piece of meat in the air to **make** the dog **stand** on its hind legs.

◆ **stand aside** ⇨ **aside.**

◆ **stand by** bystaan *'n Goeie vriend sal jou altyd by= staan as jy in die moeilikheid is.* A good friend will always **stand by** you when you are in trouble.

◆ **stand still** stilstaan *"Sal julle asseblief stilstaan terwyl ek die foto neem!"* "Will you please **stand still** while I take the photograph!"

◆ **stand up** **1** opstaan *Hy is baie beleef(d) en sal altyd vir 'n ouer persoon in die bus opstaan.* He is very polite and will always **stand up** for an older person in the bus. **2** regop kom *My ouma kan nie neerkniel en weer regop kom nie – haar bene is te swak.* My grand= mother can't kneel down and **stand up** again – her legs are too weak.

□ **stand** *verb (past tense and past participle stood, present participle standing)*

standard standerd *Doreen is in standerd vier op laer skool.* Doreen is in **standard** four at primary school.

□ **stand·ard** *noun (plural standards)*

star¹ ster *Kort na sononder begin die eerste ster aan die hemel vonkel.* Soon after sunset the first **star** begins to twinkle in the sky.

□ **star** *noun (plural stars)*

star² die hoofrol speel *Ek het gisteraand op televisie 'n ou fliek gesien waarin Marilyn Monroe die hoofrol speel.* Last night on television I saw an old film in which Marilyn·Monroe **stars.**

□ **star** *verb (past tense and past participle starred, present participle starring)*

stare staar *"Wat staar jy so na my? Makeer my klere iets?"* "Why do you **stare** at me like that? Is there something wrong with my clothes?"

□ **stare** *verb (past tense and past participle stared, present participle staring)*

start¹ begin *Die seun wat gewen het, het van die begin tot die end voor gehardloop.* The boy who won had run in front from **start** to finish.

□ **start** *noun (plural starts)*

start² **1** begin *Ons skool begin om agtuur.* Our school **starts** at eight o'clock. **2** vat *Die motor wil nie vat nie – miskien is die battery pap.* The car won't **start** – per= haps the battery is flat. **3** aansit *Hy kon nie die motor aansit nie, want die battery was pap.* He couldn't **start** the car because the battery was flat. **4** aanmaak *"Tel asseblief vir my 'n paar droë stokkies op sodat ek die vuur kan aanmaak."* "Please pick up some dry sticks for me so that I can **start** the fire."

□ **start** *verb (past tense and past participle started, present participle starting)*

station stasie *Toe ons by die stasie kom, was die trein al weg.* When we got to the **station** the train had already left.

□ **sta·tion** *noun (plural stations)*

statue standbeeld *Daar is 'n standbeeld van Jan van Riebeeck in die hoofstraat van Kaapstad.* There is a **statue** of Jan van Riebeeck in the main street of Cape Town.

□ **sta·tue** *noun (plural statues)*

stay **1** bly [a] *Die dokter het gesê sy moet 'n paar dae in die bed bly.* The doctor said she had to **stay** in bed for a few days. [b] *"Bly waar jy is – moenie roer nie!"* "**Stay** where you are – don't move!" **2** woon *Hulle woon in 'n huis oorkant die park.* They **stay** in a house opposite the park. **3** oorbly *Die motor het 'n pap band* *gekry, toe moes ons die nag in Bloemfontein oorbly.* The car got a puncture, so we had to **stay** the night in Bloemfontein.

◆ **stay at** tuis gaan in *Hulle is van plan om op pad van Kaapstad na Durban in 'n hotel in Port Elizabeth tuis te gaan.* They intend to **stay at** a hotel in Port Eliza=beth on their way from Cape Town to Durban.

◆ **stay away** wegbly *Die dokter het gesê ek moet van die skool af wegbly totdat my verkoue beter is.* The doctor told me to **stay away** from school until my cold was better.

◆ **stay behind** agterbly *"Klas, julle kan gaan. George en Philip, sal julle asseblief agterbly?"* "Class, you may go. George and Philip, will you please **stay be=hind**?"

◆ **stay in** tuis bly, by die huis bly *"Gaan jy nie van=aand uit nie?" – "Nee, ek wil tuis* (OF *by die huis) bly en 'n paar briewe skryf."* "Aren't you going out to=night?" – "No, I want to **stay in** and write some letters."

◆ **stay on 1** aanbly [a] *Hy gaan nog 'n jaar op universi=teit aanbly om verder te studeer.* He is going to **stay on** at university for another year to further his studies. [b] *Die ligte in die winkelvensters bly dag en nag aan.* The lights in the shop windows **stay on** day and night. **2** opbly *Sy het haar hoed afgehaal, want dit wou nie in die wind opbly nie.* She took her hat off because it wouldn't **stay on** in the wind.

◆ **stay out** uitbly *"Kom vroeg huis toe – moenie te laat uitbly nie."* "Come home early – don't **stay out** too late."

◆ **stay up** opbly *"Mamma, mag ons vanaand laat op=bly om na die film op TV te kyk?"* "Mummy, may we **stay up** late to watch the film on TV tonight?"

◆ **stay with 1** bly by *Wanneer ons Durban toe gaan, bly ons gewoonlik by my oom en tante wat 'n huis daar het.* When we go to Durban we usually **stay with** my uncle and aunt who have a house there. **2** woon by *Na my oupa se dood het my ouma by ons kom woon.* After my grandfather's death my grandmother came to **stay with** us.

☐ **stay** *verb (past tense and past participle* **stayed,** *pre=sent participle* **staying)**

steal steel *Die polisie het die dief gevang wat my geld probeer steel het.* The police caught the thief who tried to **steal** my money.

☐ **steal** *verb (past tense* **stole,** *past participle* **stolen,** *present participle* **stealing)**

stealing diefstal *Hy is weens diefstal tronk toe gestuur.* He was sent to prison for **stealing**.

☐ **steal·ing** *noun (no plural)*

steam stoom *Water verander in stoom as dit kook.* Water turns into **steam** when it boils.

☐ **steam** *noun (no plural)*

steel staal *Die skêr is van staal gemaak.* The scissors are made of **steel**.

☐ **steel** *noun (no plural)*

steep steil *Ek moes my fiets teen die steil bult uitstoot.* I had to push my bicycle up the **steep** hill.

☐ **steep** *adjective* **steeper, steepest**

steer stuur *Pa het vir ma gesê: "Stuur jy die motor; ek sal stoot."* Dad said to mum, "You **steer** the car; I'll push."

☐ **steer** *verb (past tense and past participle* **steered,** *present participle* **steering)**

steering-wheel stuurwiel *Sy hande het op die stuur=wiel van die motor gerus.* His hands were resting on the **steering-wheel** of the car.

☐ **steer·ing-wheel** *noun (plural* **steering-wheels)**

stem 1 stingel, steel *Daar is vyf blare aan die stingel/ steel van die blom.* There are five leaves on the **stem** of the flower. **2** steel *Die wynglas het 'n lang, dun steel.* The wineglass has a long, thin **stem**.

☐ **stem** *noun (plural* **stems)**

step¹ 1 tree [a] *"Gloria, bly waar jy is. Esther, gee een tree vorentoe."* "Gloria, stay where you are. Esther, take one **step** forward." [b] *Die ou man het met stadige treë in die gang afgeloop.* The old man walked down the passage with slow **steps**. **2** trap *Daar is 'n trap wat van die voordeur na die tuin lei.* There is a **step** that leads from the front door to the garden. **3** treetjie *Sy het op die boonste treetjie van die trap gestaan.* She was standing on the top **step** of the staircase. **4** sport *Hy het op die boonste sport van die leer gestaan.* He was standing on the top **step** of the ladder. **5** stap *"Dis my pa wat daar loop – ek ken hom aan sy stap."* "It is my dad walking there – I know him by his **step**." **6** voet=stap *Sy het voetstappe op die stoep gehoor en gesê: "Ek wonder wie dit is?"* She heard **steps** on the stoep and said, "I wonder who that is?"

☐ **step** *noun (plural* **steps)**

step² 1 trap *"Ekskuus tog, ek het nie bedoel om op jou tone te trap nie!"* "I beg your pardon, I didn't mean to **step** on your toes!" **2** tree [a] *"Al die seuns wat wil sokker speel, tree asseblief vorentoe!"* "All the boys who want to play soccer, please **step** forward!" [b] *Ek kan nie oor die stroom tree nie – dis te breed.* I can't **step** across the stream – it is too wide.

☐ **step** *verb (past tense and past participle* **stepped,** *present participle* **stepping)**

stick¹ 1 stok *Dis wreed om 'n hond met 'n stok te slaan.* It is cruel to beat a dog with a **stick**. **2** stokkie *"Tel asseblief vir my 'n paar droë stokkies op sodat ek die vuur kan aanmaak."* "Please pick up some dry **sticks** for me so that I can start the fire." **3** kierie *Die man is blind en loop met 'n wit kierie.* The man is blind and walks with a white **stick**.

☐ **stick** *noun (plural* **sticks)**

stick² 1 steek [a] *"Steek 'n mes in die aartappel om te kyk of dit gaar is."* "**Stick** a knife into the potato to see if it is cooked." [b] *"Steek die geld in jou sak."* "**Stick** the money in your pocket." [c] *"Ma, trek asseblief die doring uit wat in my voet steek."* "Mum, please pull out the thorn that is **stuck** in my foot." **2** plak

"*Moenie vergeet om 'n seël op die brief te **plak** nie.*" "Don't forget to **stick** a stamp on the letter." **8** vassit [a] *Daar moet iets wees wat die laai laat **vassit** – ek kan dit nie oopkry nie.* There must be something causing the drawer to **stick** – I can't get it open. [b] *Die stroop sit aan my vingers **vas**.* The syrup is **sticking** to my fingers.

◆ **stick by** bystaan *'n Goeie vriend sal jou altyd **by**staan as jy in die moeilikheid is.* A good friend will always **stick by** you when you are in trouble.

◆ **stick out** uitsteek [a] "*Moenie jou tong vir my **uit**steek nie, jou onbeskofte ding!*" "Don't **stick** your tongue **out** at me, you rude thing!" [b] *'n Strooitjie steek by die koeldrankbottel **uit**.* A straw is **sticking out** of the cool-drink bottle.

◆ **stick to** **1** hou by [a] *Die skeidsregter het die spelers gewaarsku om **by** die reëls van die spel te **hou**.* The referee warned the players to **stick to** the rules of the game. [b] "*Ons moet liewer **by** die paadjie **hou**; netnou verdwaal ons.*" "We had better **stick to** the path; we might get lost." **2** bly by *Tom is iemand wat sy woord hou – jy kan op hom reken om **by** sy beloftes te **bly**.* Tom is someone who keeps his word – you can rely on him to **stick to** his promises.

◆ **stick together** bymekaar bly "*Ons moet **byme**kaar bly – dis maklik om tussen al dié mense weg te raak.*" "We must **stick together** – it's easy to get lost among all these people."

☐ **stick** verb (past tense and past participle **stuck**, present participle **sticking**)

sticky taai *Die seuntjie se hande is **taai** van die stroop.* The little boy's hands are **sticky** with syrup.

◆ **sticky tape** kleefband, kleeflint *Sy het die geskeurde blad in die boek met **kleefband/kleeflint** heelgemaak.* She mended the torn page in the book with **sticky tape**.

☐ **stick·y** adjective **stickier, stickiest**

stiff **1** styf [a] *Karton is **styf** en buig nie maklik nie.* Cardboard is **stiff** and doesn't bend easily. [b] *My vingers is **styf** van die koue.* My fingers are **stiff** with cold. [c] *'n **Stywe** bries het van die see af gewaai.* A **stiff** breeze blew from the sea. **2** moeilik, swaar *Die eksamen was so **moeilik/swaar** dat die helfte van die klas gesak het.* The examination was so **stiff** that half the class failed.

☐ **stiff** adjective **stiffer, stiffest**

still¹ stil [a] *Die stad is baie **stil** vroeg op 'n Sondagoggend.* The city is very **still** early on a Sunday morning. [b] *Dis **stil** vandag, maar dit was gister taamlik winderig.* It is **still** today, but it was quite windy yesterday.

◆ **sit still** stilsit *Dis moeilik om 'n baba te voer wat nie wil **stilsit** nie.* It's difficult to feed a baby that won't **sit still**.

☐ **still** adjective **stiller, stillest**

still² **1** nog [a] "*Het jy genoeg te ete gehad, of is jy **nog** honger?*" "Have you had enough to eat, or are you **still**

hungry?" [b] *Dis vandag baie warm, maar gister was dit **nog** warmer.* It is very hot today, but yesterday it was **still** hotter. **2** nog steeds "*Is jy **nog steeds** met jou huiswerk besig?*" "Are you **still** busy with your homework?"

☐ **still** adverb

still³ tog, nogtans *Hy het gesê hy is nie honger nie; **tog/ nogtans** het hy twee borde kos geëet.* He said he wasn't hungry; **still**, he ate two plates of food.

☐ **still** conjunction (joining word)

sting¹ **1** steek *'n By se **steek** is nogal seer.* The **sting** of a bee is quite painful. **2** angel *'n Skerpioen se **angel** sit in sy stert.* The **sting** of a scorpion is in its tail.

☐ **sting** noun (plural **stings**)

sting² **1** steek "*Jaag die by weg; dalk **steek** hy my!*" "Chase the bee away; it might **sting** me!" **2** brand *Die uie het my oë laat **brand**.* The onions made my eyes **sting**.

☐ **sting** verb (past tense and past participle **stung**, present participle **stinging**)

stingy suinig "*Moenie so **suinig** wees nie; gee vir jou broer een van jou lekkers.*" "Don't be so **stingy**; give your brother one of your sweets."

☐ **stin·gy** adjective **stingier, stingiest**

stink stink *Vrot eiers **stink**.* Rotten eggs **stink**.

◆ **stink of** stink na *Die kombuis **stink na** vrot eiers.* The kitchen **stinks of** rotten eggs.

☐ **stink** verb (past tense **stank**, past participle **stunk**, present participle **stinking**)

stir roer [a] "*Roer jou tee en proe of dit soet genoeg is.*" "**Stir** your tea and taste whether it's sweet enough." [b] *'n Ligte windjie **het** opgekom en die vlam van die kers **geroer**.* A slight breeze came up and **stirred** the flame of the candle.

☐ **stir** verb (past tense and past participle **stirred**, present participle **stirring**)

stitch¹ steek *Sy het 'n **steek** laat val terwyl sy gebrei het.* She dropped a **stitch** while she was knitting.

☐ **stitch** noun (plural **stitches**)

stitch² stik *Sy het haar naaimasjien uitgehaal om die twee stukke materiaal aan mekaar te **stik**.* She took out her sewing machine to **stitch** the two pieces of material together.

☐ **stitch** verb (past tense and past participle **stitched**, present participle **stitching**)

stocking kous "*Esmé, jy het 'n leer in jou **kous** bokant die hak van jou skoen.*" "Esmé, you have a ladder in your **stocking** above the heel of your shoe." ⇨ **pantihose; sock.**

☐ **stock·ing** noun (plural **stockings**)

stock-still doodstil "*Staan **doodstil**; moenie roer nie.*" "Stand **stock-still**; don't move."

☐ **stock-still** adverb

stoep stoep "*Dis baie warm in die huis – kom ons gaan sit in die koelte op die **stoep**.*" "It's very hot in the house – let's go and sit in the shade on the **stoep**."

☐ **stoep** noun (plural **stoeps**)

stomach ◻ maag *Tom se **maag** is seer omdat hy te veel appelkose geëet het.* Tom's **stomach** aches from eating too many apricots. ◻ pens *Die koei het iets gevreet wat haar **pens** laat opswel het.* The cow ate something that made her **stomach** swell up.

☐ **stom·ach** *noun (plural **stomachs**)*

stomach-ache maagpyn *Tom het **maagpyn** omdat hy te veel appelkose geëet het.* Tom has **stomach-ache** from eating too many apricots.

☐ **stom·ach-ache** *noun (plural **stomach-aches**)*

stone ◻ steen [a] *Hy het die mes op 'n plat **steen** geslyp.* He sharpened the knife on a flat **stone**. [b] *Daar is 'n rooi **steen** in die ring.* The ring has a red **stone** in it. ◻ klip [a] *Die muur is van **klip** gebou, nie van bakstene nie.* The wall is built of **stone**, not brick. [b] *Hy het 'n **klip** opgetel en dit na die hond gegooi.* He picked up a **stone** and threw it at the dog. ◻ pit *Sy het die appelkoos oopgebreek en die **pit** verwyder.* She broke the apricot open and removed the **stone**.

☐ **stone** *noun (plural **stones**)*

stoop ◻ buk [a] *Hy moes **buk** om onder die lae tak deur te loop.* He had to **stoop** to pass under the low branch. [b] *Sy het **gebuk** om haar pen op te tel.* She stooped to pick up her pen. ◻ krom loop *Ou mense **loop** dikwels **krom**.* Old people often **stoop**.

☐ **stoop** *verb (past tense and past participle **stooped**, present participle **stooping**)*

stop[1] halte *Die meisie het die busbestuurder gevra om haar by die volgende **halte** af te sit.* The girl asked the bus driver to drop her at the next **stop**.

◆ **bring to a stop** tot stilstand bring *Die bestuurder kon nie die bus **tot stilstand bring** nie en het teen 'n muur vasgery.* The driver couldn't **bring** the bus **to a stop** and drove into a wall.

◆ **come to a stop** tot stilstand kom *Ek het amper omgeval toe die bus skielik **tot stilstand kom**.* I almost fell over when the bus **came to a** sudden **stop**.

◆ **put a stop to** 'n end maak aan *"Kyk asseblief of jy 'n **end kan maak aan** die honde se geblaf."* "Please see if you can **put a stop to** the dogs' barking."

☐ **stop** *noun (plural **stops**)*

stop[2] ◻ stop *"**Stop** die motor – ek wil uitklim."* "**Stop** the car – I want to get out." ◻ ophou [a] *"Kinders, sal julle asseblief **ophou** om so te lawaai!"* "Children, will you please **stop** making such a noise!" [b] *"Julle kan buite gaan speel – dit het **opgehou** met reën."* "You can go and play outside – it has **stopped** raining." ◻ stop, stilhou *Die trein moet by elke stasie **stop**/**stilhou** om passasiers op te laai.* The train has to **stop** at every station to pick up passengers. ◻ keer *"**Keer** die hond voor hy by die hek uitkom!"* "**Stop** the dog before it gets out of the gate!" ◻ gaan staan *Dié soort horlosie **gaan staan** as sy battery pap word.* This type of watch **stops** when its battery runs down. ◻ end kry *"Ek is moeg vir jul bakleiery; dit moet nou **end kry**!"* "I'm tired of your fighting; it has got to **stop** now!"

◆ **stop someone (from) doing something, stop**

someone's doing something iemand iets laat ophou doen *Sy kon nie die baba **laat ophou** huil nie.* She couldn't **stop** the baby (**from**) crying (OR **stop** the baby's crying).

◆ **stop something (from) happening, stop something's happening** keer dat iets gebeur *Hy kon nie **keer dat** die motor gly nie.* He couldn't **stop** the car (**from**) skidding (OR **stop** the car's skidding).

☐ **stop** *verb (past tense and past participle **stopped**, present participle **stopping**)*

store[1] winkel *Jy kan allerhande goed by daardie **winkel** koop.* You can buy all kinds of things at that **store**.

☐ **store** *noun (plural **stores**)*

store[2] ◻ bêre *Ons **bêre** ons tuingereedskap in die garage.* We **store** our gardening tools in the garage. ◻ bewaar *Die boer **bewaar** sy veevoer in 'n skuur.* The farmer **stores** his animal feed in a barn. ◻ stoor *"Gaan julle jul meubels verkoop of dit **stoor** terwyl julle oorsee is?"* "Are you going to sell your furniture or **store** it while you are overseas?"

☐ **store** *verb (past tense and past participle **stored**, present participle **storing**)*

storey verdieping *Hy werk in 'n kantoor op die sewende **verdieping** van die gebou.* He works in an office on the seventh **storey** of the building.

☐ **sto·rey** *noun (plural **storeys**)*

storm[1] storm *"Wat 'n nare **storm** – kyk hoe blits dit!"* "What a nasty **storm** – see how the lightning flashes!"

☐ **storm** *noun (plural **storms**)*

storm[2] storm [a] *Ek het gesien hoe 'n bok deur die bos **storm** om van 'n leeu te probeer wegkom.* I saw a buck **storm** through the bush, trying to get away from a lion. [b] *Die soldate het die gebou **gestorm**.* The soldiers **stormed** the building.

◆ **storm out** uitstorm *As iemand by 'n kamer **uitstorm**, kan jy maar weet hy/sy is baie kwaad.* If someone **storms out** of a room, you can be sure of it that he/she is very angry.

☐ **storm** *verb (past tense and past participle **stormed**, present participle **storming**)*

stormy stormagtig *Die see was ru en **stormagtig**.* The sea was rough and **stormy**.

◆ **stormy weather** stormweer *'n Stukkende sambreel is van geen nut in **stormweer** nie.* A broken umbrella is of no use in **stormy weather**.

☐ **storm·y** *adjective **stormier**, **stormiest***

story storie, verhaal *"Kinders, ek gaan die **storie**/**verhaal** van Rooikappie aan julle voorlees."* "Children, I'm going to read the **story** of Little Red Riding Hood to you."

☐ **sto·ry** *noun (plural **stories**)*

stove stoof *Die aartappels kook in 'n pot op die **stoof**.* The potatoes are cooking in a pot on the **stove**.

☐ **stove** *noun (plural **stoves**)*

straight[1] ◻ reguit *Ek kan nie 'n **reguit** streep sonder 'n liniaal trek nie.* I can't draw a **straight** line without a ruler. ◻ steil *Lynette se hare is **steil**, maar Monica s'n is* *krullerig.* Lynette's hair is **straight,** but Monica's is curly. **3** eerlik *"Gee my 'n eerlike antwoord: hou jy van my nuwe rok?"* "Give me a **straight** answer: do you like my new dress?"

◆ **put straight** aan (die) kant maak *Die huis was so deurmekaar dat dit ons ure gekos het om dit weer **aan (die) kant** te maak.* The house was in such a mess that it took us hours to **put** it **straight** again.

☐ **straight** *adjective* **straighter, straightest**

straight[2] **1** reguit [a] *"Moet ek hier links draai?"* – *"Nee, hou **reguit** aan tot by die verkeerslig."* "Must I turn left here?" – "No, keep **straight** on to the robot." [b] *Die pad loop vir 'n paar kilometer **reguit** en draai dan skerp na regs.* The road runs **straight** for a few kilometres and then turns sharply to the right. **2** reg [a] *"Loop **reg** met die straat af en draai by die volgende hoek links."* "Walk **straight** down the road and turn left at the next corner." [b] *Sy het hom **reg** in die oë gekyk en gesê: "Ek hou nie van jou nie!"* She looked him **straight** in the eye and said, "I don't like you!" **3** direk [a] *"Gaan jy na skool êrens heen?"* – *"Nee, Ma, ek kom **direk** huis toe."* "Are you going somewhere after school?" – "No, Mum, I'm coming **straight** home." [b] *"Gooi vir jou 'n bietjie melk in 'n glas – moenie **direk** uit die bottel drink nie!"* "Pour yourself some milk into a glass – don't drink **straight** from the bottle!"

◆ **straight after** net na *Ons het **net na** ontbyt vertrek.* We left **straight after** breakfast.

◆ **straight away** onmiddellik, dadelik *Sy was so nuuskierig om te weet wat in die pakkie was dat sy dit **onmiddellik/dadelik** oopgemaak het.* She was so curious to know what was in the parcel that she opened it **straight away.**

◆ **straight through** dwarsdeur, regdeur *Die wind het 'n blaar **dwarsdeur/regdeur** die oop venster in my kamer gewaai.* The wind blew a leaf **straight through** the open window into my room.

◆ **straight up** regop *"Staan **regop** met jou skouers teen die muur."* "Stand **up straight** with your shoulders against the wall."

☐ **straight** *adverb*

straighten **1** reguit maak *"Die motor se voorwiele is gedraai; **maak** hulle **reguit**."* "The car's front wheels are turned; **straighten** them." **2** regtrek *"Lig jou voet – ek wil die mat **regtrek**."* "Lift your foot – I want to **straighten** the carpet." **3** reg buig *Hy het die krom draad probeer **reg buig**.* He tried to **straighten** the bent wire. **4** reg skuif *"Die prent hang skeef; **skuif** dit asseblief **reg**."* "The picture is hanging crooked; please **straighten** it."

◆ **straighten (out)** reguit word *Die pad draai en **word** dan **reguit**.* The road curves and then straightens (out).

◆ **straighten up** regop kom *"Buk vooroor en **kom** dan **regop**."* "Bend over and then **straighten up**."

☐ **straight·en** *verb (past tense and past participle* **straightened,** *present participle* **straightening)**

strange **1** vreemd, eienaardig, snaaks *Dis **vreemd/ eienaardig/snaaks**; ek het iets agter my gehoor, maar toe ek omdraai, was daar niks nie.* That's **strange**; I heard something behind me, but when I turned around there was nothing. **2** vreemd *"Weet jy wie daardie **vreemde** meisie is?"* – *"Nee, ek het haar nog nooit gesien nie."* "Do you know who that **strange** girl is?" – "No, I've never seen her before."

☐ **strange** *adjective* **stranger, strangest**

stranger vreemdeling [a] *"Wie is daardie man?"* – *"Ek weet nie; hy's vir my 'n **vreemdeling**."* "Who is that man?" – "I don't know; he's a **stranger** to me." [b] *"Kan jy my sê waar die stasie is? – Ek is 'n **vreemdeling** op dié dorp."* "Can you tell me where the station is? – I'm a **stranger** in this town."

☐ **stran·ger** *noun (plural* **strangers)**

strap band *Sy het die **band** van haar sandaal vasgemaak.* She fastened the **strap** of her sandal.

☐ **strap** *noun (plural* **straps)**

straw **1** strooi *Die vloer van die stal is met **strooi** bedek.* The floor of the stable is covered with **straw**. **2** strooitjie *Linda drink haar koeldrank deur 'n **strooitjie**.* Linda is drinking her cool drink through a **straw**.

☐ **straw** *noun (no plural at 1;* **straws** *at 2)*

strawberry aarbei *'n **Aarbei** is 'n klein rooi vruggie.* A **strawberry** is a small red fruit.

☐ **straw·ber·ry** *noun (plural* **strawberries)**

stream[1] **1** stroom [a] *'n **Stroom** is kleiner as 'n rivier.* A **stream** is smaller than a river. [b] *'n **Stroom** trane het teen haar wange afgeloop.* A **stream** of tears ran down her cheeks. **2** straal *'n Dun **straal** water vloei uit die tuinslang.* A thin **stream** of water is flowing out of the hosepipe.

☐ **stream** *noun (plural* **streams)**

stream[2] stroom [a] *Water **stroom** uit die gat in die pyp.* Water is **streaming** out of the hole in the pipe. [b] *Die kinders **het** uit die klaskamers na die speelgrond **gestroom**.* The children **streamed** out of the classrooms to the playground.

☐ **stream** *verb (past tense and past participle* **streamed,** *present participle* **streaming)**

street straat *Daar is huise aan weerskante van die **straat**.* There are houses on both sides of the **street**.

☐ **street** *noun (plural* **streets)**

strength krag *Hy was swak en sonder **krag** na sy siekte.* He was weak and without **strength** after his illness.

◆ **save your strength** ⇨ **save.**

☐ **strength** *noun (plural* **strengths)**

stress[1] klem *"Jy moet Maandag met die **klem** op 'Maan' uitspreek."* "You must pronounce Monday with the **stress** on 'Mon'."

☐ **stress** *noun (plural* **stresses)**

stress[2] beklemtoon *Jy moet die eerste deel van die woord "Maandag" **beklemtoon**.* You must **stress** the first part of the word "Monday".

☐ **stress** *verb (past tense and past participle* **stressed,** *present participle* **stressing)**

stretch ◼ rek [a] *As jy 'n stuk rubber **rek**, word dit langer.* If you **stretch** a piece of rubber it becomes longer. [b] *"Die skoene maak jou nou seer, maar hulle sal naderhand **rek** en gemakliker pas."* "The shoes hurt you now, but after a while they'll **stretch** and fit more comfortably." [c] *Hy was styf van die sit en het met pouse uitgegaan om sy bene te **rek**.* He was stiff from sitting and went out at interval to **stretch** his legs. ◼ uitrek [a] *"Lê die trui plat neer nadat jy dit gewas het – dit kan dalk **uitrek** as jy dit ophang."* "Lay the jersey flat after you've washed it – it might **stretch** if you hang it up." [b] *Die kat **het** gegaap en hom **uitgerek**.* The cat yawned and **stretched** itself. ◼ strek [a] *Die boer se grond **strek** tot by die rivier.* The farmer's land **stretches** as far as the river. [b] *Sy **het gestrek**, maar kon nie die boek op die boonste rak bykom nie.* She **stretched**, but couldn't reach the book on the top shelf. ◼ trek *"Die tou is te slap – **trek** dit 'n bietjie stywer."* "The rope is too slack – **stretch** it a bit tighter."
♦ **stretch out** ◼ uitstrek [a] *"Jy moet jou arms **uitstrek** sodat jou hande gelyk met jou skouers kom."* "You must **stretch** your arms **out** so that your hands are level with your shoulders." [b] *Hy **het** hom op sy bed **uitgestrek** en aan die slaap geraak.* He **stretched** himself **out** on his bed and fell asleep. ◼ uitsteek *Net toe ek my hand wou **uitsteek** om die klokkie te lui, het die deur oopgegaan.* Just as I was about to **stretch out** my hand to ring the bell, the door opened.
☐ **stretch** *verb (past tense and past participle* **stretched**, *present participle* **stretching**)

strict ◼ streng *Anna se ouers is baie **streng** – hulle sal haar nooit toelaat om later as 22:00 uit te bly nie.* Anna's parents are very **strict** – they will never allow her to stay out later than 22:00. ◼ kwaai *My oom is baie **kwaai** en is gou klaar om sy kinders te straf.* My uncle is very **strict** and is quick to punish his children.
☐ **strict** *adjective* **stricter, strictest**

strictly streng *Dit is bekend dat daardie skeidsregter die reëls van die spel **streng** maar regverdig toepas.* That referee is known to apply the rules of the game **strictly** but fairly.
☐ **strict·ly** *adverb*

strike[1] staking *Die **staking** van die mynwerkers het ses weke geduur.* The **strike** by the miners lasted for six weeks.
♦ **be on strike** staak *Die mynwerkers **staak** om hoër lone.* The miners **are on strike** for higher wages.
♦ **go on strike** staak *Die mynwerkers het besluit om om hoër lone te **staak**.* The miners decided to **go on strike** for higher wages.
☐ **strike** *noun (plural* **strikes**)

strike[2] ◼ trek *"**Trek** 'n vuurhoutjie om ons 'n bietjie lig in dié donker kamer te gee."* "**Strike** a match to give us some light in this dark room." ◼ tref [a] *Ek het gesien hoe 'n motor die boom **tref** en aan die brand slaan.* I saw a car **strike** the tree and burst into flames. [b] *Hy het*

gehuil toe die bal hom teen die kop **tref**. He cried when the ball **struck** him on the head. [c] *Die weerlig **het** ons huis **getref**.* The lightning **struck** our house. ◼ slaan [a] *Ek het die horlosie twaalf hoor **slaan**.* I heard the clock **strike** twelve. [b] *Hy **het** die hond met 'n stok **geslaan**.* He **struck** the dog with a stick. ◼ staak *Die mynwerkers het besluit om om hoër lone te **staak**.* The miners decided to **strike** for higher wages.
☐ **strike** *verb (past tense and past participle* **struck**, *present participle* **striking**)

string[1] ◼ lyn *Hy het die pakkie met 'n stuk **lyn** vasgebind.* He tied up the parcel with a piece of **string**. ◼ string *Sy dra 'n **string** krale om haar nek.* She is wearing a **string** of beads round her neck. ◼ snaar *Die tennisspeler het die bal so hard geslaan dat hy 'n **snaar** in sy raket gebreek het.* The tennis player hit the ball so hard that he broke a **string** in his racket. ◼ band *Sy het die **bande** van haar voorskoot gestrik.* She tied the **strings** of her apron in a bow.
☐ **string** *noun (plural* **strings**)

string[2] inryg *Ek moet nog net een kraal **inryg**, dan sal die armband klaar wees.* I have to **string** only one more bead, then the bangle will be finished.
☐ **string** *verb (past tense and past participle* **strung**, *present participle* **stringing**)

strip strook, reep *Sy het 'n lang **strook/reep** materiaal gebruik om 'n belt vir haar rok te maak.* She used a long **strip** of material to make a belt for her dress.
☐ **strip** *noun (plural* **strips**)

stripe streep *Die koppie is wit met 'n groen **streep** om die rand.* The cup is white with a green **stripe** round the edge.
☐ **stripe** *noun (plural* **stripes**)

striped gestreep *Sebras is **gestreep**.* Zebras are **striped**.
☐ **striped** *adjective*

stroke streel *Die kat spin gewoonlik as ek hom **streel**.* The cat usually purrs when I **stroke** it.
☐ **stroke** *verb (past tense and past participle* **stroked**, *present participle* **stroking**)

strong sterk [a] *Twee **sterk** mans moes die swaar tafel dra.* Two **strong** men had to carry the heavy table. [b] *'n **Sterk** wind het die dak van die huis afgewaai.* A **strong** wind blew the roof off the house. [c] *"Die tee is te **sterk**; voeg asseblief nog water daarby."* "The tea is too **strong**; please add more water to it."
☐ **strong** *adjective* **stronger, strongest**

struggle[1] gesukkel *Na 'n groot **gesukkel** het hulle die klavier by die deur ingekry.* After a great **struggle** they got the piano through the door.
☐ **strug·gle** *noun (no plural)*

struggle[2] sukkel *Ek **sukkel** met wiskunde omdat ek nie 'n kop vir syfers het nie.* I **struggle** with maths because I don't have a head for figures.
☐ **strug·gle** *verb (past tense and past participle* **struggled**, *present participle* **struggling**)

student student *Maggie se broer is 'n **student** aan die*

Universiteit van Kaapstad. Maggie's brother is a **stu-dent** at the University of Cape Town.

☐ **stu·dent** *noun (plural* **students***)*

study[1] studie *Eugène Marais het 'n* **studie** *gemaak van die gedrag van bobbejane.* Eugène Marais made a **study** of the behaviour of baboons.

◆ **further one's studies** verder studeer *Hy gaan nog 'n jaar op universiteit aanbly om* **verder te studeer**. He is going to stay on at university for another year to **further** his **studies**.

☐ **stud·y** *noun (plural* **studies***)*

study[2] **1** studeer *George wil medisyne* **studeer** *wanneer hy universiteit toe gaan.* George wants to **study** medicine when he goes to university. **2** bestudeer *As jy Engels op universiteit loop, sal jy beslis die digkuns van Shakespeare* **bestudeer**. If you take English at university, you are sure to **study** the poetry of Shakespeare.

☐ **stud·y** *verb (past tense and past participle* **studied**, *present participle* **studying***)*

stuff[1] goed *Daardie winkel verkoop* **goed** *soos penne, potlode en uitveërs.* That shop sells **stuff** like pens, pencils and rubbers.

◆ **some ... stuff** goed, iets ▪s *Die dokter het my bitter* **goed** *(*OF **iets** *bitters) vir my hoes gegee.* The doctor gave me **some** bitter **stuff** for my cough.

☐ **stuff** *noun (no plural)*

stuff[2] **1** stop, prop *"Eet mooi! Moenie jou mond so vol kos* **stop/prop** *nie!"* "Eat nicely! Don't **stuff** your mouth so full of food!" **2** opstop *Jy kan 'n kussing met vere* **opstop**. You can **stuff** a pillow with feathers.

☐ **stuff** *verb (past tense and past participle* **stuffed**, *present participle* **stuffing***)*

stuffy bedompig *Dis baie* **bedompig** *in dié kamer, want al die vensters is toe.* It's very **stuffy** in this room, because all the windows are shut.

☐ **stuff·y** *adjective* **stuffier, stuffiest**

stumble struikel *"Pasop dat jy nie oor die boom se wortel* **struikel** *nie."* "Be careful not to **stumble** over the root of the tree."

☐ **stum·ble** *verb (past tense and past participle* **stumbled**, *present participle* **stumbling***)*

stump stomp *'n* **Stomp** *het in die grond oorgebly nadat hulle die boom afgekap het.* A **stump** was left in the ground after they had cut down the tree.

☐ **stump** *noun (plural* **stumps***)*

stupid **1** dom, dwaas, gek *Dit is* **dom/dwaas/gek** *om te diep in die see in te gaan as jy nie kan swem nie.* It is **stupid** to go too deep into the sea if you can't swim. **2** onnosel *"Dink jy ek's* **onnosel***? Natuurlik weet ek dat melk van koeie af kom!"* "Do you think I'm **stupid**? Of course I know that milk comes from cows!" **3** simpel *Hy het die pen kwaad geskud en gesê: "Die* **simpel(e)** *ding wil nie skryf nie!"* He shook the pen angrily and said, "The **stupid** thing won't write!"

☐ **stu·pid** *adjective* **stupider, stupidest**

subject **1** onderwerp [a] *Die* **onderwerp** *van sy opstel was "Die lewe op 'n plaas".* The **subject** of his compo-

sition was "Life on a farm". [b] *In die sin "Die kat het 'n muis gevang" is "kat" die* **onderwerp** *en "muis" die voorwerp.* In the sentence "The cat caught a mouse", "cat" is the **subject** and "mouse" the object. **2** vak *My beste* **vak** *op skool is geskiedenis.* My best **subject** at school is history.

☐ **sub·ject** *noun (plural* **subjects***)*

subtract aftrek *As jy 3 van 7* **aftrek***, kry jy 4.* If you **subtract** 3 from 7, you get 4.

☐ **sub·tract** *verb (past tense and past participle* **sub-tracted**, *present participle* **subtracting***)*

succeed regkry, slaag *"Dink jy sal dit* **regkry** *(*OF *daarin* **slaag***) om die kampioen te klop?"* "Do you think he'll **succeed** in beating the champion?"

☐ **suc·ceed** *verb (past tense and past participle* **suc-ceeded**, *present participle* **succeeding***)*

success **1** sukses [a] *Christine het baie hard gewerk om* **sukses** *in die eksamen te behaal.* Christine worked very hard to achieve **success** in the examination. [b] *"Was die partytjie 'n* **sukses***?" – "Nee, dit was 'n mis-lukking."* "Was the party a **success**?" – "No, it was a flop." **2** voorspoed *As jy 'n student* **voorspoed** *in die eksamen toewens, spreek jy die hoop uit dat hy sal slaag.* If you wish a student **success** in the exams, you ex-press the hope that he will pass.

◆ **make a success of** laat slaag, sukses behaal met *Soos ek haar ken, sal sy baie moeite doen om die partytjie te* **laat slaag** *(*OF **sukses** *met die partytjie te be-haal).* As I know her, she'll go to a lot of trouble to **make a success of** the party.

☐ **suc·cess** *noun (plural* **successes***)*

successful suksesvol *Hy is baie wetenskaplik in die ma-nier waarop hy boer, dis dié dat hy so* **suksesvol** *is.* He is very scientific in the way he farms, that's why he is so **successful**.

☐ **suc·cess·ful** *adjective* **more successful, most successful**

such **1** so *"Kan jy my sê waar Albert Fani woon?" – "Ongelukkig nie, ek ken nie* **so** *iemand nie."* "Can you tell me where Albert Fani lives?" – "Unfortunately not, I know no **such** person." **2** sulke *Ek het nog nooit in my lewe* **sulke** *groot appels gesien nie.* Never in my life have I seen **such** large apples.

◆ **such as** soos *Jy kan kos* **soos** *eiers, brood en kaas by 'n supermark koop.* You can buy food **such as** eggs, bread and cheese at a supermarket.

☐ **such** *adjective*

suck suig *"Moenie jou duim* **suig** *nie, Tommie; jy's nie 'n baba nie!"* "Don't **suck** your thumb, Tommy; you're not a baby!"

◆ **suck out** uitsuig *"Maak die lemoen sag voor jy die sap* **uitsuig***."* "Soften the orange before you **suck** the juice **out**."

☐ **suck** *verb (past tense and past participle* **sucked**, *present participle* **sucking***)*

sudden skielik [a] *"Sal jy met my trou, Lynette?" – "Jou vraag is 'n bietjie* **skielik***; ek moet daaroor na-*

dink." "Will you marry me, Lynette?" – "Your question is a little **sudden**; I must think it over." **[b]** *Sneeu op die berge het 'n **skielike** daling van temperatuur veroorsaak.* Snow on the mountains caused a **sudden** drop in temperature.

◆ **all of a sudden** skielik *Ek het gesit en lees toe die ligte **skielik** uitgaan.* I sat reading when **all of a sudden** the lights went out.

☐ **sud·den** *adjective*

suddenly skielik *Die motor voor my het so **skielik** gestop dat ek teen hom vasgery het.* The car in front of me stopped so **suddenly** that I crashed into it.

☐ **sud·den·ly** *adverb*

suffer **1** ly **[a]** *Baie ou mense **ly** aan doofheid.* Many old people **suffer** from deafness. **[b]** *Hy het baie pyn **gely** nadat hy sy rug gebreek het.* He **suffered** great pain after he had broken his back. **2** daaronder ly *Jou werk sal **daaronder ly** as jy te veel TV kyk.* Your work will **suffer** if you watch too much TV.

☐ **suf·fer** *verb (past tense and past participle* **suffered**, *present participle* **suffering***)*

sugar suiker *"Drink jy melk en **suiker** in jou tee?"* "Do you take milk and **sugar** in your tea?"

☐ **sug·ar** *noun (no plural)*

suggest voorstel *"Mag ek **voorstel** dat jy hom geld vir sy verjaardag gee?"* "May I **suggest** that you give him money for his birthday?"

☐ **sug·gest** *verb (past tense and past participle* **suggested**, *present participle* **suggesting***)*

suggestion voorstel *"Het jy 'n **voorstel** oor wat ek hom vir sy verjaardag kan gee?"* "Do you have a **suggestion** about what I can give him for his birthday?"

☐ **sug·ges·tion** *noun (plural* **suggestions***)*

suit¹ **1** pak *Hy het 'n swart **pak** en 'n wit hemp na die dans gedra.* He wore a black **suit** and a white shirt to the dance. **2** baadjiepak *Mev. Smith het vandag 'n pienk **baadjiepak** en 'n wit bloes aangehad.* Mrs Smith wore a pink **suit** and a white blouse today.

☐ **suit** *noun (plural* **suits***)*

suit² **1** pas *"Ek wil graag 'n afspraak met die dokter maak." – "Sal Woensdag om elfuur u **pas**?"* "I'd like to make an appointment with the doctor." – "Will Wednesday at eleven o'clock **suit** you?" **2** pas by *Geel **pas** nie **by** 'n meisie met rooi hare nie.* Yellow doesn't **suit** a girl with red hair. **3** wees wat ... wil hê *Dis 'n klein motortjie, maar dit **is wat ons wil hê**.* It's a small car, but it **suits** us. **4** goed lyk in *"**Lyk** ek **goed in** dié hoed?"* "Does this hat **suit** me?"

☐ **suit** *verb (past tense and past participle* **suited**, *present participle* **suiting***)*

suitable geskik **[a]** *Hoëhakskoene is nie **geskik** om in die veld mee te loop nie.* High-heeled shoes are not **suitable** for walking in the veld. **[b]** *Ons moet 'n **geskikte** plek kry om die vergadering te hou.* We must find a **suitable** place to hold the meeting.

☐ **suit·a·ble** *adjective* **more suitable, most suitable**

suitably geskik *Ek is nie **geskik** aangetrek om na 'n partytjie toe te gaan nie.* I'm not **suitably** dressed to go to a party.

☐ **suit·a·bly** *adverb*

suitcase tas, koffer *"Moenie vergeet om jou nagklere in te sit wanneer jy jou **tas/koffer** pak nie."* "Don't forget to put in your pyjamas when you pack your **suitcase**."

☐ **suit·case** *noun (plural* **suitcases***)*

sum **1** som **[a]** *Hy het sy fiets vir die **som** van R150 verkoop.* He sold his bicycle for the **sum** of R150. **[b]** *Die **som** van 2 en 7 is 9.* The **sum** of 2 and 7 is 9. **[c]** *Thomas het 'n kop vir syfers en is goed in **somme**.* Thomas has a head for figures and is good at sums. **2** bedrag *R150 000 is 'n enorme **bedrag** om vir 'n motor te betaal.* R150 000 is an enormous **sum** to pay for a car.

◆ **do sums** somme maak *"Mag julle 'n rekenaar gebruik wanneer julle **somme** op skool **maak**?"* "Are you allowed to use a calculator when you **do sums** at school?"

☐ **sum** *noun (plural* **sums***)*

summer somer *Somer is die warmste seisoen van die jaar.* **Summer** is the hottest season of the year.

☐ **sum·mer** *noun (plural* **summers***)*

sun son **[a]** *Die aarde beweeg om die **son**.* The earth moves around the **sun**. **[b]** *Dis te warm in die **son** – ek gaan in die koelte sit.* It's too hot in the **sun** – I'm going to sit in the shade.

☐ **sun** *noun (no plural)*

Sunday Sondag *Ons gaan gewoonlik op 'n **Sondag** kerk toe.* We usually go to church on a **Sunday**.

☐ **Sun·day** *noun (plural* **Sundays***)*

sunny sonnig *My slaapkamer kyk oos en is soggens lekker **sonnig**.* My bedroom faces east and is nice and **sunny** in the morning.

☐ **sun·ny** *adjective* **sunnier, sunniest**

sunrise **1** sonop *Die voëls begin met **sonop** sing.* The birds start to sing at **sunrise**. **2** sonsopkoms *"Het jy die lieflike **sonsopkoms** vanoggend gesien?"* "Did you see the lovely **sunrise** this morning?"

☐ **sun·rise** *noun (no plural at 1;* **sunrises** *at 2)*

sunset **1** sononder *Die lug word grys na **sononder**.* The sky turns grey after **sunset**. **2** sonsondergang *"Het jy die lieflike **sonsondergang** vanaand gesien?"* "Did you see the lovely **sunset** this evening?"

☐ **sun·set** *noun (no plural at 1;* **sunsets** *at 2)*

sunshine sonskyn **[a]** *Ons het buite in die warm **sonskyn** gesit.* We sat outside in the warm **sunshine**. **[b]** *Die helder **sonskyn** maak my oë seer.* The bright **sunshine** is hurting my eyes.

☐ **sun·shine** *noun (no plural)*

superlative oortreffende trap *"Slimste" is die oortreffende trap van "slim".* "Cleverest" is the **superlative** of "clever".

☐ **su·per·la·tive** *noun (plural* **superlatives***)*

supermarket supermark *Ons koop al ons kruidenisware by die **supermark**.* We buy all our groceries at the **supermarket**.

□ **su·per·mar·ket** *noun (plural* **supermarkets***)*

supper aandete *Ons geniet middagete om 13:00 en aandete om 18:00.* We have lunch at 13:00 and **supper** at 18:00.

□ **sup·per** *noun (plural* **suppers***)*

supply voorsien *Boere voorsien ons van vleis en groente.* Farmers **supply** us with meat and vegetables.

□ **sup·ply** *verb (past tense and past participle* **supplied,** *present participle* **supplying***)*

suppose reken *"Sal Christine by die partytjie wees?"* – *"Ja, ek reken so."* "Will Christine be at the party?" – "Yes, I **suppose** so."

♦ **be supposed to** moet *"Wat soek jy by die huis? Jy moet by die skool wees."* "What are you doing at home? You **are supposed to** be at school."

♦ **I suppose I'll have to** ek sal seker moet *"Ek het nie lus nie, maar ek sal seker 'n das moet aansit."* "I don't feel like it, but I **suppose I'll have to** put on a tie."

♦ **suppose (that)** sê nou (maar) *"Sê nou (maar) dit reën: sal ons nog steeds die wedstryd speel?"* "**Suppose (that)** it rains: will we still play the match?"

□ **sup·pose** *verb (past tense and past participle* **supposed,** *present participle* **supposing***)*

sure[1] seker **[a]** *"Is jy seker dis vyf oor tien?"* – *"Ja, kyk op my horlosie."* "Are you **sure** it's five past ten?" – "Yes, look at my watch." **[b]** *Daardie donker wolke in die lug is 'n seker teken van reën.* Those dark clouds in the sky are a **sure** sign of rain.

♦ **be sure to** **1** sorg dat jy *"Sorg dat jy al die deure sluit voordat jy uitgaan."* "**Be sure to** lock all the doors before you go out." **2** sal beslis *George is die slimste kind in die klas en sal beslis aan die end van die jaar eerste staan.* George is the cleverest child in the class and **is sure to** come first at the end of the year.

♦ **for sure** seker *"Ek dink Cynthia is Walter se suster, maar ek weet nie seker nie."* "I think Cynthia is Walter's sister, but I don't know **for sure**."

♦ **make sure** seker maak *"Ek dink die winkel is Saterdagmiddae toe, maar ek sal bel om seker te maak."* "I think the shop is closed on Saturday afternoons, but I'll phone to **make sure**."

♦ **make sure that** **1** sorg dat *"Sorg dat al die deure gesluit is voordat jy uitgaan."* "**Make sure that** all the doors are locked before you go out." **2** seker maak of/dat *Die klerk by die poskantoor moet elke vorm nagaan om seker te maak of/dat dit in orde is.* The clerk at the post office has to check each form to **make sure that** it is in order.

□ **sure** *adjective* **surer, surest**

sure[2] **1** darem *Esther is darem slim – sy het 95 persent in die toets gekry.* Esther **sure** is clever – she got 95 per cent in the test. **2** ja seker *"Sal jy my help?"* – *"Ja seker!"* "Will you help me?" – "**Sure!**" **3** ja-nee *"Dis warm, nè?"* – *"Ja-nee, dit is!"* "It's hot, isn't it?" – "It **sure** is!"

♦ **and sure enough** en jou waarlik *Sy het gesê Philip sou wen, en jou waarlik hy het.* She said Philip would win, **and sure enough** he did.

□ **sure** *adverb*

surely **1** seker *Hy sal stadig maar seker gesond word.* He'll get better slowly but **surely**. **2** tog seker *"Haar naam is tog seker Joan en nie John nie?"* "**Surely** her name is Joan and not John?" **3** beslis *Die plant sal beslis doodgaan as jy hom nie natgooi nie.* The plant will **surely** die if you don't water it.

□ **sure·ly** *adverb*

surface oppervlak, oppervlakte **[a]** *Die tafel het 'n gladde, blink oppervlak/oppervlakte.* The table has a smooth, shiny **surface**. **[b]** *Twee-derdes van die aarde se oppervlak/oppervlakte is met water bedek.* Two-thirds of the earth's **surface** is covered by water.

□ **sur·face** *noun (plural* **surfaces***)*

surname van *Botha is 'n algemene Suid-Afrikaanse van.* Botha is a common South African **surname**.

□ **sur·name** *noun (plural* **surnames***)*

surprise[1] **1** verbasing *Tot Tom se verbasing was sy ma nie vir hom kwaad oor hy haar beste blompot gebreek het nie.* To Tom's **surprise** his mother wasn't angry with him for breaking her best vase. **2** verrassing *Hy het vir sy meisie 'n bos blomme as 'n verrassing gekoop.* He bought his girlfriend a bunch of flowers as a **surprise**.

♦ **give ... a surprise** verras *"Kom ons verras pa deur sy motor vir hom te was."* "Let's **give** dad **a surprise** by washing his car for him."

♦ **what a surprise!** wat 'n verrassing! *"Wat 'n verrassing om jou hier te sien! Ek het gedink jy is met vakansie weg."* "**What a surprise** to see you here! I thought you were away on holiday."

□ **sur·prise** *noun (plural* **surprises***)*

surprise[2] **1** verbaas *Dit sou my nie verbaas as hy sak nie – hy het nie baie hard geleer nie.* It wouldn't **surprise** me if he failed – he didn't learn very hard. **2** verras *"Esther dink niemand weet van haar verjaardag nie; kom ons verras haar met 'n partytjie."* "Esther thinks no one knows about her birthday; let's **surprise** her with a party."

□ **sur·prise** *verb (past tense and past participle* **surprised,** *present participle* **surprising***)*

surprised **1** verbaas *"Ek is verbaas om jou hier te sien – ek het gedink jy is met vakansie weg."* "I'm **surprised** to see you here – I thought you were away on holiday." **2** verras *Ek was aangenaam verras deur die A wat ek in die toets gekry het.* I was pleasantly **surprised** at the A that I got in the test.

□ **sur·prised** *adjective* **more surprised, most surprised**

surround omring **[a]** *Bome omring die park.* Trees **surround** the park. **[b]** *Die skool is deur 'n muur omring.* The school is **surrounded** by a wall.

□ **sur·round** *verb (past tense and past participle* **surrounded,** *present participle* **surrounding***)*

swallow **1** sluk *"Kou jou kos goed voordat jy dit sluk."*

"Chew your food well before you **swallow** it." **2** in=
sluk *"Het jy geweet 'n molslang kan 'n muis heel in=*
sluk?" "Did you know a mole-snake can **swallow** a
mouse whole?"

☐ **swal·low** *verb (past tense and past participle* **swal-**
lowed, *present participle* **swallowing***)*

swarm swerm *Sy is amper dood nadat 'n* **swerm** *bye*
haar gesteek het. She nearly died after a **swarm** of bees
had stung her.

☐ **swarm** *noun (plural* **swarms***)*

sway swaai *Die bome* **swaai** *heen en weer in die wind.*
The trees **sway** to and fro in the wind.

☐ **sway** *verb (past tense and past participle* **swayed,**
present participle **swaying***)*

sweat[1] sweet *Na die sokkeroefening was sy hemp deurnat*
van die **sweet.** After the soccer practice his shirt was
wet through with **sweat.**

☐ **sweat** *noun (no plural)*

sweat[2] sweet *Oefening laat jou* **sweet.** Exercise makes
you **sweat.**

☐ **sweat** *verb (past tense and past participle* **sweated,**
present participle **sweating***)*

sweep vee *"Vee asseblief vir my die kombuisvloer."*
"Please **sweep** the kitchen floor for me."

◆ **sweep (out)** uitvee *"Lorraine, sal jy die kombuis vir*
my **uitvee,** *asseblief?"* "Lorraine, will you **sweep**
(out) the kitchen for me, please?"

◆ **sweep up** opvee *"Hier is die skoppie en borsel; sal jy*
die krummels vir my **opvee,** *asseblief?"* "Here is the
dustpan and brush; will you **sweep up** the crumbs for
me, please?"

☐ **sweep** *verb (past tense and past participle* **swept,**
present participle **sweeping***)*

sweet[1] lekker *'n Toffie is 'n taai* **lekker.** A toffee is a
sticky **sweet.**

☐ **sweet** *noun (plural* **sweets***)*

sweet[2] **1** soet [a] *Suiker is* **soet.** Sugar is **sweet.** [b]
Rose het 'n **soet** *reuk.* Roses have a **sweet** smell. **2** lief,
dierbaar [a] *"Dankie, dis* **lief/dierbaar** *van jou om vir*
my tee in die bed te bring, my kind." "Thank you, it is
sweet of you to bring me tea in bed, my child." [b] *Sy*
het 'n **liewe/dierbare** *geaardheid – 'n mens kan nie*
anders as om van haar te hou nie. She has a **sweet** na=
ture – one can't help liking her. **3** dierbaar *Sy lyk tog te*
dierbaar *in haar pienk rokkie!* She looks so **sweet** in
her little pink dress!

☐ **sweet** *adjective* **sweeter, sweetest**

sweet potato patat *'n Mens kook die* **patat** *en eet dit as*
groente. You cook the **sweet potato** and eat it as a
vegetable.

☐ **sweet po·ta·to** *noun (plural* **sweet potatoes***)*

swell swel *Reën kan hout laat* **swel.** Rain can cause
wood to **swell.**

◆ **swell up** opswel *Die muskietbyt het sy vinger laat*
opswel. The mosquito bite made his finger **swell up.**

☐ **swell** *verb (past tense* **swelled,** *past participle* **swol-**
len/swelled, *present participle* **swelling***)*

swim swem *Visse* **swem** *maar voëls vlieg.* Fish **swim**
but birds fly.

☐ **swim** *verb (past tense* **swam,** *past participle* **swum,**
present participle **swimming***)*

swimmer swemmer *'n Haai het die* **swemmer** *aan die*
been gebyt. A shark bit the **swimmer** in the leg.

☐ **swim·mer** *noun (plural* **swimmers***)*

swimming pool swembad *Hy het in die* **swembad** *ge=*
duik en drie lengtes geswem. He dived into the **swim=**
ming pool and swam three lengths.

☐ **swim·ming pool** *noun (plural* **swimming pools***)*

swing[1] swaai [a] *Sy loop soos 'n mannekyn, met 'n*
swaai *van die heupe.* She walks like a model, with a
swing of the hips. [b] *Die seuntjie ry op 'n* **swaai** *in die*
park. The little boy is riding on a **swing** in the park.

☐ **swing** *noun (plural* **swings***)*

swing[2] swaai [a] *Jy* **swaai** *jou arms as jy hardloop.* You
swing your arms when you run. [b] *Philip* **swaai** *aan*
'n tou wat van die boom afhang. Philip is **swinging** on a
rope hanging from the tree. [c] *Sy* **het** *haar baba op*
haar rug **geswaai.** She **swung** her baby onto her
back.

☐ **swing** *verb (past tense and past participle* **swung,**
present participle **swinging***)*

switch[1] skakelaar *"Sit asseblief die lig aan."* – *"Gaaf,*
maar waar is die **skakelaar?"** "Please turn on the
light." – "Fine, but where is the **switch?**"

☐ **switch** *noun (plural* **switches***)*

switch[2] omruil *As jy 'n bioskoopkaartjie met 'n nommer*
het, mag jy nie sitplekke **omruil** *nie.* If you have a cin-
ema ticket with a number you are not allowed to
switch seats.

◆ **switch off** afskakel, afsit [a] *"Kan ek maar die ra-*
dio **afskakel/afsit,** *of luister jy nog daarna?"* "May I
switch off the radio, or are you still listening to it?"
[b] *"Onthou om die ligte* **af te skakel/sit** *voordat jy*
gaan slaap." "Remember to **switch off** the lights be-
fore you go to bed."

◆ **switch on** aanskakel, aansit *"Sal ek die lig* **aanska=**
kel/aansit? *Dis 'n bietjie donker hier binne."* "Shall I
switch on the light? It's a bit dark in here."

◆ **switch over** oorskakel *"Ek hou nie van dié radiopro-*
gram nie; kan ek maar na 'n ander stasie **oorskakel?"**
"I don't like this radio programme; may I **switch**
over to another station?"

☐ **switch** *verb (past tense and past participle*
switched, *present participle* **switching***)*

swollen geswel *"Hoekom is jou vinger so* **geswel?"** – *"'n*
Gogga het my gebyt." "Why is your finger so **swol=**
len?" – "I was bitten by an insect."

☐ **swol·len** *adjective*

symbol simbool *Die* **simbool** *vir persent is* %. The
symbol for per cent is %.

☐ **sym·bol** *noun (plural* **symbols***)*

syrup stroop *"Wil jy* **stroop** *of konfyt op jou brood hê?"*
"Would you like **syrup** or jam on your bread?"

☐ **syr·up** *noun (no plural)*

table tafel *"Jou kos is op die **tafel** in die kombuis."* "Your food is on the **table** in the kitchen."

☐ **ta·ble** *noun (plural* **tables***)*

tablecloth tafeldoek *Die sous het 'n kol op die skoon tafeldoek gemaak.* The gravy has spotted the clean **tablecloth**.

☐ **ta·ble·cloth** *noun (plural* **tablecloths***)*

tablet pil *Sy het 'n **pil** vir haar hoofpyn geneem.* She took a **tablet** for her headache.

☐ **tab·let** *noun (plural* **tablets***)*

tail stert *Die hond swaai sy **stert**.* The dog is wagging its **tail**.

☐ **tail** *noun (plural* **tails***)*

take ◼ neem, vat **[a]** *"Doreen, **neem/vat** asseblief die besem en vee die kombuis uit."* "Doreen, please **take** the broom and sweep out the kitchen." **[b]** *Sy het haar kind by die hand **geneem/gevat** toe hulle die straat oorsteek.* She **took** her child by the hand as they crossed the street. **[c]** *Hy het die ou dame aan die arm **geneem/gevat** en haar oor die straat gehelp.* He **took** the old lady by the arm and helped her across the street. **[d]** *Dis diefstal as jy iets **neem/vat** wat nie aan jou behoort nie.* It is theft if you **take** something that does not belong to you. ◼ neem **[a]** *"Hoe kom jy by die skool?" – "Ek **neem** 'n bus."* "How do you get to school?" – "I **take** a bus." **[b]** *My pa **neem** gewoonlik in Desember vakansie.* My dad usually **takes** his holiday in December. **[c]** *Sy het 'n paar foto's met haar nuwe kamera **geneem**.* She **took** a few pictures with her new camera. **[d]** *Die parkeermeter kan nie R1-stukke **neem** nie.* The parking metre can't **take** R1 pieces. ◼ neem, drink *"**Neem/Drink** dié medisyne vir jou hoes."* "**Take** this medicine for your cough." ◼ vat *Ink **vat** nie maklik op plastiek nie.* Ink doesn't **take** easily on plastic. ◼ hou *Dié emmer **hou** vyf liter water.* This bucket **takes** five litres of water. ◼ plek wees in *Daar is nie **plek in** die hysbak vir meer as agt mense nie.* The lift can't **take** more than eight persons. ◼ gee *"Gloria, bly waar jy is. Esther, **gee** een tree vorentoe."* "Gloria, stay where you are. Esther, **take** one step forward." ◼ drink *"**Drink** jy melk en suiker in jou koffie?"* "Do you **take** milk and sugar in your coffee?" ◼ luister na *"**Luister na** die dokter se raad en bly in die bed."* "**Take** the doctor's advice and stay in bed." ◼ duur *'n Treinrit van Kaapstad na Johannesburg **duur** omtrent 25 uur.* A train trip from Cape Town to Johannesburg **takes** about 25 hours. ◼ kos *Dit **kos** my 'n halfuur om skool toe te loop.* It **takes** me half an hour to walk to school. ◼ nodig wees *Twee mans **was nodig** om die stoof te dra.* It **took** two men to carry the stove. ◼ bring *Hy het aangebied om haar in sy motor*

huis toe te **bring**. He offered to **take** her home in his car. ◼ dra *"Watter nommer skoen **dra** jy?"* "What size shoe do you **take**?" ◼ kies *"Watter vakke gaan jy vir matriek **kies**?"* "Which subjects are you going to **take** for matric?" ◼ loop *As jy Engels op universiteit **loop**, sal jy beslis die werke van Shakespeare bestudeer.* If you **take** English at university, you are sure to study the works of Shakespeare. ◼ meet *Die dokter **het** die koors van die siek kind **gemeet**.* The doctor **took** the temperature of the sick child.

◆ **it won't take long, it won't take a second/minute** dit sal nie lank duur nie, dit sal nie baie tyd kos nie *"Jy kan maar vir jou horlosie wag – **dit sal nie lank duur (**OF **dit sal nie baie tyd kos) om 'n nuwe battery in te sit nie**."* "You may wait for your watch – **it won't take long (**OR **a second/minute)** to put in a new battery."

◆ **take a chance** ⇨ **chance [a]**.

◆ **take a long time** ◼ baie tyd nodig hê *Sy is stadig en **het baie tyd nodig** om soggens aan te trek.* She is slow and **takes a long time** to get dressed in the morning. ◼ lank duur voor/voordat *Dit sal **lank duur voor/voordat** die wond gesond is.* It will **take a long time for** the wound to heal (OR The wound will **take a long time** to heal). ◼ baie stadig *Die wond word **baie stadig** gesond.* The wound is **taking a long time** to heal.

◆ **take aim** ⇨ **aim**¹.

◆ **take apart** ⇨ **apart**.

◆ **take away** ◼ wegneem, wegvat **[a]** *Die kelner het gevra: "Is julle klaar? Kan ek maar die borde **wegneem/wegvat**?"* The waiter asked, "Have you finished? May I **take** the plates **away**?" **[b]** *"Drink dié pil – dit sal die pyn **wegneem/wegvat**."* "Drink this pill – it will **take away** the pain." ◼ saamneem *"Wil jy die koeldrank hier in die winkel drink of dit met jou **saamneem**?"* "Would you like to drink the cool drink here in the shop or **take** it **away** with you?"

◆ **take away from** ◼ wegneem van *Moenie 'n katjie **van** sy ma **wegneem** voordat hy minstens agt weke oud is nie.* Don't **take** a kitten **away from** its mother before it is at least eight weeks old. ◼ verwyder uit *"Jy mag nie dié boeke **uit** die biblioteek **verwyder** nie."* "You are not allowed to **take** these books **away from** the library."

◆ **take (away) from** ◼ afneem van/by, afvat van/by *"Die hond sal jou byt as jy sy been **van/by** hom probeer **afneem/afvat**!"* "The dog will bite you if you try to **take** his bone **(away) from** him!" ◼ aftrek van *As jy 3 van 7 **aftrek**, kry jy 4.* If you **take** 3 **(away) from** 7, you get 4.

◆ **take back** ◼ terugneem, terugvat *Die winkel sal die*

rok **terugneem/terugvat** *as dit jou nie pas nie.* The shop will **take back** the dress if it doesn't fit you. **2** terugbring *"Wanneer moet jy jou boeke* **terugbring** *biblioteek toe?"* "When must you **take** your books **back** to the library?"

◆ **take care (of)** ⇨ **care**[1].

◆ **take down** **1** afneem *Dié stoel hoort nie hierbo nie. Ek sal dit moet* **afneem** *kombuis toe.* This chair doesn't belong up here. I'll have to **take** it **down** to the kitchen. **2** afhaal *"Sal jy die gordyne vir my* **afhaal***, asseblief? Ek wil hulle was."* "Will you **take down** the curtains for me, please? I want to wash them." **3** afbreek *"Tom, kom help my asseblief die tent* **afbreek** *en opvou."* "Tom, please come and help me to **take down** and fold up the tent." **4** neerskryf, neerskrywe *"Sal jy my telefoonnommer* **neerskryf/neerskrywe** *en jou pa vra om my terug te bel, asseblief?"* "Will you **take down** my phone number and ask your dad to ring me back, please?"

◆ **take from** **1** neem by *"Walter,* **neem** *die pakkie* **by** *ouma en dra dit vir haar."* "Walter, **take** the parcel **from** granny and carry it for her." **2** uit ... haal *Hy het 'n sigaret* **uit** *die pakkie* **gehaal** *en opgesteek.* He **took** a cigarette **from** the packet and lit it.

◆ **take in** inneem **[a]** *Die hotel is vol en kan nie meer gaste* **inneem** *nie.* The hotel is full and can't **take in** any more guests. **[b]** *Plante* **neem** *kos en water deur hul wortels* **in.** Plants **take in** food and water through their roots. **[c]** *Sy het die rok* **ingeneem** *omdat dit te wyd was.* She **took in** the dress because it was too wide.

◆ **take off** **1** afhaal *Ek kan nie goed sien as ek my bril* **afhaal** *nie.* I can't see well if I **take off** my glasses. **2** afhaal van, afneem van *Sy ma het gesê hy moet sy voete van die tafel* **afhaal/afneem.** His mother told him to **take** his feet **off** the table. **3** uittrek *"Dis baie warm – gee jy om as ek my baadjie* **uittrek?"** "It's very hot – do you mind if I **take off** my jacket?" **4** opstyg *'n Lughawe is 'n plek waar vliegtuie land en* **opstyg.** An airport is a place where aeroplanes land and **take off.**

◆ **take on** **1** aanneem, aanvaar *"Moenie te veel werk* **aanneem/aanvaar** *nie."* "Don't **take on** too much work." **2** aanneem *Sy gesig het 'n vreemde uitdrukking* **aangeneem.** His face **took on** a strange expression. **3** oplaai *Die bus is vol en kan nie meer passasiers* **oplaai** *nie.* The bus is full and can't **take on** any more passengers.

◆ **take out** **1** uithaal *Sy het die yskas oopgemaak en gevra: "Hoeveel eiers moet ek* **uithaal,** *Ma?"* She opened the fridge and asked, "How many eggs must I **take out,** Mum?" **2** uitneem **[a]** *Volgens die reëls van die biblioteek mag grootmense drie boeke op 'n slag* **uitneem.** According to the rules of the library grown-ups are allowed to **take out** three books at a time. **[b]** *Philip* **het** *sy meisie na die bioskoop* **uitgeneem.** Philip **took** his girlfriend **out** to the cinema. **[c]** *Pa het ma op haar verjaardag vir ete* **uitgeneem.** Dad **took** mum

out to/for dinner on her birthday. **3** trek *Linda is tandarts toe om 'n tand te laat* **trek.** Linda has gone to the dentist to have a tooth **taken out.**

◆ **take out of** **1** uit ... haal *"Haal die koek* **uit** *die oond sodra die klokkie lui."* "Take the cake **out of** the oven as soon as the bell rings." **2** verwyder uit *Hulle sê suikerwater kan bloedvlekke* **uit** *klere* **verwyder.** They say sugared water can **take** blood stains **out of** clothing. **3** wegneem/verwyder uit *"Jy mag nie dié boeke* **uit** *die biblioteek* **wegneem/verwyder** *nie."* "You are not allowed to **take** these books **out of** the library."

◆ **take out for a walk** gaan stap/loop met *Jy moet jou hond aan 'n leiband hou as jy* **met** *hom* **gaan stap/ loop.** You must keep your dog on a lead when you take it out for a walk.

◆ **take part in** ⇨ **part.**

◆ **take place** ⇨ **place**[1].

◆ **take prisoner** ⇨ **prisoner.**

◆ **take some time** 'n ruk duur *"Jy het jou voet lelik seergemaak – dit sal* **'n ruk duur** *voordat jy weer daarop kan trap."* "You've injured your foot badly – it will **take some time** before you'll be able to stand on it again."

◆ **take the blame** ⇨ **blame**[1].

◆ **take to** begin *"Wanneer* **het** *hy* **begin** *rook?"* "When did he **take to** smoking?"

◆ **take up** **1** opneem **[a]** *Hulle moes die meubels na die derde verdieping toe* **opneem.** They had to **take** the furniture **up** to the third floor. **[b]** *Sy* **neem** *haar verantwoordelikhede baie ernstig* **op.** She **takes up** her responsibilities very seriously. **2** opneem, opvat *"Julle kan maar jul penne* **opneem/opvat** *en begin skryf."* "You may **take up** your pens and start writing." **3** oplig, optel *Hulle moes die mat* **oplig/optel** *om die vloerplanke reg te maak.* They had to **take up** the carpet to repair the floorboards. **4** inneem *"Hoeveel plek sal die tafel in die kamer* **inneem?"** "How much space will the table **take up** in the room?" **5** korter maak *Sy moes haar rok* **korter maak,** *want dit was te lank.* She had to **take up** her dress because it was too long. **6** begin met *Hy wil* **met** *seëlversameling as 'n stokperdjie* **begin.** He wants to **take up** stamp collecting as a hobby. **7** aanvaar *Sy het die skool verlaat om 'n werk by die supermark te* **aanvaar.** She left school to **take up** a job at the supermarket.

◆ **take with you** saamneem *"Sal julle Tommie asseblief* **saamneem** *wanneer julle gaan swem?"* "Will you please **take** Tommy **with you** when you go swimming?"

◆ **take your time!** gebruik jou tyd! *"Gebruik jou tyd! Ek is nie haastig nie."* "**Take your time!** I'm in no hurry."

☐ **take** *verb (past tense* **took,** *past participle* **taken,** *present participle* **taking)**

talent aanleg *Hy het 'n* **aanleg** *vir musiek en speel kitaar.* He has a **talent** for music and plays the guitar.

☐ **tal·ent** *noun (plural* **talents)**

talk ❶ praat, gesels *"Waaroor **praat/gesels** jy en Doreen as julle mekaar bel?"* "What do you and Doreen **talk** about when you phone each other?" ❷ praat **[a]** *Die baba het begin **praat** toe hy vyftien maande oud was.* The baby began to **talk** when he was fifteen months old. **[b]** *"Moenie nonsens **praat** nie – daar is geen man in die maan nie!"* "Don't **talk** nonsense – there is no man in the moon!"

☐ **talk** *verb (past tense and past participle* **talked***, present participle* **talking***)*

tall ❶ lank **[a]** *Anna is **lank** en skraal, maar Maggie is kort en vet.* Anna is **tall** and thin, but Maggie is short and fat. **[b]** *Edith is 1,5 meter **lank**.* Edith is 1,5 metres **tall**. ❷ hoog **[a]** *Die boom is tien meter **hoog**.* The tree is ten metres **tall**. **[b]** *Sy kantoor is op die sewentiende verdieping van daardie **hoë** gebou.* His office is on the seventeenth floor of that **tall** building.

☐ **tall** *adjective* **taller, tallest**

tame¹ mak maak *Dit het hom maande gekos om die wilde perd **mak te maak**.* It took him months to **tame** the wild horse.

☐ **tame** *verb (past tense and past participle* **tamed***, present participle* **taming***)*

tame² mak *Hulle gebruik **mak** diere in 'n sirkus, nie wildes nie.* They use **tame** animals in a circus, not wild ones.

☐ **tame** *adjective* **tamer, tamest**

tank tenk **[a]** *Hoeveel petrol is daar in die **tenk** van die motor?* How much petrol is there in the **tank** of the car? **[b]** *Die soldate het die vyand met vliegtuie en **tenks** aangeval.* The soldiers attacked the enemy with planes and **tanks**.

☐ **tank** *noun (plural* **tanks***)*

tap kraan *Steek die prop in die bad voordat jy die **kraan** oopdraai.* Put the plug in the bath before you open the **tap**.

☐ **tap** *noun (plural* **taps***)*

tape ❶ band *Deesdae is die musiek van baie kunstenaars op plaat, **band** en laserplaat verkrygbaar.* These days the music of many artists is available on record, **tape** and compact disc. ❷ lint *Die skare het gejuig toe die hardloper die **lint** breek en die wedloop wen.* The crowd cheered as the runner broke the **tape** and won the race.

♦ **sticky tape** ⇨ **sticky**.

☐ **tape** *noun (plural* **tapes***)*

tar¹ teer *In baie warm weer word die **teer** op die pad sag en taai.* In very hot weather the **tar** on the road becomes soft and sticky.

☐ **tar** *noun (no plural)*

tar² teer *Dit kos baie geld om 'n pad te **teer**.* It costs a great deal of money to **tar** a road.

♦ **tarred road** teerpad *Die **teerpad** word 'n grondpad kort buite die dorp.* The **tarred road** becomes a dirt road just outside the town.

☐ **tar** *verb (past tense and past participle* **tarred***, present participle* **tarring***)*

task taak *Dis my **taak** om saans die tafel vir ete te dek.* It is my **task** to lay the table for dinner in the evening.

☐ **task** *noun (plural* **tasks***)*

taste¹ smaak **[a]** *Die tong is die sintuig van **smaak**.* The tongue is the sense organ of **taste**. **[b]** *Stroop het 'n soet **smaak**.* Syrup has a sweet **taste**.

♦ **give a taste of** laat proe *"**Laat** my jou roomys **proe**, toe."* "Give me a **taste of** your ice-cream, please."

♦ **have a taste of** proe *"Kan ek maar jou roomys **proe**?"* "May I **have a taste of** your ice-cream?"

♦ **too ... for someone's taste** te ... na iemand se smaak *Ek hou nie van groen appels nie; hulle is **te suur na my smaak**.* I don't like green apples; they're **too** sour **for my taste**.

☐ **taste** *noun (no plural at* **a***; tastes at* **b***)*

taste² ❶ proe **[a]** *"**Proe** die sop voor jy nog sout daarby voeg."* "Taste the soup before you add more salt to it." **[b]** *"Kan jy die neute in die poeding **proe**?"* "Can you **taste** the nuts in the pudding?" ❷ smaak *Dié appels **smaak** suur.* These apples **taste** sour.

♦ **taste of** smaak na *Die roomys **smaak na** aarbeie.* The ice-cream **tastes of** strawberries.

☐ **taste** *verb (past tense and past participle* **tasted***, present participle* **tasting***)*

tax belasting *Mense betaal **belasting** aan die regering vir sy dienste aan die land.* People pay **tax** to the government for its services to the country.

☐ **tax** *noun (plural* **taxes***)*

taxi taxi *Sy het die bus gemis en moes 'n **taxi** huis toe neem.* She missed the bus and had to take a **taxi** home.

☐ **tax·i** *noun (plural* **taxis***)*

tea tee **[a]** *"Drink jy melk en suiker in jou **tee**?"* "Do you take milk and sugar in your **tea**?" **[b]** *"Kelner, kan ons twee **tees** en een koffie kry, asseblief?"* "Waiter, could we have two **teas** and one coffee, please?" **[c]** *Ma het 'n paar vriendinne vir **tee** gevra.* Mum invited some friends to **tea**.

☐ **tea** *noun (no plural at* **a***; teas at* **b** *and* **c***)*

teach ❶ leer *Pa het beloof om my te **leer** bestuur sodra ek agtien is.* Dad has promised to **teach** me (how) to drive once I'm eighteen. ❷ gee *"Wie **gee** vir julle geskiedenis op skool?"* "Who **teaches** you history at school?" ❸ skoolhou *Sy wil **skoolhou** as sy groot is.* She wants to **teach** when she's grown up. ⇨ **learn** [NOTE].

☐ **teach** *verb (past tense and past participle* **taught***, present participle* **teaching***)*

teacher ❶ onderwyser *Hy is 'n **onderwyser** aan die hoër skool en gee les in houtwerk.* He is a **teacher** at the high school and gives lessons in woodwork. ❷ onderwyseres *Sy is 'n **onderwyseres** aan die laer skool en gee les in sang.* She is a **teacher** at the primary school and gives lessons in singing. ❸ juffrou *Dit maak die **juffrou** baie kwaad as die kinders praat terwyl sy les gee.* It makes the **teacher** very angry if the children talk while she is giving a lesson.

☐ **teach·er** *noun (plural* **teachers***)*

teaching ❶ skoolhou ***Skoolhou** is 'n moeilike werk.*

Teaching is a difficult job. ◨ leer *'n Moslem glo in die leer van Mohammed*. A Muslim believes in the **teach‑ing** of Muhammad.

◻ **teach·ing** *noun (no plural at 1; teachings at 2)*

team span [a] *In sokker vorm elf spelers 'n span*. In soccer eleven players form a **team**. [b] *'n Span osse het die wa getrek*. A **team** of oxen pulled the wagon.

◻ **team** *noun (plural teams)*

tear[1] traan *'n Traan het oor haar wang gerol*. A **tear** was rolling down her cheek.

◻ **tear** *noun (plural tears)*

tear[2] skeur *"Ma, sal jy die skeur in my. hemp toewerk, asseblief?"* "Mum, will you sew up the **tear** in my shirt, please?"

◻ **tear** *noun (plural tears)*

tear[3] skeur [a] *"Skeur die papier in klein stukkies."* "**Tear** the paper into little pieces." [b] *Hy het uit die boom geval en 'n gat in sy hemp geskeur*. He fell out of the tree and **tore** a hole in his shirt.

◆ **tear from, tear out of** uit ... skeur *Jy mag nie prentjies uit biblioteekboeke skeur nie*. You are not al‑lowed to **tear** pictures **from** (OR **out of**) library books.

◆ **tear off** afskeur *Sy het die etiket van die konfytfles probeer afskeur*. She tried to **tear** the label **off** the jam jar.

◆ **tear up** opskeur *Hy het gesê sy moet die brief op‑skeur nadat sy dit gelees het*. He told her to **tear up** the letter after she had read it.

◆ **torn clothes** stukkende klere *Die bedelaar het ou, stukkende klere aan*. The beggar has old, **torn clothes** on.

◻ **tear** *verb (past tense tore, past participle torn, pre‑sent participle tearing)*

teaspoon teelepel [a] *Sy het haar tee met 'n teelepel geroer*. She stirred her tea with a **teaspoon**. [b] *Hy het twee teelepels suiker in sy koffie gegooi*. He put two **teaspoons** of sugar in his coffee.

◻ **tea·spoon** *noun (plural teaspoons)*

teaspoonful teelepel vol *Drink 'n teelepel vol medi‑syne na elke maal*. Take a **teaspoonful** of medicine after every meal.

◻ **tea·spoon·ful** *noun (plural teaspoonfuls)*

teenager tiener *'n Tiener is 'n jong mens tussen die ou‑derdom van dertien en negentien*. A **teenager** is a young person between the ages of thirteen and nineteen.

◻ **teen·ag·er** *noun (plural teenagers)*

telegram telegram *Hy is poskantoor toe om aan Lynette 'n telegram van gelukwense te stuur*. He went to the post office to send Lynette a **telegram** of congratu‑lations.

◻ **tel·e·gram** *noun (plural telegrams)*

telephone[1] telefoon *Hy het die telefoon geantwoord en gesê: "Hallo, dis Theo wat praat."* He answered the **telephone** and said, "Hallo, this is Theo speaking."

◆ **be on the telephone** *'n telefoon hê Ons het in 'n nuwe huis getrek en het nog nie 'n telefoon nie*. We've moved into a new house and **are** not **on the tele‑phone** yet.

◆ **be on the telephone to ...** met ... oor die telefoon praat *"Draai asseblief die radio af – ek praat met ouma oor die telefoon!"* "Please turn the radio down – I **am on the telephone to** granny!"

◆ **by telephone** per telefoon *"Ek sal jou per tele‑foon laat weet of ek kan kom."* "I'll let you know **by telephone** whether I can come."

◆ **make a telephone call** bel *"Hoeveel kos dit om van Kaapstad af Johannesburg toe te bel?"* "How much does it cost to **make a telephone call** from Cape Town to Johannesburg?"

◆ **on/over the telephone** oor die telefoon *"Met wie het jy oor die telefoon gepraat?"* "Who were you speaking to **on/over the telephone?**"

◆ **telephone box, telephone booth** telefoonhokkie *"Ek sal jou van die telefoonhokkie buite die poskan‑toor bel."* "I'll phone you from the **telephone box/booth** outside the post office."

◆ **telephone directory, telephone book** telefoon‑gids *"Wat is Gloria se telefoonnommer?" – "Ek weet nie; slaan dit in die telefoongids na."* "What is Glo‑ria's telephone number?" – "I don't know; look it up in the **telephone directory/book.**"

◆ **telephone number** telefoonnommer *Ons tele‑foonnommer is 24 1163*. Our **telephone number** is 24 1163.

◆ **want on the telephone** oor die telefoon wil praat met *"Pa, iemand wil met jou oor die telefoon praat."* "Dad, somebody **wants** you **on the tele‑phone.**"

◻ **tel·e·phone** *noun (plural telephones)*

telephone[2] bel *"Bel die stasie en vind uit wanneer die trein vertrek."* "**Telephone** the station and find out when the train leaves."

◻ **tel·e·phone** *verb (past tense and past participle telephoned, present participle telephoning)*

television televisie [a] *Simon kyk graag na die sportpro‑gramme op televisie*. Simon likes to watch the sports programmes on **television**. [b] *The television stands on a low table in the corner of the room. Die televisie staan op 'n lae tafel in die hoek van die kamer.*

◆ **television set** televisiestel *Ons televisiestel is stukkend*. Our **television set** is broken.

◻ **tel·e·vi·sion** *noun (no plural at a; televisions at b)*

tell ◨ sê *"Kan jy my sê hoe om by die stasie te kom?"* "Can you **tell** me how to get to the station?" ◨ sê vir [a] *"Gaan sê asseblief vir pappa die ete is gereed."* "Please go and **tell** daddy dinner is ready." [b] *"Het sy vir jou gesê wat haar naam is?"* "Did she **tell** you her name?" ◨ vertel [a] *"Vertel my asseblief 'n storie."* "Please **tell** me a story." [b] *Mense wat leuens vertel, is oneerlik*. People who **tell** lies are dishonest. [c] *"Ek wil jou 'n geheim vertel."* "I want to **tell** you a secret." [d] *Sy het haar pa gebel om hom die goeie nuus te vertel.*

She phoned her father to **tell** him the good news. **[e]** *"Moenie vir ma **vertel** waar ek was nie."* "Don't **tell** mother where I've been."

◆ **can tell** weet *Hoe **weet** jy of 'n kat 'n mannetjie of 'n wyfie is?* How **can** you **tell** whether a cat is a male or a female?

◆ **tell apart** uitmekaar ken, van mekaar onderskei *Die tweelingbroers lyk presies eenders – ek **ken** hulle nie **uitmekaar** nie (OF ek kan hulle nie **van mekaar on-derskei** nie).* The twin brothers look exactly alike – I can't **tell** them **apart**.

◆ **tell by/from** sien aan *Ek kon **aan** die uitdrukking op sy gesig **sien** dat hy kwaad was.* I could **tell** by/from the look on his face that he was angry.

◆ **tell from** onderskei van *"Kan jy 'n muis **van** 'n rot onderskei?"* "Can you **tell** a mouse **from** a rat?"

◆ **tell ... not to** vir ... sê hy/sy moenie *"**Sê vir** Cynthia **sy moenie** so raas nie."* "**Tell** Cynthia **not to** make such a noise."

◆ **tell on ... to** gaan verklap/verklik by *As Anna jou betrap dat jy rook, sal sy jou **by** die juffrou **gaan ver-klap/verklik**.* If Anna catches you smoking, she'll **tell on** you **to** the teacher.

◆ **tell tales** nuus aandra *Iemand wat **nuus** oor ander aandra, wil hulle in die moeilikheid bring.* Someone who **tells** tales about others wants to get them into trouble.

◆ **tell the difference** ⇨ **difference**.

◆ **tell (the) one from the other** van mekaar onder-skei *Die tweelingbroers lyk presies eenders – ek kan hulle nie **van mekaar onderskei** nie.* The twin brothers look exactly alike – I can't **tell (the) one from the other**.

◆ **tell the time** ⇨ **time**.

◆ **tell the truth** ⇨ **truth**.

◆ **tell the way** ⇨ **way**.

◆ **tell ... to** vir ... sê hy/sy moet *"**Sê vir** Cynthia **sy moet** die radio afdraai."* "**Tell** Cynthia **to** turn down the radio."

☐ **tell** *verb (past tense and past participle* **told**, *present participle* **telling**)

temper ❶ bui *As hy in 'n slegte **bui** is, vererg hy hom oor die kleinste dingetjie.* When he's in a bad **temper**, he gets annoyed at the slightest thing. ❷ humeur *Sy het haar **humeur** verloor en by die kamer uitgestorm.* She lost her **temper** and stormed out of the room.

◆ **have a quick/short temper** kort van draad wees *Hy **is kort van draad** en word baie maklik kwaad.* He **has a quick/short temper** and becomes angry very easily.

☐ **tem·per** *noun (plural* **tempers**)

temperature ❶ temperatuur *Water begin by 'n **tem-peratuur** van 100 °C kook.* Water begins to boil at a **temperature** of 100 °C. ❷ koors, temperatuur *Die dokter het die **koors/temperatuur** van die siek kind gemeet.* The doctor took the **temperature** of the sick child.

☐ **tem·per·a·ture** *noun (plural* **temperatures**)

ten tien *Twee maal vyf is **tien**.* Two times five is **ten**.

☐ **ten** *numeral*

tennis tennis *Tennis is 'n spel vir twee of vier spelers wat 'n bal met rakette heen en weer oor 'n net slaan.* **Tennis** is a game for two or four players who hit a ball back-wards and forwards over a net with rackets.

☐ **ten·nis** *noun (no plural)*

tent tent *Ons slaap in 'n **tent** as ons gaan kampeer.* We sleep in a **tent** when we go camping.

☐ **tent** *noun (plural* **tents**)

tenth tiende *Oktober is die **tiende** maand van die jaar.* October is the **tenth** month of the year.

☐ **tenth** *numeral*

term ❶ kwartaal *Aan die end van 'n **kwartaal** kry elke leerling 'n rapport oor sy skoolwerk.* At the end of a **term** each pupil gets a report on his schoolwork. ❷ term *In sport verwys die **term** "toets" na 'n wedstryd tussen spanne van verskillende lande.* In sport the **term** "test" refers to a match between the teams of different countries.

☐ **term** *noun (plural* **terms**)

terrible ❶ vreeslik, verskriklik **[a]** *Meer as tweehonderd mense is in die ongeluk dood. Is dit nie **vreeslik/ver-skriklik** nie?* More than two hundred people died in the accident. Isn't it **terrible**? **[b]** *Die padwerker se boor maak 'n **vreeslike/verskriklike** lawaai.* The road worker's drill makes a **terrible** noise. ❷ aaklig *Die kos was so **aaklig** dat nie eers die hond dit wou eet nie.* The food was so **terrible** that not even the dog would eat it. ❸ geweldig *Die nuus van sy dood was vir haar 'n **geweldige** skok.* The news of his death came as a **terrible** shock to her.

☐ **ter·ri·ble** *adjective* **more terrible, most terrible**

terribly vreeslik, verskriklik **[a]** *Hy het baie pyn gehad en het **vreeslik/verskriklik** gely.* He was in great pain and suffered **terribly**. **[b]** *"Dis **vreeslik/ver-skriklik** gaaf van jou om my te help."* "It's **terribly** kind of you to help me."

☐ **ter·ri·bly** *adverb*

terrific geweldig *Die storm is so **geweldig** dat 'n mens nie buitentoe durf gaan nie.* The storm is so **terrific** that one dare not go outside.

☐ **ter·rif·ic** *adjective*

test¹ toets *Sy het al die vrae korrek beantwoord en vol punte in die **toets** gekry.* She answered all the ques-tions correctly and got full marks in the **test**.

☐ **test** *noun (plural* **tests**)

test² toets **[a]** *Die doel van 'n eksamen is om leerlinge se kennis van 'n vak te **toets**.* The purpose of an examina-tion is to **test** pupils on their knowledge of a subject. **[b]** *Die dokter het my oë **getoets** en gesê ek sal 'n nuwe bril moet kry.* The doctor **tested** my eyes and said that I would have to get new glasses. **[c]** *Sy het 'n vurk in die aartappels gesteek om te **toets** of hulle gaar is.* She stuck a fork into the potatoes to **test** whether they were cooked.

□ **test** *verb (past tense and past participle* **tested,** *pre-sent participle* **testing)**

textbook handboek *"Klas, blaai asseblief na bladsy 56 van die* **handboek.**" "Class, please turn to page 56 of the **textbook.**"

□ **text·book** *noun (plural* **textbooks)**

than as *Sy is ouer* **as** *haar broer.* She is older **than** her brother.

□ **than** *conjunction (joining word)*

> In speech use *him, her, me, us* and *them* after **than,** but in formal writing you use *he, she, I, we* and *they:* *He is better at sums* **than me** (speech). *He is better at sums* **than I am** (formal).

thank bedank, dank *"Ek* **bedank/dank** *jou vir jou hulp."* "I **thank** you for your help."

◆ **no, thank you** nee, dankie *"Wil jy iets eet?"* – *"Nee, dankie; ek is nie honger nie."* "Will you have something to eat?" – "**No, thank you;** I'm not hungry."

◆ **thank you** dankie *"Dankie vir die pragtige ge-skenk."* "**Thank you** for the lovely present."

◆ **thank you very much** baie dankie *"Baie dankie vir jou hulp!"* "**Thank you very much** for your help!"

□ **thank** *verb (past tense and past participle* **thanked,** *present participle* **thanking)**

thanks[1] dank *"Ek aanvaar jou hulp met* **dank.**" "I ac-cept your help with **thanks.**"

◆ **thanks to** ❶ danksy *Ons het gewen,* **danksy** *die doel wat Walter aangeteken het.* We won, **thanks to** the goal that Walter scored. ❷ deur *"Dis* **deur** *jou dat ek laat was!"* "It's **thanks to** you that I was late!"

□ **thanks** *plural noun*

thanks[2] dankie *"Dankie vir die pragtige geskenk."* "**Thanks** for the lovely present."

◆ **no, thanks** nee, dankie *"Wil jy iets eet?"* – *"Nee, dankie; ek is nie honger nie."* "Will you have some-thing to eat?" – "**No, thanks;** I'm not hungry."

◆ **thanks very much, thanks a lot, many thanks** baie dankie *"Baie dankie vir jou hulp!"* "**Thanks very much** (OR **Thanks a lot** OR **Many thanks**) for your help!"

□ **thanks** *interjection*

> **thanks** is an informal word for **thank you**

that[1] ❶ daardie [a] *Dié appel is kleiner as* **daardie** *een.* This apple is smaller than **that** one. [b] *"Wie is* **daar-die** *meisie?"* "Who is **that** girl?" ❷ die *"Wie is* **die** *meisie daar oorkant?"* "Who is **that** girl over there?" ❸ daai *"Daai hemp van jou is vuil."* "**That** shirt of yours is dirty."

□ **that** *adjective*

that[2] so *Hy het sy hande dertig sentimeter uit mekaar gehou en gesê: "Die vis was omtrent* **so** *lank."* He held his hands thirty centimetres apart and said, "The fish was about **that** long."

◆ **not all that** nie heeltemal so ... nie *"Hoekom dra jy 'n jas? Dis* **nie heeltemal so** *koud* **nie.**" "Why are you wearing a coat? It's **not all that** cold."

□ **that** *adverb*

that[3] dat [a] *Hy het gesê* **dat** *hy dit sou doen.* He said **that** he would do it. [b] *Sy was so moeg* **dat** *sy dadelik aan die slaap geraak het.* She was so tired **that** she fell asleep straight away.

◆ **so (that)** sodat *"Bring vir my 'n naald en garing* **sodat** *ek jou knoop kan aanwerk."* "Bring me a needle and thread **so (that)** I can sew on your button."

◆ **that is why** ⇨ **why.**

□ **that** *conjunction (joining word)*

that[4] ❶ dit [a] *"Ek hoor jy het 'n nuwe kêrel."* – *"Wie het jou* **dit** *vertel?"* "I hear you have a new boyfriend." – "Who told you **that?**" [b] *Sy het voetstappe op die stoep gehoor en gesê: "Ek wonder wie* **dit** *is?"* She heard steps on the stoep and said, "I wonder who **that** is?" ❷ wat [a] *Kanker is 'n ernstige siekte* **wat** *die dood kan veroorsaak.* Cancer is a serious disease **that** can cause death. [b] wat *Charlotte was die enigste* **wat** *vol punte in die toets gekry het.* Charlotte was the only one **that** got full marks in the test. [c] *"Daar is die seun* **wat** *ek by Monica se partytjie ontmoet het."* "There is the boy **that** I met at Monica's party." ❸ wie *"Die meisie met* **wie** *ek gepraat het, is Robert se suster."* "The girl **that** I spoke to is Robert's sister." ❹ dié [a] *Bruin is 'n kleur soos* **dié** *van koffie.* Brown is a colour like **that** of cof-fee. [b] *Ek sal dit nooit weer doen nie,* **dié** *moet jy weet.* I'll never do it again, **that** I can tell you.

◆ **after that** daarna *Hy het vir haar gejok en* **daarna** *het sy hom nooit weer vertrou nie.* He lied to her and **after that** she never trusted him again.

◆ **before that** daarvoor *My broer het verlede jaar be-gin werk. Die jaar* **daarvoor** *was hy in matriek.* My brother started working last year. The year **before that** he was in matric.

◆ **by that** daarmee *"Ek wil teen Vrydag 'n antwoord hê en* **daarmee** *bedoel ek oormôre."* "I want an answer by Friday and **by that** I mean the day after tomorrow."

◆ **like that** ⇨ **like²**.

◆ **of that** daarvan *"Hulle gaan hul huis pers laat verf. Wat dink jy* **daarvan?**" "They're going to have their house painted purple. What do you think **of that?**"

◆ **(that) ... about** waarvan *"Dis die boek* **waarvan** *ek jou vertel het."* "This is the book **(that)** I told you **about.**"

◆ **(that) ... for** waarna *"Dis die boek* **waarna** *ek ge-soek het."* "This is the book **(that)** I was looking **for.**"

◆ **that is** dis (OF dit is) ... daardie [a] *Dis 'n lemoen dié en* **dis** *(OF* **dit is***) 'n nartjie* **daardie.** This is an orange and **that is** a naartjie. [b] *"Wat* **is dit daardie?**" – *"Dis 'n nartjie."* "What **is that?**" – "It is a naartjie."

◆ **that is how** so *"Kyk hoe hou pa sy mes en vurk vas –* **so** *moet jy dit doen."* "See how daddy holds his knife and fork – **that is how** you should do it."

◆ **that is that, that's that** klaar daarmee *"Jy gaan*

nie swem nie, en **klaar daarmee***!*" "You are not going swimming, and that **is** (OR **that's**) **that**!"

◆ **(that) ... on** waarop *Die kombers* **waarop** *sy sit, is groen.* The blanket **(that)** she is sitting **on** is green.

◆ **(that) ... to** waarna "*Dis die boek* **waarna** *ek verwys het.*" "This is the book **that** I referred **to**."

◆ **that's** dis "*Dis nie regverdig nie! Doreen het vyf lekkers gekry en ek net drie.*" "**That's** not fair! Doreen got five sweets and I got only three."

◆ **what ... is that?** watse ... is dit?, wat vir 'n ... is dit? "*Watse* (OF *Wat vir 'n) blom* **is dit?**" "**What** flower **is that?**"

◆ **who is that?** wie ... daar? "*Wie staan* **daar** *onder die boom?*" "**Who is that** standing under the tree?"

☐ **that** *pronoun*

the die **[a]** "*Dek asseblief vir my* **die** *tafel.*" "Please lay **the** table for me." **[b]** *Sy samel geld vir* **die** *armes in.* She is collecting money for **the** poor. **[c]** *Die Kaap is Suid-Afrika se grootste provinsie.* **The** Cape is South Africa's largest province. **[d]** *Eiers word by* **die** *dosyn verkoop.* Eggs are sold by **the** dozen.

◆ **the ... the** hoe ... hoe *Hoe meer jy eet,* **hoe** *vetter word jy.* **The** more you eat, **the** fatter you get.

☐ **the** *indefinite article*

theatre teater *Ons het 'n toneelstuk deur Shakespeare in die* **teater** *gesien.* We saw a play by Shakespeare in the **theatre**.

☐ **the·a·tre** *noun (plural* **theatres***)*

theft diefstal *Hy het die* **diefstal** *van sy motor by die polisie aangemeld.* He reported the **theft** of his car to the police.

☐ **theft** *noun (plural* **thefts***)*

their hul, hulle *Hulle het* **hul/hulle** *huis verkoop.* They have sold **their** house.

☐ **their** *adjective*

theirs hulle s'n *Ons huis is groter as* **hulle s'n**. Our house is bigger than **theirs**.

◆ **of theirs** van hul/hulle *Hulle is Port Elizabeth toe om by familie* **van hul/hulle** *te kuier.* They have gone to Port Elizabeth to visit family **of theirs**.

☐ **theirs** *pronoun*

them hul, hulle **[a]** *Die kelner het die gaste gevra of hy vir* **hul/hulle** *sop kan bring.* The waiter asked the guests whether he could bring **them** some soup. **[b]** "*Draai die borde in papier toe voor jy* **hul/hulle** *in die doos pak.*" "Wrap the plates in paper before you pack **them** into the box."

☐ **them** *pronoun*

themselves ❶ hul, hulle *Hulle het* **hul/hulle** *in die ri= vier gewas.* They washed **themselves** in the river. ❷ hulself, hulleself *Hulle kon* **hulself/hulleself** *in die blink winkelvensters sien.* They could see **themselves** in the shiny shop windows. ❸ self "*Het iemand die kinders gehelp?*" – "*Nee, hulle het dit* **self** *gedoen.*" "Did someone help the children?" – "No, they did it **themselves**."

◆ **by themselves** alleen *Hulle was heeltemal* **alleen**

by die huis. They were all **by themselves** at home.

☐ **them·selves** *pronoun*

then ❶ toe **[a]** *Dit kon nie Simon gewees het wat sy gister= oggend in die stad gesien het nie; hy was* **toe** *in die skool.* It couldn't have been Simon that she saw in town yes= terday morning; he was in school **then**. **[b]** *Die motor het stadig weggetrek en* **toe** *al hoe vinniger begin ry.* The car moved off slowly and **then** started to go faster and faster. ❷ dan **[a]** "*Ek kan nie volgende Vrydag na jou partytjie toe kom nie – ons is* **dan** *met vakansie.*" "I can't come to your party next Friday – we're on hol= iday **then**." **[b]** *As dit vandag Maandag is,* **dan** *is dit môre Dinsdag.* If today is Monday, **then** tomorrow is Tuesday. ❸ daardie tyd "*Bel om vieruur terug – hy sal beslis teen* **daardie tyd** *tuis wees.*" "Phone back at four o'clock – he is sure to be home by **then**."

☐ **then** *adverb*

there ❶ daar **[a]**"*Kom binne – dis koud* **daar** *buite.*" "Come inside – it's cold out **there**." **[b]** *Daar is veer= tig leerlinge in ons klas.* **There** are forty pupils in our class. **[c]** *'n Man het gebel en gesê: "Hallo, is jou pa* **daar***?*" A man phoned and said, "Hallo, is your father **there**?" ❷ daarheen, daarnatoe, soontoe "*Die stasie is nie ver nie – ons kan maklik* **daarheen/daarnatoe/ soontoe** *stap.*" "The station isn't far – we can easily walk **there**." ❸ by *Die hond is altyd* **by** *wanneer die kinders buite speel.* The dog is always **there** when the children play outside.

◆ **from there** daarvandaan, van daar (af) *Hy het pos= kantoor toe geloop en* **daarvandaan** (OF **van daar** OF **van daar af***) 'n bus huis toe gehaal.* He walked to the post office and caught a bus home **from there**.

◆ **here and there** ⇨ **here**.

◆ **over there** ⇨ **over**[1].

◆ **there, now** OR **there, there** toe maar, toemaar *Sy het die kind getroos en gesê: "**Toe maar** (OF **Toe= maar***), moenie huil nie.*" She comforted the child and said, "**There, now** (OR **There, there**), don't cry."

☐ **there** *adverb*

there (now)! daar het jy dit! "*Daar het jy dit! Ek het jou keer op keer gewaarsku die hond sal jou byt!*" "**There (now)!** I've warned you time and again that the dog will bite you!"

☐ **there (now)!** *interjection*

thereby daardeur *Hy het die 100 meter-rekord gebreek en* **daardeur** *die vinnigste man in Suid-Afrika geword.* He broke the 100-metres record, **thereby** becoming the fastest man in South Africa.

☐ **there·by** *adverb*

therefore daarom, dus *Sy was siek en kon* **daarom/ dus** *nie na my partytjie toe kom nie.* She was ill and **therefore** couldn't come to my party.

☐ **there·fore** *adverb*

thermometer termometer *'n* **Termometer** *meet tem= peratuur.* A **thermometer** measures temperature.

☐ **ther·mom·e·ter** *noun (plural* **thermometers***)*

these[1] dié, hierdie *Dié/Hierdie appels is goedkoper as* *daardie(s)*. **These** apples are cheaper than those.

◆ **these days** ⇨ **day.**

☐ **these** *adjective*

these² ❶ hierdie(s) *Daardie appels is duurder as hier=
die(s)*. Those apples are more expensive than **these**.
❷ dit **[a]** *"Is dit die boeke waarna jy gesoek het?"* "Are
these the books you were looking for?" **[b]** *"Dit is my
broers, Tom en Paul."* "**These** are my brothers, Tom
and Paul."

◆ **these are** dis (OF dit is) ... *dié/hierdie* **[a]** *Dis (*OF
Dit is) lemoene dié/hierdie en dis nartjies daardie.
These are oranges and those are naartjies. **[b]** *"Wat
is dit dié/hierdie?"* – *"Dis lemoene."* "What **are**
these?" – "They are oranges."

☐ **these** *pronoun*

they ❶ hul, hulle **[a]** *"Die kinders is nêrens te sien nie. Ek
wonder waar hul/hulle is?"* "The children are no=
where to be seen. I wonder where **they** are?" **[b]**
"Waar is my skoene?" – *"Hul/Hulle is onder jou bed."*
"Where are my shoes?" – "**They** are under your bed."
❷ dit *"Wie se boeke is dit dié?"* – *"Dit is myne."*
"Whose books are these?" – "**They** are mine." ❸ hul,
hulle, die mense *Hul (*OF *Hulle* OF *Die mense) sê
Frankryk is 'n pragtige land.* **They** say that France is a
beautiful country.

☐ **they** *pronoun*

thick dik **[a]** *Die muur is 15 cm dik.* The wall is 15 cm
thick. **[b]** *"Wil jy die dun of die dik sny brood hê?"*
"Would you like the thin or the **thick** slice of bread?"
[c] *Die mis was so dik dat 'n mens skaars 'n meter voor
jou kon sien.* The fog was so **thick** that you could
scarcely see a metre in front of you. **[d]** *"Die sop is te
dik – voeg nog 'n bietjie water daarby."* "The soup is
too **thick** – add a little more water to it."

☐ **thick** *adjective* **thicker, thickest**

thickness dikte *Wat is die lengte, breedte en dikte van
die stuk hout?* What is the length, width and **thickness**
of the piece of wood?

☐ **thick·ness** *noun (plural* **thicknesses***)*

thief dief *'n Dief het by ons huis ingebreek en ons radio
gesteel.* A **thief** broke into our house and stole our
radio.

☐ **thief** *noun (plural* **thieves***)*

thigh bobeen *Jou bobeen is die deel van jou been bo die
knie.* Your **thigh** is the part of your leg above the knee.

☐ **thigh** *noun (plural* **thighs***)*

thin ❶ dun **[a]** *"Wil jy die dun of die dik sny brood hê?"*
"Would you like the **thin** or the thick slice of bread?"
[b] *Dun sop bevat baie water.* **Thin** soup contains a lot
of water. ❷ maer, skraal *Anna is lank en maer/skraal,
maar Maggie is kort en vet.* Anna is tall and **thin**, but
Maggie is short and fat. ❸ dun, skraal *"Ek is bang vir
die hond," het die dogtertjie met 'n dun/skraal stem=
metjie gesê.* "I'm afraid of the dog," the little girl said
in a **thin** voice.

☐ **thin** *adjective* **thinner, thinnest**

thing ding **[a]** *'n Pen is 'n ding waarmee jy skryf.* A pen

is a **thing** with which you write. **[b]** *"Moenie jou tong
vir my uitsteek nie, jou onbeskofte ding!"* "Don't stick
your tongue out at me, you rude **thing**!"

◆ **a good thing** 'n goeie ding *Dis 'n goeie ding dat ek
'n trui gebring het – dit het skielik koud geword.* It's
a good thing I brought a jersey – it suddenly got
cold.

◆ **not a thing** niks *Ons ou hond is heeltemal doof – hy
kan niks hoor nie.* Our old dog is completely deaf – he
can't hear **a thing**.

◆ **things** goed *Daardie winkel verkoop goed soos pen=
ne, potlode en uitveërs.* That shop sells **things** like
pens, pencils and rubbers.

☐ **thing** *noun (plural* **things***)*

think dink **[a]** *"Hoe oud dink jy is Linda?"* – *"Ek sou sê
sy is so om en by vyftien."* "How old do you **think**
Linda is?" – "I'd say she is about fifteen." **[b]** *"Jy
dink jy's oulik, nè?"* "You **think** you're smart, don't
you?" **[c]** *Hy sê hy het dit self gemaak, maar ek dink
iemand het hom gehelp.* He says he made it himself, but
I **think** someone helped him. **[d]** *"Dink mooi voordat
jy die vraag beantwoord."* "**Think** carefully before you
answer the question."

◆ **think about** ❶ dink aan *"Jy's baie selfsugtig – jy
dink net aan jouself!"* "You're very selfish – you
think only **about** yourself!" ❷ dink daaraan *"Wat
gaan jy hom vir sy verjaardag gee?"* – *"Ek dink daar=
aan om vir hom 'n das te kry."* "What are you going to
give him for his birthday?" – "I am **thinking about**
getting him a tie." ❸ dink oor *"Ek sal oor die saak
dink en jou môre 'n antwoord gee."* "I'll **think about**
the matter and give you an answer tomorrow."

◆ **think badly of** sleg dink van *"Ek dink nie sleg
van jou oor wat jy gedoen het nie – ons maak almal
foute."* "I don't **think badly of** you for what you did –
we all make mistakes."

◆ **think highly/well of** baie dink van *Ek dink baie
van hom – hy is 'n streng maar regverdige mens.* I **think
highly/well of** him – he is a strict but fair person.

◆ **think it over** nadink daaroor *Sy het daaroor na=
gedink en besluit om nie die rok te koop nie.* She
thought it over, and decided not to buy the dress.

◆ **think of** ❶ dink aan *As ek aan 'n bruid dink, kom
die beeld van 'n vrou in 'n lang wit rok in my gedagte op.*
When I **think of** a bride the image of a woman in a
long white dress comes into my mind. ❷ dink daaraan
*Hy dink daaraan om sy motor te verkoop en vir hom 'n
motorfiets te koop.* He is **thinking of** selling his car and
buying himself a motorbike. ❸ dink van *"Wat dink jy
van my nuwe bloes?"* – *"Ek vind dit baie mooi."* "What
do you **think of** my new blouse?" – "I find it very
pretty." ❹ onthou *Ek het haar al vantevore ontmoet
maar kan nie haar naam onthou nie.* I've met her be=
fore, but I can't **think of** her name.

◆ **think ... over** nadink oor *"Ek sal oor die saak na=
dink en jou môre 'n antwoord gee."* "I'll **think** the mat=
ter **over** and give you an answer tomorrow."

☐ **think** verb (past tense and past participle **thought**, present participle **thinking**)

third derde Maart is die **derde** maand van die jaar. March is the **third** month of the year.

◆ **third class** ⇨ **class.**

☐ **third** adjective

third-class derdeklas= 'n Tweedeklaskaartjie kos meer as 'n **derdeklas**kaartjie. A second-class ticket costs more than a **third-class** ticket.

☐ **third-class** adjective

thirst dors Sy het 'n glas water gedrink om haar **dors** te les. She drank a glass of water to quench her **thirst.**

☐ **thirst** noun (no plural)

thirsty dors Sy was so **dors** dat sy twee glase water ge= drink het. She was so **thirsty** that she drank two glasses of water.

☐ **thirst·y** adjective **thirstier, thirstiest**

thirteen dertien Tien plus drie is **dertien.** Ten plus three is **thirteen.**

☐ **thir·teen** numeral

thirteenth dertiende Die **dertiende** eeu is van 1200 tot 1299. The **thirteenth** century is from 1200 to 1299.

☐ **thir·teenth** numeral

thirtieth dertigste My oom is 29 en vier oor 'n paar maande sy **dertigste** verjaardag. My uncle is 29 and will celebrate his **thirtieth** birthday in a few months' time.

☐ **thir·tieth** numeral

thirty dertig Vyftien maal twee is **dertig.** Fifteen times two is **thirty.**

◆ **the thirties** die jare dertig, die dertigerjare In **die jare dertig** (OF **die dertigerjare)** was daar 'n groot tekort aan werk in Suid-Afrika. In **the thirties** there was a great shortage of work in South Africa.

☐ **thir·ty** numeral

this[1] dié, hierdie Daardie appel is kleiner as **dié/hier= die** een. That apple is smaller than **this** one.

◆ **this afternoon** vanmiddag "Jy kan my fiets leen, maar sorg dat jy dit voor vyfuur **vanmiddag** terug= bring." "You may borrow my bicycle, but see that you return before five o'clock **this afternoon."**

◆ **this evening** vanaand "Kom eet **vanaand** by ons." "Come and have supper with us **this evening."**

◆ **this morning** vanoggend Ek het **vanoggend** pap vir ontbyt gehad. I had porridge for breakfast **this morning.**

◆ **this year** vanjaar Doreen was verlede jaar in stan= derd vyf en is **vanjaar** in standerd ses. Doreen was in standard five last year and is in standard six **this year.**

☐ **this** adjective

this[2] dit [a] "Is dit die boek waarna jy gesoek het?" "Is **this** the book you were looking for?" [b] "**Dit** is my broer, Tom." "**This** is my brother, Tom."

◆ **after this** hierna By die sokkeroefening het Tom vir George gesê: "**Hierna** moet ek huis toe gaan." At the soccer practice Tom said to George, "**After this** I have to go home."

◆ **this is** dis (OF dit is) ... dié/hierdie [a] **Dis** (OF **Dit is)** 'n lemoen **dié/hierdie** en dis 'n nartjie daardie. **This is** an orange and that is a naartjie. [b] "Wat **is** dit **dié/hierdie?"** – "**Dis** 'n lemoen." "What **is this?"** – "It is an orange."

☐ **this** pronoun

thorn doring 'n **Doring** is 'n skerp groeisel aan die stin= gel van sommige plante. A **thorn** is a pointed growth on the stem of some plants.

☐ **thorn** noun (plural **thorns**)

those[1] daardie [a] **Daardie** appels is duurder as hier= die(s). **Those** apples are more expensive than these. [b] "Wie is **daardie** mense?" "Who are **those** people?"

☐ **those** adjective

those[2] ❶ daardie(s) Dié appels is goedkoper as **daar= die(s).** These apples are cheaper than **those.** ❷ dié "**Dié** van julle wat onder vyftien is, steek asseblief jul hande op." "**Those** of you who are under fifteen, please put up your hands." ❸ dit In die dertigjare was daar 'n groot tekort aan werk – dit was moeilike tye vir die meeste Suid-Afrikaners. In the thirties there was a great shortage of work – **those** were difficult times for most South Africans.

◆ **those are** dis (OF dit is) ... daardie [a] **Dis** lemoene dié en **dis** (OF **dit is)** nartjies **daardie.** These are oranges and **those are** naartjies. [b] "Wat **is** dit daardie?" – "**Dis** nartjies." "What **are those?"** – "They are naartjies."

☐ **those** pronoun

though ❶ maar, egter Ek hou van dié skoene, **maar** hulle is te duur (OF Ek hou van dié skoene; hulle is **egter** te duur). I like these shoes; they are too expensive, **though.** ❷ tog, darem Ons motor is al dertien jaar oud; **tog** loop hy nog baie goed (OF Ons motor is al dertien jaar oud. Hy loop **darem** nog baie goed). Our car is already thirteen years old. It still goes very well, **though.** ❸ al is dit Na haar operasie kan sy weer eet, **al is dit** baie min. After her operation she can eat again, **though** very little. ❹ al was dit Hy het my gehelp, **al was dit** net 'n uur. He helped me, **though** for only an hour.

◆ **as though** ⇨ **as**[3]**.**

◆ **(even) though** al, alhoewel, hoewel **Al** is ons motor dertien jaar oud (OF **Alhoewel/Hoewel** ons motor der= tien jaar oud is), loop hy nog baie goed. **Though** (OR **Even though)** our car is thirteen years old, it still goes very well.

☐ **though** conjunction (joining word)

thought gedagte [a] Sy was so diep in **gedagte** dat sy nie die man in die deur gemerk het nie. She was so deep/ lost in **thought** that she didn't notice the man in the door. [b] "Hoe kan jy rou vleis eet? Net die **gedagte** daaraan laat my naar voel!" "How can you eat raw meat? The very **thought** of it makes me feel sick!"

◆ **without thought for** sonder om aan ... te dink **Sonder om aan** sy eie veiligheid **te dink,** het hy in die *water geduik en die kind se lewe gered*. **Without thought for** his own safety, he dived into the water and saved the child's life.

☐ **thought** *noun (plural* **thoughts***)*

thousand duisend *Tien maal honderd is* **duisend** *(1 000)*. Ten times a hundred is a **thousand** (1 000).
⇨ **hundred** [NOTE].

♦ **thousands and thousands of** derduisende *Goud=myne verskaf werk aan* **derduisende** *mense*. Gold-mines provide jobs for **thousands and thousands of** people.

♦ **thousands of** duisende *Daar was* **duisende** *mense by die rugbywedstryd*. There were **thousands of** people at the rugby match.

☐ **thou·sand** *numeral*

thousandth duisendste *'n Milliliter is gelyk aan 'n* **dui=sendste** *van 'n liter*. A millilitre is equal to a **thou=sandth** of a litre.

☐ **thou·sandth** *numeral*

thread¹ garing, gare *"Simon, bring vir my 'n naald en* **garing/gare** *sodat ek jou knoop kan aanwerk." "Si*mon, bring me a needle and **thread** so that I can sew on your button."

♦ **thread of cotton** draad garing/gare *Sy het gesukkel om die* **draad garing/gare** *deur die oog van die naald te steek*. She had trouble passing the **thread of cotton** through the eye of the needle.

☐ **thread** *noun (plural* **threads***)*

thread² ❶ ryg *My pa het my geleer hoe om 'n veter deur die gaatjies in 'n skoen te* **ryg**. My father taught me how to **thread** a lace through the holes in a shoe. ❷ garing/gare steek in *"Sal jy vir my die* **garing/gare in die** *naald* **steek***, asseblief?"* "Will you **thread** the needle for me, please?"

☐ **thread** *verb (past tense and past participle* **thread=ed**, *present participle* **threading***)*

threaten dreig [a] *Die meeste diere hardloop weg as ge*vaar **dreig**. Most animals run away when danger **threatens.** [b] *Die rower* **het** *die winkelier met 'n ge*weer **gedreig**. The robber **threatened** the shop=keeper with a gun.

♦ **be threatening to** wil-wil *Dit* **wil-wil** *reën.* It **is threatening to** rain.

☐ **threat·en** *verb (past tense and past participle* **threatened**, *present participle* **threatening***)*

three drie *Een plus twee is* **drie**. One plus two is **three**.

☐ **three** *numeral*

throat keel *Ek kry swaar om te sluk, want my* **keel** *is baie seer*. I have difficulty in swallowing because my **throat** is very sore.

☐ **throat** *noun (plural* **throats***)*

through¹ deur *"Sluit asseblief die hek sodra almal* **deur** *is."* "Please lock the gate as soon as everyone is **through**."

☐ **through** *adverb*

through² deur [a] *Ons het met 'n smal paadjie* **deur** *die bos geloop*. We walked along a narrow path **through**

the woods. [b] *Die vensters is so vuil, jy kan skaars* **deur** *hulle sien*. The windows are so dirty you can hardly see **through** them. [c] *'n Tang kan* **deur** *draad sny*. Pliers can cut **through** wire. [d] *"Moenie met jou nuwe skoene* **deur** *die modder loop nie!"* "Don't walk **through** the mud with your new shoes!"

♦ **right through** ⇨ **right⁶**.

♦ **through here** hierdeur *Sy het by 'n gat in die hei*ning gestaan en gesê: "Die hond het seker **hierdeur** ont=snap." She stood by a hole in the fence and said, "The dog must have escaped **through here**."

♦ **through it** daardeur *Jy kan maklik in 'n bos ver*dwaal as jy nie die pad **daardeur** ken nie. You can easily get lost in a forest if you don't know the way **through it**.

♦ **through this** hierdeur *Hy het sy hand op die pyp gelê en gesê: "Die water vloei* **hierdeur** *in die dam."* He laid his hand on the pipe and said, "The water flows **through this** into the dam."

♦ **through which** ⇨ **which²**.

☐ **through** *preposition*

throughout dwarsdeur, deur en deur *Die appel was* **dwarsdeur** (OF **deur en deur**) *vrot*. The apple was rotten **throughout**.

☐ **through·out** *adverb*

throughout² die hele ... deur *Sy het haar kos in stilte geëet en* **die hele e**... **deur** *nie 'n woord gesê nie*. She ate her food in silence, not saying a word **throughout** the meal.

♦ **throughout his life** sy hele lewe lank *Hy het* **sy hele lewe lank** *aan 'n seldsame bloedsiekte gely*. He suffered from a rare blood disease **throughout his life**.

♦ **throughout the country** oral/orals in die land, oor die hele land *Hulle sê dis* **oral/orals in die land** (OF **oor die hele land**) *bitter koud*. They say it's bit=terly cold **throughout the country**.

☐ **through·out** *preposition*

throw ❶ gooi [a] *"Ek gaan die bal vir jou* **gooi**; *probeer dit vang."* "I'm going to **throw** the ball to you; try and catch it." [b] *Sy het 'n kombers oor die slapende kind* **gegooi**. She **threw** a blanket over the sleeping child. [c] *Die boom* **gooi** *'n lang skaduwee oor die grasperk*. The tree is **throwing** a long shadow across the lawn. ❷ afgooi [a] *'n Slang kan sy vel* **afgooi**. A snake can **throw** its skin. [b] *Die perd* **het** *sy ruiter* **afgegooi**. The horse **threw** its rider. ❸ neergooi *"Hang jou skool*klere in die kas op; moenie dit op jou bed **neergooi** nie." "Hang your school clothes in the cupboard; don't **throw** them on your bed."

♦ **throw away** weggooi *"Wil jy dié ou tydskrifte hou, of kan ek hulle maar* **weggooi**?" "Do you want to keep these old magazines, or may I **throw** them **away**?"

♦ **throw down** ❶ afgooi *"Klim in die boom en* **gooi** *vir ons 'n paar appels* **af**." "Climb into the tree and **throw down** some apples for us." ❷ omgooi *Paul het die bot=tel op die muur met 'n klip probeer* **omgooi**. Paul tried to **throw down** the bottle on the wall with a stone. **3** neergooi *Die tennisspeler het sy raket in woede neerge= gooi*. The tennis player **threw down** his racket in anger.

◆ **throw in** ingooi *Die sokkerspeler wat die bal van die veld geskop het, mag dit nie weer ingooi nie*. The soccer player who kicked the ball off the field is not allowed to **throw** it **in** again.

◆ **throw off** afgooi *"As jy te warm kry, kan jy altyd een van die komberse afgooi."* "If you're too hot, you can always **throw off** one of the blankets."

◆ **throw out** uitgooi *Ma het gesê ek moet my kas deur= gaan en al die klere wat ek nie meer dra nie, uitgooi*. Mum told me to go through my wardrobe and **throw out** all the clothes I no longer wore.

◆ **throw out of** uitgooi by *"Moenie jul leë koeldrank= blikke by die motorvenster uitgooi nie."* "Don't **throw** your empty cool-drink tins **out of** the car window."

□ **throw** *verb (past tense* **threw**, *past participle* **thrown**, *present participle* **throwing**)

thumb duim *Die baba suig aan sy duim*. The baby is sucking its **thumb**.

□ **thumb** *noun (plural* **thumbs**)

thunder¹ **1** donder *Ons het gisteraand 'n kwaai storm met donder en blitse gehad*. We had a fierce storm with **thunder** and lightning last night. **2** onweer *"Daar is onweer in die lug – kyk net hoe swart is die wolke."* "There is **thunder** in the air – just see how black the clouds are." **3** gedreun *Ons kon die gedreun van die branders uit die verte hoor*. We could hear the **thunder** of the waves from a distance.

◆ **crash of thunder** donderslag *Daar was 'n don= derslag, toe bars die storm los*. There was a **crash of thunder**, then the storm broke.

□ **thun·der** *noun (no plural)*

> The word order of **thunder and lightning** cannot be changed – it is a fixed phrase.

thunder² **1** donder *Ek wonder of dit die hele nag gaan reën en donder?* I wonder if it will rain and **thunder** all night? **2** dreun *"Die see het langs die kus ge= dreun."* "The sea **thundered** along the shore."

◆ **it thunders** die weer dreun *As die weer dreun, kruip die hond onder die bed weg*. When **it thunders**, the dog hides under the bed.

□ **thun·der** *verb (past tense and past participle* **thun= dered**, *present participle* **thundering**)

thunderstorm donderstorm *Die donderstorm het met 'n weerligstraal en 'n harde slag losgebars*. The **thunderstorm** broke with a flash of lightning and a loud bang.

□ **thun·der·storm** *noun (plural* **thunderstorms**)

Thursday Donderdag *Donderdag is die vierde werk= dag van die week*. **Thursday** is the fourth workday of the week.

□ **Thurs·day** *noun (plural* **Thursdays**)

tick¹ regmerkie *'n Regmerkie dui aan dat 'n antwoord*

korrek is en 'n kruisie dat dit verkeerd is. A **tick** shows that an answer is correct and a cross that it is wrong.

□ **tick** *noun (plural* **ticks**)

tick² bosluis *'n Bosluis is 'n insek wat bloed suig*. A **tick** is an insect that sucks blood.

□ **tick** *noun (plural* **ticks**)

tick³ tik *Party horlosies tik baie hard*. Some clocks **tick** very loudly.

◆ **tick off** afmerk *"Maak 'n inkopielys, en neem 'n pen saam sodat jy kan afmerk wat jy gekoop het."* "Make a shopping list, and take a pen with you so that you can **tick off** what you have bought."

□ **tick** *verb (past tense and past participle* **ticked**, *pre= sent participle* **ticking**)

ticket kaartjie *Die kondukteur op die trein het my kaar= tjie geknip*. The conductor on the train clipped my ticket.

□ **tick·et** *noun (plural* **tickets**)

ticking getik *Die huis was so stil dat ek die getik van die horlosie langs my bed kon hoor*. The house was so quiet that I could hear the **ticking** of the clock beside my bed.

□ **tick·ing** *noun (no plural)*

tidy **1** netjies, aan die kant *Esther se slaapkamer is altyd skoon en netjies (OF aan die kant)*. Esther's bedroom is always clean and **tidy**. **2** netjies *Sy is 'n netjiese meisie en laat haar goed nooit rondlê nie*. She is a **tidy** girl and never leaves her things lying about.

□ **ti·dy** *adjective* **tidier, tidiest**

tidy (up) **1** aan (die) kant maak *Die huis was so deurme= kaar dat dit ons ure gekos het om dit weer aan (die) kant te maak*. The house was in such a mess that it took us hours to **tidy** it **(up)** again. **2** netjies maak *"Gaan maak jou netjies voor die gaste kom."* "Go and **tidy** yourself **up** before the guests arrive."

□ **ti·dy** *verb (past tense and past participle* **tidied**, *pre= sent participle* **tidying**)

tie¹ **1** das *Hy dra 'n hemp en das werk toe*. He wears a shirt and **tie** to work. **2** gelykop spel *As daar 'n gelyk= op spel is, sal die twee spanne die beker deel*. If there is a **tie**, the two teams will share the cup.

◆ **in a tie** gelykop *Nie een van die twee spanne kon 'n doel aanteken nie; die wedstryd het dus gelykop geëin= dig*. Neither team could score a goal, so the match ended **in a tie**.

□ **tie** *noun (plural* **ties**)

tie² **1** bind *"Help my asseblief om die lyn om die pakkie te bind."* "Please help me to **tie** the string round the parcel." **2** vasbind **[a]** *Lynette het lang hare wat sy met 'n lint vasbind*. Lynette has long hair that she **ties** with a ribbon. **[b]** *"Bind die twee punte van die tou aan mekaar vas."* "**Tie** the two ends of the rope together." **3** vasmaak **[a]** *"Kan jou boetie al self sy skoenveters vasmaak?"* "Can your little brother **tie** his own shoelaces yet?" **[b]** *Sy het haar hond aan 'n reling buite die winkel vasgemaak*. She **tied** her dog to a rail out= side the shop. **[c]** *Die belt van haar rok maak agter* *vas*. The belt of her dress **ties** at the back. ◪ toebind *"As ek die vleis in die plastieksakkies sit, sal jy hulle vir my **toebind**, asseblief?"* "If I put the meat into the plastic bags, will you **tie** them for me, please?" ◧ knoop **[a]** *"Kan jou boetie al self sy das **knoop**?"* "Can your little brother **tie** his own tie yet?" **[b]** *Hy het sy skoene aangetrek en die veters **geknoop**.* He put on his shoes and **tied** the laces. ◨ gelykop speel *As twee spanne **gelykop speel**, is daar geen wenner nie.* When two teams **tie** there is no winner.

◆ **tie a knot** 'n knoop maak *"**Maak 'n knoop** in die draad garing om te keer dat dit deur die materiaal glip."* "**Tie a knot** in the thread of cotton to prevent it from slipping through the material."

◆ **tie in a bow** strik *"**Strik** die lint."* "**Tie** the ribbon **in a bow.**"

◆ **tie up** ◩ vasbind **[a]** *"Jy hoef nie bang te wees nie – ek sal die hond **vasbind** voor jy kom."* "You needn't be afraid – I'll **tie up** the dog before you come." **[b]** *Hy het die bondel hout met 'n stuk draad **vasgebind**.* He **tied up** the bundle of wood with a piece of wire. ◪ toebind *"Kan ek maar kleeflint gebruik, of moet ek die pakkie met lyn **toebind**?"* "May I use sticky tape, or must I **tie up** the parcel with string?" ◨ toeknoop *As jy nie 'n beursie het nie, kan jy jou geld in 'n sakdoek **toeknoop**.* If you don't have a purse you can **tie up** your money in a handkerchief.

□ **tie** *verb (past tense and past participle* **tied**, *present participle* **tying**)

tiger tier *'n **Tier** is groter as 'n leeu en het strepe oor sy lyf.* A **tiger** is bigger than a lion and has stripes over its body.

□ **ti·ger** *noun (plural* **tigers**)

tight ◩ styf **[a]** *Die deksel het so **styf** gesit dat ek nie die fles kon oopkry nie.* The lid was so **tight** that I couldn't open the jar. **[b]** *"Las die twee toue met 'n **stywe** knoop aan mekaar."* "Join the two ropes together with a **tight** knot." **[c]** *My belt het 'n bietjie **styf** gesit na al die kos wat ek geëet het.* My belt was a bit **tight** after all the food I had eaten. ◪ vas *Die hout het in die nat weer geswel – dis dié dat die vensters so **vas** sit.* The wood swelled in the wet weather – that's why the windows are so **tight**. ◨ nou *Dié skoene is te **nou**; hulle druk my.* These shoes are too **tight**; they pinch me.

□ **tight** *adjective* **tighter, tightest**

tighten ◩ stywer trek *Ek kan nie die sandaal se band **stywer trek** nie, want daar is nie meer gaatjies nie.* I can't **tighten** the strap of the sandal because there aren't any more holes. ◪ saamtrek **[a]** *Die knoop sal **saamtrek** as jy aan die twee punte van die tou trek.* The knot will **tighten** if you pull at the two ends of the rope. **[b]** *'n Mens se armspiere **trek saam** as jy jou vuiste bal.* One's arm muscles **tighten** when one clenches one's fists. ◨ vasdraai *"Is daar nog los skroewe wat ek moet **vasdraai**?"* "Are there any more loose screws that I need to **tighten**?" ◪ stywer toedraai *"Jy sal die kraan **stywer** moet **toedraai** om dit te laat*

ophou drup." "You'll have to **tighten** the tap to stop it dripping." ◧ klem *Ek het gesien hoe haar hande om die stuurwiel **klem** toe die motor in die modder begin gly.* I saw her hands **tighten** round the steering-wheel as the car started skidding in the mud.

□ **tight·en** *verb (past tense and past participle* **tight-ened**, *present participle* **tightening**)

tightly styf *"Moenie die deksel te **styf** op die konfytfles vasdraai nie."* "Don't screw the lid too **tightly** on to the jam jar."

◆ **shut one's eyes tightly** jou oë styf toeknyp *"Ek beloof jou ek sal nie loer nie; ek sal **my oë styf toe-knyp**."* "I promise you I won't peep; I'll **shut my eyes tightly.**"

□ **tight·ly** *adverb*

till ⇨ **until.**

time ◩ tyd **[a]** *Die **tyd** gaan stadig verby as 'n mens verveeld is.* **Time** passes slowly when one is bored. **[b]** *Ek staan elke oggend om dieselfde **tyd** op.* I get up at the same **time** every morning. **[c]** *In Jan van Riebeeck se **tyd** het vroue lang rokke gedra wat tot op die grond hang.* In Jan van Riebeeck's **time** women wore long dresses that reached down to the ground. **[d]** *Januarie/Februarie is die warmste **tyd** van die jaar.* January/February is the hottest **time** of the year. ◪ keer, maal *Die seuntjie het sy ma gesmeek om die storie nog een **keer/maal** vir hom te lees.* The little boy begged his mother to read the story to him one more **time**.

◆ **a long time** lank *Ek wag al **lank** op die bus.* I've been waiting for the bus **a long time**.

◆ **a long time since ... last, a long time ago that ... last** ⇨ **last⁴**.

◆ **a short time ago** ⇨ **ago**.

◆ **about time, high time** hoog tyd *"Dis **hoog tyd** dat jy ophou om soveel TV te kyk en 'n bietjie harder begin werk."* "It's **about/high time** that you stopped watching so much TV and started working a bit harder."

◆ **all the time** die hele tyd, heeltyd *"Het julle lekker weer gehad?" – "Nee, dit het **die hele tyd (**OF **heel-tyd)** gereën."* "Did you have nice weather?" – "No, it rained **all the time.**"

◆ **any time you like** net wanneer jy wil *"Jy kan kom **net wanneer jy wil** – ek sal die hele middag tuis wees."* "You can come **any time you like** – I'll be at home all afternoon."

◆ **at a time** op 'n slag *"Die boeke is baie swaar – moenie probeer om meer as drie of vier **op 'n slag** te dra nie."* "The books are very heavy – don't try to carry more than three or four **at a time.**"

◆ **at one time** vroeër, voorheen *Zimbabwe het **vroeër/voorheen** as Rhodesië bekend gestaan.* **At one time** Zimbabwe was known as Rhodesia.

◆ **at the same time** ⇨ **same**.

◆ **at the/that time** toe *Dit kon nie Simon gewees het wat sy gisteroggend in die stad gesien het nie; hy was **toe** in die skool.* It couldn't have been Simon that she saw in town yesterday morning; he was in school **at the/ that time**.

◆ **at times** soms, by/met tye *My liewe sussie is soms (*OF *by/met tye) nogal stout.* My dear little sister is rather naughty **at times**.

◆ **at what time** hoe laat *"Hoe laat eet julle?"* **"At what time** do you have dinner?"

◆ **by that time** teen daardie tyd *"Bel om vieruur terug – hy sal beslis **teen daardie tyd** tuis wees."* "Phone back at four o'clock – he is sure to be home **by that time**."

◆ **by the time** teen die tyd dat *Ons koffie was al koud **teen die tyd dat** die kelnerin die melk gebring het.* **By the time** the waitress brought the milk our coffee was already cold.

◆ **every time** elke keer/maal/slag dat *Dit lyk asof dit reën **elke keer/maal/slag dat** ek ons motor was!* It seems to rain **every time** I wash our car!

◆ **for some** (OR **a long**) **time** ❶ lank *Hy was **lank** siek en het agter geraak met sy skoolwerk.* He was ill **for some** (OR **a long**) **time** and fell behind with his schoolwork. ❷ in 'n lang tyd *Dis die beste boek wat ek **in 'n lang tyd** gelees het.* This is the best book I've read **for some** (OR **a long**) **time**. ❸ vir 'n lang tyd *Sy gaan **vir 'n lang tyd** weg.* She's going away **for some** (OR **a long**) **time**.

◆ **for the time being** solank *Die ketel is stukkend – ons sal **solank** van die stoof gebruik moet maak.* The kettle is broken – we'll have to make use of the stove **for the time being**.

◆ **from time to time** (so) nou en dan, van tyd tot tyd *"Ek hou nie van brief skryf nie, maar ek sal jou **(so) nou en dan** (*OF **van tyd tot tyd***) bel."* "I don't like writing letters, but I'll phone you **from time to time**."

◆ **have a good time** iets geniet *"Tot siens, Tom, **geniet** die partytjie!"* "Goodbye, Tom, **have a good time** at the party!"

◆ **have no time for** nie kan verdra nie *"Ek kan oneerlike mense **nie verdra nie**."* "I **have no time for** dishonest people."

◆ **have no time** (OR **not have the time**) **to ..** nie tyd hê om ... te ... nie *"Ek is besig en **het nie tyd om** jou nou te help nie."* "I'm busy and **have no time** (OR **don't have the time**) to help you now."

◆ **have you (got) the time?** kan jy my sê hoe laat dit is?, het jy die tyd? *"**Kan jy my sê hoe laat dit is** (*OF **Het jy die tyd)?**" – "Ja, dis tien oor drie."* "**Do you have the time** (OR **Have you got the time)?**" – "Yes, it's ten past three."

◆ **in a day's/week's/month's/year's time** ❶ in/ binne 'n dag/week/maand/jaar *"Sal jy die werk **in/ binne 'n week** kan doen?"* "Will you be able to do the work **in a week's time**?" ❷ oor 'n dag/week/maand/ jaar *As jy R1,00 per maand spaar, sal jy **oor 'n jaar** R12,00 hê.* If you save R1,00 a month, you'll have R12,00 **in a year's time**.

◆ **in an hour's time** oor 'n uur *"Is Charlotte nou al hier? Ek het haar eers **oor 'n uur** verwag."* "Is Charlotte here already? I expected her only **in an hour's time**."

◆ **in earlier times** vroeër *Vroeër was vleis goedkoop, maar deesdae is dit baie duur.* **In earlier times** meat was cheap, but nowadays it is very expensive.

◆ **in no time** gou-gou *Sy is 'n vinnige werker en het die kombuis **gou-gou** aan die kant gemaak.* She is a fast worker and tidied the kitchen **in no time**.

◆ **in time** betyds *"Was jy **betyds** vir die trein?" – "Nee, ek het dit net-net gemis."* "Were you **in time** for the train?" – "No, I just missed it."

◆ **in time to/with** op maat van *Hulle het hul hande **op maat van** die musiek geklap.* They clapped their hands **in time to/with** the music.

◆ **it's time for** dis tyd dat *"**Dis** na vyf en **tyd dat** ons huis toe gaan."* "**It's** past five and **time for** us to go home."

◆ **just in time** net betyds *"Jy het **net betyds** gekom om die begin van die program te sien."* "You've come **just in time** to see the beginning of the programme."

◆ **keep good time** goed loop *"**Loop** jou horlosie **goed**?" – "Nee, dis 'n paar minute agter."* "Does your watch **keep good time**?" – "No, it's a few minutes slow."

◆ **keep time** maat hou *Hy dans swak, want hy kan nie **maat hou** nie.* He dances badly because he can't **keep time**.

◆ **most of the time** byna/amper die hele tyd *"Het jy die vakansie geniet?" – "Nee, dit het **byna/amper die hele tyd** gereën."* "Did you enjoy the holiday?" – "No, it rained **most of the time**."

◆ **on time** op tyd *"Was die trein **op tyd**?" – "Nee, dit het 'n paar minute laat aangekom."* "Was the train **on time**?" – "No, it arrived a few minutes late."

◆ **once upon a time** ⇨ once¹.

◆ **one at a time** een-een *"Gee my asseblief die boeke **een-een** aan."* "Please hand me the books **one at a time**."

◆ **pass the time** die tyd omkry *As ek lank vir iemand moet wag, probeer ek gewoonlik **die tyd omkry** deur te lees.* If I have to wait for someone a long time, I usually try to **pass the time** reading.

◆ **quite some time** ⇨ some¹.

◆ **save time** tyd bespaar *Om **tyd te bespaar**, het hy 'n bus geneem in plaas daarvan om te loop.* To **save time** he took a bus instead of walking.

◆ **spare time** vrye tyd *My pa doen houtwerk in sy **vrye tyd**.* My dad does woodwork in his **spare time**.

◆ **spend time** ❶ tyd bestee *In die somer **bestee ons baie tyd** in die buitelug.* In summer we **spend** a great deal of **time** out of doors. ❷ tyd bestee aan *Sy **bestee baie tyd aan** tuinwerk.* She **spends** a lot of **time** working in the garden. ❸ tyd deurbring *Jou skoolwerk sal daaronder ly as jy te veel **tyd** voor die TV **deurbring**.* Your schoolwork will suffer if you **spend** too much **time** in front of the TV.

◆ take a long time; take some time; take your time ⇨ take.

◆ tell the time ❶ sê hoe laat dit is *"Kan jy my sê hoe laat dit is?" – "Ja, dis amper halfeen."* "Can you tell me the time?" – "Yes, it's almost half past twelve." ❷ op 'n horlosie kyk *My boetie het pas geleer om op 'n horlosie te kyk.* My little brother has just learnt to tell the time.

◆ time after time, time and (time) again keer op keer *"Daar het jy dit! Ek het jou keer op keer gewaarsku die hond sal jou byt!"* "There! I've warned you time after time (OR time and again OR time and time again) that the dog will bite you!"

◆ times ❶ maal *Drie maal vyf is vyftien.* Three times five is fifteen. ❷ maal, keer [a] *Sy moet twee pille drie maal/keer per dag drink.* She has to take two tablets three times a day. [b] *Die hond is vyf maal/keer so groot as (*OF *vyf maal/keer groter as) die kat.* The dog is five times the size of (OR five times bigger than) the cat.

◆ what is the time?, what time is it? hoe laat is dit? *"Hoe laat is dit?" – "Dis tien oor drie."* "What is the time (OR What time is it)?" – "It's ten past three."

□ time *noun (plural* times*)*

◆ When writing the time in numbers the hour comes first and the minutes second, separated by a colon (a nought is placed before numbers smaller than ten): 07:45, 13:00, 14:05, etc. Midnight is the end of the day (24:00) or the beginning of a new day (00:00).

◆ in time means "not late"; on time means "neither late nor early": *"Were you in time for dinner?" The party started at half past two and we arrived right on time.*

---

timetable ❶ rooster *Volgens die rooster het ons twee geskiedenislesse per week.* According to the timetable we have two history lessons a week. ❷ tydtafel *Hy het die tydtafel bestudeer om te sien hoe laat die volgende trein aankom.* He studied the timetable to see at what time the next train arrives.

□ time·ta·ble *noun (plural* timetables*)*

tin blik *Sy het 'n blik ertjies oopgemaak.* She opened a tin of peas.

□ tin *noun (plural* tins*)*

tinned blikkies= *Ek verkies vars groente bo blikkiesgroente.* I prefer fresh vegetables to tinned vegetables.

□ tinned *adjective*

tiny baie klein *Die katjies was baie klein by geboorte.* The kittens were tiny at birth.

□ ti·ny *adjective* tinier, tiniest

tip¹ ❶ top *Hy het die top van sy duim met 'n hamer raak geslaan.* He hit the tip of his thumb with a hammer. ❷ punt *Die punt van my neus is baie koud.* The tip of my nose is very cold.

□ tip *noun (plural* tips*)*

tip² ❶ fooitjie *"Het jy vir my kleingeld? Ek wil die kelner*

'n *fooitjie gee."* "Do you have some small change for me? I want to give the waiter a tip." ❷ wenk *"Hier is 'n wenk om inkvlekke te verwyder."* "Here is a tip for removing ink stains."

□ tip *noun (plural* tips*)*

tip³ 'n fooitjie gee *"Dink jy dis genoeg as ek die kelner 'n fooitjie van 50c gee?"* "Do you think it's enough if I tip the waiter 50c?"

□ tip *verb (past tense and past participle* tipped*, present participle* tipping*)*

tip⁴ ❶ skeef/skuins hou *"Moenie die skinkbord skeef/skuins hou nie – die koppies sal daarvan afgly!"* "Don't tip the tray – the cups will slide off it!" ❷ gooi *"Gooi 'n bietjie water uit die emmer in die bad."* "Tip some water out of the bucket into the bath."

□ tip *verb (past tense and past participle* tipped*, present participle* tipping*)*

tired moeg *Sy was moeg en het vroeg bed toe gegaan.* She was tired and went to bed early.

◆ tired of moeg vir *"Ek is moeg vir jul bakleiery; dit moet nou end kry!"* "I'm tired of your fighting; it has got to stop now!"

□ tired *adjective*

tiredness moegheid *Die bokser het in die negende ronde tekens van moegheid begin toon.* The boxer started showing signs of tiredness in the ninth round.

□ tired·ness *noun (no plural)*

to¹ ❶ by *Die bokser is uitgeslaan en is nog nie by nie.* The boxer was knocked out and has not come to yet. ❷ op 'n skrefie *"Laat die deur op 'n skrefie staan – moet dit nie heeltemal toemaak nie."* "Leave the door to – don't close it completely."

◆ to and fro heen en weer *Sy het heen en weer in die stoel gewieg.* She rocked to and fro in the chair.

□ to *adverb*

to² ❶ na [a] *Die pyltjie wys na links.* The arrow points to the left. [b] *"Sjuut, pa luister na die nuus!"* "Sh, dad's listening to the news!" ❷ na ... toe *"Gaan jy na Edith se partytjie toe?"* "Are you going to Edith's party?" ❸ toe [a] *"Loop jy skool toe?"* "Do you walk to school?" [b] *"Ek gaan gou kafee toe, Ma – ek sal nie lank wegbly nie."* "I'm just going to the café, Mum – I won't be long." ❹ met *"Goeiemiddag, kan ek met jou ma praat?"* "Good afternoon, may I speak to your mother?" ❺ met wie *"Die meisie met wie ek gepraat het, is Robert se suster."* "The girl I spoke to is Robert's sister." ❻ teen *Ons span het die wedstryd met drie punte teen nul gewen.* Our team won the match by three points to nil. ❼ teenoor *"Wees asseblief vriendelik teenoor haar."* "Please be kind to her." ❽ tot [a] *"Is dit die sleutel tot die voordeur?"* "Is this the key to the front door?" [b] *Tot Tom se verbasing was sy ma nie vir hom kwaad oor hy haar beste blompot gebreek het nie.* To Tom's surprise his mother wasn't angry with him for breaking her best vase. [c] *Die atleet in blou was van die begin tot die end van die wedloop voor.* The athlete in blue was in the lead from the beginning to the end of the race. **9** voor *Dit is kwart voor een.* It is a quarter to one. **10** aan *Sy het die hond aan 'n reling buite die winkel vasgemaak.* She tied the dog to a rail outside the shop. **11** om te [a] *Hy het my gevra om hom te help.* He asked me to help him. [b] *"Onthou om die ligte af te sit voor jy gaan slaap."* "Remember to switch off the lights before you go to bed." [c] *Hy lewer koerante voor skool af om 'n bietjie geld te verdien.* He delivers newspapers before school to earn some money. **12** vir [a] *Die bure was baie goed vir ons toe my ma siek was.* The neighbours were very good to us when my mother was ill. [b] *Hy het vir sy maat aan die ander kant van die straat gewaai.* He waved to his friend on the other side of the street. **13** op *Sy het nie geweet wat die antwoord op die vraag is nie.* She didn't know the answer to the question. **14** by *Die bakkery lewer elke dag vars brood by die kafee af.* The bakery delivers fresh bread to the café every day. **15** waarna *"Dis die boek waarna ek verwys het."* "This is the book I referred to."

♦ **for someone to** ⇨ **for**[1].

♦ **give to** ⇨ **give.**

♦ **prefer to** ⇨ **prefer.**

♦ **reply to** ⇨ **reply**[2].

♦ **to it 1** daarna *"Kan ek maar die radio afsit, of luister jy nog daarna?"* "May I put off the radio, or are you still listening to it?" **2** daarby *"Die sop is te dik – voeg nog 'n bietjie water daarby."* "The soup is too thick – add a little more water to it."

♦ **to pieces** ⇨ **piece.**

♦ **to which** ⇨ **which**[2].

♦ **want to** ⇨ **want.**

□ **to** *preposition*

toast[1] roosterbrood *Ek het 'n eier op 'n snytjie roosterbrood vir ontbyt gehad.* I had an egg on a slice of toast for breakfast.

□ **toast** *noun (no plural)*

toast[2] rooster *"Wil jy jou toebroodjie gewoon hê, of moet ek dit vir jou rooster?"* "Do you want your sandwich plain, or shall I toast it for you?"

□ **toast** *verb (past tense and past participle toasted, present participle toasting)*

tobacco tabak *Sigarette word van tabak gemaak.* Cigarettes are made with tobacco.

□ **to·bac·co** *noun (no plural)*

today[1] vandag *As dit vandag Maandag is, dan is dit môre Dinsdag.* If today is Monday, then tomorrow is Tuesday.

□ **to·day** *noun (no plural)*

today[2] vandag *Dis vandag warmer as gister.* It is hotter today than yesterday.

□ **to·day** *adverb*

toe toon [a] *Daar is 'n gat in die toon van my sokkie.* There is a hole in the toe of my sock. [b] *As ek op my tone staan, kan ek net-net die boeke op die boonste rak bykom.* If I stand on my toes, I can only just reach the books on the top shelf.

♦ **big toe** groottoon *Hy het sy groottoon teen die poot van die tafel gestamp.* He knocked his big toe against the leg of the table.

♦ **from top to toe** ⇨ **top**[1].

♦ **little toe** kleintoontjie *Daar is drie ander tone tussen jou groottoon en kleintoontjie.* There are three other toes between your big toe and little toe.

□ **toe** *noun (plural toes)*

toffee toffie *'n Toffie is 'n taai lekker.* A toffee is a sticky sweet.

□ **tof·fee** *noun (plural toffees)*

together 1 saam *Ek en my maat loop gewoonlik saam skool toe.* My friend and I usually walk to school together. **2** saam– *Jy moet die suiker en eiers saamklits voordat jy die meel byvoeg.* You must beat the sugar and eggs together before you add the flour. **3** bymekaar [a] *As jy drie, sewe en nege bymekaar tel, kry jy negentien.* If you add three, seven and nine together, you get nineteen. [b] *"Ons moet bymekaar bly – dis maklik om tussen al dié mense weg te raak."* "We must stick together – it's easy to get lost among all these people." **4** aan mekaar *"Bind die twee punte van die tou aan mekaar vas."* "Tie the two ends of the rope together."

♦ **all together 1** almal tegelyk *"Een op 'n slag – moenie almal tegelyk praat nie!"* "One at a time – don't all speak together!" **2** alles tesaam/tesame *"Ons het twee koeldranke en een roomys gehad – hoeveel kos dit alles tesaam/tesame?"* "We've had two cool drinks and one ice-cream – how much is it all together?"

♦ **close together** ⇨ **close**[3].

♦ **(put) together** tesaam, tesame *Hy is slimmer as die res van ons tesaam/tesame.* He is cleverer than the rest of us (put) together.

□ **to·geth·er** *adverb*

toilet toilet *Party huise het 'n aparte toilet, maar ons s'n is in die badkamer.* Some houses have a separate toilet, but ours is in the bathroom.

□ **toi·let** *noun (plural toilets)*

tomato tamatie *Sy het 'n tamatie opgesny en dit by die slaai gevoeg.* She cut up a tomato and added it to the salad.

♦ **tomato sauce** tamatiesous *Ek het 'n stuk wors met tamatiesous en brood vir middagete gehad.* I had a piece of sausage with tomato sauce and bread for lunch.

□ **to·ma·to** *noun (plural tomatoes)*

tomorrow[1] môre *As dit vandag Maandag is, dan is dit môre Dinsdag.* If today is Monday, then tomorrow is Tuesday.

□ **to·mor·row** *noun (no plural)*

tomorrow[2] môre *"Moet ek dit vandag doen? Kan dit nie tot môre wag nie?"* "Must I do it today? Can't it wait until tomorrow?"

♦ **tomorrow morning/afternoon/evening/night** ⇨ **morning; afternoon; evening; night.**

□ **to·mor·row** *adverb*

tongue tong *Die hond se **tong** het by sy bek uitgehang.* The dog's **tongue** was hanging out of its mouth.

□ **tongue** *noun (plural **tongues**)*

tonight ❶ vanaand *Ek het nie lus om **vanaand** uit te gaan nie; ek wil liewer by die huis bly.* I don't feel like going out **tonight**; I'd rather stay at home. ❷ vannag *Ek hoop ek kry **vannag** meer slaap as gisternag.* I hope I'll get more sleep **tonight** than last night.

□ **to·night** *adverb*

too ❶ te *"Die ballon sal bars as jy **te** veel lug daarin blaas."* "The balloon will burst if you blow **too** much air into it." ❷ ook *"Ek gaan vir my 'n roomys koop. Wil jy **ook** een hê?"* "I'm going to buy myself an ice-cream. Would you like one **too**?"

□ **too** *adverb*

tool stuk gereedskap *'n Tang is 'n **stuk gereedskap** waarmee jy spykers kan uittrek.* Pliers are a **tool** with which you can pull out nails.

◆ **tools** gereedskap *Hy hou sy hamer, skroewedraaiers en ander **gereedskap** in die garage.* He keeps his hammer, screwdrivers and other **tools** in the garage.

□ **tool** *noun (plural **tools**)*

tooth tand *Linda is tandarts toe om 'n **tand** te laat trek.* Linda has gone to the dentist to have a **tooth** pulled.

◆ **clench one's teeth** ⇨ **clench.**

□ **tooth** *noun (plural **teeth**)*

toothache tandpyn *Ek kry **tandpyn** as ek soet goed eet.* I get **toothache** when I eat sweet things.

□ **tooth·ache** *noun (plural **toothaches**)*

toothbrush tandeborsel *'n Mens maak jou tande met 'n **tandeborsel** skoon.* One cleans one's teeth with a **toothbrush**.

□ **tooth·brush** *noun (plural **toothbrushes**)*

toothpaste tandepasta *Nadat hy sy tande geborsel het, het hy die **tandepasta** uit sy mond gespoel.* After he had brushed his teeth, he rinsed the **toothpaste** out of his mouth.

□ **tooth·paste** *noun (no plural)*

top[1] ❶ top *Die **top** van die berg is wit van die sneeu.* The **top** of the mountain is white with snow. ❷ bokant *"Moenie vergeet om die **bokant** van die deur af te stof nie!"* "Don't forget to dust the **top** of the door!" ❸ dop **[a]** *Die **dop** van 'n pen beskerm die punt.* The **top** of a pen protects the nib. **[b]** *"Pa, sal jy die bottel se **dop** vir my afskroef, asseblief?"* "Dad, will you unscrew the **top** of the bottle for me, please?" ❹ blad *Ons eetkamertafel het 'n ronde **blad**.* Our dining-room table has a round **top**. ❺ toppie *Sy het 'n blou romp en 'n wit **toppie** aangehad.* She was dressed in a blue skirt and a white **top**.

◆ **at the top** (heel) bo *Ons span het al sy wedstryde gewen en **(heel) bo** in die kompetisie geëindig.* Our team won all its matches and ended **at the top** in the competition.

◆ **at the top of** ❶ boaan *"Skryf jou adres **boaan** die brief."* "Write your address **at the top of** the letter."

❷ bo-in *Ek kon nie die perskes **bo-in** die boom bykom nie.* I couldn't reach the peaches **at the top of** the tree. ❸ aan die bo-ent van, aan die hoof/kop van *Pa sit altyd **aan die bo-ent/hoof/kop van** die tafel.* Dad always sits **at the top of** the table.

◆ **be at the top of a class** eerste in 'n klas staan *George is baie slim en **staan eerste in sy klas**.* George is very clever and **is at the top of his class**.

◆ **from the top** van bo af *"Begin ses reëls **van bo af** lees."* "Start reading six lines **from the top**."

◆ **from top to bottom** van bo tot onder *Ek het die huis **van bo tot onder** deurgesoek maar kon die kleeflint nêrens kry nie.* I searched the house **from top to bottom** but couldn't find the sticky tape anywhere.

◆ **from top to toe** van kop tot tone *"Jy's **van kop tot tone** nat! Wat het gebeur?" – "Ek het in die swembad geval."* "You're wet **from top to toe**! What happened?" – "I fell into the swimming pool."

◆ **on top** bo-op *Die koekie het 'n lagie sjokolade **bo-op**.* The biscuit has a layer of chocolate **on top**.

◆ **on top of** bo-op *'n Voël sit **bo-op** die dak.* A bird is sitting **on top of** the roof.

◆ **on top of each other, on top of one another** bo-op mekaar *"Laat die plate regop staan; moet hulle nie **bo-op mekaar** stapel nie."* "Set the records upright; don't pile them **on top of each other** (OR **one another**)."

◆ **on top of it** daar bo-op *"Pak die groot koffer onder en die kleintjies **daar bo-op**."* "Pack the big suitcase at the bottom and the little ones **on top of it**."

◆ **on top of that** boonop *Toe hy van sy fiets afgeval het, het hy sy knie seergemaak en **boonop** sy bril gebreek.* When he fell off his bike, he hurt his knee and **on top of that** broke his glasses.

◆ **right at the top of** heel bo in *Ons woonstel is **heel bo in** die gebou.* Our flat is **right at the top of** the building.

◆ **to the top** ❶ boontoe, na bo *Hulle het hul motor aan die voet van die berg geparkeer en van daar **boontoe** (OF **na bo**) geklim.* They parked their car at the foot of the mountain and climbed **to the top** from there. ❷ tot bo *Die koppie is maar laag – dit sal ons nie meer as tien minute kos om **tot bo** te klim nie.* The koppie is quite low – it won't take us more than ten minutes to climb **to the top**.

◆ **to the top of** ❶ tot bo op *Ons het **tot bo op** die berg geklim.* We climbed **to the top of** the mountain. ❷ tot op die bopunt van *"Klim **tot op die bopunt van** die trap en wag daar vir my."* "Climb **to the top of** the stairs and wait for me there." ❸ tot op die boonste sport *Hy het **tot op die boonste sport** van die leer geklim.* He climbed **to the top of** the ladder.

□ **top** *noun (plural **tops**)*

top[2] tol *'n **Tol** is 'n klein speelding wat op sy punt in die rondte draai.* A **top** is a small toy that spins round on its point.

□ **top** *noun (plural **tops**)*

top[3] **1** boonste *As ek op my tone staan, kan ek net-net die boeke op die boonste rak bykom.* If I stand on my toes, I can only just reach the books on the **top** shelf. **2** hoogste *Linda het die hoogste punte in die geskiedenistoets gekry.* Linda got **top** marks in the history test. **3** beste *Linda is die beste leerling in ons klas.* Linda is the **top** pupil in our class. **4** bo= *Die bodeur van die stal is oop.* The **top** door of the stable is open. **5** top= [a] *Hy is een van die topboksers in die wêreld.* He is one of the **top** boxers in the world. [b] *Die motor het 'n topsnelheid van 200 kilometer per uur.* The car has a **top** speed of 200 kilometres an hour.

◆ **at top speed 1** met topsnelheid *Die renmotor het met topsnelheid om die baan gejaag.* The racing car went round the track **at top speed**. **2** so vinnig (as) moontlik *Sy het die brief so vinnig (as) moontlik getik, want haar baas was haastig daarvoor.* She typed the letter **at top speed** because her boss was in a hurry for it.

◆ **in the top right-hand corner** regs bo in die hoek *"Plak die seël regs bo in die hoek van die koevert."* "Stick the stamp **in the top right-hand corner** of the envelope."

□ **top** *adjective*

torch flits *Hy het met sy flits gelig sodat hy sy pad in die donker kon kry.* He shone his **torch** so that he could find his way in the dark.

□ **torch** *noun (plural* **torches***)*

torn ⇨ **tear**[3].

tortoise skilpad *'n Skilpad kan sy kop en pote in sy dop intrek.* A **tortoise** can pull its head and legs into its shell.

□ **tor·toise** *noun (plural* **tortoises***)*

total[1] totaal *As jy 6 en 7 bymekaar tel en 5 van die totaal aftrek, kry jy 8.* If you add 6 and 7 together and subtract 5 from the **total**, you get 8.

◆ **a total of** altesaam, altesame *Altesaam/Altesame 2 000 mense het die vergadering bygewoon.* **A total of** 2 000 people attended the meeting.

◆ **in total** altesaam, altesame *Die ete het hom altesaam/altesame R43,65 gekos.* The meal cost him R43,65 **in total**.

□ **to·tal** *noun (plural* **totals***)*

total[2] **1** totale *Hy het al verskeie kere by my geld geleen en skuld my 'n totale bedrag van R19,00.* He has borrowed money from me several times and owes me a **total** amount of R19,00. **2** algehele *Niemand het gepraat nie – daar was algehele stilte in die kamer.* No one spoke – there was **total** silence in the room. **3** volslae, volkome *Die partytjie was 'n volslae/volkome sukses – almal het dit geniet.* The party was a **total** success – everybody had a good time.

◆ **be a total stranger** heeltemal 'n vreemdeling wees *Ek weet nie wie daardie man is nie – hy is vir my heeltemal 'n vreemdeling.* I have no idea who that man is – he **is a total stranger** to me.

□ **to·tal** *adjective*

totally heeltemal *Ons ou hond is heeltemal doof en kan niks hoor nie.* Our old dog is **totally** deaf and can hear nothing.

□ **to·tal·ly** *adverb*

touch[1] **1** gevoel [a] *Die vel is die sintuig van gevoel.* The skin is the sense organ of **touch**. [b] *Blindes lees op gevoel.* Blind people read by **touch**. **2** aanraking *Die masjien begin werk by die aanraking van 'n knoppie.* The machine starts working at the **touch** of a button.

◆ **be ... to the touch** voel *'n Baba se vel voel sag.* A baby's skin is soft **to the touch**.

◆ **get in touch with** in aanraking kom met *"Kan 'n mens per telefoon met haar in aanraking kom?"* "Can one **get in touch with** her by phone?"

◆ **lose touch with** kontak verloor met *"Skryf asseblief; ons moenie kontak met mekaar verloor nie."* "Please write; we mustn't **lose touch with** one another."

□ **touch** *noun (no plural)*

touch[2] **1** raak [a] *Ek kan nie die bodem aan die diep kant van die swembad raak nie.* I can't **touch** the bottom in the deep end of the swimming pool. [b] *Die prent het haar so diep geraak dat sy gehuil het.* The film **touched** her so deeply that she cried. **2** raak aan, vat aan *"Moenie aan die muur raak/vat nie – die verf is nog nat."* "Don't **touch** the wall – the paint is still wet." **3** die mond sit aan [a] *Hy sit nooit sy mond aan wyn of bier nie.* He never **touches** wine or beer. [b] *"Jy het skaars jou mond aan jou kos gesit – is jy siek?"* "You've hardly **touched** your food – are you ill?"

□ **touch** *verb (past tense and past participle* **touched***, present participle* **touching***)*

tough 1 taai [a] *Dis moeilik om taai vleis te kou.* **Tough** meat is hard to chew. [b] *Jy moet taai wees om alleen in 'n boot om die wêreld te seil.* You need to be **tough** to sail round the world in a boat on your own. **2** swaar *Die lewe in 'n woestyn is maar swaar.* Life in a desert is rather **tough**. **3** hard *Dit was harde werk om daardie boom af te kap.* It was a **tough** job chopping down that tree. **4** sterk *Papier is nie so sterk soos plastiek nie.* Paper isn't as **tough** as plastic.

□ **tough** *adjective* **tougher**, **toughest**

tour[1] **1** reis, toer *Ons het die Victoria-waterval op ons reis/toer deur Zimbabwe besoek.* We visited the Victoria Falls on our **tour** of/through Zimbabwe. **2** toer *Die Engelse rugbyspan gaan in Julie op toer na Australië.* The English rugby team is going on **tour** to Australia in July.

◆ **go on a tour of/through** 'n reis/toer deur ... maak *Ons is van plan om in die wintervakansie 'n reis/toer deur Namibië te maak.* We are planning to **go on a tour of/through** Namibia during the winter holidays.

□ **tour** *noun (plural* **tours***)*

tour[2] rondreis in, toer deur *Ek wil baie graag eendag in*

Europa **rondreis** (OF **deur** *Europa* **toer**). I'd love to **tour** (in) Europe one day.

☐ **tour** *verb (past tense and past participle* **toured**, *present participle* **touring**)

tourist toeris *'n* **Toeris** *uit Amerika het my die pad na die museum gevra.* A **tourist** from America asked me the way to the museum.

☐ **tour·ist** *noun (plural* **tourists**)

tow sleep *Die boer het 'n trekker gebruik om ons motor uit die los sand te* **sleep**. The farmer used a tractor to **tow** our car out of the loose sand.

☐ **tow** *verb (past tense and past participle* **towed**, *present participle* **towing**)

toward, towards ❶ na *Ons woonstel kyk* **na** *die berg.* Our flat faces **toward/towards** the mountain. ❷ na ... toe *Tom het met sy rug* **na** *my* **toe** *gestaan.* Tom stood with his back **toward/towards** me. ❸ in die rigting van *Die skip het* **in die rigting van** *Durban gevaar.* The ship sailed **toward/towards** Durban. ❹ teen *"Kom spreek my* **teen** *die end van die maand, so om en by die 28ste."* "Come and see me **toward/towards** the end of the month, round about the 28th." ❺ teen ... (se kant) *Dit het* **teen** *die aand* **(se kant)** *koeler geword.* It became cooler **toward/towards** evening. ❻ teenoor *Hy was baie beleef* **teenoor** *my.* He was very polite **toward/towards** me. ❼ tot *"Mag ek iets* **tot** *die koste van die ete bydra?"* "Allow me to contribute something **toward/towards** the cost of the meal." ❽ vir *Ek spaar* **vir** *'n nuwe fiets.* I'm saving **toward/towards** a new bike.

☐ **to·ward, to·wards** *preposition*

towel handdoek *Hy het sy hande met 'n* **handdoek** *afgedroog.* He dried his hands with a **towel**.

☐ **tow·el** *noun (plural* **towels**)

tower toring *Daar is 'n klok in die* **toring** *van die kerk.* There is a bell in the **tower** of the church.

☐ **tow·er** *noun (plural* **towers**)

town ❶ dorp *My oom se plaas is 35 km van die naaste* **dorp** *af.* My uncle's farm is 35 km from the nearest **town**. ❷ stad *Baie kantoorwerkers gaan per bus* **stad** *toe.* Many office workers go into **town** by bus.

☐ **town** *noun (plural* **towns**)

toy[1] speelding *'n Pop is 'n* **speelding** *wat soos 'n mens lyk.* A doll is a **toy** that looks like a person.

◆ **toys** speelgoed *Daar is 'n bal en 'n pop tussen die* **speelgoed** *in die doos.* There is a doll and a ball among the **toys** in the box.

☐ **toy** *noun (plural* **toys**)

toy[2] ❶ speel- *Tommie het drie* **speel**soldaatjies *vir Kersfees gekry.* Tommy got three **toy** soldiers for Christmas. ❷ speelgoed- *Bettie het 'n* **speelgoed**beertjie *vir haar verjaardag gekry.* Betty got a **toy** bear for her birthday.

☐ **toy** *adjective*

trace[1] spoor *Daar is geen* **spoor** *van die verlore hond nie.* There is no **trace** of the lost dog.

☐ **trace** *noun (plural* **traces**)

trace[2] ❶ opspoor *Ek twyfel of hulle ooit hul hond sal* **opspoor** *– hy is al meer as drie maande soek.* I doubt whether they'll ever **trace** their dog – it has been missing for more than three months. ❷ natrek *As jy 'n prent wil* **natrek**, *plaas 'n stuk dun papier daaroor en teken die lyne wat deurskyn af.* If you want to **trace** a picture, place a piece of thin paper over it and copy the lines that show through.

☐ **trace** *verb (past tense and past participle* **traced**, *present participle* **tracing**)

track ❶ spoor [a] *Die jagter is op die* **spoor** *van 'n leeu.* The hunter is on the **track** of a lion. [b] *Jy kan die* **spore** *van 'n fiets heel duidelik in die sand sien.* You can see the **tracks** of a bicycle quite clearly in the sand. [c] *Die trein het van die* **spoor** *geloop en omgeslaan.* The train left the **track** and overturned. ❷ paadjie *Die skape het met 'n smal* **paadjie** *in die rigting van die rivier geloop.* The sheep walked along a narrow **track** towards the river. ❸ pad *'n Ruwe* **pad** *wat deur die boer se bakkie gemaak is, lei na die dam.* A rough **track** made by the farmer's bakkie leads to the dam. ❹ baan *Die renmotor het met 'n geweldige snelheid om die* **baan** *gejaag.* The racing car went round the **track** at a tremendous speed.

☐ **track** *noun (plural* **tracks**)

tractor trekker *'n* **Trekker** *is 'n sterk motorvoertuig wat plaasmasjinerie soos ploeë sleep.* A **tractor** is a powerful motor vehicle that pulls farm machinery such as ploughs.

☐ **trac·tor** *noun (plural* **tractors**)

trade[1] ❶ beroep *Hy is 'n messelaar van* **beroep**. He is a bricklayer by **trade**. ❷ ambag *Die messelaar het sy* **ambag** *van 'n bouer geleer.* The bricklayer learnt his **trade** from a builder. ❸ handel *Suid-Afrika verdien miljoene rande uit sy* **handel** *met Europese lande.* South Africa earns millions of rands from its **trade** with European countries. ❹ sake *Die winkel doen goeie* **sake** *in die Kerstyd.* The shop does a good **trade** at Christmas-time.

☐ **trade** *noun (no plural at* 3 *and* 4; **trades** *at* 1 *and* 2)

> A job in which you use your hands is a **trade**: *He is an electrician by* **trade**. A job for which you need special training and a certain level of education is a **profession**: *She is a teacher by* **profession**.

trade[2] handel *'n Hele paar winkels in dié straat* **handel** *in meubels.* Several shops in this street **trade** in furniture.

☐ **trade** *verb (past tense and past participle* **traded**, *present participle* **trading**)

traffic verkeer *In druk* **verkeer** *beweeg die voertuie baie stadig deur die strate.* In heavy **traffic** the vehicles move very slowly through the streets.

◆ **traffic light** verkeerslig *Die motor het by die rooi* **verkeerslig** *stilgehou.* The car stopped at the red **traffic light**.

◆ **traffic police** verkeerspolisie *Die* **verkeerspoli**

sie beboet motoriste wat te vinnig ry. The **traffic police** fine motorists who speed.

☐ **traf·fic** *noun (no plural)*

train[1] trein *"Het jy per **trein** of per bus na Pretoria gereis?"* "Did you travel to Pretoria by **train** or by bus?"

☐ **train** *noun (plural **trains**)*

train[2] ◆ afrig *Daar is spesiale skole wat honde **afrig** om blindes te lei.* There are special schools that **train** dogs to guide blind people. ◆ oplei *MEDUNSA is 'n universiteit wat dokters **oplei**.* MEDUNSA is a university that **trains** doctors. ◆ oefen *'n Sportman moet hard **oefen** om fiks te bly.* A sportsman must **train** hard to keep fit.

◆ **be trained as** as ... opgelei wees *My ma is as verpleegster **opgelei**.* My mother is **trained as** a nurse.

◆ **train as a** ◆ vir ... leer *Hy het drie jaar gelede **vir** dokter begin leer.* He started to **train as a** doctor three years ago. ◆ jou laat oplei as *Hy wil **hom as** soldaat laat oplei.* He wants to **train as a** soldier.

☐ **train** *verb (past tense and past participle **trained**, present participle **training**)*

translate vertaal *"Is dit vir jou maklik om iets uit Engels in Afrikaans te **vertaal?**"* "Do you find it easy to **translate** something from English into Afrikaans?"

☐ **trans·late** *verb (past tense and past participle **translated**, present participle **translating**)*

translation vertaling *'n Nuwe Afrikaanse **vertaling** van die Bybel het in 1983 verskyn.* A new Afrikaans **translation** of the Bible appeared in 1983.

☐ **trans·la·tion** *noun (plural **translations**)*

transport[1] vervoer *"Kan jou pa jou bring, of moet ek vir jou **vervoer** reël?"* "Can your father bring you, or shall I arrange **transport** for you?"

☐ **trans·port** *noun (no plural)*

transport[2] vervoer *Die bus kan veertig passasiers **vervoer**.* The bus can **transport** forty passengers.

☐ **trans·port** *verb (past tense and past participle **transported**, present participle **transporting**)*

trap[1] val, strik *Die boer het 'n **val/strik** gestel om die jakkals te vang.* The farmer set/laid a **trap** to catch the fox.

☐ **trap** *noun (plural **traps**)*

trap[2] in 'n strik vang *Die boer het die jakkals **in 'n strik** probeer vang.* The farmer tried to **trap** the fox.

◆ **trapped** vasgekeer *'n Stem het uit die brandende gebou geroep: "Help my uit – ek's **vasgekeer!**"* A voice called from the burning building, "Help me out – I'm **trapped!**"

☐ **trap** *verb (past tense and past participle **trapped**, present participle **trapping**)*

travel ◆ reis *Ons is lief vir **reis** en het al 'n hele paar lande in Suidelike Afrika besoek.* We love to **travel** and have visited quite a number of countries in Southern Africa. ◆ trek *Klank **trek** ver in die stil ure van die nag.* Sound **travels** far in the silent hours of the night.

◆ **travel by** ◆ reis per, reis met die/'n *Ek **reis per**

(of **met die/'n**) bus skool toe.* I **travel** to school **by** bus. ◆ ry *George en Charles **ry** soggens saam bus.* George and Charles **travel** together **by** bus in the morning.

☐ **trav·el** *verb (past tense and past participle **travelled**, present participle **travelling**)*

traveller reisiger *Ek het 'n Duitse **reisiger** ontmoet wat op toer deur ons land was.* I met a German **traveller** who was on tour through our country.

☐ **trav·el·ler** *noun (plural **travellers**)*

tray skinkbord *Die kelner het die kos op 'n **skinkbord** gedra.* The waiter carried the food on a **tray**.

☐ **tray** *noun (plural **trays**)*

tread trap *"Ekskuus tog, ek het nie bedoel om op jou tone te **trap** nie!"* "I beg your pardon, I didn't mean to **tread** on your toes!"

☐ **tread** *verb (past tense **trod**, past participle **trodden**, present participle **treading**)*

treat[1] genot *By die restaurant het ma gesê: "Wat 'n **genot** om nie vanaand te moet kook nie!"* At the restaurant mum said, "What a **treat** not to have to cook tonight!"

◆ **as a ... treat** as ₌geskenk *As verjaardag**geskenk** het pa vir ma uitgeneem vir ete.* **As a** birthday **treat** dad took mum out to dinner.

◆ **give someone a treat** iemand trakteer *Pa het besluit om ma te **trakteer** en haar vir ete uit te neem.* Dad decided to **give** mum **a treat** and take her out to dinner.

☐ **treat** *noun (plural **treats**)*

treat[2] behandel [a] *Dit breek my hart om te sien hoe sleg daardie mense hul diere **behandel**.* It breaks my heart to see how badly those people **treat** their animals. [b] *Sy het die brandwond **behandel** met salf wat sy by die apteker gekry het.* She **treated** the burn with some ointment that she got from the chemist.

◆ **treat to** trakteer op *Pa het besluit om ons elkeen **op 'n** roomys te **trakteer**.* Dad decided to **treat** us each **to** an ice-cream.

☐ **treat** *verb (past tense and past participle **treated**, present participle **treating**)*

treatment behandeling *Dié salf is baie goed vir die **behandeling** van brandwonde.* This ointment is very good for the **treatment** of burns.

☐ **treat·ment** *noun (plural **treatments**)*

tree boom *Die **boom** voor ons huis verloor sy blare in die winter.* The **tree** in front of our house sheds its leaves in winter.

☐ **tree** *noun (plural **trees**)*

tremble beef, bewe [a] *Die ysige wind het ons van die koue laat **beef/bewe**.* The icy wind made us **tremble** with cold. [b] *Die brug **het gebeef/gebewe** toe die trein daaroor ry.* The bridge **trembled** as the train went over it.

☐ **trem·ble** *verb (past tense and past participle **trembled**, present participle **trembling**)*

tremendous geweldige, ontsaglike *Die vliegtuig se en₌*

jins maak 'n **geweldige/ontsaglike** *lawaai.* The aeroplane's engines make a **tremendous** noise.

□ **tre·men·dous** *adjective*

triangle driehoek *'n* **Driehoek** *het drie sye.* A **triangle** has three sides.

□ **tri·an·gle** *noun (plural* **triangles***)*

tribe stam *Die leier van 'n* **stam** *word 'n hoofman ge= noem.* The leader of a **tribe** is called a chief.

□ **tribe** *noun (plural* **tribes***)*

trick toertjie *Ek het my hond die* **toertjie** *geleer om op sy agterpote te loop.* I taught my dog the **trick** of walking on its hind legs.

♦ **play a trick on someone** iemand *'n poets bak "Kom ons bak Lynette* **'n poets** *en gee vir haar suiker wat met sout gemeng is!"* "Let's **play a trick on** Ly= nette and give her sugar mixed with salt!"

□ **trick** *noun (plural* **tricks***)*

trip[1] ◼ rit *Net een* **rit** *was nodig om die meubels te ver= voer.* Only one **trip** was necessary to transport the fur= niture. ◼ reis *My pa moes vir sake 'n* **reis** *na Lesotho maak.* My dad had to make a **trip** to Lesotho for busi= ness. ◼ uitstappie *"Kom ons gaan Sondagmiddag op 'n* **uitstappie** *dam toe."* "Let's go on a **trip** to the dam on Sunday afternoon."

□ **trip** *noun (plural* **trips***)*

trip[2] struikel *"Pasop dat jy nie oor die boom se wortel* **struikel** *nie."* "Be careful not to **trip** on/over the root of the tree."

♦ **trip (up)** pootjie *Hy het haar probeer* **pootjie** *deur sy voet uit te steek net toe sy by hom verbyhardloop.* He tried to **trip** her **(up)** by sticking his foot out just as she ran past him.

□ **trip** *verb (past tense and past participle* **tripped,** *present participle* **tripping***)*

trot draf *"Laat die perd loop, dan* **draf,** *dan galop."* "Make the horse walk, then **trot,** then gallop."

□ **trot** *verb (past tense and past participle* **trotted,** *present participle* **trotting***)*

trouble[1] moeilikheid *"Ek is in die* **moeilikheid** *en het jou hulp bitter nodig."* "I'm in **trouble** and need your help badly."

♦ **cause trouble** moeilikheid veroorsaak *"Gee sy bal aan hom terug – dit sal net* **moeilikheid veroorsaak** *as jy dit nie doen nie."* "Give him back his ball – it will only **cause trouble** if you don't."

♦ **cause/give trouble** moeite/las gee *My oë* **gee** *my baie* **moeite/las** *– miskien moet ek hulle laat toets.* My eyes **cause/give** me a great deal of **trouble** – perhaps I should have them tested.

♦ **get into trouble** ◼ in die moeilikheid kom/beland *"Jy sal* **in die moeilikheid kom/beland** *as pa jou betrap dat jy rook."* "You'll **get into trouble** if dad catches you smoking." ◼ in die moeilikheid bring *"Jy sal my* **in die moeilikheid bring** *as jy vir ma sê ek het die tafel gekrap."* "You'll **get me into trouble** if you tell mum that I've scratched the table."

♦ **go to a lot of trouble** baie moeite doen *Soos ek*

haar ken, sal sy **baie moeite doen** *om die partytjie te laat slaag.* As I know her, she'll **go to a lot of trouble** to make a success of the party.

♦ **have trouble** moeite hê, sukkel *"Jou kaart is mooi duidelik – ek behoort nie* **moeite te hê** *(OF te* **sukkel***) om jul huis te vind nie."* "Your map is quite clear – I shouldn't **have trouble** finding your house."

♦ **no trouble (at all)** geen moeite nie *"Die kinders was baie soet – hulle was* **geen moeite nie.***"* "The chil= dren were very good – they were **no trouble (at all).**"

♦ **take the trouble** die moeite doen *Ek twyfel of hy* **die moeite** *sal* **doen** *om my brief te beantwoord.* I doubt whether he will **take the trouble** to answer my letter.

♦ **the trouble is that** die probleem is dat *"Jy's nie dom nie;* **die probleem is dat** *jy lui is!"* "You're not slow; **the trouble is that** you're lazy!"

♦ **what's the trouble?** wat makeer? *"***Wat makeer?** *Hoekom huil jy?"* "**What's the trouble?** Why are you crying?"

□ **trou·ble** *noun (plural* **troubles***)*

trouble[2] ◼ pla *"***Pla** *jou besering jou nog steeds?"* "Does your injury still **trouble** you?" ◼ die moeite doen *Ek twyfel of hy* **die moeite sal doen** *om my brief te beant= woord.* I doubt whether he will **trouble** to answer my letter.

♦ **it troubles me that** dit maak my bekommerd dat *Dit maak my bekommerd dat* die hond nie wil eet nie.* **It troubles me that** the dog won't eat.

♦ **may I trouble you for the ...?** sal jy my asseblief die ... aangee? *"***Sal jy my asseblief die** *suiker* **aan= gee?***"* "**May I trouble you for the** sugar?"

♦ **sorry to trouble you** jammer om jou te pla *"***Jam= mer om jou te pla,** *maar kan jy my sê waar die pos= kantoor is?"* "**Sorry to trouble you,** but can you tell me where the post office is?"

□ **trou·ble** *verb (past tense and past participle* **troubled,** *present participle* **troubling***)*

---

trousers take a plural verb: *His trousers* **are** *grey.* Refer to more than one of these pieces of clothing as **pairs of trousers:** *He has four* **pairs of trousers** *(not* He has four **trousers***).*

---

trousers ◼ langbroek *Simon het na kerk sy* **langbroek** *uitgetrek en 'n kortbroek aangetrek.* After church Si= mon took off his **trousers** and put on a pair of shorts. ◼ broek *Hy het die linkerpyp van sy* **broek** *geskeur.* He tore the left leg of his **trousers.**

♦ **a pair of trousers** ⇨ **pair.**

□ **trou·sers** *plural noun*

truck vragmotor, lorrie *Die manne het die* **vragmotor/ lorrie** *vol bakstene gelaai.* The men loaded the **truck** full of bricks.

□ **truck** *noun (plural* **trucks***)*

true ◼ waar *"Ek jok nie vir jou nie; dis* **waar** *dat ons oorsee gaan."* "I'm not lying to you; it's **true** that we're going overseas." ◼ eg *'n* **Egte** *vriend is altyd* *getrou en sal jou nooit in die steek laat nie.* A **true** friend is always faithful and will never let you down.

☐ **true** *adjective* **truer, truest**

trumpet[1] trompet *'n **Trompet** is 'n musiekinstrument wat 'n hoë, harde geluid maak wanneer jy daarin blaas.* A **trumpet** is a musical instrument that makes a high, loud sound when you blow into it.

☐ **trum·pet** *noun (plural* **trumpets***)*

trumpet[2] trompet, trompetter *Leeus brul en olifante **trompet/trompetter**.* Lions roar and elephants **trumpet**.

☐ **trum·pet** *verb (past tense and past participle* **trum= peted***, present participle* **trumpeting***)*

trunk ◻1 stam *Die boom se **stam** is so dik dat ek nie my arms daarom kan kry nie.* The tree's **trunk** is so thick that I can't get my arms round it. ◻2 slurp *'n Olifant gebruik sy **slurp** om goed mee op te tel.* An elephant uses its **trunk** to pick up things. ◻3 kis *Hy het sy klere en 'n paar ander besittings in 'n **kis** gepak toe hulle getrek het.* He packed his clothes and some other belongings into a **trunk** when they moved.

☐ **trunk** *noun (plural* **trunks***)*

trust[1] vertroue *Hy is 'n eerlike seun – ek het baie **ver= troue** in hom.* He is an honest boy – I have a lot of **trust** in him.

☐ **trust** *noun (no plural)*

trust[2] ◻1 vertrou *"Jy kan hom **vertrou** – hy is 'n eerlike seun."* "You can **trust** him – he is an honest boy." ◻2 vertrou op *"Kan jy **op** haar **vertrou** om 'n geheim te bewaar?"* "Can you **trust** her to keep a secret?"

☐ **trust** *verb (past tense and past participle* **trusted***, present participle* **trusting***)*

truth waarheid *"Praat die **waarheid**; moenie vir my jok nie."* "Tell the **truth**; don't lie to me."

☐ **truth** *noun (no plural)*

try[1] drie *In rugby druk 'n speler 'n **drie** as hy die bal agter die doellyn van sy opponente neersit.* In rugby a player scores a **try** when he puts the ball down behind the goal-line of his opponents.

◆ **have a try, give it a try** probeer *"Ek kan nie die deur oopkry nie." – "Laat my **probeer**."* "I can't get the door open." – "Let me **have** (OR **give it) a try**."

☐ **try** *noun (plural* **tries***)*

try[2] probeer [a] *"Ek weet nie of ek dit kan doen nie, maar ek sal **probeer**."* "I don't know if I can do it, but I'll **try**." [b] *"Het jy al ooit rou vis **(ge)probeer**?"* "Have you ever **tried** raw fish?"

◆ **try on** ◻1 aanpas *"Dié skoene knyp my – ek sal 'n groter nommer moet **aanpas**."* "These shoes pinch me – I'll have to **try on** a bigger size." ◻2 oppas *Daar is 'n rooi hoed in die winkelvenster wat ek graag wil **oppas**.* There is a red hat in the shop window that I'd like to **try on**.

◆ **try to, try and** probeer *"**Probeer** asseblief betyds wees."* "Please **try to/and** be on time."

☐ **try** *verb (past tense and past participle* **tried***, present participle* **trying***)*

T-shirt T-hemp *'n **T-hemp** het kort moue en geen knope nie.* A **T-shirt** has short sleeves and no buttons.

☐ **T-shirt** *noun (plural* **T-shirts***)*

tube buis *Die **buis** tandepasta is amper leeg.* The **tube** of toothpaste is almost empty.

☐ **tube** *noun (plural* **tubes***)*

Tuesday Dinsdag ***Dinsdag** is die tweede werkdag van die week.* **Tuesday** is the second workday of the week.

☐ **Tues·day** *noun (plural* **Tuesdays***)*

tune deuntjie, wysie *Hy het 'n vrolike **deuntjie/wysie** gefluit.* He whistled a cheerful **tune**.

☐ **tune** *noun (plural* **tunes***)*

tunnel tonnel [a] *"Sal ek oor die berg ry of die pad neem wat deur die **tonnel** loop?"* "Shall I go over the moun= tain or take the road that runs through the **tunnel**?" [b] *Molle leef in **tonnels** onder die grond.* Moles live in tunnels under the ground.

☐ **tun·nel** *noun (plural* **tunnels***)*

turn[1] ◻1 draai [a] *"Hoe skakel ek die radio aan?" – "Gee die knop 'n **draai** na regs."* "How do I switch the radio on?" – "Give the knob a **turn** to the right." [b] *Die pad deur die berge is vol swaaie en **draaie**.* The road through the mountains is full of twists and **turns**. ◻2 beurt *"Dis jou **beurt** om die skottelgoed te was – ek het dit gisteraand gedoen."* "It's your **turn** to wash the dishes – I did it last night."

◆ **in turn** ◻1 om die beurt *Ek en my suster was die skot= telgoed **om die beurt**.* My sister and I wash the dishes **in turn**. ◻2 op iemand/iets se beurt *Tom het die bal na Walter aangegee en hy het dit **op sy beurt** vorentoe geskop.* Tom passed the ball to Walter, and he **in turn** kicked it forward. ◻3 (die) een na die ander *Sy het die kinders se name **(die) een na die ander** afgelees.* She read out the children's names **in turn**.

◆ **take a turn to the left/right, take a left/right turn** links/regs draai *"Ry twee blokke aan en **draai dan links**."* "Drive on for two blocks; then **take a turn to the left** (OR **take a left turn**)."

◆ **take the turn** om die draai gaan *"Moenie te vinnig om die **draai gaan** nie."* "Don't **take the turn** too fast."

◆ **take the turn on/to the left/right** op die hoek links/regs draai *"**Draai op die** tweede **hoek regs**."* "**Take** the second **turn on/to the right**."

◆ **take turns at doing something, take it in turns to do something** beurte maak om iets te doen *Ek en my suster **maak beurte om** die skottelgoed te was.* My sister and I **take turns at** washing (OR **take it in turns to** wash) the dishes.

◆ **wait one's turn** jou beurt afwag *Dit maak my vies as mense voor ander indruk en nie **hul beurt afwag** nie.* It annoys me if people push in front of others and don't **wait their turn**.

☐ **turn** *noun (plural* **turns***)*

turn[2] ◻1 draai [a] *Hoe harder jy trap, hoe vinniger **draai** die wiele.* The harder you pedal, the faster the wheels turn. [b] *Hy **het** die handvatsel **gedraai** om te kyk of* *die deur gesluit was.* He **turned** the handle to check whether the door was locked. **[c]** *"Loop reg met die straat af tot by die hoek en **draai** dan links."* "Walk straight down the street to the corner and then **turn** left." **[d]** *Die pad loop vir 'n paar kilometer reguit en **draai** dan skerp na regs.* The road runs straight for a few kilometres and then **turns** sharply to the right. **2** laat draai *Krag uit die enjin **laat** 'n motor se wiele **draai**.* Power from the engine **turns** a car's wheels. **3** om= draai *Ek het haar sien **omdraai** en wegloop.* I saw her **turn** and walk away. **4** word **[a]** *Dis herfs en die bome se blare begin bruin **word**.* It's autumn and the trees' leaves are starting to **turn** brown. **[b]** *My ouma **het** gister 67 **geword**.* My grandmother **turned** 67 yester= day. **5** laat word *Warm weer **laat** melk suur **word**.* Warm weather **turns** milk sour.

♦ **turn a page (over)** omblaai *"Kan ek maar om= blaai?"* – *"Nee, ek het nog 'n paar reëls om te lees."* "May I **turn the page (over)**?" – "No, I have a few more lines to read."

♦ **turn away 1** wegwys *Die oppasser moes die motors **wegwys**, want die parkeergarage was vol.* The attend= ant had to **turn** the cars **away** because the parking garage was full. **2** wegdraai *"Kyk na my – moenie jou gesig **wegdraai** as ek met jou praat nie!"* "Look at me – don't **turn** your face **away** when I talk to you!"

♦ **turn back** omdraai *Dit het so swaar gereën dat ons moes **omdraai** en huis toe gaan.* It rained so heavily that we had to **turn back** and go home.

♦ **turn down 1** afdraai *"Sal jy asseblief die radio af= draai? Dis veels te hard."* "Will you please **turn** the radio **down**? It's far too loud." **2** omvou *Moet nooit die hoek van 'n blad **omvou** om jou plek in 'n boek te merk nie.* Never **turn** the corner of a page **down** to mark your place in a book.

♦ **turn into** verander in *Water **verander in** stoom as dit kook.* Water **turns into** steam when it boils.

♦ **turn off 1** afdraai *Daar is plekke langs die pad waar 'n mens kan **afdraai** om te rus.* There are places along the road where one can **turn off** to rest. **2** afdraai, afsluit *Jy moet die krag by die hoofskakelaar **afdraai/ afsluit** voor jy aan 'n elektriese draad werk.* You must **turn off** the power at the main switch before you work on an electric wire. **3** toedraai *"Sal jy die kraan vir my **toedraai**, asseblief? Daar's genoeg water in die bad."* "Will you **turn off** the tap for me, please? There's enough water in the bath." **4** afskakel, afsit **[a]** *"Kan ek maar die radio **afskakel/afsit**, of luister jy nog daar= na?"* "May I **turn off** the radio, or are you still listen= ing to it?" **[b]** *"Onthou om die ligte **af te skakel/sit** voordat jy gaan slaap."* "Remember to **turn off** the lights before you go to bed."

♦ **turn on 1** oopdraai *Steek die prop in die bad voor jy die kraan **oopdraai**.* Put the plug in the bath before you **turn on** the tap. **2** aanskakel, aansit *"Sal ek die lig **aanskakel/aansit**? Dis 'n bietjie donker hier binne."* "Shall I **turn on** the light? It's a bit dark in here."

♦ **turn out well** goed afloop *"Moet jou nie bekommer nie – ek is seker alles sal op die ou end **goed afloop**."* "Don't worry – I'm sure everything will **turn out well** in the end."

♦ **turn over 1** omdraai, omkeer *"Sal ek die plaat om= draai/omkeer en die ander kant speel?"* "Shall I **turn** the record **over** and play the other side?" **2** jou om= draai *"Jy snork as jy op jou rug lê – **draai jou** op jou sy om!"* "You snore if you lie on your back – **turn over** on to your side!"

♦ **turn round** omdraai *"Kyk na die muur en moenie **omdraai** voor ek sê jy mag nie."* "Face the wall and don't **turn round** until I say you may."

♦ **turn the corner** om die hoek ry *"Wag vir die voet= gangers om die straat oor te steek voor jy **om die hoek ry**."* "Wait for the pedestrians to cross the street be= fore you **turn the corner**."

♦ **turn to** blaai na *"**Blaai** asseblief **na** bladsy 56."* "Please **turn to** page 56."

♦ **turn to someone for ...** by iemand ... soek *Solank my ouers daar is, sal ek altyd **iemand** hê **by** wie ek kan hulp **soek**.* As long as my parents are there I'll always have **someone** to **turn to** for help.

♦ **turn up 1** opdaag *Ek wonder hoeveel mense by die vergadering sal **opdaag**?* I wonder how many people will **turn up** at the meeting? **2** opslaan *"As jy jou kraag **opslaan**, sal die son jou nie so erg steek nie."* "If you **turn up** your collar the sun won't burn you so badly." **3** omslaan *"Dink jy nie jy moet jou broekspype **omslaan** voor jy deur die modder loop nie?"* "Don't you think you ought to **turn up** your trousers before you walk through the mud?" **4** harder stel *"Stel die TV 'n bietjie **harder**, asseblief; ek kan nie mooi hoor nie."* "Please **turn** the TV **up** a bit; I can't hear very well."

☐ **turn** *verb (past tense and past participle **turned**, present participle **turning**)*

TV is an abbreviation for **television**.

---

twelfth twaalfde *Desember is die **twaalfde** maand van die jaar.* December is the **twelfth** month of the year.
☐ **twelfth** *numeral*

twelve twaalf *Tien plus twee is **twaalf**.* Ten plus two is **twelve**.
☐ **twelve** *numeral*

twentieth twintigste *Ons leef in die **twintigste** eeu.* We live in the **twentieth** century.
☐ **twen·tieth** *numeral*

twenty twintig *Twee maal tien is **twintig**.* Two times ten is **twenty**.
☐ **twen·ty** *numeral*

twice 1 twee maal, twee keer *Ons gee ons kat **twee maal/keer** per dag kos.* We feed our cat **twice** a day. **2** twee maal *Twee maal twee is vier.* **Twice** two is four.
☐ **twice** *adverb*

twin[1] tweeling *"Kan jy die een **tweeling** van die ander onderskei?"* "Can you tell the one **twin** from the other?"

◆ **twins** tweeling *Cynthia en Lynette is 'n **tweeling** en lyk presies eenders.* Cynthia and Lynette are **twins** and look exactly alike.

□ **twin** noun (plural **twins**)

twin[2] tweeling= *Die **tweeling**susters lyk so eenders dat ek hulle nie van mekaar kan onderskei nie.* The **twin** sisters look so alike that I can't tell them apart.

□ **twin** adjective

twinkle glinster, vonkel *Kort na sononder begin die eerste ster aan die hemel **glinster/vonkel**.* Soon after sunset the first star begins to **twinkle** in the sky.

□ **twin·kle** verb (past tense and past participle **twinkled**, present participle **twinkling**)

twist[1] ❶ draai *Hy het die appel met 'n harde **draai** van die stingel afgebreek.* With a hard **twist** he broke the apple off the stalk. ❷ swaai *Die pad deur die berge is vol **swaaie** en draaie.* The road through the mountains is full of **twists** and turns.

□ **twist** noun (plural **twists**)

twist[2] ❶ draai [a] *Hy het die stingel uit die appel probeer **draai**.* He tried to **twist** the stalk out of the apple. [b] *Sy het die rekkie twee maal om die bondel kryte ge=draai.* She **twisted** the rubber band twice round the bundle of crayons. ❷ swaai *Die pad **swaai** en draai deur die berge.* The road **twists** and turns through the mountains. ❸ verstuit, verswik *"Pasop dat jy nie jou enkel **verstuit/verswik** as jy oor die klippe loop nie."* "Be careful that you don't **twist** your ankle when you walk over the stones."

◆ **be twisted with pain** van die pyn vertrek wees *Haar gesig **was van die pyn vertrek**.* Her face **was twisted with pain**.

□ **twist** verb (past tense and past participle **twisted**, present participle **twisting**)

two twee [a] *Een plus een is **twee**.* One plus one is **two**. [b] *"Hoe oud is Tommie?" – "Hy is **twee**."* "How old is Tommy?" – "He is **two**." [c] *Die poskantoor is toe tussen een en **twee**.* The post office is closed between one and **two**.

◆ **a ... or two** ❶ 'n ... of twee *"Kan jy my 'n rand **of**

twee leen?"* "Can you lend me **a** rand **or two**?" ❷ 'n ... of wat *Ek skat hy sal oor **'n dag of wat** hier wees.* I reckon he'll be here in **a** day **or two**.

◆ **an ... or two** 'n ... of wat *Ek skat hy sal oor **'n uur of wat** hier wees.* I reckon he'll be here in **an** hour **or two**.

◆ **in two** in twee *Sy het die appel **in twee** gesny en dit met haar maat gedeel.* She cut the apple **in two** and shared it with her friend.

◆ **the two of us/you/them** ons/julle/hulle twee *Die juffrou het vir Charlotte en Lynette gesê: "Sal **julle twee** asseblief ophou (met) praat?"* The teacher said to Charlotte and Lynette, "Will **the two of you** please stop talking?"

◆ **two o'clock** twee-uur *Die poskantoor maak weer om **twee-uur** oop.* The post office opens again at **two o'clock**.

□ **two** numeral

type[1] soort *'n Grondboontjie is 'n **soort** neut.* A peanut is a **type** of nut.

□ **type** noun (plural **types**)

type[2] tik *Die hoof het sy sekretaresse gevra om vir hom 'n brief te **tik**.* The headmaster asked his secretary to **type** a letter for him.

□ **type** verb (past tense and past participle **typed**, present participle **typing**)

typewriter tikmasjien *Die hoof se sekretaresse het 'n elektriese **tikmasjien**.* The headmaster's secretary has an electric **typewriter**.

□ **type·wri·ter** noun (plural **typewriters**)

typical tipies *Dis **tipies** van haar om vir alles laat te wees.* It's **typical** of her to be late for everything.

□ **typ·i·cal** adjective

typically ❶ tipies *Hulle sê dis **tipies** Suid-Afrikaans om nie oor swak diens te kla nie.* They say it's **typically** South African not to complain about bad service. ❷ soos gewoonlik *Soos **gewoonlik** was sy weer laat.* **Typically**, she was late again.

□ **typ·i·cal·ly** adverb

tyre band *Hy het die lek in die agterste **band** van sy fiets gelap.* He patched the puncture in the back **tyre** of his bicycle.

□ **tyre** noun (plural **tyres**)

U

ugh! sies! *"Sies, kyk hoe vuil is jou hande! Gaan was hulle onmiddellik."* **"Ugh,** look how dirty your hands are! Go and wash them immediately."

☐ **ugh** *interjection*

ugly lelik *Die heks in die storieboek is baie lelik. Sy het 'n groot neus en geen tande nie.* The witch in the storybook is very **ugly.** She has a big nose and no teeth.

☐ **ug·ly** *adjective* **uglier, ugliest**

umbrella sambreel *"Neem 'n sambreel saam; dalk reën dit."* "Take an **umbrella** with you; it might rain."

☐ **um·brel·la** *noun (plural* **umbrellas***)*

unable kan nie *Die man is blind en kan nie sien nie.* The man is blind and is **unable** to see.

☐ **un·a·ble** *adjective*

uncle oom *Oom Tom is my ma se broer.* **Uncle** Tom is my mother's brother.

☐ **un·cle** *noun (plural* **uncles***)*

> Write **uncle** with an initial capital letter when it is part of a proper name but not when it is used alone: *"Tell* **Uncle** *Tom supper is ready."* My **uncle** *lives in Durban.*

under[1] onder *Hy het in die water geduik en amper 'n minuut onder gebly.* He dived into the water and stayed **under** for almost a minute.

☐ **un·der** *adverb*

under[2] [1] onder [a] *Die hond het onder my bed wegge= kruip.* The dog hid **under** my bed. [b] *'n Mens kan nie onder water asemhaal nie.* One can't breathe **under** water. [c] *Jy kan nie 'n rybewys kry as jy onder agtien is nie.* You can't get a driver's licence if you're **under** eighteen. [d] *Sy het mediese behandeling onder die sorg van 'n dokter gekry.* She had medical treatment **under** the care of a doctor. [2] onder, minder as *Ek het onder (*OF *minder as) R20,00 vir die boek betaal.* I paid **under** R20,00 for the book. ⇨ **below**[2] [NOTE].

♦ **under it** daaronder *"Vou die kombers dubbel as jy nie warm genoeg daaronder kry nie."* "Fold the blan= ket double if you aren't warm enough **under it.**"

☐ **un·der** *preposition*

underclothes onderklere *Frokkies en onderbroeke is onderklere.* Vests and underpants are **under= clothes.**

☐ **un·der·clothes** *plural noun*

underneath [1] onder *Hy dra 'n frokkie onder sy hemp.* He is wearing a vest **underneath** his shirt. [2] onder= deur *Die spoorlyn loop onderdeur die brug.* The rail= way line runs **underneath** the bridge.

♦ **underneath it** daaronder *"Wil jy die boek hê wat bo lê?"* – *"Nee, die een daaronder."* "Do you want the book lying on top?"– "No, the one **underneath it.**"

☐ **un·der·neath** *preposition*

underpants onderbroek *Hy het sy klere uitgetrek en in sy frokkie en onderbroek badkamer toe gehardloop.* He took off his clothes and ran to the bathroom in his vest and **underpants.**

☐ **un·der·pants** *plural noun*

understand verstaan [a] *"Klas, verstaan julle dié som, of moet ek dit weer verduidelik?"* "Class, do you **understand** this sum, or shall I explain it again?" [b] *"Verstaan jy hoe 'n telefoon werk?"* "Do you under= stand how a telephone works?"

☐ **un·der·stand** *verb (past tense and past participle* **understood,** *present participle* **understanding***)*

underwear onderklere *Frokkies en onderbroeke is on= derklere.* Vests and underpants are **underwear.**

☐ **un·der·wear** *plural noun*

undo [1] losmaak *"Jy moet die veters losmaak voor jy jou skoene uittrek."* "You must **undo** the laces before you take off your shoes." [2] loskry *Ek kan nie die knoop in die tou loskry nie.* I can't **undo** the knot in the rope.

☐ **un·do** *verb (past tense* **undid,** *past participle* **un= done,** *present participle* **undoing***)*

undress uittrek *"Ek wil die baba bad – sal jy haar vir my uittrek, asseblief?"* "I want to bath the baby – will you **undress** her for me, please?"

☐ **un·dress** *verb (past tense and past participle* **un= dressed,** *present participle* **undressing***)*

uneven ongelyk *Die pad is vol bulte en baie ongelyk.* The road is full of bumps and very **uneven.**

☐ **un·e·ven** *adjective* **more uneven, most uneven**

unexpected onverwags *Haar dood was onverwags – ons het almal gedink sy is sterk en gesond.* Her death was **unexpected** – we all thought she was strong and healthy.

☐ **un·ex·pec·ted** *adjective*

unexpectedly onverwags *Hy het groot geskrik toe die hond hom onverwags bestorm.* He got a big fright when the dog **unexpectedly** charged at him.

☐ **un·ex·pec·ted·ly** *adverb*

unfair onregverdig *Dis onregverdig dat Doreen vyf lekkers gekry het en ek net drie.* It's **unfair** that Doreen got five sweets and I only three.

☐ **un·fair** *adjective*

unfortunately ongelukkig *"Ongelukkig is al die roomys uitverkoop – wat van 'n koeldrank?"* "Unfor= tunately all the ice-cream is sold out – how about a cool drink?"

☐ **un·for·tu·nate·ly** *adverb*

ungrateful ondankbaar *"Ek wil nie ondankbaar klink nie, maar die horlosie wat jy my present gegee het,* *loop nie goed nie.*" "I don't want to sound **ungrateful**, but the watch that you gave me as a present doesn't keep good time."

☐ **un·grate·ful** *adjective*

unhappy ongelukkig "*Hoekom lyk jy so ongelukkig?*" – "*My kat is deur 'n motor omgery.*" "Why do you look so **unhappy**?" – "My cat was run over by a car."

☐ **un·hap·py** *adjective* **unhappier, unhappiest**

unhealthy ongesond [a] *Dis ongesond om te rook.* It is **unhealthy** to smoke. [b] *Hy het 'n ongesonde hoes.* He has an **unhealthy** cough.

☐ **un·health·y** *adjective* **unhealthier, unhealthiest**

uniform uniform *Verpleegsters dra 'n wit uniform.* Nurses wear a white **uniform**.

☐ **u·ni·form** *noun (plural* **uniforms***)*

university universiteit *Hy is universiteit toe om vir dokter te leer.* He went to **university** to study medicine.

☐ **u·ni·ver·si·ty** *noun (plural* **universities***)*

unknown onbekend "*Ek kan nie vir jou sê wie daardie man is nie – hy is vir my onbekend.*" "I can't tell you who that man is – he is **unknown** to me."

☐ **un·known** *adjective*

unless ❶ tensy [a] "*Sien jou later tensy jy my laat weet jy kan nie kom nie.*" "See you later **unless** you let me know you can't come." [b] "*Kry 'n lemoen – tensy jy 'n appel verkies.*" "Have an orange – **unless** you prefer an apple." ❷ as ... nie "*Jy hoef dit nie te doen as jy nie lus het nie.*" "You needn't do it **unless** you feel like it."

☐ **un·less** *conjunction (joining word)*

unlike ❶ nie na ... lyk nie *Sy lyk nie na haar suster nie – hulle verskil heeltemal van mekaar.* She is **unlike** her sister – they differ completely from each other. ❷ anders as *Anders as 'n koppie, het 'n beker nie 'n piering nie.* **Unlike** a cup, a mug doesn't have a saucer. ❸ nie soos *Dis nie soos George om laat te wees nie – hy was nog altyd betyds.* It's **unlike** George to be late – he has always been on time.

☐ **un·like** *preposition*

unload aflaai "*Help my asseblief die meubels van die bakkie aflaai.*" "Please help me **unload** the furniture from the bakkie."

☐ **un·load** *verb (past tense and past participle* **unloaded**, *present participle* **unloading***)*

unlock oopsluit *Dis seker die verkeerde sleutel dié – ek kan nie die deur daarmee oopsluit nie.* This must be the wrong key – I can't **unlock** the door with it.

☐ **un·lock** *verb (past tense and past participle* **unlocked**, *present participle* **unlocking***)*

unlucky ongelukkig *Ek is ongelukkig in kaartspel – ek wen nooit nie.* I'm **unlucky** at card games – I never win.

☐ **un·luck·y** *adjective* **unluckier, unluckiest**

unmarried ongetroud *My tante is ongetroud en het geen man nie.* My aunt is **unmarried** and has no husband.

☐ **un·mar·ried** *adjective*

unnecessary onnodig *Dis onnodig om die tuin op 'n reënerige dag nat te gooi.* It's **unnecessary** to water the garden on a rainy day.

☐ **un·nec·es·sar·y** *adjective*

unpack uitpak *Die somer is verby – ons sal ons winterklere moet uitpak.* Summer is past – we'll have to **unpack** our winter clothes.

☐ **un·pack** *verb (past tense and past participle* **unpacked**, *present participle* **unpacking***)*

unpleasant onaangenaam *Die weer was baie onaangenaam – dit het die hele tyd gereën.* The weather was very **unpleasant** – it rained all the time.

☐ **un·pleas·ant** *adjective* **more unpleasant, most unpleasant**

unscrew afskroef, afskroewe "*Pa, sal jy die bottel se dop vir my afskroef/afskroewe, asseblief?*" "Dad, will you **unscrew** the top of the bottle for me, please?"

☐ **un·screw** *verb (past tense and past participle* **unscrewed**, *present participle* **unscrewing***)*

untidy ❶ deurmekaar *Die huis was so deurmekaar dat dit ons ure gekos het om dit weer aan die kant te maak.* The house was so **untidy** that it took us hours to put it straight again. ❷ slordig *Hy is baie slordig en pak nooit sy goed weg nie.* He is very **untidy** and never packs his things away.

☐ **un·ti·dy** *adjective* **untidier, untidiest**

untie ❶ losmaak [a] "*Jy kan die hond maar losmaak – al die gaste is weg.*" "You may **untie** the dog – all the guests have left." [b] *Hy het die veters losgemaak en sy skoene uitgetrek.* He **untied** the laces and took off his shoes. ❷ loskry *Ek kan nie die knoop in die tou loskry nie.* I can't **untie** the knot in the rope.

☐ **un·tie** *verb (past tense and past participle* **untied**, *present participle* **untying***)*

until, till¹ ❶ tot *Hy werk Saterdae tot eenuur.* He works **until/till** one o'clock on Saturdays. ❷ tot aan *As jy van die 28ste November af reken, bly daar 34 dae oor tot aan die end van die jaar.* If you reckon from the 28th of November, 34 days remain **until/till** the end of the year. ❸ voor *Die tandarts kan my nie voor die einde van volgende maand ontvang nie.* The dentist can't see me **until/till** the end of next month.

◆ **not until/till** eers [a] *Ons het eers twaalfuur tuis gekom.* We did **not** come home **until/till** twelve o'clock. [b] *Ek het haar eers na die vakansie weer gesien.* I did **not** see her again **until/till** after the holidays.

◆ **until/till now** ⇨ **now**¹.

◆ **until/till when?** tot wanneer?, hoe lank? "*Tot wanneer (OF Hoe lank) moet ek vir jou wag?*" "**Until/Till when** must I wait for you?"

☐ **un·til, till** *preposition*

until, till² ❶ tot, totdat "*Loop met dié straat af tot/totdat jy by die verkeerslig kom; draai dan regs.*" "Walk down this street **until/till** you get to the robot, then turn right." ❷ voor, voordat *Die wedstryd sal nie begin voor/voordat dit ophou reën nie.* The match won't start **until/till** it stops raining.

◆ **not until/till** eers toe *Eers toe ek buite kom, het ek besef hoe koud dit is.* **Not until/till** I got outside, did I realize how cold it was.

□ **un·til, till** *conjunction (joining word)*

unusual ❶ ongewoon, buitengewoon *Dis ongewoon/ buitengewoon om sneeu in die somer te sien.* It is **unusual** to see snow in summer. ❷ besonder(s) *Haar hoed is heel besonder(s) – dit lyk soos 'n teepot!* Her hat is quite **unusual** – it looks like a teapot!

□ **un·u·su·al** *adjective* **more unusual, most unusual**

up[1] ❶ op [a] *"Is Lynette al op?"* – *"Nee, sy's nog in die bed."* "Is Lynette **up** already?" – "No, she's still in bed." [b] *Ons het baie vroeg vertrek – die son was nog nie eers op nie.* We left very early – the sun wasn't even **up** yet. [c] *Hy het om die motor geloop om te kyk of al die vensters op is.* He walked round the car to check whether all the windows were **up**. ❷ op= [a] *"As jy al jou kos opeet, kan jy roomys vir poeding kry."* "If you eat **up** all your food, you can have ice-cream for pudding." [b] *Die seun het vir 'n vrou in die bus opgestaan.* The boy stood **up** for a lady in the bus. ❸ bo [a] *Haar romp bly bo omdat dit rek om die middel het.* Her skirt stays **up** because it has elastic round the waist. [b] *"Wat maak jy daar bo op die dak?"* "What are you doing **up** there on the roof?" ❹ om *"Kinders, die tyd is om. Sit jul penne neer en gee jul vraestelle in."* "Children, time is **up**. Put down your pens and hand in your papers."

◆ **up to** ❶ tot *Die man is bereid om tot R25 vir die tafel te betaal, maar nie meer nie.* The man is prepared to pay **up to** R25 for the table, but not more. ❷ tot by [a] *My sussie kan tot by vyftig tel.* My little sister can count **up to** fifty. [b] *Aan die vlak kant van die swembad kom die water tot by my middel.* In the shallow end of the swimming pool the water comes **up to** my waist.

◆ **up to now** ⇨ **now**[1].

□ **up** *adverb*

up[2] ❶ op met *"Gaan met die trap op na die tweede verdieping toe."* "Go **up** the stairs to the second floor." ❷ op teen *Die lorrie is met 'n lae snelheid teen die bult op.* The lorry went **up** the hill at a low speed.

◆ **climb up it** daarteen afklim *"Sorg dat die leer vas staan voor jy daarteen opklim."* "Make sure that the ladder stands firm before you **climb up it**."

◆ **up country** in die binneland *As die wind aan die kus waai, reën dit dikwels in die binneland.* If the wind blows on the coast, it often rains **up country**.

◆ **up the river** rivierop *Dis makliker om rivieraf as rivierop te swem.* It's easier to swim down the river than **up the river**.

◆ **up the street** ❶ straatop *"Is huis nommer 315 straatop of straataf?"* "Is house number 315 **up the street** or down the street?" ❷ met die straat op *"Gaan met dié straat op totdat jy bo-op die bult kom."* "Go **up this street** until you reach the top of the hill."

□ **up** *preposition*

uphill opdraand, opdraande *Ek loop afdraand/af-draande skool toe en opdraand/opdraande terug huis toe.* I walk downhill to school and **uphill** back home.

□ **up·hill** *adverb*

upper boonste *Hy het met die trap na die boonste dek van die bus geklim.* He climbed the stairs to the **upper** deck of the bus.

◆ **upper arm** boarm *Die elmboog is 'n gewrig tussen die boarm en voorarm.* The elbow is a joint between the **upper arm** and forearm.

◆ **upper lip** bolip *Sy onderlip is baie dikker as sy bo-lip.* His lower lip is much thicker than his **upper lip**.

□ **up·per** *adjective*

upright regop *Hy het sy fiets opgetel en regop teen die muur laat staan.* He picked up his bike and set it **up-right** against the wall.

□ **up·right** *adjective*

upset[1] ontstel *"Jammer, dit was nie my bedoeling om jou te ontstel nie."* "I'm sorry, it wasn't my intention to **upset** you."

□ **up·set** *verb (past tense and past participle upset, present participle upsetting)*

upset[2] ontsteld *Sy was baie ontsteld toe haar kat dood is.* She was very **upset** when her cat died.

□ **up·set** *adjective*

upside down onderstebo *Die seuntjie het die doos on-derstebo gehou en al die vuurhoutjies het uitgeval.* The little boy held the box **upside down** and all the matches fell out.

□ **up·side down** *adverb*

upstairs ❶ bo *Die bure bo gaan na 'n woonstel op die grondverdieping trek.* The neighbours **upstairs** are go-ing to move to a flat on the ground floor. ❷ boontoe *"Gaan boontoe en doen jou huiswerk, en moenie afkom voor jy klaar is nie!"* "Go **upstairs** and do your home-work, and don't come down before you have fin-ished!"

□ **up·stairs** *adverb*

upward, upwards ❶ boontoe *Dié pad lei boontoe na die top van die berg.* This road leads **upward/up-wards** to the top of the mountain. ❷ met ... na bo *Sy het op haar rug gelê met die gesig na bo.* She lay on her back face **upward/upwards**.

□ **up·ward, up·wards** *adverb*

urgent dringend *"Sê vir die dokter hy moet dadelik kom. Dis dringend – 'n slang het my kind gepik."* "Tell the doctor to come immediately. It's **urgent** – a snake has bitten my child."

□ **ur·gent** *adjective* **more urgent, most urgent**

urgently dringend *Ek het iemand dringend om hulp hoor roep.* I heard someone call **urgently** for help.

□ **ur·gent·ly** *adverb*

us ons *Nie een van ons het gegaan nie – ons het almal by die huis gebly.* None of **us** went – we all stayed at home.

□ **us** *pronoun*

use[1] gebruik [a] *Woordeboeke is slegs vir gebruik in die biblioteek.* Dictionaries are for **use** in the library only.

[b] *Sy het die* **gebruik** *van haar bene verloor en kan nie loop nie.* She has lost the **use** of her legs and can't walk.

◆ **have no use for** *nie kan gebruik nie* "*Ek kan dié ou tydskrifte* **nie gebruik nie** *– jy kan hulle kry as jy hulle wil hê.*" "I **have no use for** these old magazines – you can have them if you want them."

◆ **have the use of** *die gebruik hê van Ons het die* **gebruik van** *die bure se garage terwyl hulle weg is.* We **have the use of** the neighbours' garage while they are away.

◆ **it's no use** *dit help niks nie "Dit help niks om te kla* **nie** *– jou huiswerk sal nie vanself klaarkom nie!*" "It's no use complaining – your homework won't get done by itself!"

◆ **make use of** *gebruik maak van Die ketel is stukkend – ons sal solank* **van** *die stoof* **gebruik** *moet maak.* The kettle is broken – we'll have to **make use of** the stove for the time being.

◆ **of no use** *van geen nut nie 'n Stukkende sambreel is* **van geen nut** *in stormweer* **nie.** A broken umbrella is **of no use** in stormy weather.

◆ **of use** *van nut 'n Sakmes kan* **van groot** *nut wees op 'n kampeervakansie.* 'n Pocket knife can be **of great use** on a camping holiday.

◆ **what's the use of?** *wat help dit om te? "Wat help dit om* **hom** *raad te gee as jy weet hy sal nie na jou luister nie?*" "What's the use of giving him advice when you know he won't listen to you?"

☐ **use** *noun (no plural)*

use² *gebruik* "*Jy kan nie die telefoon* **gebruik** *nie – dis stukkend.*" "You can't **use** the telephone – it's broken."

☐ **use** *verb (past tense and past participle* **used,** *present participle* **using)**

used ◼ *gebruikte "Dis 'n* **gebruikte** *glas dié – gaan haal vir jou 'n skone."* "This is a **used** glass – go and get yourself a clean one." ◗ *tweedehandse Hy het vir hom 'n* **tweedehandse** *motor gekoop, want hy kon nie 'n nuwe bekostig nie.* He bought himself a **used** car because he couldn't afford a new one.

◆ **be used to** ◼ *gewoond wees aan Hulle kom van 'n koue land en* **is** *nie* **aan** *die hitte van Suid-Afrika ge= woond nie.* They come from a cold country and **are** not **used to** the heat of South Africa. ◗ *gewoond daar= aan wees Ek is* **gewoond daaraan** *om vroeg op te staan.* I **am used to** getting up early.

◆ **get used to** *gewoond raak aan Ek is seker hulle sal gou* **aan** *ons warm klimaat* **gewoond raak.** I'm sure they'll soon **get used to** our warm climate.

◆ **used to** *vroeër Ek weeg twee kilogram minder as* **vroeër.** I weigh two kilograms less than I **used to.**

☐ **used** *adjective*

used to ◼ *het vroeër ge= Sy het* **vroeër** *in 'n fabriek gewerk maar is nou 'n huisvrou.* She **used to** work in a factory but is a housewife now. ◗ *het altyd ge= Die winkel* **het altyd** *Saterdae om eenuur* **gesluit** *maar bly nou tot vyfuur oop.* The shop **used to** close at one on Saturdays but stays open until five now.

◆ **used to be** ◼ *was vroeër Hy* **was vroeër** *'n onder= wyser maar werk nou in 'n bank.* He **used to be** a teacher but now works in a bank. ◗ *was altyd Die win= kel* **was altyd** *Saterdagmiddae toe.* The shop **used to be** closed on Saturday afternoons.

☐ **used to** *verb (past tense only)*

useful *nuttig Dié mes is baie* **nuttig:** *dit kan sny, blikke oopmaak en proppe uittrek.* This knife is very **useful:** it can cut, open tins and draw corks.

☐ **use·ful** *adjective* **more useful, most useful**

useless *nutteloos 'n Flits is* **nutteloos** *sonder batterye.* A torch is **useless** without batteries.

☐ **use·less** *adjective* **more useless, most useless**

usual *gewone Ons het op die* **gewone** *tyd geëet.* We had dinner at the **usual** time.

◆ **as usual** *soos gewoonlik Ons het* **soos gewoonlik** *om sewe-uur geëet.* We had dinner at seven, **as usual.**

☐ **u·su·al** *adjective*

usually *gewoonlik Ons eet* **gewoonlik** *saans om sewe-uur.* We **usually** have dinner at seven in the even= ing.

☐ **u·su·al·ly** *adverb*

valley vallei *Die dorp lê in 'n **vallei** en word deur berge omring*. The town lies in a **valley** and is surrounded by mountains.
☐ **val·ley** *noun (plural **valleys**)*

valuable waardevol **[a]** *Daardie skildery is uiters **waardevol**. Dis glo miljoene rande werd*. That painting is extremely **valuable**. It is said to be worth millions of rands. **[b]** *Die reis oorsee was vir hom 'n **waardevolle** ondervinding*. The trip overseas was a valuable experience for him.
☐ **val·u·a·ble** *adjective* **more valuable, most valuable**

value waarde **[a]** *Die **waarde** van ons huis het met meer as R20 000,00 gestyg*. The **value** of our house has gone up by more than R20 000,00. **[b]** *Tweedehandse meubels het nie veel **waarde** nie*. Second-hand furniture doesn't have much **value**. **[c]** *Sy raad was vir my van groot **waarde***. His advice was of great **value** to me.
⇨ **cost**[1] [NOTE].
☐ **val·ue** *noun (plural **values**)*

van ❶ paneelwa *Die **paneelwa** waarin die elektrisiën rondry, het 'n rak op die dak vir sy leer*. The **van** in which the electrician goes about has a rack on the roof for his ladder. ❷ afleweringswa *Die **afleweringswa** wat voor die kafee staan, is met mandjies brood gelaai*. The **van** parked in front of the café is loaded with baskets of bread.
☐ **van** *noun (plural **vans**)*

variety ❶ verskeidenheid *Die winkel verkoop 'n groot **verskeidenheid** van goedere*. The shop sells a wide **variety** of goods. ❷ afwisseling *Daar is geen **afwisseling** in sy werk nie – hy moet keer op keer dieselfde ding doen*. There is no **variety** in his job – he has to do the same thing over and over again.
☐ **va·ri·e·ty** *noun (plural **varieties**)*

various verskeie, etlike *Daar is **verskeie/etlike** maniere waarop 'n mens vis kan gaarmaak – jy kan dit bak, braai of rooster*. There are **various** ways of cooking fish – you can bake, fry or grill it.
☐ **var·i·ous** *adjective*

vase blompot *Sy het die rose in 'n **blompot** gerangskik*. She arranged the roses in a **vase**.
☐ **vase** *noun (plural **vases**)*

vegetable groente *Kool is 'n **groente** met groen of rooi blare*. Cabbage is a **vegetable** with green or red leaves.
♦ **vegetables** ❶ groente *"Eet jou **groente**, anders kry jy nie poeding nie."* "Eat your **vegetables**, or you won't get pudding." ❷ groentes *Boontjies en ertjies is groen **groentes***. Beans and peas are green **vegetables**.
☐ **veg·e·ta·ble** *noun (plural **vegetables**)*

vehicle voertuig *'n Bus is 'n **voertuig** wat passasiers vervoer*. A bus is a **vehicle** that transports passengers.
☐ **ve·hi·cle** *noun (plural **vehicles**)*

vein aar *'n **Aar** is 'n buis in die liggaam wat bloed na die hart vervoer*. A **vein** is a tube in the body which carries blood to the heart.
☐ **vein** *noun (plural **veins**)*

veld veld *Die mans het in die **veld** gaan jag*. The men went hunting in the **veld**.
☐ **veld** *noun (no plural)*

verb werkwoord *In die sin "Hy kan vinnig **hardloop**" is die woord "hardloop" 'n **werkwoord***. In the sentence "He can run fast" the word "run" is a **verb**.
☐ **verb** *noun (plural **verbs**)*

very[1] ❶ net **[a]** *A, ek het dit gekry. Dis **net** die boek waarna ek gesoek het!* Ah, I've found it. This is the **very** book I've been looking for! **[b]** *"Hoe kan jy rou vleis eet? **Net** die gedagte daaraan laat my naar voel!"* "How can you eat raw meat? The **very** thought of it makes me feel sick!" ❷ einste **[a]** *Die telefoon het gelui op die **einste** oomblik toe ons aansit vir ete*. The phone rang at the **very** moment when we sat down to dinner. **[b]** *Hulle is in hierdie **einste** kerk getroud*. They were married in this **very** church. ❸ presies *Hy het **presies** in die middel van die ry gesit*. He sat in the **very** middle of the row. ❹ uiterste *Sy het haar **uiterste** bes gedoen om nie te lag nie*. She did her **very** best not to laugh.
♦ **at the very back of** heel agter in *Die uitgang is **heel agter in** die saal*. The exit is **at the very back of** the hall.
♦ **at the very end of** heel aan die end van *Hulle woon in die laaste huis **heel aan die end van** dié straat*. They live in the last house **at the very end of** this street.
♦ **at the very front of** heel voor in *Hy het **heel voor in** die tou gestaan*. He stood **at the very front of** the queue.
♦ **before his very eyes** vlak voor sy oë *Die ongeluk het **vlak voor sy oë** gebeur*. The accident happened **before his very eyes**.
♦ **to the very top of** tot heel bo op *Ons het tot **heel bo op** die berg geklim*. We climbed **to the very top of** the mountain.
☐ **ver·y** *adjective*

very[2] ❶ baie **[a]** *'n Olifant is 'n **baie** groot dier*. An elephant is a **very** big animal. **[b]** *Skilpaaie loop **baie** stadig*. Tortoises walk **very** slowly. **[c]** *Hy is **baie baie** siek*. He is **very very** ill. ❷ heel **[a]** *31 Desember is die **heel** laaste dag van die jaar*. 31 December is the **very** last day of the year. **[b]** *"Waar is Anna?" – "Sy het **heel** waarskynlik van die vergadering vergeet."*

"Where is Anna?" – "She **very** probably forgot about the meeting." **[c]** *Ons kry* **heel** *dikwels Vrydae vis vir aandete.* We **very** often have fish for supper on Fridays. **3** net *Hy het die 25ste by ons gebly en* **net** *die volgende dag Namibië toe vertrek.* He stayed with us on the 25th and left for Namibia the **very** next day. **4** presies *Ek het op* **presies** *dieselfde plek gesit toe ek die vorige keer kom fliek het.* I sat in this **very** same seat the last time I came to the cinema.

◆ **I'm very well** dit gaan baie goed *"Hoe gaan dit met jou?"* – *"Dit gaan* **baie goed**, *dankie."* "How are you?" – "**I'm very well**, thank you."

◆ **very many** regtig baie *Daar was* **regtig baie** *mense by die konsert.* There were **very many** people at the concert.

◆ **very much 1** baie [a] *Ek hou* **baie** *van Theo; hy's 'n gawe kêrel.* I like Theo **very much**; he's a nice chap. **[b]** *"Baie dankie vir jou hulp."* "Thank you **very much** for your help." **2** heelwat *Ek voel* **heelwat** *beter – my kop is nie meer so seer nie.* I feel **very much** better – my head no longer aches so much.

◆ **very well 1** baie goed *Christine het* **baie goed** *in die eksamen gevaar – sy het 'n A vir die meeste van haar vakke gekry.* Christine did **very well** in the exams – she got an A for most of her subjects. **2** baie lekker *Ek voel nie* **baie lekker** *nie – miskien het ek koue gevat.* I don't feel **very well** – perhaps I've caught a cold.

◆ **very well (then)** nou goed/ja (dan) *"Neem asseblief die kleintjies park toe."* – *"Nou goed/ja (dan),* as ek moet!"* "Please take the little ones to the park." – "**Very well (then)**, if I must!"

□ **ver·y** *adverb*

vest onderhemp, frokkie *Hy het sy klere uitgetrek en in sy* **onderhemp/frokkie** *en onderbroek badkamer toe gehardloop.* He took off his clothes and ran to the bathroom in his **vest** and underpants.

□ **vest** *noun (plural* **vests***)*

vice-principal onderhoof *Wanneer die hoof weg is, is die* **onderhoof** *in bevel van die skool.* When the principal is away the **vice-principal** is in charge of the school.

□ **vice-prin·ci·pal** *noun (plural* **vice-principals***)*

view 1 uitsig *Die huis het 'n pragtige* **uitsig** *op die berg.* The house has a beautiful **view** of the mountain. **2** mening *"Wat is jou* **mening** *oor die saak?"* "What is your **view** about/on the matter?"

◆ **be on view** te sien wees *'n Versameling draadspeelgoed* **is** *by die museum* **te sien***.* A collection of wire toys **is on view** at the museum.

◆ **come in view of** in sig kry *As jy bo-op die heuwel kom,* **kry** *jy die see* **in sig***.* When you get to the top of the hill, you **come in view of** the sea.

◆ **come into view** in sig kom *Sy het haar geld uitgehaal toe die bus* **in sig kom***.* She took out her money when the bus **came into view**.

◆ **disappear from view 1** uit die gesig verdwyn *Hy* *het gekyk hoe die son sak en* **uit die gesig verdwyn***.* He watched the sun set and **disappear from view**. **2** verdwyn *Die son het agter 'n wolk* **verdwyn***.* The sun **disappeared from view** behind a cloud.

◆ **get a view** sien *Die dogtertjie het op haar pa se skouers gesit om beter te kan* **sien***.* The little girl sat on her father's shoulders to **get a** better **view**.

◆ **have different views** van mening verskil *Die twee broers* **verskil van mening** *oor wie Suid-Afrika se beste rugbyspeler is.* The two brothers **have different views** on who South Africa's best rugby player is.

◆ **hidden from view** nie te sien nie *Die huis is* **nie** *agter die hoë muur* **te sien nie***.* The house is **hidden from view** behind the high wall.

◆ **in full view of** voor die oë van *Charles het Lorraine* **voor die oë van** *die hele klas gesoen.* Charles kissed Lorraine **in full view of** the whole class.

◆ **in my view** na my mening *Na my mening* *bederf die buurvrou haar kinders te veel.* **In my view**, the neighbour spoils her children too much.

◆ **in view of** gesien *Gesien* *sy swak oë, het my oupa besluit om op te hou bestuur.* **In view of** his bad eyesight, my grandfather decided to stop driving.

◆ **what is your view of ...?** hoe hou jy van ...? *"Hoe hou jy van die nuwe hoof?"* "**What is your view of** the new headmaster?"

◆ **within view of** van ... te sien *Die see is* **van** *die hotel* **te sien***.* The hotel is **within view of** the sea.

□ **view** *noun (plural* **views***)*

village dorpie *Daar woon omtrent 300 mense op dié* **dorpie***.* There are about 300 people living in this **village**.

□ **vil·lage** *noun (plural* **villages***)*

vinegar asyn *Ek hou van sout en* **asyn** *oor my aartappelskyfies.* I like salt and **vinegar** on my chips.

□ **vin·e·gar** *noun (no plural)*

violence geweld [a] *Weens die* **geweld** *van die storm kon geen skepe die hawe verlaat nie.* No ships could leave the harbour because of the **violence** of the storm. [b] *Die rower is uiters gevaarlik en sal nie huiwer om* **geweld** *te gebruik nie.* The robber is extremely dangerous and won't hesitate to use **violence**.

□ **vi·o·lence** *noun (no plural)*

violent 1 hewig *Die storm was so* **hewig** *dat geen skepe die hawe kon verlaat nie.* The storm was so **violent** that no ships could leave the harbour. **2** gewelddadig *Die polisie het gewaarsku dat die rower* **gewelddadig** *en daarom uiters gevaarlik is.* The police warned that the robber was **violent** and therefore extremely dangerous.

□ **vi·o·lent** *adjective* **more violent, most violent**

visit[1] besoek [a] *My suster is by familie van ons op* **besoek***.* My sister is on a **visit** to family of ours. [b] *Ons het lekker weer gehad tydens ons* **besoek** *aan Namibië.* We had pleasant weather during our **visit** to Namibia.

◆ **have/receive a visit from** besoek word deur *Ons*

word *minstens een keer per jaar* **deur** *die dominee be=* **soek**. We **have/receive a visit from** the minister at least once a year.

◆ **pay a visit to, pay … a visit** besoek *Ek besoek die tandarts een keer elke ses maande.* I **pay a visit to** the dentist (OR **pay** the dentist **a visit**) once every six months.

☐ **vis·it** *noun (plural* **visits***)*

visit² besoek *Ons is van plan om die dieretuin hierdie Saterdag te besoek.* We're planning to **visit** the zoo this Saturday.

◆ **be visited by** besoek word deur *Ons* **word** *minstens een keer per jaar* **deur** *die dominee besoek.* We **are visited by** the minister at least once a year.

◆ **visit someone** ❶ iemand besoek *Ek besoek die tandarts een keer elke ses maande.* I **visit** the dentist once every six months. ❷ by/vir iemand gaan kuier *Philip wil graag in die skoolvakansie* **by/vir** *sy neef op die plaas* **gaan kuier.** Philip would like to **visit** his cousin on the farm during the school holidays.

☐ **vis·it** *verb (past tense and past participle* **visited**, *present participle* **visiting***)*

visitor besoeker *'n* **Besoeker** *uit Zimbabwe het gister= aand by ons kom kuier.* A **visitor** from Zimbabwe came to see us last night.

☐ **vis·i·tor** *noun (plural* **visitors***)*

voice stem *Sy het 'n pragtige* **stem** *en sing in 'n koor.* She has a beautiful **voice** and sings in a choir.

☐ **voice** *noun (plural* **voices***)*

vote¹ ❶ stem *George sal my* **stem** *kry wanneer ons 'n nuwe klaskaptein kies.* George will get my **vote** when we choose a new class captain. ❷ stemming *Ons het 'n* **stemming** *gehou om 'n nuwe klaskaptein te kies.* We held a **vote** to choose a new class captain.

☐ **vote** *noun (plural* **votes***)*

vote² stem *"Dié van julle wat vir George as klaskaptein* **stem**, *steek jul hande op."* "Those of you who **vote** for George as class captain, put up your hands."

☐ **vote** *verb (past tense and past participle* **voted**, *pre= sent participle* **voting***)*

voyage reis *Sy het nie die* **reis** *geniet nie, want sy was byna die hele tyd seesiek.* She didn't enjoy the **voyage** because she was seasick most of the time.

☐ **voy·age** *noun (plural* **voyages***)*

W

wag swaai *Honde **swaai** hul sterte as hulle bly is.* Dogs **wag** their tails when they are happy.

☐ **wag** *verb (past tense and past participle **wagged**, present participle **wagging**)*

wage loon **[a]** *Die werkers trek 'n goeie **loon** by daardie fabriek.* The workers get a good **wage** at that factory. **[b]** *Sy **loon** is R350,00 per week.* His **wages** are R350,00 a week.

☐ **wage** *noun (usually plural **wages**)*

wagon wa **[a]** *'n Span osse het die **wa** getrek.* A team of oxen pulled the **wagon**. **[b]** *Myne vervoer steenkool per spoor in **waens**.* Mines transport coal by rail in **wagons**.

☐ **wag·on** *noun (plural **wagons**)*

waist middel *Jy dra 'n belt om jou **middel**.* You wear a belt round your **waist**.

☐ **waist** *noun (plural **waists**)*

wait wag **[a]** *Wag tot die pad skoon is voor jy oorstap.* Wait until the road is clear before you cross over. **[b]** *"Moet ek dit vandag doen? Kan dit nie tot môre **wag** nie?"* "Must I do it today? Can't it **wait** until tomorrow?"

◆ **keep waiting** laat wag *"Maak gou; moenie my **laat wag** nie!"* "Be quick; don't **keep** me **waiting**!"

◆ **wait a minute!** wag 'n bietjie! *"Wag 'n bietjie, ek moet my skoen vasmaak!"* "Wait a minute, I have to fasten my shoe!"

◆ **wait for** ❶ wag *Ons moes ure **wag** voordat 'n bus (uit)eindelik opgedaag het.* We had to wait for hours before a bus eventually turned up. ❷ wag vir *"Wag vir my – moenie so vinnig loop nie!"* "Wait for me – don't walk so fast!"

◆ **wait up for** opbly/opsit vir *"Ek sal baie laat tuis wees – moenie vir my **opbly/opsit** nie."* "I'll be home very late – don't **wait up for** me."

☐ **wait** *verb (past tense and past participle **waited**, present participle **waiting**)*

waiter kelner *Die **kelner** het na ons tafel gekom en gevra of hy ons bestelling kan neem.* The **waiter** came to our table and asked whether he could take our order.

☐ **wait·er** *noun (plural **waiters**)*

waiting-room wagkamer *"Kom ons gaan sit in die **wagkamer** tot die trein kom."* "Let's go and sit in the **waiting-room** until the train comes."

☐ **wait·ing-room** *noun (plural **waiting-rooms**)*

waitress kelnerin *Die **kelnerin** het na ons tafel gekom en gevra of sy ons bestelling kan neem.* The **waitress** came to our table and asked whether she could take our order.

☐ **wait·ress** *noun (plural **waitresses**)*

wake (up) ❶ wakker word *Ek **word** gewoonlik soggens om sesuur **wakker**.* I usually **wake (up)** at six o'clock in the morning. ❷ wakker maak **[a]** *"Gaan maak asseblief jou suster **wakker** en sê vir haar sy moet opstaan."* "Please go and **wake** your sister **(up)** and tell her to get out of bed." **[b]** *'n Lawaai in die straat **het hom wakker gemaak**.* A noise in the street **woke** him **(up)**.

☐ **wake (up)** *verb (past tense **woke [up]**, past participle **woken [up]**, present participle **waking [up]**)*

walk¹ ❶ loop, stap *Ek ken hom aan sy **loop/stap**.* I know him by his **walk**. ❷ wandelpad *Daar is 'n pragtige **wandelpad** deur die bos.* There is a beautiful **walk** through the forest.

◆ **a long walk to** ver te voet ... toe *Dis **ver te voet** stasie **toe**.* It's **a long walk to** the station.

◆ **a short walk to** nie ver te voet ... toe nie *Dis **nie ver te voet** stasie **toe** nie.* It's **a short walk to** the station.

◆ **go for a walk** ('n entjie) gaan loop/stap *"Kom ons **gaan loop/stap ('n entjie)** langs die rivier."* "Let's **go for a walk** along the river."

◆ **... minutes' walk** ... minute te voet *Die stasie is tien **minute te voet** van ons huis af.* The station is ten **minutes' walk** from our house.

◆ **take for a walk** ('n entjie) gaan loop/stap met *"Gaan loop/stap asseblief ('n entjie) met die hond sodat hy kan oefening kry."* "Please **take** the dog **for a walk** so that he can get some exercise."

☐ **walk** *noun (no plural at 1; walks at 2)*

walk² ❶ loop *Babas kruip voor hulle **loop**.* Babies crawl before they **walk**. ❷ loop, stap *"Loop/Stap jy skool toe, of neem jy 'n bus?"* "Do you **walk** to school, or do you take a bus?"

◆ **go walking** gaan stap *Ons wil graag volgende April in die Drakensberge **gaan stap**.* We'd like to **go walking** in the Drakensberg next April.

◆ **walk a dog** met 'n hond gaan stap *Hy **gaan stap** elke middag **met sy hond** in die park.* He **walks his dog** in the park every afternoon.

◆ **walk about** rondloop *In die vakansieseisoen is daar baie mense wat met kameras **rondloop**.* During the holiday season there are many people who **walk about** with cameras.

◆ **walk away** wegloop *"Wag, moenie vir my **wegloop** nie!"* "Wait, don't **walk away** from me!"

◆ **walk away with** ⇨ **walk off with**.

◆ **walk by** verbyloop, verbystap *Baie mense wat **verbyloop/verbystap**, gaan staan om ons tuin te bewonder.* Many people who **walk by** stop to admire our garden.

◆ **walk down** afloop/afstap met *"Hou jou hand op die*

reling terwyl jy **met** *die trap* **afloop/afstap**.*" "Keep
your hand on the rail while you **walk down** the
stairs."

◆ **walk in** binneloop, binnestap *"Klop voor jy die deur
oopmaak en* **binneloop/binnestap**.*" "Knock before
you open the door and **walk in**."

◆ **walk into** 🄵 inloop, instap *Ek het iemand met 'n rooi
hemp die bos sien* **inloop/instap**. I saw someone with a
red shirt **walk into** the forest. 🄶 vasloop teen *"Pasop,
jy gaan* **teen** *die lamppaal* **vasloop!**" "Watch out,
you're going to **walk into** the lamp-post!"

◆ **walk off/away with** wegdra [a] *Daar word verwag
dat Linda drie eerste pryse sal* **wegdra**. Linda is ex-
pected to **walk off/away with** three first prizes. [b]
Iemand het my pen **weggedra**. Someone has **walked
off/away with** my pen.

◆ **walk out** 🄵 uitloop *"Die baba slaap; wees dus baie
stil wanneer jy opstaan en* **uitloop**.*" "The baby is
asleep, so be very quiet when you get up and **walk
out**." 🄶 uitstap *As 'n prent my verveel, kan ek maklik in
die middel daarvan* **uitstap**. If a film bores me, I can
easily **walk out** in the middle of it.

◆ **walk someone** met iemand stap *"Ek sal* **met** *jou
stasie toe* **stap**.*" "I'll **walk** you to the station."

◆ **walk up to** na ... toe loop *Ek het 'n seun* **na** *'n vrou
toe sien* **loop** om vir haar iets te gee. I saw a boy **walk
up to** a woman to give her something.

◆ **you can walk there in** ... dis ... te voet soontoe *Dis
tien minute* **te voet soontoe**. **You can walk there in**
ten minutes.

☐ **walk** *verb (past tense and past participle* **walked**,
present participle **walking**)

wall 🄵 muur [a] *"Hou jy van die prent wat teen die
muur bo die kaggel hang?"* "Do you like the picture
hanging on the **wall** over the fireplace?" [b] *Pa het 'n
muur tussen ons huis en die bure s'n gebou. Dad has put
up a **wall** between our house and the neighbours'. 🄶
wal *Daar is 'n groot bars in die* **wal** *van die dam*. There
is a big crack in the **wall** of the dam.

☐ **wall** *noun (plural* **walls**)

want 🄵 wil hê *"Het jy besluit wat jy vir jou verjaardag
wil hê?" "Have you decided what you **want** for your
birthday?" 🄶 roep *"Sê asseblief vir Walter ek* **roep**
hom." "Please tell Walter I **want** him." 🄷 makeer *Die
aartappels* **makeer** *sout*. The potatoes **want** salt. 🄸
kortkom *"Wat jy* **kortkom**, *is 'n goeie pak slae!"*
"What you **want** is a good hiding!"

◆ **not want to** nie wil nie *"Bly stil! Ek* **wil nie** *nog 'n
woord van jou hoor* **nie!**" "Be quiet! I do**n't want to**
hear another word from you!"

◆ **want to** 🄵 wil [a] *"Lig jou voet – ek* **wil** *die mat
regtrek."* "Lift your foot – I **want to** straighten the
carpet." [b] *Lynette* **wil** *verpleegster word*. Lynette
wants to be a nurse. 🄶 moet (liewer) *"Jy* **moet
(liewer)** *dokter toe gaan oor daardie hoes."* "You **want
to** see a doctor about that cough."

◆ **want ... to** wil hê ... moet *Ma* **wil hê** *ek* **moet** *vir*

haar kafee toe gaan. Mum **wants** me **to** go to the café
for her.

◆ **wants** -**ing** moet ge= word *Die wasgoed* **moet ge=
stryk word**. The washing **wants** ironing.

☐ **want** *verb (past tense and past participle* **wanted**,
present participle **wanting**)

war oorlog *Die meeste mense wil vrede in die wêreld hê en
nie* **oorlog** *nie*. Most people want peace in the world
and not **war**.

◆ **be at war with** in oorlog wees met *Amerika en Irak
was in 1991 met mekaar* **in oorlog**. America and Iraq
were **at war with** each other in 1991.

☐ **war** *noun (plural* **wars**)

ward saal *Daar is ses hospitaalbeddens in die* **saal**. There
are six hospital beds in the **ward**.

☐ **ward** *noun (plural* **wards**)

wardrobe klerekas, hangkas *"Trek jou kleurbaadjie uit
en hang dit in die* **klerekas/hangkas** *op."* "Take off
your blazer and hang it in the **wardrobe**."

☐ **ward·robe** *noun (plural* **wardrobes**)

warm[1] warm maak, verwarm *"Kom* **maak** *jou by die
vuur* **warm** (OF *Kom* **verwarm** *jou by die vuur)."*
"Come and **warm** yourself by the fire."

◆ **warm up** 🄵 verwarm *Die vuur sal die kamer gou
verwarm*. The fire will soon **warm** the room **up**. 🄶
warm word *Die kamer sal gou* **warm word** *as ons 'n
vuur in die kaggel aanmaak*. The room will soon **warm
up** if we make a fire in the fireplace. 🄷 warmer word
*Die weer begin gewoonlik teen die end van Augustus
warmer word. The weather usually starts to **warm
up** towards the end of August. 🄸 verwarm, warm
maak, opwarm *"Daar is sop in die yskas wat jy vir mid-
dagete kan* **verwarm** (OF **warm maak** OF **op-
warm**)."* "There is soup in the fridge that you can
warm up for lunch." 🄹 jou opwarm *Jy kan jou spiere
beseer as jy* **jou** *nie voor 'n wedloop* **opwarm** *nie*. You
can hurt your muscles if you don't **warm up** before a
race. 🄺 warm loop *Hy het die motor aangesit en 'n rukkie
gewag vir die enjin om* **warm te loop**. He started the
car and waited a while for the engine to **warm up**.

☐ **warm** *verb (past tense and past participle* **warmed**,
present participle **warming**)

warm[2] warm [a] *Dis lekker* **warm** *in die son*. It's nice
and **warm** in the sun. [b] *Ek slaap onder drie* **warm**
komberse in die winter. I sleep under three **warm** blan-
kets in winter. [c] *Rooi en oranje is* **warm** *kleure*. Red
and orange are **warm** colours.

◆ **be warm** warm kry *"Kry jy* **warm** *genoeg, of wil jy
nog 'n kombers hê?"* "**Are** you **warm** enough, or do
you want another blanket?"

☐ **warm** *adjective* **warmer, warmest**

warmly 🄵 warm *"Sorg dat jy jou* **warm** *aantrek – dis
bitter koud buite."* "See that you dress **warmly** – it's
bitterly cold outside." 🄶 hartlik *Sy het hom* **hartlik** *vir
sy hulp bedank*. She thanked him **warmly** for his help.

☐ **warm·ly** *adverb*

warmth warmte *Die komberse is oud en dun – daar is nie* *veel* **warmte** *in hulle oor nie.* The blankets are old and thin – there isn't much **warmth** left in them.

☐ **warmth** *noun (no plural)*

warn waarsku [a] *"Ek waarsku jou, as jy dit weer doen, kry jy pak!"* "I **warn** you, if you do that again, you'll get a hiding!" [b] *Hy het hulle gewaarsku om nie met vuurhoutjies te speel nie.* He **warned** them not to play with matches.

☐ **warn** *verb (past tense and past participle* **warned***, present participle* **warning***)*

warning waarskuwing *Daar was 'n waarskuwing oor die radio teen slegte weer.* There was a **warning** on the radio of bad weather.

☐ **warn·ing** *noun (plural* **warnings***)*

wash¹ was *Ek het geen skoon hemde nie – hulle is almal in die was.* I have no clean shirts – they're all in the **wash**.

◆ **have a wash** jou was *Hy is badkamer toe om hom te was.* He went to the bathroom to **have a wash**.

☐ **wash** *noun (plural* **washes***)*

wash² ❶ was *"Was jou hande met seep en water."* "**Wash** your hands with soap and water." ❷ spoel *Ons het gekyk hoe die golwe oor die rotse spoel.* We watched the waves **wash** over the rocks.

◆ **wash away** ❶ wegspoel *Dit sal nie lank duur voordat die golwe ons voetspore in die sand wegspoel nie.* It won't take long for the waves to **wash away** our foot‐prints in the sand. ❷ verspoel *Die boer het gevrees dat sy landerye in die vloed sou verspoel.* The farmer feared that his fields would **wash away** in the flood.

◆ **wash oneself** jou was *Sy is badkamer toe om haar te was.* She went to the bathroom to **wash herself**.

◆ **wash out** uitwas [a] *Die inkkol wil nie uitwas nie.* The ink-spot won't **wash out**. [b] *"Was die bakkie uit voor jy dit weer vol suiker maak."* "**Wash** the bowl **out** before you fill it with sugar again."

◆ **wash (up)** was *Na aandete het ma gevra: "Wie se beurt is dit om die skottelgoed te was?"* After supper mum asked, "Whose turn is it to **wash (up)** the dishes?"

☐ **wash** *verb (past tense and past participle* **washed***, present participle* **washing***)*

wash-basin wasbak *Daar is 'n bad, wasbak en toilet in die badkamer.* There is a bath, **wash-basin** and toilet in the bathroom.

☐ **wash-ba·sin** *noun (plural* **wash-basins***)*

washing wasgoed *Sy het 'n groot bondel wasgoed om te stryk.* She has a big bundle of **washing** to iron.

◆ **do the washing** (die wasgoed) was *My ma was gewoonlik (die wasgoed) Maandae.* My mother usually **does the washing** on Mondays.

◆ **washing machine** wasmasjien *"Was sy met die hand?" – "Nee, sy gebruik 'n wasmasjien."* "Does she wash by hand?" – "No, she uses a **washing ma‐chine**."

☐ **wash·ing** *noun (no plural)*

wasn't ⇨ **be** [NOTE].

waste¹ afval *Sy het die afval in die vuilgoedblik gegooi.* She threw the **waste** into the dustbin.

◆ **a waste of money** geldmors *Dis geldmors om iets te koop wat nie goed werk nie.* It's **a waste of money** to buy something that doesn't work properly.

◆ **a waste of time** tydmors *Dis tydmors om dooie blare in die wind op te vee.* It's **a waste of time** to sweep up dead leaves in the wind.

◆ **waste-paper basket** snippermandjie *Sy het die brief opgeskeur en in die snippermandjie gegooi.* She tore up the letter and threw it into the **waste-paper basket**.

☐ **waste** *noun (no plural)*

waste² mors *"Moenie my tyd met simpel vrae mors nie!"* "Don't **waste** my time with stupid questions!"

☐ **waste** *verb (past tense and past participle* **wasted***, present participle* **wasting***)*

watch¹ horlosie *"Hoe laat is dit?" – "My horlosie sê dis vyf oor tien."* "What is the time?" – "My **watch** says it's five past ten."

☐ **watch** *noun (plural* **watches***)*

If a **clock** or **watch** says 10:55 at 11:00, it is five minutes **slow**; if it says 11:05, it is five minutes **fast**; if it gets slower every day, it **loses** time; if it gets faster every day, it **gains** time. When you put it to the right time, you **set** it.

---

watch² wag *'n Kwaai hond hou wag oor hul huis.* A fierce dog keeps **watch** over their house.

◆ **be on the watch for** op die uitkyk wees na *Die polisie is op die uitkyk na 'n man wat uit die tronk ontsnap het.* The police **are on the watch for** a man who has escaped from prison.

◆ **keep (a) watch on** dophou *"Sal jy die melk vir my dophou, asseblief? Ek wil nie hê dit moet oorkook nie."* "Will you **keep (a) watch on** the milk for me, please? I don't want it to boil over."

◆ **keep watch** wag hou, (op) wag staan *Twee soldate hou wag (OF staan wag OF staan op wag) by die hek.* Two soldiers **keep watch** at the gate.

☐ **watch** *noun (no plural)*

watch³ ❶ kyk *Dis nie goed vir jou oë om te veel televisie te kyk nie.* It's not good for your eyes to **watch** too much television. ❷ kyk hoe *Hy kyk graag hoe sy seun rugby speel.* He likes to **watch** his son play rugby. ❸ kyk na *Sy het die televisie aangeskakel om na 'n program te kyk.* She turned on the television to **watch** a pro‐gramme. ❹ dophou [a] *Ek hou nie daarvan as iemand my dophou terwyl ek teken nie.* I don't like it if some‐one **watches** me while I'm drawing. [b] *"Sal jy die melk vir my dophou, asseblief? Ek wil nie hê dit moet oorkook nie."* "Will you **watch** the milk for me, please? I don't want it to boil over." ❺ 'n ogie hou oor *"Hou asseblief 'n ogie oor die baba terwyl ek winkels toe gaan."* "Please **watch** the baby while I go shop‐ping." ❻ pasop, pas op *"Pasop (OF Pas op) dat jy nie van die leer afval nie!"* "**Watch** that you don't fall off the ladder!" **7** bewaak *Twee wagte* **bewaak** *snags die fabriek.* Two guards **watch** the factory at night. **8** let op *"Wil jy nog 'n stukkie koek hê?"* – *"Nee, dankie; ek let op my gewig."* "Would you like another piece of cake?" – "No, thanks; I'm **watching** my weight."

◆ **watch it, watch out!** pasop!, pas op! *"Pasop (*OF *Pas op), jy gaan teen die lamppaal vasloop!"* "**Watch it/out,** you're going to walk into the lamp-post!"

◆ **watch over** waak oor *Die man en vrou het beurte gemaak om oor hul siek kind te waak.* The husband and wife took turns to **watch over** their sick child.

☐ **watch** *verb (past tense and past participle* **watched,** *present participle* **watching)**

watchman wag *'n Wag pas die fabriek snags op.* A **watchman** guards the factory at night.

☐ **watch·man** *noun (plural* **watchmen)**

water[1] water *Sy was so dors dat sy twee glase water gedrink het.* She was so thirsty that she drank two glasses of **water.**

☐ **wa·ter** *noun (no plural)*

water[2] **1** natmaak, natgooi, natspuit *Ek kan nie insien waarom ek die tuin moet* **natmaak/natgooi/natspuit** *as dit gister gereën het nie.* I can't see why I have to **water** the garden if it rained yesterday. **2** water *My mond het begin water toe ek al die eetgoed sien.* My mouth began to **water** at the sight of all the eats. **3** traan *Die uie het my oë laat traan.* The onions made my eyes **water.**

☐ **wa·ter** *verb (past tense and past participle* **watered,** *present participle* **watering)**

waterfall waterval *Daar is 'n diep poel in die rivier naby die waterval.* There is a deep **pool** in the river near the **waterfall.**

☐ **wa·ter·fall** *noun (plural* **waterfalls)**

watermelon waatlemoen *'n Waatlemoen is 'n groot vrug met 'n groen skil en ligrooi vleis.* A **watermelon** is a large fruit with a green skin and light-red flesh.

☐ **wa·ter·mel·on** *noun (plural* **watermelons)**

waterproof waterdig *My reënjas is waterdig.* My raincoat is **waterproof.**

☐ **wa·ter·proof** *adjective*

wave[1] golf, brander *'n Groot golf/brander het op die strand gebreek.* A big **wave** broke on the beach.

☐ **wave** *noun (plural* **waves)**

wave[2] **1** swaai [a] *Die bome swaai heen en weer in die wind.* The trees **wave** to and fro in the wind. [b] *Hy het sy arms wild geswaai om ons aandag te trek.* He **waved** his arms wildly to attract our attention. **2** waai [a] *Die vlae waai liggies in die bries.* The flags **wave** gently in the breeze. [b] *Sy het (met) haar hand gewaai en geroep: "Hallo! Hier is ek!"* She **waved** her hand and called, "Hallo! Here I am!" **3** beduie *Die hoof het opgestaan om te beduie dat die kinders moet stilbly.* The headmaster got up to **wave** for the children to be quiet.

◆ **wave at** dreig met *"Moenie my met jou vuis dreig nie!"* "Don't **wave** your fist at me!"

◆ **wave goodbye to someone** vir iemand totsiens (OF tot siens) waai *Toe die motor wegtrek, het hy vir sy dogtertjie gesê: "Waai totsiens (*OF *tot siens) vir ouma."* As the car moved off he said to his little girl, "**Wave goodbye to** granny."

◆ **wave to someone** vir iemand waai *"Waai vir die kelner en vra hom om ons bestelling te kom neem."* "**Wave to** the waiter and ask him to come and take our order."

☐ **wave** *verb (past tense and past participle* **waved,** *present participle* **waving)**

wax was *Kerse word van was gemaak.* Candles are made from **wax.**

☐ **wax** *noun (no plural)*

way **1** pad [a] *"Koop asseblief vir my 'n brood op pad terug van die skool af."* "Please buy me a loaf of bread on your **way** back from school." [b] *'n Omgevalde boom het ons pad versper.* A fallen tree blocked our **way.** **2** manier *"Weet jy van 'n manier om inkkolle uit klere te verwyder?"* "Do you know of a **way** to remove ink-spots from clothing?" **3** manier waarop *Ek hou nie van die manier waarop hy met sy ouers praat nie.* I don't like the **way** he speaks to his parents. **4** hoe [a] *Ek weet nie hoe om dié som te maak nie.* I don't know the **way** to do this sum. [b] *Dis verskriklik hoe hy vloek.* It's terrible the **way** he swears.

◆ **a little way** 'n (klein) entjie *Ons het nog net 'n (klein) entjie om te ry voor ons by die huis is.* We have only **a little way** to go before we're home.

◆ **a little way off** 'n (klein) entjie weg *Hy het 'n (klein) entjie weg in die koelte gesit.* He sat in the shade **a little way off.**

◆ **a long way** 'n hele/ver ent *Ons het nog 'n hele/ver ent om te ry voor ons by die huis is.* We still have **a long way** to go before we're home.

◆ **a long way from** ver van ... af *Ons huis is ver van die skool af.* Our house is **a long way from** the school.

◆ **a long way off 1** 'n hele ent hiervandaan *Die volgende dorp is nog 'n hele ent hiervandaan.* The next town is still **a long way off. 2** ver *Kersfees is nog ver.* Christmas is still **a long way off.**

◆ **a long way to** ver ... toe *Dis ver van ons huis af skool toe.* It's **a long way** from our house to the school.

◆ **all the way** die hele ent/pad, heelpad *Hy het die hele ent/pad (*OF *heelpad) huis toe gehardloop.* He ran **all the way** home.

◆ **be on one's way** moet nou gaan *"Dit word laat – ek moet nou liewer gaan."* "It's getting late – I had better **be on my way.**"

◆ **by the way** terloops *"Terloops, daar's 'n brief vir jou op die tafel."* "**By the way,** there's a letter for you on the table."

◆ **feel one's way** ⇨ **feel.**

◆ **find one's way** jou pad kry *Ons het verdwaal en kon nie ons pad huis toe kry nie.* We got lost and couldn't **find our way** home again.

◆ **get out of the way 1** padgee *"Sal jy asseblief pad=*

gee sodat ek kan verbykom?" "Would you kindly **get out of the way** so that I can pass?" **2** verwyder *"Ver= wyder asseblief jou boeke – ek wil die tafel dek."* "Please **get** your books **out of the way** – I want to lay the table."

◆ **go a long way 1** dit ver bring *'n Mens kan dit ver in die lewe bring as jy bereid is om hard te werk.* You can **go a long way** in life if you're prepared to work hard. **2** help baie *'n Bietjie vriendelikheid help baie.* A little kindness **goes a long way. 3** lank hou *Deesdae hou R10,00 nie lank nie.* R10,00 doesn't **go a long way** these days.

◆ **go out of one's way** baie moeite doen *Soos ek haar ken, sal sy baie moeite doen om die partytjie te laat slaag.* As I know her, she'll **go out of her way** to make a success of the party.

◆ **have a way of** die manier/gewoonte hê om te *Hy het die manier/gewoonte om aan sy oor te trek as hy diep in gedagte is.* He **has a way of** pulling at his ear when he's deep in thought.

◆ **have a way of, in a way** op 'n manier *Hy loop op 'n eienaardige manier want sy been makeer iets.* He **has** a strange **way of** walking (OR He walks **in a** strange **way**) because there is something wrong with his leg.

◆ **in the way** in die pad *"Kom ons staan opsy – ons is in die pad van mense wat met die trap opkom."* "Let's stand aside – we're **in the way** of people coming up the stairs."

◆ **keep out of someone's way** uit iemand se pad bly *"Pa is in 'n slegte bui – ons moet maar liewer uit sy pad bly."* "Dad is in a bad mood – we'd better **keep out of his way.**"

◆ **know one's way home** weet hoe om by die huis te kom *"Weet jy hoe om van hier af by die huis te kom?"* "Do you **know your way home** from here?"

◆ **look the other way** wegkyk, anderkant toe kyk *"As jy nie wil sien hoe ek die hoender se kop afkap nie, moet jy nou wegkyk (*OF *anderkant toe kyk).*" "If you don't want to see me chop the chicken's head off, you must **look the other way** now."

◆ **lose one's way** verdwaal *Ek het 'n padkaart en behoort nie te verdwaal nie.* I have a road map and shouldn't **lose my way.**

◆ **out of the way** uit die pad *Dis lekker rustig met daardie lawaaierige kinders uit die pad!* It's nice and peaceful with those noisy children **out of the way!**

◆ **show the way** die pad wys *"Ek is verdwaal. Wys my asseblief die pad stasie toe."* "I'm lost. Please **show** me **the way** to the station."

◆ **tell the way** die pad beduie *"Kan jy my die pad stasie toe beduie?"* "Can you **tell** me **the way** to the station?"

◆ **that is not the way to** 'n mens ... nie so nie *"'n Mens hou nie 'n mes so vas nie."* "**That is not the way to** hold a knife."

◆ **that's no way to** so ... 'n mens nie *So behandel 'n*

mens 'n dame nie. **That's no way to** treat a lady.

◆ **that way** daarheen, daarnatoe, soontoe *"Waarheen is hy?"* – *"Ek het hom daarheen/daarnatoe/soon= toe sien hardloop."* "Where did he go?" – "I saw him run **that way.**"

◆ **the other way round** andersom *Draai die sleutel na regs om die deur te sluit en andersom om dit oop te sluit.* Turn the key to the right to lock the door and **the other way round** to unlock it.

◆ **the right/wrong way** in die regte/verkeerde rig= ting *Die pyltjie wys in die regte/verkeerde rigting.* The arrow is pointing **the right/wrong way.**

◆ **the right way up** met die regte kant bo *"Is jy seker die prent hang met die regte kant bo?"* "Are you sure the picture is hanging **the right way up?**"

◆ **the wrong way round** verkeerd om *"Jou romp is verkeerd om aan – die sak moet voor wees en nie agter nie!"* "Your skirt's on **the wrong way round** – the pocket should be in front and not at the back!"

◆ **the wrong way up** onderstebo *Die seuntjie het die doos onderstebo gehou en al die vuurhoutjies het uitge= val.* The little boy held the box **the wrong way up** and all the matches fell out.

◆ **this is the way to** 'n mens ... so *"'n Mens hou 'n mes so vas."* "**This is the way to** hold a knife."

◆ **this way 1** hierheen, hiernatoe *"Kyk hierheen/ hiernatoe en glimlag!" het die fotograaf gesê.* "Look **this way** and smile!" said the photographer. **2** hier langs, hierlangs *"Kom hier langs (*OF *hierlangs), asseblief," het die kelner gesê.* "Come **this way,** please," said the waiter.

◆ **which way 1** watter kant toe *"Ek weet nie watter kant toe om te gaan nie. Moet ek links of regs draai?"* "I don't know **which way** to go. Must I turn left or right?" **2** in watter rigting *"In watter rigting waai die wind?"* "**Which way** is the wind blowing?" **3** waarheen, waarnatoe *Sy het so skaam gekry dat sy nie geweet het waarheen/waarnatoe om te kyk nie.* She felt so ashamed that she didn't know **which way** to look.

□ **way** noun *(plural* **ways***)*

we ons *"Is julle broers?"* – *"Nee, ons is nie."* "Are you brothers?". – "No, **we** aren't."

□ **we** pronoun

weak 1 swak **[a]** *Na sy siekte was hy te swak om te loop.* After his illness he was too **weak** to walk. **[b]** *Die rak het gebreek, want dit was te swak vir die gewig van die boeke.* The shelf broke because it was too **weak** for the weight of the books. **[c]** *Mense met swak oë kan nie ver sien nie.* People with **weak** eyesight can't see far. **[d]** *"Moenie in swak lig lees nie; dis sleg vir jou oë."* "Don't read in **weak** light; it's bad for your eyes." **[e]** *Tom is goed in tale, maar swak in wiskunde.* Tom is good at languages but **weak** at maths. **[f]** *"Ek weet ek moenie nog 'n stukkie koek eet nie, maar ek is te swak om 'Nee' te sê."* "I know I shouldn't have another piece of cake, but I'm too **weak** to say 'No'." **2** flou **[a]** *"Die tee is* *nog 'n bietjie* **flou** *– laat dit 'n rukkie langer trek."* "The tea is still a bit **weak** – let it draw a while longer." **[b]** *"Jy verwag tog seker nie dat ek so 'n* **flou** *verskoning moet aanvaar nie?"* "Surely you don't expect me to accept such a **weak** excuse?"

☐ **weak** *adjective* **weaker, weakest**

wealth rykdom *Liefde en vriendskap bring ware geluk – nie* **rykdom** *en besittings nie.* Love and friendship bring true happiness – not **wealth** and possessions.

☐ **wealth** *noun (no plural)*

wealthy ryk *Hulle is baie* **ryk** *en besit 'n huis en twee motors.* They are very **wealthy** and own a house and two cars.

☐ **wealth·y** *adjective* **wealthier, wealthiest**

weapon wapen *'n Geweer is 'n gevaarlike* **wapen.** A gun is a dangerous **weapon.**

☐ **weap·on** *noun (plural* **weapons***)*

wear ❶ dra **[a]** *Verpleegsters* **dra** *'n wit uniform.* Nurses **wear** a white uniform. **[b]** *My ma* **dra** *bril.* My mother **wears** glasses. **[c]** *"Watter nommer skoen* **dra** *jy?"* "What size shoe do you **wear**?" ❷ aanhê *"Hoe sal ek haar herken?"* – *"Sy sal 'n blou romp en 'n wit bloes* **aanhê."** "How will I recognize her?" – "She'll be **wearing** a blue skirt and a white blouse." ❸ aantrek *"Moet ek 'n pak na die partytjie toe* **aantrek?"** "Do I have to **wear** a suit to the party?" ❹ hou, dra *Goeie leerskoene* **hou/dra** *jare.* Good leather shoes **wear** for years.

◆ **wear a smile** glimlag *Narre* **glimlag** *altyd.* Clowns always **wear a smile.**

◆ **wear thin** slyt *Dié ou baadjie begin by die elmboë te* **slyt.** This old jacket is starting to **wear thin** at the elbows.

◆ **worn** afgeloop *Ek sal die voorste band moet vervang – dis heeltemal* **afgeloop.** I'll have to replace the front tyre – it's completely **worn.**

☐ **wear** *verb (past tense* **wore**, *past participle* **worn**, *present participle* **wearing***)*

weather weer *Ons het goeie* **weer** *in die vakansie gehad – dit het selde gereën.* We had good **weather** during the holiday – it seldom rained.

☐ **weath·er** *noun (no plural)*

web web, spinnerak *Die spinnekop het 'n vlieg in sy* **web/ spinnerak** *gevang.* The spider caught a fly in its **web.**

☐ **web** *noun (plural* **webs***)*

wedding troue *Die bruid se ouers het die kos vir die* **troue** *verskaf.* The bride's parents provided the food for the **wedding.**

☐ **wed·ding** *noun (plural* **weddings***)*

Wednesday Woensdag *Woensdag is die derde werkdag van die week.* **Wednesday** is the third workday of the week.

☐ **Wed·nes·day** *noun (plural* **Wednesdays***)*

weed[1] onkruid *'n* **Onkruid** *is 'n wilde plant wat groei waar jy dit nie wil hê nie.* A **weed** is a wild plant that grows where you do not want it.

☐ **weed** *noun (plural* **weeds***)*

weed[2] onkruid uittrek *"Wil u hê ek moet vandag die* **onkruid** *in die tuin* **uittrek**, *mev. Smith?"* "Would you like me to **weed** the garden today, Mrs Smith?"

☐ **weed** *verb (past tense and past participle* **weeded**, *present participle* **weeding***)*

week week **[a]** *Daar is sewe dae in 'n* **week.** There are seven days in a **week. [b]** *Ek staan in die* **week** *vroeg op, maar slaap Saterdae en Sondae laat.* I get up early during the **week**, but sleep late on Saturdays and Sundays.

☐ **week** *noun (plural* **weeks***)*

weekday weekdag *'n* **Weekdag** *is enige dag van Maandag tot Vrydag.* A **weekday** is any day from Monday to Friday.

◆ **on weekdays** in die week *Die museum is* **in die week** *van 09:00 tot 17:00 vir die publiek oop.* The museum is open to the public from 09:00 until 17:00 **on weekdays.**

☐ **week·day** *noun (plural* **weekdays***)*

weekend naweek *In Suid-Afrika gaan kinders nie in die* **naweek** *skool nie.* In South Africa children don't go to school at the **weekend.**

☐ **week·end** *noun (plural* **weekends***)*

weekly[1] weekliks *Wat is die* **weeklikse** *loon van daardie fabriekswerkers?* What is the **weekly** wage of those factory workers?

☐ **week·ly** *adjective*

weekly[2] weekliks *Word daardie fabriekswerkers* **weekliks** *of maandeliks betaal?* Are those factory workers paid **weekly** or monthly?

☐ **week·ly** *adverb*

weigh weeg **[a]** *Ek* **weeg** *twee kilogram minder as vroeër.* I **weigh** two kilograms less than I used to. **[b]** *Ek het my op die skaal in die apteek* **geweeg.** I **weighed** myself on the scales in the chemist.

☐ **weigh** *verb (past tense and past participle* **weighed**, *present participle* **weighing***)*

weight gewig **[a]** *Sy het op 'n dieet gegaan en vyf kilogram aan* **gewig** *verloor.* She went on a diet and lost five kilograms in **weight. [b]** *Hy het 'n bottel gom as* **gewig** *gebruik om te keer dat die papiere wegwaai.* He used a bottle of glue as a **weight** to keep the papers from blowing away.

☐ **weight** *noun (no plural at* **a**; *weights at* **b***)*

welcome[1] verwelkom **[a]** *Ek* **verwelkom** *die koeler weer na die hitte van die afgelope paar dae.* I **welcome** the cooler weather after the heat of the past few days. **[b]** *Hy het die gaste in sy huis* **verwelkom.** He welcomed the guests to his house.

☐ **wel·come** *verb (past tense and past participle* **welcomed**, *present participle* **welcoming***)*

welcome[2] welkom **[a]** *Die koel weer is baie* **welkom** *na die hitte van die afgelope paar dae.* The cool weather is very **welcome** after the heat of the past few days. **[b]** *"Kom kuier gou weer by ons – jy's altyd 'n* **welkome** *besoeker."* "Come and see us again soon – you're always a **welcome** visitor."

◆ **be welcome to** kan gerus *"Jy **kan gerus** jou broer saambring wanneer ons vanmiddag gaan swem."* "You **are welcome to** bring your brother along when we go swimming this afternoon."

◆ **make someone welcome** iemand tuis laat voel *Toe ek by Monica gekuier het, het haar ouers baie moeite gedoen om my **tuis** te **laat voel***. When I visited Monica, her parents went out of their way to **make me welcome**.

◆ **you're welcome** nie te danke (nie) *"Dankie vir jou hulp." – "**Nie te danke (nie)**."* "Thank you for your help." – "**You're welcome**."

☐ **wel·come** *adjective* **more welcome, most welcome**

welcome[3] welkom *"**Welkom** tuis! Het jy jou vakansie geniet?"* "**Welcome** home! Did you enjoy your holiday?"

◆ **welcome to** [1] welkom in *"**Welkom in** Kaapstad! Ek hoop jy sal jou besoek geniet."* "**Welcome to** Cape Town! I hope you'll enjoy your visit." [2] welkom op *"**Welkom op** ons dorp!"* "**Welcome to** our town!"

☐ **wel·come** *interjection*

well[1] put *Hulle het 'n **put** gegrawe in die hoop dat hulle water sou kry*. They dug a **well** in the hope of finding water.

☐ **well** *noun (plural* **wells***)*

well[2] [1] goed *Na sy besering het die doelwagter nie **goed** genoeg gevoel om verder te speel nie*. After his injury the goalkeeper didn't feel **well** enough to play on. [2] gesond *"Ek hoor jy was siek?" – "Ja, maar ek is nou weer heeltemal **gesond**."* "I hear you've been ill?" – "Yes, but I'm quite **well** again now." [3] in orde *Sy is na die babakamer om seker te maak of alles **in orde** is*. She went to the baby's room to make sure that all was **well**.

◆ **feel well** lekker voel *Sy **voel** nie **lekker** nie – dis dalk die begin van 'n verkoue*. She doesn't **feel well** – it might be the beginning of a cold.

◆ **get well** gesond/beter word *"Jy sal gou **gesond/beter word** as jy dié medisyne drink."* "You'll **get well** soon if you take this medicine."

◆ **I'm very well** dit gaan baie/heeltemal goed (met my) *"Hoe gaan dit met jou?" – "**Dit gaan baie/heeltemal goed (met my)**, dankie."* "How are you?" – "**I'm very well**, thanks."

☐ **well** *adjective* **better, best**

well[3] [1] goed [a] *"Kou jou kos **goed** voor jy dit sluk."* "Chew your food **well** before you swallow it." [b] *Hy het haar getroos en gesê: "Ek weet maar te **goed** hoe jy voel."* He comforted her and said, "I know only too **well** how you feel." [2] mooi *Sy teken **mooi** en wil kuns studeer as sy groot is*. She draws **well** and wants to study art when she grows up. [3] wel *"Hoe kon hy so 'n dom ding doen?" – "Dit kan jy **wel** vra!"* "How could he do such a stupid thing?" – "You may **well** ask!"

◆ **as well** ook *"Ek gaan vir my 'n roomys koop. Wil jy **ook** een hê?"* "I'm going to buy myself an ice-cream. Would you like one **as well**?"

◆ **as well as** sowel as *Daar is 'n trap **sowel as** 'n hysbak (*OF *Daar is **sowel** 'n trap **as** 'n hysbak) in die winkel*. There is a staircase **as well as** a lift in the shop.

◆ **do well** goed vaar *Sy is trots op haar kinders; hulle vaar almal **goed** op skool*. She is proud of her children; they all **do well** at school.

◆ **(just) as well** eintlik maar, net sowel *"Ons kan **eintlik maar** (*OF ***net sowel***) loop – die volgende bus kom eers oor 'n uur aan."* "We may **(just) as well** walk – the next bus arrives in only an hour."

◆ **may well** heel moontlik *"Sy is **heel moontlik** siek – sy het gister van maagpyn gekla."* "She **may well** be ill – she complained of stomach-ache yesterday."

◆ **sleep well** [1] lekker slaap, slaap gerus *"Goeienag, **lekker slaap** (*OF ***slaap gerus***)!"* "Good night, **sleep well**!" [2] goed/lekker slaap *"Goeiemôre! Het jy **goed/lekker geslaap**?"* "Good morning! Did you **sleep well**?"

◆ **speak well of** ⇨ **speak.**

◆ **think well of** ⇨ **think.**

◆ **very well** eintlik, tog *Die opdrag het van die hoof gekom – ek kon nie **eintlik** (*OF *ek kon **tog** nie*) weier om dit te doen nie*. The instruction came from the headmaster – I couldn't **very well** refuse to do it.

◆ **well above** ver bo/bokant *Die water aan die diep kant van die swembad kom **ver bo/bokant** my kop*. The water in the deep end of the swimming pool comes **well above** my head.

◆ **well before** lank voor *Ons was op die stasie **lank voor** die trein aangekom het*. We were at the station **well before** the train arrived.

◆ **well-behaved** gehoorsaam, soet *Watter lieflike kinders het sy nie! Die een is so **gehoorsaam/soet** as die ander*. What lovely children she has! The one is as **well-behaved** as the other.

◆ **well below** ver onder *Twee uit tien is **ver onder** die slaagpunt*. Two out of ten is **well below** the pass mark.

◆ **well done** [1] mooi so *"**Mooi so**, Paul! Veels geluk dat jy gewen het!"* "**Well done**, Paul! Congratulations on winning!" [2] hard gebak *"Wil jy jou eier sag of **hard gebak** hê?"* "Would you like your egg soft or **well done**?" [3] goed gaar *Vis moet **goed gaar** wees, anders kan jy dit nie eet nie*. Fish has to be **well done**, or you can't eat it.

◆ **well-known** welbekend *Suid-Afrika is **welbekend** vir/om sy goud*. South Africa is **well-known** for its gold.

◆ **well over** [1] diep in die *My oupa is **diep in die** sewentig*. My grandfather is **well over** seventy. [2] 'n goeie *Sy het **'n goeie** uur vir hom gewag*. She waited **well over** an hour for him.

◆ **well past** lank na *Die partytjie het tot **lank na** middernag aangehou*. The party went on until **well past** midnight.

◆ **well worth** deur en deur die moeite werd *Dis 'n uitstekende prent en **deur en deur die moeite werd*** *om te sien*. It's an excellent film and **well worth** seeing.

☐ **well** *adverb*

well[4] **1** wel [a] "*Wel, glo dit as jy wil, ek het R5 000 in 'n kompetisie gewen!*" "**Well**, believe it or not, I've won R5 000 in a competition!" [b] "*Die melk het suur geword.*" – "*Wel, jy kan daar niks aan doen nie.*" "The milk has turned sour." – "**Well**, there's nothing you can do about it." [c] "*Onthou jy die Smiths? Wel, hulle het Australië toe getrek.*" "Do you remember the Smiths? **Well**, they've moved to Australia." **2** nou "*Nou wat dink jy daarvan?*" "**Well**, what do you think of that?"

◆ **oh well** nou ja "*Nou ja, dis nie so erg nie.*" "**Oh well**, it isn't so bad."

◆ **very well (then)** ⇨ **very**[2].

◆ **well, well!** wel, wel!, nou toe (nou)! "*Wel, wel (*OF *Nou toe* OF *Nou toe nou), kyk wie's hier!*" "**Well, well**, look who's here!"

☐ **well** *interjection*

weren't ⇨ **be** [NOTE].

west[1] weste *Die son kom in die ooste op en sak in die* **weste**. The sun comes up in the east and sets in the **west**.

☐ **west** *noun (no plural)*

west[2] wes= *Port Nolloth lê aan die* **weskus** *van Suid-Afrika*. Port Nolloth lies on the **west** coast of South Africa.

☐ **west** *adjective*

west[3] wes *Zimbabwe lê* **wes** *van Mosambiek*. Zimbabwe lies **west** of Mozambique.

☐ **west** *adverb*

western westelike *Springbok lê in die* **westelike** *deel van ons land*. Springbok lies in the **western** part of our country.

☐ **west·ern** *adjective*

wet[1] natmaak [a] "*Sal jy dié lap vir my onder die kraan gaan natmaak, asseblief?*" "Will you go and **wet** this cloth under the tap for me, please?" [b] *Die baba het sy doek natgemaak*. The baby has **wet** its nappy.

☐ **wet** *verb (past tense and past participle* **wet/wetted**, *present participle* **wetting***)*

wet[2] nat [a] *Die* **nat** *glas het 'n wit kring op die tafel gelaat*. The **wet** glass left a white ring on the table. [b] "*Pas op – die verf aan die muur is nog nat*." "Be careful – the paint on the wall is still **wet**." [c] *Winters in die Kaap is koud en nat*. Winters in the Cape are cold and **wet**.

◆ **soaking wet, sopping wet** papnat "*Jy's papnat!*" – "*Ja, Philip het my in die swembad gestamp*." "You're **soaking/sopping wet!**" – "Yes, Philip pushed me into the swimming pool."

◆ **wet through** deurnat *Na die sokkeroefening was sy hemp deurnat van die sweet*. After the soccer practice his shirt was **wet through** with perspiration.

☐ **wet** *adjective* **wetter, wettest**

what[1] **1** wat [a] "*Wat wil jy meer hê?*" "**What** more do

you want?" [b] "*Wat kon ek anders doen as die waarheid praat?*" "**What** else could I do but tell the truth?" **2** watter [a] "*Watter soort slang is dit?*" – "*Dis 'n mamba.*" "**What** kind of snake is that?" – "It's a mamba." [b] "*Op watter dag val die 25ste De= sember?*" "On **what** day does the 25th of December fall?" [c] "*Watter nommer skoen dra jy?*" "**What** size shoe do you take?" **3** watse, wat vir 'n "*Watse (*OF *Wat vir 'n) blom is dit?*" "**What** flower is that?" **4** hoe [a] "*Hoe laat is dit?*" – "*Dis agtuur.*" "**What** is the time (OR **What** time is it)?" – "It's eight o'clock." [b] "*Hoe oud is Lynette?*" – "*Sy is veertien.*" "**What** age is Lynette?" – "She is fourteen." **5** enige "*Enige appels wat jy optel, mag jy hou.*" "**What** apples you pick up you may keep." ⇨ **which** [NOTE].

☐ **what** *adjective*

what[2] **1** wat *Wat 'n handige mes! Dit kan sny, blikke oopmaak en proppe uittrek*. **What** a handy knife! It can cut, open tins and draw corks. **2** watter *Watter lieflike kinders het sy nie! Die een is so soet as die ander*. **What** lovely children she has! The one is as well-behaved as the other.

☐ **what** *adverb*

what[3] wat [a] "*Wat wil jy vir jou verjaardag hê?*" "**What** do you want for your birthday?" [b] "*Wat makeer? Jy lyk ontsteld.*" "**What** is the matter? You look upset." [c] "*Wat doen jou pa?*" – "*Hy is 'n bouer.*" "**What** does your dad do?" – "He is a builder." [d] *Niemand weet wat in die toekoms sal gebeur nie*. No one knows what will happen in the future.

◆ **what about 1** wat van?, hoe lyk dit met? "*Ek is lus vir 'n koeldrank. Wat van (*OF *Hoe lyk dit met) jou?*" "I feel like a cool drink. **What about** you?" **2** waaroor [a] "*Waaroor gaan/handel die boek?*" "**What** is the book **about**?" [b] "*Ek gaan jou nie vertel waaroor ons gepraat het nie.*" "I'm not going to tell you **what** we were talking **about**." **3** waarvan "*Ek weet nie waarvan jy praat nie – verduidelik asseblief wat jy bedoel.*" "I don't know **what** you're talking **about** – please ex= plain yourself."

◆ **what at 1** waarna "*Waarna kyk jy?*" "**What** are you looking **at**?" **2** waarvoor "*Waarvoor lag hy?*" "**What** is he laughing **at**?"

◆ **what for 1** waarvoor "*Weet jy waarvoor 15:00 staan?*" – "*Ja, drie-uur in die middag.*" "Do you know **what** 15:00 stands **for**?" – "Yes, three o'clock in the afternoon." **2** hoekom, waarom "*Hoekom/Waarom het jy dit gedoen?*" "**What** did you do that **for**?"

◆ **what if** sê nou (maar) "*Sê nou (maar) dit reën: sal ons nog steeds die wedstryd speel?*" "**What if** it rains: will we still play the match?"

◆ **what in** waarin "*Waarin kan ek dit pak?*" – "*Ge= bruik 'n kartondoos.*" "**In what** can I pack it?" – "Use a cardboard box."

◆ **what is more** ⇨ **more**[3].

◆ **what ... like** hoe [a] "*Hoe lyk jou kat?*" – "*Sy is swart en het 'n wit vlek onder haar ken.*" "**What** does your cat look **like**?" – "She is black and has a white mark under her chin." **[b]** "*Hoe is sy nuwe meisie?*" – "*Sy's baie mooi en nogal gaaf.*" "**What** is his new girl= friend **like**?" – "She's very pretty and rather nice." **[c]** "*Hoe was jou vakansie?*" "**What** was your holiday like?"

◆ **what of ❶** waarvan "*Waarvan is dit gemaak?*" "**What** is it made **of**?" **❷** waarvoor "*Waarvoor is jy bang?*" "**What** are you afraid **of**?" **❸** waaraan "*Waar= aan laat dit jou dink?*" "**What** does it remind you **of**?"

◆ **what on** waarop "*Waarop sit jy?*" "**What** is she sitting **on**?"

◆ **what with** waarmee "*Waarmee kan ek die gat in die pyp toestop?*" "**What** can I plug the hole in the pipe **with**?"

☐ **what** *pronoun*

whatever[1] watter ... ook al "*Ek sal tevrede wees met watter boeke julle ook al oor die onderwerp het.*" "I'll be happy with **whatever** books you have on the sub= ject."

☐ **what·ev·er** *adjective*

whatever[2] hoegenaamd *Ek kan hoegenaamd niks in dié donker kamer sien nie.* I can see nothing **whatever** in this dark room.

☐ **what·ev·er** *adverb*

whatever[3] **❶** net wat ... wil "*Maak net wat jy wil.*" "Do **whatever** you like." **❷** al wat "*Al wat ek het, is joune.*" "**Whatever** I have is yours." **❸** wat ook al "*Wat jy ook al doen, moenie met vuurhoutjies speel nie!*" "**Whatever** you do, don't play with matches!" **❹** wat op aarde? "*Wat op aarde is die vreemde ding daar oorkant?*" "**Whatever** is that strange thing over there?"

◆ **whatever for?** maar waarvoor dan?, waarvoor dan tog? "*Maar waarvoor het jy dit dan gedoen (*OF *Waarvoor het jy dit dan tog gedoen)?*" "**Whatever** did you do that **for**?"

☐ **what·ev·er** *pronoun*

wheat koring *Meel word van koring gemaak.* Flour is made from **wheat**.

☐ **wheat** *noun (no plural)*

wheel wiel *Hy het die wiel afgehaal om 'n lek in die band te lap.* He took the **wheel** off to patch a puncture in the tyre.

☐ **wheel** *noun (plural wheels)*

wheelbarrow kruiwa *Die tuinier stoot 'n kruiwa wat met dooie blare gevul is.* The gardener is pushing a **wheelbarrow** filled with dead leaves.

☐ **wheel·bar·row** *noun (plural wheelbarrows)*

when[1] **❶** wanneer "*Wanneer kom hy?*" – "*Ons verwag hom môre.*" "**When** is he coming?" – "We expect him tomorrow." **❷** toe **[a]** *Sy was sestien toe sy die skool verlaat het.* She was sixteen **when** she left school. **[b]** "*Onthou jy die keer toe ons huis amper afgebrand het?*" "Do you remember the time **when** our house nearly burnt down?" **❸** waarop *Maandag is die dag waarop sy was.* Monday is the day **when** she does the washing.

◆ **since when?** van wanneer (af)?, sedert wanneer?

"*Van wanneer (*OF *Van wanneer af* OF *Sedert wanneer) woon julle hier?*" "**Since when** have you been living here?"

☐ **when** *adverb*

when[2] **❶** wanneer "*Onthou om die ligte af te sit wan= neer jy gaan slaap.*" "Remember to turn off the lights **when** you go to bed." **❷** as *Die kinders speel binne as dit reën.* The children play indoors **when** it rains. **❸** toe *Hy het op 'n plaas gewoon toe hy jonk was.* He lived on a farm **when** he was young. **❹** terwyl "*Hoekom wil jy 'n nuwe fiets hê terwyl jou oue niks makeer nie?*" "Why do you want a new bike **when** there's nothing wrong with your old one?"

☐ **when** *conjunction (joining word)*

whenever elke keer dat, elke maal dat, elke slag dat *Dit lyk asof dit reën elke keer/maal/slag dat ek ons mo= tor was!* It seems to rain **whenever** I wash our car!

◆ **whenever you like** net wanneer jy wil "*Jy kan kom net wanneer jy wil – ek sal die hele middag tuis wees.*" "You can come **whenever you like** – I'll be at home all afternoon."

☐ **when·ev·er** *conjunction (joining word)*

where ❶ waar **[a]** "*Waar is my blou hemp?*" – "*Dis in die was.*" "**Where** is my blue shirt?" – "It's in the wash." **[b]** "*Plant die boom net hier waar ek staan.*" "Plant the tree right here **where** I'm standing." **❷** waarin *My sokkies is in die laai waarin ek my onder= klere hou.* My socks are in the drawer **where** I keep my underwear. **❸** dat *Die huis het die stadium bereik dat hulle die dak kan opsit.* The house has reached the stage **where** they can put up the roof.

◆ **from where** van waar *Ek kan die brug sien van waar ek staan.* I can see the bridge **from where** I'm standing.

◆ **that is where** daar *Die ongeluk het daar gebeur.* **That is where** the accident happened.

◆ **this is where** hier "*Hier woon ons.*" "**This is where** we live."

◆ **where from?** waarvandaan? "*Waarvandaan kom jy (*OF *Waar kom jy vandaan)?*" "**Where** do you come **from**?"

◆ **where ... (to)?** waarheen?, waarnatoe? "*Waar= heen/Waarnatoe gaan julle vir die vakansie?*" "**Where** are you going **(to)** for the holidays?"

☐ **where** *adverb*

wherever[1] waar op aarde "*Waar op aarde het jy daardie snaakse hoed gekry?*" "**Wherever** did you get that funny hat?"

☐ **wher·ev·er** *adverb*

wherever[2] **❶** waar ook (al) *Hy kom van Kriel, waar dit ook (al) mag wees.* He comes from Kriel, **wherever** that may be. **❷** oral/orals waar *Sy hond volg hom oral/ orals waar hy gaan.* His dog follows him **wherever** he goes.

◆ **wherever you like** net waar jy wil "*Daar is baie stoele; sit net waar jy wil.*" "There are plenty of chairs; sit **wherever you like**."

□**wher·ev·er** conjunction (joining word)

whether of "*Vra hom of hy nog 'n stukkie brood wil hê.*" "Ask him **whether** he would like another piece of bread."

□**weth·er** conjunction (joining word)

which[1] ❶ watter "*Watter appel wil jy hê, die rooie of die groene?*" "**Which** apple do you want, the red one or the green one?" ❷ van watter "*Van watter storie het jy die meeste gehou?*" "**Which** story did you like best?"

□**which** adjective

◆ **which** is used when there is a small number of possibilities from which to choose; **what** is used when there is a large choice: "*Which bike is yours (OR Which is your bike), the red one or the blue one?*" "*What are your favourite colours?*"
◆ **which** can be followed by of but **what** cannot: "*Which of the films did you like best?*"

---

which[2] ❶ watter "*Watter fiets is joune, die rooie of die groene?*" "**Which** is your bike, the red one or the green one?" ❷ wat [a] "*Wat verkies jy – vleis of vis?*" "**Which** do you prefer – meat or fish?" [b] *Kanker is 'n ernstige siekte wat die dood kan veroorsaak.* Cancer is a serious disease **which** can cause death.

◆ **about which** waarvan [a] *Elektrisiteit is iets waarvan ek baie min weet.* Electricity is something **about which** I know very little. [b] "*Dis die boek waarvan ek jou vertel het.*" "This is the book **which** I told you about."

◆ **around which** waarom "*Watter kleur is die kers waarom die mot vlieg?*" "What colour is the candle **around which** the moth is flying?"

◆ **after which** waarna *Hy het sy huiswerk gedoen, waarna hy gaan swem het.* He did his homework, **after which** he went for a swim.

◆ **for which** ❶ waarvoor *Charlotte het 'n rok aangehad waarvoor sy meer as R500,00 betaal het.* Charlotte was wearing a dress **for which** she paid more than R500,00. ❷ waarna "*Dis die boek waarna ek gesoek het.*" "This is the book **for which** I was looking."

◆ **in which** waarin *Hulle het 'n ou fliek vertoon waarin Marilyn Monroe die hoofrol speel.* They showed an old film **in which** Marilyn Monroe plays the leading part.

◆ **of which** waarvan "*Dis die boek waarvan ek gepraat het.*" "This is the book **of which** I was speaking."

◆ **on which** waarop *Die kombers waarop sy sit, is groen.* The blanket **on which** she is sitting is green.

◆ **over which** waaroor *Die rivier waaroor die brug gebou is, is baie diep.* The river **over which** the bridge is built is very deep.

◆ **to which** ❶ waarheen, waarnatoe *Ek kan nie onthou wat die naam van die dorp is waarheen/waarnatoe hulle getrek het nie.* I can't remember the name of the town **to which** they have moved. ❷ waarna "*Dis die*

boek **waarna** ek verwys het.*" "This is the book **to which** I referred."

◆ **through which** waardeur "*Dis die gat waardeur die hond ontsnap het.*" "This is the hole **through which** the dog escaped."

◆ **which of:** ❶ wie van "*Wie van die drie atlete kan die verste spring?*" "**Which of** the three athletes can jump (the) furthest?" ❷ watter van "*Watter van dié penne is joune?*" "**Which of** these pens is yours?"

◆ **with which** waarmee *'n Boog is 'n wapen waarmee jy pyle afskiet.* A bow is a weapon **with which** you shoot arrows.

□**which** pronoun

while[1] ruk *Die leeu het die bok 'n ruk lank dopgehou en hom toe bespring.* The lion watched the buck for a **while** and then pounced on it.

◆ **a little/short while ago** ⇨ **ago.**

◆ **after a while** naderhand "*Die skoene maak jou nou seer, maar hulle sal naderhand rek en gemakliker pas.*" "The shoes hurt you now, but **after a while** they'll stretch and fit more comfortably."

◆ **for a while** 'n rukkie "*Jy lyk moeg – waarom gaan lê jy nie 'n rukkie nie?*" "You look tired – why don't you go and lie down **for a while?**"

◆ **for/in a long while** lank *Ek het hom lank nie gesien nie.* I haven't seen him **for/in a long while.**

◆ **in a little while** oor 'n kort rukkie "*Ek sal oor 'n kort rukkie terug wees.*" "I'll be back **in a little while.**"

◆ **once in a while** ⇨ **once**[1]**.**

◆ **worth one's while** ⇨ **worth**[2]**.**

□**while** noun (no plural)

while[2] terwyl [a] *Die bure het na my hond gekyk terwyl ons met vakansie was.* The neighbours looked after my dog **while** we were on holiday. [b] *Cynthia het al haar geld uitgegee, terwyl Lynette die helfte van hare gespaar het.* Cynthia spent all her money, **while** Lynette saved half of hers.

□**while** conjunction (joining word)

whimper tjank *Die hondjie het begin tjank, want hy was koud en honger.* The puppy began to **whimper** because it was cold and hungry.

□**whim·per** verb (past tense and past participle **whimpered,** present participle **whimpering**)

whip sweep *Die drywer het met sy sweep geklap om die donkies vinniger te laat hardloop.* The driver cracked his **whip** to make the donkeys run faster.

□**whip** noun (plural **whips**)

whiskers snor *Ons kat het 'n wit snor.* Our cat has white **whiskers.**

□**whisk·ers** plural noun

whisper[1] ❶ fluisterstem *Sy het met 'n fluisterstem gepraat om nie die baba wakker te maak nie.* She spoke in a **whisper** so as not to wake the baby. ❷ gefluister "*Luister na die gefluister van die windjie deur die blare.*" "Listen to the **whisper** of the breeze through the leaves."

☐ **whis·per** *noun (plural* **whispers***)*

whisper[2] fluister [a] *Mense* **fluister** *wanneer hulle geheime vertel.* People **whisper** when they tell secrets. [b] *"Luister hoe* **fluister** *die windjie deur die blare."* "Listen to the breeze **whispering** through the leaves."

☐ **whis·per** *verb (past tense and past participle* **whispered***, present participle* **whispering***)*

whistle[1] ❶ fluitjie *Die skeidsregter het op sy* **fluitjie** *geblaas om die wedstryd te begin.* The referee blew his **whistle** to start the game. ❷ fluit *Die voël het 'n* **fluit** *gegee en weggevlieg.* The bird gave a **whistle** and flew away.

☐ **whis·tle** *noun (plural* **whistles***)*

whistle[2] fluit [a] *"Ek ken nie die woorde van die lied nie, maar ek kan die wysie vir jou* **fluit***."* "I don't know the words of the song, but I can **whistle** the tune for you." [b] *Die wind* **fluit** *deur die halfoop venster.* The wind is **whistling** through the half-open window. [c] *Die trein* **het gefluit** *toe dit nader aan die stasie kom.* The train **whistled** as it approached the station.

☐ **whis·tle** *verb (past tense and past participle* **whistled***, present participle* **whistling***)*

white[1] wit [a] *Wit is 'n kleur soos dié van sneeu.* **White** is a colour like that of snow. [b] *'n Eier bestaan uit twee dele: die* **wit** *en die geel.* An egg consists of two parts: the **white** and the yolk.

☐ **white** *noun (no plural at* **a***;* **whites** *at* **b***)*

white[2] wit *Melk is* **wit***.* Milk is **white**.

◆ **white bread** witbrood *Die bruinbrood is uitverkoop, maar daar is nog* **witbrood** *oor.* The brown bread is sold out, but there is still some **white bread** left.

☐ **white** *adjective* **whiter, whitest**

who ❶ wie [a] *"Wie* *is daardie meisie?"* "**Who** is that girl?" [b] *"Aan* **wie** *skryf jy?"* "**Who** are you writing to?" [c] *"Die meisie met* **wie** *ek gepraat het, is Robert se suster."* "The girl **who** I spoke to is Robert's sister." ❷ wat [a] *"Daar is die seun* **wat** *ek by Monica se partytjie ontmoet het."* "There is the boy **who** I met at Monica's party." [b] *Charlotte was die enigste* **wat** *vol punte in die toets gekry het.* Charlotte was the only one **who** got full marks in the test. [c] *"My neef Dennis,* **wat** *in Windhoek woon, kom in Desember by ons kuier."* "My cousin Dennis, **who** lives in Windhoek, is coming to visit us in December."

☐ **who** *pronoun*

In informal language **who** can be used instead of **whom** as an object in questions: *"Who did you phone?"*

whoever ❶ wie ook (al) [a] *Wie ook (al) die prys wen, is* *'n baie gelukkige persoon.* **Whoever** wins the prize is a very lucky person. [b] *Toe die deurklokkie lui, het sy gesê: "Wie dit ook (al) is, sê vir hulle ek is uit."* When the doorbell rang she said, "**Whoever** it is, tell them I'm out." ❷ wie op aarde *"Wie op aarde het jou dit vertel?"* "**Whoever** told you that?"

☐ **who·ev·er** *pronoun*

whole[1] hele *Twee halwes maak 'n* **hele***.* Two halves make a **whole**.

◆ **on the whole** in/oor die algemeen *Dit het af en toe gereën, maar die weer was* **in/oor die algemeen** *baie lekker.* It rained every now and again but, **on the whole**, the weather was very pleasant.

☐ **whole** *noun (plural* **wholes***)*

whole[2] heel [a] *Die hond het nie die beskuitjie gekou nie – hy het dit* **heel** *ingesluk.* The dog didn't chew the biscuit – he swallowed it **whole**. [b] *Hulle het die* **hele** *koek opgeëet – daar is niks oor nie.* They ate up the **whole** cake – there is nothing left over.

☐ **whole** *adjective*

whom wie [a] *"Aan* **wie** *skryf jy?"* "To **whom** are you writing?" [b] *"Die meisie met* **wie** *ek gepraat het, is Robert se suster."* "The girl to **whom** I spoke is Robert's sister." ⇨ **who** [NOTE].

☐ **whom** *pronoun*

who's is short for **who is, who has**

whose ❶ wie se [a] *"Wie se* *boek is dit dié?" – "Dis myne."* "**Whose** book is this?" – "It's mine." [b] *"Daar is die seun* **wie se** *hond weggeraak het."* "There is the boy **whose** dog got lost." ❷ wie s'n *Die onderwyser het 'n trui opgehou en gevra: "Wie s'n is dit dié?"* The teacher held up a jersey and asked, "**Whose** is this?" ❸ waarvan *'n Roos is 'n plant* **waarvan** *die stingels vol dorings is.* A rose is a plant **whose** stems are full of thorns.

☐ **whose** *pronoun*

why hoekom, waarom [a] *"Hoekom/Waarom* *het jy dit gedoen?"* "**Why** did you do that?" [b] *Die juffrou het hom gevra* **hoekom/waarom** *hy laat is.* The teacher asked him **why** he was late. [c] *"Die rede* **hoekom/waarom** *ek laat is, is dat ek die bus gemis het."* "The reason **why** I'm late is that I missed the bus."

◆ **that is why, that's why** dis dié dat, dis waarom, daarom *Die batterye is pap,* **dis dié dat** *(*of **dis waarom***) die radio nie speel nie* (OF *Die batterye is pap,* **daarom** *speel die radio nie).* The batteries are flat, **that is** (OR **that's**) **why** the radio won't play.

☐ **why** *adverb*

wide[1] ❶ wyd [a] *Hy het die boonste knoop van die hemp vasgemaak om te kyk of die kraag* **wyd** *genoeg is.* He fastened the top button of the shirt to see whether the collar was **wide** enough. [b] *Die agterste sitplek van die bus is* **wyd** *genoeg vir vyf mense.* The back seat of the bus is **wide** enough for five people. ❷ breed [a] *Die mat is drie meter lank en een meter* **breed***.* The rug is three metres long and one metre **wide**. [b] *Hy het haar met 'n* **breë** *glimlag verwelkom.* He welcomed her with a **wide** smile. ❸ groot [a] *Die winkel verkoop 'n* **groot** *verskeidenheid van goedere.* The shop sells a **wide** variety of goods. [b] *Sy het met* **groot** *oë na hom gestaar.* She stared at him with **wide** eyes.

☐ **wide** *adjective* **wider, widest**

wide[2] wyd *"Moenie die laai te **wyd** ooptrek nie; dit sal uitval."* "Don't open the drawer too **wide**; it will fall out."

◆ **wide apart** ver uit/van mekaar *Hy het met sy voete **ver uit/van mekaar** gestaan.* He stood with his feet **wide apart**.

◆ **wide awake** wawyd/helder wakker *Ek het opge= staan, want ek was **wawyd/helder wakker** en kon nie weer aan die slaap raak nie.* I got up because I was **wide awake** and couldn't go back to sleep again.

◆ **wide open** wawyd/wyd oop *Al die vensters was **wawyd/wyd oop**.* All the windows were **wide open**.

□ **wide** *adverb*

widow weduwee *Die **weduwee** was baie eensaam na die dood van haar man.* The **widow** was very lonely after the death of her husband.

□ **wid·ow** *noun (plural **widows**)*

widower wewenaar *Die **wewenaar** was baie eensaam na die dood van sy vrou.* The **widower** was very lonely after the death of his wife.

□ **wid·ow·er** *noun (plural **widowers**)*

width ❶ wydte *Hy het die boonste knoop van die hemp vasgemaak om die **wydte** van die kraag te toets.* He fas= tened the top button of the shirt to check the **width** of the collar. ❷ breedte *"Wat is die **breedte** van die mat?"* "What is the **width** of the rug?"

◆ **in width** breed *Die mat is een meter **breed**.* The rug is one metre **in width**.

□ **width** *noun (plural **widths**)*

wife vrou *"Is hulle man en **vrou?"** – "Nee, hulle is nie getroud nie."* "Are they husband and **wife?"** – "No, they're not married."

□ **wife** *noun (plural **wives**)*

wild wild **[a]** *Die perd was baie **wild** – dit het lank ge= duur om hom mak te maak.* The horse was very **wild** – it took a long time to tame it. **[b]** *Die seun het .wild geword en goed begin rondgooi.* The boy went **wild** and started throwing things about.

□ **wild** *adjective* **wilder, wildest**

wildly wild *Sy het **wild** op die deur gehamer en geskree: "Laat my uit! Laat my uit!"* She hammered **wildly** on the door and shouted, "Let me out! Let me out!"

□ **wild·ly** *adverb*

will ❶ sal **[a]** *"Die ballon **sal** bars as jy te veel lug daarin blaas."* "The balloon **will** burst if you blow too much air into it." **[b]** *"Ek **sal** jou met jou huiswerk help."* "I **will** help you with your homework." **[c]** *"**Sal** jy die gordyne vir my afhaal, asseblief?"* "**Will** you take down the curtains for me, please?" **[d]** *"Kinders, **sal** julle asseblief stilbly!"* "Children, **will** you please be quiet!" ❷ – *Ons hond eet enigiets, selfs rou vis.* Our dog **will** eat anything, even raw fish. ❸ gaan *"Dink jy dit **gaan** môre reën?"* "Do you think it **will** rain tomorrow?" ❹ kan *Daar **kan** 300 mense in die saal gaan.* The hall **will** hold 300 people. ⇨ **shall** [NOTE].

◆ **won't** ❶ wil nie *Die radio **wil nie** werk nie, want die batterye is pap.* The radio **won't** work because the bat=

teries are flat. ❷ sal nie *"Ek **sal** dit **nie** doen nie!"* "I **won't** do it!" ❸ gaan nie *Ek hoop nie dit **gaan** môre reën nie.* I hope it **won't** rain tomorrow. ❹ kan nie *Daar **kan nie** meer as 300 mense in die saal gaan nie.* The hall **won't** hold more than 300 people.

□ **will** *verb (past tense **would**)*

willing gewillig, bereid *"Is jy **gewillig/bereid** om te help?"* "Are you **willing** to help?"

□ **will·ing** *adjective*

win wen **[a]** *"Watter bokser dink jy gaan die geveg **wen?"** "Which boxer do you think will **win** the fight?" **[b]** *Ons span **het** die wedstryd met drie punte teen nul **gewen**.* Our team **won** the match by three points to nil. **[c]** *Sy **het** 'n prys in een of ander kompeti= sie **gewen**.* She **won** a prize in some competition.

□ **win** *verb (past tense and past participle **won**, present participle **winning**)*

wind[1] wind *'n Koue **wind** het oor die veld gewaai.* A cold **wind** blew across the veld.

□ **wind** *noun (plural **winds**)*

wind[2] ❶ draai *Die halssnoer is so lank dat sy dit twee keer om haar nek kan **draai**.* The necklace is so long that she can **wind** it twice round her neck. ❷ kronkel *Die paadjie **kronkel** deur die bos.* The path **winds** through the forest.

◆ **wind (up)** ❶ oprol *"Sal ek die in tou in 'n bol **oprol?"** "Shall I **wind** the rope **(up)** into a ball?" ❷ opwen *"Moet jy jou horlosie **opwen**, of werk dit met batterye?"* "Do you need to **wind** your watch **(up)**, or does it work on batteries?"

◆ **wind up** opdraai *"Pa, sal jy jou venster **opdraai**, asseblief? Die wind pla ons agter in die motor."* "Dad, will you **wind** your window **up**, please? The wind is bothering us in the back of the car."

□ **wind** *verb (past tense and past participle **wound**, present participle **winding**)*

window venster *"Maak die **venster** oop om 'n bietjie vars lug binne te laat."* "Open the **window** to let in some fresh air."

□ **win·dow** *noun (plural **windows**)*

window-pane vensterruit *Sy het gestaan en kyk hoe die reëndruppels teen die **vensterruit** afgly.* She stood watching the raindrops slide down the **window-pane**.

□ **win·dow-pane** *noun (plural **window-panes**)*

windy winderig *Dis stil vandag, maar dit was gister taamlik **winderig**.* It is calm today, but it was quite **windy** yesterday.

□ **wind·y** *adjective* **windier, windiest**

wine wyn *Drank soos **wyn** en bier bevat alkohol.* Drink such as **wine** and beer contains alcohol.

□ **wine** *noun (plural **wines**)*

wing ❶ vlerk *Die voël het sy **vlerk** seergemaak en kan nie vlieg nie.* The bird has hurt its **wing** and can't fly. ❷ vlerkie *Wanneer ons hoender eet, kry ek gewoonlik 'n **vlerkie**.* When we eat chicken I usually get a **wing**.

□ **wing** *noun (plural **wings**)*

winner wenner *Die **wenner** van die wedloop het 'n silver beker gekry.* The **winner** of the race received a silver cup.
☐ **win·ner** *noun (plural* **winners***)*

winter winter *Winter is die koudste seisoen van die jaar.* **Winter** is the coldest season of the year.
☐ **win·ter** *noun (plural* **winters***)*

wipe ❶ vee [a] *"Vee die vloer met 'n nat lap skoon."* "**Wipe** the floor clean with a wet cloth." [b] *Sy het die trane uit haar oë **gevee**.* She **wiped** the tears from her eyes. ❷ afvee *"Sal jy asseblief jou voete op die mat **afvee** voor jy binnekom?"* "Will you please **wipe** your feet on the mat before you come inside?" ❸ uitvee *Hy het wakker geword, gegaap en sy oë begin **uitvee**.* He woke up, yawned and began to **wipe** his eyes.
♦ **wipe off** afvee van *"Sal jy asseblief die modder **van** jou voete **afvee** voor jy binnekom?"* "Will you please **wipe** the mud **off** your feet before you come inside?"
♦ **wipe out** uitvee *"Hoekom moet ek die glase **uit**= **vee**?" – "Hulle is vol stof."* "Why must I **wipe out** the glasses?" – "They're full of dust."
♦ **wipe up** opvee *Sy moes die melk wat sy op die vloer gemors het, **opvee**.* She had to **wipe up** the milk she had spilt on the floor.
☐ **wipe** *verb (past tense and past participle* **wiped**, *present participle* **wiping***)*

wire draad *Die heining om ons tuin is van **draad** gemaak.* The fence around our garden is made of **wire**.
☐ **wire** *noun (plural* **wires***)*

wish[1] ❶ wens *Toe Cynthia nog klein was, was haar grootste **wens** om eendag verpleegster te word.* When Cynthia was little her greatest **wish** was to be a nurse some day.
♦ **best wishes** beste wense *"**Beste wense** vir die ek= samen – ek hoop jy sal slaag."* "**Best wishes** for the exams – I hope you will pass."
☐ **wish** *noun (plural* **wishes***)*

wish[2] ❶ wens *"Ek **wens** dit wil ophou reën sodat ons buite kan gaan speel."* "I **wish** it would stop raining so that we can go and play outside." ❷ toewens *"Sê vir Lynette dat ek haar alles van die beste in die eksamen **toewens**."* "Tell Lynette that I **wish** her the best of luck in the exams."
♦ **wish for** begeer, verlang *Hulle is baie ryk en het alles wat 'n mens kan **begeer/verlang**.* They are very rich and have everything one could **wish for**.
♦ **wish someone a happy birthday** iemand met sy verjaardag gelukwens *"Gaan jy hom nie **met sy ver= jaardag gelukwens** nie?"* "Aren't you going to **wish** him **a happy birthday**?"
♦ **wish to be** (graag) wil wees *"Gaan asseblief weg – ek **wil (graag)** alleen **wees**."* "Please go away – I **wish to be** alone."
☐ **wish** *verb (past tense and past participle* **wished**, *present participle* **wishing***)*

witch heks *Die **heks** in die storie gebruik toorkuns om slegte dinge te doen.* The **witch** in the story uses magic to do bad things.

☐ **witch** *noun (plural* **witches***)*

with ❶ met [a] *Hulle woon in die huis **met** die geel voor= deur.* They live in the house **with** the yellow front door. [b] *Hy het die hond **met** 'n stok geslaan.* He beat the dog **with** a stick. [c] *Sy speel **met** haar poppe.* She is playing **with** her dolls. [d] *Die twee broers stry en baklei dikwels **met** mekaar.* The two brothers often ar= gue and fight **with** each other. [e] *Hy het die bottel **met** water gevul.* He filled the bottle **with** water. [f] *Die meubels was na die sandstorm **met** stof bedek.* The furniture was covered **with** dust after the sandstorm. ❷ saam met *"Het jy lus om **saam met** my te gaan fliek?"* "Do you feel like going to the cinema **with** me?" ❸ by [a] *Ek het geen geld **by** my nie.* I have no money **with** me. [b] *My ouma het na my oupa se dood **by** ons kom woon.* My grandmother came to live **with** us after my grandfather's death. [c] *Esther is 'n mooi meisie en is baie gewild **by** die seuns.* Esther is a pretty girl and is very popular **with** the boys. ❹ van die *Sy hemp was nat **van die** sweet.* His shirt was wet **with** perspiration. ❺ vir *"Moenie **vir** my kwaad wees nie; ek het nie jou pen met opset gebreek nie."* "Don't be cross **with** me; I didn't break your pen on purpose."
♦ **with it** ❶ daarmee *"Die mes is baie skerp; wees dus versigtig **daarmee**."* "The knife is very sharp, so be careful **with it**." ❷ daarby *"Daar is appeltert vir na= gereg. Wil julle roomys **daarby** hê?"* "There is apple tart for dessert. Would you like some ice-cream **with it**?"
♦ **with no** sonder *'n Sirkel is 'n vorm **sonder** begin of einde.* A circle is a shape **with no** beginning or end.
♦ **with that** daarmee *"Sy voel dat ons hom ook moet nooi. Stem jy **daarmee** saam?"* "She feels that we should invite him as well. Do you agree **with that**?"
♦ **with this** hiermee *Hy het sy pa 'n stuk gereedskap gewys en gevra: "Wat maak 'n mens **hiermee**?"* He showed his dad a tool and asked, "What does one do **with this**?"
♦ **with which** waarmee *'n Boog is 'n wapen **waarmee** jy pyle afskiet.* A bow is a weapon **with which** you shoot arrows.
☐ **with** *preposition*

within binne, in *"Sal jy die werk **binne/in** 'n week kan doen?"* "Will you be able to do the work **within** a week?"
☐ **with·in** *preposition*

without ❶ sonder *'n Plant kan nie **sonder** water lewe nie.* A plant cannot live **without** water. ❷ sonder om te *Hy is weg **sonder om te** groet.* He left **without** saying goodbye.
♦ **do without** ⇨ **do.**
♦ **go without** ⇨ **go.**
☐ **with·out** *preposition*

wolf wolf *'n **Wolf** is 'n wilde dier wat na 'n hond lyk.* A **wolf** is a wild animal that looks like a dog.
☐ **wolf** *noun (plural* **wolves***)*

woman[1] vrou *Sy ma is 'n baie gawe* **vrou**. *His mother is a very nice* **woman**.

□ **wo·man** *noun (plural* **women***)*

woman[2] vroulike *'n* **Vroulike** *dokter het my ondersoek.* A **woman** *doctor examined me.*

□ **wo·man** *adjective*

wonder[1] wonder *Dis vir my 'n groot* **wonder** *dat die mens maan toe kan vlieg.* I find it a great **wonder** that man can fly to the moon.

◆ **it's a wonder (that)** dis 'n wonder dat *Dis 'n* **wonder dat** *die kat nog lewe – hy het uit 'n woonstel op die sesde verdieping geval.* **It's a wonder (that)** the cat is still alive – it fell from a flat on the sixth floor.

◆ **no/little/small wonder (that)** geen wonder dat *Sy terg die hond gedurig –* **geen wonder dat** *hy niks van haar hou nie.* She is forever teasing the dog – **no/ little/small wonder (that)** it doesn't like her at all.

□ **won·der** *noun (plural* **wonders***)*

wonder[2] wonder *"Die kinders is nêrens te sien(e) nie. Ek* **wonder** *waar hulle is?"* "The children are nowhere to be seen. I **wonder** where they are?"

□ **won·der** *verb (past tense and past participle* **won= dered***, present participle* **wondering***)*

wonderful ◱ wonderlik *Die weer was* **wonderlik** *– ons kon elke dag swem.* The weather was **wonderful** – we could swim every day. ◲ heerlik *Die partytjie was* **heerlik***; ek het elke oomblik daarvan geniet.* The party was **wonderful**; I enjoyed every moment of it.

□ **won·der·ful** *adjective* **more wonderful, most wonderful**

won't ⇨ **will**.

wood ◱ hout **[a]** *Die tafel is van* **hout** *gemaak.* The table is made of **wood**. **[b]** *"Gooi nog* **hout** *op die vuur."* "Put some more **wood** on the fire." ◲ woud **[a]** *Baie soorte bome groei in dié* **woud**. Many kinds of trees grow in this **wood**. **[b]** *Ons het 'n entjie in die* **woud** *gaan stap.* We went for a walk in the **wood(s)**.

□ **wood** *noun (no plural at* 1*;* **woods** *at* 2*)*

wooden hout= *Sy het die pap met 'n* **hout**lepel geroer. She stirred the porridge with a **wooden** spoon.

□ **wood·en** *adjective*

woodwork houtwerk *Op skool leer die meisies naaldwerk en die seuns* **houtwerk**. At school the girls learn sew= ing and the boys **woodwork**.

□ **wood·work** *noun (no plural)*

wool wol **[a]** *Boere skeer hul skape om die* **wol** *te ver= koop.* Farmers shear their sheep to sell the **wool**. **[b]** *Sy het ses bolle* **wol** *gebruik om die trui te brei.* She used six balls of **wool** to knit the jersey.

□ **wool** *noun (no plural)*

woollen wol= *Hy het 'n dik* **wol**trui aangehad. He was wearing a thick **woollen** jersey.

□ **wool·len** *adjective*

word woord **[a]** *In die sin "Die seun is lank" is die* **woord** *"lank" 'n byvoeglike naamwoord.* In the sen= tence "The boy is tall" the **word** "tall" is an adjective. **[b]** *"Ek gee jou my* **woord***, ek sal nie die geheim verklap*

nie." "I give you my **word**, I won't give away the secret."

◆ **in other words** met ander woorde *"Ek het my beur= sie by die huis laat lê,* **met ander woorde** *jy sal moet betaal."* "I left my purse at home, **in other words** you'll have to pay."

□ **word** *noun (no plural at* **b***;* **words** *at* **a***)*

work[1] werk **[a]** *Die bouers het ondanks die reën met hul* **werk** *voortgegaan.* The builders continued with their **work** in spite of the rain. **[b]** *"Moenie foute maak wan= neer julle die* **werk** *op die bord in jul boeke afskryf nie."* "Don't make mistakes when you copy the **work** on the board into your books." **[c]** *My pa gaan per trein* **werk** *toe.* My father goes to **work** by train. **[d]** *'n* **Werk** *van 'n beroemde skilder soos Van Gogh verkoop deesdae teen miljoene rande.* These days a **work** by a famous painter such as Van Gogh sells for millions of rands.

□ **work** *noun (no plural at* **a**, **b** *and* **c***;* **works** *at* **d***)*

work[2] ◱ werk **[a]** *Esther se ouers* **werk** *albei in 'n fa= briek.* Esther's parents both **work** in a factory. **[b]** *Hy het hard* **gewerk** *en verdien die prys as beste student van die jaar.* He **worked** hard and deserves the prize as best student of the year. **[c]** *Die radio wil nie* **werk** *nie, want die batterye is pap.* The radio won't **work** because the batteries are flat. **[d]** *"Hoe* **werk** *dié ma= sjien?"* "How does this machine **work**?" ◲ werk met *"Weet jy hoe om* **met** *dié masjien te* **werk***?"* "Do you know how to **work** this machine?"

◆ **work on** werk met *Deesdae* **werk** *die meeste horlo= sies* **met** *batterye.* These days most watches **work on** batteries.

◆ **work out** ◱ uitwerk **[a]** *Ek kon nie* **uitwerk** *hoe om die doos oop te maak nie.* I couldn't **work** out how to open the box. **[b]** *Dinge* **werk** *nie altyd* **uit** *soos jy dit beplan nie.* Things don't always **work out** the way you plan. **[c]** *Vermenigvuldig 24 met 7 om* **uit** *te* **werk** *hoe= veel ure daar in 'n week is.* Multiply 24 by 7 to **work out** how many hours there are in a week. **[d]** *Ek kon ses van die tien somme* **uitwerk**. I could **work out** six of the ten sums. **[e]** *Vier van die somme wou nie* **uitwerk** *nie.* Four of the sums wouldn't **work out**. ◲ uitkom. *Die ete het op R17,50 per persoon* **uitgekom**. The meal **worked out** at R17,50 per person.

◆ **work out well** goed afloop *"Moet jou nie bekommer nie – ek is seker alles sal op die ou end* **goed afloop***."* "Don't worry – I'm sure everything will **work out well** in the end."

□ **work** *verb (past tense and past participle* **worked**, *present participle* **working***)*

worker werker **[a]** *Sy is 'n vinnige* **werker** *en het die kombuis gou-gou aan die kant gemaak.* She is a fast **worker** and tidied the kitchen in no time. **[b]** *Wat is die weeklikse loon van die* **werkers***?* What is the weekly wage of the **workers**?

□ **work·er** *noun (plural* **workers***)*

world wêreld *Die ryk man het per boot om die* **wêreld**

gereis. The rich man travelled round the **world** by boat.

◆ **in the world** ❶ in die wêreld, ter wêreld, op aarde *Amerika is een van die rykste lande in die wêreld (*OF *ter wêreld* OF *op aarde).* America is one of the richest countries **in the world.** ❷ in die wêreld *Elvis Presley is een van die beroemdste name in die wêreld van popmusiek.* Elvis Presley is one of the most famous names **in the world** of pop music. ❸ op aarde *Niks op aarde sal my van plan laat verander nie.* Nothing **in the world** will make me change my mind.

☐ **world** *noun (no plural)*

worm wurm [a] *'n Lang bruin wurm het uit 'n gat in die grond gekruip.* A long brown **worm** crept out of a hole in the soil. [b] *Die appel was vrot en vol wurms.* The apple was rotten and full of **worms.** [c] *Die hond is baie maer – hy kan dalk wurms hê.* The dog is very thin – it might have **worms.**

☐ **worm** *noun (plural* **worms***)*

worried bekommerd *"Ek is baie bekommerd – dis al laat en Lynette is nog nie van die skool af tuis nie."* "I'm very **worried** – it is quite late and Lynette isn't home from school yet."

☐ **wor·ried** *adjective* **more worried, most worried**

worry ❶ jou bekommer *"Bekommer jou nie as jy nie al jou kos kan opeet nie."* "Don't **worry** if you can't finish all your food." ❷ bekommerd maak *Dit maak my bekommerd dat die hond nie wil eet nie.* It **worries** me that the dog won't eat. ❸ pla *"Moenie my met lawwe vrae pla nie – ek is besig!"* "Don't **worry** me with silly questions – I'm busy!"

◆ **worry about** jou bekommer oor *Anne se ouers bekommer hulle oor haar slegte gesondheid.* Anne's parents **worry about** her poor health.

☐ **wor·ry** *verb (past tense and past participle* **worried***, present participle* **worrying***)*

worse ❶ erger *Die stormskade was veel erger as wat ons verwag het.* The storm damage was far/much **worse** than we had expected. ❷ slegter *"Sy lyk slegter as gister – ek dink ons moet die dokter laat kom."* "She seems **worse** than yesterday – I think we must call the doctor."

☐ **worse** *adjective*

worship aanbid *Ons gaan Sondae kerk toe om God te aanbid.* We go to church on Sundays to **worship** God.

☐ **wor·ship** *verb (past tense and past participle* **worshipped***, present participle* **worshipping***)*

worst ❶ ergste *Die ergste koue van die winter is verby.* The **worst** cold of the winter is over. ❷ slegste *"Jy het hom op sy slegste gesien."* "You saw him at his **worst.**"

☐ **worst** *adjective*

worth[1] waarde *Tweedehandse meubels het nie veel waarde nie.* Second-hand furniture doesn't have much **worth.**

◆ **worth of** se *"Kan ek vyftien rand se petrol kry, as-*

seblief?" "Could I have fifteen rands' **worth of** petrol, please?"

☐ **worth** *noun (no plural)*

worth[2] ❶ werd [a] *My ou fiets is nie meer as R60,00 werd nie.* My old bike isn't **worth** more than R60,00. [b] *Die museum is 'n besoek werd.* The museum is **worth** a visit. ❷ die moeite werd om te *"Is daardie prent die moeite werd om te sien?"* "Is that film **worth** seeing?"

◆ **well worth** ⇨ **well**[3].

◆ **worth one's while** die moeite werd *"Dis nie die moeite werd om nou biblioteek toe te gaan nie – dit sluit oor twintig minute."* "It isn't **worth your while** going to the library now – it closes in twenty minutes."

☐ **worth** *adjective*

would ❶ sou [a] *Hy het gesê dat hy my sou help.* He said that he **would** help me. [b] *"As ek jy was, sou ek die rooie kies."* "If I were you, I **would** choose the red one." [c] *As my ouma nog geleef het, sou sy vandag negentig gewees het.* If my grandmother were still alive, she **would** have been ninety today. [d] *Ek het nie gedink hy sou dit kan/kon doen nie.* I didn't think he **would** be able to do it. [e] *Dis jammer dat sy nie aan die wedren kon deelneem nie – sy sou gewen het.* It's a pity she couldn't run in the race – she **would** have won. [f] *Dit sou 'n wonderlike avontuur wees om maan toe te vlieg!* It **would** be a wonderful adventure to fly to the moon! ❷ wou *"As hy maar na my wou luister!"* "If only he **would** listen to me!" ❸ sal *"Sal jy dié brief vir my pos?"* "**Would** you post this letter for me?" ❹ wil [a] *Ek wens dit wil ophou reën.* I wish it **would** stop raining. [b] *"Wil jy 'n bietjie sout en peper op jou eier hê?"* "**Would** you like some salt and pepper on your egg?"

◆ **would rather** ⇨ **rather.**

☐ **would** *verb (past tense of* **will***)*

wound[1] wond *Bloed het uit die wond op sy voorkop gevloei.* Blood flowed from the **wound** on his forehead.

☐ **wound** *noun (plural* **wound***)*

wound[2] wond *Jagters skiet om dood te maak en nie om te wond nie.* Hunters shoot to kill and not to **wound.**

☐ **wound** *verb (past tense and past participle* **wounded***, present participle* **wounding***)*

wrap vou *"Vou koerantpapier om die glase voor jy hulle inpak."* "**Wrap** newspaper round the glasses before you pack them."

◆ **wrap (up)** toedraai [a] *"Help my die pakkie toedraai, asseblief."* "Help me to **wrap (up)** the parcel, please." [b] *Sy het die baba in 'n warm kombers toegedraai.* She **wrapped** the baby **(up)** in a warm blanket.

☐ **wrap** *verb (past tense and past participle* **wrapped***, present participle* **wrapping***)*

wrist pols *Ek dra 'n horlosie aan my pols.* I wear a watch on my **wrist.**

☐ **wrist** *noun (plural* **wrists***)*

write skryf, skrywe **[a]** "*Skryf/Skrywe jou naam met ink.*" "**Write** your name in ink." **[b]** *Dié potlood is stomp en wil nie skryf/skrywe nie.* This pencil is blunt and won't **write**. **[c]** *Sy het 'n lang brief aan my geskryf/geskrywe.* She **wrote** me a long letter (OR She **wrote** a long letter to me). **[d]** *Dis moeilik om gedigte te skryf/skrywe.* It's difficult to **write** poetry.

♦ **write back** terugskryf, terugskrywe "*Ek sal terugskryf/terugskrywe sodra ek jou brief kry.*" "I'll **write back** as soon as I get your letter."

♦ **write down** neerskryf, neerskrywe, opskryf, opskrywe "*Gee my jou nuwe telefoonnommer sodat ek dit in my adresboek kan neerskryf/neerskrywe/opskryf/opskrywe.*" "Give me your new telephone number so that I can **write** it **down** in my address book."

♦ **write out** uitskryf, uitskrywe *Philip het nie sy huiswerk gedoen nie en moes vir straf 200 reëls uitskryf/uitskrywe.* Philip did not do his homework and as a punishment had to **write out** 200 lines.

☐ **write** verb (*past tense* **wrote**, *past participle* **written**, *present participle* **writing**)

writer skrywer **[a]** "*Wie is die skrywer van dié brief?*" "Who is the **writer** of this letter?" **[b]** *Shakespeare was 'n beroemde Engelse skrywer.* Shakespeare was a famous English **writer**.

☐ **wri·ter** noun (plural **writers**)

writing ❶ skryf, skrywe *Bel is gouer as skryf/skrywe.* Phoning is quicker than **writing**. ❷ skryfwerk *Hy verdien baie met sy skryfwerk, want sy boeke is gewild en verkoop goed.* He earns a great deal from his **writing** because his books are popular and sell well. ❸ skrif *Mense kan nie my skrif lees nie, dis dié dat ek my briewe tik.* People can't read my **writing**, that's why I type my letters.

♦ **writing pad** skryfblok *'n Skryfblok met dun papier is vir lugposbriewe bedoel.* A **writing pad** with thin paper is meant for air-mail letters.

♦ **writing paper** skryfpapier, briefpapier "*Is daar enige koeverte in die doos skryfpapier/briefpapier?*" "Are there any envelopes in the box of **writing paper**?"

☐ **wri·ting** noun (no plural)

wrong[1] verkeerd *Hy weet wat die verskil tussen reg en verkeerd is.* He knows the difference between right and **wrong**.

☐ **wrong** noun (no plural)

wrong[2] verkeerd **[a]** "*Vier en vyf is agt.*" – "*Nee, dis verkeerd! Die antwoord is nege.*" "Four and five are eight." – "No, that's **wrong**! The answer is nine." **[b]** *Dis seker die verkeerde sleutel dié – ek kan nie die deur daarmee oopsluit nie.* This must be the **wrong** key – I can't unlock the door with it. **[c]** *Dis verkeerd om te steel.* It is **wrong** to steal.

♦ **there is something wrong with ... ...** makeer iets *Hy loop mank want sy been makeer iets.* He limps because **there is something wrong with** his leg.

♦ **what's wrong?** wat makeer? "*Wat makeer? Hoekom huil jy?*" "**What's wrong?** Why are you crying?"

♦ **what's wrong with ...?** wat makeer ...? "*Wat makeer jou? Jy lyk siek.*" "**What's wrong with** you? You look ill."

♦ **wrong side out** verkeerd om "*Jy het jou trui verkeerd om aan – 'n mens kan die etiket sien.*" "You've got your jersey on **wrong side out** – the label is showing."

☐ **wrong** adjective

wrong[3] verkeerd "*Jy het sy naam verkeerd gespel; daar is net een 'l' in Philip en nie twee nie.*" "You've spelt his name **wrong**; there is only one 'l' in Philip and not two."

♦ **go wrong** ❶ 'n fout maak *Die som wil eenvoudig nie uitwerk nie. Ek wonder waar ek 'n fout maak?* The sum just won't work out. I wonder where I am **going wrong**? ❷ verkeerd loop "*Wat sal jy doen as jou planne verkeerd loop?*" "What will you do if your plans **go wrong**?" ❸ breek *Dié horlosie is niks werd nie – hy breek gedurig.* This watch is no good – it keeps **going wrong**.

☐ **wrong** adverb

wrongly verkeerd *Die brief is verkeerd geadresseer; die straatnommer is 5 en nie 15 nie.* The letter is **wrongly** addressed; the street number is 5 and not 15.

☐ **wrong·ly** adverb

X

Xhosa[1] Xhosa **[a]** *Esther kan Engels, Afrikaans en* **Xhosa** *praat.* Esther can speak English, Afrikaans and **Xhosa.** **[b]** *Thomas Tshabalala is 'n* **Xhosa** *en kom van die Ciskei.* Thomas Tshabalala is a **Xhosa** and comes from the Ciskei.

□ **Xho·sa** *noun (no plural at* **a***;* **Xhosa/Xhosas** *at* **b***)*
Xhosa[2] Xhosa= *Hy lees die* **Xhosa***vertaling van 'n boek wat in Engels geskryf is.* He is reading the **Xhosa** translation of a book that was written in English.
□ **Xho·sa** *adjective*

Y

yard erf *Die hond het deur 'n gat in die heining by die **erf** uitgekom.* The dog got out of the **yard** through a hole in the fence.
□ **yard** noun (plural **yards**)

yawn gaap *Mense **gaap** as hulle moeg, vaak of verveeld is.* People **yawn** when they are tired, sleepy or bored.
□ **yawn** verb (past tense and past participle **yawned**, present participle **yawning**)

year jaar [a] *Daar is twaalf maande in 'n **jaar**.* There are twelve months in a **year**. [b] *Maggie is nege **jaar** oud.* Maggie is nine **years** old.
♦ **not for some years** ⇨ **some¹**.
□ **year** noun (plural **years**)

yellow¹ geel *As jy blou en **geel** meng, kry jy groen.* If you mix blue and **yellow**, you get green.
□ **yel·low** noun (no plural)

yellow² geel *Sy dra 'n **geel** rok met wit kolle.* She is wearing a **yellow** dress with white spots.
□ **yel·low** adjective **yellower**, **yellowest**

yes ja *"Wil jy nog 'n stukkie koek hê?" – "**Ja**, asseblief!"* "Would you like another piece of cake?" – "**Yes**, please!"
□ **yes** interjection

yesterday¹ gister *As dit vandag Maandag is, dan was dit **gister** Sondag.* If today is Monday, then **yesterday** was Sunday.
□ **yes·ter·day** noun (no plural)

yesterday² gister *Dis vandag warmer as **gister**.* It is hotter today than **yesterday**.
♦ **the day before yesterday** ⇨ **day**.
♦ **yesterday morning / afternoon / evening** ⇨ **morning; afternoon; evening**.
□ **yes·ter·day** adverb

yet¹ al *"Is dit **al** agtuur?"* "Is it eight o'clock **yet**?"
♦ **just yet** ⇨ **just**.
♦ **not yet** nog nie *Toe ek by haar huis kom, was sy **nog nie** aangetrek nie.* When I got to her house she was **not** dressed **yet**.
□ **yet** adverb

Note the difference between **yet** and **already**: **yet** is used only in questions and negative statements, while **already** emphasizes the completion of an ac‹ tion and is generally used in positive statements or in questions that express surprise: *It is not **yet** time to leave. "Is she awake **yet**?" They have **already** left. "Is she here **already**? I expected her in only an hour's time."*

yet² ■ tog, nogtans *Dit was bitter koud, **tog/nogtans** het hy geweier om 'n trui aan te trek.* It was bitterly cold, **yet** he refused to put on a jersey. ■ maar *Die onder‹ wyser is streng **maar** regverdig.* The teacher is strict **yet** fair.
□ **yet** conjunction (joining word)

yolk geel *'n Eier bestaan uit twee dele: die wit en die **geel**.* An egg consists of two parts: the white and the **yolk**.
□ **yolk** noun (plural **yolks**)

you ■ jy *"Linda, **jy** moet nou liewer huis toe gaan – dit word donker."* "Linda, **you** had better go home now – it's getting dark." ■ jy, ('n) mens *Jy (OF Mens OF 'n Mens) kan appels met skil en al eet.* **You** can eat apples skin and all. ■ jou [a] *"Ek het **jou** 'n vraag gevra – hoekom antwoord jy my nie?"* "I asked **you** a question – why don't you answer me?" [b] *"Moenie jou tong vir my uitsteek nie, **jou** onbeskofte ding!"* "Don't stick your tongue out at me, **you** rude thing!" ■ jul, julle [a] *"Is **jul/julle** broer en suster?"* "Are **you** brother and sister?" [b] *"Kinders, ek gaan die storie van Rooikappie vir **jul/julle** lees."* "Children, I'm going to read the story of Little Red Riding Hood to **you**." ■ u *"Kan ek u bestelling neem, Meneer, of wil **u** eers die spyskaart sien?"* "Can I take your order, Sir, or would **you** like to see the menu first?"
□ **you** pronoun

you're is short for **you are**

young¹ kleintjies *Voëls voer en beskerm hul **kleintjies** totdat hulle groot genoeg is om vir hulself te sorg.* Birds feed and protect their **young** until they are big enough to look after themselves.
□ **young** plural noun

young² ■ jonk *My broer is nog baie **jonk** – hy is maar drie.* My brother is still very **young** – he is only three. ■ jong *'n Lam is 'n **jong** skaap.* A lamb is a **young** sheep. ■ klein *Die baba is nog te **klein** om vanself regop te sit.* The baby is still too **young** to sit up by itself.
□ **young** adjective **younger**, **youngest**

your ■ jou *"Ek is seker ek het jou al vantevore ontmoet. **Jou** gesig lyk so bekend."* "I'm sure I've met you be‹ fore. **Your** face looks so familiar." ■ jul, julle *"Kinders, bring asseblief môre **jul/julle** geskiedenis‹ boeke skool toe."* "Children, please bring **your** history books to school tomorrow." ■ u *"Kan ek **u** bestelling neem, meneer, of wil u eers die spyskaart sien?"* "Can I take **your** order, sir, or would you like to see the menu first?"
□ **your** adjective

yours ■ joue, joune *"Dis my pen dié; **joue/joune** lê op die eetkamertafel."* "This is my pen; **yours** is on the dining-room table." ■ julle s'n *Ons huis is groter as **julle s'n**.* Our house is bigger than **yours**. ■ u s'n *Die kelner het 'n kam opgetel en gevra: "Is dit miskien **u s'n**,* *mevrou?"* The waiter picked up a comb and asked, "Is this by any chance **yours**, madam?" **4** jou *"Is dit jou trui, Lynette?"* "Is this jersey **yours**, Lynette?" **5** jul, julle *"Is dit jul/julle huis, Tommie?"* "Is that house **yours**, Tommy?" **6** u *"Is dit u motor, meneer?"* "Is this car **yours**, sir?"

♦ **of yours** **1** van jou *"Is daardie seun 'n vriend van jou?"* "Is that boy a friend **of yours**?" **2** van julle *"Dié bakleiery van julle moet nou end kry!"* "This fighting **of yours** has got to stop now!" **3** van u *"Meneer, 'n motor het 'n leerling van u net buite die skool raak gery."* "Sir, a car has hit a pupil **of yours** just outside the school."

☐ **yours** *pronoun*

yourself **1** jou *"Gedra jou, moenie so stout wees nie!"* "Behave **yourself**, don't be so naughty!" **2** jouself *"Sluit asseblief 'n foto van jouself by jou volgende brief in."* "Please enclose a photograph of **yourself** with your next letter." **3** self **[a]** *Hulle verkoop die tafel in vyf stukke wat jy self aan mekaar moet sit.* They sell the table in five pieces which you have to put together **yourself**. **[b]** *"Jy en Tom sal self die werk moet doen – daar is niemand om julle te help nie."* "You and Tom will have to do the work **yourselves** – there is no one

to help you." **4** jul, julle *"Kinders, gedra jul/julle, moenie so stout wees nie!"* "Children, behave **your=selves**, don't be so naughty!" **5** julleself, julself *"Kyk na julleself/julself in die spieël."* "Look at **your=selves** in the mirror."

♦ **by yourself** alleen **[a]** *"Was jy heeltemal alleen by die huis?"* "Were you all **by yourself** at home?" **[b]** *"Was jy en jou suster heeltemal alleen by die huis?"* "Were you and your sister all **by yourselves** at home?"

☐ **your·self** *pronoun (plural* **yourselves***)*

youth[1] **1** jeug *Pa het sy jeug op 'n plaas deurgebring.* Dad spent his **youth** on a farm. **2** jong man, jongman *'n Jong man (*OF *Jongman) van agtien het die motor bestuur.* A **youth** of eighteen was driving the car.

♦ **the youth** die jeug, die jong mense, die jongmense *Grootmense kla dikwels oor die jeug (*OF *jong mense* OF *jongmense) van vandag.* Grown-ups often com=plain about **the youth** of today.

☐ **youth** *noun (no plural at* **1***; * **youths** *at* **2***)*

youth[2] jeug= *Al die lede van ons jeugklub is jonger as sestien.* All the members of our **youth** club are younger than sixteen.

☐ **youth** *adjective*

Z

zebra sebra *'n Sebra is 'n gestreepte dier wat soos 'n perd lyk.* A **zebra** is a striped animal that looks like a horse.

☐ **ze·bra** *noun (plural* **zebra/zebras***)*

zero nul *Ons telefoonnommer is twee, vier, een, drie, twee, nul (24 1320).* Our telephone number is two, four, one, three, two, **zero** (24 1320).

☐ **zero** *noun (plural* **zeros***)*

zip rits, ritssluiter *Haar rok kom met 'n* **rits/ritssluiter** *toe.* Her dress fastens with a **zip**.

☐ **zip** *noun (plural* **zips***)*

zip up ❶ toerits *"Sal jy my rok* **toerits***, asseblief?"* "Will you **zip up** my dress, please?" ❷ rits/ritssluiter toetrek *"Sal jy my* **rits/ritssluiter toetrek***, asseblief?"* "Will you **zip** me **up**, please?" ❸ toerits, met 'n rits/ritssluiter toekom *Haar rok* **rits** *agter toe (*OF **kom** *agter met 'n* **rits/ritssluiter toe***).* Her dress **zips up** at the back.

☐ **zip up** *phrasal verb (past tense and past participle* **zipped up***, present participle* **zipping up***)*

zoo dieretuin *Toe ons die* **dieretuin** *besoek het, het ons bobbejane in 'n hok langs die ape gesien.* When we visited the **zoo**, we saw baboons in a cage next to the apes.

☐ **zoo** *noun (plural* **zoos***)*

zoom zoem *Die renmotors* **zoem** *met 'n geweldige snelheid verby.* The racing cars **zoom** past at a tremendous speed.

☐ **zoom** *verb (past tense and past participle* **zoomed***, present participle* **zooming***)*

Zulu[1] Zoeloe, Zulu **[a]** *Anna kan Engels, Afrikaans en* **Zoeloe/Zulu** *praat.* Anna can speak English, Afrikaans and **Zulu**. **[b]** *John Khumalo is 'n* **Zoeloe/Zulu** *en kom van KwaZulu.* John Khumalo is a **Zulu** and comes from KwaZulu.

☐ **Zu·lu** *noun (no plural at* **a***; * **Zulu/Zulus** *at* **b***)*

Zulu[2] Zoeloe=, Zulu= *Hy lees die* **Zoeloevertaling/Zuluvertaling** *van 'n boek wat in Engels geskryf is.* He is reading the **Zulu** translation of a book that was written in English.

☐ **Zu·lu** *adjective*

Aantekeninge/Notes

Aantekeninge/Notes

Aantekeninge/Notes

Aantekeninge/Notes

Aantekeninge/Notes

Aantekeninge/Notes

Aantekeninge/Notes

Aantekeninge/Notes